A. dich 1575

Das Recht
der Arbeitnehmererfindung

Kommentar
zu dem Gesetz über Arbeitnehmererfindungen
vom 25. Juli 1957
und deren Vergütungsrichtlinien

Begründet von Professor Dr. Eduard Reimer †
Ehemaliger Präsident des Deutschen Patentamts

Fünfte, neubearbeitete und erweiterte Auflage
von

Dr. Dr. Hans Schade   Dr. Helmut Schippel
Senatspräsident   Notar
beim Bundespatentgericht i. R.

ERICH SCHMIDT VERLAG

ISBN 3 503 01083 1

Library of Congress Catalog Card Number: 73-87957
Alle Rechte vorbehalten
5., neubearbeitete und erweiterte Auflage 1975
Erich Schmidt Verlag, Berlin 1958
Satz: Hoehlsche Buchdruckerei, Bad Hersfeld
Druck: Regensbergsche Buchdruckerei, Münster
Einband: Lüderitz & Bauer, Berlin

Vorwort zur dritten Auflage

Das Recht der Arbeitnehmererfindung regelt die Beziehungen zwischen dem in einem Betrieb als Arbeitnehmer beschäftigten Erfinder und dem Arbeitgeber. Da heute die Mehrzahl aller Erfindungen in Betrieben gemacht und von Betrieben zum Schutzrecht angemeldet wird, ist die Ordnung dieses Rechtsgebietes durch den Gesetzgeber dringlich geworden, nachdem im Kriege nur vorläufige Regelungen getroffen worden sind.

Während die 1. Auflage dieses Buchs im wesentlichen einen Überblick über den lediglich durch Vertrag und Rechtsprechung bestimmten Zustand vor Erlaß der Verordnungen 1942/43 gab, dieses sodann erläuterte und einige Reformvorschläge machte, widmete sich die Anfang 1951 erschienene 2. Auflage in erhöhtem Maße dem Ziel, die Reform vorbereiten zu helfen. Dies geschah neben Hinweisen auf internationale Bestrebungen und ausländisches Recht besonders durch den Abdruck von acht Vorschlägen für die Gesetzesreform und eine kritische Stellungnahme zu den behandelten Problemen.

Die 3. Auflage steht nun vor der Tatsache, daß der Bundestag das Gesetz über Arbeitnehmererfindungen vom 25. Juli 1957 verabschiedet hat. Damit änderte sich das Ziel des Werks. In seinem Mittelpunkt stehen nunmehr die Erläuterungen zu den neuen Bestimmungen. Die nur zeitlich bedeutsamen Vorschläge sind nicht mehr aufgenommen. Doch ist Bedacht darauf genommen, die geschichtliche Entwicklung und den Blick auf das ausländische Recht auch in der 3. Auflage in Erscheinung treten zu lassen, sei es durch eine knappe Darstellung, sei es durch den Abdruck der Amtlichen Begründung und des Schriftlichen Berichts des Bundestagsausschusses. Eine die Grundgedanken und Hauptbegriffe des Gesetzes untersuchende ausführliche Einleitung ist vorangestellt.

Nachdem ein jäher Tod den Verfasser der beiden ersten Auflagen, Eduard Reimer, unerwartet aus seinem Schaffen gerissen hat, haben die beiden engsten Mitarbeiter Reimers auf dem Gebiet der Arbeitnehmererfindung die Bearbeitung der neuen Auflage unternommen. Ihre Mitwirkung war schon zu Lebzeiten von Professor Reimer vereinbart. Sie kennen die umfassenden Vorarbeiten des Verstorbenen an dem Gesetz und glauben, in den wesentlichen Punkten in seinem Geist und in seiner Weise zu arbeiten.

München, im Juni 1958.

Die Bearbeiter

Vorwort zur fünften Auflage

Die 5. Auflage folgt der 4. Auflage in einem Abstand von 10 Jahren. In diesem Zeitraum hat das Recht der Arbeitnehmererfindung wachsende Bedeutung gewonnnen. Es sind wichtige Urteile des Bundesgerichtshofs und anderer Gerichte ergangen, die eine Reihe von Rechtsfragen geklärt haben. Der Schwerpunkt der weiteren Entwicklung liegt aber in der praktischen Handhabung des Gesetzes und der Richtlinien, vor allem in dem Herausarbeiten einer einigermaßen vergleichbaren Bemessung der Erfindervergütung. Dies hat sich jedenfalls bei der Anrufung der Schiedsstellen beim Deutschen Patentamt gezeigt. Die Schiedsstelle in München ist mit mehr als tausend Schiedsfällen befaßt worden; sie hat bisher etwa 65 Einigungsvorschläge und Bescheide veröffentlicht. Das Schrifttum hat sich kräftig vermehrt. Im Ausland finden das deutsche Gesetz und seine Handhabung steigende Beachtung.

Die Verfasser sind intensiv mit den Auswirkungen des Gesetzes befaßt worden, Dr. Schade als langjähriger Vorsitzender der Schiedsstelle, Dr. Schippel durch wissenschaftliche und gutachterliche Tätigkeit. Ihr Ziel ist es in erster Linie, die Praxis darzustellen und ihr Anregungen zu geben. Dem sollen schon die Zusammenstellungen aller inzwischen veröffentlicher Urteile und Einigungsvorschläge der Schiedsstellen in München und Berlin dienen. Nicht nur ihr Inhalt, sondern auch die sonstige, den Verfassern bekanntgewordene Handhabung der Industrie — vor allem bei der Ermittlung der Erfindervergütung und ihrer Höhe — werden dargestellt und mit zahlreichen Beispielen, z. B. der Höhe der Lizenz, des Problems der Bezugsgröße bei der Anwendung der Lizenzanalogie oder dem Anteilsfaktor, belegt.

Mit der Rechtsprechung setzt sich der Kommentar so eingehend wie möglich, z. T. kritisch, auseinander; gelegentlich werden auch Fingerzeige für die praktische Handhabung des Gesetzes und der Richtlinien gegeben, die diese denjenigen erleichtern sollen, die der Materie ferner stehen.

Die lebhafte Beschäftigung der Industrie, der Erfinder und der Wissenschaft mit dem Recht der Arbeitnehmererfindung sowie die Urteile und Einigungsvorschläge der Gerichte und der Schiedsstelle haben zur Folge, daß vor allem die im Brennpunkt stehenden Erläuterungen beträchtlich umgestaltet worden sind. Dabei haben sich die Verfasser bemüht, Überholtes und nicht mehr Aktuelles auszuscheiden. Der Abdruck der Amtlichen Begründung des Gesetzes und des Berichtes des Bundestagsausschusses ist jedoch beibehalten worden, weil auf sie in Rechtsprechung und Schrifttum oft zurückgegriffen wird.

München, im November 1974.

Die Verfasser

Inhaltsübersicht

Vorwort	5
Abkürzungsverzeichnis	9
Literaturverzeichnis	12
Zusammenstellung von Gerichtsurteilen zum Arbeitnehmererfindungsgesetz	21
Zusammenstellung der Veröffentlichungen der Schiedsstellen nach dem Gesetz über Arbeitnehmererfindungen	27
A. Gesetz über Arbeitnehmererfindungen	39
B. Richtlinien für die Vergütung von Arbeitnehmererfindungen im privaten Dienst	57
C. Einleitung	
I. Zur historischen Entwicklung	80
II. Grundgedanken und Hauptbegriffe	82
III. Das ausländische Recht	97
D. Erläuterungen zum Gesetz über Arbeitnehmererfindungen und zu den Richtlinien	110
1. Abschnitt: Anwendungsbereich und Begriffsbestimmungen (§§ 1—4)	110
2. Abschnitt: Erfindungen und technische Verbesserungsvorschläge von Arbeitnehmern im privaten Dienst (§§ 5—39)	146
1. Diensterfindungen (§§ 5— 17)	146
Anhang zu § 11: Erläuterungen zu den Richtlinien für die Vergütung von Arbeitnehmererfindungen im privaten Dienst (Nr 1—43)	238
Anhang zu § 12: Einkommensteuerliche Behandlung von Erfindervergütungen und Vergütungen für technische Verbesserungsvorschläge	363
2. Freie Erfindungen (§§ 18—19)	415
3. Technische Verbesserungsvorschläge (§ 20)	429
4. Gemeinsame Bestimmungen (§§ 21—27)	438
Anhang zu § 27: Vergleichsverfahren und Einzelzwangsvollstreckung	490
5. Schiedsverfahren (§§ 28—36)	491
6. Gerichtliches Verfahren (§§ 37—39)	519

Inhaltsübersicht

3. Abschnitt: Erfindungen und technische Verbesserungsvorschläge von Arbeitnehmern im öffentlichen Dienst, von Beamten und Soldaten 530

4. Abschnitt: Übergangs- und Schlußbestimmungen 543

E. Gesetzesmaterialien 556

    1. Amtliche Begründung 556
    2. Ausschußbericht 625

F. Anlagen

    1. Berliner Gesetz zur Übernahme des Gesetzes über Arbeitnehmererfindungen 648
    2. Erste Durchführungsverordnung 648
    3. Zweite Durchführungsverordnung 649
    4. Allgemeine Anordnung des Bundesministers für Verteidigung betreffend freigewordener Diensterfindungen 652
    5. Allgemeine Anordnung des Bundesministers für das Post- und Fernmeldewesen über die Art der Verwertung von Diensterfindungen 653
    6. Allgemeine Anordnung des Bundesministers für Wirtschaft über Beschränkungen bei der Verwertung von Diensterfindungen von Angehörigen der technisch-wissenschaftlichen Bundesanstalten . 653
    7. Verordnung über die steuerliche Behandlung der Vergütungen für Arbeitnehmererfindungen 655
    8. Verordnung über die einkommensteuerliche Behandlung der freien Erfinder 656
    9. Verordnung über die steuerliche Behandlung von Prämien für Verbesserungsvorschläge 659
    10. Auszug aus den Einkommensteuer-Richtlinien 661
    11. Auszug aus den Lohnsteuer-Richtlinien 663
    12. Verordnung über die Behandlung von Erfindungen von Gefolgschaftsmitgliedern 664
    13. Durchführungsverordnung zur Verordnung über die Behandlung von Erfindungen von Gefolgschaftsmitgliedern 665
    14. Richtlinien für die Vergütung von Gefolgschaftserfindungen, Fassung 1944 670

Stichwortverzeichnis 681

Abkürzungsverzeichnis

a. A.	anderer Ansicht
a.a.O.	am angegebenen Ort
Abs.	Absatz
AktG	Aktiengesetz vom 6. 9. 1965
Amtl. Begr.	Amtliche Begründung (Seite im Anhang)
Anm.	Anmerkung
AP	Nachschlagewerk des Bundesarbeitsgerichts (Arbeitsrechtliche Praxis) (Jahrgang und Seite)
ArbEG	Gesetz über Arbeitnehmererfindungen
ArbG	Arbeitsgericht
ArbGG	Arbeitsgerichtsgesetz vom 3. 9. 1953
ARS	Arbeitsrechts-Sammlung (Band und Seite)
BAG	Bundesarbeitsgericht
BAnz.	Bundesanzeiger
BArbBl.	Bundesarbeitsblatt
BB	Der Betriebsberater (Jahr und Seite)
Bd.	Band
BGB	Bürgerliches Gesetzbuch
BGBl.	Bundesgesetzblatt (Teil und Seite)
BGH	Bundesgerichtshof
BGHZ	Entscheidungen des Bundesgerichtshofes in Zivilsachen (Band und Seite)
Bl.	Blatt für Patent-, Muster- und Zeichenwesen (Jahr u. Seite)
BHF	Bundesfinanzhof
BPatG	Bundespatentgericht
BPatGE	Entscheidungen des Bundespatentgerichts
BS	Beschwerdesenat
BStBl.	Bundessteuerblatt
DB	Der Betrieb (Jahr und Seite)
DJZ	Deutsche Juristenzeitung (Jahr und Spalte)
DPA	Deutsches Patentamt
DPAVO	Verordnung über das Deutsche Patentamt vom 5. 9. 1968
DStR	Deutsches Steuerrecht
DVO	Durchführungsverordnung
DVO 1943	Durchführungsverordnung zur Verordnung über die Behandlung von Erfindungen von Gefolgschaftsmitgliedern vom 20. 3. 1943

Abkürzungsverzeichnis

EFG	Entscheidungen der Finanzgerichte
EV	Einigungsvorschlag der Schiedsstelle
EStR	Einkommensteuerrichtlinien
G	Gesetz
GewO	Gewerbeordnung für das Deutsche Reich
GKG	Gerichtskostengesetz vom 26. 7. 1957
GmG	Gebrauchsmustergesetz vom 5. 5. 1936 in der Fassung vom 2. 1. 1968/23. 6. 1970
GRUR	Zeitschrift für Gewerblichen Rechtsschutz und Urheberrecht (Jahr und Seite)
GRUR Ausl.	Auslands-und Internationaler Teil der Zeitschrift für Gewerblichen Rechtsschutz und Urheberrecht (Jahr und Seite)
GRUR Int.	dasselbe ab 1967
GVG	Gerichtsverfassungsgesetz
HFR	Höchstrichterliche Finanzrechtsprechung
HGB	Handelsgesetzbuch
IIC	International Review of Industrial Property and Copyright Law (Jahr und Seite)
JW	Juristische Wochenschrift (Jahr und Seite)
JZ	Juristenzeitung (Jahr und Seite)
KG	Kammergericht
KO	Konkursordnung
Komm.	Kommentar
KSchG	Kündigungsschutzgesetz vom 10. 8. 1951
LAG	Landesarbeitsgericht
LG	Landgericht
LM	Lindenmaier-Möhring, Nachschlagewerk des Bundesgerichtshofs
LStR	Lohnsteuerrichtlinien
MDR	Monatsschrift für Deutsches Recht (Jahr und Seite)
Mitt.	Mitteilungen der Deutschen Patentanwälte (Jahr und Seite)
MuW	Markenschutz und Wettbewerb (Jahr und Seite)
NJW	Neue Juristische Wochenschrift (Jahr und Seite)
OLG	Oberlandesgericht
PatG	Patentgesetz in der Fassung vom 2. 1. 1968/26. 5. 1972
Prop. Ind.	Propriété Industrielle (Jahr und Seite)
RAG	Reichsarbeitsgericht
RAnz.	Deutscher Reichs- und Preußischer Staatsanzeiger
RdA	Recht der Arbeit (Jahr und Seite)

Abkürzungsverzeichnis

Rdnr.	Randnummer
RG	Reichsgericht
RGBl.	Reichsgesetzblatt (Teil und Seite)
RGSt.	Entscheidungen des Reichsgerichts in Strafsachen (Band und Seite)
RGZ	Entscheidungen des Reichsgerichts in Zivilsachen (Band und Seite)
RL	Richtlinien
RL 1944	Richtlinien für die Vergütung von Gefolgschaftserfindungen. Fassung vom 10. 10. 1944
RL 1959	Richtlinien für die Vergütung von Arbeitnehmererfindungen im privaten Dienst vom 18. 8. 1959
RPA	Reichspatentamt
S	Seite, Satz
s.	siehe
StGB	Strafgesetzbuch
StPO	Strafprozeßordnung
StRK	Steuerrechtskartei
UWG	Gesetz gegen den unlauteren Wettbewerb vom 7. 6. 1909
ÜG (6.)	Gesetz zur Änderung und Überleitung von Vorschriften auf dem Gebiet des gewerblichen Rechtsschutzes vom 23. 3. 1961
v.	vom
VDIZ	Zeitschrift des Vereins Deutscher Ingenieure
VglO	Vergleichsordnung
VO	Verordnung
VO 1942	Verordnung über die Behandlung von Erfindungen von Gefolgschaftsmitgliedern vom 12. 7. 1942
VStR	Verkehrsteuerrecht
VwZG	Verwaltungszustellungsgesetz vom 3. 7. 1952
ZPO	Zivilprozeßordnung

Literaturverzeichnis

Lehrbücher, Kommentare, Monographien

Beckmann	Erfinderbeteiligung, Berlin 1927
Benkard	Patentgesetz, Gebrauchsmustergesetz, fortgeführt von Bock, Löscher, Ballhaus, Bruchhausen, 5. Aufl. München 1969, jetzt 6. Aufl. München 1973
Bernhardt	Lehrbuch des Deutschen Patentrechts, 3. Aufl. München 1972
Busse	Patentrecht und Gebrauchsmustergesetz, 4. Aufl Berlin 1972
Dautz	Das Inanspruchnahmerecht an einer Diensterfindung, Diss. Saarbrücken 1968
Englert	L'invention fait par l'employé dans l'entreprise privée, Basel 1960
Gaul-Bartenbach	Handbuch des gewerblichen Rechtsschutzes, Loseblattsammlung, Köln 1969
Gaul-Bartenbach	Arbeitnehmererfindung und Verbesserungsvorschlag, VDI-Taschenbuch, Düsseldorf 1970
Gaul-Bartenbach	Entscheidungssammlung Gewerblicher Rechtsschutz, Nachschlagewerk wichtiger Entscheidungen aus den Bereichen Arbeitnehmererfinderrecht, Gebrauchsmuster- und Geschmacksmusterrecht, Patentrecht und Warenzeichenrecht, Köln 1972 (EGR)
Hackbart	Das Recht der Angestelltenerfindung (Dissertation), Kiel 1952
Halbach	Gesetz über Arbeitnehmererfindungen, Frankfurt 1958
Heine-Rebitzki	Arbeitnehmererfindungen, 3. Aufl. Darmstadt 1966
Heine-Rebitzki	Die Vergütung für Erfindungen von Arbeitnehmern im privaten Dienst, Weinheim 1960
Hubmann	Gewerblicher Rechtsschutz, München und Berlin 1962
Hueck-Nipperdey	Lehrbuch des Arbeitsrechts, 7. Aufl. Mannheim 1963/4
Janert	Betriebliche Verfahrensweisen im Arbeitnehmer-Erfinderrecht und ihre rechtlichen Probleme, Göttingen, Jur. Diss. 1969
Klauer-Möhring	Patentrechtskommentar, 3. Aufl., München 1971
Klaus	Arbeitnehmererfindungen und ihre rechtliche Bedeutung, Frankfurt 1964

Literaturverzeichnis

Krausse-Kathlun-Lindenmaier	Das Patentgesetz, bearbeitet von Weiß, Zeunert und Röhl, 5. Aufl., Köln, Berlin, Bonn, München 1970, jetzt 6. Aufl. 1973
Kremnitz	Was steht mir an Erfindervergütung zu? Köln, Berlin, Bonn, München 1967
Lindenmaier-Lüdecke	Arbeitnehmererfindungen, Darmstadt 1961
Lüdecke	Lizenzgebühren für Erfindungen, Darmstadt 1955.
Lüdecke	Erfindungsgemeinschaften, Berlin 1962
Lüdecke-Fischer	Lizenzverträge, Weinheim 1957
Müller-Pohle	Erfindungen von Gefolgschaftsmitgliedern, Berlin 1943.
Neumeyer	The Law of Employed Inventors in Europe, US Senate 87th Congress 2d Session, Study No. 30, Washington 1963
Reimer	Patentgesetz und Gebrauchsmustergesetz, bearbeitet von Nastelski, Neumar, Ernst Reimer, Trüstedt, 3. Aufl. Köln, Berlin, Bonn, München 1968
Reimer-Schippel	Die Vergütung von Arbeitnehmererfindungen, Stuttgart 1956
Riemschneider-Barth	Die Gefolgschaftserfindung, 2. Aufl., Berlin 1944
Röpke	Arbeitsverhältnis und Arbeitnehmererfindung, Düsseldorf, o. J.
Röpke	Der Arbeitnehmer als Erfinder, Stuttgart 1966
Schade	Betriebliche Regelung des Erfindungs- und Vorschlagwesens mit Mustern für Meldungen und Erklärungen, Heidelberger Musterverträge, Heft 26, 2. Aufl., Heidelberg 1971
Schwahn	Die Betriebserfindung, Dissertation, München 1954
Tetzner	Das materielle Patentrecht der Bundesrepublik Deutschland, Darmstadt 1972
Volmer	Arbeitnehmererfindungsgesetz, München und Berlin 1958
Volmer	Richtlinien über Vergütungen für Arbeitnehmererfindungen, München und Berlin 1964
Weiße	Kernfragen der Erfindungskunde für den Gefolgschaftserfinder, Berlin 1943
Werdermann	Der Begriff der Diensterfindung und die dogmatischen Grundlagen des Inspruchnahmerechts, Dissertation, Bonn 1960
Wunderlich	Die gemeinschaftliche Erfindung, München und Köln 1962.

Aufsätze

Ballreich	Die Inanspruchnahme von Diensterfindungen in der Max-Planck-Gesellschaft, Mitteilungen aus der Max-Planck-Gesellschaft 1958, 193

Literaturverzeichnis

Bartenbach	Übergang einer Diensterfindung auf den Arbeitgeber trotz Nichtbeachtung von Form und Frist der Inanspruchnahme, Mitt. 1971, 232
Bauer	Die Arbeitnehmererfindung im internationalen Privatrecht, Außenwirtschaftsdienst 1970, 512
Beil	Erfindernennung und Miterfinder, Chemie — Ingenieur — Technik, 1953, 533, 633
Beil	Die angemessene Lizenzgebühr, Chemie — Ingenieur — Technik, 1956, 129
Beil	Das neue Gesetz über Arbeitnehmererfindungen, Chemie—Ingenieur—Technik 1957, 421
Bock	Erfindervergütungen für benutzte, nichtgeschützte „Diensterfindungen", Mitt. 1971, 220
Danner	Die Wechselbeziehungen zwischen Erfindungen und technischen Verbesserungsvorschlägen unter dem Aspekt des Gesetzes über Arbeitnehmererfindungen vom 25. Juli 1957, Mitt. 1960, 171.
Danner	Führen die amtlichen Richtlinien für die Vergütung von Arbeitnehmererfindungen im privaten Dienst vom 20. Juli 1959 zu angemessenen Vergütungen? GRUR 1961, 381
Danner	Der Erfindungswert, das A und O der Erfindervergütung, GRUR 1974, 241
Dapper	Die Gefolgschaftserfindung und ihre Bewertung, Deutsche Technik 1942, 372
Deichsel	Zur Frage der Behandlung technischer Verbesserungen im neuen Recht der Arbeitnehmererfinder, Arbeit und Recht 1955, 80.
Derichs	Treu und Glauben und die Nullfälle im Recht der Arbeitnehmererfindung, GRUR 1961, 66.
Dick	Bewertung der Arbeitnehmererfindung in der Praxis, GRUR 1962, 226.
Dörner	Zum Beweis der firmeninternen Priorität zwischen Arbeitnehmererfindern, die demselben Unternehmen angehören, GRUR 1962, 169.
Dörner	Zum „qualifizierten" technischen Verbesserungsvorschlag, GRUR 1963, 72.
Fink	Zahlung von Jahresgebühren bei Freigabe einer Diensterfindung, Mitt. 1960, 51.
Fischer, Ernst	Die Bedeutung der Schutzfähigkeit der Diensterfindung für die Vergütungspflicht des Arbeitgebers, GRUR 1963, 107
Fischer, Ernst	Die Erfindervergütung für die Benutzung einer nicht patentfähigen Erfindung, GRUR 1971, 430
Fischer, Friedrich B.	Ein Vorschlag zur Vereinfachung der Ermittlung des Erfindungswerts von Arbeitnehmererfindungen, GRUR 1971, 131
Fischer, Friedrich B.	Lizenzanalogie — Kaufanalogie, GRUR 1972, 118

Literaturverzeichnis

Friedrich	Zur Abgrenzung der Diensterfindung, GRUR 1951, 211
Friedrich	Das neue Gesetz über Arbeitnehmererfindungen, JZ 1957, 696.
Friedrich	Zum Gesetz über Arbeitnehmererfindungen, GRUR 1958, 270
Gaul	Wechselwirkungen zwischen Urheberrecht und Arbeitsrecht, insbesondere Grenzfragen des Arbeitnehmererfinderrechts, NJW 1961, 1509
Gaul	Die Erfindervergütung bei Vorstandsmitgliedern und ihre Behandlung im Geschäftsbericht, GRUR 1963, 341
Gaul	Das nichtausschließliche Recht des Arbeitgebers einer im Ausland freigegebenen Erfindung, GRUR 1967, 518
Gaul	Zur Freigabe der Diensterfindung für das Ausland, Mitt. 1971, 241
Gaul-Bartenbach	Die Vergütungspflicht bei Vorbehalt eines Benutzungsrechts gemäß § 14 Abs. 3 ArbNErfG, Mitt. 1968, 141
Godenhielm	Fragen des internationalen Privatrechts auf dem Gebiete des Patentrechts, GRUR Ausl. 1957, 149
Groß	Zum Recht der Diensterfindung, „Recht im Amt" 1965, 29
Grote	Der Vergütungsanspruch im Falle des Vorbehalts eines Benutzungsrechts gemäß § 14 Abs. 3 ArbEG, Mitt. 1969, 107
Hagen	Über technische Verbesserungsvorschläge, GRUR 1959, 163
Haertel	Vorwort zu den „Beiträgen zum Recht der Arbeitnehmererfindung" Mitt. 1971, 202
Halbach	Die Pflicht zur Mitteilung von technischen Verbesserungsvorschlägen, Arbeit und Recht 1960, 371
Halbach	Die Nullfälle im Recht der Arbeitnehmererfindungen, GRUR 1960, 457
Halbach	Nochmals: Nullfälle im Recht der Arbeitnehmererfindungen, GRUR 1961, 388
Haupt	Die Unabdingbarkeit im Arbeitnehmererfindergesetz, GRUR 1956, 405
Hegel	Gedanken zum Recht der Arbeitnehmererfindung, Mitt. 1957, 3
Heine	Ein neues Arbeitnehmererfinderrecht in Vorbereitung. Der Betrieb 1952, 408
Heine	Auslandsverträge und Bestimmungen über Arbeitnehmererfindungen, BB 1954, 356
Heine	Neuregelung des Rechts der Arbeitnehmererfindungen, Der Betrieb 1957, 549

Literaturverzeichnis

Heine	Zur Ermittlung des Erfindungswerts nach den Richtlinien für die Vergütung von Arbeitnehmererfindungen im privaten Dienst, GRUR 1960, 321
Heine	Probleme der Universitätspatente und ihre Verwertung in Deutschland, Schriftenreihe Stifterverband 1960.
Henn	Adäquate Kausalität des Erfindungswerts, GRUR 1968, 123
Herbst	Arbeitnehmererfindungen im privaten Dienst, BArbBl. 1959, 627
Heßler	Steuerliche Begünstigung von Prämien für Verbesserungsvorschläge, Der Betrieb 1957, 172
Hoffmann und Bühner	Zur Ermittlung des betrieblichen Nutzens von Arbeitnehmererfindungen, GRUR 1974, 445
Hubmann	Das Recht am Arbeitsergebnis, Festschrift für Alfred Hueck, München und Berlin 1959, S. 43
Hueck, Alfred	Gedanken zur Neuregelung des Rechts der Arbeitnehmererfindung, Festschrift für Arthur Nikisch, Tübingen 1958, S. 63
Hueck, Götz	Arbeitnehmer und freie Mitarbeiter, Der Betrieb 1955, 384
Johannesson	Das Schlichtungs- und Streitverfahren in einem zukünftigen Gesetz über Arbeitnehmererfindungen, GRUR 1951, 137
Johannesson	Erfindungsvergütungen unter dem Monopolprinzip des Gesetzes über Arbeitnehmererfindungen, GRUR 1970, 114
Johannesson	Zur jüngsten Rechtsprechung des Bundesgerichtshofs zur Erfindervergütung, GRUR 1972, 23
Johannesson	Erfinder — Erfindungen — „Betriebserfindungen", GRUR 1973, 581
Kämmerer	Über die den Richtlinien für die Vergütung von Arbeitnehmererfindungen (RL 1959) zugrundeliegenden mathematischen Beziehungen, BB 1959, 623
Karl	Die Unabdingbarkeit im Arbeitnehmererfindergesetz, GRUR 1956, 51
Karl	Vergütung einer Arbeitnehmererfindung vor der Patenterteilung als technischer Verbesserungsvorschlag, Mitt. 1960, 242
Karl	Stellungnahme zu den bisherigen Kommentaren über die neuen Vergütungsrichtlinien für Arbeitnehmererfindungen, GRUR 1960, 459
Karl	Die sog. Millionenstaffel bei der Vergütung von Arbeitnehmererfindungen, GRUR 1968, 565
Knoblauch	Das Recht der Arbeitnehmererfindung, Die Union, Monatsschrift der Union leitender Angestellter, 1957, 122

Literaturverzeichnis

Kraft	Die Freigabe einer Diensterfindung für das Ausland und die Rechte des Arbeitgebers nach § 14 Abs. 3 ArbEG, GRUR 1970, 381
Kremnitz	Probleme der Vergütung nach dem ArbEG aus der Sicht des Arbeitnehmererfinders, Mitt. 1971, 209
Kroitzsch	Erfindungen in der Vertragsforschung und bei Forschungs- und Entwicklungsgemeinschaften unter dem Blickpunkt des Arbeitnehmererfindergesetzes, GRUR 1974, 177
Labus	Die steuerliche Behandlung der Vergütungen für Arbeitnehmererfindungen, BB 1951, 331
Labus	Die einkommensteuerliche Behandlung der freien Erfinder, BB 1951, 389
May	Der Verbesserungsvorschlag als Erfindungsmeldung, BB 1960, 628
Mediger	Gedanken eines Praktikers zur Regelung des Rechts der Angestelltenerfindung, GRUR 1952, 67
Meusel	Behindern Patente die Forschung? GRUR 1974, 437
Mönig	Der technische Verbesserungsvorschlag im Sinne von § 20 Abs. 1 ArbEG, GRUR 1972, 518
Monjau	Nachwirkende Treuepflichten, BB 1962, 1432
Müller-Pohle	Die Arbeitnehmererfindung, gegenwärtiges und künftiges Recht, GRUR 1950, 156
Müthling	Spezielle Steuerfragen bei gewerblichen Urheberrechten, GRUR 1953, 244
Müthling	Spezielle Steuerfragen bei gewerblichen Urheberrechten, GRUR 1955, 17
Mutze	Die steuerliche Behandlung geschützter und ungeschützter Erfindungen, Mitt. 1962, 205
Nastelski	Schutz des Betriebsgeheimnisses, GRUR 1957, 1
Neumeyer	Die Arbeitnehmererfindung in rechtsvergleichender Sicht, GRUR Ausl. 1962, 65
Neumeyer	Der angestellte Erfinder als Gegenstand der Gesetzgebung, Mitt. 1971, 213
Osann	Vergütung von Arbeitnehmererfindungen unter Ermittlung des Erfindungswerts nach dem erfaßbaren betrieblichen Nutzen, GRUR 1964, 113
Pakebusch	Die arbeitgeberähnlichen Personen und ihre arbeitsrechtliche Sonderstellung, BB 1963, 230
Pakebusch	Zur Problematik der gesetzlichen Regelung der beschränkten Inanspruchnahme einer Diensterfindung, GRUR 1959, 161
Peters	Bewertung und Vergütung der Arbeitnehmererfindung, Recht der Arbeit 1954, 121
Peters	Die Verwertung frei gewordener Diensterfindungen, GRUR 1961, 514

Literaturverzeichnis

Pietzcker	Zur adäquaten Kausalität bei Ermittlung des Erfindungswerts, GRUR 1968, 172
Reimer	Das Recht der Arbeitnehmererfindung, GRUR 1950, 350
Reinländer	Steuertarifermäßigung, BB 1972, 1225
Röpke	Das Recht des Arbeitnehmers auf Verwertung einer freigewordenen Diensterfindung, GRUR 1962, 127
Röpke	Die Zulässigkeit der Nichtigkeitsklage bei Arbeitnehmererfindungen, GRUR 1962, 173.
Röpke	Arbeitsrechtliche Verpflichtungen bei Verbesserungsvorschlägen, Der Betrieb 1962, 369, 406
Röpke	Die Vergütungspflicht für Arbeitnehmererfindungen als arbeitsrechtliche Verpflichtung, RdA 1963, 405
Sahmer	Der Arbeitnehmer im Spiegel des Urheberrechts, UFITA Bd. 21, 34
Sautter	Einige Probleme der praktischen Handhabung des Gesetzes über Arbeitnehmererfindungen aus industrieller Sicht, Mitt. 1971, 203
Schade	Aus der bisherigen Praxis der Schiedsstelle für Arbeitnehmererfindungen in München, Mitt. 1959, 253
Schade	Die neuen Richtlinien für die Vergütung von Arbeitnehmererfindungen, BB 1960, 449
Schade	Arbeitnehmererfindergesetz und betriebliches Vorschlagswesen, VDI-Zeitschrift 1961, 50
Schade	Erfindervergütungen, GRUR 1962, 125
Schade	Arbeitnehmererfindungen, BB 1962, 260
Schade	Verfahrensvorschriften im Recht der Arbeitnehmererfindung, BB 1963, 1261
Schade	Zu Fragen des Arbeitnehmererfindungsgesetzes, GRUR 1958, 519
Schade	Bemessung der Lizenz bei Schutzrechten auf Teile einer Gesamtvorrichtung oder Verbesserung eines bekannten Verfahrens, „Schöpferische Leistung", 1964, 40
Schade	Meinungsstreit zwischen Bundesgerichtshof und der Schiedsstelle des DPA? BB 1964, 1381
Schade	Zur Auslegung des Gesetzes über Arbeitnehmererfindungen durch Gerichte und Schiedsstelle, GRUR 1965, 634
Schade	Zur Ermittlung des Erfindungswerts nach dem betrieblichen Nutzen, insbesondere zur Problematik der Nr. 12 der RL 1959, GRUR 1968, 114
Schade	Die Auswirkungen der Änderungen des Patentgesetzes vom 4. 9. 1967 auf die Arbeitnehmererfindung, GRUR 1968, 393

Literaturverzeichnis

Schade	Ermäßigung des Lizenzsatzes bei besonders hohen Umsätzen, Mitt. 1969, 291
Schade	Aktuelle Probleme auf dem Gebiet der Arbeitnehmererfindung, GRUR 1970, 379
Schade	Aktuelle Probleme im Recht der Arbeitnehmererfindung, VDI-Information Nr. 27 August 1971
Schade	Die gemeinschaftliche und die Doppelerfindung von Arbeitnehmern, GRUR 1972, 510
Schade	Droit et pratique de l'invention d'employé en République fédérale d'Allemagne, Propriété Industrielle, 1972, 259
Schade	Employees' Inventions — Law and Practice in the Federal Republic of Germany, Industrial Property 1972, 249
Schade	The Working of the Law on Employees' Inventions in the Federal Republic of Germany, APLA Quarterly Journal, May 1973, published by the American Patent Law Association
Schippel	Der persönliche Geltungsbereich des Gesetzes über Arbeitnehmererfindungen und seine Ausdehnung durch Analogie und Parteivereinbarung, GRUR 1959, 167
Schippel	Die Schiedsstelle für Arbeitnehmererfindungen, „Der Leitende Angestellte" 1968, 72
Schippel	Die Grenzen der Parteiautonomie im Internationalen Arbeitsvertragsrecht und die Arbeitnehmererfindung, Mitt. 1971, 229
Schippel	Compensation of Employee Inventors in Germany IIC 1973, 1
Schramm	Auftrags-, Dienst- und Gesellschaftererfindung, BB 1961, 105
Schultze-Rhonhof	Vorschläge für die Reform des Rechts der Arbeitnehmererfinder, GRUR 1956, 440
Schweikhardt	Zur „Abstaffelung" nach den Richtlinien, GRUR 1968, 340
Seehaus	Das Erfordernis der Schriftform für Erfindungsmeldung und Inanspruchnahme bei Arbeitnehmererfindungen, GRUR 1952, 220
Stoephasius, v.	Die Diensterfindung, Die Bundesbahn 1952, 598
Stoephasius, v.	Der „Verbesserungsvorschlag" in dem Gesetz über Arbeitnehmererfindungen, Der Betrieb 1953, 184
Tetzner, Heinrich	Pauschalabfindungsklauseln für Diensterfindungen in Anstellungsverträgen, Mitt. 1962, 194
Tetzner, Heinrich	Zum Vergütungsanspruch bei Arbeitnehmererfindungen, GRUR 1967, 513
Tetzner, Heinrich	Die Neufestsetzung der Vergütung für Diensterfinder, GRUR 1968, 292

Literaturverzeichnis

Tetzner, Volkmar	Die Pauschalabfindung für Diensterfindungen, BB 1963, 649
Trüeb	Derivativer und originärer Erwerb der Arbeitnehmererfindung durch den Arbeitgeber im Internationalen Privatrecht, GRUR Ausl. 1961, 14
Voigt	Zum „technischen Verbesserungsvorschlag" nach dem Gesetz über Arbeitnehmererfindungen, BB 1969, 1310
Volmer	Die Betriebserfindung, NJW 1954, 92
Volmer	Die Arbeitnehmererfindung im internationalen Wirtschaftsverkehr, Recht der Arbeit 1956, 55
Volmer	Das Monopolprinzip und das Leistungsprinzip im Arbeitnehmererfinderrecht, Recht der Arbeit 1956, 212
Volmer	Das Wesen der Erfindung und des technischen Verbesserungsvorschlags, Recht der Arbeit 1957, 166
Volmer	Das Gesetz über Arbeitnehmererfindungen, Recht der Arbeit 1957, 241
Volmer	Zur Problematik des technischen Verbesserungsvorschlages, BB 1960, 1332
Volmer	Das (unechte) Monopolprinzip im Arbeitnehmererfindungsrecht und seine Bedeutung für die Praxis, BB 1964, 1223
Volmer	Der Verlust der Erfindungsmeldung und seine Folgen, RDA 1965, 269
Volmer	Zehn Jahre Tätigkeit der Schiedsstellen für Arbeitnehmererfindungen, BB 1967, 253
Weiß	Die deutsche Arbeitnehmererfindung im Konzern mit ausländischer Leitung, GRUR Ausl. 1956, 99
Weiß	Arbeitnehmererfindung und Schutzrechtsanmeldung im Ausland, GRUR 1958, 64
Willich	Erfindervergütungsanspruch bei außerbetrieblicher Nutzung von Diensterfindungen, GRUR 1973, 406
Wimmer	Die wirtschaftliche Verwertung von Doktorandenerfindungen, GRUR 1961, 449
Witte	Die Betriebserfindung, GRUR 1958, 163
Witte	Vergütungsrechtliche Probleme bei Auftragsdiensterfindungen, Mitt. 1962, 195
Witte	Die Angabe der Anmeldeberechtigung bei Diensterfindungen, GRUR 1963, 76
Witte	Jahresgebühren bei Diensterfindungen, Mitt. 1963, 45
Zinken	Erfindervergütung trotz Betriebsaufspaltung, BB 1972, 1226

Zusammenstellung von Gerichtsurteilen zum Arbeitnehmererfindungsgesetz
(Stand 1. 10. 1974)

BGH-Urteile

1.	25. 2. 1958 Mitteilungs- und Meldepflicht	Zum Umfang der Mitteilungspflicht für freie Erfindungen.	GRUR 1959, 334
2.	2. 12. 1960 Chlormethylierung	Kein selbständiger Anspruch des Miterfinders auf Bekanntgabe seines Erfindungsanteils vor Festsetzung nach § 12 Abs. 3 ArbEG. Die Dreimonatsfrist des § 12 Abs. 3 Satz 2 ArbEG stellt nur die äußerste zeitliche Grenze für die Festsetzung der Vergütung dar. Der Arbeitgeber muß sich an die Erklärung gegenüber dem Patentamt, daß er die Anmeldung als patentfähig ansehe, halten lassen.	GRUR 1961, 336
3.	24. 11. 1961 Federspannvorrichtung	An den rechtlich möglichen Verzicht des Arbeitgebers auf Schriftlichkeit der Meldung ist ein strenger Maßstab anzulegen. Zur Verwirkung des Inanspruchnahmerechts.	GRUR 1962, 305
4.	13. 3. 1962 Kreuzbodenventilsäcke	Zur Ermittlung der angemessenen Höhe der als Entschädigung für Patentverletzung zu zahlenden Lizenzgebühr und zur Frage, ob bei einer zusammengesetzten Anlage, von der nur ein Teil patentiert ist, die Entschädigungs-Lizenzgebühr nach dem Wert der patentierten Einrichtung oder nach dem der ganzen Anlage zu berechnen ist.	GRUR 1962, 401
5.	28. 6. 1962 Cromegal	Benutzt der Arbeitgeber eine unbeschränkt in Anspruch genommene Diensterfindung, so ist in aller Regel eine vorläufige Vergütung bis zum Ablauf von 3 Monaten nach Aufnahme der Benutzung festzusetzen, auch wenn die Patentanmeldung noch nicht bekanntgemacht ist. Das vorläufige Benutzungsentgelt ist vergleichbar den Vergütungen nach §§ 10 und 20 ArbEG zu berechnen. Es kann vom endgültigen Entgelt erheblich abweichen, wenn das Risiko, daß ein Patent erteilt wird, groß ist.	GRUR 1963, 135 Bl. 1962, 354 BGHZ Bd. 37, 281
6.	20. 11. 1962 Pauschalabfindung	Bei einer Neufestsetzung der Vergütung nach § 12 Abs. 6 ArbEG darf eine vorliegende Pauschalierungsabrede nicht völlig beiseite gelas-	GRUR 1963, 315

sen werden; sie ist den veränderten Gesamtumständen anzupassen.
Die gesetzliche Vermutung des § 17 Abs. 2 ArbEG ist nicht anzuwenden, wenn der Arbeitgeber den Vergütungsanspruch voll erfüllt hatte, als er die Patentanmeldung nach Erlaß des Bekanntmachungsbeschlusses zurücknahm. (Verzicht auf Neufestsetzung ist vom Berufungsgericht als rechtsgrundsätzlich zulässig erachtet worden).

7.	9. 1. 1964 Drehstromwicklung	Der Arbeitgeber kann sich auf mangelnde Schutzfähigkeit gemäß § 10 Abs. 2 Satz 1 ArbEG nur berufen, wenn sie sich aus einer gegen jedermann wirkenden Entscheidung des Patentamts oder eines Gerichts ergibt. Zu Fragen des Schiedsverfahrens.	GRUR 1964, 449
8.	22. 10. 1964 Schellenreibungskupplung	Das ArbEG ist auf Erfindungen von Geschäftsführern einer GmbH weder unmittelbar noch im Wege der erweiternden Auslegung anzuwenden. Das schließt nicht aus, daß seine Anwendung ausdrücklich oder stillschweigend vertraglich vereinbart wird. Die bloße Tatsache der Gehaltsaufbesserung kann nicht als stillschweigende Abgeltung bestehender Vergütungsansprüche, erst recht nicht als Vorausabgeltung für spätere Erfindungen bewertet werden.	GRUR 1965, 302
9.	5. 5. 1966 Spanplatten	Bei Prüfung der Frage, ob ein Mitarbeiter einen schöpferischen Beitrag zum Zustandekommen einer Erfindung geleistet hat und daher als Miterfinder zu behandeln ist, darf der Teilbetrag des einzelnen nicht isoliert gewürdigt und nicht ein zu strenger Maßstab an das Vorliegen eines „schöpferischen" Beitrags angelegt werden.	GRUR 1966, 558
10.	30. 4. 1968 Luftfilter	Zum Anspruch auf Berichtigung der Erfinderbenennung. Kein Anspruch auf Erwähnung von Umfang und Ausmaß der Beteiligung des Miterfinders bei der Erfinder(be)nennung.	GRUR 1969, 133
11.	26. 11. 1968 Räumzange	Ein technischer Verbesserungsvorschlag gewährt dem Arbeitgeber eine ähnliche Vorzugsstellung wie ein gewerbliches Schutzrecht, wenn er ihm die tatsächliche Möglichkeit bietet, den Gegenstand des Vorschlags unter Ausschluß der Mitbewerber allein zu verwerten. Es ist nicht erforderlich, daß der Gegenstand des Verbesserungsvorschlags zum Betriebsgeheimnis erklärt worden ist. Anderseits genügt es nicht, daß die Mitbewerber des Arbeitgebers	GRUR 1969, 341 Bl. 1969, 315

Gerichtsurteile zum Arbeitnehmererfindungsgesetz

		die Verbesserung trotz Kenntnis lediglich nicht anwenden.	
12.	26. 6. 1969 Rüben- Verlade- einrichtung	1. Zur Pflicht des Lizenznehmers zur Zahlung von Lizenzgebühren für Benutzung des nicht selbständig schutzfähigen Gegenstands des kennzeichnenden Teils eines Unteranspruchs. 2. Zur Frage, ob die Lizenzgebühr von der Gesamtvorrichtung oder von einem Teil zu berechnen ist. 3. Zur Höhe der Lizenzgebühr. 4. Zur „Abstaffelung" der Lizenzgebühr bei feststehendem Gesamtumsatz.	GRUR 1969, 677
13.	28. 4. 1970 Scheinwer- fereinstell- gerät	1. Hat der Arbeitnehmer zu einem Patent des Arbeitgebers einen Beitrag geleistet, der als Diensterfindung unbeschränkt in Anspruch genommen ist, so sind bei der Bemessung seiner Vergütung diejenigen Ausführungsformen zu berücksichtigen, die im Schutzumfang des Patents liegen; eine spätere Weiterentwicklung, die über das Patent hinausgeht, fällt nicht mehr unter die Vergütungspflicht, auch wenn der genannte Beitrag des Arbeitnehmers dazu als Anregung gedient hat. 2. Für den Rechnungslegungsanspruch des Miterfinders kommt es auf den Umfang der Beteiligung gegenüber den anderen Miterfindern nicht an.	GRUR 1970, 459 Bl. 1971, 29 BGHZ 54, 30
14.	10. 11. 1970 Wildbiß- verhinde- rung	Bei der Frage, wann eine Erfindung fertig ist, ist nicht auf die Meinung des Erfinders, sondern auf die Erkenntnis des Durchschnittsfachmanns abzustellen (Abweichung vom BGH GRUR 1951, 404, 407 — Wechselstromgeneratoren und 1966, 558, 559 — Spanplatten — oben unter Nr. 9 angeführt).	GRUR 1971, 210 Bl. 1971, 210
15.	18. 5. 1971 Schluß- urlaub	Als „Dauer des Arbeitsverhältnisses" im Sinne des § 4 ArbEG ist die Zeit bis zu seiner Beendigung im Rechtssinne zu verstehen, ohne daß es darauf ankäme, ob der Arbeitnehmer bis zuletzt im Betrieb noch tätig war.	GRUR 1971, 407
16.	30. 3. 1971 Gleich- richter	Benutzt der Arbeitgeber während des Schwebens des Patenterteilungsverfahrens die unbeschränkt in Anspruch genommene „Erfindung", so steht dem Arbeitnehmer grundsätzlich unabhängig vom Lauf des Verfahrens dem Grunde nach eine vorläufige Vergütung zu, auch wenn inzwischen rechtskräftig die Patentanmeldung zurückgewiesen oder das Patent versagt ist. (Abweichend vom amtlichen Leitsatz)	GRUR 1971, 457 Bl. 1971, 309

17.	17. 4. 1973 Absperr- ventil X ZR 59/69	1. Verhältnis der allgemeinen Grundsätze des Fehlens oder Wegfalls der Geschäftsgrundlage (§§ 242, 779 BGB) zu § 12 Abs. 6 ArbEG. 2. Bei der Prüfung der Voraussetzungen des § 12 Abs. 6 ArbEG ist von der Angemessenheit der ursprünglichen Vereinbarung auszugehen. Eine ursprüngliche Unangemessenheit kann nur nach § 23 Abs. 1 ArbEG geltend gemacht werden.	BGHZ 61, 153 GRUR 1973, 649 Bl. 1973, 315
18.	23. 4. 1974 Anlagen- geschäft	Das nichtausschließliche Benutzungsrecht nach dem ArbEG ist betriebsgebunden und auf die unmittelbare Benutzung der Diensterfindung abgestellt. Ohne Zustimmung des Erfinders kann Benutzung Dritten nicht gestattet werden.	GRUR 1974, 463= NJW 1+74, 1197

Zur DVO vom 20. März 1943

23. 5. 1952 Zucker- diffuseur	Meldung setzt nur anmeldereife, nicht fabrikationsreife Erfindung voraus, wenn sie Frist zur Inanspruchnahme in Lauf setzen soll. Strenge Anforderungen an Abdingung dieser Frist. Berufung auf Fristablauf kann gegen Treu und Glauben verstoßen.	GRUR 1952, 573

Bundesarbeitsgericht

30. 4. 1965 Abdampf- verwertung	Für technische Verbesserungsvorschläge sind die Arbeitsgerichte zuständig. Vergütungspflicht nur bei Verwertung, nicht nur Prüfung und Erprobung. Die Verwertung steht grundsätzlich im Belieben des Arbeitgebers. Eine besondere Leistung, insbesondere von schöpferischer Art, die eine echte Sonderleistung darstellt, ist zusätzlich zu vergüten, wenn der Arbeitgeber sie verwertet und sie ihm einen nicht unerheblichen Vorteil bringt. Zur Einholung eines Obergutachtens.	GRUR 1966, 88 Bl. 1966, 56

Andere Gerichte

1. OLG Hamburg v. 6. 11. 1958	Zum Begriff des Arbeitnehmers. Eine während der Dauer des Arbeitsverhältnisses aus der dem Arbeitnehmer im Betrieb obliegenden Tätigkeit entstandene Erfindung ist auch dann eine Diensterfindung, wenn sie nicht lediglich auf den innerbetrieblichen Stand der Technik aufbaut, sondern einen eigenen Weg geht.	GRUR 1960, 487

Gerichtsurteile zum Arbeitnehmererfindungsgesetz

2. OLG Düsseldorf v. 26. 5. 1961	Der Ruhegehaltsempfänger einer Firma ist mangels Fortbestand einer engeren gegenseitigen Bindung ausgeschieden und braucht die Schiedsstelle vor Klageerhebung nicht anzurufen.	GRUR 1962, 193
3. OLG Braunschweig v. 29. 3. 1962	Die Mitteilung einer freien Erfindung nach § 18 ArbEG braucht nicht gesondert zu geschehen; die Anzeige muß aber als Mitteilung einer freien Erfindung kenntlich sein.	GRUR 1963, 196
4. LG Düsseldorf v. 28. 7. 1964	Für vor dem 1. Oktober 1957 gemachte Erfindungen kommt eine für die Zeit bis zur Entscheidung über die Patentfähigkeit zu zahlende einstweilige Benutzungsvergütung nur für die Zeit nach dem 1. Oktober 1957 in Betracht.	GRUR 1965, 307
5. OLG Frankfurt a. M. v.28.10.1965 Strophocor	Zur Beweislast für die Patentfähigkeit der Erfindung bei Inanspruchnahme einer angemessenen Vergütung, wenn die Anmeldung zurückgenommen wurde, ohne sie dem Erfinder anzubieten. Zum Ausschluß des Einwands der mangelnden Patentfähigkeit durch den Arbeitgeber nach Treu und Glauben (eigene offenkundige Vorbenutzung).	GRUR 1966, 425
6. OLG München v. 9. 3. 1967	1. Ein ausgeschiedener Arbeitnehmer muß dem Arbeitgeber Unterlagen über eine unmittelbar nach seinem Ausscheiden aus dem Arbeitsverhältnis bewirkte Patentanmeldung vorlegen, damit der Arbeitgeber selbst beurteilen kann, ob es sich um eine Diensterfindung oder eine freie Erfindung handelt. 2. Erfordernisse des Zeugenbeweisangebots.	Mitt. 1967, 237
7. OLG Nürnberg v. 24. 8. 1967	Zu den Anforderungen an die Beschreibung der Lösung der Aufgabe in der Erfindungsmeldung.	GRUR 1968, 147
8. LG Nürnberg-Fürth v.25.10.1967	1. Zum Erfinderpersönlichkeitsrecht, insbesondere in der Erfindergemeinschaft. 2. Zu den Voraussetzungen der Miterfinderschaft.	GRUR 1968, 252
9. LG Braunschweig v. 20. 2. 1968	§ 39 ArbEG schließt Vereinbarungen über die örtliche Zuständigkeit nicht aus.	GRUR 1969, 135
10. OLG Nürnberg v. 29. 4. 1969 Kunststoffskimatte	Inanspruchnahme der Erfindung als Voraussetzung für den Anspruch des Arbeitnehmererfinders auf angemessene Vergütung. (Problem der Ansprüche aus freier Erfindung ist nicht entschieden).	GRUR 1970, 135

Gerichtsurteile zum Arbeitnehmererfindungsgesetz

11. OLG Düsseldorf v.30.10.1970 Miterfinder	Hat einer der Beteiligten einen „schöpferischen" Anteil beigesteuert, begründet die dem Durchschnittskönnen entsprechende Leistung anderer Personen keinen Anteil an der Erfindung. Nur wenn überhaupt keine das Durchschnittskönnen des Fachmanns übersteigende Leistung vorliegt, kann auch eine in diesem Rahmen liegende Leistung einen Anteil an der Erfindung begründen.	GRUR 1971, 215
12. OLG Düsseldorf v.23.10.1970 Energiezuführungen	Eine Diensterfindung wird dann im Sinne von § 27 ArbEG ohne den Geschäftsbetrieb veräußert, wenn die an ihrer Auswertung beteiligten Betriebsteile nicht mit veräußert werden.	GRUR 1971, 218
13. LG Düsseldorf v. 27.3.1973 Blockeinweiser	1. Kenntlichmachen der Diensterfindung 2. Zuständigkeit der Patentstreitkammer	GRUR 1974, 173
14. LG Düsseldorf v. 4.12.1973 Mischröhre	Obliegende Tätigkeit des Diensterfinders	GRUR 1974, 275

Zusammenstellung der Veröffentlichungen der Schiedsstellen nach dem Gesetz über Arbeitnehmererfindungen
(Stand 1. 10. 1974)

Arb.Erf. 13/57 v. 16. 10. 1958 Bl. 1959, S. 15
Bemessung des Erfindungswerts nach der Lizenzanalogie, keine Erstattung außeramtlicher Kosten.

Arb.Erf. 1/58 v. 16. 10. 1958 Bl. 1959, S. 16
Grundsätzlich Erfindervergütung auch bei niedrigem Umsatz.

Arb.Erf. 23/58 v. 29. 10. 1958 Bl. 1959, S. 16
Unzuständigkeit der Schiedsstelle für Ansprüche von gesetzlichen Vertretern juristischer Personen gegen diese.

Arb.Erf. 13/59 v. 25. 11. 1959/27. 1. 1960 Bl. 1960, S. 279
Übergang der Diensterfindung ohne Inanspruchnahme durch ausdrückliche Vereinbarung. Unterrichtung des Arbeitnehmers, wenn Arbeitgeber von Beschwerde absehen will.

Arb.Erf. 20/59 v. 19. 4. 1960 Bl. 1960, S. 280
Erfordernisse der Meldung. Verzicht auf schriftliche Meldung. Übergang der Diensterfindung ohne Inanspruchnahme durch stillschweigende Übertragung.

Arb.Erf. 35/59 v. 19. 4. 1960 Bl. 1960, S. 282
Erfordernisse der Meldung und der Beanstandung.

Arb.Erf. 15/59 v. 28. 10. 1959/8. 2. 1960 Bl. 1960, S. 315
Voraussetzung für Tätigwerden der Schiedsstelle ist es, daß ein Beteiligter einen rechtlichen Nachteil erleidet.

Arb.Erf. 13/58 v. 14. 3. 1960 Bl. 1960, S. 316
Keine Zuständigkeit der Schiedsstelle für Einigung über rein bürgerlich-rechtliche Fragen, hier: Zustandekommen eines den geltend gemachten Anspruch erledigenden Vergleichs.

Arb.Erf. 22/60 v. 8. 5. 1961 Bl. 1961, S. 434
Ermittlung des Erfindungswertes bei Ersparniserfindung;
Abstaffelung bei sehr hohen Umsätzen auch bei Ermittlung nach dem Gewinn;

	die amtlichen Richtlinien sind unverbindlich, aber nicht ohne triftigen Grund unberücksichtigt zu lassen; zur Bemessung des Anteilsfaktors.	
Arb.Erf. 30/60	v. 1. 3. 1961 Erfindervergütung bei gemeinsamem Patent mehrerer Firmen, bei dem Arbeitnehmer aus mehreren Firmen zusammengewirkt haben.	Bl. 1962, S. 17
Arb.Erf. 4/61	v. 25. 4. 1961/24. 8. 1961 Ermittlung des Erfindungswertes; wenn das Erzeugnis noch weiter bearbeitet wird (Konfektionierung); zur Bemessung des Anteilsfaktors.	Bl. 1962, S. 51
Arb.Erf. 59/60	v. 9. 5. 1961/18. 9. 1961 Anteilsfaktor, hier Stellung der Aufgabe durch Wissenschaftler im Forschungsinstitut.	Bl. 1962, S. 53
Arb.Erf. 49/60	v. 3. 10. 1961 Diensterfindung ohne ausdrücklichen Auftrag im Rahmen des Pflichtenkreises des Arbeitnehmers.	Bl. 1962, S. 54
Arb.Erf. 29/60	v. 7. 11. 1961 Zur Fälligkeit der Erfindervergütung vor Erteilung des Patents, aber nach Bekanntmachung; Gesichtspunkte für Bemessung des Lizenzsatzes; keine Änderung des Anteils des Erfinders, wenn Schutzrechte anderer Erfinder am Schutzrechtskomplex wegfallen.	Bl. 1962, S. 78
Arb.Erf. 50/60	v. 16. 11. 1961 Erfindervergütung durch Gehaltserhöhung? Bemessung des Anteilsfaktors.	Bl. 1962, S. 138
Arb.Erf. 34/61	v. 17. 2. 1962/28. 6. 1962 Das Maß der Kenntnisse und des Wissens sind sowohl bei der Aufgabe und Stellung des Arbeitnehmers im Betrieb als bei der Lösung der Aufgabe zu berücksichtigen.	Bl. 1962, S. 16
Arb.Erf. 13/61	v. 13. 7. 1962 Ein technischer Verbesserungsvorschlag gewährt eine ähnliche Vorzugsstellung wie ein gewerbliches Schutzrecht nur, wenn er nicht vorher Allgemeingut der Technik war. Dies ist der Fall, wenn er durch Druckschrift nahegelegt war.	Bl. 1963, S. 75
Arb.Erf. 9/62	v. 25. 1. 1963 Unzuständigkeit der Schiedsstelle zur Einigung rein bürgerlich-rechtlicher Streitfragen (Aufrechnung, Verwirkung, Verzicht), wenn diese nicht nur Vorfragen darstellen.	Bl. 1963, S. 177

Veröffentlichungen der Schiedsstelle nach dem Arbeitnehmererfindungsgesetz

Arb.Erf. 28/62	v. 18. 2. 1963 Gebrauchsmuster als Sonderleistung.	Bl. 1963, S. 178
Arb.Erf. 58/62	v. 11. 6. 1963 Zur Bemessung der vorläufigen Vergütung für verwertete Erfindungen, die noch nicht zum Patent geführt haben; keine Rückzahlung, wenn das Patent nicht oder beschränkt erteilt wird.	Bl. 1963, S. 341
Arb.Erf. 17/63	v. 10. 7. 1963 Widerspruch nach Festsetzung auch dann, wenn der Arbeitnehmer der festgesetzten Höhe vorher widersprochen hatte, erforderlich, wenn die Festsetzung nicht verbindlich werden soll.	Bl. 1963, S. 342
Arb.Erf. 12/63	v. 12. 7. 1963 Die Inanspruchnahmefrist beginnt erst mit Eingang der aufgrund einer Beanstandung vorgelegten Ergänzung zu laufen.	Bl. 1963, S. 342
Arb.Erf. 24/62	v. 17. 12. 1963 Die Weigerung eines Beteiligten, weiterhin am Schiedsverfahren teilzunehmen, hindert nicht dessen Fortsetzung. Zur Erfindervergütung für Gebrauchsmuster.	Bl. 1964, S. 166
Arb.Erf. 7/63	v. 12. 3. 1964 Verpflichtung zur Zahlung einer Erfindervergütung knüpft an die Tatsache an, daß der Betrieb ein Ausschlußrecht erwirbt und dadurch wirtschaftliche Vorteile hat — keine außergewöhnliche Leistung erforderlich. Anknüpfung an tatsächlichen Umsatz, nicht Umsatzsteigerung; Abgeltung durch Gehaltserhöhung; Schätzung.	Bl. 1964, S. 233
Arb.Erf. 21/63	v. 1. 4. 1964 Zur Frage der Ermäßigung des Lizenzsatzes bei besonders hohen Umsätzen.	Bl. 1964, S. 235
Arb.Erf. 4/63	v. 13. 11. 1963/24. 8. 1964 Zur Frage der Bezugsgröße (Gesamtwert oder Wert der Teilvorrichtung); Bemessung des Lizenzsatzes.	Bl. 1964, S. 354
Arb.Erf. 39/62	v. 3. 2. 1964 Zur Frage der Bezugsgröße — hier Schalteinrichtung eines Zahnräderwechselgetriebes.	Bl. 1964, S. 375
Arb.Erf. 18/63	v. 15. 10. 1964 Die „Aufgabe" eines Schutzrechtes bedarf im Gegensatz zur „Freigabe" einer Diensterfindung nicht der Schriftform.	Bl. 1965, S. 66

	Beweislast des Arbeitnehmers für Schadensersatz wegen unterlassener Benachrichtigung von der Aufgabe.	
Arb.Erf. 25/64	Zwischenbescheid v. 31. 12. 1964 Bei einem in seiner Gesamtheit geschützten Verfahren ist von dem Wert des gesamten Verfahrens auszugehen. Erfindungshöhe, Maß der erfinderischen Leistung, innerbetrieblicher Stand der Technik sind nicht beim Erfindungswert, sondern beim Anteilsfaktor zu berücksichtigen.	Bl. 1965, S. 170
Arb.Erf. 36/64	v. 20. 4. 1965 1. Zur Frage der Bezugsgröße bei Automatik einer Kamera. 2. Abstaffelung; wenn der Erfindervergütung nur ein Teil der Gesamtvorrichtung zugrundegelegt wird, ist nur der die Teilvorrichtung betreffende Umsatz abzustaffeln, nicht erst nach Abstaffelung vom Gesamtumsatz als Anteil zu berücksichtigen.	Bl. 1965, S. 280
Arb.Erf. 26/64	v. 13. 7. 1965 Der Einfluß der Vernichtbarkeit des noch in Kraft befindlichen Patents auf die Vergütung für die ihm zugrundeliegende Diensterfindung.	Bl. 1965, S. 324
Arb.Erf. 1 (B) /65	(Berlin) v. 15. 2. 1966 Pflicht zur Weiterzahlung der vereinbarten Vergütung nach Aufgabe und Übertragung des Schutzrechts auf den Erfinder. Ausgleich des im Gehalt liegenden Vergütungsanteils nach Wegfall des Gehalts.	Bl. 1967, S. 30
Arb.Erf. 2 (B) /65	(Berlin) v. 18. 1. 1966 Zur Höhe des bei der Lizenzanalogie anzunehmenden Lizenzsatzes bei Verbesserung eines chemischen Verfahrens. Staffelung wegen hoher Umsätze.	Bl. 1966, S. 124
Arb.Erf. 8/63	v. 13. 5. 1966 1. Im Streitfall ist zu prüfen, ob Betrieb durch Änderung der Vorrichtung noch vom Erfindungsgedanken Gebrauch macht. 2. Ermittlung der Erfindervergütung, wenn Vergleich mit freier Erfindung nicht möglich erscheint. 3. Miterfinderanteil. 4. Bemessung der vorläufigen Vergütung und des Anteils an Lizenzeinnahmen des Betriebs. 5. Auslandslieferungen und Freigabe für das Ausland.	Bl. 1967, S. 80

Veröffentlichungen der Schiedsstelle nach dem Arbeitnehmererfindungsgesetz

Arb.Erf. 42/65	v. 28. 3. 1966/12. 8. 1966	Bl. 1967, S. 131

1. Ist in einer Meldung offengeblieben, ob die gemeldeten Erfindungen Diensterfindungen sind, so setzt dies trotzdem die Fristen zur Inanspruchnahme (§ 6) bzw. zum Bestreiten, daß es sich um freie Erfindungen handelt (§ 18 Abs. 2), in Lauf.
2. Zu den Umständen, unter denen Berufung auf den Fristablauf gegen die Treuepflicht verstößt.
3. Eine widerrechtliche Entnahme liegt nicht vor, wenn der Arbeitnehmererfinder die durch Fristversäumnis freigewordene Erfindung für sich angemeldet hat oder nach Freiwerden anmeldet.

Arb.Erf. 23/66	v. 12. 9. 1966	Bl. 1967, S. 159

1. Erfindungswert bei Gebrauchsmustern, hier: Höhe der bei Spielzeug üblichen freien Lizenzen.
2. Zur Frage der Erfindervergütung für Geschmacksmuster.

Arb.Erf. 5/67	v. 17. 3. 1967	Bl. 1967, S. 222

1. Höhe der Erfindervergütung bei Lizenzeinnahmen des Arbeitgebers.
2. Zur Bemessung des Anteilsfaktors.

Arb.Erf. 30/66	v. 17. 4. 1967	Bl. 1967, S. 321

1. Wird durch die Diensterfindung eine Preisermäßigung für Zulieferungen erzielt, so ist diese auch dann als wirtschaftliche Verwertung der Erfindung zu vergüten, wenn weder Arbeitgeber noch Zulieferer nach dem Gegenstand des Patents herstellen.
2. Zur Bemessung des Miterfinderanteils und des Anteilsfaktors.

Arb.Erf. 40/65	v. 24. 4. 1967	Mitt. 1967, S. 238

Beispiel einer vergleichsweisen Regelung der Erfindervergütung, wenn die Patentanmeldung noch nicht zur Bekanntmachung geführt hat, die Aussichten hierfür nicht besonders günstig sind, ihr Gegenstand aber mit gutem Erfolg innerhalb des Betriebes benutzt wird.

Arb.Erf. 2/67	v. 21. 7. 1967	Bl. 1968, S. 72

1. Zur Frage, wann eine Vereinbarung über die Vergütung in erheblichem Maße unbillig ist.
2. Keine Berufung auf die Unbilligkeit, wenn die Vereinbarung erst nach Beendigung des Arbeitsverhältnisses zustandekommt.

Veröffentlichungen der Schiedsstelle nach dem Arbeitnehmererfindungsgesetz

Arb. Erf. 57/66 v. 8. 6. 1967/6. 9. 1967 Bl. 1968, S. 130
1. Vergleichsweise Ermittlung des Erfindungswerts nach dem Nutzen und nach der Lizenzanalogie.
2. Zur Problematik der Berechnung nach dem Nutzen.
3. Bemessung des Lizenzsatzes
4. Vorläufige Vergütung bei einer nicht bekanntgemachten Anmeldung und Benutzung.
5. Vergütung bei Lizenzeinnahmen.

Arb.Erf. 55/66 v. 9. 1. 1968 Bl. 1968, S. 165
Für die Ermäßigung des Lizenzsatzes bei besonders hohen Umsätzen ist neben der absoluten Höhe der Umsätze auch zu berücksichtigen, wie viele Stücke des geschützten oder in einem geschützten Verfahren hergestellten Gegenstands geliefert sind und wie hoch der Wert des einzelnen Erzeugnisses ist.

Arb.Erf. 60/66 v. 11. 12. 1967 Bl. 1968, S. 326
Für die Benutzung einer dem Arbeitgeber angebotenen freien Erfindung des Arbeitnehmers ist eine Vergütung nicht zu zahlen, solange die von ihm eingereichte Patentanmeldung nicht bekanntgemacht ist.

Arb.Erf. 47/67 v. 28. 5. 1968 Bl. 1968, S. 349
Behält sich der Arbeitgeber mit der Freigabe einer Diensterfindung für das Ausland ein nichtausschließliches Recht zur Benutzung vor, so ist er im Zweifel nicht berechtigt, Unterlizenzen zu erteilen.

Arb.Erf. 13/67 v. 20. 11. 1967/26. 6. 1968 Bl. 1969, S. 23
1. Zur Frage, ob sich eine tarifvertragliche Regelung, die die Geltendmachung von Ansprüchen aus dem Arbeitsverhältnis befristet, auch auf Erfindervergütungen bezieht und die Vorschriften des ArbEG abdingen kann.
2. Verwirkung von Vergütungsansprüchen.
3. Höhe des Lizenzsatzes bei Gebrauchsmustern.
4. Keine Zuständigkeit der Schiedsstelle für Aufrechnungsforderungen, die nicht auf dem ArbEG beruhen.

Arb.Erf. 45/68 v. 12. 3. 1969 Bl. 1969, S. 363
Zur Bemessung der Höhe einer Pauschalvergütung für eine schon mehrere Jahre benutzte Erfindung.

Veröffentlichungen der Schiedsstelle nach dem Arbeitnehmererfindungsgesetz

Arb.Erf. 34/68	v. 21. 2. 1969/8. 7. 1969 1. Zum Problem der Vergütung unausgenutzter Möglichkeiten für die Verwertung einer Diensterfindung. 2. Stichtag für die Bewertung künftiger Umsätze bei der Ermittlung einer Pauschalvergütung.	Bl. 1970, S. 139
Arb.Erf. 30/68	v. 27. 10. 1969 Zum Umfang der von der Schiedsstelle gemäß § 17 Abs. 2 ArbEG vorzunehmenden Prüfung der für die Beurteilung der Schutzfähigkeit einer geheimzuhaltenden Diensterfindung in Betracht kommenden Umstände.	Bl. 1970, S. 425
Arb.Erf. 47/69	v. 30. 10. 1969/19. 1. 1970 Zur Frage der Erfindervergütung für im Ausland erteilte Patente, wenn die entsprechende deutsche Patentanmeldung zurückgewiesen ist.	Bl. 1970, S. 426
Arb.Erf. 17/69	v. 28. 1. 1970 1. Zur Frage der Unbilligkeit einer Vergütungsvereinbarung über eine Diensterfindung 2. Problem der Bezugsgröße 3. Bemessung des Anteilsfaktors 4. Problematik der unausgenutzten Verwertbarkeit einer unbeschränkt in Anspruch genommenen Diensterfindung.	Bl. 1970, S. 454
Arb.Erf. 54/69	v. 6. 2. 1970 Zur Frage der Vergütung einer nicht benutzten unbeschränkt in Anspruch genommenen Diensterfindung, wenn das Patent alsbald nach Erteilung zur Übertragung angeboten wird.	Bl. 1970, S. 456
Arb.Erf. 46/68	v. 5. 3./13. 10. 1969/29. 5. 1970 Beispiel einer Berechnung der Erfindervergütung nach dem erfaßbaren Nutzen.	Bl. 1970, S. 457
Arb.Erf. 67/68	v. 30. 10. 1969/30. 7. 1970 1. Zur Wirksamkeit der im Anstellungsvertrag vereinbarten Abgeltung von Erfindervergütungen durch jährliche Pauschalzahlungen, wenn die jährlichen Abrechnungen vom Arbeitnehmer vorbehaltlos genehmigt wurden. 2. Zur Frage der erheblichen Unbilligkeit einer vereinbarten Erfindervergütung. 3. Zur Bemessung der Erfindervergütung für das vorbehaltene nicht ausschließliche Benutzungsrecht nach § 16 ArbEG.	Bl. 1971, S. 137

4. Die Übertragung nach § 16 ArbEG hat nicht rückwirkende Kraft.
5. Zur Frage der Zahlung der amtlichen Jahresgebühren bei Übertragung nach § 16 ArbEG.

Arb.Erf. 81/69 v. 1. 12. 1970   Bl. 1971, S. 143
1. Auch bei Freigabe für das Ausland sind die Umsätze zu berücksichtigen, die durch Lieferungen in das schutzrechtsfreie Ausland entstanden sind.
2. Zur Bemessung des Lizenzsatzes.

Arb.Erf. 62/69 v. 8. 2. 1970/9. 11. 1970   Bl. 1971, S. 170
1. Übergang einer Diensterfindung auf den Arbeitgeber trotz fehlender Inanspruchnahme.
2. Zur Bemessung der Bezugsgröße und Wahl des Lizenzsatzes.
3. Zur Bemessung des Anteilsfaktors.
4. Ermittlung einer Pauschalabfindung für eine noch schwebende Patentanmeldung.

Arb.Erf. 47/70 Zwischenbescheid vom 14. 12. 1970   Bl. 1971, S. 199
1. Eine Aufrechnung gegen eine vermeintlich zuviel gezahlte Erfindervergütung ist wie ein Verlangen auf Rückzahlung zu behandeln.
2. Eine Vergütung wegen wesentlich veränderter Umstände ist von dem Zeitpunkt ab zu zahlen, in dem die Änderung eingetreten ist.

Arb.Erf. 20/71 v. 16. 12. 1971   Bl. 1972, S. 294
Ergänzung einer vom Arbeitnehmer als in erheblichem Maße unbillig angegriffenen Vereinbarung durch eine zusätzliche Vertragsbestimmung.

Arb.Erf. 51/71 v. 8. 5. 1972   Bl. 1972, S. 382
1. Abgrenzung freie Erfindung/gebundene Erfindung.
2. Freiwerden einer an sich gebundenen Erfindung, die als freie Erfindung mitgeteilt worden ist.

Arb.Erf. 84/70 v. 24. 5. 1972   Bl. 1973, S. 29
1. Abgrenzung einer Diensterfindung von einer freien Erfindung.
2. Übergang der Diensterfindung ohne schriftliche Inanspruchnahme (durch Vereinbarung).
3. Bezugsgröße und Lizenzfaktor.
4. Anteilsfaktor (insbesondere Stellung der Aufgabe).

Veröffentlichungen der Schiedsstelle nach dem Arbeitnehmererfindungsgesetz

	5. Abschlag bei Lieferungen, wenn im Inland das Patenterteilungsverfahren noch läuft, im Ausland aber bereits Schutzrechte erteilt sind.	
Arb.Erf. 9/72	v. 29. 6. 1972	Bl. 1973, S. 58
	1. Vergütung einer beschränkt in Anspruch genommenen Diensterfindung; keine Minderung der Vergütung wegen Zweifel an der Patentfähigkeit.	
	2. Berechnung nach dem erfaßbaren betrieblichen Nutzen.	
	3. Anteilsfaktor bei einem Arbeitnehmer im öffentlichen Dienst.	
Arb.Erf. 24/72	v. 14. 8. 1972	Bl. 1973, S. 144
	1. Abgrenzung freie Erfindung/Diensterfindung bei Erfindung eines kaufmännischen Angestellten.	
	2. Anteilsfaktor für kaufmännische Angestellte.	
Arb.Erf. 25/72	v. 27. 10. 1972	Bl. 1973, S. 146
	Zur Frage der Neuberechnung der Erfindervergütung wegen wesentlich veränderter Umstände, wenn der Erfinder eine Pauschalabfindung erhalten hatte.	
Arb.Erf. 13/72	v. 8. 2. 1973	Bl. 1973, S. 215
	Auch eine staatliche Forschungseinrichtung hat für eine bei der Durchführung ihrer Aufgaben benutzte Betriebsmittelerfindung eines bei ihr angestellten Wissenschaftlers Erfindervergütung zu zahlen.	
Arb.Erf. 1/72	v. 9. 11. 1972	Bl. 1973, S. 261
	Zur Berechnung des Erfindungswerts nach dem erfaßbaren betrieblichen Nutzen (Ersparnis), wenn die ursprünglichen betriebsinternen Vorrichtungen hinter dem allgemeinen Stand der Technik zurückbleiben.	
Arb.Erf. 81/70	v. 2. 8. 1971/16. 6. 1972	Bl. 1973, S. 261
	Wird der betriebliche Nutzen, der sich aus dem betriebsinternen Einsatz einer Erfindung ergibt, anhand der Ersparnisse ermittelt, die der Betrieb dadurch erzielt, daß keine Lizenzen gezahlt werden müssen, so ist das Ergebnis als echter Erfindungswert einzusetzen.	
Arb.Erf. 50/71	v. 30. 6. 1972/14. 2. 1973	Bl. 1973, S. 289
	1. Ob eine Vereinbarung in erheblichem Maß unbillig ist (§ 22 ArbEG), ist danach zu beurteilen, ob sie objektiv die Stellung	

des Arbeitnehmers zu verschlechtern geeignet ist, nicht, ob sie im Einzelfall für ihn günstig ist.
2. Voraus vereinbarte und gezahlte monatliche Erfindervergütungen sind vom Zeitpunkt der Meldung der Diensterfindung ab anrechenbar, wenn der Arbeitnehmer sie dann erkennbar als solche annimmt, die Zahlung z. B. als Erfindervergütung versteuert wird.
3. Festsetzungen nach § 12 Abs. 3 ArbEG müssen als solche deutlich erkennbar sein.
4. Vergütung für ausländische Vorratspatente.

Arb.Erf.101/72 v. 8. 6. 1973   Bl. 1973 S. 367
1. Der Widerspruch nach § 12 Abs. 4 ArbEG muß innerhalb der Zweimonatsfrist dem Arbeitgeber zugehen. Wenn er in einem Schriftsatz an die Schiedsstelle enthalten ist, ist er nur rechtzeitig, wenn dieser dem Arbeitgeber vor Fristablauf zugestellt wird.
2. Ein Arbeitgeber ist berechtigt, eine unbeschränkt in Anspruch genommene Diensterfindung in vollem Umfang — einschließlich des Rechts zur Anmeldung im Ausland — zu veräußern.

Arb.Erf.24/73 v. 29. 10. 1973   Bl. 1974 S. 178
1. Verwirkung von Vergütungsansprüchen während eines bestehenden Arbeitsverhältnisses kann nur in seltenen Ausnahmefällen angenommen werden.
2. Sonderentlohnung nach § 5 Abs. 6 der DVO v. 20. 3. 1942
3. Grundlagen für Ermittlung eines angemessenen Anteilsfaktors
4. Weiterführung der Staffel nach Nr. 11 RL

Arb.Erf.69/72 v. 3. 4. 1974   Mittl. 1974 S. 137
1. Übergang der Diensterfindung ohne ordnungsgemäße Meldung und Inanspruchnahme.
2. Zur Frage des Schadenersatzes bei fehlender Freigabe für Auslandsanmeldung.
3. Schätzung des Erfindungswerts nach der Höhe der Investitionen.

Arb.Erf.69/73 v. 21. 2. 1974   Bl. 1974 S. 294
Zur Abgrenzung von Sperrschutzrechten zu Vorratsschutzrechten.

Veröffentlichungen der Schiedsstelle nach dem Arbeitnehmererfindungsgesetz

Arb.Erf. 3 (B)/73	Zwischenbescheid v. 12. 3. 1974 1. Ist eine Diensterfindung Gegenstand eines Austauschlizenzvertrags, so ist als Grundlage für den Erfindungswert der eigene Umsatz mit dem Gegenstand des Fremdpatents zugrundezulegen. 2. Der Fremdumsatz ist dabei wie Eigenumsatz zu behandeln und bei der Anwendung der Lizenzanalogie etwaiger zusätzlicher Eigenumsatz ggf. unter Berücksichtigung der Staffel zuzuzählen.	Bl. 1974 S. 295

A. Gesetz über Arbeitnehmererfindungen
vom 25. Juli 1957 [1])

BGBl. I Nr. 33 v. 30. Juni 1957 S. 756
geändert durch G v. 23. 3. 1961 (BGBl. I S. 247, 316) und 4. 9. 1967 (BGBl. I S. 953)

Übersicht

ERSTER ABSCHNITT

Anwendungsbereich und Begriffsbestimmungen

§§
- Anwendungsbereich 1
- Erfindungen 2
- Technische Verbesserungsvorschläge 3
- Diensterfindungen und freie Erfindungen 4

ZWEITER ABSCHNITT

Erfindungen und technische Verbesserungsvorschläge von Arbeitnehmern im privaten Dienst

1. **Diensterfindungen**
   - Meldepflicht 5
   - Inanspruchnahme 6
   - Wirkung der Inanspruchnahme 7
   - Frei gewordene Diensterfindungen 8
   - Vergütungen bei unbeschränkter Inanspruchnahme 9
   - Vergütung bei beschränkter Inanspruchnahme 10
   - Vergütungsrichtlinien 11
   - Feststellung oder Festsetzung der Vergütung 12
   - Schutzrechtsanmeldung im Inland 13
   - Schutzrechtsanmeldung im Ausland 14

§§
- Gegenseitige Rechte und Pflichten beim Erwerb von Schutzrechten .. 15
- Aufgabe der Schutzrechtsanmeldung oder des Schutzrechts 16
- Betriebsgeheimnisse 17

2. **Freie Erfindungen**
   - Mitteilungspflicht 18
   - Anbietungspflicht 19

3. **Technische Verbesserungsvorschläge** 20

4. **Gemeinsame Bestimmungen**
   - Erfinderberater 21
   - Unabdingbarkeit 22
   - Unbilligkeit 23
   - Geheimhaltungspflicht 24
   - Verpflichtungen aus dem Arbeitsverhältnis 25
   - Auflösung des Arbeitsverhältnisses 26
   - Konkurs 27

5. **Schiedsverfahren**
   - Gütliche Einigung 28
   - Errichtung der Schiedsstelle ... 29
   - Besetzung der Schiedsstelle 30
   - Anrufung der Schiedsstelle 31
   - Antrag auf Erweiterung der Schiedsstelle 32
   - Verfahren vor der Schiedsstelle . 33
   - Einigungsvorschlag der Schiedsstelle 34

---

[1]) Die in diesem Gesetz zitierten Bestimmungen anderer Gesetze und Verordnungen sind, soweit nichts anderes vermerkt ist, bei der Kommentierung dieses Gesetzes abgedruckt. Text und Amtliche Begründung vgl. auch Bl. 1957, 218. Französische Übersetzung des Gesetzes in Prop. Ind. 1958, 21; 1972, 236; englische Übersetzung in Industrial Property 1972, 226.

Gesetz über Arbeitnehmererfindungen

	§§		§§
Erfolglose Beendigung des Schiedsverfahrens	35	Beamte, Soldaten	41
Kosten des Schiedsverfahrens	36	Besondere Bestimmungen für Erfindungen von Hochschullehrern und Hochschulassistenten	42

6. **Gerichtliches Verfahren**

	§§
Voraussetzung für die Erhebung der Klage	37
Klage auf angemessene Vergütung	38
Zuständigkeit	39

VIERTER ABSCHNITT

Übergangs- und Schlußbestimmungen

	§§
Erfindungen und technische Verbesserungsvorschläge vor Inkrafttreten des Gesetzes	43
Anhängige Verfahren	44
Durchführungsbestimmungen	45
Außerkrafttreten von Vorschriften	46
Besondere Bestimmungen für Berlin	47
Saarland	48
Inkrafttreten	49

DRITTER ABSCHNITT

Erfindungen und technische Verbesserungsvorschläge von Arbeitnehmern im öffentlichen Dienst, von Beamten und Soldaten

	§§
Arbeitnehmer im öffentlichen Dienst	40

Der Bundestag hat folgendes Gesetz beschlossen:

ERSTER ABSCHNITT

Anwendungsbereich und Begriffsbestimmungen

§ 1
Anwendungsbereich

Diesem Gesetz unterliegen die Erfindungen und technischen Verbesserungsvorschläge von Arbeitnehmern im privaten und im öffentlichen Dienst, von Beamten und Soldaten.

§ 2
Erfindungen

Erfindungen im Sinne dieses Gesetzes sind nur Erfindungen, die patent- oder gebrauchsmusterfähig sind.

§ 3
Technische Verbesserungsvorschläge

Technische Verbesserungsvorschläge im Sinne dieses Gesetzes sind Vorschläge für sonstige technische Neuerungen, die nicht patent- oder gebrauchsmusterfähig sind.

§ 4
Diensterfindungen und freie Erfindungen

(1) Erfindungen von Arbeitnehmern im Sinne dieses Gesetzes können gebundene oder freie Erfindungen sein.

§§ 1 bis 6

(2) Gebundene Erfindungen (Diensterfindungen) sind während der Dauer des Arbeitsverhältnisses gemachte Erfindungen, die entweder
1. aus der dem Arbeitnehmer im Betrieb oder in der öffentlichen Ver-Verwaltung obliegenden Tätigkeit entstanden sind oder
2. maßgeblich auf Erfahrungen oder Arbeiten des Betriebes oder der öffentlichen Verwaltung beruhen.

(3) Sonstige Erfindungen von Arbeitnehmern sind freie Erfindungen. Sie unterliegen jedoch den Beschränkungen der §§ 18 und 19.

(4) Die Absätze 1 bis 3 gelten entsprechend für Erfindungen von Beamten und Soldaten.

ZWEITER ABSCHNITT

Erfindungen und technische Verbesserungsvorschläge von Arbeitnehmern im privaten Dienst

1. Diensterfindungen

§ 5
Meldepflicht

(1) Der Arbeitnehmer, der eine Diensterfindung gemacht hat, ist verpflichtet, sie unverzüglich dem Arbeitgeber gesondert schriftlich zu melden und hierbei kenntlich zu machen, daß es sich um die Meldung einer Erfindung handelt. Sind mehrere Arbeitnehmer an dem Zustandekommen der Erfindung beteiligt, so können sie die Meldung gemeinsam abgeben. Der Arbeitgeber hat den Zeitpunkt des Eingangs der Meldung dem Arbeitnehmer unverzüglich schriftlich zu bestätigen.

(2) In der Meldung hat der Arbeitnehmer die technische Aufgabe, ihre Lösung und das Zustandekommen der Diensterfindung zu beschreiben. Vorhandene Aufzeichnungen sollen beigefügt werden, soweit sie zum Verständnis der Erfindung erforderlich sind. Die Meldung soll dem Arbeitnehmer dienstlich erteilte Weisungen oder Richtlinien, die benutzten Erfahrungen oder Arbeiten des Betriebes, die Mitarbeiter sowie Art und Umfang ihrer Mitarbeit angeben und soll hervorheben, was der meldende Arbeitnehmer als seinen eigenen Anteil ansieht.

(3) Eine Meldung, die den Anforderungen des Absatzes 2 nicht entspricht, gilt als ordnungsgemäß, wenn der Arbeitgeber nicht innerhalb von zwei Monaten erklärt, daß und in welcher Hinsicht die Meldung einer Ergänzung bedarf. Er hat den Arbeitnehmer, soweit erforderlich, bei der Ergänzung der Meldung zu unterstützen.

§ 6
Inanspruchnahme

(1) Der Arbeitgeber kann eine Diensterfindung unbeschränkt oder beschränkt in Anspruch nehmen.

Gesetz über Arbeitnehmererfindungen

(2) Die Inanspruchnahme erfolgt durch schriftliche Erklärung gegenüber dem Arbeitnehmer. Die Erklärung soll sobald wie möglich abgegeben werden; sie ist spätestens bis zum Ablauf von vier Monaten nach Eingang der ordnungsmäßigen Meldung (§ 5 Abs.2 und 3) abzugeben.

§ 7
Wirkung der Inanspruchnahme

(1) Mit Zugang der Erklärung der unbeschränkten Inanspruchnahme gehen alle Rechte an der Diensterfindung auf den Arbeitgeber über.

(2) Mit Zugang der Erklärung der beschränkten Inanspruchnahme erwirbt der Arbeitgeber nur ein nichtausschließliches Recht zur Benutzung der Diensterfindung. Wird durch das Benutzungsrecht des Arbeitgebers die anderweitige Verwertung der Diensterfindung durch den Arbeitnehmer unbillig erschwert, so kann der Arbeitnehmer verlangen, daß der Arbeitgeber innerhalb von zwei Monaten die Diensterfindung entweder unbeschränkt in Anspruch nimmt oder sie dem Arbeitnehmer freigibt.

(3) Verfügungen, die der Arbeitnehmer über eine Diensterfindung vor der Inanspruchnahme getroffen hat, sind dem Arbeitgeber gegenüber unwirksam, soweit seine Rechte beeinträchtigt werden.

§ 8
Frei gewordene Diensterfindungen

(1) Eine Diensterfindung wird frei,
1. wenn der Arbeitgeber sie schriftlich freigibt;
2. wenn der Arbeitgeber sie beschränkt in Anspruch nimmt, unbeschadet des Benutzungsrechts des Arbeitgebers nach § 7 Abs. 2;
3. wenn der Arbeitgeber sie nicht innerhalb von vier Monaten nach Eingang der ordnungsgemäßen Meldung (§ 5 Abs. 2 und 3) oder im Falle des § 7 Abs. 2 innerhalb von zwei Monaten nach dem Verlangen des Arbeitnehmers in Anspruch nimmt.

(2) Über eine frei gewordene Diensterfindung kann der Arbeitnehmer ohne die Beschränkungen der §§ 18 und 19 verfügen.

§ 9
Vergütung bei unbeschränkter Inanspruchnahme

(1) Der Arbeitnehmer hat gegen den Arbeitgeber einen Anspruch auf angemessene Vergütung, sobald der Arbeitgeber die Diensterfindung unbeschränkt in Anspruch genommen hat.

(2) Für die Bemessung der Vergütung sind insbesondere die wirtschaftliche Verwertbarkeit der Diensterfindung, die Aufgaben und die Stellung des Arbeitnehmers im Betrieb sowie der Anteil des Betriebes an dem Zustandekommen der Diensterfindung maßgebend.

§ 10
Vergütung bei beschränkter Inanspruchnahme

(1) Der Arbeitnehmer hat gegen den Arbeitgeber einen Anspruch auf angemessene Vergütung, sobald der Arbeitgeber die Diensterfindung beschränkt in Anspruch genommen hat und sie benutzt. § 9 Abs. 2 ist entsprechend anzuwenden.

(2) Nach Inanspruchnahme der Diensterfindung kann sich der Arbeitgeber dem Arbeitnehmer gegenüber nicht darauf berufen, daß die Erfindung zur Zeit der Inanspruchnahme nicht schutzfähig gewesen sei, es sei denn, daß sich dies aus einer Entscheidung des Patentamts oder eines Gerichts ergibt. Der Vergütungsanspruch des Arbeitnehmers bleibt unberührt, soweit er bis zur rechtskräftigen Entscheidung fällig geworden ist.

§ 11
Vergütungsrichtlinien

Der Bundesminister für Arbeit erläßt nach Anhörung der Spitzenorganisationen der Arbeitgeber und der Arbeitnehmer (§ 10a des Tarifvertragsgesetzes) Richtlinien über die Bemessung der Vergütung [2]).

§ 12
Feststellung oder Festsetzung der Vergütung

(1) Die Art und Höhe der Vergütung soll in angemessener Frist nach Inanspruchnahme der Diensterfindung durch Vereinbarung zwischen dem Arbeitgeber und dem Arbeitnehmer festgestellt werden.

(2) Wenn mehrere Arbeitnehmer an der Diensterfindung beteiligt sind, ist die Vergütung für jeden gesondert festzustellen. Die Gesamthöhe der Vergütung und die Anteile der einzelnen Erfinder an der Diensterfindung hat der Arbeitgeber den Beteiligten bekanntzugeben.

(3) Kommt eine Vereinbarung über die Vergütung in angemessener Frist nach Inanspruchnahme der Diensterfindung nicht zustande, so hat der Arbeitgeber die Vergütung durch eine begründete schriftliche Erklärung an den Arbeitnehmer festzusetzen und entsprechend der Festsetzung zu zahlen. Bei unbeschränkter Inanspruchnahme der Diensterfindung ist die Vergütung spätestens bis zum Ablauf von drei Monaten nach Erteilung des Schutzrechts, bei beschränkter Inanspruchnahme spätestens bis zum Ablauf von drei Monaten nach Aufnahme der Benutzung festzusetzen.

(4) Der Arbeitnehmer kann der Festsetzung innerhalb von zwei Monaten durch schriftliche Erklärung widersprechen, wenn er mit der Festsetzung nicht einverstanden ist. Widerspricht er nicht, so wird die Festsetzung für beide Teile verbindlich.

---

[2]) Siehe S. 57 ff.; Vergütungsrichtlinien 1944 abgedruckt S. 670 ff.

(5) Sind mehrere Arbeitnehmer an der Diensterfindung beteiligt, so wird die Festsetzung für alle Beteiligten nicht verbindlich, wenn einer von ihnen der Festsetzung mit der Begründung widerspricht, daß sein Anteil an der Diensterfindung unrichtig festgesetzt sei. Der Arbeitgeber ist in diesem Falle berechtigt, die Vergütung für alle Beteiligten neu festzusetzen.

(6) Arbeitgeber und Arbeitnehmer können voneinander die Einwilligung in eine andere Regelung der Vergütung verlangen, wenn sich Umstände wesentlich ändern, die für die Feststellung oder Festsetzung der Vergütung maßgebend waren. Rückzahlung einer bereits geleisteten Vergütung kann nicht verlangt werden. Die Absätze 1 bis 5 sind nicht anzuwenden.

§ 13

Schutzrechtsanmeldung im Inland

(1) Der Arbeitgeber ist verpflichtet und allein berechtigt, eine gemeldete Diensterfindung im Inland zur Erteilung eines Schutzrechts anzumelden. Eine patentfähige Diensterfindung hat er zur Erteilung eines Patents anzumelden, sofern nicht bei verständiger Würdigung der Verwertbarkeit der Erfindung der Gebrauchsmusterschutz zweckdienlicher erscheint. Die Anmeldung hat unverzüglich zu geschehen.

(2) Die Verpflichtung des Arbeitgebers zur Anmeldung entfällt,

1. wenn die Diensterfindung frei geworden ist (§ 8 Abs. 1);
2. wenn der Arbeitnehmer der Nichtanmeldung zustimmt;
3. wenn die Voraussetzungen des § 17 vorliegen.

(3) Genügt der Arbeitgeber nach unbeschränkter Inanspruchnahme der Diensterfindung seiner Anmeldepflicht nicht und bewirkt er die Anmeldung auch nicht innerhalb einer ihm vom Arbeitnehmer gesetzten angemessenen Nachfrist, so kann der Arbeitnehmer die Anmeldung der Diensterfindung für den Arbeitgeber auf dessen Namen und Kosten bewirken.

(4) Ist die Diensterfindung frei geworden, so ist nur der Arbeitnehmer berechtigt, sie zur Erteilung eines Schutzrechts anzumelden. Hatte der Arbeitgeber die Diensterfindung bereits zur Erteilung eines Schutzrechts angemeldet, so gehen die Rechte aus der Anmeldung auf den Arbeitnehmer über.

§ 14

Schutzrechtsanmeldung im Ausland

(1) Nach unbeschränkter Inanspruchnahme der Diensterfindung ist der Arbeitgeber berechtigt, diese auch im Ausland zur Erteilung von Schutzrechten anzumelden.

§§ 13 bis 16

(2) Für ausländische Staaten, in denen der Arbeitgeber Schutzrechte nicht erwerben will, hat er dem Arbeitnehmer die Diensterfindung freizugeben und ihm auf Verlangen den Erwerb von Auslandsschutzrechten zu ermöglichen. Die Freigabe soll so rechtzeitig vorgenommen werden, daß der Arbeitnehmer die Prioritätsfristen der zwischenstaatlichen Verträge auf dem Gebiet des gewerblichen Rechtsschutzes ausnutzen kann.

(3) Der Arbeitgeber kann sich gleichzeitig mit der Freigabe nach Absatz 2 ein nichtausschließliches Recht zur Benutzung der Diensterfindung in den betreffenden ausländischen Staaten gegen angemessene Vergütung vorbehalten und verlangen, daß der Arbeitnehmer bei der Verwertung der freigegebenen Erfindung in den betreffenden ausländischen Staaten die Verpflichtungen des Arbeitgebers aus den im Zeitpunkt der Freigabe bestehenden Verträgen über die Diensterfindung gegen angemessene Vergütung berücksichtigt.

§ 15
Gegenseitige Rechte und Pflichten beim Erwerb von Schutzrechten

(1) Der Arbeitgeber hat dem Arbeitnehmer zugleich mit der Anmeldung der Diensterfindung zur Erteilung eines Schutzrechts Abschriften der Anmeldeunterlagen zu geben. Er hat ihn von dem Fortgang des Verfahrens zu unterrichten und ihm auf Verlangen Einsicht in den Schriftwechsel zu gewähren.

(2) Der Arbeitnehmer hat den Arbeitgeber auf Verlangen beim Erwerb von Schutzrechten zu unterstützen und die erforderlichen Erklärungen abzugeben.

§ 16
Aufgabe der Schutzrechtsanmeldung oder des Schutzrechts

(1) Wenn der Arbeitgeber vor Erfüllung des Anspruchs des Arbeitnehmers auf angemessene Vergütung die Anmeldung der Diensterfindung zur Erteilung eines Schutzrechts nicht weiterverfolgen oder das auf die Diensterfindung erteilte Schutzrecht nicht aufrechterhalten will, hat er dies dem Arbeitnehmer mitzuteilen und ihm auf dessen Verlangen und Kosten das Recht zu übertragen sowie die zur Wahrung des Rechts erforderlichen Unterlagen auszuhändigen.

(2) Der Arbeitgeber ist berechtigt, das Recht aufzugeben, sofern der Arbeitnehmer nicht innerhalb von drei Monaten nach Zugang der Mitteilung die Übertragung des Rechts verlangt.

(3) Gleichzeitig mit der Mitteilung nach Absatz 1 kann sich der Arbeitgeber ein nichtausschließliches Recht zur Benutzung der Diensterfindung gegen angemessene Vergütung vorbehalten.

Gesetz über Arbeitnehmererfindungen

§ 17³)
Betriebsgeheimnisse

(1) Wenn berechtigte Belange des Betriebes es erfordern, eine gemeldete Diensterfindung nicht bekanntwerden zu lassen, kann der Arbeitgeber von der Erwirkung eines Schutzrechts absehen, sofern er die Schutzfähigkeit der Diensterfindung gegenüber dem Arbeitnehmer anerkennt.

(2) Erkennt der Arbeitgeber die Schutzfähigkeit der Diensterfindung nicht an, so kann er von der Erwirkung eines Schutzrechts absehen, wenn er zur Herbeiführung einer Einigung über die Schutzfähigkeit der Diensterfindung die Schiedsstelle (§ 29) anruft.

(3) Bei der Bemessung der Vergütung für eine Erfindung nach Absatz 1 sind auch die wirtschaftlichen Nachteile zu berücksichtigen, die sich für den Arbeitnehmer daraus ergeben, daß auf die Diensterfindung kein Schutzrecht erteilt worden ist.

2. Freie Erfindungen

§ 18
Mitteilungspflicht

(1) Der Arbeitnehmer, der während der Dauer des Arbeitsverhältnisses eine freie Erfindung gemacht hat, hat dies dem Arbeitgeber unverzüglich schriftlich mitzuteilen. Dabei muß über die Erfindung und, wenn dies erforderlich ist, auch über ihre Entstehung soviel mitgeteilt werden, daß der Arbeitgeber beurteilen kann, ob die Erfindung frei ist.

(2) Bestreitet der Arbeitgeber nicht innerhalb von drei Monaten nach Zugang der Mitteilung durch schriftliche Erklärung an den Arbeitnehmer, daß die ihm mitgeteilte Erfindung frei sei, so kann er die Erfindung nicht mehr als Diensterfindung in Anspruch nehmen.

(3) Eine Verpflichtung zur Mitteilung freier Erfindungen besteht nicht, wenn die Erfindung offensichtlich im Arbeitsbereich des Betriebes des Arbeitgebers nicht verwendbar ist.

§ 19
Anbietungspflicht

(1) Bevor der Arbeitnehmer eine freie Erfindung während der Dauer des Arbeitsverhältnisses anderweitig verwertet, hat er zunächst dem Arbeitgeber mindestens ein nichtausschließliches Recht zur Benutzung der Erfindung zu angemessenen Bedingungen anzubieten, wenn die Er-

---

³) § 17 wurde geändert durch Art. 5 des G zur Änderung des PatG, des WZG und weiterer Gesetze v. 4. 9. 1967 (BGBl. I 953 = Bl. 1967, 234); dabei wurde Abs. 2 a. F. gestrichen, Abs. 3 a. F. wurde geändert und zu Abs. 2, Abs. 4 a. F. unverändert zu Abs. 3.

findung im Zeitpunkt des Angebots in den vorhandenen oder vorbereiteten Arbeitsbereich des Betriebes des Arbeitgebers fällt. Das Angebot kann gleichzeitig mit der Mitteilung nach § 18 abgegeben werden.

(2) Nimmt der Arbeitgeber das Angebot innerhalb von drei Monaten nicht an, so erlischt das Vorrecht.

(3) Erklärt sich der Arbeitgeber innerhalb der Frist des Absatzes 2 zum Erwerb des ihm angebotenen Rechts bereit, macht er jedoch geltend, daß die Bedingungen des Angebots nicht angemessen seien, so setzt das Gericht auf Antrag des Arbeitgebers oder des Arbeitnehmers die Bedingungen fest.

(4) Der Arbeitgeber oder der Arbeitnehmer kann eine andere Festsetzung der Bedingungen beantragen, wenn sich Umstände wesentlich ändern, die für die vereinbarten oder festgesetzten Bedingungen maßgebend waren.

3. Technische Verbesserungsvorschläge

§ 20

(1) Für technische Verbesserungsvorschläge, die dem Arbeitgeber eine ähnliche Vorzugsstellung gewähren wie ein gewerbliches Schutzrecht, hat der Arbeitnehmer gegen den Arbeitgeber einen Anspruch auf angemessene Vergütung, sobald dieser sie verwertet. Die Bestimmungen der §§ 9 und 12 sind sinngemäß anzuwenden.

(2) Im übrigen bleibt die Behandlung technischer Verbesserungsvorschläge der Regelung durch Tarifvertrag oder Betriebsvereinbarung überlassen.

4. Gemeinsame Bestimmungen

§ 21
Erfinderberater

(1) In Betrieben können durch Übereinkunft zwischen Arbeitgeber und Betriebsrat ein oder mehrere Erfinderberater bestellt werden.

(2) Der Erfinderberater soll insbesondere den Arbeitnehmern bei der Abfassung der Meldung (§ 5) oder der Mitteilung (§ 18) unterstützen sowie auf Verlangen des Arbeitgebers und des Arbeitnehmers bei der Ermittlung einer angemessenen Vergütung mitwirken.

§ 22
Unabdingbarkeit

Die Vorschriften dieses Gesetzes können zuungunsten des Arbeitnehmers nicht abgedungen werden. Zulässig sind jedoch Vereinbarungen über Diensterfindungen nach ihrer Meldung, über freie Erfindungen und technische Verbesserungsvorschläge (§ 20 Abs. 1) nach ihrer Mitteilung.

§ 23
Unbilligkeit

(1) Vereinbarungen über Diensterfindungen, freie Erfindungen oder technische Verbesserungsvorschläge (§ 20 Abs. 1), die nach diesem Gesetz zulässig sind, sind unwirksam, soweit sie in erheblichem Maße unbillig sind. Das gleiche gilt für die Festsetzung der Vergütung (§ 12 Abs. 4).

(2) Auf die Unbilligkeit einer Vereinbarung oder einer Festsetzung der Vergütung können sich Arbeitgeber und Arbeitnehmer nur berufen, wenn sie die Unbilligkeit spätestens bis zum Ablauf von sechs Monaten nach Beendigung des Arbeitsverhältnisses durch schriftliche Erklärung gegenüber dem anderen Teil geltend machen.

§ 24
Geheimhaltungspflicht

(1) Der Arbeitgeber hat die ihm gemeldete oder mitgeteilte Erfindung eines Arbeitnehmers so lange geheimzuhalten, als dessen berechtigte Belange dies erfordern.

(2) Der Arbeitnehmer hat eine Diensterfindung so lange geheimzuhalten, als sie nicht frei geworden ist (§ 8 Abs. 1).

(3) Sonstige Personen, die auf Grund dieses Gesetzes von einer Erfindung Kenntnis erlangt haben, dürfen ihre Kenntnis weder auswerten noch bekanntgeben.

§ 25
Verpflichtungen aus dem Arbeitsverhältnis

Sonstige Verpflichtungen, die sich für den Arbeitgeber und den Arbeitnehmer aus dem Arbeitsverhältnis ergeben, werden durch die Vorschriften dieses Gesetzes nicht berührt, soweit sich nicht daraus, daß die Erfindung frei geworden ist (§ 8 Abs. 1), etwas anderes ergibt.

§ 26
Auflösung des Arbeitsverhältnisses

Die Rechte und Pflichten aus diesem Gesetz werden durch die Auflösung des Arbeitsverhältnisses nicht berührt.

§ 27
Konkurs

(1) Wird über das Vermögen des Arbeitgebers der Konkurs eröffnet, so hat der Arbeitnehmer ein Vorkaufsrecht hinsichtlich der von ihm gemachten und vom Arbeitgeber unbeschränkt in Anspruch genommenen Diensterfindung, falls der Konkursverwalter diese ohne den Geschäftsbetrieb veräußert.

§§ 23 bis 30

(2) Die Ansprüche des Arbeitnehmers auf Vergütung für die unbeschränkte Inanspruchnahme einer Diensterfindung (§ 9), für das Benutzungsrecht an einer Erfindung (§ 10, § 14 Abs. 3, § 16 Abs. 3, § 19) oder für die Verwertung eines technischen Verbesserungsvorschlages (§ 20 Abs. 1) werden im Konkurs über das Vermögen des Arbeitgebers im Range nach den in § 61 Nr. 1 der Konkursordnung genannten, jedoch vor allen übrigen Konkursforderungen berücksichtigt. Mehrere Ansprüche werden nach dem Verhältnis ihrer Beträge befriedigt.

5. Schiedsverfahren

§ 28
Gütliche Einigung

In allen Streitfällen zwischen Arbeitgeber und Arbeitnehmer auf Grund dieses Gesetzes kann jederzeit die Schiedsstelle angerufen werden. Die Schiedsstelle hat zu versuchen, eine gütliche Einigung herbeizuführen.

§ 29
Errichtung der Schiedsstelle

(1) Die Schiedsstelle wird beim Patentamt errichtet.
(2) Die Schiedsstelle kann außerhalb ihres Sitzes zusammentreten.

§ 30
Besetzung der Schiedsstelle

(1) Die Schiedsstelle besteht aus einem Vorsitzenden oder seinem Vertreter und zwei Beisitzern.

(2) Der Vorsitzende und sein Vertreter sollen die Befähigung zum Richteramt nach dem Gerichtsverfassungsgesetz besitzen. Sie werden vom Bundesminister der Justiz am Beginn des Kalenderjahres für dessen Dauer berufen[4].

(3) Die Beisitzer sollen auf dem Gebiet der Technik, auf das sich die Erfindung oder der technische Verbesserungsvorschlag bezieht, besondere Erfahrung besitzen. Sie werden vom Präsidenten des Patentamts aus den Mitgliedern oder Hilfsmitgliedern des Patentamts für den einzelnen Streitfall berufen.

(4) Auf Antrag eines Beteiligten ist die Besetzung der Schiedsstelle um je einen Beisitzer aus Kreisen der Arbeitgeber und der Arbeitnehmer zu erweitern. Diese Beisitzer werden vom Präsidenten des Patentamts aus Vorschlagslisten ausgewählt und für den einzelnen Streitfall bestellt. Zur Einreichung von Vorschlagslisten sind berechtigt

---

[4] Geändert durch 6. ÜG v. 23. 3. 1961 (BGBl. I S. 247, 316 = Bl. 1961, 124).

die in § 11 genannten Spitzenorganisationen, ferner die Gewerkschaften und die selbständigen Vereinigungen von Arbeitnehmern mit sozial- oder berufspolitischer Zwecksetzung, die keiner dieser Spitzenorganisationen angeschlossen sind, wenn ihnen eine erhebliche Zahl von Arbeitnehmern angehört, von denen nach der ihnen im Betrieb obliegenden Tätigkeit erfinderische Leistungen erwartet werden.

(5) Der Präsident des Patentamtes soll den Beisitzer nach Absatz 4 aus der Vorschlagsliste derjenigen Organisation auswählen, welcher der Beteiligte angehört, wenn der Beteiligte seine Zugehörigkeit zu einer Organisation vor der Auswahl der Schiedsstelle mitgeteilt hat.

(6) Die Dienstaufsicht über die Schiedsstelle führt der Vorsitzende, die Dienstaufsicht über den Vorsitzenden der Bundesminister der Justiz[4]).

§ 31
Anrufung der Schiedsstelle

(1) Die Anrufung der Schiedsstelle erfolgt durch schriftlichen Antrag. Der Antrag soll in zwei Stücken eingereicht werden. Er soll eine kurze Darstellung des Sachverhalts sowie Namen und Anschrift des anderen Beteiligten enthalten.

(2) Der Antrag wird vom Vorsitzenden der Schiedsstelle dem anderen Beteiligten mit der Aufforderung zugestellt, sich innerhalb einer bestimmten Frist zu dem Antrag schriftlich zu äußern.

§ 32
Antrag auf Erweiterung der Schiedsstelle

Der Antrag auf Erweiterung der Besetzung der Schiedsstelle ist von demjenigen, der die Schiedsstelle anruft, zugleich mit der Anrufung (§ 31 Abs. 1), von dem anderen Beteiligten innerhalb von zwei Wochen nach Zustellung des die Anrufung enthaltenden Antrags (§ 31 Abs. 2) zu stellen.

§ 33
Verfahren vor der Schiedsstelle

(1) Auf das Verfahren vor der Schiedsstelle sind § 1032 Abs. 1, §§ 1035 und 1036 der Zivilprozeßordnung sinngemäß anzuwenden. § 1034 Abs. 1 der Zivilprozeßordnung ist mit der Maßgabe sinngemäß anzuwenden, daß auch Patentanwälte und Erlaubnisscheininhaber (Artikel 3 des Zweiten Gesetzes zur Änderung und Überleitung von Vorschriften auf dem Gebiet des gewerblichen Rechtsschutzes vom 2. Juli 1949 — WiGBl.

---

[4]) Geändert durch 6. ÜG v. 23. 3. 1961 (BGBl. I S. 247, 316 = Bl. 1961, 124).

S. 179) sowie Verbandsvertreter im Sinne des § 11 des Arbeitsgerichtsgesetzes von der Schiedsstelle nicht zurückgewiesen werden dürfen.

(2) Im übrigen bestimmt die Schiedsstelle das Verfahren selbst.

§ 34
Einigungsvorschlag der Schiedsstelle

(1) Die Schiedsstelle faßt ihre Beschlüsse mit Stimmenmehrheit. § 196 Abs. 2 des Gerichtsverfassungsgesetzes ist anzuwenden.

(2) Die Schiedsstelle hat den Beteiligten einen Einigungsvorschlag zu machen. Der Einigungsvorschlag ist zu begründen und von sämtlichen Mitglieder der Schiedsstelle zu unterschreiben. Auf die Möglichkeit des Widerspruchs und die Folgen bei Versäumung der Widerspruchsfrist ist in dem Einigungsvorschlag hinzuweisen. Der Einigungsvorschlag ist den Beteiligten zuzustellen.

(3) Der Einigungsvorschlag gilt als angenommen und eine dem Inhalt des Vorschlages entsprechende Vereinbarung als zustande gekommen, wenn nicht innerhalb eines Monats nach Zustellung des Vorschlages ein schriftlicher Widerspruch eines der Beteiligten bei der Schiedsstelle eingeht.

(4) Ist einer der Beteiligten durch unabwendbaren Zufall verhindert worden, den Widerspruch rechtzeitig einzulegen, so ist er auf Antrag wieder in den vorigen Stand einzusetzen. Der Antrag muß innerhalb eines Monats nach Wegfall des Hindernisses schriftlich bei der Schiedsstelle eingereicht werden. Innerhalb dieser Frist ist der Widerspruch nachzuholen. Der Antrag muß die Tatsachen, auf die er gestützt wird, und die Mittel angeben, mit denen diese Tatsachen glaubhaft gemacht werden. Ein Jahr nach Zustellung des Einigungsvorschlages kann die Wiedereinsetzung nicht mehr beantragt und der Widerspruch nicht mehr nachgeholt werden.

(5) Über den Wiedereinsetzungsantrag entscheidet die Schiedsstelle. Gegen die Entscheidung der Schiedsstelle findet die sofortige Beschwerde nach den Vorschriften der Zivilprozeßordnung an das für den Sitz des Antragstellers zuständige Landgericht statt.

§ 35
Erfolglose Beendigung des Schiedsverfahrens

(1) Das Verfahren vor der Schiedsstelle ist erfolglos beendet,
1. wenn sich der andere Beteiligte innerhalb der ihm nach § 31 Abs. 2 gesetzten Frist nicht geäußert hat;
2. wenn er es abgelehnt hat, sich auf das Verfahren vor der Schiedsstelle einzulassen;
3. wenn innerhalb der Frist des § 34 Abs. 3 ein schriftlicher Widerspruch eines der Beteiligten bei der Schiedsstelle eingegangen ist.

(2) Der Vorsitzende der Schiedsstelle teilt die erfolglose Beendigung des Schiedsverfahrens den Beteiligten mit.

§ 36

Kosten des Schiedsverfahrens

Im Verfahren vor der Schiedsstelle werden keine Gebühren oder Auslagen erhoben.

6. Gerichtliches Verfahren

§ 37

Voraussetzung für die Erhebung der Klage

(1) Rechte oder Rechtsverhältnisse, die in diesem Gesetz geregelt sind, können im Wege der Klage erst geltend gemacht werden, nachdem ein Verfahren vor der Schiedsstelle vorausgegangen ist.

(2) Dies gilt nicht,

1. wenn mit der Klage Rechte aus einer Vereinbarung (§§ 12, 19, 22, 34) geltend gemacht werden oder die Klage darauf gestützt wird, daß die Vereinbarung nicht rechtswirksam sei;
2. wenn seit der Anrufung der Schiedsstelle sechs Monate verstrichen sind;
3. wenn der Arbeitnehmer aus dem Betrieb des Arbeitgebers ausgeschieden ist;
4. wenn die Parteien vereinbart haben, von der Anrufung der Schiedsstelle abzusehen. Diese Vereinbarung kann erst getroffen werden, nachdem der Streitfall (§ 28) eingetreten ist. Sie bedarf der Schriftform.

(3) Einer Vereinbarung nach Absatz 2 Nr. 4 steht es gleich, wenn beide Parteien zur Hauptsache mündlich verhandelt haben, ohne geltend zu machen, daß die Schiedsstelle nicht angerufen worden ist.

(4) Der vorherigen Anrufung der Schiedsstelle bedarf es ferner nicht für Anträge auf Anordnung eines Arrestes oder einer einstweiligen Verfügung.

(5) Die Klage ist nach Erlaß eines Arrestes oder einer einstweiligen Verfügung ohne die Beschränkung des Absatzes 1 zulässig, wenn der Partei nach den §§ 926, 936 der Zivilprozeßordnung eine Frist zur Erhebung der Klage bestimmt worden ist.

§ 38

Klage auf angemessene Vergütung

Besteht Streit über die Höhe der Vergütung, so kann die Klage auch auf Zahlung eines vom Gericht zu bestimmenden angemessenen Betrages gerichtet werden.

§ 39

Zuständigkeit

(1) Für alle Rechtsstreitigkeiten über Erfindungen eines Arbeitnehmers sind die für Patentstreitsachen zuständigen Gerichte (§ 51 des Patentgesetzes) ohne Rücksicht auf den Streitwert ausschließlich zuständig. Die Vorschriften über das Verfahren in Patentstreitsachen sind anzuwenden. Nicht anzuwenden ist § 74 Abs. 2 und 3 des Gerichtskostengesetzes[5]).

(2) Ausgenommen von der Regelung des Absatzes 1 sind Rechtsstreitigkeiten, die ausschließlich Ansprüche auf Leistung einer festgestellten oder festgesetzten Vergütung für eine Erfindung zum Gegenstand haben.

DRITTER ABSCHNITT

Erfindungen
und technische Verbesserungsvorschläge von Arbeitnehmern im öffentlichen Dienst, von Beamten und Soldaten

§ 40

Arbeitnehmer im öffentlichen Dienst

Auf Erfindungen und technische Verbesserungsvorschläge von Arbeitnehmern, die in Betrieben und Verwaltungen des Bundes, der Länder, der Gemeinden und sonstigen Körperschaften, Anstalten und Stiftungen des öffentlichen Rechts beschäftigt sind, sind die Vorschriften für Arbeitnehmer im privaten Dienst mit folgender Maßgabe anzuwenden:

1. An Stelle der Inanspruchnahme der Diensterfindung kann der Arbeitgeber eine angemessene Beteiligung an dem Ertrage der Diensterfindung in Anspruch nehmen, wenn dies vorher vereinbart worden ist. Über die Höhe der Beteiligung können im voraus bindende Abmachungen getroffen werden. Kommt eine Vereinbarung über die Höhe der Beteiligung nicht zustande, so hat der Arbeitgeber sie festzusetzen. § 12 Abs. 3 bis 6 ist entsprechend anzuwenden.
2. Die Behandlung von technischen Verbesserungsvorschlägen nach § 20 Abs. 2 kann auch durch Dienstvereinbarung geregelt werden; Vorschriften, nach denen die Einigung über die Dienstvereinbarung durch die Entscheidung einer höheren Dienststelle oder einer dritten Stelle ersetzt werden kann, finden keine Anwendung.
3. Dem Arbeitnehmer können im öffentlichen Interesse durch allgemeine Anordnung der zuständigen obersten Dienstbehörde Beschränkungen hinsichtlich der Art der Verwertung der Diensterfindung auferlegt werden.

---

[5]) jetzt § 111 Abs. 1 und 2 des Gerichtskostengesetzes in der Fassung vom 26. 7. 1957 (BGBl. I S. 941).

4. Zur Einreichung von Vorschlagslisten für Arbeitgeberbeisitzer (§ 30 Abs. 4) sind auch die Bundesregierung und die Landesregierungen berechtigt.

5. Soweit öffentliche Verwaltungen eigene Schiedsstellen zur Beilegung von Streitigkeiten auf Grund dieses Gesetzes errichtet haben, finden die Vorschriften der §§ 29 bis 32 keine Anwendung.

§ 41

Beamten, Soldaten

Auf Erfindungen und technische Verbesserungsvorschläge von Beamten und Soldaten sind die Vorschriften für Arbeitnehmer im öffentlichen Dienst entsprechend anzuwenden.

§ 42

Besondere Bestimmungen für Erfindungen von Hochschullehrern und Hochschulassistenten

(1) In Abweichung von den Vorschriften der §§ 40 und 41 sind Erfindungen von Professoren, Dozenten und wissenschaftlichen Assistenten bei den wissenschaftlichen Hochschulen, die von ihnen in dieser Eigenschaft gemacht werden, freie Erfindungen. Die Bestimmungen der §§ 18, 19 und 22 sind nicht anzuwenden.

(2) Hat der Dienstherr für Forschungsarbeiten, die zu der Erfindung geführt haben, besondere Mittel aufgewendet, so sind die in Absatz 1 genannten Personen verpflichtet, die Verwertung der Erfindung dem Dienstherrn schriftlich mitzuteilen und ihm auf Verlangen die Art der Verwertung und die Höhe des erzielten Entgelts anzugeben. Der Dienstherr ist berechtigt, innerhalb von drei Monaten nach Eingang der schriftlichen Mitteilung eine angemessene Beteiligung am Ertrage der Erfindung zu beanspruchen. Der Ertrag aus dieser Beteiligung darf die Höhe der aufgewendeten Mittel nicht übersteigen.

VIERTER ABSCHNITT

Übergangs- und Schlußbestimmungen

§ 43

Erfindungen und technische Verbesserungsvorschläge vor Inkrafttreten des Gesetzes

(1) Die Vorschriften dieses Gesetzes sind mit dem Tage des Inkrafttretens dieses Gesetzes auch auf patentfähige Erfindungen von Arbeitnehmern, die nach dem 21. Juli 1942 und vor dem Inkrafttreten dieses Gesetzes gemacht worden sind, mit der Maßgabe anzuwenden, daß es für die Inanspruchnahme solcher Erfindungen bei den bisher geltenden Vorschriften verbleibt.

(2) Das gleiche gilt für patentfähige Erfindungen von Arbeitnehmern, die vor dem 22. Juli 1942 gemacht worden sind, wenn die Voraus-

§§ 41 bis 46

setzungen des § 13 Abs. 1 Satz 2 der Durchführungsverordnung zur Verordnung über die Behandlung von Erfindungen von Gefolgschaftsmitgliedern vom 20. März 1943⁶) (Reichsgesetzbl. I S. 257) gegeben sind und die dort vorausgesehene Erklärung über die unbefriedigende Behandlung der Vergütung im Zeitpunkt des Inkrafttretens dieses Gesetzes noch nicht abgegeben war. Für die Abgabe der Erklärung ist die Schiedsstelle (§ 29) zuständig. Die Erklärung kann nicht mehr abgegeben werden, wenn das auf die Erfindung erteilte Patent erloschen ist. Die Sätze 2 und 3 sind nicht anzuwenden, wenn der Anspruch auf angemessene Vergütung im Zeitpunkt des Inkrafttreten dieses Gesetzes bereits rechtskräftig geworden ist.

(3) Auf nur gebrauchsmusterfähige Erfindungen, die nach dem 21. Juli 1942 und vor dem Inkrafttreten dieses Gesetzes gemacht worden sind, sind nur die Vorschriften über das Schiedsverfahren und das gerichtliche Verfahren (§§ 28 bis 39) anzuwenden. Im übrigen verbleibt es bei den bisher geltenden Vorschriften.

(4) Auf technische Verbesserungsvorschläge, deren Verwertung vor Inkrafttreten dieses Gesetzes begonnen hat, ist § 20 Abs. 1 nicht anzuwenden.

§ 44
Anhängige Verfahren

Für Verfahren, die im Zeitpunkt des Inkrafttretens dieses Gesetzes anhängig sind, bleiben die nach den bisher geltenden Vorschriften zuständigen Gerichte zuständig.

§ 45
Durchführungsbestimmungen

Der Bundesminister der Justiz wird ermächtigt, im Einvernehmen mit dem Bundesminister für Arbeit die für die Erweiterung der Besetzung der Schiedsstelle (§ 30 Abs. 4 und 5) erforderlichen Durchführungsbestimmungen zu erlassen. Insbesondere kann er bestimmen,
1. welche persönlichen Voraussetzungen Personen erfüllen müssen, die als Beisitzer aus Kreisen der Arbeitgeber oder der Arbeitnehmer vorgeschlagen werden;
2. wie die auf Grund der Vorschlagslisten ausgewählten Beisitzer für ihre Tätigkeit zu entschädigen sind.

§ 46
Außerkrafttreten von Vorschriften

Mit dem Inkrafttreten dieses Gesetzes werden folgende Vorschriften aufgehoben, soweit sie nicht bereits außer Kraft getreten sind:

---
⁶) abgedruckt S. 665

1. die Verordnung über die Behandlung von Erfindungen von Gefolgschaftsmitgliedern vom 12. Juli 1942[7]) (Reichsgesetzbl. I S. 466);
2. die Durchführungsverordnung zur Verordnung über die Behandlung von Erfindungen von Gefolgschaftsmitglieder vom 20. März 1943[8]) (Reichsgesetzbl. I S. 257).

§ 47
Besondere Bestimmungen für Berlin

(1) Dieses Gesetz gilt nach Maßgabe des § 13 Abs. 1 des Dritten Überleitungsgesetzes vom 4. Januar 1952 (Bundesgesetzbl. I S. 1) auch im Land Berlin. Rechtsverordnungen, die auf Grund dieses Gesetzes erlassen werden, gelten im Land Berlin nach § 14 des Dritten Überleitungsgesetzes.

(2) Der Bundesminister der Justiz wird ermächtigt, eine weitere Schiedsstelle bei der Dienststelle Berlin des Patentamts zu errichten. Diese Schiedsstelle ist ausschließlich zuständig, wenn der Arbeitnehmer seinen Arbeitsplatz im Land Berlin hat; sie ist ferner zuständig, wenn der Arbeitnehmer seinen Arbeitsplatz in den Ländern Bremen, Hamburg oder Schleswig-Holstein oder in den Oberlandesgerichtsbezirken Braunschweig oder Celle des Landes Niedersachsen hat und bei der Anrufung der Schiedsstelle (§ 31) mit schriftlicher Zustimmung des anderen Beteiligten beantragt wird, das Schiedsverfahren vor der Schiedsstelle bei der Dienststelle Berlin des Patentamts durchzuführen.

(3) Der Präsident des Patentamts kann im Einvernehmen mit dem Senator für Justiz des Landes Berlin als Beisitzer gemäß § 30 Abs. 3 auch Beamte oder Angestellte des Landes Berlin berufen. Sie werden ehrenamtlich tätig.

(4) Zu Beisitzern aus Kreisen der Arbeitgeber und der Arbeitnehmer (§ 30 Abs. 4) sollen nur Personen bestellt werden, die im Land Berlin ihren Wohnsitz haben.

(5) Der Präsident des Patentamts kann die ihm zustehende Befugnis zur Berufung von Beisitzern auf den Leiter der Dienststelle Berlin des Patentamts übertragen.

§ 48
Saarland

Dieses Gesetz gilt nicht im Saarland.

§ 49
Inkrafttreten

Dieses Gesetz tritt am 1. Oktober 1957 in Kraft.

---

[7]) abgedruckt S. 664
[8]) abgedruckt S. 665

B. Richtlinien für die Vergütung von Arbeitnehmererfindungen im privaten Dienst

vom 20. Juli 1959

Beilage zum Bundesanzeiger Nr. 156 vom 18. August 1959 [1])

Übersicht

Einleitung 1, 2

Erster Teil
A. Patentfähige Erfindungen
   I. Betrieblich benutzte Erfindungen
      1. Allgemeines .... 3—5
      2. Ermittlung des Erfindungswertes nach der Lizenzanalogie .... 6—11
      3. Ermittlung des Erfindungswertes nach dem erfaßbaren betrieblichen Nutzen 12
      4. Schätzung 13
   II. Lizenz-, Kauf- und Austauschverträge .... 14—17
   III. Sperrpatente 18
   VI. Schutzrechtskomplexe 19
   V. Nicht verwertete Erfindungen · 20
      1. Vorrats- und Ausbaupatente .. 21
      2. Nicht verwertbare Erfindungen. 22
      3. Erfindungen, deren Verwertbarkeit noch nicht feststellbar ist 23
      4. Erfindungen, deren Verwertbarkeit nicht ausgenutzt wird .. 24

   VI. Besonderheiten
      1. Beschränkte Inanspruchnahme · 25
      2. Absatz im Ausland und ausländische Schutzrechte 26
      3. Betriebsgeheime Erfindungen (§ 17) 27
B. Gebrauchsmusterfähige Erfindungen 28
C. Technische Verbesserungsvorschläge (§ 20 Abs. 1) 29

Zweiter Teil
Anteilsfaktor 30
   a) Stellung der Aufgabe 31
   b) Lösung der Aufgabe 32
   c) Aufgaben und Stellung des Arbeitnehmers im Betrieb · 33—36
Tabelle 37
Wegfall der Vergütung 38

Dritter Teil
Die rechnerische Ermittlung der Vergütung
   I. Formel 39
   II. Art der Zahlung der Vergütung .... 40—41
   III. Die für die Berechnung der Vergütung maßgebende Zeit ... 42—43

---

[1]) abgedruckt Bl. 1959, 300. Französische Übersetzung in Prop. Ind. 1972, 243; englische Übersetzung in Industrial Property 1972, 233.

Nach § 11 des Gesetzes über Arbeitnehmererfindungen vom 25. Juli 1957 (Bundesgesetzbl. I S. 756) erlasse ich nach Anhörung der Spitzenorganisationen der Arbeitgeber und der Arbeitnehmer folgende Richtlinien über die Bemessung der Vergütung für Diensterfindungen von Arbeitnehmern im privaten Dienst.

Einleitung

(1) Die Richtlinien sollen dazu dienen, die angemessene Vergütung zu ermitteln, die dem Arbeitnehmer für unbeschränkt oder beschränkt in Anspruch genommene Diensterfindungen (§ 9 Abs. 1 und § 10 Abs. 1 des Gesetzes) und für technische Verbesserungsvorschläge im Sinne des § 20 Abs. 1 des Gesetzes zusteht; sie sind keine verbindlichen Vorschriften, sondern geben nur Anhaltspunkte für die Vergütung. Wenn im Einzelfall die bisherige betriebliche Praxis für die Arbeitnehmer günstiger war, sollen die Richtlinien nicht zum Anlaß für eine Verschlechterung genommen werden.

(2) Nach § 9 Abs. 2 des Gesetzes sind für die Bemessung der Vergütung insbesondere die wirtschaftliche Verwertbarkeit der Diensterfindung, die Aufgaben und die Stellung des Arbeitnehmers im Betrieb sowie der Anteil des Betriebs am Zustandekommen der Diensterfindung maßgebend. Hiernach wird bei der Ermittlung der Vergütung in der Regel so zu verfahren sein, daß zunächst die wirtschaftliche Verwertbarkeit der Erfindung ermittelt wird. Die wirtschaftliche Verwertbarkeit (im folgenden als Erfindungswert bezeichnet) wird im Ersten Teil der Richtlinien behandelt. Da es sich hier jedoch nicht um eine freie Enfindung handelt, sondern um eine Erfindung, die entweder aus der dem Arbeitnehmer im Betrieb obliegenden Tätigkeit entstanden ist oder maßgeblich auf Erfahrungen oder Arbeiten des Betriebes beruht, ist ein Abzug zu machen, der den Aufgaben und der Stellung des Arbeitnehmers im Betrieb sowie dem Anteil des Betriebs am Zustandekommen der Diensterfindung entspricht. Dieser Abzug wird im Zweiten Teil der Richtlinien behandelt; der Anteil am Erfindungswert, der sich für den Arbeitnehmer unter Berücksichtigung des Abzugs ergibt, wird hierbei in Form eines in Prozenten ausgedrückten Anteilsfaktors ermittelt. Der Dritte Teil der Richtlinien behandelt die rechnerische Ermittlung der Vergütung sowie Fragen der Zahlungsart und Zahlungsdauer.

Bei jeder Vergütungsberechnung ist darauf zu achten, daß derselbe Gesichtspunkt für eine Erhöhung oder Ermäßigung der Vergütung nicht mehrfach berücksichtigt werden darf.

Die einzelnen Absätze der Richtlinien sind mit Randnummern versehen, um die Zitierung zu erleichtern.

ERSTER TEIL
Erfindungswert

A. Patentfähige Erfindungen

I. Betrieblich benutzte Erfindungen

1. Allgemeines

(3) Bei betrieblich benutzten Erfindungen kann der Erfindungswert in der Regel (über Ausnahmen vgl. Nummer 4) nach drei verschiedenen Methoden ermittelt werden:

a) *Ermittlung des Erfindungswertes nach der Lizenzanalogie (Nummer 6 ff.).*

Bei dieser Methode wird der Lizenzsatz, der für vergleichbare Fälle bei freien Erfindungen in der Praxis üblich ist, der Ermittlung des Erfindungswertes zugrunde gelegt. Der in Prozenten oder als bestimmter Geldbetrag je Stück oder Gewichtseinheit (vgl. Nummer 39) ausgedrückte Lizenzsatz wird auf eine bestimmte Bezugsgröße (Umsatz oder Erzeugung) bezogen. Dann ist der Erfindungswert die mit dem Lizenzsatz multiplizierte Bezugsgröße.

b) *Ermittlung des Erfindungswertes nach dem erfaßbaren betrieblichen Nutzen (Nummer 12).*

Der Erfindungswert kann ferner nach dem erfaßbaren Nutzen ermittelt werden, der dem Betrieb aus der Benutzung der Erfindung erwachsen ist.

c) *Schätzung des Erfindungswertes (Nummer 13).*

Schließlich kann der Erfindungswert geschätzt werden.

(4) Neben der Methode der Lizenzanalogie nach Nummer 3 a kommen im Einzelfall auch andere Analogiemethoden in Betracht. So kann anstatt von dem analogen Lizenzsatz von der Analogie zum Kaufpreis ausgegangen werden, wenn eine Gesamtabfindung (vgl. Nummer 40) angezeigt ist und der Kaufpreis bekannt ist, der in vergleichbaren Fällen mit freien Erfindern üblicherweise vereinbart wird. Für die Vergleichbarkeit und die Notwendigkeit, den Kaufpreis auf das Maß zu bringen, das für die zu beurteilende Diensterfindung richtig ist, gilt das unter Nummer 9 Gesagte entsprechend.

(5) Welche der unter Nummer 3 und 4 aufgeführten Methoden anzuwenden ist, hängt von den Umständen des einzelnen Falles ab. Wenn der Industriezweig mit Lizenzsätzen oder Kaufpreisen vertraut ist, die für die Übernahme eines ähnlichen Erzeugnisses oder Verfahrens üblicherweise vereinbart wird, kann von der Lizenzanalogie ausgegangen werden.

Die Ermittlung des Erfindungswertes nach dem erfaßbaren betrieblichen Nutzen kommt vor allem bei Erfindungen in Betracht, mit deren Hilfe Ersparnisse erzielt werden, sowie bei Verbesserungserfindungen, wenn die Verbesserung nicht derart ist, daß der mit dem verbesserten Gegenstand erzielte Umsatz als Bewertungsgrundlage dienen kann; sie kann ferner bei Erfindungen angewandt werden, die nur innerbetrieblich verwendete Erzeugnisse, Maschinen oder Vorrichtungen betreffen, und bei Erfindungen, die nur innerbetrieblich verwendete Verfahren betreffen, bei denen der Umsatz keine genügende Bewertungsgrundlage darstellt. Die Methode der Ermittlung des Erfindungswertes nach dem erfaßbaren betrieblichen Nutzen hat den Nachteil, daß der Nutzen oft schwer zu ermitteln ist und die Berechnungen des Nutzens schwer überprüfbar sind. In manchen Fällen wird sich allerdings der Nutzen aus einer Verbilligung des Ausgangsmaterials, aus einer Senkung der Lohn-, Energie- oder Instandsetzungskosten oder aus einer Erhöhung der Ausbeute errechnen lassen. Bei der Wahl dieser Methode ist ferner zu berücksichtigen, daß sich für den Arbeitgeber auf Grund der Auskunfts- und Rechnungslegungspflichten, die ihm nach § 242 des Bürgerlichen Gesetzbuches obliegen können, eine Pflicht zu einer weitergehenden Darlegung betrieblicher Rechnungsvorgänge ergeben kann als bei der Ermittlung des Erfindungswertes nach der Lizenzanalogie. Der Erfindungswert wird nur dann zu schätzen sein, wenn er mit Hilfe der Methoden unter Nummer 3 a und b oder Nummer 4 nicht oder nur mit unverhältnismäßig hohen Aufwendungen ermittelt werden kann (z. B. bei Arbeitsschutzmitteln und -vorrichtungen, sofern sie nicht allgemein verwertbar sind). Es kann ferner ratsam sein, eine der Berechnungsmethoden zur Überprüfung des Ergebnisses heranzuziehen, das mit Hilfe der anderen Methoden gefunden ist.

2. Ermittlung des Erfindungswertes nach der Lizenzanalogie

(6) Bei dieser Methode ist zu prüfen, wieweit man einen Vergleich ziehen kann. Dabei ist zu beachten, ob und wieweit in den Merkmalen, die die Höhe des Lizenzsatzes beeinflussen, Übereinstimmung besteht. In Betracht zu ziehen sind insbesondere die Verbesserung oder Verschlechterung der Wirkungsweise, der Bauform, des Gewichts, des Raumbedarfs, der Genauigkeit, der Betriebssicherheit; die Verbilligung oder Verteuerung der Herstellung, vor allem der Werkstoffe und der Arbeitsstunden; die Erweiterung oder Beschränkung der Verwendbarkeit; die Frage, ob sich die Erfindung ohne weiteres in die laufende Fertigung einreihen läßt oder ob Herstellungs- und Konstruktionsänderungen notwendig sind, ob eine sofortige Verwertung möglich ist oder ob noch umfangreiche Versuche vorgenommen werden müssen; die erwartete Umsatzsteigerung, die Möglichkeit des Übergangs von Einzelanfertigung zur Serienherstellung, zusätzliche oder vereinfachte Werbungsmöglichkeiten, günstige Preisgestaltung. Es ist ferner zu prüfen, welcher Schutzumfang dem Schutzrecht zukommt, das auf den Gegen-

stand der Erfindung erteilt ist, und ob sich der Besitz des Schutzrechts für den Betrieb technisch und wirtschaftlich auswirkt. Vielfach wird auch beim Abschluß eines Lizenzvertrages mit einem kleinen Unternehmen ein höherer Lizenzsatz vereinbart als beim Abschluß mit einer gut eingeführten Großfirma, weil bei dieser im allgemeinen ein höherer Umsatz erwartet wird als bei kleineren Unternehmen. Außerdem ist bei dem Vergleich zu berücksichtigen, wer in den ähnlichen Fällen, die zum Vergleich herangezogen werden, die Kosten des Schutzrechts trägt.

(7) Wenn man mit dem einem freien Erfinder üblicherweise gezahlten Lizenzsatz vergleicht, so muß von derselben Bezugsgröße ausgegangen werden; als Bezugsgrößen kommen Umsatz oder Erzeugung in Betracht. Ferner ist zu berücksichtigen, ob im Analogiefall der Rechnungswert des das Werk verlassenden Erzeugnisses oder der betriebsinterne Verrechnungswert von Zwischenerzeugnissen der Ermittlung des Umsatzwertes zugrunde gelegt worden ist. Bei der Berechnung des Erfindungswertes mit Hilfe des Umsatzes oder der Erzeugung wird im allgemeinen von dem tatsächlich erzielten Umsatz oder der tatsächlich erzielten Erzeugung auszugehen sein. Mitunter wird jedoch auch von einem vereinbarten Mindestumsatz oder aber von der Umsatzsteigerung ausgegangen werden können, die durch die Erfindung erzielt worden ist.

(8) Beeinflußt eine Erfindung eine Vorrichtung, die aus verschiedenen Teilen zusammengesetzt ist, so kann der Ermittlung des Erfindungswertes entweder der Wert der ganzen Vorrichtung oder nur der wertbeeinflußte Teil zugrunde gelegt werden. Es ist hierbei zu berücksichtigen, auf welcher Grundlage die Lizenz in dem betreffenden Industriezweig üblicherweise vereinbart wird, und ob üblicherweise der patentierte Teil allein oder nur in Verbindung mit der Gesamtvorrichtung bewertet wird. Dies wird häufig davon abhängen, ob durch die Benutzung der Erfindung nur der Teil oder die Gesamtvorrichtung im Wert gestiegen ist.

(9) Stellt sich bei dem Vergleich heraus, daß sich die Diensterfindung und die zum Vergleich herangezogenen freien Erfindungen nicht in den genannten Gesichtspunkten entsprechen, so ist der Lizenzsatz entsprechend zu erhöhen oder zu ermäßigen. Es ist jedoch nicht gerechtfertigt, den Lizenzsatz mit der Begründung zu ermäßigen, es handele sich um eine Diensterfindung; dieser Gesichtspunkt wird erst bei der Ermittlung des Anteilsfaktors berücksichtigt.

(10) Anhaltspunkte für die Bestimmung des Lizenzsatzes in den einzelnen Industriezweigen können daraus entnommen werden, daß z. B. im allgemeinen

in der Elektroindustrie ein Lizenzsatz von $1/2$—5 %,
in der Maschinen- und Werkzeugindustrie ein Lizenzsatz
   von $1/3$—10 %,

Richtlinien für die Vergütung von Arbeitnehmererfindungen im priv. Dienst

in der chemischen Industrie ein Lizenzsatz von 2— 5 %,
auf pharmazeutischem Gebiet ein Lizenzsatz von 2—10 %
vom Umsatz üblich ist.

(11) Für den Fall besonders hoher Umsätze kann die nachfolgende, bei Umsätzen über 1 Million DM einsetzende Staffel als Anhalt für eine der Praxis entsprechende Ermäßigung des Lizenzsatzes dienen, wobei jedoch im Einzelfall zu berücksichtigen ist, ob und in welcher Höhe in den verschiedenen Industriezweigen solche Ermäßigungen des Lizenzsatzes bei freien Erfindungen üblich sind:

Bei einem Gesamtumsatz

von 0— 1 Million DM
  keine Ermäßigung des Lizenzsatzes,
von 1— 2 Millionen DM
  20%ige Ermäßigung des Lizenzsatzes für den 1 Million DM übersteigenden Umsatz,
von 2— 4 Millionen DM
  40%ige Ermäßigung des Lizenzsatzes für den 2 Millionen DM übersteigenden Umsatz,
von 4—10 Millionen DM
  60%ige Ermäßigung des Lizenzsatzes für den 4 Millionen DM übersteigenden Umsatz,
von 10—20 Millionen DM
  65%ige Ermäßigung des Lizenzsatzes für den 10 Millionen DM übersteigenden Umsatz,
von 20—40 Millionen DM
  70%ige Ermäßigung des Lizenzsatzes für den 20 Millionen DM übersteigenden Umsatz.

B e i s p i e l : Bei einem Umsatz von 5 Millionen ist der Lizenzsatz wie folgt zu ermäßigen:

Für den 1 Million übersteigenden Umsatz von 1 Million um 20 %,
für den 2 Millionen übersteigenden Umsatz von 2 Millionen um 40 %,
für den 4 Millionen übersteigenden Umsatz von 1 Million um 60 %.

Bei einem angenommenen Lizenzsatz von 5 % beträgt somit der Erfindungswert bei einem Umsatz von 5 Millionen DM:

für den Umsatz von 1 Million = 5 % von 1 Million = 50 000 DM
für den Umsatz von einer weiteren Million = 4 %
  von 1 Million = 40 000 DM
für den Umsatz von weiteren 2 Millionen = 3 %
  von 2 Millionen = 60 000 DM
für den Umsatz von einer weiteren Million = 2 %
  von 1 Million = 20 000 DM
        Erfindungswert = 170 000 DM

3. Ermittlung des Erfindungswertes nach dem erfaßbaren betrieblichen Nutzen

(12) Unter dem erfaßbaren betrieblichen Nutzen (vgl. zur Anwendung dieser Methode Nummer 5) ist die durch den Einsatz der Erfindung verursachte Differenz zwischen Kosten und Erträgen zu verstehen. Die Ermittlung dieses Betrages ist durch Kosten- und Ertragsvergleich nach betriebswirtschaftlichen Grundsätzen vorzunehmen. Hierbei sind die Grundsätze für die Preisbildung bei öffentlichen Aufträgen anzuwenden (vgl. die Verordnung PR Nr. 30/53 über die Preise bei öffentlichen Aufträgen vom 21. November 1953 und die Leitsätze für die Preisermittlung auf Grund von Selbstkosten), so daß also auch kalkulatorische Zinsen und Einzelwagnisse, ein betriebsnotwendiger Gewinn und gegebenenfalls ein kalkulatorischer Unternehmerlohn zu berücksichtigen sind. Der so ermittelte Betrag stellt den Erfindungswert dar.

Kosten, die vor der Fertigstellung der Erfindung auf die Erfindung verwandt worden sind, sind bei der Ermittlung des Erfindungswertes nicht abzusetzen. Sie sind vielmehr bei der Ermittlung des Anteilsfaktors im Zweiten Teil der Richtlinien zu berücksichtigen, und zwar, soweit es sich um die Kosten für die Arbeitskraft des Erfinders selbst handelt, entsprechend der Tabelle c in Nummer 34, soweit es sich um sonstige Kosten vor der Fertigstellung der Erfindung handelt, entsprechend der Tabelle b in Nummer 32 (technische Hilfsmittel).

4. Schätzung

(13) In einer Reihe von Fällen versagen die dargestellten Methoden zur Ermittlung des Erfindungswertes, weil keine ähnlichen Fälle vorliegen oder weil ein Nutzen nicht erfaßt werden kann. In solchen oder ähnlichen Fällen muß der Erfindungswert geschätzt werden (vgl. zur Anwendung der Schätzungsmethode den letzten Absatz der Nummer 5). Hierbei kann von dem Preis ausgegangen werden, den der Betrieb hätte aufwenden müssen, wenn er die Erfindung von einem freien Erfinder hätte erwerben wollen.

II. Lizenz-, Kauf- und Austauschverträge

(14) Wird die Erfindung nicht betrieblich benutzt, sondern durch Vergabe von Lizenzen verwertet, so ist der Erfindungswert gleich der Nettolizenzeinnahme. Um den Nettobetrag festzustellen, sind von der Bruttolizenzeinnahme die Kosten der Entwicklung nach Fertigstellung der Erfindung abzuziehen sowie die Kosten, die aufgewandt wurden, um die Erfindung betriebsreif zu machen; ferner sind die auf die Lizenzvergabe im Einzelfall entfallenden Kosten der Patent- und Lizenzverwaltung, der Schutzrechtsübertragung, sowie die mit der Lizenzvergabe zusammenhängenden Aufwendungen (z. B. Steuern, mit Ausnahme der inländischen reinen Ertragssteuern, Verhandlungskosten) abzuziehen.

Soweit solche Kosten entstanden sind, wird außerdem ein entsprechender Anteil an den Gemeinkosten des Arbeitgebers zu berücksichtigen sein, soweit die Gemeinkosten nicht schon in den vorgenannten Kosten enthalten sind. Ferner ist bei der Ermittlung der Nettolizenzeinnahme darauf zu achten, ob im Einzelfall der Arbeitgeber als Lizenzgeber ein Risiko insofern eingeht, als er auch in der Zukunft Aufwendungen durch die Verteidigung der Schutzrechte, durch die Verfolgung von Verletzungen und aus der Einhaltung von Gewährleistungen haben kann.

Soweit die Einnahmen nicht auf der Lizenzvergabe, sondern auf der Übermittlung besonderer Erfahrungen (know how) beruhen, sind diese Einnahmen bei der Berechnung des Erfindungswertes von der Bruttolizenzeinnahme ebenfalls abzuziehen, wenn diese Erfahrungen nicht als technische Verbesserungsvorschläge im Sinne des § 20 Abs. 1 des Gesetzes anzusehen sind. Bei der Beurteilung der Frage, ob und wieweit die Einnahme auf der Übermittlung besonderer Erfahrungen beruht, ist nicht allein auf den Inhalt des Lizenzvertrages abzustellen; vielmehr ist das tatsächliche Verhältnis des Wertes der Lizenz zu dem der Übermittlung besonderer Erfahrungen zu berücksichtigen.

Eine Ermäßigung nach der Staffel in Nummer 11 ist nur insoweit angemessen, als sie auch dem Lizenznehmer des Arbeitgebers eingeräumt worden ist.

(15) Macht die Berechnung dieser Unkosten und Aufgaben große Schwierigkeiten, so kann es zweckmäßig sein, in Analogie zu den üblichen Arten der vertraglichen Ausgestaltung zwischen einem freien Erfinder als Lizenzgeber und dem Arbeitgeber als Lizenznehmer zu verfahren. In der Praxis wird ein freier Erfinder wegen der bezeichneten Kosten und Aufgaben eines Generallizenznehmers (Lizenznehmer einer ausschließlichen unbeschränkten Lizenz) mit etwa 20 bis 50 %, in besonderen Fällen auch mit mehr als 50 % und in Ausnahmefällen sogar mit über 75 % der Bruttolizenzeinnahme beteiligt, die durch die Verwertung einer Erfindung erzielt wird. Zu berücksichtigen ist im einzelnen, ob bei der Lizenzvergabe ausschließliche unbeschränkte Lizenzen oder einfache oder beschränkte Lizenzen erteilt werden. Bei der Vergabe einer ausschließlichen unbeschränkten Lizenz behält der Arbeitgeber kein eigenes Benutzungsrecht, wird im allgemeinen auch keine eigenen weiteren Erfahrungen laufend zu übermitteln haben. Hier wird daher der Erfindungswert eher bei 50 % und mehr anzusetzen sein. Bei der Vergabe einer einfachen oder beschränkten Lizenz wird bei gleichzeitiger Benutzung der Erfindung durch den Arbeitgeber, wenn damit die laufende Übermittlung von eigenen Erfahrungen verbunden ist, der Erfindungswert eher an der unteren Grenze liegen.

(16) Wird die Erfindung verkauft, so ist der Erfindungswert ebenfalls durch Verminderung des Bruttoertrages auf den Nettoertrag zu ermitteln. Im Gegensatz zur Lizenzvergabe wird hierbei jedoch in den meisten Fällen nicht damit zu rechnen sein, daß noch zukünftige Auf-

gaben und Belastungen des Arbeitgebers als Verkäufer zu berücksichtigen sind. Bei der Ermittlung des Nettoertrages sind alle Aufwendungen für die Entwicklung der Erfindung, nachdem sie fertiggestellt worden ist, für ihre Betriebsreifmachung, die Kosten der Schutzrechtserlangung und -übertragung, die mit dem Verkauf zusammenhängenden Aufwendungen (z. B. Steuern, mit Ausnahme der inländischen reinen Ertragssteuern, Verhandlungskosten) sowie ein entsprechender Anteil an den Gemeinkosten des Arbeitgebers, soweit sie nicht schon in den vorgenannten Kosten enthalten sind, zu berücksichtigen.

Soweit der Kaufpreis nicht auf der Übertragung des Schutzrechts, sondern auf der Übermittlung besonderer Erfahrungen (know how) beruht, sind diese Einnahmen bei der Berechnung des Erfindungswertes ebenfalls von dem Bruttoertrag abzuziehen, wenn diese Erfahrungen nicht als technische Verbesserungsvorschläge im Sinne des § 20 Abs. 1 des Gesetzes anzusehen sind. Bei der Beurteilung der Frage, ob und inwieweit der Kaufpreis auf der Übermittlung besonderer Erfahrungen beruht, ist nicht allein auf den Inhalt des Kaufvertrages abzustellen; vielmehr ist das tatsächliche Verhältnis des Wertes des Schutzrechts zu dem der Übermittlung besonderer Erfahrungen zu berücksichtigen.

(17) Wird die Erfindung durch einen Austauschvertrag verwertet, so kann versucht werden, zunächst den Gesamtnutzen des Vertrages für den Arbeitgeber zu ermitteln, um sodann durch Abschätzung der Quote, die auf die in Anspruch genommene Diensterfindung entfällt, ihren Anteil am Gesamtnutzen zu ermitteln. Ist dies untunlich, so wird der Erfindungswert nach Nummer 13 geschätzt werden müssen.

Soweit Gegenstand des Austauschvertrages nicht die Überlassung von Schutzrechten oder von Benutzungsrechten, sondern die Überlassung besonderer Erfahrungen (know how) ist, ist dies bei der Ermittlung des Gesamtnutzens des Vertrages zu berücksichtigen, soweit diese Erfahrungen nicht als technische Verbesserungsvorschläge im Sinne des § 20 Abs. 1 des Gesetzes anzusehen sind. Bei der Beurteilung der Frage, ob und wieweit die Übermittlung besonderer Erfahrungen Gegenstand des Austauschvertrages sind, ist nicht allein auf den Inhalt des Vertrages abzustellen; vielmehr ist das tatsächliche Verhältnis des Wertes der Schutzrechte zu dem der Übermittlung besonderer Erfahrungen zu berücksichtigen.

III. Sperrpatente

(18) Einen besonderen Fall der Verwertung einer Diensterfindung bilden die Sperrpatente. Darunter versteht man im allgemeinen Patente, die nur deshalb angemeldet oder aufrechterhalten werden, um zu verhindern, daß ein Wettbewerber die Erfindung verwertet und dadurch die eigene laufende oder bevorstehende Erzeugung beeinträchtigt. Bei diesen Patenten unterbleibt die Benutzung, weil entweder ein gleichartiges Patent schon im Betrieb benutzt wird oder ohne Bestehen

eines Patentes eine der Erfindung entsprechende Erzeugung schon im Betrieb läuft oder das Anlaufen einer solchen Erzeugung bevorsteht. Wenn schon eine Erfindung im Betrieb benutzt wird, die mit Hilfe der zweiten Erfindung umgangen werden kann, und wenn die wirtschaftliche Tragweite beider Erfindungen ungefähr gleich ist, werden nach der Verwertung der ersten Erfindung Anhaltspunkte für den Erfindungswert bezüglich der zweiten gefunden werden können. Die Summe der Werte beider Erfindungen kann jedoch höher sein als der Erfindungswert der ersten Erfindung. Durch Schätzung kann ermittelt werden, welcher Anteil des Umsatzes, der Erzeugung oder des Nutzens bei Anwendung der zweiten Erfindung auf diese entfallen würde. Selbst wenn man hierbei zu einer annähernden Gleichwertigkeit der beiden Erfindungen kommt, ist es angemessen, für die zweite Erfindung weniger als die Hälfte der Summe der Werte beider Erfindungen anzusetzen, weil es als ein besonderer Vorteil benutzter Erfindungen anzusehen ist, wenn sie sich schon in der Praxis bewährt haben und auf dem Markt eingeführt sind. Eine zweite Erfindung, mit der es möglich ist, die erste zu umgehen, kann für den Schutzumfang der ersten Erfindung eine Schwäche offenbaren, die bei der Feststellung des Erfindungswertes für die erste Erfindung nicht immer berücksichtigt worden ist. Deshalb kann der Anlaß für eine Neufestsetzung der Vergütung nach § 12 Abs. 6 des Gesetzes vorliegen.

IV. Schutzrechtskomplexe

(19) Werden bei einem Verfahren oder Erzeugnis mehrere Erfindungen benutzt, so soll, wenn es sich hierbei um einen einheitlich zu wertenden Gesamtkomplex handelt, zunächst der Wert des Gesamtkomplexes, gegebenenfalls einschließlich nicht benutzter Sperrschutzrechte, bestimmt werden. Der so bestimmte Gesamterfindungswert ist auf die einzelnen Erfindungen aufzuteilen. Dabei ist zu berücksichtigen, welchen Einfluß die einzelnen Erfindungen auf die Gesamtgestaltung des mit dem Schutzrechtskomplex belasteten Gegenstandes haben.

V. Nicht verwertete Erfindungen

(20) Nicht verwertete Erfindungen sind Erfindungen, die weder betrieblich benutzt noch als Sperrpatent noch außerbetrieblich durch Vergabe von Lizenzen, Verkauf oder Tausch verwertet werden. Die Frage nach ihrem Wert hängt davon ab, aus welchen Gründen die Verwertung unterbleibt (vgl. Nummer 21—24).

1. Vorrats- und Ausbaupatente

(21) Vorratspatente sind Patente für Erfindungen, die im Zeitpunkt der Erteilung des Patents noch nicht verwertet werden oder noch nicht verwertbar sind, mit deren späterer Verwertung oder Verwertbarkeit

aber zu rechnen ist. Von ihrer Verwertung wird z. B. deshalb abgesehen, weil der Fortschritt der technischen Entwicklung abgewartet werden soll, bis die Verwertung des Patents möglich erscheint. Erfindungen dieser Art werden bis zu ihrer praktischen Verwertung „auf Vorrat" gehalten. Sie haben wegen der begründeten Erwartung ihrer Verwertbarkeit einen Erfindungswert. Vorratspatente, die lediglich bestehende Patente verbessern, werden als Ausbaupatente bezeichnet.

Der Wert der Vorrats- und Ausbaupatente wird frei geschätzt werden müssen, wobei die Art der voraussichtlichen späteren Verwertung und die Höhe des alsdann voraussichtlich zu erzielenden Nutzens Anhaltspunkte ergeben können. Bei einer späteren Verwertung wird häufig der Anlaß für eine Neufestsetzung der Vergütung nach § 12 Abs. 6 des Gesetzes gegeben sein. Ob verwertbare Vorratspatente, die nicht verwertet werden, zu vergüten sind, richtet sich nach Nummer 24.

2. Nicht verwertbare Erfindungen

(22) Erfindungen, die nicht verwertet werden, weil sie wirtschaftlich nicht verwertbar sind und bei denen auch mit ihrer späteren Verwertbarkeit nicht zu rechnen ist, haben keinen Erfindungswert. Aus der Tatsache, daß ein Schutzrecht erteilt worden ist, ergibt sich nichts Gegenteiliges; denn die Prüfung durch das Patentamt bezieht sich zwar auf Neuheit, Fortschrittlichkeit und Erfindungshöhe, nicht aber darauf, ob die Erfindung mit wirtschaftlichem Erfolg verwertet werden kann. Erfindungen, die betrieblich nicht benutzt, nicht als Sperrpatent oder durch Lizenzvergabe, Verkauf oder Tausch verwertet werden können und auch als Vorratspatent keinen Wert haben, sollten dem Erfinder freigegeben werden.

3. Erfindungen, deren Verwertbarkeit noch nicht feststellbar ist

(23) Nicht immer wird sofort festzustellen sein, ob eine Erfindung wirtschaftlich verwertbar ist oder ob mit ihrer späteren Verwertbarkeit zu rechnen ist. Dazu wird es vielmehr in einer Reihe von Fällen einer gewissen Zeit der Prüfung und Erprobung bedürfen. Wenn und solange der Arbeitgeber die Erfindung prüft und erprobt und dabei die wirtschaftliche Verwertbarkeit noch nicht feststeht, ist die Zahlung einer Vergütung in der Regel nicht angemessen. Zwar besteht die Möglichkeit, daß sich eine Verwertbarkeit ergibt. Diese Möglichkeit wird aber dadurch angemessen abgegolten, daß der Arbeitgeber auf seine Kosten die Erfindung überprüft und erprobt und damit seinerseits dem Erfinder die Gelegenheit einräumt, bei günstigem Prüfungsergebnis eine Vergütung zu erhalten.

Die Frist, die dem Betrieb zur Feststellung der wirtschaftlichen Verwertbarkeit billigerweise gewährt werden muß, wird von Fall zu Fall verschieden sein, sollte aber drei bis fünf Jahre nach Patenterteilung nur in besonderen Ausnahmefällen überschreiten. Wird die Erfindung nach Ablauf dieser Frist nicht freigegeben, so wird vielfach eine tatsächliche Vermutung dafür sprechen, daß ihr ein Wert zukommt, sei es auch nur als Vorrats- oder Ausbaupatent.

4. Erfindungen, bei denen die Verwertbarkeit nicht oder nicht voll ausgenutzt wird

(24) Wird die Erfindung ganz oder teilweise nicht verwertet, obwohl sie verwertbar ist, so sind bei der Ermittlung des Erfinderwertes die unausgenutzten Verwertungsmöglichkeiten im Rahmen der bei verständiger Würdigung bestehenden wirtschaftlichen Möglichkeiten zu berücksichtigen.

VI. Besonderheiten

1. Beschränkte Inanspruchnahme

(25) Für die Bewertung des nichtausschließlichen Rechts zur Benutzung der Diensterfindung gilt das für die Bewertung der unbeschränkt in Anspruch genommenen Diensterfindung Gesagte entsprechend. Bei der Ermittlung des Erfindungswertes ist jedoch allein auf die tatsächliche Verwertung durch den Arbeitgeber abzustellen; die unausgenutzte wirtschaftliche Verwertbarkeit (vgl. Nummer 24) ist nicht zu berücksichtigen.

Wird der Erfindungswert mit Hilfe des erfaßbaren betrieblichen Nutzens ermittelt, so unterscheidet sich im übrigen die Ermittlung des Erfindungswertes bei der beschränkten Inanspruchnahme nicht von der bei der unbeschränkten Inanspruchnahme.

Bei der Ermittlung des Erfinderwertes nach der Lizenzanalogie ist nach Möglichkeit von den für nichtausschließliche Lizenzen mit freien Erfindern üblicherweise vereinbarten Sätzen auszugehen. Sind solche Erfahrungssätze für nichtausschließliche Lizenzen nicht bekannt, so kann auch von einer Erfindung ausgegangen werden, für die eine ausschließliche Lizenz erteilt worden ist; dabei ist jedoch zu beachten, daß die in der Praxis für nichtausschließliche Lizenzen gezahlten Lizenzsätze in der Regel, keineswegs aber in allen Fällen, etwas niedriger sind als die für ausschließliche Lizenzen gezahlten Sätze. Hat der Arbeitnehmer Lizenzen vergeben, so können die in diesen Lizenzverträgen vereinbarten Lizenzsätze in geeigneten Fällen als Maßstab für den Erfindungswert herangezogen werden. Hat der Arbeitnehmer kein Schutzrecht erwirkt, so wirkt diese Tatsache nicht mindernd auf die Vergütung, jedoch ist eine Vergütung nicht oder nicht mehr zu zahlen, wenn die Erfindung so weit bekannt geworden ist, daß sie infolge des Fehlens eines Schutzrechts auch von Wettbewerbern berechtigterweise benutzt wird.

2. Absatz im Ausland und ausländische Schutzrechte

(26) Wird das Ausland vom Inlandsbetrieb aus beliefert, so ist bei der Berechnung des Erfindungswertes nach dem erfaßbaren betrieblichen

Erster Teil: Erfindungswert

Nutzen der Nutzen wie im Inland zu erfassen. Ebenso ist bei der Berechnung des Erfindungswertes nach der Lizenzanalogie der Umsatz oder die Erzeugung auch insoweit zu berücksichtigen, als das Ausland vom Inland aus beliefert wird. Bei zusätzlicher Verwertung im Ausland (z. B. Erzeugung im Ausland, Lizenzvergaben im Ausland) erhöht sich der Erfindungswert entsprechend, sofern dort ein entsprechendes Schutzrecht besteht.

Auch im Ausland ist eine nicht ausgenutzte Verwertbarkeit oder eine unausgenutzte weitere Verwertbarkeit nach den gleichen Grundsätzen wie im Inland zu behandeln (vgl. Nummer 24). Sofern weder der Arbeitgeber noch der Arbeitnehmer Schutzrechte im Ausland erworben haben, handelt es sich um schutzrechtsfreies Gebiet, auf dem Wettbewerber tätig werden können, so daß für eine etwaige Benutzung des Erfindungsgegenstandes in dem schutzrechtsfreien Land sowie für den Vertrieb des in dem schutzrechtsfreien Land hergestellten Erzeugnisses im allgemeinen eine Vergütung nicht verlangt werden kann.

3. Betriebsgeheime Erfindungen

(§ 17)

(27) Betriebsgeheime Erfindungen sind ebenso wie geschützte Erfindungen zu vergüten. Dabei sind nach § 17 Abs. 4 des Gesetzes auch die wirtschaftlichen Nachteile zu berücksichtigen, die sich für den Arbeitnehmer dadurch ergeben, daß auf die Diensterfindung kein Schutzrecht erteilt worden ist. Die Beeinträchtigung kann u. a. darin liegen, daß der Erfinder nicht als solcher bekannt wird oder daß die Diensterfindung nur in beschränktem Umfang ausgewertet werden kann. Eine Beeinträchtigung kann auch darin liegen, daß die Diensterfindung vorzeitig bekannt und mangels Rechtsschutzes durch andere Wettbewerber ausgewertet wird.

B. Gebrauchsmusterfähige Erfindungen

(28) Bei der Ermittlung des Erfindungswertes für gebrauchsmusterfähige Diensterfindungen können grundsätzlich dieselben Methoden angewandt werden wie bei patentfähigen Diensterfindungen. Wird der Erfindungswert nach dem erfaßbaren betrieblichen Nutzen ermittelt, so ist hierbei nach denselben Grundsätzen wie bei patentfähigen Diensterfindungen zu verfahren. Wird dagegen von der Lizenzanalogie ausgegangen, so ist nach Möglichkeit von den für gebrauchsmusterfähige Erfindungen in vergleichbaren Fällen üblichen Lizenzen auszugehen. Sind solche Lizenzsätze für gebrauchsmusterfähige Erfindungen freier Erfinder nicht bekannt, so kann bei der Lizenzanalogie auch von den für vergleichbare patentfähige Erfindungen üblichen Lizenzsätzen ausgegangen werden; dabei ist jedoch folgendes zu beachten: In der Praxis werden vielfach die für Gebrauchsmuster an freie Erfinder üblicherweise

gezahlten Lizenzen niedriger sein als die für patentfähige Erfindungen; dies beruht u. a. auf dem im allgemeinen engeren Schutzumfang sowie auf der kürzeren gesetzlichen Schutzdauer des Gebrauchsmusters. Die ungeklärte Schutzfähigkeit des Gebrauchsmusters kann jedoch bei Diensterfindungen nur dann zuungunsten des Arbeitnehmers berücksichtigt werden, wenn im Einzelfall bestimmte Bedenken gegen die Schutzfähigkeit eine Herabsetzung des Analogielizenzsatzes angemessen erscheinen lassen. Wird in diesem Falle das Gebrauchsmuster nicht angegriffen oder erfolgreich verteidigt, so wird im allgemeinen der Anlaß für eine Neufestsetzung der Vergütung nach §12 Abs. 6 des Gesetzes vorliegen.

Wird eine patentfähige Erfindung nach § 13 Abs. 1 Satz 2 des Gesetzes als Gebrauchsmuster angemeldet, so ist der Erfindungswert wie bei einer patentfähigen Erfindung zu bemessen, wobei jedoch die kürzere gesetzliche Schutzdauer des Gebrauchsmusters zu berücksichtigen ist.

C. Technische Verbesserungsvorschläge

(§ 20 Abs. 1)

(29) Nach § 20 Abs. 1 des Gesetzes hat der Arbeitnehmer für technische Verbesserungsvorschläge, die dem Arbeitgeber eine ähnliche Vorzugsstellung gewähren wie ein gewerbliches Schutzrecht, gegen den Arbeitgeber einen Anspruch auf angemessene Vergütung, sobald dieser sie verwertet. Eine solche Vorzugsstellung gewähren technische Verbesserungsvorschläge, die von Dritten nicht nachgeahmt werden können (z. B. Anwendung von Geheimverfahren; Verwendung von Erzeugnissen, die nicht analysiert werden können). Der technische Verbesserungsvorschlag als solcher muß die Vorzugsstellung gewähren; wird er an einem Gerät verwandt, das schon eine solche Vorzugsstellung genießt, so ist der Vorschlag nur insoweit vergütungspflichtig, als er für sich betrachtet, also abgesehen von der schon bestehenden Vorzugsstellung, die Vorzugsstellung gewähren würde. Bei der Ermittlung des Wertes des technischen Verbesserungsvorschlages im Sinne des § 20 Abs. 1 des Gesetzes sind dieselben Methoden anzuwenden wie bei der Ermittlung des Erfindungswertes für schutzfähige Erfindungen. Dabei ist jedoch allein auf die tatsächliche Verwertung durch den Arbeitgeber abzustellen; die unausgenutzte wirtschaftliche Verwertbarkeit (Nummer 24) ist nicht zu berücksichtigen. Sobald die Vorzugsstellung wegfällt, weil die technische Neuerung so weit bekannt geworden ist, daß sie auch von Wettbewerbern berechtigterweise benutzt wird, ist eine Vergütung nicht oder nicht mehr zu zahlen.

ZWEITER TEIL
Anteilsfaktor

(30) Von dem im Ersten Teil ermittelten Erfindungswert ist mit Rücksicht darauf, daß es sich nicht um eine freie Erfindung handelt, ein entsprechender Abzug zu machen. Der Anteil, der sich für den Arbeitnehmer unter Berücksichtigung dieses Abzugs an dem Erfindungswert ergibt, wird in Form eines in Prozenten ausgedrückten Anteilsfaktors ermittelt.

Der Anteilsfaktor wird bestimmt:
- a) durch die Stellung der Aufgabe,
- b) durch die Lösung der Aufgabe,
- c) durch die Aufgaben und die Stellung des Arbeitnehmers im Betrieb.

Die im folgenden hinter den einzelnen Gruppen der Tabellen a), b) und c) eingefügten Wertzahlen dienen der Berechnung des Anteilsfaktors nach der Tabelle unter Nummer 37. Soweit im Einzelfall eine zwischen den einzelnen Gruppen liegende Bewertung angemessen erscheint, können Zwischenwerte gebildet werden (z. B. 3,5).

a) Stellung der Aufgabe

(31) Der Anteil des Arbeitnehmers am Zustandekommen der Diensterfindung ist um so größer, je größer seine Initiative bei der Aufgabenstellung und je größer seine Beteiligung bei der Erkenntnis der betrieblichen Mängel und Bedürfnisse ist. Diese Gesichtspunkte können in folgenden 6 Gruppen berücksichtigt werden:

Der Arbeitnehmer ist zu der Erfindung veranlaßt worden:
1. weil der Betrieb ihm eine Aufgabe unter unmittelbarer Angabe des beschrittenen Lösungsweges gestellt hat (1);
2. weil der Betrieb ihm eine Aufgabe ohne unmittelbare Angabe des beschrittenen Lösungsweges gestellt hat (2);
3. ohne daß der Betrieb ihm eine Aufgabe gestellt hat, jedoch durch die infolge der Betriebszugehörigkeit erlangte Kenntnis von Mängeln und Bedürfnissen, wenn der Erfinder diese Mängel und Bedürfnisse nicht selbst festgestellt hat (3);
4. ohne daß der Betrieb ihm eine Aufgabe gestellt hat, jedoch durch die infolge der Betriebszugehörigkeit erlangte Kenntnis von Mängeln und Bedürfnissen, wenn der Erfinder diese Mängel und Bedürfnisse selbst festgestellt hat (4);
5. weil er sich innerhalb seines Aufgabenbereichs eine Aufgabe gestellt hat (5);
6. weil er sich außerhalb seines Aufgabenbereichs eine Aufgabe gestellt hat (6).

Bei Gruppe 1 macht es keinen Unterschied, ob der Betrieb den Erfinder schon bei der Aufgabenstellung oder erst später auf den beschrittenen Lösungsweg unmittelbar hingewiesen hat, es sei denn, daß der Erfinder von sich aus den Lösungsweg bereits beschritten hatte. Ist bei einer Erfindung, die in Gruppe 3 oder 4 einzuordnen ist, der Erfinder vom Betrieb später auf den beschrittenen Lösungsweg hingewiesen worden, so kann es angemessen sein, die Erfindung niedriger einzuordnen, es sei denn, daß der Erfinder von sich aus den Lösungsweg bereits beschritten hatte. Liegt in Gruppe 3 oder 4 die Aufgabe außerhalb des Aufgabenbereichs des Erfinders, so wird es angemessen sein, die Erfindung höher einzuordnen.

Ferner ist zu berücksichtigen, daß auch in der Aufgabenstellung allein schon eine unmittelbare Angabe des beschrittenen Lösungsweges liegen kann, wenn die Aufgabe sehr eng gestellt ist. Andererseits sind ganz allgemeine Anweisungen (z. B. auf Erfindungen bedacht zu sein) noch nicht als Stellung der Aufgabe im Sinne dieser Tabelle anzusehen.

b) Lösung der Aufgabe

(32) Bei der Ermittlung der Wertzahlen für die Lösung der Aufgabe sind folgende Gesichtspunkte zu beachten:
1. Die Lösung wird mit Hilfe der dem Erfinder beruflich geläufigen Überlegungen gefunden;
2. sie wird auf Grund betrieblicher Arbeiten oder Kenntnisse gefunden;
3. der Betrieb unterstützt den Erfinder mit technischen Hilfsmitteln.

Liegen bei einer Erfindung alle diese Merkmale vor, so erhält die Erfindung für die Lösung der Aufgabe die Wertzahl 1; liegt keines dieser Merkmale vor, so erhält sie die Wertzahl 6.

Sind bei einer Erfindung die angeführten drei Merkmale teilweise verwirklicht, so kommt ihr für die Lösung der Aufgabe eine zwischen 1 und 6 liegende Wertzahl zu. Bei der Ermittlung der Wertzahl für die Lösung der Aufgabe sind die Verhältnisse des Einzelfalles auch im Hinblick auf die Bedeutung der angeführten drei Merkmale (z. B. das Ausmaß der Unterstützung mit technischen Hilfsmitteln) zu berücksichtigen.

Beruflich geläufige Überlegungen im Sinne dieser Nummer sind solche, die aus Kenntnissen und Erfahrungen des Arbeitnehmers stammen, die er zur Erfüllung der ihm übertragenen Tätigkeiten haben muß.

Betriebliche Arbeiten oder Kenntnisse im Sinne dieser Nummer sind innerbetriebliche Erkenntnisse, Arbeiten, Anregungen, Erfahrungen, Hinweise usw., die den Erfinder zur Lösung hingeführt oder sie ihm wesentlich erleichtert haben.

Technische Hilfsmittel im Sinne dieser Nummer sind Energien, Rohstoffe und Geräte des Betriebes, deren Bereitstellung wesentlich zum Zustandekommen der Diensterfindung beigetragen hat. Wie technische

Hilfsmittel ist auch die Bereitstellung von Arbeitskräften zu werten. Die Arbeitskraft des Erfinders selbst sowie die allgemeinen, ohnehin entstandenen Aufwendungen für Forschung, Laboreinrichtungen und Apparaturen sind nicht als technische Hilfsmittel in diesem Sinne anzusehen.

c) Aufgaben und Stellung des Arbeitnehmers im Betrieb

(33) Der Anteil des Arbeitnehmers verringert sich um so mehr, je größer der ihm durch seine Stellung ermöglichte Einblick in die Erzeugung und Entwicklung des Betriebes ist und je mehr von ihm angesichts seiner Stellung und des ihm z. Z. der Erfindungsmeldung gezahlten Arbeitsentgelts erwartet werden kann, daß er an der technischen Entwicklung des Betriebes mitarbeitet. Stellung im Betrieb bedeutet nicht die nominelle, sondern die tatsächliche Stellung des Arbeitnehmers, die ihm unter Berücksichtigung der ihm obliegenden Aufgaben und der ihm ermöglichten Einblicke in das Betriebsgeschehen zukommt.

(34) Man kann folgende Gruppen von Arbeitnehmern unterscheiden, wobei die Wertzahl um so höher ist, je geringer die Leistungserwartung ist:

8. Gruppe: Hierzu gehören Arbeitnehmer, die im wesentlichen ohne Vorbildung für die im Betrieb ausgeübte Tätigkeit sind (z. B. ungelernte Arbeiter, Hilfsarbeiter, Angelernte, Lehrlinge) (8).

7. Gruppe: Zu dieser Gruppe sind die Arbeitnehmer zu rechnen, die eine handwerklich-technische Ausbildung erhalten haben (z. B. Facharbeiter, Laboranten, Monteure, einfache Zeichner), auch wenn sie schon mit kleineren Aufsichtspflichten betraut sind (z. B. Vorarbeiter, Untermeister, Schichtmeister, Kolonenführer). Von diesen Personen wird im allgemeinen erwartet, daß sie die ihnen übertragenen Aufgaben mit einem gewissen technischen Verständnis ausführen. Andererseits ist zu berücksichtigen, daß von dieser Berufsgruppe in der Regel die Lösung konstruktiver oder verfahrensmäßiger technischer Aufgaben nicht erwartet wird (7).

6. Gruppe: Hierher gehören die Personen, die als untere betriebliche Führungskräfte eingesetzt werden (z. B. Meister, Obermeister, Werkmeister) oder eine etwas gründlichere technische Ausbildung erhalten haben (z. B. Chemotechniker, Techniker). Von diesen Arbeitnehmern wird in der Regel schon erwartet, daß sie Vorschläge zur Rationalisierung innerhalb der ihnen obliegenden Tätigkeit machen und auf einfache technische Neuerungen bedacht sind (6).

5. Gruppe: Zu dieser Gruppe sind die Arbeitnehmer zu rechnen, die eine gehobene technische Ausbildung erhalten haben, sei es auf Universitäten oder technischen Hochschulen, sei es auf höheren technischen Lehranstalten oder in Ingenieur- oder entsprechenden Fachschulen, wenn sie in der Fertigung tätig sind. Von diesen Arbeitnehmern wird ein reges technisches Interesse sowie die Fähigkeit erwartet, gewisse konstruktive oder verfahrensmäßige Aufgaben zu lösen (5).

4. **Gruppe:** Hierher gehören die in der Fertigung leitend Tätigen (Gruppenleiter, d. h. Ingenieure und Chemiker, denen andere Ingenieure oder Chemiker unterstellt sind) und die in der Entwicklung tätigen Ingenieure und Chemiker (4).

3. **Gruppe:** Zu dieser Gruppe sind in der Fertigung der Leiter einer ganzen Fertigungsgruppe (z. B. technischer Abteilungsleiter und Werksleiter) zu zählen, in der Entwicklung die Gruppenleiter von Konstruktionsbüros und Entwicklungslaboratorien und in der Forschung die Ingenieure und Chemiker (3).

2. **Gruppe:** Hier sind die Leiter der Entwicklungsabteilungen einzuordnen sowie die Gruppenleiter in der Forschung (2).

1. **Gruppe:** Zur Spitzengruppe gehören die Leiter der gesamten Forschungsabteilung eines Unternehmens und die technischen Leiter größerer Betriebe (1).

Die vorstehende Tabelle kann nur Anhaltspunkte geben. Die Einstufung in die einzelnen Gruppen muß jeweils im Einzelfall nach Maßgabe der tatsächlichen Verhältnisse unter Berücksichtigung der Ausführungen in Nummer 33, 35 und 36 vorgenommen werden. In kleineren Betrieben sind z. B. vielfach die Leiter von Forschungsabteilungen nicht in Gruppe 1, sondern — je nach den Umständen des Einzelfalles — in die Gruppen 2, 3 oder 4 einzuordnen. Auch die Abstufung nach der Tätigkeit in Fertigung, Entwicklung oder Forschung ist nicht stets berechtigt, weil. z. B. in manchen Betrieben die in der Entwicklung tätigen Arbeitnehmer Erfindungen näher stehen als die in der Forschung tätigen Arbeitnehmer.

(35) Wenn die Gehaltshöhe gegenüber dem Aufgabengebiet Unterschiede zeigt, kann es berechtigt sein, den Erfinder in eine höhere oder tiefere Gruppe einzustufen, weil Gehaltshöhe und Leistungserwartung miteinander in Verbindung stehen. Dies ist besonders zu berücksichtigen im Verhältnis zwischen jüngeren und älteren Arbeitnehmern der gleichen Gruppe. In der Regel wächst das Gehalt eines Arbeitnehmers mit seinem Alter, wobei weitgehend der Gesichtspunkt maßgebend ist, daß die zunehmende Erfahrung auf Grund langjähriger Tätigkeit eine höhere Leistung erwarten läßt. Hiernach kann also ein höher bezahlter älterer Angestellter einer bestimmten Gruppe eher in die nächstniedrigere einzustufen sein, während ein jüngerer, geringer bezahlter Angestellter der nächsthöheren Gruppe zuzurechnen ist. Es ist weiter zu berücksichtigen, daß zum Teil gerade bei leitenden Angestellten nicht erwartet wird, daß sie sich mit technischen Einzelfragen befassen. Besonders in größeren Firmen stehen leitende Angestellte zum Teil der technischen Entwicklung ferner als Entwicklungs- oder Betriebsingenieure. In solchen Fällen ist daher gleichfalls eine Berichtigung der

Gruppeneinteilung angebracht. Auch die Vorbildung wird in der Regel ein Anhaltspunkt für die Einstufung des Arbeitnehmers sein. Sie ist aber hierauf dann ohne Einfluß, wenn der Arbeitnehmer nicht entsprechend seiner Vorbildung im Betrieb eingesetzt wird. Andererseits ist auch zu berücksichtigen, daß Arbeitnehmer, die sich ohne entsprechende Vorbildung eine größere technische Erfahrung zugeeignet haben und demgemäß im Betrieb eingesetzt und bezahlt werden, in eine entsprechend niedrigere Gruppe (also mit niedrigerer Wertzahl, z. B. von Gruppe 6 in Gruppe 5) eingestuft werden müssen.

(36) Von Arbeitnehmern, die kaufmännisch tätig sind und keine technische Vorbildung haben, werden im allgemeinen keine technischen Leistungen erwartet. Etwas anderes kann mitunter für die sogenannten technischen Kaufleute und die höheren kaufmännischen Angestellten (kaufmännische Abteilungsleiter, Verwaltungs- und kaufmännische Direktoren) gelten. Wie diese Personen einzustufen sind, muß von Fall zu Fall entschieden werden.

Tabelle

(37) Für die Berechnung des Anteilsfaktors gilt folgende Tabelle:

$a+b+c=$	3	4	5	6	7	8	9	10	11	12	13	14	15	16	17	18	19	(20)
$A\quad =$	2	4	7	10	13	15	18	21	25	32	39	47	55	63	72	81	90	(100)

In dieser Tabelle bedeuten:

a = Wertzahlen, die sich aus der Stellung der Aufgabe ergeben,
b = Wertzahlen, die sich aus der Lösung der Aufgabe ergeben,
c = Wertzahlen, die sich aus Aufgaben und Stellung im Betrieb ergeben,
A = Anteilsfaktor (Anteil des Arbeitnehmers am Erfindungswert in Prozenten).

Die Summe, die sich aus den Wertzahlen a, b und c ergibt, braucht keine ganze Zahl zu sein. Sind als Wertzahlen Zwischenwerte (z. B. 3,5) gebildet worden, so ist als Anteilsfaktor eine Zahl zu ermitteln, die entsprechend zwischen den angegebenen Zahlen liegt. Die Zahlen 20 und 100 sind in Klammern gesetzt, weil zumindest in diesem Fall eine freie Erfindung vorliegt.

d) Wegfall der Vergütung

(38) Ist der Anteilsfaktor sehr niedrig, so kann, wenn der Erfindungswert gleichfalls gering ist, die nach den vorstehenden Richtlinien zu ermittelnde Vergütung bis auf einen Anerkennungsbetrag sinken oder ganz wegfallen.

Richtlinien für die Vergütung von Arbeitnehmererfindungen im priv. Dienst

DRITTER TEIL

Die rechnerische Ermittlung der Vergütung

I. Formel

(39) Die Berechnung der Vergütung aus Erfindungswert und Anteilsfaktor kann in folgender Formel ausgedrückt werden:

$$V = E \cdot A$$

Dabei bedeuten:
V = die zu zahlende Vergütung,
E = den Erfindungswert,
A = den Anteilsfaktor in Prozenten.

Die Ermittlung des Erfindungswertes nach der Lizenzanalogie kann in folgender Formel ausgedrückt werden:

$$E = B \cdot L$$

Dabei bedeuten:
E = den Erfindungswert,
B = die Bezugsgröße,
L = Lizenzsatz in Prozenten.

In dieser Formel kann die Bezugsgröße ein Geldbetrag oder eine Stückzahl sein. Ist die Bezugsgröße ein bestimmter Geldbetrag, so ist der Lizenzsatz ein Prozentsatz (z. B. 3 %) von 100 000,— DM). Ist die Bezugsgröße dagegen eine Stückzahl oder eine Gewichtseinheit, so ist der Lizenzsatz ein bestimmter Geldbetrag je Stück oder Gewichtseinheit (z. B. 0,10 DM je Stück oder Gewichtseinheit des umgesetzten Erzeugnisses).

Insgesamt ergibt sich hiernach für die Ermittlung der Vergütung bei Anwendung der Lizenzanalogie folgende Formel:

$$V = B \cdot L \cdot A$$

Hierbei ist für B jeweils die entsprechende Bezugsgröße (Umsatz, Erzeugung) einzusetzen. Sie kann sich auf die gesamte Laufdauer des Schutzrechts (oder die gesamte sonst nach Nummer 42 in Betracht kommende Zeit) oder auf einen bestimmten periodisch wiederkehrenden Zeitabschnitt (z. B. 1 Jahr) beziehen; entsprechend ergibt sich aus der Formel die Vergütung für die gesamte Laufdauer (V) oder den bestimmten Zeitabschnitt (bei jährlicher Ermittlung im folgenden mit Vj bezeichnet). Wird z. B. die Vergütung unter Anwendung der Lizenzanalogie in Verbindung mit dem Umsatz ermittelt, so lautet die Formel für die Berechnung der Vergütung:

$$V = U \cdot L \cdot A$$

oder bei jährlicher Ermittlung

$$V_j = U_j \cdot L \cdot A$$

Dritter Teil: Die rechnerische Ermittlung der Vergütung

Beispiel: Bei einem Jahresumsatz von 400 000,— DM, einem Lizenzsatz von 3 % und einem Anteilsfaktor von (a + b + c = 8 =) 15 % ergibt sich folgende Rechnung:

$$Vj = 400\,000 \cdot \frac{3 \cdot 15}{100 \cdot 100}$$

Die Vergütung für ein Jahr beträgt in diesem Fall 1800,— DM.

II. Art der Zahlung der Vergütung

(40) Die Vergütung kann in Form einer laufenden Beteiligung bemessen werden. Hängt ihre Höhe von dem Umsatz, der Erzeugung oder dem erfaßbaren betrieblichen Nutzen ab, so wird die Vergütung zweckmäßig nachkalkulatorisch errechnet; in diesem Fall empfiehlt sich die jährliche Abrechnung, wobei — soweit dies angemessen erscheint — entsprechende Abschlagszahlungen zu leisten sein werden. Wird die Diensterfindung durch Lizenzvergabe verwertet, so wird die Zahlung der Vergütung im allgemeinen der Zahlung der Lizenzen anzupassen sein.

Manchmal wird die Zahlung einer einmaligen oder mehrmaligen festen Summe (Gesamtabfindung) als angemessen anzusehen sein. Dies gilt insbesondere für folgende Fälle:

a) Wenn es sich um kleinere Erfindungen handelt, für die eine jährliche Abrechnung wegen des dadurch entstehenden Aufwands nicht angemessen erscheint,

b) wenn die Diensterfindung als Vorrats- oder Ausbaupatent verwertet wird.

c) Ist der Diensterfinder in einer Stellung, in der er auf den Einsatz seiner Erfindung oder die Entwicklung weiterer verwandter Erfindungen im Betrieb einen maßgeblichen Einfluß ausüben kann, so ist zur Vermeidung von Interessengegensätzen ebenfalls zu empfehlen, die Vergütung in Form einmaliger oder mehrmaliger fester Beträge zu zahlen.

In der Praxis findet sich manchmal eine Verbindung beider Zahlungsarten derart, daß der Lizenznehmer eine einmalige Zahlung leistet und der Lizenzgeber im übrigen laufend an den Erträgen der Erfindung beteiligt wird. Auch eine solche Regelung kann eine angemessene Art der Vergütungsregelung darstellen.

(41) Nur ein geringer Teil der Patente wird in der Praxis für die Gesamtlaufdauer von 18 Jahren aufrechterhalten. Bei patentfähigen Erfindungen hat es sich bei der Gesamtabfindung häufig als berechtigt erwiesen, im allgemeinen eine durchschnittliche Laufdauer des Patents von einem Drittel der Gesamtlaufdauer, also von 6 Jahren, für die Ermittlung der einmaligen festen Vergütung zugrunde zu legen. Bei einer wesentlichen Änderung der Umstände, die für die Feststellung oder

Festsetzung der Vergütung maßgebend waren, können nach § 12 Abs. 6 des Gesetzes Arbeitgeber und Arbeitnehmer voneinander die Einwilligung in eine andere Regelung der Vergütung verlangen.

III. Die für die Berechnung der Vergütung maßgebende Zeit

(42) Die Zeit, die für die Berechnung der Vergütung bei laufender Zahlung maßgebend ist, endet bei der unbeschränkten Inanspruchnahme in der Regel mit dem Wegfall des Schutzrechts. Dasselbe gilt bei der beschränkten Inanspruchnahme, wenn ein Schutzrecht erwirkt ist. Wegen der Dauer der Vergütung bei beschränkter Inanspruchnahme wird im übrigen auf Nummer 25 verwiesen. In Ausnahmefällen kann der Gesichtspunkt der Angemessenheit der Vergütung auch eine Zahlung über die Laufdauer des Schutzrechts hinaus gerechtfertigt erscheinen lassen. Dies gilt beispielsweise dann, wenn eine Erfindung erst in den letzten Jahren der Laufdauer eines Schutzrechts praktisch ausgewertet worden ist und die durch das Patent während seiner Laufzeit dem Patentinhaber vermittelte Vorzugsstellung auf dem Markt auf Grund besonderer Umstände noch weiter andauert. Solche besonderen Umstände können z. B. darin liegen, daß die Erfindung ein geschütztes Verfahren betrifft, für dessen Ausübung hohe betriebsinterne Erfahrungen notwendig sind, die nicht ohne weiteres bei Ablauf des Schutzrechts Wettbewerbern zur Verfügung stehen.

(43) Ist das Schutzrecht vernichtbar, so bleibt dennoch der Arbeitgeber bis zur Nichtigkeitserklärung zur Vergütungszahlung verpflichtet, weil bis dahin der Arbeitgeber eine tatsächliche Nutzungsmöglichkeit und günstigere Geschäftsstellung hat, die er ohne die Inanspruchnahme nicht hätte. Die offenbar oder wahrscheinlich gewordene Nichtigkeit ist für den Vergütungsanspruch der tatsächlichen Vernichtung dann gleichzustellen, wenn nach den Umständen das Schutzrecht seine bisherige wirtschaftliche Wirkung so weit verloren hat, daß dem Arbeitgeber die Vergütungszahlung nicht mehr zugemutet werden kann. Dies ist besonders dann der Fall, wenn Wettbewerber, ohne eine Verletzungsklage befürchten zu müssen, nach dem Schutzrecht arbeiten.

Bonn, den 20. Juli 1959.

III a 6 — 1859/59

Der Bundesminister für Arbeit und Sozialordnung

In Vertretung

Dr. Claussen

Richtlinien
für die Vergütung von Arbeitnehmererfindungen im öffentlichen Dienst
vom 1. Dezember 1960

Bundesanzeiger Nr. 237 vom 8. Dezember 1960 [2])

Nach Anhörung der Spitzenorganisationen der Arbeitgeber, der Arbeitnehmer, der Beamten und der Soldaten ergänze ich auf Grund des § 11 in Verbindung mit den §§ 40, 41 des Gesetzes über Arbeitnehmererfindungen vom 25. Juli 1957 (Bundesgesetzbl. I S. 756) die Richtlinien für die Vergütung von Arbeitnehmererfindungen im privaten Dienst vom 20. Juli 1959 (Beilage zum Bundesanzeiger Nr. 156 vom 18. August 1959) dahin, daß diese Richtlinien auf Arbeitnehmer im öffentlichen Dienst, sowie auf Beamte und Soldaten entsprechend anzuwenden sind.

Bonn, den 1. Dezember 1960.

III a 6 — 2329/60

Der Bundesminister für Arbeit und Sozialordnung

im Auftrag

Dr. Schelp

---

[2]) abgedruckt in Bl. 1961, 69 = GRUR 1961, 24.

C. Einleitung

I. Zur historischen Entwicklung

Als die ersten Regelungen des Patenrechts kodifiziert wurden, aber auch noch in den Gesetzgebungswerken des 19. und des beginnenden 20. Jahrhunderts befaßte man sich mit der Rechtsstellung des Erfinders, wohl auch mit der des Anmelders, der der Erfinder selbst oder ein Rechtsnachfolger sein mochte. Man nahm aber auch mit der fortschreitenden Industrialisierung in den Patentgesetzen nicht Notiz von der Tatsache, daß Erfindungen mehr und mehr nicht von Einzelpersonen in ihrem persönlichen Bereich gemacht und von ihnen selbst angemeldet wurden, sondern daß sich die Entwicklungsarbeiten in die Betriebe hinein verlagerten, daß der Erfinder im Rahmen seiner Tätigkeit als Arbeitnehmer, oft im Zusammenwirken mit anderen gleichwertig arbeitenden Personen, zu seiner Erfindung gelangte. Diese wurde dann auch nicht mehr von ihm selbst, sondern von dem Arbeitgeber, dem Betrieb, zum Schutzrecht angemeldet. Dieser trat als Berechtigter nach außen nur mehr allein in Erscheinung. Wurde auch in der deutschen Entwicklung zunächst das Patentgesetz von diesen, die Struktur auf dem Gebiet der Erfindungen wesentlich verändernden Tatsachen nicht beeinflußt, so mußte sich aber die Rechtsprechung mit ihnen befassen. Sie entwickelte die Begriffe der Betriebserfindung, der Diensterfindung und der freien Erfindung. Als Betriebserfindung wurde die Erfindung bezeichnet, bei der sich der eigentliche Erfinder nicht feststellen ließ oder bei der die Leistungen der an ihr beteiligten Arbeitnehmer nicht die Merkmale einer selbständigen Erfindung aufwiesen. An ihnen standen den Arbeitnehmern keine Rechte zu. Als Diensterfindung sah man die aus dem Arbeits- und Pflichtenkreis des Arbeitnehmers im Betrieb hervorgegangene Erfindung an. Die Rechtsprechung nahm an, daß das Recht an der Erfindung unmittelbar in der Person des Dienstherrn entstand (RGZ 136, 415; 139, 52; 140, 53). Der Arbeitgeber wurde für verpflichtet gehalten, eine angemessene Vergütung zu zahlen, wenn die üblicherweise vom Arbeitnehmer zu erwartende Leistung überstiegen wurde (so Amtl. Begr. unten S. 557). An freien Erfindungen standen dem Arbeitgeber nur Rechte zu, wenn sie vertraglich vereinbart waren.

Diese Rechtsprechung ist nicht ohne Einfluß auf die vertraglichen Regelungen gewesen; andererseits dürften auch diese die Rechtsprechung befruchtet haben, insbesondere kollektive Regelungen, die seit dem Ende des ersten Weltkrieges das soziale und rechtliche Bild der Arbeitsverhältnisse in steigendem Maße formten. Die erste deutsche kollektive Regelung brachte der sog. Chemikertarifvertrag — „Reichstarifvertrag für die akademisch gebildeten Angestellten der chemischen Industrie"

I. Zur historischen Entwicklung

vom 27. April 1920. Auch der sog. Akademikertarifvertrag — „Vereinbarungen zwischen dem Reichsverband der Deutschen Industrie und dem Bund angestellter Akademiker technisch-naturwissenschaftlicher Berufe" vom 26. Oktober 1928 (abgedruckt in GRUR 1929, 20) war für die Weiterentwicklung des Rechts der Arbeitnehmererfindung wichtig. Beide Verträge waren mit Arbeitnehmergruppen geschlossen, die einen großen Teil erfinderisch tätiger Menschen umfaßten.

Es ist im einzelnen oft dargestellt worden, in welcher Weise sich der deutsche Gesetzgeber seit 1913 mit dem Recht der Arbeitnehmererfindung befaßte, ohne bis zum Jahre 1936 zu einer Lösung vorzustoßen. Es sei hier nur auf die Darstellung in der Amtlichen Begründung (S. 557) verwiesen. Das Patentgesetz von 1936 schnitt die in Frage stehenden Probleme nur insoweit an, als es das Erfinderprinzip einführte. Dies blieb nach herrschender Meinung nicht ohne Auswirkung auf die Begriffe der Diensterfindung und Betriebserfindung. Die erste den Fragenkomplex in Deutschland behandelnde gesetzliche Regelung bilden die Verordnung über die Behandlung von Erfindungen von Gefolgschaftsmitgliedern vom 12. Juli 1942 (RGBl. I S. 466) und die die eigentlichen Bestimmungen enthaltende Durchführungsverordnung vom 20. März 1943 (RGBl. I S. 257). Hierzu erschienen Richtlinien für die Vergütung von Gefolgschaftserfindungen, die am 10. Oktober 1944 neu gefaßt wurden (RAnz. Nr. 271). Diese Regelungen, auf denen das neue Gesetz aufbaut, sind im Anhang abgedruckt (unten S. 664 ff.).

Nach anfänglichem Schwanken hat die Rechtsprechung den größten Teil, besonders die sachlich-rechtlichen Vorschriften dieser Kriegsverordnungen, die oft auch als „Göring-Speer-Verordnungen" bezeichnet worden sind, auch nach 1945 als geltendes Recht anerkannt. Der Inhalt der Verordnungen hat sich aber in den Wirren der letzten Kriegsjahre und der wirtschaftlichen und rechtlichen Unsicherheit der Nachkriegszeit nicht in breiter Weise und nur nach und nach durchgesetzt, zögernd vor allem in kleinen und mittleren Betrieben. Als unangenehm wurde das Fehlen einer Schlichtungsinstanz empfunden, da es mißlich erschien, sofort die Gerichte mit allen Streitfragen angehen zu müssen, nachdem die in den Veroardnungen 1942/43 vorgesehenen Schlichtungsstellen infolge der Änderungen der politischen und staatsrechtlichen Verhältnisse weggefallen waren.

Von hier aus nahmen denn auch die Arbeiten des Deutschen Bundestags ihren Ausgang, der die Bundesregierung zur Vorlage eines Gesetzes über die Arbeitnehmererfindungen aufforderte. Zahlreiche private Entwürfe, von denen der Entwurf des Fachausschusses für Erfinderrecht der Deutschen Vereinigung für gewerblichen Rechtsschutz und Urheberrecht, abgedruckt in GRUR 1951, 257, besonders erwähnt zu werden verdient, befruchteten die gesetzgeberischen Arbeiten. Sie sind zum großen Teil in der 2. Auflage dieses Buches abgedruckt worden und bleiben für gründliche Untersuchungen historisch interessant. Nach wechselvoller Geschichte gelang es dann dem zweiten Deutschen Bundes-

Einleitung

tag gegen Ende seiner Legislaturperiode das Gesetz zu verabschieden, und zwar, was bei einem Gesetz mit stark arbeitsrechtlichem Einschlag bemerkenswert ist, einstimmig. (Vgl. zur parlamentarischen Geschichte die Amtl. Begr. unten S. 559 und den Ausschußbericht unten S. 625.)

II. Grundgedanken und Hauptbegriffe

Wenn man sich fragt, welche Grundsätze das neue Gesetz befolgen sollte und welche Anforderungen an den Gesetzgeber zu stellen waren, so wird man in erster Linie bei einer Materie, die Beziehungen zwischen Arbeitgebern und Arbeitnehmern regelt, die Forderung stellen müssen, daß das Gesetz einen gerechten sozialen Ausgleich erstrebt. Das mag selbstverständlich klingen, führt aber bei der Verwirklichung dieses Gedankens zu einem ständigen Abwägen der beiderseitigen recht realen Interessen der sogenannten Sozialpartner und nötigt zu Kompromissen mit allen ihren Gefahren und Schattenseiten.

Der auch sonst bei arbeitsrechtlichen Erwägungen nicht fremde Gesichtspunkt, daß die Persönlichkeitsrechte des Arbeitnehmererfinders nicht zu weit beschränkt werden dürfen, tritt um so mehr in den Vordergrund, als es sich um Erfindungen handelt, über deren Zuordnung entschieden wird. Denn die Erfindung ist kein Arbeitsergebnis, das zu erzielen man sich verpflichten könnte. Möglich erscheinen Abreden nur über die Rechtsverhältnisse an Erfindungen, die im Zusammenhang mit dem Arbeitsverhältnis gemacht werden. Inwieweit dies der Dispositionsbefugnis der Beteiligten überlassen bleiben kann, ist einerseits eine Frage der nationalen arbeitsrechtlichen Struktur, andererseits bis zu einem gewissen Grade auch eine Frage, die mit der gesamten Zielsetzung des Gesetzes unter dem Blickpunkt des Erfinderrechts zusammenhängt.

Dies führt zu der Betrachtung, daß es auch Aufgabe des Gesetzes sei, dem volkswirtschaftlichen Interesse an der Vervollkommnung des wirtschaftlichen Prozesses in den Betrieben zu dienen „zum Erfinden anzureizen". Dieser Gesichtspunkt hat bei den Verordnungen 1942/43 eindeutig eine besondere Rolle gespielt oder ist zum mindesten doch als bedeutsam hervorgehoben worden. Der allgemeine Gedanke der Erfinderförderung oder Erfindungsförderung, dem auch das Patentgesetz zu einem Teil dient, hat gewisse Bedeutung. Das zeigt sich bis in die jüngste Zeit hinein besonders bei Erörterungen im internationalen Rahmen. Man wird aber wohl gut tun, die Dinge ganz nüchtern zu sehen. Dann wird man das ökonomische Interesse der Betriebe, durch Förderung der Erfinder die eigene wirtschaftliche Lage zu verbessern einerseits, das ebenfalls ökonomische Interesse des Erfinders, an dieser Verbesserung einen unmittelbaren Anteil zu haben andererseits, neben den idealen Zielen der Förderung des allgemeinen Standards und der Erfinderehre als recht maßgebend einschätzen.

Bei der Beurteilung der politischen Ausgangslage zur Zeit der Aufnahme der Vorbereitung des Gesetzes in der Bundesrepublik Deutsch-

II. Grundgedanken und Hauptbegriffe

land darf aber nicht übersehen werden, daß man nur schwer zu Ungunsten des Arbeitnehmers hinter das zurückgehen konnte, was ihm in der nationalsozialistischen Ära — aus welchen Gesichtspunkten auch immer — gewährt worden war. Außerdem mußten möglichst klare Regelungen angestrebt werden, die es erlaubten, die Masse der Fälle schnell zu lösen. Dabei verdiente der Gedanke der Rechtssicherheit manchmal den Vorzug vor dem der individuell richtigen Lösung.

Diese Gedanken durften aber auch nicht zu einer verwaltungsmäßig oder finanziell die Betriebe zu sehr belastenden Regelung führen. Ihre Aufgabe ist es nicht, die schöpferische Leistung als solche zu belohnen, sondern wie sich aus dem dem Gesetz zugrunde gelegten Monopolprinzip ergibt, dem Erfinder den gebührenden Anteil an dem Nutzen des unter seiner Mitwirkung von dem Betrieb erworbenen Schutzrechts zu sichern.

Endlich mußte versucht werden, daß die unvermeidlichen Streitfälle ohne Störung des Arbeitsfriedens schnell und zuverlässig entschieden werden können, ein Gedanke, der nach dem Wegfall früher vorgesehener Schlichtungsstellen geradezu als Ausgangspunkt für die gesetzgeberischen Bemühungen der Bundesrepublik bezeichnet werden darf.

Nicht alle diese Ziele und Wünsche erfüllt das Gesetz. Es trägt an manchen Stellen sichtbar die Zeichen eines nicht immer voll gelungenen Kompromisses. Aber es ist doch ein Symptom, das man nicht zu gering einschätzen sollte, daß das Gesetz nach dem Scheitern des ersten Regierungsentwurfs im 1. Deutschen Bundestag nach vielen Vorstellungen, Forderungen und Anregungen der Arbeitgeber und Arbeitnehmer schließlich einstimmig vom 2. Bundestag verabschiedet worden ist.

Sucht man nun im Gesetz den Niederschlag, den die erwähnten Anforderungen gefunden haben, so wird man von der zentralen rechtlichen Konstruktion ausgehen müssen, die es dem Ausgleich der widersprechenden arbeitsrechtlichen und erfinderrechtlichen Tendenzen in Form der Inanspruchnahme als eines Aneignungsrechtes an der in der Person des Arbeitnehmers entstandenen Erfindung gegeben hat. Das Gesetz geht also vom Erfinderprinzip aus, verkennt aber nicht den Anteil den der Betrieb, der Arbeitgeber, in der modernen Wirtschaft am Zustandekommen der Erfindung hat. Um diese Konstruktion herum kann man einen großen Teil der gesetzlichen Bestimmungen aufbauen. Hier ist der Ort, an dem auch die Interessen der Sozialpartner abgewogen werden. Dient die Meldung der Erfindung der Vorbereitung der Inanspruchnahme, so sind Vergütungspflicht und Anmeldezwang die wichtigsten Folgen. Gegenstand der Inanspruchnahme sind die Diensterfindungen, die es zu definieren und gegen die freie Erfindung abzugrenzen galt.

Der soziale Charakter des Gesetzes, das dem Schutz des Arbeitnehmers dient, findet seinen Niederschlag auch in der Regelung, daß die Vorschriften des Gesetzes vor der Meldung der Erfindung nicht zu Ungunsten des Arbeitnehmers abgedungen werden können.

Einleitung

Den rechtspolitischen Grund für die Verpflichtung des Arbeitgebers, dem Arbeitnehmer für die Verwertung seiner Diensterfindungen eine Vergütung zu zahlen, sieht der Gesetzgeber darin, daß er an dem Nutzen, den ihm das für sie erworbene Schutzrecht bringt, in gewissen Umfang beteiligt werden soll. Dieses mit einem nicht sehr glücklichen Wort „Monopolprinzip" bezeichnete Prinzip wird unten näher erläutert. Es bietet die Grundlage für die Richtlinien für die Vergütung von Arbeitnehmererfindungen (RL) und ist in vielen Fällen für die Auslegung der Gesetzesbestimmungen von erheblicher Bedeutung.

Eine Fülle von mehr gesetzestechnischen, teilweise sehr ins einzelne gehenden Ausgestaltungen ergänzt diese Kernbestimmungen. Von größerer Bedeutung sind die Behandlung des Gebrauchsmusters und des technischen Verbesserungsvorschlags, der beschränkten Inanspruchnahme und des Einflusses arbeitsrechtlicher Gedanken, wie der Treuepflicht auf die Rechte und Pflichten dieses Gesetzes.

Mit der Befriedung und Entscheidung auftretender Meinungsverschiedenheiten und Streitfälle befaßt sich das Gesetz in seinen Bestimmungen über Schiedsstelle und gerichtliches Verfahren. Ein besonderer Abschnitt befaßt sich mit der Übertragung der grundsätzlich für den privaten Dienst geschaffenen Regelung auf den öffentlichen Dienst.

Wenn im folgenden versucht wird, unter gelegentlichen Seitenblicken auf die Entstehungsgeschichte des Gesetzes die in dieser skizzenhaften Übersicht angedeuteten Gedanken etwas näher im Zusammenhang darzulegen, so soll von den ersten Sätzen der Amtlichen Begründung zum Regierungsentwurf vom 19. August 1955 ausgegangen werden. Es heißt dort: „Die Mehrzahl aller Erfindungen stammt von Arbeitnehmern. Das Recht an der Arbeitnehmererfindung ist jedoch ein seit Jahrzehnten im In- und Ausland erörtertes und umstrittenes Problem. Seine Ausgestaltung ist deshalb so schwierig, weil es zwei verschiedenen Rechtsgebieten angehört, denen entgegengesetzte Tendenzen innewohnen, nämlich dem Arbeitsrecht und dem Patentrecht." Damit ist die Ausgangslage treffend gekennzeichnet. Erfindungen entstehen in Betrieben. Sie sind nicht denkbar ohne die schöpferische Leistung des Menschen, der diese Erfindungen macht. Sie sind andererseits nicht denkbar ohne die Tatsache, daß der Betrieb diese Personen bezahlt, daß er ihnen Erfahrungen, Mittel und Mitarbeiter im Betrieb zur Verfügung stellt. So ergibt sich, daß die Erfindung einerseits zu einem Teil auf den Erfinder zurückgeht, andererseits aber auch der Anteil des Betriebes an ihr nicht zu leugnen ist. Als Arbeitsergebnis würde die Erfindung dem Betrieb gehören. Als geistiges Eigentum gehört sie ihrem Schöpfer. Das Gesetz versucht eine vermittelnde Lösung dieser beiden sich schneidenden Prinzipien zu geben.

Inanspruchnahme

Im Gegensatz zu der bis 1942 herrschenden Rechtsauffassung, daß das Recht an der Erfindung unmittelbar in der Person des Dienstherrn ent-

II. Grundgedanken und Hauptbegriffe

stehe, hält das Gesetz an der Konstruktion fest, die bereits die Verordnungen 1942/43 enthalten. Man bleibt dabei, daß die Erfindung ursprünglich dem Erfinder zusteht, hält sich also an die Grundsätze des Patentrechts, wie sie in § 3 des Patentgesetzes ihren Ausdruck gefunden haben. Man gewährt aber dem Arbeitgeber ein Aneignungsrecht. Er kann nach § 6 durch eine einseitige schriftliche Erklärung die Erfindung in Anspruch nehmen. Mit dieser Inanspruchnahmeerklärung geht das Recht auf den Arbeitgeber über, ohne daß es noch irgendeiner vertraglichen Regelung, irgendeiner Zustimmung des Arbeitnehmers bedürfte. Hierin zeigt sich der Charakter der Diensterfindung als einer gebundenen, nämlich durch ihre Entstehung an den Betrieb gebundenen Erfindung.

Es ist hier zunächst nur von der unbeschränkten Inanspruchnahme die Rede, die praktisch auch absolut im Vordergrund steht; auf die „Ausweichmöglichkeit" der beschränkten Inanspruchnahme wird unten noch eingegangen.

Man hat das Inanspruchnahmerecht als ein dingliches Recht bezeichnet, insbesondere deshalb, weil § 7 Abs. 3 des Gesetzes bestimmt, daß Verfügungen, die der Arbeitnehmer über eine Diensterfindung vor der Inanspruchnahme getroffen hat, dem Arbeitgeber gegenüber unwirksam sind, soweit seine Rechte beeinträchtigt werden. Man muß sich aber klar sein, daß trotzdem das Inanspruchnahmerecht nicht in vollem Sinne des Wortes ein dingliches Recht ist. Es ist nicht etwa ein frei übertragbares Anwartschaftsrecht. Denn grundsätzlich entstehen die im Gesetz bestimmten Rechte und Pflichten nur im Verhältnis zwischen Arbeitgeber und Arbeitnehmer; sie sind schuldrechtlicher Natur. Nur der Arbeitgeber kann das Recht der Inanspruchnahme ausüben, es sei denn, daß der Inhaber des Betriebes wechselt; dann geht es auf den neuen Arbeitgeber über. Dagegen kann er das Inanspruchnahmerecht nicht losgelöst von dem Betrieb einem Dritten übertragen. Es unterliegt nicht der Pfändung im Wege der Zwangsvollstreckung. Mit der Veräußerung der Erfindung an einen Dritten gehen die Rechte und Pflichten des Arbeitgebers nicht ohne weiters auf diesen über, vielmehr werden dazu vertragliche Vereinbarungen zwischen dem Erwerber und dem Arbeitnehmererfinder notwendig.

Unabdingbarkeit

Diese den rechtstheoretischen Aufbau des Gesetzes grundlegend bestimmende Lösung der Aufgabe, erfinderrechtliche und arbeitsrechtliche Grundsätze zueinander in Beziehung zu bringen, erhält ihr besonderes Gewicht dadurch, daß es nicht im Belieben der Beteiligten steht, im individuellen oder kollektiven Arbeitsvertrag eine der anderen denkbaren Lösungen zu vereinbaren, wenn sie die Rechtsstellung des Arbeitnehmers schmälern. So kann z. B. nicht vereinbart werden, daß die Erfindung originär dem Betrieb zustehe oder etwa, daß der Arbeitnehmer sich damit einverstanden erklärt, daß die Rechte an künftigen Erfindungen mit ihrem Entstehen ohne weiteres auf den Arbeitgeber über-

Einleitung

gingen. Das verbietet die nach anderen arbeitsrechtlichen Vorbildern geschaffene Unabdingbarkeitsklausel des § 22. Sie schließt freilich abweichende Vereinbarungen nicht völlig aus, läßt sie aber nur für einen Zeitpunkt nach der Meldung der fertigen Erfindung zu. Die Vertragsfreiheit der Beteiligten ist somit weitgehend eingeschränkt.

Erfindungsmeldung

Der Inanspruchnahme geht in aller Regel eine Meldung der Erfindung voraus, denn der Arbeitgeber muß ja von dem Vorhandensein einer solchen Erfindung wissen. Es ist allerdings nicht nötig, daß eine Meldung vorausgeht. Erfährt der Arbeitgeber auf andere Weise davon, daß ein Arbeitnehmer seines Betriebes eine Diensterfindung gemacht hat, so kann er sie trotzdem in Anspruch nehmen.

Das Gesetz ist trotz entgegenstehender Anregungen dabei geblieben, daß der Arbeitnehmer melden muß, allerdings nicht alle von ihm während des Arbeitsverhältnisses gemachte Erfindungen, sondern nur diejenigen, bei denen eine Mitwirkung des Betriebs in irgendeiner Weise vorliegt. Für freie Erfindungen, die bisher meldepflichtig waren, ist eine aufgelockerte Mitteilungspflicht bestimmt worden. Sie setzt den Arbeitgeber in die Lage, selbst zu beurteilen, ob die Erfindung frei oder gebunden ist und innerhalb kurzer Frist seine Auffassung geltend zu machen. Auch stehen ihm gewisse Vorrechte bei der Verwertung freier Erfindungen des Arbeitnehmers zu.

Die Vorschriften über Art der Meldung, für die die Schriftform weiterhin vorgeschrieben bleibt, sind auf Grund der bisherigen Erfahrungen im einzelnen sehr sorgfältig ausgestaltet worden, sei es, was die Art der Meldung anbetrifft, so z. B., daß „gesondert", d. h. nicht in einem sonstigen Tätigkeitsbericht zu melden ist und dabei kenntlich zu machen ist, daß es sich um die Meldung einer Erfindung handelt, sei es, was die Frage betrifft, ob die Meldung ordnungsmäßig ist oder nach Ablauf einer gewissen Frist als solche zu gelten hat.

Diensterfindung

Wie bereits gesagt wurde, sind nur solche Erfindungen zu melden, bei denen der Betrieb Anteil hat, das sind die Diensterfindungen. Dieser Begriff, der sich jetzt ausdrücklich im Gesetz befindet, ist in seinem Wesen nicht geändert worden. Er kennzeichnet die Erfindungen, die gebunden, d. h. betriebsgebunden, sind insofern, als sie nicht zustandegekommen wären, wenn der Erfinder nicht in einem Betrieb tätig gewesen wäre, der in irgendeiner Weise bei der Vorgeschichte oder bei der Entwicklung, Durchführung oder Ausgestaltung von Einfluß gewesen ist.

Das Gesetz unterscheidet zwei Gesichtspunkte, die eine Erfindung als Diensterfindung kennzeichnen können: Einmal sind das die Auftragsoder Obliegenheitserfindungen. Darunter versteht man solche, die aus der dem Arbeitnehmer im Betrieb obliegenden Tätigkeit erwachsen sind, im weitesten Sinne aus einem ihm erteilten Auftrag, mitunter

II. Grundgedanken und Hauptbegriffe

unmittelbar aus einer ihm gestellten Aufgabe. Man spricht auch davon, daß die Erfindung im Pflichtenkreis des Arbeitnehmers liege. Diese Erfindungen stehen mengenmäßig im Vordergrund; sie kommen aus dem Kreis der Arbeitnehmer, — etwa in den Entwicklungs- und Konstruktionsabteilungen oder den Labors — deren eigentliche Aufgabe es ist, technische Neuerungen zu erdenken und einzuführen.

Zum anderen gibt es Erfindungen, bei denen diese Voraussetzungen nicht gegeben sind. Sie erwachsen etwa aus Beobachtungen von Mängeln während der Fertigung, beruhen also auf Erfahrungen und Arbeiten des Betriebs, und zwar maßgeblich, d. h. ohne sie wäre der Arbeitnehmer nicht zu seiner Erfindung gekommen. Bloße Anregungen genügen nicht, um die Erfindung zu einer gebundenen zu machen; die frühere sog. Anregungserfindung hat man ausgeschieden.

Es ist hervorzuheben, daß die beiden Arten der Diensterfindung, die im übrigen ineinander übergehen können, gleichwertig nebeneinander stehen. Sie erfahren auch in ihren Auswirkungen im deutschen Gesetz im Unterschied zu ausländischen Regelungen dieselbe Behandlung, insbesondere sind die Grundsätze für die Vergütung dieselben, mag auch wegen des verschieden großen Anteils der Erfinder bei der Entstehung der Erfindung manchmal die Höhe der Vergütung Unterschiede aufweisen.

Neu ist, daß nur schutzfähige Erfindungen in den Kreis der Diensterfindungen gehören, daß aber auch die gebrauchsmusterfähigen Erfindungen voll einbezogen sind; für Meldung, Inanspruchnahme, Anmeldung und Vergütung gelten dieselben Grundsätze.

Im übrigen verbleibt es bei dem Abgrenzungsprinzip, daß der Anteil des Betriebs am Zustandekommen der Erfindung das charakteristische Merkmal der Diensterfindung ist, während der Gedanke der Verwertbarkeit im Betrieb ohne Einfluß für die Einordnung ist. Er hat aber gewisse Bedeutung bei der Behandlung der freien Erfindung des Arbeitnehmers.

Die freie Erfindung ist jetzt ausdrücklich im Gesetz erwähnt; die in der Praxis entwickelten Grundsätze über bestimmte aus der Treuepflicht hergeleiteten Verwertungsbeschränkungen sind zu einem wesentlichen Teil im Gesetz geregelt worden, wenn auch der allgemeine Gesichtspunkt der das Arbeitsverhältnis beherrschenden Treuepflicht weiter beachtet werden muß, wie das Gesetz sogar ausdrücklich bestimmt. Auch über die Rechtslage der frei gewordenen Erfindungen, das sind nicht in Anspruch genommene Erfindungen, die infolge des Verzichts auf das Aneignungsrecht dem Arbeitnehmer verbleiben, enthält das Gesetz einige Vorschriften.

Vergütungspflicht

Berücksichtigt die Regelung der Begriffe der Diensterfindung und der Inanspruchnahme den Anteil des Betriebs, so schlägt sich der Anteil des Erfinders in der wirtschaftlich wichtigsten Folgerung darin nieder, daß

Einleitung

ihm eine angemessene Vergütung gezahlt werden muß. Hierin knüpft das Gesetz an die geltende Regelung an.

Während der Vorarbeiten an dem Gesetz hat man sich Gedanken darüber gemacht, was die rechtspolitische Grundlage für diese Vergütungspflicht ist. Man darf hier vielleicht daran erinnern, daß in ganz grundsätzlicher Form bei der Schaffung des Patentrechts — für das Gebrauchsmuster gelten entsprechende Erwägungen — gerechtfertigt werden muß, warum man dem Erfinder eine wirtschaftlich bevorzugte Stellung einräumt. Man hat diese Frage bekanntlich verschieden beantwortet. Man kann die Erfindung als „geistiges Eigentum" ansehen, das wie das körperliche Eigentum ein „natürliches" Recht der ausschließlich eigenen Benutzung, zum mindesten für eine gewisse Dauer, gewährt; man kann annehmen, daß der Erfinder als „Lehrer der Nation" für bestimmte Zeit eine Belohnung dafür erhalten muß, daß er die Technik bereichert; man kann schließlich — vielleicht auf dem Boden diese beiden Ausgangspunkte — den Gedanken betonen, daß durch die Einräumung einer Vorzugsstellung im Interesse der Allgemeinheit ein Anreiz ausgeübt werden soll, die Erfindung nicht geheim zu halten sondern zu offenbaren.

Nimmt man diese besonders im 19. Jahrhundert entstandenen Lehren wörtlich, so ist nicht zu leugnen, daß in ihnen vom „Erfinder" die Rede ist. Mehr oder minder unbewußt, im Ergebnis aber zu Recht wendet man sie auch auf das Unternehmen an, das in der Gegenwart überwiegend das Schutzrecht anmeldet, erwirbt und verwertet. Der Arbeitgeber ist an die Stelle des Arbeitnehmererfinders getreten, nach dem deutschen Gesetz als sein Rechtsnachfolger. Deshalb hat dieser Erfinder nunmehr keinen unmittelbaren Anspruch an die Allgemeinheit. Seine Ansprüche, insbesondere auf Vergütung, richten sich gegen seinen Arbeitgeber.

Will man nun den rechtspolitischen Grund für eine Erfindervergütung, die der Arbeitgeber dem Diensterfinder schuldet, in dessen schöpferischer Leistung sehen, die über die vertraglich geschuldete Dienstleistung hinausgeht oder will man für ihn einen Anteil von dem Nutzen abzweigen, den der Arbeitgeber durch das aufgrund der Diensterfindung erworbene Schutzrecht erlangt?

Monopolprinzip

Der wissenschaftliche Streit, der sich hierüber entsponnen hat — der aber nicht nur ein theoretischer ist, sondern zu ganz erheblichen praktischen Folgerungen führen kann — läßt sich durch die beiden Leitworte „Sonderleistungsprinzip" und „Monopolprinzip" charakterisieren.

Im Laufe der gesetzgeberischen Arbeiten wurde klar, daß man sich an das Monopolprinzip anzuschließen beabsichtigte. Einen ersten Hinweis hierauf konnte geben, daß der Gesetzgeber bei den für die Vergütung maßgebenden Umständen die Worte „das Ausmaß der schöpferischen Leistung" (§ 5 Abs. 1 Satz 2 DVO) nicht übernahm, sondern statt dessen von dem „Anteil des Betriebs an dem Zustandekommen der

II. Grundgedanken und Hauptbegriffe

Diensterfindung" spricht (§ 9 Abs. 2). Das ist allerdings noch nicht zwingend; denn damit sollte, wie die Amtliche Begründung sagt, klargestellt werden, daß es nicht Sache des einzelnen Arbeitgebers ist, hohe erfinderische Leistungen als solche zu belohnen. Doch wird schon an dieser Stelle der Begründung die Einbeziehung der gebrauchsmusterfähigen Erfindung in die Vergütungspflicht damit begründet, daß Gebrauchsmuster wie Patente ein „monopolartiges Ausschlußrecht" gewährten. Gerade die Tatsache, daß der Arbeitgeber mit der unbeschränkten Inanspruchnahme einer Diensterfindung in die Lage versetzt wird, ein Ausschluß-(Monopol-)recht zu erwerben, stelle den Rechtsgrund für eine Verpflichtung zur Zahlung einer Vergütung dar.

Allerdings spricht die Amtliche Begründung wenig später davon, daß eine Vergütung entfallen könne, wenn ihre Gewährung im Einzelfall nicht angemessen sei (sog. Nullfall). Es sei an die Fälle zu denken, in denen die Entwicklungsarbeit auf dem Gebiet der Diensterfindung zu den vertraglichen Arbeiten des hierfür besonders bezahlten Arbeitnehmers liege und seine erfinderische Leistung im Verhältnis zum betriebsinternen Stand der Technik einen geringen technischen Fortschritt bringe. Hier zeigt sich der Gedanke, daß die Leistung des Arbeitnehmers im Rahmen der an ihn gestellten Leistungserwartung liegt. Dabei wird nicht in Betracht gezogen, ob das objektive Ergebnis, also das Schutzrecht, wertvoll ist. An diese Gedankengänge, die nicht ganz im Einklang mit dem Monopolprinzip zu stehen schienen, knüpfte die Kritik an. Sie bemängelte auch, daß nur für schutzfähige Erfindungen eine Vergütung vorgesehen sei.

Diese und ähnliche Gedanken sowie ein Blick auf das ausländische Recht führten dazu, daß Eduard Reimer bei seiner Anhörung als Gutachter im Bundestagsausschuß für gewerblichen Rechtsschutz und Urheberrecht im Frühjahr 1956 vorschlug, das Sonderleistungsprinzip den Vergütungsbestimmungen zugrunde zu legen. Ein Anspruch auf Vergütung sollte nur dann bestehen, wenn die Erfindung auf einer Sonderleistung des Arbeitnehmers beruhe. Reimer ging dabei davon aus, daß eine erfinderische Leistung immer etwas sei, was über dem läge, was man vom Arbeitnehmer billigerweise erwarten könne. Eine Sonderleistung gelte nicht als erbracht, „wenn die der Erfindung zugrunde liegende Tätigkeit vom Arbeitnehmer erwartet werden konnte" (vgl. Drucksache 1648 der 2. Wahlperiode des Deutschen Bundestages, ferner Reimer-Schippel S. 18 ff., 41).

Der Gedanke ist von Schultze-Rhonhof weiterentwickelt und in seinen „Vorschlägen für die Reform des Rechts der Arbeitnehmererfindung" GRUR 1956, 440, dargelegt worden. Dabei ist, um eine Verschlechterung der Stellung der Arbeitnehmer gegenüber dem geltenden Recht zu verhindern, unter bestimmten Umständen vorgesehen, daß immer, wenn ein Schutzrecht erteilt wird, eine Sonderleistung des Erfinders anzunehmen ist.

Einleitung

Der Gedanke des Sonderleistungsprinzips hat sich, auch in der gemilderten Form des Vorschlags von Schultze-Rhonhof, nicht durchgesetzt. Nachdem ihm der Bundesminister der Justiz in der genannten Drucksache 1648 entgegengetreten war, hat sich der Ausschuß entschlossen, die Vergütung dem Grunde nach auf das Monopolrecht zu stützen, das der Arbeitgeber durch die Diensterfindung erhält, insbesondere, weil der Begriff der Sonderleistung in dieser Weise im Arbeitsrecht nicht bekannt sei und eine eindeutige Definition nicht gegeben werden könne. Ein näheres Eingehen auf die hier nur kurz skizzierten Probleme findet sich in dem Aufsatz von Volmer „Das Monopolprinzip und das Leistungsprinzip im Arbeitnehmererfinderrecht" (Recht der Arbeit 1956, 212), der auch hier wieder den Gedanken der Erfinderförderung unterstreicht. Übrigens erörtert das Bundesarbeitsgericht in einem inzwischen ergangenen Urteil (GRUR 1957, 338) den Begriff der Sonderleistung eines angestellten Erfinders.

Nach dem Willen des Gesetzgebers, der auch in der Art der Formulierung zum Ausdruck gekommen ist, beruht das Gesetz also auf dem Monopolprinzip. Das bedeutet, daß die Grundlage für die Vergütung an den Arbeitnehmer die Tatsache ist, daß der Arbeitgeber durch die Leistung des Arbeitnehmers eine Rechtsstellung erlangt, durch die er andere von der Benutzung der Erfindung ausschließen kann. Solange dieses Monopolrecht gegeben ist, besteht grundsätzlich die Verpflichtung für den Arbeitgeber, den Arbeitnehmer an den Erträgnissen zu beteiligen. Das gilt auch dann, wenn eine betriebsgeheime Erfindung vorliegt, die also nicht zum Schutzrecht angemeldet wird. Das gilt nach der neuen Regelung in § 20 auch für die Verbesserungsvorschläge, die dem Arbeitgeber eine ähnliche Vorzugsstellung gewähren wie ein gewerbliches Schutzrecht. Legt man dieses Monopolprinzip folgerichtig zugrunde, so müßte man dazu kommen, daß, wenn überhaupt, solange und soweit ein Monopol besteht, eine Erfindervergütung zu zahlen ist. Trotzdem wird ganz überwiegend, auch im Ausschußbericht, die Auffassung vertreten, daß es Erfindungen gebe, bei denen die Vergütung gleich Null sei. Hier kommt doch bei der Bemessung der Vergütung der Gedanke der Sonderleistung wieder zur Geltung. Dem Monopolprinzip trägt aber Nr. 38 RL insofern Rechnung, als ein Nullfall nur dann vorliegen soll, wenn bei niedrigem Anteilsfaktor „der Erfindungswert gleichfalls gering ist".

Es darf außerdem nicht übersehen werden, daß für die Höhe der Erfindervergütung u. a. auch das Maß der Initiative des Arbeitnehmers bei der Stellung und Lösung der Aufgabe von Bedeutung ist, sicherlich also seine „Leistung".

Anmeldezwang

In einer logischen Verknüpfung mit dem Monopolprinzip steht der Anmeldezwang, d. h. die Verpflichtung des Arbeitgebers, die in Anspruch genommene Diensterfindung im Inland zum Schutzrecht anzu-

II. Grundgedanken und Hauptbegriffe

melden. Denn wenn man die Vergütung damit rechtfertigt, daß der Erfinder einen angemessenen Anteil an den Erträgnissen der Erfindung haben soll, die ihrerseits durch das dem Arbeitgeber gewährte Schutzrecht bedingt sind, muß man auf dessen Erlangung besonderen Wert legen. So ist es also wohl kein Zufall, daß das Gesetz an dem bereits in den Verordnungen 1942/43 enthaltenen, hier vielleicht zum Teil aus dem Interesse des Staates an der Offenbarung von Erfindungen erklärlichen Anmeldezwang festhält. Das ist an sich auffällig, weil damit sehr erheblich in die Patentpolitik des Betriebes eingegriffen wird und ausländische Regelungen, auch die früheren großen Tarifverträge, die Frage, ob anzumelden ist, dem Betrieb zur Entscheidung überlassen. Durchaus folgerichtig war es deshalb, daß Reimer in seinem genannten Gutachten als Korrelat zum Sonderleistungsprinzip den Anmeldezwang fortfallen lassen wollte (so auch Schultze-Rhonhof in § 15 seines Gegenentwurfs GRUR 1956, 442).

Man muß aber einräumen, daß das Gesetz durch die Einführung der beschränkten Inanspruchnahme eine Lockerung des Anmeldezwanges vorsieht, mag auch die praktische Bedeutung dieser Regelung gering geblieben sein. Eher scheint schon zum Zuge zu kommen, daß der Arbeitgeber den Arbeitnehmer davon überzeugt, daß eine Schutzrechtsanmeldung aus patentrechtlichen oder wirtschaftlichen Gründen nichts verspricht.

Der Arbeitgeber ist also verpflichtet, eine Erfindung, die er in Anspruch zu nehmen beabsichtigt, zur Erteilung eines Patents oder Gebrauchsmusters anzumelden. Ist die Erfindung patentfähig, so muß er ein Patent anmelden, soweit nicht bei verständiger Würdigung der Verwertbarkeit der Erfindung, z. B. bei Modeartikeln oder Spielzeug der Gebrauchsmusterschutz zweckdienlicher erscheint.

Man hat überlegt, was geschehen soll, wenn der Arbeitgeber seiner Verpflichtung nicht rechtzeitig nachkommt. Denn eine Verzögerung der Schutzrechtsanmeldung kann ja wegen des drohenden Verlustes der Priorität sehr gefährlich sein, und ein dadurch entstehender Schaden wird immer sehr schwer nachzuweisen sein. Man hat erwogen, ob man dem Erfinder ein Rückfallrecht einräumen sollte, hat sich aber hierzu nicht entschließen können, weil dadurch der Grundgedanke des Aneignungsrechts des Betriebes zu stark durchbrochen würde. Man ist dann zu der etwas eigenartigen Konstruktion gekommen, daß nach fruchtlosem Ablauf einer Nachfrist der Arbeitnehmer die Anmeldung der Diensterfindung für den Arbeitgeber auf dessen Namen und Kosten bewirken kann. Größere praktische Bedeutung hat diese Möglichkeit nicht gewonnen.

Beschränkte Inanspruchnahme

Man kann den ganzen Komplex über die konstruktive Zuordnung der Rechte an der Erfindung nicht verlassen, ohne auf die bereits erwähnte beschränkte Inanspruchnahme einzugehen. Diese Einrichtung ist eine der

Einleitung

am meisten umstrittenen Fragen des Gesetzes gewesen. Nachdem der erste Entwurf sie nur für Arbeitsmittel und Arbeitsverfahren vorsah, schlug der letzte Regierungsentwurf ihre allgemeine Einführung vor. Der Bundestagsausschuß hat sich eingehend mit ihr befaßt, hat einige schwerwiegende Änderungen vorgeschlagen, mit denen sie dann in das Gesetz eingegangen ist.

Nach dem bisherigen Recht konnte der Arbeitgeber eine Erfindung nur unbeschränkt in Anspruch nehmen, die Erfindung ging als Ganzes auf ihn über. Von Arbeitgeberseite wurde beklagt, daß dadurch zu viele nicht sehr wichtige Erfindungen in Anspruch genommen werden müßten, da man sie sonst dem Arbeitnehmer freigeben müsse. Das könne man in vielen Fällen aber nicht wagen, weil auch bei zunächst nicht sehr wichtig erscheinenden Erfindungen die Möglichkeit bestehe, daß sie später doch größere Bedeutung erlangten und damit dem Betrieb Schwierigkeiten entstehen könnten, weil sie ihm dann als Schutzrecht eines Dritten entgegengehalten werden könnten. Deshalb wollten die Arbeitgeber die Möglichkeit haben, daß sie nicht die Erfindung als solche in Anspruch zu nehmen brauchten, sondern daß ihnen ein nicht ausschließliches Benutzungsrecht an der Erfindung eingeräumt würde.

Die Arbeitnehmer haben die Einführung der beschränkten Inanspruchnahme heftig bekämpft. Sie machten geltend, daß es dem Arbeitnehmer oft sehr schwer fallen werde, die Erfindung zum Schutzrecht anzumelden und das Anmeldeverfahren, das etwaige Einspruchsverfahren, Beschwerdeverfahren usw. auf eigene Kosten durchzuführen. Es bestehe die Gefahr, daß sie nicht anmeldeten und daß dann das Recht ins Freie fiele, so daß es der Arbeitgeber ohne weiteres benutzen könne.

Eine Anmeldepflicht des Arbeitnehmers hat schon der Regierungsentwurf nicht vorgesehen, schon deshalb nicht, weil sonst die als Nebenerfolg vorgesehene Entlastung des Patentamts illusorisch würde, aber auch aus den bereits genannten Erwägungen. Wenn auch die Zahlung einer Vergütung verständlicherweise davon abhängig gemacht ist, daß der Arbeitgeber die Erfindung benutzt, so kann dieser sich dem Arbeitnehmer gegenüber nicht darauf berufen, daß sie zur Zeit der Inanspruchnahme nicht schutzfähig gewesen sei. Stellt dies allerdings das Patentamt oder das Gericht in einer Entscheidung fest, so fällt der Vergütungsanspruch fort. Er bleibt aber, wie in einer im Laufe des gesetzgeberischen Verfahrens eingeführten Bestimmung festgelegt wird, unberührt, soweit er bis zur rechtskräftigen Entscheidung fällig geworden ist.

Der Bundestagsausschuß hat aber zugunsten des Arbeitnehmers eine weitere Bestimmung in das Gesetz eingeführt, die nach Ansicht mancher Arbeitgeberkreise die Einrichtung der beschränkten Inanspruchnahme entwertet. Wird die anderweitige Verwertung der Diensterfindung nämlich durch die Belastung mit dem Nutzungsrecht des Arbeitgebers „unbillig erschwert", so kann der Arbeitnehmer verlangen, daß die Erfindung entweder unbeschränkt in Anspruch genommen oder ganz frei-

II. Grundgedanken und Hauptbegriffe

gegeben wird. Die Bestimmung ist heftig kritisiert worden, scheint aber keine größere Bedeutung erlangt zu haben.

Treuepflicht

Im Zusammenhang mit der beschränkten Inanspruchnahme ist die Bestimmung des § 25 des Gesetzes von Interesse. Es heißt dort, daß sonstige Verpflichtungen, die sich für den Arbeitgeber und den Arbeitnehmer aus dem Arbeitsverhältnis ergeben, durch die Vorschriften dieses Gesetzes nicht berührt werden. Es wird damit die Treuepflicht in den Vordergrund gestellt, die das Arbeitsverhältnis bestimmt. Der Bundestagsausschuß hat diesem Satz den Halbsatz angefügt: „soweit sich nicht daraus, daß die Erfindung frei geworden ist, etwas anderes ergibt".

Es dürfte sich hier um eine Frage handeln, die für die Grundauffassung und damit die Auslegung des Gesetzes von Bedeutung ist. Bei den Erörterungen über die beschränkte Inanspruchnahme wurde u. a. auch die Befürchtung geäußert, daß durch das Wettbewerbsverbot, das aus der Treuepflicht hergeleitet wird, dem Arbeitnehmer die Verwertung einer ihm unter Benutzungsvorbehalt freigegebenen Erfindung praktisch unmöglich gemacht werden könne, solange er im Betrieb bleibt. Durch den Zusatz wollte der Ausschuß diesen Bedenken soweit wie möglich Rechnung tragen. Man wird den Ausgleich der entgegengesetzten Interessen unter den Gesichtspunkt von Treu und Glauben stellen müssen. Das bedeutet aber, daß er nicht generell gefunden werden kann, sondern daß die konkreten Umstände des Einzelfalls zu berücksichtigen sind. Daß trotzdem die tatsächlichen Verhältnisse des Betriebes und die soziale Abhängigkeit des Arbeitnehmers vom Arbeitgeber in manchen Fällen dem Arbeitnehmer eine volle Auswertung unmöglich machen werden, wird nicht immer zu vermeiden sein. Es handelt sich darum, daß man versucht, das Gesetz möglichst fair anzuwenden.

Technischer Verbesserungsvorschlag

Bei der Erörterung der Grundgedanken des Gesetzes, insbesondere seiner Neuerungen, muß hier noch eine dritte Regelung erwähnt werden, die der Bundestagsausschuß entgegen der Regierungsvorlage getroffen hat. Es handelt sich um die technischen Verbesserungsvorschläge. In § 20 des Gesetzes ist jetzt ausdrücklich bestimmt, daß der Arbeitgeber für technische Verbesserungsvorschläge, die ihm eine ähnliche Vorzugsstellung gewähren wie ein gewerbliches Schutzrecht, dem Arbeitnehmer eine angemessene Vergütung zu zahlen hat. Der zweite Regierungsentwurf hatte, im Gegensatz zu dem früheren, darauf verzichtet, die Verbesserungsvorschläge in das Gesetz einzubeziehen, und hat die Regelung dem Tarifvertrag oder der Betriebsvereinbarung überlassen wollen. Der Bundestag hat jedoch die technischen Verbesserungsvorschläge für vergütungspflichtig erklärt, die, ohne schutzfähig zu sein, dem Arbeitgeber eine monopolähnliche Vorzugsstellung geben, solange

Einleitung

sie nicht allgemein bekannt werden und er sie allein auswerten kann. Die Vergütungspflicht tritt aber nur dann ein, wenn der Verbesserungsvorschlag verwertet wird, und gilt nur solange, wie die Verwertung und die schutzrechtsähnliche Stellung andauern. Damit bleibe, so meint der Ausschuß in seinem schriftlichen Bericht, das dem Gesetz zugrunde liegende Monopolprinzip gewahrt.

Einzelregelungen

Das Gesetz hat, wie schon sein gegenüber den 13 Paragraphen der DVO 1943 auf 49 Paragraphen vergrößerter Umfang vermuten läßt, eine Fülle von Einzelregelungen, auch auf dem sachlich-rechtlichen Gebiet gebracht, die bisher aufgetretene Streitfragen bereinigen und aufgetretenen berechtigten Wünschen entsprechen sollten. Sie sind in der nur auf das Wesentliche abgestellten Einführung in die Grundgedanken des Gesetzes nicht breiter zu erörtern. Es würde jedoch ein nicht ganz abgerundetes Bild entstehen, wollte man sie ganz übergehen. So seien die eingehenden Regelungen erwähnt, die die Schutzrechtsanmeldung im Inland und im Ausland, letztere unter Berücksichtigung der für die Industrie wichtigen Auslandsverträge, zum Gegenstand haben, ferner die viele Zweifelsfragen lösenden Bestimmungen über die Aufgabe der in Anspruch genommenen Schutzrechtsanmeldung oder des Schutzrechts, schließlich die gegenüber dem bisherigen Recht auch das Gebrauchsmuster einbeziehenden Bestimmungen über die nicht zum Schutzrecht angemeldeten, wohl aber schutzrechtsfähigen betriebsgeheimen Erfindungen sowie die Vorschriften über die freien Erfindungen.

Sorgfältig ausgearbeitet sind die zum Teil bereits erwähnten „Gemeinsamen Bestimmungen" über Erfinderberater, Unabdingbarkeit, Unbilligkeit, über die arbeitsrechtlichen Pflichten und die neuen Bestimmungen bei einem Konkurs des Arbeitgebers.

Schiedsverfahren

Man könnte dem Gesetz eher vorwerfen, es sei zu perfektionistisch, als daß man sagen könnte, es habe entscheidende Punkte übersehen. Trotzdem rechnet man damit, daß sich eine ganze Reihe von Streitpunkten ergeben könnten. Nun wäre es mißlich für den Arbeitsfrieden und für den Arbeitnehmer eine nicht recht zumutbare Forderung, solche Streitigkeiten gleich an die Gerichte heranzutragen, übrigens jetzt nicht mehr die Arbeitsgerichte, sondern, bis auf gewisse Ausnahmen, die Patentstreitkammern der wenigen in der Bundesrepublik hierfür bestimmten Landgerichte. Man hat es für zweckmäßig gehalten, ein Schiedsverfahren in das Gesetz einzubauen, und hat nach vielen Erwägungen über innerbetriebliche Schlichtung und außerbetriebliche Schlichtungsverfahren schließlich den im „Grünen Verein" gemachten Vorschlag aufgegriffen, beim Deutschen Patentamt eine Schiedsstelle zu errichten. Die Schiedsstelle, vor der das Verfahren vollständig kostenfrei ist, ist mit einem juristischen Vorsitzenden und zwei technischen

II. Grundgedanken und Hauptbegriffe

Beisitzern besetzt. Diese werden aus dem Kreis sämtlicher Mitglieder und Hilfsmitglieder des Amtes entnommen. Die Schiedsstelle kann auf Antrag eines Beteiligten, der innerhalb bestimmter Frist nach Anrufung eingereicht sein muß, durch je einen Beisitzer aus Kreisen der Arbeitgeber und der Arbeitnehmer erweitert werden. Sie werden von Präsidenten des Patentamtes aus Vorschlagslisten ausgewählt, die die Spitzenverbände eingereicht haben.

Die Schiedsstelle hat nicht die Aufgabe, einen Schiedsspruch zu fällen. Sie soll vielmehr versuchen, eine gütliche Einigung herbeizuführen und, wenn diese nicht bereits im Laufe des Schiedsverfahrens gelingt, einen Einigungsvorschlag machen. Die Schiedsstelle muß grundsätzlich vor einer Klageerhebung angerufen werden. Es sind allerdings davon gewisse Ausnahmen festgelegt, z. B. wenn der Arbeitnehmer aus dem Betrieb ausgeschieden ist, braucht er die Schiedsstelle nicht anzurufen. Das Verfahren ist auch in gewissem Sinne in die Hände der Beteiligten gelegt. Der Antragsgegner braucht sich nämlich nicht auf das Schiedsverfahren einzulassen.

Macht die Schiedsstelle als Abschluß des Schiedsverfahrens einen Einigungsvorschlag, so ist dieser zu begründen und den Beteiligten zuzustellen. Er gilt als angenommen und eine dem Inhalt des Vorschlages entsprechende Vereinbarung als zustande gekommen, wenn nicht innerhalb eines Monats nach Zustellung des Vorschlages ein schriftlicher Widerspruch eines der Beteiligten bei der Schiedsstelle eingeht.

Eine zweite Schiedsstelle ist bei der Dienststelle Berlin des Deutschen Patentamtes errichtet. Sie ist ausschließlich zuständig, wenn der Arbeitnehmer seinen Arbeitsplatz im Land Berlin hat. Sie ist wahlweise zuständig, wenn der Arbeitnehmer seinen Arbeitsplatz in einer Reihe von norddeutschen Bezirken hat und bei Anrufung der Schiedsstelle mit schriftlicher Zustimmung des anderen Beteiligten beantragt wird, das Schiedsverfahren in Berlin durchzuführen.

Öffentlicher Dienst

In einem besondern Abschnitt des Gesetzes sind die für den privaten Dienst gegebenen Vorschriften für den öffentlichen Dienst als grundsätzlich anwendbar erklärt, allerdings mit einigen Abweichungen. Zum Teil sind diese Besonderheiten dem bisherigen Recht mit oder ohne Änderungen entnommen. Neu sind die Bestimmungen für Erfindungen von Hochschullehrern und Hochschulassistenten, die die Freiheit der Wissenschaft zur Geltung bringen. Im übrigen sind die Vorschriften auf Beamte und Soldaten entsprechend anzuwenden.

Übergangsvorschriften

Von den Übergangsvorschriften sei nur die wichtige Regelung des § 43 erwähnt, nach der die Vorschriften des Gesetzes mit Ausnahme der über die Inanspruchnahme auch auf patentfähige Erfindungen anzuwen-

Einleitung

den sind, die nach Inkrafttreten der VO 1942 und vor Inkrafttreten des Gesetzes am 1. Oktober 1957 gemacht worden sind, in wenigen Fällen sogar auf ältere patentfähige Erfindungen.

Richtlinien

Schon die Verordnungen 1942/43 waren durch „Richtlinien für die Vergütung von Gefolgschaftserfindungen" begleitet worden. Auch das neue Gesetz sieht vor, daß der Bundesminister der Arbeit nach Anhörung der Spitzenorganisationen der Arbeitgeber und der Arbeitnehmer Richtlinien über die Bemessung der Vergütung erläßt. Die neuen Richtlinien für die Vergütung von Arbeitnehmererfindungen im privaten Dienst wurden am 20. Juli 1959 bekanntgegeben. Sie sind nach den Richtlinien vom 1. Dezember 1960 auf Arbeitnehmer im öffentlichen Dienst, Beamte und Soldaten entsprechend anzuwenden. Die Richtlinien beruhen wesentlich auf den Vorarbeiten, die die Deutsche Vereinigung für Gewerblichen Rechtsschutz und Urheberrecht in ihrem Ausschuß für Erfinderrecht geleistet hat (Richtlinienentwurf GRUR 1958, 68 = Heine-Rebitzki, Vergütung, S. 328 ff.), und auf dem Gutachten von Reimer und Schippel zur Vergütung von Arbeitnehmererfindungen (Band 2 der Schriftenreihe des Bundesarbeitsministeriums, Stuttgart 1956). Die alten Richtlinien von 1944 sind bei der Aufstellung der neuen Richtlinien nicht außer acht gelassen worden. Die gesetzliche Neuordnung des Arbeitnehmererfinderrechts hat aber nicht nur den Aufbau, sondern auch den Inhalt der neuen Richtlinien in vielen wesentlichen Punkten entscheidend geändert. So wurde der Rangfaktor aus den Richtlinien 1944 nicht mehr übernommen. Das sehr mechanisierte Zahlenwerk der sog. Dapper'schen Formel mit seinen allzuvielen in sich unbestimmten und zu schätzenden Faktoren wurde vereinfacht und damit elastischer gestaltet. Die sog. „Null-Fälle", die unter besonderen Umständen ungeachtet des Erfindungswerts zum Wegfall der Vergütung führten, entfallen nach den neuen Richtlinien bis auf wenige Ausnahmen.

Nach den neuen Richtlinien sind bei der Bemessung der Erfindervergütung folgende Überlegungen anzustellen:

Man bestimmt den „Erfindungswert" und zieht dann den „Anteil des Betriebs" in Betracht.

Erfindungswert ist der Betrag, den der Betrieb einem freien Erfinder — oder einem anderen Unternehmen — für die Benutzung oder den Erwerb der Erfindung zahlen würde. Errechnen kann man diesen Erfindungswert entweder über den Gewinn, den die Erfindung dem Betrieb bringt — eine sehr gerechte aber in der Praxis etwas dornenvolle Regelung. Oder man legt den Umsatz zugrunde und die hiervon nach der Erfahrung in dem betreffenden Industriezweig gezahlten Lizenzen; dabei ist immer wichtig, sich darüber klar zu sein, von welcher Bezugsgröße ausgegangen wird, vom Gesamterzeugnis oder von dem konkreten Gegenstand der Erfindung. Das ist in der Praxis sehr verschieden. Im

Notfall, z. B. bei Sperr- und Vorratspatenten, ist man auf Schätzungen angewiesen; allerdings spielen Schätzungen oft auch bei Benutzung der anderen Berechnungsmethoden eine gewisse Rolle.

Hat man den Erfindungswert ermittelt, so muß man den Anteil des Betriebs berücksichtigen. Denn der Arbeitnehmererfinder kann natürlich nicht die Vergütung beanspruchen, die einem freien Erfinder zustehen würde.

Um diesen Anteil rechnerisch zu erfassen, haben die Richtlinien Tabellen in Anlehnung an die alten Richtlinien aufgestellt und ein bestimmtes Punktsystem angewendet. Man ermittelt die Punkte, die für die einzelnen Merkmale anfallen und entnimmt dann einer Tabelle, welcher Prozentsatz der dem freien Erfinder zu zahlenden Vergütung etwa in Betracht kommt. Man berücksichtigt folgende Merkmale: Stellung des Erfinders im Betrieb — je besser bezahlt er ist, je mehr er den Betrieb übersieht, um so niedriger ist sein Faktor. Dann ist von Belang, ob, gegebenenfalls wie die Aufgabe gestellt worden ist, und ob dabei der Lösungsweg angedeutet worden ist. Schließlich spielt es eine Rolle, ob die Lösung unter Benutzung beruflich geläufiger Überlegungen mit oder ohne Benutzung der technischen Hilfsmittel des Betriebs gefunden worden ist und wieweit betriebliche Arbeiten oder Kenntnisse benutzt werden.

Die Richtlinien sind in ihrer rechtlichen Bedeutung zu unterscheiden von einer Ausführungsverordnung, sie binden die Beteiligten, die Schiedsstelle und die Gerichte nicht, man kann davon abweichen. Trotzdem kommt ihnen eine erhebliche Bedeutung zu, weil sie der Praxis, vor allem den Betrieben, die bisher ihr Erfindungsvergütungswesen wenig ausgebaut hatten, wertvolle Vorschläge und Anhaltspunkte geben.

III. Das ausländische Recht

Gesetzliche Grundlagen

Das Arbeitnehmererfinderrecht bedarf nur in den Staaten einer besonderen Regelung, in denen eine intensive Wirtschaft einen großen Teil der auf dem Gebiet der Technik schöpferisch Tätigen als Arbeiter und Angestellte in den Unternehmen der Industrie vereinigt. Dies trifft sowohl für die Industrieländer des Westens als auch für die Länder des Ostblocks zu, deren Wirtschaft sich weitgehend in den Händen des Staates befindet. Die industriell weniger entwickelten Staaten besitzen fast ausnahmslos kein eigenes Arbeitnehmererfinderrecht.

Regelungen durch Sondergesetze oder im Rahmen anderer Gesetze finden sich, von den Ostblockstaaten abgesehen, insbesondere in Dänemark, Finnland, Griechenland, Italien, Japan, Niederlande, Norwegen, Österreich, Portugal, Schweiz, Schweden und Spanien[1]). Großbritannien

---

[1]) Fundstellen und Literatur siehe am Schluß dieses Abschnitts

Einleitung

hat nur eine verfahrensrechtliche Bestimmung erlassen. In Belgien, Frankreich, Luxemburg und den nordamerikanischen Staaten fehlen gesetzliche Regelungen. Das Arbeitnehmererfinderrecht ist dort durch Lehre und Rechtsprechung nach ähnlichen Grundsätzen wie in den Ländern mit vergleichbarer Wirtschaftsordnung ausgebildet worden und beruht vorwiegend auf vertraglichen Vereinbarungen.

Die Gestaltung des Arbeitnehmererfinderrechts hängt weitgehend von der Form der Wirtschaftsverfassung eines Staates ab. Die bedeutendsten Unterschiede in dieser Beziehung bestehen zwischen den Staaten der westlichen Hemisphäre und den kommunistischen Staaten mit staatssozialistischer Planwirtschaft einschließlich den ihnen wirtschaftsverfassungsmäßig nahestehenden Ländern. Während sich in den kommunistischen Staaten die Industrie im wesentlichen in Staatsbesitz befindet und planwirtschaftlich gelenkt wird, beruht die Wirtschaftsordnung des Westens auf den Grundsätzen der freien Marktwirtschaft und auf der Garantie des Privateigentums. Dies wirkt sich bei der Ordnung des Arbeitnehmererfinderrechts wie folgt aus: In den kommunistischen Staaten sind die meisten Erfinder Angestellte staatseigener Betriebe. Ihre Erfindungen fallen grundsätzlich originär dem Staat zu, der sie durch „Erfinderzertifikate" oder „Wirtschaftspatente" schützt, die wiederum nur dem Staat das Verwertungsrecht geben. Das Arbeitnehmererfinderrecht dieser Staaten braucht sich also im wesentlichen nur mit den Fragen der Erfindervergütung zu beschäftigen, die allerdings — der planwirtschaftlichen Ordnung entsprechend — in der Regel sehr eingehend behandelt werden. Aber auch hier können nur in sehr beschränktem Maße Parallelen zu den in den westlichen Staaten bestehenden Vergütungsregelungen gezogen werden. Denn die Vergütungen sind in einer gelenkten Wirtschaft an die im Plan bereitgestellten Mittel gebunden. In der freien Wirtschaft bemessen sie sich dagegen in sehr viel höherem Maße nach Größen, die sich frei auf dem Markt bilden. Die in einer Planwirtschaft gewährten Vergütungen geben dem Erfinder deshalb in der Regel keinen echten Anteil an den Erträgnissen seiner Erfindung; sie sind eher den Prämien zu vergleichen, die im Rahmen des betrieblichen Vorschlagswesens für Verbesserungsvorschläge gezahlt werden.

Da die folgenden rechtsvergleichenden Betrachtungen das deutsche Gesetz über Arbeitnehmererfindungen einleiten, sollen sie auf die Staaten beschränkt bleiben, deren Wirtschaftsform sich mit der der Bundesrepublik wenigstens in den Grundzügen vergleichen läßt. Das sind insbesondere die Staaten des europäischen Westens und Nordamerikas.

Diensterfindung

Betrachtet man, welche Arbeitnehmererfindungen in den verschiedenen Staaten dem Arbeitgeber zugesprochen werden, so findet man drei verschiedene Anknüpfungspunkte: Die Erfindung ist bei Erfüllung der dienstlichen Obliegenheiten des Arbeitnehmers entstanden, die Erfin-

III. Das ausländische Recht

dung ist im Betrieb des Arbeitgebers verwertbar, die Erfindung beruht maßgeblich auf Erfahrungen und Arbeiten dieses Betriebs.

In den meisten der besprochenen Staaten wird anerkannt, daß Erfindungen, die der Arbeitnehmer in Erfüllung seiner dienstlichen Obliegenheiten geschaffen hat, dem Arbeitgeber zustehen. Dies kommt besonders deutlich in den Gesetzen der Schweiz und der Niederlande zum Ausdruck, die die gesetzlichen Ansprüche des Arbeitgebers auf Arbeitnehmererfindungen dieser Art beschränken. In Dänemark und Finnland wird der gesetzliche Tatbestand der Diensterfindung sogar noch dadurch eingeschränkt, daß der Arbeitgeber eine Arbeitnehmererfindung, die der Erfinder in Erfüllung seiner dienstlichen Obliegenheiten geschaffen hat, nur dann beanspruchen kann, wenn ihre Verwertung in den Arbeitsbereich seines Unternehmens fällt. Schweden hat eine entsprechende Regelung getroffen; in Schweden genügt aber auch die Verwertbarkeit der Erfindung im Unternehmen des Arbeitgebers allein, um dem Arbeitgeber bestimmte Rechte an der Erfindung zuzusprechen. Dem zuletzt Gesagten ist die Lage in Italien und Portugal vergleichbar, wo Diensterfindungen alle Arbeitnehmererfindungen sind, die entweder in Erfüllung der dienstlichen Obliegenheiten geschaffen wurden oder in den Arbeitsbereich des Arbeitgebers fallen. Bei der Auslegung der dänischen, finnischen, schwedischen und schweizerischen Gesetze ist jedoch zu beachten, daß dort im Gegensatz zum deutschen Recht keine Unabdingbarkeit besteht, der Begriff der Diensterfindung also durch Verträge beliebig geändert werden kann. Die Gesetze treffen aber wenigstens dispositive Regelungen, die eingreifen, wenn die Verträge nichts anderes bestimmen. Demgegenüber fehlt in Großbritannien, den USA und Frankreich jede gesetzliche Bestimmung. Diese Staaten sind also beim Fehlen vertraglicher Vereinbarungen ganz auf die von Lehre und Rechtsprechung entwickelten Grundsätze angewiesen. Sie lösen die Frage, wem eine Diensterfindung zusteht, in der Regel wiederum von den dienstlichen Obliegenheiten des Arbeitnehmererfinders her.

Nach der englischen Rechtsprechung ist jeder Arbeitnehmer verpflichtet, bei der Erfüllung seiner Dienstverpflichtungen sein gesamtes Wissen und Können einzusetzen. Wenn er bei der Verrichtung der Arbeit, zu der er angestellt ist — in course of employment — eine Erfindung macht, so wird diese Erfindung als geschuldetes Arbeitsergebnis angesehen und angenommen, daß sie kraft stillschweigender Vereinbarung dem Arbeitgeber zustehe. In den USA sind die Gerichte bei der Annahme solcher stillschweigender Vereinbarungen zurückhaltender. Zum Ausgleich dafür entwickelten sie das dem englischen Recht fremde Rechtsinstitut des „Shop-Right", einer unwiderruflichen, unentgeltlichen, nicht ausschließlichen Lizenz des Arbeitgebers an der Erfindung des Arbeitnehmers. Das „Shop-Right" entsteht unabhängig von vertraglichen Vereinbarungen, wenn die Erfindung „at the expense of the employer during the course of employment" gemacht wurde. Die dienstlichen Obliegenheiten des Arbeitnehmers werden bei der Auslegung des

Begriffs „during the course of employment" berücksichtigt. Damit die Erfindung „at the expense of the employer" zustande kam, genügt, daß sie in der Arbeitszeit gemacht wurde. Auch in Frankreich versucht die Rechtsprechung, den Begriff der Diensterfindung mit Rücksicht auf die dienstlichen Obliegenheiten des Arbeitnehmers zu bestimmen. Eine Arbeitnehmererfindung fällt stets dann dem Arbeitgeber zu, wenn sie das Ergebnis vertraglicher Tätigkeit ist oder wenn sie auch nur in den normalen Aufgabenbereich des Arbeitnehmers fällt, es sei denn, daß sie ohne jegliche sachliche oder ideelle Unterstützung des Arbeitgebers zustande gekommen ist. Als Unterstützung durch den Arbeitgeber wird bereits die Inanspruchnahme der Arbeitszeit angesehen.

Der Gedanke, daß eine Arbeitnehmererfindung dem Arbeitgeber zusteht, wenn sie unabhängig von den dienstlichen Obliegenheiten des Arbeitnehmers maßgeblich auf Erfahrungen oder Arbeiten des Betriebs beruht, findet sich nur in Deutschland und Österreich, dessen Arbeitnehmererfinderrecht dem deutschen Gesetzgeber weitgehend als Vorbild diente. In den USA können solche Erfindungen durch shop-right belastet werden. Die französischen Gerichte gewähren dem Arbeitgeber in diesen Fällen ein Miteigentum an der Erfindung.

Umfang der Rechtsübertragung

Nach dem Recht Dänemarks, Finnlands, der Niederlande, der Schweiz und Spaniens erwirbt der Arbeitgeber das Vollrecht an allen Diensterfindungen. Großbritannien kennt ebenfalls nur die Vollrechtsübertragung. Die eigenartige Struktur des engischen Rechts bedingt zwar, daß das Schutzrecht auf den Namen des Arbeitnehmers erteilt wird und dieser es „as a trustee" für seinen Arbeitgeber behält. In der Praxis kommt aber diese Treuhänderstellung einer Vollrechtsübertragung gleich. In Italien und Portugal gilt die Vollrechtsübertragung nur für die Erfindungen, die der Arbeitnehmer in Erfüllung seiner dienstlichen Obliegenheiten geschaffen hat; an Erfindungen, die dem Arbeitgeber zustehen, weil sie in seinen Arbeitsbereich fallen, kann er eine ausschließliche oder nicht ausschließliche Lizenz erwerben. Eine Vollrechtsübertragung findet nicht statt, da angenommen wird, daß solche Erfindungen nicht in dem Maße an den Betrieb gebunden sind wie die zuerst genannten. Schweden gibt dem Arbeitgeber noch mehr Wahlmöglichkeiten. In den USA ist zu unterscheiden, ob der Arbeitgeber die Erfindung kraft Vertrags erwirbt (Vollrechtsübertragung) oder ob er nur ein shop-right besitzt, das ihm nur eine nicht ausschließliche Lizenz gewährt. Die französische Rechtsprechung geht in der Regel von der Vollrechtsübertragung aus. In besonderen Fällen, wenn der Anteil des Arbeitgebers an der Erfindung gering ist, steht die Erfindung im Miteigentum von Arbeitgeber und Erfinder. Das sonst sehr ausführliche österreichische Gesetz enthält keine Bestimmung über den Umfang des Rechtserwerbs; die Lösung bleibt der freien Vereinbarung der Beteiligten überlassen.

III. Das ausländische Recht

Form des Rechtserwerbs

Die Form des Erwerbs der Rechte an der Diensterfindung durch den Arbeitgeber ist in den einzelnen Staaten völlig uneinheitlich geregelt. Rechtsübertragungen werden nur dort notwendig, wo auf Grund des Patentrechts ein originärer Erwerb des Arbeitgebers nicht möglich ist oder wo die Wahlmöglichkeiten des Arbeitgebers eine Übertragung bedingen. In Frankreich, Spanien und den Niederlanden erwirbt der Arbeitgeber seine Rechte an der Diensterfindung originär. In Italien und Portugal gilt dasselbe für Erfindungen, die der Arbeitnehmer in Erfüllung seiner dienstlichen Obliegenheiten geschaffen hat. An den anderen Diensterfindungen kann der Arbeitgeber eine Lizenz in Anspruch nehmen. In der Schweiz wird das sonst herrschende Erfinderprinzip eingeschränkt, so daß auch hier der Arbeitgeber seine Rechte originär erwirbt. In den anglo-amerikanischen Staaten, in Deutschland, Österreich und in Skandinavien entstehen die Rechte an allen Diensterfindungen zuerst in der Person des Erfinders und werden dann auf den Arbeitgeber übertragen. Die Form der Übertragung ist uneinheitlich. Großbritannien, Finnland und Österreich gehen von einer vertraglichen Zession — in der Regel von einer Vorausverfügung — aus, ebenso die USA mit der Einschränkung, daß das shop-right ohne Vertrag ex iure entsteht. Deutschland, Schweden und Dänemark verlangen eine Inanspruchnahmeerklärung des Arbeitgebers, die im einzelnen wieder verschieden ausgestaltet ist.

Mit der Inanspruchnahme sind die Meldepflicht und das Verfügungsverbot für den Arbeitnehmer vor der Inanspruchnahmeerklärung eng verbunden. Die Meldepflicht soll eine rasche Benachrichtigung des Arbeitgebers und einen raschen Beginn der Inanspruchnahmefrist sichern. Sie ist in allen Staaten, die dem System der Inanspruchnahme folgen, vorgeschrieben. Außerdem besteht sie ausdrücklich in Österreich. In anderen Staaten wird sie zum Teil aus dem allgemeinen Arbeitsrecht hergeleitet. Ebenso kennen das Verfügungsverbot des Arbeitnehmers nur die Staaten, die die Inanspruchnahme vorgeschrieben haben. Die dem französischen System folgenden Staaten können darauf verzichten, da hier eine wirksame Zwischenverfügung des Arbeitnehmers ausgeschlossen ist. Das Vertragssystem bedarf des Verbots nicht, soweit — und das ist die Regel — die vertragliche Verfügung im voraus vorgenommen wurde. Wo, wie in Finnland, ein der Inanspruchnahme ähnlicher Vertragsabschluß mit Kontrahierungszwang vorgesehen ist, wird das Verfügungsverbot auch in das Vertragssystem übernommen.

Vergütung

Wie im vorangehenden Abschnitt eingehend dargestellt ist, stehen sich bei der Konstruktion des Vergütungsanspruchs das Monopolprinzip und das Sonderleistungsprinzip gegenüber. Entweder sieht man die Vergütung als eine Beteiligung des Arbeitnehmers am Wert des auf seine Erfindung erteilten Schutzrechts (Monopolprinzip) oder als Belohnung für die in der Erfindung liegende besondere Leistung (Sonderleistungsprinzip) an. Das deutsche Gesetz hat sich für das Monopolprinzip entschieden. Die anderen Staaten betonen mehr den Sonderleistungscharakter der Vergütung. So gewährt Österreich zwar auch „in jedem Fall" eine angemessene, besondere Vergütung. Wenn aber der Arbeitnehmer ausdrücklich zur Erfindertätigkeit angestellt und auch tatsächlich damit vorwiegend beschäftigt ist, und wenn diese ihm obliegende Tätigkeit zur Erfindung geführt hat, so hat er nur insoweit einen Vergütungsanspruch, als nicht schon in seinem Entgelt für die Dienstleistungen eine angemessene Vergütung für die Erfindung gelegen ist. Besonders gut kommt das Sonderleistungsprinzip im dänischen Recht zum Ausdruck. Grundsätzlich besteht dort für jede Erfindung ein Vergütungsanspruch, es sei denn, daß der Wert der Erfindung dasjenige nicht übersteigt, was dem Arbeitnehmer unter Berücksichtigung seines Arbeitsverhältnisses an Leistung zugemutet werden kann. Diese Grundsätze gelten, von kleinen Verschiedenheiten des Textes abgesehen, auch in Finnland, Schweden und den Niederlanden. Das italienische und portugiesische Gesetz ist anders aufgebaut. Die Vergütungsregelung ist dort eng mit der Regelung des Rechtsübergangs verknüpft, der wiederum mit der Art der Diensterfindung zusammenhängt. Bei Diensterfindungen, die der Arbeitnehmer in Erfüllung seiner dienstlichen Obliegenheiten geschaffen hat und die der Arbeitgeber originär erwirbt, entsteht ein Vergütungsanspruch nur, wenn die erfinderische Tätigkeit nicht bereits durch das Arbeitsentgelt entlohnt wird. Andere Diensterfindungen müssen stets besonders entlohnt werden. Die Schweiz und Spanien schränken den Vergütungsanspruch noch weiter ein. In der Schweiz ist für Erfindungen, die in Erfüllung dienstlicher Obliegenheiten geschaffen wurden, keine Vergütung zu bezahlen. Ein Vergütungsanspruch besteht nur, wenn sich der Arbeitgeber auch andere Erfindungen durch Vertrag als Diensterfindungen ausbedungen hat und die Erfindung von erheblicher wirtschaftlicher Bedeutung ist. In Spanien ist eine Diensterfindung nur zu vergüten, wenn sie von erheblicher wirtschaftlicher Bedeutung ist, ihre Ausnutzung zu Gewinnen führt und diese Gewinne in offensichtlichem Mißverhältnis zum laufenden Arbeitsentgelt des Erfinders stehen. Die französische Gerichtspraxis entspricht etwa der schweizerischen Regelung. In Großbritannien besteht nur in einem einzigen Fall die Möglichkeit, dem Erfinder von Gesetzes wegen eine Vergütung zuzusprechen, wenn sich nämlich das Gericht oder das Patentamt außerstande sehen zu ermitteln, ob die Erfindung dem Arbeitgeber oder dem Arbeitnehmer zusteht. In allen anderen Fällen kann der Arbeitnehmer seinen Vergütungsanspruch nur auf Vertrag gründen. Auch in den USA ist der Erfinder allein auf Verträge angewiesen. Das shop-right ist, wie erwähnt, vergütungsfrei.

Bestimmungen über die Vergütungshöhe finden sich nur dort, wo den Arbeitnehmererfindern gesetzliche Ansprüche auf Vergütung zugesprochen werden. Dänemark, Österreich, Finnland und Schweden geben ge-

III. Das ausländische Recht

nauere Anhaltspunkte, nach denen die Vergütung berechnet werden soll. Dabei sind stets der Wert der Erfindung, die Umstände beim Zustandekommen der Erfindung und die Stellung des Erfinders im Betrieb zu berücksichtigen. Die italienischen, portugiesischen, schweizerischen und niederländischen Gesetze beschränken sich auf ganz kurze Hinweise. Richtlinien über die Berechnung der Vergütung sind nur in Deutschland bekannt.

Vergütungsstreitigkeiten werden in Italien und Portugal von einem besonderen Schiedsgericht abschließend entschieden. In Schweden werden die staatlichen Gerichte in Vergütungsstreitigkeiten von einem Gutachterausschuß unterstützt. In Österreich und Spanien entscheiden die Arbeitsgerichte, in den Niederlanden die Patentgerichte. In den übrigen Staaten gelten die allgemeinen Bestimmungen des Prozeßrechts.

Wie diese Zusammenstellung zeigt, steht Deutschland mit dem klar durchgeführten Monopolprinzip allein. Deshalb findet sich der durch das Monopolprinzip bedingte Anmeldezwang ebenfalls nur in Deutschland.

Rechtsvergleichende Arbeiten

Die rechtsvergleichende Arbeit auf dem Gebiet des Arbeitnehmererfinderrechts hat in den letzten Jahren an Bedeutung gewonnen, wenn auch eine größere deutsche Arbeit bisher fehlt. Die umfassendsten Arbeiten wurden von dem Schweizer Christian Englert, L'Invention fait par l'Employé dans l'Entreprise Privée, Basel 1960 (Besprechung von Schippel, GRUR Ausl. 1961, 429) und dem Schweden Frederik Neumeyer, The Law of Employed Inventors in Europe, Washington 1963 (Drucksache des Senats der USA, 87, Congress, 2 Session, S. Res. 267, Study No. 30) vorgelegt (siehe auch Neumeyer, Die Arbeitnehmererfindung in rechtsvergleichender Sicht, GRUR Ausl. 1962, 65, und ders., Employees' Rights in Their Inventions, International Labour Review Vol. LXXXIII Nr. 1 Januar 1961). Die Arbeit von Englert umfaßt auch die patent- und arbeitsrechtlichen Grundlagen und behandelt das französische, englische, nordamerikanische, italienische, schweizerische, deutsche, österreichische und schwedische Recht sowie die kommunistischen Staaten. Die Arbeit ergänzt sich gut mit der von Neumeyer, der sich auf die Darstellung des Arbeitnehmererfinderrechts beschränkt, dafür aber der Darstellung der Rechtsentwicklung und der höchstrichterlichen Entscheidungen besondere Aufmerksamkeit widmet. Neumeyer behandelt Schweden, Dänemark, Deutschland, Großbritannien, Niederlande und Schweiz sowie in kürzerer Form Österreich, Kanada, Italien, Japan und die kommunistischen Staaten. Die Entwicklung von Gesetzgebung und Rechtsprechung in den Staaten des Ostblocks, den Comon-Law-Staaten, in den Niederlanden, Deutschland, Schweden, Frankreich und der Schweiz stellt Neumeyer unter dem Titel „Der angestellte Erfinder als Gegenstand der Gesetzgebung" in Mitt. 1971, 213 dar (französische Fassung Prop. Ind. 1971, 246, englische Fassung Ind. Prop. 1971, 243). Außer diesen Arbeiten ist der Aufsatz von Plaisant, Essai sur les Inventions d'Employés en Droit Comparé in Revue International de Droit Comparé 1959, 385—399, zu nennen, der die Rechtslage in Großbritannien, USA, Frankreich, Spanien, Schweiz, Italien, Schweden, Deutschland und im Ostblock vergleichend darstellt. Verwiesen wird auch auf den Bericht in GRUR Int. 1971, 305, über die internationale Studientagung der Duttweiler Stiftung in Rüschlikon über Arbeitnehmererfinderrecht, deren Berichte leider bisher nicht veröffentlicht worden sind; behandelt wurden dort die Rechtslage in Großbritannien (R. G. Lloyd), Frankreich (A. Bouju), USA (Stedmann), Bundesrepublik Deutschland (Schade), Schweden (Geijer), Schweiz (W. Hug), Italien (P. Vercellone), Österreich (H. Collin, veröffentlicht in GRUR Int. 1971, 287), Japan (A. Sugimura), Tschechoslowakei (M. Kyjosky) und rechtsvergleichend einleitend von Neumeyer (veröffentlicht in Mitt. 1971, 213, Fundstellen in Prop. Ind. und Ind. Prop. s. oben) sowie abschließend von E. Thompson als Vertreter des internationalen Arbeitsamtes (ILO), das allen angeschlossenen Staaten auch auf dem Gebiet des Arbeitnehmererfinderrechts ex officio sachliche Hilfestellung leistet und dabei von den Bureaux Internationaux Réunis pour la Protection de la Propriété Industrielle in Genf unterstützt wird.

Der Unterrichtung ausländischer Leser über den Rechtszustand in der Bundesrepublik Deutschland dienen einige von deutschen Autoren in englischer und französischer Sprache veröffentlichte Aufsätze: Schmied-Kowarizik, Employee Inventions under German Law, 54, Journal of the Patent Office Society (USA) 807 (1972), Schade, Droit et Pratique de l'Invention d'Employé en Republique Fédérale d'Allemagne, Prop. Ind. 1972, (englische Fassung Ind. Prop. 1972, 249), Schippel, Compensation of Employee Inventors in Germany, IIC 1973, 1 ff (Vol. 4).

Die internationalen Bestrebungen zur Vereinheitlichung des Rechts der Arbeitnehmererfinder stehen noch immer in den ersten Anfängen, obwohl die Erörterungen der grundlegenden Fragen viele Jahrzehnte zurückreichen. Einen ausführlichen Überblick gibt Neumeyer in GRUR Ausl. 1961, 517 (im wesentlichen übereinstimmend mit dem Aufsatz desselben Autors „Effort entrepris pour parvenir, dans le cadre des organisations internationales à un accord international sur les inventions faites en cours d'emploi" im Juni Heft 1960 der Zeitschrift „La Propriété Industrielle"). Die Internationale Vereinigung für Gewerblichen Rechtsschutz hatte das Studium der Fragen der Arbeitnehmererfindungen in ihr Arbeitsprogramm aufgenommen und erstmals auf dem XXV. Kongreß in Berlin vom 3.—8. 6. 1963 darüber berichtet (Bericht der Deutschen Landesgruppe erstattet von Friedrich in GRUR Ausl. 1963, 80).

Über die weitere Behandlung im Rahmen der APPI s. deren Jahrbuch 1966 I 97 und 1967 III 177. Die Frage der Vereinheitlichung des Rechts der Arbeitnehmererfindung wurde wieder auf dem Kongreß in Venedig 1969 aufgenommen (Jahrbuch 1969; deutscher Bericht von Coshausz und Schippel, GRUR Int. 1969, 102). Die Beratungen in Venedig haben aber gezeigt, daß nach wie vor tiefgreifende Meinungsverschiedenheiten über die Definition der Diensterfindung, ferner aber auch darüber be-

III. Das ausländische Recht

stehen, ob eine Verpflichtung des Arbeitgebers zur Leistung einer Erfindervergütung obligatorisch oder nur fakultativ vorgeschrieben werden soll. Die Versammlung konnte hierzu keine Resolution fassen. Der Geschäftsführende Ausschuß hat daraufhin beschlossen, die Arbeitnehmererfindungen vorerst nicht weiter zu behandeln, sodaß bedauerlicherweise die größte internationale Organisation für Gewerblichen Rechtsschutz auf diesem wichtigen Gebiet keine der Rechtsvereinheitlichung dienenden Arbeiten mehr leistet.

Zu Vereinheitlichungsbemühungen im Raum der EWG alten Umfangs s. Haertel, Bemühungen um die Rechtsvereinheitlichung im Rahmen der EWG, GRUR Int. 1966, 135, auch Godenhjelm, Die internationalen Bestrebungen zur Vereinheitlichung des Rechts der Arbeitnehmererfindung, GRUR Int. 1966, 125; zur Situation in den skandinavischen Staaten v. Zweigbergk, Die nordische Patentsrechtsvereinheitlichung, GRUR Int. 1966, 136.

Deutsche Demokratische Republik

Die Regelung des Arbeitnehmererfinderrechts in der DDR entspricht in den Grundzügen der in den anderen Staaten mit staatssozialistischer Planwirtschaft. Statt vom Arbeitnehmererfinder wird auch vom Neuerer gesprochen. Die maßgebenden Veröffentlichungen erfolgen im wesentlichen in der Zeitschrift „der neuerer", Teile A und B, und in der „Neue Justiz" (NJ).

Rechtsgrundlagen sind nunmehr folgende Verordnungen und Anordnungen:

Verordnung des Ministerrats vom 22. 12. 1971 über die Förderung der Tätigkeit der Neuerer und Rationalisatoren in der Neuererbewegung, in Kraft seit 1. 1. 1972, GBl. DDR II vom 14. 1. 1972 S. = Bl. 1973, 44;

1. Durchführungsbestimmung des Präsidenten des Amtes für Erfindungs- und Patentwesen vom 22. 12. 1971 zur Neuererverordnung — Vergütung für Neuerungen und Erfindungen — in Kraft seit 1. 1. 1972, GBl. DDR II vom 14. 1. 1972 S. 11 = Bl. 1973, 52;

Anordnung des Ministerrats vom 20. 7. 1972 über die Ermittlung des Nutzens zur Vergütung von Neuerungen und Erfindungen, GBl. DDR II vom 18. 8. 1972 S. 550 = Bl. 1973, 119 (Hinweis).

Textausgabe von Pluskwik, Neuererrecht, Textausgabe der wichtigsten gesetzlichen Bestimmungen, Berlin 1972. Kurze Kommentierung der Neuererverordnung bei Jonkisch, Weiterentwicklung des Neuererrechts in der DDR, NJ 1972, 153. Weitere Einzelheiten bei Mulitze, Die moralische und materielle Anerkennung der Neuerer- und Erfinderleistungen, neuerer A 1972, 91; s. auch Hemmerling, neuerer A 1971, 318, und Beyreuther, neuerer A 1971, 354. Zur Erfindervergütung beim Schutz der Erfindung im Ausland Zwischenbescheid der Spruchstelle für Rechtsbeschwerden vom 16. 6. 1972, Bek. des Amts für Erfindungs- und Patentwesen 1972, 842.

Einleitung

Aus der Literatur vor der Neuererverordnung, Neske/Mulitze, Die Rechte und Pflichten der Neuerer, 2. Aufl. Berlin 1968; Pogodda, Zum Begriff der Sonderleistung, Staat und Recht 1968, 958; Eildermann, Grundlagen für die Vergütung von Erfindungen, die durch deutsches Wirtschaftspatent geschützt und in der volkseigenen Wirtschaft genutzt werden, und die Durchsetzung des Anspruchs auf Vergütung, Diss. Berlin (Ost) 1966; Kastler, Zur Erfindervergütung im neuen ökonomischen System der Planung und Leitung in der Volkswirtschaft, Festschrift für Hans Nathan, Wissenschaftliche Zeitschrift der Humbold-Universität Berlin, gesellschafts- und sprachenwissenschaftliche Reihe 1966 Heft 6 S. 821 ff.

Fundstellen und Literatur zum ausländischen Recht

Aus der umfangreichen ausländischen Literatur werden hier nur die Fundstellen der ausländischen Gesetze und die wesentlichsten Arbeiten zitiert, wobei den in Deutschland zugänglichen Veröffentlichungen der Vorzug gegeben wird. Fremdsprachige Veröffentlichungen werden nur berücksichtigt, soweit sie in englischer oder französischer Sprache erschienen sind, ohne daß aber auf Vollständigkeit Anspruch erhoben würde. Wegen weiterer Veröffentlichungen in diesen und anderen Sprachen und wegen der ausländischen Rechtsprechung wird auf die fortlaufenden Berichte in GRUR Int. unter Ordnungsnummer 142 und vor allem auf die zitierten Arbeiten von Neumeyer verwiesen.

Belgien: Braun, Sous l'attraction de deux sphéres juridiques: les inventions d'employés, Revue de droit social 1967, 145.

Bulgarien: Dietz, Die Neuregelung des gewerblichen Rechtsschutzes in Bulgarien, GRUR Int. 1969, 243.

Dänemark: Arbeitnehmererfindergesetz Nr. 142 vom 29. 4. 1955, GRUR Ausl. 1955, 542 = Prop. Ind. 1956, 196.

Finnland: Gesetz betreffend die Arbeitnehmererfindungen vom 29. 12. 1967, Finlands Författningssamlingen 1967, Lag Nr. 656 S. 1495.

Frankreich: Casalonga, Brevet d'Invention, Paris 1949; Fernand-Jacq, GRUR Ausl. 1937, 4; Montheilet, Le droit du travail dans ses rapports avec la propriété industrielle, Annales de la Propriété Industrielle, Artistique et Littéraire 1955, 129; Pierre, Les inventions d'ingénieur salariés, Paris 1952; Roubier, Le droit de la propriété industrielle, Paris 1952. Colin, La politique de brevets dans l'entreprise, Prop. Ind. — Bulletin documentaire 1969 II 766.

Griechenland: Patentgesetz Nr. 2527 vom 24. 9. 1920 Art. 4, Griechisches Gesetzblatt vom 18. 10. 1920, Teil 1 Nr. 240, 2315 = Bl. 1921, 58 = Prop. Ind. 1921, 4 = GRUR Ausl. 1955, 543. s. auch Art. 1 EGZGB und Art. 668 ZGB; hierzu Appellationsgerichtshof Athen Nr. 23/62 in Copyright und Industrial Property Law Review Vol I (1962) 134. Kurze Ausführungen auch bei Simitis, Das griechische Patentrecht, GRUR Int. 1970, 142, 144.

Großbritannien: Patent Act 1949 vom 16. 12. 1949 Section 56, Bl. 1950, 31 ff., 54 ff., 83 ff. = Prop. Ind. 1950, 57 ff., 79 ff., 100 ff. = GRUR Ausl. 1955, 544; Abel, Die Angestelltenerfindung im englischen Recht, GRUR 1949, 207; Johnston, An Employee's Duty in Respect of Industrial Property, 1947; Blanco White, Patents for Inventions, 2. Aufl., London 1955; Burrell, Master and Servant, 1959, S. 43 ff.

III. Das ausländische Recht

Zu Reformbestrebungen s. den Bank Comittee report: The British Patent System, Report of the Committee to Examine the Patent System and Patent Law, Juli 1970, Chapter 16.

Aus dem Bereich des angelsächsischen Rechtskreises s. zur Rechtslage in Südafrika Gerntholtz, Inventions of Employees, Comperative and International Law Journal of South Africa 1968, 248, mit vielen Bezugspunkten zum englischen Recht.

I s r a e l : Patentgesetz vom 8. 8. 1967, §§ 131 ff., Prop. Ind. 1969, 83; dazu Blum, Die Neuregelung des Patentrechts in Israel, GRUR Int. 1967, 401, 404.

I t a l i e n : Königliche Verordnung Nr. 1127 vom 29. 6. 1939, Art. 23 bis 26, Gazetta Ufficiale Nr. 189 vom 14. 8. 1939, 386 = Bl. 1940, 94 = Prop. Ind. 1940, 84 = GRUR Ausl. 1955, 544; Sanseverino, Diritto del Lavoro, 7. Aufl. Padova 1955; Beck, Die Angestelltenerfindung in der italienischen Gesetzgebung, GRUR 1949, 400; Santoro-Passarelli, Nozione di diritto di lavoro, 7. Aufl., Napoli 1954; Franceschelli, Lavoro autonomo, lavoro subordinato e invenzioni di servizio, Terni 1952, 452; Vercellone, Le Invenizoni dei Dipendenti, Mailand 1961.

J a p a n : Patentgesetz vom 13. 4. 1959 Art. 35, Bl. 1961, 346 = Prop. Ind. 1961, 73.

J u g o s l a w i e n : Verona, Erfinderschutz und Vergütung von Arbeitnehmererfindungen in Jugoslawien, GRUR Ausl. 1957, 246.

K a n a d a : Fox, The Law of Master and Servant, Toronto 1950.

N i e d e r l a n d e : Patentgesetz vom 7. 11. 1910, Art. 10, Staatsblatt 1910 Nr. 313 = Bl. 1911, 136 = Prop. Ind. 1911, 101 = GRUR Ausl. 1955, 544; Bodenhausen, Octrooiverlening voor in buitenlandse dienstbetrekking gedane uitvindingen, Bijblad bij de Industriele Eigendom 1955, 130; Van Haren, De ambtenaar — uitvinder, De Nederlandse Gemennte 1956, 216; de Reede, Iets over de vergoeding toekomende aan de uitvindar in dienstbestrekking als bedoeld in art. 10 Octrooiwet, Octrooi en Merk 1956; Telders, Nederlandsch Octrooirecht, 2 Aufl., Gravenhage 1946.

N o r w e g e n : Gesetz über Arbeitnehmererfindungen Nr. 21 vom 17. 4. 1970, Prop. Ind. 1971, 241 = Ind. Prop. 1971, 238. Dazu Godenhjelm in Lettre de Scandinavie, Prop. Ind. 1971, 257 und Ind. Prop. 1971, 253.

Ö s t e r r e i c h : Patentgesetz 1950 in der Fassung vom 25. 7. 1951 §§ 5 a bis 5 n, BGBl. 1950 Nr. 128 und 1951 Nr. 210 = Bl. 1950, 273 = Prop. Ind. 1951, 6 ff., 22 ff., 41 ff., 58 ff., 74 ff. = GRUR Ausl. 1955, 545; Abel, Die Diensterfindung im österreichischen Recht, GRUR Ausl. 1962, 117, mit ausführlichem chronologischem Literaturverzeichnis. Zur Reform des Arbeitnehmererfinderrechts in Österreich s. I. Teilentwurf des österreichischen Bundesministeriums für soziale Verwaltung zur Kodifikation des Arbeitsrechts, Juni 1960, 1. Teil, 1. Hauptstück, Abschn. VIII Arbeitnehmererfindungen und Verbesserungsvorschläge, GRUR Ausl. 1962, 126 = Recht der Arbeit 1960, 445 = Das Recht der Arbeit (Wien) 1961, 49 (mit amtl. Begründung) und dazu Volmer, Das Arbeitnehmererfindungsrecht im Entwurf eines österreichischen Arbeitsgesetzbuches, GRUR Ausl. 1962, 122; Collin, Dienstfindungen in Österreich, GRUR Int. 1971, 287; Schönherr, Die Gesellschaftererfindung in wirtschaftlicher Praxis und Rechtswissenschaft, Festschrift für Kastner 1972, S. 401 ff.; Hamburger, Diensterfindervergütung im österreichischen Steuerrecht, Öster-

Einleitung

reichische Blätter für gewerblichen Rechtsschutz und Urheberrecht 1965, 108; als Beispiel aus der Rechtsprechung Oberster Gerichtshof vom 23. 5. 1967, GRUR Int. 1968, 288, zur Erfindervergütung.

P o l e n : S. die Hinweise in Bl. 1965, 169.

P o r t u g a l : Gesetz über das gewerbliche Eigentum Nr. 30679 vom 24. 8. 1940, Art. 9, Diario da Governo 1. Serie Nr. 906 vom 24. 8. 1940, 906 = Bl. 1941, 56, 83, 101 ff. — Prop. Ind. 1941, 96, 107, 126, 141, 163 ff. = GRUR 1941, 416 = GRUR Ausl. 1955, 547.

R u m ä n i e n : Holban, Grundzüge des neuen Erfinderrechts in Rumänien, GRUR Int. 1968, 155; Eminescu, Zur neuen Erfindergesetzgebung in Rumänien, GRUR Int. 1969, 85.

S c h w e d e n : Gesetz Nr. 345 über das Recht an Erfindungen von Arbeitnehmern vom 18. 9. 1949, Schwedische Verfassungssammlung 1949 Nr. 345/346 vom 21. 6. 1949 = Bl. 1949, 310 = Prop. Ind. 1950, 10 ff., 108 ff. = GRUR Ausl. 1955, 548; Vereinbarung zwischen dem schwedischen Fabrikverein und dem schwedischen Industrieangestelltenverband, Auszug in GRUR Ausl. 1955, 549; Dennemark, Om rätten till arbetstagares uppfinningar, Stockholm 1950; Neumeyer, Erfahrungen mit dem schwedischen Gesetz über Arbeitnehmererfindungen, GRUR Ausl. 1956, 344; Rätten till arbetstagares uppfinningar 1959, Svenska Uppfinnareforen Publikation 1/1960.

S c h w e i z : Obligationenrecht, jetzt Art. 332, Sammlung der eidgenössischen Gesetze 1971, 1465 ff; Beuttner, Die Angestelltenerfindung im schweizerischen Recht, Bern 1927; Buchli, Der Erfinder im Dienstverhältnis, Turbenthal 1929; Blum-Pedrazzini, Das Schweizerische Patentrecht, Bern 1957; Pedrazzini, Bemerkungen zur Struktur der Diensterfindung, Zürich 1961. Zu Reformbestrebungen s. den Entwurf einer Neuregelung der Rechte aus Arbeitnehmererfindungen und angestellten Urhebern, GRUR Int. 1968, 201.

S p a n i e n : Arbeitsvertragsgesetz vom 26. 1. 1944, Art. 29 bis 31 und 73 bis 74, Boletin Oficial del Estado vom 24. 2. 1944, 1627 = GRUR Ausl. 1955, 550.

S ü d a f r i k a : s. bei Großbritannien.

T s c h e c h o s l o w a k e i : Knap, Die Entwicklung auf dem Gebiet des Immaterialgüterrechts in der Tschechoslowakei, GRUR Int. 1969, 79.

U d S S R : Maksarev, Le Rôle des Inventions d'Employés en URSS, Prop. Ind. 1969, 300 = Ind. Prop. 1969, 285; Nix, Die Rechtsstellung des Erfinders im sowjetischem Recht, Diss. Frankfurt 1970.

U n g a r n : Vida, Die Arbeitnehmererfindung im ungarischen Recht, GRUR Ausl. 1962, 485; ds., Das neue ungarische Patentgesetz, GRUR Int. 1970, 149, 152; s. auch Vida, Földes u. a., Die Neuregelung des gewerblichen Rechtsschutzes und Urheberrechts in Ungarn, GRUR-Abhandlungen Heft 5, 1971.

U N O : Staff Rule Nr. 112.7 des Generalsekretärs über Erfindungen und Werke von UNO-Bediensteten, Secretary — General's Bulletin 1966 St/SGB/ Staff Rules.

U S A : Umfassend Neumeyer/Stedman, The Employed Inventor in the United States, Cambridge/Mass. 1971 (Besprechung Schippel, GRUR Int. 1972, 377); Neumeyer, Forschungspolitik und Arbeitnehmererfinderrecht in den Vereinigten Staaten, GRUR Int. 1967, 369; s. auch die Vorträge zum Arbeit-

III. Das ausländische Recht

nehmererfinderrecht in Journal of the Patent Office Society 1965, 467 ff.; ebenso die Aufsatzreihe in America Patent Law Association Quartely Journal 1 (1973) 82 ff.; aus der älteren Literatur noch Silva Costa, Law of Inventing in Employment, New York 1953; Snelling, The Rights of an Inventor-Employee, 22 Journal of the Patent Office Society 410. Zu Reformbestrebungen s. die „Moss" Bill „to create a comprehensive federal system for determining the ownership of and amount of compensation to be paid for inventions and proposals for technical improvement made by employed persons", H. R. 1483 (92nd Congress, 1st Session, January 22, 1971).

D. Erläuterungen

ERSTER ABSCHNITT
Anwendungsbereich und Begriffsbestimmungen

Im ersten Abschnitt des Gesetzes ist der Anwendungsbereich festgelegt (§ 1) und sind Begriffsbestimmungen gegeben, die für alle Abschnitte des Gesetzes gelten. So ist in § 2 gekennzeichnet, was als Erfindung im Sinne dieses Gesetzes gilt. In § 3 sind die technischen Verbesserungsvorschläge definiert. In § 4 ist der Unterschied von gebundenen und freien Erfindungen festgelegt und näher definiert, was unter der gebundenen — im folgenden als Diensterfindung bezeichneten — und der freien Erfindung zu verstehen ist.

§ 1
Anwendungsbereich

Diesem Gesetz unterliegen die Erfindungen und technischen Verbesserungsvorschläge von Arbeitnehmern im privaten und im öffentlichen Dienst, von Beamten und Soldaten.

Übersicht

	Anm.		Anm.
I. Allgemeines	1	ee) privater oder öffentlicher Dienst	
II. Persönlicher Geltungsbereich		α) privater Dienst	8
a) Arbeitnehmer		β) öffentlicher Dienst	9
aa) Begriff des Arbeitnehmers	2	b) Beamte	10
bb) Abgrenzungen		c) Soldaten	11
α) unabhängige Dienstnehmer und Werkunternehmer	3	III. Sachlicher Geltungsbereich	12
		IV. Räumlicher Geltungsbereich	
β) gesetzliche Vertreter	4	a) Bundesrepublik Deutschland und Westberlin	13
γ) Liquidatoren, Abwickler, Konkursverwalter	5	b) Internationales Privatrecht	14—17
cc) arbeitnehmerähnliche Personen	6		
dd) Handelsvertreter	7	V. Zeitlicher Geltungsbereich	18

§ 1 Anwendungsbereich

I. Allgemeines

§ 1 bestimmt den Anwendungsbereich des Gesetzes hinsichtlich der dem Gesetz unterworfenen Personen und in Verbindung mit §§ 2 und 3 hinsichtlich der dem Gesetz unterworfenen Tatbestände. Der räumliche Geltungsbereich des Gesetzes kann nur in Zusammenhang mit §§ 47 und 48, der zeitliche im Zusammenhang mit §§ 43 und 49 ermittelt werden.

II. Persönlicher Geltungsbereich

a) Arbeitnehmer

aa) Begriff des Arbeitnehmers

Von den drei Personengruppen, deren Erfindungen vom Gesetz betroffen werden, ist die Gruppe der Arbeitnehmer die in der Praxis bedeutendste, in der Rechtsanwendung aber am schwersten bestimmbare. Für ihre Bestimmung sind die im Arbeitsrecht aufgestellten Grundsätze anzuwenden. Danach sind Arbeitnehmer, die auf Grund privatrechtlichen Vertrages oder eines ihm gleichgestellten Rechtsverhältnisses im Dienst eines anderen zur Arbeit verpflichteten Personen, die unselbständige, fremdbestimmte Arbeit in persönlicher Abhängigkeit zum Dienstgeber leisten (vgl. Hueck-Nipperday, Lehrbuch des Arbeitsrechts, 6. Aufl., Bd. 1 S. 34). Die persönliche, nicht die wirtschaftliche Abhängigkeit, die zwar auch meist gegeben sein wird, ist das entscheidende Kriterium. Die Eingliederung in einen Betrieb spricht in der Regel für eine unselbständige Tätigkeit, ist aber kein entscheidendes Merkmal der Arbeitnehmereigenschaft (vgl. BGHZ 10, 190/192; Nipperdey in Staudingers Komm. zum BGB, 11. Aufl., Anm. 15 ff. Vorb. vor § 611). Arbeitnehmer sind z. B. auch die nicht in einen Betrieb eingegliederten Privatsekretäre und -chauffeure. Ebensowenig spielt die Dauer des Arbeitsverhältnisses eine Rolle; Saisonarbeiter unterliegen dem Gesetz ebenso wie Leiharbeiter. Hat ein Leiharbeiter während der Dauer der Tätigkeit bei dem Entleiher eine Erfindung oder einen technischen Verbesserungsvorschlag gemacht, so gilt nunmehr nach der ausdrücklichen Regel des Art. 1 § 11 Abs. 7 des Gesetzes zur Regelung der gewerbsmäßigen Arbeitnehmerüberlassung (Arbeitnehmerüberlassungsgesetz) v. 7. 8. 1972 (BGBl. I 1393, 1396) der Entleiher als Arbeitgeber i. S. des ArbEG. Vereinbarungen, wonach der Verleiher zugunsten des Entleihers eine Diensterfindung des Leiharbeitnehmers in Anspruch zu nehmen hat, sind also nicht mehr erforderlich (s. auch Moritz, Inkrafttreten des Arbeitnehmerüberlassungsgesetzes, BB 1972, 1969, 1570). Zur Erfindung eines Leiharbeiters auch RAG v. 29. 1. 1939, ARS 39, 227. Urlaub und Streik unterbrechen das Arbeitsverhältnis nicht (vgl. im einzelnen Gaul, NJW 1961, 1509/1513); wegen der besonderen Rechtslage bei Aussperrung streikender Arbeitnehmer s. aber BAG v. 27. 9. 1957, 1942. Zum Begriff gehört nicht, daß der Arbeitnehmer gegen Entgelt beschäftigt wird. Unter ihn fallen daher außer Arbeitern und Ange-

Erläuterungen

stellten im herkömmlichen Sinn auch Lehrlinge, Anlernlinge, Praktikanten, Volontäre, Umschüler, Werkstudenten (vgl. LAG Frankfurt v. 6. 8. 1952, RdA 1952, 400).

Wie Arbeitnehmer zu behandeln sind Personen, die auf Grund eines nichtigen oder anfechtbaren Arbeitsvertrages tatsächlich tätig sind. Wegen des Begriffes der arbeitnehmerähnlichen Person vgl. Anm. 6. Zum Begriff der mittelbaren Arbeitsverhältnisse s. Nipperdey in Staudinger, a.a.O., Anm. 271 ff, Vorb. vor § 611, BAG v. 9. 4. 1957, Betrieb 1957, 635. Nicht unter das Gesetz fallen Personen, die nicht in einem freien Arbeitsverhältnis stehen. z. B. Strafgefangene, Anstaltsinsassen. Keine Arbeitnehmer sind auch Studenten und Doktoranden im Verhältnis zum Dozenten und zur Hochschule; vgl. dazu im einzelnen bei § 42. Die Erfindung, die ein Patentanwaltskandidat bei der Bearbeitung eines Falles für einen Mandanten des Patentanwalts macht, ist entsprechend § 42 zu behandeln, wenn der Kandidat zum Patentanwalt in einem reinen Ausbildungsverhältnis steht, nach §§ 1 ff., wenn seine Einkünfte als Arbeitsentgelt zu betrachten sind; dafür kann die steuer- und sozialrechtliche Einordnung wertvolle Anhaltspunkte geben.

bb) Abgrenzungen

3 α) Unabhängige Dienstnehmer und Werkunternehmer

Im Gegensatz zum Arbeitnehmer stehen diejenigen Personen, die auf Grund eines unabhängigen Dienstvertrages Arbeit leisten, dabei grundsätzlich persönlich, wenn auch nicht unbedingt wirtschaftlich selbständig bleiben und Arbeitszeit wie Arbeitsdauer in der Regel selbst bestimmen (z. B. Architekt, Unternehmensberater, selbständige Vertreter, Chefarzt im Verhältnis zum Krankenhausträger, meist auch die sog. „freien" Mitarbeiter — vgl. für sie G. Hueck, Arbeitnehmer und freie Mitarbeiter, Betrieb 1955, 384; zur Rechtsstellung der selbständigen freien Mitarbeiter in den Rundfunkanstalten vgl. Kunze, Schriftenreihe des Instituts für Rundfunkrecht an der Universität Köln, Bd. 14, 1973, 55 ff., und Dannenhaus-Riepenhausen, Freie Mitarbeiter für Rundfunk und Fernsehen, herausgeg. v. Rundfunk-Fernseh-Film-Union im DGB, 1971, 9 ff.). Sie fallen nicht unter das Gesetz, ebensowenig wie Personen, die nicht auf Grund eines Dienstvertrages tätig werden, sondern auf Grund eines Werkvertrages, bei dem die Vergütung für die „Herstellung des versprochenen Werkes" (§ 631 BGB), unabhängig von der benötigten Zeit, zu zahlen ist. Vgl. BGH v. 24. 6. 1952, GRUR 1953, 29, wo gesagt wird, daß eine allgemeine Treuepflicht dahin, daß der Subunternehmer sein Ausschlußrecht gegen den Auftraggeber nicht zur Geltung bringen dürfe, nicht anerkannt werden könne, daß allerdings Fälle denkbar seien, in denen dies gegen Treu und Glauben verstoße, z. B. wenn die Erfindung erst durch Einblick in den innerbetrieblichen Stand der Technik des auftraggebenden Unternehmens ermöglicht worden sei. Vgl. auch BAG v. 13. 9. 1956, GRUR 1957, 242.

§ 1 Anwendungsbereich

β) Gesetzliche Vertreter 4

Gesetzliche Vertreter juristischer Personen, z. B. Vorstandsmitglieder einer Aktiengesellschaft oder einer Genossenschaft, Geschäftsführer einer G. m. b. H., sind keine Arbeitnehmer, obwohl sie in der Regel in einem Dienstverhältnis zu der juristischen Person stehen können. Sie sind aber nicht abhängige Angestellte, sondern selbst Leiter und in ihren Funktionen nicht Arbeitnehmer sondern Arbeitgeber (oder arbeitgeberähnliche Personen in der Terminologie von Pakebusch, BB 1963, 230, und „Die arbeitgeberähnliche Person und ihre arbeitsrechtliche Sonderstellung", Diss. Köln, Zürich 1961). Die ursprünglich im Entwurf 1952 vorgesehene entsprechende Anwendung des Gesetzes auf gesetzliche Vertreter juristischer Personen ist aufgegeben worden, weil sonst Interessengegensätze unvermeidbar gewesen wären (s. Amtl. Begr. unten S. 565). Der frühere Streit, ob die Bestimmungen für diesen Personenkreis entsprechend gelten (vgl. 2 Aufl. S. 14), kann bei dieser Entstehungsgeschichte des Gesetzes als erledigt angesehen werden — vgl. Schiedsstelle v. 29. 10. 1958, Bl. f. PMZ 1959, 16 = GRUR 1959, 182, mit Anm. Friedrich, ferner Schippel, „Der persönliche Geltungsbereich des Gesetzes über Arbeitnehmererfindungen und seine Ausdehnung durch Analogie und Parteivereinbarung", GRUR 1959, 167).

Das Gesetz ist, wie schon die beiden ihm vorausgegangenen Verordnungen v. 12. 7. 1942 (Anlang Nr. 12) und 20. 3. 1943 (Anhang Nr. 13), weder unmittelbar noch im Wege erweiternder Auslegung auf Erfindungen von gesetzlichen Vertretern juristischer Personen anzuwenden (BGH v. 22. 10. 1964 „Schellenreibungskupplung" GRUR 1965, 302, 304; vgl. auch BGH v. 21. 5. 1963 „Chlorator" I a ZR 104/63, nicht veröffentlicht; v. 11. 11. 1959 „Malzflocken" für Vorstandsmitglieder einer AG, insoweit in BGHZ 31, 162 = GRUR 1960, 350, nicht veröffentlicht; v. 16. 11. 1954 „Schnellkopiergerät" GRUR 1955, 286, 289, für persönlich haftenden Gesellschafter einer KG). Das schließt aber nicht aus, daß sich die Anwendung der materiellrechtlichen Bestimmungen des Gesetzes oder einzelner dieser Bestimmungen auf Erfindungen gesetzlicher Vertreter jurstischer Personen (ebenso auf geschäftsführende Gesellschafter von Personalgesellschaften) aus deren dienstvertraglichen Bestimmungen und der daraus abzuleitenden Treuepflichten ergeben kann und zwar entweder aus ausdrücklichen Vereinbarungen oder aus stillschweigenden Vereinbarungen. Denn es steht nichts entgegen, das materielle Recht des Gesetzes durch privatrechtliche Vereinbarungen auf Dienstverhältnisse, die keine Arbeitsverhältnisse sind, zu erstrecken (vgl. Schippel, a. a. O., S. 169, 170). Dazu BGH „Schellenreibungskupplung, a. a. O.; v. 24. 6. 1952 „Plattenspieler I" GRUR 1953, 29, 30; „Schnellkopiergerät", a. a. O., EV v. 29. 10. 1958, a. a. O. Im einzelnen zur Meldepflicht unten Anm. 11 zu § 5, zur Vergütungspflicht BGH „Schellenreibungskupplung" a. a. O. Die verfahrensrechtlichen Bestimmungen können im Gegensatz zum materiellen Recht durch Vereinbarungen nicht über das Gesetz hinaus ausgedehnt werden. Deshalb kann sich

Erläuterungen

auch die Schiedsstelle mit solchen Fällen nicht befassen (vgl. Schippel, a. a. O.).

5 γ) *Liquidatoren, Abwickler, Konkursverwalter*

Liquidatoren und Abwickler haben nach den entsprechenden gesetzlichen Bestimmungen die Stellung von Vertretern der juristischen Personen oder der Handelsgesellschaft. Vgl. z. B. für den Verein § 48 Abs. 2 BGB, für die Offene Handelsgesellschaft § 149 HGB, für die GmbH § 70 GmbHG, für die Aktiengesellschaft § 269 AktG. Der Konkursverwalter übt das Verwaltungs- und Verfügungsrecht über die Konkursmasse aus (§ 6 Abs. 2 KO). Auf alle diese Personen ist aus den unter Anm. 7 erörterten Gründen das Gesetz grundsätzlich nicht anzuwenden.

6 cc) *Arbeitnehmerähnliche Personen*

Arbeitnehmerähnliche Personen sind solche, die in persönlich selbständiger — s. Anm. 2 a. E. — aber wirtschaftlich abhängiger Stellung Arbeit leisten (Hueck-Nipperdey I S. 53; BAG v. 13. 12. 1962, DB 1963, 345). Hauptbeispiele sind Heimarbeiter, die man früher zur „Gefolgschaft" zählte (so Riemenschneider-Barth S. 70), Hausgewerbetreibende, Vertreter und „geistige Arbeiter" wie Künstler, Musiker, Schriftsteller (so Hueck-Nipperdey a.a.O.). Man wird hier besonders an den „freien Mitarbeiter" denken müssen, dessen Beziehung zum Betrieb mehr oder minder lose ist. Literaturangaben hierzu oben Anm. 3.

Die Vergütung des wirtschaftlich Abhängigen aus dem Beschäftigungsverhältnis muß einen wesentlichen Teil seiner Existenzgrundlage darstellen, und er muß auch seiner sozialen Stellung nach einem Arbeitnehmer vergleichbar sein, damit er als arbeitnehmerähnlich einzuordnen ist (BAG v. 13. 9. 1956, DB 1956, 922 — Rechtsanwalt mit Lehrtätigkeit an Hochschule; v. 16. 12. 1957, AP Nr. 3 zu § 611 BGB Abhängigkeit — Erfinder als Berater des Lizenznehmers bei wirtschaftlicher Auswertung der Erfindungen; v. 13. 12. 1962, DB 1963, 345).

Das Begriffsmerkmal der wirtschaftlichen Abhängigkeit oder Unselbständigkeit tritt an die Stelle des das Arbeitsverhältnis kennzeichnenden Merkmals der persönlichen Abhängigkeit und Weisungsgebundenheit. Tritt zur wirtschaftlichen Abhängigkeit die persönliche Abhängigkeit dazu, wird aus dem arbeitnehmerähnlichen Beschäftigungsverhältnis ein echtes Arbeitsverhältnis (BAG v. 19. 6. 1959, DB 1959, 1056; v. 8. 6. 1967, 1374). Die wirtschaftliche Unselbständigkeit muß im Verhältnis des Beschäftigten zum Dienstgeber innerhalb des einzelnen Beschäftigungsverhältnisses gegeben sein, nicht nur bei einer allgemeinen Betrachtung der Verhältnisse des Dienstleistenden. Das ist von Bedeutung, wenn ein Dienstleistender Beschäftigungsverhältnisse zu mehreren Dienstherren hat, wie es vor allem bei vielen freien Mitarbeitern zutrifft. Von einer arbeitnehmerähnlichen Stellung kann dann nur gesprochen werden, wenn ein Beschäftigungsverhältnis das wesentliche

§ 1 Anwendungsbereich

und die hieraus fließende Vergütung die entscheidende Existenzgrundlage darstellt (BAG v. 28. 6. 1973, DB 1973, 1356).

Auf arbeitnehmerähnliche Personen ist das materielle Arbeitsrecht grundsätzlich nicht, auch nicht entsprechend anzuwenden, wenn nicht das Gesetz etwas anderes vorschreibt oder gerade die wirtschaftliche Unselbständigkeit zum Schutz der arbeitnehmerähnlichen Person die entsprechende Anwendung gebietet (ganz h. L.; zur Begründung eingehend Müller, UFITA 28 (1959) 134 ff., 148). Der Gesetzgeber gleicht die Rechtstellung des Arbeitnehmerähnlichen der des Arbeitnehmers an im Prozeßrecht (§ 5 ArbGG) und im Urlaubsrecht (§ 2 Satz 2 BUrlG). Zum Kündigungsrecht (vgl. BAG, AP Nr. 6 zu § 611 BGB Abhängigkeit — Mitarbeiter beim Rundfunk; bestätigt durch BAG, AP Nr. 6 zu § 611 Abhängigkeit). Hat das Beschäftigungsverhältnis wie in der Regel dienstvertraglichen Charakter, werden auch §§ 616 — 619 und 630 BGB sowie einzelne aus § 242 BGB herzuleitende arbeitsvertragliche Nebenpflichten, z. B. die Fürsorgepflicht, angewendet (dazu im einzelnen Nikisch, a.a.O., S. 136 ff.).

Ob und inwieweit die Bestimmungen des ArbEG auf arbeitnehmerähnliche Personen anzuwenden sind, kann nur von Fall zu Fall entschieden werden. Dabei ist, dem arbeitsrechtlichen Grundsatz entsprechend, durchaus Zurückhaltung am Platze, wenn nicht der einzelne Vertrag oder ein besonderes Maß an wirtschaftlicher Abhängigkeit die Anwendung einzelner Bestimmungen des Arbeitnehmererfinderrechts, ähnlich wie bei den gesetzlichen Vertretern, rechtfertigen (vgl. Stümper, Das Wesen der Diensterfindung. Diss. 1956). Hat der Erfinder das Risiko seines Arbeitserfolgs ganz oder überwiegend selbst zu tragen, sind die Vorschriften des Gesetzes vorbehaltlich anderer vertraglicher Regelung nicht anzuwenden. Wenn aber der andere Vertragspartner dieses Risiko trägt, wird man ihm auch das Anrecht auf das Arbeitsergebnis einschließlich der Erfindungen zugestehen müssen und die Bestimmungen des Gesetzes, besonders über Meldung (§ 5), Inanspruchnahme (§ 6) und Vergütung (§ 9) entsprechend anwenden. Denn der dem Gesetz zugrunde liegende Gedanke, daß die Diensterfindung auf dem Zusammenwirken von Arbeitgeber und Arbeitnehmer beruht, ist dann erfüllt. In dem vom BAG durch Urteil v. 13. 9. 1956 entschiedenen Fall (GRUR 1957, 242) wird man möglicherweise eine Anwendung der Vorschriften des ArbEG bejahen können. Für einen § 4 Abs. 2 Nr. 1 rechtsähnlichen Fall hat der BGH (21. 3. 1961 „Klebemittel", GRUR 1961, 432 = NJW 1961, 1251 — BB 1961, 498) die Mitteilungspflicht, Übertragungspflicht und umgekehrt die Vergütungspflicht im Verhältnis zwischen freiem Mitarbeiter und Dienstherrn bejaht (wegen des Umfangs der Übertragungspflicht in solchen Fällen Schippel, Anm. zu BGH, a.a.O., GRUR 1961, 436, und Schramm, BB 1961, 109; wegen des Rechtsgrundes der Vergütungspflicht Anm. 12 zu § 9). (S. auch Schippel. a.a.O., GRUR 1959, 168; a. A. Volmer, ArbEG, § 1 Anm. 19).

Erläuterungen

Zweifelhaft könnte es allerdings erscheinen, ob man auch die Unabdingbarkeit nach § 22 bejaht oder ob man, was wohl richtiger erscheint, vorherige vertragliche Abreden für zulässig erachten sollte. Soweit aber die Bestimmungen über Diensterfindung, Inanspruchnahme usw. für sinngemäß anwendbar erachtet werden, wird man im Gegensatz zu der Ausdehnung des persönlichen Geltungsbereichs des Gesetzes durch Vereinbarung mit einem Nicht-Arbeitnehmer (vgl. Schippel, a.a.O. GRUR 1959, 170) hier auch die Einschaltung der Schiedsstelle nach § 28 ff. bejahen müssen (a. A. Volmer, a.a.O., und in der Besprechung der genannten Entscheidung GRUR 1957, 244), zumal hierfür auch die ausdrückliche verfahrensrechtliche Gleichstellung der arbeitnehmerähnlichen Person mit dem Arbeitnehmer in § 5 ArbEG spricht (s. auch unten Anm. 4 zu § 28).

7   *dd) Handelsvertreter*

Handelsvertreter, die nur eine Firma vertreten und nicht mehr als durchschnittlich 500,— DM monatlich verdienen (§ 92 a HGB)- werden als arbeitnehmerähnliche Personen zu betrachten sein (s. oben Anm. 6; Art. 3 HandelsvertreterG v. 6. 8. 1953 BGBl. I S. 771). Die anderen Handelsvertreter im Sinn der §§ 84 ff. HGB sind keine Arbeitnehmer und nicht arbeitnehmerähnlich. Für sie gilt das ArbEG nicht. Die Anwendung seiner materiellrechtlichen Bestimmungen kann jedoch vertraglich ebenso wie in den oben Anm. 4 genannten Fällen vereinbart werden, was zweckmäßig sein kann, da der Vertreter häufig sehr gut mit dem betriebsinternen Stand der Technik vertraut ist und bei Kundengesprächen gelegentlich als erster Anregungen zu Verbesserungen und Fortentwicklungen erhält, die er in technische Neuerungen umsetzen kann (dazu Gaul-Bartenbach, Arbeitnehmererfindung und Verbesserungsvorschlag. S. 23; dort auch zu vertraglich vereinbarten schuldrechtlichen Optionsrechten des Unternehmers auf Erfindungen des Vertreters und anderer Personen, auf die das Gesetz keine Anwendung findet, deren Erfindungen aber dem Unternehmer vertraglich zugesprochen werden sollen).

8   *ee) Privater und öffentlicher Dienst*

α) Privater Dienst

In erster Linie gelten die Vorschriften des Gesetzes für private Arbeitsverhältnisse. Deshalb sind die Bestimmungen des 2. Abschnitts, die sowohl die Erfindungen und technischen Verbesserungsvorschläge als diejenigen über Schiedsverfahren und gerichtliches Verfahren betreffen, für private Arbeitsverhältnisse ausgearbeitet und werden für den öffentlichen Dienst im dritten Abschnitt mit den dort festgelegten Änderungen angewendet. Die Abgrenzung ergibt sich aus dem Begriff des öffentlichen Dienstes und wird deshalb unter Anm. 9 erörtert.

§ 1 Anwendungsbereich

β) Öffentlicher Dienst　9

Im öffentlichen Dienst sind sowohl Arbeitnehmer als auch Beamte und Soldaten als Urheber von Erfindungen und technischen Verbesserungsvorschlägen genannt. Siehe hierzu im einzelnen Anm. 10, 11 und zu §§ 40 und 41. Für die Abgrenzung der Betriebe und Verwaltungen der öffentlichen Hand sind die Begriffsbestimmungen des Betriebsverfassungsgesetzes, des Bundesbeamtengesetzes und des Personalvertretungsgesetzes heranzuziehen (so die Amtl. Begr. unten S. 617). § 88 des Betriebsverfassungsgesetzes (BGBl. 1952 I S. 681) spricht von den „Betrieben und Verwaltungen des Bundes, der Länder, der Gemeinden und sonstiger Körperschaften und Anstalten des öffentlichen Rechts", § 187 BBeamtGes. (BGBl. 1961 S. 1801) erwähnt „Körperschaften, Anstalten und Stiftungen des öffentlichen Rechts", § 1 Pers.VertrG (BGBl. 1955 I S. 477) nennt außerdem noch Gerichte und Betriebsverwaltungen. Die Abgrenzung stellt auf die Rechtsform des Betriebes ab. Auch wenn ein Betrieb — einschließlich der gemischt-wirtschaftlichen Betriebe — der öffentlichen Hand gehört, aber private Rechtsform, etwa als Aktiengesellschaft, hat, steht der Arbeitnehmer im privaten Dienst. Dagegen ist es ohne Bedeutung, ob ein Betrieb auf Erwerb ausgerichtet ist oder nicht. Die Betriebe der öffentlichen Hand werden sogar in der Mehrheit keine Gewinnerzielungsabsicht verfolgen. Das steht der Anwendung des Gesetzes nicht entgegen. So ist das Gesetz z. B. auch auf Arbeitnehmer und Beamte im Bereich öffentlicher Forschungseinrichtungen anzuwenden, auch wenn dort nur oder vorwiegend Grundlagenforschung betrieben wird (EV v. 8. 2. 1973, Bl. 1973, 215).

b) Beamte　10

Das Gesetz erfaßt nicht nur die Erfindungen von Arbeitnehmern in privaten Betrieben, sondern auch von Personen, die in öffentlichen Verwaltungen beschäftigt sind (s. Anm. 9). Hier sind aber neben Arbeitnehmern im Sinne der Erläuterungen in Anm. 2 Beamte und Soldaten beschäftigt. Frühere Erwägungen, die beiden Gruppen unterschiedlich zu behandeln, sind fallen gelassen worden, vgl. Amtl. Begr. unten S. 620 und § 41.

Zu den Beamten gehören die Beamten des Bundes, der Länder, Gemeinden und sonstigen öffentlich-rechtlichen Körperschaften des deutschen Rechts, nicht solche internationaler Organisationen, auch wenn die Bundesrepublik an ihnen beteiligt ist; vgl. Anm. 16.

c) Soldaten　11

Nach Schaffung der Bundeswehr ist das Gesetz auf die Soldaten ausgedehnt worden und umfaßt sowohl Wehrpflichtige wie Berufssoldaten (s. Ausschußbericht unten S. 644), Offiziere und Mannschaften (s. § 41). Wegen der Bediensteten ausländischer, in der Bundesrepublik stationierter Streitkräfte s. Anm. 17.

Erläuterungen

12 **III. Sachlicher Geltungsbereich**

Dem Gesetz unterliegen die Erfindungen und die technischen Verbesserungsvorschläge der genannten Personen. Da diese Begriffe in §§ 2 und 3 näher definiert werden, wird auf die dortigen Erläuterungen verwiesen. Dort sind auch die Abgrenzungen zum Urheberrecht und Geschmacksmusterrecht sowie zum Saatgutrecht dargestellt.

IV. Räumlicher Geltungsbereich

13 **a) In der Bundesrepublik Deutschland und in Westberlin**

Das Gesetz gilt im Gebiet der Bundesrepublik Deutschland, nach § 47 auch im Land Berlin. Berlin hat das Gesetz durch das Landesgesetz vom 2. 8. 1957 übernommen (Gesetz- und Verordnungsblatt für Berlin Nr. 47 vom 14. 8. 1957 S. 869 = Bl. 1957, 355), abgedruckt S. 648. Nach § 48 gilt das Gesetz nicht im Saarland. Hier ist es jedoch mit dem Inkrafttreten des Gesetzes über die Eingliederung des Saarlandes auf dem Gebiet des gewerblichen Rechtsschutzes vom 25. 7. 1957 (BGBl. I S. 756) am 6. 7. 1959 in Kraft getreten; Einzelheiten zur Überleitung bei § 48.

14 **b) Geltungsbereich im Rahmen des Internationalen Privatrechts**

In Kollisionsfällen sind die arbeitnehmererfinderrechtlichen Fragen nach dem Recht des Staates zu beurteilen, das die Rechte und Pflichten der Parteien aus dem Arbeitsvertrag regelt (vgl. schon Seligsohn, PatG, 6. Aufl. 1920, S. 100, vgl. auch Troller, SchweizMittGewRechtsschutz 1957, 41/53, und Godenhielm, GRUR Aus. 1957, 149/155; ebenso Bauer, Das Internationale Privatrecht der Arbeitnehmererfindung, Diss. Göttingen 1970, S. 72, mit weiteren Hinweisen auf entsprechende Lösungen in anderen Staaten, die einen weitgehenden Entscheidungseinklang ermöglichen; ds. auch in AWD 1970, 512; s. auch Gamillscheg, AcP 155 (1956) 49, 64, und Schnorr v. Carolsfeld, RdA 1958, 201, 209. Welches Recht auf ein Arbeitsverhältnis mit Auslandsberührung anzuwenden ist, bestimmt wie bei anderen Schuldverhältnissen in erster Linie der ausdrückliche oder stillschweigende Wille der Vertragsparteien (s. Gamillscheg, a.a.O., S. 58, mit weiteren Nachweisen aus der älteren Rechtsprechung des RAG und BAG, ds., Internationales Arbeitsrecht, S. 114 ff., Reithmann, Internationales Vertragsrecht, 2. Aufl., Rd. 346, mit Zitaten der neueren Rechtsprechung des BAG, daraus besonders v. 10. 5. 1962, BAGE 13, 121, v. 27. 8. 1964, BAGE 16, 215; Schippel, Die Grenzen der Parteiautonomie im internationalen Arbeitsvertragsrecht und die Arbeitnehmererfindung, Mitt. 1971, 229). Fehlt die ausdrückliche oder stillschweigende Rechtswahl, so ist mit Hilfe der Faktoren, die das Arbeitsverhältnis mit den einzelnen Rechtsordnungen verbinden, das Recht als die maßgebliche zu suchen, das mit dem Vertrag den engsten tatsächlichen Zusammenhang hat, in dessen Gebiet also der Schwerpunkt des Arbeitsverhältnisses liegt. Das wird in der Mehrzahl der Fälle das Recht des Arbeitsortes des Arbeitnehmers sein, bei häufigem

§ 1 Anwendungsbereich

Arbeitsplatzwechsel gegebenenfalls aber auch das Recht des Betriebssitzes (im einzelnen Bauer, a.a.O., AWD 1970, 515; dort auch zur Behandlung von Erfindungen, die nach Beendigung eines Arbeitsverhältnisses mit Auslandsberührung gemacht worden sind).

Bestritten ist, in welchem Umfang Art. 30 EGBGB (Verstoß gegen den ordre public) der freien Rechtswahl im Hinblick auf den zwingenden Charakter der meisten Bestimmungen des ArbEG (§§ 22, 23!) entgegensteht, wenn bei einem Fall mit Auslandsberührung der Geltungsbereich des deutschen Rechts subjektiv oder objektiv nicht nur vorübergehend berührt wird (vgl. die in dieser Aufl. aufgegebene strengere Ansicht in der 4. Aufl. dieses Kommentars, ähnlich Volmer, ArbEG, Anm. 36 zu § 1; Herbst, BABl. Nr. 15/1964; auch Weiß, a.a.O., GRUR 1956, 99, 101). Nach der neueren Rechtsprechung des BAG (bedeutend vor allem BAG v. 20. 7. 1967, AWD 1967, 411, mit ausführlicher Anm. von Trinkner, BB 1967, 1920) ist der Parteiautonomie auch in arbeitnehmererfinderrechtlichen Kollisionsfällen ein weiterer Raum zu gewähren, als bisher angenommen wurde. Den Parteien eines Arbeitsvertrages ist es grundsätzlich gestattet, durch Vereinbarung ausländischen Rechts auch zwingende Normen des deutschen Rechts ohne Verstoß gegen Art. 30 EGBGB auszuschließen, wenn der Vertrag Auslandsberührung besitzt und die Anwendung des fremden Rechtssatzes im einzelnen nicht gegen die guten Sitten oder, was im Zusammenhang mit dem ArbEG bedeutender sein mag, gegen den Zweck des deutschen Gesetzes verstößt. Ob der Vertrag Auslandsberührung besitzt, ist nach objektiven Gesichtspunkten zu bestimmen (Trinkner, a.a.O., S. 1292; auch Dölle, BabelsZ 1952, 164, 167, und Simitis JuS 1966, 211; Beispiele bei Schippel, a.a.O. Mitt. 1971, 230). Ein Verstoß gegen den Zweck des deutschen Gesetzes wird von der Rechtsprechung nur dann angenommen, wenn das Ergebnis der Anwendung des ausländischen Rechts zu den Grundgedanken der deutschen Regelung und der in ihr liegenden Gerechtigkeitsvorstellung in so starkem Widerspruch steht, daß es von uns für untragbar gehalten wird (BGH v. 17. 9. 1968, BGHZ 50, 370, 375). Das kann im Hinblick auf Entstehungsgeschichte und Charakter des ArbEG (oben Einleitung S. 82 ff.) für dieses Gesetz nicht gelten (vgl. Schippel, a.a.O. Mitt. 1971, 231). Zu rechtsvereinheitlichenden Reformbemühungen im Rahmen des geplanten „europäischen Patents" s. Art. 15 des 1. Vorentwurfs eines Übereinkommens über ein europäisches Patenverteilungsverfahren (GRUR) Int. 1970, 105) und dazu im Hinblick auf das internationale Privatrecht der Arbeitnehmererfindung kritisch Raible, Der europäische Patentanmeldung als Gegenstand des Vermögens, Mitt. 1970, 101 ff.

Keine international privatrechtlichen Fragen entstehen, wenn Arbeitgeber eine Gesellschaft deutschen Rechts unter ausländischer Leitung oder mit alleiniger oder überwiegender ausländischer Kapitalbeteiligung ist und der Betrieb im Inland liegt. In solchen Fällen kommt ausschließlich deutsches Recht zur Anwendung (vgl. Weiß, „Die Arbeitnehmererfindung im Konzern mit ausländischer Leitung", GRUR Ausl. 1956, 99).

15

Erläuterungen

16 Keine Anwendung findet dieses Gesetz auf Arbeitnehmer und andere Bedienstete internationaler Organisationen, wie der UNO, EURATOM, Montanunion (s. Übersicht in BArbBl. 1957 Beilage zu Heft 2). Für sie gelten die besonderen Statuten und Beschäftigungsbedingungen, die auf der Grundlage der internationalen Verträge erlassen wurden (z. B. Art. 212 EWGVertrag, Art 186 EURATOMVertrag). Zur Rechtslage der Bediensteten der UNO s. auch Einleitung Ausländisches Recht S. 108.

17 Für die Arbeitnehmer und Angehörigen von Dienstgruppen der in der Bundesrepublik stationierten ausländischen Streitkräfte vgl. Art. 44, 45 des Truppenvertrages i. d. F. vom 30. 3. 1955 (BGBl. II S. 321), wonach unter dem Vorbehalt des Art. 44 deutsches Recht, also auch dieses Gesetz, Anwendung findet. Soweit die ausländischen Streitkräfte Dienstherr sind (vgl. dazu BAG, AP Nr. 11 zu Art. 44 Truppenvertrag, auch Herschel, BArbBl. 1957, 540), haben sie die besondere Stellung des öffentlichen Dienstherrn (vgl. LAG Mainz, AP Nr. 4 zu Art. 44 Truppenvertrag), also die Rechte aus §§ 40 und 41.

18 ### V. Zeitlicher Geltungsbereich

Das Gesetz erfaßt die Tatbestände, die sich nach dem 31. 9. 1957 vollzogen haben (§ 49). § 43 ordnet aber in bestimmten Grenzen die Rückwirkung auf frühere Tatbestände an; deswegen vgl. die Erläuterungen zu § 43.

§ 2
Erfindungen

Erfindungen im Sinne dieses Gesetzes sind nur Erfindungen, die patent- oder gebrauchsmusterfähig sind.

Übersicht

	Anm.		Anm.
a) Begriff der Erfindung	1	cc) Einwand der mangelnden Schutzfähigkeit	6
b) Bisheriges Recht	2	dd) Vereinbarungen über die Schutzfähigkeit	7
c) Abgrenzung gegen den technischen Verbesserungsvorschlag	3	e) Ausländische Schutzrechte	8
d) Feststellung der Patent- oder Gebrauchsmusterfähigkeit	4—7	f) Urheberrecht — Geschmacksmuster	9, 10
aa) Entscheidung über die Schutzfähigkeit	4	g) Pflanzenzüchtung, Tierzüchtung, Saatgutrecht	11—13
bb) Stellungnahme der Schiedsstelle	5		

1 **a) Begriff der Erfindung**

Nachdem in § 1 festgestellt worden ist, daß diesem Gesetz Erfindungen und technische Verbesserungsvorschläge unterliegen, wird nunmehr abgegrenzt, was das Gesetz unter Erfindungen versteht. Das sind nur patent- und gebrauchsmusterfähige. Der theoretische Streit, ob es überhaupt nichtschutzfähige Erfindungen gibt, kann deshalb unerörtert bleiben.

Eine allgemein anerkannte Definition der Erfindung hat sich bisher nicht erreichen lassen. Reimer (Anm. 1 zu § 1 PatG) und ihm folgend Bussmann — Pietzcker — Kleine (Gewerblicher Rechtsschutz und Urheberrecht, 3. Aufl. 1962, S. 165) zweifeln daran, daß sie sich finden lassen werde. Lindenmaier gibt hingegen in Anm. 19 zu § 1 PatG eine Definition für die technische Erfindung — um solche allein handelt es sich im Gesetz. Vgl. ferner die Definition von Bernhardt, 2. Aufl., S. 19, Hubmann, Gewerblicher Rechtsschutz, 1962, S. 74, Benkard, 4. Aufl., Anm. 1 zu § 1, sowie Volmer in Recht der Arbeit 1957, 166. Wegen der Einzelheiten muß auf die Kommentare zum Patentgesetz und zum Gebrauchsmustergesetz verwiesen werden, in denen die Voraussetzungen für die Schutzfähigkeit eingehend behandelt werden. Hier sei nur zur ersten Orientierung ohne Anspruch auf Vollständigkeit bemerkt, daß die Erfindung eine Lehre zum technischen Handeln geben muß. Daraus leitet man ab, daß der mit durchschnittlichem Wissen ausgestattete Fachmann des betreffenden technischen Gebiets in die Lage versetzt werden muß, nach der Lehre arbeiten zu können (gewerbliche Verwertbarkeit, Wiederholbarkeit). Die Erfindung muß einen technischen Zweck mit technischen Mitteln erstreben, darf also nicht nur eine „Anweisung an den menschlichen Geist" darstellen, eine besonders beim Gebrauchsmuster wesentliche Abgrenzung. Sie muß die Technik bereichern („technischer Fortschritt") und einen im gewissen Sinne sprunghaften „erfinderischen" Schritt darstellen, der dem normalen Fachmann nicht nahe liegt. Beim Gebrauchsmuster wird ein geringeres Maß dieser Erfindungshöhe verlangt.

In den Gesetzen, besonders dem Patentgesetz, werden ausdrücklich Ausnahmen aufgezählt, für die ein Schutzrecht nicht gewährt wird, z. B. bei Verstoß gegen Gesetze oder gute Sitten, für Erfindungen von Pflanzensorten sowie von Verfahren zur Züchtung solcher Sorten. In § 2 PatG, § 1 GmG wird festgelegt, wann die Erfindung nicht als neu gilt. Denn Patente werden nur für neue Erfindungen erteilt. Ob sie neu sind, wird im Erteilungsverfahren von Amts wegen geprüft. Auch ein Gebrauchsmuster ist nur rechtsbeständig, wenn es neu ist. Doch wird ohne Neuheitsprüfung eingetragen. Ist das Gebrauchsmuster nicht neu, so kann es auf Antrag in einem besonderen Verfahren gelöscht werden.

b) Früheres Recht 2

Da § 3 DVO nur von einer während der Dauer des Arbeitsverhältnisses gemachten „Erfindung" spricht, war sich das Schrifttum im wesentlichen darüber einig, daß sich die Meldepflicht auf alle Erfindungen, also auch auf nicht schutzfähige, und auf Verbesserungsvorschläge erstreckte (vgl. 2. Aufl. S. 16, Riemschneider-Barth S. 97, 111, Müller-Pohle S. 49, Lindenmaier, Komm. S. 114). In der Praxis dürfte sich

Erläuterungen

diese offenbar zu weit gehende Regelung kaum durchgesetzt haben. Die Vergütungspflicht war dagegen in § 5 DVO auf patentfähige Erfindungen beschränkt. Jetzt ist der Begriff der Erfindung im Sinne der patent- und gebrauchsmusterfähigen Erfindung für alle Gesetzesbestimmungen einheitlich. Neu ist demnach die Vergütungspflicht für nur gebrauchsmusterfähige Erfindungen, die von Arbeitgeberseite mit Rücksicht auf die Einführung der beschränkten Inanspruchnahme (§ 7 Abs. 2) in Kauf genommen worden ist.

3 **c) Abgrenzung gegen den technischen Verbesserungsvorschlag**

Neben Erfindungen erstreckt sich das Gesetz auch auf technische Verbesserungsvorschläge. Wegen des Begriffs und der Einzelheiten s. Erläuterungen zu § 3; dort auch über die Behandlung von Zweifelsfällen; wegen der Behandlung von technischen Neuerungen, die als Erfindungen gemeldet werden, deren Schutzfähigkeit aber nicht zweifelsfrei ist, s. unten Anm. 6,7.

d) Feststellung der Patent- oder Gebrauchsmusterfähigkeit

4 *aa) Entscheidung über die Schutzfähigkeit*

Letztlich entscheiden über die Frage der Schutzfähigkeit das in erster Linie hierzu berufene Patentamt und das Bundespatentgericht, und zwar bei Patenten im Erteilungs- und Nichtigkeitsverfahren, ersteres mit Rechtsbeschwerde (die einer besonderen Zulassung bedarf), letzteres mit Berufung an den Bundesgerichtshof, bei Gebrauchsmustern im Löschungsverfahren (§§ 26 ff., 36 l ff., 41 p ff. und 42 ff. PatG, 8 ff. GmG). Besonderheiten regelt für Betriebsgeheimnisse § 17. Von Bedeutung werden kann die Frage, ob patentfähig oder nur gebrauchsmusterfähig, wenn es sich um die Verpflichtung zur Anmeldung handelt (Näheres Anm. zu § 13), und bei der Vergütung. Die Frage, ob eine Erfindung im Sinne des Gesetzes oder nur ein technischer Verbesserungsvorschlag vorliegt, spielt eine Rolle bei der Meldepflicht und der Inanspruchnahme, da diese Regelung nach § 20 Abs. 1 auf Verbesserungsvorschläge nicht anzuwenden ist, möglicherweise auch für die Zuständigkeit der Gerichte, s. Anm. zu § 39.

5 *bb) Stellungnahme der Schiedsstelle*

In Streitfragen kann die Schiedsstelle jederzeit angerufen werden (§ 28). Die von ihr zur Patent- oder Gebrauchsmusterfähigkeit getroffenen Feststellungen sind weder für die Beteiligten, noch für das Patentamt, noch für ein Gericht bindend, abgesehen davon, daß die über die Schutzfähigkeit als Vorfrage getroffene Feststellung bei Annahme des Einigungsvorschlags zwischen den Beteiligten endgültig ist. Die Schiedsstelle ist deshalb auch bei der Prüfung der Schutzfähigkeit in ihrem Verfahren frei (§ 33 und dort Anm. 4). Ihr auf rasche Abwicklung eingestelltes Verfahren eignet sich nicht für die meist zeitraubende Auseinandersetzung um die Schutzfähigkeit. Da meist der zuständige

§ 2 Erfindungen

Prüfer in der Schiedsstelle mitwirkt, wird sichergestellt, daß sich die Schiedsstelle auch in Fragen der Schutzfähigkeit ein sachverständiges Urteil bilden kann.

cc) *Einwand der mangelnden Schutzfähigkeit* 6

Die Schutzfähigkeit und damit der Begriff der Erfindung im Sinne dieses Gesetzes sind vor einer rechtskräftigen Feststellung durch Patentamt oder Gericht im Einzelfall häufig streitig. Dann entsteht die Frage, ob und in wieweit sich der Arbeitgeber gegenüber dem Arbeitnehmer auf die nach seiner Ansicht fehlende Schutzfähigkeit einer vom Arbeitnehmer als schutzfähig gemeldeten technischen Neuerung berufen kann. Nach BGH v. 2. 12. 1960 „Chlormethylierung" (GRUR 1961, 338 = LM Nr. 1 zu § 12 ArbEG) ist das nicht möglich. Zunächst seien in solchen Fällen a l l e einschlägigen Bestimmungen des ArbEG anzuwenden. Der Arbeitgeber, der die als Diensterfindung gemeldete Neuerung zur Schutzrechtserteilung angemeldet habe, müsse sich an seine eigene Erklärung gegenüber dem Patentamt, daß er die Anmeldung als schutzfähig ansehe, z. B. auch im Vergütungsstreit mit dem Arbeitnehmer halten (ebenso Volmer, § 2 Anm. 18). Diese Auffassung unterscheidet nach der hier vertretenen Meinung zu wenig zwischen den verschiedenen Bestimmungen des Gesetzes, bei deren Anwendung die Schutzfähigkeit von Bedeutung ist. Ihr ist zuzustimmen, soweit es sich um die Modalitäten des Rechtserwerbs an der Diensterfindung und um die Erfüllung der Verpflichtungen aus dem Gesetz handelt, die zu einer Klärung der umstrittenen Schutzfähigkeit führen sollen. Der Arbeitnehmer wird eine von ihm als Erfindung qualifizierte technische Neuerung dem Arbeitgeber wie eine solche melden, selbst wenn der Arbeitgeber die Schutzfähigkeit nicht anerkennt (vgl. § 5 Anm. 6; für den umgekehrten Fall, daß der Arbeitnehmer einen Verbesserungsvorschlag mitteilt, der nach der Auffassung des Arbeitgebers eine Erfindung darstellt, s. § 3 Anm. 4). Will der Arbeitgeber die Gefahr von Rechtsverlusten vermeiden, so muß er auch die Bestimmungen über die Inanspruchnahme einhalten, wenn die gemeldete Neuerung nach seiner Überzeugung keine Erfindung darstellt (vgl. § 6 Anm. 27 und Gaul, NJW 1961, 1514). Das gilt sogar dann, wenn der Arbeitnehmer selbst bei der Meldung Zweifel äußert, ob die gemeldete Erfindung unter das Gesetz fällt (EV v. 22. 3./12. 8. 1966, Bl. 1967, 131 = GRUR 1967, 291, mit Anm. Schippel für die Diensterfindungseigenschaft). Der Arbeitgeber ist nach der unbeschränkten Inanspruchnahme auch gehalten, die als Diensterfindung gemeldete Neuerung zur Schutzrechtserteilung anzumelden (§ 13 Abs. 1, s. dort Anm. 5). Bei der Anwendung der Vergütungsvorschriften in Fällen, in denen die Schutzfähigkeit der Diensterfindung noch nicht abschließend geklärt ist oder sich die Parteien nicht darüber geeinigt haben, sind auf Grund des jeweiligen Sachverhalts sehr genaue Unterscheidungen zu treffen. Daß sich hier der Arbeitgeber durch die in Erfüllung einer gesetzlichen Pflicht durchgeführte Schutzrechtsanmeldung hinsichtlich der Folgen der Schutzfähigkeit präjudiziert, kann in dem vom BGH angenommenen Umfang nicht anerkannt werden. Bei beschränkter Inanspruchnahme entsteht der Vergütungsanspruch wegen der besonderen Bestimmung des § 10 Abs. 2 unabhängig von Zweifeln des Arbeitgebers an der Schutzfähigkeit bis zur Rechtskraft einer die Schutzfähigkeit verneinenden Entscheidung des Patentamts oder eines Gerichts. Bei unbeschränkter Inanspruchnahme kann der Vergütungsanspruch wegen seiner starken Abhängigkeit von der Monopolstellung des Arbeitgebers bei begründeten Zweifeln an der Schutzfähigkeit nicht ohne weiteres aus § 9 oder, wie der BGH im Urteil v. 28. 6. 1962 „Cromegal" (Fundstellen bei Anm. 7 zu § 12) annimmt, aus einer entsprechenden Anwendung des § 10 Abs. 1 begründet werden.

Das gilt bei behaupteter Patentfähigkeit für die Zeit vor der Bekanntmachung der Anmeldung (§ 12 Anm. 12 ff.) und in der Zeit zwischen der Bekanntmachung und der Patenterteilung, wenn der vorläufige Schutz aus der Bekanntmachung nicht beachtet wird oder mit begründeter Wahrscheinlichkeit nicht mehr beachtet werden wird (§ 12 Anm. 11 und Schiedsstelle v. 7. 11. 1961, Bl. f. PMZ 1962, 78, mit Anm. Schippel, GRUR 1963, 140). Bei behaupteter Gebrauchsmusterfähigkeit kann der Arbeitgeber die mangelnde Schutzfähigkeit gegen Vergütungsansprüche sogar nach der Eintragung des Gebrauchsmusters einwenden, wenn die Nichtigkeit des Gebrauchsmusters offenbar oder so wahrscheinlich ist, daß dem Arbeitgeber keine Monopolstellung mehr zugesprochen werden kann, wenn also z. B. Wettbewerber nach dem Muster arbeiten, ohne eine Verletzungsklage befürchten zu müssen (vgl. RL Nr. 43 und BGH v. 12. 4. 1957, NJW 1957, 1317 = BB 1957, 659, und Halbach, ArbEG, § 2 Anm. 2). Der Zahlungsanspruch kann jedoch in solchen Fällen aus § 20 Abs. 1 hergeleitet werden, wenn zu der Verwertung der in ihrer Schutzfähigkeit umstrittenen Erfindung die tatsächliche Monopolstellung kommt. S. eingehend zu diesen Fragen Anm. 12 ff. zu § 12; besonders in Anm. 16 die kritische Auseinandersetzung mit dem „Gleichrichterurteil" des BGH v. 30. 3. 1971 (GRUR 1971, 475 = Bl. 1971, 309), das selbst nach rechtskräftiger Versagung des Patents die Berufung auf die mangelnde Schutzfähigkeit als Einwendung gegen die Vergütungspflicht für den Zeitraum, in dem die Anmeldung schwebte, nicht zulassen will.

7 *dd) Vereinbarungen über die Schutzfähigkeit*

Da die Abgrenzung der Erfindung vom technischen Verbesserungsvorschlag schwierig ist und die bindende Feststellung der Schutzfähigkeit oft sehr lange Zeit in Anspruch nimmt, in der die erfinderrechtlichen Beziehungen zwischen Arbeitgeber und Arbeitnehmer schon einer Regelung bedürfen, treffen die Parteien häufig Vereinbarungen dahin, daß sie bis zur rechtskräftigen Feststellung der Schutzfähigkeit oder bis zur Entscheidung über eine Nichtigkeits- oder eine Löschungsklage die gemeldete und in Anspruch genommene Diensterfindung im Innenverhältnis als patent- oder gebrauchsmusterfähig betrachten und ihre Rechtsbeziehungen so gestalten wollen, als wäre die Schutzfähigkeit bereits erwiesen oder nicht angefochten. Solche Vereinbarungen sind möglich; sie werden von § 22 nicht berührt, da sie keine Regelungen zu ungunsten des Arbeitnehmers enthalten, wären also sogar vor der Meldung bzw. Mitteilung — evtl. als Vereinbarung für alle künftigen Erfindungen des Arbeitnehmers — wirksam. (Anders, wenn die Parteien vereinbaren würden, im Zweifelsfall die Erfindung nur als Verbesserungsvorschlag behandeln zu wollen; dazu auch § 3 Anm. 4). Die Vereinbarung kann grundsätzlich auch formlos, sogar stillschweigend getroffen werden. Wegen der weittragenden rechtlichen Auswirkungen solcher Vereinbarungen, besonders auf den Vergütungsanspruch, ist jedoch eine schriftliche Fixierung anzuraten und bei der Annahme stillschweigender Vereinbarungen größte Vorsicht geboten. Auf keinen Fall kann aus den oben dargestellten Gründen in der Inanspruchnahme oder der Patentanmeldung a l l e i n eine Vereinbarung erblickt werden, nach der die Schutzfähigkeit im Verhältnis zwischen den Parteien mit allen, vor allem auch den vergütungsrechtlichen Konsequenzen festgestellt wäre.

e) Ausländische Schutzrechte 8

§ 2 stellt auf die Patent- und Gebrauchsmusterschutzfähigkeit nach deutschem Recht ab. Nur Erfindungen, die nach deutschem Recht schutzfähig sind, fallen in jeder Beziehung unter das Gesetz. Arbeitsergebnisse, die nach deutschem Recht nicht schutzfähig sind, stehen dem Arbeitgeber nach allgemeinen arbeitsrechtlichen Grundsätzen zu (BGH v. 9. 1. 1964 „Drehstromwicklung" GRUR 1964, 449). Das gilt auch, wenn ein solches Arbeitsergebnis nach ausländischem Recht schutzfähig sein sollte, was häufig dort zutreffen mag, wo das Schutzrecht ohne Neuheitsprüfung erteilt wird. Der ganze Mechanismus des Gesetzes, der dem Rechtsübergang vom Arbeitnehmererfinder auf den Arbeitgeber dient, ist in diesen Fällen überflüssig. Die Pflicht des Arbeitnehmers, solche Arbeitsergebnisse dem Arbeitgeber mitzuteilen, ist Ausfluß der allgemeinen Treuepflicht des Arbeitnehmers, der im Rahmen seines Arbeitsverhältnisses bedacht sein muß, den Betrieb seines Dienstherren nach Kräften zu fördern (Schade, VDIZ 1961, 49, 53; vgl. auch Anm. 7 zu § 3).

Erwirbt der Arbeitgeber auf ein solches Arbeitsergebnis, das im Inland nicht schutzfähig ist, ein ausländisches Schutzrecht, so ist lediglich die Vergütungsfrage zweifelhaft. Gaul-Bartenbach (Handbuch N 155, 156) leiten in solchen Fällen aus § 20 eine Vergütungspflicht her. Näher liegt eine entsprechende Anwendung der §§ 9 ff. und der Richtlinien. Der Grundgedanke des § 9 trifft auch dann zu, wenn der Arbeitgeber auf das Arbeitsergebnis seines Arbeitnehmers nur im Ausland ein Monopol eingeräumt erhält und es zu seinem Vorteil nutzen kann. Dieser Auslegung entspricht auch der Sinn der Nr. 26 RL (s. dort Anm. 2).

f) Urheberrecht — Geschmacksmuster 9

Keine Erfindungen sind schöpferische Leistungen auf dem Gebiet der Kunst und der Literatur, auch soweit sie dem Urheberrechtsschutz unterliegen, vorausgesetzt, daß sie nicht gleichzeitig technische Neue-

Erläuterungen

rungen darstellen, die das ArbEG als Erfindungen qualifizieren würde. Auf künstlerische Leistungen kann das ArbEG auch nicht entsprechend angewendet werden, obwohl beim angestellten Künstler ähnliche Fragen wie beim Arbeitnehmererfinder auftreten können (so auch Gaul, NJW 1961, 1509/1510). Das Gesetz über Urheberrecht und verwandte Schutzrechte v. 9. 9. 1965 (BGBl. I S. 1273), das an die Stelle der beiden alten Gesetze betreffend das Urheberrecht an Werken der Literatur und der Tonkunst v. 19. 6. 1901 und betreffend das Urheberrecht an Werken der bildenden Künste und der Photographie v. 9. 1. 1907 getreten ist, enthält in § 43 eine besondere Bestimmung über Urheber in Arbeits- und Dienstverhältnissen. Danach sind die Vorschriften des Gesetzes über die Nutzungsrechte (5. Abschn. 2. Unterabschn.) auch anzuwenden, wenn der Urheber das Werk in Erfüllung seiner Verpflichtungen aus dem Arbeits- oder Dienstverhältnis geschaffen hat, soweit sich aus dem Inhalt oder dem Wesen des Arbeits- oder Dienstverhältnisses nichts anderes ergibt. Nach § 7 UrhG wird das Urheberrecht von einem dem Erfinderprinzip des § 3 PatG entsprechenden Grundsatz beherrscht: „Urheber ist der Schöpfer des Werkes", gleichgültig, ob es sich um einen freien oder einen angestellten Künstler handelt. Im Unterschied zum Arbeitnehmererfinderrecht sind jedoch im Bereich des Urheberrechts Verträge über künftige Werke zulässig, durch die sich der Urheber zur Einräumung von Nutzungsrechten an künftigen Werken verpflichtet, auch wenn die Werke überhaupt nicht oder nur der Gattung nach bestimmt sind. Solche Verträge bedürfen der Schriftform und unterliegen besonderen Kündigungsbestimmungen (§ 40 Abs. 1 UrhG), die nicht abdingbar sind (§ 40 Abs. 2 UrhG.). Darüber hinaus aber fehlen weitere Bestimmungen über ein „Arbeitnehmerurheberrecht", vor allem verbietet das UrhG auch die antizipierte dingliche Einräumung von Nutzungsrechten an künftigen Werken nicht und enthält keine Vergütungsvorschriften. Die im 2. Unterabschnitt des 5. Abschnitts für den freien Urheber zwingend ausgestalteten Schutzvorschriften, wie das Verbot, Nutzungsrechte für noch nicht bekannte Nutzungsarten einzuräumen (§ 31 Abs. 4 UrhG), der Beteiligungsanspruch des Urhebers an Gewinnen aus besonders erfolgreichen Werken (§ 36 UrhG) und das Rückrufrecht wegen Nichtausübung übertragener Nutzungsrechte (§ 41 UrhG), gelten für den angestellten Urheber nur, wenn sich aus dem Arbeitsvertrag oder dem Dienstverhältnis nichts anderes ergibt. Der zwingende Charakter der Normen wird also für den Bereich des angestellten Urhebers aufgehoben. Für die Anwendung dieser Bestimmung sind die Ausführungen in der Gesetzesbegründung (BTDr. IV/270 v. 23. 3. 1962, S. 61) zu § 43 UrhG aufschlußreich. Für einen Beamten wird dort wegen dessen besonderer Stellung, insbesondere mit Rücksicht auf die Alimentationspflicht des Dienstherrn regelmäßig angenommen, daß die erwähnten Schutzvorschriften nicht anzuwenden sind. Ähnliches wird nach der Begründung für viele Arbeitsverhältnisse gelten, doch kommt es hier stets auf die besonderen Umstände des Einzelfalls an. Einzelheiten hierzu in den Kommentaren zum Urhebergesetz (Fromm-

§ 2 Erfindungen

Nordemann, Urheberrecht, Kommentar, 1966; Gerstenberg, Die Urheberrechte an Werken der Kunst, Architektur und der Fotografie, 1968, stets zu § 43). Aus der älteren Literatur zu den grundsätzlichen Fragen noch heranzuziehen: Ulmer, Urheber- und Verlagsrecht, 2. Aufl. 1960, S. 159 und in SAE 1961 Nr. 22; Hubmann, Urheber- und Verlagsrecht, 1959, S. 103 ff. und in Festschrift für Hueck, 1959, S. 43/51 ff.; ferner Sahmer, Der Arbeitnehmer im Spiegel des Urheberrechts, UFITA Bd. 21, S. 34.

Für die geschmacksmusterschutzfähige Schöpfung gilt das gleiche wie für die urheberschutzfähige. Auch sie ist für sich allein betrachtet keine Erfindung im Sinne der ArbEG, selbst wenn man bei der rechtssystematischen Eingliederung des Geschmacksmusters der Urheberrechtstheorie nicht folgt und das Geschmacksmuster als gewerbliches Schutzrecht ansieht. Aus einer solchen Eingliederung ergeben sich lediglich Folgen für die Betrachtung geschmacksmusterschutzfähiger technischer Verbesserungsvorschläge unter den Gesichtspunkten des § 20 Abs. 1; dazu s. aber Anm. 4 zu § 20 und EV v. 12. 12. 1966, Bl. 1967, 159 = GRUR 1968, 195, mit Anm. Schippel; ebenso der nicht veröffentlichte EV v. 13. 7. 1972, ArbErf. 48/71; vgl. auch BGH v. 27. 3. 1969, GRUR 1969, 672 — Rote Taube. Der Rechtserwerb der geschmacksmusterschutzfähigen Schöpfung durch den Arbeitgeber hat in § 2 GeschmMG eine ausdrückliche Regelung gefunden. Hier mögen die Fälle, in denen ein- und dieselbe Schöpfung sowohl unter technischen als auch unter ästhetischen Gesichtspunkten schutzfähig ist, häufiger sein als im Urheberrecht (z. B. technisch fortschrittliche und ästhetisch schöne Gestaltung von Gebrauchsgegenständen, die als Gebrauchs- und als Geschmacksmuster Schutz findet). Dieselbe Leistung unterliegt dann verschiedenen rechtlichen Vorschriften, je nachdem, ob ihre technische Gestaltung oder ihre ästhetische Formgebung betrachtet wird.

g) Pflanzenzüchtung, Tierzüchtung, Saatgutrecht

Die landwirtschaftlichen Kulturverfahren, die die Veredelung von Pflanzen, die Förderung ihres Wachstums, die Steigerung ihres Ertrags und ähnliche neue und fortschrittliche Folgen bezwecken, ohne aber die Erbmasse der Pflanze zu ändern, sind schon vom RPA als patentfähig anerkannt worden (seit RPA v. 19. 9. 1932, Bl. 1932, 240 = GRUR 1932, 1114; vgl. Schippel, Zur Patentierung landwirtschaftlicher Kulturverfahren, GRUR Int. 1958, 333). Von ihnen zu unterscheiden sind die Verfahren zur Züchtung von Pflanzen, die die Erbanlagen der Pflanzen verändern. Auch sie sind unter den allgemeinen Voraussetzungen des PatG schutzfähig (R. L., seit RPA v. 31. 10. 1934, Mitt. 1936, 94; weitere Angaben bei Reimer, PatG, 3. Aufl., Anm. 7 zu § 1). Auch Sachpatente auf das Ergebnis der Züchtung (Erzeugnispatent) sind nach geltendem Recht zulässig (vgl. Schade, GRUR 1950, 319; BGH v. 6. 7. 1962 — Rosenzüchtung, GRUR 1962, 577). Entsprechendes gilt für Tierzüchtungen.

Unabhängig vom Patentschutz kann nach dem Gesetz über den Schutz von Pflanzensorten (Sortenschutzgesetz) v. 20. 5. 1968 (BGBl. I S. 429)

Erläuterungen

für eine neue, hinreichend homogene, beständige und durch eine eintragungsfähige Sortenbezeichnung bezeichnete Pflanzensorte Sortenschutz erteilt werden. Erfindungen, die ihrer Art nach im Artenverzeichnis zum Sortenschutz-Gesetz (BGBl. 1968 I S. 441) aufgeführt sind und Verfahren zur Züchtung einer solchen Pflanzensorte sind aber in Vollzug des Internationalen Abkommens v. 2. 12. 1961 zum Schutz von Pflanzenzüchtungen nunmehr vom Patentschutz ausgeschlossen (§ 1 Abs. 2 Nr. 2 PatG i. d. F. des § 56 SortenschutzG). Ratifikationsgesetz zum Abkommen v. 2. 12. 1961 v. 10. 5. 1968, BGBl. II S. 428; Text des Abkommens auch bei Schade-Pfanner, Das internationale Abkommen zum Schutz von Pflanzenzüchtungen, GRUR Int. 1962, 341, mit Kommentar, auch im Sonderdruck erschienen; dieselben in GRUR Int. 1961, 1; auch Wuesthoff, GRUR 1962, 334).

13 Aus dem Ausschluß der in § 1 Abs. 2 Nr. 2 PatG genannten Pflanzenzüchtungen und -züchtungsverfahren vom Patentschutz ergeben sich Konsequenzen für das Arbeitnehmererfinderrecht. Soweit Tier- und Pflanzenzüchtungen patentfähig sind (Gebrauchsmusterschutz scheidet hier zwar nicht grundsätzlich, aber aus praktischen Erwägungen fast ausnahmslos aus), gilt das ArbEG. Pflanzenzüchtungen und -züchtungsverfahren, die nach § 1 Abs. 2 Nr. 2 PatG n. F. vom Patentschutz ausgeschlossen sind, werden auch vom ArbEG nicht mehr erfaßt. Geschützte Sorten erfüllen aber in der Regel die Voraussetzungen des qualifizierten Verbesserungsvorschlags nach § 20 und sind danach vergütungspflichtig (Einzelheiten bei § 20 Anm. 8; wie hier Schultz-Süchting, GRUR 1973, 293, 294).

§ 3
Technische Verbesserungsvorschläge

Technische Verbesserungsvorschläge im Sinne dieses Gesetzes sind Vorschläge für sonstige technische Neuerungen, die nicht patent- oder gebrauchsmusterfähig sind.

Übersicht

	Anm.		Anm.
I. Begriff — Geschichtliche Entwicklung	1, 2	III. Rechtserwerb — Mitteilungspflicht	6—8
II. Abgrenzungen	3—5	a) Rechtserwerb	6
a) gegen Erfindungen	3, 4	b) Mitteilungspflicht	7, 8
b) gegen andere Verbesserungsvorschläge	5	IV. Einzelregelungen im Gesetz	9

1   I. Begriff — Geschichtliche Entwicklung

Neben Erfindungen, die zu einem Patent oder Gebrauchsmuster führen können, gibt es in den Betrieben sonstige technische Neuerungen, die entweder aus formalen Gründen, z. B. weil sie ausdrücklich vom Patentschutz ausgeschlossen sind (§ 1 Abs. 2 Nr. 2 PatG), weil es kein Gebrauchsmuster für Verfahren gibt, oder im Hinblick auf den Neu-

§ 3 Technische Verbesserungsvorschläge

heitsbegriff nicht zu einem Schutzrecht führen können, aber dem Betrieb Nutzen bringen, sei es durch Verbilligung von Arbeitsmethoden, sei es durch die Möglichkeit einer Geheimhaltung nach außen, auch wenn die Neuerung durch einen in Vergessenheit geratenen Stand der Technik vom Schutzrecht objektiv ausgeschlossen wird, sei es auf andere Weise. Derartige Vorschläge beziehen sich immer auf Einrichtungen, Erzeugnisse oder Verfahren in Betrieben des Arbeitgebers, die zu verbessern sie bestimmt sind. Ob eine technische Neuerung einen „Verbesserungs"-Vorschlag enthält, kann deshalb nur in bezug auf ein bestimmtes Arbeitsverhältnis festgestellt werden. Entwickelt ein Schreinergehilfe eine nicht schutzfähige Methode zur Reinigung von Uhren, die in der Schreinerei nicht zu verwerten ist, so stellt diese Neuerung im Verhältnis zu seinem Arbeitgeber keinen Verbesserungsvorschlag dar; würde dieselbe Methode von einem Uhrmachergehilfen gefunden, wäre sie Verbesserungsvorschlag. Wegen dieser Beziehung auf das Arbeitsverhältnis ist die vorgeschlagene Verbesserung auch stets am innerbetrieblichen Stand der Technik im Betrieb des Arbeitgebers zu messen. Was in einem Betrieb mit niedrigem inneren Stand der Technik eine Verbesserung darstellt, braucht das für einen Betrieb mit höherem inneren Stand der Technik nicht zu sein. Es gibt also im Gegensatz zur Erfindung keinen vom Arbeitsverhältnis unabhängigen und insoweit objektiven Begriff des Verbesserungsvorschlages, was vor allem festgehalten werden muß, wenn man sich mit den Versuchen einer Einteilung der Verbesserungsvorschläge in „freie" und „dienstliche" auseinandersetzt (s. unten Anm. 7; ebenso Schultz-Süchting, Der technische Verbesserungsvorschlag im System des ArbEG, GRUR 1973, 295).

Verbesserungsvorschläge werden schon lange im Rahmen des sogenannten betrieblichen Vorschlagswesens erfaßt und z. T. belohnt. Wegen des Zusammenhangs mit anderen Verbesserungsvorschlägen, z. B. organisatorischer, werbemäßiger oder kaufmännischer Natur hat man geschwankt, ob man nur die technischen Vorschläge herausnehmen und besonders regeln solle. § 5 Abs. 6 DVO bestimmte lediglich, daß für sie eine Belohnung gewährt werden könne. Der Regierungsentwurf 1952 hatte die technischen Verbesserungsvorschläge in das Gesetz einbezogen. Der Entwurf 1955 hatte darauf verzichtet und die Frage der Regelung durch Tarifvertrag oder Betriebsvereinbarung überlassen. Der Bundestagsausschuß hat die in den §§ 3 und 20 enthaltene Regelung vorgeschlagen. Wegen der grundsätzlichen Fragen siehe die Amtl. Begründung unten S. 598, den Ausschußbericht unten S. 638, 2. Aufl. S. 213 f. und Einleitung S. 93. 2

II. Abgrenzungen

a) **Abgrenzung gegen Erfindung** 3

Erfindungen im Sinne des Gesetzes sind nur solche, die patent- oder gebrauchsmusterfähig sind (§ 2). Wie sich aus dem Wort „sonstige" in § 3 ergibt, ordnet sie der Gesetzgeber zusammen mit den technischen Verbesserungsvorschlägen unter den Oberbegriff „technische Neuerungen" ein. Technische Verbesserungsvorschläge sind also im Vergleich zu Erfindungen i. S. des Gesetzes kein aliud. Der Unterschied liegt nicht im Wesen der Neuerung, sondern in den Maßstäben, nach denen die Neuerung als solche bewertet wird. Bei der Erfindung wird dieser Maßstab aus dem objektiven Stand der Technik gewonnen. Bei technischen Verbesserungsvorschlägen ist Maßstab der innerbetriebliche Stand der Technik, denn der Verbesserungsvorschlag ist, wie schon oben in Anm. 1 ausgeführt, ausschließlich auf das Verhältnis Arbeitgeber — Arbeitnehmer bezogen; so auch Schultze-Süchting, a.a.O., S. 293 ff.; vgl. BGH v. 26. 9. 1968 — Räumzange, GRUR 1969, 341; in Einzelheiten abweichend Kumm, Systematische Kennzeichnung der schutzfähigen und der nicht schutzfähigen Erfindungen, GRUR 1967, 621 ff., der auch an den Begriff Verbesserungsvorschlag objektive, betriebsunabhängige Maßstäbe anlegen will, dabei aber zu arbeitsrechtlich nicht vertretbaren Ergebnissen gelangt, wenn er z. B. annimmt, für Verbesserungsvorschläge würden Leistungen ausreichen, die unter dem Durchschnitt der allgemeinen Leistungsforderungen liegen (s. auch die Kritik von Schultze-Süchting, a.a.O. S. 294, 295). Aus der Praxis der Schiedsstelle vgl. Schade, ArbEG und betriebliches Vorschlagswesen, VDIZ 1961, 50.

4 Ist es, wie anfangs häufig, ungewiß, ob eine Neuerung patent- oder gebrauchsmusterfähig ist oder nur einen technischen Verbesserungsvorschlag darstellt, so hat der Arbeitnehmer dem Arbeitgeber auf alle Fälle von der Neuerung Kenntnis zu geben, d. h. sie entweder als Diensterfindung zu melden oder als freie Erfindung oder als Verbesserungsvorschlag mitzuteilen; wegen der Mitteilungspflicht s. im einzelnen unten Anm. 7, 8. Für den Arbeitgeber empfiehlt es sich, zur Vermeidung jeder Gefahr eines Rechtsverlustes (§ 8 Abs. 1 Nr. 3) in allen Zweifelsfällen förmlich in Anspruch zu nehmen (Schiedsstelle EV v. 28. 3./12. 8. 1966, Bl. 1967, 131 = GRUR 187, 291, mit Anm. Schippel; vgl. oben Anm. 6 zu § 2). Erst danach kann es im Einzelfall zweckmäßig sein zu versuchen, mit dem Arbeitnehmer zu einer Einigung über die Schutzfähigkeit und damit über die weitere Behandlung des Falles zu gelangen; s. auch dazu Schade, VDIZ 1961, 53, und wegen der Frage der Schutzrechtsanmeldung Anm. 5 zu § 13. Die Inanspruchnahmefrist beginnt auch in solchen Fällen nur zu laufen, wenn eine ordnungsgemäße Erfindungsmeldung vorliegt. Es wird allerdings angenommen, daß der Arbeitgeber in Zweifelsfällen, in denen er das Vorliegen einer Erfindung bejahen möchte, aus seiner Fürsorgepflicht heraus gehalten sei, den Arbeitnehmer zu veranlassen, eine den Erfordernissen des Gesetzes entsprechende Erfindungsmeldung abzugeben (Gaul, NJW 1961, 1514, vgl. auch May, BB 1960, 629 und Volmer, BB 1960, 1332). — Hält der Arbeitgeber eine gemeldete Diensterfindung nur für einen technischen Verbesserungsvorschlag oder einigen sich die Parteien ohne eine Inanspruchnahme (aber nach einer ordnungsgemäßen Meldung § 22) dahin, daß sie den Zweifelsfall wie einen Verbesserungsvorschlag behandeln

§ 3 Technische Verbesserungsvorschläge

wollen, stellt die Neuerung aber objektiv eine Diensterfindung dar, so entsteht die Frage, ob nach Ablauf der Inanspruchnahmefrist die Neuerung wegen § 8 Abs. 1 Nr. 3 zur freien Verfügung des Arbeitnehmers steht. Daß es bei der Lösung der Frage darauf ankäme, ob der Arbeitnehmer von den Bedenken des Arbeitgebers gegen die Schutzfähigkeit überzeugt gewesen sei (so Gaul, NJW 1961, 1515), ist nicht ersichtlich. Es kann auch May nicht zugestimmt werden, der in BB 1960, 629, glaubt annehmen zu dürfen, der Arbeitgeber könne sich in solchen Fällen darauf berufen, er habe die Erfindungsmeldung als Mitteilung eines Verbesserungsvorschlags gewertet, in der „Nichtannahme" des Vorschlags könne aber noch nicht die Freigabe des Gegenstands als Diensterfindung gesehen werden (hierzu auch kritisch Volmer, BB 1960, 1332). Sieht der Arbeitgeber eine objektiv richtig als Diensterfindung gemeldete Neuerung irrig als technischen Verbesserungsvorschlag an, so geht dieser Irrtum zu seinen Lasten; die Erfindung wird nach § 8 Abs. 1 Nr. 3 frei, denn diese Rechtsfolge tritt unabhängig davon ein, welche Auffassung der Arbeitgeber von der Rechtsnatur der ihm als Erfindung gemeldeten Neuerung hatte (vgl. auch Anm. 15 zu § 8). Haben sich die Parteien dagegen irrigerweise auf die Behandlung der Diensterfindung als Verbesserungsvorschlag nach der Meldung g e e i n i g t (die bloße Überzeugung des Arbeitnehmers von der Richtigkeit der Bedenken des Arbeitgebers genügt nicht), so sind sie an diese Vereinbarung auch nach der Aufdeckung des Irrtums gebunden. Einer Berufung des Arbeitnehmers auf § Abs. 1 Nr. 3 stünde insoweit der Einwand des venire contra factum proprium entgegen, wenn man nicht schon die Vereinbarung als stillschweigende Übertragung aller Rechte auf den Arbeitgeber ansehen will (es ist zweckmäßig, in derartige Vereinbarungen eine solche Übertragung für den Fall des Irrtums über die Rechtsnatur der Neuerung ausdrücklich aufzunehmen). Das schließt allerdings nicht aus, daß der Arbeitnehmer nunmehr die vergütungsrechtliche Behandlung als Diensterfinder und die Schutzrechtsanmeldung verlangen kann, es sei denn, daß er nach § 13 Abs. 2 Nr. 2 der Nichtanmeldung zustimmt (was keine vergütungsrechtlichen Folgen hat!).

b) Abgrenzung gegen andere Verbesserungsvorschläge 5

Da das Gesetz sich mit technischen Erfindungen befaßt, behandelt es nur die technischen Verbesserungsvorschläge aus dem Kreis der in Anm. 1 erwähnten Vorschläge. Den Begriff des Technischen muß man aus der Rechtsprechung zum Patent- und Gebrauchsmustergesetz entnehmen. Man hat gesagt, daß die Erfindung mit Mitteln der Naturkräfte arbeiten muß, um einen Erfolg zu erzielen, der dem dadurch beschriebenen Gebiet menschlichen Wirkens angehört (RG v. 21. 1. 1933, GRUR 1933, 289 = Bl. 1933, 80, vgl. auch BGH v. 21. 3. 1958, DB 1958, 541 = MDR 1958, 483; v. 27. 3. 1969 — Rote Taube, GRUR 1969, 672), hat dafür die Arbeit nach den Lehren der Physik und Chemie, neuerdings auch der Biologie, genannt und grenzt ab gegen die „Anweisung an den menschlichen Geist", gegen rein wissenschaftliche Erkenntnisse,

Erläuterungen

ästhetische Neuerungen und wirtschaftlich-kaufmännische Lehren. Keine technischen Verbesserungsvorschläge sind z. B. Vorschläge für die Automatisierung als solche (Schiedsstelle nach Schade, VDIZ 1961, 51), für Rationalisierung, Organisation; auch nicht bloße Auswahl unter mehreren bekannten Stoffen (EV v. 6. 8. 1968, Gaul-Bartenbach, EGR-ArbNErfG § 3 Nr. 1), s. auch Hubmann in Beiträge zum Handels-, Arbeits- und Wirtschaftsrecht, Festschrift für Alfred Hueck, 1959, S. 50. Zum Begriff des Technischen auch Kumm, a.a.O. GRUR 1967, 621. Auch Geschmacksmuster gehören nicht in den Kreis der technischen Verbesserungen (EV v. 12. 12. 1966, Bl. 1967, 159, Leitsatz mit Anm. Schippel in GRUR 1968, 195; ebenso der nicht veröffentlichte EV v. 13. 7. 1972 — ArbErf. 48/71). — Im einzelnen vgl. hierzu die Kommentare zum Patentgesetz § 1, und zum Gebrauchsmustergesetz, § 1.

III. Rechtserwerb — Mitteilungspflicht

6   a) Rechtserwerb

Der technische Verbesserungsvorschlag kann vom Arbeitgeber ohne weiteres ausgewertet werden. Es ist nicht ersichtlich, inwiefern er irgendein absolutes Recht, etwa ein Persönlichkeitsrecht oder ein immaterielles Güterrecht oder eine Art geistiges Eigentum darstellen sollte. Er gebührt vielmehr dem Arbeitgeber als Arbeitsergebnis unmittelbar, ohne daß irgendeine Übertragung oder ein Übergang stattzufinden brauchte. Das unterscheidet die nichtschutzfähige Neuerung von der Erfindung, die als Persönlichkeitsrecht in der Person des Erfinders entsteht, selbst wenn dieser als Arbeitnehmer erfindet, vgl. Anm. 2 zu § 6. Von einem Überschneiden erfinderrechtlicher und arbeitsrechtlicher Zielsetzung kann daher beim Verbesserungsvorschlag nicht gesprochen werden. Deshalb ist hier auch eine dem System von Meldung und Inanspruchnahme entsprechende Regelung nicht sinnvoll und in § 20 nicht übernommen (so auch BGH v. 9. 1. 1964, GRUR 1964, 449 — Drehstromwicklung).

7   b) Mitteilung technischer Verbesserungsvorschläge

Das ArbEG sieht für technische Verbesserungsvorschläge keine Melde- oder Mitteilungspflicht vor; § 5 kann auf diese Art technischer Neuerungen auch nicht entsprechend angewendet werden (BGH v. 9. 1. 1964, GRUR 1964, 449 — Drehstromwicklung). Dennoch kann der Arbeitnehmer nicht nach eigenem Ermessen darüber bestimmen, ob er einen von ihm entwickelten technischen Verbesserungsvorschlag dem Arbeitgeber mitteilen will oder nicht. Es besteht Einigkeit, daß die Frage nach einer Mitteilungspflicht technischer Verbesserungsvorschläge vom Arbeitsrecht her zu beantworten ist. Rechtsgrundlagen sind ausdrückliche Vereinbarungen im Arbeitsvertrag, die Arbeitspflicht und die Treuepflicht des Arbeitnehmers gegenüber dem Arbeitgeber. Der von diesen Grundlagen her zu bestimmende Umfang der Mitteilungspflicht wird in der Lite-

§ 3 Technische Verbesserungsvorschläge

ratur allerdings unterschiedlich bemessen. Nach Heine-Rebitzki (ArbEG, Anm. 2 zu § 25), Hubmann (Festschrift für Hueck, a.a.O., S. 49 Anm. 22), May (BB 1960, 628) und der hier vertretenen Auffassung ersteckt sich die Pflicht auf alle technischen Verbesserungsvorschläge eines Arbeitnehmers (ebenso, wenn auch ohne nähere Begründung Bernhardt, Lehrbuch 2. Aufl., S. 92). Demgegenüber unterscheidet Volmer (Anm. 7 und 31 ff. zu § 25 sowie in BB 1960, 1334) zwischen „dienstlichen" und „freien" Verbesserungsvorschlägen, je nachdem, ob sie in Erfüllung von Verpflichtungen aus dem Arbeitsverhältnis gemacht wurden bzw. aus dem Arbeits- und Pflichtenkreis des Arbeitnehmers im Betrieb stammen oder ob sie in keinem Zusammenhang mit der Arbeit im Betrieb stehen. Die Mitteilungspflicht bejaht Volmer nur für die „dienstlichen" Verbesserungsvorschläge (vgl. auch A. W. Schmidt in „Der Arbeitgeber" 1953, 623, der, soweit ersichtlich, als erster derartige Unterschiede gemacht hat). Ähnlicher Auffassung ist Halbach, der die Mitteilungspflicht für technische Verbesserungsvorschläge zunächst generell abgelehnt hatte (ArbEG, Anm. 1 zu § 5), sie aber dann (Recht und Arbeit 1960, 371) für einen § 4 ArbEG entsprechenden Kreis von Vorschlägen und für solche Vorschläge bejahte, die in den vorhandenen oder vorbereiteten Arbeitsbereich des Arbeitgebers fallen, wenn der Arbeitnehmer im letzteren Fall den Vorschlag entweder einem Konkurrenten des Arbeitgebers zur Verwertung während der Dauer seines Arbeitsverhältnisses anbieten oder ihn während dieser Zeit selbst in einer Weise verwerten will, die eine Konkurrenz für den Arbeitgeber darstellen würde. Röpke (Arbeitsverhältnis und Arbeitnehmererfindung, S. 137 und in DB 1962, 369 ff.) gliedert sogar in drei Gruppen: „dienstliche" (entsprechend § 4 Abs 2 Nr. 1), „gebundene" (entsprechend § 4 Abs. 2 Nr. 2) und „freie"; eine Mitteilungspflicht bejaht er nur für „dienstliche" Vorschläge. „Gebundene" seien vor jeder anderweitigen Verwertung dem Arbeitgeber mitzuteilen. „Freie" Verbesserungsvorschläge seien nicht mitteilungspflichtig. Ihre Mitteilung an einen Konkurrenten des des Arbeitgebers könne aber u. U. einen Kündigungsgrund bedeuten. —

Die dargestellten Versuche „dienstliche" von „freien" oder gar noch von „gebundenen" Verbesserungsvorschlägen zu unterscheiden, gehen von einem Begriff des Verbesserungsvorschlags aus, der sich mit dem hier gegebenen (oben Anm. 1) nicht deckt (so auch Mönig, Der technische Verbesserungsvorschlag i. S. des § 20 ArbEG, GRUR 1972, 518). Sie beachten nicht, daß der Verbesserungsvorschlag schon begrifflich eine Verbindung zu Einrichtungen, Verfahren oder Erzeugnissen des Betriebs des Arbeitgebers voraussetzt, die zu verbessern vorgeschlagen wird. Sie gehen von der hier abgelehnten Prämisse aus, daß es ebenso wie bei der Erfindung einen vom Arbeitsverhältnis unabhängigen Begriff des Verbesserungsvorschlags gäbe. Faßt man den Begriff so auf, wie hier geschehen, dann bedarf es in Übereinstimmung mit den zitierten Autoren keiner weiteren Unterscheidung. Die Mitteilungspflicht folgt dann aus der Arbeitspflicht, soweit die Verbesserung im Zusammenhang mit

8

Erläuterungen

der vom Arbeitnehmer geschuldeten Arbeit entstanden ist, denn die Ergebnisse dieser Arbeit, auch wenn sie nur „Nebenprodukte" und nicht Ziel der Arbeitsleistung sind, hat der Arbeitnehmer dem Arbeitgeber mitzuteilen. Sie folgt aus der Treuepflicht, wenn dieser Zusammenhang nicht besteht; denn der Arbeitnehmer ist in jedem Fall gehalten, die Interessen und das Wohl des Arbeitgebers und des Betriebs nach besten Kräften wahrzunehmen, also auch außerhalb seiner eigentlichen Arbeit liegende Verbesserungen des Betriebsgeschehens mitzuteilen. Steht die gefundene Neuerung ohne jeden Zusammenhang mit dem Betriebsgeschehen, so liegt kein Verbesserungsvorschlag vor — was sollte er dem Arbeitgeber verbessern helfen?

9   IV. Einzelregelungen im Gesetz

In § 3 ist nur der Begriff des technischen Verbesserungsvorschlags in das Gesetz eingeführt. Vorschriften über die sich bei solchen Vorschlägen ergebenden rechtlichen Verhältnisse und Folgen finden sich vereinzelt in späteren Bestimmungen. So gibt § 20 Abs. 1 eine besondere Regelung für technische Verbesserungsvorschläge, die eine ähnliche Vorzugsstellung gewähren wie ein gewerbliches Schutzrecht. Diese Vorschrift bezieht sich aber nur auf die Vergütung. Nach Abs. 2 bleibt im übrigen die Behandlung derartiger Vorschläge der Regelung durch Tarifvertrag oder Betriebsvereinbarung überlassen.

Aus den anwendbaren gemeinsamen Bestimmungen seien genannt die Unabdingbarkeit nach § 22, die Unbilligkeitsregelung des § 23, die Konkursvorschrift des § 27; wegen der Geheimhaltungspflicht s. Anm. 11, 12 zu § 24. Anwendbar sind auch die Vorschriften über die Schiedsstelle in den §§ 28 bis 36. Wegen der Zuständigkeit der Gerichte vgl. § 39.

§ 4
Diensterfindungen und freie Erfindungen

(1) Erfindungen von Arbeitnehmern im Sinne dieses Gesetzes können gebundene oder freie Erfindungen sein.

(2) Gebundene Erfindungen (Diensterfindungen) sind während der Dauer des Arbeitsverhältnisses gemachte Erfindungen, die entweder

1. aus der dem Arbeitnehmer im Betrieb oder in der öffentlichen Verwaltung obliegenden Tätigkeit entstanden sind oder

2. maßgeblich auf Erfahrungen oder Arbeiten des Betriebs oder der öffentlichen Verwaltung beruhen.

(3) Sonstige Erfindungen von Arbeitnehmern sind freie Erfindungen. Sie unterliegen jedoch den Beschränkungen der §§ 18 und 19.

(4) Die Absätze 1 bis 3 gelten entsprechend für Erfindungen von Beamten und Soldaten.

§ 4 Diensterfindungen und freie Erfindungen

Übersicht

	Anm.		Anm.
I. Allgemeines		aa) Obliegende Tätigkeit	8, 9, 10
a) Geschichtliche Entwicklung	1	bb) Erfahrungserfindung	11, 12
b) Aufbau der Bestimmungen des § 4	2	cc) Maßgeblich beruhen	13
II. Diensterfindung		dd) Frühere Anregungserfindung	14
a) Abgrenzungsmöglichkeiten	3	ee) Arbeitsbereich und Verwendung von Betriebsmitteln	15
b) Abgrenzungsprinzip des Gesetzes	4	e) Zeitraum	16 bis 20
c) Begriff Auftragserfindungen	5	f) Im voraus und abweichend getroffene Vereinbarungen	21
Erfahrungserfindungen	6	**III. Freie Erfindung**	22
Anregungserfindungen	7	**IV. Betriebserfindung**	23 bis 27
d) Einzelmerkmale			

I. Allgemeines

a) Geschichtliche Entwicklung 1

Die Entwicklung der modernen Technik hat es mit sich gebracht, daß die Mehrzahl aller Erfindungen in Betrieben gemacht wird. Man schätzt, daß etwa 80 bis 90 Prozent aller Patentanmeldungen nicht von Einzelerfindern sondern von Industrieunternehmungen angemeldet werden. Man mußte sich je länger desto mehr mit der Frage auseinandersetzen, wer in solchen Fällen anmelden darf und wie sich die Rechtslage hinsichtlich der Erfindung gestaltet. In Deutschland wurden zunächst in den einzelnen Arbeitsverträgen Vereinbarungen, sog. Erfinderklauseln aufgenommen; nach dem Ersten Weltkrieg fanden sie Eingang in Tarifverträge. Vieles blieb jedoch ungeregelt. Die deutsche Rechtsprechung arbeitete drei Begriffe heraus und unterschied die Betriebserfindung, die Diensterfindung und die freie Erfindung. Die Einführung des Erfinderprinzips durch das Patentgesetz vom 5. Mai 1936 änderte die Rechtslage insofern, als dadurch eindeutig festgelegt wurde, daß die Erfindung in der Person des Erfinders entsteht und daß sie in irgendeiner Form auf den Arbeitgeber übergehen mußte, wenn diesem die Rechte auf Anmeldung eines Schutzrechts usw. zustehen sollten. Die lange Zeit schwebenden Vorarbeiten einer gesetzlichen Regelung führten dann zu der VO vom 12. 7. 1942 (RGBl. I S. 466) und der DVO v. 20. 3. 1943 (RGBl. I S. 257), die im wesentlichen in ihren sachlich-rechtlichen Bestimmungen bis zum Inkrafttreten des vorliegenden Gesetzes galten. Näheres s. Amtl. Begr. unten S. 558 und Einleitung S. 80. Zum Begriff der Betriebserfindung s. Anm. 23 bis 27.

b) Aufbau der Bestimmungen des § 4 2

Abs. 1 unterteilt die Erfindungen von Arbeitnehmern in zwei Gruppen, die gebundenen Erfindungen, für die das Gesetz die in der Praxis bereits gebräuchliche Bezeichnung „Diensterfindung" einführt, und die

Erläuterungen

freien Erfindungen. Immer handelt es sich dabei um patent- oder gebrauchsmusterfähige Erfindungen (§ 2). Da nur Erfindungen von Arbeitnehmern behandelt werden, befaßt sich das Gesetz nicht mit den sog. Betriebserfindungen, überläßt die Frage, ob es diese noch gibt, vielmehr der Rechtsprechung. S. Anm. 23 bis 27.

Abs. 2 bringt im wesentlichen eine Begriffsbestimmung der Diensterfindung.

Abs. 3 erwähnt die freien Erfindungen als die nach Ausscheiden der Diensterfindungen übrigbleibenden „sonstigen" Erfindungen von Arbeitnehmern und gibt nur einen Hinweis auf Beschränkungen, denen auch sie unterliegen.

Abs. 4 bestimmt, daß die für Arbeitnehmer — das sind sowohl solche im privaten wie im öffentlichen Dienst, wie aus den Worten „öffentliche Verwaltung" in beiden Unterfällen hervorgeht — gegebenen Bestimmungen entsprechend auch für Erfindungen von Beamten und Soldaten gelten.

II. Diensterfindung

3   a) Abgrenzungsmöglichkeiten

Allgemein anerkannt ist von jeher der Grundsatz, daß Erfindungen, die im ausdrücklichen oder stillschweigenden Auftrag des Arbeitgebers gemacht werden („Auftragserfindungen"), diesem zur alleinigen Ausnützung überlassen werden müssen. Genauer müßte man eigentlich davon sprechen, daß diese Erfindungen in unmittelbarem Zusammenhang mit einer vom Arbeitgeber gestellten technischen Aufgabe stehen. Man war auch immer darüber einig, daß darüber hinaus gewisse weitere Arbeitnehmererfindungen dem Arbeitgeber gebühren. Entweder sah man als ausschlaggebend an, daß eine solche Erfindung im Betrieb verwertbar und geeignet ist, seine Zwecke zu fördern. Diese Auffassung hatte z. B. ihren Niederschlag in dem Reichstarifvertrag für die akademisch gebildeten Angestellten der chemischen Industrie vom 27. 4. 1920 gefunden, nach dessen § 9 II B eine Diensterfindung vorlag, „wenn a) die erfinderische Tätigkeit zu den dienstlichen Obliegenheiten des Angestellten gehört oder b) die Verwertung dieser Erfindung in den Rahmen der wirtschaftlichen Betätigung des Unternehmens fällt".

Oder man stellte darauf ab, daß die Erfindung in dem Betrieb entstanden ist, ohne daß darauf geachtet wurde, ob sie in diesem verwertet werden konnte, und daß sie außerdem nicht allein auf eine Leistung des Arbeitnehmers zurückging. Hier muß der Betrieb „positiv bei der erfinderischen Arbeit mitgewirkt" haben (so Volmer Anm. 3 zu § 4), wobei es zunächst offen bleiben kann, welcher Art dieser „Anteil des Betriebs an dem Zustandekommen der Diensterfindung" ist (so § 9 Abs. 2).

§ 4 Diensterfindungen und freie Erfindungen

b) Abgrenzungsprinzip des Gesetzes   4

Schon die Lösung des § 4 Abs. 1 DVO hatte die Anknüpfung an die Verwertbarkeit im Unternehmen aufgegeben und neben den aus dienstlichen Obliegenheiten hervorgegangenen Erfindungen solche genannt, die „maßgeblich auf betrieblichen Erfahrungen, Vorarbeiten oder sonstigen betrieblichen Anregungen" beruhen. Diesen Weg ist auch der Gesetzgeber gegangen; vgl. die Amtl. Begründung (unten S. 468). Die Verwertbarkeit im Betrieb spielt jedoch bei der Anbietungspflicht freier Erfindungen nach § 19 Abs. 1 eine gewisse Rolle. Es mag schon hier darauf hingewiesen werden, daß Entscheidungen auf Grund des Rechtszustandes vor 1943 für den Begriff der Diensterfindung wegen der Änderung der Gesetzeslage nur mit Vorsicht verwendet werden können. Für die frühere Rechtslage vgl. 2. Aufl. S. 2 und 21; ferner Müller-Pohle GRUR 1950, 172.

c) Begriff   5

Nachdem für den Begriff die Verwertung oder Verwendung der Erfindung im Betrieb als Merkmal ausgeschieden ist, wie in Anm. 4 dargelegt wurde, stehen drei Gruppen von Erfindungen zur Erörterung, deren einzelne Merkmale weiter unten erörtert werden. Einmal spricht man von „Auftragserfindungen" oder „Obliegenheitserfindungen", die aus der dem Arbeitnehmer im Betrieb obliegenden Tätigkeit entstanden sind, sei es, daß ihm eine spezielle Aufgabe gestellt wurde, sei es, daß er auf einem ihm zugewiesenen Fachgebiet Entwicklungsarbeiten zu erledigen hatte. Daß die Auftragserfindungen zu den Diensterfindungen gehören, geht aus dem der Gesamtregelung zugrunde liegenden Prinzip hervor, daß die Erfindung im Betrieb entstanden ist und dieser einen Anteil daran hat. Im übrigen ist dieser Grundsatz von jeher anerkannt worden und hat kaum zu Streit geführt.

Die zweite Gruppe bilden die „Erfahrungserfindungen", also   6
solche, die „maßgeblich auf Erfahrungen oder Arbeiten des Betriebs" beruhen. Hierzu gehören nicht nur die vom Erfinder selbst gesammelten, sondern auch die im Betrieb vorliegenden und ihm zugänglichen Erfahrungen und Arbeiten früherer Arbeitnehmer und von Mitarbeitern.

Die dritte Gruppe sind die „Anregungserfindungen". Sie   7
waren in § 4 DVO als die auf „sonstigen betrieblichen Anregungen" beruhenden Erfindungen angeführt. Derartige Anregungen sind z. B. durch die reine Anschauung von Maschinen oder von Fertigungsvorgängen im Betrieb gegeben, ohne daß der Erfinder auf diesem Gebiet selbst arbeitet oder ihm betriebliche Erfahrungen oder Arbeiten zur Verfügung stehen. Der Gesetzgeber hat die allgemein als zu farblos betrachteten Anregungserfindungen nicht in den Kreis der Diensterfindungen einbezogen, auch weil er den Anteil des Betriebs, der das Hauptprinzip der Abgrenzung darstellt, für zu gering hält. Der Tatsache, daß auch Anregungserfindungen für den Betrieb von Interesse

Erläuterungen

sein können, trägt er durch die Regelung des § 19 Rechnung, daß freie Erfindungen dem Arbeitgeber in solchen Fällen anzubieten sind. Vgl. Amtl. Begr. unten S. 570.

8   **d) Einzelmerkmale**

aa) Obliegende Tätigkeit (Abs. 2 Nr. 1)

Aus der dem Arbeitnehmer im Betrieb obliegenden Tätigkeit sind die Erfindungen erwachsen, die er im Verfolg einer ihm gestellten Aufgabe macht. Eine solche Aufgabe kann im engeren oder weiteren Sinn vorliegen.

Wie sich aus Nr. 31 der Richtlinien 1959 ergibt, kann die Aufgabe unter unmittelbarer Angabe des beschrittenen Lösungswegs oder ohne dessen Angabe gestellt worden sein. Sie kann sich auch aus dem allgemeinen Entwicklungsauftrag ergeben, der einem Forschungsingenieur oder Laboratoriumschemiker mehr oder minder allgemein gestellt wird. Zwischen diesen Möglichkeiten sind viele Übergänge denkbar. Man spricht hier von „Auftragserfindungen" im engeren Sinn.

Der Begriff der obliegenden Tätigkeit geht aber weiter. Entscheidend ist der dem Arbeitnehmer im Betrieb zugewiesene Arbeits- und Pflichtenkreis. Zustimmend BGH v. 14. 7. 1966 I a ZR 58/64 (nicht veröffentlicht). Wie bisher wird man bei Arbeitnehmern, die z. B. in der Konstruktionsabteilung, in einer Entwicklungsabteilung, einem Laboratorium oder einer Versuchsstelle leitend oder forschend und entwickelnd tätig sind, annehmen, daß sie auf konstruktive und erfinderische Maßnahmen bedacht sein müssen. So RG v. 17. 10. 1936, GRUR 1937, 41.

9   Daß aber auch dann, wenn die Aufgaben des Arbeitnehmers nicht in erster Linie auf dem technischen Gebiet sondern in der Richtung einer Markterforschung, Absatzplanung und damit zusammenhängenden Arbeiten lagen, bejaht werden kann, daß sie im Pflichtkreis des Arbeitnehmers liegen, hat die Schiedsstelle in dem EV vom 3. 10. 1961 (Bl. 1962, 54) für einen in leitender Stellung tätigen Volkswirt angenommen, weil er sich intensiv unter ständigem Kontakt mit der technischen Leitung in die technischen Entwicklungsarbeiten eingeschaltet hatte. Der Fall zeigt, wie Schippel in der Besprechung GRUR 1962, 359, mit Recht sagt, daß die Frage nicht generell, sondern nur nach genauer Betrachtung aller Umstände des einzelnen Falls zu lösen ist. Das gilt auch für die im Aufsatz von Schade BB 1962, 260, in Abschnitt II erwähnten weiteren Schiedsfälle, in denen es streitig war, ob der Erfinder im Rahmen seiner dienstlichen Obliegenheiten gehandelt hat. Es handelt sich dort um den ausführlich referierten Fall eines jungen Diplomingenieurs und um die Erfindungen von Juristen, dem Leiter der Rechtsabteilung des Betriebs und dem Leiter eines großen Postamts. Ferner sei noch auf den Aufsatz von Schade, GRUR 1965, 643, Abschnitt I, hingewiesen, in dem zusätzlich über die Erfindung eines in die Leitung des Unternehmens berufenen

§ 4 Diensterfindungen und freie Erfindungen

Diplomkaufmanns berichtet wird, die als im Rahmen seines Pflichtenkreises liegend bezeichnet wird.

Man muß annehmen, daß auch Arbeitnehmer in mehr untergeordneten Stellungen grundsätzlich zur Mitarbeit an technischen Verbesserungen im Betrieb verpflichtet sind. Wenn sie im Rahmen des durch Arbeitsvertrag oder Anweisung festgelegten Arbeitsgebiets eine Erfindung machen, so liegt dies innerhalb der ihnen obliegenden Tätigkeit. Vgl. hierzu Nr. 34 RL. Dort wird bei der 7. Gruppe ausgeführt, daß in der Regel die Lösung technischer Aufgaben nicht erwartet wird, während von Personen der 6. Gruppe (z. B. Meistern) erwartet wird, daß sie auf einfache technische Neuerungen bedacht sind.

Wenn das Vorliegen einer Obliegenheitserfindung verneint wird, ist zu prüfen, ob die Erfindung maßgeblich auf Arbeiten und Erfahrungen des Betriebs beruht und damit unter den Tatbestand der Nr. 2 fällt. Das gilt auch in dem vom RG im Urteil vom 14. 10. 1936, GRUR 1936, 1053, behandelten Fall, in dem der Auftrag „lange erledigt" war und die Erfindung aus dem Produktionsbereich des Betriebs herausfiel. Man wird zweifeln können, ob nach der jetzigen Rechtslage der Begründung beigetreten werden kann, mit der das Reichsgericht in den Entscheidungen vom 17. 4. 1907, Bl. 1907, 176, bei einem Werkmeister und vom 5. 2. 1930, RGZ 127, 197 = Bl. 1930, 130, bei einem Oberbahnmeister eine Diensterfindung verneint hat. **10**

Es genügt, wenn sich aus den gesamten Umständen ein stillschweigender Auftrag ergibt; einen solchen hat der BGH im Urteil v. 23. 5. 1952, Bl. 1953, 127 = GRUR 1952, 573 = JZ 1953, 53, angenommen; die Entwicklungsarbeit, bei der die Erfindung gemacht wurde, gehörte zum Aufgabengebiet des Erfinders, er baute aber nicht auf dem innerbetrieblichen Stand der Technik auf, sondern ging einen neuen Weg. Ebenso OLG Hamburg v. 6. 11. 1958, GRUR 1960, 487. Wie groß der Anteil des Betriebs und der des Erfinders an dem Ergebnis sind, spielt für den Begriff der Diensterfindung keine Rolle, ist aber bei der Vergütung zu beachten.

Andererseits hat das LG Düsseldorf mit Recht in dem Urteil v. 28. 7. 1955, Mitt. 1957, 157, verneint, daß die Erfindung in den Arbeits- und Pflichtenkreis des Erfinders fiel, der sich auf das Instandhalten von Stanzwerkzeugen bezog, während er eine prinzipiell anders ausgestaltete Lochstanzmaschine erfunden hatte. Maßgebend ist immer das tatsächliche Arbeitsgebiet, auf dem der Arbeitnehmer im Betrieb tätig ist, nicht seine etwa niedrigere Bezahlung.

bb) *Erfahrungserfindung (Abs. 2 Nr. 2)* **11**

Die Abgrenzung, wie weit das Arbeitsgebiet des Erfinders reicht, kann schwierig sein, wie aus den Erörterungen in Anm. 8 bis 10 hervorgeht. Sie werden entbehrlich, wenn festgestellt werden kann, daß die Erfindung auf Arbeiten und Erfahrungen des Betriebs maßgeblich be-

Erläuterungen

ruht. Die Ausdehnung, die der Begriff der Diensterfindung durch den Tatbestand in Nr. 2 erfährt, ist begründet durch das vom Gesetzgeber gewählte in Anm. 3 erörterte Prinzip, daß der Anteil des Betriebs am Zustandekommen der Erfindung zu berücksichtigen ist. Erfahrungen des Betriebs stellen den innerbetrieblichen Stand des Technik dar, der über dem außerbetrieblichen Stand der Technik, den das Patentamt berücksichtigt, liegen kann (allerdings bei veralteten Einrichtungen auch darunter). Sie können in Vorrichtungen oder Aufzeichnungen, z. B. auch schwebenden Patentanmeldungen, niedergelegt oder im Wissen der vorhandenen Mitarbeiter und der leitenden Personen verkörpert sein.

Dazu gehören nach der vom BGH gebilligten Auffassung des KG auch Erfahrungen und Arbeiten, die der Erfinder selbst bei der Entwicklung einer früheren Erfindung gemacht hat, die aus der ihm obliegenden Tätigkeit entstanden ist. Sie sind solche des Betriebs oder ihnen gleichzustellen, „sie sinken gleichsam in den allgemeinen Erfahrungsschatz und Leistungsstand des Betriebes ein" (KG v. 24. 3. 1966, 5 U 532/62; BGH v. 14. 1. 1966 [siehe auch Anm. 8]).

12 Die Erfahrungen können auch negativer Art sein, z. B. durch Auswertung von Kundenbeanstandungen gewonnen sein. Es genügt nicht, daß sie vorhanden sind, sie müssen dem Arbeitnehmer auch zugänglich sein, z. B. auch durch Erfahrungsaustausch zwischen verschiedenen Abteilungen. Das Wort „Arbeiten", das an die Stelle des bisherigen Wortes „Vorarbeiten" getreten ist, soll nach Wegfall der Anregungserfindung klarstellen, daß alle Arbeiten, nicht etwa nur solche mit bestimmter Zweckrichtung genügen, um den Kreis der Diensterfindungen zu beschreiben (Amtl. Begr. unten S. 570). Erfahrungen, die der Arbeitnehmer von außen mitbringt, sind keine betrieblichen Erfahrungen, können aber im Rahmen der „obliegenden Tätigkeit" liegen und dadurch zur Feststellung einer Diensterfindung führen. Zum Begriff der betrieblichen Erfahrung vgl. das in Anm. 10 genannte Urteil des LG Düsseldorf, Mitt. 1957, 157, in dem ihr Vorliegen verneint wird, weil es sich um einen Kleinbetrieb handelt, der nur kleine Reparaturen ausführte, während der Erfinder eine Maschine konstruiert hatte; ferner EV v. 8. 5. 1972, Bl. 1972, 382.

13 *cc) „Maßgeblich beruhen"*

Nicht alle auf Erfahrungen und Arbeiten des Betriebs beruhenden Erfindungen sind in den Kreis der Diensterfindungen einbezogen. Der Anteil des Betriebs muß vielmehr maßgeblich sein. Ein bloßer ursächlicher Zusammenhang genügt deshalb nicht. Dieser darf nicht zu lose sein. Das Wort maßgeblich bedeutet, daß ein bewertendes Merkmal eingeführt wird. Der Sinn dieser Regelung liegt darin, daß bei außerhalb des Arbeitsgebiets des Arbeitnehmers liegenden Erfindungen die auf private, außerbetriebliche Wurzeln zurückgehende Erfindung frei sein soll, auch wenn der Erfinder ohne seine betriebliche Tätigkeit nicht auf den Gedanken gekommen wäre, sich mit dem Problem zu

§ 4 Diensterfindungen und freie Erfindungen

beschäftigen. Wenn beispielsweise nur die Aufgabenstellung auf betrieblichen Erfahrungen beruht, wird das Maß der erfinderischen Bemühungen für die Abgrenzung ins Gewicht fallen. Die theoretisch schwierige Abgrenzung wird erleichtert dadurch, daß sowieso die Anregungserfindung (Anm. 14) nicht als Merkmal der Diensterfindung aufgenommen ist. Sie verliert auch dadurch an praktischer Bedeutung, daß auch die freie Erfindung in solchen Fällen dem Arbeitgeber mitgeteilt werden muß (§ 18) und daß ihm ein Benutzungsrecht anzubieten ist (§ 19). In der Vergütungsfrage wird eine Annäherung der noch als Diensterfindung aufgefaßten Erfindung an die Bewertung als freie Erfindung stattfinden.

dd) Frühere Anregungserfindung 14

Von der Fassung des § 4 DVO unterscheidet sich die jetzige Definition, abgesehen davon, daß es statt „Vorarbeiten" „Arbeiten" heißt, dadurch, daß die „betrieblichen Anregungen" als Grundlage der Diensterfindung nicht mehr erwähnt werden. Über die Gründe hierfür s. Anm. 7. Wenn die Stellung der Aufgabe durch die Beobachtung betrieblicher Mängel durch Hinweise von Vorgesetzten oder Besprechungen mit Mitarbeitern veranlaßt wird, was Riemenschneider-Barth, S. 114, als Beispiele für Anregungserfindungen nennen, so wird man über den Begriff der Erfahrungserfindung zu einer vernünftigen Lösung kommen können.

ee) Arbeitsbereich und Verwendung von Betriebsmitteln 15

Bedeutungslos für den Begriff der Diensterfindung ist es, ob die Erfindung in den Arbeitsbereich des Betriebs fällt, ob sie für ihn verwertbar ist, da der Gesetzgeber entgegen früheren tarifvertraglichen und ausländischen Regelungen bewußt davon abgesehen hat, diese Merkmale bei der Festlegung des Begriffs zu verwenden, s. Anm. 3. „Weder kann eine Erfindung nur deswegen in Anspruch genommen werden, weil sie für den Betrieb nützlich ist, noch kann andererseits die Inanspruchnahme einer Erfindung, zu der der Betrieb einen wesentlichen Beitrag beigesteuert hat, nur deswegen verweigert werden, weil sie im Betrieb nicht verwertet werden kann" (Amtl. Begr. unten S. 569). Ebenso ist es unerheblich, ob Versuche im Betrieb, etwa unter Verwendung von Modellen, vorgenommen worden sind, wenn die Erfindung nicht auf Erfahrungen und Arbeiten des Betriebes beruht — andererseits, wenn dies zu bejahen ist, aber auch, ob die Erfindung ohne betriebliche Mittel und etwa außerhalb der Arbeitsräume und der Arbeitszeit gemacht worden ist. Wesentlich ist allein, daß der Betrieb einen entscheidenden Anteil, sei es in der Form von Nr. 1 oder von Nr. 2 des Abs. 2, zu dem Zustandekommen der Erfindung beigetragen hat.

e) Zeitraum 16

Die Erfindung muß während der Dauer des Arbeitsverhältnisses gemacht werden. Das ist die Zeitspanne, die mit dem ersten Tage des Arbeitsverhältnisses anfängt und mit dem letzten Tage aufhört. Dabei

Erläuterungen

ist es gleichgültig, ob der Arbeitnehmer die Erfindung in den Dienststunden, innerhalb von Überstunden, in seiner Freizeit, seinem Urlaub, während einer Krankheit, ob er sie in den Arbeitsräumen des Betriebes oder zu Hause, auf Reisen usw. macht. Der BGH bezeichnet es in seinem in Anm. 8 genannten Urteil v. 14. 7. 1966 als ohne Einfluß auf die Beurteilung, „ob der Erfinder seine technischen Gedanken, aus denen schließlich die Erfindung erwachsen ist, auch außerhalb des Betriebes oder der Dienststunden weiter verfolgt hat, wie dies begabte Konstrukteure oft oder gar regelmäßig in der Erkenntnis zu tun pflegen, daß geistige Leistungen sich im allgemeinen nicht an Ort und Zeit binden lassen".

17 In mehreren Fällen (ArbErf 70/70 [unveröffentlicht], und 84/70, Bl. 1973, 29) hat die Schiedsstelle eine Diensterfindung angenommen, wenn sie aufgrund von Besprechungen über die Einstellung des Arbeitnehmers in den Betrieb v o r der tatsächlichen Aufnahme der Tätigkeit entstanden ist; hier ist in der Regel der Anteilsfaktor hoch zu bemessen.

18 In der Regel ist auch eine Beurlaubung am Schluß des Arbeitsverhältnisses als zur Dienstzeit gehörig aufzufassen; vgl. hierzu BGH v. 18. 5. 1971 „Schlußurlaub" (GRUR 1971, 407) mit Besprechung von Schippel.

19 Mit Gaul-Bartenbach, C 154/156 (vgl. auch Gaul in NJW 1961, 1509, 1513) wird man annehmen dürfen, daß auch bei einem rechtlich nichtigen Arbeitsvertrag, den beide Partner durch Arbeitsleistung und Lohnzahlung wie einen wirksamen Vertrag behandeln (sog. faktisches Arbeitsverhältnis), die Erfindung als während der Dauer des Arbeitsverhältnisses gemacht anzusehen ist. Grundsätzlich gilt das auch für eine während eines Streiks gemachte Erfindung, wenn das Arbeitsverhältnis nur als suspendiert, nicht als unterbrochen oder beendet angesehen werden muß. Durch eine Aussperrung wird es allerdings in der Regel beendet. Vgl. wegen der arbeitsrechtlichen Voraussetzungen und der Einzelheiten Gaul-Bartenbach a. a. O.

Im übrigen s. auch Anm. 15 a. E. und weitere Einzelheiten bei den Erörterungen der Meldepflicht, Anm. 8 zu § 5.

20 Weder vor noch nach der Dauer des Arbeitsverhältnisses gemachte Erfindungen sind Diensterfindungen. Bei Erfindungen nach Beendigung des Arbeitsverhältnisses kommt es darauf an, wann die eigentliche Lösung der erfinderischen Aufgabe gefunden worden ist, ob also die Erfindung „fertig" ist, vgl. Anm. 8 und 18 zu § 5. Die Beweislast dafür, daß eine Erfindung während der Dauer des Arbeitsverhältnisses gemacht worden ist, trifft den Arbeitgeber. So RG v. 12. 12. 1941, GRUR 1942, 210; dort sind auch die Anforderungen des „Beweises des ersten Anscheins" erörtert, der der Gegenseite die Möglichkeit offenläßt, einen anderen Hergang darzutun. Wenn der Arbeitnehmer eine Erfindung erst nach dem Ausscheiden aus dem Betrieb zum Schutzrecht anmeldet, ist der Beweis nicht leicht zu führen. Ist der Zeitraum sehr kurz, so kann es u. U. zunächst dem Erfinder obliegen, darzulegen, wann und auf welche

§ 4 Diensterfindungen und freie Erfindungen

Weise er die Erfindung gemacht hat, vgl. BGH v. 16. 11. 1954, GRUR 1955, 286 (290). Das kann aber nur gelten, wenn es sich um einen kurzen Zeitraum handelt, z. B. von drei Wochen, wie in dem vom BGH entschiedenen Fall. Ein Zeitraum von 10 Monaten ist hierfür unter besonderer Berücksichtigung der besonderen Umstände der Entstehung der Erfindung für zu lang erachtet worden (1. BS des DPA v. 27. 6. 1960, Bl. 1960, 314).

Der Bundestagsausschuß hat im Hinblick auf diese „tatsächliche Vermutung" die Streichung einer in der Regierungsvorlage vorgesehenen gesetzlichen Beweisvermutung empfohlen, vgl. Amtl. Begr. unten S. 570, Ausschlußbericht unten S. 641.

Diese Vermutung, daß eine innerhalb von sechs Monaten nach Ausscheiden vom Arbeitnehmer angemeldete Erfindung während des Arbeitsverhältnisses zustandegekommen sei, sollte lediglich die Beweislage des Arbeitgebers erleichtern, aber nicht einen Erfahrungssatz „über die vermutliche Zeitdauer einer Erfindung" wiedergeben (so BGH v. 27. 10. 1961 — I ZR 34/60 — unveröffentlicht).

In der Schiedssache ArbErf 20/67 (unveröffentlicht) ist die Schiedsstelle bei einer eingehenden Untersuchung der Entstehungsgeschichte einer Erfindung, die eine Vorrichtung zum Schließen von Flaschen mit Bügelverschlüssen betraf, zu dem Ergebnis gekommen, daß die Erfindung erst kurz nach Beendigung des Dienstverhältnisses fertig geworden ist. Sie ist deshalb als freie Erfindung angesehen worden (vgl. hierzu Beschluß des BPatG v. 25. 2. 1969, BPatGerE 10, 208). Weitere Einzelheiten, wann eine Erfindung „fertig" ist, s. Anm. 18 zu § 5.

f) Im voraus und abweichend getroffene Vereinbarungen 21

Der Begriff der Diensterfindung kann zuungunsten des Arbeitnehmers vor der Meldung nicht abgedungen werden (§ 22). Das bedeutet, daß es unzulässig ist, etwa allgemein im Arbeitsvertrag einen weiteren Begriff zu vereinbaren, z. B. in der Weise, daß jede im Betrieb verwertbare Erfindung gebunden sein soll oder daß der gesamte Arbeitsbereich des Arbeitgebers als Bereich der dem Arbeitnehmer obliegenden Tätigkeit bezeichnet wird. Es kommt immer auf die Umstände des Einzelfalls an, ob die Voraussetzungen des § 4 festgestellt werden können, also auf das tatsächliche Arbeitsgebiet des Erfinders. Nach Meldung oder Mitteilung einer nach Ansicht des Arbeitnehmers freien Erfindung können jedoch Vereinbarungen getroffen werden, vorbehaltlich der Regelung des § 23.

Im voraus getroffene Regelungen über eine engere Begrenzung des Begriffs sind zulässig, aber nicht gerade wahrscheinlich.

III. Freie Erfindungen 22

Eine Definition für die freie Erfindung eines Arbeitnehmers gibt das Gesetz nicht, sie wird auch durch positive Merkmale kaum möglich sein. Alle Arbeitnehmererfindungen, die nicht Diensterfindungen sind, oder,

Erläuterungen

wie das Gesetz in Abs. 3 sagt, „sonstige Erfindungen von Arbeitnehmern", sind freie Erfindungen.

Eine Sonderregelung für die Erfindungen von Hochschullehrern und Hochschulassistenten, die von ihnen in dieser Eigenschaft gemacht werden, enthält § 42. Näheres, auch über Doktorandenerfindungen, siehe Erläuterungen zu § 42.

Auch bei freien Erfindungen ist aber der Arbeitnehmer nicht genau so gestellt wie der in keinem Arbeitsverhältnis befindliche „freie Erfinder". Aus den in Anm. 3, 7 und 10 gestreiften Gründen ist in § 18 eine Mitteilungspflicht und in § 19 eine Anbietungspflicht des Arbeitnehmers vorgesehen. Einzelheiten über deren Inhalt und Ausgestaltung siehe bei diesen Bestimmungen.

IV. Betriebserfindung

23

Wie bereits in Anm. 2 erwähnt wurde, befaßt sich das Gesetz nicht mit dem vor 1936 in der Rechtsprechung entwickelten Begriff der Betriebserfindung. Wegen der Bedeutung dieses Begriffs für die in Betrieben gemachten Erfindungen, wegen des lebhaften Streites darüber, ob nach Erlaß des Patentgesetzes vom 5. Mai 1936 noch Betriebserfindungen anerkannt werden können, nicht zuletzt auch wegen der bei weniger mit der Begriffswelt des Gesetzes vertrauten Arbeitgebern und Arbeitnehmern möglichen Verwechslungen mit der Diensterfindung soll zu den auftretenden Fragen Stellung genommen werden.

Vor Inkrafttreten des Patentgesetzes von 1936 wurde eine Betriebserfindung als gegeben angesehen, wenn die Erfindung durch allmähliches Zusammenarbeiten mehrerer Arbeitnehmer unter Benutzung der schon bei dem Unternehmen vorhandenen Vorarbeiten und Erfahrungen gemacht wurde, so daß sich eine Scheidung des Anteils der einzelnen und des Unternehmens nicht mehr vornehmen ließ; so RG 5. 2. 1930, RGZ 127, 197 (201) = Bl. 1930, 130; 21. 2. 1931, RGZ 131, 328 (330) = Bl. 1931, 161. Später trat mehr der Gedanke in den Vordergrund, daß der Arbeitserfolg des Angestellten eine erfinderische Leistung sein müsse; was ihm aus den im Betrieb gemachten Erfahrungen und Vorarbeiten mühelos zufalle, könne er sich nicht anrechnen lassen. Danach ist es Wesensmerkmal der Betriebserfindung, daß sie nicht auf das erfinderische Verdienst einzelner Personen zurückgeführt werden kann; das RG hat diese Sätze in Auslegung des nachstehend genannten Chemiker-Tarifvertrags ausgesprochen, Urteil v. 7. 12. 1932, RGZ 139, 88 = GRUR 1933, 226 = Bl. 1933, 95; 22. 12. 1939, RGZ 163, 112 (116) = GRUR 1940, 150 = Bl. 1940, 91.

Ähnlich § 9 II A des Reichstarifvertrages für die akademisch gebildeten Angestellten der chemischen Industrie in der Fassung der letzten (Fünften) Auflage von 1930: „Wenn die Merkmale einer Erfindung durch die Anregungen, Erfahrungen, Vorarbeiten und Hilfsmittel des Betriebs dergestalt gegeben sind, daß die Durchführung über eine handwerks-

§ 4 Diensterfindungen und freie Erfindungen

mäßige Tätigkeit (im patentrechtlichen Sinne einer normalen Berufstätigkeit) nicht hinausgeht, so liegt eine B e t r i e b s e r f i n d u n g vor."

Handelte es sich um eine Betriebserfindung, dann stand keinem der Arbeitnehmer ein Recht an ihr zu, weder ein ideelles noch ein materielles. Die Erfindung gehörte dem Arbeitgeber allein und konnte von ihm nach Belieben ausgenutzt werden. Die Arbeitnehmer hatten weder Geldansprüche noch den Anspruch auf Erfindernennung.

Seit Einführung des Erfinderprinzips durch das Patentgesetz von 1936, besonders nach Erlaß der Erfinderverordnungen 1942/3, ist überwiegend die Ansicht vertreten worden, daß Betriebserfindungen nicht mehr anerkannt werden könnten. Die 2. Auflage verhält sich noch zweifelnd (S.2). **24**

Gegen die Betriebserfindung haben sich schon Klauer-Möhring (1937) Anm. 5 zu § 3 PatG, Lutter, 10. Aufl. Anm. 5 b zu § 3 PatG und Riemschneider-Barth S. 34, ausgesprochen, ferner der Präsident der RPA, Mitt. 1938, 285.

Mit eingehender Begründung hat der 5. BS des DPA die Betriebserfindung abgelehnt (5. 8. 1951, Bl. 1951, 295). Eindeutig hat sich nunmehr auch der BGH in seinem Urteil v. 5. 5. 1966 „Spanplatten" (GRUR 1966, 558) im Zusammenhang mit der Erörterung des Begriffs des Miterfinders gegen die Betriebserfindung ausgesprochen. Ebenso Hueck-Nipperdey I S. 454, Volmer in NJW 1954, 92 und Komm. Anm. 40 zu § 4, Lindenmaier-Lüdecke Anm. 7 zu § 4; Reimer 3. Aufl. Anm. 17 zu § 3; Krausse-Kathlun-Lindenmaier 6. Aufl. Anm. 17 zu § 3; Benkard, 5. Aufl. Rdnr. 5 zu § 3; Busse, 4. Aufl. S. 177; Wunderlich, Die gemeinschaftliche Erfindung, S. 82 ff.; Lüdecke, Erfindungsgemeinschaften, S. 11, 41. Siehe auch die sorgfältige und z. T. gedanklich selbständige masch.-schriftl. Diss. München 1954 von Schwahn, Die Betriebserfindung im deutschen Patentrecht.

Für die Möglichkeit, Betriebserfindungen anzuerkennen, waren noch Tetzner, Anm. 7 bis 10 zu § 3, wohl auch Müller-Pohle, S. 16 und Witte, Die Betriebserfindung, GRUR 1958, 163.

Angesichts dieser Entwicklung der Rechtsprechung und des Wechsels der Auffassungen im Schrifttum bedarf es kaum noch weiterer Ausführungen. Es sei aber hier bereits darauf hingewiesen, daß sich auch der Begriff des Miterfinders gewandelt hat (vgl. hierzu Anm. 23 ff zu § 5). Folgt man der Auffassung, daß der Beitrag des Miterfinders für sich allein keine erfinderische, also keine „schöpferische" Leistung darzustellen braucht, so entfällt die Grundlage für die Annahme einer Betriebserfindung. **25**

Der in einem hohen innerbetrieblichen Stand der Technik liegende Anteil des Betriebs an dem Zustandekommen der Erfindung wird, auch wenn man die Betriebserfindung verneint, bei der Vergütung für die Diensterfindung berücksichtigt. Damit wird dem richtigen Gedanken des **26**

Erläuterungen

Reichsgerichts Rechnung getragen, daß der Arbeitnehmer sich nicht anrechnen kann, was ihm aus den im Betrieb gemachten Vorarbeiten und Erfahrungen mühelos zufällt (RGZ 139, 88). Die Vergütung kann in derartigen Fällen u. U. ganz wegfallen. S. Anm. 54, 55 zu § 9.

27 Die seit 1936 eingetretene Veränderung des allgemeinen Rechtszustandes würde auch praktisch bei einer Anerkennung der Betriebserfindung zu beträchtlicher Unsicherheit führen. Da keine Erfindung eines Arbeitnehmers vorliegen würde, also keine Diensterfindung, würden nicht nur alle Vorschriften des Gesetzes über Inanspruchnahme, Anmeldezwang und Vergütung unanwendbar sein, sondern auch die Vorschriften über die Meldung einer Erfindung. Man müßte die Meldepflicht aus allgemeinen arbeitsrechtlichen Grundsätzen herleiten. Dabei wäre auch das Problem zu lösen, wer melden muß; denn es gäbe ja keinen Erfinder. Daß das aber nicht bejaht werden kann, hat der BGH in dem in Anm. 24 genannten „Spanplatten"-Urteil v. 5. 5. 1966 klar ausgesprochen.

ZWEITER ABSCHNITT

Erfindungen und technische Verbesserungsvorschläge von Arbeitnehmern im privaten Dienst

Der Zweite Abschnitt ist das Kernstück des Gesetzes. Er enthält in den ersten Unterabschnitten die grundlegenden Bestimmungen über Meldung, Inanspruchnahme, Vergütung und Anmeldepflicht, in den weiteren Unterabschnitten die Bestimmungen über freie Erfindungen, technische Verbesserungsvorschläge und die Verfahrensvorschriften einschließlich Schiedsverfahren und gerichtliches Verfahren.

Alle diese Regelungen sind auf private Arbeitsverhältnisse abgestellt. Inwieweit sie auf den öffentlichen Dienst anwendbar sind, wird im dritten Abschnitt geregelt, der aber nur wenige Besonderheiten bringt.

1. Diensterfindungen

§ 5

Meldepflicht

(1) Der Arbeitnehmer, der eine Diensterfindung gemacht hat, ist verpflichtet, sie unverzüglich dem Arbeitgeber gesondert schriftlich zu melden und hierbei kenntlich zu machen, daß es sich um die Meldung einer Erfindung handelt. Sind mehrere Arbeitnehmer an dem Zustandekommen der Erfindung beteiligt, so können sie die Meldung gemeinsam abgeben. Der Arbeitgeber hat den Zeitpunkt des Eingangs der Meldung dem Arbeitnehmer unverzüglich schriftlich zu bestätigen.

(2) In der Meldung hat der Arbeitnehmer die technische Aufgabe, ihre Lösung und das Zustandekommen der Diensterfindung zu beschreiben. Vorhandene Aufzeichnungen sollen beigefügt werden, soweit

§ 5 Meldepflicht

sie zum Verständnis der Erfindung erforderlich sind. Die Meldung soll dem Arbeitnehmer dienstlich erteilte Weisungen oder Richtlinien, die benutzten Erfahrungen oder Arbeiten des Betriebes, die Mitarbeiter sowie Art und Umfang ihrer Mitarbeit angeben und soll hervorheben, was der meldende Arbeitnehmer als seinen eigenen Anteil ansieht.

(3) Eine Meldung, die den Anforderungen des Absatzes 2 nicht entspricht, gilt als ordnungsgemäß, wenn der Arbeitgeber nicht innerhalb von zwei Monaten erklärt, daß und in welcher Hinsicht die Meldung einer Ergänzung bedarf. Er hat den Arbeitnehmer, soweit erforderlich, bei der Ergänzung der Meldung zu unterstützen.

Übersicht

	Anm.		Anm.
I. Grundgedanke und Bedeutung		d) Zu späte Meldung	21
a) Arbeitsrechtliche Treuepflicht	1, 2	e) Bestätigung durch Arbeitgeber	22
b) Verzicht auf Meldung	3	**V. Mehrere Erfinder**	
c) Klare zeitliche Abgrenzung	4	a) Begriff der Miterfindung	23 bis 26
d) Bedeutung für Vergütung	5	b) Gemeinsame Meldung	27
II. Gegenstand der Meldepflicht		c) Doppelerfindung	28
a) Diensterfindungen	6, 7	**VI. Inhalt der Meldung**	
b) Während des Arbeitsverhältnisses	8	a) Beschreibung	29
c) Technischer Verbesserungsvorschlag	9	b) Aufzeichnungen	30
III. Rechtsnatur und äußere Erfordernisse der Meldung		c) Weisungen, Erfahrungen und Arbeiten des Betriebs	31
a) Rechtsnatur	10	d) Mitarbeiter	32
b) Meldepflichtige Personen	11	**VII. Ordnungsmäßigkeit**	
c) Empfänger	12, 13	a) Begriff	33
d) Formerfordernisse	14	b) Bedeutung der Fiktion des Abs. 3	34
aa) Schriftlich	15	c) Beanstandung	35
bb) „Gesondert"	16	d) Mitwirkung des Arbeitgebers	36
cc) „Kenntlich machen"	17	**VIII. Verletzung der Meldepflicht**	
IV. Zeitpunkt der Meldung		a) Inanspruchnahme ohne Meldung	37
a) Fertige Erfindung	18	b) Auskunftspflicht	38
b) Unverzüglich	19	c) Schadensersatz	39
c) Zu frühe Meldung	20	**IX. Wegfall der Meldepflicht**	40

I. Grundgedanke und Bedeutung

a) Arbeitsrechtliche Treuepflicht 1

Im Grunde wurzelt die Verpflichtung des Arbeitnehmers zur Meldung einer von ihm gemachten Diensterfindung im Arbeitsverhältnis. Er hat sich nach besten Kräften für die Interessen des Betriebes einzusetzen. Daraus entspringt auch die Pflicht, den Betrieb von dem Ergebnis der mit seinen Mitteln oder sogar in seinem Auftrag durchgeführten Arbeiten zu unterrichten. Denn der Betrieb, besonders ein großer Betrieb, ist oft ohne nähere Angaben seiner Arbeitnehmer nicht in der Lage, die Bedeutung vorliegender Entwicklungen in allen Einzelheiten im Hinblick auf die Zweckmäßigkeit von Schutzrechtsanmeldungen zu übersehen. Da aber andererseits die erfinderische Leistung ganz an der Person des Erfinders hängt, ist es notwendig, daß das Gesetz die Meldepflicht ausdrücklich festgelegt und dabei ihren Umfang, ihre Form und ihre Folgen bestimmt, schon damit der Arbeitgeber die ihm zustehenden Rechte ausüben kann.

2 Die Meldung ist in aller Regel Grundlage für den Übergang der Rechte an der Erfindung auf den Arbeitgeber, der durch die Inanspruchnahme bewirkt wird (§§ 6, 7). Sie ist aber nicht notwendige Voraussetzung, da die Diensterfindung auch ohne Meldung in Anspruch genommen werden kann. So die Amtl. Begr. unten S. 573 in Übereinstimmung mit der bisherigen und weiter allg. Meinung.

3 **b) Verzicht auf Meldung**

Der Arbeitgeber kann auf die Meldung verzichten, sei es im einzelnen Fall (vgl. BGH v. 24. 11. 1961 „Federspannvorrichtung", GRUR 1962, 305), sei es allgemein, z. B. für Teile der Belegschaft, von der er keine Erfindungen erwartet. § 22 dürfte dem nicht entgegenstehen. Doch ist einer solchen Lockerung zu widerraten, da der gesetzliche Meldezwang klare Verhältnisse schafft.

4 **c) Klare zeitliche Abgrenzung**

Durch die schriftliche Erfindungsmeldung werden klare Verhältnisse für den Beginn von Fristen und für etwaige Prioritäten geschaffen. Vom Zeitpunkt der Meldung ab, den der Arbeitgeber unverzüglich dem Arbeitnehmer zu bestätigen hat, läuft die Frist des Abs. 3, in der der Arbeitgeber Ergänzungen verlangen kann. Ferner hat der Arbeitgeber unverzüglich nach Meldung die Erfindung zur Erteilung eines Schutzrechts anzumelden (vgl. § 13 und Anm. 4 daselbst). Vom Zeitpunkt der ordnungsmäßigen Meldung ab läuft die Frist zur Inanspruchnahme nach § 6, s. Anm. 35. Machen mehrere Arbeitnehmer im Betrieb unabhängig voneinander dieselbe Erfindung, so ist für den Arbeitgeber grundsätzlich derjenige der Erfinder, der zuerst meldet; vgl. aber die Ausführungen zur „Doppelerfindung" unten Anm. 28.

5 **d) Bedeutung für Vergütung**

Die Art der Abfassung der Meldung, z. B. die Angaben über dienstlich erteilte Weisungen oder über die Mitarbeit anderer, können die Bemessung der dem Arbeitnehmer zu zahlenden Vergütung (§ 9) erheblich beeinflussen. Deshalb ist sorgfältige Abfassung unter Beachtung der Vorschriften des Gesetzes geboten.

§ 5 Meldepflicht

Wenn die erforderlichen Angaben erst im Streitfall, u. U. nach Jahren beigebracht werden, sind sie schwer nachzuweisen. Auch besteht die erhöhte Gefahr subjektiver Färbung, wenn ihre Auswirkung auf die Höhe der Vergütung bei wirtschaftlich interessant gewordenen Erfindungen voll übersehen werden kann, was bei der Meldung oft offen ist.

Wichtig ist auch, daß nach § 22 Satz 2 nach der Meldung die Unabdingbarkeit wegfällt.

II. Gegenstand der Meldepflicht

a) Diensterfindungen 6

Nach dem klaren Wortlaut des Abs. 1 sind nur Diensterfindungen — Begriff s. § 4 — zu melden. Jede Diensterfindung ist zu melden, auch spätere Diensterfindungen, die sich als Verbesserungen oder Zusätze zu einer früher gemeldeten Erfindung darstellen, selbst wenn diese freigegeben worden war. Nicht zu melden sind die freien Erfindungen, während nach § 3 DVO alle Erfindungen, also auch die freien, zu melden waren. Damit hat der Arbeitnehmer selbst zu entscheiden, ob die von ihm gemachte Erfindung eine Diensterfindung ist. Daraus können sich Schwierigkeiten ergeben, etwa dann, wenn dem Arbeitgeber ein Schaden durch die Nichtmeldung einer Erfindung entsteht, die sich als Diensterfindung herausstellt, während der Arbeitnehmer sie für frei gehalten hat.

Deshalb ist für freie Erfindungen in § 18 eine „Mitteilungspflicht" eingeführt, die in ihrem Inhalt weniger umfassend ist. Sie ermöglicht dem Arbeitgeber die Nachprüfung, ob die als freie Erfindung bezeichnete nicht doch eine Diensterfindung ist. 7

b) Während des Arbeitsverhältnisses 8

Da Diensterfindungen nur solche sind, die während der Dauer des Arbeitsverhältnisses gemacht werden (§ 4 Abs. 2), erstreckt sich die Meldepflicht auch nur auf solche Erfindungen, vgl. Anm. 13 zu § 4.

Keine Meldepflicht besteht für Erfindungen, die vor Beginn des Arbeitsverhältnisses gemacht sind; anders früher § 3 Abs. 3 DVO. Es kommt hier darauf an, ob die Erfindung vor oder erst nach Eintritt in den Betrieb „fertig" war, s. hierzu Anm. 18. Doch wird oft empfohlen, daß der Arbeitnehmer bei Dienstantritt Erfindungen mitteilt, über die er frei verfügen kann, besonders wenn sie noch nicht zum Schutzrecht angemeldet sind. Das hilft, spätere Meinungsverschiedenheiten über den Zeitpunkt des Entstehens zu vermeiden (vgl. Schade, Betriebliche Regelung des Erfindungs- und Vorschlagswesens, 2. Aufl., S. 8, 22).

Die Pflicht zur Meldung einer während des Arbeitsverhältnisses gemachten Diensterfindung wird andererseits durch das Ausscheiden des Arbeitnehmers aus dem Betrieb nicht berührt (§ 26). Auch hier kommt es darauf an, in welchem Zeitpunkt die Erfindung „fertig" war. Hat der Arbeitnehmer während des Arbeitsverhältnisses nur die Anregung be-

Erläuterungen

kommen, sich eine Erfindungsaufgabe zu stellen, oder hat er wohl eine allgemeine Idee über die mögliche Art der Lösung der Aufgabe, nicht aber die Lösung selbst besessen, hat er diese vielmehr erst nach Beendigung des Arbeitsverhältnisses in erfinderischer Arbeit gefunden, so besteht keine Meldepflicht gegenüber dem bisherigen Arbeitgeber. Vgl. hierzu Anm. 18. Eine gesetzliche Vermutung dafür, daß eine kurz nach dem Ausscheiden gemachte Erfindung als während des Arbeitsverhältnisses im bisherigen Betrieb entstanden zu gelten hätte und daher nachträglich zu melden wäre, besteht nicht, s. Anm. 20 zu § 4.

9 c) Technischer Verbesserungsvorschlag

Ob eine Art Meldepflicht für technische Verbesserungsvorschläge besteht, die nach diesem Begriff keine patent- oder gebrauchsmusterfähigen Erfindungen (s. § 3) und daher keine Diensterfindungen sind (s. Anm. 2 zu § 4), daher unmittelbar von der Meldepflicht des § 5 nicht erfaßt werden, ist bei der Behandlung der Verbesserungsvorschläge zu prüfen, s. Anm. 7, 8 zu § 3.

III. Rechtsnatur und äußere Erfordernisse der Meldung

10 a) Rechtsnatur

Die Meldung ist kein „Rechtsgeschäft" im Sinne des § 125 BGB, sondern eine als „Rechtshandlung" anzusprechende Mitteilung, deren Rechtswirkungen nicht durch den Inhalt des Willens des Meldenden, sondern unmittelbar durch das Gesetz bestimmt werden (so BGH v. 24. 11. 1961 „Federspannvorrichtung", GRUR 1962, 305 = NJW 1962, 395 = DB 1962, 134 = MDR 1962, 195). Sie ist Äußerung eines auf einen tatsächlichen Erfolg gerichteten Willens, ähnlich der Mahnung oder Fristsetzung, also eine geschäftsähnliche Handlung (vgl. Palandt, 21. Aufl., Überblick vor § 104 BGB, 1 d, Enneccerus-Nipperdey, S. 137, IV 2 a, Volmer, RdA 1965, 269, und Röpke, Arbeitsverhältnis und Arbeitnehmererfindung, S. 29). Abzulehnen ist es deshalb, die Meldung nur als tatsächliche Handlung („Realakt") aufzufassen (Riemschneider-Barth S. 97 und Heine-Rebitzki, Anm. 4 zu § 5).

Die wichtigsten Rechtswirkungen sind der Beginn der Inanspruchnahmefrist, der Eintritt der Verpflichtung des Arbeitgebers zur Anmeldung der Erfindung zum Schutzrecht, die Möglichkeit des Abbedingens der gesetzlichen Vorschriften (vgl. oben Anm. 4). Sie treten kraft Gesetzes ein.

In der Regel wird man aus der Tatsache einer ordnungsgemäßen Meldung entnehmen dürfen, daß eine Diensterfindung gemeldet wird und der Meldende das Recht auf Inanspruchnahme anerkennt. Etwaige Vorbehalte muß der Arbeitnehmer in der Meldung deutlich äußern, auf ihren Inhalt kommt es an. Vgl. EV v. 12. 8. 1966, Bl. 1967, 131; dort war offen geblieben, ob es sich um Diensterfindungen oder um freie Erfindungen handelte.

§ 5 Meldepflicht

b) Meldepflichtige Personen 11

Arbeitnehmer im privaten und im öffentlichen Dienst, Beamte und Soldaten müssen ihre Diensterfindungen melden; denn ihre Erfindungen unterliegen nach § 1 dem Gesetz über Arbeitnehmererfindungen.

Gesetzliche Vertreter juristischer Personen sind nicht Arbeitnehmer im Sinne des § 1 (vgl. Anm. 4 zu § 1). Sie trifft die Meldepflicht des § 5 also nicht unmittelbar. In vielen Fällen geht sie aber aus dem Dienst- oder Anstellungsvertrag hervor, sei es auch in der Weise, daß die einschlägigen Bestimmungen des ArbEG ausdrücklich für anwendbar erklärt werden. Auch wenn dies nicht der Fall ist, wird in vielen Fällen eine solche Verpflichtung nach Treu und Glauben als stillschweigend übernommen anzusehen sein. Diese Auffassung teilt der BHG in dem in Anm. 4 zu § 1 herangezogenen Urteil „Schellenreibungskupplung" v. 22. 10. 1964 (GRUR 1965, 302). Dort wird ausgeführt, daß sich, obwohl die Bestimmungen über Arbeitnehmererfindungen weder unmittelbar noch im Wege der erweiternden Auslegung anzuwenden sind, die Verpflichtung des Erfinders, seine Erfindungen auf die Gesellschaft zu übertragen, „aus seinen dienstvertraglichen Beziehungen (§ 611 ff. BGB) und der damit verbundenen Treuepflicht ergeben kann, und zwar ohne Rücksicht darauf, ob die Parteien eine ausdrückliche Vereinbarung über Erfindungen getroffen haben oder nicht". Als Ergebnis ist festzustellen, daß bei Fehlen entgegengesetzter Vereinbarungen auch der gesetzliche Vertreter in aller Regel zur Meldung verpflichtet ist, mögen auch die formellen Anforderungen angesichts der Doppelstellung des Erfinders, der zusätzlich zur Inanspruchnahme namens des Arbeitgebers befugt sein könnte, nicht streng anzuwenden sein.

Für mehrere Erfinder s. Anm. 23 bis 28.

c) Empfänger 12

Die Meldung ist dem Arbeitgeber zu erstatten. Dieser Begriff ist an die Stelle des in der DVO 1943 benutzten Begriffs Unternehmer aus den in der Amtl. Bgr. (unten S. 573) angegebenen Gründen getreten.

In größeren Betrieben ist meist innerbetrieblich geregelt, wer den Arbeitgeber bei der Empfangnahme vertritt. Oft ist es die Patentabteilung oder ein Patentsachbearbeiter; es ist auch zulässig und nicht selten der Fall, daß innerhalb eines Konzerns eine gemeinsame Patentabteilung als zuständige Empfangsstelle bevollmächtigt ist. Doch muß man eine Meldung auch dann als wirksam zugegangen ansehen, wenn sie dem gesetzlichen Vertreter (Vorstand, Geschäftsführer) zugeht. Vgl. hierzu Gaul-Bartenbach C 39 bis 49 mit vielen Einzelheiten, ferner Volmer in RdA 1965, 269.

„Zugegangen" ist die Meldung, wenn sie in den Machtbereich des Empfängers gelangt ist und nach den Umständen zu erwarten ist, daß er von ihr Kenntnis nimmt. Bei der schriftlichen Meldung reicht die Aushändigung aus. Wegen der Einzelheiten wird auf die Kommentare

Erläuterungen

zu § 131 BGB verwiesen, z. B. Palandt, Anm. 2. Wenn korrekt verfahren wird und der Arbeitgeber entsprechend Abs. 1 Satz 3 die Meldung schriftlich bestätigt, können kaum Zweifel entstehen.

In einem Schiedsfall ist die Meldung als dem Arbeitgeber erstattet angesehen worden, weil der Arbeitnehmer gleichzeitig Patentsachbearbeiter, also Organ der Geschäftsleitung war, der Schriftwechsel über die Anmeldung beim Patentamt vom Prokuristen unterschrieben bzw. an die Firma gerichtet war und diese Vollmacht und Erfindernennung unterschrieben hatte (EV v. 19. 4. 1960, Bl. 1960, 280 mit Besprechung Heydt, GRUR 1961, 133). In einem anderen Schiedsfall ist der Zugang daraus hergeleitet worden, daß die Arbeitgeberin beanstandet hatte, daß sie den Entwurf einer Patentanmeldung nicht als ordnungsgemäße Meldung anerkennen könne (EV v. 19. 4. 1960, Bl. 1960, 282).

Diese Fälle lassen erkennen, daß die Vorschriften über Meldung als auch über Inanspruchnahmen, insbesondere bei leitenden Angestellten, oft großzügiger behandelt werden und daß man bei freier Würdigung dem Rechnung tragen kann. Nur muß in beiden Fällen derselbe Maßstab angelegt werden.

Über den Verlust einer Erfindungsmeldung und seine Folgen s. Volmer in RdA 1965, 269.

13   Ist ein Arbeitnehmer gleichzeitig bei mehreren Arbeitgebern beschäftigt, so können Zweifel bestehen, welchem Arbeitgeber die Diensterfindung zu melden ist. Nachdem die Meldepflicht im engeren Sinne auf Diensterfindungen beschränkt ist, wird sich oft eine Lösung daraus ergeben, daß die Voraussetzungen (Auftrag, Erfahrung oder Mittel des Betriebs) nur bei einem Arbeitsverhältnis vorliegen. In anderen Fällen wird unter Mitwirkung der beiden Arbeitgeber eine Lösung gesucht werden müssen, bei der Geheimhaltungsinteressen abzuwägen sind und eine Verzögerung der Schutzrechtsanmeldung vermieden wird.

Ist der Arbeitnehmer nacheinander bei verschiedenen Arbeitgebern beschäftigt, so kommt es darauf an, in welchem Betrieb die Erfindung gemacht wird — vgl. Anm. 8 und 18, insbesondere das dort erörterte Urteil des BGH v. 10. 11. 1970 „Wildbißverhinderung" (GRUR 1971, 210). Dabei ist zu beachten, daß vor Beginn des Arbeitsverhältnisses gemachte Erfindungen nicht gemeldet zu werden brauchen.

Wechselt der Inhaber des Betriebs, so tritt der neue Arbeitgeber als Empfänger der Meldung an die Stelle des bisherigen Inhabers, ebenso, wie er in die sich aus dem Arbeitsverhältnis ergebenden Rechte und Pflichten eintritt (vgl. Amtl. Begr. unten S. 563).

14 d) Formerfordernisse

Wegen der Bedeutung einer klaren, zeitlich feststehenden Meldung (siehe Anm. 2, 4, 5) ist der Gesetzgeber Anregungen, die Meldung möglichst formlos zu gestalten, nicht gefolgt. Er hat die Belastung der Betriebe mit „Papierkrieg" bewußt in Kauf genommen. Die Erfordernisse

§ 5 Meldepflicht

einer ordnungsgemäßen Meldung sind sogar vermehrt (siehe im folgenden), dafür ist aber die Vorschrift des Abs. 3 eingeführt worden.

In größeren Betrieben werden zweckmäßig Formblätter für Meldungen ausgearbeitet. Vorschläge hierfür finden sich z. T. in den Kommentaren und in der Schrift von Schade, Betriebliche Regelung des Erfindungs- und Vorschlagswesens. Der Erfinderberater soll den Arbeitnehmer bei der Abfassung der Meldung unterstützen (§ 21 Abs. 2). Vielfach werden auch Sachbearbeiter der Patentabteilung des Betriebes behilflich sein.

aa) Schriftlich 15

An dem Erfordernis der Schriftlichkeit wird festgehalten. Die Meldung muß vom Arbeitnehmer eigenhändig unterzeichnet sein (§ 126 BGB), vgl. BGH v. 25 2. 1958, GRUR 1958, 334, wo festgestellt wird, daß eine nur mündliche Meldung nicht den Anforderungen des Abs. 1 entspricht, deshalb auch nicht Abs. 3 nach Ablauf von 2 Monaten als ordnungsgemäß gelten kann, vgl. Anm. 33. Auch in dem in Anm. 8 zu § 4 angeführten Urteil v. 14. 7. 1966 wird festgestellt, daß mündliche Angaben und auch Vorführungen die Frist nicht in Lauf setzen.

In dem in Anm. 12 erwähnten Schiedsfall (Bl. 1960, 280) ist der unterschriebene und datierte Entwurf einer Patentanmeldung als Erfindungsmeldung angesehen worden. Dagegen hat das OLG Karlsruhe am 18. 4. 1958 (Mitt. 1958, 220) eine dem Betrieb übergebene, unterschriebene und datierte Konstruktionszeichnung nicht als schriftliche Meldung angesehen. Es hätte eines Hinweises bedurft, daß der Arbeitnehmer die Zeichnung als Erfindung angesehen und als solche melden wolle. Im Unterschied zu dem Schiedsfall hatte die Arbeitgeberin keine Patentanmeldung eingereicht.

Der Arbeitgeber kann auch eine mündliche Meldung als ausreichend ansehen. Auch ein Verzicht auf schriftliche Meldung ist zulässig. Er ist aber nicht ohne Vorliegen beachtlicher Umstände anzunehmen. So BGH v. 24. 11. 1961 „Federspannvorrichtung", GRUR 1962, 305 (weitere Fundstellen oben Anm. 10), mit kritischer Besprechung von Friedrich, der jedoch nicht beigetreten wird. Die Schiedsstelle hat einen Verzicht in dem in Anm. 12 erörterten Schiedsfall (Bl. 1960, 280) aus den gesamten Umständen hergeleitet.

Im allgemeinen ist, vor allem für größere Betriebe, davon abzuraten, eine nur mündliche Meldung als ausreichend anzusehen. Es kann leicht Streit entstehen, einmal hinsichtlich des Beginns der Frist für die Inanspruchnahme (§ 6), aber auch dann, wenn später ein anderer Arbeitnehmer eine ähnliche Erfindung meldet. Außerdem sind die Angaben nach Abs. 2 mündlich nur schwer festzuhalten. Begnügt sich der Arbeitgeber trotzdem mit einer mündlichen Meldung, so wird er doch gut tun, sie schriftlich zu bestätigen, obwohl der Arbeitnehmer auch hierauf nach der Meldung verzichten kann — s. § 22.

Erläuterungen

Verwirkung des Einwands der mangelnden Schriftform hat der BGH mit Recht in der mehrfach genannten Entscheidung vom 24. 11. 1961 (GRUR 1962, 305) angenommen.

16 bb) „*Gesondert*"

Mit Rücksicht auf die vom Zeitpunkt der Meldung ab laufende Frist zur Inanspruchnahme ist jetzt vorgeschrieben, daß gesondert gemeldet wird, also nicht eingefügt in anderen Berichten, z. B. Tätigkeitsberichten, Laborjournalen, die manchmal an andere Stellen des Betriebes gelangen.

17 cc) „*Kenntlichmachen*"

Darüber hinaus ist auch kenntlich zu machen, daß es sich um die Meldung einer Erfindung handelt. Ein formaler Wortlaut ist nicht vorgeschrieben, jedoch muß aus ihm eindeutig hervorgehen, daß eine Diensterfindung gemeldet werden soll. Diese Vorschrift beugt dem vor, daß nach geraumer Zeit der Arbeitnehmer sich auf einen Bericht berufen und den Ablauf der Frist zur Inanspruchnahme behaupten könnte, ohne daß der Arbeitgeber den Bericht als Erfindungsmeldung erkennen konnte.

Daß hinreichend kenntlich gemacht war, hat die Schiedsstelle in dem in den vorhergehenden Anm. erwähnten Schiedsfall (Bl. 1960, 280) bejaht, weil der Arbeitnehmer das Schriftstück als Entwurf einer Patentanmeldung bezeichnet hatte, die auch vom Betrieb eingereicht worden ist.

Ist in einer Meldung offengeblieben, ob die Erfindung eine Diensterfindung ist, so setzt sie trotzdem die Fristen zur Inanspruchnahme (§ 6) und zum Bestreiten, daß eine freie Erfindung vorliegt, in Lauf (EV v. 12. 8. 1966, Bl. 1967, 131).

IV. Zeitpunkt der Meldung

18 **a) Fertige Erfindung**

Zu melden ist erst die fertige Erfindung, nicht eine erst im Entstehen begriffene. Das ergibt sich aus den Worten: „... der eine Erfindung gemacht hat." Damit ist nicht ausgeschlossen, daß es zweckmäßig sein kann, ja daß der Arbeitnehmer u. a. aus arbeitsrechtlichen Gründen verpflichtet sein kann — etwa wegen des Einsatzes erheblicher Mittel — seinen Arbeitgeber schon vorher von Versuchen und Entwicklungen zu unterrichten, wenn dies auch keine Meldung im Sinne des § 5 ist und nicht ihre Wirkungen auslöst. Vgl. hierzu Röpke, Arbeitsverhältnis und Arbeitnehmererfindung, S. 31 und 34 f.

Die Gesichtspunkte, die für die Beurteilung, ob eine Erfindung „fertig" ist, zu beachten sind, sind unter ausgiebiger Auseinandersetzung mit Rechtsprechung und Schrifttum in dem Urteil des BGH v. 10. 11. 1970 „Wildbißverhinderung" (GRUR 1971, 211 mit kritischer Besprechung von Fischer = Bl. 1971, 193) zusammengefaßt und z. T. abweichend formuliert worden. Das ergibt sich schon aus dem Leitsatz, es sei nicht auf die

§ 5 Meldepflicht

Meinung des Erfinders, sondern auf die Erkenntnis des Durchschnittsfachmanns abzustellen. Der Schutzzweck des Patentgesetzes gebiete es, „eine Erfindung vor der Gefährdung durch Dritte zu schützen, sobald sie derart verlautbart ist, daß sie dem Durchschnittsfachmann bei objektiver Betrachtung eine konkrete ausführbare Lehre zum technischen Handeln offenbart". Auf diesen Zeitpunkt müsse die Entstehung des Rechts an der Erfindung festgelegt werden; der Irrtum oder die Unkenntnis des Erfinders spiele keine Rolle (ähnlich schon Friedrich in MittBl. 1957, 102).

Mit Recht bemerkt Fischer in seiner Besprechung, daß in dem entschiedenen Fall dem Leitsatz zuzustimmen sei; das gilt auch für den in Anm. 13 behandelten Fall des Wechsels der Arbeitsstelle durch den Erfinder. Bei der Meldepflicht wird man es aber bei wichtigen Entwicklungen für zweckmäßig ansehen müssen, daß der Arbeitnehmer schon, ehe er eine Erfindung als „fertig" ansieht, den Arbeitgeber unterrichtet. Doch wird man ihn kaum für eine falsche Beurteilung wegen einer zu späten Meldung verantwortlich machen können (vgl. Anm. 21).

Der neuen Rechtsprechung entspricht aber die bisherige Auffassung, daß die sich aus Aufgabe und Lösung ergebende technische Lehre so erkannt sein muß, daß eine Schutzrechtsanmeldung eingereicht werden kann. Das bedeutet nicht immer, daß die Erfindung schon fabrikationsreif ist und nicht noch Versuche angestellt werden müssen. Wenn sie erst dem Auffinden der Lösung der gestellten Aufgabe dienen, zeigt das, daß noch keine fertige Erfindung vorliegt. Anders liegt es, wenn die gegebene Lehre nur noch im Bereich fachmännischen Könnens ausprobiert wird — so das Urteil „Wildbißverhinderung" unter Hinweis auf BHG v. 30. 3. 1951 „Wechselstromgeneratoren" und v. 5. 5. 1966 „Spanplatten" (GRUR 1951, 404 und 1966, 558). In dem Urteil v. 16. 1. 1962, I ZR 48/60, unveröffentlicht, bezeichnet der BGH die Erfindung als fertig, wenn die Versuche nur zur Prüfung vorgenommen werden, ob Unvollkommenheiten beim praktischen Gebrauch beseitigt werden können. Vgl. ferner BAG v. 1. 11. 1956 (GRUR 1957, 338) mit Hinweisen auf die frühere Rechtsprechung und Lehre.

b) Unverzüglich 19

Der Arbeitnehmer muß „unverzüglich", nachdem die Erfindung fertig ist — s. Anm. 18 — melden. Unverzüglich bedeutet ohne schuldhaftes Zögern (§ 121 BGB), ist also nicht dasselbe wie sofort. Eine gewisse Überlegungsfrist muß zugestanden werden, die nach den Umständen verschieden sein kann.

Es liegt aber nicht nur im Interesse des Arbeitgebers, sondern auch des Arbeitnehmers, daß möglichst bald gemeldet wird, damit eine Schutzrechtsanmeldung eine möglichst frühe Priorität erhält. Denn wenn mehrere eine Erfindung unabhängig voneinander machen, steht das Recht auf das Patent oder Gebrauchsmuster dem zu, der die Erfindung zuerst beim Patentamt angemeldet hat (§ 3 PatG, § 5 Abs. 3 GmG). Im Zweifelsfall

Erläuterungen

wird der Arbeitnehmer mit dem Erfinderberater oder dem Arbeitgeber (Patentabteilung) Fühlung nehmen — s. Anm. 18.

20 c) Zu frühe Meldung

Meldet der Arbeitnehmer die Erfindung, obwohl sie noch nicht fertig ist — s. Anm. 18 —, so löst dies nicht die Frist zur Inanspruchnahme aus, BGH v. 30. 3. 1951, GRUR 1951, 404. Es wird an hinreichender Beschreibung der technischen Aufgabe, insbesondere ihrer Lösung fehlen (Abs. 2 Satz 1). Erkennt dies der Arbeitgeber, so muß er dem Arbeitnehmer seine Beanstandung schriftlich mitteilen. Auch die Priorität gegenüber später, aber vollständiger anmeldenden anderen Arbeitnehmern des Betriebs — s. Anm. 28 — wird aus einer zu frühen Meldung meist nicht hergeleitet werden können.

21 d) Zu späte Meldung

Meldet der Arbeitnehmer die fertige Erfindung zu spät, so kann durch den hieraus etwa folgenden Verlust der Priorität der Schutzrechtsanmeldung Schaden entstehen, für den er verantwortlich gemacht wird — s. Anm. 39. Außerdem büßt er möglicherweise die Priorität gegenüber einem anderen Arbeitnehmer des Betriebes ein, der eine Erfindung rechtzeitig und daher vor ihm dem Betrieb meldet. Auch eine verspätete Meldung löst aber den Lauf der Inanspruchnahmefrist aus, weil auch sie eine Meldung im Sinne des § 5 ist — s. auch Anm. 34.

22 e) Bestätigung durch Arbeitgeber

Nach Abs. 1 Satz 3 muß der Arbeitgeber den Zeitpunkt des Eingangs der Meldung unverzüglich, d. h. auch hier ohne schuldhaftes Zögern — s. Anm. 19 — bestätigen. Auch hier ist Schriftform vorgeschrieben. Gleichgültig ist es, ob die Meldung ordnungsgemäß ist oder nicht. Für die Überprüfung der Ordnungsmäßigkeit läuft die Frist von zwei Monaten des Abs. 3. Deshalb wird kein Anlaß bestehen, die Meldung schon vor der Bestätigung näher zu prüfen, da nur der Zeitpunkt des Eingangs bestätigt wird. Wird die Meldung nicht gemäß Abs. 3 beanstandet, so läuft die Frist zur Inanspruchnahme vom Zeitpunkt der Meldung ab. Wird sie beanstandet, so läuft die Frist vom Eingang der ordnungsmäßigen Meldung ab (§ 6 Abs. 2 S. 2). Wegen dieser wichtigen Folge wird man annehmen dürfen, daß auch der Zeitpunkt des Eingangs der ergänzten Meldung zu bestätigen ist.

V. Mehrere Erfinder

23 a) Begriff der Miterfindung

Abs. 1 Satz 2 spricht davon, daß mehrere Arbeitnehmer an dem Zustandekommen der Erfindung beteiligt sind. Davon zu unterscheiden ist der Fall sog. Doppelerfindung. Sie liegt vor, wenn dieselbe Erfindung etwa gleichzeitig von verschiedenen Arbeitnehmern unabhängig voneinander gemacht wird. Siehe hierzu unten Anm. 28.

§ 5 Meldepflicht

Sind mehrere Arbeitnehmer gemeinsam am Zustandekommen einer Erfindung beteiligt, so handelt es sich um Miterfinder. Davon zu unterscheiden ist der Mitarbeiter, der nicht „am Zustandekommen der Erfindung" mitwirkt. Die Mitwirkung von Mitarbeitern ist aber in der Meldung anzugeben — Abs. 2 Satz 2, s. unten Anm. 32.

Daß mehrere Erfinder an dem Zustandekommen einer Diensterfindung beteiligt sind, ist heute sehr häufig, die Bedeutung des team-work sehr groß. Die praktischen Auswirkungen, vor allem auch auf die Erfindervergütung, machen es notwendig, hierzu einiges zu bemerken, zumal das Gesetz den Begriff der gemeinschaftlichen Erfindung voraussetzt, ebenso wie das Patentgesetz in § 3 nur die Auswirkungen auf das „Recht auf das Patent" regelt. Wissenschaft und Rechtsprechung haben sich in jüngerer Zeit ausgiebig mit dem Begriff des Miterfinders beschäftigt; dabei hat sich eine Änderung der Grundauffassung angebahnt, die es geboten erscheinen läßt, ältere Rechtsprechung kritisch zu betrachten.

24 Es kann hier nicht in allen Einzelheiten ausführlich Stellung genommen werden. Es wird auf die Erläuterungswerke zum Patentgesetz bei § 3 verwiesen, ferner auf Lüdecke, Erfindungsgemeinschaften, und Wunderlich, Die gemeinschaftliche Erfindung, beide 1962. Mit der jüngsten Rechtsprechung setzt sich Schade in GRUR 1972, 510, kritisch auseinander; es wird dort auch über einige Schiedsfälle berichtet.

25 Nach der Rechtsprechung des Reichsgerichts wurde verlangt, daß der Miterfinder eine eigene, nicht selbstverständliche Idee beisteuert, einen „schöpferischen Anteil" hat (RG v. 18. 12. 1937, GRUR 1938, 256 und v. 10. 10. 1939, GRUR 1940, 339). Schon Beil (Chemie-Ingenieur-Technik 1953, 633) hat aber mit Recht darauf hingewiesen, daß Miterfinderschaft vorliegen kann, ohne daß dem Anteil des Miterfinders an der Erfindung für sich allein Erfindungshöhe zukommt.

26 Der BGH befaßt sich, m. E. nicht immer ganz überzeugend, mit dem Wesen der Miterfindung in den Urteilen v. 5. 5. 1966 „Spanplatten" (GRUR 1966, 558, mit Besprechung von Schippel = NJW 1966, 1316) und v. 30. 4. 1968 „Luftfilter" (GRUR 1969, 133). Das OLG Düsseldorf vertritt in dem Urteil v. 30. 10. 1970 (GRUR 1971, 215) die hier nicht geteilte Auffassung, daß nur dann, wenn eine das Durchschnittskönnen des Fachmanns übersteigende Leistung eines einzelnen überhaupt nicht feststellbar sei, auch eine im Rahmen dieses Könnens liegende Mitwirkung einen Anteil an der Erfindung begründet. Das Landgericht Nürnberg-Fürth führt in dem nicht rechtskräftigen Urteil v. 25. 10. 1967 (GRUR 1968, 252) aus, daß es zum Wesen der Gemeinschaftsleistung gehöre, daß sich die hierauf gerichteten Versuche und Überlegungen der Beteiligten nicht dergestalt trennen ließen, daß ein Teil davon als ausschließlicher Beitrag eines einzelnen gewertet werden könne.

Zusammenfassend kann wörtlich wiederholt werden, was bereits in der 4. Auflage ausgeführt wird: Die Schwierigkeiten der Definition liegen vor allem in der positiven Beschreibung der Merkmale des Begriffs, der wie der Begriff der Erfindung überhaupt einen irrationalen Gehalt hat. Für die Praxis ist schon viel gewonnen, wenn man negativ feststellt, daß der Miterfinder selbständig, jedenfalls nicht nach den Weisungen eines anderen mitwirken muß und daß er nicht bloß in handwerklicher Weise, etwa wie der Werkzeugmacher in Ausführung einer Zeichnung oder der Laborant in der Durchführung der Versuche (Erhitzen, Abkühlen, Filtern usw.) tätig geworden ist. Auf der anderen Seite ist dem zuzustimmen, daß der Beitrag nicht selbst Erfindungshöhe zu besitzen braucht. Die Leistungen der mehreren Erfinder verschmelzen miteinander, „integrieren"; für den erfinderischen Charakter des gemeinsam gewonnenen Ergebnisses ist es gleichgültig, ob der einzelne Beitrag allein schon die Schwelle des „normalen" technischen Schaffens übersteigt und erfinderisch ist. Deshalb kann z. B. auch derjenige, der nur eine zweckmäßige Ausgestaltung findet, die sich nur in einem echten Unteranspruch niederschlägt, Miterfinder sein.

27 **b) Gemeinsame Meldung**

Es steht jedem Miterfinder frei, selbständig für sich eine Meldung abzugeben. Mehrere an der Erfindung Beteiligte können aber die Meldung gemeinsam abgeben. Sie muß dann von jedem unterschrieben sein (§ 126 BGB). Die Meldung wirkt nur für den, der sie entweder allein oder gemeinsam mit anderen abgibt und unterschreibt. Mitarbeiter können nicht melden, da sie nicht Miterfinder sind. Deshalb darf ein als Miterfinder in Betracht kommender Arbeitnehmer nicht nur als Mitarbeiter angegeben sein.

Ob an einer Erfindung mehrere Miterfinder beteiligt sind, kann, wie die Darlegungen in Anm. 23 ff. zeigen, nur aus dem einzelnen Fall heraus beurteilt werden. Auch eine Unterscheidung nach Aufgabenstellung (etwa durch den Leiter der Forschungsabteilung), Aufzeigen des Lösungswegs (etwa durch einen Gruppenkonstrukteur) und Durchführung der Lösung der Aufgabe (etwa durch einen oder mehrere Betriebsingenieure) wird nicht immer möglich sein und kann nicht etwa bindend für den Arbeitgeber in der Meldung angegeben werden. Dies gilt vor allem dann, wenn auf einem Gebiet ein Team tätig ist. Es ist deshalb nötig, daß das Zustandekommen genau beschrieben wird und auch wegen der manchmal schwierigen Abgrenzung von Miterfinder und nicht erfinderischem Mitarbeiter die notwendigen Angaben gemacht werden — s. Anm. 32.

Der gegenseitige Austausch „erfinderischer Gedanken" ist vom LG Hamburg (GRUR 1958, 77) als Begründung für Miterfinderschaft für ausreichend erachtet worden. Darin dürfte eine gewisse petitio principii liegen. Konkret wird allerdings festgestellt, daß der Leiter der Forschungsabteilung die laufenden Versuchsarbeiten überwacht, besprochen und detaillierte Hinweise für die Versuche gegeben habe. Das mag zur Begründung der Miterfinderschaft genügen, ist jedoch durchaus Tatfrage. Anregungen allein genügen nicht.

§ 5 Meldepflicht

Eine nachträgliche Erfindungsmeldung eines Miterfinders, die zu einer Änderung der Erfinderbenennung führen könnte, behandelt der EV v. 19. 4. 1960 (Bl. 1960, 280).

Die Angaben über Miterfinder können für die Frage der Vergütung besondere Bedeutung haben. S. Anm. 5. Auch deshalb empfiehlt sich eine eingehende und vor allem wahrheitsgemäße Darstellung.

c) Doppelerfindung 28

Machen mehrere Arbeitnehmer im Betrieb unabhängig voneinander dieselbe Erfindung, so spricht man von „Doppelerfindung". Für den Arbeitgeber ist derjenige der Erfinder, der zuerst meldet, vgl. Riemschneider-Barth S. 100. Siehe auch Dörner, Zum Beweis der firmeninternen Priorität bei Prioritätsstreitigkeiten zwischen Arbeitnehmererfindern, die demselben Unternehmen angehören, GRUR 1962, 169. Wie wichtig die rechtzeitige Meldung für den Arbeitnehmer ist, ergibt sich aus dem von Schade in Mitt. 1959, 252 (256) berichteten Schiedsfall ArbErf 34/58. Hier lag eine Doppelerfindung vor. Der Arbeitnehmer, der sie anscheinend zuerst gemacht hatte, hatte sie nicht gemeldet. Auf Grund der Meldung eines anderen Arbeitnehmers ist ein Patent erwirkt worden. Die Nachteile, die sich aus dem Unterlassen der Meldung ergeben, muß der betreffende Arbeitnehmer in Kauf nehmen. „Denn wenn mehrere eine Erfindung unabhängig voneinander gemacht haben, kann nach § 3 PatG nur die zum Patent führen, die zuerst beim Patentamt angemeldet wird — das ist aber die auf den im Patent genannten Erfinder zurückgehende Erfindung".

In der Praxis führt diese streng logische Auslegung oft zu Spannungen (vgl. den in Anm. 24 genannten Aufsatz von Schade [GRUR 1972, 510] und Gaul-Bartenbach C 52, 53). Man wird sehr genau prüfen müssen, ob tatsächlich keinerlei echtes Zusammenwirken der mehreren Beteiligten vorliegt. Die Praxis neigt dazu, auch den zu spät meldenden Arbeitnehmer irgendwie zu beteiligen.

VI. Inhalt der Meldung

a) Beschreibung 29

In der Meldung muß die technische Aufgabe, ihre Lösung, ferner das Zustandekommen der Erfindung beschrieben werden. Die Umwandlung der bisherigen Soll-Vorschrift in eine Muß-Vorschrift erschien notwendig, damit der Arbeitgeber schnell über die Inanspruchnahme entscheiden kann. Als technische Aufgabe, d. h. als das technische Problem, das durch die Erfindung gelöst werden soll, kommt ein etwa erteilter Auftrag oder die selbst gestellte Ausgangsfrage in Betracht. Bei der Lösung sind auch die technischen Mittel und die Verfahrensschritte zu schildern, die zu ihr führen. Denn ein Patent wird nur gewährt, wenn die Erfindung so beschrieben wird, daß danach ihre Benutzung durch andere Sachverständige möglich erscheint (§ 26 Abs. 1 S. 4 PatG). Bei einem Gebrauchsmuster muß angegeben werden, welche neue Gestaltung, Anordnung

Erläuterungen

oder Vorrichtung dem Arbeits- oder Gebrauchszweck dienen soll (§ 2 Abs. 2 GmG). Außerdem ist es zweckmäßig, bisherige Mängel, die überwunden werden sollen, sowie etwaige andere Lösungsversuche anzugeben.

In einem Vollstreckungsverfahren hat das OLG Nürnberg im Beschluß v. 24. 8. 1967 (GRUR 1968, 147 = BB 1967, 1484) festgestellt, daß die eingereichte Beschreibung nicht ausreiche, vielmehr die Vorlage einer technischen Zeichnung oder eines Modells möglich und erforderlich sei, um die „besondere Form" eines Konstruktionsteiles erkennen zu lassen.

Die Praxis der Schiedsstelle hat bestätigt, daß sehr viele spätere Meinungsverschiedenheiten vermieden werden können, wenn man die sog. Erfindungsgeschichte sorgfältig in der Meldung wiedergibt. Denn in diesem Augenblick wissen oft weder Erfinder noch Betrieb mit einiger Sicherheit, welche patentrechtliche und wirtschaftliche Bedeutung der gemeldeten Erfindung zukommen wird, so daß eine neutrale Darstellung, die zudem durch eine Beanstandung nach Abs. 3 korrigiert werden könnte, am ehesten möglich sein wird, zumal die Einzelheiten noch frisch im Gedächtnis sind. Es muß gerade aus den Erfahrungen mit mangelhaften Erfindungsmeldungen heraus betont werden, daß es sich bei den sorgfältig durchdachten Vorschriften des Gesetzes nicht um einen vermeidbaren „Papierkrieg" handelt, sondern daß eine gute Meldung für alle Beteiligte von großem Wert ist. Schließlich kann sich auch eine spätere Freigabe nur auf das erstrecken, was als Erfindung gemeldet ist.

30 **b) Aufzeichnungen**

Unter den beizufügenden Aufzeichnungen sind solche zu verstehen, die während der zur Erfindung führenden Arbeiten, oft schon in einem früheren Zeitpunkt, niedergeschrieben worden sind, z. B. Arbeitsberichte, Laborprotokolle.

31 **c) Weisungen, Richtlinien, Erfahrungen und Arbeiten des Betriebs**

Die Angaben sind erforderlich, um die Voraussetzungen für das Vorliegen einer Diensterfindung (§ 4 Abs. 2) und die Merkmale für die Bemessung der Vergütung (§ 9 Abs. 2) festzustellen. Siehe auch Anm. 29.

32 **d) Mitarbeiter**

Die Angabe der Mitarbeiter ist zu unterscheiden von der der Miterfinder — s. Anm. 23 ff. Sie ist wichtig für die Berechnung der Erfindervergütung. Deshalb ist auch besonders vorgesehen, daß der meldende Arbeitnehmer das hervorhebt, was er als seinen Anteil ansieht.

VII. Ordnungsmäßigkeit

33 **a) Begriff**

Ordnungsgemäß ist die Meldung, die sowohl den Formerfordernissen des Abs. 1 als den nach Abs. 2 an den Inhalt gestellten Anforderungen entspricht.

§ 5 Meldepflicht

Nicht ordnungsgemäß ist die Meldung, die zwar den Erfordernissen des Abs. 1, aber nicht den Anforderungen des Abs. 2 entspricht.

Eine solche Meldung liegt z. B. dann vor, wenn sie schriftlich auf gesondertem Blatt erstattet wird und als Erfindungsmeldung in irgendeiner Weise kenntlich gemacht wird (vgl. den Schiedsfall Bl. 1960, 280), ohne daß sie Angaben über die Erfindungsgeschichte usw. (s. Anm. 29 bis 32) enthielte. Der Ordnungsmäßigkeit steht nicht entgegen, daß der Erfinder die Auffassung vertritt, es handele sich um eine freie Erfindung (so BGH v. 14. 7. 1966, siehe Anm. 8 zu § 4, ferner EV v. 12. 8. 1966, Bl. 1967, 131 s. Anm. 17). Vgl. auch EV v. 12. 7. 1963, Bl. 1963, 342. Daß eine Meldung verspätet erstattet wird. steht der Ordnungsmäßigkeit ebenfalls nicht entgegen — s. auch Anm. 21.

Wird die Meldung nicht beanstandet, so gilt sie als ordnungsgemäß. Über die Art der Beanstandung s. Anm. 35.

Liegen jedoch die Voraussetzungen des Abs. 1 nicht vor, ist die Meldung etwa nur mündlich oder in einem Laborprotokoll erstattet, so liegt eine Meldung im Sinne des § 5 überhaupt nicht vor, so daß z. B. weder die Frist zur Inanspruchnahme in Gang gesetzt wird noch andere Rechtsfolgen eintreten. So auch BGH v. 25. 2. 1958, GRUR 1958, 334, „Mitteilungs- und Meldepflicht" mit Besprechung von Friedrich.

Allerdings ist ein Verzicht des Arbeitgebers auf schriftliche Meldung möglich, s. oben Anm. 15.

b) Bedeutung der Fiktion des Abs. 3   34

Die Erfindungsmeldung ist zu wichtig — s. Anm. 2, 4, 5, 29 — und deshalb auch mit einer ganzen Reihe von Anforderungen an ihren Inhalt belastet — s. Anm. 29 bis 32 —, als daß man es in Kauf nehmen könnte, Unklarheiten über ihre Wirkung bestehen zu lassen, die sofort erkannt werden. Deshalb soll der Arbeitgeber innerhalb von zwei Monaten ihre Klärung veranlassen. Unterläßt er das, so gilt auch die den Anforderungen des Abs. 2 nicht entsprechende Meldung als ordnungsgemäß und setzt die Frist zur Inanspruchnahme in Lauf.

c) Beanstandung   35

Entspricht die Meldung nach Ansicht des Arbeitgebers nicht den Bestimmungen des Abs. 2, so muß er dies innerhalb von zwei Monaten nach ihrem Eingang erklären. Schriftform ist nicht vorgesehen, aber zu empfehlen.

Zugleich muß er sagen, in welcher Hinsicht die Meldung ergänzt werden soll. Dabei wird vor allem auf die Angabe der Tatsachen hinzuwirken sein, die für eine Schutzrechtsanmeldung geklärt sein müssen.

In dem Schiedsfall ArbErf 35/59 (Bl. 1960, 282, mit Besprechung von Friedrich GRUR 1961, 134) hat die Arbeitgeberin dem Arbeitnehmer nur mitgeteilt, daß sie den eingereichten und unterschriebenen „Entwurf

Erläuterungen

einer Patentanmeldung" nicht als „Meldung einer Arbeitnehmererfindung" anerkennen könne. Nach der Auffassung der Schiedsstelle lag der typische Fall einer Meldung vor, die den Vorausetzungen des Abs. 1, aber nicht denen des Abs. 2 entsprach. Da nicht erklärt wurde, in welcher Hinsicht die Meldung einer Ergänzung bedürfe, lag eine Beanstandung im Sinne des Abs. 3 nicht vor. Die Folge war, daß die Meldung als ordnungsgemäß galt und die Erfindung mangels rechtzeitiger Inanspruchnahme frei wurde.

Die Frist zur Inanspruchnahme beginnt erst mit Eingang der aufgrund der Beanstandung eingereichten ordnungsgemäßen Meldung s. § 6 Abs. 2 Satz 2.

36 d) Mitwirkung des Arbeitgebers

Der Arbeitgeber hat nicht nur bei der Beanstandung die Mängel der Meldung mitzuteilen, er hat den Arbeitnehmer auch bei der Ergänzung der Meldung, soweit erforderlich, zu unterstützen (Abs. 3 S. 2). Hinzuziehung des Erfinderberaters (§ 21) oder des Sachbearbeiters der Patentabteilung des Betriebs wird oft zweckmäßig sein.

VIII. Verletzung der Meldepflicht

37 a) Inanspruchnahme ohne Meldung

Erfährt der Arbeitgeber anderweitig, daß der Arbeitnehmer eine Diensterfindung gemacht hat, so kann er auch ohne die Meldung und vor ihr die Erfindung in Anspruch nehmen — s. Anm. 2.

Die Kenntnis kann z. B. aus einem vom Arbeitnehmer vorgelegten technischen Verbesserungsvorschlag herrühren, den der Arbeitgeber als Erfindung erkennt. In einem solchen Fall wird er aber vorsorglich auf nachträgliche Erstattung einer Erfindungsmeldung hinwirken. In dem der Entscheidung des 1. BS des DPA v. 21. 1. 1959 (Bl. 1959, 115) zugrundeliegenden Fall hat der Arbeitgeber durch die Bekanntmachung der vom Arbeitnehmer für sich angemeldeten Diensterfindung von dieser erfahren. Er kann sie noch in Anspruch nehmen (vgl. die Ausführungen in Anm. 4 zu § 7).

38 b) Auskunftspflicht

Hat der Arbeitnehmer während seines Arbeitsverhältnisses eine Erfindung gemacht aber nicht gemeldet, so hat der Arbeitgeber einen Anspruch auf Auskunft darauf, welche Erfindung der Arbeitnehmer gemacht hat. In dem Urteil des BGH v. 25. 2. 1958 „Mitteilungs- und Meldepflicht" (GRUR 1958, 334, mit Besprechung von Friedrich) sind eine kurze Beschreibung der Aufgabe und ihrer Lösung und Angaben über Entstehung der Erfindung und die benutzten Hilfsmittel usw. für erforderlich erklärt worden, ferner auch ein Anspruch auf Auskunft über Patentanmeldungen bejaht worden. Gegenüber diesem Anspruch kann an der Meldung ein Zurückbehaltungsrecht nicht geltend gemacht werden. Vgl.

§ 5 Meldepflicht

wegen des Inhalts der Meldung den in Anm. 29 angeführten Beschluß des OLG Nürnberg (GRUR 1968, 147).

c) Schadensersatz 39

Ist die Meldung schuldhaft unterlassen, fehlerhaft, falsch oder zu spät erstattet worden — s. Anm. 21 — und ist dem Arbeitgeber dadurch ein Schaden entstanden, so kann der Arbeitgeber vom Arbeitnehmer Schadenersatz fordern. Der Schaden kann z. B. darin liegen, daß inzwischen von anderer Seite ein Schutzrecht angemeldet worden ist, das der Erlangung eines Schutzrechts für den Arbeitgeber entgegensteht, und dadurch zu erwartender Gewinn entgeht (Vertragsverletzung oder unerlaubte Handlung).

In dem in Anm. 8 zu § 4 genannten Urteil v. 14. 7. 1966 hat der BGH den Schaden darin gesehen, daß der Gegenstand der für frei gehaltenen aber zu Recht unbeschränkt in Anspruch genommenen Erfindung widerrechtlich hergestellt und verbreitet worden ist und die unzutreffende Behauptung aufgestellt wurde, daß eine freie Erfindung vorliege. Mindestens fahrlässiges Handeln liege vor, nachdem Schiedsstelle und Landgericht die Auffassung des Erfinders nicht geteilt hatten. Es bestehe eine Auskunftspflicht nach § 242 BGB über Umfang der Verletzungshandlungen.

Handelt es sich um eine besonders schwere Verletzung der Meldepflicht, so kann der Arbeitgeber unter Umständen zu einer Kündigung des Dienstvertrages, möglicherweise aus wichtigem Grund zu fristloser Entlassung berechtigt sein (§ 626 BGB).

IX. Wegfall der Meldepflicht 40

Wird eine Erfindung freigegeben, die nicht gemeldet worden war, so entfällt die Meldepflicht. Gibt der Arbeitgeber frei, so ist es seine Sache, sich vorher entsprechend zu unterrichten, was er freigibt. Das wird in aller Regel selbstverständlich sein. Damit verliert aber eine Meldung ihren Sinn. Zudem brauchen nur Diensterfindungen gemeldet zu werden, nach Freigabe hat die Erfindung aber die Eigenschaft einer freien Erfindung erlangt. Vgl. Anm. 21 zu § 8 und Röpke, Arbeitsverhältnis und Arbeitnehmererfindung S. 65.

§ 6
Inanspruchnahme

(1) Der Arbeitgeber kann eine Diensterfindung unbeschränkt oder beschränkt in Anspruch nehmen.

(2) Die Inanspruchnahme erfolgt durch schriftliche Erklärung gegenüber dem Arbeitnehmer. Die Erklärung soll sobald wie möglich abgegeben werden; sie ist spätestens bis zum Ablauf von vier Monaten nach Eingang der ordnungsgemäßen Meldung (§ 5 Abs. 2 und 3) abzugeben.

Erläuterungen

Übersicht

	Anm.		Anm.
I. Grundsätzliches		c) Verzicht auf Schriftform	15—17
a) Problemstellung	1	d) Inanspruchnahme oder Rechtsübergang durch schlüssige Handlung	18—21
b) Ursprünglicher — abgeleiteter Erwerb	2	e) Übergang ohne Inanspruchnahme	22
c) Rechtsnatur	3	f) Bedingte Erklärung	23
d) Unbeschränkte und beschränkte Inanspruchnahme		g) Gedanken zur künftigen Entwicklung	24
aa) Rechtspolitisches	4	**IV. Frist für Inanspruchnahme**	
bb) Wahlrecht des Arbeitgebers	5	a) „Sobald wie möglich"	25
cc) Rechtliche Bedeutung	6	b) Vier Monate	26
II. Gegenstand der Inanspruchnahme		c) Kein Fristbeginn ohne Meldung	27
a) Diensterfindung	7	d) Schwebezustand bis Inanspruchnahme	28
b) Technische Verbesserungsvorschläge	8	e) Fristverlängerung	29
c) Freie Erfindungen	9	f) Fristversäumnis	30
d) Keine teilweise Inanspruchnahme	10	**V. Nachträgliche Änderungen der Inanspruchnahme**	
e) Mehrere Erfinder	11	a) Freigabe	31
f) Fertige Erfindung	12	b) Übergang von unbeschränkter zu beschränkter Inanspruchnahme und umgekehrt	32
III. Form der Inanspruchnahme		**VI. Übergangsregelung des § 43**	33
a) Schriftlich	13	**VII. Öffentlicher Dienst**	34
b) Vertretung und Vollmacht des Arbeitgebers	14		

I. Grundsätzliches

1   a) Problemstellung

Wie bereits die DVO 1943 trägt das Gesetz dem Rechnung, daß im deutschen Patentrecht seit der Änderung des Patentgesetzes vom 5. Mai 1936 das Erfinderprinzip herrscht. Dieses kommt besonders in § 3 PatG zum Ausdruck. Danach hat das Recht auf das Patent der Erfinder und, von ihm abgeleitet, sein Rechtsnachfolger, sei es kraft Gesetzes oder kraft Vertrags. § 5 Abs. 4 GmG übernimmt diese Regelung. Näheres hierzu s. Einleitung S. 81.

2   b) Ursprünglicher — abgeleiteter Erwerb

Mit der Anerkennung des Erfinderprinzips entfällt die vor 1936 in der Rechtsprechung vertretene Auffassung, die „eigenartige Wirkung der Diensterfindung beruhe darin, daß das Recht an einer solchen Erfindung unmittelbar in der Person des Dienstherrn entstehe", so RG v. 11. 6. 1932, RGZ 136, 415 (418) = GRUR 1932, 1028 = Bl. 1932, 215. Auch soweit nicht eine ausdrückliche Regelung wie in der DVO oder dem vorliegenden Gesetz getroffen ist, steht das Erfinderprinzip einem ursprünglichen (originären) Erwerb des Rechts an der Erfindung durch einen anderen als den Erfinder entgegen. Das Patentgesetz von 1936 läßt keine Ausnahme von dem Grundsatz zu, daß das Recht auf Erteilung des Patents dem Erfinder zusteht. So BGH v. 16. 11. 1954, NJW 1955, 542 = GRUR 1955, 286 = Bl. 1955, 220, s. Anm. 11 zu § 5.

Bleibt somit nur die Möglichkeit eines abgeleiteten (derivativen) Erwerbs, so schließt jedoch § 3 Satz 1 PatG nicht aus, daß der Erfinder über künftige Erfindungen im voraus verfügt oder sich verpflichtet, sie zu übertragen, und zwar ausdrücklich oder stillschweigend (so BGH a. a. O.). Für Diensterfindungen kann jedoch der Arbeitnehmer mit dem Arbeitgeber vor ihrer Meldung solche Verfügungen und Verpflichtungen weder ausdrücklich (etwa im Anstellungsvertrag) noch stillschweigend wirksam vereinbaren, da dem § 22 entgegensteht (für die ähnliche Bestimmungen des § 9 DVO ebenso BGH a. a. O.). Wird nicht nach der Meldung der Übergang vereinbart, so geht das Recht aus der Erfindung erst mit der Inanspruchnahme über.

c) Rechtsnatur 3

Die Inanspruchnahme ist ein einseitiges Rechtsgeschäft; da sie für einen anderen, den Arbeitnehmer, bestimmt ist, wird sie erst wirksam, wenn ihm die Willenserklärung zugeht (§ 130 BGB), sog. empfangsbedürftige Willenserklärung. Mit dem Zugang gehen die Rechte an der Diensterfindung auf den Arbeitgeber über (§ 7 Abs. 1), vgl. auch Hueck-Nipperdey I S. 458 Anm. 25. Dabei ist es gleichgültig, ob der Arbeitnehmer einverstanden ist. Die Inanspruchnahme wird daher auch als Gestaltungsgeschäft bezeichnet (Müller-Pohle S. 57). Klauer-Möhring, 3. Aufl., Anm. 23 zum ArbEG, bezeichnen die Inanspruchnahme als gestaltendes einseitiges Rechtsgeschäft und halten sie für bedingungsfeindlich, ebenso Bartenbach, Mitt. 1971, 232 (s. auch Anm. 23). Die Erklärung unterliegt den allgemeinen Bestimmungen, z. B. hinsichtlich der Geschäftsfähigkeit (§ 104 ff. BGB) und der Anfechtung von Willenserklärungen wegen Irrtums oder arglistiger Täuschung (§§ 119, 123 BGB). Sie ändert unmittelbar die Rechtslage, stellt sich also als ein Aneignungsrecht dar. „Aneignung" ist nicht im engen rechtstechnischen Sinn des § 958 BGB zu verstehen, sondern im allgemeinen Wortsinn. Das Aneignungsrecht ist auch Dritten gegenüber wirksam (Abs. 3); es wird deshalb als „dinglich" bezeichnet — Friedrich, GRUR 1943, 222; LG Braunschweig v. 26. 1. 1955, NJW 1955, 994. Näheres zur Unwirksamkeit von Verfügungen des Arbeitnehmers vor Inanspruchnahme s. Anm. 22 bis 25 zu § 7.

Wenn man dem Recht des Arbeitgebers, die Diensterfindung in Anspruch zu nehmen, einen „dinglichen" Charakter zuschreibt, weil dieses Aneignungsrecht auch Dritten gegenüber wirksam ist, so darf das jedoch nicht dazu verleiten, dieses Recht selbst in vollem Umfang als ein dingliches Recht anzusehen, das die Erfindung belastet; ebenso Bartenbach Mitt. 1971, 232. Es ist nicht etwa ein Anwartschaftsrecht, das zudem frei übertragbar wäre.

Erläuterungen

Grundsätzlich entstehen die im Gesetz bestimmten Rechte und Pflichten nur im Verhältnis zwischen Arbeitgeber und Arbeitnehmer. Der Arbeitgeber kann das Recht der Inanspruchnahme nur selbst ausüben, es sei denn, daß der Inhaber des Betriebs wechselt. Dann geht es auf den neuen Arbeitgeber über (vgl. Amtl. Begr. unten S. 563, ferner Anm. 13 zu § 5 und Anm. 13 zu § 6). Dagegen kann der Arbeitgeber das Inanspruchnahmerecht nicht losgelöst von dem Betrieb einem Dritten übertragen, es unterliegt nicht der Pfändung im Wege der Zwangsvollstreckung und strahlt gegen Dritte keine Wirkungen aus.

Wegen der Übertragbarkeit und der Fortdauer der entstandenen Rechtsbeziehungen zwischen den ursprünglichen Beteiligten vgl. auch Anm. 1 bis 4 zu § 26.

Ein Verzicht auf Inanspruchnahme ist möglich. Grundsätzlich ist der Arbeitgeber frei, ob er eine ihm gemeldete Erfindung in Anspruch nehmen will. Die Schiedsstelle hat diesen Standpunkt auch für den Fall eingenommen, daß von mehreren Erfindungen eines zusammenhängenden Komplexes nicht alle in Anspruch genommen werden. Ein Mißbrauch dieser Entscheidungsfreiheit könnte die Grenze bilden. Ein Verzicht muß von dem Arbeitgeber oder einem Bevollmächtigten gegenüber dem Diensterfinder erklärt werden. Es liegt darüber hinaus sogar im Sinn der gesetzlichen Regelung, daß von der Möglichkeit des Verzichts Gebrauch gemacht wird, um „sobald wie möglich" Klarheit zu schaffen — siehe unten Anm. 16.

Nach Inanspruchnahme gehen die Rechte und Pflichten des Arbeitgebers aus dem Gesetz gegen den Arbeitnehmer nicht etwa ohne weiteres mit der Veräußerung der Erfindung an einen Dritten auf diesen über. Vielmehr werden dazu vertragliche Vereinbarungen zwischen dem Erwerber und dem Arbeitnehmererfinder notwendig. Vgl. auch Anm. 20 zu § 7 und Anm. 19 zu § 9.

d) Unbeschränkte und beschränkte Inanspruchnahme

4 *aa) Rechtspolitisches*

Während bisher der Arbeitgeber eine Diensterfindung nur mit der Wirkung in Anspruch nehmen konnte, daß sie in vollem Umfang auf ihn überging, sieht das Gesetz neben dieser unbeschränkten Inanspruchnahme auch die beschränkte vor. Damit erwirbt der Arbeitgeber nur ein Benutzungsrecht, während die Erfindung selbst frei wird (§§ 7 Abs. 2, 8 Abs. 1 Nr. 2). Für die Einführung der beschränkten Inanspruchnahme wurde geltend gemacht, daß es für den Betrieb oft erwünscht sei, die Erfindung benutzen zu können, ohne daß es wirtschaftlich zu verantworten sei, ein Schutzrecht zu nehmen. Andererseits fürchtete man, daß durch die Belastung mit einer gesetzlichen Lizenz die für den Erfinder an sich schon vorhandenen Schwierigkeiten, selbst ein Schutzrecht anzumelden, so vermehrt würden, daß er davon absehen müsse und die Erfindung dann vom Betrieb frei benutzt werden könne. Der Gesetzgeber

§ 6 Inanspruchnahme

hat sich für die beschränkte Inanspruchnahme entschieden, aber in § 7 Abs. 2 gewisse Sicherungen zum Schutz des Diensterfinders eingeführt. Wegen dieser Bestimmungen vgl. Anm. 15, 16 zu § 7, wegen der Grundfrage und der Vorgeschichte s. Einleitung S. 91.

Die Vorschriften über die beschränkte Inanspruchnahme haben mittelbar besondere Bedeutung bei der Begründung der Pflicht zur Zahlung einer vorläufigen Erfindervergütung für noch nicht geschützte aber zum Patent angemeldete Erfindungen erlangt (s. Anm. 10 ff. zu § 12 im Zusammenhang mit dem „Cromegal"-Urteil des BGH v. 28. 6. 1962). Bei der Diskussion über dieses Urteil (Bericht über die Sitzung GRUR in Hamburg, GRUR 1965, 660) ergab sich, daß die beschränkte Inanspruchnahme wenig ausgeübt wird — über die Praxis s. Sautter, Mitt. 1971, 203.

bb) *Wahlrecht des Arbeitgebers* 5

Grundsätzlich liegt es im Entschluß des Arbeitgebers, ob er die Diensterfindung überhaupt, ob er sie unbeschränkt oder beschränkt in Anspruch nehmen will, vorbehaltlich der Besonderheiten des § 7 Abs. 2. Die beschränkte Inanspruchnahme wird zweckmäßig sein, wenn der Arbeitgeber an einem Ausschließungsrecht nicht interessiert ist, andererseits sich aber nicht durch andere von der Benutzung ausschließen lassen will. Beispiele: Verbesserungserfindung, die von einem bestehenden Patent abhängig ist; Arbeitsmittelerfindung, etwa eine Tablettiermaschine in einem chemischen Betrieb; Meßinstrumente in der chemischen Industrie; Geräte in Energieversorgungs-Unternehmungen (vgl. GRUR 1965, 660); minderwichtige Erfindungen, bei denen der Aufwand eines Schutzrechts nicht lohnend erscheint.

cc) *Rechtliche Bedeutung* 6

Über die Wirkungen der unbeschränkten Inanspruchnahme siehe Anm. 1 bis 4 zu § 7, über Rechtscharakter und die Wirkungen der beschränkten Inanspruchnahme siehe Anm. 10 ff zu § 7.

II. Gegenstand der Inanspruchnahme

a) Diensterfindung 7

Nach Abs. 1 können „Diensterfindungen" in Anspruch genommen werden, das sind patent- und gebrauchsmusterfähige Erfindungen (§ 2), die während der Dauer des Arbeitsverhältnisses gemacht sind und den sonstigen Voraussetzungen des § 4 Abs. 2 entsprechen.

Die Inanspruchnahme ist auch möglich, wenn eine Meldung nach § 5 nicht vorangegangen ist — siehe Anm. 2 und 37 zu § 5.

b) Technische Verbesserungsvorschläge 8

Die neben den Diensterfindungen in § 1 genannten technischen Verbesserungsvorschläge fallen nicht unter § 6, wie § 20 klarstellt. Sie stehen grundsätzlich als Arbeitsergebnis ohne Inanspruchnahme dem Arbeitgeber zu, vgl. Anm. 6 zu § 3. Zustimmend BGH v. 9. 1. 1964 „Drehstromwicklung", GRUR 1964, 449 (452).

9   **c) Freie Erfindungen**

Eine dem Arbeitgeber nach § 18 mitgeteilte freie Erfindung kann nicht in Anspruch genommen werden. Hält der Arbeitgeber eine solche Erfindung jedoch für eine Diensterfindung, dann muß er dies nach § 18 Abs. 2 binnen drei Monaten nach Zugang der Mitteilung erklären und kann sie dann in Anspruch nehmen. Näheres bei § 18. Über Rechte des Arbeitgebers an einer freien Erfindung siehe § 19.

10   **d) Keine teilweise Inanspruchnahme**

Die gemeldete Erfindung kann nur als Ganzes, sei es beschränkt, sei es unbeschränkt, in Anspruch genommen werden oder freigegeben werden. Das Gesetz sieht nicht vor, daß nur ein Teil der gemeldeten Erfindung in Anspruch genommen werden kann. Allerdings kann der Arbeitgeber einen teilweisen Übergang mit dem Arbeitnehmer innerhalb der Frist des Abs. 2 oder nach voller Inanspruchnahme durch nachträgliche teilweise Freigabe vereinbaren (§ 22).

11   **e) Mehrere Erfinder**

Haben mehrere Arbeitnehmer gemeinsam eine Diensterfindung gemacht, so müssen sie sie, sei es einzeln, sei es gemeinsam melden; hierzu und zu dem Begriff des Miterfinders in Abgrenzung von dem bloßen Mitarbeiter vgl. Anm. 23 ff zu § 5. Da alle Miterfinder an der Erfindung teilhaben, muß sie der Arbeitgeber jedem einzelnen gegenüber in Anspruch nehmen; die nur einem oder einigen Miterfindern gegenüber abgegebene Erklärung wirkt nicht gegen die anderen.

Das ergibt sich schon daraus, daß die Erfindergemeinschaft von Arbeitnehmern in aller Regel eine Bruchteilsgemeinschaft darstellt, da es kaum vorkommen wird, daß sie sich vertraglich zum Erfinden „zur Erreichung eines gemeinsamen Zwecks" im Sinne des § 705 BGB zu einer Gesellschaft zusammengeschlossen hätten. Vgl. hierzu Wunderlich, Die gemeinschaftliche Erfindung, S. 91, mit zahlreichen Belegen, z. B. RG v. 10. 10. 1939, GRUR 1940, 339. Ebenso Lüdecke, Erfindungsgemeinschaften S. 111. Da jeder Teilhaber über seinen Anteil frei verfügen kann (§ 747 BGB), ergreift die Inanspruchnahme nur jeweils den Bruchteil des einzelnen Miterfinders. So auch Volmer Anm. 36, Lindenmaier-Lüdecke Anm. 3 zu § 6; jetzt auch Krause-Kathlun-Lindenmaier 5. Auf., Anm. 32 zu § 3. Wenn der Arbeitgeber die Diensterfindung voll erlangen will, muß er gegenüber jedem Miterfinder in Anspruch nehmen. Formelle Schwierigkeiten treten nicht auf, da die Frist jeweils erst mit der Meldung des Miterfinders zu laufen beginnt.

Aus dem Wesen der Bruchteilsgemeinschaft ergibt sich auch, daß der einzelne Miterfinderanteil mit der Inanspruchnahme gegenüber diesem

§ 6 Inanspruchnahme

Teilhaber wirksam übergeht. Der Auffassung von Halbach (Anm. 4 zu § 6), daß die Erklärung der Inanspruchnahme unteilbar sei und deshalb ihre Rechtswirkungen nicht eintreten, solange sie nicht gegenüber jedem der Miterfinder erklärt ist, kann nicht beigetreten werden. Sie würde auch zu erheblicher Unsicherheit in den immerhin denkbaren Fällen führen, in denen Miterfinder unbekannt bleiben oder sich erst viel später herausstellt, daß außer den bekannten noch andere Erfinder beteiligt sind.

Wird die Frist trotz ordnungsmäßiger Meldung einem Teil der Miterfinder gegenüber versäumt, so bedeutet das, daß insoweit die Erfindung frei wird. Man kann sich nur schwer vorstellen, daß der Arbeitgeber eine Erfindung, die sich für alle Miterfinder als Diensterfindung darstellt, bewußt dem einen gegenüber in Anspruch nimmt, dem anderen aber freigibt. Praktisch wird es vor allem undurchführbar sein, einem Miterfinder gegenüber unbeschränkt, einem anderen gegenüber beschränkt in Anspruch zu nehmen. Für das Recht an der Erfindung würde aus einem verschiedenen Verhalten des Arbeitgebers bei mehreren Erfindern folgen, daß er nur einen ideellen Anteil an der Gesamterfindung erwirbt und mit dem Miterfinder, dessen ideeller Anteil freigeworden ist und ihm zusteht, in eine Rechtsgemeinschaft tritt (§ 3 Satz 2 PatG). Das ist auch in den Fällen so, in denen der Miterfinder zwar Arbeitnehmer desselben Betriebes ist, es sich aber für ihn um eine freie Erfindung handelt, oder in denen ein Miterfinder nicht Arbeitnehmer, sondern z. B. Gesellschafter oder gesetzlicher Vertreter des Arbeitgebers oder Arbeitnehmer eines anderen Betriebs ist, vgl. auch Lüdecke, Erfindergemeinschaften S. 75 ff.

Die Inanspruchnahme eines reellen Anteils an der Erfindung, etwa eines Elements in einer Kombination, ist nicht möglich, vgl. Anm. 10.

f) Fertige Erfindung 12

Nur eine fertige Erfindung kann in Anspruch genommen werden, ebenso wie nur eine solche gemeldet werden kann — s. Anm. 18 zu § 5. Jedoch kann eine zwar fertige aber nicht gemeldete Erfindung in Anspruch genommen werden, s. Anm. 2 zu § 5. Für künftige Erfindungen kann ein Übergang nicht vereinbart werden, demnach auch die Erklärung, daß in Anspruch genommen wird, nicht abgegeben werden, weil dem § 22 entgegensteht.

III. Form der Inanspruchnahme

a) Schriftlich 13

Das Gesetz schreibt vor, daß schriftlich in Anspruch zu nehmen ist. Die Erklärung muß daher vom Arbeitgeber oder vertretungsberechtigten oder bevollmächtigten Personen eigenhändig unterschrieben werden (§ 126 BGB). Hat der Inhaber des Betriebs nach der Meldung gewechselt, so ist das Recht zur Inanspruchnahme mit den anderen arbeitsrechtlichen

Erläuterungen

Rechten und Pflichten auf den neuen Inhaber übergegangen s. Anm. 13 a. E. zu § 5.

14 **b) Vertretung und Vollmacht des Arbeitgebers**

Bei der Abgabe der Erklärung wird bei größeren Firmen der „Arbeitgeber" durch Personen vertreten, die hierzu kraft Gesetzes (z. B. Vorstandsmitglied einer AG, Geschäftsführer einer GmbH), im Rahmen der Satzung oder aufgrund einer Sondervollmacht ermächtigt sind. Erörterungen, inwieweit der Arbeitgeber Erklärungen aufgrund einer Anscheinsvollmacht gegen sich gelten lassen muß, finden sich in dem Urteil des BGH v. 9. 1. 1964 „Drehstromwicklung" (GRUR 1964, 499, 452). BGH v. 14. 7. 1966 (vgl. Anm. 8,9 zu § 4) läßt offen, ob der Arbeitgeber die Erklärungen vollmachtloser Vertreter nach Ablauf der Inanspruchnahmefrist hätte genehmigen können unter Hinweis auf BGHZ 32, 375, 382, was das Berufungsgericht deshalb angenommen hatte, weil der Mangel der Vertretungsmacht nicht beanstandet worden war (§§ 180, 177 Abs. 1 BGB).

Es müssen dieselben Grundsätze für die Vollmacht angewendet werden wie bei der Frage, wer den Arbeitgeber bei dem Empfang der Meldung vertritt (s. Anm. 12 zu § 5).

15 **c) Verzicht auf Schriftform**

Auf die Schriftform kann verzichtet werden. Das hat der BGH in dem Urteil v. 28. 6. 1962 „Cromegal" (BGHZ 37, 281 = GRUR 1963, 135; weitere Fundstellen s. Anm. 6 zu § 12) in dem Fall bejaht, daß sich der Erfinder mit der mündlichen Inanspruchnahme einverstanden erklärt hat, was nach Fertigstellung der Erfindung (§ 9 DVO v. 20. 3. 1943) zulässig gewesen sei. Nach geltendem Recht ist der Verzicht auf die Schriftlichkeit, der eine Abdingung zuungunsten des Arbeitnehmers darstellt, nach der Meldung zulässig (§ 22 Satz 2).

Zweifel können auftreten, wenn der Arbeitgeber ohne Meldung in Anspruch nimmt (vgl. Anm. 2 und 37 zu § 5). Die Bemerkung des BGH in seinem Urteil v. 9. 1. 1964 „Drehstromwicklung" (GRUR 1964, 449, 452), daß der Mangel der Schriftlichkeit „an sich unschädlich" sei, da die vorgeschriebene Schriftform allein Beweiszwecken diene, darf nur in dem Zusammenhang mit dem dort angeführten Cromegalurteil verstanden werden. Zudem verlangt der BGH ausdrücklich die Feststellung von Tatsachen, die eine nicht schriftliche Inanspruchnahme erkennen lassen — hierzu Näheres Anm. 18.

16 Einer nur mündlichen Inanspruchnahme ist zu widerraten. Sie kann zwar rechtswirksam sein, wie aus der in Anm. 15 genannten Rechtsprechung hervorgeht und auch schon in der 4. Auflage angenommen wurde; der dort zitierten Auffassung Halbachs (Anm. 3 zu § 6) und Volmers (Anm. 26 zu § 6), daß die mündliche Erklärung nur als Angebot zum Abschluß eines Vertrages aufgefaßt werden könnte, der sich auch Tetz-

§ 6 Inanspruchnahme

ner in seiner Besprechung der 4. Auflage (BB 1964, 1012) angeschlossen hatte, wird nicht beigetreten. Doch sollte die gesetzlich vorgeschriebene Schriftform im Interesse der Schaffung klarer Verhältnisse bei der Wichtigkeit der Inanspruchnahme eingehalten werden. Wie das oben herangezogene Urteil v. 9. 1. 1964, aber auch die Praxis und die Erfahrungen der Schiedsstelle zeigen, treten sonst recht unerfreuliche Streitigkeiten und Beweisschwierigkeiten auf. Das gilt etwa für den Fall, daß die Erklärung nur mit einem Stempel oder einem Faksimile versehen ist oder für den Fall, ob eine nachweisbar nur mündlich abgegebene Erklärung stillschweigend als ausreichend angenommen worden ist.

Freilich wird man dann, wenn sowohl die Meldung als auch die Inanspruchnahme nur mündlich erfolgt sind, nicht verschieden strenge Anforderungen stellen dürfen. In der Regel wird sich weder der Arbeitnehmer auf das Fehlen der Schriftform der Inanspruchnahme berufen können, wenn er selbst nicht schriftlich gemeldet hat, noch der Arbeitgeber auf das Fehlen einer schriftlichen Meldung, wenn er selbst nicht schriftlich in Anspruch genommen hat. Dies wird besonders dann wichtig, wenn einer der beiden Teile nachträglich seine Erklärung schriftlich nachholt. 17

d) Inanspruchnahme oder Rechtsübergang durch schlüssige Handlung 18

Die Erfahrung zeigt, daß die Formvorschriften des § 6 oft wenig Beachtung finden, sei es daß nicht schriftlich oder überhaupt nicht ausdrücklich in Anspruch genommen wird. Wenn es dann zum Streit kommt, wird vielfach versucht, Tatsachen festzustellen und rechtliche Möglichkeiten zu prüfen, ob trotz fehlender oder mangelhafter Inanspruchnahme ein wirksamer Rechtsübergang stattgefunden hat. Zu diesen Fragen haben sowohl das Schrifttum wie das Patentamt und die Schiedsstelle, in letzter Zeit auch Gerichte mehrfach Stellung genommen. In zeitlicher Reihenfolge werden folgende Fundstellen genannt: DPA v. 21. 1. 1959 (Bl. 1959, 115 mit kritischer Bemerkung von Friedrich in GRUR 1959, 275) (1); Schade in Mitt. 1959, 253 (256) (2); Schiedsstelle v. 27. 1. 1960 (Bl. 1960, 279 mit Besprechung von Friedrich in GRUR 1961, 133 (3); Schiedsstelle v. 19. 4. 1960, Bl. 1960, 280 mit Besprechung von Heydt in GRUR 1961, 13 (4); Schade in BB 1962, 260 — Schiedsfall ArbErf 16/60 (5); Schade in GRUR 1965, 643 (640 (6); BGH v. 14. 7. 1966 (vgl. Anm. 8 und 9 zu § 4) (7); OLG Nürnberg v. 29. 4. 1969 (GRUR 1970, 135) (8); EV v. 9. 11. 1970 (Bl. 1971, 170) (9); Bartenbach in Mitt. 1971 232 (10); EV v. 24. 5. 1972 (Bl. 1973, 29) (11); EV v. 3. 4. 1974 (Mitt. 1974, 137) (12). S. auch Schade „Übergang der Diensterfindung auf den Arbeitgeber trotz fehlender oder mangelhafter Inanspruchnahme in „Schöpferische Leistung", Festschrift des Deutschen Erfinderverbandes 1967, 32.

Es würde den Rahmen eines Kommentars sprengen, wenn man die Problematik eingehend darstellen würde. Der Ausgangspunkt und der Grundsatz dürften in dem EV (4) in Anm. 18 richtig charakterisiert sein: Einerseits müssen die zum Schutz des Arbeitnehmers erlassenen Vorschriften, die eine schriftliche Inanspruchnahme vorschreiben, streng 19

Erläuterungen

ausgelegt werden. Andererseits kann man an der Handhabung der Praxis, bei der bis heute beide Partner ihre Pflichten oft nur unvollkommen beachten, nicht lebensfremd vorbeigehen. Eine ausgezeichnete Darstellung der aufgetretenen Probleme gibt Bartenbach (oben 10).

20 Auf jeden Fall muß man feststellen können, daß die Inanspruchnahme g e g e n ü b e r dem Arbeitnehmer — wenn auch u. U. stillschweigend — erklärt worden ist. Die bloße Anmeldung beim Patentamt durch den Arbeitgeber oder eine Mitteilung an den Arbeitnehmer, daß die Erfindung zum Schutzrecht angemeldet sei und angegeben sei, daß sie aufgrund des Arbeitnehmererfindungsrechts auf ihn übergegangen sei, reicht nicht aus. Ebenso ersetzt ein Einspruch gegen eine vom Arbeitnehmer (widerrechtlich) vorgenommene Anmeldung nicht die Inanspruchnahme (so (2) und (3) in Anm. 18). Die Unterrichtung des Arbeitnehmers über die Einreichung der Anmeldung entspricht lediglich der Verpflichtung des § 15 (s. (5) und (10) in Anm. 18).

In derselben Linie liegt das OLG Nürnberg (o. (8) in Anm. 18): In der Anmeldung der Erfindung durch den Arbeitgeber, der sich selbst als Erfinder nennt, wird keine Inanspruchnahme erblickt und wegen ihres Fehlens die auf das ArbEG gestützte Klage abgewiesen. Es darf zum Verständnis des nur auszugsweise abgedruckten Urteils bemerkt werden, das der vom Arbeitnehmer erhobene Anspruch aus widerrechtlicher Entnahme aus prozessualen Gründen nicht zum Zug gekommen ist.

21 Wenn die Parteien darüber einig sind, daß die Erfindung auf den Arbeitgeber übergegangen ist, ohne daß er in Anspruch genommen hat, es aber streitig ist, ob sie als freie oder als Diensterfindung anzusehen war, fehlt es an den Voraussetzungen für die Annahme einer stillschweigenden Inanspruchnahme. Dagegen hat der BGH (o. (7) in Anm. 18) mit Recht eine eindeutige Inanspruchnahme darin erblickt, daß es der Arbeitgeber gegenüber dem Arbeitnehmer abgelehnt hat, die Erfindung als freie Erfindung anzuerkennen und die bereits eingereichte Anmeldung auf ihn zu übertragen. In einem Schiedsfall (s. (2) in Anm. 18) hat die Arbeitgeberin während der Frist den Entwurf der Patentanmeldung dem Arbeitnehmer zur Stellungnahme zugeleitet und mitgeteilt, daß sie ihn dem Patentamt einreichen werde. Der Erfinder hat sich schriftlich mit dem Entwurf und seiner Einreichung einverstanden erklärt. Ob man in diesem Sachverhalt auch heute noch wie im Jahre 1958 eine wirksame Inanspruchnahme sehen kann, mag zweifelhaft sein.

22 **e) Übergang ohne Inanspruchnahme**

In dem EV v. 19. 4. 1960 (s. (4) in Anm. 18) hat die Schiedsstelle festgestellt, daß sie keine Möglichkeit sehe, die „schriftliche Inanspruchnahmeerklärung gegenüber dem Arbeitnehmer durch schlüssige Handlungen oder stillschweigendes Übereinkommen als bewirkt anzusehen." Sie hat dann geprüft, ob trotz Fehlens einer rechtzeitigen Inanspruchnahme ein Übergang der Erfindung als mit dem Arbeitgeber vereinbart angesehen werden kann. Daß nach der Meldung eine solche Vereinbarung zulässig ist, ergibt sich aus § 22 Satz 2. Auch wenn sie nicht ausdrücklich erfolgt ist, könnte sie stillschweigend oder durch schlüssige Handlungen zustandegekommen sein, wenn dies dem gesamten Sachverhalt entnommen werden kann. In dem Schiedsfall hatte der Erfinder, der gleichzeitig Patentsachbearbeiter war, im Auftrag des Arbeitgebers die Erörterungen über die Anmeldung beim Patentamt auf ihren Namen mit den Patentanwälten mündlich und schriftlich geführt. Aus dieser intensiven Einschaltung in das Erteilungsverfahren hat die Schiedsstelle einen stillschweigenden Übergang der Diensterfindung auf den Arbeitgeber als vereinbart entnommen.

In mehreren neueren Schiedsfällen (ArbErf. 84/70, Anm. 18 (11); Arb. Erf. 25/70 und 83/70 — unveröffentlicht), in denen der Erfinder zugleich die Patentanmeldung für den Arbeitgeber bearbeitet und eingereicht hatte, ist die Schiedsstelle dieser Rechtsauffassung gefolgt. Dem wird beigetreten. Ähnlich liegt auch der in Anm. 18 unter (9) angeführte Schiedsfall, in dem ein leitender Angestellter die Anmeldung für seine Diensterfindung für den Arbeitgeber eingereicht und selbst unterschrieben hatte.

f) Bedingte Erklärung 23

Wie bereits in Anm. 3 erwähnt worden ist, ist die Inanspruchnahmeerklärung als rechtsgestaltende Erklärung bedingungsfeindlich (vgl. auch Palandt, Überblick vor § 104 BGB Anm. 2, d). Eine bedingte Erklärung ist unwirksam (so für bedingte Anfechtung RGZ 66, 153).

Schutzfähigkeit ist keine echte Bedingung, sondern Voraussetzung der Inanspruchnahme. Wird diese unter dem Vorbehalt der Schutzfähigkeit erklärt, so wird damit nur eine Selbstverständlichkeit ausgesprochen, was unschädlich ist. Führt die Anmeldung nicht zu einem Schutzrecht, so stellt sich die Inanspruchnahme nachträglich als gegenstandslos heraus, wenigstens soweit der Gesichtspunkt des Übergangs der Erfindung in Betracht kommt. In aller Regel wird dann aber das, was als „Erfindung" in Anspruch genommen war, als Arbeitsergebnis dem Arbeitgeber von vornherein zustehen und ihm verbleiben.

g) Gedanken zur künftigen Entwicklung 24

Es ist wünschenswert, daß nach und nach ein strengerer Maßstab an die Einhaltung der Formvorschriften angelegt wird. Sie werden in großen Betrieben in der Regel beachtet, in mittleren und vor allem kleineren Betrieben immer noch sehr vernachlässigt. Ob der Gesetzgeber, besonders hinsichtlich der Inanspruchnahme, unpraktikable Formerfordernisse aufgestellt hat, mag offen bleiben. Jedenfalls hat es sich gezeigt, daß die Befolgung der Regeln einschließlich der Richtlinien späterem Streit weitgehend vorbeugt (s. z. B. Anm. 5 zu § 5). Es wird auch an den Erfindern liegen, ihrerseits die sie betreffenden Vorschriften, etwa über Form und Inhalt der Meldung, zu beachten.

Es bleibt abzuwarten, ob die Gerichte künftig strengere Anforderungen stellen werden, insbesondere auch, ob sie die vermittelnden Ver-

Erläuterungen

suche der Schiedsstelle, bei fehlerhafter Inanspruchnahme zu helfen, folgen werden. Eine Tendenz ist bisher nicht zu erkennen.

IV. Frist für Inanspruchnahme

25 a) „So bald wie möglich"

Der Arbeitnehmer soll möglichst schnell Klarheit über das weitere Schicksal der Erfindung gewinnen; andererseits muß dem Arbeitgeber ausreichend Zeit gelassen werden, um sich über den Wert der Erfindung und die Frage ihrer Anmeldung klar zu werden. Neben der in Anm. 26 zu erörternden Viermonatsfrist ist deshalb bestimmt, daß die Erklärung so bald wie möglich abgegeben werden soll. An die Stelle der früheren, auch in den Regierungsentwürfen enthaltenen Bestimmung „ist" hat der Bundestag auf Anregung des Bundesrats das Wort „soll" gesetzt; durch diese Änderung soll klargestellt werden, daß nur die Viermonatsfrist eine Ausschlußfrist ist, daß aber eine innerhalb dieser Frist nicht „so bald wie möglich" abgegebene Erklärung nicht als verspätet angesehen werden darf (Begründung des Bundesrats, Anl. 2 zu Drucksache 1648). Diese Begründung erscheint zutreffender als die in dem Ausschußbericht (unten S. 632) gegebene, daß dadurch klargestellt werden solle, der Arbeitgeber verletze durch eine Verzögerung die Treuepflicht nicht. Eine willkürliche, unbegründete Verzögerung bis zum Schluß der Viermonatsfrist wäre pflichtwidrig, allerdings ohne Einfluß auf die Gültigkeit der Inanspruchnahme. Sie könnte aber u. U. Schadensersatzansprüche auslösen. So auch Volmer Anm. 28, Lindenmaier-Lüdecke Anm. 4 zu § 6; wie der Ausschußbericht Heine-Rebitzki Anm. 5, Halbach Anm. 5 zu § 6.

26 b) Vier Monate

Bis zum Ablauf von vier Monaten nach Meldung ist die Erklärung abzugeben. Die bisher sechs Monate betragende Frist ist, nachdem der erste Regierungsentwurf drei Monate vorgeschlagen hatte, auf vier Monate festgesetzt worden. Dafür ist aber bestimmt, daß sie erst seit Eingang der ordnungsgemäßen Meldung läuft, siehe § 5 Abs. 3, hierzu Anm. 33 bis 36; ferner EV v. 10. 7. 1963, Bl. 1963, 342. Für die Fristberechnung gelten die Vorschriften der §§ 187 Abs. 1, 188 Abs. 2 BGB. Ist die Meldung beim Arbeitgeber also z. B. am 5. Mai eingegangen, so muß die Inanspruchnahmeerklärung dem Arbeitnehmer bis zum 5. September zugehen (oder 31. Mai bis 30. September).

27 c) Kein Fristbeginn ohne Meldung

Solange eine ordnungsmäßige oder als ordnungsmäßig geltende Meldung nicht vorliegt, beginnt die Erklärungsfrist nicht zu laufen. Dies hat OLG Düsseldorf in dem Urteil vom 23. 2. 1950, GRUR 1950, 524, für das frühere Recht in einem Fall ausgesprochen, in dem der Arbeitgeber Kenntnis davon hatte, daß der Arbeitnehmer die Erfindung zum Patent

§ 6 Inanspruchnahme

angemeldet hatte. Da aus der Anmeldung nicht zu entnehmen sei, ob und inwieweit ihr Gegenstand aus der Arbeit im Betrieb entstanden sei, würde der Arbeitgeber zur Inanspruchnahme veranlaßt, ohne zu wissen, ob er dazu berechtigt sei.

Nachdem die Vorschrift, so bald wie möglich in Anspruch zu nehmen, als Sollvorschrift ausgestaltet ist, s. Anm. 25, andererseits in § 5 Abs. 2 jetzt bestimmt ist, daß der Arbeitnehmer die technische Aufgabe, ihre Lösung und das Zustandekommen der Diensterfindung zu beschreiben hat (in § 3 Abs. 2 DVO „soll"), wird man einen Fristablauf ohne Meldung nur unter ganz besonderen Umständen annehmen können. Ebenso 1. BS des DPA v. 21. 1. 1959, Bl. 1959, 115: Ohne Meldung kann die Frist nicht beginnen. Eine denkbare Verwirkung würde voraussetzen, daß das Verhalten des Arbeitgebers bei der nachträglichen Inanspruchnahme unter den besonderen Verhältnissen des Einzelfalls gegen Treu und Glauben verstößt. Das wird verneint.

d) Schwebezustand bis Inanspruchnahme 28

Bis zur Inanspruchnahme befindet sich das Schicksal der Erfindung in der Schwebe. Sie steht noch dem Erfinder zu, ist aber belastet mit dem Aneignungsrecht des Arbeitgebers, das zwar die Erfindung erst mit Zugang seiner Erklärung übergehen läßt (§ 7 Abs. 1), aber auch für die Zwischenzeit Wirkungen äußert (vgl. § 7 Abs. 3).

e) Fristverlängerung 29

Nach Meldung der Diensterfindung kann der Arbeitnehmer einer Fristverlängerung wirksam zustimmen. Der abweichenden Ansicht von Bartenbach (Mitt. 1971, 232, 235) wird nicht beigetreten, zumal es als Rechtsmißbrauch angesehen werden könnte, wenn sich der Arbeitnehmer auf den Fristablauf trotz entgegenstehender Erklärung nachträglich beruft. An die Klarheit und Eindeutigkeit einer derartigen Vereinbarung müssen strenge Anforderungen gestellt werden (BGH v. 23. 5. 1952, Bl. 1953, 127). Doch kann nicht allgemein, etwa im Anstellungsvertrag, eine längere Frist vereinbart werden, da dies gegen die Unabdingbarkeitsklausel des § 22 verstoßen würde.

f) Fristversäumnis 30

Wird die Viermonatsfrist versäumt, so wird die Diensterfindung frei (§ 8 Abs. 1 Nr. 3 und Anm. 18 hierzu). Es kommt nicht darauf an, daß die Beteiligten die Frist kannten. Lediglich dann verstieße die Berufung des Arbeitnehmers auf den Ablauf der Frist wider Treu und Glauben, wenn er sich mit Versuchen zur Erprobung der Erfindung in dem Bewußtsein des Fristablaufs einverstanden erklärt hätte, ohne den Arbeitgeber hierauf aufmerksam zu machen (BGH v. 23. 5. 1952, Bl. 1953, 127). Vgl. auch EV v. 12. 8. 1967 (Bl. 1967, 131) und v. 8. 5. 1972 (Bl. 1972, 382).

Erläuterungen

V. Nachträgliche Änderungen der Inanspruchnahme

31 a) Freigabe

Der Arbeitgeber kann die Erfindung jederzeit, also auch noch nach Inanspruchnahme, freigeben, s. Anm. 6, 7 zu § 8. Hat er sie schon zur Erteilung eines Schutzrechts angemeldet, so gehen die Rechte aus der Anmeldung auf den Arbeitnehmer über (§ 13 Abs. 4 Satz 2).

32 b) Übergang von unbeschränkter zu beschränkter Inanspruchnahme und umgekehrt

Das dem Arbeitgeber zustehende Wahlrecht zwischen der unbeschränkten Inanspruchnahme mit der Wirkung des vollen Rechtsübergangs und der beschränkten mit der Wirkung der Freigabe unter Vorbehalt eines Benutzungsrechts wird mit seiner Ausübung verbraucht. Der Arbeitgeber kann deshalb nicht nachträglich einseitig von einer Art auf die andere übergehen. Doch bietet ihm § 16 im Ergebnis die Möglichkeit, auf das volle Recht zu verzichten und sich nur ein Benutzungsrecht vorzubehalten, s. Anm. 23 zu § 16. Vgl. Volmer, Anm. 16 zu § 6: Übergang von unbeschränkter auf beschränkte Inanspruchnahme ist grundsätzlich zulässig. Ein nachträglicher Übergang auf die unbeschränkte Inanspruchnahme dürfte selbst vor Ablauf der Viermonatsfrist nur mit Zustimmung des Arbeitnehmers möglich sein.

Der BGH läßt in dem Urteil v. 9. 1. 1964 „Drehstromwicklung" (GRUR 1964, 449) die Frage offen; der Übergang von der unbeschränkten zur beschränkten Inanspruchnahme sei jedenfalls dann zulässig, wenn der Arbeitnehmer damit einverstanden ist. Wie hier Johannesson in (GRUR 1970, 114 f, 121), der auch den Übergang zum qualifizierten technischen Verbesserungsvorschlag des § 20 Abs. 1 ohne Zustimmung der Parteien für nicht möglich hält.

Die gesetzliche Regelung des § 7 Abs. 2 Satz 2, daß der Arbeitnehmer unter bestimmten Voraussetzungen den Übergang von der beschränkten zur unbeschränkten Inanspruchnahme verlangen kann, stellt sich als klare Ausnahme dar, s. Anm. 15 zu § 7.

33 VI. Übergangsregelung des § 43

Die Vorschriften über die Inanspruchnahme sind nur auf nach Inkrafttreten des Gesetzes am 1. Oktober 1957 gemachte Erfindungen anzuwenden, wie § 43 Abs. 1 ausdrücklich bestimmt.

34 VII. Öffentlicher Dienst

§ 40 Nr. 1 sieht vor, daß bei Arbeitnehmern im öffentlichen Dienst der Arbeitgeber an Stelle der Inanspruchnahme unter bestimmten Voraussetzungen eine angemessene Beteiligung an dem Ertrag der Diensterfindung in Anspruch nehmen kann. Näheres s. Anm. 3, 4 zu § 40. Diese Vorschriften sind nach § 41 auf Erfindungen von Beamten und Soldaten entsprechend anzuwenden.

§ 7
Wirkung der Inanspruchnahme

(1) Mit Zugang der Erklärung der unbeschränkten Inanspruchnahme gehen alle Rechte an der Diensterfindung auf den Arbeitgeber über.

(2) Mit Zugang der Erklärung der beschränkten Inanspruchnahme erwirbt der Arbeitgeber nur ein nichtausschließliches Recht zur Benutzung der Diensterfindung. Wird durch das Benutzungsrecht des Arbeitgebers die anderweitige Verwertung der Diensterfindung durch den Arbeitnehmer unbillig erschwert, so kann der Arbeitnehmer verlangen, daß der Arbeitgeber innerhalb von zwei Monaten die Diensterfindung entweder unbeschränkt in Anspruch nimmt oder sie dem Arbeitnehmer freigibt.

(3) Verfügungen, die der Arbeitnehmer über eine Diensterfindung vor der Inanspruchnahme getroffen hat, sind dem Arbeitgeber gegenüber unwirksam, soweit seine Rechte beeinträchtigt werden.

Übersicht

	Anm.
I. Unbeschränkte Inanspruchnahme	
a) Übergang der übertragbaren Rechte	1
b) „Rechte an der Diensterfindung"	2
c) Rechte an der vom Arbeitnehmer vor Inanspruchnahme eingereichten Schutzrechtsanmeldung	3
d) Widerrechtliche Entnahme	4, 5
e) Freie Erfindung	6
f) Zeitpunkt	7
g) Verpflichtungen des Arbeitgebers	8
II. Beschränkte Inanspruchnahme	
a) Allgemeines	9
b) Benutzungsrecht	
aa) Rechtliche Einordnung	10
bb) Unterlizenzen	11
cc) Benutzen durch Herstellen in fremdem Betrieb	12
dd) Weitere Benutzungsrechte im Gesetz	13
c) Anderweitige Verwertung durch Arbeitnehmer	14
d) Unbillige Erschwerung	15
e) Nachweis der Unbilligkeit	16
f) Wahlrecht des Arbeitgebers	17
g) Frist zur Ausübung des Wahlrechts	18
h) Rechte und Pflichten bei beschränkter Inanspruchnahme	19
i) Übertragung des Erfinderrechts und des Benutzungsrechts	20
III. Verfügungsbeschränkung des Arbeitnehmers	
a) Rechtliche Konstruktion	21
b) Unwirksamkeit	22
c) Unwirksame Verfügungen	23
d) Verfügungen gegenüber dem Patentamt	24
e) Wirksamwerden von Verfügungen	25

Erläuterungen

I. Unbeschränkte Inanspruchnahme

1 a) Übergang der übertragbaren Rechte

Mit Zugang der Erklärung gehen alle Rechte an der Diensterfindung über; die Rechtslage ändert sich unmittelbar, ohne daß der Arbeitnehmer zustimmen müßte und damit ein Vertrag zustande käme. Der Arbeitgeber wird Rechtsnachfolger kraft seines gesetzlichen Aneignungsrechts, s. Anm. 3 zu § 6. Er kann, da er alle Rechte erworben hat, über die Erfindung frei verfügen, sie inbesondere weiter übertragen. Das kommt z. B. bei Tochtergesellschaften und bei Vereinbarungen mit ausländischen Firmen im Rahmen von Patentaustauschverträgen vor, die ihrerseits als Rechtsnachfolger die Erfindung zum Schutzrecht anmelden. Die Verpflichtungen des Arbeitgebers gegen den Arbeitnehmer, z. B. auf Zahlung von Erfindervergütung und auf Schutzrechtsanmeldung, bleiben jedoch unberührt, vgl. Anm. 3 zu § 6, Anm. 19 zu § 9.

Während es in § 4 Abs. 2 Satz DVO hieß, daß die „Erfindung" übergehe, trägt das Gesetz dem Rechnung, daß die Erfindung eine Tatsache ist, und spricht deshalb von den „Rechten an der Erfindung". Aus diesem Zusammenhang in Verbindung mit den Worten „alle" Rechte ergibt sich, daß ein umfassender Übergang der übertragbaren Vermögensrechte gemeint ist. Unberührt bleibt das unübertragbare Persönlichkeitsrecht des Erfinders, das sich besonders in dem Anspruch auf Nennung als Erfinder nach § 36 PatG ausprägt.

Zugegangen ist die Erklärung, wenn sie so in den Machtbereich des Empfängers gelangt ist, daß bei Annahme gewöhnlicher Verhältnisse damit zu rechnen ist, daß er von ihr Kenntnis nehmen konnte (RGZ 50, 194). S. auch Anm. 7.

2 b) „Rechte an der Diensterfindung"

Mit der Fertigstellung der Erfindung entsteht das allgemeine Erfinderrecht. Es ist ein absolutes aber unvollkommenes Recht, da es erst nach der Anmeldung zum Schutzrecht volle Wirkung gewinnt; denn ein solches wird bei früherer Anmeldung dem selbständigen Zweiterfinder gewährt. Das „Recht auf das Patent" steht dem zu, der zuerst anmeldet (§ 3 PatG, entspr. § 5 GmG). Nach der Anmeldung treten hinzu der Anspruch auf Erteilung des Patents, nach seiner Erteilung das Recht aus dem Patent (§ 9 PatG) bzw. der Anspruch auf Eintragung des Gebrauchsmusters und das durch die Eintragung begründete Recht (§ 13 GmG). Ferner hat der Erfinder die Rechte aus §§ 4 Abs. 3 und 5 PatG sowie § 5 Abs. 3 und 4 GmG.

Diese Rechte gehen mit der unbeschränkten Inanspruchnahme auf den Arbeitgeber über.

Ob auch das Vorbenutzungsrecht des § 7 PatG als „Recht an der Diensterfindung" übergeht, wie die Vorauflagen annehmen, kann zweifelhaft sein. Denn § 7 PatG gibt das Vorbenutzungsrecht dem, der die Erfindung in Benutzung genommen oder die dazu erforderlichen Veranstaltungen getroffen hatte. Das kann aber nicht der Arbeitnehmer für seine Person, sondern nur der Arbeitgeber als Inhaber des Betriebs sein. Er muß deshalb z. Z. der Patentanmeldung des anderen im Erfindungsbesitz sein. Das ist nur dann der Fall, wenn er Kenntnis von der „Erfindung" erlangt hat, aber unabhängig davon, ob er sie in Anspruch genommen hat (vgl. BGH v. 21. 6. 1960 „Bierhahn", GRUR 1960, 546, mit Besprechung von Tetzner und Reimer Anm. 8 zu § 7 PatG). Die Kenntnis braucht nicht unbedingt durch die Meldung als Diensterfindung erlangt worden zu sein; auch wenn der in Betracht kommende technische Gedanke nicht als erfinderisch angesehen worden ist, kann er dem Arbeitgeber in anderer Weise bekannt geworden sein.

Nur wenn die Erfindung dem Arbeitnehmer freigegeben wird oder aus anderen Gründen frei wird, der Arbeitgeber aber selbst keine Benutzung aufnimmt, kann u. U. der Arbeitnehmer, der nach Ausscheiden ein eigenes Unternehmen aufmacht, Rechte aus § 7 PatG erlangen (vgl. Reimer, Anm. 4 zu § 7 PatG).

Der Erfindungsbesitz muß redlich sein (Reimer, Anm. 8, Busse, Rdnr. 7, Benkard, Rdnr. 8 zu § 7 PatG). Er ist es nicht, wenn die Erfindung dem späteren Patentinhaber widerrechtlich entnommen ist, etwa von einem neu eingestellten Arbeitnehmer aus dem Betrieb seiner früheren Arbeitgeberin als fertige Erfindung mitgebracht worden ist (s. Anm. 4, 5 und Reimer, Anm. 8 zu § 7 PatG). Bei der Auswertung der älteren Rechtsprechung ist Vorsicht geboten, da sie z. T. die durch das ArbEG geänderte Rechtslage nicht berücksichtigt.

c) Rechte an der vom Arbeitnehmer vor Inanspruchnahme eingereichten Schutzrechtsanmeldung

3

Es kommt vor, daß der Arbeitnehmer für eine Diensterfindung ein Patent oder Gebrauchsmuster auf seinen Namen anmeldet, sei es, weil er sie für frei hält, sei es in schuldhafter Verletzung der Meldepflicht, etwa nach seinem Ausscheiden aus dem Betrieb. Nimmt der Arbeitgeber die Erfindung dann in Anspruch, so gehen die Rechte an ihr auf ihn über — s. Anm. 1. Eine sachlich-rechtliche „Übertragung" ist daneben nicht erforderlich. Jedoch wird man nicht annehmen können, daß der Arbeitgeber die Rechte aus der Anmeldung nun ohne weiteres auch gegenüber dem Patentamt geltend machen könne, wie aus dem Urteil des LG Braunschweig v. 26. 1. 1955, NJW 1955, 994, entnommen werden könnte. Denn nach § 4 Abs. 1 PatG, § 5 Abs. 4 GmG gilt der Anmelder im Verfahren vor dem Patentamt als berechtigt, die Erteilung des Patents bzw. die Eintragung des Gebrauchsmusters zu verlangen. Nach § 24 Abs. 2 PaG, § 3 Abs. 4 GmG vermerkt das Patentamt in der Rolle eine Änderung in der Person des Inhabers nur, wenn sie ihm nachgewiesen wird. Solange die Änderung nicht eingetragen ist, bleibt der bisherige Inhaber nach Maßgabe des Gesetzes berechtigt und verpflichtet. Nach ständiger Übung

Erläuterungen

wird auch die Anmeldung erst bei Nachweis der Änderung der Person umgeschrieben. Deshalb ist der Arbeitnehmer verpflichtet, eine Erklärung abzugeben, die die Umschreibung beim Patentamt ermöglicht, nach den Anforderungen des Amts in öffentlich beglaubigter Form (gerichtliche, notarielle, evtl. auch polizeiliche Beglaubigung, vgl. Busse Rdnr. 9 zu § 24 PatG).

4 d) Widerrechtliche Entnahme

Meldet der Arbeitnehmer eine Diensterfindung zum Schutzrecht an, nachdem der Arbeitgeber sie in Anspruch genommen hat, so begeht er zweifelsfrei eine widerrechtliche Entnahme im Sinne der §§ 4, 5 PatG, 5 GmG. Streitig ist, ob eine solche auch vorliegt, wenn der Arbeitnehmer bereits v o r der Inanspruchnahme auf seinen Namen angemeldet hatte. Dies könnte aber von Bedeutung werden, wenn es sich um die Wirksamkeit von Erklärungen des Arbeitnehmers im Erteilungsverfahren unter dem Gesichtspunkt des Abs. 3 handelt, s. dazu Anm. 24.

In der 2. Aufl. S. 25 und 46 wird die Auffassung vertreten, daß eine widerrechtliche Entnahme im Sinne des § 4 Abs. 3 PatG vorliegt, wenn der Arbeitnehmer die Diensterfindung vor der später rechtswirksam erfolgenden Inanspruchnahme anmeldet. Diese Auffassung ist in den weiteren Auflagen beibehalten worden. Hierbei wird nach Würdigung der neueren Rechtsprechung und des Schrifttums verblieben. Für Annahme einer widerrechtlichen Entnahme 1. BS des DPA v. 21. 1. 1959, Bl. 1959, 115, unter der Voraussetzung, daß der Arbeitgeber vor der Entscheidung im Erteilungsverfahren rechtswirksam in Anspruch nimmt; dies wird nicht aus der Tatsache des Einspruchs entnommen. In derselben Linie liegt der Beschluß des BPatGer v. 25. 2. 1969 (BPatGerE 10, 207): Der Einspruch wird für zulässig gehalten; für die Beurteilung der Vorfrage, ob eine Diensterfindung vorliegt, seien nur die Gerichte für Patentstreitsachen zuständig — bei möglicher Einschaltung der Schiedsstelle.

Der Entscheidung v. 21. 1. 1959 stimmen zu Reimer, Anm. 23 zu § 4, Krausse-Kathlun-Lindenmaier, Anm. 26 zu § 4, Heine-Rebitzki, Anm. 6 zu § 7, Friedrich in GRUR 1959, 275, mit gewissen Einschränkungen Volmer, Anm. 53 zu § 13, zweifelnd Anm. 46 zu § 7. Ablehnend schon Riemschneider-Barth S. 192, Tetzner, Anm. 40 zu § 4, Lindenmaier-Lüdecke, Anm. 1 zu § 7, Gaul-Bartenbach C 123, im Ergebnis auch Benkard, Rdnr. 37 zu § 4 PatG.

5 Bei der Behandlung der Streitfrage ist davon auszugehen, daß die in §§ 4 Abs. 3, 5 PatG geregelte widerrechtliche Entnahme nur objektive Widerrechtlichkeit, nicht Verschulden voraussetzt; RG v. 27. 3. 1918, GRUR 1930, 1110, Reimer Anm. 6, wohl allgemeine Meinung. „Widerrechtlich" ist die Entnahme nach dem Wortlaut des § 4 Abs. 3 PatG, wenn „ohne Einwilligung" des anderen entnommen ist.

Dieser Tatbestand liegt auch vor, wenn eine scheinbar vorhandene Einwilligung in Wahrheit unwirksam ist. Reimer nennt (Anm. 22 zu § 4 PatG) als Beispiele, daß die Einwilligung entweder wegen Geschäftsunfähigkeit des Einwilligenden von vornherein unwirksam war oder, z. B. wegen Irrtumsanfechtung, ihre Wirksamkeit nachträglich wieder verliert. Folgt man dem, so muß man objektive Widerrechtlichkeit auch dann feststellen, wenn sich aus anderen Gründen nachträglich herausstellt, daß der Anmelder nicht befugt war, über die Erfindung zu verfügen. Die Anmeldung der Diensterfindung auf den Namen des Arbeitnehmers ist aber eine Verfügung, die nach der Inanspruchnahme dem Arbeitgeber gegenüber nach Abs. 3 unwirksam ist, da sie das auf ihn übergegangene Recht an der Diensterfindung beeinträchtigt. Legt man der Inanspruchnahme eine dingliche Wirkung bei — s. Anm. 3 zu § 6 —, die in der beschriebenen Weise über den Akt zurückwirkt, so wird die Anmeldung des Arbeitnehmers zu einer widerrechtlichen. Denn das Aneignungsrecht des Arbeitgebers wird verletzt. Dieses geht über eine schuldrechtliche Bindung zwischen Arbeitgeber und Arbeitnehmer hinaus. Es wird beeinträchtigt, wenn der Arbeitnehmer die Erfindung für sich selbst anmeldet; vgl. hierzu die eingehende Begründung in der genannten Entscheidung v. 21. 1. 1959 (s. Anm. 4).

Nicht entscheidend kann sein, daß der Arbeitgeber noch keinen tatsächlichen Erfindungsbesitz gehabt hat und dieser nur durch die Regelung des Abs. 3 ersetzt werden könnte. Denn der Besitz erleichtert nur den Nachweis des Erfinderrechts, der hier auf andere Art geführt wird. Außerdem läßt die Regelung des Abs. 3 einen Schutz des guten Glaubens, der an den Besitz anknüpfen könnte, nicht zu.

Zu unterstreichen ist aber die Auffassung in der Entscheidung v. 21. 1. 1959, daß vor endgültiger Entscheidung über den Einspruch geklärt sein muß, ob wirksam in Anspruch genommen worden ist. Weil keine Meldung vorlag, wird die Frist oft noch nicht abgelaufen sein.

Mit dieser Entscheidung wird im Gegensatz zu dem Beschluß des BPatG v. 25. 2. 1969 (s. Anm. 4) zu bejahen sein, daß die Erteilungsbehörde für die Prüfung der Voraussetzungen einer widerrechtlichen Entnahme, hier also auch der erfinderrechtlichen Fragen, zuständig ist.

Eine widerrechtliche Entnahme ist nicht gegeben, wenn die Erfindung durch Versäumung der Fristen des § 6 Abs. 2 oder § 18 Abs. 2 freigeworden ist und vom Arbeitnehmer angemeldet wird (so EV v. 12. 8. 1966, Bl. 1967, 131).

Im übrigen sei darauf hingewiesen, daß § 5 PatG die sog. Vindikation nicht nur dem durch widerrechtliche Entnahme Verletzten, sondern auch dem gibt, dessen Erfindung durch einen Nichtberechtigten angemeldet ist. Auch wenn man sich nicht entschließen kann, in der Anmeldung einer Diensterfindung durch den Arbeitnehmer, die später mit Recht vom Arbeitgeber in Anspruch genommen wird, eine widerrechtliche Entnahme zu erblicken, wird man dem Arbeitgeber doch die Rechte

Erläuterungen

aus dem § 5 PatG gewähren müssen, weil der Arbeitnehmer nach wirksamer unbeschränkter Inanspruchnahme „Nichtberechtigter" ist.

Hatte der Arbeitnehmer die Erfindung bereits nach § 5 gemeldet und meldet er sie dann doch noch auf seinen eigenen Namen zum Schutzrecht an, etwa weil er irrtümlich annimmt, daß sie frei sei oder frei geworden sei, so verstößt er auch gegen die Bestimmung des § 13, nach der allein der Arbeitgeber berechtigt ist, eine gemeldete Erfindung im Inland zur Erteilung eines Schutzrechts anzumelden. Die Widerrechtlichkeit dürfte hier noch klarer sein.

6 e) Freie Erfindung

Voraussetzung für den Rechtsübergang und die Entstehung von Rechtsansprüchen des Arbeitgebers ist immer, daß eine Diensterfindung vorliegt. Eine freie Erfindung kann nicht wirksam in Anspruch genommen werden, vgl. Anm. 9 zu § 6. Besteht Streit darüber, ob die Erfindung gebunden oder frei ist, so hängt die Wirkung der Inanspruchnahme von der Entscheidung dieser Vorfrage ab, die der Schiedsstelle vorgelegt werden kann (§ 28), gegebenenfalls von den Gerichten zu entscheiden ist.

7 f) Zeitpunkt

Die Rechte gehen mit dem Zugang der Erklärung beim Arbeitnehmer über. „Zugegangen" ist eine empfangsbedürftige Willenserklärung, wenn sie in den Machtbereich des Empfängers gelangt und nach den Umständen zu erwarten ist, daß er von ihr Kenntnis nimmt; bei schriftlicher Erklärung reicht Aushändigung aus. Wegen der Einzelheiten vgl. die Kommentare zu § 130 BGB, z. B. Palandt Anm. 2.

Zur Beweiserleichterung empfiehlt es sich, daß der Arbeitnehmer eine Bescheinigung über den Tag des Empfangs ausstellt.

Die Inanspruchnahme übt nach Abs. 3 Wirkungen für die Zeit vorher aus. Näheres s. Anm. 4, 5.

8 g) Verpflichtungen des Arbeitgebers

Der Arbeitnehmer hat gegen den Arbeitgeber einen Anspruch auf angemessene Vergütung nach näherer Bestimmung des § 9; der Arbeitgeber ist verpflichtet, die Diensterfindung im Inland zur Erteilung eines Schutzrechts anzumelden (§ 13); die Anmeldung im Ausland regelt § 14. Weitere Verpflichtungen ergeben sich aus §§ 15, 16.

II. Beschränkte Inanspruchnahme

9 a) Allgemeines

Nach bisherigem Recht hatte der Arbeitgeber bei Diensterfindungen des Arbeitnehmers im privaten Dienst nur einen Anspruch auf vollen Übergang der Erfindung, es sei denn, daß später vertraglich anderes geregelt wurde. Lediglich für den öffentlichen Dienst konnte sich der

§ 7 Wirkung der Inanspruchnahme

Dienstherr mit einem Nutzungsrecht begnügen (§ 11 Abs. 3 DVO). Nunmehr ist allgemein neben die unbeschränkte die beschränkte Inanspruchnahme getreten, die nur ein Benutzungsrecht gewährt. Wegen der wechselvollen Vorgeschichte und der rechtspolitischen Erwägungen vgl. die Amtl. Begr. unten S. 574 ff., ferner Anm. 4 und 5 zu § 6 und Einleitung S. 91. Es sei hier nur erwähnt, daß der Regierungsentwurf 1952 (Bundestagsdrucksache 3343 der 1. Wahlperiode — siehe auch unten S. 559 —) in § 5 die beschränkte Inanspruchnahme nur für Diensterfindungen vorgesehen hatte, die sich auf ein Arbeitsmittel oder ein Arbeitsverfahren beziehen. Bei den Vorarbeiten ist das bereits oben in Anm. 5 zu § 6 gebrachte Beispiel erörtert worden, daß in einem chemischen Betrieb eine Verbesserung an einer Tablettiermaschine erfunden wird. Der Betrieb hat kein Interesse daran, selbst derartige Maschinen zu bauen oder zu vertreiben. Er möchte aber nicht gehindert sein, die bei ihm gemachte Erfindung zu benutzen, was ihm bei der vollen Freigabe verwehrt oder doch erschwert werden könnte, wenn der Erfinder oder sein Rechtsnachfolger ein Schutzrecht erwirbt. Das ihm durch die beschränkte Inanspruchnahme gewährte Benutzungsrecht löst das Problem auf einer mittleren Linie. Bei den weiteren Gesetzesberatungen ist dann die beschränkte Inanspruchnahme ganz allgemein eingeführt worden.

b) Benutzungsrecht

aa) Rechtliche Einordnung 10

Die beschränkte Inanspruchnahme verschafft dem Arbeitgeber „nur ein nichtausschließliches Recht zur Benutzung der Diensterfindung". Ein solches Recht kann nach § 9 PatG, § 13 GmG an einem Patent oder Gebrauchsmuster vertraglich bestellt werden. Es wird ein im einzelnen nach Umfang und Inhalt festzulegendes Recht begründet, die Erfindung zu benutzen (§ 6 PatG, § 5 GmG). Man nennt dieses Recht Lizenz. Bei einem nichtausschließlichen Recht spricht man von einfacher Lizenz. Daneben gibt es noch die durch hoheitsrechtlichen Akt gewährte Zwangslizenz nach §§ 15, 37 ff. PatG, § 11 a GmG.

Während nach den genannten Bestimmungen das Lizenzrecht durch Vertrag oder Hoheitsakt begründet wird, entsteht das Benutzungsrecht des § 7 kraft Gesetzes als Folge der Erklärung des Arbeitgebers. Es hat grundsätzlich denselben Inhalt wie ein kraft Vertrages entstehendes einfaches Lizenzrecht, das nicht durch besondere Abreden eingeschränkt ist, gewährt also dem Arbeitgeber die Rechte des Schutzrechtsinhabers mit folgenden Einschränkungen: er darf nicht über das Schutzrecht selbst verfügen, kann nicht die Benutzung durch den Inhaber und die Vergabe weiterer Lizenzen verbieten und kann nicht aus eigenem Recht das Verbotsrecht gegen Dritte geltend machen (vgl. Reimer, Anm. 7, Krausse-Kathlun-Lindenmaier, Anm. 30, 32, Tetzner, Anm. 39, alle zu § 9 PatG). Der Auffassung Volmers (Anm. 26 zu § 7), daß der Arbeitgeber kraft dinglichen Rechts nutzungsberechtigt sei, kann nicht beigetreten werden. Wie hier Lindenmaier-Lüdecke, Anm. 4 zu § 7.

Erläuterungen

Es besteht aber weder eine Verpflichtung des Arbeitnehmers zum Erwerb oder zur Aufrechterhaltung eines Schutzrechts (s. Anm. 14) noch eine solche des Arbeitgebers zur Ausübung des Benutzungsrechts, wie daraus hervorgeht, daß er nur vergüten muß, wenn er benutzt (§ 10 Abs. 1).

11 *bb) Unterlizenzen*

Unterlizenzen können im Zweifel von Inhabern einfacher Lizenzen nicht erteilt werden, es sei denn, daß der Schutzrechtsinhaber den Lizenznehmer hierzu besonders ermächtigt (vgl. Krausse-Kathlun-Lindenmaier Anm. 55, Reimer Anm. 83, Tetzner Anm. 42 zu § 9 PatG). Will der Arbeitgeber an seinem Benutzungsrecht eine Unterlizenz bestellen, etwa für eine Tochtergesellschaft seines Betriebs, so muß er die Zustimmung des Arbeitnehmers einholen, deren Verweigerung sich u. U. als wider Treu und Glauben verstoßend darstellen kann. Eine Vereinbarung, weitere Lizenzen an dem Schutzrecht nicht zu vergeben, kann nicht im voraus getroffen werden (§ 22).

12 *cc) Benutzen durch Herstellung in fremdem Betrieb*

Dagegen ist es zulässig, daß der Arbeitgeber sein Benutzungsrecht in der Weise ausübt, daß er für innerbetriebliche Zwecke unter Benutzung der geschützten Erfindungen in fremden Werkstätten herstellen läßt. Die Amtliche Begründung hält den Arbeitgeber für berechtigt, den Gegenstand der Erfindung „herzustellen oder herstellen zu lassen..." (unten S. 579); ebenso Heine-Rebitzki; Anm. 3 zu § 7; und Lindenmaier-Lüdecke, Anm. 3 zu § 7, die von dem Recht zum Herstellen oder „abhängigen Herstellenlassen" sprechen. Vgl. auch Lüdecke-Fischer, Lizenzverträge, S. 402, Randzahl D 48. Hier wird mit Recht darauf hingewiesen, daß es darauf ankomme, welchem Zweck das gewonnene Erzeugnis dient, d. h. ob es im Betrieb des Lizenznehmers verwendet werden soll oder also solches in den Verkehr gebracht wird. Wenn man an die in Anm. 9 wiedergegebene Entwicklung der Institution der beschränkten Inanspruchnahme, insbesondere die Arbeitsmittelerfindung denkt, so sieht man, daß es dem Sinn der Regelung entspricht, auch die Fertigung für Zwecke des eigenen Betriebs in einem anderen Betrieb als unter das Benutzungsrecht fallend anzusehen, in dem erwähnten Beispiel also die Beauftragung einer Maschinenfabrik mit der Herstellung der im eigenen Betrieb zu verwendenden Tablettiermaschine. Diese Möglichkeit hat größere Bedeutung für öffentliche Verwaltungen wie Bundeswehr, Bundespost und Bundesbahn oder auch Versorgungsbetriebe (Wasser, Strom), die nicht selbst die benötigten Betriebsmittel herstellen.

13 *dd) Weitere Benutzungsrechte im Gesetz*

Ein „nichtausschließliches Recht zur Benutzung der Diensterfindung" sehen auch § 14 bei der Freigabe der Diensterfindung für ausländische Staaten und § 16 bei der Aufgabe des Schutzrechts oder der Anmeldung vor. Ferner spricht § 19 von einem nichtausschließlichem Recht zur Benutzung der Erfindung. Daraus ergeben sich gemeinsame Rechtsgrundsätze. Siehe im einzelnen die genannten Vorschriften.

c) Anderweitige Verwertung durch Arbeitnehmer 14

Der Arbeitnehmer darf die nur beschränkt in Anspruch genommene Erfindung anderweitig verwerten. Dabei setzt die Treuepflicht ihm gewisse Grenzen. Vgl. hierzu § 25. Es steht ihm frei, ob er selbst ein Schutzrecht auf die Erfindung erwerben will, verpflichtet ist er hierzu nicht. Einer der gesetzespolitischen Gründe ist gerade der, die Anmeldung weniger wichtiger Erfindungen zu vermeiden.

d) Unbillige Erschwerung 15

Die von Arbeitnehmerseite erhobenen schweren Bedenken gegen die beschränkte Inspruchnahme haben den Bundestagsausschuß veranlaßt, in Abs. 2 eine Kompromißlösung vorzuschlagen, die auch Gesetz geworden ist. Für den Arbeitnehmer können in manchen Fällen bei der Durchführung einer Schutzrechtsanmeldung erhebliche Schwierigkeiten entstehen, die ihn veranlassen könnten, von dem Erwerb eines Schutzrechts abzusehen, dadurch entweder Gefahr zu laufen, daß ein späterer Erfinder die Erfindung anmeldet und ihn damit ausschließt, oder daß die Erfindung von jedermann frei benutzt wird. Diese Schwierigkeiten werden besonders dann auftreten, wenn im Prüfungsverfahren Vergleichsversuche oder Nachweise der Ausführbarkeit verlangt werden. Außerdem kann die Verwertung durch Lizenzvergabe an Konkurrenzunternehmen in Konflikte mit der Treuepflicht bringen. Wird durch solche Umstände die Verwertung unbillig erschwert, so kann der Arbeitnehmer verlangen, daß der Arbeitgeber die Erfindung entweder ganz oder gar nicht übernimmt. „Unbillig" bedeutet, daß die Erschwerung über das normale Maß hinausgehen muß. Denn die Verwertung einer mit einer Lizenz belasteten Erfindung ist in der Regel schon in gewissem Maße erschwert, was aber in Kauf genommen werden muß. Außer den schon erwähnten Schwierigkeiten bei der Durchführung der Anmeldung können solche dann auftreten, wenn das Benutzungsrecht des Arbeitgebers sich als besonders störend erweist. Das wird z. B. dann der Fall sein, wenn nur wenige andere Interessenten für die Erfindung vorhanden sind, die auf demselben Gebiet wie der eigene Arbeitgeber arbeiten, während bei Betriebsmittelerfindungen (man denke an die Tablettiermaschine, die sowohl in pharmazeutischen Betrieben als in der Süßwarenindustrie verwendet werden kann) eine störende Konkurrenz seltener sein dürfte. Eine gewisse Rolle kann es auch spielen, ob die Erfindung ohne weiteres auch in einem fremden Betrieb ausgewertet werden kann oder ob dazu besondere, einem Dritten nicht ohne weiteres zugängliche und erlaubterweise mitteilbare Erfahrungen gehören. Der Begriff „unbillig" verlangt auch eine Abwägung mit den berechtigten Interessen des Arbeitgebers. Man wird Peters, Die Verwertung frei gewordener Diensterfindungen durch den Arbeitnehmer, GRUR 1961, 515 (519), insoweit folgen können,

Erläuterungen

als er darauf hinweist, daß eine unbillige Erschwerung nicht vorliegt, wenn der Arbeitnehmer auch ohne das ihn belastende Benutzungsrecht nicht in der beabsichtigten Form verwerten könnte — vgl. hierzu § 25.

16 **e) Nachweis der Unbilligkeit**

Da der Arbeitnehmer sich auf die Unbilligkeit beruft, ist er beweispflichtig. Er wird den Nachweis z. B. durch Vorlage von Zwischenbescheiden des Patentamts, von Schriftwechsel über seine Bemühungen, das Schutzrecht zu veräußern oder Lizenzen zu erlangen, oder auch aus der Eigenart der Erfindung und ihrer technischen Zusammenhänge mit anderen Erfindungen oder Erfahrungen führen müssen. Streitfragen können vor die Schiedsstelle (§ 28) gebracht werden und müssen letztlich von den Gerichten entschieden werden. Bisher sind keine Fälle bekannt geworden.

17 **f) Wahlrecht des Arbeitgebers**

Der Arbeitgeber kann wählen, ob er nunmehr die Diensterfindung unbeschränkt in Anspruch nimmt, kann also in diesem Sonderfall entgegen der sonstigen Regel (s. Anm. 32 zu § 6) noch nachträglich dieses Recht ausüben, oder er kann noch freigeben. Äußert er sich nicht, so wird die Erfindung frei (§ 8 Abs. 1 Nr. 3).

18 **g) Frist zur Ausübung des Wahlrechts**

In § 7 ist geregelt, daß der Arbeitgeber sich innerhalb von 2 Monaten entscheiden muß. Der Beginn dieser Frist ist nicht ausdrücklich festgelegt. Doch ergibt er sich eindeutig aus § 8 Abs. 1 Nr. 3. Danach wird die Erfindung frei, wenn der Arbeitgeber sie nicht innerhalb von 2 Monaten „nach dem Verlangen" des Arbeitnehmers in Anspruch nimmt. Von diesem Zeitpunkt ab, läuft also die Frist (so auch Beil, Chemie-Ingenieur-Technik 1957, 489, Lindenmaier, Patentgesetz, 4. Aufl., S. 646, Volmer, Anm. 34—36 zu § 7). Diese Regelung ist hart kritisiert worden (Friedrich, JZ 1957, 696 und GRUR 1958, 270). Es ist bezweifelt worden, daß die Frist mit den schwerwiegenden Folgen durch eine einseitige Behauptung in Lauf gesetzt werden könne. Heine-Rebitzki (Anm. 5 zu § 7) meinen, daß die Frist erst beginne, wenn der Arbeitnehmer die Voraussetzungen nachgewiesen habe. Ebenso Lindenmaier-Lüdecke, Anm. 5 zu § 7, die als den Lauf der Frist auslösenden Nachweis glaubhafte Darlegung ausreichen lassen wollen. Halbach, Anm. 7 zu § 7, meint, daß die Frist beginne, wenn der Arbeitnehmer sein Verlangen schlüssig begründet hat. Pakebusch, Zur Problematik der gesetzlichen Regelung der beschränkten Inanspruchnahme einer Diensterfindung, GRUR 1959, 161, will den Lauf der Frist erst dann beginnen lassen, wenn die unbillige Erschwerung objektiv feststeht.

Diese Auffassungen sind aber mit der genannten Regelung des § 8 nicht in Einklang zu bringen. Auch würde ein solches Hinausschieben der Entscheidung, wem die Erfindung zusteht, in manchen Fällen dem

§ 7 Wirkung der Inanspruchnahme

Bedürfnis widersprechen, für eine vorzunehmende oder schwebende Anmeldung schnell Klarheit zu haben. Schließlich ist die Regelung aus dem Bestreben zu verstehen, die sehr lebhaften Bedenken der Arbeitnehmer gegen die beschränkte Inanspruchnahme zu beschwichtigen. Der Arbeitgeber wird nachträglich in einem Stadium, in dem die Entschließung im allgemeinen leichter zu treffen sein wird, vor die nach bisherigem Recht ganz im Anfang nach der Meldung auftretende Frage gestellt, ob er die Erfindung voll oder gar nicht übernehmen will. Er muß sich über ihre Bedeutung für den Betrieb nochmals klarwerden und notfalls das Risiko eingehen, daß entgegen seiner Ansicht im Rechtsstreit das Vorliegen unbilliger Erschwerung festgestellt wird und sein Schweigen zum Freiwerden der Erfindung geführt hat. Im übrigen ist zu bedenken, daß auch der Arbeitnehmer daran interessiert ist, bald klare Verhältnisse zu schaffen, und daß sich bei gutem Willen beider Teile eine vernünftige Lösung finden lassen wird. Solange der Arbeitgeber die Unbilligkeit nicht anerkennt, ist nämlich eine Lizenzvergabe durch den Arbeitnehmer sehr erschwert.

Mit Recht weist Volmer (Anm. 37, 38 zu § 7) darauf hin, daß u. U. unzulässig Rechtsausübung angenommen werden könnte, wenn der Arbeitnehmer es unterläßt, sein Verlangen rechtzeitig glaubhaft zu machen. Auch muß eine eindeutige Erklärung vorliegen, wenn auch keine Verpflichtung zur Schriftform besteht.

h) Rechte und Pflichten bei beschränkter Inanspruchnahme 19

Beide Teile sind durch die Konstruktion des Benutzungsrechts an der Erfindung und dem etwa erwirkten Schutzrecht rechtlich und wirtschaftlich interessiert. Ihre Beziehungen untereinander stehen für beide unter dem Gesichtspunkt der Treuepflicht aus dem Arbeitsverhältnis (§ 25). Es darf sowohl der Arbeitgeber die Verwertung nicht mehr erschweren, als es die Belange des Betriebs unvermeidlich erscheinen lassen; andererseits muß der Arbeitnehmer dessen Interessen Rechnung tragen. Der Arbeitgeber hat eine angemessene Vergütung für die Benutzung zu zahlen, die in § 10 geregelt ist. Er ist aber zur Benutzung nicht verpflichtet. Der Arbeitnehmer ist nicht verpflichtet, die Erfindung zum Schutzrecht anzumelden.

i) Übertragung des Erfinderrechts und des Benutzungsrechts 20

Der Arbeitnehmer kann das Recht an der freigewordenen Erfindung oder das hierfür erlangte Schutzrecht übertragen oder mit weiteren Lizenzen belasten, unbeschadet des Benutzungsrechts des Arbeitgebers. Dieses bleibt auch bei einem Wechsel des Schutzrechtsinhabers bestehen (vgl. für die vertragliche Lizenz Krausse-Kathlun-Lindenmaier, Anm. 57, Reimer, Anm. 79, Tetzner, Anm. 39, a. A. Benkard. Rdnr. 49, alle zu § 9 PatG). Der Arbeitgeber kann das Benutzungsrecht nur zusammen mit dem Betrieb oder dem Betriebsteil, für den die Erfindung in Frage

Erläuterungen

kommt, übertragen; es geht mit dem Betrieb auf den Erben über — vgl. Anm. 3 zu § 6.

III. Verfügungsbeschränkung des Arbeitnehmers

21 a) Rechtliche Konstruktion

Die Ausgestaltung der Inanspruchnahme als dingliches Aneignungsrecht (s. Anm. 3 zu § 6) ist mit dadurch bewirkt, daß Verfügungen, die der Arbeitnehmer über eine Diensterfindung vor der Inanspruchnahme getroffen hat, dem Arbeitgeber gegenüber unwirksam sind. Da die Rechte des Arbeitgebers erst mit dem Zugang der Erklärung beim Arbeitnehmer entstehen, diese Erklärung aber erst eine gewisse Zeit nach dem Entstehen der Erfindung abgegeben wird, befindet sich die Erfindung in diesem Zeitraum in einem Schwebezustand, in dem noch nicht feststeht, wem sie endgültig zustehen wird. Um die Rechte des Arbeitgebers zu sichern, ist bestimmt, daß ihm gegenüber beeinträchtigende Verfügungen des Arbeitnehmers unwirksam sind. Der Gesetzgeber hat sich nicht mit einer schuldrechtlichen Verpflichtung des Arbeitnehmers begnügt. Er hat ein gesetzliches Verfügungsverbot bestimmt, das dem des § 135 BGB ähnelt.

22 b) Unwirksamkeit

Alle Verfügungen, die das Recht beeinträchtigen, sind unwirksam. Da es an einer dem § 135 Abs. 2 BGB entsprechenden Regelung fehlt, wird der gute Glaube eines Dritten an die Verfügungsbefugnis des Arbeitnehmers nicht geschützt. Der Dritte kann gegen den Arbeitnehmer nur die Rechte aus §§ 434, 440 BGB geltend machen. Das gilt sowohl bei dem vollen Übergang der Erfindung auf Grund unbeschränkter Inanspruchnahme als auch bei Begründung eines Benutzungsrechts des Arbeitgebers aufgrund beschränkter Inanspruchnahme, allerdings nur, soweit diese Rechte durch die Verfügung beeinträchtigt werden. Bei beschränkter Inanspruchnahme bleibt also z. B. die Übertragung der Erfindung selbst an einen Dritten wirksam, unbeschadet des an ihr haftenden Benutzungsrechts.

23 c) Unwirksame Verfügungen

Wird die Erfindung unbeschränkt in Anspruch genommen, so sind alle Verfügungen unwirksam, die Dritten ein irgendwie geartetes Recht an der Erfindung gewähren, z. B. Veräußerung, Verpfändung, Lizenzvergabe; bei beschränkter Inanspruchnahme sind nur solche Verfügungen unwirksam, die die Rechte des Arbeitgebers beeinträchtigen, z. B. ausschließliche Lizenz. In sinngemäßer Anwendung des § 135 BGB sind den rechtsgeschäftlichen Verfügungen solche gleichzustellen, die im Wege der Zwangsvollstreckung oder der Arrestvollziehung oder im Konkurs erfolgen. Der Arbeitgeber muß seine Rechte gegebenenfalls nach § 771 ZPO, § 43 KO verfolgen.

d) Verfügungen gegenüber dem Patentamt 24

Ob auch Verfügungen des Arbeitnehmers unwirksam sind, die dieser gegenüber dem Patentamt, etwa im Erteilungsverfahren, abgegeben hat, z. B. Verzichte, Beschränkungen, kann zweifelhaft sein. Denn im Verfahren vor dem Patentamt gilt der Anmelder nach § 4 Abs. 1 PatG als berechtigt, die Erteilung des Patents zu verlangen, damit aber auch, die im Verfahren zweckmäßig erscheinenden Erklärungen abzugeben. Diese Vorschrift dürfte der des Abs. 3 vorgehen. Dem wirklich Berechtigten bleiben die Rechte aus widerrechtlicher Entnahme, vgl. Anm. 4. Man wird annehmen können, daß der Arbeitgeber auf dem durch § 4 Abs. 3 PatG vorgezeichneten Weg Schwierigkeiten, die sich durch Verzichte des Anmelders ergeben, begegnen kann. Denn wenn sein Einspruch wegen widerrechtlicher Entnahme zur Zurücknahme oder Zurückweisung der Anmeldung führt und er seinerseits fristgemäß anmeldet, kann er die Priorität der früheren Anmeldung verlangen. Seine eigene Anmeldung muß insoweit mit dem Inhalt der früheren Anmeldung übereinstimmen, kann also spätere Änderungen außer Betracht lassen (vgl. Busse, Rdnr. 32 zu § 4 PatG). Deshalb könnte es praktisch darauf ankommen, daß man der in Anm. 4 vertretenen Auffassung über das Vorliegen einer widerrechtlichen Entnahme beitritt.

e) Wirksamwerden von Verfügungen 25

Gibt der Arbeitgeber die Erfindung völlig frei oder gibt er in der Viermonatsfrist des § 6 oder der Zweimonatsfrist des § 8 keine Erklärung ab, so werden die vom Arbeitnehmer getroffenen Verfügungen wirksam, da sie nur ihm gegenüber unwirksam waren. Ferner kann der Arbeitgeber, der nicht völlig freigibt, einzelne ihm gegenüber unwirksame Verfügungen nach § 185 GBG genehmigen.

§ 8
Frei gewordene Diensterfindungen

(1) Eine Diensterfindung wird frei,
1. wenn der Arbeitgeber sie schriftlich freigibt;
2. wenn der Arbeitgeber sie beschränkt in Anspruch nimmt, unbeschadet des Benutzungsrechts des Arbeitgebers nach § 7 Abs. 2;
3. wenn der Arbeitgeber sie nicht innerhalb von vier Monaten nach Eingang der ordnungsgemäßen Meldung (§ 5 Abs. 2 und 3) oder im Falle des § 7 Abs. 2 innerhalb von zwei Monaten nach dem Verlangen des Arbeitnehmers in Anspruch nimmt.

(2) **Über eine frei gewordene Diensterfindung kann der Arbeitnehmer ohne die Beschränkungen der §§ 18 und 19 verfügen.**

Erläuterungen

Übersicht

Anm.

I. Allgemeines
a) Verhältnis zum bisherigen Recht 1
b) Fälle des Freiwerdens 2
   Freigabe vor Inanspruchnahme und vor Schutzrechtsanmeldung 3
   Freigabe vor Inanspruchnahme aber nach Schutzrechtsanmeldung 4
   Freiwerden durch Fristablauf nach Meldung 5
   Freigabe nach Inanspruchnahme aber vor Schutzrechtsanmeldung 6
   Aufgabe nach Inanspruchnahme und nach Schutzrechtsanmeldung 7
   Freigabe durch beschränkte Inanspruchnahme 8
   Freiwerden von dem Benutzungsrecht nach beschränkter Inanspruchnahme, nach Aufgabe und für Anmeldung im Ausland 9
   Freiwerden durch Fristablauf nach Verlangen gemäß § 7 Abs. 2 10
   Freigabe für Anmeldung im Ausland 11

Anm.

Freiwerden durch Fristablauf nach Mitteilung der Erfindung 12

II. Schriftliche Freigabe (Nr. 1)
a) Rechtsnatur 13
b) Bedingte Erklärung 14
c) Schriftlich 15
d) Zeitpunkt der Freigabe 16
e) Mehrere Erfinder 17

III. Freiwerden durch Fristablauf (Nr. 3) 18

IV. Wirkung des Freiwerdens
a) Grundsätzliches 19
b) Beschränkungen durch die Treuepflicht 20
c) Wegfall von Pflichten des Arbeitnehmers 21
d) Wegfall von Pflichten des Arbeitgebers 22
e) Belastung mit Rechten Dritter 23
f) Aufwendungen des Arbeitgebers vor Freigabe 24
g) Kein Vorbenutzungsrecht nach § 7 PatG 25
h) Keine Mitteilungs- und Anbietungspflicht 26

I. Allgemeines

1 a) Verhältnis zum bisherigen Recht

Die Bestimmung faßt die Fälle zusammen, in denen eine Diensterfindung frei wird. Das bisher geltende Recht enthielt keine ausdrückliche Vorschrift hierüber, doch stimmte es inhaltlich damit überein, daß die Diensterfindung frei wird, wenn der Arbeitgeber sie ausdrücklich (Nr. 1) oder dadurch stillschweigend frei gibt, daß er die Inanspruchnahmefrist ohne Abgabe einer Erklärung verstreichen läßt (Nr. 3). Neu ist die Anführung der Zweimonatsfrist des § 7 Abs. 2 und die Regelung in Nr. 2.

2 b) Fälle des Freiwerdens

Faßt man den Begriff „frei" im weitesten Sinne, daß jede Belastung mit einem besonderen beschränkenden Recht des Arbeitgebers, abgesehen von den Beschränkungen durch die Treuepflicht (siehe Anm. 20) fehlt, so ergeben sich folgende Möglichkeiten:

1. Freigabe vor Inanspruchnahme und vor Schutzrechtsanmeldung — vgl. Anm. 3

§ 8 Frei gewordene Diensterfindungen

2. Freigabe vor Inanspruchnahme aber nach Schutzrechtsanmeldung — vgl. Anm. 4

3. Freiwerden durch Fristablauf nach Meldung — vgl. Anm. 5

4. Freigabe nach Inanspruchnahme aber vor Schutzrechtsanmeldung — vgl. Anm. 6

5. Aufgabe nach Inanspruchnahme und nach Schutzrechtsanmeldung — vgl. Anm. 7

6. Freigabe durch beschränkte Inanspruchnahme — vgl. Anm. 8

7. Freiwerden von dem Benutzungsrecht nach beschränkter Inanspruchnahme — vgl. Anm. 9

8. Freiwerden von dem bei Aufgabe nach § 16 vorbehaltenden Benutzungsrecht — vgl. Anm. 9

9. Freiwerden durch Fristablauf nach Verlangen gemäß § 7 Abs. 2 — vgl. Anm. 10

10. Freigabe für Anmeldung im Ausland mit Vorbehalt eines Benutzungsrechts — vgl. Anm. 11

11. Freigabe für Anmeldung im Ausland ohne Vorbehalt eines Benutzungsrechts — vgl. Anm. 11

12. Freiwerden vom Benutzungsrecht für Anmeldung im Ausland durch Verzicht — vgl. Anm. 9

13. Freiwerden durch Fristablauf nach Mitteilung als freie Erfindung — vgl. Anm. 12

Freigabe vor Inanspruchnahme und vor Schutzrechtsanmeldung (Fall 1) 3

Das ist der Regelfall, den Nr. 1 im Auge hat. Da die Erklärung über die Inanspruchnahme „sobald wie möglich" abgegeben werden soll (siehe hierzu Anm. 16 zu § 6), muß auch die schriftliche Freigabe als negatives Korrelat zu der Inanspruchnahme sobald wie möglich erfolgen.

Freigabe vor Inanspruchnahme aber nach Schutzrechtsanmeldung (Fall 2) 4

Auf der anderen Seite muß die Anmeldung unverzüglich nach der Meldung geschehen (§ 13 Abs. 1 S. 3, siehe Anm. 4 zu § 13). Hat der Arbeitgeber angemeldet und kommt er innerhalb der Viermonatsfrist für die Inanspruchnahme zu der Überzeugung, daß er die Anmeldung nicht für sich aufrechterhalten und durchführen will, so gibt er sie wie im Fall 1 frei. Damit verzichtet er auf sein Aneignungsrecht, so daß man von einer echten Freigabe sprechen kann. A. A. Nirk in Klauer-Möhring, Anm. 26 zum ArbEG, der im Anschluß an Seezen, Der Verzicht im Immaterialgüterrecht, eine Rückübertragung durch Vertrag fordert. Im praktischen Ergebnis wird sich dadurch kaum viel ändern. Nach § 13 Abs. 4 gehen durch die Freigabe die Rechte aus der Anmeldung kraft Gesetzes auf den Arbeitnehmer über (vgl. Anm. 20 zu § 13). Von einer „Aufgabe" der nach der Inanspruchnahme vom Arbeitgeber nicht weiterverfolgten Anmeldung ist das zu unterscheiden — vgl. hierzu Anm. 7.

Erläuterungen

5 Freiwerden durch Fristablauf nach Meldung (Fall 3)

Das ist der in Nr. 3 als erste Alternative geregelte Tatbestand. Die Besonderheiten sind in Anm. 18 erläutert.

6 Freigabe nach Inanspruchnahme aber vor Schutzrechtsanmeldung (Fall 4)

Auch dieser Fall ist durch Nr. 1 erfaßt, da hier eine zeitliche Grenze nicht vorgesehen ist. In der Freigabe liegt ein Verzicht auf die bereits ausgesprochene Inanspruchnahme und den hierdurch bewirkten Rechtsübergang. Solange ein Schutzrecht noch nicht angemeldet worden ist, handelt es sich um einen internen Vorgang zwischen Arbeitgeber und Arbeitnehmer. Es bestehen aus diesem Gesichtspunkt heraus keine Bedenken, eine Rückwirkung auf den Zeitpunkt der Entstehung der Erfindung anzunehmen — vgl. dagegen Anm. 7.

7 Aufgabe nach Inanspruchnahme und nach Schutzrechtsanmeldung (Fall 5)

Von der Freigabe ist zu unterscheiden die Aufgabe der Schutzrechtsanmeldung oder des Schutzrechts durch den Arbeitgeber nach § 16. Die Freigabe wirkt auf den Zeitpunkt der Entstehung der Erfindung zurück (ex tunc). Sowohl wenn der Arbeitgeber ausdrücklich freigibt (Nr. 1) als auch dann, wenn die Diensterfindung durch Fristablauf frei wird (Nr. 3), verbleibt die Erfindung endgültig beim Arbeitnehmer, in dessen Person sie ja entstanden ist. Die zwischenzeitlich von ihm schwebend wirksam getroffenen Verfügungen werden wirksam (§ 7 Abs. 3). Die Aufgabe der Schutzrechtsanmeldung oder des Schutzrechts beendet diese entweder, ohne daß dem Arbeitnehmer Rechte daran entständen, oder aber er erwirbt Rechte durch Übertragung. Er wird dann Rechtsnachfolger des Arbeitgebers (ex nunc) und muß die Rechte so übernehmen, wie sie im Zeitpunkt der Übertragung vorliegen.

Im Ergebnis wird also die Erfindung frei, wobei es dem Arbeitgeber freisteht, ob er sich gleichzeitig ein Benutzungsrecht vorbehalten will. Wegen der Einzelheiten vgl. Erläuterungen zu § 16. Behält er sich ein Benutzungsrecht vor, so wird die anfänglich unbeschränkte Inanspruchnahme nachträglich in eine beschränkte umgewandelt (BGH v. 28. 6. 1962, „Cromegal"; BGHZ 37, 281 = Bl. 1962, 354 = GRUR 1963, 135). Zu beachten ist aber, daß eine Pflicht zur Übertragung für den Arbeitgeber nur besteht, wenn der Vergütungsanspruch noch nicht voll erfüllt ist, und nur, wenn der Arbeitnehmer die Übertragung verlangt.

8 Freigabe durch beschränkte Inanspruchnahme (Fall 6)

Nimmt der Arbeitgeber beschränkt in Anspruch, so erwirbt er nur ein nichtausschließliches Recht zur Benutzung der Diensterfindung (§ 7 Abs. 2). Im übrigen wird die Erfindung frei. Das wird in Nr. 2 ausdrücklich festgestellt. In der beschränkten Inanspruchnahme liegt demnach gleichzeitig die Freigabe.

§ 8 Frei gewordene Diensterfindungen

Freiwerden von dem Benutzungsrecht nach beschränkter Inanspruchnahme (Fall 7), nach Aufgabe (Fall 8) und für Anmeldung im Ausland (Fall 12) 9

Der Arbeitgeber kann jederzeit, ohne bei einer Entscheidung nach § 7 Abs. 2 (Fall 9) hierzu veranlaßt zu sein, auf das Benutzungsrecht verzichten, das er sich vorbehalten hat. Dann wird die Erfindung in dem selben Maße frei wie bei sofortiger Freigabe nach Nr. 1 oder bei Fristablauf gemäß Nr. 3.

Freiwerden durch Fristablauf nach Verlangen gemäß § 7 Abs. 2 (Fall 9) 10

In Nr. 3 ist klar herausgestellt, daß die Frist von 2 Monaten mit dem Verlangen des Arbeitnehmers beginnt, bei unbilliger Erschwerung der Verwertung entweder unbeschränkt in Anspruch zu nehmen oder freizugeben, vgl. Anm. 18 zu § 7. Mit Fristablauf wird die Erfindung in demselben Maß frei wie bei sofortiger völliger Freigabe nach Nr. 1 oder bei Fristablauf nach Meldung gemäß Nr. 3.

Freigabe für Anmeldung im Ausland (Fälle 10 und 11) 11

Diese teilweise Freigabe ist in § 14 Abs. 2 vorgesehen, wenn der Arbeitgeber nicht selbst im Ausland Schutzrechte erwerben will. Vgl. Anm. 2 und 3 zu § 14. Ähnlich wie bei der beschränkten Inanspruchnahme steht es dem Arbeitgeber frei, sich gleichzeitig mit der Freigabe ein Benutzungsrecht vorzubehalten. Näheres siehe Anm. 5 bis 7 zu § 14.

Freiwerden durch Fristablauf nach Mitteilung der Erfindung (Fall 13) 12

Nach § 18 muß der Arbeitnehmer grundsätzlich dem Arbeitgeber mitteilen, daß er eine freie Erfindung gemacht hat. Um bei Streit darüber, ob die Erfindung frei ist, möglichst bald Klarheit zu schaffen, sieht § 18 Abs. 2 vor, daß der Arbeitgeber „die Diensterfindung nicht mehr in Anspruch nehmen" kann, wenn er nicht innerhalb von 3 Monaten nach Zugang der Mitteilung bestreitet, daß die mitgeteilte Erfindung frei sei. Darin liegt, daß die Erfindung endgültig als frei zu behandeln ist. Näheres in Anm. 14 bis 18 zu § 18.

II. Schriftliche Freigabe (Nr. 1)

a) Rechtsnatur 13

Die Freigabeerklärung ist eine empfangsbedürftige Willenserklärung. Inhaltlich stellt sie sich als Verzicht auf das Aneignungsrecht dar. Für sie gilt rechtlich dasselbe wie für die Erklärung der Inanspruchnahme; sie wird wirksam mit dem Zugang beim Arbeitnehmer, kann wegen Irrtums und arglistiger Täuschung oder Drohung angefochten werden — vgl. Anm. 3 zu § 6. In Anspruch nehmen kann der Arbeitgeber allerdings nachträglich nur, wenn die Frist noch nicht abgelaufen ist. Andernfalls bleiben ihm nur Ansprüche aus ungerechtfertigter Bereicherung und, bei vorsätzlicher unerlaubter Handlung, deren Tatbestand bei arglistiger Täuschung und Drohung vorliegen wird, Ansprüche auf Schadenersatz.

Erläuterungen

Letztere sind allerdings auch ohne Anfechtung gegeben, so daß diese hier ohne praktische Bedeutung ist (vgl. Palandt, Anm. 1 c zu § 123). Die Ansprüche gehen in erster Linie auf Übertragung des Rechts an der Erfindung. Siehe auch Riemschneider-Barth S. 124 Anm. 15.

Röpke, Die Zulässigkeit der Nichtigkeitsklage bei Arbeitnehmererfindungen, GRUR 1962, 173, ist der Ansicht, daß der Arbeitgeber, der eine Erfindung freigibt, den Anteil des Betriebes an ihr dem Erfinder schenke. Die Erfindung scheide ganz aus der Sphäre des Betriebs aus, der in Zukunft an den Erträgen nicht teilhabe. Auch Heine-Rebitzki sprechen von Schenkung (Anm. 3 zu § 8 ArbEG). Da tatsächlich der Arbeitgeber ohne erkennbare Gegenleistung seinen Anteil an der Erfindung dem Arbeitnehmer überläßt, ist in dieser Auffassung sicher etwas Richtiges; andererseits muß der Vorgang aber im Rahmen des gesamten Arbeitsverhältnisses gesehen werden. Es kann daher nicht eine echte Schenkung angenommen werden, sondern eine zwar freiwillige Zuwendung im Rahmen des Dienstverhältnisses, die als Gegenleistung für die gesamten Dienste des Arbeitnehmers zu werten ist.

14 b) Bedingte Erklärung

Eine bedingte oder mit Auflagen verbundene Freigabeerklärung ist aus denselben Gründen wie bei der Inanspruchnahme (vgl. Anm. 15 zu § 6) unzulässig. Doch ist es möglich, daß vertraglich zwischen Arbeitgeber und Arbeitnehmer Abreden getroffen werden, etwa über die Art der Verwertung der freigewordenen Erfindung.

15 c) Schriftlich

Um klare Verhältnisse zu schaffen, schreibt das Gesetz die Schriftform vor. Das bedeutet, daß die Erklärung vom Arbeitgeber oder von einem Vertretungsberechtigten eigenhändig unterschrieben sein muß, vgl. Anm. 13 zu § 6. Man wird wohl annehmen dürfen, daß die Schriftform im Interesse des Arbeitnehmers liegt, also nach § 22 nicht abgedungen werden kann. Da die Freigabe aber in aller Regel nach der Meldung der Diensterfindung ausgesprochen werden wird, kann auf die Schriftform nachträglich verzichtet werden. Eine solche Lockerung empfiehlt sich aus den in Anm. 13 zu § 6 genannten Gründen nicht.

16 d) Zeitpunkt der Freigabe

In der Regel wird der Arbeitgeber während der Viermonatsfrist des § 6 oder der Zweimonatsfrist des § 7 freigeben. Es ist aber auch möglich, daß er eine nicht gemeldete Diensterfindung freigibt, wenn ihr Inhalt ihm auf andere Weise ausreichend bekannt geworden ist. Hat er zunächst in Anspruch genommen und gibt dann noch frei, ehe er die Erfindung zum Schutzrecht angemeldet hat, so wird man auch noch von einer echten Freigabe sprechen, die auf den Zeitpunkt der Entstehung der Erfindung zurückwirkt. Denn von einer „Aufgabe" kann man nur

§ 8 Frei gewordene Diensterfindungen

sprechen, wenn schon eine Anmeldung oder ein Schutzrecht vorhanden ist, das aufgegeben werden kann, vgl. Anm. 4, 7.

e) **Mehrere Erfinder** 17

Sind mehrere Erfinder an der Erfindung beteiligt, so muß jedem einzelnen gegenüber freigegeben werden, ggfls. laufen die Fristen der §§ 6 und 7 Abs. 2 jedem einzelnen gegenüber zu verschiedenen Zeitpunkten ab. Es gelten dieselben Grundsätze wie bei der Erklärung der Inanspruchnahme, deren negatives Korrelat die Freigabe ist. Vgl. Anm. 11 zu § 6.

Wird die Erfindung gegenüber allen Miterfindern frei, so bilden sie untereinander eine Rechtsgemeinschaft, in der Regel eine Bruchteilsgemeinschaft nach § 741 ff. BGB. Sie können grundsätzlich die Verwaltung nur gemeinsam ausüben (§ 744 BGB), z. B. nur gemeinschaftlich ein Schutzrecht anmelden, Lizenzen vergeben usw. Ob sie jeder für sich die Erfindung benutzen dürfen, richtet sich nach den Umständen des Einzelfalls. Vgl. für die entsprechende Frage der Benutzung durch mehrere Mitinhaber eines Schutzrechts den EV v. 1. 3. 1961, Bl. 1962, 17, hierzu Schippel, GRUR 1962, 192, und Lüdecke, Erfindungsgemeinschaften, S. 91. Zur Erklärung der Freigabe bei mehreren Erfindern siehe auch Lüdecke a. a. O. S. 81 ff. und Wunderlich, Die gemeinschaftliche Erfindung, S. 133, die sich mit den Rechtsgemeinschaften zwischen Arbeitgeber und Miterfindern befassen, wenn die Erfindung nicht allen gegenüber frei wird. Dort finden sich auch Einzeluntersuchungen über die Erfindungsgemeinschaften.

III. Freiwerden durch Fristablauf (Nr. 3) 18

Gibt der Arbeitgeber innerhalb der Fristen der §§ 6 und 7 keine eindeutige Erklärung ab (vgl. Anm. 15 zu § 6), so wird die Diensterfindung frei. Man spricht hier von einer stillschweigenden Freigabe. Man wird auch in einem solchen Fall dem Arbeitgeber das in Anm. 13 erörterte Anfechtungsrecht zubilligen müssen, wenn er die Frist nur deshalb ohne Abgabe einer Erklärung hat verstreichen lassen, weil er aufgrund einer vom Arbeitnehmer begangenen arglistigen Täuschung die Erfindung nicht als Diensterfindung angesehen hat oder sonst von ihm getäuscht wurde oder ein zur Anfechtung berechtigender Irrtum vorliegt (vgl. zur Anfechtung stillschweigender Willenserklärungen RGZ 134, 197 und 129, 347). Das Recht an der Erfindung kann nach Fristablauf allerdings nicht mehr durch Inanspruchnahmeerklärung übergehen; wegen der dem Arbeitgeber zustehenden Rechte (Schadensersatz und ungerechtfertigte Bereicherung) siehe Anm. 13. Wegen der Möglichkeit, die Frist vertraglich zu verlängern, vgl. Anm. 29 zu § 6, ferner auch Anm. 30 zu § 6.

Die Freigabe erfaßt nur dasjenige, was der Arbeitnehmer als Erfindung gemeldet hat, vgl. OLG Düsseldorf v. 8. 9. 1957, GRUR 1958, 435 (nicht rechtskräftig).

Erläuterungen

IV. Wirkung des Freiwerdens

19 **a) Grundsätzliches**

Abs. 2 stellt grundsätzlich klar, daß der Arbeitnehmer über eine freigegebene Erfindung verfügen kann. Er kann sie selbst zur Erteilung eines Schutzrechts anmelden (§ 13 Abs. 4), er kann sie veräußern, kann Lizenzen bestellen und kann die Erfindung mit oder ohne Sicherung durch ein Schutzrecht, etwa nach Ausscheiden aus dem Betrieb, selbst benutzen und auswerten. Alle diese Möglichkeiten bestehen aber nicht unbeschränkt und ohne Rücksicht auf die berechtigten Interessen des Arbeitgebers, sie stehen vielmehr unter den allgemeinen Beschränkungen, die sich aus dem Arbeitsverhältnis ergeben; vgl. Nirk in Klauer-Möhring, Anm. 5 zum ArbEG.

Dabei darf nicht ohne weiteres der Satz der Amtl. Begr. (unten S. 603) übernommen werden, daß der Arbeitnehmer „allein durch die Erklärung der Freigabe der Erfindung weder von der Verpflichtung, Wettbewerb gegenüber dem Arbeitgeber zu unterlassen, noch von der Verpflichtung entbunden werde, den betriebsinternen Stand der Technik, der nicht in der Erfindung als solcher offenbart ist, geheimzuhalten". Eine solche Auffassung würde den letzten Halbsatz des § 25 ignorieren, den der Bundestagsausschuß ganz bewußt eingefügt hat: „...soweit sich nicht daraus, daß die Erfindung frei geworden ist (§ 8 Abs. 1), etwas anderes ergibt". Der Ausschuß führt dazu (unten S. 640) aus, daß zwar sichergestellt sein müsse, daß der Arbeitnehmer nicht selbst dem Arbeitgeber Konkurrenz mache, daß er aber im Hinblick auf das Institut der beschränkten Inanspruchnahme die freigewordene Erfindung einem Konkurrenten anbieten darf.

20 **b) Beschränkungen durch die Treuepflicht**

Es handelt sich hier um eine Frage, die für die gesamte Auslegung des Gesetzes von Bedeutung ist. Die beschränkte Inanspruchnahme ist in der Entstehungsgeschichte des Gesetzes stark umstritten gewesen. Es wurde die Befürchtung geäußert, daß durch das Wettbewerbsverbot, das aus der Treuepflicht hergeleitet wird, dem Arbeitnehmer die Verwertung einer ihm unter Benutzungsvorbehalt freigegebenen Erfindung praktisch unmöglich gemacht werden könne, solange er im Betrieb bleibt. Durch den Zusatz wollte der Ausschuß erklärtermaßen diesen Bedenken soweit wie möglich Rechnung tragen. Mit Recht stellt Hueck, Festschrift für Nikisch V 3, den Ausgleich der entgegengesetzten Interessen unter den Gesichtspunkt von Treu und Glauben. Das bedeutet aber, daß er nicht generell gefunden werden kann, sondern daß die konkreten Umstände des Einzelfalles zu berücksichtigen sind. Es kann Fälle geben, in denen die Gewährung einer Lizenz — etwa an den schärfsten Konkurrenten des Arbeitgebers — wider Treu und Glauben verstößt. Dies könnte aber z. B. auch dann der Fall sein, wenn der Arbeitgeber die Verwertung von technischen Erfahrungen des Betriebs, die den Einsatz der

§ 8 Frei gewordene Diensterfindungen

Erfindung erst ermöglichen, verbietet, ohne daß dadurch berechtigte Interessen des Betriebs gefährdet würden. Nur so dürften die Ausführungen Huecks a. a. O. zu verstehen sein, der dabei auch eine „echte schöpferische Leistung des Arbeitnehmers über den betriebsinternen Stand der Technik hinaus" voraussetzt, also offenbar bei Abwägung der beiderseitigen Interessen den Anteil des Betriebs an der Erfindung berücksichtigen will.

Die hier angeschnittenen Fragen sind sehr umstritten und seit Erlaß des Gesetzes vielfach erörtert worden. Im Ergebnis ähnlich Volmer, Anm. 37 ff zu § 8 und Anm. 15 ff zu § 25, der das Wort „verfügen" in Abs. 2 dahin auslegt, daß damit die Ausnutzung der Diensterfindung durch den Arbeitnehmer selbst nicht erfaßt sei. Z. T. abweichend Heine-Rebitzki, Anm. 3 zu § 8, Beil, Chemie-Ingenieur-Technik 1957, 421. Vgl. auch Friedrich, GRUR 1958, 281 und Peters GRUR 1961, 517. Das Problem wird im einzelnen unten in Anm. 16—23 zu § 25 erörtert.

c) Wegfall von Pflichten des Arbeitnehmers 21

Mit der Freigabe endet die Verfügungsbeschränkung des § 7 Abs. 3; hierunter fallende, vom Arbeitnehmer vorgenommene Verfügungen werden mit rückwirkender Kraft wirksam — vgl. Anm. 25 zu § 7. Nach der ausdrücklichen Regelung des § 24 Abs. 2 endet mit der Freigabe die bis dahin bestehende Pflicht, die Diensterfindung geheimzuhalten. Schließlich entfällt in aller Regel auch die Meldepflicht, da ja der Arbeitgeber Kenntnis von der Erfindung gehabt haben muß, wenn er sie freigibt. Vgl. zu den Einzelheiten Röpke, Arbeitsverhältnis und Arbeitnehmererfindung, S. 65 f und Anm. 40 zu § 5.

d) Wegfall von Pflichten des Arbeitgebers 22

Mit der Freigabe fällt vor allem die Pflicht zur Zahlung einer Erfindervergütung für die Zukunft fort, während bis zur Freigabe entstandene Verpflichtungen unberührt bleiben. Ist für die Erfindung ein Schutzrecht noch nicht angemeldet, so entfällt diese Pflicht ebenfalls. Dagegen besteht die in § 24 Abs. 1 begründete Pflicht zur Geheimhaltung grundsätzlich fort — vgl. Anm. 7 zu § 24. Wegen der Zulässigkeit einer Nichtigkeitsklage oder Löschungsklage gegen das auf Grund der freigewordenen Erfindung vom Arbeitnehmer erlangte Patent oder Gebrauchsmuster vgl. Anm. 15 und 23 zu § 25, ferner Röpke, Arbeitsverhältnis und Arbeitnehmererfindung, S. 126, und Röpke, GRUR 1962, 173.

e) Belastung mit Rechten Dritter 23

Vom Arbeitgeber vor Freigabe oder Freiwerden vorgenommene Belastungen des Erfinderrechts, besonders Lizenzen, bleiben bestehen. Es wird zweckmäßig eine vertragliche Regelung zwischen Arbeitnehmer und Arbeitgeber, u. U. unter Hinzuziehung der Dritten vorgenommen. Vgl. Anm. 20 zu § 7.

24 f) Aufwendungen des Arbeitgebers vor Freigabe

Gibt der Arbeitgeber frei oder wird die Erfindung durch Fristablauf frei, so kann der Arbeitgeber vom Arbeitnehmer nicht Ersatz der ihm bis dahin entstandenen Aufwendungen verlangen. In dem Schiedsfall, über den Schade in GRUR 1958, 525 r. Sp. berichtet, war bei einer wegen Fristablauf frei gewordenen Erfindung Ersatz der Anmeldegebühr, der Vertreterkosten und der Fertigung eines Modells für die Betriebsreifmachung der Erfindung verlangt worden. Es ist keine Rechtsgrundlage für diese Ansprüche erkennbar. Das ArbEG selbst schweigt. Aus dem bürgerlichen Recht können sie nicht hergeleitet werden. Ansprüche aus Geschäftsführung ohne Auftrag sind nach § 687 Abs. 1 BGB nicht gegeben, weil der Arbeitgeber in dem Zeitpunkt, als er die Aufwendungen machte, der Meinung war, daß er ein „eigenes" Geschäft besorge. Das gilt auch dann, wenn ausdrücklich freigegeben wird (vgl. auch Anm. 16—18 zu § 16). Man wird in solchen Fällen kaum annehmen können, daß die Aufwendungen gemacht wurden, um etwa die Voraussetzungen zur Erlangung eines Schutzrechts für den Arbeitnehmer zu schaffen. Aus rechtsähnlicher Anwendung der Regeln für die Beziehungen zwischen Besitzer und Eigentümer, insbesondere § 994 BGB (vgl. Volmer Anm. 14 zu § 8) kann man den Anspruch auf Ersatz für nützliche und notwendige Aufwendungen nicht herleiten. Die unmittelbare Anwendung dieser Vorschriften scheitert daran, daß Immaterialgüterrechte nicht Sachenrechte im Sinne dieser Bestimmungen sind (so Wolff-Raiser, 10. Aufl. § 2, IV, 6, § 5 II, § 51, IV, 1). Eine rechtsähnliche Anwendung würde mit der allgemeinen Regelung des § 687 BGB in Widerspruch stehen. Bereicherungsansprüche scheiden deshalb aus, weil die Erfindung nicht ohne rechtlichen Grund übergeht, vielmehr auf Grund des ArbEG, das die Interessen der beiden Partner abgewogen hat.

25 g) Kein Vorbenutzungsrecht nach § 7 PatG

Ein Vorbenutzungsrecht des Arbeitgebers nach § 7 PatG kann gegenüber dem Arbeitnehmer nicht entstehen, da dies dem Sinn der Freigabe widersprechen würde. Vgl. hierzu die heute noch zutreffenden Ausführungen von Riemenschneider-Barth S. 125, wo gesagt wird, daß es vor allem der für beide Teile geltenden Treuepflicht widersprechen würde, wenn sich der Arbeitgeber an der gemeldeten Erfindung seines Arbeitnehmers, die er nicht übernimmt und für die er keine Vergütung leistet, eigenmächtig ein Vorbenutzungsrecht verschaffen würde. Außerdem kann sich der Arbeitgeber durch die beschränkte Inanspruchnahme ein allerdings entgeltliches Benutzungsrecht vorbehalten.

26 h) Keine Mitteilungs- und Anbietungspflicht

Die in den §§ 18 und 19 für die von Anfang freie Erfindung des Arbeitnehmers vorgeschriebene Mitteilungs- und Anbietungspflicht besteht bei freigewordenen Erfindungen nach ausdrücklicher Regelung des Abs. 2 nicht. Der Arbeitgeber kannte die Erfindung schon durch die Meldung und konnte vor Freigabe ihre Verwertungsmöglichkeiten prüfen.

§ 9
Vergütung bei unbeschränkter Inanspruchnahme

(1) Der Arbeitnehmer hat gegen den Arbeitgeber einen Anspruch auf angemessene Vergütung, sobald der Arbeitgeber die Diensterfindung unbeschränkt in Anspruch genommen hat.

(2) Für die Bemessung der Vergütung sind insbesondere die wirtschaftliche Verwertbarkeit der Diensterfindung, die Aufgaben und die Stellung des Arbeitnehmers im Betrieb sowie der Anteil des Betriebes an dem Zustandekommen der Diensterfindung maßgebend.

Übersicht

Anm.

I. Allgemeines zur Erfindervergütung
a) Historische Entwicklung 1
b) Allgemeine Bedeutung 2
c) Monopolprinzip und Sonderleistungsprinzip
 aa) Problemstellung 3, 4
 bb) Gesetzgebungsverfahren . . 5
 cc) Monopolprinzip als Grundlage der Vergütung . . . . 6—8
 dd) Durchführung des Monopolprinzips im Gesetz 9
 ee) Technischer Verbesserungsvorschlag 10
 ff) Auslegung des Monopolprinzips in der Rechtsprechung 11
d) Sonderleistung außerhalb des ArbEG . . . . 12—15
e) Übersicht über die gesetzliche Regelung 16

II. Der Vergütungsanspruch bei unbeschränkter Inanspruchnahme
a) Rechtsnatur 17
b) Vertragliche Übertragung der Diensterfindung vom Arbeitnehmer auf den Arbeitgeber . . 18
c) Übertragung der Diensterfindung durch den Arbeitgeber an Dritte 19
d) Entstehung des Anspruchs . . . 20
e) Fälligkeit 21
f) Klage 22
g) Dauer der Vergütungszahlung 23
h) Nichtigkeit 24
i) Verjährung 25

k) Erlöschen des Anspruchs . 26—29
l) Insbesondere Verwirkung . . . 30

III. Angemessene Vergütung
a) Anhaltspunkte im Gesetz . . . 31
b) „Richtlinien" 32
c) „Angemessen" 33

IV. Die Bemessung der Vergütung im einzelnen
a) Allgemeines 34
b) Schrifttum 35
c) Maßgebliche Gesichtspunkte in Abs. 2 36
d) Die wirtschaftliche Verwertbarkeit
 aa) Grundregel 37
 bb) Tatsächliche Verwertung . 38
 cc) Besondere Fälle der Verwertung 39
 dd) Verwertbarkeit trotz Nichtverwertung 40
e) Ermittlung des Erfindungswerts 41
f) Anteilsfaktor
 aa) Der Begriff und seine Merkmale 42
 bb) Anteil des Betriebs am Zustandekommen der Diensterfindung 43, 44
 cc) Aufgaben und Stellung des Arbeitnehmers im Betrieb 45
g) Vorläufige Vergütung . . . 46—49
h) Mehrere Erfinder
 aa) „Gesamterfindungswert" und „Teilerfindungswert" 50
 bb) Miterfinderanteil und Anteilsfaktor 51

Erläuterungen

	Anm.		Anm.
cc) Mehrere Erfinder in mehreren Betrieben	52	VII. Art der Vergütungszahlung	
V. Wegfall der Vergütung ("Nullfall")		a) Allgemeines	57
		b) Die „Faustformel" der Nr. 41 RL	58
a) Grundlagen	53	c) Abfindung durch Gehaltsaufbesserung	59
b) Nr. 38 der Richtlinien	54, 55		
VI. Formel für die Vergütungsberechnung '	56	VIII. Schadenersatzansprüche	60

I. Allgemeines zur Erfindervergütung

1 a) Historische Entwicklung

Rein formal betrachtet sind die §§ 9 und 10 nur die Grundlage für die Verpflichtung zur Zahlung einer Erfindervergütung. Das darf nicht darüber hinwegtäuschen, daß hier der rechtspolitische Sinn und Zweck des Gesetzes hervortritt, denen letztlich alle anderen Regelungen dienen.

Die Forderungen der Arbeitnehmererfinder gingen seit Anfang dieses Jahrhunderts außer auf Anerkennung der Erfinderehre insbesondere auf eine Sicherung des Anspruchs auf Vergütung für die dem Arbeitgeber zustehenden Diensterfindungen. Der Vergütungsanspruch ist schon vor dem Erlaß der Verordnungen von 1942/43 vom Schrifttum fast ausnahmslos als ein Gebot der sozialen Gerechtigkeit anerkannt worden (vgl. Schanze, Gutachten zum 29. Deutschen Juristentag 1908, Bd. I, S. 82 ff., 170, 171, 173; Kisch, DJZ 1935, 655. 658; Lux, Erfindungen von Gefolgschaftsangehörigen, Dissertation Frankfurt/M. 1938, S. 66 mit weiteren Nachweisen). Auch die Tendenz der Rechtsprechung ging dahin, dem Arbeitnehmererfinder einen Anspruch auf angemessene Vergütung zu gewähren (vgl. RG 19. 4. 1907, Bl. 1907, 179 = GRUR 1908, 222). Der Anspruch beruhte jedoch in der Regel auf vertraglicher oder tarifvertraglicher Grundlage, nicht auf Gesetz. Erst § 5 DVO verlieh dem Arbeitnehmer einen ausdrücklichen gesetzlichen Anspruch auf Vergütung für die vom Arbeitgeber in Anspruch genommenen patentfähigen Diensterfindungen. Diesen Anspruch dehnt das neue Gesetz in §§ 9 bis 12, 20 Abs. 1 auf gebrauchsmusterfähige Erfindungen und technische Verbesserungsvorschläge, die dem Arbeitgeber eine ähnliche Vorzugsstellung wie ein gewerbliches Schutzrecht gewähren, aus (vgl. Amtl. Begr., unten S. 563).

2 b) Allgemeine Bedeutung

Die Verpflichtung des Arbeitgebers, dem Arbeitnehmer für die in Anspruch genommene Diensterfindung eine angemessene Vergütung zu zahlen, steht wirtschaftlich auch heute noch im Mittelpunkt der Regelung des Rechts der Arbeitnehmererfindung. Die rechtlichen Konstruktionen der Meldung, der Inanspruchnahme und der Anmeldepflicht dienen im Grunde, nachdem das Recht des Arbeitgebers klargestellt ist, die Diensterfindung des Arbeitnehmers zu nutzen, der Vorbereitung und Sicherung des Vergütungsanspruchs. Der starke soziale Einschlag der Regelung wird besonders gekennzeichnet durch die Unabdingbarkeitsklausel des § 22, die dafür sorgt, daß die Vergütungsvorschriften nicht auf dem Papier stehen bleiben, sondern eine wirtschaftlich recht beachtliche Position des sozial Schwächeren begründen. Das wird von kleineren und mittleren Betrieben auch jetzt noch nicht immer richtig erkannt. Daraus ergeben sich, oft auch veranlaßt durch Unkenntnis der einzelnen Bestimmungen des Gesetzes, nachträglich nicht selten unerquickliche Meinungsverschiedenheiten, die weder für den einen noch für den anderen Teil von Nutzen sind. Eine beide Seiten zufriedenstellende Vergütungsregelung trägt nicht nur zur Sicherung des Arbeitsfriedens im Betrieb und zur Verbesserung des Betriebsklimas bei, sondern ist darüber hinaus eine unentbehrliche Voraussetzung für die kontinuierliche Fortentwicklung der Technik, für die Erhaltung der Wettbewerbsfähigkeit und Wirtschaftlichkeit des einzelnen Betriebs und der gesamten Industrie. Es darf trotz der Neugestaltung des Arbeitnehmererfinderrechts nicht übersehen werden, daß einer der rechtspolitischen Gründe für den Erlaß dieses Gesetzes die Förderung und Anregung der Erfindertätigkeit geblieben ist.

c) Monopolprinzip und Sonderleistungsprinzip

aa) Problemstellung

Nach der Amtl. Begr. (unten S. 580) stellt die Tatsache, daß der Arbeitgeber mit der unbeschränkten Inanspruchnahme einer Diensterfindung in die Lage versetzt wird, ein Monopolrecht zu erwerben, den besonderen Rechtsgrund für seine Verpflichtung zur Zahlung einer Vergütung dar. Deshalb läßt Abs. 1 den Vergütungsanspruch entstehen „sobald der Arbeitgeber die Diensterfindung unbeschränkt in Anspruch genommen hat". Dabei ist nicht außer acht zu lassen, daß Diensterfindung nach §§ 2 und 4 nur eine patent- oder gebrauchsmusterfähige Erfindung ist.

Die Problematik dieses an die schutzrechtliche, nicht an die arbeitsrechtliche Komponente der Arbeitnehmererfindung anknüpfenden Grundgedankens ist mit der Einleitung (oben S. 88 bis 90) eingehend dargelegt worden. Auf diese Ausführungen wird verwiesen. Hier soll zusammenfassend festgestellt werden, daß dem an das Monopolrecht anknüpfenden Gedanken des Gesetzentwurfs, der als „Monopolprinzip" bezeichnet wird, das „Sonderleistungsprinzip" entgegengehalten wurde, das den meisten ausländischen Regelungen zugrundeliegt, wie bei Reimer-Schippel S. 20 im Anschluß an den Aufsatz von Schippel (GRUR Ausl. 1956, 429) dargelegt worden ist (vgl. auch Blum-Petrazzini, Das schweizerische Patentrecht, 1957, Bd. I, S. 288). Danach stellt sich die Erfindervergütung als eine besondere, über die regelmäßige Gehalts- oder Lohnforderung hinausgehende Vergütung dar. Eine solche Sondervergütung sei aber nur dann gerechtfertigt, wenn die Leistung, für die sie gezahlt werden soll, über das hinausgehe, wofür der Arbeitnehmer das vertraglich vereinbarte Entgelt erhalte und was bei der Festsetzung des Entgelts den Vorstellungen der Parteien entspreche (Schultze-Rhon-

Erläuterungen

hof, GRUR 1956, 447). Ein Vergütungsanspruch entstehe nur dann, wenn der Arbeitnehmer dem Arbeitgeber eine Neuerung zur Verfügung stellt, die er in Überschreitung der ihm arbeitsvertraglich obliegenden Verpflichtungen geschaffen hat.

5   bb) *Gesetzgebungsverfahren*

Der Bundestagsausschuß hat sich, wie aus einem Bericht (unten S. 627) klar hervorgeht, mit dieser Problematik beschäftigt und sich dafür entschieden, „diese Vergütung entsprechend dem Regierungsentwurf in Übereinstimmung mit dem geltenden Recht dem Grunde nach auf das Monopolrecht zu stützen, das der Arbeitgeber durch die Diensterfindung erhält". Er hat es, u. a. mit der allerdings kaum haltbaren Begründung, daß der Begriff der Sonderleistung im Arbeitsrecht nicht bekannt sei (vgl. hierzu Anm. 4 und 12), abgelehnt, den Anspruch an den Nachweis einer Sonderleistung zu binden.

6   cc) *Monopolprinzip als Grundlage der Vergütung*

Auch der Text des Gesetzes bringt das Monopolprinzip zum Ausdruck, wie heute wohl überwiegend angenommen wird; a.A. Volmer, Einleitung Rdz. 77 und Anm. 3 zu § 9 sowie BB 1968, 253 (258), dem Englert, L'invention fait par l'employé, S. 181 teilweise folgt. Für das Monopolprinzip als Grundlage: Fischer in GRUR 1963, 107, Heine-Rebitzki, Die Vergütung für Erfindungen... Anm. 2 zu Nr. 31, Lindenmaier-Lüdecke Anm. 4 zu Nr. 2 RL, Friedrich in der Besprechung des Cromegalurteils GRUR 1963, 139, sehr entschieden jetzt auch Johannesson in GRUR 1970, 114. Es wird nochmals auf die Darlegung des Grundgedankens und der Erörterungen bei der Vorbereitung des Gesetzes in der Einleitung (oben S. 88 bis 90) hingewiesen.

Es ist klarzustellen, daß das Monopolprinzip für die Vergütung von Bedeutung ist — das im Gesetz festgelegte Verfahren wie Meldung und Inanspruchnahme stehen nicht unter seinem Einfluß, da hier ja noch ungewiß ist, ob es zu einem „Monopol" kommt.

Es mag zweifelhaft sein, ob der DVO 1943 so klar, wie der Bericht des Bundestagsausschusses meint (er spricht von der Übereinstimmung mit dem geltenden Recht — unten S. 627), das Monopolprinzip zugrundeliegt. Denn § 5 DVO spricht von dem „Ausmaß der schöpferischen Leistung des Arbeitnehmers", das bei der Bemessung der Vergütung zu berücksichtigen sei; in den Richtlinien 1944 ist von „erfinderischen Normalleistungen" und „erfinderischen Sonderleistungen" die Rede. Aber gerade diese Wendungen enthalten das neue Gesetz und die Richtlinien 1959 nicht. In § 9 Abs. 1 sind die Worte „schöpferische Leistung" bewußt durch das Merkmal „Anteil des Betriebs an dem Zustandekommen der Diensterfindung" ersetzt worden (Amtl. Begr. unten S. 581).

7   Mit Recht wird zwar darauf hingewiesen, daß das Gesetz den Vergütungsanspruch mit der Inanspruchnahme entstehen läßt. Daraus ist

§ 9 Vergütung bei unbeschränkter Inanspruchnahme

aber nichts gegen das Monopolprinzip herzuleiten. Einmal heißt es vorsichtig: „sobald" in Anspruch genommen wird. Zum anderen ist es doch sinnvoll und kaum anders zu rechtfertigen, den Vergütungsanspruch erst dann entstehen zu lassen, wenn der Arbeitgeber das Recht an der Erfindung erwirbt, und er erwirbt es erst durch die Inanspruchnahme.

Wenn weiter darauf hingewiesen wird, daß in Absatz 2 der Anteil des Betriebs am Zustandekommen der Erfindung berücksichtigt werde und diese Bestimmung die Grundlage für die Einführung des Anteilsfaktors in die Richtlinien gebe, so ist zu entgegnen, daß Absatz 2 nicht den Grund des Vergütungsanspruchs betrifft, sondern sich mit seiner Höhe beschäftigt. Daß hier Leistungsmerkmale von Bedeutung werden, ist richtig. Doch erlangen sie erst Gewicht, wenn der Vergütungsanspruch überhaupt dem Grunde nach besteht. (Vgl. hierzu Anm. 9). 8

dd) Durchführung des Monopolprinzips im Gesetz 9

Es wird nicht verkannt, daß das Monopolprinzip nicht dogmatisch streng durchgeführt ist. Schon in der Einleitung ist gesagt, daß die sog. Nullfälle ohne Berücksichtigung der Leistung des Erfinders nicht befriedigend behandelt werden können (oben S. 89). Insbesondere spielt die Leistung des Arbeitnehmers aber, wie schon in Anm. 8 angedeutet wird, bei der Bemessung der Höhe der Vergütung eine Rolle. Denn das bei dem Anteilsfaktor (Nr. 30 bis 38 RL) zu berücksichtigende Ausmaß der erfinderischen Bemühungen des Arbeitnehmers hinsichtlich Stellung und Lösung der Aufgabe sowie der mit seiner Stellung im Betrieb verbundenen Leistungserwartung können durchaus als Elemente einer Sonderleistung bezeichnet werden. Es muß festgehalten werden, daß es eine Verpflichtung zum Erfinden nicht gibt, weil eine solche Vorstellung dem Begriff der Erfindung und des Erfindens widerspricht. Man kann den Arbeitnehmer nur für verpflichtet halten, an der Lösung bestimmter technischer Probleme zu arbeiten, „auf Erfindungen bedacht zu sein" (vgl. auch Anm. 9 zu § 25 und den Ausschußbericht — unten S. 627).

Johannesson widerspricht in seinem Aufsatz in GRUR 1970, 114 der hier vertretenen Auffassung. Er meint, daß die Höhe der Vergütung ebenso wie die im Gesetz geregelte Aufteilung der Rechte und Pflichten zwischen den Sozialpartnern das Monopol und nicht eine Sonderleistung, die gar nicht gefordert werde, betreffe. Für ihn spricht der Ausschußbericht (unten S. 633), in dem eine „Verquickung von Sonderleistungs- und Monopolprinzip" beim Nullfall abgelehnt wird. M. E. hat die Kontroverse keine praktischen Auswirkungen auf die Auslegung des Gesetzes. Auf jeden Fall ist festzustellen, daß das Gesetz die Vergütungspflicht an die Tatsache anknüpft, daß der Arbeitgeber Dritte von der Benutzung der Erfindung ausschließen kann und zwar ohne Rücksicht darauf, ob sie „große" oder „kleine" Erfindungshöhe besitzt, ob sie als Ergebnis langwieriger Arbeiten oder dank eines glücklichen Zufalls zustandegekommen ist, ob es sich um ein Patent oder ein Gebrauchsmuster handelt.

Erläuterungen

Durchbrechungen des Monopolprinzips aus sozialen Gründen enthalten die besonderen Regelungen des § 10 Abs. 2 — der Arbeitgeber kann sich gegenüber dem Arbeitnehmer nicht darauf berufen, daß die Erfindung zur Zeit der Inanspruchnahme nicht schutzfähig gewesen sei — und § 12 Abs. 6 — Rückzahlung einer geleisteten Vergütung kann auch bei Änderung der Umstände nicht verlangt werden.

10   *ee) Technischer Verbesserungsvorschlag*

Es sei noch bemerkt, daß die technischen Verbesserungsvorschläge ohne Durchbrechung des Monopolprinzips dadurch in das Gesetz einbezogen worden sind, daß sie nach § 20 Abs. 1 den Arbeitgeber nur dann zu einer Vergütung verpflichten, wenn sie ihm „eine ähnliche Vorzugsstellung gewähren, wie ein gewerbliches Schutzrecht".

11   *ff) Auslegung des Monopolprinzips in der Rechtsprechung*

Der BGH hat in zwei bedeutsamen Urteilen Vergütungsansprüche dem Grunde nach anerkannt, obwohl das Erteilungsverfahren noch lief oder ohne Erteilung eines Schutzrechts geendet hat. Diese beiden Urteile v. 28. 6. 1962 „Cromegal" und v. 30. 3. 1971 „Gleichrichter" (GRUR 1963, 135 und 1971, 475) werden in Anm. 7 bis 18 zu § 12 eingehend behandelt. Hier sei nur folgendes bemerkt: Die Kritik knüpft daran an, daß in dem Zeitpunkt, für den ein Anspruch auf Festsetzung der Vergütung anerkannt wird (Cromegalurteil), noch offen ist, ob auf die eingereichte Anmeldung ein Patent erteilt wird, ob also eine schutzfähige Erfindung im Sinne des § 2 vorliegt. Gegen das Gleichrichterurteil ist eingewendet worden, daß es trotz inzwischen erfolgter rechtskräftiger Feststellung, daß die Erfindung nicht patentfähig ist, für die Verwertung während der Zeit des Schwebens der Anmeldung eine Vergütung dem Grunde nach gewährt. Die Kritik sieht darin einen Widerspruch zu dem Leitgedanken des Gesetzes, der eine Vergütung an die Schutzfähigkeit der Erfindung bindet, also ein Verlassen des Monopolprinzips.

12   **d) Sonderleistung außerhalb des ArbEG**

Wenn auch daran festzuhalten ist, daß das Gesetz dem Monopolprinzip folgt, so schließt das nicht aus, daß der Gedanke der Vergütung für Sonderleistungen in dem Raum, den es nicht deckt, zur Geltung kommen kann.

Es entspricht allgemeinen Rechtsgrundsätzen, daß für eine Leistung, die über den vertragsmäßigen Rahmen hinausgeht, nach dem Grundsatz von Treu und Glauben eine besondere Vergütung gefordert werden kann, wenn durch die Leistung des Dienstverpflichteten dem Dienstberechtigten eine wertvolle Bereicherung zugeführt wird. Dieser Gedanke ist in einer Reihe von Fällen entwickelt worden, auf die die Regelung des Arbeitnehmererfinderrechts nicht anwendbar ist. Das Urteil des BGH v. 13. 7. 1956, GRUR 1956, 500, behandelt Ansprüche

§ 9 Vergütung bei unbeschränkter Inanspruchnahme

eines Arztes, der als freier Mitarbeiter einer Arzneimittelfabrik als medizinischer Berater laufend tätig war und ein neues Präparat entwickelt hatte. Dafür, daß die oben wiedergegebene Auffassung allgemeinen Rechtsgrundsätzen entspreche, beruft sich das Urteil auf ein Urteil des ArbG Berlin v. 22. 9. 1936 in GRUR 1937, 200, und auf Riemschneider-Barth S. 160 (2. Aufl. S. 183). Es bemerkt zudem, daß sie in den Erfinderverordnungen 1942/43 ihren Niederschlag gefunden habe.

Auch das Urteil des BAG v. 1. 11. 1956 (GRUR 1957, 338) erkennt an, daß eine besondere Vergütung für eine neben den arbeitsvertraglichen Pflichten erbrachte Leistung beansprucht werden kann, allerdings nur dann, wenn sie für den Arbeitgeber von wirtschaftlichem Wert ist und eine Verwendung ermöglicht. Das wird verneint für eine Erfindung, die ein Patentingenieur vor dem 22. 7. 1942, also vor dem Stichtag der Erfinder-VO vollendet hatte. 13

Das Urteil des BAG v. 30. 4. 1965 „Abdampfverwertung" (GRUR 1966, 88) spricht von Sonderleistung, wenn sie „über die übliche Arbeitsleistung hinausgeht" und dem Arbeitgeber einen „nicht unerheblichen Vorteil bringt". Außerdem muß der Arbeitgeber verwerten, was in seinem freien Ermessen steht, lediglich begrenzt durch das Gebot der guten Sitten und das Verbot von Rechtsmißbrauch und Willkür.

In dem Urteil des BGH v. 21. 3. 1961 (GRUR 1961, 432 mit Besprechung von Schippel = NJW 1961, 1251 = MDR 1961, 478 = BB 1961, 498 = DB 1961, 644 = LM Nr. 4 zu § 612) ging es zwar nicht darum, den Vergütungsanspruch eines freien Mitarbeiters (wissenschaftlichen, technischen Beraters) zu begründen, sondern darum, welchen Einfluß eine von ihm im Rahmen der vertraglichen Verpflichtungen gemachte Erfindung auf die Höhe der allgemeinen Vergütung für die Dienstleistung hatte. Deshalb hängt der Vergütungsanspruch nicht davon ab, ob dem Dienstberechtigten eine wertvolle Bereicherung zugeflossen ist. Das Urteil liegt aber deutlich in der Linie der obengenannten Entscheidungen, indem es die Vergütungshöhe von der Bedeutung der Dienstleistung abhängig macht, die über eine routinemäßige wissenschaftliche Tätigkeit hinausgehe. Insofern unterscheide sich die Rechtslage von der Regelung nach dem Arbeitnehmererfindungsgesetz. 14

Man wird auch folgenden Fall unter diesen Gesichtspunkten betrachten müssen: Eine Diensterfindung führte nur deshalb nicht zu einem Patent, weil dasselbe Verfahren kurze Zeit vor der Anmeldung durch eine andere Firma angemeldet worden war und für sie patentiert wurde. Dieses Patent stand der Erteilung des Patents aufgrund der in Anspruch genommenen Diensterfindung als älteres Recht nach § 4 PatG entgegen. Doch verblieb dem Arbeitgeber ein wertvolles Weiterbenutzungsrecht nach § 7 PatG. Die Voraussetzungen für eine Vergütung nach § 20 Abs. 1 waren nicht gegeben. Die Schiedsstelle hat sich übrigens für nicht zuständig gehalten, weil es sich nicht um einen Streitfall aufgrund des ArbEG handele. 15

205

Erläuterungen

16 e) Übersicht über die gesetzliche Regelung

Die Vergütung von Diensterfindungen ist in den §§ 9 bis 12 ausführlich geregelt. § 9 Abs. 1 behandelt die Entstehung des Vergütungsanspruchs bei unbeschränkter Inanspruchnahme, § 10 Abs. 1 Satz 1 die Entstehung des Anspruchs bei beschränkter Inanspruchnahme. Für diesen Fall enthält § 10 Abs. 2 eine besondere Sicherung des Vergütungsanspruchs zugunsten des Arbeitnehmers. Die Bemessung der Höhe der Vergütung wird in § 9 Abs. 2 für die unbeschränkte, in § 10 Abs. 1 Satz 2 für die beschränkte Inanspruchnahme geregelt und in den nach § 11 erlassenen Vergütungsrichtlinien im einzelnen erläutert. § 12 enthält Vorschriften über das Verfahren zur Ermittlung von Art und Höhe der Vergütung und über die Zahlung und ihren Zeitpunkt. § 12 Abs. 2 und 5 betreffen den besonderen Fall der Miterfinder. § 12 Abs. 6 gibt beiden Parteien die Möglichkeit, bei wesentlicher Änderung der Umstände, die für die Feststellung oder Festsetzung der Vergütung maßgebend waren, die Einwilligung in eine andere Regelung der Vergütung zu verlangen. Die Vergütung für technische Verbesserungsvorschläge mit monopolartigem Charakter ist in § 20 Abs. 1 geregelt.

Die rechtlichen Grundsätze werden jeweils bei den Bestimmungen des Gesetzes erläutert. Die Fragen, die mit der Höhe der Vergütung zusammenhängen, werden bei den Nummern der Richtlinien erläutert und zwar im Anschluß an die Erläuterungen zu § 11.

II. Der Vergütungsanspruch bei unbeschränkter Inanspruchnahme

17 a) Rechtsnatur

Der Vergütungsanspruch ist ein vom Gesetz gewährter, schuldrechtlicher Anspruch des Arbeitnehmers gegen den Arbeitgeber. Er bedarf keiner besonderen vertraglichen oder tarifvertraglichen Begründung oder Bestätigung. Der Vergütungsanspruch ist als besonderer gesetzlicher Anspruch vom Lohnanspruch zu unterscheiden. Wird er jedoch durch eine Erhöhung des Arbeitslohnes erfüllt (vgl. Anm. 59), so nimmt er an dessen Schicksal teil (vgl. dazu aber Anm. 53 zu § 12 und Anm. 3 zu § 26). Der Anspruch ist vererblich und übertragbar. Er ist schuldrechtlicher Natur und nicht dinglich mit der in Anspruch genommenen Erfindung verknüpft (vgl. Anm. 3 zu § 6). Auch wenn die Diensterfindung bei Ausführung eines dem Arbeitgeber von außen erteilten Entwicklungsauftrags entstanden ist, richtet sich der Vergütungsanspruch gegen den Arbeitgeber, es sei denn, daß der Arbeitnehmer nach der Meldung einer anderen Regelung vertraglich zustimmt.

Der Vergütungsanspruch ist wie alle Ansprüche des Arbeitnehmers aus dem Gesetz durch die Unabdingbarkeitsklausel des § 22 geschützt.

18 b) Vertragliche Übertragung der Diensterfindung vom Arbeitnehmer auf den Arbeitgeber

Der Vergütungsanspruch entsteht auch, wenn die Diensterfindung nicht durch Inanspruchnahme, sondern durch vertragliche Vereinbarung

§ 9 Vergütung bei unbeschränkter Inanspruchnahme

auf den Arbeitgeber übergeht. Es ist möglich, daß Arbeitgeber und Arbeitnehmer vor oder nach Ablauf der Inanspruchnahmefrist ausdrücklich oder stillschweigend vereinbaren, daß die Diensterfindung auf den Arbeitgeber übergeht (vgl. Anm. 22 zu § 6). Ist die Diensterfindung auf diese Weise rechtswirksam übergegangen, so ist nicht einzusehen, weshalb der Vergütungsanspruch nicht entstehen sollte. Soweit die gegenteilige Ansicht aus dem nicht ganz eindeutigen Urteil des LAG Baden-Württemberg v. 24. 1. 1958 (DB 1958, 312) zu entnehmen sein sollte, ist ihr nicht beizutreten (wie hier Volmer Anm. 5 zu § 9). Die Unabdingbarkeitsklausel des § 22 steht der Entstehung des Vergütungsanspruchs nicht entgegen, da nicht zu Ungunsten des Arbeitnehmers abgedungen wird.

Der Anspruch auf Vergütung beruht dann nicht unmittelbar auf dem Gesetz. Er entspringt als vertraglicher Anspruch dem Arbeitsverhältnis.

Es muß angenommen werden, daß der dem § 9 zugrundeliegende Rechtsgedanke stillschweigend Vertragsinhalt wird, d. h. daß eine Erfindervergütung nach den Grundsätzen des Gesetzes zu zahlen ist. Wenn der Arbeitnehmer sich allerdings auf den Ablauf der Frist zur Inanspruchnahme berufen hat und dann nachträglich der Übergang der Diensterfindung vereinbart wird, muß aus den gesamten Umständen der Vereinbarung entnommen werden, ob doch eine Vergütung wie für eine freie Erfindung, praktisch also ohne Minderung durch den Anteilsfaktor zu zahlen ist. Es ist sehr zu empfehlen, dies ausdrücklich zu klären.

Andererseits ist es rechtlich zulässig, daß der Arbeitnehmer in dem Vertrag auf Erfindervergütung verzichtet, soweit nicht die durch die Unabdingbarkeitsklausel des § 22 und die Bestimmungen des § 23 gezogenen Grenzen überschritten werden. Da eine Vereinbarung nicht recht vorstellbar ist, wenn nicht entweder eine Meldung vorangegangen ist oder auf sie verzichtet worden ist, wird praktisch der Verzicht nur dann — abgesehen von allgemeinen Vorschriften (Irrtum usw.) — unwirksam sein, wenn eine erhebliche Unbilligkeit und die sonstigen Voraussetzungen des § 23 vorliegen.

c) Übertragung der Diensterfindung durch den Arbeitgeber an Dritte 19

Daß der Vergütungsanspruch schuldrechtlicher Natur ist und nicht dinglich mit der Erfindung verknüpft ist, zeigt sich besonders deutlich, wenn der Arbeitgeber die Erfindung einem Dritten in Lizenz gibt oder überträgt. Der Vergütungsanspruch richtet sich auch dann nur gegen den Arbeitgeber, nicht gegen den Lizenznehmer oder den Erwerber (vgl. Amtl. Begr. unten S. 562; für Patentaustauschverträge und Lizenzverträge mit dem Ausland ebenso Amtl. Begr. unten S. 590 und Heine in BB 1954, 357). Anderes gilt nur, wenn der Dritte die Vergütungsschuld des Arbeitgebers durch Vertrag mit dem Arbeitnehmer (§ 414 BGB) oder mit dessen Genehmigung (§ 415 BGB) übernommen hat, bei Vermögensübernahme (§ 419 BGB) und beim Erwerb eines Handelsgeschäfts (§ 25

Erläuterungen

HGB). Das entspricht der Rechtslage für den Übergang rückständiger Lohnforderungen, der nur bei Vorliegen dieser Voraussetzungen zu bejahen ist (BAG v. 26. 5. 1955, NJW 1955, 1413 = BB 1955, 733).

Liegt keine diese Ausnahmen vor, so kann sich der Arbeitnehmer auch dann nicht an den Dritten wenden, wenn der Arbeitgeber zahlungsunfähig geworden ist. War der Arbeitgeber eine Kapitalgesellschaft und wurde diese ohne Rechtsnachfolger aufgelöst und die Erfindung bei der Auflösung veräußert, so hat der Arbeitnehmer nur einen Anspruch auf angemessene Beteiligung an dem in der Liquidation erzielten Verkaufserlös. Dies kann im Einzelfall zu unbilligen Ergebnissen führen, die aber bei der Konstruktion des Gesetzes nicht zu vermeiden sind.

20 d) Entstehung des Anspruchs

Der Vergütungsanspruch entsteht mit der unbeschränkten Inanspruchnahme der Diensterfindung. Die Inanspruchnahme muß rechtswirksam sein und zum Übergang aller Rechte an der Diensterfindung auf den Arbeitgeber geführt haben (vgl. Anm. 13 ff. zu § 6). Auf die Benutzung der Diensterfindung durch den Arbeitgeber kommt es bei der unbeschränkten Inanspruchnahme im Gegensatz zur beschränkten Inanspruchnahme nicht an (vgl. Anm. 3 zu § 10). In der Regel sind jedoch bei der Inanspruchnahme die für die Bemessung der Vergütungshöhe entscheidenden Tatsachen noch nicht bekannt. Solange die Vergütungshöhe nicht ermittelt werden kann, kann der Anspruch nicht geltend gemacht werden (vgl. unten Anm. 21 und Anm. 5 bis 18 zu § 12). Der Anspruch entsteht also mit der Inanspruchnahme in der Regel nur „dem Grunde nach".

Im Urteil des BGH v. 2. 12. 1960 „Chlormethylierung" (GRUR 1961, 388, mit kritischer Besprechung von Friedrich) heißt es, die Vorschrift des § 9 Abs. 1 gewähre dem Erfinder „zunächst nur dem Grunde nach einen nicht konkretisierten Vergütungsanspruch". Vgl. auch LAG Frankfurt v. 19. 5. 1960, GRUR 1961, 135 und Einigungsvorschlag der Schiedsstelle v. 7. 11. 1961, Bl. 1962, 78. Daraus ergibt sich: Der Arbeitnehmer ist zwar berechtigt und der Arbeitgeber verpflichtet, aber der Inhalt des Anspruchs ist nicht „jetzt zu zahlen", sondern „bei Eintritt der Fälligkeit zu zahlen" (so treffend Halbach, Anm. 1 zu § 9; vgl. Enneccerus-Nipperdey § 82 II 1). Wegen der Dauer der Vergütungszahlung siehe Anm. 23.

Gleichzustellen ist der Inanspruchnahme, wenn die Diensterfindung durch Vertrag übergegangen ist — s. Anm. 19.

21 e) Fälligkeit

Das Gesetz trennt die Bestimmungen über das Entstehen und die Fälligkeit des Vergütungsanspruchs. Fälligkeit bedeutet die Pflicht, sofort zu leisten. Das Gesetz regelt sie, ohne im Text den Begriff „Fälligkeit" zu gebrauchen, in § 12. Abs. 1 bestimmt, daß die Art und Höhe der Vergütung „in angemessener Frist" nach Inanspruchnahme durch Verein-

§ 9 Vergütung bei unbeschränkter Inanspruchnahme

barung festgestellt werden soll; kommt keine Vereinbarung zustande, so hat der Arbeitgeber die Vergütung einseitig festzusetzen, und zwar bei unbeschränkter Inanspruchnahme „spätestens bis zum Ablauf von drei Monaten nach Erteilung des Schutzrechts" (Abs. 3 Satz 2).

Was unter „angemessener Frist" zu verstehen ist, hängt ganz von den Umständen des einzelnen Falles ab. Das Gesetz hat selbst in § 12 Abs. 3 eine äußerste Frist gesetzt. Auch diese ist praktisch nicht unbedingt bindend, wie der Vorschlag der Nr. 23 RL zeigt, daß die dem Betrieb zur Feststellung der wirtschaftlichen Verwertbarkeit zu gewährende Frist drei bis fünf Jahre nach Patenterteilung nicht überschreiten sollte. Die Rechtsprechung hat ein wesentliches Merkmal für die Fälligkeit der Vergütung in der Benutzung der Erfindung gefunden. Der BGH hat in dem „Cromegal"-Urteil (s. Anm. 11) den Rechtssatz aufgestellt, daß für eine zum Patent angemeldete Erfindung, auch wenn sie noch nicht zur Erteilung oder Bekanntmachung geführt hat, bis zum Ablauf von 3 Monaten nach Aufnahme der Benutzung eine Vergütung zu zahlen ist. Sie ist als vorläufige Vergütung in der Regel niedriger zu bemessen als die nach Patenterteilung geschuldete Vergütung. Der gesamte lebhaft diskutierte Komplex wird in den Anm. 5 bis 18 zu § 12 erläutert, die Höhe der vorläufigen Vergütung in Anm. 48, 49 zu § 9.

Die Regelung des Zeitpunktes der Zahlung ist in vollem Umfang, vorbehaltlich der Grenzen des § 23 (Unbilligkeit) der Vereinbarung unter den Beteiligten zugänglich, da sie nach der Meldung oder einem gleichzusetzenden Zeitpunkt liegt (§ 22). Es ist auch möglich und nicht selten, daß vor Fälligkeit Zahlungen geleistet werden.

f) Klage   22

Je nach dem Zeitpunkt, in dem der Arbeitnehmer klagt, sind drei Möglichkeiten vorhanden:

1. Vor Fälligkeit ist die Klage auf Feststellung des Bestehens des Vergütungsanspruchs gegeben, wenn die notwendigen prozessualen Voraussetzungen im übrigen vorliegen. Inanspruchnahme oder vertraglicher Übergang müssen vorliegen, da sie den Anspruch erst entstehen lassen, ebenso Halbach, Anm. 1 zu § 9.

2. Ist die Vergütung fällig, aber weder festgestellt noch vom Arbeitgeber festgesetzt, so kann der Arbeitnehmer auf Festsetzung der Vergütung klagen; so ausdrücklich BGH v. 28. 6. 1962 „Cromegal" (s. Anm. 11), auch BGH v. 2. 12. 1960, „Chlormethylierung" (GRUR 1961, 338).

3. Statt auf Feststellung zu klagen, kann unmittelbar auf Zahlung geklagt werden, wobei nach § 38 auf Zahlung eines vom Gericht zu bestimmenden angemessenen Betrags geklagt werden kann. Wegen der Einzelheiten und der Begründung s. Anm. 36 zu § 12. Bei allen Klagen ist die Einschaltung der Schiedsstelle zu prüfen, s. § 37.

Erläuterungen

23 g) Dauer der Vergütungszahlung

Für welchen Zeitraum die Vergütung bezahlt werden muß, ist im Gesetz nicht ausdrücklich geregelt. Da der Anspruch mit der Inanspruchnahme entsteht (vgl. Anm. 20), die Vergütung aber auch einen Erfindungswert voraussetzt, ist bei der Berechnung der Vergütung von dem Zeitpunkt nach der Inanspruchnahme auszugehen, in dem zum ersten Mal ein Erfindungswert nachweisbar ist; in der Regel fällt dieser Zeitpunkt mit dem Beginn der Verwertung zusammen. Da die Vergütungsregelung auf dem Monopolprinzip aufbaut (vgl. Anm. 6 bis 9), ist die Vergütung bei der unbeschränkten Inanspruchnahme in der Regel bis zum Wegfall des Schutzrechts, das auf die in Anspruch genommene Erfindung erteilt wurde, zu zahlen. In Ausnahmefällen kann der Gesichtspunkt der Angemessenheit der Vergütung auch eine Zahlung über die Laufdauer des Schutzrechts hinaus rechtfertigen (vgl. Amtl. Begr. unten S. 582), wenn z. B. die Erfindung erst in den letzten Jahren der Laufdauer des Schutzrechts praktisch ausgewertet worden ist und die durch das Schutzrecht während seiner Laufdauer dem Arbeitgeber vermittelte Vorzugsstellung auf dem Markt noch weiter andauert. Vgl. auch die Erläuterungen zu Nr. 41, 42 RL und Schiedsstelle ArbErf 45/68 (Bl. 1969, 363).

24 h) Nichtigkeit

Wird das Schutzrecht mit einer Nichtigkeits- oder Löschungsklage angefochten, so entfällt die Zahlungspflicht jedenfalls mit der Rechtskraft der der Klage stattgebenden Nichtigkeits- oder Löschungsentscheidung. Denn bis zu diesem Zeitpunkt hat der Arbeitgeber in den meisten Fällen eine tatsächliche Nutzungsmöglichkeit und eine günstigere geschäftliche Stellung als seine Konkurrenten, so daß trotz der fiktiven Rückwirkung des Nichtigkeits- oder Löschungsurteils die Pflicht zur Vergütungszahlung gerechtfertigt erscheint (vgl. BGH v. 12. 4. 1957, GRUR 1957, 595 = Mitt. 1957, 112 = BB 1957, 659 = LM Nr. 8 zu § 9 PatG).

Der Nichtigkeitserklärung hat die Rechtsprechung die offenbare oder wahrscheinlich gewordene Nichtigkeit gleichgestellt, sofern nach den Umständen das Patent seine bisherige wirtschaftliche Wirkung verliert und dem Lizenznehmer daher eine weitere Zahlung nicht mehr zuzumuten ist. Vgl. BGH v. 28. 6. 1957, GRUR 1958, 177. Wegen der Einzelheiten s. die Kommentare zum PatG, z. B. Reimer, Anm. 27 zu § 9, Benkard, Rdnr. 78, 79 zu § 9, Krausse-Kathlun-Lindenmaier Anm. 13 zu § 9.

Dieser Handhabung muß man sich auch für die Vergütungspflicht des Arbeitgebers anschließen. Denn weil sie auf dem Monopolprinzip beruht, entfällt die Grundlage, wenn der Arbeitgeber trotz des noch formell fortbestehenden Schutzrechts tatsächlich kein Monopol mehr hat. Diese Grundsätze haben ihren Niederschlag in Nr. 43 RL gefunden. Auf die Erläuterungen hierzu, insbesondere wegen der praktischen Handhabung wird verwiesen.

§ 9 Vergütung bei unbeschränkter Inanspruchnahme

i) Verjährung 25

Der Vergütungsanspruch verjährt nach wohl einhelliger Ansicht in 30 Jahren (§ 195 BGB). Die kurzen Verjährungsfristen des § 196 Abs. 1 Nr. 8 und 9 BGB können nicht angewendet werden. Sie wurden gewählt, damit Geschäfte des täglichen Verkehrs möglichst rasch abgewickelt werden und aus ihnen nicht noch nach vielen Jahren Forderungen geltend gemacht werden können (Motive I 297 ff.). Zu diesen Geschäften gehört die Arbeitnehmererfindervergütung nicht (vgl. Reimer-Schippel S. 117; Riemenschneider-Barth S. 141). Im Fall der Pauschalvergütung kommt dazu, daß kein Dauerschuldverhältnis vorliegt, § 196 Abs. 1 Nr. 8 und 9 BGB aber nur solche Schuldverhältnisse betreffen.

Sobald aber eine laufende Erfindervergütung vereinbart oder vom Arbeitgeber endgültig festgesetzt worden ist (§ 12 Abs. 3), handelt es sich um regelmäßig wiederkehrende Leistungen im Sinne des § 197 BGB; das hat der BGH für zu regelmäßig wiederkehrenden Terminen fällig werdende Gewinnanteilsansprüche aus einem Patentverwertungsvertrag im Urteil v. 23. 9. 1958 (BGHZ 28, 144 = GRUR 1959, 125 = NJW 1959, 239) ausgesprochen, durch das das Urteil des OLG Düsseldorf v. 29. 3. 1957 (DB 1957, 550) aufgehoben worden ist. Dieser Grundsatz muß auch für die „konkretisierten" Leistungen auf Grund des § 9 ArbEG gelten. Sie verjähren demnach in vier Jahren. Die Verjährung beginnt gemäß § 201 BGB mit dem Schlusse des Jahres, in welchem der jeweilige Anspruch entsteht.

k) Erlöschen des Anspruchs 26

Der Vergütungsanspruch ist ein vermögensrechtlicher Anspruch. Er erlischt deshalb nicht mit dem Tode des Arbeitnehmers, sondern geht auf dessen Erben über. Im übrigen gelten die allgemeinen Erlöschensgründe des bürgerlichen Rechts: Erfüllung (§ 362 ff. BGB), Hinterlegung (§§ 372 ff. BGB), Aufrechnung (§§ 387 ff. BGB) und Erlaß (§ 397 BGB).

Wann der Vergütungsanspruch voll erfüllt ist, hängt von der vereinbarten oder festgesetzten Art der Vergütungszahlung ab (vgl. Anm. 57 bis 59). Wird die Vergütung in Form einer einmaligen Zahlung geleistet, so ist mit dieser Zahlung der Anspruch erfüllt. Wegen § 12 Abs. 6 ist es jedoch nicht ausgeschlossen, daß trotz der Erfüllung noch einmal ein neuer Vergütungsanspruch entsteht, wenn sich die Umstände wesentlich ändern, die für die Feststellung oder Festsetzung der Vergütung maßgebend waren. Wird die Vergütung in Form mehrmaliger Zahlungen geleistet, so gelten die Regeln, die für die Erfüllung eines Dauerschuldverhältnisses aufgestellt sind. Jede Zahlung bringt dann nur einen — meist zeitlich begrenzten — Teil des Anspruchs zum Erlöschen. 27

Für die Aufrechnung ist von Bedeutung, daß gegen den Vergütungsanspruch wegen Unpfändbarkeit nur in der Höhe nicht aufgerechnet werden kann (§ 394 BGB), in der er als unpfändbarer Anspruch im Sinn des § 850 ZPO anerkannt wird (vgl. dazu Anm. 6 im Anhang zu § 27). 28

Erläuterungen

29 Ein vertraglicher Verzicht (Erlaß) ist nach § 22 nur nach Meldung rechtswirksam. Er liegt u. U. auch vor, wenn der Arbeitnehmer bei Ausscheiden aus dem Betrieb eine Ausgleichsquittung erteilt, in der er erklärt, mit allen Ansprüchen gegen den Arbeitgeber abgefunden zu sein. Ob sie auch bisher nicht geltend gemachte Vergütungsansprüche umfaßt oder ob der Verzicht etwa wegen Irrtums angefochten werden kann, richtet sich nach den allgemeinen Regeln des bürgerlichen Rechts. Es empfiehlt sich, in der Quittung etwaige Ansprüche auf Erfindervergütung ausdrücklich zu erwähnen, sei es in dem Sinne. daß sie mit abgegolten sind, oder, wenn dies nicht der Fall ist, daß ihre Regelung vorbehalten bleibt oder daß sie unberührt bleiben.

30 l) Insbesondere Verwirkung

Eine Verwirkung des Vergütungsanspruchs ist nicht ausgeschlossen. Der Gedanke der Verwirkung wird aus dem Gedanken von Treu und Glauben (§ 242 BGB) hergeleitet (vgl. RGZ 155, 152 und 158, 105 sowie BGHZ 25, 53). Verwirkung ist dann angenommen worden, wenn der Verpflichtete mit einer Rechtsausübung durch den Berechtigten nicht mehr zu rechnen brauchte und ihm Leistung nicht mehr zuzumuten ist. Sie wird nicht dadurch ausgeschlossen, daß dem Berechtigten der ihm zustehende Anspruch unbekannt war, es sei denn, daß dies auf ein unredliches Verhalten des Verpflichteten zurückzuführen ist. Andererseits darf der Berechtigte nicht selbst unredlich gehandelt haben.

Ob eine „unzulässige Rechtsausübung" vorliegt, hängt von den gesamten Umständen des Einzelfalls ab, die sorgfältig zu würdigen sind. Während der Dauer des Arbeitsverhältnisses wird kaum eine Verwirkung bejaht werden können. Vgl. auch BGH v. 24. 11. 1961 „Federspannvorrichtung" (GRUR 1962, 305 [308] zur Verwirkung arbeitsrechtlicher Ansprüche, dort Verwirkung des Rechts aus Inanspruchnahme; ferner Anm. 13 zu § 23. Vgl. auch Schiedsstelle v. 25. 1. 1963, Bl. 1963, 177 und v. 20. 11. 1967/26. 6. 1968, Bl. 1969, 23.

Wegen des Einflusses der Beendigung des Arbeitsverhältnisses auf den Vergütungsanspruch vgl. § 26.

III. Angemessene Vergütung

31 a) Anhaltspunkte im Gesetz

Über die Höhe des Vergütungsanspruchs sagt das Gesetz wenig aus. Es bestimmt in § 9 Abs. 1 (Vergütung bei unbeschränkter Inanspruchnahme), § 10 Abs. 1 (Vergütung bei beschränkter Inanspruchnahme), § 14 Abs. 3 (Vergütung für Benutzungsrecht in ausländischen Staaten), § 16 Abs. 3 (Vergütung für Benutzungsrecht bei Rückübertragung des Schutzrechts auf den Arbeitnehmer), § 20 Abs. 1 (Vergütung für technische Verbesserungsvorschläge), daß die Vergütung angemessen sein soll. Diese allgemeine Direktive führt das Gesetz an mehreren Stellen weiter aus: § 9 Abs. 2 nennt einige Gesichtspunkte, die bei der Bemes-

§ 9 Vergütung bei unbeschränkter Inanspruchnahme

sung der Vergütung besonders maßgebend sind (vgl. Anm. 34 ff.). Hierauf wird in § 10 Abs. 1 und § 20 Abs. 1 verwiesen. Für die Bemessung der Vergütung von betriebsgeheimen Erfindungen gibt § 17 Abs. 4 weitere Anhaltspunkte (vgl. Anm. 12 ff. zu § 17).

b) „Richtlinien" 32

Der Bundesminister für Arbeit und Sozialordnung hat gemäß § 11 „Richtlinien für die Vergütung von Arbeitnehmererfindungen im privaten Dienst" vom 20. Juli 1959 — III a 6-1859/59 erlassen und in der Beilage zum Bundesanzeiger Nr. 156 v. 18. 8. 1959 veröffentlicht. Sie sind abgedruckt im BundesArbBl. 1959, 599, GRUR 1959, 470, Bl. 1959, 300 und im zusammenhängenden Text oben S. 57 ff. Ferner hat er „Richtlinien für die Vergütung von Arbeitnehmererfindungen im öffentlichen Dienst" vom 1. 12. 1960 — II a 2329/60 — Bundesanzeiger Nr. 237 v. 8. 12. 1960 erlassen. Sie sind abgedruckt im BundesArbBl. 1960, 767, GRUR 1961, 24, Bl. 1961, 69 und oben S. 79. Näheres siehe Erläuterungen zu § 11.

Die Richtlinien, die keine Gesetzeskraft haben, geben wertvolle Anhaltspunkte für die Höhe der Vergütung. Sie sind ausführlich für den privaten Dienst ausgearbeitet, für den öffentlichen Dienst entsprechend anzuwenden. Sie sind an die Stelle der unten S. 670 ff. abgedruckten Richtlinien 1944 getreten.

c) „Angemessen" 33

Wenn der Gesetzgeber ein Wort wie „angemessen" oder „billig" verwendet, so will er damit sagen, daß eine allgemeine Regelung nicht getroffen werden kann, sondern daß die Tatbestände im einzelnen so verschieden sind, daß die Ermittlung des Angemessenen oder Billigen dem Einzelfall überlassen werden muß. Diese Erkenntnis ist für die Auslegung des Gesetzes und der Richtlinien von großer Bedeutung. Denn sie zeigt, daß weder Gesetz noch Richtlinien mechanisch befolgbare Anweisungen und Formeln für die Berechnung der Erfindervergütung geben können, in die man nur bestimmte Werte einzusetzen braucht, um sofort das gerechte Ergebnis zu bekommen. Gesetz und Richtlinien können nur Anhaltspunkte für die Bemessung der Vergütung geben, die wohl auf die meisten Fälle, sicher aber nicht auf alle Fälle anwendbar sein werden.

„Angemessen" ist die Vergütung nur, wenn sie die tatsächlichen Verhältnisse des Einzelfalls ihrer Bedeutung entsprechend und in sozial gerechtfertigter Weise berücksichtigt. Wer eine Vergütung festsetzt, muß die Interessen und Leistungen beider Parteien mit gleichen Maßstäben messen. Um dem gerecht zu werden, ist in jedem Fall eine sehr ins einzelne gehende Tatsachenforschung notwendig. Denn nur wenn der Fall bis in alle Einzelheiten geklärt ist, können die gegenseitigen Interessen richtig gewertet und abgewogen werden.

Angemessenheit festzustellen ist nicht eine Sache des Ermessens. Vielmehr handelt es sich um einen „unbestimmten Rechtsbegriff", der von

Erläuterungen

den Gerichten im vollen Umfang nachzuprüfen ist. Im übrigen ist das Urteil darüber, was als angemessen anzusehen ist, zeitlichem Wandel unterworfen; vgl. dazu auch Nr. 1 Satz 2 RL und Anm. 10 hierzu.

IV. Die Bemessung der Vergütung im einzelnen

34 a) **Allgemeines**

Die Bemessung der Vergütung gehört zu den wichtigsten aber auch schwierigsten Aufgaben, die das Gesetz der Praxis stellt. In den folgenden Erläuterungen zu § 9 sollen nur die Grundsätze der Bemessung an Hand der in Abs. 2 genannten Anhaltspunkte besprochen werden. Die Einzelheiten sind bei den Richtlinien erörtert, die im Anschluß an § 11 gebracht werden.

35 b) **Schrifttum**

Vor dem Erlaß des Gesetzes:
Reimer-Schippel, Die Vergütung von Arbeitnehmererfindungen, Stuttgart 1956; Lüdecke, Lizenzgebühren für Erfindungen, Darmstadt 1955; aus der Zahl der Aufsätze seien genannt: Dapper, Die Gefolgschaftserfindung und ihre Bewertung, Deutsche Technik 1942, 372; Peters, Bewertung und Vergütung der Arbeitnehmererfindung, Recht der Arbeit 1954, 126; Heine, die Vergütung für in Anspruch genommene Diensterfindungen, Der Betrieb 1954, Beilage Nr. 14/15 zu Heft 41.

Nach Erlaß des Gesetzes:
Neben den Kommentaren zum ArbEG und z. T. auch zum PatG: Heine-Rebitzki, Die Vergütung für Erfindungen von Arbeitnehmern im privaten Dienst; Kremnitz, Was steht mir als Erfindervergütung zu?

Von den Aufsätzen seien genannt:
Danner, Die Vergütung von Arbeitnehmererfindungen und technischen Verbesserungsvorschlägen, Mitt. 1958, 170; Danner, Die Wechselbeziehungen zwischen Erfindungen und technischen Verbesserungsvorschlägen... Mitt. 1960, 171; Karl, Vergütung einer Arbeitnehmererfindung vor der Patenterteilung als technischer Verbesserungsvorschlag, Mitt. 1960, 242; Karl, Stellungnahme zu den bisherigen Kommentaren über die neuen Vergütungs-Richtlinien..., GRUR 1960, 459; Heine, Zur Ermittlung des Erfindungswerts nach den Richtlinien..., GRUR 1960, 321; Danner, Führen die amtl. Richtlinien... v. 20. 7. 1959 zu angemessenen Vergütungen? GRUR 1961, 381; Dick, Bewertung der Arbeitnehmererfindung in der Praxis, GRUR 1962, 226; Schade, Erfindervergütung, GRUR 1960, 125; Schade, Zur Auslegung des Gesetzes über Arbeitnehmererfindungen durch Gerichte und Schiedsstelle, GRUR 1965, 634; Schade, Aktuelle Probleme auf dem Gebiet der Arbeitnehmererfindung, GRUR 1970, 579; Sautter, Kremnitz, Bock im Doppelheft Nov./Dez. 1971 der Mitt.: „Beiträge zum Recht der Arbeitnehmererfindung".

§ 9 Vergütung bei unbeschränkter Inanspruchnahme

c) **Maßgebliche Gesichtspunkte in Abs. 2**   **36**

§ 9 Abs. 2 enthält eine nur beispielhafte, keine erschöpfende Aufzählung der bei der Bemessung der Erfindervergütung zu berücksichtigenden Merkmale, erfaßt aber die wesentlichen Faktoren. Der Reihenfolge der einzelnen Anhaltspunkte kommt keine bewertende Bedeutung zu (vgl. Amtl. Begr. unten S. 580).

Die Vergütung ist ein Entgelt für die Überlassung des Anteils des Arbeitnehmers an einer schutzfähigen Erfindung. Ihre Höhe ist deshalb vom Wert der Erfindung abhängig. Der Wert einer Diensterfindung unterscheidet sich nicht vom Wert einer entsprechenden freien Erfindung. Die dem Arbeitnehmererfinder zu gewährende Vergütung kann also mit der Vergütung verglichen werden, die der Arbeitgeber einem freien Erfinder für die Erfindung zahlen würde. Dieser Betrag wird „Erfindungswert" genannt. Von ihm ist bei der Berechnung der Vergütung auszugehen.

Außer dem Wert der Erfindung muß als zweiter wesentlicher Gesichtspunkt beachtet werden, daß die Vergütung nicht für eine freie Erfindung, sondern für eine Diensterfindung ermittelt werden soll. Sie ist aus der dem Arbeitnehmer im Betrieb obliegenden Tätigkeit entstanden oder beruht maßgeblich auf Arbeiten oder Erfahrungen des Betriebs (§ 4). Das bedeutet, daß der Betrieb einen oft beträchtlichen Beitrag zur Entstehung der Erfindung liefert: Er zahlt dem Erfinder Gehalt oder Lohn, er stellt Rohstoffe, Betriebsmittel und Hilfskräfte zur Verfügung; der Erfinder benutzt die innerbetrieblichen Erfahrungen; der Betrieb trägt das Risiko der eingeschlagenen Entwicklung. Neben dem Anteil des Erfinders steht also der Anteil des Betriebs. Deshalb muß die Vergütung des Diensterfinders niedriger als die eines freien Erfinders bemessen werden. Dem entspricht das Gesetz, wenn es neben der wirtschaftlichen Verwertbarkeit die Aufgaben und die Stellung des Arbeitnehmers im Betrieb und den Anteil des Betriebs am Zustandekommen der Diensterfindung als maßgebend für die Bemessung der Vergütung nennt.

d) **Die wirtschaftliche Verwertbarkeit**

aa) Grundregel   **37**

Nach dem klaren Wortlaut des Gesetzes ist die wirtschaftliche Verwertbarkeit, nicht etwa die tatsächliche Verwertung das an erster Stelle genannte Tatbestandsmerkmal, das bei der Bemessung der Vergütung zu berücksichtigen ist. Das entspricht auch der Regelung des § 5 DVO, der ebenfalls von der „Verwertbarkeit der Erfindung" spricht, und steht im bewußten Gegensatz zu §§ 10 und 20, die als Voraussetzung für die Vergütungspflicht die Benutzung oder Verwertung der Erfindung fordern.

Die wirtschaftliche Verwertbarkeit umfaßt (vgl. Amtl. Begr. unten S. 580):

Erläuterungen

1. Die tatsächliche Verwertung der Diensterfindung im Betrieb des Arbeitgebers. Das bedeutet nicht nur, daß die Erfindung innerhalb des Betriebes in dessen Produktion eingesetzt ist, sondern auch die Erteilung von Lizenzen (Nr. 14 und 15 RL), den Verkauf der Erfindung (§ 16 RL), den Austausch von Patenten (Nr. 17 RL) und die Benutzung als Sperrpatent (Nr. 18 RL);

2. die Verwertbarkeit der Diensterfindung im Betrieb. Es sind also auch die Möglichkeiten der Verwertung der Diensterfindung zu berücksichtigen, die an sich im Betrieb bestehen, aber tatsächlich nicht ausgenutzt werden;

3. die Verwertbarkeit in anderen Betrieben im Rahmen der gegebenen wirtschaftlichen Möglichkeiten.

38 bb) *Tatsächliche Verwertung*

Der Regelfall ist die tatsächliche Verwertung in irgendeiner Form (Nr. 1) — vgl. hierzu auch die Anm. zu Nr. 14 bis 18 RL. Hierhin wird man auch bei z. Zt. nicht unmittelbar in der Erzeugung benutzten Erfindungen Vorrats- und Ausbaupatente zu rechnen haben (Nr. 21 RL). Eine tatsächliche Verwertung liegt auch vor, wenn dem Betrieb zwar keine Lizenzen zufließen, aber anders geartete Gegenwerte, die ihn zu einem Entgegenkommen veranlassen, etwa einer befreundeten Firma oder einer Tochtergesellschaft gegenüber. Das ist bei den Patentaustauschverträgen z. B. das Benutzungsrecht an Erfindungen des Partners. Allerdings wird hier die Ermittlung der Höhe schwierig sein. Den Übergang bilden Patente, deren Verwertbarkeit noch nicht feststellbar ist, die aber möglicherweise nach weiterer Prüfung oder Erprobung verwertet werden können (Nr. 23 RL). Schließlich bleiben die nicht verwerteten Patente übrig, die aber im Sinne der Nr. 2 und 3 verwertbar sind.

39 cc) *Besondere Fälle der Verwertung*

Nicht selten wird im Lauf der Zeit die Konstruktion des Gegenstands der Erfindung, etwa einer Maschine, oder ein geschütztes Verfahren abgeändert. Es muß dann geprüft werden, ob die neue Ausführungsform noch innerhalb des Schutzumfangs des Patents oder Gebrauchsmusters liegt. Diese Prüfung findet unter denselben Gesichtspunkten statt wie die Prüfung, ob das Schutzrecht durch einen Dritten verletzt wird (vgl. hierzu EV v. 13. 5. 1966, Bl. 1967, 80). Dieser Grundsatz wird auch in dem Urteil des BGH v. 28. 4. 1970 „Scheinwerfereinstellgerät" BGHZ 54, 30 = GRUR 1970, 459 = Bl. 1971, 29) vertreten. Dort wird darüber hinaus mit Recht ausgesprochen, daß eine spätere Weiterentwicklung, die über das Patent hinausgeht, nicht unter die Vergütungspflicht fällt, auch wenn der Beitrag des Arbeitnehmers als Anregung gedient hat. (S. auch Anm. 6 zu § 28).

Auch die Benutzung allein eines echten Unteranspruchs kann eine Vergütungspflicht auslösen; so die Schiedsstelle in dem nicht veröffent-

§ 9 Vergütung bei unbeschränkter Inanspruchnahme

lichten Schiedsfall ArbErf 76/69, über den Schade in GRUR 1972, 510 berichtet. Das gilt vor allem bei Beiträgen von Miterfindern (s. Anm. 26 zu § 5).

Eine mittelbare Verwertung hat die Schiedsstelle für vergütungspflichtig in einem Schiedsfall angesehen, in dem durch die Diensterfindung eine Preisermäßigung für Zulieferungen erzielt wurde, obwohl weder Arbeitgeber noch Zulieferer nach dem Patent arbeiteten (EV v. 17. 4. 1967, Bl. 1967, 321). Vgl. hierzu die Aufsätze von Tetzner, Zum Vergütungsanspruch bei Arbeitnehmererfindungen GRUR 1967, 513; Henn, Adäquate Kausalität des Erfindungswertes, GRUR 1968, 123; Pietzcker, Zur Frage der adäquaten Kausalität bei Ermittlung des Erfindungswerts, GRUR 1968, 172).

dd) Verwertbarkeit trotz Nichtverwertung 40

Die Feststellung, daß eine nicht verwertete Erfindung verwertbar ist, bereitet Schwierigkeiten. Man wird im allgemeinen annehmen können, daß ein Betrieb wirtschaftliche Möglichkeiten, durch Einsatz von Erfindungen Erträge zu erzielen, ausnützt. Es müssen schon ganz konkrete Anhaltspunkte vorliegen, die erklären, warum die Erfindung nicht verwertet wird. Das kann z. B. deshalb der Fall sein, weil ihr Einsatz erhebliche, zur Zeit nicht aufzubringende oder bei vernünftiger Abwägung aller Umstände nicht zumutbare Aufwendungen erfordert, z. B. die Ersetzung eines noch neuen Maschinenparks durch andere Maschinen, die Aufgabe eines gut verkäuflichen Artikels zugunsten eines besseren, dessen Einführung auf dem Markt ungewiß ist. Zwar wird man in manchen Fällen feststellen können, daß die Verwertung durch Vergabe von Lizenzen an einen anderen Betrieb wirtschaftlich sinnvoll ist, wenn die eigene Kapazität nicht ausreicht. Doch sind auch hier Grenzen gegeben, z. B. wenn ein kleiner Betrieb eine Lizenz an eine sehr kapitalkräftige Konkurrenz vergeben müßte. Nr. 24 RL spricht deshalb von Verwertung „im Rahmen der bei verständiger Würdigung bestehenden wirtschaftlichen Möglichkeiten".

Verwertet der Betrieb nicht, so stehen Schiedsstelle und Gericht vor der schwierigen Aufgabe, u. U. feststellen zu müssen, daß der Betrieb unverständig handelt. Dafür müssen aber greifbare Anhaltspunkte zu ermitteln sein. Im Gegensatz zu der von Volmer (Anm. 26, 27 zu § 9) vertretenen Auffassung spielt die wirtschaftliche Lage des Arbeitgebers eine erhebliche Rolle. Die in § 5 DVO enthaltenen Worte „Ausmaß der schöpferischen Leistung" sind nach der Amtl. Begr. (unten S. 581) gestrichen worden, weil es nicht Sache des einzelnen Arbeitgebers sei, hohe erfinderische Leistungen als solche zu belohnen. Darin liegt auch der Gedanke, daß eine Verwertung nur nach Maßgabe der wirtschaftlichen Kräfte des Betriebs gefordert werden kann, nicht immer eine solche, die volkswirtschaftlich wünschenswert erscheinen könnte. Wegen der Einzelheiten und praktischen Erfahrungen s. Anm. zu Nr. 24 RL.

Erläuterungen

41   e) Ermittlung des Erfindungswerts

Auf der Grundlage der so verstandenen wirtschaftlichen Verwertbarkeit der Erfindung ist der Erfindungswert zu ermitteln, d. h. es ist festzustellen, was der Arbeitgeber einem freien Erfinder für die Erfindung bezahlen würde. Zur Ermittlung dieses Betrages empfehlen sich — je nach Art und Einsatz der Erfindung — verschiedene Methoden: die Lizenzanalogie, die Ermittlung aus dem Gewinn und die freie Schätzung. Welche dieser drei Methoden angewendet wird, hängt von den Umständen des Einzelfalls ab. Einen Vorschlag zur Vereinfachung der Ermittlung des Erfindungswerts macht Fischer in seinem Aufsatz in GRUR 1971, 131.

Mit der Ermittlung des Erfindungswerts befaßt sich der 1. Teil der RL (Nr. 3 bis 29), der auch die Methoden der Lizenzanalogie in Nr. 6 bis 11, der Ermittlung des erfaßbaren betrieblichen Nutzens (Nr. 12) und der freien Schätzung (Nr. 13) behandelt.

Die verschiedenen Arten der Ermittlung des Erfindungswerts stehen gleichwertig nebeneinander. Welche Art anzuwenden ist, hängt von den Umständen des einzelnen Falls ab, wie in Nr. 5 RL näher dargelegt wird. Die Erläuterungen knüpfen zweckmäßig an den Wortlaut der RL an und werden deshalb unten zu deren Nummern gegeben. Hier sei nur bemerkt, daß die begriffliche Trennung in der Praxis nicht scharf durchgeführt werden sollte. So werden einerseits Schätzungen auch bei der Lizenzanalogie und der Berechnung aus dem Gewinn unvermeidbar sein, andererseits wird auch die Schätzung an Anhaltspunkte anknüpfen, die mittels der anderen Berechnungsarten gefunden werden. Das wird an den bei den RL zu besprechenden Beispielen deutlich werden.

42   f) Anteilsfaktor

aa) Der Begriff und seine Merkmale

Neben dem Erfindungswert ist der Anteilsfaktor zu berücksichtigen, der sich seinerseits aus mehreren Elementen zusammensetzt. Denn der Arbeitnehmererfinder arbeitet ja nicht selbständig, er erhält Lohn oder Gehalt, ihm stehen die Hilfsmittel des Betriebs zur Verfügung, er erfährt Förderung und Unterstützung durch den innerbetrieblichen Stand der Technik und durch Mitarbeiter und Vorgesetzte. An der Entstehung der Erfindung hat also der Betrieb einen mehr oder minder großen Anteil. Der Wortlaut des Abs. 2 stellt nebeneinander „die Aufgaben und die Stellung des Arbeitnehmers im Betrieb" und den „Anteil des Betriebes an dem Zustandekommen der Erfindung". Das erste Merkmal ist allgemeiner Art, also unabhängig von der jeweiligen Erfindung im Zeitpunkt ihrer Entstehung vorhanden. Das zweite Merkmal betrifft die jeweilige Erfindung und enthält zwei Untermerkmale, Stellung der Aufgabe und Lösung der Aufgabe. Je nachdem, wie selbständig der Erfinder in beiden Richtungen ist, wie weit andererseits der Betrieb befruchtend und fördernd gewirkt hat, ist der Anteilsfaktor höher oder niedriger. Diese Grundgedanken sind zusammengefaßt in Nr. 30 RL.

§ 9 Vergütung bei unbeschränkter Inanspruchnahme

bb) *Anteil des Betriebs am Zustandekommen der Diensterfindung* 43

Dieser Begriff ist gegenüber dem bisherigen Recht neu eingefügt worden. Er tritt an die Stelle des „Ausmaßes der schöpferischen Leistung des Arbeitnehmers", das in § 5 DVO neben der Verwertbarkeit der Erfindung, der Höhe des Arbeitsentgelts und den Aufgaben des Arbeitnehmers im Betrieb als Bewertungsmaßstab genannt war. Der Begriff der schöpferischen Leistung wurde zu Recht aus dem Gesetz gestrichen. Er hatte bereits im alten Recht nicht mehr die Bedeutung, die ihm seine Schöpfer Dapper und Weisse zugewiesen hatten (vgl. Reimer-Schippel, S. 37 ff.) und führte zu Mißverständnissen. Insbesondere wurde der Begriff vielfach so verstanden, als ob die Höhe der erfinderischen Leistung im Sinn einer Bereicherung der Allgemeinheit bei der Vergütung mit berücksichtigt werden müßte. Das hat die Amtl. Begr. (unten S. 581) ausdrücklich abgelehnt. Denn es kann nicht Sache des einzelnen Arbeitgebers sein, hohe erfinderische Leistungen als solche zu belohnen. Der Arbeitgeber ist nur verpflichtet, dem Diensterfinder den Wert zu vergüten, der seinen Betrieb bereichert oder wenigstens bereichern könnte. S. oben Anm. 40.

Mit den Worten „Anteil des Betriebs am Zustandekommen der Erfindung" kommt zum Ausdruck, daß bei der Bemessung der Vergütung berücksichtigt werden soll, inwieweit der Arbeitnehmer auf Erfahrungen oder Arbeiten des Betriebs aufgebaut hat und inwieweit seine eigenen Gedanken und Arbeiten für das Zustandekommen der Erfindung maßgebend waren (vgl. Amtl. Begr. unten S. 581). In den Nr. 31 und 32 RL wird der Grad der eigenen Leistung des Erfinders und der Grad der Beteiligung des Betriebs am Zustandekommen der Diensterfindung bei der Aufgabenstellung und bei der Aufgabenlösung, den beiden bedeutendsten Stadien im Werdegang einer Erfindung gemessen. Von Bedeutung sind in diesem Zusammenhang vor allem das Maß der eigenen Initiative des Erfinders und der Anstoß seitens des Betriebs, die die Ausarbeitung der Erfindung veranlaßt haben; außerdem die technischen Hilfsmittel, die der Betrieb bereitgestellt hat, um dem Erfinder die Ausarbeitung der Erfindung zu ermöglichen. Der Anteil des Betriebs am Zustandekommen der Erfindung spiegelt sich in vielen Fällen auch im betriebsinternen Stand der Technik, der den freien Stand der Technik so weit überragen kann, daß die Schaffung einer gegenüber dem freien Stand neuen und schutzwürdigen Erfindung keine erhebliche eigene Leistung des Arbeitnehmers mehr bedeutet. 44

Wegen der Einzelheiten s. Erläuterungen zu Nr. 31 und 32 LR.

cc) *Aufgaben und Stellung des Arbeitnehmers im Betrieb* 45

Es muß bei der Bemessung der Vergütung berücksichtigt werden, ob die Diensterfindung im Rahmen des Aufgabengebietes des Arbeitnehmers liegt und berechtigten Anforderungen entspricht, oder ob sie über das hinausgeht, was von dem Arbeitnehmer nach der ihm im Betrieb zugewiesenen Stellung billigerweise erwartet werden kann. Je nachdem

Erläuterungen

wird die Vergütung niedriger oder höher ausfallen. Denn je kleiner der dem Arbeitnehmer durch seine Stellung ermöglichte Einblick in die Organisation, Produktion und Entwicklung des Betriebes ist, und je weniger von ihm angesichts seiner Stellung und des ihm zur Zeit der Erfindungsmeldung gezahlten Arbeitsentgelts verlangt werden kann, an der technischen Entwicklung des Betriebs mitzuarbeiten, um so weniger unterscheidet sich seine Diensterfindung von der Erfindung eines freien Erfinders, wogegen sich im umgekehrten Fall die vom Arbeitnehmer erbrachte Leistung immer mehr der von ihm arbeitsvertraglich erwarteten Leistung annähert, der Vergütungsanspruch also in steigendem Maße hinter dem Lohnanspruch zurücktritt (vgl. im einzelnen Reimer-Schippel S. 54 ff.). Man kann diese Merkmale denen vergleichen, die bei der Bestimmung des „Pflichtenkreises" des Arbeitnehmers von Einfluß sind — s. Anm. 8 zu § 4.

Die Richtlinien befassen sich mit diesen Fragen in Nr. 33 bis 36. Siehe die Erläuterungen dort.

Gerade bei dieser Komponente des Anteilsfaktors zeigt es sich, daß für die Bemessung der Höhe der Vergütung auch der Gesichtspunkt der subjektiven Leistung eine Rolle spielt (s. oben Anm. 9).

46   **g) Vorläufige Vergütung**

Wie in Anm. 21 ausgeführt wird, hat der BGH in dem Cromegal-Urteil v. 28. 6. 1962 (Fundstellen in Anm. 11) den Rechtssatz aufgestellt, daß bei Benutzung der zum Patent angemeldeten Erfindung auch dann eine Vergütung zu zahlen ist, wenn das Patent noch nicht erteilt ist. Er schlägt als die Interessen beider Parteien berücksichtigende Mittellösung vor, daß der Arbeitgeber für den Zeitraum, in dem er die Erfindung benutzt, ohne Patentschutz zu haben, bloß eine vorläufige Vergütung zu zahlen habe. Diese solle sich anlehnen an die von einem nichtausschließlichen Lizenznehmer geschuldeten Gebühren. Sie könne sich von der für das endgültige Patent zu zahlenden Vergütung u. U. erheblich unterscheiden, vor allem, wenn das Risiko der Patentversagung groß sei (GRUR 1963, 138 Abschnitt V des Urteils).

47   Nach dem Gleichrichter-Urteil v. 30. 3. 1971 (s. oben Anm. 11) steht dem Diensterfinder für die Zeit des Schwebens der Anmeldung ein Anspruch auf vorläufige Vergütung dem Grunde nach zu, der hinsichtlich des Grundes vom Verlauf des Verfahrens unabhängig sein soll. Das Versagungsrisiko sei nur bei der Höhe zu berücksichtigen, wobei eine lediglich rückschauende Betrachtung — auch angesichts der vorliegenden endgültigen Versagung — abgelehnt wird.

48   Wegen der erhobenen grundsätzlichen Bedenken wird auf die Ausführungen in Anm. 12 bis 18 zu § 12 verwiesen. Hier sei nur hinsichtlich der Höhe folgendes bemerkt: Die an das Cromegal-Urteil anschließende Praxis scheint ganz überwiegend die Aussichten der Patenterteilung bewertet zu haben, besonders ist die Schiedsstelle so verfahren (s. den

Aufsatz von Schade, GRUR 1970 S. 579 Abschn. VI S. 585). Die empfohlene Anlehnung an die Gebühr für nichtausschließliche Lizenzen begegnet erheblichen Schwierigkeiten, zumal, wie Nr. 25 RL richtig sagt, „die Lizenzsätze in der Regel, keinesfalls aber in allen Fällen, etwas niedriger sind als die für ausschließliche Lizenzen gezahlten Sätze".

Bei einer ungeprüften Patentanmeldung sind in der Industrie oft 50 % der endgültigen Vergütung gezahlt worden. Dem ist die Schiedsstelle gefolgt, hat aber auch bei ungünstigen Erteilungsaussichten, z. B. bei Versagung in der 1. Instanz, mit Vorschlägen von 30 %, 20 % und 15 % Zustimmung gefunden. S. den obengenannten Aufsatz GRUR 1970, 585, ferner EV v. 7. 11. 1961, Bl. 1962, 79; 11. 6. 1963, Bl. 1963, 341; 13. 5. 1966, Bl. 1967, 80; 27. 4. 1967, Mitt. 1967, 238; 9. 11. 1970, Bl. 1971, 171. In derselben Linie liegt der Aufsatz von Fischer, GRUR 1971, 131.

h) Mehrere Erfinder

aa) „Gesamterfindungswert" und „Teilerfindungswert"   50

Wenn an einer Erfindung mehrere Erfinder beteiligt sind, muß für jeden die Vergütung gesondert berechnet werden (§ 12 Abs. 2).

Zum Begriff des Miterfinders vgl. Anm. 23 zu § 5.

Bei der Ermittlung der Vergütungsansprüche der einzelnen Erfinder ist zunächst der Erfindungswert festzustellen. Denn er ist für jeden Miterfinder derselbe. Man spricht hier von „Gesamterfindungswert". Dann ist, was praktisch oft recht schwierig ist, — im Zweifel sind die Anteile gleich zu bewerten —, festzustellen, in welchem Maße der einzelne Erfinder an der Erfindung beteiligt ist, also die Miterfinderanteile. In demselben Verhältnis — also etwa je zur Hälfte, aber auch zu ungleichen Anteilen, — wie der Miterfinderanteil bewertet wird, ist jeweils die Vergütung für den einzelnen Erfinder zu errechnen; man kann hier von „Teilerfindungswert" sprechen. Erst dann sind die Anteilsfaktoren in die Berechnung einzubeziehen. Da sie bei den beteiligten Erfindern verschieden sein können, kann die Vergütung im Ergebnis trotz geringeren Miterfinderanteils höher liegen als bei anderen Beteiligten. Vgl. hierzu Anm. 29 zu § 12.

An der grundsätzlichen Berechnungsart ändert sich nichts, wenn neben Arbeitnehmern auch freie Mitarbeiter oder der Arbeitgeber selbst (oder sein gesetzlicher Vertreter) als Miterfinder beteiligt sind. Bei der außerhalb des Gesetzes zu regelnden Vergütung für diese ist, vorbehaltlich anderer vertraglicher Regelung, der Teilerfindungswert nicht durch den Anteilsfaktor zu verringern.

bb) Miterfinderanteil und Anteilsfaktor   51

Es ist gerade, wenn der Arbeitgeber selbst beteiligt ist, aber auch ganz allgemein darauf zu achten, daß die Mitwirkung des Miterfinders, die z. B. in der Aufgabenstellung, aber auch in grundsätzlicher Lösung liegen könnte, nicht nochmals bei dem Anteilsfaktor, etwa der Stellung

Erläuterungen

der Aufgabe (Nr. 31 Abs. 1 Nr. 1 LR) oder der Lösung der Aufgabe (Nr. 32 Abs. 1 Nr. 2 RL) als wertmindernd berücksichtigt wird. So auch Volmer Anm. 42 und 44 zu § 9; s. auch Schade, GRUR 1972, 510 unter IV, 6.

52 cc) *Mehrere Erfinder in mehreren Betrieben*

Sind mehrere Erfinder bei verschiedenen Arbeitgebern beschäftigt, so ist der Erfindungswert für jeden Betrieb gesondert zu ermitteln. Inwieweit der Nutzen zu berücksichtigen ist, den der Mitinhaber des Patents in seinem Betrieb zieht, hängt von den Rechtsbeziehungen der Mitinhaber untereinander ab. In dem EV v. 1. 3. 1961 (Bl. 1962, 17, mit Besprechung Schippel, GRUR 1962, 191, auch von Schade im BB 1962, 260 [263] referiert) hat die Schiedsstelle verneint, daß der Arbeitgeber Ansprüche aus dem gemeinsamen Patent gegen den Mitinhaber hätte, und deshalb angenommen, daß der Erfindervergütung nur die Auswirkungen des Patents im eigenen Betrieb des Arbeitgebers zugrundezulegen seien.

V. Wegfall der Vergütung („Nullfall")

53 a) **Grundlagen**

In den Richtlinien 1944 Abschnitt II „Stellung im Betrieb" Abs. 7 und Abschnitt III Abs. 3 war vorgesehen, daß bei einem sehr großen Anteil des Betriebs am Zustandekommen der Erfindung oder bei einer sehr hohen Stellung des Arbeitnehmers im Betrieb die Vergütung unter besonderen Umständen ganz in Wegfall kommen kann. Obwohl der Vergütungsanspruch grundsätzlich mit der Inanspruchnahme entstand, war er in diesen Fällen inhaltslos, da die Zahlung einer Vergütung nicht als angemessen angesehen, die Höhe der Vergütung also auf Null festgesetzt wurde (vgl. im einzelnen Reimer-Schippel, S. 111).

Diese in der Praxis sehr bedeutsame Möglichkeit des Wegfalls der Vergütung wurde durch die Fassung des neuen Gesetzes aufrecht erhalten. Die Amtliche Begründung führt hierzu (unten S. 581) aus: „Wenn auch der Entwurf davon ausgeht, daß im Regelfall eine Vergütung zu gewähren sein wird, so wird doch durch die Fassung des § 9 nicht ausgeschlossen, daß eine Vergütung entfällt, soweit ihre Gewährung im Einzelfall nicht angemessen ist. Hierbei ist an Fälle zu denken, in denen die Entwicklungsarbeit auf dem Gebiet der Diensterfindung zu den vertraglichen Arbeiten des Arbeitnehmers gehört, dieser ein entsprechendes Gehalt dafür bezieht und die erfinderische Leistung des Arbeitnehmers im Verhältnis zum betriebsinternen Stand der Technik einen so geringen technischen Fortschritt bedeutet, daß die Zahlung einer besonderen Vergütung nicht angemessen erscheint". Dazu muß jedoch auch der Ausschußbericht unten S. 627 gelesen werden, in dem es im Zusammenhang mit der Auseinandersetzung zwischen Monopol- und Sonderleistungsprinzip heißt: „Ferner wurde darauf hingewiesen, daß ... bei der Abstellung auf das Sonderleistungsprinzip der Kreis der leitenden Angestellten, aus dem die größte Zahl der Arbeitnehmererfindungen stamme,

§ 9 Vergütung bei unbeschränkter Inanspruchnahme

leer ausgehen würde". Das wollte der Gesetzgeber ersichtlich vermieden wissen. Dieser Erfolg darf also auch nicht mit Hilfe der hier besprochenen sogenannten „Nullfälle" erreicht werden.

Auf die rechtssystematische Inkonsequenz dieser Auslegung wurde bereits hingewiesen (oben Anm. 9). Denn ein Anspruch kann nicht „dem Grunde nach" entstehen, wenn von vornherein feststeht, daß die Anspruchshöhe Null sein wird. Die Möglichkeit, als angemessene Vergütung im Einzelfall eben keine Vergütung anzusehen, führt dazu, daß der Vergütungsanspruch nach § 9 nur dann entsteht, wenn eine Diensterfindung unbeschränkt in Anspruch genommen wurde und die Zahlung einer Vergütung angemessen erscheint.

b) Nr. 38 der Richtlinien 54

In den RL 1959 heißt es in Nr. 38: „Ist der Anteilsfaktor sehr niedrig, so kann, wenn der Erfindungswert gleichfalls gering ist, die nach den vorstehenden Richtlinien zu ermittelnde Vergütung bis auf einen Anerkennungsbeitrag sinken oder ganz wegfallen".

Die Ausführungen zum Wegfall der Vergütung unterscheiden sich grundlegend von denen der Richtlinien 1944. Mit der Neufassung dieses Abschnitts wird einer der am meisten kritisierten und der Forderung nach einer angemessenen Vergütung am meisten widersprechenden Teile der alten Richtlinien beseitigt (vgl. Regierungsbulletin in Erläuterungen zu Nr. 1 RL). Der Raum für „Nullfälle" wird gegenüber den alten Richtlinien so verkleinert, daß die „Nullfälle" bis auf wenige Ausnahmen ganz entfallen. Deshalb können sich die Richtlinien auch auf einen einzigen Satz beschränken.

Diese Auffassung über das Vorliegen eines „Nullfalls" deckt sich im vollen Umfang mit der schon in der 3. Auflage vertretenen Ansicht. Es ist immer zu beachten, daß den „Nullfällen" der Rechtsgedanke des § 242 BGB zu Grunde liegt. Die Vergütung kann also nur dann Null werden, wenn der Arbeitgeber nach Treu und Glauben nicht zur Zahlung verpflichtet werden kann. Das kann der Fall sein, wenn der errechnete Vergütungsbetrag im Vergleich zum Arbeitslohn des Erfinders sehr gering ist. Die Vergütung kann auch entfallen, wenn der Anteil des Erfinders im Vergleich mit dem Anteil des Betriebs am Zustandekommen der Diensterfindung so gering ist, daß von einer eigenen Leistung des Arbeitnehmers nicht mehr gesprochen werden kann, wenn z. B. die Erfindung den innerbetrieblichen Stand der Technik nicht oder nur geringfügig übersteigt. In jedem Fall müssen jedoch nicht nur der Anteilsfaktor, sondern auch der Erfindungswert sorgfältig untersucht werden. Denn bei noch so geringem Anteilsfaktor und großem Erfindungswert errechnet sich häufig eine Vergütung, deren Zahlung unter Berücksichtigung aller Umstände, vor allem auch des Arbeitslohns des Erfinders, nicht mehr als unangemessen angesprochen werden kann.

Man muß grundsätzlich davon ausgehen, daß solange ein Schutzrecht 55 besteht, eine Erfindervergütung zu bezahlen ist. Nur in Ausnahmefällen, deren Häufigkeit man nicht überschätzen darf, kann es angemessen sein, trotz Vorliegen eines Monopols nur einen Anerkennungsbetrag oder keine Vergütung zu bezahlen. Damit ist bereits zu der Kontroverse Stellung genommen, die zwischen Halbach und Derichs in mehreren Aufsätzen ausgetragen worden ist (Halbach in GRUR 1960, 457, Derichs in GRUR 1961, 66 und Halbach in GRUR 1961, 388). Es ist Halbach beizupflichten, daß stets erst untersucht werden sollte, ob unter Berücksichtigung sowohl des Anteilsfaktors als auch des Erfindungswertes eine Vergütung in nennenswerter Höhe in Betracht kommt, ehe man wegen zu geringer Höhe eine Vergütung verneint. Denn alle Umstände zusammen ergeben erst die Grundlage für eine richtige Handhabung des Grundsatzes von Treu und Glauben. Weitere Einzelheiten und Beispiele werden bei Nr. 38 RL gebracht.

56 ## VI. Formel für die Vergütungsberechnung

Nr. 39 RL bringt eine Formel für die Berechnung der Vergütung aus Erfindungswert und Anteilsfaktor. Eine Formel fand sich bereits in den RL 1944. Formeln sind auch schon früher von manchen Betrieben entwickelt worden (vgl. Beispiele bei Reimer-Schippel, S. 157 ff.). Solche Formeln sind aber nur mit Vorsicht zu verwenden. Es darf nicht übersehen werden, daß sie nur dienenden Wert haben und notwendigerweise schematisieren. Die angegebenen Richtwerte können nicht alle Fälle und Besonderheiten erfassen.

Andererseits kommen sie dem Denken des meist naturwissenschaftlich-technisch vorgebildeten Erfinders entgegen. Sie erleichtern eine Überprüfung, ob alle in Betracht zu ziehenden Umstände gewürdigt worden sind. Sie tragen wesentlich dazu bei, daß im Betrieb alle Vergütungsfälle gleichmäßig und besser nachprüfbar behandelt werden. M. E. hat sich die Benutzung des Hilfsmittels der Punktbewertung und der Formel bewährt, was nicht bedeutet, daß sie nicht vervollkommnet werden können.

VII. Art der Vergütungszahlung

57 ### a) Allgemeines

Das Gesetz schreibt nirgends vor, in welcher Weise Erfindervergütungen zu leisten sind. Es ist deshalb nicht ausgeschlossen, daß sie nicht in Geld erfolgen, sondern, vor allem bei kleineren Vergütungen, ähnlich wie im betrieblichen Vorschlagswesen durch Sachleistungen oder durch andere geldwerte Vorteile. Doch sollten derartige Leistungen, wie auch Volmer (Anm. 10 zu § 12) richtig bemerkt, nur neben Barzahlungen stehen. An diese allein denken die Richtlinien, die in Nr. 40 von laufenden Zahlungen und Gesamtabfindungen sprechen. Auf sie kann verwiesen werden.

b) Die „Faustformel" der Nr. 41 RL

58 Wenn die Vergütung, wie es an sich im Interesse des Arbeitnehmers liegt, in einem frühen Zeitpunkt festgesetzt wird, kann man oft noch

§ 9 Vergütung bei unbeschränkter Inanspruchnahme

nicht übersehen, wie lange die Erfindung verwertet werden wird. Aufgrund langjähriger Erfahrungen hat sich hier die Annahme einer durchschnittlichen Laufzeit des Patents von 6 Jahren als gerechtfertigt erwiesen. Davon macht die Praxis gern Gebrauch, zumal Härten durch die anderweitige Regelung der Vergütung gemäß § 12 Abs. 6 vermieden werden können.

Einzelheiten s. Erläuterungen zu Nr. 41 RL.

c) Abfindung durch Gehaltsaufbesserung 59

Gelegentlich wird die Vergütung dadurch gewährt, daß der Arbeitnehmer mit Rücksicht auf den durch die Erfindung erzielten Erfolg im Gehalt aufgebessert wird. Dagegen ist grundsätzlich nichts einzuwenden, obwohl es dann schwierig sein wird, die steuerlichen Vorteile für eine Erfindervergütung zu erlangen (s. unter Anlage 7 S. 655). Um aber zu vermeiden, daß aus anderen Gründen erfolgte Gehaltsaufbesserungen nachträglich als Erfindervergütung bezeichnet werden, wird man fordern müssen, daß bei Feststellung oder Festsetzung der Vergütung nach § 12 oder bei der Gehaltsaufbesserung zum Ausdruck kommt, daß darin eine Erfindervergütung liegt (vgl. Heine-Rebitzki. Arbeitnehmererfindungen, Anm. 2 zu § 9 und Schiedsstelle v. 16. 11. 1961 (Bl. 1962, 138 mit Besprechung von Schippel, GRUR 1962, 455). Mit Recht führt der BGH im Urteil v. 22. 10. 1964 „Schellenreibungskupplung" (GRUR 1965, 302) aus, daß die bloße Tatsache der Gehaltsaufbesserung nicht einmal als stillschweigende Abgeltung schon bestehender Vergütungsansprüche bewertet werden könne, geschweige denn künftiger. Vgl. auch EV v. 12. 3. 1964, Bl. 1964, 233.

Wegen der Fragen, die beim Ausscheiden des Diensterfinders aus dem Betrieb vor vollständiger Abfindung auftreten, s. Anm. 53 zu § 12 und Anm. 3 zu § 26.

VIII. Schadenersatzansprüche 60

Die Vorschriften über die Bemessung der Vergütung sind auch anzuwenden, wenn dem Arbeitnehmer gegen den Arbeitgeber ein Schadenersatzanspruch zusteht, weil der Arbeitgeber den Vergütungsanspruch des Arbeitnehmers schuldhaft und rechtswidrig in seiner Entstehung gehindert oder vorzeitig zum Erlöschen gebracht hat. Solche Schadenersatzansprüche können entstehen, wenn der Arbeitgeber seinen Verpflichtungen aus §§ 13 und 14 (Schutzrechtsanmeldung), 16 (Aufgabe der Schutzrechtsanmeldung oder des Schutzrechts) oder 24 (Geheimhaltungspflicht) nicht nachkommt.

Die Beweislage wird in solchen Fällen dem Arbeitnehmer oft Schwierigkeiten bereiten; er muß beweisen, daß ein Schutzrecht erteilt und mit welchem Nutzen es verwertet worden wäre.

Erläuterungen

§ 10
Vergütung bei beschränkter Inanspruchnahme

(1) Der Arbeitnehmer hat gegen den Arbeitgeber einen Anspruch auf angemessene Vergütung, sobald der Arbeitgeber die Diensterfindung beschränkt in Anspruch genommen hat und sie benutzt. § 9 Abs. 2 ist entsprechend anzuwenden.

(2) Nach Inanspruchnahme der Diensterfindung kann sich der Arbeitgeber dem Arbeitnehmer gegenüber nicht darauf berufen, daß die Erfindung zur Zeit der Inanspruchnahme nicht schutzfähig gewesen sei, es sei denn, daß sich dies aus einer Entscheidung des Patentamts oder eines Gerichts ergibt. Der Vergütungsanspruch des Arbeitnehmers bleibt unberührt, soweit er bis zur rechtskräftigen Entscheidung fällig geworden ist.

Übersicht

	Anm.		Anm.
I. Der Vergütungsanspruch bei beschränkter Inanspruchnahme		schränkter und unbeschränkter Inanspruchnahme	12
a) Allgemeines	1, 2	b) Die Bemessung der Vergütung im einzelnen	13
b) Entstehung	3—5	III. Die Sicherung des Anspruchs	
c) Fälligkeit und Verjährung	6	a) Berufung auf Schutzunfähigkeit zur Zeit der Inanspruchnahme	14—16
d) Dauer und Erlöschen			
aa) Einstellung der Benutzung	7		
bb) Feststellung der Schutzunfähigkeit	8	b) Feststellung der Schutzunfähigkeit	17, 18
cc) Wegfall der tatsächlichen Monopolstellung	9, 10	c) Auswirkungen der Feststellung der Schutzunfähigkeit	19
dd) Erlöschen des entstandenen Anspruchs	11	d) Keine Rückwirkung für die Vergütung	20
II. Die Höhe der Vergütung		e) Nachträglicher Wegfall der Schutzfähigkeit	21
a) Unterschiede zwischen der Bemessung der Vergütung bei be-			

I. Der Vergütungsanspruch bei beschränkter Inanspruchnahme

1 **a) Allgemeines**

§ 10 behandelt den Vergütungsanspruch des Arbeitnehmers bei beschränkter Inanspruchnahme der Diensterfindung; zur beschränkten Inanspruchnahme selbst vgl. Anm. 4—6 zu § 6 und Anm. 9—20 zu § 7. Dieser Vergütungsanspruch unterscheidet sich in mehreren Punkten von dem, der dem Arbeitnehmer bei der unbeschränkten Inanspruchnahme der Diensterfindung zusteht. Er entsteht nicht schon mit der Inanspruchnahmeerklärung, sondern erst mit der Inanspruchnahme und Benutzung (s. Anm. 3). Bei der Bemessung seiner Höhe können die in § 9 aufgestellten Grundsätze nur entsprechend herangezogen werden (s. Anm. 12).

2 Die unterschiedliche Behandlung zwischen den Vergütungsansprüchen bei beschränkter und unbeschränkter Inanspruchnahme beruht darauf, daß der Arbeitgeber bei der unbeschränkten Inanspruchnahme die Er-

§ 10 Vergütung bei beschränkter Inanspruchnahme

findung als Vollrecht erhält, während ihm bei der beschränkten Inanspruchnahme nur ein nichtausschließliches Recht zur Benutzung der Diensterfindung eingeräumt wird. Dieses Recht hat grundsätzlich denselben Inhalt wie ein kraft Vertrages bestehendes einfaches Lizenzrecht (s. im einzelnen Anm. 10 zu § 7). Die Vergütung ist also nicht für die Übertragung einer Erfindung mit allen daran bestehenden Rechten, sondern nur für die Einräumung eines Benutzungsrechts zu bezahlen. Dazu kommt als Besonderheit, daß keine Verpflichtung des Arbeitnehmers zum Erwerb oder zur Aufrechterhaltung eines Schutzrechts und keine Verpflichtung des Arbeitgebers zur Benutzung der beschränkt in Anspruch genommenen Diensterfindung besteht (vgl. Anm. 10 zu § 7). Die unausgenutzte wirtschaftliche Verwertbarkeit ist demnach nicht zu berücksichtigen (so auch RL Nr. 25 Abs. 1 letzter Halbsatz).

b) Entstehung 3

Der Vergütungsanspruch entsteht, wenn der Arbeitgeber die Diensterfindung rechtswirksam beschränkt in Anspruch genommen hat und sie benutzt. Ebenso wie bei der unbeschränkten Inanspruchnahme handelt es sich um einen obligatorischen Anspruch des Arbeitnehmers gegen den Arbeitgeber, der vererblich und übertragbar ist, andererseits aber nur ausnahmsweise auf den Rechtsnachfolger des Betriebs übergeht (vgl. Anm. 19 zu § 9).

Über Form und Frist der beschränkten Inanspruchnahme s. Anm. 13 ff. zu § 6. Unter Benutzung der Erfindung sind hier alle die in § 6 PatG, § 5 Abs. 1 GmG genannten Benutzungshandlungen zu verstehen. Das sind nach der Fassung des Patentgesetzes das gewerbsmäßige Herstellen, Inverkehrbringen, Feilhalten und Gebrauchen des Gegenstands der Erfindung; nach der Fassung des Gebrauchsmustergesetzes das gewerbsmäßige Nachbilden des Musters, das Inverkehrbringen der durch die Nachbildung hervorgebrachten Gegenstände, ihr Feilhalten und ihr Gebrauchen. Einzelheiten über die Auslegung dieser Begriffe können den Erläuterungswerken zum Patentgesetz und Gebrauchsmustergesetz entnommen werden (vgl. z. B. Reimer, Anm. 67 ff.; Busse Rdnr. 33 ff.; Krausse-Kathlun-Lindenmaier Anm. 32 ff.; Benkard Rdnr. 21 ff., alle zu § 6 PatG.

Der Begriff „Benutzung" in § 10 darf mit dem der „Verwertung" nicht gleichgestellt werden. Die Verwertung eines Schutzrechts, wie der Begriff insbesondere in den Richtlinien verwendet wird, umfaßt auch den Einsatz der Erfindung als Sperrpatent, die Lizenzvergabe, den Verkauf usw., also Formen der wirtschaftlichen Ausnutzung, die das Benutzungsrecht des § 7 Abs. 2 nicht mit umfaßt. Die Benutzung steht im freien Ermessen des Arbeitgebers.

Der Entwurf des Gesetzes sah vor, dem Arbeitnehmer bei beschränkter Inanspruchnahme auch dann einen Vergütungsanspruch zu gewähren, wenn die anderweitige Verwertung der Erfindung durch das nicht ausgeübte Benutzungsrecht des Arbeitgebers unbillig beschwert ist. 4

Erläuterungen

Diese Bestimmung wurde im Laufe des Gesetzgebungsverfahrens wegen der Neufassung des § 7 Abs. 2 Satz 2 fallengelassen.

5 Der Anspruch auf angemessene Vergütung bei beschränkter Inanspruchnahme entsteht ohne Rücksicht darauf, ob der Arbeitnehmer seinerseits die Erfindung zur Erteilung eines Schutzrechts anmeldet oder nicht. Der Arbeitgeber ist also auch dann zur Zahlung einer angemessenen Vergütung verpflichtet, wenn auf die Erfindung kein Schutzrecht erteilt oder auch nur angemeldet ist. Diese Regelung findet nach der Amtl. Begr. unten S. 582 ihren Grund darin, daß der Arbeitnehmer durch die dem Arbeitgeber eingeräumte Möglichkeit der nur beschränkten Inanspruchnahme nicht seinerseits zur Anmeldung der Erfindung zur Erteilung eines Schutzrechts gezwungen werden soll, wenn er in den Genuß der Erfindervergütung kommen will. Denn die nach dem Recht der DVO bestehende Beschränkung des Arbeitgebers auf die Wahl zwischen unbeschränkter Inanspruchnahme oder Freigabe ist vor allem deswegen für zu starr erklärt worden, weil sie den Arbeitgeber verpflichtete, jede Diensterfindung, die er nicht in vollem Umfang frei gab, zur Erteilung eines Schutzrechts anzumelden. Wenn dem Arbeitgeber nunmehr die Möglichkeit gegeben wird, die Diensterfindung in Anspruch zu nehmen, ohne gleichzeitig zu ihrer Anmeldung zur Erteilung eines Schutzrechts verpflichtet zu sein, dann geht es nicht an, diesen Anmeldezwang statt dessen dem Arbeitnehmer als dem sozial schwächeren Teil aufzuerlegen (s. auch Anm. 7 zu § 13). Hat der Arbeitnehmer kein Schutzrecht erworben, so wirkt das nicht mindernd auf die Vergütung; beachte aber Anm. 9.

6 **c) Fälligkeit und Verjährung**

Bei der Vergütung der beschränkt in Anspruch genommenen Diensterfindung entfallen in der Regel die Schwierigkeiten, die sich bei der Vergütung unbeschränkt in Anspruch genommener Diensterfindungen daraus ergeben, daß der Vergütungsanspruch schon mit der Inanspruchnahme entsteht, seine Höhe aber in diesem Zeitpunkt fast nie ermittelt werden kann. Denn der Vergütungsanspruch für die beschränkt in Anspruch genommene Diensterfindung entsteht auch dem Grunde nach erst mit dem Beginn der Benutzung der Erfindung durch den Arbeitgeber. Wird die Erfindung benutzt, dann finden sich in der Regel genügend Unterlagen für die Ermittlung der Vergütungshöhe.

Gemäß § 12 Abs. 1 und 3 wird der Vergütungsanspruch bei beschränkter Inanspruchnahme der Diensterfindung entsprechend seiner Feststellung oder Festsetzung, spätestens drei Monate nach der Aufnahme der Benutzung durch den Arbeitgeber fällig, es sei denn, daß die Parteien durch eine Vereinbarung nach der Meldung der Diensterfindung die Frist des § 12 Abs. 3 verlängert haben (§ 22); vgl. dazu auch Beil, Chemie-Ingenieur-Technik, 1957, 490.

Der Anspruch verjährt ebenso wie der Anspruch aus § 9; siehe im einzelnen Anm. 25 zu § 9.

§ 10 Vergütung bei beschränkter Inanspruchnahme

d) Dauer und Erlöschen

aa) Einstellung der Benutzung   7

Der Vergütungsanspruch hängt bei beschränkter Inanspruchnahme von der Benutzung der Erfindung durch den Arbeitgeber ab. Dies gilt unabhängig davon, ob die Erfindung geschützt ist oder nicht. Der Vergütungsanspruch endet also stets, wenn der Arbeitgeber die Benutzung der beschränkt in Anspruch genommenen Diensterfindung einstellt.

bb) Feststellung der Schutzunfähigkeit   8

Nach Abs. 2 endet die Vergütungspflicht aus § 10, wenn das Patentamt oder ein Gericht rechtskräftig feststellt, daß die Erfindung zur Zeit der Inanspruchnahme nicht schutzfähig gewesen ist. Vgl. hierzu unten Anm. 17, 18.

cc) Wegfall der tatsächlichen Monopolstellung   9

Da der Arbeitnehmer nicht verpflichtet ist, die Erfindung schützen zu lassen, entfällt die Vergütung auch dann, wenn der Arbeitgeber die Erfindung zwar benutzt, diese aber infolge des Fehlens eines Schutzrechts so weit bekannt geworden ist, daß sie auch von Wettbewerbern berechtigterweise benutzt wird. Ist die Erfindung „ins Freie gefallen" und kann sie von jedermann verwendet werden, so wäre es unbillig und mit den Vorschriften des Rechts der Wettbewerbsbeschränkungen nicht vereinbar (vgl. § 21 Abs. 1 in Verb. mit § 20 des Gesetzes gegen Wettbewerbsbeschränkungen), wenn dem Arbeitgeber eine weitere Vergütungspflicht auferlegt würde. Ist die Erfindung nicht geschützt, so ist also grundsätzlich davon auszugehen, daß eine Vergütung nur solange zu zahlen ist, als die Benutzung der Diensterfindung dem Arbeitgeber ähnliche Vorteile wie ein Ausschlußrecht bietet (vgl. Amtl. Begr. unten S. 583). Insoweit gilt hier die Regel des § 20 Abs. 1 entsprechend. Vgl. auch RL Nr. 25 Abs. 3 letzter Satz, der die Vergütungspflicht verneint, „wenn die Erfindung soweit bekannt geworden ist, daß sie infolge Fehlens eines Schutzrechts auch von Wettbewerbern berechtigterweise benutzt wird".

In Kreisen der Industrie ist der Gedanke erörtert worden, ob diese Fassung der Richtlinien nicht zu eng ist, wenn nur von einer Benutzung durch Wettbewerber die Rede ist. Denn wenn der Arbeitnehmer die Erfindung nicht zum Schutzrecht anmeldet, kann sie auch dadurch offenkundig werden und damit die Schutzfähigkeit nachträglich wegfallen, wenn der Arbeitgeber selbst von seinem Benutzungsrecht Gebrauch macht. Das gilt z. B. dann, wenn er das geschützte Produkt auf den Markt bringt, etwa eine Maschine oder eine Vorrichtung, die dann von jedermann nachgebaut werden kann.   10

Dem ist zuzustimmen. Da der Arbeitgeber von dem ihm durch das Gesetz eingeräumten Recht Gebrauch macht, kann man nicht sagen, daß er seine Treuepflicht gegenüber dem Arbeitnehmer verletze. Dieser hat ja die

Erläuterungen

Möglichkeit, durch Schutzrechtsanmeldung zu verhindern, daß die Schutzfähigkeit nachträglich wegfällt und dadurch einer weiteren Vergütung die Grundlage entzogen wird.

Zur Vermeidung von Unzuträglichkeiten ist vorgeschlagen worden, daß der Arbeitgeber die beabsichtigte Aufnahme einer die Schutzfähigkeit gefährdenden Benutzung dem Arbeitnehmer so rechtzeitig mitteilt, daß dieser vorher eine Anmeldung beim Patentamt einreichen kann. Damit wird der Treuepflicht voll entsprochen.

11 dd) *Erlöschen des entstandenen Anspruchs*

Wegen des Erlöschens eines einmal ordnungsgemäß entstandenen Anspruchs siehe Anm. 26 bis 30 zu § 9. Es gelten auch hier die allgemeinen Erlöschengründe des bürgerlichen Rechts.

II. Die Höhe der Vergütung

12 a) **Unterschiede zwischen der Bemessung der Vergütung bei beschränkter und unbeschränkter Inanspruchnahme**

Bei der Ermittlung der Höhe der Vergütung für eine beschränkt in Anspruch genommene Diensterfindung ist § 9 Abs. 2 entsprechend anzuwenden (§ 10 Abs. 1 Satz 2). Die in Anm. 31 bis 41 zu § 9 dargestellten Regeln können also nicht unmittelbar übernommen werden. Der Unterschied zwischen der Übertragung aller Rechte an der Diensterfindung (unbeschränkte Inanspruchnahme) und der Einräumung eines nicht ausschließlichen Rechts zur Benutzung der Diensterfindung (beschränkte Inanspruchnahme) darf bei der Bemessung der Höhe der Vergütung nicht unberücksichtigt bleiben. Bei der unbeschränkten Inanspruchnahme verliert der Arbeitnehmer alle vermögenswerten Rechte an seiner Erfindung. An ihre Stelle tritt der Vergütungsanspruch. Bei der beschränkten Inanspruchnahme behält dagegen der Arbeitnehmer grundsätzlich alle vermögenswerten Rechte an der Diensterfindung, die ihm freigegeben wird (§ 8 Abs. 2 Nr. 2). Sie wird nur mit einem nicht ausschließlichen Benutzungsrecht des Arbeitgebers belastet. Die Vergütung wird deshalb bei der beschränkten Inanspruchnahme im allgemeinen niedriger sein als bei der unbeschränkten. Vgl. Nr. 25 Abs. 3 RL; dort wird bemerkt, daß die Lizenzsätze bei nicht ausschließlichen Lizenzen, die vergleichsweise heranzuziehen sind, „in der Regel, keinesfalls aber in allen Fällen etwas niedriger sind als die für ausschließliche Lizenzen gezahlten Sätze". Vgl. ferner Beil, Chemie-Ingenieur-Technik 1957, 490.

13 b) **Die Bemessung der Vergütung im einzelnen**

Die Höhe der Vergütung muß bei der beschränkten Inanspruchnahme ebenso wie bei der unbeschränkten angemessen sein. Zur Bedeutung des Begriffs „angemessen" siehe Anm. 33 zu § 9.

Im Gegensatz zur unbeschränkten Inanspruchnahme kann bei der Bemessung der Vergütung im Falle der beschränkten Inanspruchnahme

§ 10 Vergütung bei beschränkter Inanspruchnahme

anstelle der wirtschaftlichen Verwertbarkeit nur die tatsächliche Verwertung der Diensterfindung durch den Arbeitgeber maßgebend sein (vgl. Amtl. Begr. unten S. 583). Denn wenn der Vergütungsanspruch erst mit der Benutzung der Erfindung durch den Arbeitgeber entsteht, darf auch nur der Umfang der tatsächlichen Benutzung als Bewertungsgrundlage herangezogen werden. Bei der Ermittlung des Erfindungswerts aus dem Gewinn gelten im übrigen dieselben Grundsätze wie bei der unbeschränkten Inanspruchnahme. Bei der Lizenzanalogie ist nach vergleichbaren nichtausschließlichen Lizenzen zu suchen, die in der Regel niedriger sind als die für ausschließliche Benutzungsrechte gezahlten Sätze; vgl. hierzu RL Nr. 25 Abs. 3 mit Anmerkungen. Hat der Arbeitnehmer kein Schutzrecht erwirkt, so wirkt dies nicht mindernd auf die Vergütung; vgl. aber Anm. 9.

Die Aufgaben und die Stellung des Arbeitnehmers sowie der Anteil des Betriebs am Zustandekommen der Diensterfindung finden bei der Bemessung der Vergütung für beschränkt in Anspruch genommene Diensterfindungen die gleiche Berücksichtigung wie bei der unbeschränkten Inanspruchnahme.

Der Anteilsfaktor ist bei beiden Arten der Inanspruchnahme derselbe. Es kann deshalb auf Anm. 42 bis 45 zu § 9 verwiesen werden.

III. Die Sicherung des Anspruchs

a) Berufung auf Schutzunfähigkeit zur Zeit der Inanspruchnahme 14

Das Gesetz hat den Vergütungsanspruch des Arbeitnehmererfinders nach dem sogenannten Monopolprinzip konstruiert (vgl. Anm. 3 bis 11 zu § 9). Der Anspruchsgrund ist die monopolartige Vorzugsstellung, die der Arbeitgeber durch die unbeschränkte oder beschränkte Übertragung der schutzfähigen Diensterfindung erlangt. Bei der unbeschränkten Inanspruchnahme ist der Arbeitgeber verpflichtet, eine Entscheidung über die Schutzfähigkeit der Erfindung herbeizuführen (§ 13). Die Schutzfähigkeit, der Grund für den Vergütungsanspruch, wird also vom Patentamt festgestellt. Bei der beschränkten Inanspruchnahme besteht weder für den Arbeitgeber noch für den Arbeitnehmer eine Anmeldepflicht (vgl. Anm. 19 zu § 7). Es wird also in allen Fällen, in denen der Arbeitnehmer seine Erfindung nicht von sich aus freiwillig zur Schutzrechtserteilung anmeldet, nicht entschieden, ob die Erfindung wirklich schutzfähig ist oder nicht. Eine Feststellung der Schutzfähigkeit außerhalb des patentamtlichen Verfahrens ist schwierig.

Der Arbeitgeber könnte also versuchen, sich von seiner Vergütungspflicht dadurch zu befreien, daß er behauptet, die beschränkt in Anspruch genommene Diensterfindung sei nicht schutzfähig, sei also keine Erfindung im Sinne des § 1. Nach § 10 Abs. 2 Satz 1 ist ihm dieser Einwand abgeschnitten. Er kann sich nach der beschränkten Inanspruchnahme der Dienserfindung dem Arbeitnehmer gegenüber grundsätzlich nicht darauf berufen, daß die Erfindung zur Zeit der Inanspruchnahme 15

Erläuterungen

nicht schutzfähig gewesen sei. Die Inanspruchnahme wirkt zunächst so, „als ob darin eine Anerkennung der Schutzfähigkeit im Innenverhältnis zwischen Arbeitgeber und Arbeitnehmer liegt" (so Heine-Rebitzki Anm. 3 zu § 9). Würde man den Einwand zulassen, so würde der Arbeitnehmer nach den allgemeinen Beweislastregeln gezwungen sein, die Schutzfähigkeit seiner Erfindung zu beweisen. Den Beweis könnte er nur dadurch eindeutig führen, daß er die Erfindung zum Schutzrecht anmeldet und das Erteilungsverfahren bis zur Erteilung des Schutzrechts durchführt. Es würde also der Anmeldezwang nicht, wie es das Gesetz anstrebt (vgl. Amtl. Begr. unten S. 582), beseitigt, sondern vom Arbeitgeber auf den Arbeitnehmer abgewälzt. Dies würde dem Sinn des Gesetzes widersprechen. Das Gesetz will zwar mit der Einführung des Instituts der beschränkten Inanspruchnahme dem Arbeitgeber eine Möglichkeit geben, sich vom Anmeldezwang zu befreien. Es läßt diese Lockerung aber nur zu, wenn damit der Anmeldezwang und die mit dem Anmeldeverfahren verbundenen Kosten nicht dem Arbeitnehmer als dem sozial schwächeren Teil aufgebürdet werden (vgl. Amtl. Begr. unten S. 582). Da das Gesetz insoweit zugunsten des Arbeitnehmers wirken will, ist es auch nicht möglich, daß der Arbeitgeber den Arbeitnehmer vor der Meldung der Diensterfindung durch Vereinbarung verpflichtet, alle nur beschränkt in Anspruch genommenen Diensterfindungen zur Schutzrechtserteilung anzumelden (§ 22).

Diese im Interesse des sozial schwächeren Partners eingeführte Regelung bringt, wie nicht verkannt wird, gewisse Härten für den Arbeitgeber mit sich. Das dürfte einer der Gründe sein, weshalb von der beschränkten Inanspruchnahme nur zurückhaltend Gebrauch gemacht wird.

16 Der Einwand der mangelnden Schutzfähigkeit ist dem Arbeitgeber nur im Verhältnis zum Arbeitnehmer und dessen Rechtsnachfolgern untersagt. Im Verhältnis zu Dritten steht er dem Arbeitgeber weiterhin offen. Das Verbot des Einwands der mangelnden Schutzfähigkeit gilt auch, wenn der Arbeitnehmer die Erfindung an einen Dritten veräußert. Dann hat sich der Arbeitnehmer zwar seiner vermögenswerten Rechte aus der Erfindung begeben und in der Regel ein Entgelt dafür erhalten; dabei ist es gleichgültig, ob er auch seinen Vergütungsanspruch an den Dritten abgetreten hat. Der Schutzgedanke des § 10 Abs. 2 Satz 1 greift in jedem Fall ein, denn könnte der Arbeitgeber dem dritten Erwerber des Schutzrechts den Einwand der mangelnden Schutzfähigkeit entgegensetzen, so würde der Dritte im Wege des Schadenersatzanspruches Regreß gegen den Arbeitnehmer nehmen können; vgl. § 437 BGB. Der gewünschte Erfolg des Gesetzes wäre also nicht erreicht. Vgl. jedoch den nachträglichen Wegfall der Schutzfähigkeit durch Benutzung, Anm. 17 und 9.

17 **b) Feststellung der Schutzunfähigkeit**

Der Schutzgedanke des § 10 Abs. 2 Satz 1 findet keine Rechtfertigung mehr, wenn das Patentamt oder ein Gericht rechtskräftig festgestellt haben, daß die Erfindung nicht schutzfähig ist. Dabei ist es unbeachtlich,

§ 10 Vergütung bei beschränkter Inanspruchnahme

ob die Entscheidung vom Arbeitnehmer oder vom Arbeitgeber oder von einem Dritten herbeigeführt worden ist. Sie kann nicht nur im Erteilungsverfahren, sondern ebenso im Rahmen eines Nichtigkeits- oder Löschungsverfahrens sich ergeben. Zur Frage, ob der Arbeitgeber gegen die vom Arbeitnehmer eingereichte Patentanmeldung Einspruch erheben oder das ihm erteilte Patent nichtig klagen kann, vgl. Anm. 23 zu § 25. Die Entscheidung muß jedoch formell rechtskräftig feststellen, daß die Erfindung nicht schutzfähig ist.

In der 4. Auflage ist die Auffassung vertreten worden, daß die Rechtskraft eines solchen Urteils gegenüber jedermann wirken müsse. Das bedeutet, daß eine Entscheidung entweder im Erteilungsverfahren oder im Nichtigkeitsverfahren ergehen müßte. Hiervon allein spricht auch die Amtl. Begr. — unten S. 583. Der BGH ist in dem Urteil vom 9. 1. 1964 „Drehstromwicklung" (GRUR 1964, 449, mit Besprechung von Fischer) dieser auch von Volmer, Anm. 14 bis 16 zu § 10 geteilten Auffassung gefolgt. Er hat deshalb das über den Vergütungsanspruch entscheidende Gericht nicht für befugt gehalten, über die Schutzfähigkeit zu befinden.

Die bisherige Auffassung kann nicht voll aufrecht erhalten werden. In dem entschiedenen Rechtsfall hatte der Arbeitnehmer inzwischen die ihm freigegebene Erfindung beim Patentamt angemeldet. Das Erteilungsverfahren lief noch. In einem solchen Fall ist es sicher richtig und zweckmäßig, wenn erst die Entscheidung der Erteilungsbehörde abgewartet wird.

Anders ist die Rechtslage jedoch, wenn der Arbeitnehmer kein Schutzrecht anmeldet. Da der Arbeitgeber nicht selbst die freigegebene oder nur beschränkt in Anspruch genommene Erfindung anmelden kann, würde er überhaupt keine Möglichkeit haben, geltend zu machen, daß die Erfindung von Anfang an nicht schutzfähig gewesen sei, obwohl er z. B. schwerwiegendes neuheitsschädliches Material aufgefunden hat, das im Falle einer rechtzeitigen Anmeldung die Erteilung des Schutzrechts verhindert hätte. In Übereinstimmung mit der Besprechung von Fischer muß deshalb bei Nichtanmeldung durch den Arbeitnehmer eine Klage des Arbeitgebers auf Feststellung, daß die Erfindung nicht schutzfähig sei, für zulässig gehalten werden. Da der Wortlaut des § 10 Abs. 2 ohne Einschränkung von der „Entscheidung des Patentamts oder eines Gerichts" spricht, besteht kein Hindernis, in den genannten Fällen auch einem nur zwischen den Prozeßparteien, nicht gegenüber jedermann wirksamen Urteil die in Abs. 2 vorgesehenen Wirkungen zuzuerkennen, obwohl der Gesetzgeber wahrscheinlich sie nicht bedacht hatte. Es bleibt auch zu beachten, daß der Vergütungsanspruch ebenfalls nur zwischen den Parteien besteht, das Urteil also auch nur in privatrechtliche Beziehungen eingreift.

c) Auswirkungen der Feststellung der Schutzunfähigkeit für die Zukunft

Ist die Diensterfindung von Anfang an nicht schutzfähig gewesen, so fiel sie nicht unter § 2 des Gesetzes. Der Arbeitnehmer konnte also an ihr

Erläuterungen

keine eigenen Rechte erwerben. Sie wird in der Regel einen technischen Verbesserungsvorschlag darstellen, der, wenn er ein Arbeitsergebnis ist, unmittelbar in das Eigentum des Arbeitgebers fällt. Da der Arbeitgeber aber die Verbesserung nur beschränkt in Anspruch genommen hat, gab er zu erkennen, daß er an einer alleinigen Auswertung kein Interesse hat. Er kann deshalb den Arbeitnehmer nicht irgendwie dafür verantwortlich machen, daß dieser die Verbesserung nach der beschränkten Inanspruchnahme auch anderen mitgeteilt hat. Er kann auch eventuelle Lizenzeinnahmen des Arbeitnehmers durch Lizenzvergaben an Dritte vor der Feststellung der Schutzrechtsunfähigkeit nicht für sich beanspruchen; insoweit sind § 10 Abs. 2 und § 12 Abs. 6 Satz 2 entsprechend anwendbar. Der Arbeitgeber kann aber dem Arbeitnehmer nach rechtskräftiger Feststellung der Schutzunfähigkeit mit Wirkung ex nunc verbieten, die Verbesserung nunmehr anderen gegen oder ohne Entgelt mitzuteilen. Denn jetzt steht fest, daß der Arbeitnehmer daran keine ursprünglichen Rechte besitzt. Bereits vom Arbeitnehmer gewährte Lizenzen an Dritte kann der Arbeitgeber frei widerrufen.

20 d) Keine Rückwirkung für die Vergütung

Der Vergütungsanspruch des Arbeitnehmers bleibt unberührt, soweit er bis zur rechtskräftigen Entscheidung, die die Schutzunfähigkeit der Diensterfindung ausspricht, fällig geworden ist (§ 10 Abs. 2 Satz 2). Die evtl. Rückwirkung der Entscheidung über die Schutzfähigkeit — das Nichtigkeits- oder Löschungsurteil vernichtet z. B. das Schutzrecht ex nunc — wirkt sich also nicht auf den Vergütungsanspruch aus. Dabei geht § 10 Abs. 2 Satz 2 weiter als § 12 Abs. 6 Satz 2. Der Vergütungsanspruch bleibt bestehen, wenn er vor Rechtskraft des Urteils fällig geworden ist, auch wenn die Vergütung noch nicht bezahlt wurde. Die Bestimmung enthält also nicht nur ein Rückzahlungsverbot, sondern hält den Vergütungsanspruch ausdrücklich bis zur Rechtskraft der gerichtlichen oder patentamtlichen Entscheidung aufrecht. Diese Lösung erscheint billig, weil der Arbeitgeber bis zur rechtskräftigen Entscheidung in der Regel den Vorteil einer zumindest faktischen Monopolstellung genießt. Wegen der Fälligkeit des Vergütungsanspruches vgl. Anm. 6, 7.

21 e) Nachträglicher Wegfall der Schutzfähigkeit

§ 10 Abs. 2 Satz 1 schließt nur den Einwand aus, daß die Diensterfindung zur Zeit der Inanspruchnahme nicht schutzfähig gewesen sei. Der Arbeitgeber ist nicht gehindert, den späteren Wegfall der Schutzfähigkeit der Diensterfindung geltend zu machen (Amtl. Begr. unten S. 584). Die Schutzfähigkeit kann z. B. dadurch entfallen, daß ein anderer die Erfindung unabhängig vom Arbeitnehmer nochmals macht und offenkundig benutzt oder zum Patent anmeldet. S. Anm. 9. Sie kann auch dadurch wegfallen, daß der Arbeitgeber sie benutzt, s. Anm. 10.

Ist ein Schutzrecht erteilt, so fällt der Schutz fort, wenn es erlischt oder für nichtig erklärt bzw. gelöscht wird.

§ 11
Vergütungsrichtlinien

Der Bundesminister für Arbeit erläßt nach Anhörung der Spitzenorganisationen der Arbeitgeber und Arbeitnehmer (§ 10 a des Tarifvertragsgesetzes) Richtlinien über die Bemessung der Vergütung.

§ 10 a des Tarifvertragsgesetzes
Spitzenorganisationen

Spitzenorganisationen im Sinne dieses Gesetzes sind — unbeschadet der Regelung in § 2 — diejenigen Zusammenschlüsse von Gewerkschaften oder von Arbeitgebervereinigungen, die für die Vertretung der Arbeitnehmer- oder Arbeitgeberinteressen im Arbeitsleben des Bundesgebietes wesentliche Bedeutung haben. Ihnen gleich stehen Gewerkschaften oder Arbeitgebervereinigungen, die keinem solchen Zusammenschluß angehören, wenn sie die Voraussetzungen des letzten Halbsatzes in Satz 1 erfüllen.

Übersicht

	Anm.		Anm.
a) Allgemeines	1	d) Die Rechtsnatur der Richtlinien	5, 7
b) Die Vorbereitung der neuen Richtlinien	2	e) Verhältnis der RL 1959 zu den RL 1944	7
c) Der Erlaß der Richtlinien	3, 4	f) Abweichung von den RL	8

a) Allgemeines 1

In § 11 weist der Gesetzgeber den Bundesminister für Arbeit und Sozialordnung an, Richtlinien über die Bemessung der Vergütung von Arbeitnehmererfindungen zu erlassen. Diese Richtlinien sollen ins einzelne gehende Anhaltspunkte für die Bemessung der Vergütung geben, also im wesentlichen den Begriff „angemessen" der §§ 9 Abs. 1, 10 Abs. 1, 14 Abs. 3, 16 Abs. 3 und 20 Abs. 1 unter Heranziehung der in § 9 Abs. 2 genannten Merkmale auslegen. Damit soll die Bemessung der Vergütung im Einzelfall erleichtert und der Praxis ein möglichst klar und einfach zu handhabendes Instrument für die Ermittlung von Erfindervergütungen in die Hand gegeben werden. Außerdem sollen die Richtlinien dazu beitragen, daß die Vergütungsfragen wenigstens im Grundsätzlichen in den einzelnen Betrieben der deutschen Wirtschaft einheitlich behandelt werden.

Ob man überhaupt „Richtlinien" erlassen sollte, kann zweifelhaft sein. Nicht ohne Einfluß auf die Bejahung der Frage ist es gewesen, daß bereits „Richtlinien für die Vergütung von Gefolgschaftserfindungen" vom 10. 10. 1944 (Reichsanzeiger Nr. 271 v. 5. 12. 1944) vorlagen, die im Anhang S. 670 ff. abgedruckt sind. Über „Wert oder Unwert" solcher Richtlinien vgl. Schade, Erfindervergütung, GRUR 1962, 125.

Erläuterungen

2 b) Die Vorbereitung der neuen Richtlinien

Zur Vorbereitung der Richtlinien holte das Ministerium ein Gutachten ein, das als Band 2 der Schriftenreihe des Bundesarbeitsministeriums, Reimer-Schippel, Die Vergütung von Arbeitnehmererfindungen, 1956 veröffentlicht wurde. Ein Richtlinienentwurf der Deutschen Vereinigung für Gewerblichen Rechtsschutz und Urheberrecht ist in GRUR 1958, 68 abgedruckt. Außerdem haben mehrere andere Autoren versucht, das Problem der Bemessung der Erfindervergütung auf neue Weise zu lösen; es sei hingewiesen auf Siegler, Die gesetzlich vorgeschriebene Vergütung für Arbeitnehmererfindungen und ihre Berechnung, im Selbstverlag, Braunschweig 1954, und Peters, Bewertung und Vergütung von Arbeitnehmererfindungen, Recht der Arbeit 1954, 121.

3 c) Der Erlaß der Richtlinien

Der Bundesminister für Arbeit und Sozialordnung hat „Richtlinien für die Vergütung von Arbeitnehmererfindungen im privaten Dienst" vom 20. 7. 1959 (III a 6-1859/59), Beilage zum BAnz. Nr. 156 v. 18. 8. 1959 = Bundesarbeitsblatt 1959, 599 = Bl. 1959, 300) und „Richtlinien für die Vergütung von Arbeitnehmererfindungen im öffentlichen Dienst" vom 1. 12. 1960 (III a 6 2329/ 60 — BAnz. 237 v. 8. 12. 1960 = BundesArbBl 1960, 767 = Bl. 1961, 69) erlassen. Sie sind im Anschluß an § 11 abgedruckt und erläutert. Die Richtlinien für den öffentlichen Dienst beschränken sich auf die Erklärung, daß die Richtlinien für den privaten Dienst auf Arbeitnehmer im öffentlichen Dienst sowie auf Beamte und Soldaten entsprechend anzuwenden sind.

Dem Erlaß der Richtlinien ist eine Anhörung der Spitzenorganisationen der Arbeitgeber und Arbeitnehmer vorangegangen.

Bei den Richtlinien für den privaten Dienst sind angehört worden die Bundesvereinigung der Deutschen Arbeitgeberverbände, der Deutsche Gewerkschaftsbund, die Deutsche Angestellten-Gewerkschaft und die Union der Leitenden Angestellten.

4 Die Vorschriften für den Erlaß der Richtlinien gelten auch für ihre Änderung und Ergänzung. Die Notwendigkeit und den Zeitpunkt einer Änderung oder Ergänzung entscheidet der Bundesminister für Arbeit und Sozialordnung ebenfalls nach freiem Ermessen. Er wird sich dabei insbesondere von den Erfahrungen der Praxis leiten lassen, die sich vornehmlich in den Entscheidungen der Gerichte und der Schiedsstelle spiegeln.

5 d) Rechtsnatur der Richtlinien

Die Richtlinien enthalten keine Rechtsnormen im materiellen Sinn und haben deshalb keine allgemein verbindliche Kraft gegenüber jedermann; sie sprechen das in ihrer Nr. 1 ausdrücklich aus (vgl. für die alten RL BAG v. 1. 11. 1956, GRUR 1957, 338 = NJW 1957, 477. Ferner Reimer-

Schippel S. 21, Herbst, Bundesarbeitsblatt 1959, 627, Schade BB 1962, 263). Sie enthalten nur Empfehlungen und Vorschläge für die Bemessung der Erfindervergütung. Auch die Schiedsstelle und die Gerichte sind nicht an die Richtlinien gebunden. Die Schiedsstelle hat hierzu bemerkt, daß sie zwar nicht gebunden sei, auf der anderen Seite aber die RL nicht ohne triftigen Grund beiseiteschieben könne, sondern zu erwägen habe, ob Anlaß bestehe, einen anderen Weg einzuschlagen oder aber einen Weg zu wählen, der nicht in den RL vorgesehen ist (vgl. EV v. 8. 5. 1961, Bl. 1961, 334; vgl. auch EV v. 28. 6. 1962, Bl. 1963, 16). Ähnlich wie dies im Steuerrecht bereits anerkannt ist, wird jedoch eine starke Vermutung für die Angemessenheit einer Erfindervergütung sprechen, wenn die Vergütung nach den Richtlinien bemessen worden ist.

Da die Richtlinien keine Rechtsnormen enthalten, bedarf es zu ihrem Erlaß keiner Ermächtigung im rechtstechnischen Sinn. § 11 stellt nur eine Weisung des Gesetzgebers an die Exekutive zum Erlaß von Richtlinien dar. In dem dort angegebenen Rahmen ist der Bundesminister für Arbeit und Sozialordnung dem Gesetzgeber verpflichtet, die Richtlinien zu erlassen. Er ist jedoch nicht gehindert, die Richtlinien auch auf andere Fragen als die der Vergütungsbemessung auszudehnen, wenn er es für zweckmäßig hält. 6

e) Verhältnis der RL 1959 zu den RL 1944 7

Die neuen Richtlinien sind an die Stelle der Richtlinien für die Vergütung von Gefolgschaftserfindungen in der Fassung vom 10. Oktober 1944 (RAnz. Nr. 271 vom 5. 12. 1944) getreten, die der Reichsminister für Bewaffnung und Munition herausgegeben hatte. Diese alten Richtlinien sind im Anhang S. 670 ff. abgedruckt.

Soweit bisher noch keine Festsetzung oder Feststellung der Vergütung erfolgt ist, sind die neuen Richtlinien mit Rücksicht auf § 43 Abs. 1 auch auf Erfindungen anzuwenden, die schon vor dem Erlaß der Richtlinien gemacht wurden. Vgl. hierzu EV. v. 7. 11. 1961, Bl. 1962, 78, und Herbst, Bundesarbeitsblatt 1959, 627. Dasselbe gilt für die Erklärung nach § 43 Abs. 2.

Bei der Anwendung der neuen Richtlinien auf alte Erfindungen wird man den unverbindlichen Charakter der Richtlinien besonders beachten müssen. Die neuen Richtlinien sind wie die alten am Begriff der Angemessenheit ausgerichtet. Die Vorstellungen über das, was als Vergütung angemessen ist, sind zwar nicht unwandelbar und haben sich im Laufe der Entwicklung des Arbeitnehmererfinderrechts zweifellos zu Gunsten der Erfinder verändert. Vgl. hierzu den in Anm. 6 genannten EV. Bl. 1962, 78. Jedoch zeigt bereits die weitgehende Übereinstimmung der gesetzlichen Grundlagen — § 9 ArbEG und § 5 DVO —, daß durch das Inkrafttreten des neuen Gesetzes keine grundsätzliche Änderung dieser Vorstellungen eingetreten sein kann.

Erläuterungen

8 f) Abweichungen von den RL

Es mag hervorgehoben werden, daß auch die Betriebe nicht gebunden sind, die Vergütungen unter Anwendung der RL zu ermitteln. Vielfach sind aus der früheren Zeit andere Grundsätze beibehalten worden, die z. B. pauschale Vergütungen bei Anmeldung, Bekanntmachung und Erteilung vorsehen. An sich besteht keine Verpflichtung, unbedingt nach den RL zu berechnen. Es kommt vielmehr lediglich darauf an, daß die Bestimmungen des § 9 des Gesetzes beachtet werden. Deshalb wird man sowohl den Nutzen, den das Schutzrecht bringt, als auch die Art der Beteiligung des Betriebs am Zustandekommen der Erfindung stets berücksichtigen müssen. Außerdem muß damit gerechnet werden, daß im Streitfall Schiedsstelle und Gerichte eine Überprüfung der Angemessenheit an Hand der RL vornehmen werden.

Anhang zu § 11
Richtlinien für die Vergütung von Arbeitnehmererfindungen im privaten Dienst
Vom 20. Juli 1959

Beilage zum Bundesanzeiger Nr. 156 v. 18. August 1959
(BArbBl. 1959, 599 = Bl. 1959, 300)

Erläuterungen

Übersicht

	Nr.		Nr.
Einleitung	1, 2	3. Erfindungen deren Verwertbarkeit noch nicht feststellbar ist	23
Erster Teil		4. Erfindungen, deren Verwertbarkeit nicht ausgenutzt wird	24
Erfindungswert			
A. Patentfähige Erfindungen		VI. Besonderheiten	
I. Betrieblich benutzte Erfindungen		1. Beschränkte Inanspruchnahme	25
1. Allgemeines	3—5	2. Absatz im Ausland und ausländische Schutzrechte	26
2. Ermittlung des Erfindungswertes nach der Lizenzanalogie	6—11	3. Betriebsgeheime Erfindungen (§ 17)	27
3. Ermittlung des Erfindungswertes nach dem erfaßbaren betrieblichen Nutzen	12	B. Gebrauchsmusterfähige Erfindungen	28
4. Schätzung	13	C. Technische Verbesserungsvorschläge (§ 20 Abs. 1)	29
II. Lizenz-, Kauf- und Austauschverträge	14—17	**Zweiter Teil**	
III. Sperrpatente	18	**Anteilsfaktor**	30
IV. Schutzrechtskomplexe	19	a) Stellung der Aufgabe	31
V. Nicht verwertete Erfindungen	20	b) Lösung der Aufgabe	32
1. Vorrats- und Ausbaupatente	21	c) Aufgaben und Stellung des Arbeitnehmers im Betrieb	33—36
2. Nicht verwertbare Erfindungen	22		

Richtlinien Nr. 1

	Nr.		Nr.
Tabelle	37	I. Formel	39
Wegfall der Vergütung	38	II. Art der Zahlung der Vergütung	40—41
Dritter Teil			
Die rechnerische Ermittlung der Vergütung		III. Die für die Berechnung der Vergütung maßgebende Zeit	42—43

Nach § 11 des Gesetzes über Arbeitnehmererfindungen vom 25. Juli 1957 (Bundesgesetzbl. I S. 756) erlasse ich nach Anhörung der Spitzenorganisationen der Arbeitgeber und der Arbeitnehmer folgende Richtlinien über die Bemessung der Vergütung für Diensterfindungen von Arbeitnehmern im privaten Dienst.

Sinn und Zweck der Richtlinien, ihre rechtliche Natur, die Rechtsgrundlage für ihren Erlaß, das vorbereitende Verfahren einschließlich der Vorarbeiten und das Verhältnis zu den Richtlinien 1944 sind in den Anm. zu § 11 erläutert, auf die verwiesen wird.

Der Text der Richtlinien ist zusammenhängend abgedruckt oben S. 57 ff.

Einleitung

(1) Die Richtlinien sollen dazu dienen, die angemessene Vergütung zu ermitteln, die dem Arbeitnehmer für unbeschränkt oder beschränkt in Anspruch genommene Diensterfindungen (§ 9 Abs. 1 und § 10 Abs. 1 des Gesetzes) und für technische Verbesserungsvorschläge im Sinne des § 20 Abs. 1 des Gesetzes zusteht; sie sind keine verbindlichen Vorschriften, sondern geben nur Anhaltspunkte für die Vergütung. Wenn im Einzelfall die bisherige betriebliche Praxis für die Arbeitnehmer günstiger war, sollen die Richtlinien nicht zum Anlaß für eine Verschlechterung genommen werden.

Übersicht

	Anm.		Anm.
a) Stellungnahme des Bundes-Arbeitsministeriums im Bulletin	1—5	c) Rechtsnatur der RL	7
		d) Steuerrechtliche Bedeutung	8
b) Schrifttum	6	e) Verhältnis zu den RL 1944	9, 10

a) Stellungnahme des Bundesarbeitsministeriums im Bulletin   1

Nr. 1 umschreibt den Zweck der Richtlinien und ihre Rechtsnatur. Zweck und Bedeutung der Richtlinien betonte die Bundesregierung im Bulletin des Presse- und Informationsamts vom 20. August 1959 Nr. 151 S. 1525, das wegen seiner Bedeutung für die Auslegung des Gesetzes und der Richtlinien hier auszugsweise wiedergegeben wird. Der Bundesminister für Arbeit und Sozialordnung teilt dort mit:

„Die Richtlinien lösen die alten Vergütungsrichtlinien von 1944 ab   2
und führen in einer Reihe von Punkten zu bedeutenden sozialen Verbesserungen für die Arbeitnehmer-Erfinder. Sie sind unter Mitarbeit

Erläuterungen

der Bundesvereinigung der Deutschen Arbeitgeberverbände, des Deutschen Gewerkschaftsbundes, der Deutschen Angestellten-Gewerkschaft, der Union der Leitenden Angestellten und unter reger Anteilnahme zahlreicher Institutionen und Vertreter des Arbeitsrechts und des gewerblichen Rechtsschutzes geschaffen worden. Obwohl sie, wie ihr Name sagt, keine verbindlichen Rechtsvorschriften darstellen, sondern nur Anhaltspunkte für die Ermittlung einer angemessenen Vergütung geben, dürften sie nach den Erfahrungen, die mit den alten Richtlinien gemacht wurden, für die betriebliche Praxis doch von erheblicher Bedeutung sein und zu einem amtlichen Leitfaden für die Vergütungsermittlung werden.

3   Das Ziel der Richtlinien ist, den Gewinn, der aus Arbeitnehmererfindungen entsteht, angemessen zwischen Arbeitgeber und Arbeitnehmer aufzuteilen. Dadurch soll nicht allein den Geboten der sozialen Gerechtigkeit Genüge getan werden, vielmehr sollen zugleich die Arbeitnehmer angespornt werden, zum Nutzen der gesamten Volkswirtschaft auf laufende technische Verbesserungen bedacht zu sein. In dem ständig härter werdenden Konkurrenzkampf auf dem Weltmarkt ist die Erfindergabe der Techniker, Ingenieure, Chemiker und Konstrukteure eine der wertvollsten Kapitalien, die es durch angemessene Honorierung zu pflegen und zu belohnen gilt.

4   Worin bestehen nun vor allem die sozialen Fortschritte gegenüber den Richtlinien von 1944? Zunächst darin, daß die sogenannten Nullfälle praktisch fortgefallen sind. Während nach den alten Richtlinien Arbeitnehmer in bestimmten betrieblichen Funktionen und für bestimmte Arten von Erfindungen nach einem starren tabellarischen Schema keine Vergütung erhielten, wird jetzt davon ausgegangen, daß bei jeder schutzfähigen Erfindung und bei qualifizierten technischen Verbesserungsvorschlägen die Vergütung nach bestimmten Methoden ermittelt wird und nur dann praktisch fortfällt, wenn die Erfindung entweder wirtschaftlich nicht verwertbar ist oder der Anteil des Arbeitnehmers am Zustandekommen der Erfindung (unter Berücksichtigung seiner Stellung im Betrieb, der Aufgabenstellung und Aufgabenlösung sowie des wirtschaftlichen Wertes der Erfindung) so gering ist, daß die Zahlung einer Vergütung nicht mehr angemessen erscheint. Dies dürfte jedoch bei Erfindungen mit einigem wirtschaftlichem Wert kaum vorkommen. Es wird daher in Zukunft praktisch keine Diensterfindung mehr geben, die überhaupt nicht oder nicht angemessen vergütet wird.

5   Ein weiterer nicht unerheblicher Fortschritt ist die Streichung des sogenannten Rangfaktors. Dieser Faktor, der zur Abwertung der Erfindervergütung diente, war Gegenstand heftiger Kritik gewesen; durch seine Streichung hat sich die Vergütung nicht unwesentlich erhöht. Diese Erhöhung kann im Interesse einer angemessenen Bewertung der Erfindertätigkeit und einer volkswirtschaftlich wünschenswerten Erfindungsförderung nur begrüßt werden. Es ist zu erwarten, daß durch diese Aufbesserung der Erfindervergütungen, die im Vergleich mit Berechnungen nach den alten Richtlinien etwa 200 v. H. erreichen kann,

das Interesse an Erfindungen in der Arbeitnehmerschaft in noch stärkerem Maße als bisher angeregt und damit auch dem technischen Fortschritt gedient wird."

b) Schrifttum 6

Zu den neuen Richtlinien nehmen Stellung Karl, Stellungnahme zu den bisherigen Kommentaren über die neuen Richtlinien für Arbeitnehmererfindungen, GRUR 1960, 459; Danner, Führen die amtlichen Richtlinien... zu angemessenen Vergütungen? GRUR 1961, 381; Herbst, Arbeitnehmererfindungen im privaten Dienst, BArbBl. 1959, 627; Kämmerer, Über die den Richtlinien... (RL 1959) zugrundeliegenden mathematischen Beziehungen, BArbBl. 1959, 623; Schade, Die neuen Richtlinien für die Vergütung von Arbeitnehmererfindungen, BB 1960, 449 und Erfindervergütung, GRUR 1962, 125; Danner, Der Erfindungswert, GRUR 1974, 241.

c) Rechtsnatur der Richtlinien 7

Das Bundesministerium für Arbeit und Sozialordnung stellt in der Einleitung zu den Richtlinien klar, daß sie ebenso wie die Richtlinien 1944 keine rechtsverbindlichen Vorschriften enthalten. Ihre Bestimmungen sind nur Vorschläge und Anhaltspunkte, unverbindlich für Behörden, Gerichte und Schiedsstellen und auch für die Beteiligten, keine Rechtsnormen im materiellen Sinn (vgl. Anm. 5 zu § 11).

d) Steuerliche Bedeutung 8

Nur im Steuerrecht kommt den Richtlinien eine weitergehende Bedeutung zu. Nach § 2 Abs. 2 der VO über die steuerliche Behandlung der Vergütungen für Arbeitnehmererfindungen (unten S. 655) hat der Arbeitgeber auf Verlangen des Finanzamts nachzuweisen, daß die für die Arbeitnehmererfindungen gezahlten Vergütungen nicht unangemessen hoch sind. Abschnitt 52 d der Lohnsteuerrichtlinien 1972 (abgedruckt als Anlage 11 auf S. 663) zählt die Richtlinien als Teil der rechtlichen Grundlagen für die Ansprüche der Arbeitnehmererfinder auf. Wenn also der Arbeitgeber nachweist, daß er die Vergütung nach den Richtlinien berechnet hat, muß das Finanzamt den Nachweis nach § 2 der VO als erbracht ansehen — was allerdings nicht ausschließt, daß der Arbeitgeber den Nachweis im Einzelfall auf andere Weise führt.

e) Verhältnis zu den RL 1944 9

Vgl. in erster Linie Anm. 7 zu § 11. Auch aus den oben in Anm. 1 angeführten Mitteilungen im Bulletin kann nicht entnommen werden, daß eine grundsätzliche Änderung der Vorstellungen gegenüber den RL 1944 eingetreten sei.

Diese Veröffentlichung des federführenden Ministeriums stellt den sozialen Fortschritt, den die neuen Richtlinien bringen sollen, sehr in den Vordergrund und spricht im Zusammenhang mit der Streichung des

Erläuterungen

Rangfaktors auch von einer nicht unwesentlichen Erhöhung der Vergütungen. Wie sich die Streichung des Rangfaktors auf die Vergütungshöhe auswirkt, ist in den Erläuterungen zu Nr. 30 und 37 der Richtlinien dargestellt. In manchen Fällen haben die neuen Richtlinien zu höheren Vergütungen als bisher geführt. Es wäre aber nicht richtig und würde im Widerspruch zum Begriff der Angemessenheit stehen, hätte man die Richtlinien zum Anlaß einer sprunghaften Steigerung der Vergütungen genommen. Einzelheiten hierzu s. in Anm. 9 zu Nr. 1 RL in der Vorauflage des Kommentars. Siebzehn Jahre nach Inkrafttreten des Gesetzes dürften Übergangsfälle nur noch ganz selten auftreten.

10 Der letzte Satz der Nr. 1 war schon bei den Vorarbeiten zu den Richtlinien sehr umstritten. Es wurde befürchtet, daß aus diesem Satz Rechtsansprüche nach den arbeitsrechtlichen Grundsätzen der betrieblichen Übung hergeleitet würden. Zur rechtlichen Bedeutung der betrieblichen Übung vgl. A. Hueck in Festschrift für Lehmann Bd. II. S. 633 und Richardi, Recht der Arbeit 1960, 401. Das Bundesministerium für Arbeit und Sozialordnung hat demgegenüber wiederholt zum Ausdruck gebracht, daß der Satz nicht in diesem Sinn und auch nicht als Günstigkeitsklausel im Sinn des Tarifvertragsrechts verstanden werden dürfe. Er enthält nur eine unverbindliche Empfehlung im Interesse des Arbeitsfriedens. In den meisten Fällen wird die bisherige Betriebspraxis durch das neue Gesetz überholt sein. Wo aber die bisherige Praxis mit dem Gesetz weiter vereinbar ist und auf Grund besonderer Umstände den Arbeitnehmer besser stellte, als ihn die neuen Richtlinien stellen würden, soll allein wegen des Erlasses der neuen Richtlinien von der bisherigen Praxis nicht abgewichen werden.

(2) Nach § 9 Abs. 2 des Gesetzes sind für die Bemessung der Vergütung insbesondere die wirtschaftliche Verwertbarkeit der Diensterfindung, die Aufgaben und die Stellung des Arbeitnehmers im Betrieb sowie der Anteil des Betriebs am Zustandekommen der Diensterfindung maßgebend. Hiernach wird bei der Ermittlung der Vergütung in der Regel so zu verfahren sein, daß zunächst die wirtschaftliche Verwertbarkeit der Erfindung ermittelt wird. Die wirtschaftliche Verwertbarkeit (im folgenden als Erfindungswert bezeichnet) wird im Ersten Teil der Richtlinien behandelt. Da es sich hier jedoch nicht um eine freie Erfindung handelt, sondern um eine Erfindung, die entweder aus der dem Arbeitnehmer im Betrieb obliegenden Tätigkeit entstanden ist oder maßgeblich auf Erfahrungen oder Arbeiten des Betriebes beruht, ist ein Abzug zu machen, der den Aufgaben und der Stellung des Arbeitnehmers im Betrieb sowie dem Anteil des Betriebs am Zustandekommen der Diensterfindung entspricht. Dieser Abzug wird im Zweiten Teil der Richtlinien behandelt; der Anteil am Erfindungswert, der sich für den Arbeitnehmer unter Berücksichtigung des Abzugs ergibt, wird hierbei in Form eines in Prozenten ausgedrückten Anteilsfaktors ermittelt. Der Dritte Teil der Richtlinien behandelt die rechnerische Ermittlung der Vergütung sowie Fragen der Zahlungsart und Zahlungsdauer.

Bei jeder Vergütungsberechnung ist darauf zu achten, daß derselbe Gesichtspunkt für eine Erhöhung oder Ermäßigung der Vergütung nicht mehrfach berücksichtigt werden darf.

Die einzelnen Absätze der Richtlinien sind mit Randnummern versehen, um die Zitierung zu erleichtern.

Übersicht

	Anm.		Anm.
a) Allgemeiner Inhalt	1	c) Systematik der Richtlinien	8
b) Erfindungswert	2—7	d) Verbot der doppelten Bewertung	9, 10

a) Allgemeiner Inhalt 1

Der erste Absatz enthält einen kurzen Überblick über den Gang der Vergütungsermittlung. Hierwegen sei auf die Einleitung (oben S. 88) und auf die Anmerkungen 34 ff. zu § 9 verwiesen, wo die nach dem Gesetz für die Vergütungsermittlung maßgebenden Faktoren und ihre allgemeine Bedeutung erläutert sind.

b) Erfindungswert 2

Das Wort „Erfindungswert" darf nicht etwa dazu verleiten, daß darunter der „wirkliche", volkswirtschaftliche Wert der Erfindung verstanden werden sollte oder auch nur der Wert, den die Erfindung voraussichtlich dem Betrieb einbringen wird. Vielmehr wird als Erfindungswert der Betrag verstanden, den der Betrieb einem freien Erfinder oder einem anderen Betrieb für die Benutzung oder den Erwerb der Erfindung zahlen würde (s. Anm. 41 zu § 9). Da der Betrieb verdienen will und Risiko, Unternehmergewinn, Generalunkosten usw. berücksichtigt, wird er bei dem Erwerb der Erfindung von außen immer einen Betrag zahlen, der unter dem Nutzen liegt, den er sich von der Erfindung verspricht. Dabei zeigt die Erfahrung, daß nicht schon dadurch, daß ein Schutzrecht erteilt worden ist, ohne weiteres feststeht, daß die Erfindung einen wirtschaftlichen Wert hat. Nur ein Teil aller Patente und Gebrauchsmuster wird unmittelbar oder mittelbar verwertet.

Die Richtlinien setzen „Erfindungswert" gleich mit „Verwertbarkeit". 3
Beide Definitionen scheinen voneinander abzuweichen, stimmen jedoch tatsächlich im Kern überein. Denn der Betrag, den der Betrieb einem freien Erfinder für die Benutzung einer Erfindung bezahlen würde, wird objektiv von der Verwertbarkeit der Erfindung bestimmt (vgl. Anm. 37 zu § 9). In der Verwertbarkeit spiegelt sich der wirtschaftliche Wert der Erfindung. Wegen des Verhältnisses von Verwertbarkeit zur tatsächlichen Verwertung vgl. Anm. zu Nr. 24 der Richtlinien.

Die Schiedsstelle sieht in dem Einig.Vorschlg. v. 8. 5. 1961 (Bl. 1961, 4
435) als Erfindungswert das an, „was ein freier Erfinder für die Erfindung erzielen würde". Dem in Nr. 13 RL enthaltenen Satz, daß von dem

Erläuterungen

Preis ausgegangen werden müsse, den der Betrieb hätte aufwenden müssen, wenn er die Erfindung von einem freien Erfinder hätte erwerben wollen, komme grundsätzliche Bedeutung zu. Dem stimmt insoweit Friedrich in seiner Besprechung in GRUR 1962, 192, zu; s. auch Fischer in GRUR 1971, 131; Schiedsstelle v. 17. 12. 1963, Bl. 1964, 166; v. 3. 2. 1964, Bl. 1964, 375.

5   Da nicht der volkswirtschaftliche Nutzen der Erfindung unmittelbar den Wertmaßstab bildet, sondern die Vergütung immer in Beziehung zu dem Betrieb gesehen werden muß, in dem sie gemacht wird — eines der wesentlichen Merkmale unseres Wirtschaftssystems im Gegensatz zu den kommunistisch geführten Staaten — ist in erster Linie zu ermitteln, was der Arbeitgeber für den Erwerb der Erfindung von außen gezahlt haben würde. Es steht bei der Ermittlung dieses fiktiven Werts aber dem nichts im Wege, daß man sich an tatsächliche Zahlungen in ähnlichen Betrieben anlehnt. Sonst hätten im übrigen die Beispielsangaben in Nr. 10 RL keinen Sinn.

6   Gewisse Schwierigkeiten können sich bei der fiktiven Ermittlung des vermutlich einem freien Erfinder gezahlten Preises dadurch ergeben, daß die Diensterfindung oft in einem viel früheren Stadium dem Betrieb bekannt wird als das bei von außen angebotenen Erfindungen der Fall ist. Hier wird zusätzlich zu der patentrechtlichen „Reife" oft schon die praktische Brauchbarkeit besser zu übersehen sein. Das darf aber nicht dazu führen, daß man von den vergleichsweise ermittelten Vergütungen für freie Erfindungen von vorne herein grundsätzlich Abstriche macht. Man würde damit den ganzen Aufbau der Ermittlung in unerträglicher Weise in Frage stellen. Besser ist es, in solchen Fällen in denen es zur Durchführung der Erfindung in der Betriebspraxis noch vieler Bemühungen bedarf, einen niedrigeren Lizenzsatz als Vergleich zu wählen, wozu die Angaben in Nr. 6 RL ausgezeichnete Anhaltspunkte bieten. Es kann sich im übrigen auch zeigen, daß eine „Idee", die zwar zu einem Schutzrecht führt, aber noch mancher Ausgestaltung im einzelnen bedarf, was z. B. bei den sog. Pionierpatenten oft der Fall ist, auch bei einem freien Erfinder von Anfang an hoch bewertet wird.

7   Man darf bei der Ermittlung des Erfindungswertes nicht außer acht lassen, daß die Heranziehung der freien Erfindung eine Arbeitsmethode ist, die nur hilfsweise, wenn auch mit gutem Erfolg gewählt wird, daß aber im Grunde das Verhältnis Arbeitgeber — Arbeitnehmer Korrekturen erfordert oder, anders gesagt, die vergleichsweise Anwendung nur mit Vorsicht zuläßt. So darf man nicht aus den Augen lassen, daß der Arbeitgeber in der Entschließung, eine Diensterfindung zu übernehmen, nicht so frei ist wie dann, wenn er vor der Frage steht, ob er sich um ein fremdes Schutzrecht bemühen soll. Daß der Vergleich mit der freien Erfindung gelegentlich kaum möglich ist, zeigt der EV v. 13. 5. 1964, Bl. 1967, 80. Andererseits hat auch der in § 12 Abs. 6 zum Ausdruck gekommene Gedanke einer Änderung ursprünglich richtiger Vergütungen nicht ohne weiteres eine Parallele zu dem Erwerb einer freien Erfindung.

Aus diesem Gedanken heraus wird man bei der späteren Erkenntnis, daß die Erfindung viel wertvoller ist, als beide Teile zur Zeit der Inanspruchnahme angenommen hatten, nicht den Wert zur Zeit der Inanspruchnahme, sondern die spätere Erkennntnis zugrundelegen müssen. Vgl. hierzu Anm. 42 zu § 12, zu dem ganzen Problem Heine, Zur Ermittlung des Erfindungswertes nach den RL..., GRUR 1960, 321, und Lindenmaier-Lüdecke Anm. 3 zu Nr. 2 RL und Anm. 10 zu Nr. 6 RL, deren zum Teil abweichende Ansichten nicht voll geteilt werden können.

c) Systematik der RL 8

Die Systematik der neuen Richtlinien folgt im Gegensatz zu den Richtlinien 1944 dem in Nr. 2 dargestellten Gang der Vergütungsermittlung (vgl. dazu Reimer-Schippel S. 32 ff.). Die alten Richtlinien behandelten den Anteilsfaktor vor den sogenannten Wertfaktoren. Demzufolge wurde bei der Vergütungsermittlung häufig zuerst der Anteilsfaktor ermittelt. Da die alten Richtlinien bei bestimmten Anteilsfaktoren eine Vergütung ablehnten (sogenannte „Nullfälle"; vgl. jetzt Nr. 38), wurde oft über Anfall oder Wegfall der Vergütung entschieden, ohne den Erfindungswert zu prüfen. Diese häufig zu unbilligen Ergebnissen führende Praxis ist durch die Systematik der neuen Richtlinien und die Fassung der Nr. 38 beseitigt.

Nach den neuen Richtlinien wird zuerst der Erfindungswert ermittelt. Steht er fest, so wird geprüft, in welcher Höhe der Erfinder daran zu beteiligen ist. Diese Reihenfolge entspricht allein der logischen Ordnung der Faktoren. Denn für das Verhältnis Wert- zu Anteilsfaktoren gilt dasselbe, was innerhalb der Wertfaktoren für Bezugsgröße und Lizenzsatz gilt (vgl. Nr. 7 und 8). Erst muß man die Bezugsgröße kennen, bevor man ermitteln kann, mit wieviel Prozent Lizenz der Erfinder daran beteiligt wird. Ebenso muß man vom Erfindungswert ausgehen, um dann festzustellen, wie er zwischen Arbeitgeber und Arbeitnehmer angemessen zu verteilen ist.

d) Verbot der doppelten Berücksichtigung 9

Im Zusammenhang mit dem Verhältnis der Faktoren zueinander stellt Abs. 2 einen der wichtigsten allgemeinen Grundsätze der Vergütungsermittlung auf. Der Satz, daß ein und derselbe Gesichtspunkt für eine Erhöhung oder Ermäßigung der Vergütung immer nur einmal berücksichtigt werden darf, muß an jeder Stelle der Richtlinien beachtet werden. In verschiedenen Nummern wird er konkretisiert und wiederholt (Nr. 9 Satz 2; Nr. 12 Abs. 2 Satz 1). Der Satz gilt sowohl bei der Ermittlung des Erfindungswerts und der Anteilsfaktoren als auch im Verhältnis beider Faktorengruppen zueinander. Wenn z. B. bei der Ermittlung des erfaßbaren betrieblichen Nutzens bereits ein kalkulatorischer Unternehmerlohn eingesetzt wird, dürfen von dem festgestellten Wert nicht nochmals Abstriche mit der Begründung gemacht werden, dem Arbeitgeber müsse auch ein Gewinn verbleiben. Der Lizenzsatz darf nicht deshalb niedriger angesetzt werden, weil der Erfinder durch seine Stellung im Betrieb mit dem gelösten Problem vertraut war; ebensowenig darf der Lizenzsatz erhöht werden, weil der Erfinder ohne Vorbildung für seine erfinderische Tätigkeit war. Der sogenannte „Rangfaktor" der alten Richtlinien wurde wegen Verstoßes gegen diesen Grundsatz nicht übernommen (vgl. Reimer-Schippel S. 83 ff.; vgl. auch Heine in „Der Betrieb" 1954, Beilage Nr. 14/15 zu Heft 41 und in GRUR 1960, 321; Peters in RdA 1954, 126, Nr. 6 c).

10 Es ist mehrfach geltend gemacht worden, daß die RL in ihren Nr. 30, 31, 33 selbst gegen das Verbot der doppelten Berücksichtigung verstießen, weil das Maß der Kenntnisse und des Wissens, die bei der allgemeinen Einordnung des Diensterfinders nach seiner Aufgabe und Stellung im Betrieb (Merkmal c) berücksichtigt werden, sich auch bei Stellung und Löung der Aufgabe (Anteilsfaktor a und b) auswirkten. Diese Auffassung kann nicht geteilt werden. Denn die Berücksichtigung derselben Tatsachen unter verschiedenen Gesichtspunkten beruht auf § 9 des Gesetzes, der durch die RL nicht geändert werden kann. Im übrigen handelt es sich bei dem Merkmal c) um die von der Entstehung der Erfindung völlig unabhängige generelle Stellung im Betrieb, während a) und b) als Merkmale der konkreten Erfindung zuzuordnen sind. Vgl. wegen der Einzelheiten Schiedsstelle v. 17. 2. 1962 und 28. 6. 1962, Bl. 1963, 16 mit Besprechung Schippel, GRUR 1963, 195. Weisse, Zur Ermittlung des Erfindungswerts von Arbeitnehmererfindungen, GRUR 1966, 165.

ERSTER TEIL

Erfindungswert

Die Richtlinien unterscheiden bei der Ermittlung des Erfindungswerts zwischen

verwerteten Erfindungen (1. Teil A I bis IV) und
nicht verwerteten Erfindungen (1. Teil A. V).

Nach der Form des Einsatzes trennen sie bei den verwerteten Erfindungen:

I. die betrieblich benutzten Erfindungen; diese Erfindungen werden innerhalb des Betriebs des Arbeitgebers in dessen Produktion eingesetzt;

II. die Verwertung durch Lizenz-, Kauf- und Austauschverträge; hier verwertet der Arbeitgeber die Erfindung dadurch, daß er sie anderen Unternehmen zugänglich macht;

III. die Verwertung als Sperrpatent; hier verwertet der Arbeitgeber nicht den Erfindungsgegenstand selbst, sondern nur das darauf erteilte Schutzrecht, um Wettbewerber an der Produktion des Erfindungsgegenstands zu hindern.

Richtlinien Nr. 3

A. Patentfähige Erfindungen

I. Betrieblich benutzte Erfindungen

1. Allgemeines

(3) Bei betrieblich benutzten Erfindungen kann der Erfindungswert in der Regel (über Ausnahmen vgl. Nummer 4) nach drei verschiedenen Methoden ermittelt werden:

a) Ermittlung des Erfindungswertes nach der Lizenzanalogie (Nummer 6 ff.)

Bei dieser Methode wird der Lizenzsatz, der für vergleichbare Fälle bei freien Erfindungen in der Praxis üblich ist, der Ermittlung des Erfindungswertes zugrundegelegt. Der in Prozenten oder als bestimmter Geldbetrag je Stück oder Gewichtseinheit (vgl. Nummer 39) ausgedrückte Lizenzsatz wird auf eine bestimmte Bezugsgröße (Umsatz oder Erzeugung) bezogen. Dann ist der Erfindungswert die mit dem Lizenzsatz multiplizierte Bezugsgröße.

b) Ermittlung des Erfindungswertes nach dem erfaßbaren betrieblichen Nutzen (Nummer 12)

Der Erfindungswert kann ferner nach dem erfaßbaren Nutzen ermittelt werden, der dem Betrieb aus der Benutzung der Erfindung erwachsen ist.

c) Schätzung des Erfindungswertes (Nummer 13)
Schließlich kann der Erfindungswert geschätzt werden.

Übersicht

	Anm.		Anm.
a) Methoden für die Ermittlung des Erfindungswerts	1	c) „Üblicher" und „angemessener" Lizenzsatz	3
b) Bedeutung des Erfindungswerts für die Vergütungsermittlung	2		

a) Methoden für die Ermittlung des Erfindungswerts   1

Für jede Form der Verwertung geben die Richtlinien besondere Regeln zur Ermittlung des Erfindungswerts. Für die Ermittlung des Erfindungswerts bei betrieblich benutzten Erfindungen unterscheiden sie in Nr. 3 drei Methoden: die Lizenzanalogie, den erfaßbaren betrieblichen Nutzen und die Schätzung. Das Grundsätzliche zu diesen Bewertungsmethoden ist bereits in Anm. 37 bis 41 zu § 9 gesagt. Wegen Einzelheiten siehe Nr. 4 bis 13 RL mit den Erläuterungen.

Anregungen für eine etwas andere Gestaltung der drei Methoden und ihr Verhältnis zueinander gibt Fischer in dem Aufsatz Lizenzanalogie und Kaufanalogie in GRUR 1972, 118. Vgl. auch Weisse, Zur Ermittlung des Erfindungswerts von Arbeitnehmererfindungen, GRUR 1966, 165.

Erläuterungen

2   b) Bedeutung des Erfindungswerts für die Vergütungsermittlung

Es sei nochmals, wie schon in Anm. 2 und 8 zu Nr. 2, hervorgehoben, daß der Erfindungswert, der im Ersten Teil (Nr. 3 bis 29) der Richtlinien abgehandelt wird, nun in eine zentrale Stellung gerückt ist. Wesentlich schärfer als in den Richtlinien 1944 ist er in den Vordergrund getreten. Da der angestellte Erfinder, weil der Betrieb Anteil an der Erfindung hat, nur einen Teil dessen erhält, was einem freien Erfinder zuzubilligen wäre, muß man zunächst feststellen, wie dieser Betrag zu errechnen ist. Er stellt den Erfindungswert dar.

Es ist deshalb stets notwendig, um nicht zu falschen Ergebnissen zu kommen, sich zu fragen, was wohl der eigene oder ein fremder Betrieb einem freien Erfinder für den Erwerb oder die Benutzung der Erfindung zahlen würde. Hält sich das auch der Diensterfinder stets vor Augen, so wird er nicht, etwa im Hinblick auf eine leicht aufzustellende Milchmädchenrechnung gewaltiger Ersparnisse, den Blick für das Reale verlieren.

3   c) „Üblicher" und „angemessener" Lizenzsatz

Die Richtlinien vergleichen an vielen Stellen mit dem, was bei freien Erfindungen „üblich" ist. Das Gesetz spricht von „angemessener" Vergütung. Es kommt deshalb darauf an, daß die zu errechnende Vergütung angemessen ist. Nicht immer ist das, was üblich ist, angemessen, wenn es auch gute Anhaltspunkte bietet. Außerdem können Gerichte und Schiedsstelle oft nicht leicht feststellen, was bei freien Erfindungen üblicherweise gezahlt wird. Hier wird der Begriff „angemessen" zum gerechten Ergebnis führen. Näheres bei Schade in VDI-Information Nr. 27 vom August 1971. Vgl. auch EV v. 1. 4. 1964 (Bl. 1964, 235). Zur Abstaffelung — s. Anm. 2 zu Nr. 11 RL. Eine Ermittlung des Erfindungswerts sowohl nach dem Nutzen als nach der Lizenzanalogie hat die Schiedsstelle in der Sache ArbErf 57/66 (Bl. 1968, 130) versucht. Wo es möglich ist, die Umsatzbeteiligung an der Beteiligung am Nutzen zu kontrollieren, können aus diesem Vergleich wichtige Schlüsse für die Angemessenheit gezogen werden.

(4) Neben der Methode der Lizenzanalogie nach Nummer 3 a kommen im Einzelfall auch andere Analogiemethoden in Betracht. So kann anstatt von dem analogen Lizenzsatz von der Analogie zum Kaufpreis ausgegangen werden, wenn eine Gesamtabfindung (vgl. Nummer 40) angezeigt ist und der Kaufpreis bekannt ist, der in vergleichbaren Fällen mit freien Erfindern üblicherweise vereinbart wird. Für die Vergleichbarkeit und die Notwendigkeit, den Kaufpreis auf das Maß zu bringen, das für die zu beurteilende Diensterfindung richtig ist, gilt das unter Nummer 9 Gesagte entsprechend.

Die in Nr. 3 aufgezählten Methoden erschöpfen die Möglichkeiten zur Ermittlung des Erfindungswerts bei betrieblich benutzten Erfindungen nicht. Neben den in Nr. 4 genannten weiteren Analogien gibt es vor allem eine Reihe von Kombinationen zwischen den unter 3 a und b aufgeführten Ermittlungsarten und der Schätzung. Denn nicht immer muß der Erfindungswert als ganzes geschätzt werden. Es kann z. B. der Umsatz bekannt sein, mangels Vergleichsmöglichkeiten aber der Lizenzsatz geschätzt werden müssen. Auch der Streitwert eines vorangegangenen gerichtlichen Vefahrens, das die Diensterfindung zum Gegenstand hatte, kann eine brauchbare Vergleichsmöglichkeit bieten.

Allgemeines zu den möglichen Bewertungsarten siehe bei Reimer-Schippel S. 85 ff. und ausführlich bei Beckmann, Erfinderbeteiligung, Berlin 1927.

(5) Welche der unter Nummer 3 und 4 aufgeführten Methoden anzuwenden ist, hängt von den Umständen des einzelnen Falles ab. Wenn der Industriezweig mit Lizenzsätzen oder Kaufpreisen vertraut ist, die für die Übernahme eines ähnlichen Erzeugnisses oder Verfahrens üblicherweise vereinbart wird, kann von der Lizenzanalogie ausgegangen werden.

Die Ermittlung des Erfindungswertes nach dem erfaßbaren betrieblichen Nutzen kommt vor allem bei Erfindungen in Betracht, mit deren Hilfe Ersparnisse erzielt werden, sowie bei Verbesserungserfindungen, wenn die Verbesserung nicht derart ist, daß der mit dem verbesserten Gegenstand erzielte Umsatz als Bewertungsgrundlage dienen kann; sie kann ferner bei Erfindungen angewandt werden, die nur innerbetrieblich verwendete Erzeugnisse, Maschinen oder Vorrichtungen betreffen, und bei Erfindungen, die nur innerbetrieblich verwendete Verfahren betreffen, bei denen der Umsatz keine genügende Bewertungsgrundlage darstellt. Die Methode der Ermittlung des Erfindungswertes nach dem erfaßbaren betrieblichen Nutzen hat den Nachteil, daß der Nutzen oft schwer zu ermitteln ist und die Berechnung des Nutzens schwer überprüfbar sind. In manchen Fällen wird sich allerdings der Nutzen aus einer Verbilligung des Ausgangsmaterials, aus einer Senkung der Lohn-, Energie- oder Instandsetzungskosten oder aus einer Erhöhung der Ausbeute errechnen lassen. Bei der Wahl dieser Methode ist ferner zu berücksichtigen, daß sich für den Arbeitgeber auf Grund der Auskunfts- und Rechnungslegungspflichten, die ihm nach § 242 des Bürgerlichen Gesetzbuches obliegen können, eine Pflicht zu einer weitergehenden Darlegung betrieblicher Rechnungsvorgänge ergeben kann als bei der Ermittlung des Erfindungswertes nach der Lizenzanalogie. Der Erfindungswert wird nur dann zu schätzen sein, wenn er mit Hilfe der Methoden unter Nummer 3 a und b oder Nummer 4 nicht oder nur mit unverhältnismäßig hohen Aufwendungen ermittelt werden kann (z. B. bei Arbeitsschutzmitteln und -vorrichtungen, sofern sie nicht allgemein verwertbar sind). Es kann ferner ratsam sein, eine der Berechnungsmethoden zur Überprüfung des Ergebnisses heranzuziehen, das mit Hilfe der anderen Methoden gefunden ist.

Erläuterungen

Übersicht

	Anm.		Anm.
a) Verhältnis der Methoden zur Ermittlung des Erfindungswerts	1	c) Auskunftserteilung und Rechnungslegung	5
b) Verhältnis von Lizenzanalogie und Berechnung aus dem Nutzen	2—4	d) Schätzung	6
		e) Kontrollbewertungen	7

1 a) Verhältnis der Methoden zur Ermittlung des Erfindungswerts

Die Richtlinien stellen keine Rangordnung unter den in Nr. 3 und 4 aufgezählten Methoden zur Berechnung des Erfindungswerts bei betrieblich genutzten Erfindungen auf. Durch die Fassung des vorletzten Satzes in Nr. 5 und der Nr. 13 geben die Richtlinien allerdings deutlich zu verstehen, daß von der Schätzung nur Gebrauch gemacht werden soll, wenn andere exakte Methoden versagen oder verhältnismäßig hohe Aufwendungen beanspruchen und sich auch keine anderen Anhaltspunkte finden lassen, aus denen der Erfindungswert bestimmt werden kann (siehe dazu bei Nr. 13). Das Wort „nur" wurde trotz Gegenvorstellungen bei der Anhörung der Sozialpartner nach § 11 des Gesetzes in die neuen Richtlinien eingefügt. Dementsprechend bezeichnet der Referent des Arbeitsministeriums die Schätzung als „ultima ratio" (Herbst in BArbBl. 1959, 628).

Weder dem Arbeitgeber noch dem Arbeitnehmer steht ein formelles Wahlrecht bezüglich der Methode zu (s. auch Herbst a. a. O.).

2 b) Verhältnis von Lizenzanalogie und Berechnung aus dem Nutzen

Ob Lizenzanalogie oder Berechnung aus dem Nutzen gewählt wird, hängt von der Gestaltung des Falls ab. Die in den Richtlinien 1944 Abschn. V Abs. 9 enthaltene ausdrückliche Bevorzugung der Lizenzanalogie mit Umsatz als Bezugsgröße entsprach nicht den Erfordernissen der Praxis, zumal man zugunsten dieser Methode sogar auf fiktive Umsatzzahlen zurückgriff.

Nichtsdestoweniger scheint in der Praxis die Methode der Lizenzanalogie zu überwiegen, offenbar, weil sie leichter zu handhaben ist. Die Schiedsstelle bedient sich ihrer vorzugsweise (s. die Erläuterungen zu Nr. 12 RL). Im Einzelfall ist immer die Methode zu wählen, die die einfachste und doch genaueste Bewertung zuläßt. Auch hier gilt der Grundsatz der Angemessenheit, der die ganzen Richtlinien beherrscht. Wenn Lizenzfaktor und Umsatz ohne Schwierigkeiten zu ermitteln sind, kann der Erfinder nicht eine umständliche Nutzenermittlung verlangen.

3 Die Berechnung aus dem Nutzen kommt an sich dem Grundgedanken der gerechten Beteiligung des Erfinders am Wert seiner Erfindung am nächsten. Sie stößt aber in der Praxis häufig auf Schwierigkeiten, die bei der Lizenzanalogie in diesem Maße nicht auftreten (vgl. Schade in Mitt. 1959, 258; GRUR 1958, 525 und 1968, 114. Hierauf verweisen die Richtlinien in Nr. 5 Abs. 2 Satz 2 und 4; vgl. Anm. zu Nr. 12.

Wo zwischen dem Umsatz oder der Erzeugung eines Gegenstandes und der Erfindung ein genügender ursächlicher Zusammenhang besteht und Lizenzen ermittelt werden können, ist deshalb zu empfehlen, den Weg der Lizenzanalogie zu gehen. Umsatz und Erzeugung lassen sich aus der Betriebsrechnung in der Regel leichter entnehmen als der betriebliche Nutzen.

c) **Auskunftserteilung und Rechnungslegung**

Bei jeder Art der Vergütungsberechnung hat der Arbeitnehmererfinder als Hilfsanspruch zu seinem Zahlungsanspruch einen Anspruch auf Auskunftserteilung, der auch eine Rechnungslegungspflicht zum Inhalt haben kann. Denn ohne Kenntnis der Unterlagen für die Berechnung der Vergütung kann er ihre Höhe nicht nachprüfen. Wegen der Einzelheiten vgl. Anm. 59 bis 63 zu § 12.

d) **Schätzung**

Es ist zwar richtig, daß man nicht bloß schätzen soll, solange andere Möglichkeiten der Ermittlung des Erfindungswerts bestehen. Doch wird es sich in der Praxis oft nicht vermeiden lassen, mindestens teilweise zu schätzen. Nur sollte man sich davor hüten, ohne feste Unterlagen und ohne Würdigung aller zur Verfügung stehenden Anhaltspunkte zu schätzen. So wird man manchmal auch bei einer Schätzung einer Ersparnis gewisse feste Anhaltspunkte haben oder mangels anderer Anhaltspunkte für Umsatz und Gewinn sich an die für die Durchführung der Erfindung gemachten Investitionen anlehnen. Vgl. z. B. den EV v. 8. 5. 1961, Bl. 1961, 434 und die im Aufsatz von Schade BB 1960, 260 angeführten Beispiele. Vgl. ferner Dick, Bewertung der Arbeitnehmererfindung in der Praxis, GRUR 1962, 226. Siehe auch Anm. 4 bis 6 zu Nr. 13.

e) **Kontrollbewertungen**

Der letzte Satz der Nr. 5 weist darauf hin, daß eine der Berechnungsmethoden zur Überprüfung des Ergebnisses herangezogen werden kann, das mit Hilfe der anderen Methoden gefunden ist. Das gilt weniger für die Schätzung als vor allem für das Verhältnis zwischen Lizenzanalogie und Nutzenbeteiligung. Vgl. Schiedsstelle v. 8. 6. 1967/6. 9. 1967, Bl. 1968, 130.

2. Ermittlung des Erfindungswertes nach der Lizenzanalogie

(6) Bei dieser Methode ist zu prüfen, wieweit man einen Vergleich ziehen kann. Dabei ist zu beachten, ob und wieweit in den Merkmalen, die die Höhe des Lizenzsatzes beeinflussen, Übereinstimmung besteht. In Betracht zu ziehen sind insbesondere die Verbesserung oder Verschlechterung der Wirkungsweise, der Bauform, des Gewichts, des Raumbedarfs, der Genauigkeit, der Betriebssicherheit; die Verbilligung oder Verteuerung der Herstellung, vor allem der Werkstoffe und der Arbeitsstunden; die Erweiterung oder Beschränkung der Verwendbarkeit; die Frage, ob sich die Erfindung ohne weiteres in die laufende Fertigung

Erläuterungen

einreihen läßt oder ob Herstellungs- und Konstruktionsänderungen notwendig sind, ob eine sofortige Verwertung möglich ist oder ob noch umfangreiche Versuche vorgenommen werden müssen; die erwartete Umsatzsteigerung, die Möglichkeit des Übergangs von Einzelanfertigung zur Serienherstellung, zusätzliche oder vereinfachte Werbungsmöglichkeiten, günstigere Preisgestaltung. Es ist ferner zu prüfen, welcher Schutzumfang dem Schutzrecht zukommt, das auf den Gegenstand der Erfindung erteilt ist, und ob sich der Besitz des Schutzrechts für den Betrieb technisch und wirtschaftlich auswirkt. Vielfach wird auch beim Abschluß eines Lizenzvertrages mit einem kleinen Unternehmen ein höherer Lizenzsatz vereinbart als beim Abschluß mit einer gut eingeführten Großfirma, weil bei dieser im allgemeinen ein höherer Umsatz erwartet wird als bei kleineren Unternehmen. Außerdem ist bei dem Vergleich zu berücksichtigen, wer in den ähnlichen Fällen, die zum Vergleich herangezogen werden, die Kosten des Schutzrechts trägt.

Übersicht

	Anm.		Anm.
a) Allgemeines	1	d) Zeitpunkt des Vergleichs	4
b) Lizenz bei unbeschränkter und bei beschränkter Inanspruchnahme	2	e) Abwertung von Höchstlizenzsätzen	5
c) Faktoren für die Lizenzermittlung	3	f) Ermittlung nach der Höchstbelastbarkeit	6
		g) Weitere Gesichtspunkte für die Lizenzhöhe	7—11

1   a) Allgemeines

Die Feststellung des angemessenen Lizenzsatzes allein auf theoretischer Grundlage ist kaum möglich. Deshalb gehört die Frage zu einer der schwierigsten des ganzen Lizenzvertragsrechts (vgl. die Untersuchungen von Lüdecke, Lizenzgebühren für Erfindungen, Darmstadt 1955). Die Erfahrungen der Schiedsstelle haben jedoch gezeigt, daß in der Praxis bisher in diesem Zusammenhang keine unüberwindlichen Schwierigkeiten aufgetreten sind. Denn in vielen Fällen sind vergleichbare Lizenzsätze des betreffenden Industriezweigs bekannt. Von diesen bekannten Lizenzsätzen geht man aus. Die Angaben in Nr. 10 RL lassen sich verfeinern, wenn man darauf achtet, welche Bezugsgröße üblicherweise gewählt wird. So wird man in der Maschinenindustrie oft annehmen können, daß die Fülle der heranzuziehenden Lizenzsätze zwischen 3 und 5 % liegt. Handelt es sich dann z. B. um eine wesentliche Verbesserung der Wirkungsweise, so wird man an die obere Grenze gehen. Wird nur eine kleine Verbesserung erreicht, die .z B. bei der Werbung wenig ins Gewicht fällt, so wird man mehr an der unteren Grenze bleiben. In dem in Bl. 1961, 434 veröffentlichten Schiedsfall fiel — allerdings unter anderen Gesichtspunkten — ins Gewicht, daß die Erfindung in einem Zeitpunkt gemacht wurde, als sowieso hohe Investitionen für die Erneuerung von Öfen notwendig wurden; bei dieser Gelegenheit konnte die

Verbesserung übernommen werden. In einem anderen Fall wurden durch die an sich nicht gerade erhebliche Erfindungshöhe aufweisende Erfindung lästige Reklamationen der Kunden schlagartig beseitigt; in weiteren Fällen wurde bei niedriger Erfindungshöhe eine wesentliche Verbilligung in der Herstellung von Massenartikeln erzielt. In allen solchen Fällen liegen Voraussetzungen für die Anhebung des Lizenzsatzes vor. Wird dagegen die Erfindung zwar verwertet, bieten sich aber gleichwertige Lösungen an oder ist der wirtschaftliche Effekt niedrig, beispielsweise die erzielte Minderung der Verunreinigung der Luft mäßig, so spricht das für eine niedrigere Lizenz. Immerhin wird dann u. U. zu bedenken sein, daß der Betrieb nur ungern von einer erprobten Vorrichtung auf eine andere übergehen wird, deren gutes Funktionieren sich erst noch erweisen muß. Jedenfalls bieten die in Nr. 6 RL erwähnten Tatbestände eine Fülle von Anhaltspunkten für eine vernünftige Bemessung der Lizenz, über die bei einigem guten Willen eine Einigung in der Regel möglich ist.

Nach Erscheinen der Richtlinien sind besonders in den Aufsätzen von Heine, Zur Ermittlung des Erfindungswerts nach den Richtlinien..., GRUR 1960, 321, und Karl, Stellungnahme zu den bisherigen Kommentaren über die neuen Vergütungsrichtlinien, GRUR 1960, 459, Bedenken geäußert worden, von Karl insbesondere im Zusammenhang mit dem Wegfall des Rangfaktors. Zu den Bedenken Heines wegen des Zeitpunktes der Bewertung vgl. Anm. 6 und 7 zu Nr. 2 RL.

b) Lizenzhöhe bei unbeschränkter und bei beschränkter Inanspruchnahme 2

Für die Vergütung unbeschränkt in Anspruch genommener Erfindungen sind vorzugsweise Lizenzsätze heranzuziehen, die für die ausschließliche Benutzung eines Schutzrechts gezahlt wurden. Für die Vergütung beschränkt in Anspruch genommener Erfindungen sind die Lizenzsätze für nichtausschließliche vertragliche Lizenzen zu vergleichen. Doch ist dieser Unterschied in der Praxis oft nicht so groß, wie man theoretisch annehmen möchte. Vgl. Nr. 25 RL.

c) Faktoren für die Lizenzermittlung 3

Die Richtlinien nennen in Nr. 6 die wichtigsten Gesichtspunkte, die geprüft werden müssen. Sie können mit Lüdecke, Lizenzgebühren, Nr. 23 ff. eingeteilt werden in

a) Produktionsfaktoren, die die Fabrikation, die Ausnutzbarkeit, Einsatzfähigkeit und Finanzierung betreffen;

b) Markt- und Vertriebsfaktoren;

c) Monopolfaktoren;

d) sonstige Faktoren, die wegen der besonderen Verhältnisse beim Lizenznehmer, wegen zusätzlicher Leistungen des Lizenzgebers oder aus anderen Gründen die Höhe der Lizenz beeinflussen.

Erläuterungen

Weitere Gedanken hierzu finden sich im GRUR-Entwurf unter B III 2 (GRUR 1958, 68). Ferner sei auf die in Nr. 14 Abs. 2 genannten Gesichtspunkte hingewiesen.

4 **d) Zeitpunkt des Vergleichs**

In den in Anm. 1 genannten Aufsätzen von Heine und Karl wird insbesondere auch die Frage untersucht, welches Entwicklungsstadium der patentrechtlich fertigen, oft aber nicht fabrikationsreifen Erfindung zu berücksichtigen ist, wenn man den Vergleich mit Lizenzen freier Verträge anstellt. Diese Frage, die für jede Ermittlung des Erfindungswerts von Bedeutung ist, ist oben in Anm. 6 und 7 zu Nr. 2 RL untersucht. Es wird darauf verwiesen.

5 **e) Abwertung von Höchstlizenzsätzen**

Die im GRUR-Entwurf (siehe Anm. 3) erläuterte Methode der Ermittlung des Lizenzsatzes durch Abwertung von Höchstlizenzen haben die Richtlinien nicht übernommen. Es wird aber Fälle geben, wo auch diese Methode zum Ziele führt, vor allem, wenn im betroffenen Gebiet der Technik Erfindungen von überragender Bedeutung und dafür bezahlte Lizenzen bekannt sind.

6 **f) Ermittlung nach der Höchstbelastbarkeit**

Auch auf die Ermittlung des Lizenzsatzes nach der Höchstbelastbarkeit des Preises mit Lizenzgebühren (Reimer-Schippel S. 101, Lüdecke, Lizenzgebühren Nr. 44 ff.) sei hingewiesen. Der Lizenzsatz wird hier auf eine Art und Weise auf seine Angemessenheit geprüft, die starke Ähnlichkeit zur Ermittlung des Erfindungswertes aus dem erfaßbaren Nutzen aufweist. Der Ausgangspunkt, daß die Höhe der Lizenz ihre Grenze in der Wirtschaftlichkeit findet (Müller-Pohle in GRUR 1950, 181), gilt für jede Art der Lizenzberechnung.

Die Höchstbelastbarkeit spielt z. B. dann eine nicht zu unterschätzende Rolle, wenn außer der zu vergütenden Erfindung auch andere Schutzrechte auf dem Erzeugnis oder dem Verfahren ruhen. Man muß bedenken, daß etwa auf dem Gebiet der Elektronik, der Schwachstromtechnik oder der Feinmechanik oft an einer Vorrichtung zahlreiche Erfindungen verwertet werden. So waren z. B. an einem Telefonapparat etwa 20 Patente und Gebrauchsmuster verwertet; ähnliche Verhältnisse gibt es z. B. bei Nähmaschinen oder bei Rundfunkgeräten. Es leuchtet wohl ein, daß hier nicht Lizenzsätze von 2 % oder 5 % einfach addiert werden können, woraus sich rein rechnerisch Lizenzbelastungen von 30 % und mehr ergeben würden. Es wird sich dann aus wirtschaftlichen Gründen eine Minderung des Lizenzsatzes für die einzelne Erfindung als angemessen herausstellen.

7 **g) Weitere Gesichtspunkte für die Lizenzhöhe**

Johannesson weist in seinem Aufsatz in GRUR 1970, 114 (123) darauf hin, daß der wirtschaftliche Wert des Schutzrechts in seinem Ausschlußwert liege. Dieser sei um so größer, je größer der dem Schutzumfang entsprechende Abstand sei, den nicht lizenzierte Wettbewerber vom geschützten Erzeugnis halten müssen. Werde das Schutzrecht nicht respektiert, so sei der Ausschlußwert nicht wirksam; dagegen erhöhe er sich durch erfolgreich geführte Verletzungsprozesse. Dieselben Gedanken finden sich in dem EV v. 12. 9. 1966 (Bl. 1967, 159). Man wird allerdings nicht außer acht lassen dürfen, daß die Diensterfindung dem Arbeitgeber durch das Schutzrecht auch ein Benutzungsrecht bringt und daß es eine Frage des Einzelfalls ist, ob sich ein weiter Schutzumfang auch wirtschaftlich entsprechend auswirkt.

Bei Schutzrechten, die nur eine Kombination, nicht ihre Elemente schützen, ist der Ausschlußwert geringer, entsprechend auch die Lizenz. 8

Ein Gesichtspunkt, der für die Bemessung der Lizenz von Bedeutung sein kann, ist auch die Verminderung von Ausschuß bei der Herstellung; vgl. die allerdings bei der Nutzensberechnung dargestellten Gesichtspunkte in der Schiedssache ArbErf 46/68, Bl. 1970, 457. 9

Besondere Gesichtspunkte für die Bemessung einer freien Lizenz erörtert der BGH in dem Urteil v. 26. 6. 1969 „Rübenverladeeinrichtung" (GRUR 1969, 667). Vgl. ferner Schiedsstelle Berlin, EV v. 18. 1. 1966 (Bl. 1966, 124). 10

Wegen der Bemessung der Lizenz in konkreten Fällen vgl. die in Anm. 3 zu Nr. 10 RL angeführten Beispiele. 11

(7) Wenn man mit dem einem freien Erfinder üblicherweise gezahlten Lizenzsatz vergleicht, so muß von derselben Bezugsgröße ausgegangen werden; als Bezugsgrößen kommen Umsatz oder Erzeugung in Betracht. Ferner ist zu berücksichtigen, ob im Analogiefall der Rechnungswert des das Werk verlassenden Erzeugnisses oder der betriebsinterne Verrechnungswert von Zwischenerzeugnissen der Ermittlung des Umsatzwertes zugrunde gelegt worden ist. Bei der Berechnung des Erfindungswertes mit Hilfe des Umsatzes oder der Erzeugung wird im allgemeinen von dem tatsächlich erzielten Umsatz oder der tatsächlich erzielten Erzeugung auszugehen sein. Mitunter wird jedoch auch von einem vereinbarten Mindestumsatz oder aber von der Umsatzsteigerung ausgegangen werden können, die durch die Erfindung erzielt worden ist.

Übersicht

	Anm.		Anm.
a) Wahl der Bezugsgröße	1	d) Mindestlizenzgebühr	6
b) Umsatz und Erzeugung	2	e) Nicht mit dem erfundenen Verfahren zusammenhängende Arbeitsgänge	7
c) Umsatzsteigerung	3—5		

a) Wahl der Bezugsgröße 1

Nr. 7 behandelt die Frage nach den Bezugsgrößen. Ihre richtige Lösung ist eine der wesentlichsten Voraussetzungen für die Ermittlung eines

Erläuterungen

angemessenen Lizenzsatzes. Denn der Lizenzsatz ist keine absolute Zahl, sondern entweder ein Hundertsatz oder ein auf eine Warenmenge oder ein Gewicht bezogener Geldbetrag (vgl. Nr. 39). Er hat für sich allein gesehen keinen Aussagewert, sondern muß immer auf eine andere Größe bezogen werden, an die er anknüpfen kann („Bezugsgröße"). Je nach der Wahl der Bezugsgröße kann derselbe Lizenzsatz zu einer hohen oder niedrigen Vergütung führen (vgl. auch Nr. 8 und Erläuterungen dazu).

2 **b) Umsatz und Erzeugung**

Die Richtlinien nennen die wichtigsten Bezugsgrößen für die Lizenzanalogie: Umsatz und Erzeugung. Beide Begriffe sind nicht eindeutig definiert. Sie werden in den einzelnen Betrieben auf verschiedene Weise berechnet, bedürfen deshalb im Einzelfall immer einer näheren Bestimmung.

Es kann unter Umsatz der steuerpflichtige Umsatz verstanden werden oder die Summe der Rechnungswerte aller verkauften Gegenstände oder nur die Summe der verkauften und bezahlten Gegenstände. In der Praxis wird gelegentlich auch vom „Preis ab Fabriktor" gesprochen. In vielen Fällen wird nur der Netto - Erlös berücksichtigt. Preisnachlässe, Rabatte, Vertreterprovision, Skonti, Verpackungs- und Versendungskosten sowie Mehrwertsteuer werden vom Bruttopreis abgesetzt. Bei der Erzeugung ist zu berücksichtigen, ob Herstellerpreis oder Verkaufspreis, ob die am Tag der Abrechnung oder früher geltende Preise eingesetzt werden, ob im Betrieb weiterverarbeitete Gegenstände dazu zu rechnen sind und ähnliches mehr. Hierauf weist Satz 2 mit einigen Beispielen hin.

3 **c) Umsatzsteigerung**

Entscheidend ist ferner, ob der Lizenzsatz an den gesamten Umsatzwert oder nur an die durch die Erfindung verursachte Umsatzsteigerung anknüpft (Satz 4). Die Regel bildet in der Praxis eindeutig der gesamte Umsatz als Bezugsgröße. Von der Umsatzsteigerung auszugehen, kann bei Verbesserungserfindungen angemessen sein, die sich auf bereits hergestellte und vertriebene Gegenstände beziehen und deren Einsatz nachweisbar zu einer Erhöhung der bisherigen Umsätze führt, weil z. B. mit Hilfe der Erfindung ein Vorsprung gegenüber Konkurrenzprodukten gelingt; vgl. aus der Praxis Neuberg in GRUR 1948, 140.

4 Man wird dabei immer berücksichtigen müssen, ob die Umsatzsteigerung allein durch die Erfindung verursacht wurde und nicht ganz oder teilweise auf andere Umstände zurückzuführen ist, z. B. auf den Ruf und die Werbung des Unternehmens. Die Frage des Ursachenzusammenhangs ist in vielen Fällen nach beiden Seiten — positiv und negativ — sehr zweifelhaft und häufig überhaupt nicht mit Sicherheit zu beantworten. Als Beispiel sei ein Schiedsfall erwähnt, in dem es streitig war, ob die erhebliche Umsatzsteigerung auf den Einsatz der Erfindung oder auf die allgemeine Marktlage zurückzuführen war. In manchen Fällen kann man

klären, ob der Marktanteil der Arbeitgeberin gewachsen ist. Auf der anderen Seite weiß man oft nicht, was aus einem Artikel, der durch eine Erfindung verbessert wurde, ohne daß eine Umsatzsteigerung eintrat, ohne die Erfindung geworden wäre. Im allgemeinen ist zu empfehlen, von dem tatsächlich erzielten Umsatz auszugehen, wobei der Lizenzsatz niedriger zu wählen ist.

Die Beteiligung des Erfinders an dem durch die Umsatzsteigerung eingetretenen Nutzen wirft im übrigen in vielem ähnliche Fragen auf wie die Beteiligung am Nutzen bei Verbesserungs- und Ersparniserfindungen; vgl. hierzu die Erläuterungen zu Nr. 12. Bei der Beteiligung an der Umsatzsteigerung ist in der Regel ein höherer Lizenzsatz als bei der Beteiligung am ganzen Umsatz gerechtfertigt. 5

d) Mindestlizenzgebühr 6

Die Vereinbarung einer Mindestlizenzgebühr (Satz 3) durch Festsetzung eines Mindestumsatzes, aus dem Lizenz gezahlt werden muß, unabhängig davon, ob der Umsatz wirklich erzielt wird, dürfte bei der Vergütung von betrieblich benutzten Arbeitnehmererfindungen kaum praktische Bedeutung haben.

e) Nicht mit dem erfundenen Verfahren zusammenhängende Arbeitsgänge 7

Hängen mit dem erfundenen Verfahren weitere Arbeitsgänge zusammen, die den Erlös des verkauften Produkts steigern, so bieten sich für die Analogielizenz zwei Wege: Entweder setzt man beim Umsatz den Betrag ab, der auf den weiteren Arbeitsgang fällt, oder man setzt eine niedrigere Lizenz ein, also sonst für den gesamten Umsatz in Betracht käme. Den ersten Weg hat wegen der Einfachheit der Berechnung die Schiedsstelle in dem EV v. 24. 8. 1961 gewählt (Bl. 19562, 51), Den zweiten Weg erörtert Schippel in der Besprechung in GRUR 1962, 358.

(8) Beeinflußt eine Erfindung eine Vorrichtung, die aus verschiedenen Teilen zusammengesetzt ist, so kann der Ermittlung des Erfindungswertes entweder der Wert der ganzen Vorrichtung oder nur der wertbeeinflußte Teil zugrunde gelegt werden. Es ist hierbei zu berücksichtigen, auf welcher Grundlage die Lizenz in dem betreffenden Industriezweig üblicherweise vereinbart wird, und ob üblicherweise der patentierte Teil allein oder nur in Verbindung mit der Gesamtvorrichtung bewertet wird. Dies wird häufig davon abhängen, ob durch die Benutzung der Erfindung nur der Teil oder die Gesamtvorrichtung im Wert gestiegen ist.

Übersicht

	Anm.		Anm.
a) Problem	1, 2	c) Ergänzung der Empfehlung der Nr. 8	4
b) Grundsatz der Nr. 8	3		

Erläuterungen

	Anm.		Anm.
d) Typische Gruppen bei Vorrichtungen	5	g) Beispiele und Schiedsfälle	8, 9
e) Technische Verfahren	6	h) Beispiele für die Höhe des Lizenzsatzes	10, 11
f) Rechtsprechung	7		

1 a) Problem

Die bereits in Nr. 7 behandelte Wahl der Bezugsgröße, auf die der Prozentsatz der Lizenz bezogen wird, ist dann besonders wichtig und führt in der Praxis zu Schwierigkeiten, wenn die Frage auftritt, ob durch die Erfindung nur ein Teil einer zusammengesetzten Vorrichtung verbessert wird oder ob die Gesamtvorrichtung von der Verbesserung als ganze erfaßt wird. Denn wirtschaftlich wirkt sich die Verbesserung im Endergebnis meist auf das Ganze aus, führt zu besserem Absatz und damit zu größerer wirtschaftlicher Bedeutung. Andererseits hat der Teil oft nur einen Bruchteil des Werts des Gesamten, so daß sich dieses Verhältnis bei Einsetzung desselben Lizenzsatzes sehr stark auf die Höhe der Vergütung auswirkt.

2 Theoretisch ist es gleichgültig, ob man an das Ganze oder einen Teil anknüpft. Hat der Teil etwa den Wert eines Zehntels des Ganzen, so kommt man zu demselben Ergebnis, wenn man 3 % vom Teil oder 0,3 % vom Ganzen einsetzt. Diese Möglichkeit der Wahl wird auch vom BGH in dem Urteil „Rüben-Verladeeinrichtung" v. 26. 6. 1969 (GRUR 1969, 680) erörtert und für zulässig gehalten. Doch verzerren sich die Lizenzsätze und werden irreal, wenn man etwa einen minimalen Lizenzsatz des Werts eines Kraftfahrzeugs für die Verbesserung der Lagerung der Achsen einsetzen wollte oder einen Lizenzsatz von 30 %, wenn der unmittelbar verbesserte Teil nur den Wert von einigen Pfennigen hat. Man sollte daher den Gegenstand als Bezugsgröße wählen, der sich bei technischer Betrachtung am ungezwungensten anbietet (vgl. EV v. 3. 2. 1964, Bl. 1964, 375, der eine Schalteinrichtung eines Zahnräder-Wechselgetriebes betrifft).

Die Meinungen, ob in der Praxis mehr die Gesamtvorrichtung oder der Teil als Bezugsgröße eingesetzt wird, sind geteilt. Man muß jeden Fall individuell prüfen.

3 b) Grundsatz der Nr. 8

Es wird empfohlen zu berücksichtigen, welche Übung in dem einschlägigen Industriezweig besteht. Der letzte Satz der Nr. 8 ist insofern nicht ganz überzeugend, als oft durch die nur einen Teil betreffende Verbesserung doch der Gesamtwert steigt. Auch ist es oft, besonders für Gerichte und Schiedsstelle, schwierig, festzustellen, was in der Praxis üblich ist. Es gibt allerdings in manchen Industriezweigen feste Übungen; so wird in der Rundfunkindustrie üblicherweise auch bei Verbesserung von Teilen von dem Gesamtpreis des Rundfunkgeräts ohne Röhren ausgegangen. Auch liegt es nahe, daß bei Kraftfahrzeugen, Lokomotiven und ähnlichen aus vielen Teilen zusammengesetzten Industrieprodukten nicht das Ganze als Bezugsgröße eingesetzt wird.

Liegen freie Lizenzverträge für die Erfindung oder ihr technisches Gebiet bereits vor, so kann man sie natürlich heranziehen.

c) Ergänzung der Empfehlung der Nr. 8 4

Über die sehr allgemein gehaltenen Empfehlungen der Nr. 8 hinaus sind in der Rechtsprechung — auch der weiter zurückliegenden — zu dem auch bei freien Lizenzverträgen oder im Verletzungsprozeß auftretenden Problem Grundsätze entwickelt worden, die auch dann eine Entscheidung erlauben, wenn man eine Übung nicht feststellen kann. Ihnen ist die Schiedsstelle gefolgt.

Danach ist in den Fällen, in denen sich keine Verkehrsgepflogenheit ermitteln läßt, darauf abzustellen, ob die Gesamtanlage durch die geschützte Erfindung ihr „kennzeichnendes Gepräge" erhält. Es soll darauf ankommen, ob durch die Erfindung eine Maschine oder Vorrichtung eines neuen Typs entsteht, also wesentliche Eigenschaften oder Funktionen der Gesamtvorrichtung verbessert werden, etwa die Bildschärfe eines Fernsehgeräts, die Genauigkeit einer Drehbank, die Saugfähigkeit einer Pumpe: dann ist die Gesamtvorrichtung Bezugsgröße. Oder es wird zwar ein Teil verbessert, was sich als nützlich erweist, den Gesamtwert steigert, aber doch den Charakter des Gesamtprodukts nicht ändert: dann ist nur der verbesserte Teil der Lizenz zugrundezulegen.

Gelegentlich gibt der Titel der Patentschrift gewisse Hinweise, doch ist er oft recht umfassend und allgemein gehalten und kann nicht ohne weiteres als Indiz dienen. Ob der Einzelteil für sich verkauft wird, gibt ebenfalls, aber nicht zwingend, Anhaltspunkte.

Wegen der Einzelheiten der Rechtsprechung s. Anm. 7 bis 9.

d) Typische Gruppen von Vorrichtungen 5

Die Frage der Bezugsgröße tritt besonders häufig im Maschinenbau, in der Werkzeugindustrie, der Elektroindustrie und im Fahrzeugbau auf. Hier handelt es sich oft um die Verbesserung bestehender Erzeugnisse, die einzelne Teile betreffen. Das schließt nicht aus, daß auch völlig neue Maschinen entwickelt werden, etwa ein neuartiger Automat. In der pharmazeutischen Industrie wird öfter ein neues Medikament als ganzes die Grundlage für eine Lizenz sein.

e) Technische Verfahren 6

Obwohl Nr. 8 nur von Vorrichtungen spricht, ist es kaum zweifelhaft, daß das Bezugsgrößenproblem auch bei technischen Verfahren auftritt. Ebenso wie immer wieder neue selbständige Verfahren erfunden werden, durch die etwa chemische oder pharmazeutische Erzeugnisse hergestellt werden, gibt es auf der anderen Seite Verbesserungen bereits bekannter Verfahren; sie verändern beispielsweise nur eine von mehreren

Erläuterungen

Stufen des Herstellungsverfahrens oder ersparen einige von vielen Schritten. Damit ermöglichen sie entweder eine Verbilligung des Verfahrens oder eine Verbesserung des Endprodukts, manchmal auch beides. Bei großchemischen Verfahren mit manchmal riesigen Umsätzen gewinnt das Problem der Bezugsgröße entscheidende Bedeutung für die Erfindervergütung.

7 **f) Rechtsprechung**

Die in ihrem Wesen in Anm. 4 dargestellten Grundsätze sind vom BGH in einem Verletzungsstreit in Anlehnung an die frühere Rechtsprechung eingehend in dem Urteil vom 13. 3. 1962 „Kreuzbodenventilsäcke III" (GRUR 1962, 401) dargestellt und zusammengefaßt worden und z. B. auch in dem in Anm. 2 genannten Urteil v. 26. 6. 1969 angewendet worden.

8 **g) Beispiele und Schiedsfälle**

Die Schiedsstelle hat sich in zahlreichen Fällen mit der Frage der Bezugsgröße — Gesamt- oder Teilvorrichtung — befaßt. Es wird auf folgende Veröffentlichungen hingewiesen:

1.) EV v. 16. 10. 1958 (Bl. 1959, 16) Gasregelhahn und Abstellplatte am Herd: Einzelteil. 2.) EV v. 24. 8. 1964 (Bl. 1964, 354) Verpackungsmaschine: für eine Erfindung Gesamtaggregat, für eine andere nur Teilvorrichtung. 3.) EV v. 3. 2. 1964 (Bl. 1964, 375) Zahnräder-Wechselgetriebe (s. auch Anm. 1): nicht mechanische Schaltvorrichtung allein, sondern das als kleinste technische Einheit angesehene Wechselgetriebe einschließlich der Schaltvorrichtung. 4.) Schiedsstelle v. 31. 12. 1964 (Bl. 1965, 170): Gesamtverfahren mit ermäßigtem Lizenzsatz. 5.) Elektronische Steuerung einer Papierschneidemaschine: Steuerung (Bericht im Aufsatz Schade, GRUR 1965, 634, 639). 6.) EV v. 20. 4. 1965 (Bl. 1965, 280) Blitzautomatik einer Kamera als Bezugsgröße. 7.) EV v. 18. 1. 1966 (Bl. 1966, 124) Abänderung der 2. Stufe eines Polymerisationsverfahrens: niedriger Lizenzsatz vom Gesamtverfahren. 8.) EV v. 28. 1. 1970 (Bl. 1970, 454): Verbesserter Teil der Wicklung eines Transformators als Bezugsgröße. 9.) EV v. 9. 11. 1970 (Bl. 1971, 170) Kerzenpresse: Gestaltung der Preßwerkzeuge und Zuschlag für Gesamtpresse. 10.) EV v. 24. 5. 1972 (Bl. 1973, 29): Gesamtgerät, weil es bei nachträglichem Einbau des Umbausatzes erheblich verändert werden muß.

Vgl. auch die Beispiele bei Heine-Rebitzki, Die Vergütung von Erfindungen, Anm. zu Nr. 8, und in den Aufsätzen von Schade in GRUR 1965, 634 (639), GRUR 1970, 579 (584) sowie „Bemessung der Lizenz bei Schutzrechten auf Teile einer Gesamtvorrichtung oder Verbesserung eines bekannten Verfahrens" in „Schöpferische Leistung", Festschrift des Deutschen Erfinderverbands 1964, 40.

9 Als Ergebnis zeigt sich, daß je nach den einzelnen Umständen entschieden werden muß. Das Beispiel 9) zeigt eine Kombination der Lizenz des Teils mit einem Zuschlag für die Verbesserung der Gesamtvorrich-

tung. Das ist auch in einem anderen Schiedsfall in Anlehnung an den Vorschlag des Arbeitgebers geschehen, in dem 10 % des Werts der Teilvorrichtung und zusätzlich 1/3 % des Werts der Gesamtvorrichtung eingesetzt wurden. Bei Verfahren ist wegen der schwierigen Aufgliederung der Werte der einzenen Faktoren meist ein niedrigerer Lizenzsatz des Gesamtverfahrens gewählt worden.

h) Höhe des Lizenzsatzes 10

Die die Gesamtvorrichtung betreffenden Lizenzsätze sind meist niedriger, die den Einzelteil betreffenden höher als die Mittelwerte. Das liegt einmal daran, daß bei großen Objekten oft — nicht immer — ein niedrigerer Lizenzsatz gewählt wird, zum anderen daran, daß sich die Verbesserung eines Teils regelmäßig auch auf den Wert des Gesamten auswirkt; dem wird durch Anhebung des Satzes Rechnung getragen. Vgl. Beispiel 10 in Anm. 8.

Lizenzhöhe in den in Anm. 8 genannten Beispielen: 1) 3 % vom Gasregelhahn und der Abstellplatte. 2) Gesamtmaschine 3 %, Verschließkopf 6,5 %. 3) Wechselgetriebe 4 %. 4) Gesamtverfahren 0,8 %. 5) Steuerung 3 %. 6) Blitzautomatik 4 %. 7) Gesamtverfahren 1 %. 8) Teilwicklung 3 %. 9) Werkzeug 5 % und 20 % Zuschlag vom Wert der Presse. 10) 2 % vom Gesamtgerät, 6 % vom isoliert verwendeten Umbausatz. Kreuzbodenventilsäcke (Anm. 7): 6 % von der Gesamtvorrichtung werden als zu hoch bezeichnet, Rübenverladeeinrichtung (Anm. 2 und 7): 14 % der Haltevorrichtung werden mit 1 % vom Seitenkipper in Vergleich gesetzt und als möglich bezeichnet. Für einen Rundtisch einer Flachschleifmaschine ist unter Berücksichtigung der Verbesserung der Gesamtmaschine 7 % Lizenz eingesetzt worden. 11

(9) Stellt sich bei dem Vergleich heraus, daß sich die Diensterfindung und die zum Vergleich herangezogenen freien Erfindungen nicht in den genannten Gesichtspunkten entsprechen, so ist der Lizenssatz entsprechend zu erhöhen oder zu ermäßigen. Es ist jedoch nicht gerechtfertigt, den Lizenzsatz mit der Begründung zu ermäßigen, es handele sich um eine Diensterfindung; dieser Gesichtspunkt wird erst bei der Ermittlung des Anteilsfaktors berücksichtigt.

Übersicht

	Anm.		Anm.
a) Ergebnis der Nr. 6 bis 8	1	b) Verbot des Doppelabzugs	2

a) Ergebnis der Nr. 6 bis 8 1

Nr. 9 faßt das Ergebnis der Erörterungen in Nr. 6 bis 8 nochmals zusammen. Eine einem freien Erfinder gezahlte Lizenz kann für die Ermittlung des Erfindungswerts einer Arbeitnehmererfindung nur übernommen werden, wenn in beiden Fällen die Bezugsgrößen übereinstimmen und sich die Erfindungen in den in Nr. 6 aufgeführten, im Einzelfall zutreffenden Faktoren gleichen oder wenigstens vergleichen lassen. Eine völlige Übereinstimmung wird kaum vorkommen, so daß der Vergleich häufig zu Verschiebungen nach oben oder unten führen wird. In der Praxis haben sich in vielen Industriezweigen für bestimmte Erfindungstypen ganz bestimmte Lizenzsätze als üblich herausgestellt. Sie erleichtern die Ermittlung der angemessenen Lizenz sehr.

2 b) Verbot des Doppelabzugs

Der letzte Satz der Nr. 9 entspricht dem Verbot des Doppelabzugs in Nr. 2 Abs. 2. Bei der Ermittlung des Erfindungswerts spielt die Tatsache, daß es sich um eine Diensterfindung handelt, überhaupt keine Rolle. Die Erfindung ist losgelöst von der Person des Erfinders und den bei ihrer Schaffung mitwirkenden Faktoren unabhängig vom Entstehungsvorgang zu bewerten. Alle Umstände, die mit der Eigenschaft der Erfindung als Diensterfindung im Zusammenhang stehen — Beteiligung des Betriebs am Zustandekommen, Stellung des Erfinders im Betrieb usw. — werden beim Anteilsfaktor — Zweiter Teil der Richtlinien — berücksichtigt. Der Wert der Erfindung wird durch diese Faktoren nicht beeinflußt. Der Wert und die Verwertbarkeit der Erfindung sind gleich groß, ob sie dem Betrieb von einem Arbeitnehmer oder von einem Außenstehenden zur Verfügung gestellt wird.

(10) Anhaltspunkte für die Bestimmung des Lizenzsatzes in den einzelnen Industriezweigen können daraus entnommen werden, daß z. B. im allgemeinen

in der Elektroindustrie ein Lizenzsatz von $1/2 - 5\%$,
in der Maschinen- und Werkzeugindustrie ein Lizenzsatz von $1/3 - 10\%$,
in der chemischen Industrie ein Lizenzsatz von $2 - 5\%$,
auf pharmazeutischem Gebiet ein Lizenzsatz von $2 - 10\%$
vom Umsatz üblich ist.

Übersicht

	Anm.		Anm.
a) Weitere Beispiele	1	c) Konkrete Lizenzsätze	3
b) Wert der Rahmenangaben	2	d) Know-how und Anteilsfaktor	4

1 a) Weitere Beispiele

Die angeführten Beispiele sind mit nur einer Änderung aus den Richtlinien 1944 Abschn. VI. Abs. 11 übernommen. Die alten Richtlinien gaben für die Elektroindustrie einen Rahmen von $1/2 - 4\%$ an, während die neuen Richtlinien in Anlehnung an Lüdecke, Lizenzgebühren Nr. 117, $1/2 - 5\%$ nennen. Die Beispiele stimmen im wesentlichen mit den von Lüdecke a. a. O. und Reimer-Schippel S. 82 durch Umfragen ermittelten Sätzen überein. Lüdecke nennt außerdem für Bergbau $0{,}5 - 4\%$, Feinmechanik $1/3 - 10\%$, Kabelindustrie $1/2 - 5\%$, Rundfunkindustrie vom Preis der ganzen Geräte gerechnet $1/2 - 1\%$, auf einzelne beteiligte Schutzrechte umgelegt selbst für Pioniererfindungen höchstens $0{,}3\%$,

Reimer-Schippel geben für die Autoindustrie $^1/_{10}$—10 %, für Gerätebau $^1/_2$—7 % an, wobei gerade bei diesen Industriezweigen die Bezugsgröße besonders zu beachten sein wird.

Nach den im Verfahren vor der Schiedsstelle gesammelten Erfahrungen darf man annehmen, daß die Fülle der Lizenzsätze im Maschinenbau zwischen 3 und 5 % liegt. in der chemischen und pharmazeutischen Industrie für selbständige Erfindungen, etwa eines neuen Kunststoffes oder Arzneimittels bei 5 %, bei großtechnischen Verfahren bei 2 %, in der Elektronik zwischen 1,5 und 4 %. Bei großen Objekten, etwa Maschinen im Wert von über 100 000 DM liegt der Satz mehr an der unteren Grenze. Vgl. den Aufsatz von Schade in VDI-Information Nr. 27 S. 2.

b) Wert der Rahmenangaben 2

Der Wert dieser Rahmenangaben ist bei der Vorbereitung der neuen Richtlinien stark angezweifelt worden (vgl. Lüdecke, Lizenzgebühren Nr. 188 ff.; Reimer-Schippel S. 82). In der Praxis haben sie sich aber doch vielfach als wertvoll erwiesen, wenn auch obere und untere Grenze zum Teil sehr weit auseinanderliegen. Die Rahmenangaben können in Verbindung mit den in Nr. 6 aufgezählten Gesichtspunkten ein zusätzliches Hilfsmittel zur Bestimmung des angemessenen Lizenzsatzes im Weg der Lizenzanalogie sein. Es sei jedoch auch hier darauf hingewiesen, daß die Lage des angemessenen Lizenzsatzes innerhalb des angegebenen Rahmens durch die Wahl der Bezugsgröße (Nr. 7 und 8 RL) maßgeblich verändert werden kann, daß die oberen Grenzen in vielen Industriezweigen ganz selten erreicht werden, daß aber umgekehrt bei entsprechender Wahl der Bezugsgröße auch Unterschreitungen der unteren Grenze vorkommen können (vgl. im einzelnen Lüdecke a. a. O.). Der konkrete Fall wird in der Regel von vielen besonderen Faktoren beeinflußt.

Bei einer Erfindung mittlerer Bedeutung darf der Lizenzsatz nicht ohne weiteres im Mittel der für den betr. Industriezweig angegebenen Rahmensätze gesucht werden. Das ergibt sich schon aus dem Einfluß der Bezugsgröße auf die Bemessung des Lizenzsatzes (vgl. Anm. 10 zu Nr. 8 RL) und der Notwendigkeit, alle konkreten Einzelheiten zu berücksichtigen, wie sie z. B. in den in Anm. 3 geschilderten Fällen auftreten. Auch die für häufig auftretende Lizenzsätze in Anm. 1 mitgeteilten Prozentzahlen zeigen, daß sie nicht im arithmetischen Mittel zu liegen brauchen.

c) Konkrete Lizenzsätze 3

Nachstehend sollen außer den in Anm. 8 zu Nr. 8 RL im Zusammenhang mit der Bezugsgröße mitgeteilten Lizenzsätzen eine Reihe weiterer konkreter Sätze angegeben werden. Es muß jedoch beachtet werden, daß in freien Lizenzverträgen oft Gesichtspunkte von Einfluß sind, die mit dem technischen und wirtschaftlichen Wert der Erfindung nur in losem Zusammenhang stehen. Es ist dabei an den Einfluß zu denken, den etwa Konzernbindungen, steuerliche Gesichtspunkte, andersartige Gegenleistungen des Lizenznehmers usw. haben können, ganz abgesehen davon, daß öfter auch das Verhandlungsgeschick der beteiligten Personen von Bedeutung ist. Derartige Gesichtspunkte werden z. B. in dem EV v. 1. 12. 1970 (Bl. 1971, 143) gewürdigt.

Pendelträger an Spinnmaschinen 5 % (EV v. 7. 11. 1961, Bl. 1962, 78); großtechnisches Verfahren zur Herstellung polymerer Phosphate 3 %; Tankinhalts- Meßgerät (Gebrauchsmuster) 2 %. Mischbatterie für Badeöfen 2 %. Herstellungslizenz für Kolbenturbinen für Dampfkraftmaschinen einschließlich know-how in freiem Lizenzvertrag 8 %. Vulkanisierpresse 10 % und 3 % für know-how, 50 % Abschlag wegen Poolung mit 7 Patenten (BGH v. 5. 3. 1964 — I ZR 110/58, nicht veröffentlicht). Antimonhaltiger Glanzbadbezug, Lizenzbereitschaftserklärung; BGH v. 15. 6. 1967 „Altix" GRUR 1967, 655. Winderhitzer für Hochöfen, Wert über 1 Million DM: 1 %. Spielzeug, Gebrauchsmuster, 1,5 bis 3 % (Schiedsstelle v. 12. 9. 1966, Bl. 1967, 159). Antennenstützgerät, Wert etwa 100 000,— DM: 2 % ohne Abstaffelung (EV v. 9. 1. 1968, Bl. 1968, 165) Vibrationsmassagegerät (Gebrauchsmuster) 0,5 % (Schiedsstelle Arb.Erf 13/67, Bl. 1969, 23). Förderband mit flammwidriger Gummimischung über Drahtseilanlage: 2 % (EV v. 1. 12. 1970, Bl. 1971, 143).

Stücklizenzen: 10 DM für Dach eines PKW; 100 DM für Dach eines Eisenbahnwagens; 0,20 DM je Lenkung an einem PKW; 0,05 DM je Tonne Briketts für Brikettierungsverfahren.

Vgl. auch die Beispiele bei Heine-Rebitzki, Die Vergütung von Erfindungen, zu Nr. 10 RL.

4   d) **Know-how und Anteilsfaktor**

Bei jedem Vergleich mit freien Lizenzverträgen ist zu beachten, ob dort die Lizenz nur für die Erfindung oder gleichzeitig auch für das überlassene know-how gezahlt wird. Manchmal wird das getrennt. Vgl. wegen des know-how Nr. 14 Abs. 2, Nr. 16 Abs 2 und Nr. 17 RL mit Anm.

Außerdem handelt es sich in Anm. 3 um Lizenzsätze, die als Erfindungswert eingesetzt werden. Der Arbeitnehmer-Erfinder erhält nicht diese Sätze; sie werden vielmehr durch den Anteilsfaktor gemindert — s. Nr. 30 ff RL.

(11) Für den Fall besonders hoher Umsätze kann die nachfolgende, bei Umsätzen über 1 Million DM einsetzende Staffel als Anhalt für eine der Praxis entsprechende Ermäßigung des Lizenzsatzes dienen, wobei jedoch im Einzelfall zu berücksichtigen ist, ob und in welcher Höhe in den verschiedenen Industriezweigen solche Ermäßigungen des Lizenzsatzes bei freien Erfindungen üblich sind:

Bei einem Gesamtumsatz
    von   0— 1 Million DM
        keine Ermäßigung des Lizenzsatzes,

von 1— 2 Millionen DM
20%ige Ermäßigung des Lizenzsatzes für den
1 Million DM übersteigenden Umsatz,

von 2— 4 Millionen DM
40%ige Ermäßigung des Lizenzsatzes für den
2 Millionen DM übersteigenden Umsatz,

von 4—10 Millionen DM
60%ige Ermäßigung des Lizenzsatzes für den
4 Millionen DM übersteigenden Umsatz,

von 10—20 Millionen DM
65%ige Ermäßigung des Lizenzsatzes für den
10 Millionen DM übersteigenden Umsatz,

von 20—40 Millionen DM
70%ige Ermäßigung des Lizenzsatzes für den
20 Millionen DM übersteigenden Umsatz.

B e i s p i e l : Bei einem Umsatz von 5 Millionen ist der Lizenzsatz wie folgt zu ermäßigen:

Für den 1 Million übersteigenden Umsatz von 1 Million um 20 %,
für den 2 Millionen übersteigenden Umsatz von 2 Millionen um 40 %,
für den 4 Millionen übersteigenden Umsatz von 1 Million um 60 %.

Bei einem angenommenen Lizenzsatz von 5 % beträgt somit der Erfindungswert bei einem Umsatz von 5 Millionen DM:

für den Umsatz von 1 Million = 5 % von 1 Million	=	50 000 DM
für den Umsatz von einer Million = 4 % von 1 Million	=	40 000 DM
für den Umsatz von weiteren 2 Millionen = 3 % von 2 Millionen	=	60 000 DM
für den Umsatz von einer weiteren Million = 2 % von 1 Million	=	20 000 DM
	Erfindungswert =	170 000 DM

Übersicht

	Anm.		Anm.
a) Grundsatz der Ermäßigung des Lizenzsatzes	1	e) Fortführung der Staffel bei Umsätzen über 40 Mio DM	5
b) Gründe für die Staffelung sprechung	2, 3	f) Verhältnis von Lizenzsatz und Staffel	6
c) Neueres Schrifttum und Recht-		g) Besonderheiten	7, 8
d) Gesamtumsatz oder Jahresumsatz	4	h) Staffel auch bei Berechnung nach dem Nutzen	9
		i) Lizenzeinnahmen	10

Erläuterungen

1 **a) Grundsatz der Ermäßigung des Lizenzsatzes**

Der schon in der RL 1944 enthaltene Vorschlag, bei Umsätzen über 1 Million DM den Lizenzsatz zu ermäßigen, ist mit einigen Korrekturen von den RL übernommen worden. Eine sog. Staffelung oder Abstaffelung ist auch in freien Lizenzverträgen zu finden. Allerdings ist es sehr unterschiedlich, ob und wie man staffelt. Die Staffel scheint besonders bei Massenartikeln üblich zu sein (Vgl. Lüdecke-Fischer- Lizenzverträge S. 526; RG v. 14. 2. 1934, GRUR 1934, 435).

2 **b) Gründe für die Staffelung**

Wenn auch der Grundsatz der Abstaffelung im Schrifttum überwiegend bejaht wird — Bedenken erhebt Volmer, Richtlinien Anm. 3 zu Nr. 11 — so wird in der Praxis immer wieder Kritik laut, weil hohe Umsätze dem Betrieb oft durch günstige Auslastung der Kapazität steigende Gewinne bringen. Man muß aber sehen, daß nicht nur durch die Erhöhung des Preisniveaus sondern durch moderne Fertigungsmethoden und Serienherstellung hohe Umsätze unter Benutzung einer Erfindung erzielt werden (Arzneimittel, Kameras, Kraftfahrzeuge, Reißverschlüsse, Installationsmaterial, Transistoren usw.). Dabei gewinnen der Ruf des Unternehmens, seine Kapazität, seine Vertriebsorganisation und seine Auslandsverbindungen, der allgemeine Aufwand für Forschung, Werbung und andere vom Betrieb beeinflußte Momente für die Ausweitung des Umsatzes an Gewicht neben der Auswirkung der Erfindung, die mit kausal bleibt.

Mit dieser Begründung hat die Schiedsstelle die Staffel als angemessen erachtet, auch wenn nicht festgestellt werden kann, ob sie in dem betreffenden Industriezweig üblich ist, EV v. 1. 4. 1964 (Bl. 1964, 235). Vgl. Anm. 3 zu Nr. 3 RL. Man kann auch nicht damit argumentieren, daß sich bei großem Umsatz der Gewinn steigert: der dem Mengenrabatt entsprechende Gedanke greift ja auch bei freien Lizenzverträgen Platz.

3 **c) Neueres Schrifttum und Rechtsprechung**

Mit der Staffel befassen sich ausführlich und mit manchen Anregungen Witte in Mitt. 1966, 234; Schweikhardt in GRUR 1968, 340; Karl in GRUR 1968, 565; Schade in Mitt. 1969, 291. Angesprochen wird die Staffel im Urteil des BGH v. 26. 6. 1969 „Rüben-Verladeeinrichtung" (GRUR 1969, 676). Die Schiedsstelle befaßt sich mit ihr in den EV v. 7. 11. 1961, Bl. 1962, 78; 1. 4. 1964, Bl. 1964, 235 mit Besprechung von Schippel in GRUR 1964, 620; 20. 4. 1965, Bl. 1965, 280; 18. 1. 1966, Bl. 1966, 124; 9. 1. 1968, Bl. 1968, 165.

4 **d) Gesamtumsatz oder Jahresumsatz**

Ob jeweils der Umsatz eines Jahres abgestaffelt wird, jedes Jahr somit mit dem Ausgangslizenzsatz beginnt, oder ob der Gesamtumsatz während der ganzen Laufzeit durchgehend zu ermäßigen ist, wird offenbar in der Industrie verschieden gehandhabt. Auch die Meinungen im Schrifttum sind geteilt (vgl. z. B. Karl a. a. O. Anm. 3).

Wie der bewußt gewählte Wortlaut der Nr. 11 RL „Bei einem Gesamtumsatz ..." zeigt, wird hier vorgeschlagen, vom Gesamtumsatz auszugehen. Die Schiedsstelle ist stets so vorgegangen. Die Berechnung bereitet keine Schwierigkeiten, wie schon das im Text enthaltene Beispiel zeigt.

e) **Fortführung der Staffel bei Umsätzen über 40 Millionen DM** 5

Bei der modernen Großindustrie kommen gelegentlich Umsätze unter Benutzung einer Erfindung vor, die den in Nr. 11 erwähnten Höchstbetrag von 40 Millionen DM überschreiten. Das traf z. B. auf ein besonders erfolgreiches Arzneimittel und bei Umsätzen von Großmaschinen neuartiger Konstruktion zu, kann aber auch in der Kraftfahrzeugindustrie oder bei Massenprodukten eintreten. Die Fortführung der Staffel und der Degression ist bereits in dem Aufsatz von Schade (Mitt. 1969, 291) angedeutet. Auch die Schiedsstelle hatte sich mit dem Problem zu befassen.

Es wird vorgeschlagen, bei Umsätzen von 40 bis 80 Millionen DM eine Ermäßigung um 75 %, für noch höhere Umsätze eine gleichbleibende Ermäßigung um 80 % eintreten zu lassen (so EV v. 29. 10. 1973, Bl. 1974, 178). Damit sollte die Degression — übrigens in Anlehnung an eine bekanntgewordene Handhabung der Großindustrie — enden. Von weiteren Zahlungen überhaupt abzusehen, besteht weder ein rechtlicher noch ein praktischer Anlaß.

f) **Verhältnis von Lizenzsatz und Staffel** 6

Kann man den hohen Umsatz von vorneherein übersehen, beispielsweise bei einem festen begrenzten Auftrag, oder wird ausnahmsweise nach beendetem Umsatz gezahlt, etwa wenn die Fertigung nach dem Schutzrecht aufgegeben wird, so kann man für den gesamten Umsatz einen einheitlichen Lizenzsatz einsetzen. Er würde dann niedriger liegen als der sonst übliche (vgl. EV v. 9. 1. 1968, Bl. 1968, 165 mit kritischer Stellungnahme von Karl — s. Anm. 3). Der BGH hat in seinem Urteil v. 26. 6. 1969 (s. Anm. 3) bemerkt, daß die Abstaffelung unterbleiben könne, wenn die Umsätze bekannt seien und ein einheitlicher niedrigerer Lizenzsatz eingesetzt ist.

g) **Besonderheiten** 7

Keine Abstaffelung kommt in Betracht, wenn schon ein einziges Objekt den Betrag von 1 Million DM übersteigt; so hat die Schiedsstelle bei einer Stahlfahrbahn für eine Brücke (Wert 3 Millionen DM) und bei einem Winderhitzer (Wert 1,3 Millionen DM) einen einheitlichen Lizenzsatz von 1 % angenommen, obwohl mehrere Winderhitzer geliefert worden waren. Zweifelhaft ist, ob und wann bei einem Einzelwert von etwa

Erläuterungen

300 000 DM je Maschine eine Abstaffelung einsetzen kann. Jedenfalls wird man sich dann nicht an den Vorschlag in Nr. 11 RL halten können, den die Schiedsstelle sonst der einheitlichen Handhabung halber stets befolgt hat. Anregungen zu einer Umgestaltung gibt Schade in seinem Aufsatz (s. Anm. 3).

8 Wenn nur ein Teil der Gesamtvorrichtung als Bezugsgröße eingesetzt wird, ist nur dieser Teil in der Staffel zu berücksichtigen — vgl. EV v. 20. 4. 1965 und den Aufsatz von Schade Anm. 3.

9 **h) Staffel auch bei Berechnung nach dem Nutzen**

Die Richtlinien sehen eine Abstaffelung, die sog. „Millionenkurve", nur bei der Berechnung nach dem Umsatz vor. Da aber dasselbe Ergebnis herauskommen muß, gleichgültig ob man vom Umsatz oder vom Gewinn ausgeht, ist eine Abstaffelung auch in letzterem Fall vorzunehmen, wenn die sonstigen Voraussetzungen vorliegen. Das ist von der Schiedsstelle im EV v. 8. Mai 1961 (Bl. 1961, 434) eingehend begründet worden. Dabei ist zu berichten, daß die Staffelung bei 4—8 Millionen DM 30 % beträgt. Siehe auch Schade in BB 1962, 260; ebenso Heine-Rebitzki, RL Anm. 4 zu Nr. 11 und Lindenmaier-Lüdecke Anm. 5 zu Nr. 11. Da der Lizenzsatz beim Ausgang vom Gewinn höher ist (z. B. entsprechen in der chemischen Industrie 5 % vom Gewinn 1 % vom Umsatz, wenn ein Gewinn von einem Fünftel des Umsatzes zugrundegelegt wird), muß die Abstaffelung entsprechend früher beginnen. Die Schiedsstelle hat sie statt bei 1 000 000 DM beim Umsatz bei einem Gewinn von 200 000 DM einsetzen lassen. Man wird sich jeweils nach den Verdienstspannen in dem betr. Industriezweig richten müssen. Vgl. hierzu auch den Aufsatz von Dick, Bewertung der Arbeitnehmererfindung in der Praxis, GRUR 1962, 226.

10 **i) Lizenzeinnahmen**

Mit der Abstaffelung der als Erfindungswert eingesetzten Lizenzeinnahmen für die Diensterfindung befaßt sich Nr. 14 Abs. 3 RL. S. die Anm. dort und den Aufsatz von Schade, Mitt. 1969, 295.

3. Ermittlung des Erfindungswertes nach dem erfaßbaren betrieblichen Nutzen

(12) Unter dem erfaßbaren betrieblichen Nutzen (vgl. zur Anwendung dieser Methode Nummer 5) ist die durch den Einsatz der Erfindung verursachte Differenz zwischen Kosten und Erträgen zu verstehen. Die Ermittlung dieses Betrages ist durch Kosten- und Ertragsvergleich nach betriebswirtschaftlichen Grundsätzen vorzunehmen. **Hierbei sind die Grundsätze für die Preisbildung bei öffentlichen Aufträgen anzuwenden** (vgl. die Verordnung PR Nr. 30/53 über die Preise bei öffentlichen Aufträgen vom 21. November 1953 und die Leitsätze für die Preisermittlung auf Grund von Selbstkosten), so daß also auch kalkulatorische Zinsen und Einzelwagnisse, ein betriebsnotwendiger Gewinn und gegebenen-

falls ein kalkulatorischer Unternehmerlohn zu berücksichtigen sind. Der so ermittelte Betrag stellt den Erfindungswert dar.

Kosten, die vor der Fertigstellung der Erfindung auf die Erfindung verwandt worden sind, sind bei der Ermittlung des Erfindungswertes nicht abzusetzen. Sie sind vielmehr bei der Ermittlung des Anteilsfaktors im Zweiten Teil der Richtlinien zu berücksichtigen, und zwar, soweit es sich um die Kosten für die Arbeitskraft des Erfinders selbst handelt, entsprechend der Tabelle c in in Nummer 34, soweit es sich um sonstige Kosten vor der Fertigstellung der Erfindung handelt, entsprechend der Tabelle b in Nummer 32 (technische Hilfsmittel).

Übersicht

	Anm.		Anm.
I. Allgemeines		d) Die vor der Fertigstellung der Erfindung entstandenen Kosten	8
a) Grundsatz	1		
b) Vorschlag des Abs. 1	2	**III. Andere Methoden der Ermittlung aufgrund des Nutzens**	
c) Schwierigkeiten bei Vorgehen nach Abs. 1	3		
d) Anwendungsfälle	4	a) Anteil am Bruttonutzen	9
II. Kritik an Nr. 12 RL		b) Praxis der Schiedsstelle	10—12
a) Schrifttum	5	**IV. Abgrenzung zur Vergütung des technischen Verbesserungsvorschlags**	13
b) „Differenz zwischen Kosten und Erträgen"	6		
c) „Der ermittelte Betrag stellt den Erfindungswert dar"	7	**V. Abstaffelung bei hohem Nutzen**	14

I. Allgemeines

a) Grundsatz 1

Die Ermittlung des Erfindungswerts nach dem erfaßbaren wirtschaftlichen Nutzen steht selbständig neben der Ermittlung auf Grund der Lizenzanalogie nach dem Umsatz. Zum Verhältnis der beiden Berechnungsarten vgl. Anm. 2 zu Nr. 5 RL. Wie jede Ermittlung des Erfindungswerts steht auch sie unter dem Leitgedanken, was wohl der Betrieb für den Gegenstand der Diensterfindung einem freien Erfinder zahlen würde (siehe Anm. 2 zu Nr. 2 RL). Auch hier kommt es vor, daß der Betrieb bei der Bemessung der Summe, die er zu zahlen bereit ist, von dem Nutzen ausgeht, den er sich von dem Einsatz der Erfindung verspricht. Dieser Nutzen ist nicht herzuleiten aus dem Gewinn des Betriebs überhaupt, insbesondere nicht aus dem Gesamtgewinn. Vielmehr muß er berechnet werden auf der Grundlage des konkreten Gewinns aus der Verwertung der Diensterfindung. Dabei dürfen die allgemeinen Unkosten des Betriebs nicht außer acht gelassen werden.

Dieser konkrete Gewinn ist „die durch den Einsatz der Erfindung verursachte Differenz zwischen Kosten und Erträgen".

Erläuterungen

2 **b) Vorschlag des Abs. 1**

Die Ermittlung der Differenz zwischen Kosten und Erträgen ist durch Kosten- und Ertragsvergleich nach betriebswirtschaftlichen Grundsätzen vorzunehmen. Um dies zu verdeutlichen, wird auf die Grundsätze über die Preisbildung bei öffentlichen Aufträgen verwiesen. Sie sind enthalten in der Verordnung PR 30/53 über die Preise bei öffentlichen Aufträgen vom 21. 11. 1953, BAnz. 1953 Nr. 244 vom 18. 12. 1953 und den dort in Anlage veröffentlichten Leitsätzen für die Preisermittlung auf Grund von Selbstkosten. Diese Leitsätze, die ebenfalls den Charakter von Richtlinien haben, enthalten eine genaue Aufgliederung der Kostenrechnung, wie sie bei der Berechnung der Preise im Rahmen öffentlicher Aufträge aufzustellen ist. Sie setzen auf der Kostenseite folgende Posten an:

a) Kalkulatorische Zinsen für die Bereitstellung des betriebsnotwendigen Kapitals (Nr. 43 bis 46 der Leitsätze).

b) Kalkulatorische Wagniskosten für Einzelwagnisse. Die Beträge müssen zur Abdeckung von Verlustgefahren dienen, die mit dem Einsatz der Erfindung verbunden sind. Betriebsfremde Wagnisse sind außer Betracht zu lassen. Soweit Wagnisse durch Versicherungen gedeckt sind, ist der Ansatz von Wagniskosten ebenfalls zu unterlassen. Das allgemeine Unternehmerrisiko wird nicht über Wagniskosten, sondern mit dem kalkulatorischen Gewinn (siehe c) abgegolten (Nr. 47 und 48 der Leitsätze).

c) Kalkulatorischer Gewinn, in den Richtlinien mit betriebsnotwendigem Gewinn und Unternehmerlohn bezeichnet. Hiermit wird das allgemeine Unternehmerrisiko abgegolten, das sind Wagnisse, die das Unternehmen als ganzes gefährden, die in seiner Eigenart, in den besonderen Bedingungen des Wirtschaftszweiges oder in wirtschaftlicher Tätigkeit schlechthin begründet sind. Außerdem dient der kalkulatorische Gewinn zur Belohnung der unternehmerischen Leistung schlechthin. Denn kein Unternehmer wird sich bereit finden, ohne eigenen Nutzen die Erfindung eines anderen zu erwerben oder in seinem Betrieb einzusetzen (Nr. 51 der Leitsätze).

3 **c) Schwierigkeiten bei Vorgehen nach Abs. 1**

Wenn man auch einräumen muß, daß die Anlehnung an den tatsächlichen Nutzen der Erfindung am besten dem Sinn der Erfindervergütung gerecht wird, den Erfinder an dem Nutzen teilnehmen zu lassen, den der Betrieb durch den Einsatz seiner Erfindung erzielt, so stößt die Durchführung dieses Gedankens in der Praxis jedoch auf erhebliche Schwierigkeiten. Denn es ist nicht nur festzustellen, welcher unmittelbare Gewinn aus der Erfindung gezogen wird, etwa bei einer Verminderung der Herstellungskosten bei gleichbleibendem Verkaufspreis oder durch eine Erhöhung des Umsatzes oder durch eine Ersparnis an Löhnen, Material, bessere Ausnutzung vorhandener Energien. Vielmehr müssen die unter

Anm. 2 näher erläuterten Posten wie kalkulatorische Wagniskosten, betriebsnotwendiger Gewinn, Unternehmerlohn in die Berechnung einbezogen werden. In freien Vereinbarungen werden deshalb bei einem Ausgehen vom Gewinn oft die Berechnungsmethoden bis in alle Einzelheiten vereinbart. Welche Zweifel auftreten, wenn dies unterbleibt und etwa nur ein Anteil an dem Reingewinn vereinbart wird, der aus der kaufmännischen Verwertung der Erfindung entsteht, zeigt anschaulich das Urteil des BGH v. 23. 9. 1958, GRUR 1959, 125. Beil bemerkt in der Besprechung treffend, daß man „langatmige Erläuterungen der abzugsfähigen Posten in den Vertrag aufnehmen" müsse und rät zur Umsatzbeteiligung, was gleichermaßen auch für die Vergütung des Arbeitnehmererfinders gelte.

So erklärt es sich, daß sowohl bei freien Vereinbarungen als auch durch die Schiedsstelle die Ermittlung des Erfindungswertes auf der Grundlage des Nutzens im allgemeinen nur dann angewendet wird, wenn die Lizenzanalogie nach dem Umsatz sich nicht als einfache Handhabung anbietet oder versagt.

d) Anwendungsfälle 4

Eine wichtige Gruppe bilden die Ersparnis- und Verbesserungserfindungen, die auch bei gleichbleibendem Umsatz des Erzeugnisses Gewinn abwerfen. In solchen Fällen kann der Nutzen durch Vergleich der Kosten und Erträge aus der Zeit vor und nach dem Einsatz der Erfindung berechnet werden. Wirkt sich die Erfindung durch Einsparung von Arbeitskräften, Energien oder Material kostensenkend aus, so ist der Nutzen bereits bei der Stückkalkulation sichtbar (sogenannte „Ersparniserfindungen"). Der Nutzen kann sich jedoch auch in einer Vergrößerung der Umsätze zeigen, ohne daß eine effektive Kostensenkung beim Stück eintritt. Solche Umsatzsteigerungen werden z. B. durch Erfindungen verursacht, die eine Erhöhung der Betriebssicherheit, eine Verlängerung der Haltbarkeit, einfachere Bedienung, besseren Wirkungsgrad u. ä. verursachen. Die Ersparnis kann auch darin liegen, daß Investitionen vermieden werden, die sonst notwendig würden.

Beispiele für Ersparnis- und Verbesserungserfindungen aus der Praxis der Schiedsstelle siehe bei Schade, Mitt. 1959, 257. In dem ersten dort besprochenen Fall wurde eine regelmäßig wiederkehrende, etwas primitiv mit einfachen Mitteln erfolgende Reinigungsarbeit dadurch ersetzt, daß eine Vorrichtung das Ansetzen der zu entfernenden störenden Stoffteile verhindert. Im zweiten Fall wurde eine erhebliche Ersparnis bei der Herstellung dadurch erzielt, daß eine Bohrung aus dem Metall des Gegenstandes in einen verbindenden Teil verlegt wurde, der aus einem wesentlich leichter zu bearbeitenden Material bestand. Im dritten Fall wurde Handarbeit durch einen kleinen Automaten übernommen; hier ist die Schiedsstelle davon ausgegangen, daß nicht die Automatisierung als solche der zu vergütende Erfindungsgedanke sei, sondern lediglich die erfinderische Ausführung einer hierbei vorteilhaft einzusetzenden

Maschine. Vgl. ferner die Schiedssache ArbErf 57/66, Bl. 1968, 130, die neben der Lizenzanalogie auch eine Nutzungsberechnung nach Nr. 12 RL durchführt, sowie die in Anm. 5 angeführten Einigungsvorschläge.

II. Kritik an Nr. 12 RL

5 **a) Schrifttum**

Bei dem Versuch, den Nutzen nach den Grundsätzen für die Preisbildung bei öffentlichen Aufträgen zu berechnen, ist offenbar sowohl die Industrie als insbesondere die Schiedsstelle, die dies mehrfach ausgesprochen hat, auf Schwierigkeiten gestoßen. Ihre Art und Bedeutung ergeben sich aus den Aufsätzen von Osann (GRUR 1964, 113) und Schade (GRUR 1968, 114); vgl. ferner Broschwitz, Der kalkulatorische Gewinn bei öffentlichen Aufträgen (DB 1965, 333), F. B. Fischer (GRUR 1971, 131 und GRUR 1972, 118); Dick, Bewertung der Arbeitnehmererfindung in der Praxis (GRUR 1962, 226); Hoffmann und Bütmer (GRUR 1974, 445).

Die Schiedsstelle befaßte sich mit der Problematik in den EV v. 8. 5. 1961 (Bl. 1961, 434), 13. 5. 1966 (Bl. 1967, 80), 6. 9. 1967 (Bl. 1968, 130), 29. 5. 1970 (Bl. 1970, 457), 29. 6. 1972 (Bl. 1973, 58).

6 **b) „Differenz zwischen Kosten und Erträgen"**

Schade berichtet in dem Aufsatz in GRUR 1968, 114 (115) über den Vorschlag, einen transportablen Ofen statt, wie bisher im Betrieb üblich, mit Koks mit Gas zu heizen. Dadurch wurden die Jahreskosten von 960000,— DM auf 96 000,— DM gesenkt. Freier Stand der Technik war es in anderen Betrieben, mit einem beweglichen Ölbrenner zu arbeiten: Jahreskosten 120 000,— DM. Als „Differenz zwischen Kosten und Erträgen" ist nach der eingehenden Begründung nicht die Differenz zu dem veralteten innerbetrieblichen Stand der Technik (960 000 — 96 000 DM), sondern zu dem allgemeinen, vorbekannten Stand der Technik (120 000 — 96 000 DM) zu sehen. Liegt der innerbetriebliche Stand der Technik höher als der allgemeine, so muß allerdings die Differenz zum innerbetrieblichen Stand berücksichtigt werden. Die Vergütung als einfacher technischer Verbesserungsvorschlag würde allerdings anderen Grundsätzen folgen müssen. (Vgl. hierzu EV v. 9. 11. 1972 (Bl. 1973, 261).

7 **c) „Der so ermittelte Betrag stellt den Erfindungswert dar"**

Wörtlich genommen würde das bedeuten, daß der erzielte Nutzen voll an den Diensterfinder, nur gemindert durch den Anteilsfaktor, weiterzugeben sei. Das würde der Erfahrung widersprechen, daß der Arbeitgeber bei Übernahme einer Erfindung von außen durch ihren Einsatz Nutzen erzielen will, also in aller Regel nicht den erhofften Nutzen als Kaufpreis zahlt. Zwar sind nach Abs. 1 betriebsnotwendiger Gewinn und „gegebenenfalls" kalkulatorischer Unternehmerlohn zu berücksichtigen. Doch wird damit dem Wagnisgehalt des Einsatzes der Erfindung nicht genügend Rechnung getragen.

d) Die vor Fertigstellung der Erfindung entstandenen Kosten 8

Nach Abs. 2 sind Kosten, die vor der Fertigstellung der Erfindung auf sie verwandt worden sind, bei der Ermittlung des Erfindungswerts nicht abzusetzen, sondern beim Anteilsfaktor zu berücksichtigen. Hiergegen haben Heine-Rebitzki, Die Vergütung von Erfindungen .... Anm. 8 zu Nr. 12 RL und Anm. 4 zu Nr. 32 RL Bedenken erhoben, denen sich auch Lindenmaier-Lüdecke, Anm. 9 zu Nr. 12 RL, und Volmer (Ergänzungsband) Anm. 40 zu Nr. 12 RL in gewissem Umfang anschließen. Die schon in der 4. Auflage erhobenen Zweifel haben sich verstärkt; vergl. Schade in GRUR 1968, 114 (119). Dort wird aber auch ausgeführt, daß eine generelle Beantwortung kaum möglich ist. Mit dem angeführten Schrifttum ist festzustellen, daß diese Vorkosten der Erfindung bei dem Vergleich zwischen Kosten und Erträgen nicht außer acht gelassen werden dürfen. Sie können zwar in vielen Fällen beim Anteilsfaktor berücksichtigt werden. Doch ist dies dann, wenn sie besonders hoch sind und ihre spezielle Entstehung im Hinblick auf die Erfindung klar ist, nur begrenzt möglich. Es wird auch auf das Urteil des BGH vom 23. 9. 1958 (GRUR 1959, 125) hingewiesen. Es heißt dort, wenn ein Anteil am Reingewinn vertraglich eingeräumt werde, sei es nicht sinnwidrig, daß der Erfinder einen Gewinnanteil erst dann erhalte, wenn nach Abdeckung der zunächst entstehenden Verluste (weitere Entwicklungs- und Anlaufkosten) von einem Gewinn aus der Patenverwertung gesprochen werden könne. Der Erfinder müsse am Risiko teilnehmen, sonst hätte er sich eine Beteiligung an den Erträgen der laufenden Produktion sichern müssen.

Festzuhalten ist aber, daß auch dann, wenn ein hoher Entwicklungsaufwand bereits beim Erfindungswert in Rechnung gestellt wird, darauf geachtet weden muß, daß durch Berücksichtigung beim Anteilsfaktor derselbe Gesichtspunkt nicht mehrfach zur Geltung kommt.

III. Andere Methoden der Ermittlung aufgrund des Nutzens

a) Anteil am Bruttonutzen 9

Die Ermittlung der in Anm. 2 unter a) bis c) genannten Größen im Rahmen einer Kostenrechnung bereitet häufig Schwierigkeiten und gibt Anlaß zu Auseinandersetzungen. Man hat deshalb schon bei der Vorbereitung der Richtlinien nach pauschalen Methoden für die Ermittlung des Nutzens gesucht. Der Entwurf des Fachausschusses für Erfinderrecht (GRUR), veröffentlicht in GRUR 1958, 68, enthält dahingehende Anregungen unter II, 2. Danach beträgt bei einer Erfindung, die ein Betrieb von einem freien Erfinder erwirkt, der Erwerbspreis in der Regel etwa ein Drittel bis ein Achtel des Nutzens, den der Betrieb aus dem Einsatz der Erfindung erhofft. Diese Rahmenangaben stammen ähnlich wie die in Nr. 15 RL angegebenen Größen aus der Erfahrung.

Erläuterungen

10 b) Praxis der Schiedsstelle

Die Schiedsstelle hat angesichts der in Anm. 3 dargestellten Schwierigkeiten und der in Anm. 6 bis 8 dargestellten Zweifel den in Anm. 9 angedeuteten Weg beschritten. Soweit ihr entweder übereinstimmend von den Beteiligten der unmittelbare Nutzen der Erfindung — ohne Berücksichtigung der Generalunkosten, des Gewinns, des Wagnisses — dargelegt wurde oder doch hinreichende Angaben für seine Ermittlung gemacht wurden, ist sie von diesem unmittelbaren Nutzen ausgegangen und hat dann einen Teil dieses Nutzens als Erfindungswert angenommen. Bei der Berechnung der Erfindervergütung waren dann noch Miterfinderanteile und Anteilsfaktor zu berücksichtigen. Wegen ihrer Praxis und der Begründung wird auf das in Anm. 5 genannte Schrifttum verwiesen, insbesondere auf den grundlegenden EV v. 8. 5. 1961, Bl. 1961, 434, und den Aufsatz von Schade in GRUR 1968, 114.

11 In dem soeben genannten EV v. 8. 5. 1961, der Verbesserungen an einem Ammoniak-Verbrennungsofen betraf, mit dem Stickstoff erzeugt wurde, hat die Schiedsstelle berücksichtigt, daß der günstige Zeitpunkt des Ersatzes des Ofens durch einen neuen ausgenutzt werden konnte. Andererseits hat sie in Rechnung gezogen, daß es sich um beträchtliche Beträge handelte und auch ein Großbetrieb beim Erwerb von außen nicht über einen gewissen Satz hinausgehen werde. Sie hat deshalb ein Fünftel der Ersparnisse zugrundegelegt.

In den Schiedssachen ArbErf 57/66 und 46/68 (Bl. 1968, 130 und 1970, 457) sind ebenfalls 20 % des Nutzens als Erfindungswert eingesetzt worden. Doch sind auch schon andere Prozentsätze vorgeschlagen worden, die in dem Rahmen zwischen $1/3$ und $1/8$ des Bruttonutzens liegen. Hierin liegt ein Element der Schätzung, die sich aber auf die konkret ermittelten Umstände stützt.

12 Im Grunde handelt es sich bei dieser Methode der Vergütungsermittlung auch um eine Analogie, zwar nicht zum vereinbarten Lizenzsatz, sondern zum freien Kaufpreis einer Erfindung, wie sie in Nr. 5 Abs. 1 RL angedeutet wird. Vgl. auch die Ausführungen von Gaul-Bartenbach, Handbuch N 29 bis 34.

Um den Vergleich mit einer durch die Erfindung ersetzte und an einen Dritten zu zahlende Lizenz handelt es sich in dem EV v. 16. 6. 1972 (Bl. 1973, 261).

13 IV. Abgrenzung zur Vergütung des technischen Verbesserungsvorschlags

Im Schrifttum wird mehrfach darauf hingewiesen, daß bei der Berechnung der Erfindervergütung nach dem erfaßbaren betrieblichen Nutzen nicht außer acht gelassen werden kann, wie einfache technische Verbesserungsvorschläge vergütet werden. Es finden sich dort Sätze in Höhe von 15 % bis 20 % des einmaligen Jahresnutzens. Dabei entsteht das Problem, daß schneller und möglicherweise sogar mehr als für eine entsprechende Erfindung gezahlt wird. Das wäre sinnwidrig, weil der innerbetriebliche Nutzen sicher nicht abweichend zu ermitteln ist, aber zusätzlich ein Ausschlußrecht erworben wird; die geistige Leistung einer Erfindung sollte deshalb höher zu bewerten und zu vergüten sein. Vgl. hierzu Schade in VDI-Information Nr. 27 unter III und Gaul-Bartenbach an der in Anm. 12 angeführten Stelle.

V. Abstaffelung bei hohem Nutzen 14

Die „angemessene Vergütung" muß grundsätzlich davon unabhängig sein, wie sie ermittelt wird. Deshalb sind ja gelegentlich mehrere Berechnungsarten nebeneinander durchgeführt worden (vgl. Anm. 7 zu Nr. 5 RL und Schiedssache ArbErf 57/66, Bl. 1968, 130). Deshalb hat die Schiedsstelle den Gedanken entwickelt, daß die Staffel der Nr. 11 RL auch anzuwenden ist, wenn hohe Ersparnisse vorliegen, obwohl die Richtlinien sie nur bei besonders hohen Umsätzen vorsehen — EV v. 8. 5 1961 (Bl. 1961, 434) und Anm. 9 zu Nr. 11 RL.

4. Schätzung

(13) In einer Reihe von Fällen versagen die dargestellten Methoden zur Ermittlung des Erfindungswertes, weil keine ähnlichen Fälle vorliegen oder weil ein Nutzen nicht erfaßt werden kann. In solchen oder ähnlichen Fällen muß der Erfindungswert geschätzt werden (vgl. zur Anwendung der Schätzungsmethode den letzten Absatz der Nummer 5). Hierbei kann von dem Preis ausgegangen werden, den der Betrieb hätte aufwenden müssen, wenn er die Erfindung von einem freien Erfinder hätte erwerben wollen.

Übersicht

	Anm.		Anm.
a) Verhältnis der Schätzung zu den anderen Ermittlungsarten	1	c) Anhaltspunkte für die Vergütung	4
		d) Einzelfälle	5
b) Beispiele für die Notwendigkeit einer Schätzung	2, 3	e) Vergleich mit Verbesserungsvorschlägen	6

a) Verhältnis der Schätzung zu den anderen Ermittlungsarten 1

Die Schätzung ist die letzte Möglichkeit zur Ermittlung des Erfindungswerts, wenn alle anderen Methoden versagen. Von der Schätzung soll nach Nr. 5 Abs. 2 Satz 4 nur Gebrauch gemacht werden, wenn keine exaktere Methode zur Ermittlung des Erfindungswerts vorhanden ist oder der Erfindungswert auf anderem Wege nur mit verhältnismäßig hohen Aufwendungen ermittelt werden könnte.

Doch wird man in vielen Fällen wenigstens teilweise und ergänzend schätzen müssen. Vgl. Anm. 6 zu Nr. 5 RL.

b) Beispiele für die Notwendigkeit einer Schätzung 2

Eine exakte Grundlage für die Ermittlung des Erfindungswerts kann nach Nr. 5 bei Erfindungen von oder an Arbeitsschutzmitteln oder -vorrichtungen fehlen, die nicht allgemein verwertbar sind, ebenso bei an-

Erläuterungen

deren nur innerbetrieblich benutzten und außerbetrieblich nicht verwertbaren Erfindungen, auch bei Verbesserungserfindungen kleinen Stils an Teilen größerer Anlagen, die den Wert der Anlage nicht meßbar beeinflussen. Solche Beispiele sind Gütekontrollen des aus dem Betrieb herausgehenden Erzeugnisses, Komfortverbesserungen in Verkehrsmitteln, Maßnahmen der Unfallverhütung, überhaupt allgemeine Verbesserungen von Dienstleistungen, die sich nicht in der Erhöhung des Entgelts niederschlagen.

3   Nach der zweiten Alternative der Nr. 5 Abs. 2 Satz 4 kann die Schätzung gerechtfertigt sein, wenn feststeht, daß keine höhere Vergütung in Frage kommt, die mögliche Ermittlung des Nutzens oder eines Lizenzsatzes aber einen Kostenaufwand erfordern würde, der in keinem Verhältnis zur voraussichtlichen Vergütung steht. Von Bedeutung ist die Schätzung ferner bei der Gesamtabfindung nach Nr. 40, wo der voraussichtliche künftige Umsatz oder der künftige Nutzen geschätzt werden. Schließlich muß der Erfindungswert bei den meisten verwertbaren, aber nicht oder nicht ausreichend verwerteten Erfindungen geschätzt werden; vgl. dazu im einzelnen zu Nr. 20 bis 24.

4   **c) Anhaltspunkte für die Vergütung**

Auch bei der Schätzung des Erfindungswerts soll man nicht ohne jeden Anhaltspunkt nach dem reinen Ermessen verfahren, sondern nach vergleichbaren Größen suchen, die irgendwelche, wenn auch nur entfernte Anhaltspunkte für die Höhe des Erfindungswertes geben. Denn auch die Schätzung soll zu einer angemessenen, d. h. alle Umstände des Einzelfalls gerecht berücksichtigenden Vergütung führen. So konnte in einer der Schiedsstelle vorgelegten Sache auf die Höhe der Ersparnisse zurückgegriffen werden, die der Arbeitgeber als seine Schätzung im Patenterteilungsverfahren zur Begründung des technischen Fortschritts angegeben hatte. Vgl. Anm. 2 zu Nr. 38 RL.

Gegenüber dem Aufsatz von Witte, Wahrheitspflicht und Begründung des technischen Fortschritts, GRUR 1960, 419, der dies kritisiert, sei darauf hingewiesen, daß selbstverständlich die früheren Angaben mit dem neuen Vorbringen abgestimmt werden müssen und nicht etwa ohne weiteres zugrundegelegt werden dürfen. Sie können aber nicht außer acht gelassen werden und geben gelegentlich ausgezeichnete Anhaltspunkte, wenn die inzwischen eingetretene weitere Entwicklung berücksichtigt wird. In dem der Diskussion zugrundeliegenden Fall hatte der Betrieb auf den Vorhalt der Prüfungsstelle wegen niedriger Erfindungshöhe darauf hingewiesen, daß bei einem Massenartikel beträchtliche Ersparnisse bei der Herstellung erzielt würden. Als sich der Betrieb bei der Ermittlung der Vergütungshöhe auf niedrige Erfindungshöhe berief, wurde ihm das entgegengehalten. Das führte zu einer Überprüfung des Sachverhalts, aus der sich in gewissem Umfang die Richtigkeit der früheren Darstellung ergab, im Ergebnis zur Einigung der Beteiligten.

Richtlinien Nr. 14

In einer anderen Sache diente der von beiden Parteien angegebene Streitwert in einem Prozeß über die Frage „freie Erfindung" oder „Diensterfindung" als Anhaltspunkt für die Schätzung des Erfindungswerts.

Geschieht dies mit Vorsicht, wird insbesondere dem bei der Streitwertfestsetzung Beteiligten Gelegenheit zur Erklärung gegeben, so können auch hier wertvolle Anhaltspunkte z. B. aus einem anhängig gewesenen Verletzungsstreit, gewonnen werden.

d) Einzelfälle 5

In mehreren Fällen hat die Schiedsstelle an die Höhe der aufgewendeten Investitionen angeknüpft, so an den Aufwand von mehreren 100 000 DM, den die Rundfunkanstalten für die Anwendung einer Diensterfindung einsetzten, die die technische Qualität von Fernsehübertragungen verbesserte; so an die Kosten, die für die Inbetriebnahme eines Interferometers aufgewendet wurden, das zu einer innerbetrieblichen Eichung feinmechanischer Vorrichtungen diente; vgl. auch EV v. 3. 4. 1974 (Mitt. 1974, 137).

Für die Vergütung von Erfindungen an Schutzvorrichtungen kommen nach Heine-Rebitzki, Die Vergütung von Arbeitnehmererfindungen... Anm. 4 zu Nr. 13 Beträge von 1 000 bis 2 000 DM in Betracht, bei Meß- und Prüfeinrichtungen 3 000 bis 5 000 DM (als Erfindungswert).

e) Vergleich mit Verbesserungsvorschlägen 6

Es besteht nicht selten die Gefahr, daß ein Vorschlag eines Arbeitnehmers als betrieblicher Verbesserungsvorschlag höher und schneller vergütet wird als eine entsprechende Diensterfindung; Großbetriebe zahlen heute 15 bis 20 % des erzielten Jahresnutzens. Vgl. Anm. 13 zu Nr. 12 RL. Es ist notwendig, die betriebliche Handhabung derartiger Prämien für Erfindungen für betriebsinterne Vorrichtungen und ihre Verbesserung, für Arbeitsschutzvorrichtungen usw. zu beachten.

II. Lizenz-, Kauf- und Austauschverträge

(14) **Wird die Erfindung nicht betrieblich benutzt, sondern durch Vergabe von Lizenzen verwertet, so ist der Erfindungswert gleich der Nettolizenzeinnahme.** Um den Nettobetrag festzustellen, sind von der Bruttolizenzeinnahme die Kosten der Entwicklung nach Fertigstellung der Erfindung abzuziehen sowie die Kosten, die aufgewandt wurden, um die Erfindung betriebsreif zu machen; ferner sind die auf die Lizenzvergabe im Einzelfall entfallenden Kosten der Patent- und Lizenzverwaltung, der Schutzrechtsübertragung, sowie die mit der Lizenzvergabe zusammenhängenden Aufwendungen (z. B. Steuern, mit Ausnahme der inländischen reinen Ertragssteuern, Verhandlungskosten) abzuziehen. Soweit solche Kosten entstanden sind, wird außerdem ein entsprechender Anteil an den Gemeinkosten des Arbeitgebers zu berücksichtigen sein, soweit die Gemeinkosten nicht schon in den vorgenannten Kosten enthalten sind. Ferner ist bei der Ermittlung der Nettolizenzeinnahme darauf zu

Erläuterungen

achten, ob im Einzelfall der Arbeitgeber als Lizenzgeber ein Risiko insofern eingeht, als er auch in der Zukunft Aufwendungen durch die Verteidigung der Schutzrechte, durch die Verfolgung von Verletzungen und aus der Einhaltung von Gewährleistungen haben kann.

Soweit die Einnahmen nicht auf der Lizenzvergabe, sondern auf der Übermittlung besonderer Erfahrungen (know how) beruhen, sind diese Einnahmen bei der Berechnung des Erfindungswertes von der Bruttolizenzeinnahme ebenfalls abzuziehen, wenn diese Erfahrungen nicht als technische Verbesserungsvorschläge im Sinne des § 20 Abs. 1 des Gesetzes anzusehen sind. Bei der Beurteilung der Frage, ob und inwieweit die Einnahme auf der Übermittlung besonderer Erfahrungen beruht, ist nicht allein auf den Inhalt des Lizenzvertrages abzustellen; vielmehr ist das tatsächliche Verhältnis des Wertes der Lizenz zu dem der Übermittlung besonderer Erfahrungen zu berücksichtigen.

Eine Ermäßigung nach der Staffel in Nummer 11 ist nur insoweit angemessen, als sie auch dem Lizenznehmer des Arbeitgebers eingeräumt worden ist.

Übersicht

	Anm.		Anm.
Nicht betriebliche Benutzung und Benutzung im eigenen Betrieb	1	Know how	8
Berechnung der Nettolizenzeinnahme	2—7	Staffel	9

1   Die Verwertung der Erfindung durch Lizenzvergabe vom Arbeitgeber an andere Unternehmen bezeichnen die Richtlinien als „nicht betriebliche Benutzung". In vielen Fällen wird diese Benutzungsart neben der Benutzung im eigenen Betrieb stehen, so insbesondere bei der Vergabe nicht ausschließlicher Lizenzen an verbundene Unternehmen. Dann müssen der Erfindungswert für jede Benutzungsart getrennt nach den jeweiligen Regeln berechnet und die Ergebnisse addiert werden; dabei ist auf gleiche zeitliche Abrechnungsperioden zu achten. Wegen der Auswirkungen der verschiedenen Benutzung auf die Zahlungsart vgl. zu Nr. 40.

2   Die Richtlinien bezeichnen als Erfindungswert die Nettolizeneinnahme. Bei ihrer Berechnung muß von den Bruttoeinnahmen ausgegangen werden. Davon sind eine Reihe von Beträgen abzuziehen, an denen dem Erfinder kein Anteil zusteht oder die den Nutzen tatsächlich mindern.

3   Zu diesen Abzügen gehören alle Kosten, die aufgewendet wurden, um die Erfindung „lizenzreif" zu machen. Sie entsprechen den Kosten für die Erzielung der Betriebsreife nach Fertigstellung der Erfindung gemäß Nr. 12. Sie umfassen insbesondere Prüfungs- und Versuchskosten, Kosten für Markt- und Vertriebsforschung und ähnliche Posten. Aufwendungen des Betriebs, die mit dem Zustandekommen der Erfindung selbst zusammenhängen, gehören nicht hierher; sie werden bei den Anteilsfaktoren berücksichtigt; vgl. Nr. 12 Abs. 2.

Richtlinien Nr. 14

Außerdem sind von den Bruttoeinnahmen die Kosten abzuziehen, die im Zusammenhang mit Abschluß und Abwicklung des Lizenzvertrages entstehen. Die Richtlinien nennen die Kosten der Patent- und Lizenzverwaltung, der Schutzrechtsübertragung, Verhandlungskosten — auch für vorhergehende erfolglose Verhandlungen — und Steuern; inländische Ertragssteuern wie Einkommensteuer, Körperschaftssteuer, können nicht abgezogen werden, weil sie das Einkommen des Arbeitgebers belasten sollen und nicht abgewälzt werden dürfen. Unter den Kosten der Patent- und Lizenzverwaltung sind nur diejenigen zu verstehen, die zur Verwaltung der bewerteten Erfindung aufgewendet werden, nicht die Kosten der gesamten Schutzrechtsverwaltung des Betriebs. Ein Anteil an diesen Kosten und den Gemeinkosten kann nur dann umgelegt werden, wenn diese allgemeinen Ausgaben nicht schon bei anderen Abzügen berücksichtigt werden. Abzüge wegen künftiger Aufwendungen zur Verteidigung des Schutzrechts u.ä. sind nur dann gerechtfertigt, wenn die Wahrscheinlichkeit solcher Aufwendungen so groß ist, daß die Bildung von Rückstellungen gerechtfertigt wäre. Es müssen schon konkrete Anhaltspunkte gegeben sein, die auf die Unsicherheit der Rechtsbeständigkeit oder des Schutzumfangs, einen Verletzungsstreit oder ähnliches hinweisen. Die Kosten für die Schutzrechtserteilung sind im Hinblick auf § 13 des Gesetzes nicht abzugsfähig.

Abzugsfähig ist jedoch wie bei Nr. 12 ein kalkulatorischer Unternehmerlohn. Er ist in Nr. 14 zwar nicht ausdrücklich genannt (im Gegensatz zu Reimer-Schippel S. 87). Die Lage ist aber hier nicht anders als bei der Ermittlung des Erfindungswerts nach dem erfaßbaren betrieblichen Nutzen. Auch der freie Erfinder bekommt nicht die gesamten Lizenzeinnahmen nach Abzug der in Nr. 14 aufgeführten Kosten, sondern muß sich den verbleibenden Reingewinn mit dem Unternehmer teilen. Ein Teil des Gewinns muß immer dem Unternehmer bleiben, und zwar nicht nur der Teil, den er auf Grund der Anteilsfaktoren nach dem 2. Teil der Richtlinien erhält. Deshalb sind auch die in Nr. 15 genannten Richtsätze unter Berücksichtigung des dem Unternehmer zustehenden Gewinns gebildet.

Fehlen konkrete Angaben, um den von den Richtlinien vorgezeichneten Weg zu gehen, so ist die Lage ähnlich wie bei der Ermittlung des Erfindungswerts nach dem erfaßbaren Nutzen (vgl. Anm. zu Nr. 12 und Schiedsstelle v. 8. 5. 1961 Bl. 1961, 434). Die Schiedsstelle lehnt sich in solchen Fällen an den Vorschlag der Nr. 15 RL an und geht von der eindeutig feststehenden Bruttolizenzeinnahme aus (EV v. 17. 3. 1967 Bl. 1967, 222). Als Erfindungswert setzt sie demgemäß zwischen 20 und 50 v.H. der Bruttolizenzeinnahme an.

Bei den in Abs. 2 angesprochenen besonderen Erfahrungen (know how) handelt es sich nicht um die Ergebnisse erfinderischer Tätigkeit, sondern nur um gewisse geheime Anwendungsregeln und Erfahrungen, die für den Einsatz der Erfindung von Wichtigkeit sind; z. B. um bestimmte Abmessungen, Beimengungen, Temperaturen, Katalysatoren, Versuchsanordnungen und -anweisungen u. a. m. Diese Erfahrungen können

Gegenstand von Lizenzverträgen sein (vgl. BGH v. 15. 3. 1955, GRUR 1955, 424). Für sie wird auch in vielen Fällen eine besondere Lizenz bezahlt, da sich der Lizenznehmer eigene Aufwendungen und vor allem die Zeit zur Erzielung dieser Erfahrungen sparen kann. Wegen der Mitteilung solcher Erfahrungen dürfen Abzüge von den Bruttolizenzeinnahmen nur gemacht werden, wenn die Erfahrungen nicht auf die Arbeit des Erfinders zurückgehen oder wenn sie zwar vom Erfinder selbst gesammelt wurden, er aber wegen dieses „know how" keinen Anspruch auf Sondervergütung erheben kann; das ist immer dann der Fall, wenn das „know how" nicht als Verbesserungsvorschlag nach § 20 Abs. 1 des Gesetzes zu vergüten ist. Die Bedeutung des „know how" im Zusammenhang mit Lizenz-, Kauf- oder Austauschverträgen über Erfindungen darf nicht unterschätzt werden. In vielen Fällen würde die nackte Erfindung, wie sie in der Patentschrift beschrieben ist, ohne die Erfahrungen, die mit der Erfindung bereits gemacht wurden, wirtschaftlich nicht einsetzbar sein. Auf das „know how" kann deshalb unter Umständen ein hoher Anteil der Bruttolizenzeinnahme fallen.

9 Die Anwendung der Staffel aus Nr. 11 im Zusammenhang mit der Vergütung aus Lizenzeinnahmen kann im Einzelfall Schwierigkeiten bereiten. Abs. 3 ist insoweit nicht klar, als die Lizenzeinnahme sich ohnehin mindert, wenn dem Lizenznehmer die Staffel eingeräumt ist. Die Schiedsstelle hatte noch keine Gelegenheit zur Stellungnahme. Mit Heine/Rebitzki Anm. 6 zu 14 RL ist aus der Fassung des Abs. 3 zu schließen, daß es in der Regel unbillig wäre, im Innenverhältnis zwischen Arbeitnehmer und Arbeitgeber eine Staffel vorzusehen, wenn sie zwischen Lizenzgeber und Lizenznehmer nicht verabredet ist. Anderes kann jedoch gelten, wenn erhöhte Lizenzeinnahmen auf zusätzlichen Leistungen des Betriebes beruhen, z. B. auf Werbung, auf Übertragung zusätzlicher Erfahrungen u. dergl., also im Verhältnis Arbeitnehmer zu Arbeitgeber ähnliche Gesichtspunkte vorliegen, wie sie bei der Vergütung aus dem erzielten Gewinn eine Abstaffelung rechtfertigen.

(15) Macht die Berechnung dieser Unkosten und Aufgaben große Schwierigkeiten, so kann es zweckmäßig sein, in Analogie zu den üblichen Arten der vertraglichen Ausgestaltung zwischen einem freien Erfinder als Lizenzgeber und dem Arbeitgeber als Lizenznehmer zu verfahren. In der Praxis wird ein freier Erfinder wegen der bezeichneten Kosten und Aufgaben eines Generallizenznehmers (Lizenznehmer einer ausschließlichen unbeschränkten Lizenz) mit etwa 20 bis 50%, in besonderen Fällen auch mit mehr als 50% und in Ausnahmefällen sogar mit über 75% der Bruttolizenzeinnahme beteiligt, die durch die Verwertung einer Erfindung erzielt wird. Zu berücksichtigen ist im einzelnen, ob bei der Lizenzvergabe ausschließliche unbeschränkte Lizenzen oder einfache oder beschränkte Lizenzen erteilt werden. Bei der Vergabe einer ausschließlichen unbeschränkten Lizenz behält der Arbeitgeber kein eigenes Benutzungsrecht, wird im allgemeinen auch keine eigenen weiteren

Erfahrungen laufend zu übermitteln haben. Hier wird daher der Erfindungswert eher bei 50 % und mehr anzusetzen sein. Bei der Vergabe einer einfachen oder beschränkten Lizenz wird bei gleichzeitiger Benutzung der Erfindung durch den Arbeitgeber, wenn damit die laufende Übermittlung von eigenen Erfahrungen verbunden ist, der Erfindungswert eher an der unteren Grenze liegen.

Übersicht

	Anm		Anm.
Rahmenangaben	1	Generallizenz	3
Angemessene Beteiligung im Einzelfall	2	Einfache und ausschließliche Lizenz	4

Die Zahlenangaben in Nr. 15 sind wertvolle Hilfen für die Ermittlung des Erfindungswerts bei Lizenzvergabe. Sie beruhen auf der ständigen Erfahrung der Industrie und wurden bei der Anhörung von Arbeitgebern und Arbeitnehmern bestätigt; vgl. hierzu auch Anm. 9 zu Nr. 12.   **1**

Wo im einzelnen Fall die angemessene Beteiligung des Erfinders liegt, muß ähnlich wie bei der Lizenzanalogie unter Berücksichtigung gleich gelagerter Fälle und aller Umstände des bewerteten Tatbestands ermittelt werden. Die Schiedsstelle hat im Einigungsvorschlag vom 13. 5. 1966, Bl. 1967, 80, eine Beteiligung des Arbeitnehmererfinders mit 5 % an den Bruttolizenzeinnahmen entsprechend der allgemeinen Handhabung in vielen Zweigen der Industrie als angemessen angesehen. Gaul/Bartenbach neigen in ihrer Besprechung zu diesem Einigungsvorschlag in EGR ArbNErfG § 9 Nr. 4 zu einem etwas höheren Satz. Sie setzen die Nettolizenzeinnahme mangels konkreter Berechnungssätze mit 20 bis 50 % der Bruttolizenzeinnahme an (vgl. Nr. 15 RL und oben Anm. 7) und errechnen daraus und aus dem Anteilsfaktor für den von der Schiedsstelle erörterten Fall eine Beteiligung des Erfinders von 14 % an den Bruttolizenzeinnahmen. Ein niedrigerer Satz müßte nach ihrer Auffassung mit ungewöhnlichen Schwierigkeiten und Aufwendungen durch zusätzliche Entwicklungskosten, durch umständliche Recherchen oder aufwendige Lizenzverhandlungen begründet werden können. S. als weiteres Beispiel Schiedsstelle v. 6. 9. 1967, Bl. 1968, 130; dort ist ebenfalls als Regelfall ein Anteil von 25 % des Erfindungswertes für den freien Erfinder und ein Anteilsfaktor von 20 % für den angestellten Erfinder eingesetzt worden, was zu einer Beteiligung von 5 % an den Bruttolizenzeinnahmen führt, die die Schiedsstelle erneut als üblich und angemessen bezeichnet hat. In dem EV v. 17. 3. 1967, Bl. 1967, 222 gelangt die Schiedsstelle zu einer Beteiligung von 8 % an den Bruttolizenzeinnahmen, ebenfalls bei einem Anteilsfaktor von 20 %.   **2**

Der Begriff „Generallizenz" wird nicht immer im gleichen Sinn verwendet. Gemeint ist hier eine ausschließliche Lizenz über das gesamte Herstellungsgebiet ohne jede Beschränkung hinsichtlich Raum und Verwendungsart.   **3**

Erläuterungen

4 Der Unterschied zwischen ausschließlicher und einfacher Lizenz spielt in der Regel für die Entscheidung, ob der Erfinder hoch oder niedrig an den Lizenzeinnahmen zu beteiligen ist, keine große Rolle. Der Unterschied beeinflußt in erster Linie den Lizenzsatz selbst und damit die Höhe der gesamten Einnahmen, nicht dagegen deren Verteilung zwischen Arbeitgeber und Arbeitnehmererfinder.

(16) Wird die Erfindung verkauft, so ist der Erfindungswert ebenfalls durch Verminderung des Bruttoertrages auf den Nettoertrag zu ermitteln. Im Gegensatz zur Lizenzvergabe wird hierbei jedoch in den meisten Fällen nicht damit zu rechnen sein, daß noch zukünftige Aufgaben und Belastungen des Arbeitgebers als Verkäufer zu berücksichtigen sind. Bei der Ermittlung des Nettoertrages sind alle Aufwendungen für die Entwicklung der Erfindung, nach dem sie fertiggestellt worden ist, für ihre Betriebsreifmachung, die Kosten der Schutzrechtserlangung und -übertragung, die mit dem Verkauf zusammenhängenden Aufwendungen (z. B. Steuern, mit Ausnahme der inländischen reinen Ertragssteuern, Verhandlungskosten) sowie ein entsprechender Anteil an den Gemeinkosten des Arbeitgebers, soweit sie nicht schon in den vorgenannten Kosten enthalten sind, zu berücksichtigen.

Soweit der Kaufpreis nicht auf der Übertragung des Schutzrechts, sondern auf der Übermittlung besonderer Erfahrungen (know how) beruht, sind diese Einnahmen bei der Berechnung des Erfindungswertes ebenfalls von dem Bruttoertrag abzuziehen, wenn diese Erfahrungen nicht als technische Verbesserungsvorschläge im Sinne des § 20 Abs. 1 des Gesetzes anzusehen sind. Bei der Beurteilung der Frage, ob und wieweit der Kaufpreis auf der Übermittlung besonderer Erfahrungen beruht, ist nicht allein auf den Inhalt des Kaufvertrages abzustellen; vielmehr ist das tatsächliche Verhältnis des Wertes des Schutzrechts zu dem der Übermittlung besonderer Erfahrungen zu berücksichtigen.

Übersicht

	Anm.		Anm.
Verkauf der Erfindung	1	Know how	2

1 Beim Verkauf scheidet die Erfindung endgültig aus dem Vermögen des Arbeitgebers aus und geht in das Vermögen des Erwerbers über. In vielen Fällen ist die Abgrenzung zur ausschließlichen Lizenz schwierig; vgl. Lüdecke-Fischer, Lizenzverträge, S. 359 ff. Für die Ermittlung des Erfindungswerts kann diese Frage jedoch dahingestellt bleiben. Wird das Entgelt für die Übertragung der Erfindung ähnlich einer Lizenzgebühr durch laufende Zahlung geleistet, so gelten die Nr. 14 und 15. Wird eine einmalige Zahlung geleistet, so sind die in Nr. 14 und 15 genannten Anhaltspunkte unter Berücksichtigung der in Nr. 16 Satz 2 genannten Besonderheiten entsprechend zu beachten.

2 Die Richtlinien verweisen in Abs. 2 ebenso wie in Nr. 14 Abs. 2 und in Nr. 17 Abs. 2 auf die mit dem Erfindungsverkauf verbundene Übermitt-

lung besonderer Erfahrungen, des sogenannten „know how"; vgl. hierzu Anm. 8 zu Nr. 14.

(17) Wird die Erfindung durch einen Austauschvertrag verwertet, so kann versucht werden, zunächst den Gesamtnutzen des Vertrages für den Arbeitgeber zu ermitteln, um sodann durch Abschätzung der Quote, die auf die in Anspruch genommene Diensterfindung entfällt, ihren Anteil am Gesamtnutzen zu ermitteln. Ist dies untunlich, so wird der Erfindungswert nach Nummer 13 geschätzt werden müssen.

Soweit Gegenstand des Austauschvertrages nicht die Überlassung von Schutzrechten oder von Benutzungsrechten, sondern die Überlassung besonderer Erfahrungen (know how) ist, ist dies bei der Ermittlung des Gesamtnutzens des Vertrages zu berücksichtigen, soweit diese Erfahrungen nicht als technische Verbesserungsvorschläge im Sinne des § 20 Abs. 1 des Gesetzes anzusehen sind. Bei der Beurteilung der Frage, ob an den Gemeinkosten des Arbeitgebers, soweit sie nicht schon in den Erfahrungen und wieweit die Übermittlung besonderer Erfahrungen Gegenstand des Austauschvertrages sind, ist nicht allein auf den Inhalt des Vertrages abzustellen; vielmehr ist das tatsächliche Verhältnis des Wertes der Schutzrechte zu dem der Übermittlung besonderer Erfahrungen zu berücksichtigen.

Übersicht

	Anm.		Anm.
Verwertung der Erfindung in Austauschverträgen	1	Know how — Schuldnerwechsel-Reform	5
Ermittlung des Erfindungswerts	2—4		

1. Nachdem Funktionsausgliederungen, Kooperationen und Konzentrationen zu einem beherrschenden Strukturelement der modernen Wirtschaft geworden sind, spielen der Lizenzaustausch und die Vergabe „kostenloser" Lizenzen eine immer größere Rolle (vgl. die Beispiele für Kooperationsverträge bei Benisch, Kooperationsfibel, Heider-Verlag Bergisch-Gladbach, 3. Aufl., 1969, S. 394 ff, 401, 405). Solche Lizenzen betreffen häufig sowohl die auf Grund der Zusammenarbeit während der Vertragsdauer entstehenden Schutzrechte als auch die auf dem Gebiet der Zusammenarbeit bereits zuvor vorhandenen Schutzrechte. Ganz ähnlich liegen die Fälle, in denen der Arbeitgeber eine Diensterfindung durch konzerngebundene Unternehmen im In- oder Ausland benutzen läßt (Patentpool); Beispiele bei Johannesson in GRUR 1970, 114, 127 und Kraushaar, ZRP 1972, 279.

Wenn die Erfindungen von Mutter- und Tochter- oder auch Schwestergesellschaften wechselseitig benutzt werden, kann es gelegentlich sinnvoll sein, dem Umsatz der Arbeitgeber-Gesellschaft den Umsatz der anderen Unternehmen der Firmengruppe hinzuzurechnen, gegebenenfalls den Gesamtumsatz der Firmengruppe als Ausgangspunkt zugrunde-

Erläuterungen

zulegen. Das könnte z. B. dann der Fall sein, wenn eine nur zu Forschungszwecken gegründete 100%ige Tochtergesellschaft durch vertragliche Verpflichtung ihre Erfindungen ohne interne Verrechnung dem Konzern zur Verfügung stellt. Doch müssen die konkreten Voraussetzungen, auch unter Heranziehung des Gedankens mangelhafter Verwertung trotz Verwertbarkeit (Nr. 24 RL) von Fall zu Fall genau geprüft werden.

2 2. Die rechnerische Ermittlung des Erfindungswertes stößt, abgesehen von den zuletzt erörterten Fällen, in der Regel auf große Schwierigkeiten. Denn die Gegenleistung für die Erfindung besteht nicht in meßbaren Geld- und Warenmengen, sondern in Betriebs- und Fabrikationserfahrungen, Betriebsgeheimnissen und Lizenzen an anderen Erfindungen. Dazu kommt, daß meist nicht eine Erfindung allein, sondern verbunden mit anderen Erfindungen und Neuerungen ausgetauscht wird und daß sich die Verpflichtung zum Austausch über einen längeren Zeitraum erstreckt und auch die in der Zukunft erst entstehenden Erfindungen und Neuerungen auf dem Vertragsgebiet umfaßt, so daß Leistung und Gegenleistung in bezug auf einzelne Erfindungen weder zeitlich noch sachlich konkretisiert werden können. Der Arbeitnehmererfinder hat außerdem keine rechtlichen Bindungen zu dem Vertragspartner seines Arbeitgebers, der die Diensterfindung nutzt, ihm gegenüber auch keine Ansprüche auf Auskunft und Rechnungslegung. Sein Partner ist auch in diesem Fall nur der eigene Arbeitgeber. Deshalb kann nicht die Fremdnutzung der Diensterfindung durch den Vertragspartner des Arbeitgebers, sondern in der Regel nur der wirtschaftliche Vorteil des Arbeitgebers selbst, den dieser durch die Möglichkeit der Benutzung der eingetauschten fremden Schutzrechte und Neuerungen erlangt, Grundlage für die Vergütungsermittlung sein.

3 3. Die genaue Ermittlung des Erfindungswertes ist in den meisten dieser Fälle nicht möglich. Deshalb verweisen die RL auf die Schätzung. Dabei wird man in der Regel nach allgemeiner wirtschaftlicher Erfahrung davon ausgehen können, daß der Gesamtwert der ausgetauschten Erfindungen und Neuerungen auf beiden Seiten gleich groß ist. Es kann dann versucht werden, als Anhaltspunkt für die Schätzung den Gesamtvorteil festzustellen, den der Arbeitgeber aus dem Vertrag in dem in Betracht kommenden Zeitraum sieht, also insbesondere Einsparungen an Lizenzgebühren, die er ohne Austauschvertrag hätte zahlen müssen (Johannesson, aaO), Umsätze, die er mit den im Austausch erlangten Erfindungen und Neuerungen erzielt, Umsätze und Einsparungen durch Einsatz von Zusatzerfindungen zu eigenen Schutzrechten, die der andere Vertragspartner zur Verfügung stellt, und über das in Abs. 2 genannte know-how hinaus auch den Wert weiterer kaufmännischer Erfahrungen. Dabei ist allerdings stets zu berücksichtigen, daß nur in den wenigsten Fällen alle vom Arbeitgeber in den Vertrag eingebrachten Schutzrechte von einem Erfinder stammen werden. Es ist also auch das Wertverhältnis festzustellen, in dem der Wert der zu vergütenden Diensterfindungen zu dem jeweiligen Gesamtwert aller vom Arbeitgeber in den Austauschvertrag eingebrachten Erfindungen steht (Johannesson aaO).

Die Schätzung ist erleichtert, wenn die zu vergütenden Diensterfindungen nicht nur im Austauschvertrag, sondern auch vom Arbeitgeber selbst benutzt werden. Dann kann man u. U. schätzen, in welchem Verhältnis die Benutzung durch den Austauschpartner zur eigenen Benutzung im Betrieb des Arbeitgebers steht und welche Umsätze der Arbeitgeber ohne den Austauschvertrag insgesamt erzielen würde. Die Kenntnis der Marktanteile beider Vertragspartner kann diese Schätzung erleichtern. Ein entsprechender Zuschlag zu dem auf Grund der Benutzung im eigenen Betrieb ermittelten Erfindungswert führt in solchen Fällen häufig zu angemessenen Ergebnissen; vgl. Schiedsstelle v. 12. 3. 1974, Bl. 1974, 295.

4. Wegen Abs. 2 vgl. auch die Anm. zu Nr. 14 Abs 2.

Mit Zustimmung des Arbeitnehmererfinders kann im Austauschvertrag vorgesehen werden, daß die Pflichten des Arbeitgebers gegenüber dem Arbeitnehmererfinder zusammen mit der Erfindung auf das andere Unternehmen übertragen werden (vgl. oben Anm. 3 zu § 6 und Anm. 18 zu § 9). Dann muß dieses Unternehmen die Erfindervergütung entsprechend der Verwertung und Verwertbarkeit der Erfindung in seinem Betrieb bezahlen. Solche Fälle werden jedoch selten sein und im internationalen Verkehr wegen der unterschiedlichen Rechtslage im Arbeitnehmererfinderrecht kaum vorkommen.

Zu Reformvorschlägen s. Kraushaar ZRP 1972, 279.

III. Sperrpatente

(18) Einen besonderen Fall der Verwertung einer Diensterfindung bilden die Sperrpatente. Darunter versteht man im allgemeinen Patente, die nur deshalb angemeldet und aufrechterhalten werden, um zu verhindern, daß ein Wettbewerber die Erfindung verwertet und dadurch die eigene laufende oder bevorstehende Erzeugung beeinträchtigt. Bei diesen Patenten unterbleibt die Benutzung, weil entweder ein gleichartiges Patent schon im Betrieb benutzt wird oder ohne Bestehen eines Patentes eine der Erfindung entsprechende Erzeugung schon im Betrieb läuft oder das Anlaufen einer solchen Erzeugung bevorsteht. Wenn schon eine Erfindung im Betrieb benutzt wird, die mit Hilfe der zweiten Erfindung umgangen werden kann, und wenn die wirtschaftliche Tragweite beider Erfindungen ungefähr gleich ist, werden nach der Verwertung der ersten Erfindung Anhaltspunkte für den Erfindungswert bezüglich der zweiten gefunden werden können. Die Summe der Werte beider Erfindungen kann jedoch höher sein als der Erfindungswert der ersten Erfindung. Durch Schätzung kann ermittelt werden, welcher Anteil des Umsatzes, der Erzeugung oder des Nutzens bei Anwendung der zweiten Erfindung auf diese entfallen würde. Selbst wenn man hierbei zu einer annähernden Gleichwertigkeit der beiden Erfindungen kommt, ist es angemessen, für die zweite Erfindung weniger als die Hälfte der

Erläuterungen

Summe der Werte beider Erfindungen anzusetzen, weil es als ein besonderer Vorteil benutzter Erfindungen anzusehen ist, wenn sie sich schon in der Praxis bewährt haben und auf dem Markt eingeführt sind. Eine zweite Erfindung, mit der es möglich ist, die erste zu umgehen, kann für den Schutzumfang der ersten Erfindung eine Schwäche offenbaren, die bei der Feststellung des Erfindungswertes für die erste Erfindung nicht immer berücksichtigt worden ist. Deshalb kann der Anlaß für eine Neufestsetzung der Vergütung nach § 12 Abs. 6 des Gesetzes vorliegen.

Übersicht

	Anm.		Anm.
Sperrpatente	1	Sperrpatent und alte Erfindung	3—4
Bewertung von Sperrpatenten	2	Zusatzpatente	5

1 Sperrpatent

Den Einsatz einer Erfindung als Sperrpatent behandeln die Richtlinien im Einklang mit den Richtlinien 1944 Abschnitt IV als einen besonderen Fall der Verwertung. Die Definition des Sperrpatents weicht von der in den alten Richtlinien ab. Die alten Richtlinien sprechen von „Erfindungen in Gestalt von Parallellösungen, die, falls sie von Wettbewerbern aufgefunden würden, eine erhebliche Gefahr für die Wettbewerbsfähigkeit des eigenen Betriebs bedeuten würden". Die neuen Richtlinien verlangen keine „erhebliche Gefahr" mehr. Es genügt künftig jede Gefahr der Beeinträchtigung der Wettbewerbsfähigkeit des eigenen Betriebs. Der Begriff „Sperrpatent" wird im übrigen auch in der patentrechtlichen Literatur nicht einheitlich gebraucht (vgl. Weber in Mitt. 1943, 49; EV v. 21. 2. 1974, Bl. 1974, 294). Die Definition der neuen Richtlinien entspricht aber der überwiegenden Auffassung in der Praxis und ist, von der Erfindungsbewertung her gesehen, richtig gefaßt.

2 Die wesentlichen Gesichtspunkte für die Bewertung von Sperrpatenten sind in Nr. 18 zusammengestellt. Gerade im Gefolge des neuen Arbeitnehmererfinderrechts wird die Verwertung einer Erfindung als Sperrpatent häufiger auftreten. Es wird wegen der ständig fortschreitenden Entwicklung der Technik allerdings selten sein, daß ein Schutzrecht während seiner ganzen Laufdauer eine Sperrwirkung behält; vgl. auch Reimer, Patentgesetz Anm. 63 zu § 1, der glaubt, daß dieser Fall in der Praxis so gut wie nie vorkommt. Die meist zeitlich beschränkte Bedeutung des Sperrpatents ist bei der Bewertung zu berücksichtigen; die Gedanken der Nr. 41 sind entsprechend heranzuziehen.

3 In der Mehrzahl der Fälle wird das Sperrpatent eine Schwäche der alten Erfindung sichtbar machen und damit deren bisher angenommenen Wert mindern. Die Summe der Werte der beiden Erfindungen braucht aber, wie die Richtlinien richtig ausführen, nicht gleich dem bisher angenommenen Wert der alten Erfindung zu sein. Sie wird diesen Wert dann übersteigen, wenn durch das Hinzutreten des Sperrpatents die bisherige

Monopolstellung des Arbeitgebers nicht nur aufrechterhalten, sondern
verstärkt wird. Die Stärkung des Monopols ist dem Wert des Sperrpatents
zuzurechnen. Wegen der damit zusammenhängenden Neufestsetzung der
Vergütung für das alte Schutzrecht vgl. Anm. 42 und 44 zu § 12.

Beachte, daß das Sperrpatent nicht nur ältere Erfindungen im Besitz   4
des Arbeitgebers, sondern auch ohne Schutzrechte arbeitende Produktionen vor Einbrüchen anderer Wettbewerber bewahren kann. In manchen Fällen werden Erfindungen, die als Sperrpatent verwertet werden
könnten, geheim gehalten (Nr. 27 der Richtlinien), damit den Wettbewerbern überhaupt nicht bekannt wird, daß eine Umgehungsmöglichkeit
besteht.

Zusatzpatente 5

Ähnliche Probleme wie beim Sperrpatent entstehen bei der Ermittlung
der Vergütung für Zusatzpatente. Die Richtlinien erwähnen den Fall
nicht. Seine Bedeutung ergibt sich daraus, daß von der Möglichkeit, ein
Patent als Zusatzpatent zu erwirken, nach Statistiken des Deutschen
Patentamts in fast 10 % aller Anmeldungen Gebrauch gemacht wird.
Das Zusatzpatent wird nach § 10 PatG für Verbesserung und weitere
Ausbildung des zugehörigen älteren Patents gewährt und teilt weitgehend dessen rechtliches Schicksal, insbesondere dessen Laufdauer. Es
ist ähnlich wie das Sperrpatent auch wirtschaftlich mit einem anderen
Patent verbunden und erhöht oder erhält dessen Wert. Es kann im
Einzelfall sogar als Sperrpatent verwendet werden. Bei der Bemessung
der Vergütung werden deshalb Zusatzpatent und zugehöriges Patent
möglichst als Einheit betrachtet. Ihr gemeinsamer Wert ist unter entsprechender Berücksichtigung der in Nr. 18 genannten Gesichtspunkte
aufzuteilen. Dabei ist besonders die Bindung der Laufdauer des Zusatzpatents an die des Hauptpatents und die dadurch bedingte Verkürzung
der Vergütungspflicht für das Zusatzpatent zu berücksichtigen; vgl. dazu
auch Erläuterungen zu Nr. 42.

IV. Schutzrechtskomplexe

(19) **Werden bei einem Verfahren oder Erzeugnis mehrere Erfindungen
benutzt, so soll, wenn es sich hierbei um einen einheitlich zu wertenden
Gesamtkomplex handelt, zunächst der Wert des Gesamtkomplexes,
gegebenenfalls einschließlich nicht benutzter Sperrschutzrechte, bestimmt
werden. Der so bestimmte Gesamterfindungswert ist auf die einzelnen
Erfindungen aufzuteilen. Dabei ist zu berücksichtigen, welchen Einfluß
die einzelnen Erfindungen auf die Gesamtgestaltung des mit dem Schutzrechtskomplexes belasteten Gegenstandes haben.**

Übersicht

	Anm.		Anm.
a) Allgemeines	1	d) Schutzrechtskomplex u. Bezugsgröße	4
b) Ermittlung des Erfindungswerts	2	e) Beispiele	5—6
c) Begriff des Gesamtkomplexes	3	f) Staffel	7

Erläuterungen

1 **a) Allgemeines**

Werden bei einem Verfahren mehrere Erfindungen gleichzeitig benutzt, so entstehen häufig Schwierigkeiten bei der Ermittlung des Werts der einzelnen Erfindung. Die Richtlinien 1944 haben die Frage nicht behandelt. Die neuen Richtlinien haben sie auf Anregung des GRUR-Entwurfs GRUR 1958, 68, und des Gutachtens Reimer-Schippel aufgenommen. Sie folgen diesen Anregungen dem Sinne nach. In der Fassung stimmen sie zum Teil wörtlich mit dem Vorschlag Reimer-Schippel überein.

2 **b) Ermittlung des Erfindungswerts**

In den meisten Fällen wird es zweckmäßig sein, hier vom Wert des ganzen Schutzrechtskomplexes auszugehen und diesen Wert angemessen auf die einzelnen Schutzrechte zu verteilen. Stammen alle Erfindungen von einem Erfinder, so ist die Verteilung meist überflüssig, selbst wenn die einzelnen Erfindungen verschiedene Schutzdauer haben; beeinflußt die verschiedene Schutzdauer die Höhe der Vergütung des Gesamtkomplexes, so kann der Wegfall eines Schutzrechts nach § 12 Abs. 6 berücksichtigt werden.

Fallen fremde Schutzrechte am Gesamtkomplex während des Vergütungszeitraums weg, so wird sich keine Änderung des Erfindungswerts für die Schutzrechte des Diensterfinders hieraus ergeben — kein Anwachsen (vgl. Einig. Vorschl. v. 7. 11. 1961, Bl. 1962, 78, mit eingehender Besprechung von Schippel, GRUR 1963, 140). Man wird gerade bei Gesamtkomplexen immer den Gedanken der Höchstbelastbarkeit mit Lizenzen im Auge behalten müssen, vgl. Anm. 5 zu Nr. 6 RL.

3 **c) Begriff des Gesamtkomplexes**

Ob ein einheitlich zu bewertender Gesamtkomplex vorliegt, ist nach wirtschaftlichen und technischen Gesichtspunkten zu entscheiden. Die Einheit ist immer gegeben, wenn die verschiedenen Schutzrechte ein technisch einheitliches Verfahren oder Erzeugnis betreffen. Sie kann aber auch vorliegen, wenn verschiedene, technisch selbständige Teile zu einer höheren Einheit zusammengefaßt sind, z. B. eine wirtschaftliche Einheit bilden. Dieser letzte Fall ist in der Gerätebau- und Maschinenindustrie häufig; vgl. Fotoapparat, Rundfunkgerät, Tonbandgerät. Aber auch bei chemischen Verfahren, bei denen ein Grundpatent Anlaß zu zahlreichen weiteren Erfindungen und Schutzrechten gibt, und auf vielen anderen Gebieten sind Gesamtkomplexe nicht selten. Die Schiedsstelle behandelt sie nach Möglichkeit in demselben Verfahren.

4 **d) Schutzrechtskomplex und Bezugsgröße**

Die Fragen der Schutzrechtskomplexe treten häufig zusammen mit den in Nr. 8 behandelten Problemen der Bezugsgröße auf. Bei der Aufteilung können die in Nr. 18 am Ende genannten Gesichtspunkte wertvolle Hinweise geben, wie überhaupt die Verbindung eines betrieblich benutzten und eines Sperrpatents einen Sonderfall des Schutzrechtskomplexes darstellt.

e) Beispiele

Ein rechnerisches Beispiel ist bei Reimer-Schippel S. 134 dargestellt.

In einem Schiedsfall lagen an einem Gerät 5 Erfindungen des Diensterfinders und 7 fremde Erfindungen vor. Zum Teil waren an den Diensterfindungen Miterfinder beteiligt. Da die Bedeutung der einzelnen Erfindungen strittig war, hat sich die Schiedsstelle anhand der Geräte mehrerer Serien selbst ein Bild hiervon verschafft. Ausgehend von einer Gesamtbelastbarkeit mit einer Lizenz von 2 %/o für den freien Erfinder hat sie anhand der Umsätze unter Berücksichtigung der Abstaffelung nach Nr. 11 RL jeweils den Erfindungswert für die einzelne Erfindung und den Miterfinderanteil berechnet. Dann erst ist der jeweils verschiedene Anteilsfaktor ermittelt und so die Vergütung errechnet worden.

In einem praktischen Fall, bei dem an einem Gesamtkomplex 61 technische Sachverhalte unter dem Gesichtspunkt der Erfindervergütung berücksichtigt werden mußten, wurden die einzelnen Erfindungen entsprechend ihrer Bedeutung nach einem Punktesystem bewertet und angesetzt:

nicht verwendbare Schutzrechte	1 Punkt
nicht verwendete, jedoch verwendbare Schutzrechte	5 Punkte
prinzipiell verwendete Schutzrechte	5 Punkte
nicht verwendete Grundsatzschutzrechte	5 Punkte
verwendete Schutzrechte	10 Punkte
verwendete Grundsatzschutzrechte	15 Punkte

Die Bewertung sämtlicher Sachverhalte gemäß diesem Punktsystem ergab eine Gesamtzahl von 279 Punkten. Die Anteilsfaktoren der einzelnen Erfinder wurden gemäß den Richtlinien bestimmt. Im weiteren wurde von der nach dem Lizenzvertrag fälligen Lizenzsumme LS und einem Lizenzsatz von 8 %/o ausgegangen. Aus dieser Grundlage wurde für jedes Schutzrecht bzw. jeden Anteil an einem Schutzrecht ein Faktor F ermittelt, der multipliziert mit der eingegangenen Lizenzsumme LS die für das jeweilige Schutzrecht bzw. den jeweiligen Anteil an einem Schutzrecht an den Erfinder bzw. Miterfinder auszuzahlende Vergütung V ergibt:

Vergütung V = Faktor F x Lizenzsumme LS.

Der Faktor F errechnete sich wie folgt:

Lizenzsatz (8 %/o), Punktzahl PZ und Anteilsfaktor A werden miteinander multipliziert und durch die Gesamtpunktezahl 279 dividiert. Sind mehrere gemeinschaftlich Erfinder eines Schutzrechtes, so kommt als weiterer Multiplikationsfaktor der Erfindungsanteil in %/o dazu:

$$F = \frac{8}{100} \times PZ \times A \times \frac{1}{279} \times \text{Erfindungsanteil in \%/o}.$$

Erläuterungen

Aus Gründen der Vereinfachung der Vergütungsberechnung wurden die für jedes Schutzrecht bzw. jeden Anteil an einem Schutzrecht ermittelten Faktoren F dem jeweiligen Erfinder bzw. Miterfinder zugeordnet und aufaddiert. Die Summe der dem jeweiligen Erfinder bzw. Miterfinder zugeordneten Faktoren F ergibt sodann multipliziert mit der Lizenzsumme LS den Vergütungsbetrag für alle von dem jeweiligen Erfinder bzw. Miterfinder bei diesem Entwurf berücksichtigten Schutzrechte bzw. Anteile an Schutzrechten.

7 **f) Staffel**

Schwierigkeiten kann die Anwendung der Staffel aus Nr. 11 bereiten. Ist nach Nr. 11 RL abzustaffeln, so ist zu entscheiden, ob die Staffel auf den gesamten zur Verteilung stehenden Betrag vor seiner Verteilung auf die verschiedenen Teile des Gesamtkomplexes oder nach seiner Verteilung angewendet wird. Die Schiedsstelle hat in dem in Anm. 5 erwähnten Fall die Staffel vor der Verteilung angesetzt, was dem die Staffel rechtfertigenden Gedanken am ehesten gerecht werden dürfte.

V. Nicht verwertete Erfindungen

(20) Nicht verwertete Erfindungen sind Erfindungen, die weder betrieblich benutzt noch als Sperrpatent noch außerbetrieblich durch Vergabe von Lizenzen, Verkauf oder Tausch verwertet werden. Die Frage nach ihrem Wert hängt davon ab, aus welchen Gründen die Verwertung unterbleibt (vgl. Nummer 21—24).

Übersicht

	Anm.		Anm.
Vergütung nicht verwertbarer Erfindungen	1	Gang der Vergütungsermittlung	2

1 Die Vergütung nicht verwerteter Erfindungen wird in den Richtlinien ausführlich behandelt. Das hängt zusammen mit der Fassung des Gesetzes und der Formulierung des § 9 Abs. 2. Der Arbeitgeber muß sich innerhalb der verhältnismäßig kurzen Frist von 4 Monaten nach Erfindungsmeldung zur Inanspruchnahme oder Freigabe entschließen. Er kann im Zeitpunkt der Inanspruchnahme die wirtschaftliche Bedeutung der Erfindung in den meisten Fällen nicht übersehen. Trotzdem ist er nach § 13 zur unverzüglichen Schutzrechtsanmeldung verpflichtet. Es werden also vielfach Arbeitnehmererfindungen in Anspruch genommen und zur Schutzrechtserteilung angemeldet, die sich später als wirtschaftlich nicht oder nur beschränkt verwertbar herausstellen. Nach den Erfahrungen der Praxis ist der Anteil dieser Erfindungen sehr hoch. Das wirkt sich dahin aus, daß ein hoher Prozentsatz der erteilten Patente verhältnismäßig bald, viele schon bis zum Ablauf von 6 Jahren, ohne Verwertung fallen gelassen werden. Sprach man früher davon, daß dann etwa die Hälfte erloschen sei, so dürfte der Prozentsatz heute etwas höher anzusetzen sein (vgl. Schade-Schaich-Schweitzer, Geprüfte und nicht geprüfte Patente, GRUR-Abhandlungen Nr. 6, auch GRUR 1971, 535).

Der Arbeitnehmer wird also sehr häufig vor die Frage der Vergütung nicht verwerteter Erfindungen gestellt. Er muß bei der Ermittlung des Erfindungswertes dieser Schutzrechte zuerst prüfen, aus welchem Grund die Verwertung unterbleibt (vgl. Nr. 21 bis 23). Hierzu kommt, daß nach § 9 Abs. 2 die Vergütungspflicht nicht an die tatsächliche Verwertung, sondern an die Verwertbarkeit der Diensterfindung anknüpft; vgl. Anm. 37 zu § 9. Der mögliche Zwiespalt zwischen tatsächlicher Verwertung und Verwertbarkeit muß deshalb ebenfalls bei der Wertermittlung berücksichtigt werden (vgl. Nr. 24).

2

Vgl. zu dem ganzen Fragenkomplex der Vergütung nicht verwerteter Erfindungen Schade, GRUR 1970, 579 (582), auch GRUR 1968, 393 (397) und Johannesson GRUR 1970, 114 (124).

1. Vorrats- und Ausbaupatente

(21) Vorratspatente sind Patente für Erfindungen, die im Zeitpunkt der Erteilung des Patents noch nicht verwertet werden oder noch nicht verwertbar sind, mit deren späterer Verwertung oder Verwertbarkeit aber zu rechnen ist. Von ihrer Verwertung wird z. B. deshalb abgesehen, weil der Fortschritt der technischen Entwicklung abgewartet werden soll, bis die Verwertung des Patents möglich erscheint. Erfindungen dieser Art werden bis zu ihrer praktischen Verwertung „auf Vorrat" gehalten. Sie haben wegen der begründeten Erwartung ihrer Verwertbarkeit einen Erfindungswert. Vorratspatente, die lediglich bestehende Patente verbessern, werden als Ausbaupatente bezeichnet.

Der Wert der Vorrats- und Ausbaupatente wird frei geschätzt werden müssen, wobei die Art der voraussichtlichen späteren Verwertung und die Höhe des alsdann voraussichtlich zu erzielenden Nutzens Anhaltspunkte ergeben können. Bei einer späteren Verwertung wird häufig der Anlaß für eine Neufestsetzung der Vergütung nach § 12 Abs. 6 des Gesetzes gegeben sein. Ob verwertbare Vorratspatente, die nicht verwertet werden, zu vergüten sind, richtet sich nach Nummer 24.

Übersicht

	Anm.		Anm.
I. Vorrats- und Ausbaupatente		II. Wertermittlung	
a) Richtlinien 1944	1	a) Vor Erteilung	4
b) Vorratspatente	2	b) Nach Erteilung	5
c) Ausbaupatente	3	c) Anlehnung an Jahresgebühren	6
		d) Gebrauchsmuster	7

I. Vorrats- und Ausbaupatente

a) Richtlinien 1944

1

Die Bezeichnung „Vorrats- und Ausbaupatent" ist aus Abschnitt IV der Richtlinien 1944 übernommen. Der Inhalt der Begriffe ist jedoch gegenüber den alten Richtlinien geändert.

Erläuterungen

Die alten Richtlinien verstanden unter „Ausbaupatent" ein Schutzrecht, das nur zur Abrundung des Schutzrechtsbesitzes oder dem schutzrechtlichen Ausbau dient, ohne Aussicht auf praktische Anwendung zu haben. „Vorratspatente" waren nicht ausgeübte, lediglich der etwaigen späteren Fabrikation vorbehaltene Patente, bei denen noch nicht zu übersehen war, ob und wann sie praktisch verwertet werden können.

2   **b) Vorratspatente**

Nach den neuen Richtlinien sind „Vorratspatente" ebenfalls Patente für Erfindungen, die im Zeitpunkt der Patenterteilung noch nicht verwertet werden oder verwertbar sind. Im Gegensatz zu den alten Richtlinien muß jedoch mit der späteren Verwertung oder Verwertbarkeit zu rechnen sein; es muß eine begründete Erwartung der Verwertbarkeit nachgewiesen werden. Nur dann bejahen die Richtlinien den Erfindungswert als Voraussetzung für die Vergütungspflicht (vgl. Nr. 22). Beispiel: Eine Erfindung kann erst eingesetzt werden, wenn die geplante Umstellung des Betriebs auf ein anderes Produktionsverfahren durchgeführt ist, das sich im Zeitpunkt der Patenterteilung noch im Stadium der Erprobung befindet. Vgl. auch EV v. 21. 2. 1974, Bl. 1974, 294.

3   **c) Ausbaupatente**

Die „Ausbaupatente" sind nach den neuen Richtlinien nur eine Unterart der „Vorratspatente" und zwar solche, die lediglich bestehende Patente verbessern. Solche Verbesserungserfindungen werden häufig nicht in der Produktion eingesetzt, weil ihr Einsatz gewisse Umstellungen notwendig machen würde, die der Unternehmer im Augenblick noch nicht vornehmen will, weil sich die Fabrikate auch ohne die Verbesserung gut absetzen lassen.

II. Wertermittlung

4   **a) Vor Erteilung**

Die Ermittlung des Werts eines Vorratspatents ist nicht einfach. Sie wird praktisch zudem erst einsetzen können, wenn das Patent erteilt ist. Dies zieht sich in der Regel über mehrere Jahre hin, zumal wenn kein Prüfungsantrag nach § 28b PatG gestellt wird, wofür der Anmelder 7 Jahre Zeit hat. Wird in diesem Zeitraum nicht verwertet, so sind kaum Anhaltspunkte für die empfohlene Schätzung gegeben (s. jedoch Anm. 3 zu Nr. 23 RL und die Anregungen in den Aufsätzen von Schade, Anm. 2 zu Nr. 20 RL).

5   **b) Nach Erteilung**

Wenn ein Patent erteilt ist, nicht benutzt aber doch aufrecht erhalten wird, besteht eine gewisse Vermutung dafür, daß es einen wirtschaftlichen Wert hat (vgl. auch Nr. 23 Abs. 2 Satz 2 RL). Es bleibt aber eine Vielzahl stark spekulativer Elemente, z. B. die Unsicherheit, ob und mit welchem Erfolg der geplante Einsatz durchgeführt wird, welche Aufwendungen erforderlich sein würden usw. Deshalb empfiehlt Abs. 2, den Wert zu schätzen und weist auf die Neufestsetzung bei wesentlich veränderten Umständen hin (§ 12 Abs. 6 mit Anm. 45 ff.).

c) **Anlehnung an Jahresgebühren** 6

Die Unsicherheit der Schätzung und das Bedürfnis der Vereinfachung haben in neuerer Zeit Großunternehmen, in denen mit vielen Vorratspatenten zu rechnen ist, veranlaßt, nach einfachen pauschalen Bewertungen zu suchen. Das gilt z. B. für die Kraftfahrzeug- und Flugzeugindustrie, aber auch für den Maschinenbau und chemische Betriebe. Man zahlt vom 7. Patentjahr ab jeweils die Hälfte der für das deutsche Patent zu entrichtende Jahresgebühr als Erfindervergütung. Z. T. hat man für über 10 Jahre hinaus aufrechterhaltene noch nicht benutzte Patente die volle Jahresgebühr gezahlt, weil hier eine Vermutung für einen höheren Wert spreche. Für Auslandspatente sind feste Zuschläge, etwa 50 bis 100 DM für ein ungeprüftes Patent, das Doppelte für ein in einem Prüfungsland erteiltes Patent gezahlt worden (vgl. hierzu die in Anm. 2 zu Nr. 20 genannten Aufsätze von Schade; a. M. Johannesson in GRUR 1970, 114 (125), der darauf hinweist, daß in der Amtlichen Begründung von der gesetzlichen Festlegung einer Mindestvergütung, etwa in Höhe einer Jahresgebühr, abgesehen worden ist (allerdings im Zusammenhang mit dem „Nullfall").

d) **Gebrauchsmuster** 7

Ein Rechtsanspruch auf Vergütung nicht benutzter Gebrauchsmuster wird schwer zu begründen sein. Bei Verlängerung der Schutzdauer wird man aber prüfen müssen, ob dem Gebrauchsmuster ein Wert zukommt Es werden nicht selten Anerkennungsprämien in Höhe von 50,— oder 100,— DM gezahlt; vgl. Anm. 4 zu Nr. 23 RL.

2. Nicht verwertbare Erfindungen

(22) Erfindungen, die nicht verwertet werden, weil sie wirtschaftlich nicht verwertbar sind und bei denen auch mit ihrer späteren Verwertbarkeit nicht zu rechnen ist, haben keinen Erfindungswert. Aus der Tatsache, daß ein Schutzrecht erteilt worden ist, ergibt sich nichts Gegenteiliges; denn die Prüfung durch das Patentamt bezieht sich zwar auf Neuheit, Fortschrittlichkeit und Erfindungshöhe, nicht aber darauf, ob die Erfindung mit wirtschaftlichem Erfolg verwertet werden kann. Erfindungen, die betrieblich nicht benutzt, nicht als Sperrpatent oder durch Lizenzvergabe, Verkauf oder Tausch verwertet werden können und auch als Vorratspatent keinen Wert haben, sollten dem Erfinder freigegeben werden.

Übersicht

	Anm.		Anm.
a) Spätere Verwertbarkeit	1	b) Freigabe wegen fehlender Verwertbarkeit	2

Erläuterungen

1 a) Spätere Verwertbarkeit

Fehlt einer Diensterfindung die Verwertbarkeit, so entfällt die Grundlage für die Vergütungspflicht.

Der Vorschlag der Nr. 22 muß im Zusammenhang mit den Anm. zu Nr. 21 RL gewürdigt werden. Wenn nach der Erteilung eines Schutzrechts endgültig feststeht, daß eine Verwertung nicht zu erwarten ist, wird es vernünftigerweise kaum aufrechterhalten werden — s. Anm. 2.

Zu Satz 2 vgl. statt anderer Reimer, Anm. 22 zu § 1 PatG.

2 b) Freigabe wegen fehlender Verwertbarkeit

Der letzte Satz der Nr. 22 enthält nur eine Empfehlung. Ein Rechtsanspruch des Arbeitnehmers auf Freigabe wegen fehlender Verwertbarkeit besteht nicht. Der Arbeitgeber ist aber, solange er die Erfindung nicht freigibt, verpflichtet, die Verwertbarkeit ständig zu überprüfen. Von dieser Verpflichtung kann er sich nur durch die empfohlene Freigabe befreien, vgl. Nr. 23 Abs. 2 RL.

Will der Arbeitgeber das auf die Diensterfindung erteilte Schutzrecht aufgeben, so muß er die Vorschriften des § 16 beachten. Einzelheiten s. dort.

3. Erfindungen, deren Verwertbarkeit noch nicht feststellbar ist

(23) Nicht immer wird sofort festzustellen sein, ob eine Erfindung wirtschaftlich verwertbar ist oder ob mit ihrer späteren Verwertbarkeit zu rechnen ist. Dazu wird es vielmehr in einer Reihe von Fällen einer gewissen Zeit der Prüfung und Erprobung bedürfen. Wenn und solange der Arbeitgeber die Erfindung prüft und erprobt und dabei die wirtschaftliche Verwertbarkeit noch nicht feststeht, ist die Zahlung einer Vergütung in der Regel nicht angemessen. Zwar besteht die Möglichkeit, daß sich eine Verwertbarkeit ergibt. Diese Möglichkeit wird aber dadurch angemessen abgegolten, daß der Arbeitgeber auf seine Kosten die Erfindung überprüft und erprobt und damit seinerseits dem Erfinder die Gelegenheit einräumt, bei günstigem Prüfungsergebnis eine Vergütung zu erhalten.

Die Frist, die dem Betrieb zur Feststellung der wirtschaftlichen Verwertbarkeit billigerweise gewährt werden muß, wird von Fall zu Fall verschieden sein, sollte aber drei bis fünf Jahre nach Patenterteilung nur in besonderen Ausnahmefällen überschreiten. Wird die Erfindung nach Ablauf dieser Frist nicht freigegeben, so wird vielfach eine tatsächliche Vermutung dafür sprechen, daß ihr ein Wert zukommt, sei es auch nur als Vorrats- oder Ausbaupatent.

Übersicht

	Anm.		Anm.
a) Allgemeines	1	d) Gebrauchsmuster	4
b) Erprobung	2	e) Frist	5
c) Prämien	3		

a) Allgemeines 1

Auch dieser Vorschlag der RL kann nur im Zusammenhang mit der Nr. 21 RL betrachtet werden. Er betrifft die Vergütung in dem unmittelbar auf die Inanspruchnahme folgenden Zeitraum, in dem in vielen Fällen die wirtschaftliche Verwertbarkeit der Erfindung noch nicht zu überblicken ist.

b) Erprobung 2

Aus Absatz 2 kann keine „Erprobungspflicht" oder andere Form einer Ausübungspflicht des Arbeitgebers hergeleitet werden. Eine solche Verpflichtung besteht weder bei der unbeschränkten noch bei der beschränkten Inanspruchnahme; vgl. Anm. 10 zu § 7. Der Arbeitgeber ist dafür verpflichtet, die unbeschränkt in Anspruch genommene Erfindung nach ihrer Verwertbarkeit und nicht nach ihrer tatsächlichen Verwertung zu vergüten. Die sehr verständigen Empfehlungen könnten aber vor Mißbrauch schützen.

c) Prämien 3

Von manchen Betrieben wird ohne Anerkennung einer Rechtspflicht dem Erfinder als Anreiz und Anerkennung seiner Aktivität eine Prämie bei Anmeldung, Bekanntmachung oder Erteilung eines Schutzrechts gezahlt. Die Prämien sind unterschiedlich, etwa 50 DM bei Anmeldung, 100 DM bei Bekanntmachung, 150 bis 200 DM bei Erteilung. Die Schiedsstelle hat in dem EV v. 6. 2. 1970 (Bl. 1970, 456) eine solche Prämienzahlung zur Diskussion gestellt, wenn das nicht benutzte Patent alsbald nach Erteilung dem Diensterfinder zur Übertragung nach § 16 angeboten wird.

d) Gebrauchsmuster 4

Für nicht benutzte Gebrauchsmuster wird gelegentlich auch eine Anerkennungsprämie gezahlt, etwa 50 oder 100 DM. Das wird insbesondere in Betracht kommen, wenn die Schutzdauer nach Ablauf von 3 Jahren verlängert wird, da hierin ein Anzeichen für einen Vorrats- oder Sperrwert gesehen werden kann.

e) Frist 5

In dem Vorschlag des Absatzes 2 liegt nur scheinbar eine Abweichung von der gesetzlichen Dreimonatsfrist des § 12 Abs. 3 für die Festsetzung der Vergütung — s. Anm. 6 zu § 12.

4. Erfindungen, bei denen die Verwertbarkeit nicht oder nicht voll ausgenutzt wird

(24) Wird die Erfindung ganz oder teilweise nicht verwertet, obwohl sie verwertbar ist, so sind bei der Ermittlung des Erfindungswertes die unausgenutzten Verwertungsmöglichkeiten im Rahmen der bei verständiger Würdigung bestehenden wirtschaftlichen Möglichkeiten zu berücksichtigen.

Erläuterungen

Übersicht

	Anm.		Anm.
a) Tatsächliche Verwertung und Verwertbarkeit	1	c) Ermittlung des Erfindungswerts	3
b) Abgrenzung gegen versteckte Verwertung	2	d) Beziehung der Verwertungsmöglichkeit auf den Betrieb des Arbeitgebers	4
		e) Beispiele	5

1 a) Tatsächliche Verwertung und Verwertbarkeit

Bei der Bemessung der Vergütung ist nach § 9 Abs. 2 von der wirtschaftlichen Verwertbarkeit der Diensterfindung, nicht nur von der tatsächlichen Verwertung auszugehen (vgl. oben Anm. 37 und 40 zu § 9). Die Richtlinien gehen ebenso wie die Amtl. Begr. zu § 9 (unten S. 581) davon aus, daß die tatsächliche Verwertung im Regelfall der Verwertbarkeit entspricht. Fallen aber beide Größen auseinander, weil die Verwertbarkeit die tatsächliche Verwertung übersteigt oder eine verwertbare Erfindung nicht verwertet wird, so ist auch die nicht ausgenutzte Verwertbarkeit bei der Vergütungsbemessung zu berücksichtigen.

Die Einbeziehung der Verwertbarkeit der Erfindung in die Ermittlung der angemessenen Vergütung führt in der Praxis zu beachtlichen Schwierigkeiten. Im allgemeinen wird man davon ausgehen dürfen, daß jeder Betrieb den möglichen Nutzen aus Erfindungen zieht. Es müssen Anhaltspunkte nachgewiesen werden, daß entgegen dem tatsächlichen Verhalten ein höherer Nutzen zu erzielen gewesen wäre. Gerichte und Schiedsstelle müssen also „klüger sein als der Betrieb". Diese Aufgabe ist nur dann zu lösen, wenn klare Tatsachen nachgewiesen werden.

2 b) Abgrenzung gegen versteckte Verwertung

Wird die Behauptung aufgestellt, der Betrieb ziehe aus der Erfindung keinen Nutzen, so wird zunächst stets zu prüfen sein, ob nicht doch ein mittelbarer oder nicht ohne weiteres erkennbarer Nutzen im Sinne der Nr. 21 bis 24 RL gezogen wird. So wird nur anscheinend kein Nutzen gezogen, wenn die Arbeitgeberin, die eine Aktiengesellschaft ist, einer befreundeten oder konzernmäßig mit ihr verbundenen Firma eine Erfindung zur unentgeltlichen oder doch teilweise unentgeltlichen Verwertung überläßt, irgendwelche rechtliche Möglichkeiten gegen andere bewußt nicht ausnutzt, z. B. auf Verfolgung einer widerrechtlichen Entnahme verzichtet. Da eine AG aus Rechtsgründen in solchen Fällen nichts „verschenken" kann, wird man immer einen wirtschaftlichen Vorteil unterstellen können, der allerdings nicht immer einfach festzustellen sein wird, aber, wie die Erfahrung zeigt, bei einer gütlichen Einigung berücksichtigt werden wird. Vgl. auch Anm. 38 zu § 9.

Unter diesen Gesichtspunkten hat die Schiedsstelle in dem Schiedsfall ArbErf 38/70 (nicht veröffentlicht) die Voraussetzungen für die Zahlung einer Vergütung bejaht: Der Lizenzvertrag zwischen zwei befreundeten Firmen, der eine bestimmte Lizenzzahlung festlegte, war abgelaufen.

Trotzdem benutzte die Lizenznehmerin im Einvernehmen mit der Lizenzgeberin das weiter aufrecht erhaltene Patent nach Beendigung ihrer Zahlungsverpflichtungen, ohne dafür Lizenzzahlungen leisten zu müssen. Der Vorschlag ist allerdings nicht angenommen worden. Der Fall zeigte die Schwierigkeit der Tatsachenfeststellung.

In solchen Fällen wird der Arbeitgeber oft zögern, die Erfindung fallen zu lassen, wobei er sie dem Erfinder gemäß § 16 anbieten müßte, und weil das Schutzrecht gegen Dritte wirkt.

c) Ermittlung des Erfindungswerts 3

Da die tatsächliche Verwertung fehlt, muß der Erfindungswert in der Regel geschätzt werden. Man muß ermitteln, was der Arbeitgeber wohl verdient oder umgesetzt haben würde, wenn er die Erfindung voll verwertet hätte. Einzelne Faktoren, z. B. Lizenzsatz oder Gewinnspanne, wird man durch Analogie zu ähnlichen Erfindungen ermitteln können, u. U. auch den Umsatz in Anlehnung an andere Umsätze schätzen müssen. Berücksichtigt man, daß die Beweislast beim Erfinder liegt. so bedarf es schon guten Willens bei allen Beteiligten und vieler Erfahrung für die vermittelnde oder entscheidende Stelle, um zu einer angemessenen Vergütung zu kommen.

d) Beziehung der Verwertungsmöglichkeit auf den Betrieb des Arbeitgebers 4

Entscheidend für die Ermittlung des Erfindungswerts bei nicht ausgenutzter Verwertbarkeit ist, wie weit der Kreis der noch zu berücksichtigenden Verwertungsmöglichkeiten gezogen wird. Die Amtl. Begr. (unten S. 580) spricht von der Verwertbarkeit im Betrieb (alle Möglichkeiten der Verwertung der Diensterfindung, die an sich im Betrieb bestehen, aber tatsächlich nicht ausgenützt werden) und der Verwertbarkeit in anderen Betrieben „im Rahmen der gegebenen wirtschaftlichen Möglichkeiten". Die Richtlinien passen sich dieser Formulierung an und sprechen allgemein von den unausgenützten Verwertungsmöglichkeiten, die aber nur „im Rahmen der bei verständiger Würdigung bestehenden Möglichkeiten" zu berücksichtigen sind. Es wird also eine Einschränkung gemacht, auf deren Notwendigkeit bereits oben in Anm. 40 zu § 9 und im Gutachten Reimer-Schippel 74 ff. hingewiesen wurden. Der Vergütung sind nicht alle Verwertungsmöglichkeiten zu Grunde zu legen, „die zur Zeit im In- und Ausland konkret bestehen" (so Volmer Anm. 25 zu § 9). Maßgebend sind nur die Verwertungsmöglichkeiten, deren Ausnutzung bei verständiger Würdigung des Falls, d. h. unter angemessener Berücksichtigung aller Umstände dem Arbeitgeber und seinem Betrieb wirtschaftlich zugemutet werden können. Die Entstehungsgeschichte der Nr. 24, vor allem die Erörterungen in der Sachverständigenkommission beim Bundesarbeitsministeriumhaben gezeigt, daß man sich mit der gewählten Formulierung dieser Auslegung anschließen wollte. Von der Verwendung des Begriffs „unzumutbar" ist abgesehen worden, um jede

Erläuterungen

subjektive Färbung zu vermeiden und die Merkmale möglichst von objektiven Erwägungen bestimmen zu lassen. Ob dies ganz geglückt ist und überhaupt möglich ist, mag dahinstehen.

Die Ausnutzung einer an sich gegebenen Verwertungsmöglichkeit muß für den Betrieb vernünftig sein. Hier muß ihm, da er allein das Risiko trägt, ein gewisser Spielraum in der Beurteilung verbleiben, etwa hinsichtlich der Verwertung im Ausland, der Lizenzvergabe an Konkurrenzbetriebe, des Maßes der aufzuwendenden Investitionen. Einem kleinen Betrieb kann nicht zugemutet werden, Lizenzen an einen Großbetrieb zu geben, der ihn dann mit seiner größeren Kapazität, seinen Werbungsmöglichkeiten und vielleicht günstigeren Produktionsbedingungen wirtschaftlich in Bedrängnis bringen könnte.

5 e) **Beispiele**

In dem EV v. 8. 7. 1969 (Bl. 1970, 139) handelt es sich um eine Neukonstruktion zur Herstellung von Biegedornen. Der Arbeitnehmer machte geltend, daß die Konstruktion auch für die Herstellung von Biegedornen größerer Ausmaße geeignet sei. Die Arbeitgeberin machte geltend, daß das Bedürfnis für eine weitere Maschine nicht vorliege und sie zudem hohe Investitionen erfordern würde. Dem ist die Schiedsstelle gefolgt und hat Vergütungsansprüche insoweit verneint.

In dem EV v. 28. 1. 1970 (Bl. 1970, 454) hat die Schiedsstelle es für bewiesen angesehen, daß die Umkonstruktion von drei Transformatoren aus dem alleinigen Grund, die bisher vielfach benutzte Diensterfindung wegen Differenzen mit dem Erfinder, nicht mehr zu verwenden, sachlich nicht begründet war. Für künftige Konstruktionen hat sie jedoch eine wirtschaftlich vernünftige Begründung angenommen. Dementsprechend hat sie nur für 3 Transformatoren die der Höhe nach nicht streitige Vergütung vorgeschlagen (vgl. zu beiden Fällen die Ausführungen von Schade in GRUR 1970, 584).

Mangelhafte Auswertung der Diensterfindung hat die Schiedsstelle in folgendem Fall verneint: Die Diensterfindung wurde von einem Zulieferer eines Großunternehmens verwendet. Andere Zulieferer benutzten diese Erfindung, ohne dem Patentinhaber etwas zu zahlen. Der Arbeitgeber wies nach, daß er ohne die Erlaubnis der kostenlosen Mitbenutzung den Auftrag nicht erhalten hätte.

VI. Besonderheiten

1. Beschränkte Inanspruchnahme

(25) Für die Bewertung des nichtausschließlichen Rechts zur Benutzung der Diensterfindung gilt das für die Bewertung der unbeschränkt in Anspruch genommenen Diensterfindung Gesagte entsprechend. Bei der Ermittlung des Erfindungswertes ist jedoch allein auf die tatsächliche Verwertung durch den Arbeitgeber abzustellen; die unausgenutzte wirtschaftliche Verwertbarkeit (vgl. Nummer 24) ist nicht zu berücksichtigen.

Wird der Erfindungswert mit Hilfe des erfaßbaren betrieblichen Nutzens ermittelt, so unterscheidet sich im übrigen die Ermittlung des Erfindungswertes bei der beschränkten Inanspruchnahme nicht von der bei der unbeschränkten Inanspruchnahme.

Bei der Ermittlung des Erfindungswertes nach der Lizenzanalogie ist nach Möglichkeit von den für nichtausschließliche Lizenzen mit freien Erfindern üblicherweise vereinbarten Sätzen auszugehen. Sind solche Erfahrungssätze für nichtausschließliche Lizenzen nicht bekannt, so kann auch von einer Erfindung ausgegangen werden, für die eine ausschließliche Lizenz erteilt worden ist; dabei ist jedoch zu beachten, daß die in der Praxis für nichtausschließliche Lizenzen gezahlten Lizenzsätze in der Regel, keinesfalls aber in allen Fällen, etwas niedriger sind als die für ausschließliche Lizenzen gezahlten Sätze. Hat der Arbeitnehmer Lizenzen vergeben, so können die in diesen Lizenzverträgen vereinbarten Lizenzsätze in geeigneten Fällen als Maßstab für den Erfindungswert herangezogen werden. Hat der Arbeitnehmer kein Schutzrecht erwirkt, so wirkt diese Tatsache nicht mindernd auf die Vergütung, jedoch ist eine Vergütung nicht oder nicht mehr zu zahlen, wenn die Erfindung so weit bekannt geworden ist, daß sie infolge des Fehlens eines Schutzrechts auch von Wettbewerbern berechtigterweise benutzt wird.

Übersicht

	Anm.		Anm.
a) Unterschiede zur unbeschränkten Inanspruchnahme	1, 2	b) Höhe der Vergütung	3
		c) Kritik von Abs. 3, letzter Satz	4

a) Unterschiede zur unbeschränkten Inanspruchnahme 1

Die Grundlage für die Vergütung beschränkt in Anspruch genommener Erfindungen finden sich in §§ 10 Abs. 1 und 9 Abs. 2. Es kann weitgehend auf die Anm., insbesondere 12 und 13 zu § 10 verwiesen werden.

Bei der entsprechenden Anwendung der für die Bewertung unbeschränkt in Anspruch genommener Diensterfindungen aufgestellten Regeln ist vor allem zu beachten: Da der Vergütungsanspruch nur entsteht, wenn die beschränkt in Anspruch genommene Diensterfindung benutzt wird, ist bei der Bewertung allein auf die tatsächliche Verwertung abzustellen. Wegen des Umfangs des Benutzungsrechts vgl. Anm. 10 bis 12 zu § 7. Eine Verpflichtung des Arbeitgebers zur Ausnützung des Benutzungsrechts besteht nicht. Nr. 24 kann nicht angewendet werden. Auch die Verwertung als Sperrpatent ist wegen des Rechts des Arbeitnehmers, weitere Lizenzen zu vergeben, in der Regel nicht denkbar; die Grundgedanken der Nr. 18 sind jedoch anwendbar, wenn die wirtschaftliche Stellung des Arbeitgebers praktisch eine weitere Lizenzvergabe unmöglich macht, der Arbeitnehmer aber von § 7 Abs. 2 Satz 2 keinen

Erläuterungen

Gebrauch gemacht hat und der Arbeitgeber tatsächlich trotz der Freigabe ein Monopol hat.

2   Wegen der Möglichkeit der Verwertung durch Vergabe von Unterlizenzen durch den Arbeitgeber vgl. Anm. 11 zu § 7, wegen der Übertragung der Rechte des Arbeitnehmers durch Lizenz- oder Kaufvertrag vgl. Anm. 20 zu § 7.

3   **b) Höhe der Vergütung**

Durch die Freigabe der Diensterfindung — unbeschadet des Benutzungsrechts — erhält der Arbeitnehmer mehr als bei der unbeschränkten Inanspruchnahme. Deshalb ist mindestens rein gedanklich eine geringere Vergütung zu zahlen, als bei der unbeschränkten Inanspruchnahme. Dies wird durch den Hinweis auf die Sätze für die nichtausschließliche Lizenz zum Ausdruck gebracht; doch zeigt der Text selbst, daß die Unterschiede praktisch oft recht gering sind.

Mit Heine-Rebitzki, Anm. 2 zu § 10 ist festzustellen, daß die Vergütung entsprechend gemindert werden kann, wenn auch der Arbeitnehmer die Erfindung ausnützt. Volmer, Anm. 9 und 10 zu § 10 will die Minderung generell und ohne Rücksicht auf eine Verwertung der Erfindung durch den Arbeitnehmer eintreten lassen. Dem kann nicht gefolgt werden. Die Minderung ist nur angemessen, wenn der Arbeitnehmer durch die eigene Verwertung der Erfindung aus dem Anteil des Betriebs selbst Nutzen zieht.

4   **c) Kritik von Abs. 3, letzter Satz**

In Anm. 10 zu § 10 ist dargelegt worden, daß in vielen Fällen auch die Benutzung der Erfindung durch den hierzu berechtigten Arbeitgeber dazu führen kann, daß die Erfindung offenkundig wird. Deshalb wird man den letzten Satz dahin erweitern müssen, daß in solchen Fällen die Vergütung entfällt, wenn Wettbewerber sie benutzen können — nicht nur, wenn sie sie tatsächlich benutzen. Das steht im übrigen in Übereinstimmung mit der Auffassung des BGH, die in dem Urteil v. 26. 11. 1968 „Räumzange" (GRUR 1969, 341; vgl. auch Anm. 6 zu § 20) zum Ausdruck kommt; danach liegt eine Vorzugsstellung nach § 20 Abs. 1 nicht vor, „wenn die Mitbewerber des Arbeitgebers die Verbesserung trotz Kenntnis lediglich nicht anwenden".

Im übrigen wird auf Anm. 10 zu § 10 verwiesen.

2. Absatz im Ausland und ausländische Schutzrechte

(26) Wird das Ausland vom Inlandsbetrieb aus beliefert, so ist bei der Berechnung des Erfindungswertes nach dem erfaßbaren betrieblichen Nutzen der Nutzen wie im Inland zu erfassen. Ebenso ist bei der Berechnung des Erfindungswertes nach der Lizenzanalogie der Umsatz oder die Erzeugung auch insoweit zu berücksichtigen, als das Ausland vom Inland aus beliefert wird. Bei zusätzlicher Verwertung im Ausland

Richtlinien Nr. 26

(z. B. Erzeugung im Ausland, Lizenzvergaben im Ausland) erhöht sich der Erfindungswert entsprechend, sofern dort ein entsprechendes Schutzrecht besteht.

Auch im Ausland ist eine nicht ausgenutzte Verwertbarkeit oder eine unausgenutzte weitere Verwertbarkeit nach den gleichen Grundsätzen wie im Inland zu behandeln (vgl. Nummer 24). Sofern weder der Arbeitgeber noch der Arbeitnehmer Schutzrechte im Ausland erworben haben, handelt es sich um schutzrechtsfreies Gebiet, auf dem Wettbewerber tätig werden können, so daß für eine etwaige Benutzung des Erfindungsgegenstandes in dem schutzrechtsfreien Land sowie für den Vertrieb des in dem schutzrechtsfreien Land hergestellten Erzeugnisses im allgemeinen eine Vergütung nicht verlangt werden kann.

Übersicht

	Anm.		Anm.
a) Grundsätze der Nr. 26	1	c) Erweiterung dieser Grundsätze	3-5
b) Kritik dieser Grundsätze	2	d) Ausländische Schutzrechte des Arbeitnehmers	6

a) Grundsätze der Nr. 26 1

Nr. 26 ist etwas unglücklich gefaßt. Man kann folgende Grundsätze entnehmen:

1) Wird das Ausland vom Inland beliefert, in dem ein Schutzrecht besteht, sind diese Lieferungen zu berücksichtigen, gleichgültig, ob man die Vergütung nach dem Nutzen oder nach der Lizenzanalogie ermittelt (Abs. 1 Satz 1 und 2).

2) Besteht in einem ausländischen Staat ein Schutzrecht und wird in ihm die Erfindung zusätzlich verwertet (Erzeugung in eigener ausländischer Produktionsstätte oder Lizenzvergabe an ausländische Firma), so ist hierfür nach denselben Grundsätzen zusätzlich zu vergüten (Abs. 1 Satz 3).

3) Besteht in dem ausländischen Staat kein Schutzrecht, so ist die dort entsprechend 2) stattfindende Verwertung im allgemeinen nicht zu vergüten (Abs. 2 Satz 2).

4) Unausgenutzte Verwertbarkeit im Ausland ist wie im Inland entsprechend Nr. 24 RL zu behandeln (Abs. 2 Satz 1).

b) Kritik dieser Grundsätze 2

Diesen Grundsätzen wird voll beigetreten; sie sind allerdings zu ergänzen und auf einen allgemeinen Gesichtspunkt zurückzuführen.

Gaul-Bartenbach meinen (Handbuch N 155, 156), daß in § 2 ArbEG nur eine nach deutschem Recht schutzfähige Erfindung gemeint sei; sie leiten die Vergütungspflicht für die Verwertung im Ausland aus § 20 Abs. 1

Erläuterungen

her. Dem wird nicht beigetreten. Zwar gelten die Schutzrechte jeweils nur in dem Gebiet, für das sie erteilt werden. Doch ist nicht einzusehen, warum ein ausländisches Patent hinsichtlich der Benutzung in diesem Land nicht dieselben Wirkungen haben sollte wie ein deutsches Patent für die Benutzung in der Bundesrepublik Deutschland (vgl. Schade, VDI-Information Nr. 27 Abschn. IV).

3   c) **Erweiterung der Grundsätze**

In dem in Anm. 2 genannten Aufsatz wird die These aufgestellt, „daß immer dann, wenn eine der vier Benutzungsarten des § 6 PatG in einem durch Schutzrecht abgedeckten Staat vorliegt, eine Vergütung zu zahlen ist". Dieser Grundsatz liegt dem EV v. 1. 12. 1970 (Bl. 1971,143) zugrunde, der Lieferungen aus dem patentgeschützten Inland in das Ausland behandelt, in dem nach Freigabe der Erfindung an den Diensterfinder kein Schutzrecht entstanden ist.

4   Der in Anm. 3 aufgestellte Grundsatz gilt auch dann, wenn die Erfindung nach Zurückweisung der deutschen Patentanmeldung in ausländischen Staaten hergestellt, in Verkehr gebracht, feilgehalten oder gebraucht wird, in denen Schutzrechte bestehen (EV v. 19. 1. 1970, Bl. 1970, 426). Es genügt also die Lieferung aus dem schutzrechtsfreien Inland in das schutzrechtsabgedeckte Ausland oder die Lizenzvergabe in einem solchen ausländischen Staat, um die Vergütungspflicht entstehen zu lassen. Doch kann die Zurückweisung in einem Land, insbesondere im Inland, Auswirkungen auf die Höhe der Vergütung haben (vgl. Anm. 9 zu Nr. 43 RL).

5   Es ist klarzustellen, daß bei Herstellung in einem schutzrechtsfreien Land nur für den Verkauf in diesem oder in einem anderen schutzrechtsfreien Land keine Vergütung zu zahlen ist.

6   d) **Ausländische Schutzrechte des Arbeitnehmers**

Hat der Arbeitnehmer aufgrund der ihm freigegebenen Diensterfindung selbst ein Schutzrecht im Ausland erworben, so kommt es darauf an, ob sich der Arbeitgeber ein nichtausschließliches Benutzungsrecht vorbehalten hat (vgl. die Anm. zu § 14). Ist das nicht der Fall, so hat der Arbeitnehmer Ansprüche nach dem allgemeinen Patent- und Lizenzrecht, wenn der Arbeitgeber benutzen will; das Gleiche gilt, wenn er ein von Anfang an freies, etwa ein von einem Dritten erworbenes Schutzrecht besitzt.

3. Betriebsgeheime Erfindungen
(§ 17)

(27) Betriebsgeheime Erfindungen sind ebenso wie geschützte Erfindungen zu vergüten. Dabei sind nach § 17 Abs. 4[1]) des Gesetzes auch die wirtschaftlichen Nachteile zu berücksichtigen, die sich für den Arbeit-

---

[1]) jetzt § 17 Abs. 3

nehmer dadurch ergeben, daß auf die Diensterfindung kein Schutzrecht erteilt worden ist. Die Beeinträchtigung kann u. a. darin liegen, daß der Erfinder nicht als solcher bekannt wird oder daß die Diensterfindung nur in beschränktem Umfang ausgewertet werden kann. Eine Beeinträchtigung kann auch darin liegen, daß die Diensterfindung vorzeitig bekannt und mangels Rechtsschutzes durch andere Wettbewerber ausgewertet wird.

Zur Vergütung betriebsgeheimer Erfindungen siehe Anm. 12—15 zu § 17. Die Richtlinien bringen über das dort Gesagte hinaus nichts Neues. Auch Sperrpatente können als betriebsgeheime Erfindung behandelt werden, wenn der Unternehmer vermeiden will, daß die Möglichkeit der Verbesserung oder Umgehung eines Verfahrens überhaupt bekannt wird; vgl. Anm. 4 zu Nr. 18.

B. Gebrauchsmusterfähige Erfindungen

(28) Bei der Ermittlung des Erfindungswertes für gebrauchsmusterfähige Diensterfindungen können grundsätzlich dieselben Methoden angewandt werden wie bei patentfähigen Diensterfindungen. Wird der Erfindungswert nach dem erfaßbaren betrieblichen Nutzen ermittelt, so ist hierbei nach denselben Grundsätzen wie bei patentfähigen Diensterfindungen zu verfahren. Wird dagegen von der Lizenzanalogie ausgegangen, so ist nach Möglichkeit von den für gebrauchsmusterfähigen Erfindungen in vergleichbaren Fällen üblichen Lizenzen auszugehen. Sind solche Lizenzsätze für gebrauchsmusterfähige Erfindungen freier Erfinder nicht bekannt, so kann bei der Lizenzanalogie auch von den für vergleichbare patentfähige Erfindungen üblichen Lizenzsätzen ausgegangen werden; dabei ist jedoch folgendes zu beachten: In der Praxis werden vielfach die für Gebrauchsmuster an freie Erfinder üblicherweise gezahlten Lizenzen niedriger sein als die für patentfähige Erfindungen; dies beruht u. a. auf dem im allgemeinen engeren Schutzumfang sowie auf der kürzeren gesetzlichen Schutzdauer des Gebrauchsmusters. Die ungeklärte Schutzfähigkeit des Gebrauchsmusters kann jedoch bei Diensterfindungen nur dann zuungunsten des Arbeitnehmers berücksichtigt werden, wenn im Einzelfall bestimmte Bedenken gegen die Schutzfähigkeit eine Herabsetzung des Analogielizenzsatzes angemessen erscheinen lassen. Wird in diesem Falle das Gebrauchsmuster nicht angegriffen oder erfolgreich verteidigt, so wird im allgemeinen der Anlaß für eine Neufestsetzung der Vergütung nach § 12 Abs. 6 des Gesetzes vorliegen.

Wird eine patentfähige Erfindung nach § 13 Abs. 1 Satz 2 des Gesetzes als Gebrauchsmuster angemeldet, so ist der Erfindungswert wie bei einer patentfähigen Erfindung zu bemessen, wobei jedoch die kürzere gesetzliche Schutzdauer des Gebrauchsmusters zu berücksichtigen ist.

Erläuterungen

Übersicht

	Anm.		Anm.
a) Allgemeines	1	c) Gebrauchsmuster für patentfähige Erfindung	3
b) Höhe der Vergütung (Beispiele)	2		

1 a) Allgemeines

Die Vergütung für gebrauchsmusterfähige Erfindungen wurde mit diesem Gesetz erstmals eingeführt. Sie ist nicht rückwirkend zu zahlen, wie sich aus § 43 Abs. 3 ergibt (vgl. dort Anm. 10).

Die Verweisung auf die bei patentfähigen Diensterfindungen angewendeten Methoden zur Ermittlung des Erfindungswerts entspricht der im Gesetz durchgeführten Gleichstellung beider Schutzrechte und im wesentlichen auch der wirklichen Sachlage. Die Feststellungen über die Höhe der Lizenzsätze stimmen mit den Ausführungen von Reimer-Schippel S. 125 und Lüdecke, Lizenzgebühren Nr. 56 und 57 überein. Nach Lüdecke betragen die Lizenzsätze für Gebrauchsmuster in vielen Fällen nur etwa die Hälfte der bei Patenten üblichen Sätze, obwohl hier, wie mit Lüdecke betont wird, häufig sachlich nicht berechtigte Vorurteile gegen das Gebrauchsmuster mitspielen. Wegen Besonderheiten beim Anteilsfaktor s. Anm. 5 zu Nr. 33 RL.

2 b) Höhe der Vergütung (Beispiele)

Zur Höhe des Lizenzsatzes bei Gebrauchsmustern hat sich die Schiedsstelle mehrfach geäußert. Die Beispiele zeigen, daß je nach dem Ausschlußwert des Gebrauchsmusters eine breite Streuung gegeben ist.

1. Beispiel

In dem EV v. 17. 12. 1963 (Bl. 1964, 166) ist für ein Tankinhalts-Meßgerät ein Lizenzsatz von 2 % vorgeschlagen worden; der ursprünglich in Aussicht genommene Satz von 3 % ist mit Rücksicht auf das „Risiko" der Geltendmachung des Gebrauchsmusters ermäßigt worden.

2. Beispiel

In dem nur auszugsweise veröffentlichten Schiedsfall ArbErf. 23/66 (Bl. 1967, 159) sind für Spielzeuge je nach dem Ausschlußwert der Gebrauchsmuster 1,5 % und 3 % vorgeschlagen worden, in einem späteren Fall 2 % und 4 %.

3. Beispiel

Im EV v. 26. 6. 1968 (Bl. 1969, 23) ist für ein Gebrauchsmuster für ein Vibrations-Massagegerät ein Lizenzsatz von 0,5 % angenommen worden.

3 c) Gebrauchsmuster für patentfähige Erfindung

Wird eine an sich patentfähige Erfindung nach § 13 Abs. 1 Satz 2 nur als Gebrauchsmuster angemeldet, so soll dem Arbeitnehmer hieraus kein Schaden entstehen. Solange das Gebrauchsmuster besteht, sind deshalb die für Patente geltenden Grundsätze anzuwenden. Allerdings kann der Arbeitnehmer keine Ansprüche nach Nr. 24 RL wegen unausgenützter Verwertbarkeit erheben, weil nur ein Gebrauchsmuster angemeldet worden sei. Die „Verwertbarkeit" bezieht sich nicht auf die Schutzfähigkeit der Erfindung (vgl. Reimer-Schippel S. 126).

C. Technische Verbesserungsvorschläge
(§ 20 Abs. 1)

(29) Nach § 20 Abs. 1 des Gesetzes hat der Arbeitnehmer für technische Verbesserungsvorschläge, die dem Arbeitgeber eine ähnliche Vorzugsstellung gewähren wie ein gewerbliches Schutzrecht, gegen den Arbeitgeber einen Anspruch auf angemessene Vergütung, sobald dieser sie verwertet. Eine solche Vorzugsstellung gewähren technische Verbesserungsvorschläge, die von Dritten nicht nachgeahmt werden können (z. B. Anwendung von Geheimverfahren; Verwendung von Erzeugnissen, die nicht analysiert werden können). Der technische Verbesserungsvorschlag als solcher muß die Vorzugsstellung gewähren; wird er an einem Gerät verwandt, das schon eine solche Vorzugsstellung genießt, so ist der Vorschlag nur insoweit vergütungspflichtig, als er für sich betrachtet, also abgesehen von der schon bestehenden Vorzugsstellung, die Vorzugsstellung gewähren würde. Bei der Ermittlung des Wertes des technischen Verbesserungsvorschlages im Sinne des § 20 Abs. 1 des Gesetzes sind dieselben Methoden anzuwenden wie bei der Ermittlung des Erfindungswertes für schutzfähige Erfindungen. Dabei ist jedoch allein auf die tatsächliche Verwertung durch den Arbeitgeber abzustellen; die unausgenutzte wirtschaftliche Verwertbarkeit (Nummer 24) ist nicht zu berücksichtigen. Sobald die Vorzugsstellung wegfällt, weil die technische Neuerung so weit bekannt geworden ist, daß sie auch von Wettbewerbern berechtigterweise benutzt wird, ist eine Vergütung nicht oder nicht mehr zu zahlen.

Zum Begriff des qualifizierten technischen Verbesserungsvorschlags des § 20 Abs. 1 siehe Anm. 2—6 zu § 20, zu seiner Vergütung Anm. 9 bis 16 zu § 20. Anm. 17—20 zu § 20 behandeln die nach dem Arbeitnehmererfindergesetz nicht vergütungspflichtigen Verbesserungsvorschläge; dazu aus der Literatur Hagen, Über technische Verbesserungsvorschläge, GRUR 1959, 163, und Alfred Hueck, Gedanken zur Neuregelung des Rechts der Arbeitnehmererfindungen in der Festschrift für Nickisch, Tübingen 1958 — Sonderdruck — S. 68 ff. Zur Vergütung von Verbesserungsvorschlägen, die als sog. „know how" zu einer Diensterfindung treten, vgl. Nr. 14 Abs. 2, 16 Abs. 2 und 17 Abs. 2 der Richtlinien.

ZWEITER TEIL

Anteilsfaktor

(30) Von dem im Ersten Teil ermittelten Erfindungswert ist mit Rücksicht darauf, daß es sich nicht um eine freie Erfindung handelt, ein entsprechender Abzug zu machen. Der Anteil, der sich für den Arbeitneh-

Erläuterungen

mer unter Berücksichtigung dieses Abzugs an dem Erfindungswert ergibt, wird in Form eines in Prozenten ausgedrückten Anteilsfaktors ermittelt.

Der Anteilsfaktor wird bestimmt:
a) durch die Stellung der Aufgabe,
b) durch die Lösung der Aufgabe,
c) durch die Aufgaben und die Stellung des Arbeitnehmers im Betrieb.

Die im folgenden hinter den einzelnen Gruppen der Tabellen a), b) und c) eingefügten Wertzahlen dienen der Berechnung des Anteilsfaktors nach der Tabelle unter Nummer 37. Soweit im Einzelfall eine zwischen den einzelnen Gruppen liegende Bewertung angemessen erscheint, können Zwischenwerte gebildet werden (z. B. 3,5).

Übersicht

	Anm.		Anm.
a) Bedeutung des Anteilsfaktors · ·	1	d) Unterteilung des Anteilsfaktors ·	4
b) Unterschiede zu den RL 1944 · ·	2	e) Miterfinder · · · · · · · · · · ·	5
c) Vorteile der Neuregelung · · ·	3		

1 a) Bedeutung des Anteilsfaktor

Die Bedeutung des Anteilsfaktors bei der Bemessung der Erfindervergütung und seine Begründung ist in Nr. 2 der Richtlinien dargestellt; siehe auch oben Anm. 42 zu § 9; Reimer-Schippel S. 29 und 36ff.

2 b) Unterschiede zu den RL 1944

Die Ausführungen der Richtlinien zum Anteilsfaktor schließen sich nur zum Teil, insoweit allerdings ziemlich eng, an die Richtlinien 1944 an. Wegen der Änderung der Vergütungsregelung in § 9, bei der der Begriff „Ausmaß der schöpferischen Leistung" ersetzt ist durch „Anteil des Betriebes am Zustandekommen der Diensterfindung", vgl. Anm. 43, 44 zu § 9. Weitere ins Gewicht fallende Unterschiede sind bei Nr. 32 (Lösung der Aufgabe) und bei Nr. 38 (Wegfall der Vergütung, vorhanden. Zu dem Wegfall des Rangfaktors s. Anm. 9 zu Nr. 2 RL.

Wegen weiterer Unterschiede vgl. die Vorauflage.

3 c) Vorteile der Neuregelung

Nicht gering einzuschätzen ist die größere Verständlichkeit der Neuregelung. An die Stelle der Kombination zweier in sich aus mehreren Teilfaktoren zusammengesetzter Tabellenergebnisse tritt die der Addition der drei Anteilswerte entsprechende aus Nr. 37 abzulesende Zahl. Diese stellt sich dar als der Prozentsatz der einem freien Erfinder zukommenden Vergütung. Dadurch werden die Bemessung der Vergütung und der Gang der Berechnung verständlicher. Die Einigung darüber, ob die Vergütung angemessen ist, wird erleichtert.

d) Unterteilung des Anteilsfaktors 4

Zur Unterteilung des Anteilsfaktors in Stellung und Lösung der Aufgabe und Aufgaben und Stellung des Arbeitnehmers in Betrieb siehe Anm. 43 bis 45 u § 9. Wegen der Wertzahlen und der Anwendung der Tabelle siehe Nr. 37.

e) Miterfinder 5

Für jeden Miterfinder ist der Anteilsfaktor gesondert zu ermitteln, zumal er oft verschieden sein wird. Vgl. wegen der Einzelheiten Anm. 50 bis 52 zu § 9.

a) Stellung der Aufgabe

(31) Der Anteil des Arbeitnehmers am Zustandekommen der Diensterfindung ist um so größer, je größer seine Initiative bei der Aufgabenstellung und je größer seine Beteiligung bei der Erkenntnis der betrieblichen Mängel und Bedürfnisse ist. Diese Gesichtspunkte können in folgenden 6 Gruppen berücksichtigt werden:

Der Arbeitnehmer ist zu der Erfindung veranlaßt worden:
1. weil der Betrieb ihm eine Aufgabe unter unmittelbarer Angabe des beschrittenen Lösungsweges gestellt hat (1);
2. weil der Betrieb ihm eine Aufgabe ohne unmittelbare Angabe des beschrittenen Lösungsweges gestellt hat (2);
3. ohne daß der Betrieb ihm eine Aufgabe gestellt hat, jedoch durch die infolge der Betriebszugehörigkeit erlangte Kenntnis von Mängeln und Bedürfnissen, wenn der Erfinder diese Mängel und Bedürfnisse nicht selbst festgestellt hat (3);
4. ohne daß der Betrieb ihm eine Aufgabe gestellt hat, jedoch durch die infolge der Betriebszugehörigkeit erlangte Kenntnis von Mängeln und Bedürfnissen, wenn der Erfinder diese Mängel und Bedürfnisse selbst festgestellt hat (4);
5. weil er sich innerhalb seines Aufgabenbereiches eine Aufgabe gestellt hat (5);
6. weil er sich außerhalb seines Aufgabenbereichs eine Aufgabe gestellt hat (6);

Bei Gruppe 1 macht es keinen Unterschied, ob der Betrieb den Erfinder schon bei der Aufgabenstellung oder erst später auf den beschrittenen Lösungsweg unmittelbar hingewiesen hat, es sei denn, daß der Erfinder von sich aus den Lösungsweg bereits beschritten hatte. Ist bei einer Erfindung, die in Gruppe 3 oder 4 einzuordnen ist, der Erfinder vom Betrieb später auf den beschrittenen Lösungsweg hingewiesen worden, so kann es angemessen sein, die Erfindung niedriger einzuordnen, es sei denn, daß der Erfinder von sich aus den Lösungsweg bereits beschritten hatte. Liegt in Gruppe 3 oder 4 die Aufgabe außerhalb des Aufgaben-

Erläuterungen

bereichs des Erfinders, so wird es angemessen sein, die Erfindung höher einzuordnen.

Ferner ist zu berücksichtigen, daß auch in der Aufgabenstellung allein schon eine unmittelbare Angabe des beschrittenen Lösungsweges liegen kann, wenn die Aufgabe sehr eng gestellt ist. Andererseits sind ganz allgemeine Anweisungen (z. B. auf Erfindungen bedacht zu sein) noch nicht als Stellung der Aufgabe im Sinne dieser Tabelle anzusehen.

Übersicht

	Anm.		Anm.
a) „Aufgabe"	1,2	e) Aufgabe im Aufgabenbereich des Erfinders	6
b) Gruppeneinteilung	3		
c) Verhältnis zu Nr. 33, 34 RL	4	f) Grenzfälle	7
d) Aufgabenstellung durch den Betrieb	5	g) Miterfinder	8
		h) Beispiele für Aufgabenstellung	9

1 a) „Aufgabe"

Nr. 31 mißt die Anteile des Erfinders und des Betriebs am Zustandekommen der Diensterfindung nach dem Maß der Initiative bei der Aufgabenstellung.

Nach patentrechtlichen Grundsätzen wird bei jeder Erfindung die Stellung der Aufgabe und die Lösung der Aufgabe untersucht. Es kann sein, daß beide erfinderischen Gehalt haben, oft wird dies nur bei der Lösung, in seltenen Fällen bei der Aufgabe allein der Fall sein.

„Unter Aufgabe im patentrechtlichen Sinne ist . . . . nicht eine auf die Geistesrichtung des Erfinders abgestellte subjektive Charakteristik dessen, was der Erfinder gewollt hat, zu verstehen, sondern eine auf den von der Erfindung erreichten technischen Erfolg . . . . abgestellte objektive Charakteristik der fertigen Erfindung" (so BGH im Urteil v. 27. 10. 1966 „Hohlwalze", GRUR 1967, 194, 196). Das heißt mit anderen Worten, daß das objektiv erreichte Ergebnis ins Auge zu fassen ist, nicht die ursprüngliche subjektive Vorstellung des Erfinders oder, wenn ihm die Aufgabe gestellt worden ist, ihres Urhebers.

2 Hat sich hier im Lauf der Entwicklungsarbeiten eine Verlagerung des Ziels ergeben, so, kann dies sich sowohl auf die Bedeutung der ursprünglichen subjektiven Vorstellung des Erfinders als auch auf die des Arbeitgebers auswirken. Es ist deshalb u. U. zu prüfen, ob die am Ende hervorgetretene objektive Aufgabe als vom Arbeitgeber gestellt angesehen werden kann oder ob sich eine stärkere Aktivität des Erfinders feststellen läßt, die etwa eine höhere Wertzahl als 2 rechtfertigt. In mehreren Schiedsfällen ist die Wertzahl 3 vorgeschlagen worden (vgl. 7. Beispiel in Anm. 9), bei einer Erfindung im Kernreaktorbau sogar die Wertzahl 4.

b) Gruppeneinteilung 3

Die Einteilung geht davon aus, daß der Erfinder durch eine ihm vom Betrieb gestellte Aufgabe zur Erfindung veranlaßt wurde (Gruppe 1 und 2), und endet bei der eigenen Stellung der Aufgabe ohne betrieblichen Anstoß (Gruppe 5 und 6). Zwischen diesen beiden Polen liegen die Fälle, in denen der Betrieb zwar keine Aufgabe stellt, die Initiative des Erfinders aber auf Erkenntnisse zurückzuführen ist, die der Erfinder nur als Betriebsangehöriger gewonnen hat (Gruppe 3 und 4). Weiter fragen die Richtlinien in den Gruppen 1 und 2, ob die Aufgabenstellung durch Angabe des Lösungswegs, der schließlich zum Ziele führte, konkretisiert wurde; in den Gruppen 3 und 4 wird unterschieden, ob die Erkenntnisse vom Erfinder selbst geschöpft wurden oder ob sie ihm von einem anderen Betriebsangehörigen mitgeteilt wurden; der Unterschied zwischen Gruppe 5 und 6 besteht darin, daß die Aufgabe einmal innerhalb, einmal außerhalb des Aufgabenbereichs des Erfinders liegt.

c) Verhältnis zu Nr. 32, 34 RL 4

Auch bei der Lösung der Aufgabe (Nr. 32) und der Stellung und den Aufgaben des Erfinders im Betrieb (Nr. 34) werden Wissen und Kenntnisse des Erfinders berücksichtigt, die in Nr. 3 und 4 der Skala eine Rolle spielen. Hierin liegt aber nicht eine doppelte Berücksichtigung derselben Tatsachen; vgl. hierzu Anm. 10 zu Nr. 2 RL und Schiedsstelle Bl. 1963, 16; vgl. auch Anm. 6 zu Nr. 32 und Anm. 2, 3 zu Nr. 33 RL.

d) Aufgabenstellung durch den Betrieb 5

Die Aufgabenstellung durch den Betrieb muß nicht ausdrücklich erfolgen. Es genügt, wenn der Erfinder von einem Vorgesetzten irgendwie auf eine hinreichend konkretisierte Aufgabe hingewiesen wurde, die mit dem Aufgabenbereich des Erfinders im Zusammenhang steht, mit der er sich also auf Grund des Hinweises beschäftigen muß. Beachte dazu den letzten Satz der Nr. 31. Ein bindender Auftrag, sich mit der Lösung der Aufgabe zu befassen, ist nicht erforderlich. Die Aufgabenstellung kann z. B. im Zusammenhang mit Aufträgen und Besprechungen, Kundenanfragen, Reklamationen usw. erfolgen. Besprechungen, Anfragen und Reklamationen können aber auch nur zur Erkenntnis bestimmter Mängel oder Bedürfnisse i. S. d. Gruppen 3 und 4 führen. Im einzelnen sind die Grenzen fließend. Vgl. auch die Ausführungen in Anm. 2.

Eine allgemeine Vermutung, daß die Betriebszugehörigkeit die Stellung der Aufgabe beeinflusse, besteht nicht; doch wird angenommen werden können, daß angestellte Erfinder Mängel der Erzeugnisse des Betriebs kennen (vgl. Besprechung Schippel, GRUR 1962, 358, zum Schiedsfall Bl. 1962, 53, unten 5. Beispiel). Das gilt vor allem für den weisungsfrei arbeitenden Wissenschaftler und andere Arbeitnehmer in leitender Stellung, die sich z. B. Gedanken über die Verwertung von Abfällen machen müssen (siehe auch unten 6. Beispiel, Schiedsfall Bl. 1962, 51 mit Besprechung Schippel, GRUR 1962, 358).

Erläuterungen

6 e) Aufgabe im Aufgabenbereich des Erfinders

Wird geprüft, ob eine Aufgabe in den Aufgabenbereich des Erfinders fällt, so kann nur an die konkreten, dem Erfinder im Zeitpunkt der Aufgabenstellung zugewiesenen Aufgaben gedacht werden, nicht an den allgemeinen, durch die Stellung des Erfinders im Betrieb bestimmten Aufgabenbereich. Denn dieser allgemeine Aufgabenbereich wird in Nr. 33 bis 36 gewertet.

7 f) Grenzfälle

Bei Gruppe 1 ist zu überlegen, ob überhaupt eine erfinderische Leistung vorliegt. Ist der Lösungsweg „unmittelbar", also mehr oder minder eingehend vorgezeichnet worden, so kommt es auf die Umstände des Einzelfalls an, ob die darin nach außen liegende Erfindung innerbetrieblich von dem die Aufgabe Stellenden oder dem sie lösenden Arbeitnehmer gemacht worden ist. Bei Gruppe 6, die praktisch selten sein dürfte, ist zu prüfen, ob die Erfindung überhaupt noch eine Diensterfindung oder eine freie Erfindung ist.

8 g) Miterfinder

Führen Stellung und Lösung der Aufgabe auf verschiedene Personen zurück und haben beide für sich erfinderischen Gehalt, so liegt eine Miterfindung vor. Bei der Bewertung der Aufgabenstellung muß darauf geachtet werden, daß derselbe Tatbestand nicht doppelt zuungunsten des Erfinders bewertet wird, einmal durch Berücksichtigung des Anteils des anderen Miterfinders, zweitens durch geringe Höhe der Wertzahl für a) — vgl. Anm. 51 zu § 9, ferner BGH v. 10. 11. 1970 „Wildbißverhinderung" (GRUR 1971, 210). Die Schiedsstelle hat in einem solchen Fall vorgeschlagen, für die Stellung der Aufgabe die Wertzahl 3 einzusetzen.

9 h) Beispiele für Aufgabenstellung:

1. Beispiel (vgl. Mitt. 1959, 258 und 259 III, 3 Beispiel f)

Der Arbeitnehmer wurde mit der Entwicklung von heizbaren Scheiben beauftragt. Scheiben mit Heizdrähten waren seinerzeit bereits bekannt. Die in den Patenten geschützten Ausbildungen betreffen z. B. die Dicke und Anordnung der Heizdrähte, das Verweben von Heiz- und Isolierdrähten und rotierende Heizscheiben. Die Schiedsstelle hat angenommen, daß der Erfinder von seiner Arbeitgeberin auf die in seinen Erfindungen beschriebenen Lösungsmöglichkeiten nicht hingewiesen worden ist; diese Annahme werde gestützt durch die Erfindernennung, in der neben dem Arbeitnehmer keine weiteren Personen als Erfinder aufgeführt sind.

Die Schiedsstelle hat die 2. Stufe (Richtlinien 1944) angenommen.

2. Beispiel (vgl. Mitt. a. a. O. III, 3 Beispiel e)

Ein Entwicklungsingenieur hat einen unmittelbaren Anstoß ohne Angabe des Lösungswegs erhalten. Es handelte sich darum, einen Gas-

regelhahn zu entwickeln, mit dessen Hilfe die Gasmenge sowohl für die Vollbrand- als auch für die Kleinbrandstellung durch eine einzige Stellschraube einstellbar war. Vorbilder lagen im Stande der Technik nicht vor; der Arbeitnehmer ist als alleiniger Erfinder benannt.
Es ist die 2. Stufe angenommen worden.

3. Beispiel (vgl. Mitt. a. a. O. III, 3 Beispiel a)

Hier hat ein technischer Zeichner selbst Mängel festgestellt und eine Verbesserung vorgeschlagen. Für die Auffassung der Schiedsstelle, daß der Anteil des Erfinders auf 25 % des Erfindungswerts zu bemessen sei, hat die selbständige Stellung der Aufgabe eine entscheidende Rolle gespielt.

4. Beispiel (vgl. Mitt. a. a. O. III, 3 Beispiel g)

Ein nach dem Kriegausgang nicht mehr in seinem Hauptberuf tätiger Hochschullehrer war leitend in der Fertigung eines Betriebes tätig. Beim Anblick von Versuchen an selbsterregten Generatoren kam ihm der Gedanke, neben anderen bekannten Wegen einen neuen Weg zu suchen, um eine selbsttätige Regelung herbeizuführen. In solchen Fällen tritt die Aufgabenstellung hinter die Auffindung des neuen Lösungswegs zurück. Die Schiedsstelle meint: „Bei dieser Sachlage kann der Umstand, daß der Erfinder seinen Vorschlag erstmalig beim Anblick von Versuchen an selbsterregten Maschinen der Antragsgegnerin gegenüber ausgesprochen hat, nicht so ausgelegt werden, daß es sich um einen unmittelbaren Anstoß durch die Antragsgegnerin handle."

5. Beispiel (Schiedsfall ArbErf 59/60 Bl. 1962, 53)

Bei einem selbständigen Wissenschaftler im Forschungsinstitut kann nicht grundsätzlich jedes Problem als von der Firma gestellt gelten. Jedoch spielt gerade bei einer solchen Stellung die Kenntnis von Mängeln und Bedürfnissen, die z. B. in Teilnahme an Konferenzen erworben wird, meist eine Rolle. Da der Gedanke, bessere Quarzsteine herzustellen, in erster Linie auf Erfahrungen aus früherer Tätigkeit des Erfinders in anderen Betrieben beruhte, andererseits aber im Betrieb anfallende Abfälle von Quarzgut eine Verwertung wünschenswert erscheinen lassen mußten, also insoweit Kenntnis der Bedürfnisse des Betriebes mitsprach, ist die Wertzahl 3,5 eingesetzt worden (für die Lösung war die Wertzahl 2,5, für die Stellung im Betrieb die Wertzahl 1 unstreitig, so daß der Summe 7 ein Anteilsfaktor von 13 % entsprach).

6. Beispiel (Schiedsfall ArbErf 4/61, Bl. 1962, 51)

Die Aufgabe wurde nicht vom Betrieb gestellt. Es muß jedoch dem Leiter einer Fertigung zugemutet werden, sich über die Verwertung der in großen Mengen anfallenden Abfälle selbst Gedanken zu machen, gegebenenfalls auch Verbesserungen der Abfallverwertung zu überlegen. Das Bedürfnis war aus dem Stande der Technik bekannt. Die Problemstellung ergab sich aus dem Betrieb. Es ist die Wertzahl 3 zugebilligt

Erläuterungen

worden. (Für die Lösung der Aufgabe war die Wertzahl 1 von beiden Beteiligten angenommen worden).

7. Beispiel (Schiedsfall ArbErf 8/70)

Der Erfinder war beauftragt, „sich um die konstruktive Durchbildung unserer Vorschläge zu kümmern". Dabei hat er sich aus eigener Initiative entschlossen, eine darüber hinausgehende Maßnahme vorzuschlagen. Andererseits ist er in eine bereits laufende Entwicklung eingeschaltet worden. Die Schiedsstelle hat die Wertzahl 3 vorgeschlagen.

8. Beispiel (Schiedsfall ArbErf 22/60, Bl. 1961, 434)

Der Erfinder leitete in einem großen Werk selbständig die Stickstoffabteilung. Als die Öfen erneuert werden mußten, griff er das der Erfindung zugrundeliegende Problem selbständig auf. Da dem Erfinder die Mängel und Bedürfnisse durch mehrjährige Betriebszugehörigkeit bekannt waren, ist die Wertzahl 4 angenommen worden. (Wegen Lösung der Aufgabe vgl. das 5. Beispiel in Anm. 5 zu Nr. 32 RL).

9. Beispiel (Schiedsfall ArbErf 29/60, Bl. 1962, 78)

Die Aufgabe war vom Betrieb gestellt, der Lösungsweg im wesentlichen angegeben. Die Lösung wich jedoch von einer früheren Lösung ab, so daß der Weg nicht vollständig und unmittelbar angegeben war. Es ist die Wertzahl 1,5 angenommen worden.

10. Beispiel (Schiedsfall ArbErf 44/60)

Der Sachverhalt ergibt, daß die infolge Betriebszugehörigkeit erlangte Kenntnis von Mängeln und Bedürfnissen eine wesentliche Rolle gespielt hat (Besuch von Messen, Besichtigung von Konkurrenzfabrikaten). Andererseits ist aber eine Aufgabe im patentrechtlichen Sinne nicht klar gestellt worden. Deshalb ist weder die vom Antragsteller eingesetzte Wertzahl 5, noch die von der Antragsgegnerin gewünschte Wertzahl 2, sondern die Wertzahl 3 von der Schiedsstelle vorgeschlagen worden.

11. Beispiel (Schiedsfall ArbErf 30/70)

Der Werksleiter eines Großbetriebs mit über 20 000 Beschäftigten hat eine Diensterfindung bei einem Gießverfahren (Entnahme von Formkernen aus einer heißen Form) gemacht, die die Betriebssicherheit erhöhte. Einem Werksleiter wird im allgemeinen keine Aufgabe gestellt. Das Bedürfnis ergab sich aus der Betriebszugehörigkeit und war allgemein bekannt: Wertzahl 3. Lösung der Aufgabe: Wertzahl 2; wegen Wertzahl c) siehe 4. Beispiel in Nr. 34.

12. Beispiel (Schiedsfall ArbErf 6/61)

Da der Erfinder, wie frühere auf ihn zurückgehende Patente ergaben, auf dem Gebiet der Erfindung tätig war und Prüfstandversuche durchzuführen hatte, ist nicht anzunehmen, daß er sich die Aufgabe ganz unabhängig von der infolge der Betriebszugehörigkeit erlangten Kenntnis von Mängeln gestellt hat. Deshalb hielt die Schiedsstelle im günstigsten Fall die Wertzahl 4 für gegeben.

13. Beispiel (Schiedsfall ArbErf 70/70)

Bei Besprechungen über seine Einstellung hat der Erfinder zusammen mit seinem späteren Vorgesetzten über die Aufgabe gesprochen, eine vollautomatische Kartoffel-Legemaschine neuzugestalten. Die Aufgabenstellung war patentrechtlich wichtig. Da der Erfinder damals noch nicht dem Betrieb angehörte, schieden die Wertzahlen 3 und 4 aus. Da die Aufgabe aber im Zusammenhang mit dem späteren Arbeitsgebiet stand, ist die Wertzahl 5 vorgeschlagen worden.

14. Beispiel (Schiedsfall ArbErf 34/61, Auszug in Bl. 1963, 16)

Der Erfinder war Leiter der Konstruktions-Abteilung eines großen Werkes. Eine Aufgabe ist ihm nicht gestellt worden, so daß die Wertzahlen 1 und 2 ausscheiden. Die Schiedsstelle führt aus, daß die Wertzahl 6 nicht in Betracht komme, „weil leitende Personen bei Stellung einer Aufgabe in aller Regel innerhalb eines Pflichtenkreises handeln". Wertzahl 5 setze voraus, daß der Betrieb nichts zur Aufgabenstellung beitrage, „so z. B. wenn ein neu eintretender Arbeitnehmer für einen neuen Konstruktionszweig betriebsfremde eigene Vorstellungen mitbringt". Es sei anzunehmen, daß der Erfinder sich die Aufgabe kaum gestellt haben dürfte, wenn er sich nicht durch seine Stellung als Konstruktionschef mit derartigen Konstruktionen zu beschäftigen gehabt hätte. Deshalb setzt die Schiedsstelle die Wertzahl 4 ein.

15. Beispiel (Schiedsfall ArbErf 14/72)

Ein im Bereich des Vertriebs und der Ersatzteilbeschaffung beschäftigter Arbeitnehmer hat eine neuartige Scheibenbremse entwickelt. Weil dies nicht zu seinem eigentlichen Arbeitsgebiet gehörte, ihm jedoch auch hier gelegentlich Aufträge hinsichtlich der Lösung von Schwierigkeiten bei elektromagnetischen Bremsen übertragen wurden, hat die Schiedsstelle die Wertzahl 4,5 vorgeschlagen.

16. Beispiel (Schiedsfall ArbErf 51/70)

Angesichts der Tatsache, daß der Erfinder als Betriebsleiter einer Hochfrequenzkabelfabrik angestellt ist und sich mit einschlägigen Fragen bei der früheren Arbeitgeberin beschäftigt hat, liegt es nahe, daß er sich selbständig die Aufgabe gestellt hat. Nach aller Lebenserfahrung ist davon auszugehen, daß ihm in der Fabrik Bedürfnisse und Mängel bekannt wurden. Deshalb wird die Wertzahl 4 vorgeschlagen. Wegen der Lösung s. 9. Beispiel in Nr. 32 RL.

17. Beispiel (Schiedsfall 62/69, Bl. 1971, 170)

Die Neuentwicklung einer Kerzenpresse ist im Verfolg von Anregungen eines Kunden der Pressenfabrik entstanden. Da das Bedürfnis einer andersartigen Konstruktion nur vom Erfinder erkannt worden ist, wobei auf die konkrete Aufgabe abzustellen ist: Wertzahl 4. Für die Lösung s. 3. Beispiel zu Nr. 32 RL.

Erläuterungen

b) Lösung der Aufgabe

(32) Bei der Ermittlung der Wertzahlen für die Lösung der Aufgabe sind folgende Gesichtspunkte zu beachten:
1. Die Lösung wird mit Hilfe der dem Erfinder beruflich geläufigen Überlegungen gefunden;
2. sie wird auf Grund betrieblicher Arbeiten oder Kenntnisse gefunden;
3. der Betrieb unterstützt den Erfinder mit technischen Hilfsmitteln.

Liegen bei einer Erfindung alle diese Merkmale vor, so erhält die Erfindung für die Lösung der Aufgabe der Wertzahl 1; liegt keines dieser Merkmale vor, so erhält sie die Wertzahl 6.

Sind bei einer Erfindung die angeführten drei Merkmale teilweise verwirklicht, so kommt ihr für die Lösung der Aufgabe eine zwischen 1 und 6 liegende Wertzahl zu. Bei der Ermittlung der Wertzahl für die Lösung der Aufgabe sind die Verhältnisse des Einzelfalles auch im Hinblick auf die Bedeutung der angeführten drei Merkmale (z. B. das Ausmaß der Unterstützung mit technischen Hilfsmitteln) zu berücksichtigen.

Beruflich geläufige Überlegungen im Sinne dieser Nummer sind solche, die aus Kenntnissen und Erfahrungen des Arbeitnehmers stammen, die er zur Erfüllung der ihm übertragenen Tätigkeiten haben muß.

Betriebliche Arbeiten oder Kenntnisse im Sinne dieser Nummer sind innerbetriebliche Erkenntnisse, Arbeiten, Anregungen, Erfahrungen, Hinweise usw., die den Erfinder zur Lösung hingeführt oder sie ihm wesentlich erleichtert haben.

Technische Hilfsmittel im Sinne dieser Nummer sind Energien, Rohstoffe und Geräte des Betriebes, deren Bereitstellung wesentlich zum Zustandekommen der Diensterfindung beigetragen hat. Wie technische Hilfsmittel ist auch die Bereitstellung von Arbeitskräften zu werten. Die Arbeitskraft des Erfinders selbst sowie die allgemeinen, ohnehin entstandenen Aufwendungen für Forschung, Laboreinrichtungen und Apparaturen sind nicht als technische Hilfsmittel in diesem Sinne anzusehen.

Übersicht

	Anm.		Anm.
a) Allgemeines	1	e) Verhältnis der drei Merkmale zueinander	5
b) „Beruflich geläufige Überlegungen"	2	f) Doppelte Berücksichtigung derselben Tatsache	6
c) Betriebliche Arbeiten und Kenntnisse	3	g) Beispiele für Aufgabenlösung	7
d) Technische Hilfsmittel	4		

1 a) Allgemeines

Nr. 32 wertet die geistige und materielle Hilfe des Betriebs bei der Lösung der Aufgabe mit Ausnahme der Hinweise auf den Lösungweg selbst, die im Zusammenhang mit der Aufgabenstellung in Nr. 31 berücksichtigt werden.

Die Tabelle „Lösung der Aufgabe" der Richtlinien 1944 war Gegenstand heftiger Kritik; vgl. Reimer-Schippel, S. 49. Sie enthielt zwar wesentliche Gesichtspunkte. Es war aber nicht gelungen, die Bedeutung der einzelnen Faktoren und ihr Verhältnis zueinander klarzustellen.

Deshalb beschränken sich die neuen Richtlinien darauf, die wesentlichen Fragen, die im Zusammenhang mit der Beteiligung des Betriebs an der Lösung der Aufgabe untersucht werden müssen, aufzuzeigen, die Grenzfälle zu markieren und im übrigen auf die Gestaltung des Einzelfalls zu verweisen. Diese Art der Darstellung ist das Ergebnis langer Sachverständigenberatungen, die sämtlich ergaben, daß eine weitere, tabellenartige Zusammenfassung in diesem Punkt nicht möglich erscheine.

Neuere Untersuchungen, die doch eine mehr ins einzelne gehende Bewertung möglich erscheinen lassen, sind leider bisher nicht veröffentlicht worden.

b) „Beruflich geläufige Überlegungen" 2

Das erste Merkmal „beruflich geläufige Überlegungen" berücksichtigt den Anteil des Betriebs, der darin liegt, daß er dem Erfinder entsprechend seiner beruflichen Qualifikation Gehalt oder Lohn zahlt. Aus der Definition in Abs. 4 ergibt sich, daß das Vorliegen beruflich geläufiger Überlegungen auf die allgemeine Stellung im Betriebsgefüge bezogen ist, unabhängig von der konkreten Erfindung. Denn wenn und weil eine Erfindung vorliegt, sind die zu ihr führenden Überlegungen nicht „beruflich geläufig", sondern sollen ja gerade die Kenntnisse des durchschnittlichen Fachmanns übersteigen. Es ist nur die allgemeine berufliche Stellung zu beachten. Man wird bei einem Ingenieur, der bei einer Konstruktion eine Erfindung macht, in aller Regel bejahen, daß er im Rahmen beruflich geläufiger Überlegungen handelt (siehe die Beispiele in Anm. 7).

c) Betriebliche Arbeiten und Kenntnisse 3

Das zweite Merkmal — erläutert in Abs. 5 — berücksichtigt als Anteil des Betriebs den Beitrag, den er durch den innerbetrieblichen Stand der Technik einschließlich aller innerbetrieblichen Anregungen und Erfahrungen leistet. Es korrespondiert in gewissem Maße den in § 4 Abs. 2 Nr. 2 als Merkmal der Diensterfindung angesprochenen Erfahrungen und Arbeiten des Betriebs. Zu diesen Kenntnissen gehören auch frühere Entwicklungen des Erfinders selbst; vgl. Anm. 9 zu § 4 und Anm. 7, 9. Beispiel.

d) Technische Hilfsmittel 4

Das dritte Merkmal — erläutert in Abs. 6 — berücksichtigt den konkreten materiellen Aufwand für das Zustandekommen der Diensterfin-

Erläuterungen

dung. Er kann sowohl in den Sachausgaben liegen, etwa dem Bau von Modellen oder Mustern oder der Durchführung von Versuchsreihen, als auch in dem besonderen Einsatz von Mitarbeitern. Manche Erfindungen bedürfen keiner technischen Hilsmittel, weil sie rein gedanklich oder nur unter Benutzung der allgemeinen Einrichtungen (letzter Satz des Abs. 6) gemacht werden. Hier ist Vorsicht bei der Beurteilung der Wertzahl als ganze geboten.

5 e) Verhältnis der drei Merkmale zueinander

In Abs. 3 wird ausgeführt, daß die „Gewichtung" der drei Merkmale verschieden sein kann. Wenn z. B. kostspielige Versuche bei der Entwicklung gemacht worden sind, kann dies die Gesamtwertzahl wesentlich mindern. Das gilt auch, wenn der innerbetriebliche Erfahrungsbeitrag sehr groß ist. Auf der anderen Seite ist die Wertzahl höher, wenn Neuland betreten wird und auch nur begrenzt von beruflich geläufigen Überlegungen gesprochen werden kann (vgl. 6. Beispiel in Anm. 7).

6 f) **Doppelte Berücksichtigung derselben Tatsachen**

Die Berücksichtigung der beruflich geläufigen Überlegungen betrifft teilweise dieselben Tatsachen, die auch bei der Aufgabenstellung (Nr. 31 RL) und den Aufgaben und der Stellung des Erfinders im Betrieb (Nr. 34 RL) von Bedeutung sind. Hierin liegt aber nicht eine unzulässige doppelte Berücksichtigung; vgl. hierzu Anm. 10 zu Nr. 2 RL und Schiedsstelle Bl. 1963, 16, ferner auch Anm. 4 zu Nr. 31 RL und Anm. 2, 3 zu Nr. 33 RL.

Inwieweit es richtig ist, Kosten, die vor der Fertigstellung der Erfindung entstehen, nur hier nicht aber bei der Ermittlung des Erfindungswertes zu berücksichtigen, ist in Anm. 8 zu Nr. 12 RL erörtert.

7 g) **Beispiele für Aufgabenlösung**

1. Beispiel (vgl. Mitt. 1959, 258 III, 3 Beispiel c)

Ein technischer Zeichner erfuhr bei einer Ingenieurs-Besprechung von dem Auftrag, eine Apparatur mit günstiger Schaltung der Zellen einer Anlage auszuarbeiten. Er entwickelte ohne weitere Anregung die konstruktive, später im Patent geschützte Lösung. Man konnte bei ihm nicht von „beruflich geläufigen Überlegungen" sprechen — auf der anderen Seite verwertete er Anregungen eines als Miterfinder beteiligten Ingenieurs und benutzte die Hilfsmittel des Betriebes. Die Einreihung in die Gruppen der Richtlinien 1944 war schwierig; die von der Schiedsstelle gewählte Wertzahl 2 ergibt sich in wesentlich zwangloserer Weise bei Anwendung der jetzigen Fassung der Richtlinien.

2. Beispiel (Schiedsfall Arb.Erf 50/60, Bl. 1962, 138)

Die Aufgabe ist mit Hilfe der dem Erfinder beruflich geläufigen Überlegungen gelöst, da er selbst als Konstrukteur, insbesondere für hydraulische Aufgaben tätig war. Auch sind betriebliche Arbeiten herangezogen worden. Die angewandten Kenntnisse sind aber nicht durch den Betrieb vermittelt, sondern von dem Erfinder bei seiner Einstellung mitgebracht worden. Die Versuchsausführungen sind im wesentlichen unverändert in Serie übernommen worden. Technische Hilfsmittel sind über das hinaus, was jedem Konstrukteur zuteil wird, nicht vom Betrieb gestellt worden. Die Beteiligten haben sich auf die von der Schiedsstelle genannte Wertzahl 3 geeinigt.

3. Beispiel (Schiedsfall ArbErf 62/69, Bl. 1971, 170)

Da alle drei Komponenten des Abs. 1 z. T. vorliegen und etwa gleich zu bewerten sind, ist die Wertzahl 3 für richtig gehalten worden.

4. Beispiel (Schiedsfall ArbErf 24/72, Bl. 1973, 144)

Einem Kaufmann mit Handlungsvollmacht hat die Schiedsstelle bei einer Wertzahl von 3 für die Stellung die Wertzahl 5 für die Lösung der Aufgabe zugebilligt, weil sie nur in gewissem Maße durch betriebliche Arbeiten und Kenntnisse erleichtert worden sei, weitere Merkmale für einen Anteil des Betriebs aber nicht vorlagen.

5. Beispiel (Schiedsfall ArbErf 22/60, Bl. 1961, 434)

Die Aufgabenstellung ist im 8. Beispiel in Anm. 9 zu Nr. 31 RL geschildert. Der Erfinder hatte die Abteilung, in der die Erfindung gemacht wurde, technisch zu betreuen. Die Erfindung ist also mit Hilfe beruflich geläufiger Überlegungen gefunden worden, so daß das Merkmal 1 vorliegt. Betriebliche Arbeiten und Kenntnisse haben eine Rolle gespielt, weil der Erfinder schon mehrere Jahre als Betriebsingenieur in der Abteilung tätig war; andererseits sind andere Großbetriebe und auch die Ofenbaufirma nicht von sich aus auf die erfinderische Neugestaltung des Ofens gekommen. Das Merkmal 2 liegt also nur in gewissem Umfange vor. Technische Hilfsmittel sind nicht in Anspruch genommen worden. Es ist die Wertzahl 3 vorgeschlagen worden.

6. Beispiel (Schiedsfall ArbErf 14/72)

In dem als 15. Beispiel in Anm. 9 zu Nr. 31 RL geschilderten Fall hat der Erfinder einen für den Betrieb vollkommen neuen Weg selbständig gefunden. Die Schiedsstelle hat deshalb die Wertzahl 4,5 vorgeschlagen. Da a) mit 4,5 bewertet war und Einigkeit darüber bestand, daß c) mit 6 zu bewerten sei, ergab sich der ungewöhnlich hohe Anteilsfaktor von 55 %.

7. Beispiel (Schiedsfall ArbErf 1/72)

Einem Betriebsschlosser ist für die Lösung der Aufgabe die Wertzahl 3,5 zugebilligt worden, weil er teilweise im Rahmen beruflich geläufiger Überlegungen gehandelt hat und auch mit technischen Hilfsmitteln unterstützt worden ist, während betriebliche Arbeiten und Kenntnisse nicht vorgelegen haben. Da c) unstreitig mit 7 zu bewerten war und die

Erläuterungen

Arbeitgeberin a) mit 4,5 bewertete, ergab sich auch hier der hohe Anteilsfaktor von 55 %.

8. Beispiel (Schiedsfall ArbErf 48/62)

Die Erfindung betrifft eine Schaltanordnung für Fernsprechnebenstellenanlagen. Die Lösung ist mit Hilfe dem Erfinder geläufiger Überlegungen gefunden worden, weil er als Schaltungsingenieur mit entsprechender Vorbildung eingestellt wurde und daher die Kenntnisse zur Erfüllung der ihm übertragenen Tätigkeit haben mußte. Die Lösung wurde auf Grund betrieblicher Arbeiten und Kenntnisse gefunden, da die Arbeitgeberin eine alte Fernsprechfirma war und bereits Anlagen bestanden, bei denen die allgemeine Aufgabe gelöst war. Besondere Hilfsmittel sind vom Betrieb nicht eingesetzt worden. Da also Punkt 3 nicht vorliegt, Punkte 1 und 2 jedoch zum größten Teil als erfüllt gelten, hat die Schiedsstelle die Wertzahl 2,5 angenommen.

9. Beispiel (Schiedsfall ArbErf 51/70)

Die Aufgabenstellung ist im 16. Beispiel zu Nr. 31 RL beurteilt. Die Schiedsstelle führt aus, daß gerade die Tatsachen, die die selbständige Stellung der Aufgabe begründen, dazu führten, die Lösung nicht zu hoch zu bewerten, da der Erfinder weitgehend im Rahmen beruflich geläufiger Überlegungen gehandelt habe. Seine frühere Patentanmeldung müsse er sich als eigene Kenntnis und als Stand der Technik anrechnen lassen. Es ist die Wertzahl 2 vorgeschlagen worden; da für a) die Wertzahl 4 vorgeschlagen war und c) = 3 unstreitig war, ergab sich ein Anteilfaktor von 18 %.

10. Beispiel (Schiedsfall 84/70, Bl. 1973, 29)

Der neu eingestellte Leiter einer Konstruktionsabteilung hat am Beginn seiner Tätigkeit — die Aufgabe ist bei den Einstellungsverhandlungen erörtert worden — spezielle mitgebrachte Kenntnisse verwertet. Betriebliche Kenntnisse und technische Hilfsmittel spielten eine geringe Rolle: Wertzahl b) = 3, Wertzahl a) = 2,5, Wertzahl c) = 3, also Anteilsfaktor: 16,5 %.

c) Aufgaben und Stellung des Arbeitnehmers im Betrieb

(33) Der Anteil des Arbeitnehmers verringert sich umso mehr, je größer der ihm durch seine Stellung ermöglichte Einblick in die Erzeugung und Entwicklung des Betriebes ist und je mehr von ihm angesichts seiner Stellung und des ihm z. Z. der Erfindungsmeldung gezahlten Arbeitsentgelts erwartet werden kann, daß er an der technischen Entwicklung des Betriebes mitarbeitet. Stellung im Betrieb bedeutet nicht die nominelle, sondern die tatsächliche Stellung des Arbeitnehmers, die ihm unter Berücksichtigung der ihm obliegenden Aufgaben und der ihm ermöglichten Einblicke in das Betriebsgeschehen zukommt.

Richtlinien Nr. 33

Übersicht

	Anm.		Anm.
a) Bedeutung von Aufgaben und Stellung im Betrieb	1	c) Einblick in Erzeugung und Entwicklung des Betriebs	3
b) Einfluß der Gehaltshöhe	2	d) Leistungsprämien	4
		e) Leistungserwartung	5

a) Bedeutung von Aufgaben und Stellung im Betrieb 1

Über die Bedeutung von Aufgaben und Stellung des Arbeitnehmers im Betrieb im Rahmen der Vergütungsermittlung siehe oben Anm. 45 zu § 9. Die Gedankengänge wurden aus den Richtlinien 1944 unter Berücksichtigung der damit gemachten Erfahrungen übernommen (vgl. Reimer-Schippel S. 57 ff.).

Es sei nochmals betont, daß durch c) im Gegensatz zu a) und b) die Stellung im Betrieb unabhängig von der konkreten Erfindung bewertet wird. Doch ergeben sich gewisse Berührungspunkte. So wird sich z. B. die höhere Leistungserwartung bei einem technisch führenden Arbeitnehmer u. U. auch in der Beantwortung der Frage der Aufgabenstellung und des Einflusses beruflich geläufiger Überlegungen auswirken (vgl. Anm. 4 zu Nr. 31 und 6 zu Nr. 32 RL; s. auch Anm. 3).

b) Einfluß der Gehaltshöhe 2

Die Richtlinien weisen darauf hin, daß die an den Arbeitnehmer gestellten Leistungserwartungen die Vergütung seiner Erfindungen beeinflussen und daß sich diese Leistungserwartungen auch im Arbeitsentgelt spiegeln. Damit wird die Auffassung Volmers, Anm. 35 und 36 zu § 9, das Gehalt sei für die Bemessung der Vergütung ohne Bedeutung, zu Recht abgelehnt. Denn die Höhe des Arbeitsentgelts wird gerade in den gehobenen Berufen, aus denen die Mehrzahl aller Diensterfindungen stammt, nicht nur von der erbrachten Leistung bestimmt. Ein Teil der erfinderischen Leistung wird dort bereits durch das Gehalt abgegolten.

c) Einblick in Erzeugung und Entwicklung des Betriebs 3

Die Möglichkeit des Einblicks in Erzeugung und Entwicklung des Betriebs ergänzt den Gedanken der Leistungserwartung. Es muß aber tatsächlich möglich sein, in das Betriebsgeschehen Einblick zu haben. Fehlt es daran, so kann trotz sonst höherer Einstufung Anlaß zu einer Korrektur vorliegen (vgl. auch Nr. 36 RL). Grundsätzlich wird man annehmen dürfen, daß mit einer höheren Stellung im Betrieb auch eine erhöhte Kenntnis verbunden ist. Besonders hinzuweisen ist darauf, daß es auf die tatsächliche, nicht die nominelle Stellung im Betrieb ankommt (Satz 3). Es ist aber auf die Art der Erfindung abzustellen. Macht beispielsweise der Leiter eines großen Betriebs bei der Besprechung mit einem Meister mit ihm zusammen eine Erfindung, die ihrem Wesen nach nichts mit seiner leitenden Tätigkeit zu tun hat, so ist der Einfluß

Erläuterungen

der leitenden Stellung auf die Wertzahl zurückhaltend zu bewerten, etwa nicht mit 1 sondern mit 2 einzusetzen. Ähnlich liegt es, wenn ein Abteilungsleiter nicht in dieser Eigenschaft als Leiter seines Teams miterfindet, sondern als selbständiger Sachbearbeiter allein gehandelt hat. Vgl. Nr. 35 RL, wonach leitende Angestellte u. U. der technischen Entwicklung ferner stehen als Entwicklungs- und Betriebsingenieure, und die Beispiele 4 und 5 zu Nr. 34 RL.

4　d) **Leistungsprämien**

Abzulehnen ist der Gedanke Volmers, Anm. 36 zu § 9, Erfindungen von Arbeitnehmern, von denen keine erfinderischen Leistungen erwartet werden können, seien nach § 9 mit einer besonderen Leistungsprämie, also höher als für freie Erfinder üblich, zu vergüten. Für diese Auffassung bieten das Gesetz und seine Begründung keine Anhaltspunkte. Solche, den Arbeitgeber über seinen wirtschaftlichen Nutzen hinaus belastenden Prämien hätten besonderer gesetzlicher Einführung bedurft. Aus dem Gedanken der Erfinderförderung allein können sie nicht begründet werden. Eine andere Frage ist es, ob der Betrieb in solchen Fällen nicht aus freien Stücken über seine gesetzliche Verpflichtung hinausgeht, um den Arbeitnehmer zu weiterer schöpferischer Arbeit anzuspornen.

5　e) **Leistungserwartung, besonders bei Gebrauchsmustern**

Es ist verschiedentlich ausgeführt worden, daß die Leistungserwartung innerhalb der einzelnen Berufsgruppen bei einer nur gebrauchsmusterfähigen Erfindung in der Regel höher läge als bei patentfähigen Erfindungen. Das würde bedeuten, daß der Personenkreis, von dem kraft der Stellung im Betrieb gebrauchsmusterfähige Erfindungen erwartet werden können, größer ist und dementsprechend die Wertzahlen niedriger bemessen werden müßten. Siehe hierzu Reimer-Schippel S. 127, Heine-Rebitzki, Richtlinien Anm. 6 zu Nr. 35 und auch die 3. Auflage. Dagegen wenden sich Lindenmaier-Lüdecke Anm. 4 zu Nr. 33 RL, weil damit die Bewertung der Erfindung entgegen dem Verbot der doppelten Berücksichtigung nochmals von Einfluß sei. Überdies lägen auch bei patentfähigen Erfindungen starke qualitative Unterschiede vor. Es sei bemerkt, daß man den Gesichtspunkt auch bei qualifizierten technischen Verbesserungsvorschlägen anwenden müßte.

In der Tat sind die Bedenken nicht von der Hand zu weisen. Die Praxis wird versuchen, sich besonders eng daran anzuschließen, was der Betrieb für den Erwerb der Gebrauchsmuster von außen aufwenden würde. In vielen Fällen wird nur eine Pauschale von einigen 100 DM in Frage kommen. Doch wird man bei besonders wertvollen Gebrauchsmustern, die durchaus nicht selten sind, dieselben Maßstäbe wie bei Patenten, insbesondere auch bei der Berücksichtigung der Stellung im Betrieb, anlegen müssen.

(34) Man kann folgende Gruppen von Arbeitnehmern unterscheiden, wobei die Wertzahl um so höher ist, je geringer die Leistungserwartung ist:

8. Gruppe: Hierzu gehören Arbeitnehmer, die im wesentlichen ohne Vorbildung für die im Betrieb ausgeübte Tätigkeit sind (z. B. ungelernte Arbeiter, Hilfsarbeiter, Angelernte, Lehrlinge) (8).

7. Gruppe: Zu dieser Gruppe sind die Arbeitnehmer zu rechnen, die eine handwerklich-technische Ausbildung erhalten haben (z. B. Facharbeiter, Laboranten, Monteure, einfache Zeichner), auch wenn sie schon mit kleineren Aufsichtspflichten betraut sind (z. B. Vorarbeiter, Untermeister, Schichtmeister, Kolonnenführer). Von diesen Personen wird im allgemeinen erwartet, daß sie die ihnen übertragenen Aufgaben mit einem gewissen technischen Verständnis ausführen. Andererseits ist zu berücksichtigen, daß von dieser Berufsgruppe in der Regel die Lösung konstruktiver oder verfahrensmäßiger technischer Aufgaben nicht erwartet wird (7).

6. Gruppe: Hierher gehören die Personen, die als untere betriebliche Führungskräfte eingesetzt werden (z. B. Meister, Obermeister, Werkmeister) oder eine etwas gründlichere technische Ausbildung erhalten haben (z. B. Chemotechniker, Techniker). Von diesen Arbeitnehmern wird in der Regel schon erwartet, daß sie Vorschläge zur Rationalisierung innerhalb der ihnen obliegenden Tätigkeit machen und auf einfache technische Neuerungen bedacht sind (6).

5. Gruppe: Zu dieser Gruppe sind die Arbeitnehmer zu rechnen, die eine gehobene technische Ausbildung erhalten haben, sei es auf Universitäten oder technischen Hochschulen, sei es auf höheren technischen Lehranstalten oder in Ingenieur- oder entsprechenden Fachschulen, wenn sie in der Fertigung tätig sind. Von diesen Arbeitnehmern wird ein reges technisches Interesse sowie die Fähigkeit erwartet, gewisse konstruktive oder verfahrensmäßige Aufgaben zu lösen (5).

4. Gruppe: Hierher gehören die in der Fertigung leitend Tätigen (Gruppenleiter, d. h. Ingenieure und Chemiker, denen andere Ingenieure oder Chemiker unterstellt sind) und die in der Entwicklung tätigen Ingenieure und Chemiker (4).

3. Gruppe: Zu dieser Gruppe sind in der Fertigung der Leiter einer ganzen Fertigungsgruppe (z. B. technischer Abteilungsleiter und Werksleiter) zu zählen, in der Entwicklung die Gruppenleiter von Konstruktionsbüros und Entwicklungslaboratorien und in der Forschung die Ingenieure und Chemiker (3).

2. Gruppe: Hier sind die Leiter der Entwicklungsabteilungen einzuordnen sowie die Gruppenleiter in der Forschung (2).

1. Gruppe: Zur Spitzengruppe gehören die Leiter der gesamten Forschungsabteilung eines Unternehmens und die technischen Leiter größerer Betriebe (1).

Erläuterungen

Die vorstehende Tabelle kann nur Anhaltspunkte geben. Die Einstufung in die einzelnen Gruppen muß jeweils im Einzelfall nach Maßgabe der tatsächlichen Verhältnisse unter Berücksichtigung der Ausführungen in Nummer 33, 35 und 36 vorgenommen werden. In kleineren Betrieben sind z. B. vielfach die Leiter von Forschungsabteilungen nicht in Gruppe 1, sondern —je nach den Umständen des Einzelfalles — in die Gruppen 2, 3 oder 4 einzuordnen. Auch die Abstufung nach der Tätigkeit in Fertigung, Entwicklung oder Forschung ist nicht stets berechtigt, weil z. B. in manchen Betrieben die in der Entwicklung tätigen Arbeitnehmer Erfindungen näher stehen als die in der Forschung tätigen Arbeitnehmer.

Übersicht

	Anm.		Anm.
a) Gruppeneinteilung	1, 2	b) Beispiele	3, 4

1 a) Gruppeneinteilung

Die Gruppeneinteilung schließt an die Tabelle der Richtlinien 1944 an. Die neuen Richtlinien haben sich jedoch von der allzugroßen Schematisierung der alten Richtlinien gelöst und bei den einzelnen Gruppen nicht nur bestimmte Berufe angegeben, sondern angeführt, unter welchen Gesichtspunkten diese Zusammenstellung vorgenommen wurde. Diese Hinweise ermöglichen es, im Zusammenhang mit den an die Tabelle anschließenden Sätzen und den Hinweisen in Nr. 33, 35 und 36 den Einzelfall seiner Besonderheit entsprechend einzugliedern. Der Sachbearbeiter und der Erfinder werden darauf hingewiesen, warum im einzelnen Fall die Aufgaben und Stellung im Betrieb eine Beteiligung des Arbeitgebers am Erfindungswert rechtfertigen. Damit erleichtern die Richtlinien wie auch an anderen Stellen das Verständnis der an sich schwierigen Materie, was sich sicher auf die Ermittlung der angemessenen Vergütung auswirken wird. Vgl. dazu auch Reimer-Schippel S. 60 ff.

2 Dem Gedanken, daß die tatsächliche Stellung im Betrieb ausschlaggebend ist, wird auch dadurch Rechnung getragen, daß in der 5. Gruppe Hochschul- und Fachschulingenieure nebeneinander genannt sind, vgl. Anm. 2 zu Nr. 35 RL.

3 b) Beispiele

Es wird verwiesen auf die bei Nr. 31 und 32 angeführten Beispiele. Die hohe Wertzahl, die ein technischer Zeichner bei der Eingruppierung nach seiner Stellung im Betrieb erhält, hat sich in Verbindung mit einer gewissen Selbständigkeit bei Stellung oder Lösung der Aufgabe in der Zubilligung eines ziemlich hohen Prozentsatzes des Erfindungswertes ausgewirkt, während die niedrige Wertzahl bei der Eingruppierung des Hochschullehrers trotz verhältnismäßig hoher Wertzahlen bei den beiden anderen Merkmalen im Ergebnis nur zu einem mittleren Prozentsatz geführt hat.

Richtlinien Nr. 34

Weitere Beispiele:

1. Beispiel (Schiedsfall ArbErf 5/57)

Der im 4. Beispiel in Anm. 6 zu Nr. 31 RL genannte Hochschullehrer ist von der Schiedsstelle in Gruppe 6 der RL 1944 eingereiht worden. Dem entspricht nach den RL 1959 die Wertzahl 3.

2. Beispiel (Schiedsfall ArbErf 4/61, Bl. 1962, 51)

Die Aufgabenstellung ist im 6. Beispiel in Anm. 6 zu Nr. 31 RL geschildert. Die Tätigkeit des Erfinders konnte weder in die Gruppe Fertigung noch in die Gruppe Entwicklung eindeutig eingereiht werden, da insoweit im Betrieb keine strenge Trennung festzustellen war. Die Schiedsstelle hat den Erfinder nicht als technischen Abteilungsleiter bewertet, da er als Chef-Chemiker einem technischen Werksdirektor unterstand; er war auch nicht als Leiter eines Entwicklungslaboratoriums anzusprechen. Deshalb kam die Wertzahl 3 nicht in Betracht. Da ihm aber andererseits „die chemische Betreuung der Mischungen" oblag, schied die Gruppe 5 aus. Die Schiedsstelle hat die Wertzahl 4 zugebilligt.

3. Beispiel (Schiedsfall ArbErf 34/61, Bl. 1963, 16)

Die Aufgabenstellung ist im 14. Beispiel in Anm. 6 zu Nr. 31 RL dargestellt. Da der Erfinder Leiter der Konstruktionsabteilung war, kam die Zuordnung in die Gruppen 3 oder 2 in Betracht; die Schiedsstelle hat sich für die Wertzahl 2 entschieden, weil der Erfinder in den „sicher nicht sehr umfangreichen Personenkreis, der durch Gewährung einer Umsatzbeteiligung am Betriebsgeschehen interessiert wird", einbezogen war.

4. Beispiel (Schiedsfall ArbErf 30/70)

Die Aufgabenstellung ist im 11. Beispiel zu Nr. 31 RL dargestellt. Weil sich der Werksleiter etwas abseits seiner leitenden Aufgaben mit einer Einzelverbesserung befaßt hat, hat ihm die Schiedsstelle gegen den Widerspruch des Arbeitgebers die Wertzahl 2 — nicht 1, zugebilligt — s. auch Nr. 35 RL Sätze 5 und 6.

5. Beispiel (Schiedsfall ArbErf 4/66)

Ein Gruppenführer für Regel- und Meßtechnik hat eine Erfindung bei dem Absorberstabantrieb eines Kernreaktors gemacht. Da er nicht in seiner Eigenschaft als Gruppenführer gehandelt hat, sondern die selbstgestellte Aufgabe zusammen mit einem nicht der Gruppe angehörigen Miterfinder gemacht hat, ist er als Entwicklungsingenieur mit 4 eingestuft worden.

6. Beispiel (Schiedsfall 6/71)

Ein Chemotechniker, der einen neuartigen Batteriescheider erfunden hatte, ist in die 6. Gruppe eingereiht worden, bei einer späteren Erfindung, als er zum Laborleiter aufgerückt war, in Gruppe 4 (für a = 3 bzw. 2, für b Wertzahl 2).

Erläuterungen

7. Beispiel (Schiedsfall 24/72, Bl. 1973, 144)

In dem 4. Beispiel zu Nr. 32 RL hat die Schiedsstelle die Stellung des Kaufmanns im Betrieb unter Hinweis auf Nr. 36 RL mit 6 bewertet. Es ergab sich bei a = 3, b = 5 und c = 6 ein Anteilsfaktor von 47 %.

8. Beispiel (Schiedsfall ArbErf 31/64)

Ein Verkaufs- und Vertriebsingenieur hat eine Verbesserung einer Zünd- und Sicherheitsvorrichtung für Gasbrenner erfunden. Die Schiedsstelle hat ihm die Wertzahl 4,5 zugebilligt, da er weder einem Entwicklungsingenieur noch einem Fertigungsingenieur gleichzusetzen sei (Wertzahl für a = 3, für b = 3).

(35) Wenn die Gehaltshöhe gegenüber dem Aufgabengebiet Unterschiede zeigt, kann es berechtigt sein, den Erfinder in eine höhere oder tiefere Gruppe einzustufen, weil Gehaltshöhe und Leistungserwartung miteinander in Verbindung stehen. Dies ist besonders zu berücksichtigen im Verhältnis zwischen jüngeren und älteren Arbeitnehmern der gleichen Gruppe. In der Regel wächst das Gehalt eines Arbeitnehmers mit seinem Alter, wobei weitgehend der Gesichtspunkt maßgebend ist, daß die zunehmende Erfahrung auf Grund langjähriger Tätigkeit eine höhere Leistung erwarten läßt. Hiernach kann also ein höher bezahlter älterer Angestellter einer bestimmten Gruppe eher in die nächstniedrigere einzustufen sein, während ein jüngerer, geringer bezahlter Angestellter der nächsthöheren Gruppe zuzurechnen ist. Es ist weiter zu berücksichtigen, daß zum Teil gerade bei leitenden Angestellten nicht erwartet wird, daß sie sich mit technischen Einzelfragen befassen. Besonders in größeren Firmen stehen leitende Angestellte zum Teil der technischen Entwicklung ferner als Entwicklungs- oder Betriebsingenieure. In solchen Fällen ist daher gleichfalls eine Berichtigung der Gruppeneinteilung angebracht. Auch die Vorbildung wird in der Regel ein Anhaltspunkt für die Einstufung des Arbeitnehmers sein. Sie ist aber hierauf dann ohne Einfluß, wenn der Arbeitnehmer nicht entsprechend seiner Vorbildung im Betrieb eingesetzt wird. Andererseits ist auch zu berücksichtigen, daß Arbeitnehmer, die sich ohne entsprechende Vorbildung eine größere technische Erfahrung zugeeignet haben und demgemäß im Betrieb eingesetzt und bezahlt werden, in eine entsprechend niedrigere Gruppe (also mit niedrigerer Wertzahl, z. B. von Gruppe 6 in Gruppe 5) eingestuft werden müssen.

Übersicht

	Anm.		Anm.
a) Einfluß besonderer Umstände auf die Gruppeneinteilung	1	b) Insbesondere Vorbildung	2

1 **a) Einfluß besonderer Umstände auf die Gruppeneinteilung**

Nr. 35 behandelt den Einfluß der Gehaltshöhe, des Alters und der Vorbildung auf die Einstufung in die Tabelle Nr. 34 und Besonderheiten

Richtlinien Nr. 36

für leitende Angestellte; vgl. auch Anm. 3 zu Nr. 33 RL, Anm. 4, 4. Beispiel zu Nr. 34. Besonderheiten gelten auch für die Art der Zahlung, s. Nr. 40 Abs. 2, c RL.

b) Insbesondere Vorbildung 2

Die Vorbildung darf bei der Einstufung in die Tabelle Nr. 34 nur berücksichtigt werden, wenn sie die Leistungserwartung beeinflußt. Sie ist darüber hinaus kein selbständiger Bewertungsfaktor, sondern nur Anhaltspunkt für die Ermittlung anderer Faktoren; vgl. z. B. Nr. 32 Ziffer 1, wo die Vorbildung für die Bewertung des Anteils des Arbeitnehmers an der Lösung der Aufgabe wichtig sein kann. Es kommt darauf aber auch hier nicht immer an. Die „beruflich geläufigen Überlegungen" können auch ohne entsprechende Vorbildung in langjähriger Praxis erworben sein.

Es sei bemerkt, daß sowohl von den Arbeitgebern als auch von den Arbeitnehmern bei der „Anhörung" vor Erlaß der Richtlinien übereinstimmend der Wunsch ausgesprochen wurde, die Vorbildung bei der Beschreibung der Gruppenmerkmale nicht heranzuziehen (s. 5. Gruppe). Offenbar spielt die Vorbildung bei der Stellung im Betrieb keine entscheidende Rolle; vielfach sind ältere Fachschulingenieure in wichtigeren Positionen als jüngere Diplomingenieure.

(36) Von Arbeitnehmern, die kaufmännisch tätig sind und keine technische Vorbildung haben, werden im allgemeinen keine technischen Leistungen erwartet. Etwas anderes kann mitunter für die sogenannten technischen Kaufleute und die höheren kaufmännischen Angestellten (kaufmännische Abteilungsleiter, Verwaltungs- und kaufmännische Direktoren) gelten. Wie diese Personen einzustufen sind, muß von Fall zu Fall entschieden werden.

Übersicht

	Anm.		Anm.
a) Allgemeines	1	c) Ähnliche Fälle	3
b) Diensterfindung oder freie Erfindung	2		

a) Allgemeines 1

Die kaufmännisch tätigen Arbeitnehmer sind in den neuen Richtlinien aus der Tabelle Nr. 34 herausgenommen, da von ihnen nur in Ausnahmefällen technische Leistungen erwartet werden können. Sie sind in der Regel in eine Gruppe mit höherer Wertzahl einzureihen, wenn sie trotz ihrer andersartigen Tätigkeit eine Diensterfindung machen.

b) Diensterfindung oder freie Erfindung 2

In vielen Fällen wird es bei Erfindungen kaufmännisch Tätiger schon an den in § 4 genannten Voraussetzungen für die Diensterfindung feh-

Erläuterungen

len. Gebundene Erfindungen werden vor allem aus den Kreisen kaufmännisch tätiger Arbeitnehmer stammen, die in Verkaufsabteilungen oder als Vertreter die Produkte des Unternehmens genau kennen und durch Vergleich mit Konkurrenzprodukten und Erfahrungen der Kunden auf Mängel aufmerksam werden. Vgl. den EV v. 3. 10. 1961 (Bl. 1962, 54), bei dem streitig war, ob der in leitender Stellung tätige Volkswirt im Rahmen seines Pflichtenkreises gehandelt hatte (vgl. Anm. 9 zu § 4). Vgl. auch 7. und 8. Beispiel in Nr. 34 RL.

3 c) **Ähnliche Fälle**

Wie sich hier schon zeigt, gelten die für kaufmännisch tätige Arbeitnehmer aufgezeigten Gedankengänge auch für andere nichttechnische Arbeitnehmer wie Volkswirte oder Juristen, wo oft die Abgrenzung zur freien Erfindung flüssig sein wird (vgl. nm. 9 zu § 4).

Tabelle

(37) Für die Berechnung des Anteilsfaktors gilt folgende Tabelle:

a + b + c = 3 4 5 6 7 8 9 10 11 12 13 14 15 16 17 18 19 (20)
A   = 2 4 7 10 13 15 18 21 25 32 39 47 55 63 72 81 90 (100)

In dieser Tabelle bedeuten:

a = Wertzahlen, die sich aus der Stellung der Aufgabe ergeben,
b = Wertzahlen, die sich aus der Lösung der Aufgabe ergeben,
c = Wertzahlen, die sich aus Aufgaben und Stellung im Betrieb ergeben,
A = Anteilsfaktor (Anteil des Arbeitnehmers am Erfindungswert in Prozenten).

Die Summe, die sich aus den Wertzahlen a, b und c ergibt, braucht keine ganze Zahl zu sein. Sind als Wertzahlen Zwischenwerte (z. B. 3,5) gebildet worden, so ist als Anteilsfaktor eine Zahl zu ermitteln, die entsprechend zwischen den angegebenen Zahlen liegt. Die Zahlen 20 und 100 sind in Klammern gesetzt, weil zumindest in diesem Fall eine freie Erfindung vorliegt.

Übersicht

	Anm.		Anm.
a) Benutzung der Tabelle	1	c) Grenzwerte	3
b) Zwischenwerte	2	d) Beispiele	4

1 a) **Benutzung der Tabelle**

Der Summe der Wertzahlen aus Aufgabenstellung (a), Aufgabenlösung (b) und Aufgaben und Stellung des Arbeitnehmers im Betrieb (c) entspricht jeweils ein bestimmter Anteilsfaktor, der angibt, mit wieviel Prozent der Erfinder am Erfindungswert beteiligt wird.

Es sei ausdrücklich darauf hingewiesen, daß die jeweils der Summe der Wertzahlen zugeordneten Anteilsfaktoren nicht eine gleichmäßige Progression zeigen. „Über die den Richtlinien . . . zugrundeliegenden mathematischen Beziehungen" hat Kämmerer im Bundesarbeitsblatt 1959, 623, einen Aufsatz veröffentlicht. Danner hat in seinem Aufsatz „Führen die amtlichen Richtlinien . . . zu angemessenen Vergütungen?" in GRUR 1961, 281, 285, die nach seiner Ansicht falsche Progression stark angegriffen; vgl. hierzu auch Schade, „Erfindervergütung", GRUR 1962, 125. Soweit zu übersehen ist, rechnet die Praxis mit den angegebenen Werten.

b) Zwischenwerte 2

Die in der Tabelle angegebenen Anteilsfaktoren sind nur einzelne Punkte auf einer zwar unregelmäßig, aber stetig steigenden Kurve. Zwischenwerte können gewählt werden, wenn es besondere Umstände des Einzelfalls angemessen erscheinen lassen.

c) Grenzwerte 3

Zum Verständnis der Staffelung sei noch bemerkt, daß mindestens der obere Grenzwert von 100 % festliegt. Wenn alle Teilfaktoren den höchsten Wert erhalten (6 + 6 + 8 = 20), also z. B. ein ungelernter Arbeiter sich selbst außerhalb seines Aufgabenbereichs eine Aufgabe gestellt hat, sie ohne berufliche geläufige Überlegungen, ohne betriebliche Arbeiten und Kenntnisse zu verwerten und ohne Benutzung von technischen Hilfsmitteln des Betriebes löst, liegt praktisch eine freie Erfindung vor. Mit Recht sind deshalb diese Zahlen als theoretische Werte von Diensterfindungen in Klammern gesetzt. Auch der niedrigste Prozentsatz 2 liegt praktisch an der unteren Grenze, an der überhaupt noch eine Erfindung anzuerkennen ist. Denn es ist nicht recht vorstellbar, daß z. B. dem Leiter der Forschung eines Betriebes eine Aufgabe unter unmittelbarer Angabe des Lösungsweges gestellt würde — wer sollte das tun? —, die er dann mit beruflich geläufigen Überlegungen auf Grund betrieblicher Arbeiten unter Verwendung der Hilfsmittel des Betriebes löst.

d) Beispiele 4

Wegen der sich ergebenden praktischen Werte wird auf die Beispiele zu Nr. 31, 32 und 34 RL verwiesen.

Dort liegen im allgemeinen die Summen der Wertzahlen zwischen 7 und 10, in Ausnahmefällen bei 12, so daß sich Anteilsfaktoren zwischen 13 und 21 %, gelegentlich höher ergeben. Man wird aber bedenken müssen, daß an die Schiedsstelle oft etwas vom Normalen abweichende Fälle herangetragen werden dürften, bei denen mindestens eine Wertzahl für den Erfinder besonders günstig ist, entweder wegen der verhältnismäßig untergeordneten Stellung im Betrieb (technischer Zeichner) oder wegen hoher Selbständigkeit bei der Stellung der Aufgabe (eigene Feststellungen von Mängeln und Bedürfnissen) oder bei der Lösung (ohne

Erläuterungen

Hinweis des Betriebs oder anderer Weg als vorgeschlagen). Ob sich in der Industrie im großen und ganzen dieselben Werte oder etwas niedrigere Werte ergeben, mag offen bleiben.

d) Wegfall der Vergütung

(38) Ist der Anteilsfaktor sehr niedrig, so kann, wenn der Erfindungswert gleichfalls gering ist, die nach den vorstehenden Richtlinien zu ermittelnde Vergütung bis auf einen Anerkennungsbetrag sinken oder ganz wegfallen.

Übersicht

	Anm.		Anm.
a) Grundsatz und Unterschiede zu den RL 1944	1	b) Beispiele	2
		c) Praktische Bedeutung	3

1 a) Grundsatz und Unterschiede zu den RL 1944

Der Wegfall der Vergütung wird im Schrifttum unter dem Stichwort „Nullfälle" erörtert. Die Problematik und die geschichtliche Entwicklung, die zu einer starken Einschränkung der Nullfälle geführt hat, ist in Anm. 53 bis 55 zu § 9 eingehend behandelt. Es kann darauf verwiesen werden. Ergänzend sei auf folgendes hingewiesen: Wie sehr das Bundesarbeitsministerium das Zusammentreffen von kleinem Erfindungswert und sehr niedrigem Anteilsfaktor als notwendige Voraussetzung für den „Nullfall" betont haben wollte, zeigt die Entwicklungsgeschichte der Nr. 38: In einem Vorentwurf zu Nr. 38 hieß es im Gegensatz zum geltenden Text „... namentlich wenn der Erfindungswert gleichfalls gering ist ..."; das Wort „namentlich" wurde gestrichen, um beide Voraussetzungen gleichwertig nebeneinanderzustellen.

2 b) Beispiele

1. Nach dem EV v. 16. 10. 1958 (Bl. 1959, 16) ist auch bei niedrigem Umsatz grundsätzlich eine Vergütung zu zahlen — nach der Besprechung von Heine, GRUR 1959, 182 kein typischer Nullfall.

2. Bei dem von Schade (Mitt. 1959, 257) erwähnten EV in der Sache ArbErf 3/58 lag eine Erfindung vor, die sich nur wenig über den außerbetrieblichen und noch weniger über den innerbetrieblichen Stand der Technik erhob, da schon Vorarbeiten eines anderen Betriebsangehörigen in Richtung der Erfindung vorlagen. Der Arbeitgeber berief sich auf einen „Nullfall". Im Erteilungsverfahren war für die Patentwürdigkeit aber eine erhebliche Ersparnis an Herstellungskosten mit Erfolg geltend gemacht worden. Sie fiel bei der Verwertung des Massenartikels sehr ins Gewicht. Bei dem hohen Umsatz ergab sich ein beträchtlicher Erfindungswert. Der Betrieb ließ sich überzeugen, daß eine Vergütung von mehreren 1000 DM angemessen sei. (vgl. Anm. 4 zu Nr. 13 RL).

3. In dem Schiedsfall ArbErf 5/59 handelte es sich um die Erfindung eines neuen Verfahrens zur Herstellung eines im Betrieb bereits er-

zeugten recht bedeutsamen Arzneimittels. Die Patentanmeldung wurde nach Erlaß des Bekanntmachungsbeschlusses vor Bekanntmachung zurückgenommen, so daß die Erfindung gemäß § 17 Abs. 2 alter Fassung als patentfähig galt. Sie wurde nicht ausgenutzt und hatte nach Meiung des Betriebs keinen Erfindungswert, weil das Verfahren praktisch unbrauchbar sei. Es stellte sich aber heraus, daß der Betrieb daran interessiert war, daß die Möglichkeit, das Arzneimittel überhaupt auf anderem Wege herzustellen, nicht bekannt wurde. Daraus schloß die Schiedsstelle, daß die Erfindung doch nicht ohne Wert für den Betrieb sei, und hat unter Zubilligung eines Anteilsfaktors von 13 % eine Vergütung von 1500 DM in freier Schätzung vorgeschlagen, was von beiden Teilen angenommen wurde.

c) Praktische Bedeutung

In der Praxis scheint der Nullfall keine größere Bedeutung erlangt zu haben. Die Schiedsstelle hat auch in Grenzfällen stets eine Vergütung vorgeschlagen, selbst wenn sie sich gelegentlich nur als eine Art Anerkennungsprämie darstellte. Das war z. .B bei wenig benutzten Gebrauchsmustern oder bei kleineren Erfindungen im Zusammenhang größerer Komplexe der Fall.

DRITTER TEIL
Die rechnerische Ermittlung der Vergütung
I. Formel

(39) Die Berechnung der Vergütung aus Erfindungswert und Anteilsfaktor kann in folgender Formel ausgedrückt werden:

$$V = E \cdot A$$

Dabei bedeuten:
V = die zu zahlende Vergütung,
E = den Erfindungswert,
A = den Anteilsfaktor in Prozenten.

Die Ermittlung des Erfindungswertes nach der Lizenzanalogie kann in folgender Formel ausgedrückt werden:

$$E = B \cdot L$$

Dabei bedeuten:
E = den Erfindungswert,
B = die Bezugsgröße,
L = Lizenzsatz in Prozenten.

In dieser Formel kann die Bezugsgröße ein Geldbetrag oder eine Stückzahl sein. Ist die Bezugsgröße ein bestimmter Geldbetrag, so ist der Lizenzsatz ein Prozentsatz (z. B. 3 % von 100 000,— DM). Ist die Bezugsgröße dagegen eine Stückzahl oder eine Gewichtseinheit, so ist der Lizenzsatz ein bestimmter Geldbetrag je Stück oder Gewichtseinheit (z. B. 0,10 DM je Stück oder Gewichtseinheit des umgesetzten Erzeugnisses).

Erläuterungen

Insgesamt ergibt sich hiernach für die Ermittlung der Vergütung bei Anwendung der Lizenzanalogie folgende Formel:

$$V = B \cdot L \cdot A$$

Hierbei ist für B jeweils die entsprechende Bezugsgröße (Umsatz, Erzeugung) einzusetzen. Sie kann sich auf die gesamte Laufdauer des Schutzrechts (oder die gesamte sonst nach Nummer 42 in Betracht kommende Zeit) oder auf einen bestimmten periodisch wiederkehrenden Zeitabschnitt (z. B. 1 Jahr) beziehen; entsprechend ergibt sich aus der Formel die Vergütung für die gesamte Laufdauer (V) oder den bestimmten Zeitabschnitt (bei jährlicher Ermittlung im folgenden mit Vj bezeichnet). Wird z. B. die Vergütung unter Anwendung der Lizenzanalogie in Verbindung mit dem Umsatz ermittelt, so lautet die Formel für die Berechnung der Vergütung:

$$V = U \cdot L \cdot A$$

oder bei jährlicher Ermittlung

$$Vj = Uj \cdot L \cdot A$$

Beispiel: Bei einem Jahresumsatz von 400 000,— DM, einem Lizenzsatz von 3 % und einem Anteilsfaktor von (a + b + c =) 15 % ergibt sich folgende Rechnung:

$$Vj = 400\,000 \cdot \frac{3 \cdot 15}{100 \cdot 100}$$

Die Vergütung für ein Jahr beträgt in diesem Fall 1800,— DM.

Allgemeines zur Formel s. Anm. 56 zu § 9. Beispiele bieten die zu Nr. 31, 32 und 34 RL erwähnten sowie die sonstigen veröffentlichten Schiedsfälle.

Vgl. auch den Aufsatz von Kämmerer (Anm. 1 zu Nr. 37 RL) und den Aufsatz von Johannesson in GRUR 1970, 114 (125).

II. Art der Zahlung der Vergütung

(40) Die Vergütung kann in Form einer laufenden Beteiligung bemessen werden. Hängt ihre Höhe von dem Umsatz, der Erzeugung oder dem erfaßbaren betrieblichen Nutzen ab, so wird die Vergütung zweckmäßig nachkalkulatorisch errechnet; in diesem Fall empfiehlt sich die jährliche Abrechnung, wobei — soweit dies angemessen erscheint — entsprechende Abschlagszahlungen zu leisten sein werden. Wird die Diensterfindung durch Lizenzvergabe verwertet, so wird die Zahlung der Vergütung im allgemeinen der Zahlung der Lizenzen anzupassen sein.

Manchmal wird die Zahlung einer einmaligen oder mehrmaligen festen Summe (Gesamtabfindung) als angemessen anzusehen sein. Dies gilt insbesondere für folgende Fälle:

a) Wenn es sich um kleinere Erfindungen handelt, für die eine jährliche Abrechnung wegen des dadurch entstehenden Aufwandes nicht angemessen erscheint,

b) wenn die Diensterfindung als Vorrats- oder Ausbaupatent verwertet wird.

c) Ist der Diensterfinder in einer Stellung, in der er auf den Einsatz seiner Erfindung oder die Entwicklung weiterer verwandter Erfindungen im Betrieb einen maßgeblichen Einfluß ausüben kann, so ist zur Vermeidung von Interessengegensätzen ebenfalls zu empfehlen, die Vergütung in Form einmaliger oder mehrmaliger fester Beträge zu zahlen.

In der Praxis findet sich manchmal eine Verbindung beider Zahlungsarten derart, daß der Lizenznehmer eine einmalige Zahlung leistet und der Lizenzgeber im übrigen laufend an den Erträgen der Erfindung beteiligt wird. Auch eine solche Regelung kann eine angemessene Art der Vergütungsregelung darstellen.

Übersicht

	Anm.		Anm.
a) Mögliche Arten der Zahlung	1	c) Pauschalzahlungen	3, 4
b) Laufende Zahlungen	2		

a) Mögliche Arten der Zahlung   1

In Anm. 57 zu § 9 wird ausgeführt, daß das Gesetz keine zwingenden Vorschriften über die Art der Vergütung gibt. In der Regel handelt es sich um die Zahlung von Geldbeträgen, manchmal neben kleinen Sachleistungen, etwa bei technischen Verbesserungsvorschlägen. Die beiden hauptsächlich anzutreffenden Arten sind laufende Zahlungen und Pauschalzahlungen. Grundsätzlich kann der Arbeitgeber wählen, ob er die Vergütung durch laufende Zahlungen oder als Gesamtabfindung leisten will. Eine Grenze hat diese Wahlfreiheit nur in den allgemeinen Gesichtspunkten von Treu und Glauben oder Unbilligkeit (23), zumal bei wesentlicher Änderung der Umstände eine Neuregelung nach § 12 Abs. 6 möglich ist.

Wegen der Vergütung durch Gehaltsaufbesserung s. Anm. 59 zu § 9.

b) Laufende Zahlungen   2

Wenn eine Diensterfindung längere Zeit in größerem Umfang verwertet wird, werden Vergütungszahlungen meistens jährlich, und zwar bis zum 1. April des nachfolgenden für das vorausgegangene Jahr geleistet. Denn bis dahin stehen jeweils die Berechnungsgrundlagen, z. B. Umsatz oder eingegangene Lizenzzahlungen fest. Die in Nr. 40 erwähnte Möglichkeit mehrerer Zahlungen im Jahr und die Verbindung einmaliger und laufender Zahlungen scheint selten vorzukommen.

c) Pauschalzahlungen   3

Für das Wort Gesamtabfindung in Abs. 2 gebrauchen die Praxis und die Rechtsprechung oft das Wort „Pauschalzahlung". Die Fälle, in denen

Erläuterungen

sie zu empfehlen ist, sind in Abs. 2 unter a) bis c) sehr zweckmäßig und praxisnahe dargelegt. Wird verhältnismäßig früh eine Pauschalzahlung vereinbart, so kommt bei späterer wesentlicher Änderung der Umstände eine Neuregelung nach § 12 Abs. 6 in Betracht — s. auch Nr. 41 Satz 3 RL und Anm. 49, 50 zu § 12, auch wegen der für die Neuregelung in der Rechtsprechung aufgestellten Grundsätze.

4 Mit der Bemessung der Höhe einer Pauschalvergütung für eine schon mehrere Jahre laufende Benutzung befaßt sich der EV v. 12. 3. 1969 (Bl. 1969, 363), mit dem Stichtag für die Bewertung künftiger Umsätze der Schiedsfall ArbErf 34/68 (Bl. 1970, 139). Eine Pauschalabfindung während des Schwebens einer Patentanmeldung behandelt der EV v. 9. 11. 1970 (Bl. 1971, 170). Die ausführliche Veröffentlichung des Zwischenbescheides und des EV in der Schiedssache ArbErf 67/68 (Bl. 1971, 137) zeigt die Problematik jährlicher Pauschalvergütungen. Es muß immer berücksichtigt werden, daß ein Zusammenhang zwischen erfinderischer Leistung und Vergütung besteht, da vermieden werden muß, daß eine mehr oder weniger fingierte Erfindervergütung aus steuerlichen Gründen eine echte Tantieme oder Ähnliches ersetzt. Auch ergeben sich dann Schwierigkeiten beim Ausscheiden des Erfinders aus dem Betrieb.

(41) Nur ein geringer Teil der Patente wird in der Praxis für die Gesamtlaufdauer von 18 Jahren aufrechterhalten. Bei patentfähigen Erfindungen hat es sich bei der Gesamtabfindung häufig als berechtigt erwiesen, im allgemeinen eine durchschnittliche Laufdauer des Patents von einem Drittel der Gesamtlaufdauer, also von 6 Jahren, für die Ermittlung der einmaligen festen Vergütung zugrunde zu legen. Bei einer wesentlichen Änderung der Umstände, die für die Feststellung oder Festsetzung der Vergütung maßgebend waren, können nach § 12 Abs. 6 des Gesetzes Arbeitgeber und Arbeitnehmer voneinander die Einwilligung in eine andere Regelung der Vergütung verlangen.

Übersicht

	Anm.		Anm.
a) Schätzung der Laufdauer	1	d) Wesentliche Änderung der Umstände	4
b) Von Nr. 41 abweichende Fälle	2		
c) Ermittlung des Jahressatzes der Vergütung	3		

1 a) Schätzung der Laufdauer

Die Schätzung der Laufdauer des Patents nach Nr. 41 ist nur dann gerechtfertigt, wenn die Gesamtabfindung bald nach der Inanspruchnahme oder Patenterteilung, also in Übereinstimmung mit § 12 Abs. 1 und 3 festgestellt oder festgesetzt wird und genauere Anhaltspunkte für die mutmaßliche Dauer fehlen. Genauer müßte man von einer Benutzungszeit der Erfindung während der Laufdauer des Patents sprechen, da die Benutzung oft erst mehrere Jahre nach Anmeldung, manchmal nach Erteilung einsetzt. S. auch den in Anm. 4 zu Nr. 40 RL genannten EV v. 12. 3. 1969 (Bl. 1969, 363).

b) Von Nr. 41 abweichende Fälle 2

Läuft das Patent im Zeitpunkt der Ermittlung der Gesamtabfindung schon 6 Jahre oder länger, so ist dargetan, daß die in Nr. 41 enthaltene Vermutung nicht zutrifft. Dasselbe gilt, wenn das Patent zwar noch keine 6 Jahre läuft, aber die begründete Erwartung besteht, daß es länger als 6 Jahre aufrecht erhalten und benutzt wird. In diesen Fällen ist der Berechnung der Gesamtabfindung die Zeit zu Grunde zu legen, die das Patent voraussichtlich noch aufrechterhalten wird. In dem Schiedsfall Arb.Erf. 22/60 (Bl 1961, 434 s. Anm. 10 zu Nr. 12 RL) ergab sich die einzusetzende Laufzeit zwanglos aus der Lebensdauer der Öfen, an denen die Erfindung verwertet wurde. In anderen Fällen wird man zu prüfen haben, ob in der neueren technischen Entwicklung Anhaltspunkte dafür liegen, daß die Erfindung länger ausgewertet oder durch andere Gestaltungen abgelöst werden wird. Mehrfach ist ein Drittel der noch ausstehenden Laufzeit eingesetzt worden (vgl. EV v. 8. 7. 1969, Bl. 1970, 139). Die äußerste Grenze ist im allgemeinen die Laufzeit des Schutzrechts — siehe Nr. 42 RL.

c) Ermittlung des Jahressatzes der Vergütung 3

Entschließt man sich zu einer Pauschalzahlung für 6 oder mehr Jahre, so tritt die Frage auf, welchen Jahresumsatz oder -nutzen man zugrunde legt. Oft muß die Erzeugung erst anlaufen, so daß die Umsätze der ersten Zeit vernachlässigt werden können und als Durchschnittsumsatz das Mittel aus einem späteren Zeitraum angenommen werden kann. Dabei ist darauf zu achten, ob die Umsätze gleichbleibende, fallende oder steigende Tendenz haben.

Der Bundesfinanzhof hat in einem Urteil v. 5. 6. 1970 (BB 1970, 1165) als durchschnittlichen Ertrag den Durchschnitt der letzten 3 Jahre eingesetzt.

d) Wesentliche Änderung der Umstände 4

Es ist verständlich, daß gerade bei derartigen Pauschalierungen sowohl die voraussichtliche Laufzeit als auch der durchschnittliche Jahresumsatz falsch eingesetzt werden können. Deshalb ist im Text der Nr. 41 ausdrücklich auf § 12 Abs. 6 verwiesen. Siehe hierzu Anm. 47, 49, 50 zu §12.

III. Die für die Berechnung der Vergütung maßgebende Zeit

(42) Die Zeit, die für die Berechnung der Vergütung bei laufender Zahlung maßgebend ist, endet bei der unbeschränkten Inanspruchnahme in der Regel mit dem Wegfall des Schutzrechts. Dasselbe gilt bei der beschränkten Inanspruchnahme, wenn ein Schutzrecht erwirkt ist. Wegen

Erläuterungen

der Dauer der Vergütung bei beschränkter Inanspruchnahme wird im übrigen auf Nummer 25 verwiesen. In Ausnahmefällen kann der Gesichtspunkt der Angemessenheit der Vergütung auch eine Zahlung über die Laufdauer des Schutzrechts hinaus gerechtfertigt erscheinen lassen. Dies gilt beispielsweise dann, wenn eine Erfindung erst in den letzten Jahren der Laufdauer eines Schutzrechts praktisch ausgewertet worden ist und die durch das Patent während seiner Laufzeit dem Patentinhaber vermittelte Vorzugsstellung auf dem Markt auf Grund besonderer Umstände noch weiter andauert. Solche besonderen Umstände können z. B. darin liegen, daß die Erfindung ein geschütztes Verfahren betrifft, für dessen Ausübung hohe betriebsinterne Erfahrungen notwendig sind, die nicht ohne weiteres bei Ablauf des Schutzrechts Wettbewerbern zur Verfügung stehen.

Übersicht

	Anm.		Anm.
a) Gesetzliche Grundlagen	1	b) Vergütung über die Laufdauer des Schutzrechts hinaus	2, 3

1 **a) Gesetzliche Grundlagen**

Auch für die für die Berechnung der Vergütung maßgebende Zeit gilt das Monopolprinzip, wonach die Vergütung solange zu bezahlen ist, so lange das Schutzrecht besteht. Für die beschränkte Inanspruchnahme und die Verbesserungsvorschläge gelten nach §§ 10 Abs. 1 Satz 1 und 20 Abs. 1 Sonderbestimmungen. In beiden Fällen ist die Vergütungspflicht und damit die Zeitdauer an die Benutzung der Erfindung gebunden. Vgl. im einzelnen Anm. 23 zu § 9, 7 bis 9 zu § 10 und 10, 11 zu § 20.

2 **b) Vergütung über die Laufdauer des Schutzrechts hinaus**

Eine Zahlung von Lizenzgebühren über die Laufdauer des Schutzrechts hinaus verstößt im freien Lizenzvertragsrecht in der Regel gegen das Gesetz gegen Wettbewerbsbeschränkungen, da solche Vereinbarungen über den Inhalt des Schutzrechts hinausgehen (§20 Abs. 1 GWB). Dieses Verbot berührt jedoch das Verhältnis zwischen Arbeitgeber und Arbeitnehmer nicht, so daß im Arbeitnehmererfinderrecht eine Zahlung der Vergütung an den Arbeitnehmer nach Ablauf des Schutzrechts wettbewerbsrechtlich unbedenklich ist. Die Amtl. Begr. (unten S. 581) führt aus, daß nicht ausgeschlossen sei, „daß in besonders gelagerten Einzelfällen die Zahlung einer Vergütung für eine darüber hinausgehende Zeit als angemessen angesehen werden kann". Ob das der Fall ist, muß jeweils unter Berücksichtigung der besonderen Verhältnisse entschieden werden. Die Weiterzahlung wird nur in Ausnahmefällen in Frage kommen, wenn die Summe der bisherigen Leistungen noch keine angemessene Beteiligung des Arbeitnehmers am wirtschaftlichen Wert seiner Erfindung darstellt und die nach Ablauf des Schutzrechts anhaltende tatsächliche Monopolstellung des Arbeitgebers eine weitere Zahlung rechtfertigt. Die erste Voraussetzung — nicht ausreichende bisherige

Vergütung — kann z. B. vorliegen, wenn die Erfindung als Zusatzpatent erst spät zu einem nur noch wenige Jahre laufenden Hauptpatent angemeldet worden ist; aber auch hier muß die tatsächliche Monopolstellung des Arbeitgebers nach Ablauf des Schutzrechts dazukommen.

Die Schiedsstelle Berlin hat im EV v. 15. 2. 1966 (Bl. 1967, 30) nach Aufgabe des Schutzrechts und Übertragung auf den Erfinder die volle Weiterzahlung der bisherigen Vergütung wegen der besonderen Marktverhältnisse vorgeschlagen — s. auch Anm. 25 zu § 16.

3

(43) **Ist das Schutzrecht vernichtbar, so bleibt dennoch der Arbeitgeber bis zur Nichtigkeitserklärung zur Vergütungszahlung verpflichtet,** weil bis dahin der Arbeitgeber eine tatsächliche Nutzungsmöglichkeit und günstigere Geschäftsstellung hat, die er ohne die Inanspruchnahme nicht hätte. **Die offenbar oder wahrscheinlich gewordene Nichtigkeit ist für den Vergütungsanspruch der tatsächlichen Vernichtung dann gleichzustellen, wenn nach den Umständen das Schutzrecht seine bisherige wirtschaftliche Wirkung soweit verloren hat, daß dem Arbeitgeber die Vergütungszahlung nicht mehr zugemutet werden kann.** Dies ist besonders dann der Fall, wenn Wettbewerber, ohne eine Verletzungsklage befürchten zu müssen, nach dem Schutzrecht arbeiten.

Übersicht

	Anm.		Anm.
a) Grundsatz	1	f) Einfluß der Vernichtbarkeit auf den Erfindungswert	8
b) Parallele zur freien Erfindung	2	g) Nichtigkeit eines der in mehreren Staaten erworbenen Schutzrechte	9, 10
c) Gebrauchsmuster	3		
d) Einfluß eines schwebenden Nichtigkeits- oder Löschungsverfahrens	4	h) Praktische Bedeutung	11, 12
e) Anwendung der Grundsätze in der Praxis	5—7		

a) Grundsatz

1

Die Erfahrung hat gezeigt, daß in weit höherem Maße als erwartet gegenüber Vergütungsansprüchen für benutzte Erfindungen im Schiedsverfahren der Einwand erhoben wurde, das Schutzrecht sei nicht rechtsbeständig. Deshalb ist es nützlich, daß sich die Richtlinien hiermit befassen. S. auch Anm. 7.

Die wohlabgewogene Fassung hält die Grundsätze für anwendbar, die die Rechtsprechung für freie Lizenzen entwickelt hat. Sie bejaht grundsätzlich die Zahlungspflicht des Lizenznehmers für die Zeit bis zur Nichtigkeitserklärung. In dem Urteil des BGH vom 12. 4. 1957 „Verwandlungstisch" — GRUR 1957, 595 = Mitt. 1957, 112 = BB 1957, 659 = LM Nr. 8 zu § 9 PatG — wird dies im Anschluß an die bisherige Rechtsprechung damit begründet, daß der „Lizenznehmer bis zur Nichtig-

Erläuterungen

keitserklärung eine tatsächliche Nutzungsmöglichkeit und eine günstigere geschäftliche Stellung hatte, die er ohne den Lizenzvertrag nicht gehabt hätte". Diese Grundsätze sind in den Urteilen des BGH v. 17. 10. 1968 (Kartellsenat, „Metallrahmen", GRUR 1969, 409) und v. 26. 6. 1969 „Rüben-Verladeeinrichtung" (GRUR 1969, 677) aufrecht erhalten worden. Vgl. auch Anm. 24 zu § 9.

2   **b) Parallele zur freien Erfindung**

Es ist auch verständlich, daß diese Parallele gezogen wird. Denn bei der Ermittlung des Erfindungswertes ist eine der Methoden die der Lizenzanalogie. Man geht von dem Lizenzsatz aus, der für vergleichbare Fälle der freien Erfindungen üblich ist (Nr. 3 a RL). Wenn auch bei der unbeschränkten Inanspruchnahme das Recht an der Erfindung selbst übergegangen ist, nicht nur ein Nutzungsrecht, so wird doch in vielen Fällen „die Vergütung in Form einer laufenden Beteiligung bemessen" (Nr. 40 Satz 1 RL). Auch für die Zahlung einer Gesamtabfindung gilt der aufgestellte Grundsatz. Seine innere Rechtfertigung findet er darin, daß der Arbeitgeber ebenso wie der freie Lizenznehmer durch das auf den Arbeitnehmer zurückgehende Schutzrecht eine günstigere Stellung nach außen hat.

3   **c) Gebrauchsmuster**

Die Fassung spricht von „Schutzrecht". Sie ist auch auf das Gebrauchsmuster anwendbar, wenngleich der Ausdruck „vernichtbar" hier nicht wörtlich paßt. Die Schiedsstelle hat in der Sache ArbErf 13/67 (Bl. 1969, 23) ausgesprochen, daß auch für ein Gebrauchsmuster grundsätzlich Vergütung gezahlt werden muß, solange es aufrechterhalten, besonders wenn die Schutzdauer verlängert wird. Sie hat allerdings auch festgestellt, daß es nicht verletzt worden ist. Außerdem werden die Fälle, in denen die Unwirksamkeit mit ihren wirtschaftlichen Folgen offenbar oder wahrscheinlich ist, eher vorliegen als beim Patent, es müssen aber Anhaltspunkte dafür vorliegen, daß Dritte sie erkennen. Ist ein Löschungsverfahren zugunsten des Inhabers ausgegangen, wird die Rechtsbeständigkeit angenommen werden müssen.

4   **d) Einfluß eines schwebenden Nichtigkeits- oder Löschungsverfahrens**

Nichtigkeits- oder Löschungsverfahren sind oft Auswirkungen einer Verletzungsklage, so daß die Begründung für die Einstellung der Zahlungen im letzten Satz der Nr. 43 nicht zutrifft. Führt der Schutzrechtsinhaber die Klage durch, so muß man zunächst davon ausgehen, daß dem Schutzrecht weiter eine Ausschlußwirkung innewohnt, so daß grundsätzlich die Vergütungspflicht nicht berührt wird. Doch läßt eine vorauszusehende Einschränkung des Schutzrechts u. U. eine vorsorgliche Minderung der Vergütung und die drohende Gefahr der Vernichtung oder Löschung die Zurückhaltung von Zahlungen für künftige Umsätze oder Gewinne vertretbar erscheinen, bis der Ausgang der Klage feststeht.

e) Anwendung der Grundsätze in der Praxis 5

Die Schiedsstelle hat sich mit dem Einwand der Vernichtbarkeit in mehreren, z. T. veröffentlichten Fällen befaßt. In dem EV v. 13. 7. 1965 (Bl. 1965, 324) hat sie es abgelehnt zu prüfen, ob eine Nichtigkeitsklage Erfolg haben würde. Daß das Patent verletzt werde, werde nicht behauptet; der Wegfall der Monopolstellung könne nicht festgestellt werden. Solange das Patent aufrechterhalten werde, sei nach dem rechtspolitischen Grund der Vergütungspflicht, dem Monopolprinzip, eine Vergütung zu zahlen.

In mehreren Fällen, in denen geltend gemacht wurde, daß ein Wettbewerber sich auf offenkundige Vorbenutzung berufen habe, ist die Vergütungspflicht bejaht worden, weil das Patent auch weiter, z. T. 18 Jahre lang, durch Zahlung der Jahresgebühren aufrecht erhalten worden ist. Dies zeige, daß es seine Bedeutung für die Inhaberin nicht verloren habe, z. B. weil die Freilizenz an den Wettbewerber nur geringe wirtschaftliche Bedeutung gehabt habe und andere Wettbewerber, die den Tatbestand der offenkundigen Vorbenutzung nicht kannten, am Nachbau verhindert wurden (ArbErf 1/67, 13/70, 68/70). S. auch das Beispiel in Anm. 3. 6

Wenn trotz aufgetretener Bedenken die Jahresgebühren für ein Patent weiter entrichtet werden, besonders wenn dies für die letzten Jahre der Laufzeit geschieht, oder wenn die Verlängerungsgebühr für ein Gebrauchsmuster nach Ablauf von 3 Jahren bezahlt wird, spricht dies im allgemeinen für das Fortbestehen der Vergütungspflicht. Solange ein Schutzrecht aufrecht erhalten wird, weist das darauf hin, daß sein Inhaber ihm noch einen Wert beimißt. Dieser braucht nicht nur in seiner Ausschlußwirkung zu liegen, sondern kann auch andere wirtschaftliche Gründe haben, z. B. bei Austauschverträgen, wegen des good-will des Unternehmens oder der Bedeutung für die Werbung. Solange muß daher auch Erfindungsvergütung gezahlt werden. Ob die Angreifbarkeit Einfluß auf die Höhe der Vergütung hat, wird in Anm. 8 behandelt. 7

f) Einfluß der Vernichtbarkeit auf den Erfindungswert 8

Sind dem Arbeitgeber Umstände bekannt geworden, etwa nachträglich in einer Auslandsmeldung entgegengehaltene Druckschriften oder eine von einem Mitbewerber geltend gemachte offenkundige Vorbenutzung, die das Schutzrecht gefährden, so bleibt zwar grundsätzlich die Vergütungspflicht bestehen, solange die Außenwelt das Schutzrecht noch respektiert. Doch kann sich die Unsicherheit über die Dauer des unangefochtenen Bestands des Schutzrechts oder doch sein möglicherweise geringerer Schutzbereich bei der Bemessung der Zahlungen auswirken. Muß der Arbeitgeber etwa Freilizenzen einräumen, so kann das auch zu einer Minderung bei laufenden Zahlungen, z. B. infolge eines geringeren Ausgangslizenzsatzes, führen. S. auch Bundesfinanzhof v. 20. 3. 1970, Anm. 3 zu Nr. 41 RL.

Erläuterungen

9 g) Nichtigkeit eines der in mehreren Staaten erworbenen Schutzrechte

Wenn für die Erfindung in mehreren Staaten Schutzrechte erworben werden, muß für jede Verwertung in den betr. Ländern eine Vergütung gezahlt werden. Wird in einem Staat das Schutzrecht vernichtet, so entfällt zunächst die Vergütung für die Verwertung dieses Schutzrechts. Darüber hinaus können sich hieran Auswirkungen für die Vergütung für die in anderen Staaten erwirkte Schutzrechte anknüpfen. Vgl. Anm. 5 zu Nr. 26 RL. Solange aber in dem in Betracht kommenden ausländischen Staat keine Bedenken gegen die Rechtsbeständigkeit des Patents auftreten und es nicht verletzt wird, bleibt es bei dem Grundsatz, daß eine Vergütung zu zahlen ist, solange das Schutzrecht besteht (EV v. 19. 1. 1970, Bl. 1970, 426).

10 Wird in einem Prüfungsland, z. B. dem Inland oder den Niederlanden, ein Schutzrecht nicht erteilt oder nachträglich vernichtet, so kann das dieselben Folgen für die Höhe der Vergütung haben, die in Anm. 8 dargelegt werden. Doch wird man darauf zu achten haben, ob bei der Verschiedenheit der nationalen Rechtsvorschriften eine entsprechende Auswirkung auf die Rechtsbeständigkeit zu erwarten ist.

11 h) Praktische Bedeutung

Wie die vorhergehenden Anmerkungen ergeben, haben die Grundsätze erhebliches praktisches Gewicht. Es hat sich gezeigt, daß der Patentinhaber nicht selten geneigt ist, den Wert seines Schutzrechts gegenüber dem Erfinder anders zu bewerten, als er es der Erteilungsbehörde gegenüber dargestellt hat. Gelegentlich werden ihm seine eigenen Ausführungen aus dem Erteilungsverfahren, in dessen Akten der Arbeitnehmer einzusehen berechtigt ist (vgl. Anm. 9 zu § 15), entgegenstehen; sie müssen nach § 44 PatG als der Wahrheit gemäß bewertet werden. Das bedeutet nicht, wie Witte in seinem Aufsatz „Wahrheitspflicht und Begründung des technischen Fortschritts" in GRUR 1960, 489, befürchtet, daß der Arbeitgeber endgültig auf seine früheren Angaben festgelegt ist. Die spätere Entwicklung und inzwischen gewonnene Erkenntnisse können nicht unberücksichtigt bleiben. Doch wird der Arbeitgeber dann die Tatsachen darlegen und beweisen müssen, die eine andere Beurteilung rechtfertigen. Das in Anm. 2 zu Nr. 38 RL angeführte Beispiel ArbErf 3/58 zeigt, daß der Arbeitgeber sich an die im Erteilungsverfahren abgegebene Erklärung über die durch die Erfindung erreichte Verbilligung der Herstellung halten lassen mußte. Es darf auch erwähnt werden, daß der BGH in den Urteilen v. 2. 12. 1960 „Chlormethylierung" (GRUR 1961, 336) und v. 28. 6. 1962 „Cromegal" (GRUR 1963, 135 (vgl. Anm. 7 und 12 zu § 12) der Ansicht ist, der Arbeitgeber müsse sich während des Erteilungsverfahrens dem Arbeitnehmer gegenüber an die dem Patentamt abgegebene Erklärung halten lassen, daß er auf die Anmeldung ein Patent begehrt.

12 Die nicht erfreuliche Lage des Arbeitgebers, das bisher von außen nicht angegriffene Schutzrecht — möglicherweise sogar vor der beim

§ 12 Feststellung oder Festsetzung der Vergütung

Patentamt gebildeten Schiedsstelle — als vernichtbar zu bezeichnen, wird durch Anwendung des aufgestellten Grundsatzes vermieden. Der Blick auf die auch in solchen Fällen grundsätzlich zu zahlende Erfindervergütung sollte den Arbeitgeber schon im Anmeldeverfahren zu einer kritischen Bewertung der Patentwürdigkeit veranlassen.

§ 12
Feststellung oder Festsetzung der Vergütung

(1) Die Art und Höhe der Vergütung soll in angemessener Frist nach Inanspruchnahme der Diensterfindung durch Vereinbarung zwischen dem Arbeitgeber und dem Arbeitnehmer festgestellt werden.

(2) Wenn mehrere Arbeitnehmer an der Diensterfindung beteiligt sind, ist die Vergütung für jeden gesondert festzustellen. Die Gesamthöhe der Vergütung und die Anteile der einzelnen Erfinder an der Diensterfindung hat der Arbeitgeber den Beteiligten bekanntzugeben.

(3) Kommt eine Vereinbarung über die Vergütung in angemessener Frist nach Inanspruchnahme der Diensterfindung nicht zustande, so hat der Arbeitgeber die Vergütung durch eine begründete schriftliche Erklärung an den Arbeitnehmer festzusetzen und entsprechend der Festsetzung zu zahlen. Bei unbeschränkter Inanspruchnahme der Diensterfindung ist die Vergütung spätestens bis zum Ablauf von drei Monaten nach Erteilung des Schutzrechts, bei beschränkter Inanspruchnahme spätestens bis zum Ablauf von drei Monaten nach Aufnahme der Benutzung festzusetzen.

(4) Der Arbeitnehmer kann der Festsetzung innerhalb von zwei Monaten durch schriftliche Erklärung widersprechen, wenn er mit der Festsetzung nicht einverstanden ist. Widerspricht er nicht, so wird die Festsetzung für beide Teile verbindlich.

(5) Sind mehrere Arbeitnehmer an der Diensterfindung beteiligt, so wird die Festsetzung für alle Beteiligten nicht verbindlich, wenn einer von ihnen der Festsetzung mit der Begründung widerspricht, daß sein Anteil an der Diensterfindung unrichtig festgesetzt sei. Der Arbeitgeber ist in diesem Falle berechtigt, die Vergütung für alle Beteiligten neu festzusetzen.

(6) Arbeitgeber und Arbeitnehmer können voneinander die Einwilligung in eine andere Regelung der Vergütung verlangen, wenn sich Umstände wesentlich ändern, die für die Feststellung oder Festsetzung der Vergütung maßgebend waren. Rückzahlung einer bereits geleisteten Vergütung kann nicht verlangt werden. Die Absätze 1 bis 5 sind nicht anzuwenden.

Erläuterungen

Übersicht

	Anm.
I. Allgemeines	1—3
II. Fälligkeit	
a) Angemessene Frist nach Inanspruchnahme	4
b) Spätester Zeitpunkt	6
c) Fälligkeit bei bereits vor Patenterteilung verwerteter Erfindung	7
aa) „In angemessener Frist"	8, 9
bb) Vergütung nach Bekanntmachung	10
cc) BGH-Urteile „Cromegal" und „Gleichrichter"	11
dd) Erfindervergütung bei nicht bekanntgemachter Patentanmeldung	12—15
ee) Vergütung für die Zeit des Schwebens der Anmeldung nach ihrem Scheitern	16—18
ff) Vergütung als technischer Verbesserungsvorschlag	19
gg) Vergütung als Sonderleistung	20
d) Vorläufiges Benutzungsentgelt	21
III. Die Feststellung der Vergütung	
a) Rechtsnatur	22
b) Inhalt und Zeit der Feststellung	23
c) Besonderheiten für Miterfinder	
aa) Gesonderte Feststellung	24—27
bb) Bekanntgabe der Gesamthöhe und der Anteile	28
cc) Vorgehen bei der Feststellung und Berechnung	29
IV. Die Festsetzung der Vergütung	
a) Voraussetzungen	30
b) Zeitpunkt	31

	Anm.
c) Rechtsnatur, Form und Inhalt	32, 33
d) Recht und Pflicht zur Festsetzung	34
e) Pflicht zur Zahlung	35
f) Verletzung der Festsetzungspflicht	36
g) Widerspruch gegen die Festsetzung	37—39
h) Bindung der Beteiligten an die Festsetzung	40, 41
i) Besonderheiten für Miterfinder	
aa) Neufestsetzung bei Widerspruch eines Arbeitnehmers	42
bb) Gesonderte Festsetzung	43
cc) Bekanntgabe des Anteils	44
V. Neuregelung der Vergütung	
a) Voraussetzungen	45
b) Verhältnis zum früheren Recht	46
c) Nachträgliche Änderung	47
d) Rechtsbehelfe neben Abs. 6	48
e) Beispiele für nachträgliche wesentliche Änderung der Umstände	49—53
f) Grundsätze für die Neubemessung	54
g) Geltendmachung des Rechts	55
h) Zeitpunkt der Neuregelung	56
i) Keine Rückzahlung geleisteter Vergütungen	57
k) Verzicht auf Änderungsklausel	58
VI. Rechnungslegung	
a) Grundsatz	59
b) Besonderheiten bei Lizenzen	60
c) Anwendung auf die Erfindervergütung	61
d) Umfang der Auskunft	62
e) Durchführung der Auskunft	63

1   **I. Allgemeines**

Ist der Vergütungsanspruch gemäß §§ 9 Abs. 1, 10 Abs. 1 „dem Grunde nach" entstanden (vgl. Anm. 20 zu § 9 und Anm. 3 zu § 10), so steht damit nur fest, daß der Arbeitnehmer im Regelfall eine Vergütung zu erhalten hat. Es ist noch nicht erkennbar, wie hoch die Vergütung sein

§ 12 Feststellung oder Festsetzung der Vergütung

muß. § 12 regelt das Verfahren, das zwischen Arbeitgeber und Arbeitnehmer für die Ermittlung der Art und Höhe der Vergütung anzuwenden ist.

Das Gesetz geht im Anschluß an § 5 Abs. 2 und 3 DVO davon aus, daß sich Arbeitgeber und Arbeitnehmer über Art und Höhe der Vergütung im Wege einer Vereinbarung gütlich einigen sollen. Diese Einigung nennt § 12 Abs. 1 Feststellung. Wenn innerhalb der in § 12 Abs. 3 bestimmten Frist keine Einigung über Art und Höhe der Vergütung zustande kommt, verpflichtet das Gesetz den Arbeitgeber, die Vergütung einseitig zu bestimmen und dementsprechend zu zahlen. Diese einseitige Bestimmung von Art und Höhe der Vergütung durch den Arbeitgeber wird als Festsetzung bezeichnet. 2

Die Feststellung der Vergütung durch eine Vereinbarung zwischen Arbeitgeber und Arbeitnehmer ist der einseitigen Festsetzung vorzuziehen. Sie ist im ehesten geeignet, in den oft nicht einfachen Fragen, die aus dem Charakter der „Angemessenheit" herrühren, eine vernünftige Lösung zu finden. Denn feste Größen sind für die Berechnung nur selten zu finden, oft ist es nur der Umsatz, über den nicht zu diskutiert werden braucht, während Erfindungswert und Anteilsfaktor verschieden beurteilt werden. Die Vereinbarung wird oft den Charakter eines durch gegenseitiges Entgegenkommen zustandegekommenen Vergleichs haben. 3

Erst wenn die Verhandlungen zwischen den Partnern endgültig gescheitert sind, muß der Arbeitgeber einseitig festsetzen. Damit darf er nicht beliebig lange warten; § 12 Abs. 3 setzt Fristen für Festsetzung und Zahlung.

II. Fälligkeit

a) „Angemessene Frist nach Inanspruchnahme" 4

Während in § 9 Abs. 1 und § 10 Abs. 1 bestimmt ist, wann der Vergütungsanspruch dem Grunde nach entsteht, enthält § 12 Grundsätze, wann sich dieser Anspruch konkretisiert, wann er „fällig" wird, wenn auch merkwürdigerweise dieses Wort im Text nicht erscheint.

Die Art und Höhe der Vergütung soll in angemessener Frist nach der Inanspruchnahme der Diensterfindung festgestellt werden. Der Gesetzgeber hat sich bewußt mit dieser Formulierung begnügt und davon abgesehen, eine genau begrenzte Frist für die Feststellung vorzuschreiben, da die Verhältnisse von Fall zu Fall verschieden liegen (vgl. Amtl. Begr. unten S. 584. Gerade die Ermittlung der Vergütungshöhe hängt von einer Reihe von Umständen ab, die je nach der Lage des Falles früher oder später nach der Inanspruchnahme der Erfindung festgestellt und beurteilt werden können (vgl. Anm. 20 zu § 9). Dies gilt in besonderem Maße für die Frage der Verwertbarkeit der Erfindung und für ihre Schutzfähigkeit.

Erläuterungen

b) Spätester Zeitpunkt

5   Die einzige zeitlich festumrissene Festlegung der Fälligkeit findet sich in der Bestimmung des Abs. 3. Bei unbeschränkter Inanspruchnahme ist die Vergütung spätestens bis zum Ablauf von drei Monaten nach Erteilung des Schutzrechts festzusetzen, also fällig, bei beschränkter Inanspruchnahme drei Monate nach Aufnahme der Benutzung. Ist innerhalb dieser Fristen eine Feststellung nicht zustande gekommen, so ist der Arbeitgeber zur sofortigen Festsetzung verpflichtet (vgl. Anm. 30, 31). Diese Fristen können aber nach der Meldung gemäß § 22 Satz 2 durch eine Vereinbarung zwischen Arbeitgeber und Arbeitnehmer abgedungen werden. Die Abdingung bedarf keiner Form. Sie kann deshalb auch stillschweigend erfolgen. Schweben im Zeitpunkt des Fristablaufs noch Verhandlungen zwischen Arbeitgeber und Arbeitnehmer, die eine Einigung über die Art und Höhe der Vergütung nicht ausgeschlossen erscheinen lassen, und bricht keine der Parteien im Hinblick auf § 12 Abs 3 die Verhandlungen ab, so wird in der Regel eine stillschweigende Verlängerung der Frist bis zum endgültigen Abbruch der Verhandlungen angenommen werden können.

Eine nur scheinbare Abweichung enthält Nr. 23 Abs. 2 RL; dort wird von einer Frist von 3 bis 5 Jahren nach Patenterteilung für die Feststellung der wirtschaftlichen Verwertbarkeit gesprochen. Würde man vorher auf Einhaltung der Frist des Abs. 3 bestehen, so würde man mit einer Festsetzung auf Null zu rechnen haben, die dann möglicherweise später nach Abs. 6 geändert werden würde.

6   Der Termin „drei Monate nach Erteilung" ist jedoch bei der unbeschränkten Inanspruchnahme nicht der eigentliche Termin der Fälligkeit, sondern eine „feste Endfrist" für die Festsetzung der Vergütung, falls eine Vereinbarung nicht zustande kommt (so die Amtl. Begr. unten S. 584, Lindenmaier-Lüdecke Anm. 2 zu § 12, Schiedsstelle v. 7. 11. 1961, Bl. 1962, 78, und mit eingehender Begründung das Urteil des BGH v. 28. 6. 1962, „Cromegal", BGHZ 37, 281 = Bl. 1962, 345 = GRUR 1963, 135 = NJW 1962, 1957 = BB 1962, 998 = MDR 1962, 797, siehe auch BGH v. 2. 12. 1960 „Chlormethylierung", GRUR 1961, 338). Das entspricht so sehr dem klaren Wortlaut des Gesetzes — wie sollte das Wort „spätestens" sonst zu verstehen sein? — daß man ihm Zwang antun müßte, wenn man die Fälligkeit vor diesem Zeitpunkt auf Ausnahmen beschränken würde.

7   **c) Fälligkeit bei bereits vor Patenterteilung verwerteter Erfindung**

Während die Regelung bei der beschränkten Inanspruchnahme kaum Anlaß zu Schwierigkeiten geben wird, weil es ganz natürlich ist, die Vergütung im zeitlichen Anschluß an die Benutzung zu errechnen und patentrechtliche Gründe wie Erwirkung eines Schutzrechts durch § 10 ausgeschaltet sind, haben sich in der Praxis tiefgreifende Meinungsverschiedenheiten über den Zeitpunkt der Fälligkeit bei unbeschränkt in Anspruch genommenen Erfindungen ergeben.

§ 12 Feststellung oder Festsetzung der Vergütung

aa) „In angemessener Frist" 8

Die Frage spitzt sich auf die Fälle zu, in denen die Erfindung bereits vor Patenterteilung verwertet wird. Solange dies nicht der Fall ist, wird der Arbeitnehmer in vielen Fällen einsehen, daß er warten muß, oft wird er sogar klugerweise warten, um sich nicht mangels hinreichender Anhaltspunkte mit einer niedrigen Pauschalzahlung abfinden zu lassen. Anders ist es aber dann, wenn Umsätze, möglicherweise sehr beträchtlichen Umfangs — in einem Schiedsfall waren es weit über 10 Millionen DM — vor Patenterteilung unter Verwertung der Erfindung getätigt werden. Hier lag es besonders nahe, anzunehmen, daß es angemessen sein könnte, schon vor Erteilung des Schutzrechts zu zahlen, besonders wenn man die manchmal recht langen Zeiträume bedenkt, die das Patenterteilungsverfahren in Anspruch nimmt. Wenn der Arbeitgeber in solchen Fällen die Patenterteilung nicht abwartet, ehe er verwertet, kann es auch für den Arbeitnehmer billig sein, alsbald Vergütungszahlungen zu erhalten.

Man darf sich nicht dem verschließen, daß der anmeldende Arbeitgeber in manchen Fällen vor Patenterteilung nicht nur mit der Fertigung beginnt, sondern auch durch Vergebung von Lizenzen verwertet. Freilich ist nicht zu verkennen, daß der Lizenznehmer als freier Vertragspartner sich entschließen kann, ob er das Risiko einer Lizenzzahlung für eine noch schwebende Anmeldung auf sich nimmt. In manchen Fällen wird dieser Entschluß dadurch erleichtert werden, daß für die Erfindung gleichzeitig ein Gebrauchsmuster eingetragen wird. Unter Abwägung der jeweiligen Umstände des Einzelfalls ist — insoweit in Übereinstimmung mit der Amtl. Begr. zu § 11 — jetzt § 12 — (unten S. 584) in den Vorauflagen in geeigneten Fällen eine Vergütung vor Patenterteilung als angemessen angesehen worden. Denn sie beginnt „mit dem Übergang des Rechts aus der Erfindung auf den Arbeitgeber, d. h. nicht erst mit Erteilung des Schutzrechts" (Amtl. Begr. a. a. O.). 9

Eine solche Vergütungszahlung vor Patenterteilung ist z. B. angenommen worden, wenn bereits Lizenzzahlungen eingehen, wenn sich die Chancen für die Erteilung mit einiger Sicherheit übersehen lassen. Es ist als möglich angesehen worden, daß Arbeitgeber und Arbeitnehmer eine Vorabvergütung vereinbaren, deren Berechnung sich nach den derzeitigen Aussichten der Schutzrechtserteilung, der schätzungsweise angenommenen Verwertbarkeit, der Stellung und den Aufgaben des Arbeitnehmers im Betrieb und dem Anteil des Betriebs am Zustandekommen der Diensterfindung richtet. Der Arbeitgeber muß dabei nur beachten, daß er die Rückzahlung einer bereits geleisteten Vergütung nicht verlangen kann, auch dann nicht, wenn sich die Erfindung später als nicht schutzfähig herausstellt (§ 12 Abs. 6 Satz 2). Wird später eine endgültige Vergütung festgestellt oder festgesetzt, so sind auf sie die vorausgeleisteten Beträge anzurechnen. Dies gilt, obwohl es im Gegensatz zu § 5 Abs. 2 Satz 2 DVO im neuen Gesetz nicht mehr ausdrücklich ausgesprochen ist.

Erläuterungen

10 *bb) Vergütung nach Bekanntmachung*

Einen Fall, in dem die Sachlage eine Vergütung vor Erteilung als angemessen erscheinen ließ, hatte die Schiedsstelle in dem EV v. 7. 11. 1961 (Bl. 1962, 79) zu behandeln. Sie hatte sich mit der Frage auseinanderzusetzen, ob eine Vergütung für Erfindungen fällig war, die zwar wirtschaftlich in ganz beträchtlichem Umfang verwertet wurden, für die aber die nachgesuchten Patente noch nicht erteilt waren, während die Anmeldungen schon vor längeren Jahren bekanntgemacht worden waren. Sie hat auf den gemäß § 30 Abs. 1 Satz 2 PatG eingetretenen vorläufigen Schutz hingewiesen, über den sich Wettbewerber nicht hinweggesetzt haben. Deshalb hat sie unter Anführung der Auffassung von Lindenmaier-Lüdecke, Anm. 2 zu § 12 und Heine-Rebitzki, RL, Anm. 2 zu Nr. 40 RL, Zahlung einer Vergütung für den inzwischen abgelaufenen Zeitraum vorgeschlagen. Mit dieser Auffassung wird dem der Vergütungspflicht zugrundeliegenden Monopolprinzip (s. Anm. 6 und 9 zu § 9) Rechnung getragen. Wie auch Heine-Rebitzki a. a. O. richtig bemerken, wirkt sich die vom Arbeitgeber auf Grund der Erfindung erlangte Sonderstellung bereits aus, und es erscheint recht und billig, den Erfinder hieran teilnehmen zu lassen.

Der EV, den die Beteiligten angenommen haben, ist von Schippel in GRUR 1963, 140, zustimmend besprochen worden und hat auch in der Kontroverse über das Cromegalurteil keinen Widerspruch gefunden.

11 *cc) BGH-Urteile „Cromegal" und „Gleichrichter"*

Die in den Anm. 9 und 10 enthaltenen Grundgedanken werden von der weiteren Entwicklung der Rechtsprechung übernommen, fortgeführt und z. T. wesentlich erweitert. Das Cromegalurteil (s. Anm. 6) erkennt grundsätzlich dem Diensterfinder bei Benutzung der Erfindung vor Patenterteilung einen Vergütungsanspruch zu, der allerdings niedriger ist als der nach endgültiger Patenterteilung. Es hat zu einem lebhaften Meinungsstreit geführt. In seinen Grundgedanken ist es durch das BGH-Urteil v. 30. 3. 1971 „Gleichrichter" (GRUR 1971, 475 = Bl. 1971, 309) fortentwickelt worden. Für die Zeit des Schwebens der Anmeldung ist danach auch nach rechtskräftigem Scheitern der Anmeldung eine Vergütung zu zahlen.

Aus dem Schrifttum sei genannt: Fischer, Die Bedeutung der Schutzfähigkeit der Diensterfindung für die Vergütungspflicht des Arbeitgebers, GRUR 1963, 107; die Besprechung des Cromegalurteils durch Friedrich, GRUR 1963, 138; Rebitzki, Zur Rechtsprechung des BGH in der Frage der Vergütungspflicht für Diensterfindungen, GRUR 1963, 555. Der in GRUR 1965, 634, abgedruckte Vortrag von Schade in Hamburg und die auf S. 660 ff. a. a. O. wiedergegebene ausführliche Diskussion beschäftigen sich mit dem Cromegalurteil.

Zum Gleichrichterurteil: Fischer: Die Erfindervergütung für die Benutzung einer nicht patentfähigen Erfindung, GRUR 1971, 430; Bock, Erfindervergütungen für benutzte, nichtgeschützte „Diensterfindungen", Mitt. 1971, 220; Johannesson, Zur jüngsten Rechtsprechung des BGH zur Erfindervergütung, GRUR 1972, 63. Kritisch Schultz-Süchting, Der technische Verbesserungsvorschlag im System des Arbeitnehmererfindungsgesetzes, GRUR 1973, 293.

dd) Erfindervergütung bei nicht bekanntgemachter Patentanmeldung 12

Mit dem Cromegalurteil (Fundstelle Anm. b) greift der BGH die Rechtsprechung des RG zu einem der der ersten gesetzlichen Regelung voraufgehenden Tarifverträge auf, daß unter Patentfähigkeit einer Diensterfindung nicht die Feststellung durch den Erteilungsbeschluß, sondern die „der Erfindung von vornherein anhaftende Eigenschaft, daß für sie ein Patent erteilt werden könne, zu verstehen sei" (RGZ 139, 87/91). Das steht im Einklang mit der im Urteil vom 2. 12. 1960 „Chlormethylierung" (GRUR 1961, 338) ausgesprochenen, von Friedrich in der Besprechung angriffenen Ansicht, daß sich der Arbeitgeber an die eigene dem Patentamt gegenüber abgegebene Erklärung festhalten lassen müsse, er sehe die Anmeldung als patentfähig an, was auch Volmer Anm. 15 zu § 10 vertritt. Vgl. auch die Ausführungen von Danner, GRUR 1962, 25, zu diesem Urteil mit Erwiderung von Friedrich, S. 27 a. a. O.; Johannesson, GRUR 1970, 114 (119).

Das entscheidende Argument sieht der BGH aber darin, daß bei 13 beschränkter Inanspruchnahme die Vergütung spätestens drei Monate nach Benutzung, beim Gebrauchsmuster drei Monate nach der kurzfristig zu erlangenden Eintragung fällig werde, während sich bei unbeschränkter Inanspruchnahme und Patentanmeldung, die die stärkere Rechtsstellung für den Arbeitgeber darstelle, eine jahrelange Verzögerung der Zahlung ergeben könne. Zwar scheidet der BGH bei seinen Überlegungen die Frage aus, ob bereits ein geldwerter Anspruch festzusetzen sei. Denn die Frage, ob festzusetzen sei, sei unabhängig davon, in welcher Höhe festzusetzen sei. Doch scheint dies eine theoretische subtile Unterscheidung zu sein, zumal das Urteil ausdrücklich die Ansicht ablehnt, daß der Arbeitgeber bei Versagung des Patentes schlechthin von jeder materieller Vergütungspflicht frei werde und es für „untragbar" erklärt, den Erfinder in diesem Falle „völlig leer ausgehen zu lassen". Im übrigen ist mit einer Feststellung auf „Null" praktisch nichts gewonnen, da sogar anzunehmen ist, daß eine Klage auf Feststellung des Bestehens eines Vergütungsanspruchs nach § 9 abgewiesen werden müßte, wenn der Arbeitgeber nachweist, daß ein Nullfall vorliegt (vgl. Anm. 22 zu § 9). Unter diesem Gesichtspunkt ist der Satz bedenklich, daß die Benutzung der Erfindung auch bei unbeschränkter Inanspruchnahme „in aller Regel dazu führen wird, den Anspruch auf Festsetzung der Vergütung ... spätestens bis zum Ablauf von drei Monaten nach Aufnahme der Benutzung erwachsen zu lassen".

Es darf darauf hingewiesen werden, daß der Bundestag Anregungen des Deutschen Gewerkschaftsbundes, die Vergütung spätestens unver-

Erläuterungen

züglich nach Beginn der Verwertung, bei Nichtverwertung unverzüglich nach Erteilung des Schutzrechts, festzusetzen, nicht aufgegriffen hat, wie Rebitzki in seinem Aufsatz (s. Anm. 11) in Erinnerung bringt.

14 Mit seiner Rechtsauffassung verläßt der BGH das Monopolprinzip. Denn vor der Bekanntmachung hat der Anmelder kein Verbietungsrecht (vgl. u. a. Reimer Anm. 9 zu § 30 PatG). Das ist jedoch bei einem eingetragenen Gebrauchsmuster der Fall. Bei der beschränkten Inanspruchnahme besteht zwar, wenn der Arbeitnehmer die Erfindung nicht anmeldet, kein Schutzrecht. Doch ist das Benutzungsrecht gerade für den Fall eingeräumt, daß der Arbeitnehmer ein Schutzrecht erlangen könnte. Der rechtspolitische Kompromiß, der der beschränkten Inanspruchnahme zugrunde liegt, schränkt das Monopolprinzip in gewissem Umfang ein und stellt ebenso wie das Rückzahlungsverbot in § 12 Abs. 6 eine lediglich aus sozialen Gründen geschaffene besondere Begünstigung des Arbeitnehmers gegenüber der Gefahr des Mißbrauchs wirtschaftlicher Machtstellung dar (s. Anm. 15 zu § 10). Im übrigen entfällt auch hier, allerdings nur für die Zukunft, der Vergütungsanspruch, wenn durch das Patentamt oder ein Gericht festgestellt wird, daß die Erfindung z. Z. der Inspruchnahme nicht schutzfähig war (§ 10 Abs 2 Satz 1). Auch bei Würdigung aller seit dem Zeitpunkt der Vorauflage vorgetragenen Argumente werden die Bedenken gegen die Herleitung eines die Grundregelung des Gesetzes betreffenden Gesichtspunktes aus der genannten Ausnahmeregelung nicht fallen gelassen. (Ebenso Fischer und Friedrich in den in Anm. 11 angeführten Aufsätzen.)

15 Die Schiedsstelle ist der im Cromegalurteil zum Ausdruck kommenden Rechtsauffassung gefolgt, weil sie sich nicht in Widerspruch zu der höchstrichterlichen Rechtsprechung setzen wollte (vgl. Volmer, BB 1964, 1223 und Schade, BB 1964, 1381). Ein Beispiel, wie den Umständen des Einzelfalls in einer von den Grundsätzen abweichenden Weise Rechnung getragen werden kann, zeigt der EV v. 27. 4. 1967 (Mitt. 1967, 238). Auch die Industrie ist in beachtlichem Umfang der Rechtsprechung des BGH gefolgt.

16 *ee) Vergütung für die Zeit des Schwebens der Anmeldung nach ihrem Scheitern*

Der BGH hat den im Cromegalurteil aufgestellten Grundsatz der Vergütung einer benutzten Diensterfindung, für die ein Patent angemeldet aber noch nicht erteilt ist, in dem Urteil v. 30. 3. 1971 „Gleichrichter" (GRUR 1971, 475 = Bl. 1971, 309) fortentwickelt. Eingeklagt war die Vergütung für mehrere unbeschränkt in Anspruch genommene Diensterfindungen. Die für sie eingereichten Patentanmeldungen waren durch rechtskräftige Zurückweisung oder Versagung des Patents gescheitert. Der BGH führt aus, daß bei unbeschränkter Inanspruchnahme die Frage der Schutzfähigkeit in der Schwebe bleibe. Werde die Erfindung benutzt, so stehe dem Arbeitnehmer unbeschadet der unsicheren Patentlage ein Anspruch auf vorläufige Vergütung dem Grunde nach zu; die-

§ 12 Feststellung oder Festsetzung der Vergütung

ser Anspruch solle auch grundsätzlich vom Lauf des Erteilungsverfahrens unabhängig sein. Deshalb sei der Anspruch auf vorläufige Vergütung dem Grunde nach anzuerkennen. Ein sog. Nullfall könne nur die Höhe betreffen; er könne nicht aus dem üblichen Patentversagungsrisiko rückschauend wegen der endgültigen Versagung geschlossen werden.

Gegen dieses Urteil haben Fischer, Bock und Schulz-Süchting Kritik erhoben, Johannesson hat sich der Auffassung des BGH angeschlossen (Fundstellen Anm. 11). Im Ergebnis wird den Bedenken beigetreten. Entscheidend hierfür erscheinen vor allem folgende Gesichtspunkte: Nach § 2 fallen unter das Gesetz nur Erfindungen, die patent- oder gebrauchsmusterfähig sind; nur solche Erfindungen sind Diensterfindungen im Sinne des § 4 und begründen nach § 9 nach unbeschränkter Inanspruchnahme einen Anspruch auf Vergütung. Zur Zeit des Urteils stand aber rechtskräftig fest, daß die Erfindungen nicht patentfähig waren. Soweit sie bekanntgemacht waren, galten gemäß § 35 Abs. 2 PatG die Wirkungen des einstweiligen Schutzes als nicht eingetreten. Patentschutz gegen Dritte war also überhaupt nicht eingetreten (bei Zurückweisung vor Bekanntmachung) oder rückwirkend weggefallen (bei Versagung nach Bekanntmachung). An diese Ausschlußwirkung knüpft aber der Gesetzgeber die Vergütung (vgl. Anm. 6 bis 8 zu § 9). Auf diesem Standpunkt hatte sich auch die Schiedsstelle gestellt.

17

Es wird nicht verkannt, das Gesichtspunkte der Gerechtigkeit dazu geführt haben, die Gewährung einer vorläufigen Vergütung nach dem Cromegalurteil nicht davon abhängig zu machen, ob bei der Entscheidung über den Vergütungsanspruch bereits eine rechtskräftige Entscheidung im Erteilungsverfahren vorlag. Denn dann würde, je nachdem, wann über die Vergütung zu befinden ist, entgegengesetzt zu entscheiden sein. Das zeigt aber die Schwäche des Cromegalurteils.

Von einer „der Erfindung von vorneherein anhaftenden Eigenschaft, daß für sie ein Patent erteilt werden kann" (so das Cromegalurteil, vgl. Anm. 12) kann nach rechtskräftigem Scheitern der Anmeldung kaum noch gesprochen werden. Es könnte sein, daß der BGH die Rückwirkung der Zurücknahme deshalb dem Grunde nach für unbeachtlich hält, weil damit eine vorhanden gewesene Eigenschaft oder ein vorhanden gewesener einstweiliger Schutz nicht durch eine Fiktion — etwa entsprechend § 35 PatG — gegenüber dem Diensterfinder als rückwirkend weggefallen anzunehmen sei. Es ist aber nicht einzusehen, warum nur nach außen eine Wirkung nicht entstanden ist oder als nicht entstanden gilt. Die für freie Lizenzverträge entwickelte Rechtsprechung, daß grundsätzlich die Zahlungsflicht des Lizenznehmers für die Zeit bis zur Nichtigkeitserklärung bejaht wird (BGH v. 12. 4. 1957, GRUR 1957, 595), kann nicht herangezogen werden. Denn hier wird der Rechtsschein eines gültigen Patents ausgenutzt (vgl. im einzelnen Anm. 24 zu § 9 und die Anm. zu Nr. 43 RL.)

18

Erläuterungen

Außerdem muß gegenüber dem Heranziehen freier Lizenzverträge darauf hingewiesen werden, daß Vergleiche nur mit Vorsicht gezogen werden können. Denn bei freien Verträgen weiß der Lizenznehmer, daß er ein Risiko hinsichtlich der Patenterteilung eingeht, und kann sich über dessen Ausmaß informieren. Außerdem erwirbt er oft über die Benutzung des Gegenstands der Anmeldung hinaus wichtiges knowhow. Dem in Anspruch nehmenden Arbeitgeber bleibt aber, will er die Erfindung nicht freigeben, oder die belastenden Verpflichtungen der beschränkten Inanspruchnahme (s. § 10 Abs. 2) nicht eingehen, nur die unbeschränkte Inanspruchnahme mit der Folge der Vergütungspflicht. Das know-how gehört ihm im allgemeinen selbst (vgl. Nr. 14 Abs. 2 RL).

19 *ff) Vergütung als technischer Verbesserungsvorschlag*

Es liegt nahe zu prüfen, ob dem Bemühen um eine gerechte Vergütung, die den Urteilen des BGH zugrundeliegt, in anderer Weise Rechnung getragen werden kann. Im Schrifttum ist häufig erörtert worden, ob der Gegenstand der schwebenden Anmeldung als sog. qualifizierter technischer Verbesserungsvorschlag im Sinne des § 20 Abs. 1 anzusehen ist. Im Cromegalurteil konnte das nicht erörtert werden, weil die Verwertung vor dem Stichtag des § 43 Abs. 4 begonnen hatte. Besonders eingehend befaßt sich hiermit Bock (s. Anm. 11), ferner Lindenmaier-Lüdecke Anm. 2 zu § 12; Heine-Rebitzki. Die Vergütung von Erfindungen ... Anm. 2 zu Nr. 40 RL; Danner in GRUR 1962, 25, Friedrich in GRUR 1962, 27; Karl Mitt. 1960, 242; neuerdings auch Schulz-Süchting in GRUR 1973, 293.

Eine umfassende Grundlage für eine Vergütung für den Gegenstand schwebender Patentanmeldungen ergibt sich indes nicht aus § 20 Abs. 1. Die Vorzugsstellung ist beendet, sobald ein erfindungsgemäßes Erzeugnis auf den Markt kommt, sobald ein Verfahren offenkundig wird, vor allem aber auch, sobald die Anmeldung offengelegt oder bekanntgemacht wird.

20 *gg) Vergütung als Sonderleistung*

Neben den Bestimmungen des ArbEG könnte der Gedanke der Sonderleistung zur Begründung der Vergütungspflicht geprüft werden (vgl. Anm. 12 bis 14 zu § 9). In dem durch das Gleichrichterurteil aufgehobenen Urteil hat das OLG Ansprüche auf „Sondervergütung für eine außergewöhnliche Arbeitsleistung" erwähnt, die Zuständigkeit für ihre Prüfung aber verneint (Arbeitsgericht). Es müßte dann u. a. aber untersucht werden, ob eine solche Sonderleistung auch dann vorliegt, wenn sich herausstellt, daß die „Erfindung" nicht schutzfähig ist.

21 **d) Vorläufiges Benutzungsentgelt**

Wird eine Vergütung vor Erteilung des Patents fällig, so ist dem Rechnung zu tragen, daß das volle Recht des Arbeitgebers noch nicht feststeht, zumal eine geleistete Vergütung nach § 12 Abs. 6 Satz 2 nicht zurückgezahlt zu werden braucht. Der BGH hat im Cromegalurteil (Fundstelle s. Anm. 7) die „Mittellösung" vorgeschlagen, bloß ein vorläufiges Entgelt festzusetzen. Der Höhe nach soll es „nach Maßgabe der laufenden Benutzung, also etwa unter Anlehnung an die von einem nicht ausschließlichen Lizenznehmer geschuldeten Gebühren berechnet werden". Es könne sich von dem endgültigen Entgelt u. U. erheblich unterscheiden, vor allem wenn das Risiko der Patenterteilung groß ist.

In einer späteren Entscheidung des BGH v. 20. 11. 1962, Pauschalabfindung, GRUR 1963, 315 = Bl. 1963, 76 = BB 1963, 141, heißt es ergänzend: Das vorläufige Entgelt sei für den Zeitraum, in dem die Erfindung benutzt wird, zu entrichten und nach Maßgabe der laufenden Benutzungshandlungen zu berechnen. Je nach dem Ausgang des Patenterteilungsverfahrens werde es entweder durch die endgültige Erfindervergütung abgelöst oder ende mit der Versagung des Patents entsprechend der Regelung des § 10 Abs. 2 ArbEG.

In der Praxis wird im Wege der Vereinbarung oft von dem Gedanken eines vorläufigen Entgelts Gebrauch gemacht, sei es auch nur in der Form, daß für noch nicht erteilte Patente gewisse Pauschalsätze, z. B. im Zeitpunkt der Anmeldung und der Bekanntmachung gezahlt werden, die bei Erteilung auf die dann festzusetzende endgültige Vergütung angerechnet werden. Zur Höhe der vorläufigen Vergütung s. Anm. 49 zu § 9.

III. Die Feststellung der Vergütung

a) Rechtsnatur 22

In etwas eigenwilliger Diktion spricht das Gesetz bei der in erster Linie wünschenswerten Vereinbarung über Art und Höhe der Vergütung von „Feststellung". Die DVO 1943 hatte von „Festlegung" gesprochen (§ 5 Abs. 2).

Die Vergütung wird durch eine Vereinbarung zwischen Arbeitgeber und Arbeitnehmer festgestellt. Die Vereinbarung ist ein bürgerlich-rechtlicher Vertrag. Seine Rechtswirksamkeit und Rechtsbeständigkeit bemißt sich nach § 23 des Gesetzes und nach den allgemeinen Vorschriften des bürgerlichen Rechts. § 113 BGB (erweiterte Geschäftsfähigkeit des Minderjährigen im Dienst- oder Arbeitsverhältnis) gilt entsprechend. Ein Streit um Rechte aus der Vereinbarung oder um ihre Rechtswirksamkeit kann unmittelbar im gerichtlichen Verfahren ausgetragen werden, ohne daß es vorher eines Verfahrens vor der Schiedsstelle bedarf (§ 37 Abs. 2 Nr. 1).

b) Inhalt und Zeit der Feststellung 23

Der Vertrag regelt die Art und die Höhe der Vergütung. Die Art der Vergütung umfaßt eine Einigung darüber, ob eine Pauschalvergütung oder eine prozentuale Beteiligung am Umsatz oder Gewinn, u. U. auch eine Gehaltserhöhung oder ähnliches gewährt wird (vgl. Anm. 57 bis 59

Erläuterungen

zu § 9 und Anm. zu Nr. 40 RL). Wegen der Höhe vgl. Anm. 34 bis 50 zu § 9 und Anm. 12, 13 zu § 10 sowie zu den entsprechenden Nummern der RL). Eine Verbindung des Feststellungsvertrages mit anderen Vereinbarungen, insbesondere auf dem Gebiet des Arbeitnehmererfinderrechts, ist zulässig.

Wann die Feststellung der Vergütung zu erfolgen hat, ist oben im Abschnitt „Fälligkeit" (Anm. 4 bis 20) erörtert. Wegen Verwirkung vgl. Anm. 30 zu § 9 und unten Anm. 37.

c) Besonderheiten für Miterfinder

24   aa) *Gesonderte Feststellung*

Sind mehrere Arbeitnehmer an der Diensterfindung als Miterfinder beteiligt, so ist die Vergütung für jeden gesondert festzustellen (§ 12 Abs. 2). Miterfinder ist, wer selbständig, jedenfalls nicht nach Weisungen eines anderen in nicht nur handwerklicher Weise an dem Entstehen der Erfindung mitgewirkt hat, ohne daß ein Beitrag als solcher Erfindungshöhe zu besitzen braucht (vgl. im einzelnen und wegen des Schrifttums Anm. 23 bis 26 zu § 5 und Anm. 11 zu § 6). Die Erfindung steht den Miterfindern zunächst gemeinschaftlich zu.

Mit dem Übergang der Erfindung auf den Arbeitgeber wird die Rechtsgemeinschaft beendet; vgl. RG GRUR 1938, 256; Reimer Anm. 10 zu § 3 PatG, Lüdecke, Erfindungsgemeinschaften, S. 112 und 153. Der Vergütungsanspruch steht also nicht der Miterfindergemeinschaft, sondern anteilsmäßig jedem Miterfinder allein zu. Die Gemeinschaft hat nach der Inanspruchnahme der Diensterfindung keine Grundlage mehr. Deshalb ordnet das Gesetz an, daß die Feststellung der Vergütung mit den einzelnen Miterfindern gesondert vorzunehmen ist. Der Arbeitgeber muß mit jedem Miterfinder einen besonderen Vertrag schließen.

25   Da der Vergütungsanspruch sonach jedem Miterfinder für seinen Anteil gesondert zusteht, kann es der Arbeitgeber nicht den Miterfindern untereinander überlassen, sich über ihren Anteil an der Erfindung und damit über ihren Anteil an der Gesamtvergütung zu einigen, wenn dies unter ihnen streitig ist. Er muß vielmehr von sich aus in Verhandlungen mit den Miterfindern treten und die gerechten Anteile feststellen; im Zweifel sind die Anteile gleichzubemessen, § 742 BGB. Haben sich die Miterfinder schon untereinander über die Verteilung geeinigt, so kann der Arbeitgeber die zwischen ihnen vereinbarten Quoten übernehmen.

26   Die endgültige Feststellung der Miterfinderanteile ist erst nach der Erteilung des Patents möglich, da z. B. der Beitrag eines Miterfinders in der Anmeldung ganz oder teilweise im Patent wegfallen kann — vgl. BGH v. 2. 12. 1960 „Chlormethylierung" (GRUR 1961, 338).

27   Der Miterfinder hat keinen Anspruch auf Erwähnung seiner Beteiligungsquote in der Patentschrift, so BGH v. 30. 4. 1968 „Luftfilter" (GRUR 1969, 133).

§ 12 Feststellung oder Festsetzung der Vergütung

bb) *Bekanntgabe der Gesamthöhe und der Anteile* 28

Das Gesetz sieht vor, daß den Beteiligten die Gesamthöhe der Vergütung und die Anteile der einzelnen Miterfinder bekanntzugeben sind. Dadurch soll den Beteiligten Gelegenheit gegeben werden, sich davon zu überzeugen, daß ihre Anteile in gerechter Weise ermittelt wurden (vgl. Amtl. Begr. unten S. 585). Sind etwa drei Erfinder an der Diensterfindung beteiligt und beträgt die Gesamtvergütung 1800 DM, so ist nur dieser Betrag und die Miterfinderanteile, etwa 50 %, 40 %, 10 %, mitzuteilen — s. auch Anm. 29. Die Bekanntgabe braucht nicht schriftlich zu erfolgen und auch nicht in die Vereinbarung aufgenommen zu werden.

cc) *Vorgehen bei der Feststellung und der Berechnung* 29

Die Amtliche Begründung spricht an der zuletzt zitierten Stelle davon, daß der Arbeitnehmer durch die Bekanntgabe der Gesamtvergütung und der Anteile in die Lage versetzt werden soll festzustellen, ob sein Anteil an der Diensterfindung gerecht ermittelt worden ist. Daraus kann geschlossen werden, daß unter Anteil nur der Anteil des einzelnen Erfinders an der Erfindung, nicht dagegen die Geldbeträge zu verstehen sind, die den einzelnen ausbezahlt werden (so auch Heine-Rebitzki Anm. 4 zu § 12 und BGH v. 2. 12. 1960 „Chlormethylierung", GRUR 1961, 338). Zwischen beiden Werten besteht ein Unterschied. Der Anteil des einzelnen an der Erfindung braucht mit seinem Geldanteil an der Gesamtvergütung nicht übereinzustimmen. Bei seiner Festsetzung wird nur gemessen, wie die einzelnen Miterfinder im Verhältnis zueinander an der Diensterfindung beteiligt sind. Der Anteilsfaktor wird dabei nicht berücksichtigt. Deshalb treten insbesondere dann Abweichungen zwischen dem Anteil des einzelnen Miterfinders an der Erfindung und seinem Anteil an der Gesamtvergütung auf, wenn die Miterfinder verschiedene Stellungen im Betrieb bekleiden oder wenn ihnen verschiedene Aufgaben zugewiesen sind. So können z. B. drei Erfinder A, B und C zu gleichen Teilen an der Erfindung beteiligt sein; C kann aber mehr als ein Drittel der Gesamtvergütung erhalten, wenn er im Betrieb eine geringere Stellung als A und B einnimmt oder wenn die Erfindung seinem Aufgabenbereich ferner steht als dem von A und B. Bekanntzugeben sind in einem solchen Fall nur die Anteile von A, B und C an der Erfindung, also je ein Drittel. Über die Ermittlung der Höhe der Vergütung bei Miterfindern vergleiche im einzelnen Reimer-Schippel, S. 135. Grundsätzlich muß zuerst der Wert der Gesamterfindung und der Anteil der einzelnen Miterfinder an der Erfindung ermittelt werden. Dann ist der Anteilsfaktor jedes Miterfinders festzustellen und die Vergütung aus dem Anteil des einzelnen Miterfinders am Gegenwert der Erfindung und aus seinem Leistungsfaktor zu errechnen. Vgl. auch Anm. 50 zu § 9.

Erläuterungen

IV. Die Festsetzung der Vergütung

30 a) Voraussetzungen

Im Gegensatz zu der auf einer Vereinbarung zwischen Arbeitgeber und Arbeitnehmer beruhenden Feststellung der Vergütung steht die einseitige Festsetzung durch den Arbeitgeber (§ 12 Abs. 3). Der Arbeitgeber kann die Vergütung nur dann einseitig festsetzen, wenn eine Vereinbarung über die Vergütung in angemessener Frist nach der unbeschränkten Inanspruchnahme bzw. nach dem Beginn der Benutzung bei der beschränkten Inanspruchnahme nicht zustande gekommen ist. Aus welchem Grund eine Vereinbarung unterblieb, spielt keine Rolle. Ohne Bedeutung ist es auch, ob eine gütliche Vereinbarung versucht worden, jedoch nicht gelungen ist — wobei es unwesentlich ist, von wem der Versuch ausging und wer für sein Scheitern verantwortlich gemacht werden kann — oder ob zwischen den Parteien überhaupt keine Verhandlungen geführt wurden.

31 b) Zeitpunkt

Siehe hierzu die Anm. 4 bis 18 über die Fälligkeit der Vergütung und wegen Verwirkung Anm. 30 zu § 9. Spätestens nach Ablauf von 3 Monaten nach Erteilung des Schutzrechts bei unbeschränkter Inanspruchnahme und spätestens nach Ablauf von 3 Monaten nach Aufnahme der Benutzung bei beschränkter Inanspruchnahme ist der Arbeitgeber zur Festsetzung verpflichtet. Die Frist kann durch Vereinbarung verlängert werden, da die Voraussetzungen des § 22 Satz 2 gegeben sind (vgl. oben Anm. 6).

32 c) Rechtsnatur, Form und Inhalt

Die Festsetzung ist eine einseitige, empfangsbedürftige Willenserklärung des Arbeitgebers an den Arbeitnehmer. Sie wird mit dem Zugang an den Arbeitnehmer wirksam (§ 130 BGB). Es gelten die allgemeinen Vorschriften des bürgerlichen Rechts über die einseitige Willenserklärungen, insbesondere § 111 (Nichtigkeit bei beschränkter Geschäftsfähigkeit des Arbeitgebers — Ausnahme § 112), § 174 (Vollmacht) und § 180 (Nichtigkeit bei Vertretung ohne Vertretungsmacht).

33 Die Festsetzung bedarf der Schriftform (§ 126 BGB). Sie muß begründet sein. Aus der Begründung muß hervorgehen, welchen Tatbestand der Arbeitgeber seiner Festsetzung zugrunde legte, wie er die Vergütungshöhe im einzelnen berechnete und welche Gründe ihn zur Wahl der festgesetzten Vergütungsart veranlaßten. Die Begründung soll so ausführlich sein, daß sie den Arbeitnehmer alle Gesichtspunkte erkennen läßt, die die Festsetzung bestimmten, damit er sich darüber klar werden kann, ob er die Festsetzung für angemessen hält oder ob er ihr gemäß § 12 Abs. 3 widersprechen soll. Fehlt die vorgeschriebene Begründung, so liegt eine rechtswirksame Festsetzung nicht vor. Ist die Begründung in einzelnen Punkten mangelhaft, so wird mangels einer

§ 12 Feststellung oder Festsetzung der Vergütung

entsprechenden gesetzlichen Regelung anzunehmen sein, daß sie die Frist des § 12 Abs. 3 trotzdem in Lauf setzt, so daß dem Arbeitnehmer in diesem Fall anzuraten ist, der Festsetzung fristgerecht zu widersprechen. Vorsicht ist geboten, weil die Praxis die Begründungspflicht oft sehr lax handhabt.

Im übrigen entspricht der Inhalt der Festsetzung dem der Feststellung. Sie muß einen genauen Anspruch über die Höhe der Vergütung und über die Vergütungsart enthalten (vgl. Anm. 23). Da die Art der Zahlung im Gesetz nicht festgelegt ist, steht es dem Arbeitgeber frei, ob er die Vergütung durch laufende Zahlungen oder als Gesamtabfindung leisten will (vgl. hierzu auch Anm. 57 zu § 9 und Anm. 1 zu Nr. 40 RL). Die Festsetzung der Vergütung ist ebenso wie die Feststellung unwirksam, wenn sie in erheblichem Maß unbillig ist; vgl. im einzelnen die Anm. zu § 23.

d) **Recht und Pflicht zur Festsetzung** 34

Wenn die unter a) (Anm. 30) genannten Voraussetzungen vorliegen, ist der Arbeitgeber berechtigt und verpflichtet, durch eine einseitige Erklärung die Vergütung nach Art und Höhe festzusetzen. Auf dieses Recht kann der Arbeitnehmer vor der Meldung der Diensterfindung nicht verzichten. Denn die Festsetzung wirkt auch zugunsten des Arbeitnehmers, da das Gesetz mit der Festsetzung die Verpflichtung des Arbeitgebers verbindet, der Festsetzung entsprechend zu zahlen. Der Arbeitnehmer soll, wie die Amtl. Begr. (unten S. 585) sagt, in absehbarer Zeit erfahren, welche Vergütung der Arbeitgeber für angemessen hält.

Daß der Arbeitgeber von sich aus tätig werden muß, also festsetzen und zahlen muß, ist einer der Gründe, weshalb die Schiedsstelle in der Sache ArbErf 13/67 (Bl. 1969, 23) eine tarifvertragliche Bestimmung, daß der Arbeitnehmer Ansprüche binnen drei Monaten geltend machen muß, im Hinblick auf § 22 nicht durchgreifen läßt.

e) **Pflicht zur Zahlung** 35

§ 12 Abs. 3 verpflichtet den Arbeitgeber nicht nur, die Vergütung festzusetzen, sondern auch nach dieser Festsetzung die Vergütung zu zahlen. Diese Bestimmung ist gegenüber dem alten Recht neu. Die Zahlungspflicht besteht, gleichgültig, ob der Arbeitnehmer mit der Festsetzung einverstanden ist oder nicht (vgl. Amtl. Begr. unten S. 585). Sie besteht auch, wenn der Arbeitgeber weiß, daß es wegen des strittig gebliebenen Betrags, der die festgesetzte Vergütung übersteigt, zum Prozeß kommen wird. Denn der Arbeitnehmer soll ja eine Gewähr dafür haben, spätestens im Zeitpunkt der Festsetzung der Vergütung durch den Arbeitgeber in den Genuß einer tatsächlich gezahlten Erfindervergütung zu gelangen. Auch wenn der Arbeitnehmer der Festsetzung widerspricht, besteht also die Zahlungspflicht des Arbeitgebers fort. Kommt auf Grund des Widerspruchs eine andere Vereinbarung über die Vergütung zustande, so sind die bereits auf Grund der Fest-

Erläuterungen

setzung gezahlten Beträge auf die nunmehr geschuldeten Beträge anzurechnen. Das Rückforderungsverbot des Abs. 6 Satz 2 gilt auch hier.

36 f) Verletzung der Festsetzungspflicht

Kommt der Arbeitgeber seiner Verpflichtung zur Festsetzung innerhalb der in Abs. 3 Satz 2 bestimmten Frist nicht nach, ohne daß die Pflicht zur Festsetzung oder zur rechtzeitigen Festsetzung abgedungen wäre, so muß der Arbeitnehmer nicht zunächst Klage auf Festsetzung der Vergütung durch den Arbeitgeber erheben (vgl. Amtl. Begr. unten S. 585). Mit Ablauf der in Abs. 3 Satz 2 bestimmten Frist wird vielmehr die angemessene Vergütung fällig (vgl. Anm. 21, 22 zu § 9 und Anm. 6 zu § 10). Der Arbeitnehmer ist also berechtigt, sofort seinen Anspruch auf angemessene Vergütung zunächst im Schiedsverfahren und dann im Wege der Klage geltend zu machen. Dabei ist er nicht verpflichtet, seinen Anspruch zu beziffern. Er kann auf angemessene Vergütung klagen und die Bestimmung der Höhe der Schiedsstelle bzw. dem Gericht überlassen (vgl. Anm. 3 zu § 31 und § 38). Das Festsetzungsverfahren hat lediglich den Zweck, die Ermittlung der angemessenen Vergütung zu erleichtern und zu beschleunigen. Wird dieser Erfolg nicht erreicht, so ist der Weg für die Geltendmachung des Vergütungsanspruchs in dem im Gesetz vorgesehenen Verfahren frei.

37 g) Widerspruch gegen die Festsetzung

Der Arbeitnehmer braucht die einseitige Festsetzung der Vergütung nicht hinzunehmen. Hält er sie für unangemessen, so kann er innerhalb einer Frist von 2 Monaten durch eine schriftliche Erklärung widersprechen (§ 12 Abs. 4). Die 2-Monats-Frist beginnt mit dem Zugang der Festsetzungserklärung an den Arbeitnehmer zu laufen. Die Schriftform (§ 126 BGB) ist wegen der Rechtsfolgen, die der Widerspruch auslöst, aus Gründen der Rechtssicherheit vorgeschrieben. Entgegen dem früheren Recht sieht das Gesetz jedoch keine Bestimmung vor, nach der der Arbeitnehmer im Falle des Widerspruchs binnen einer bestimmten Frist die Schiedsstelle oder das Gericht anzurufen hätte. Eine solche Verpflichtung könnte nur dazu führen, daß der Arbeitnehmer auf sein vermeintliches Recht verzichtet (so Amtl. Begr. unten S. 586), wenn er nicht die Möglichkeit sieht, erneut mit dem Arbeitgeber zu verhandeln. Es erschien deshalb dem Gesetzgeber zweckmäßig, die Rechtsbeziehungen zwischen den Beteiligten im Falle des Widerspruchs erneut in Schwebe zu lassen. Die von der Rechtsprechung entwickelten Grundsätze über die Verwirkung dürften diesem Schwebezustand eine ausreichende Grenze setzen. Nimmt nämlich der Arbeitnehmer nach dem Widerspruch keine neuen Verhandlungen mit dem Arbeitgeber auf und erhebt er auch keine Klage, so besteht die Gefahr, daß er seine Rechte nach einem gewissen Zeitraum verliert. Die Verwirkung kann allerdings nie soweit führen, daß der Arbeitnehmer des gesamten Vergütungsanspruchs verlustig würde. Er kann immer nur das Recht verwirken, rechtliche Folgen aus seinem Widerspruch zu ziehen, d. h. im Falle der Verwirkung würde

§ 12 Feststellung oder Festsetzung der Vergütung

die Festsetzung trotz des Widerspruchs Verbindlichkeit zwischen den beteiligten Parteien erlangen.

Der Widerspruch bedarf keiner Begründung. Es ist aber anzuraten, ihn zu begründen, damit der Arbeitgeber erkennen kann, warum der Arbeitnehmer mit der Festsetzung der Vergütung nicht einverstanden ist und aus welchen Gründen ihm die getroffene Entscheidung unbillig erscheint.

38

Nach dem Widerspruch nehmen Arbeitgeber und Arbeitnehmer zweckmäßig neue Verhandlungen mit dem Ziel einer Einigung über Art und Höhe der Vergütung auf. Scheitern diese Verhandlungen wieder, so ist eine abermalige Festsetzung der Vergütung durch den Arbeitgeber nicht möglich. Der Arbeitnehmer muß dann von sich aus die Schiedsstelle anrufen. Der Arbeitgeber braucht keine neue Initiative zu ergreifen. Er muß aber entsprechend seiner Festsetzung auch nach Widerspruch weiter zahlen (ebenso wie hier Gaul-Bartenbach, Handbuch 130 N). Siehe wegen Änderung der Zahlungspflicht die folgende Anm. 41.

39

h) Bindung der Beteiligten an die Festsetzung

40

Widerspricht der Arbeitnehmer innerhalb der Zweimonatsfrist nicht, so wird die Festsetzung für beide Teile verbindlich (§ 12 Abs. 4 Satz 2). Auch wenn der Arbeitnehmer schon vor der Festsetzung mit der vorgeschlagenen und dann festgesetzten Vergütung nicht einverstanden war, muß er nach Festsetzung widersprechen, wenn sie nicht verbindlich werden soll (so EV v. 10. 7. 1963, Bl. 1963, 342). Die Fristversäumnis kann nicht angefochten werden. Ihre Wirkung tritt auch ein, wenn der Arbeitnehmer Lauf und Dauer der Frist nicht kannte oder sich darüber irrte. Doch wird von vielen Betrieben, z. T. formularmäßig, eine Belehrung über die Widerspruchsfrist mit der Festsetzung gegeben, was sehr zu empfehlen ist.

Der Arbeitgeber ist an seine Festsetzung gebunden, sowohl, wenn ihr nicht widersprochen wird (s. Anm. 40), als auch, solange nach Widerspruch keine Einigung zustandekommt (s. Anm. 39). Er muß dementsprechend den festgesetzten Betrag weiter zahlen (so auch Gaul-Bartenbach a. a. O. Anm. 39 und Heine-Rebitzki, Arbeitnehmererfindungen, Anm. 6 zu § 12).

41

Eine Änderung ist allerdings möglich, wenn sich die Umstände wesentlich ändern (§ 12 Abs. 6). Das hat das LG Nürnberg/Fürth für eine vor Patenterteilung liegende Festsetzung angenommen (Teilurteil v. 11. 12. 1968, BB 1969, 535).

i) Besonderheiten für Miterfinder

aa) Neufestsetzung bei Widerspruch eines Arbeitnehmers

42

Für Miterfinder enthält § 12 Abs. 5 eine Sonderregelung. Sind mehrere Arbeitnehmer an der Diensterfindung beteiligt, so wird die Festsetzung für keinen der Beteiligten verbindlich, wenn einer von ihnen der Fest-

355

Erläuterungen

setzung mit der Begründung widerspricht, daß sein Anteil an der Diensterfindung unrichtig festgesetzt sei. Denn wenn in diesem Fall die Festsetzung der Vergütung für die anderen Beteiligten, die nicht widersprochen haben, verbindlich werden würde, dann würde die Festsetzung eines höheren Erfindungsanteils des Widersprechenden zu einer höheren Gesamtvergütung führen müssen, obwohl nicht wegen der Gesamthöhe der Vergütung sondern nur wegen der Festsetzung des Anteils eines einzelnen Erfinders an der Diensterfindung widersprochen worden ist. Der Arbeitgeber kann aber billigerweise im Rahmen des Festsetzungsverfahrens nicht gezwungen werden, eine höhere Gesamtvergütung zu zahlen, als er für angemessen hält. Der Arbeitgeber ist deshalb berechtigt, in diesem Falle die Vergütung für alle Beteiligten neu festzusetzen (Abs. 5 Satz 2). Vgl. auch Anm. 54.

Der Gedanke muß auch für den Fall gelten, daß nachträglich ein weiterer Miterfinder auftaucht. Zu dem gesamten Abs. 5 s. Tetzner, Die Neufestsetzung der Vergütung für Diensterfindungen, GRUR 1968, 292.

43 bb) *Gesonderte Festsetzung*

Die Vorschriften des § 12 Abs. 2 über die gesonderte Feststellung der Vergütung für jeden Miterfinder und die Bekanntgabe der Gesamthöhe und der Anteile sind auch für die einseitige Festsetzung anzuwenden. Das ist nicht besonders im Gesetz ausgesprochen, wird aber in § 12 Abs. 5 Satz 1 als selbstverständlich vorausgesetzt (so auch BGH v. 2. 12. 1960 „Chlormethylierung" GRUR 1961, 338. Es wird daher auf die Anm. 24 bis 29 verwiesen.

44 cc) *Bekanntgabe des Anteils*

Der Anspruch des Miterfinders auf Bekanntgabe seines Erfinderanteils entsteht als selbständig einklagbarer Anspruch erst, wenn der Arbeitgeber die Vergütung festgesetzt hat, wie der BGH in dem Urteil v. 2. 12. 1960 eingehend begründet hat (GRUR 1961, 338 mit insoweit zustimmender Besprechung von Friedrich). Auf die Ausführungen des BGH, denen voll beigetreten wird, kann verwiesen werden.

V. Neuregelung der Vergütung

45 a) **Voraussetzungen**

§ 12 Abs. 6 Satz 1 sieht eine Anpassung der Vergütung bei der Änderung der Umstände vor, die der Bemessung der Vergütung zugrunde gelegt worden sind. Wenn sich die Umstände wesentlich ändern, die für Feststellung oder Festsetzung der Vergütung maßgebend waren, dann können Arbeitgeber und Arbeitnehmer voneinander die Einwilligung in eine andere Regelung der Vergütung verlangen. Wie der Text klar zeigt, ist es ohne Bedeutung, ob eine Einigung zur „Feststellung" der Vergütung geführt hat oder ob sie einseitig vom Arbeitgeber „festgesetzt" worden ist.

§ 12 Feststellung oder Festsetzung der Vergütung

Dieses Recht hätte ohne die besondere Normierung aus dem allgemeinen Rechtsgedanken des § 242 BGB (Änderung der Geschäftsgrundlage — clausula rebus sic stantibus) hergeleitet werden können. Es war in etwas anderer Form bereits in § 5 Abs. 5 DVO niedergelegt und wurde von dort in das neue Gesetz übernommen. Die Klausel ist ihrem Sinn entsprechend stets unter dem Gesichtspunkt von Treu und Glauben auszulegen und anzuwenden. Sie dient der Erhaltung der Angemessenheit der Erfindervergütung. Da Abs. 6 Satz 1 auf dem Gedanken des Wegfalls der Geschäftsgrundlage beruht, kann er auch in anderen Fällen von Vereinbarungen nach dem Arbeitnehmererfindergesetz analog angewendet werden, wenn sich die Umstände wesentlich geändert haben, die für den Abschluß der Vereinbarungen maßgebend waren. Zu der rechtlichen Einordnung vgl. BGH v. 17. 4. 1973, Absperrventil, GRUR 1973, 649.

b) Verhältnis zum früheren Recht 46

Im Gegensatz zum früheren Recht muß durch die Änderung der Umstände keine offenbare Unbilligkeit der bisherigen Vergütungsregelung eingetreten sein. Es genügt, daß sich die Umstände, die der Vergütungsbemessung zugrunde gelegt waren, wesentlich geändert haben. Ist eine solche Änderung dargetan, so folgt ihr Einfluß auf die Vergütung von selbst. Da eine wesentliche Änderung verlangt wird, bedarf es in der Regel auch einer wesentlichen Änderung der Vergütung, um diese wieder angemessen zu gestalten. Trifft das im einzelnen Fall einmal nicht zu, so ist es denkbar, daß Treu und Glauben trotz der wesentlichen Änderung der Umstände eine Änderung der Vergütung verbieten.

Die neue Gesetzesregelung ist nach § 43 Abs. 1 rückwirkend für frühere Erfindungen auf die Rechtsbeziehungen zwischen Arbeitgeber und Arbeitnehmer anzuwenden (BGH v. 20. 11. 1962 „Pauschalabfindung", Bl. 1963, 76 = GRUR 1963, 315).

c) Nachträgliche Änderung 47

Abs. 6 verlangt eine nachträgliche Änderung der Umstände, d. h. die Umstände, die der Vergütungsbemessung zugrunde gelegt wurden, müssen sich nach der Vergütungsbemessung geändert haben.

Die wesentliche Änderung kann sich also nur auf Umstände beziehen, die auch tatsächlich erst nach Feststellung oder Festsetzung eine Änderung erfahren können. Abgeschlossene Vorgänge bei der Entstehung der Erfindung können sich nicht ändern, sie sind allenfalls falsch beurteilt worden. Das gilt z. B. für die Bewertung der Miterfinderanteile oder des Anteilsfaktors. Abs. 6 Satz 1 ist in diesen Fällen nicht anwendbar. Deshalb kann eine ursprüngliche Unangemessenheit der Vergütung nicht als wesentliche Änderung, sondern nur nach § 23 geltend gemacht werden (so das in Anm. 45 genannte BGH-Urteil v. 17. 4. 1973).

d) Rechtsbehelfe neben Abs. 6 48

Neben der Prüfung, ob die Vereinbarung oder die Festsetzung in erheblichem Maße unbillig war (§ 23), bleiben die Möglichkeiten der Anfechtung bei einseitigem Irrtum (§ 119 BGB) und der arglistigen Täuschung (§ 123 BGB), sofern die hierfür gesetzten Fristen noch nicht abgelaufen sind.

Bei beiderseitigem Irrtum führt allerdings die gebotene Anwendung von § 242 BGB zum selben Ergebnis wie die Anwendung des § 12 Abs. 6 Satz 1 (vgl. dazu Enneccerus-Nipperdey § 117 III; im Ergebnis ebenso Heine-Rebitzki Anm. 7 zu § 12). Haben sich also beide Parteien über die Bewertung eines Faktors, z. B. des Anteils des Betriebs am Zustandekommen der Erfindung, geirrt, so kann jede Partei von der anderen die Einwilligung in eine neue Regelung verlangen; die Änderung wird allerdings im Gegensatz zur Anfechtung keine rückwirkende Kraft haben können.

Die Schiedsstelle hat den Gedanken des § 12 Abs. 6 für anwendbar erachtet in einem Fall, in dem beide Teile zunächst die Bedeutung der Erfindung nicht erkannt hatten (Schade in BB 1962, 260, Abschnitt IV, 4).

49 **e) Beispiele für nachträgliche wesentliche Änderung der Umstände**

Die wesentliche Änderung kann nach den Ausführungen in Anm. 47 den Wert der Erfindung oder die Art der Vergütung betreffen. Der häufigste Fall ist die unerwartete erhebliche Änderung der Umsätze, die bei Zahlung einer Pauschalvergütung nicht vorausgesehen worden ist. Mit Einwendungen gegen das Durchgreifen dieses Arguments setzt sich das Urteil des BGH „Absperrventil" v. 17. 4. 1973 (GRUR 1973, 649, s. auch Anm. 45) eingehend auseinander. Die Auffassung ist bereits in Nr. 41 Satz 3 RL und in dem Urteil des BGH v. 20. 11. 1962 „Pauschalabfindung" (GRUR 1963, 315, s. auch Anm. 46) zum Ausdruck gekommen; dort ist einem Auskunftsbegehren über die später erzielten Umsätze in allen Instanzen stattgegeben worden.

50 In der Schiedssache ArbErf 29/62 ist bei einer Pauschalabfindung eine Erhöhung des jährlichen Mengenumsatzes um mehr als die Hälfte als wesentliche Änderung angesehen worden. In der Schiedssache ArbErf 31/63 ist eine ungewöhnliche Steigerung auf das Mehrfache der ursprünglichen Stückzahl als wesentliche Änderung angesehen, bei der Ermittlung der Nachzahlung aber berücksichtigt worden, daß Verbesserungen zu dieser Erhöhung beigetragen hatten, die nicht auf den Erfinder zurückgingen.

51 In Betracht zu ziehen sind auch andere wesentliche Änderungen. So kann sich bei laufenden Zahlungen der Ausgangslizenzsatz nachträglich ändern, wenn die Diensterfindung durch andere Erfindungen überholt und entwertet wird, soweit sich das nicht schon in der Höhe der Stückzahl oder des Preises niederschlägt. Umgekehrt kann die Diensterfindung durch weitere technische Ausgestaltung, durch die Änderung der Marktverhältnisse, durch neu auftretende Bedürfnisse, durch Anmeldung von Auslandsschutzrechten usw. eine Wertsteigerung erfahren.

Allerdings ist zu beachten, daß sich nur der Anteil des Arbeitnehmers an der Wertsteigerung auf die Vergütung auswirkt (vgl. Riemenschneider-Barth S. 179). Tritt die Wertsteigerung nicht auf Grund der Erfindung, sondern auf Grund anderer nur dem Arbeitgeber zuzuschreibender Umstände ein, so kann in der Regel keine Vergütungsänderung verlangt werden. Auch der Wechsel von einer Verwertungsart zur anderen — z. B. vom innerbetrieblichen Einsatz zum Verkauf, von der Herstellung zum Sperrpatent, vom Vorratspatent zur Verwertung — kann wesentliche Änderungen des Erfindungswerts herbeiführen. Auch dann, wenn der Arbeitgeber die Erfindung nur mit eigenen Verbesserungen anwenden kann oder sich gezwungen sieht, Verbesserungen Dritter zu erwerben, um den Absatz zu fördern oder überhaupt erst eine Wirtschaftlichkeit zu erreichen, können nachträglich wesentlich veränderte Umstände eintreten (über den gleichen Gedanken im Lizenzrecht vgl. RG Mitt. 1934, 236).

Änderungen des Erfindungswertes werden vor allem dann häufig auftreten, wenn die Vergütung schon verhältnismäßig frühzeitig festgelegt worden ist, die Entwicklung der Erfindung also im Zeitpunkt der Vergütungsbemessung noch nicht eindeutig vorauszusehen war.

Auch Änderungen der schutzrechtlichen Lage können eine Neuregelung der Vergütung veranlassen. Das gilt z. B. wenn die Abhängigkeit des Schutzrechts von einem anderen oder Vorbenutzungsrechte nach § 7 PatG geltend gemacht werden (vgl. für das Lizenzrecht RG, GRUR 1934, 306 = Mitt. 1934, 315), wenn das Schutzrecht im Nichtigkeits- oder Löschungsverfahren beschränkt wird (vgl. für das Lizenzrecht BGH 12. 4. 1957, NJW 1957, 1317 = GRUR 1957, 595; 24. 9. 1957, NJW 1958, 222), wenn eine Zwangslizenz erteilt wird usw. Dagegen sieht der BGH in dem in Anm. 45 genannten Urteil v. 17. 4. 1973 die spätere Patenterteilung dann nicht als maßgebenden Umstand an, wenn nur eine vorläufige Vergütung gezahlt wurde. 52

Ebenso können sich während der Dauer des Bestehens des Vergütungsanspruchs Umstände wesentlich ändern, die für die Ermittlung der Vergütungsart maßgebend waren. Z. B. kann die Vergütung durch eine Erhöhung des Gehalts gewährt worden sein, das wegfällt, wenn der Erfinder aus dem Betrieb ausscheidet, vgl. Schiedsstelle Berlin v. 15. 2. 1966 (Bl. 1967, 30). Der Arbeitnehmer hat dann einen Anspruch aus Ausgleich dafür, daß ihm die Vorteile der höheren Entlohnung verlorengegangen sind (so auch Riemenschneider-Barth S. 180). Dabei können allerdings auch die Gründe, aus denen der Arbeitnehmer ausscheidet, von Einfluß sein. Wird der Arbeitnehmer auf Grund einer groben Pflichtverletzung entlassen, die dem Arbeitgeber seinerseits Schadenersatzansprüche gibt, so kann ein Verlangen auf Änderung der Vergütung gegen Treu und Glauben verstoßen (vgl. RAG Bl. 1940, 164 = GRUR 1940, 270). Es wird hier sehr auf die Umstände des einzelnen Falls ankommen. 53

Erläuterungen

54 **f) Grundsätze für die Neubemessung**

Die Neubemessung führt nicht völlig losgelöst von der bisherigen Regelung zu einer anderen Berechnung mit besser übersehbaren Faktoren. Vielmehr ist eine sinngemäße Anpassung an die veränderten Gesamtumstände notwendig. So darf eine bereits vorliegende Pauschalierung bei der Neufestsetzung nicht völlig beiseitegeschoben werden. Der BGH begründet das im Urteil v. 20. 11. 1962 (s. Anm. 46) damit, durch Annahme einer Pauschalvergütung „wird nicht nur eine Hinausschiebung der Grenze bewirkt, bei deren Überschreiten eine Neuregelung überhaupt in Betracht kommt, sondern aus dem Vergleichscharakter der ursprünglichen Regelung muß auch die weitere Folgerung gezogen werden, daß sich der Kläger ... in Höhe eines durch Auslegung des alten Abkommens zu ermittelnden Risiko-Abschlags als abgefunden behandeln lassen muß".

Das bedeutet, daß z. B. dann, wenn wesentlich höhere Umsätze als vorausgesehen zu der Neuregelung führen, der der alten Berechnung zugrundegelegte Lizenzsatz und der Anteilsfaktor nicht abzuändern sind, vorbehaltlich der sich aus der neuen Lage neu ergebenden Gesichtspunkte, z. B. des Mengenabschlags bei hohen Umsätzen im Sinne der Nr. 11 RL.

Daß bei einer Neufestsetzung der Miterfinderanteile nach Abs. 5 die Vergütung als solche völlig neu berechnet und der Gesamtbetrag herabgesetzt werden könnte, wird grundsätzlich ebenfalls zu verneinen sein.

55 **g) Geltendmachung des Rechts**

Der Arbeitgeber und der Arbeitnehmer können voneinander die Einwilligung in eine andere Regelung der Vergütung verlangen. Die Neuregelung muß den veränderten Umständen angepaßt und wiederum angemessen sein. Solange die Einwilligung nicht abgegeben ist, solange sich die Parteien also nicht über eine andere Vergütungsregelung geeinigt haben, bleibt die alte Vergütungsregelung in Kraft. Die Einwilligung kann im Wege der Klage erzwungen werden. Der Klage muß das Schiedsverfahren vorausgehen. § 37 Abs. 2 Nr. 1 greift nicht ein, da die alte Vergütungsregelung durch das Verlangen der Neuregelung nicht rechtsunwirksam wird. Die Neuregelung kann nur im Wege einer Vereinbarung erfolgen. Eine einseitige neue Festsetzung durch den Arbeitgeber ist ausgeschlossen. § 12 Abs. 6 Satz 3 verbietet für den Fall der Neuregelung ausdrücklich die Anwendung der Abs. 1 bis 5.

56 **h) Zeitpunkt der Neuregelung**

Die neue Vergütung ist von dem Zeitpunkt ab zu zahlen, in dem die Änderung eingetreten ist (Schiedsstelle v. 14. 12. 1970, Bl. 1971, 199), also nicht erst, in dem sie geltend gemacht wird oder in dem sie neu vereinbart wird, es sei denn, daß der Arbeitnehmer sie so spät verlangt, daß die Rückbeziehung auf einen sehr frühen Zeitpunkt mit Treu und Glauben nicht vereinbar wäre.

§ 12 Feststellung oder Festsetzung der Vergütung

i) Keine Rückzahlung geleisteter Vergütungen   57

§ 12 Abs. 6 Satz 2 enthält das Verbot der Rückforderung bereits geleisteter Vergütungen. Das Verbot gilt nur für den Fall, daß nachträglich im Wege des Abs. 6 Satz 1 eine Herabsetzung der Vergütung erfolgt. Die Neuregelung der Vergütung auf Grund nachträglich veränderter Umstände hat also nie rückwirkende Kraft. Es würde für den Arbeitnehmer, der auf seine laufenden Einnahmen angewiesen ist, zu erheblichen Härten führen, wenn er auf diese Weise Beträge, die er rechtmäßig erhalten und verbraucht hat, wieder zurückerstatten müßte (so Amtl. Begr. unten S. 587). Darin liegt eine Ausnahme von dem sonst befolgten Monopolprinzip. Wurde die Vergütung z. B. pauschal für die gesamte Schutzrechtsdauer bezahlt und fällt das Schutzrecht vor Ablauf der normalen Schutzrechtsdauer weg, so kann der Arbeitgeber vom Arbeitnehmer nichts zurückfordern.

Wie eine Rückzahlung ist die nachträglich geltend gemachte Aufrechnung mit zuviel gezahlter Vergütung zu behandeln. Sie greift deshalb nicht durch (Schiedsstelle v. 14. 12. 1970, Bl. 1971, 199).

Aus der zitierten Amtlichen Begründung folgt, daß das Rückzahlungsverbot nicht auf alle Fälle angewendet werden kann, in denen der Arbeitnehmer die höhere Vergütung zu Unrecht erhalten hat. Wenn die alte Vergütungsregelung durch Anfechtung rechtsunwirksam geworden ist oder wenn sie aus anderen Gründen von vornherein nichtig war und dem Arbeitgeber Schadenersatzansprüche oder Ansprüche aus ungerechtfertigter Bereicherung gegen den Arbeitnehmer zustehen, greift das Rückzahlungsverbot nicht ein. Bei ungerechtfertigter Bereicherung ist allerdings § 818 Abs. 3 BGB zu beachten. Im Falle beiderseitigen Irrtums, der, wie in Anm. 48 ausgeführt, über § 242 gelöst werden muß, kann Abs. 6 Satz 2 entsprechend angewendet werden (ebenso Heine-Rebitzki Anm. 7 zu § 12).

k) Verzicht auf Änderungsklausel   58

Da das Verlangen einer anderen Regelung erst nach der Meldung usw. vorgebracht werden kann, ist grundsätzlich ein Verzicht auf die Änderungsklausel zulässig. Es ist aber zu prüfen, ob er im Einzelfall im Sinne des § 23 in erheblichem Maße unbillig ist und dies noch geltend gemacht werden kann. Das könnte u. U. dann zu bejahen sein, wenn der Verzicht — wie in der Praxis vorkommt — formularmäßig in jede Feststellung oder Festsetzung aufgenommen wird.

In der Regel wird aber ein Verzicht, an dessen Vorliegen strenge Anforderungen zu stellen sind, rechtswirksam sein, wie auch dem BGH-Urteil v. 20. 11. 1962 (s. Anm. 46) entnommen wird. Das ist z. B. sicher dann der Fall, wenn bereits früher eine Änderung nach Abs. 6 zustande gekommen war, der Arbeitgeber auf eine weitere Änderung zugunsten des Arbeitnehmers aber nur unter der Voraussetzung eingeht, daß sie die Vergütung abschließend regelt.

Erläuterungen

VI. Rechnungslegung

59 **a) Grundsatz**

Kommt es zu einem Streit über die Höhe der Vergütung, so hat der Arbeitnehmererfinder die von ihm behauptete Vergütungshöhe zu beweisen, wenn er den vom Arbeitgeber ermittelten Wert als zu niedrig angreift. Dazu muß er in der Lage sein, die vom Arbeitgeber seiner Berechnung zu Grunde gelegten Größen nachzuprüfen. Er muß deshalb die Möglichkeit haben, Einsicht in die Papiere des Unternehmens zu bekommen, soweit sich daraus Unterlagen für die Berechnung der Vergütung ergeben. Im Gesetz ist diese mit der Bemessung der Vergütung notwendigerweise verbundene Rechnungslegungspflicht des Arbeitgebers und das Einsichtrecht des Arbeitnehmers nicht besonders geregelt. Es gelten die allgemeinen arbeits- und bürgerlichrechtlichen Regeln.

Der Anspruch auf Rechnungslegung kann auch in den Fällen gegeben sein, in denen der Berechtigte nicht allein über den Umfang sondern sogar über das Bestehen eines Anspruchs im Ungewissen ist (BGH v. 20. 11. 1962, „Pauschalabfindung" s. Anm. 46).

60 **b) Besonderheiten bei Lizenzen**

Nach ständiger Rechtsprechung ist der Lizenznehmer dem Lizenzgeber gemäß § 259 BGB zur Rechnungslegung verpflichtet, wenn die zu zahlende Vergütung ganz oder teilweise in Stücklizenzen besteht, d. h. wenn der Lizenznehmer für jeden von ihm hergestellten, verkauften oder benutzten Gegenstand einen bestimmten Betrag zu zahlen hat (z. B. 0,15 DM je Stück) oder einen Prozentsatz vom Verkaufserlös oder Gewenn (z. B. 5 % vom Umsatz oder 0,5 % der Ersparnis) abführen muß. Der Anspruch ergibt sich für vertragliche Leistungen aus den Vorschriften über Geschäftsbesorgung, §§ 657, 666 BGB (RG v. 9. 7. 1921, MuW XXI, 189). Vgl. auch Reimer, Patentgesetz, Anm. 56 zu § 9.

Diese Verpflichtung ist auch für die Bemessung von Zwangslizenzen und Ansprüchen gegen den Patentverletzer unter Heranziehung der Vorschriften der Geschäftsführung ohne Auftrag (§ 681 BGB) anerkannt (RG v. 12. 2. 1930, RGZ 127, 243 = GRUR 1930, 430 = Bl. 1930, 157 = JW 1930, 1672; vgl. auch Reimer a. a. O. Anm. 9 zu § 15, Anm. 47 bis 49 zu § 47).

61 **c) Anwendung auf die Erfindervergütung**

Eine derartige Pflicht zur Rechnungslegung, die letztlich auf dem Grundgedanken von Treu und Glauben (§ 242 BGB) beruht, ist auch für das Verhältnis zwischen Arbeitnehmer und Arbeitgeber hinsichtlich der Vergütung gegeben, wie auch die RL Nr. 5 erwähnen. Der Arbeitnehmer hat einen Anspruch auf Auskunftserteilung, der eine Pflicht zur Rechnungslegung zum Inhalt haben kann; denn ohne Kenntnis der Unterlagen, auf Grund derer die Vergütung berechnet wird, kann er ihre Höhe nicht nachprüfen. Vgl. BAG v. 5. 7. 1960, DB 1960, 1043 insbeson-

Anhang zu § 12

dere auch bei prozentualer Gewinnbeteiligung des Arbeitnehmers. Auch bei dem in Anm. 45 genannten BGH-Urteil wird auf Auskunftserteilung geklagt.

d) Umfang der Auskunft 62

Aus dem Zweck der Auskunftserteilung ergibt sich ihr Umfang. Was zur Erfüllung notwendig ist, bestimmt sich nach der Lage des Falls und der Verkehrsübung. Im allgemeinen müssen die Unterlagen für die Vergütungsberechnung so vorgelegt werden, daß er Erfinder die Richtigkeit und Vollständigkeit der Erfüllung seines Zahlungsanspruchs überprüfen kann (aus der neueren Rechtsprechung vgl. BGH 28. 10. 1953, BGHZ 10, 385 = NJW 1954, 70; 2. 4. 1957, NJW 1957, 591 = GRUR 1957, 336 = LM 5 zu § 47 PatG mit Anm. Nastelski; 22. 11. 1957, MDR 1958, 214 = BB 1958, 132; BAG v. 7. 5. 1960, DB 1960, 1043). Dieser Nachweis kann bei einer umsatzbezogenen Lizenz leichter und ohne so weitgehenden Einblick in die Betriebsrechnung geführt werden als bei der Berechnung aus dem Nutzen.

e) Durchführung der Auskunft 63

Art und Weise der Verwirklichung des Auskunftsanspruchs regelt § 259 BGB. Die Einsicht braucht dem Erfinder nicht persönlich gewährt zu werden; es genügt die Einsicht einer unabhängigen, von Berufs wegen zur Verschwiegenheit verpflichteten Person, z. B. Wirtschaftsprüfer, Steuerberater, Rechtsanwalt, Patentanwalt (vgl. BGH 22. 11. 1957, NJW 1958, 377 = GRUR 1958, 346; 10. 7. 1959, I ZR 73/58 unveröffentlicht; BAG v. 7. 5. 1960, DB 1960, 1043; BGH v. 23. 2. 1962, GRUR 1962, 354). Dabei sind die Grundgedanken des § 87 c Abs. 4 HGB entsprechend heranzuziehen (so Reimer-Schippel S. 121 und BGH v. 10. 7. 1959), In dem Urteil des BGH v. 23. 2. 1962 ist vorgesehen, daß einem zur Verschwiegenheit verpflichteten Wirtschaftsprüfer Namen und Anschriften der Abnehmer, Zeitpunkt, Menge und Preis der einzelnen Lieferungen mitgeteilt werden. Er wird ermächtigt, dem Auskunftsberechtigten Auskunft darüber zu geben, ob bestimmte von ihm namhaft gemachte Umsätze in der Rechnung enthalten sind.

Anhang zu § 12
Einkommensteuerliche Behandlung von Erfindervergütungen und Vergütungen für technische Verbesserungsvorschläge

Übersicht

	Anm.		Anm.
I. Quellen		**III. Die einkommensteuerliche**	
a) Verordnungen	1	Behandlung der Vergütungen für Arbeitnehmererfindungen	4
b) Richtlinien	2	a) Voraussetzungen für die	
II. Allgemeines	3	Vergünstigung	5—10

Erläuterungen

	Anm.		Anm.
b) Vergünstigung	11	a) Voraussetzungen für die Vergünstigung	13—16
c) Vergünstigungen in der Sozialversicherung	12	b) Vergünstigung	17—19
IV. Die einkommensteuerliche Behandlung der Vergütung für freie Erfindungen		V. Die einkommensteuerliche Behandlung von Prämien für Verbesserungsvorschläge	20—22

I. Quellen

1 **a) Verordnungen**

Die einkommensteuerliche Behandlung von Erfindervergütungen und Vergütungen für technische Verbesserungsvorschläge ist geregelt in

1. der Verordnung über die steuerliche Behandlung der Vergütungen für Arbeitnehmererfindungen vom 6. Juni 1951 (BGBl. I 388/BStBl. I 184);

2. der Verordnung über die einkommensteuerliche Behandlung der freien Erfinder vom 30. Mai 1951 (BGBl. I 387/BStBl. I 181);

3. der Verordnung über die steuerliche Behandlung von Prämien für Verbesserungsvorschläge vom 18. Februar 1957 (BGBl. I 33).

In Berlin gelten an Stelle von 1. und 2. die gleichlautenden Verordnungen vom 12. Juli 1951 (GVBl. 533) und vom 11. Juli 1951 (GVBl. 537). Die Verordnung über die steuerliche Behandlung von Prämien für Verbesserungsvorschläge gilt nach § 14 des 3. Überleitungsgesetzes vom 4. Januar 1952 in Verbindung mit Art. 15 des Gesetzes zur Neuordnung von Steuern vom 16. Dezember 1954 unmittelbar im Land Berlin.

Der Text der Verordnungen ist im Anhang unten S. 655 ff. abgedruckt.

Die Verordnungen finden jetzt ihre Rechtsgrundlage in Art. 3 StÄndG 1968 v. 20. 2. 1969 (BGBl. I 141, 144), ergänzt durch Art. 5 des 2. StÄndG 1971 v. 10. 8. 1971 (BGBl. I 1266). Im Hinblick auf die verfassungsrechtlichen Bedenken gegen die Wirksamkeit der Verordnungen (vgl. BVerfG v. 30. 1. 1968, BStBl. II 296, BFH v. 5. 12. 1968, BB 1969, 166) wurde ihnen rückwirkend zum Tage ihres ersten Inkrafttretens Gesetzeskraft verliehen. Gegen diese rückwirkende Verleihung bestehen keine verfassungsrechtlichen Bedenken (BFH v. 29. 1. 1970, BStBl. II 419).

2 **b) Richtlinien**

Zur Erläuterung der VO vom 6. Juni 1951 sind die Nr. 52 und 52 d der Lohnsteuerrichtlinien (zuletzt Beilage zum BAnz.Nr. 220/1971), zur Erläuterung der VO vom 30. Mai 1951 ist die Nr. 149 der Einkommensteuerrichtlinien (zuletzt Beilage zum BAnz.Nr. 110/1973) und zur Erläuterung der VO vom 18. Februar 1957 ist die Nr. 52 e der zitierten Lohnsteuerrichtlinien heranzuziehen.

Die einschlägigen Nummern der Richtlinien sind im Anhang unten S. 661 ff. abgedruckt.

Anhang zu § 12

Zur steuerrechtlichen Bedeutung der Richtlinien für die Vergütung von Arbeitnehmererfindungen S. oben Anm. 8 zu Nr. 1 RL.

c) Reform 3

Die unter a) genannten Verordnungen gelten letztmals für den Veranlagungszeitraum 1973, bei Steuerabzug vom Arbeitslohn letztmals für Vergütungen und Prämien, die dem Steuerpflichtigen vor dem 1. 1. 1974 zugeflossen sind (Art. 3 § 2 StÄndG 1968 i. Verb. mit Art. 5 2. StÄndG 1971). Die geplante Neuregelung ist im Referentenentwurf des Einkommensteuergesetzes 1974 enthalten (abgedruckt in GRUR 1972, 174; dazu Rheinländer, BB 1972, 1225, Klotz, BB 1972, 34, Tullius, Ziele der Einkommensteuerreform, Neuregelung der einkommensteuerlichen Erfinderbegünstigungen, BB 1974, 220). Es ist vorgesehen, im ersten Jahr, in dem Einkünfte aus Erfindungen oder Erfindervergütungen dem Steuerpflichtigen zufließen, einen Freibetrag von 300,— DM zu gewähren, der aber nicht höher als die tatsächlichen Einnahmen sein darf. Die bisher gewährte Tarifermäßigung bleibt aufrecht erhalten, begünstigt bei Prämien für Verbesserungsvorschläge auch den den Freibetrag übersteigenden Betrag und wird bei Arbeitnehmererfindervergütungen auf das Jahr des ersten Zufließens und die folgenden acht Jahre begrenzt. Im übrigen sollen alle Einnahmen aus Erfindungen, Erfindervergütungen und Prämien für Verbesserungsvorschläge möglichst gleich behandelt werden. Durch die Gewährung des Freibetrags erhofft sich die Finanzverwaltung eine Vereinfachung der Besteuerung für die Mehrzahl der kleineren Fälle.

II. Allgemeines 4

Das Steuerrecht unterscheidet z. Z. noch zwischen Vergütungen, die freien Erfindern, Arbeitnehmererfindern und Arbeitnehmern für Verbesserungsvorschläge gewährt werden. Die Übersichtlichkeit ist durch die Regelung in drei verschiedenen Verordnungen sehr erschwert. Dazu kommt, daß die steuerrechtliche Terminologie nicht mit der des Arbeitnehmererfindergesetzes übereinstimmt, zumal alle Verordnungen vor diesem Gesetz erlassen worden sind. Diese Schwierigkeiten wird erst die Neuregelung im EStG 1974 zu überwinden versuchen (s. oben Anm. 3). Bei der Auslegung der steuerrechtlichen Normen ist deshalb immer besonders darauf zu achten, in welchem Sinn das Steuerrecht den einzelnen Begriff verwendet.

Im folgenden soll nur die einkommensteuerliche Behandlung der Vergütungen untersucht werden. Auf die einkommensteuerliche Behandlung der freien Erfinder wird dabei insoweit eingegangen, als es im Zusammenhang mit dem Gesetz über Arbeitnehmererfindungen notwendig ist.

Zur vermögensteuerlichen Behandlung von Erfindungen und Erfindervergütungen wird verwiesen auf § 59 Nr. 2, § 67 Abs. 1 Nr. 5 BewG, Abschn. 24 a, 53 und 64 VStR; dazu Troll, BB 1964, 212, Hillert, BB 1965, 5

Erläuterungen

449; zum Umfang der vermögensteuerlichen Begünstigung freier Erfinder besonders auch Purwin, DStR 1964, 290.

III. Die einkommensteuerliche Behandlung von Vergütungen für Arbeitnehmererfindungen

6   Zusammenfassende Darstellungen der VO vom 6. Juni 1951: Heßler in DB 1961, Beilage Nr. 2 zu Heft 4 vom 27. 1. 1961, Labus in BB 1951, 331. Abgrenzungsfragen zur Begünstigung der Einkünfte aus freien Erfindungen auch in der unten vor Anm. 15 zitierten Literatur. Zu allen drei Verordnungen Felix, Steuervergünstigungen für Erfinder, Heft 13 des Arbeitskreises für Steuerrecht Köln, 1972.

Die Arbeitnehmererfindervergütungen gehören steuerrechtlich gesehen zum Arbeitslohn (§ 2 LStDV). Sie genießen jedoch unter den Voraussetzungen der §§ 1, 2 Abs. 2 und § 3 der VO vom 6. Juni 1951 eine besondere einkommensteuerliche Begünstigung und zwar unabhängig davon, ob die Einkommensteuer in Form der Lohnsteuer durch Steuerabzug vom Arbeitslohn oder durch Veranlagung erhoben wird.

7   **a) Voraussetzungen für die Vergünstigung**

Voraussetzungen für die Vergünstigungen sind:

1. Die Vergünstigung muß dem Arbeitnehmer vom Arbeitgeber für eine schutzfähige Erfindung auf Grund gesetzlicher Vorschriften gezahlt werden. Die Erfindung muß aus der Arbeit des Arbeitnehmers im Betrieb entstanden sein (§ 1).

Die Vergütung muß einem Arbeitnehmer bezahlt werden. Arbeitnehmer ist gemäß § 1 Abs. 2 LStDV eine Person, die in öffentlichem oder privatem Dienst angestellt oder beschäftigt ist und die aus diesem Dienstverhältnis oder einem früheren Dienstverhältnis Arbeitslohn bezieht. Arbeitnehmer sind auch die Rechtsnachfolger solcher Personen, soweit sie Arbeitslohn aus dem früheren Dienstverhältnis ihres Rechtsvorgängers beziehen. Ein Dienstverhältnis liegt nach § 1 Abs. 2 LStDV vor, wenn der Angestellte oder Beschäftigte dem Arbeitgeber (öffentliche Körperschaft, Unternehmer, Haushaltsvorstand) seine Arbeitskraft schuldet. Dies ist der Fall, wenn die tätige Person in der Betätigung ihres Geschäftswillens unter der Leitung des Arbeitgebers steht oder im Geschäftsorganismus des Arbeitgebers dessen Weisungen zu folgen verpflichtet ist. Der Begriff ist etwas weiter als der in Anm. 2 zu § 1 erläuterte zivilrechtliche Begriff. Arbeitnehmer ist im Steuerrecht jede Person, die gegen Entlohnung unselbständig tätig wird. Entscheidend ist, daß die Tätigkeit fremden Interessen dient, daß der Steuerpflichtige dem Willen eines anderen untergeordnet und in dessen Unternehmen als unselbständiges Glied eingeordnet ist. Die soziale Stellung und der Machtbereich des Steuerpflichtigen sind für den steuerrechtlichen Arbeitnehmerbegriff unerheblich. Die unselbständige Tätigkeit wird der weisungsgebundenen Tätigkeit gleichgesetzt. Als weisungsgebunden sieht das Steuerrecht auch die Vorstandsmitglieder und Geschäftsführer von Kapitalgesellschaften an (BFH v. 7. 11. 1951, BStBl. 1952 III 12), ebenso Gesellschaftergeschäftsführer bei einer GmbH und Einmanngesellschafter als Geschäftsführer, wenn sie ihre Geschäftsführertätigkeit auf Grund eines Vertrags ausüben und für diese Tätigkeit besonders entlohnt werden (RFH v. 20. 3. 1930, RStBl. 1930, 311). Obwohl das ArbEG auf diesen Personenkreis nicht anwendbar ist (siehe oben Anm. 4 zu § 1), soll das nicht zu einer Schlechterstellung im steuerlichen Bereich führen. Es bestehen deshalb keine Bedenken, wenn die VO vom 6. Juni 1951 entsprechend angewendet wird (OFD Düsseldorf, Verf. vom 24. 4. 1961, BB 1961, 595, Erl. Nds. StEK StAErfVO N. 2). Der BFH (BStBl. 1970 II 824) läßt die Frage offen, scheint sie aber bejahen zu wollen (s. auch Anm. in HFR 1970, 575 und FG Hamburg, Betrieb 1957, 1191).

Die Vergütung muß für eine schutzfähige Erfindung bezahlt werden. Die Vergütungen nach §§ 9 und 10 des Arbeitnehmererfindungsgesetzes erfüllen diese Voraussetzungen. Die Vermutung des § 10 Abs. 2 wird dabei auch im Steuerrecht zu berücksichtigen sein. Wegen der Vergütung nach § 20 Abs. 1 vgl. Anm. 22. Es ist nicht erforderlich, daß das Schutzrecht erteilt ist. Auch die Anmeldung ist nicht Voraussetzung der Steuerbegünstigung. Die Anmeldung kann jedoch in der Regel als ausreichender Nachweis angesehen werden, daß es sich um eine schutzfähige Erfindung handelt. Liegt keine Anmeldung vor, so können sich Anhaltspunkte für die Schutzfähigkeit der Erfindung aus den schriftlichen Erklärungen von Arbeitgeber und Arbeitnehmer (Meldung, Inanspruchnahme) ergeben. In Zweifelsfällen können Sachverständige gehört werden (Nr. 52 d Abs. 2 LStR). 8

Die Erfindung muß aus der Arbeit des Arbeitnehmers im Betrieb entstanden sein. Diese Voraussetzung ist dem Willen des Gesetzgebers entsprechend so weit auszulegen, daß sie alle Diensterfindungen im Sinne des § 4 Abs. 2 Arbeitnehmererfindergesetz erfaßt. Sie erstreckt sich nicht nur auf die Auftragserfindungen des § 4 Abs. 2 Nr. 1 des Gesetzes. Freie Erfindungen eines Arbeitnehmers im Sinne des § 4 Abs. 3 gehören nicht hierher. 9

Die Vergütung muß auf Grund gesetzlicher Vorschriften bezahlt werden. Diese gesetzlichen Vorschriften sind heute das Gesetz über Arbeitnehmererfindungen, insbesondere die §§ 9 und 10, aber auch §§ 14 Abs. 3 und 16 Abs. 3. Dabei spielte es keine Rolle, ob es sich um einmalige oder laufende Zahlungen handelt (FG Hamburg, DStR 1953, 353). Wesentlich ist nur eine klare Abgrenzbarkeit der Vergütung von sonstigen Zuwendungen. Eine nachträgliche Umqualifizierung von Bezügen, z. B. Tantiemen in Erfindervergütungen ist unzulässig (FG Düsseldorf, EFG 1966, 93). Wegen der Fälle, in denen ein Arbeitnehmer eine Diensterfindung dem Arbeitgeber zur Auswertung gegen Lizenzgebühren überläßt, nachdem der Arbeitgeber die Erfindung zunächst frei- 10

Erläuterungen

gegeben hat, vgl. DB 1958 S. 120 und Tullius, BB 1958, 1204; hier wird die VO vom 30. Mai 1951 eingreifen; beachte aber § 6 StAnpG, dessen Voraussetzungen erfüllt sein können, wenn der Verzicht des Arbeitgebers lediglich aus steuerlichen Erwägungen ausgesprochen ist (Nr. 149 Abs. 1 EStR). Siehe auch unten Anm. 15.

Wenn der Arbeitgeber das ihm nach § 7 Abs. 2 zustehende Benutzungsrecht an einer beschränkt in Anspruch genommenen Erfindung ausübt — die ja nach § 8 Abs. 2 als freigegeben gilt — findet keine Verwertung außerhalb des Arbeitsverhältnisses statt, so daß die VO vom 6. Juni 1951 anzuwenden bleibt (so auch Felix, a. a. O., Rn. 41). Nutzt in diesem Fall auch der Arbeitnehmer die Erfindung, so fallen die daraus fließenden Einnahmen unter die VO vom 30. Mai 1951, beide Verordnungen finden also dann nebeneinander Anwendung (auch hierzu Felix, a. a. O. mit weiteren Angaben).

Die Einhaltung der im ArbEG für Meldung und Inanspruchnahme vorgesehenen Formen ist keine Voraussetzung für die Gewährung der steuerlichen Begünstigungen. Haben Arbeitgeber und Arbeitnehmer nur mündlich abgegebene Erklärungen über Meldung und Inanspruchnahme zur Grundlage für ihr weiteres Vorgehen gemacht, so genügt das, um eine Erfindervergütung als auf der Grundlage gesetzlicher Vorschriften geleistet anzusehen (BFH v. 25. 1. 1963, DStR 1963, 370 = BStBl. III, 185 = DB 1963, 787 = mit Anm. Schippel in StRK-Anmerkungen VO v. 6. 6. 1951 § 1).

11 2. Die gezahlte Vergütung darf nicht unangemessen hoch sein (§ 2 Abs. 2). Daß dies nicht der Fall ist, hat der Arbeitgeber dem Finanzamt auf Verlangen nachzuweisen. Das Finanzamt entscheidet, gegebenenfalls nach Anhörung von Sachverständigen, im Rahmen bestehender Anordnungen und unter Berücksichtigung kaufmännischer Übung nach freiem Ermessen. Nach Nr. 52 d Abs. 3 LStR soll das Finanzamt nur in Ausnahmefällen beanstanden, wenn eine offensichtliche Unangemessenheit vorliegt. Wurde die Vergütung nach den Vergütungsrichtlinien berechnet, so bestehen in der Regel keine Anhaltspunkte für eine Beanstandung. Nach welcher Methode die Vergütung berechnet wird und in welcher Form sie bezahlt wird, ist im übrigen unerheblich (FG Hamburg v. 29. 6. 1953, DStR 1953, 353).

12 3. Der Arbeitgeber hat die Vergütung und die darauf einbehaltene Lohnsteuer im Lohnkonto, in der Lohnsteuerbescheinigung und im Lohnzettel besonders anzugeben (§ 3).

13 **b) Vergünstigung**

Unter diesen Voraussetzungen wird für die Vergütung nur $1/2$ der normal berechneten Lohnsteuer erhoben (§ 2 Abs. 1). Im Veranlagungsfall wird ebenso die anteilige Einkommensteuer nur zur Hälfte erhoben (§ 4 Abs. 2). Für die Berechnung der Lohnsteuer ist Nr. 52, LStR, insbesondere Abs. 3 Nr. 3 und Abs. 4, zu beachten.

Durch den nach der VO vom 6. Juni 1951 vorgenommenen Steuerabzug ist die Lohnsteuer für die Erfindervergütung abgegolten. Sie bleibt deshalb bei der Veranlagung des Erfinders zur Einkommensteuer und bei der Ermittlung des ermäßigten Steuersatzes nach § 34 Abs. 1 EStG außer Betracht (FG Nürnberg, EFG 1967, 287) und die auf die Vergütung entfallende Lohnsteuer wird umgekehrt nicht auf die Einkommensteuer für das sonstige Einkommen des Erfinders angerechnet (vgl. Erl. Hamburg, DStR 1968, 734, Erl. NRW, Betrieb 1969, 994). Der Arbeitnehmer kann aber die Einbeziehung seiner Vergütungen in die Veranlagung beantragen. Möglich und in einigen Fällen sogar steuerlich vorteilhaft ist der Verzicht auf die Anwendung der VO vom 6. 6. 1951 zugunsten einer Anwendung des § 34 Abs. 3 EStG, z. B. wenn Vergütung für mehrere Jahre in einer Summe bezahlt wird. (BFH v. 16. 11. 1973, BB 1974, 265). **14**

Die Vergünstigung wird auch gewährt, wenn nach Beendigung des Arbeitsverhältnisses die Zahlungen des früheren Arbeitgebers an seinen Arbeitnehmererfinder nur noch in Erfindervergütungen bestehen (FG Düsseldorf, EFG 1965, 609). Die Erben eines Erfinders können aber die Vergünstigungen nicht mehr in Anspruch nehmen (BFH, BStBl. 1970 II 824), der Witwe kann jedoch aus Billigkeitsgründen die Vergünstigung ohne Rechtsanspruch weiter gewährt werden (vgl. OFD Koblenz, StEK StAErfVO Nr. 3).

Für die seltenen Fälle, daß der Erfinder den durch seine Erfindertätigkeit entstandenen Aufwand selbst trägt und dafür Werbungskosten geltend macht, vgl. Felix, a. a. O., Rn. 67 ff.

IV. Die einkommensteuerliche Behandlung der Vergütungen für freie Erfindungen

Zusammenfassende Darstellung der VO vom 30. Mai 1951: Labus in BB 1951, 389; Tullius in BB 1958, 1204 und ds. in Betrieb, Beilage 10 zu Heft 41 v. 12. 10. 1960; Fella, BB Beil. 7 zu Heft 28. v. 10. 10. 1972; Einzelfragen in Betrieb 1960, 42; 1963, 1198. S. auch Dornemann, DStR 1963, 599; Felix, Betrieb 1963, 1198; Gern, DStR 1968 245; für den Fall der Betriebsaufspaltung Zinken, BB 1972, 1226.

a) Voraussetzung für die Vergünstigung **15**

1. Die VO vom 30. Mai 1951 wird für den Arbeitnehmererfinder von Bedeutung, wenn er eine freie oder frei gewordene Erfindung außerhalb des Arbeitsverhältnisses verwertet. Ob diese Voraussetzung vorliegt, kann durch Gegenüberstellung des § 1 der VO vom 30. Mai 1951 und des § 1 der VO vom 6. Juni 1951 entschieden werden. Beide Verordnungen wollen die gesamte erfinderische Tätigkeit erfassen. Fällt die Vergütung also aus irgendeinem Grund nicht unter § 1 der VO vom 6. Juni 1951, so ist sie nach der VO vom 30. Mai 1951 zu behandeln. Dies trifft für die Erfindervergütung im Rahmen des Arbeitnehmer-

erfindergesetzes stets dann zu, wenn der Arbeitnehmer eine freie Erfindung oder eine frei gewordene Diensterfindung im eigenen Betrieb oder durch Übertragung oder Lizenzvergabe an andere Personen als seinen Arbeitgeber verwertet. Überläßt er solche Erfindungen seinem Arbeitgeber, so liegt der Gedanke nahe, die Vergütung nach der VO vom 6. Juni 1951 zu behandeln. Diese VO erfaßt aber nur Vergütungen, zu deren Zahlung der Arbeitgeber auf Grund Gesetzes verpflichtet ist. Dies trifft für die genannten Fälle nicht zu. Deshalb fallen auch sie unter die VO vom 30. Mai 1951 (Nr. 149 Abs. 1 EStR; vgl. auch DB 1958, 120 und Tullius, BB 1958, 1204; auch hier ist § 6 StAnpG zu beachten).

16 2. Die Einkünfte müssen aus der Erfindertätigkeit fließen. Unter Erfindertätigkeit versteht § 1 Abs. 2 eine Tätigkeit, die auf die Erzielung einer patentfähigen Erfindung gerichtet ist. Dabei ist es gleichgültig, ob eine Erfindung zum Patent angemeldet wurde und ob es zur Erteilung des Patents kommt. Gebrauchsmusterfähigkeit genügt nach der derzeitigen Rechtslage im Unterschied zur VO vom 6. Juni 1951 nicht. Das Steuerrecht wird aber in diesem Punkt dem neuen Arbeitnehmererfindergesetz angepaßt werden müssen.

17 3. Die Erfindung muß als volkswirtschaftlich wertvoll anerkannt werden. Wegen des Anerkennungsverfahrens vgl. Nr. 149 Abs. 2 EStR. Wegen der Zuständigkeit im Anerkennungsverfahren, wenn Wohnsitz und Ort der Erfindertätigkeit in zwei verschiedenen Ländern der Bundesrepublik liegen, und wegen der Anerkennung von Versuchen und Erfindungen auf wehrwirtschaftlichem Gebiet vgl. Tullius, BB 1958, 1204. Zum Anerkennungsverfahren auch VG Darmstadt v. 9. 4. 1959, GRUR 1960, 79. Zum Widerruf des Anerkennungsbescheides Felix, Steuervergünstigungen für Erfinder, Rn. 103; dagegen Verwaltungsrechtsweg (FG Berlin, EFG 1966, 569).

18 4. Der Erfinder muß Betriebseinnahmen und -ausgaben, die sich auf die Versuche und Erfindungen beziehen, gesondert aufzeichnen (§ 3 Nr. 2), damit nachprüfbar ist, daß nur solche Einnahmen die Vergünstigung genießen, die in Bezug zur Erfindung stehen. Zur buchmäßigen Behandlung siehe BFH v. 20, 7. 1962, BStBl. 1963 III 3 = BB 1963, 593.

19 b) Vergünstigung

Sind die unter a) genannten Voraussetzungen erfüllt, so genießt der Erfinder folgende Vergünstigungen:

1. An sich aktivierungspflichtige Aufwendungen, die durch die Erfindertätigkeit veranlaßt sind, z. B. Aufwendungen zur Entwicklung, Verbesserung oder rechtlichen Sicherung der Erfindung, können als Betriebsausgaben abgesetzt werden, wenn sie nach dem 31. Dezember 1949 entstanden sind (§ 4 Nr. 1); wegen der besonderen Vergünstigung bei der Absetzung und dem Ausgleich von Verlusten vgl. § 4 Nr. 2.

20 2. Der Erfinder hat auf Antrag für die Einkünfte aus der Verwertung seiner Erfindung nur ½ der Einkommensteuer zu bezahlen (§ 4 Nr. 3).

Dies gilt nicht, wenn der Erfinder die Erfindung im eigenen Betrieb verwertet (§ 5), wenn er also selbst Unternehmer oder Mitunternehmer einer Personalgesellschaft ist. Dazu im einzelnen Nr. 149 Abs. 6 EStR und Glöggler, DB 1960, 424. Wegen der besonderen Verhältnisse bei der GmbH vgl. Nr. 149 Abs. 4 EStR und BFH v. 14. 1. 1960, BStBl. III 189 = DB 1960, 42. Das gilt auch, wenn ein Erfinder die Auswertung seiner Erfindung einer von ihm selbst gegründeten GmbH zu angemessenen Lizenzsätzen überläßt (BFH v. 23. 4 und 26. 5. 1971, BStBl. II 710, 735). Im Hinblick auf § 25 des Gesetzes wird § 5 für Arbeitnehmererfinder kaum von Bedeutung sein. Wegen der Begünstigung für Lizenzen, die dem Erfinder aus dem Ausland zufließen, vgl. Müthling in DRUR 1955, 18 und OFD Düsseldorf in DB 1954, 76. Die Vergünstigung wird für die Dauer der Versuche und — das Jahr des Beginns der Verwertung der Erfindung einberechnet — für die Dauer von insgesamt neun Jahren gewährt. Vgl. auch DB 1960, 42. Dieser Zeitraum verkürzt sich in den Fällen, in denen die Laufdauer des Patents früher endigt. Eine Unterbrechung der Verwertung führt zu keiner Verlängerung des Begünstigungszeitraums (vgl. FinMin Nordrhein-Westfalen in DB 1957, 591; Deutsche Steuerzeitung, Ausgabe A, 1955, 254). Zur Versuchszeit siehe Popp, Finanzrundschau 1960, 180 (zur Versuchszeit ist auch die Entwicklungszeit der Erfindung zu rechnen). Zu der im Einzelfall schwierigen Abgrenzung zwischen der die Tarifbegünstigung ausschließenden Verwertung i. S. des § 5 und der tarifbegünstigten, auf die Erzielung einer schutzfähigen Erfindung gerichteten gewerblichen Tätigkeit siehe BFH v. 20. 7. 1962, BStBl. 1963 III 3 = BB 1963, 593 mit Anm. Grieger.

Der Erfinder kann an Stelle der Vergünstigung nach der VO auch die Vergünstigung nach § 34 Abs. 5 EStG wählen. Dies empfiehlt sich vor allem im Fall höherer Sonderausgaben, die bei der Anwendung der VO nicht berücksichtigt werden können, da die VO nicht vom Einkommen, sondern von den Einkünften innerhalb einer Einkunftsart ausgeht; vgl. Beispiele in BB 1952, 878. **21**

Wegen des Anspruchs der Erben des Erfinders auf Begünstigung nach der VO vgl. BB 1953, 728 und EStR Nr. 149 Abs. 7 und BFH v. 20. 2. 1958, BStBl. III 209 = BB 1958, 437. Nach dieser Entscheidung sind tarifliche Vergünstigungen nie vererblich. Sie können der Witwe und den mit ihr zusammenveranlagten Kindern höchstens aus Billigkeitsgründen gewährt werden; vgl. auch Tullius, BB 1958, 1205.

V. Die einkommensteuerliche Behandlung von Prämien für Verbesserungsvorschläge

Zusammenfassende Darstellungen der VO vom 18. Februar 1957: Heßler in DB, Beilage Nr. 2 zu Heft 4 v. 27. 1. 1961; Jung in Deutsche Steuerrundschau 1957, 152. **22**

Erläuterungen

Die VO vom 18. Februar 1957 baut auf der Einrichtung des betrieblichen Vorschlagswesens auf, wie es sich in der deutschen Industrie in früheren Jahren entwickelt hat. Sie ist nicht auf das Gesetz über Arbeitnehmererfindungen abgestimmt.

Vor allem werden die nach § 20 Abs. 1 des Arbeitnehmererfindungsgesetzes zu gewährenden Vergütungen für qualifizierte technische Verbesserungsvorschläge von der VO nicht erfaßt. Denn die VO schreibt als Voraussetzung für die Steuerbegünstigung ein besonderes Verfahren bei der Prämiengewinnung vor (§ 2), das dem in § 20 Abs. 1 herangezogenen Verfahren nach § 12 des Gesetzes nicht entspricht. Die Vergütungen nach § 20 Abs. 1 können jedoch als Prämien angesehen werden, die für Vorschläge gewährt werden, die als schutzfähige Erfindungen im Sinn des § 1 der VO vom 6. Juni 1951 zu behandeln sind. Auf solche Vorschläge findet nach § 1 Nr. 5 der VO vom 18. Februar 1957 nicht diese VO sondern die VO vom 6. Juni 1951 Anwendung. Die Vergütungen nach § 20 Abs. 1 des Gesetzes sind also, um überhaupt in den Genuß einer Steuerbegünstigung zu kommen, den für Arbeitnehmererfindungen gezahlten Vergütungen gleichzustellen.

23 Sonstige Prämien für Verbesserungsvorschläge, insbesondere die nach § 20 Abs. 2 des Gesetzes gewährten Vergütungen, sind der VO vom 18. Februar 1957 unterworfen. Die dort vorgesehene Steuerbegünstigung wird nicht gewährt für Prämien, die Arbeitnehmern gezahlt werden, die ausschließlich oder überwiegend mit der Erarbeitung von Verbesserungen beauftragt sind; die unangemessen hoch sind; die in der Form von laufenden Zuwendungen gewährt werden; oder die Vorschläge betreffen, deren Verwirklichung zu einer nur unwesentlichen Verbesserung führen würde (§ 1 Nr. 1—4).

Die Steuerbegünstigung kann nur gewährt werden, wenn bei der Gewährung der Prämie das in § 2 der VO vorgeschriebene Verfahren eingehalten wird. Für Betriebe mit über 20 Arbeitnehmern ist ein gemischter Ausschuß, dem der Arbeitgeber oder sein Vertreter und mindestens zwei Arbeitnehmer angehören, vorgesehen. Die Gewährung und die Höhe der Prämie sind in einer Niederschrift festzuhalten. Für die öffentliche Verwaltung und die Bundespost und Bundesbahn siehe § 2 Abs. 3.

24 Die Vergünstigung selbst ist in § 3 geregelt, Prämien unter 200,— DM gehören danach nicht zum steuerpflichtigen Einkommen. Prämien über 200,— DM gehören mit 200,— DM und der Hälfte des 200,— DM übersteigenden Betrags, höchstens jedoch mit 500,— DM nicht zum steuerpflichtigen Einkommen.

§ 13
Schutzrechtsanmeldung im Inland

(1) Der Arbeitgeber ist verpflichtet und allein berechtigt, eine gemeldete Diensterfindung im Inland zur Erteilung eines Schutzrechts anzumelden. Eine patentfähige Diensterfindung hat er zur Erteilung eines Patents anzumelden, sofern nicht bei verständiger Würdigung der Verwertbarkeit der Erfindung der Gebrauchsmusterschutz zweckdienlicher erscheint. Die Anmeldung hat unverzüglich zu geschehen.

(2) Die Verpflichtung des Arbeitgebers zur Anmeldung entfällt,
1. wenn die Diensterfindung frei geworden ist (§ 8 Abs. 1);
2. wenn der Arbeitnehmer der Nichtanmeldung zustimmt;
3. wenn die Voraussetzungen des § 17 vorliegen.

(3) Genügt der Arbeitgeber nach unbeschränkter Inspruchnahme der Diensterfindung seiner Anmeldepflicht nicht und bewirkt er die Anmeldung auch nicht innerhalb einer ihm vom Arbeitnehmer gesetzten angemessenen Nachfrist, so kann der Arbeitnehmer die Anmeldung der Diensterfindung für den Arbeitgeber auf dessen Namen und Kosten bewirken.

(4) Ist die Diensterfindung frei geworden, so ist nur der Arbeitnehmer berechtigt, sie zur Erteilung eines Schutzrechts anzumelden. Hatte der Arbeitgeber die Diensterfindung bereits zur Erteilung eines Schutzrechts angemeldet, so gehen die Rechte aus der Anmeldung auf den Arbeitnehmer über.

Übersicht

	Anm.		Anm.
I. Anmeldezwang		**IV. Alleiniges Recht des Arbeitgebers auf Schutzrechtsanmeldung**	13
a) Allgemeines	1		
b) Inland	2	a) Vor Inspruchnahme	14
c) Patent oder Gebrauchsmuster	3	b) Nach Inspruchnahme	15
d) Anmeldezeitpunkt	4	**V. Verletzung des Anmelderechts des Arbeitgebers**	
e) Anmeldepflicht und Schutzfähigkeit	5	a) Vor Inspruchnahme	16
f) Durchführung des Anmeldeverfahrens	6	b) Nach Inspruchnahme	17
II. Wegfall der Anmeldepflicht		c) Rechtsbehelfe des Arbeitgebers	18
a) Freiwerden der Diensterfindung (Abs. 2 Nr. 1)	7	**VI. Freigewordene Erfindung**	
b) Zustimmung des Arbeitnehmers (Abs. 2 Nr. 2)	8	a) Vor Schutzrechtsanmeldung	19
		b) Nach Schutzrechtsanmeldung	20
c) Betriebsgeheimnis (Abs. 2 Nr. 3)	9	c) Von Anfang an freie Erfindung	21
III. Verletzung der Anmeldepflicht		**VII. Kosten des Anmeldeverfahrens**	
a) Vor Inspruchnahme	10	a) Anmeldung nach Abs. 3	22
b) Nach Inspruchnahme	11	b) Bei Übergang nach Abs. 4	23
c) Kein Rückfallrecht	12	c) Bei unberechtigter Anmeldung	24

Erläuterungen

I. Anmeldezwang

1 **a) Allgemeines**

Es war eine von der Ausgestaltung des Arbeitnehmererfindungsrechts im Ausland abweichende Eigenart der DVO 1943, daß der Arbeitgeber eine ihm gemeldete Diensterfindung im Inland grundsätzlich zum Schutzrecht anmelden muß. Damit ist er in der Freiheit seiner Patentpolitik beträchtlich eingeengt. Das begegnet gewissen Bedenken. Denn in aller Regel wird der Arbeitgeber besser beurteilen können, ob sich die Anmeldung einer Erfindung überhaupt lohnt, besonders auch, ob sie für die Bedürfnisse des Betriebs erforderlich ist. Die Entscheidung für den Anmeldezwang steht in einem inneren Zusammenhang zu dem „Monopolprinzip", das die Grundlage für die Vergütung abgibt, vgl. Einleitung S. 90. Damit stimmt es überein, daß ein Wegfall des Anmeldezwangs im Zusammenhang mit einem Abgehen vom Monopolprinzip und der Zugrundlegung des Gedankens der Sonderleistung vorgeschlagen worden ist, wie aus dem Aufsatz von Schultze-Rhonhof, GRUR 1956, 440, hervorgeht, der an Vorschläge von Reimer anknüpft (siehe § 15 dieses Vorschlags und die Erläuterungen hierzu).

Der Gesetzgeber hat grundsätzlich an der Regelung des bisher geltenden Rechts festgehalten, daß der Arbeitgeber eine ihm gemeldete Diensterfindung im Inland zur Erteilung eines Schutzrechts anmelden muß. Er hat sie sogar darauf ausgedehnt, daß auch die Anmeldung zum Gebrauchsmusterschutz in Betracht kommt. Damit ist allerdings zugleich eine Milderung eingeführt. Eine weitere Lockerung ergibt sich aus der Möglichkeit der beschränkten Inanspruchnahme, bei der der Arbeitgeber nur ein Benutzungsrecht erlangt und es dem Arbeitnehmer überläßt, ob dieser ein Schutzrecht zu erlangen versuchen will.

Mit diesen Abweichungen entspricht die grundsätzliche Regelung dem § 6 Abs. 1 Satz 1 DVO, nach dem der Unternehmer verpflichtet ist, eine ihm gemeldete Erfindung unverzüglich im Inland zum Patent anzumelden, wenn er die Erfindung dem Erfinder nicht freigibt.

2 **b) Inland**

Wie bisher erstreckt sich der Anmeldezwang nur auf das Inland, praktisch gesehen also nur auf eine Anmeldung beim Deutschen Patentamt in München. Die Anmeldung von Schutzrechten im Ausland ist in § 14 geregelt.

3 **c) Patent oder Gebrauchsmuster**

§ 13 Abs. 1 Satz 2 weist darauf hin, daß der Arbeitgeber in erster Linie verpflichtet ist, die von ihm in Anspruch genommene Diensterfindung zur Erteilung eines Patents anzumelden. Die Anmeldung selbständiger Patente ist der von Zusatzpatenten gleichgestellt (Schiedsstelle ArbErf 43/70, unveröffentlicht). Entsprechend der überall im Gesetz durchgeführten Gleichstellung von Patent und Gebrauchsmuster ist die Anmeldepflicht auch auf nur gebrauchsmusterfähige Erfindungen ausgedehnt.

§ 13 Schutzrechtsanmeldung im Inland

Dabei ist der Ausdruck „Erteilung" eines Schutzrechts nicht ganz scharf, da man bei dem nicht auf Neuheit zu prüfenden Gebrauchsmuster nur von einer „Eintragung" zu sprechen pflegt. Klar ist, daß eine nur gebrauchsmusterfähige Erfindung nur zum Gebrauchsmuster, nicht zum Patent angemeldet werden kann.

Es bleiben aber Fälle übrig, in denen sowohl ein Patent als ein Gebrauchsmuster erreichbar erscheint. Man wollte nicht unbedingt dem Arbeitgeber ein Wahlrecht überlassen, andererseits ihm doch die Entscheidung darüber einräumen, ob es zweckmäßiger und sinnvoll ist, nur ein Gebrauchsmuster zu erwirken. Dies kann z. B. dann der Fall sein, wenn es sich um Erfindungen handelt, deren Gegenstand der Mode unterworfen ist oder bei denen aus anderen Gründen, z. B. in der Spielzeugindustrie, ein Interesse an schneller Erlangung eines zeitlich kürzeren Schutzrechts vorliegt. Deshalb ist bestimmt worden, daß von der Anmeldung zum Patent abgesehen werden kann, wenn bei verständiger Würdigung der Verwertbarkeit der Erfindung der Gebrauchsmusterschutz zweckdienlicher erscheint. Man wird eine solche Entscheidung im wesentlichen dem Arbeitgeber überlassen können. Die in der Praxis häufige hilfsweise Anmeldung zur Eintragung eines Gebrauchsmusters bei Versagung des Patentschutzes wird von § 13 selbstverständlich gedeckt. Im Falle eines Mißbrauchs besteht nach der Gesetzesfassung die Möglichkeit einer Nachprüfung durch Schiedsstelle und Gericht. Über die wirtschaftlichen Besonderheiten vgl. die Amtl. Begr. unten S. 587.

d) Anmeldezeitpunkt

4

Abs. 1 Satz 3 bestimmt, daß die Anmeldung unverzüglich zu geschehen hat, d. h. ohne schuldhaftes Zögern (§ 121 BGB). Das ist deshalb wichtig, weil sobald wie möglich angemeldet werden muß, um die Prioritätsrechte zu sichern, was nur durch die Anmeldung geschehen kann. Die Anmeldepflicht ist deshalb nicht an die Inanspruchnahme der Diensterfindung, sondern bereits an ihre Meldung durch den Arbeitnehmer geknüpft. Auch wenn der Arbeitgeber sich noch nicht darüber schlüssig ist, ob er die Erfindung in Anspruch nimmt, muß er sie anmelden (siehe dazu im einzelnen Anm. 14). Allerdings muß man ihm eine angemessene Zeit einräumen, damit er prüfen kann, ob die Erfindung schutzfähig ist, und damit er eine Anmeldung sorgfältig ausarbeiten kann. Dies wird ihm erleichtert, nachdem § 5 vorgeschrieben hat, daß der Arbeitnehmer die technische Aufgabe, ihre Lösung und das Zustandekommen der Diensterfindung beschreiben muß und daß der Arbeitgeber innerhalb von zwei Monaten die Ergänzung der diesen Anforderungen nicht entsprechenden Meldung verlangen kann (siehe Anm. 35 ff. zu § 5). Dazu kommt, daß § 15 Abs. 2 dem Arbeitnehmer die Verpflichtung auferlegt, den Arbeitgeber auf Verlangen beim Erwerb von Schutzrechten zu unterstützen und die erforderlichen Erklärungen abzugeben, eventuell sogar als Treuhänder des Arbeitgebers anzumelden, wenn es die fremde Rechtsordnung erfordert (vgl. Anm. 12 zu § 15). Solange der Arbeitnehmer seine Verpflichtungen aus §§ 5 und 15 Abs. 2 nicht erfüllt hat, kann dem Arbeitgeber der

Erläuterungen

Vorwurf einer schuldhaften Verzögerung nicht gemacht werden. Auch das Einverständnis des Arbeitnehmers mit der Verzögerung schließt diesen Vorwurf aus. Im übrigen wird der Arbeitgeber selbst daran interessiert sein, die für seinen Betrieb in Frage kommenden Erfindungen sobald wie möglich anzumelden, um zu vermeiden, daß den Wert des Schutzrechts beeinträchtigende Ereignisse (druckschriftliche Veröffentlichung, offenkundige Vorbenutzung im Inland, ältere Anmeldung, private Vorbenutzung) eintreten.

5 e) Anmeldepflicht und Schutzfähigkeit

Sind sich beide Teile darüber klar oder wird nach Meldung eine übereinstimmende Auffassung darüber erzielt, daß die gemeldete Neuerung nicht schutzfähig ist, also eine „Diensterfindung" im Sinne der §§ 2 und 4 nicht vorliegt, so kommt eine Schutzrechtsanmeldung nicht in Frage. Andererseits muß der Arbeitgeber unter Berücksichtigung des in Anm. 3 behandelten Wahlrechts zwischen Patent und Gebrauchsmuster zum Schutzrecht anmelden, wenn beide Teile die Schutzfähigkeit bejahen. Es kann aber vorkommen, daß der Arbeitgeber und der Arbeitnehmer über die Schutzfähigkeit verschiedener Ansicht sind. Hält der Arbeitgeber allein die gemeldete Diensterfindung für schutzfähig, so wird er anmelden. Hält er sie nicht für schutzfähig, ist aber der Arbeitnehmer dieser Ansicht und will der Arbeitgeber nicht sofort freigeben oder sich zur beschränkten Inanspruchnahme entschließen, so wird er innerhalb des in Anm. 4 behandelten Zeitraums, möglicherweise also schon vor Inanspruchnahme, ein Schutzrecht anmelden (vgl. zu solchen Zweifelsfällen auch Anm. 6, 7 zu § 2 und Anm. 4 zu § 3). In vielen Fällen wird es dem Arbeitgeber möglich sein, den Arbeitnehmer davon zu überzeugen, daß eine Anmeldung untunlich ist. Es kann dann vereinbart werden, daß von einer Anmeldung beim Patentamt abgesehen wird (Abs. 2 Nr. 2). Da es sich ja um eine gemeldete Erfindung handelt, steht § 22 dem nicht entgegen. Läßt sich die Meinungsverschiedenheit nicht beilegen, so muß der Arbeitgeber anmelden und die Klärung der Patentfähigkeit dem Patentamt überlassen (vgl. Anm. 4 und 6 zu § 2). Wie weit er sie hier verfolgen muß, wird in Anm. 6 behandelt.

6 f) Durchführung des Anmeldeverfahrens

Der Arbeitgeber ist nicht nur zur Anmeldung beim Patentamt, sondern grundsätzlich auch zur Durchführung des Anmeldeverfahrens in allen Verfahrensstufen bis zur Schutzrechtserteilung verpflichtet, solange er die Diensterfindung nicht freigibt. So muß er auch den Prüfungsantrag nach § 28b PatG stellen, die Anmeldegebühr und die Prüfungsgebühr zahlen und darf die Beantwortung von Verfügungen des Patentamts nicht ungebührlich verzögern. In der Regel wird inzwischen aber die Frist zur Inanspruchnahme abgelaufen sein, so daß der Arbeitgeber ein eigenes Interesse hat, die ihm zustehende Erfindung ordnungsgemäß zu bearbeiten. Gibt er vor Inanspruchnahme frei, so greift die Regelung des Abs. 4 Satz 2 Platz: die Rechte aus der Anmeldung gehen

§ 13 Schutzrechtsanmeldung im Inland

auf den Arbeitnehmer über, siehe Anm. 20; will er nach Inanspruchnahme die Anmeldung nicht weiter verfolgen, so regeln sich die beiderseitigen Rechte und Pflichten nach § 16. Für die Dauer des Anmeldeverfahrens ergeben sie sich aus § 15.

Zu der Frage, ob der Arbeitgeber gegen einen zur Anmeldung ungünstigen erstinstanzlichen Beschluß des Patentamts Beschwerde einlegen muß, äußern sich Riemschneider-Barth, S. 197, und die 2. Auflage, S. 45, dahin, daß eine solche Verpflichtung im Regelfall zu verneinen sein wird. Nur unter besonderen Umständen, nämlich wenn die Frage der Patentfähigkeit offenbar falsch entschieden sei und eine Beschwerde Aussicht auf Erfolg biete, werde sie dem Arbeitgeber zuzumuten sein (vgl. auch Schiedsstelle v. 25. 11. 1959 und 27. 1. 1960, Bl. 1960, 279). Die Fragestellung dürfte sich etwas verschoben haben, nachdem § 16 ausdrücklich bestimmt, daß der Arbeitgeber vor Erfüllung des Vergütungsanspruchs seine Absicht, die Anmeldung nicht weiter zu verfolgen, dem Arbeitnehmer mitzuteilen und ihm auf dessen Verlangen das Recht zu übertragen hat. Er wird zur Vermeidung von später nur schwer zu entscheidenden Zweifeln über die Schutzfähigkeit in jedem Fall gut daran tun, dem Arbeitnehmer die Möglichkeit, Beschwerde einzulegen, selbst zu überlassen. Näheres in Anm. 10—12 zu § 16.

II. Wegfall der Anmeldepflicht

Abs. 2 faßt die Fälle zusammen, in denen die Verpflichtung des Arbeitgebers zur Anmeldung der Diensterfindung entfällt.

a) Freiwerden der Diensterfindung (Abs. 2 Nr. 1)   7

Die Fälle des Freiwerdens der Diensterfindung sind in § 8 Abs. 1 aufgeführt. Die Erfindung wird danach frei, wenn sie der Arbeitgeber ausdrücklich freigibt oder sie nicht fristgemäß in Anspruch nimmt, aber auch, wenn er sie nur beschränkt in Anspruch nimmt. Die beschränkte Inanspruchnahme soll ja gerade den Arbeitgeber der Verpflichtung entheben, sie zur Erteilung eines Schutzrechts anzumelden. Hat der Arbeitgeber in diesen Fällen bereits angemeldet, so gehen gemäß Abs. 4 die Rechte aus der Anmeldung auf den Arbeitnehmer über, siehe Anm. 20.

b) Zustimmung des Arbeitnehmers (Abs. 2 Nr. 2)   8

Die Anmeldepflicht des Arbeitgebers entfällt ferner, wenn der Arbeitnehmer der Nichtanmeldung zustimmt. Wie sich aus dem Zusammenhang mit Abs. 1 ergibt, kann die Zustimmung erst nach der Meldung wirksam gegeben werden, da dort von der gemeldeten Erfindung die Rede ist. Eine vorher gegebene Zustimmung würde gemäß der alle Bestimmungen des Gesetzes erfassenden Unabdingbarkeitsregelung des § 22 unzulässig und unwirksam sein.

c) Betriebsgeheimnis (Abs. 2 Nr. 3)   9

Von einer Anmeldung kann der Arbeitgeber endlich absehen, wenn berechtigte Belange des Betriebes es erfordern, die Erfindung nicht be-

Erläuterungen

kannt werden zu lassen, und entweder der Arbeitgeber die Schutzfähigkeit der Diensterfindung gegenüber dem Arbeitnehmer anerkennt (§ 17 Abs. 1) oder gemäß § 17 Abs. 2 zur Herbeiführung einer Einigung über die Schutzfähigkeit die Schiedsstelle anruft. Näheres bei § 17.

III. Verletzung der Anmeldepflicht

10 a) Vor Inanspruchnahme — Schadenersatzpflicht

Da der Arbeitgeber unverzüglich nach der Meldung die Diensterfindung zum Schutzrecht anmelden muß, auch wenn er sich noch nicht darüber schlüssig ist, ob er sie in Anspruch nimmt (siehe Anm. 4), handelt er pflichtwidrig, wenn er grundlos die Anmeldung verzögert oder überhaupt unterläßt (so auch BGH v. 9. 1. 1964, GRUR 1964, 449, Drehstromwicklung). Der Arbeitgeber muß den Schaden ersetzen, der durch sein Verhalten entsteht. Rechtsgrundlage sind das gesetzliche Schuldverhältnis, das zwischen Arbeitnehmer und Arbeitgeber durch die Bestimmungen dieses Gesetzes begründet wird, und § 823 Abs. 2 BGB, da § 13 als Schutzgesetz zugunsten des Arbeitnehmers anzusehen ist. Der Arbeitnehmer muß dann allerdings beweisen, daß bei rechtzeitiger Anmeldung ein rechtsbeständiges Schutzrecht erlangt worden wäre. Das wird dann verhältnismäßig einfach sein, wenn die Erfindung inzwischen von einem anderen angemeldet worden ist und dieser ein Schutzrecht erlangt. Schwieriger wird es sein nachzuweisen, daß die Schutzfähigkeit wegen zwischenzeitlicher Veröffentlichungen oder Vorbenutzungen beeinträchtigt wird. Erhebliche Schwierigkeiten werden sich bei dem Nachweis des wirtschaftlichen Wertes der Erfindung ergeben. Eine unmittelbare Anwendung des § 9, der einen Anspruch auf angemessene Vergütung gewährt, ist nicht möglich, weil dort die unbeschränkte Inanspruchnahme der Erfindung vorausgesetzt wird. Doch treten diese Unsicherheiten nur auf, wenn sich die schädigenden Umstände in dem Zeitraum von vier Monaten nach ordnungsmäßiger Erfindungsmeldung ergeben. Denn dann ist die Erfindung entweder frei und der Arbeitnehmer kann selbst anmelden, oder es stehen ihm andere Möglichkeiten zur Verfügung — siehe Anm. 11.

11 b) Nach Inanspruchnahme — Anmeldung für den Arbeitgeber

Im Schrifttum, so in der 2. Auflage und bei Riemschneider-Barth S. 192, ist die Möglichkeit erörtert, den Arbeitgeber durch eine Klage oder im Wege einer einstweiligen Verfügung zur Anmeldung zu zwingen und dies nach § 888 ZPO durch Zwangsstrafe durchzusetzen. Abgesehen davon, daß der Weg umständlich und zeitraubend ist, wird es nicht leicht sein, einen gerichtlichen Titel zu erhalten und der Arbeitsfrieden wird gründlich zerstört. In Abs. 3 ist deshalb vorgesehen, daß der Arbeitnehmer im Notfall selbst die Erfindung anmelden kann. Das Gesetz stellt dafür eine ganze Reihe von Voraussetzungen auf:

1. Der Arbeitgeber muß die Diensterfindung unbeschränkt in Anspruch genommen haben. Bis dahin muß also der Arbeitnehmer warten. Wird die Erfindung frei, kann er ja auf seinen eigenen Namen anmelden.

§ 13 Schutzrechtsanmeldung im Inland

2. Der Arbeitnehmer muß dem Arbeitgeber eine angemessene Nachfrist setzen. Ihre Dauer wird sich einmal danach richten, wie lange Zeit man dem Arbeitgeber billigerweise zur Ausarbeitung der Anmeldung gewähren muß, zum anderen auch danach, ob nach Lage der Dinge mit einschlägigen Anmeldungen oder Veröffentlichungen gerechnet werden muß, z. B. auf einem sehr in Bewegung befindlichen Erfindungsgebiet.

3. Die Anmeldung ist „für den Arbeitgeber auf dessen Namen" zu bewirken. Diese Regelung trägt dem Rechnung, daß die Erfindung nach der Inanspruchnahme dem Arbeitgeber zusteht und nicht auf den Arbeitnehmer angemeldet werden kann, zumal ein Rückfallrecht im Gesetz nicht vorgesehen ist. Auch sieht das Patentgesetz nur eine Anmeldung des Berechtigten vor (§ 3), und das ist der Arbeitgeber als Rechtsnachfolger des Erfinders. Dieser ist aber kraft Gesetzes bevollmächtigt, die Erfindung anzumelden. Er wird dem Patentamt diese Bevollmächtigung durch Vorlage der Inanspruchnahmeerklärung und Nachweis der Fristsetzung dartun müssen, was aber nach allgemeiner Übung noch nach Einreichung der Anmeldung nachträglich geschehen kann (vgl. Reimer, 3. Auflage 1968, Anm. 1, 4 zu § 26 PatG).

4. Die Ermächtigung bezieht sich nur auf die Anmeldung selbst, nicht auf die Betreibung des Erteilungsverfahrens, da nur soweit unbedingt nötig in die Rechte des Arbeitgebers eingegriffen werden darf. Vgl. Amtl. Begr., unten S. 589. Seit der Änderung des Patenterteilungsverfahrens nach dem Gesetz zur Änderung des Patentgesetzes vom 4. 9. 1967 (BGBl. I 953), auch „Vorabgesetz" genannt, das am 1. 10. 1968 hinsichtlich des Verfahrens in Kraft getreten ist (vgl. Neufassung des PatG v. 2. 1. 1968, BGBl. I 2 = Bl. 1968, 7), ist aber die Befugnis des Arbeitnehmers auf die Stellung des Prüfungsantrags gemäß § 28 b Abs. 2 PatG (als „Dritter") auszudehnen.

5. Die Kosten der Anmeldung muß der Arbeitgeber tragen. Droht die Zurückweisung der Anmeldung, weil die Gebühr trotz Fristsetzung nach §§ 28, 29 PatG nicht gezahlt wird, so wird sie der Arbeitnehmer zahlen und Ersatz der Kosten vom Arbeitgeber verlangen. Weitergehende Schadensersatzansprüche, wie sie dem Arbeitnehmer (siehe auch Anm. 22) durch das Versäumnis des Arbeitgebers über die Kosten der Anmeldung hinaus oder etwa dadurch entstehen können, daß er pflichtwidrig die Erfindung einem Dritten überläßt, bleiben unberührt (siehe Ausschußbericht unten S. 635; siehe auch Anm. 10).

c) Kein Rückfallrecht 12

Es mag noch einmal besonders hervorgehoben werden, daß der Gesetzgeber sich nur zu den in Anm. 11 geschilderten Maßnahmen bei Verletzung der Anmeldepflicht entschlossen hat. Solange eine wirksame Inanspruchnahme vorliegt, gibt es kein Rückfallrecht. Der Arbeitnehmer kann nur durch eine Erklärung des Arbeitgebers wieder Berechtigter an der Erfindung werden, siehe hierzu Anm. 20 und die Amtl. Begr. unten S. 589.

Erläuterungen

13   IV. Alleiniges Recht des Arbeitgebers auf Schutzrechtsanmeldung

Solange die Diensterfindung nicht freigeworden ist, ist allein der Arbeitgeber berechtigt, ein Schutzrecht für sie anzumelden (BPatG v. 25. 2. 1969- BPatGE 10, 207, 214). Daran ist grundsätzlich auch nichts durch die in Anm. 11 behandelte ausnahmsweise Möglichkeit der Anmeldung durch den Arbeitnehmer geändert, die zudem für den Arbeitgeber auf dessen Namen zu bewirken ist.

14   a) Vor Inanspruchnahme

Wie in Anm. 4 erläutert ist, knüpft das Gesetz die Anmeldepflicht nicht an die Inanspruchnahme, sondern an die Meldung der Diensterfindung durch den Arbeitnehmer. Vor Inanspruchnahme ist sie aber noch nicht auf ihn übergegangen, sondern steht noch dem Arbeitnehmer zu, belastet mit dem Aneignungsrecht des Arbeitgebers. Dem Arbeitnehmer gegenüber ist der Arbeitgeber nach der ausdrücklichen Regelung des Abs. 1 allein zur Anmeldung berechtigt. Da in der heutigen Fassung der Bestimmung ganz klar gesagt ist, „allein berechtigt", während es in § 6 Abs. 1 DVO hieß „insoweit allein berechtigt", wobei das Wort „insoweit" auf das vorhergehende Wort „verpflichtet" zurückbezogen war, wird man annehmen dürfen, daß die Bestimmung auch die Berechtigung zur Anmeldung gegenüber dem Patentamt einschließt (ebenso DPA, 1. Beschwerdesenat, Bl. 1959, 115, und die nicht veröffentlichte Entscheidung v. 30. 12. 1959 — N 13 902/XI/81 E). Die abweichende Ansicht von Müller-Pohle, S. 78, der die Anmeldung auf den Namen des Arbeitnehmers und spätere Umschreibung nach Inanspruchnahme für richtig hält — dem wurde schon in der 2. Auflage widersprochen —, dürfte damit überholt sein. Da im Verfahren vor dem Patentamt der Anmelder nach § 4 Abs. 1 PatG als berechtigt gilt, die Erteilung des Patents zu verlangen, entstehen keine Schwierigkeiten, wenn die Diensterfindung von Anfang an auf den Namen des Arbeitgebers angemeldet wird. Die nach § 26 Abs. 6 PatG erforderliche Angabe, wie das Recht auf das Patent auf den Anmelder gelangt ist, muß nach der Fassung v. 2. 1. 1968 innerhalb von 3 Monaten nach Einreichung der Anmeldung abgegeben werden; doch kann die Frist nach Abs. 7 verlängert werden.

Die patentamtliche Rechtsprechung sah es als ausreichend an, wenn aus der für eine Diensterfindung abgegebenen Erfindernennung „in irgendeiner Form hervorgeht, daß es sich um die Erfindung eines Arbeitnehmers handelt" (DPA v. 27. 2. 1953, Bl. 1953, 124 = GRUR 1953, 220, und nach Zitat bei Leinweber, GRUR 1952, 2, auch schon DPA v. 13. 6. 1951). Diese Rechtsprechung und auch Witte, GRUR 1963, 76, der eine mit der Erfindernennung verbundene Erklärung wie „die Anmeldung beruht auf einer Diensterfindung unseres oben genannten Arbeitnehmers" oder „unser Recht auf Patentanmeldung gründet sich auf § 13 Abs. 1 Satz 1 ArbEG" genügen lassen möchte, verwechseln das Recht auf das Patent (§ 26 Abs. 6 PatG) mit dem in § 13 ArbEG behandelten Recht auf Anmeldung, das gerade unabhängig davon besteht, ob das Recht auf das Patent

§ 13 Schutzrechtsanmeldung im Inland

durch Inanspruchnahme schon auf den anmeldenden Arbeitgeber übergegangen ist. Da die Erfindernennung nach dem „Merkblatt für Patentanmelder", Ausgabe 1968, Bl. 1968, 285 ff. Nr. 3.2, möglichst schon der Anmeldung als Anlage beigefügt werden soll, kann mit ihr die Erklärung nach § 26 Abs. 6 PatG in der Regel nicht verbunden werden. Immerhin wird es dem Arbeitgeber frei stehen, auf den Namen des Arbeitnehmers anzumelden, wenn er es für zweckmäßig hält, etwa weil er voraussichtlich freigeben oder die gemeldete Erfindung nicht als Diensterfindung, sonder als von Anfang an freie Erfindung ansehen wird. Auch in einem solchen Fall steht genügend Zeit zur Verfügung, um Rückfragen des Patentamts, etwa wegen Beibringung einer Vollmacht, zu erledigen.

b) Nach Inanspruchnahme 15

Wird die Erfindung erst nach unbeschränkter Inanspruchnahme vom Arbeitgeber angemeldet, so besteht kein Widerspruch zwischen der Berechtigung zur Anmeldung auf den eigenen Namen und dem sachlichen Recht auf das Patent.

V. Verletzung des Anmelderechts des Arbeitgebers

a) Vor Inanspruchnahme 16

Da der Arbeitgeber allein zur Anmeldung der gemeldeten Diensterfindung berechtigt ist, wird dieses Recht verletzt, wenn der Arbeitnehmer auf seinen eigenen Namen anmeldet; auch die in Anm. 11 erörterte Sonderregelung des Abs. 3 ermächtigt den Arbeitnehmer nicht zur Anmeldung etwa auf den Namen des Arbeitgebers, da dies nur nach Inanspruchnahme zulässig ist. In diesem Fall hängt das weitere Schicksal der Anmeldung davon ab, daß der Arbeitgeber nachträglich die Anmeldung genehmigt. Sonst muß sie zurückgewiesen werden, da eine Vollmacht nicht beigebracht werden kann. Hat der Arbeitnehmer die Erfindung jedoch auf seinen eigenen Namen angemeldet und wird sie später unbeschränkt in Anspruch genommen, so liegt widerrechtliche Entnahme vor, siehe Anm. 4 und 5 zu § 7. Die Widerrechtlichkeit tritt allerdings nicht erst mit der Inanspruchnahme ein; sie besteht in solchen Fällen von Anfang an, kann aber erst beim Nachweis der wirksamen Inanspruchnahme geltend gemacht werden (BPatG v. 25. 2. 1969, BPatGE 10, 209/215).

b) Nach Inanspruchnahme 17

Meldet der Arbeitnehmer eine in Anspruch genommene Diensterfindung auf seinen Namen an, so entnimmt er sie widerrechtlich. Das ist unbestritten, da die Erfindung im Zeitpunkt der Anmeldung schon einem anderen, nämlich dem Arbeitgeber, zusteht. Auf den Namen des Arbeitgebers darf der Arbeitnehmer nur unter den besonderen in Anm. 4 behandelten Voraussetzungen des Abs. 3 anmelden.

Erläuterungen

18 c) Rechtsbehelfe des Arbeitgebers

In beiden Fällen einer unbefugten Anmeldung der gemeldeten Diensterfindung durch den Arbeitnehmer stehen dem Arbeitgeber die in §§ 4 und 5 PatG, § 5 Abs. 4 GmG für die widerrechtliche Entnahme vorgesehenen Rechte zu, vgl. Anm. 4, 5, 24 zu § 7. Handelt der Arbeitnehmer schuldhaft und entsteht dem Arbeitgeber dadurch ein Schaden, so ist der Arbeitnehmer wiederum aus dem gesetzlichen Schuldverhältnis und nach § 823 Abs. 2 BGB zum Schadensersatz verpflichtet, da das alleinige Anmeldungsrecht als Schutzgesetz im Sinne dieser Bestimmung anzusehen ist. Außerdem kann der Arbeitgeber auch auf Unterlassung der Fortsetzung des Anmeldeverfahrens klagen, u. U. auch eine einstweilige Verfügung erwirken.

VI. Freigewordene Erfindung

19 a) Vor Schutzrechtsanmeldung

Abs. 4 Satz 1 stellt klar, daß eine freigewordene Erfindung nur vom Arbeitnehmer zur Erteilung eines Schutzrechts angemeldet werden darf. Denn von dem Zeitpunkt ab, in dem die Erfindung frei wird, sei es durch schriftliche Freigabe, sei es bei ·beschränkter Inanspruchnahme, sei es durch Fristablauf (§ 8 Abs. 1), steht sie dem Arbeitnehmer zu.

20 b) Nach Schutzrechtsanmeldung

Da die Anmeldung durch den Arbeitgeber schon vor Inanspruchnahme zulässig, u. U. sogar geboten ist (siehe Anm. 4), war auch zu regeln, was beim Freiwerden aus der Anmeldung wird. Nach Abs. 4 Satz 2 gehen die Rechte aus der Anmeldung auf den Arbeitnehmer über. Es bedarf also keines Übertragungsaktes. Dem Patentamt wird lediglich die Freigabeerklärung vorzulegen sein. Allerdings wird diese Änderung in der Person des Anmelders dem Patentamt in üblicher Weise nachgewiesen werden müssen, vgl. Reimer, 3. Auflage 1968, Anm. 7 zu § 24 PatG, Busse, Anm. 9 zu § 24 PatG. Wegen der Kosten der Anmeldung und der Umschreibung vgl. Anm. 23.

21 c) Von Anfang an freie Erfindung

Hat der Arbeitnehmer gemäß § 18 eine seiner Ansicht nach freie Erfindung mitgeteilt und hat sie der Arbeitgeber als Diensterfindung in Anspruch genommen, so hängt ihr Schicksal davon ab, ob dies mit Recht geschehen ist. Ist dies der Fall, so gelten für sie alle für die Anmeldung der Diensterfindung angefügten Erwägungen. Stellt sich aber heraus, daß es sich von Anfang an um eine freie Erfindung gehandelt hat, so sind zunächst alle Bestimmungen anzuwenden, die für die freigewordene Erfindung gelten. Ist sie bereits durch den Arbeitgeber zum Schutzrecht angemeldet worden, so war dies unberechtigt, da er nur Diensterfindungen anmelden darf. Es werden dann entsprechend die Gedankengänge

§ 13 Schutzrechtsanmeldung im Inland

gelten müssen, die in Anm. 16 bis 18 für die unberechtigte Anmeldung einer Diensterfindung durch den Arbeitnehmer dargelegt sind.

VII. Kosten des Anmeldeverfahrens

a) Bei Anmeldung nach Abs. 3 22

Es ist ausdrücklich bestimmt, daß der Arbeitnehmer auf Kosten des Arbeitgebers anmeldet. Zu diesen Kosten gehört in erster Linie die Anmeldegebühr des Patentamts, doch wird man dem Arbeitgeber je nach Lage des Falls auch zumuten müssen, die Aufwendungen des Arbeitnehmers für einen Vertreter zu erstatten (siehe auch Anm. 11 a. E.).

b) Bei Übergang nach Abs. 4 23

Im Gegensatz zu der Regelung des § 16 bei Aufgabe des Schutzrechts, nach der das Recht auf Kosten des Arbeitnehmers zu übertragen ist, sagt § 13 Abs. 4 nichts über die durch den Rechtsübergang entstehenden Kosten, z. B. für die Beglaubigung und etwaige amtliche Kosten für die Änderung in der Person des Anmelders. Da die Erfindung frei wird und deshalb als stets dem Arbeitnehmer zustehend anzusehen ist, wird, falls nicht im Zusammenhang mit der Freigabe etwas anderes vereinbart wird, kein Anlaß bestehen, die Kosten dem Arbeitnehmer aufzubürden. Dagegen werden die für die Anmeldung bereits aufgewendeten Kosten, z. B. die Anmeldegeführ und u. U. auch die Kosten eines Vertreters entweder aus dem Gesichtspunkt des Auftrags oder der Geschäftsführung ohne Auftrag (§§ 670, 683 BGB) oder dem der ungerechtfertigten Bereicherung (§ 812 BGB) dem Arbeitgeber zu ersetzen sein. Allerdings können diese Ansprüche von der arbeitsrechtlichen Fürsorgepflicht des Arbeitgebers gegenüber dem Arbeitnehmer beeinflußt werden (§ 25), was zumindestens ein Zurückbehaltungsrecht des Arbeitgebers bis zur Erfüllung seiner Ersatzansprüche verhindern kann. Ob die Ersatzansprüche in der Regel nur geltend gemacht werden können, wenn der Arbeitgeber die frei gewordene Erfindung mit Gewinn verwertet (so Volmer, Anm. 31 zu § 13), ist allerdings zweifelhaft. Man wird dagegen bei der Bemessung der Höhe der Ersatzansprüche mit Volmer das Eigeninteresse des Arbeitgebers an der Anmeldung nicht unberücksichtigt lassen dürfen. Die nach der Fassung v. 2. 1. 1968 erstmalig bei Beginn des 3. Patentjahres fällig werdenden Jahresgebühren sind vom Arbeitnehmer zu tragen (vgl. Fink, Mitt. 1960, 51).

c) Bei unberechtigter Anmeldung 24

In allen Fällen einer unberechtigten Anmeldung — Anm. 16, 17, 21 — muß der unberechtigte Anmelder das Recht auf seine Kosten übertragen. Wegen der für die Anmeldung aufgewendeten notwendigen Kosten stehen ihm vorbehaltlich der Aufrechnung mit etwaigen Schadensersatzansprüchen u. U. Rechte auf Ersatz nach den Vorschriften der Geschäftsführung ohne Auftrag und der ungerechtfertigten Bereicherung zu, falls die Anmeldung weitergeführt wird.

Erläuterungen

§ 14
Schutzrechtsanmeldung im Ausland

(1) Nach unbeschränkter Inanspruchnahme der Diensterfindung ist der Arbeitgeber berechtigt, diese auch im Ausland zur Erteilung von Schutzrechten anzumelden.

(2) Für ausländische Staaten, in denen der Arbeitgeber Schutzrechte nicht erwerben will, hat er dem Arbeitnehmer die Diensterfindung freizugeben und ihm auf Verlangen den Erwerb von Auslandsschutzrechten zu ermöglichen. Die Freigabe soll so rechtzeitig vorgenommen werden, daß der Arbeitnehmer die Prioritätsfristen der zwischenstaatlichen Verträge auf dem Gebiet des gewerblichen Rechtsschutzes ausnutzen kann.

(3) Der Arbeitgeber kann sich gleichzeitig mit der Freigabe nach Absatz 2 ein nichtausschließliches Recht zur Benutzung der Diensterfindung in den betreffenden ausländischen Staaten gegen angemessene Vergütung vorbehalten und verlangen, daß der Arbeitnehmer bei der Verwertung der freigegebenen Erfindung in den betreffenden ausländischen Staaten die Verpflichtungen des Arbeitgebers aus den im Zeitpunkt der Freigabe bestehenden Verträgen über die Diensterfindung gegen angemessene Vergütung berücksichtigt.

Übersicht

	Anm.		Anm.
I. Auslandsanmeldung des Arbeitgebers	1	e) Inhalt des Benutzungsrechts	6, 7
		f) Gleichzeitiger Vorbehalt	8
II. Auslandsanmeldung des Arbeitnehmers		g) Auslandsverträge	9—11
		III. Vergütung	12—14
a) Befugnis zur Anmeldung durch „Freigabe"	2	a) bei Auslandsanmeldung des Arbeitgebers	12
b) Zeitpunkt der „Freigabe"	3	b) bei Vorbehalt eines Benutzungsrechts	13, 14
c) Betriebsgeheimnis	4		
d) Vorbehalt des Benutzungsrechts	5	c) bei Auslandsanmeldungen des Arbeitnehmers	15

1   **I. Auslandsanmeldung des Arbeitgebers**

Gegenüber der Regelung hinsichtlich der Anmeldung von Schutzrechten im Inland gemäß § 13 sind zwei wesentliche Abweichungen für Auslandsanmeldungen vorhanden: Vor allem ist der Arbeitgeber zu Auslandsanmeldungen nicht verpflichtet. Der Grund ist der, daß nur von Fall zu Fall entschieden werden kann, ob und in welchen Ländern der Erwerb von Schutzrechten zweckmäßig ist (Amtl. Begr. unten S. 589). Zum anderen ist der Arbeitgeber erst nach unbeschränkter Inanspruchnahme der Diensterfindung zur Auslandsanmeldung berechtigt, während er im Inland schon nach Meldung anmelden kann. Praktisch dürfte dies aber ohne Bedeutung sein. Denn zu einer regelmäßig mit höheren Kosten verknüpften Auslandsanmeldung wird sich der Arbeitgeber nur ent-

§ 14 Schutzrechtsanmeldung im Ausland

schließen, wenn er sich bereits darüber klar geworden ist, daß er die Erfindung in Anspruch nimmt.

Es steht dem Arbeitgeber frei, ob er die Erfindung zuerst im Inland anmelden und sie erst später mit oder ohne Ausnutzung von Prioritätsrechten im Ausland anmelden will, oder ob er sie sofort im Ausland anmeldet, was selten vorkommen wird aber besondere Gründe haben kann. Nur muß er auf alle Fälle, solange er nicht schlüssig ist, ob er anmeldet, die in Anm. 2, 3 erörterten Rechte des Arbeitnehmers beachten.

Die Regelung entspricht dem älteren Recht (§ 6 Abs. 1 Satz 2 DVO).

Für die Aufgabe von Anmeldungen oder Schutzrechten im Ausland gilt § 16 wie bei Inlandsrechten.

II. Auslandsanmeldung des Arbeitnehmers

a) Befugnis zur Anmeldung durch „Freigabe"

2

Bleibt der Arbeitgeber für das Inland bei voller Inanspruchnahme, so hat er dem Arbeitnehmer den Erwerb von Schutzrechten im Ausland zu ermöglichen, soweit er selbst davon Abstand nimmt. Das Gesetz drückt sich dahin aus, daß dem Arbeitnehmer die Erfindung „freizugeben" und ihm „auf Verlangen" der Erwerb von Schutzrechten zu ermöglichen ist. Diese Freigabe bezieht sich nur auf die Ermöglichung, in den nicht vom Arbeitgeber vorgesehenen Ländern anzumelden. Man wird Beil, Chemie-Ingenieur-Technik 1957, 633, beipflichten können, daß die Bestimmung dahin auszulegen sein dürfte, „zwecks Ermöglichung des Erwerbs von Auslandsschutzrechten freizugeben" (ebenso Lindenmaier-Lüdecke, Anm. 8 zu §§ 13—16). Der Anspruch auf diese Art der Freigabe ist lediglich schuldrechtlicher Natur (vgl. Amtl. Begr., unten S. 590). Hieraus folgt im Gegensatz zu Weiß, Grur 1958, 64, daß der Arbeitnehmer seinen Anspruch nur gegenüber seinem Arbeitgeber und dessen Gesamtrechtsnachfolgern, nicht dagegen gegenüber Einzelrechtsnachfolgern im Recht an der Diensterfindung geltend machen kann. Sorgt der Arbeitgeber bei einer Übertragung der Diensterfindung auf einen Dritten nicht dafür, daß dieser auch insoweit in die gesetzlichen Verpflichtungen des Arbeitgebers gegenüber dem Arbeitnehmer eintritt, so macht sich zwar der Arbeitgeber dem Arbeitnehmer schadenersatzpflichtig, den Dritten treffen aber keine Ansprüche (vgl. die analoge Rechtslage beim Vergütungsanspruch Anm. 19 zu § 9). Mit Volmer, Anm. 13 zu § 14, wird man den Anspruch des Arbeitnehmers auf Freigabe zum Erwerb von Schutzrechten im Ausland als höchstpersönlich und daher unübertragbar, aber vererblich ansehen. Entschließt sich der Arbeitnehmer nicht, im Ausland anzumelden, will der Arbeitgeber aber später doch selbst anmelden, so wird der Arbeitnehmer nach angemessener Fristsetzung zur eigenen Anmeldung dieses Recht wieder verlieren. Eine Befristung der Freigabe bis zum Ablauf der in den internationalen Verträgen vorgesehenen Prioritätsfrist (so Heine-Rebitzki, ArbEG, Anm. 2 zu

Erläuterungen

§ 14) kann dem Gesetz nicht entnommen werden. Ob der Freigabeanspruch des Arbeitnehmers auch besteht, wenn der Arbeitgeber bewußt eine schutzrechtsfreie Zone im Ausland schaffen will (z. B. weil dort keine wirtschaftliche Möglichkeit zur Eigenproduktion besteht, weil die Erzeugnisse dort durch andere Schutzrechte genügend gesichert sind oder weil der Erwerb eines Schutzrechts aus anderen Gründen unwirtschaftlich wäre), ist sehr zweifelhaft. Aus dem Gesetz und seiner Begründung kann im Gegensatz zu der Lage bei Auslandsverträgen (unten Anm. 9) keine derartige Einschränkung entnommen werden. Im Ergebnis wird man Volmer, Anm. 14 zu § 14 zustimmen, daß unter besonderen Umständen der Arbeitnehmer durch allgemeine arbeitsvertragliche Verpflichtungen an der Geltendmachung oder Ausübung seiner Rechte gehindert wird und Ausgleich über den Vergütungsanspruch suchen muß.

3 **b) Zeitpunkt der „Freigabe"**

In vielen Fällen ist es notwendig, zum mindesten aber zweckmäßig und üblich, in den Regelfällen einer Erstanmeldung im Inland Prioritätsrechte auszunutzen. Solche Rechte sind in zwischenstaatlichen Verträgen an Fristen gebunden. Im wesentlichen kommt Art. 4 der Pariser Verbandsübereinkunft vom 20. 3. 1883 zum Schutz des gewerblichen Eigentums in Betracht, und zwar in der für das Anmeldeland geltenden Fassung (Washington 2. 6. 1911, Haag 6. 11. 1925, London 2. 6. 1934, Lissabon 31. 10. 1958, Stockholm 14. 7. 1967 — BGBl. 1970 II 293, 391, 1073; 1971 II 1015 und GRUR Int. 1967, 425ff.), der unter C eine Frist von 12 Monaten für Patente und Gebrauchsmuster vorsieht. Die in Nachkriegsverträgen vorgesehenen verlängerten Fristen sind inzwischen abgelaufen.

Die Ausnutzung einer solchen Frist wird es in der Regel erforderlich machen, daß der Arbeitgeber etwa vier Monate vor ihrem Ablauf den Arbeitnehmer davon in Kenntnis setzt, in welchen Ländern er selbst anmelden will, und dem Arbeitnehmer die zu einer Meldung erforderlichen Unterlagen zur Verfügung stellt, sei es auch nur zur Einsichtnahme. Es wird zweckmäßig sein und im Rahmen einer vertrauensvollen Zusammenarbeit beider Teile liegen, daß der Arbeitgeber den Arbeitnehmer auch über die Gründe seiner Freigabe und über die Aussichten eines Auslandsschutzes ins Bild setzt. Außerdem muß der Arbeitgeber alle für die Anmeldung im Ausland erforderlichen Erklärungen abgeben, etwa Übertragung des Prioritätsrechts der Erstanmeldung, allerdings auf Kosten des Arbeitnehmers.

4 **c) Betriebsgeheimnis**

Die Vorschrift des § 17 Abs. 1, daß der Arbeitgeber unter bestimmten Voraussetzungen von der Erwirkung eines Schutzrechts absehen kann, wird sich zwar in erster Linie als eine Ausnahme vom Zwang der Anmeldung von Inlandsschutzrechten auswirken. Ihr Sinn würde aber nicht erfüllt, wenn man auch in solchen Fällen dem Arbeitnehmer ein Recht auf Freigabe zwecks Anmeldung von Auslandsschutzrechten

§ 14 Schutzrechtsanmeldung im Ausland

zugestehen würde. Vielmehr fällt dies fort, wenn die Voraussetzungen vorliegen, die von der Erwirkung eines Inlandsschutzrechtes befreien — siehe hierzu § 17. Das ist auch für das früher geltende Recht angenommen worden (vgl. Riemschneider-Barth S. 201), bei dem diese Auslegung allerdings gesetzestechnisch näherlag, da § 6 DVO in Abs. 1 die Anmeldung des Unternehmers im In- und Ausland, Abs. 2 die Anmeldung des Arbeitnehmers im Ausland und Abs. 3 die Ausnahme von der Erwirkung des Schutzrechtes regelte.

d) Vorbehalt eines Benutzungsrechts 5

Die Freigabe der Diensterfindung zur Anmeldung durch den Arbeitnehmer im Ausland kann nach Abs. 3 an Vorbehalte geknüpft werden (vgl. das lehrreiche Beispiel der Schiedsstelle v. 25. 11. 1959 und 27. 1. 1960, Bl. 1960, 279). Der erste von ihnen liegt darin, daß der Arbeitgeber sich ein nichtausschließliches Recht zur Benutzung der Diensterfindung in den betreffenden ausländischen Staaten vorbehalten kann. Dafür muß er aber eine angemessene Vergütung zahlen. Eine solche Regelung hat schon § 6 Abs. 2 DVO getroffen. Sie steht jetzt auch in Parallele zu dem Benutzungsrecht des Arbeitgebers bei beschränkter Inanspruchnahme (§ 7 Abs. 2) und der Regelung bei Aufgabe des Schutzrechts oder der Schutzrechtsanmeldung in § 16 Abs. 3, die der des § 7 Abs. 3 DVO entspricht. Der Sinn dieser Regelung liegt darin, daß der Arbeitnehmer nicht in der Lage sein soll, den ausländischen Markt für den Arbeitgeber zu sperren, da in der Erfindung ein Anteil des Betriebs enthalten ist. Jedoch muß der Arbeitgeber die durch diese Lizenz entstehende u. U. beträchtliche Minderung der Verwertungsmöglichkeit durch Zahlung einer angemessenen Vergütung ausgleichen.

Eine entsprechende Anwendung der „Unbilligkeitsregelung" des § 7 Abs. 2 Satz 2 bei beschränkter Inanspruchnahme (siehe Anm. 15 zu § 7) wird nicht möglich sein, da bei einer Auslandsanmeldung andere Verhältnisse vorliegen als bei einer beschränkt freigegebenen Inlandsanmeldung. Für eine entsprechende Anwendung des § 7 Abs. 2 S. 2 im Rahmen des § 14 Abs. 3 aber Gaul, GRUR 1967, 518, 521.

e) Inhalt des Benutzungsrechts 6

Das Gesetz hat denselben Ausdruck „nichtausschließliches Recht zur Benutzung der Diensterfindung" wie in § 7 Abs. 2 Satz 2 und § 16 Abs. 3 gewählt (siehe Anm. 5). Deshalb liegt der Schluß nahe, daß das Recht in allen drei Fällen grundsätzlich denselben Inhalt und Umfang hat; es gewährt die Rechte, die einem vertraglichen Lizenznehmer an dem Auslandsschutzrecht zustehen würden — siehe hierzu im einzelnen Anm. 10 zu § 7; ebenso Gaul, GRUR 1967, 518, und Mitt. 1971, 241. Danach hat der Arbeitgeber das Recht, den Gegenstand des Schutzrechts wie der Inhaber zu benutzen, er kann aber anderen die Benutzung nicht verbieten, da sein Recht nicht ausschließlich ist. Veräußert der Arbeitnehmer das Schutzrecht, so bleibt die Lizenz als Belastung bestehen — vgl. Anm. 20 zu § 7.

Erläuterungen

7   Das Benutzungsrecht ist aber an die Person des Arbeitgebers und an seinen Betrieb gebunden. Daraus schließt die Schiedsstelle (28. 5. 1968, Bl. 1968, 349), daß der Arbeitgeber Unterlizenzen ohne besonders darauf gerichtete Vereinbarungen mit dem Arbeitnehmererfinder nicht erteilen dürfe, sofern die Weigerung des Erfinders, dies zu gestattet, nicht wider Treu und Glauben verstoße. Das wird nach eingehender Prüfung in dem Schiedsfall verneint. Deshalb empfiehlt Gaul, GRUR 1967, 518, daß im Regelfall über den gesetzlichen Wortlaut hinausgehend ein Recht zur Vergabe von Unterlizenzen bei der Freigabe der Diensterfindung an den Arbeitnehmererfinder ausdrücklich vereinbart wird. Zu beachten ist dabei, daß es sich hier nicht mehr um eine einseitige, beim Arbeitnehmer empfangsbedürftige Willenserklärung des Arbeitgebers, sondern um einen Vertrag zwischen beiden Parteien handelt, dessen Angebot durch den Arbeitgeber vom Arbeitnehmer allerdings auch stillschweigend angenommen werden kann. Das ist, wie der Schiedsfall zeigt, besonders für Unternehmen, die im Anlagebau tätig sind, von Bedeutung. Andernfalls könnte ein Exporteur, der sich nur das nicht ausschließliche Mitbenutzungsrecht vorbehalten hat, seine Anlagen zwar ins Ausland verkaufen, dem Käufer aber nicht gestatten, die Anlagen dort zu nutzen, wo der Arbeitnehmererfinder selbst Schutzrechte erworben hat. Die Fragen sind im einzelnen sehr strittig; vgl. Gaul, aaO und in Mitt. 1971, 241; Kraft, GRUR 1970, 381. Der sicherste Weg ist derzeit ohne Zweifel die von Gaul empfohlene erweiterte Vereinbarung. Eine Lösung der Probleme über den „Auslandsvertrags-Vorbehalt" der zweiten Alternative des § 14 Abs. 3, wie sie Volmer, Anm. 29 zu § 14, und Gaul, aaO, versuchen, scheitert an der ausdrücklichen Beschränkung dieses Vorbehaltes auf die im Zeitpunkt der Freigabe der Erfindung bestehenden vertraglichen Verpflichtungen des Arbeitgebers. Trotz der anerkanntermaßen unklaren und in einzelnen Punkten auslegungsbedürftigen Fassung des § 14 Abs. 3 dürfte hier die erweiternde Auslegung nicht möglich sein (s. auch oben Anm. 7, Schiedsstelle aaO, und Kraft aaO). Kraft versucht deshalb, den Umfang des nicht ausschließlichen Benutzungsrechts in § 14 Abs. 3 weiter auszulegen als in den vergleichbaren Bestimmungen der §§ 7 und 16. Er nimmt an, daß dieses Recht alle die Verwertungsformen deckt, die der normale Geschäftsbetrieb des Arbeitgebers zu der Zeit, in der der Vorbehalt ausgesprochen wird, mit sich bringt. Dazu gehört beim Industrieanlagengeschäft auch die Erteilung von Lizenzen an Verfahren, die in den gelieferten Anlagen verwertet werden sollen. Der BGH hat im Urteil „Anlagengeschäft" v. 23. 4. 1974 (GRUR 1974, 463; weitere Zitate Anm. 24 zu § 16) die Schiedsstelle bestätigt und scheint sich den Empfehlungen von Gaul, aaO, anzuschließen. Hierauf wird sich die Praxis einrichten müssen, wenn auch die Entscheidung im einzelnen umstritten bleiben wird (vgl. Fischer, GRUR 1974, 500) und es, wie Fischer hervorhebt, zweifelhaft ist, ob das Problem nochmals akut wird, wenn man der vorgeschlagenen Handhabung folgt.

§ 14 Schutzrechtsanmeldung im Ausland

f) Gleichzeitiger Vorbehalt 8

Neu ist gegenüber dem bisherigen Recht, daß der Arbeitgeber den Vorbehalt des Benutzungsrechts gleichzeitig mit der Freigabe erklären muß. Dies soll sicherstellen, daß der Arbeitnehmer rechtzeitig erfährt, mit welcher Belastung ausländischer Schutzrechte er rechnen muß (Amtl. Begr. unten S. 590). Eine nachträgliche Erklärung wäre unwirksam, es sei denn, daß beide Teile sich darüber verständigen (§§ 22, 23). So auch Beil, Chemie-Ingenieur-Technik 1957, S. 634.

g) Auslandsverträge 9

Neben der Beschränkung durch das Benutzungsrecht des Arbeitgebers (siehe Anm. 6) ist in Abs. 3 eine weitere Beschränkung des im Ausland zur Anmeldung befugten Arbeitnehmers eingeführt worden. Er muß bei der Verwertung etwaige Verpflichtungen seines Arbeitgebers aus Verträgen mit ausländischen Vertragspartnern berücksichtigen. Diese Verpflichtung besteht unabhängig davon, ob sich der Arbeitgeber für den betreffenden Staat ein Benutzungsrecht vorbehalten hat.

Es handelt sich hier um Verträge deutscher Firmen mit ausländischen Firmen, die deutsche Erfindungen im Rahmen von Lizenzvereinbarungen und Austauschregelungen berühren. Es seien hier nur zwei häufiger vorkommende Vertragstypen erwähnt: Die deutsche Firma verpflichtet sich einer ausländischen Firma gegenüber, ihr an Schutzrechten, die sie in deren Land erwirbt, Lizenzen einzuräumen, sei es kostenlos oder gegen Vergütung. Wenn der Arbeitgeber ein solches Schutzrecht im Ausland selbst anmeldet, ergeben sich im Hinblick auf die Verpflichtungen gegen seinen Arbeitnehmer keine Besonderheiten. Wenn er jedoch die Anmeldung seinem Arbeitnehmer-Erfinder überläßt und der Vertrag mit dem ausländischen Unternehmen dahin geht, daß dieses an jeder auf den Betrieb des Arbeitnehmers zurückgehende Erfindung eine Lizenz erhält, so muß der Arbeitnehmer eine solche Verpflichtung gegen sich gelten lassen. Das gilt nicht, wenn sich die Verpflichtung des Arbeitgebers zur Lizenzgewährung aus Lieferverträgen über Anlagen ergibt, bei denen geschützte Verfahren Verwendung finden und die Verpflichtung auch zukünftige Schutzrechte einschließt; im einzelnen oben Anm. 7.

Schwierigkeiten ergeben sich bei Patentaustauschverträgen, bei denen 10
der deutsche Betrieb dem ausländischen Betrieb das Recht auf Anmeldung des Schutzrechts im Ausland für die im Inland angemeldete Erfindung eingeräumt hat. Er darf dann vertragsgemäß die Erfindung nicht selbst im Ausland anmelden. Andererseits hindert ihn der Vertrag mit dem Auslandspartner auch, die Erfindung seinem Arbeitnehmer freizugeben. Zwar heißt es im Gesetzestext nur, daß der Arbeitnehmer bei der Verwertung der freigegebenen Erfindung die Verpflichtungen des Arbeitgebers berücksichtigen muß. Wenn diese aber dahin gehen, daß die Erfindung dem Auslandspartner zu übertragen ist oder sogar ein Rechtsübergang vorweg vereinbart ist, so hat die gesetzliche Regelung nur Sinn, wenn man sie in einem solchen Fall dahin versteht,

daß die an sich freizugebende Erfindung nicht auf den Arbeitnehmer übergeht. Denn dieser müßte „die Verpflichtungen des Arbeitgebers aus den ... Verträgen berücksichtigen" — das kann aber nur bedeuten, daß er die Erfindung seinerseits auf den Auslandspartner übertragen muß. Dabei dürfte es gleichgültig sein, ob dieser ein Schutzrecht nimmt oder bewußt einen schutzrechtsfreien Raum belassen will. So auch Friedrich, GRUR 1958, 270 (280).

Es muß allerdings zugegeben werden, daß nach dem Gesetzestext die Verpflichtungen nur „bei Verwertung der freigegebenen Erfindung" zu berücksichtigen sind, was genau genommen nur auf Lizenzrechte des Auslandspartners paßt. Auf diese beschränken daher Weiß in seinem Aufsatz „Arbeitnehmererfindung und Schutzrechtsanmeldung im Ausland", GRUR 1958, 64, und Halbach Anm. 2 zu § 14 die „Berücksichtigung" der Auslandsverpflichtungen des Arbeitgebers. Doch wird man den Zweck der in sich unklaren Bestimmung bei der Auslegung heranziehen müssen. Wie sich aus der Amtl. Begr. (unten S. 590) und dem Ausschußbericht (unten S. 635) ergibt, wollte man mit dieser Einschränkung dem Bedürfnis der Industrie Rechnung tragen, daß derartige Verträge nicht durch selbständiges Vorgehen des Arbeitnehmers gestört werden. Vgl. auch Heine, Betriebsberater 1954, 356, Volmer, Anm. 29 zu § 14, Gaul, GRUR 1967, 518, 521; Mitt. 1971, 241; Kraft, GRUR 1970, 381, die sich alle für eine erweiterte Auslegung aussprechen; s. auch oben Anm.7. Über die Probleme, wenn der ausländische Vertragspartner das Schutzrecht fallen lassen will, s. Anm. 13 zu § 16.

Ausdrücklich ist die Beschränkung der Rechte des Arbeitnehmers nur für die Verwertung im Ausland vorgesehen und bezieht sich nicht auf die sich bei Austauschverträgen im Inland ergebenden Verpflichtungen.

11 Eine weitere Einengung der Ausnahmeregelung liegt darin, daß die Verpflichtungen des Arbeitgebers gegen den ausländischen Vertragspartner im Zeitpunkt der Freigabe der Erfindung bestehen müssen. Er muß den Arbeitnehmer bei der Freigabe über die bestehenden Verpflichtungen unterrichten, damit der Arbeitnehmer sie „bei der Verwertung der freigegebenen Erfindung in den betreffenden ausländischen Staaten ..." berücksichtigen kann. Der Arbeitnehmererfinder ist verpflichtet, beim Erwerb eines Schutzrechts im Ausland dem Vertragspartner des Arbeitgebers eine Lizenz zu den gleichen Bedingungen zu erteilen, wie sie der Arbeitgeber kraft Vertrags zu erteilen verpflichtet ist; im Streitfall kann der Arbeitgeber die Abgabe dieser Lizenzbereitschaftserklärung gegenüber dem Vertragspartner vom Arbeitnehmer durch Klage erzwingen (auch hierzu Gaul, GRUR 1967, 521).

III. Vergütung

12 **a) bei Auslandsanmeldung des Arbeitgebers**

Erwirbt der Arbeitgeber Schutzrechte im Ausland, so sind diese Schutzrechte bei der Vergütungsermittlung ebenso wie das Inlands-

§ 14 Schutzrechtsanmeldung im Ausland

schutzrecht zu berücksichtigen, und zwar auch hinsichtlich einer nicht ausgenutzten Verwertbarkeit oder einer nicht ausgenutzten weiteren Verwertung (RL Nr. 26 Abs. 2 Satz 1).

Wegen der Verwertbarkeit einer Diensterfindung, die im Inland keinen Schutz genießt, aber im Ausland geschützt ist, vgl. Anm. 6 zu Nr. 43 RL und Schiedsstelle v. 19. 1. 1970, Bl. 1970, 426.

Das Gesetz behandelt, wie besonders § 14 erkennen läßt, inländische und ausländische Schutzrechte gleich. Deshalb ist für ausländische Schutzrechte grundsätzlich ohne Rücksicht auf die Schutzrechtslage im Inland Vergütung zu bezahlen, solange sie aufrechterhalten werden, auch wenn ihre Rechtsbeständigkeit im Vergleich zu deutschen Rechten zweifelhaft sein sollte. Eine abweichende Auffassung könnte nur dann vertreten werden, wenn die ausländischen Patente in ihrem Rechtsbestand angegriffen oder verletzt worden oder Verletzungen wegen der Unsicherheit der Rechtslage etwa nicht verfolgt worden wären.

b) bei Vorbehalt eines Benutzungsrechts 13

Behält sich der Arbeitgeber bei einer Freigabe zum Erwerb von Schutzrechten im Ausland ein Benutzungsrecht vor, so erlangt der Arbeitnehmer mit dem Vorbehalt einen Anspruch auf angemessene Vergütung (vgl. oben Anm. 5). Der Inhalt dieses Anspruchs ist entsprechend § 10 Abs. 1 und Nr. 25 RL zu bemessen (s. dort), wobei sich allerdings aus Nr. 26 Abs. 2 Satz 3 RL eine wesentliche Einschränkung ergibt: Im Gegensatz zur Vergütung bei beschränkter Inanspruchnahme genügt hier die Verwertung des Benutzungsrechts des Arbeitgebers im Ausland allein nicht, um die Vergütungspflicht zu begründen. Diese entsteht vielmehr nur, wenn der Arbeitnehmer in dem betreffenden Staat selbst ein Schutzrecht besitzt, wenn § 17 eingreift oder wenn sie sich bereits aus einer vorangehenden Benutzung des inländischen Schutzrechts des Arbeitgebers ergibt (vgl. auch Anm. 2 zu Nr. 26 RL). Gaul-Bartenbach vertreten entgegen der hM. in Mitt. 1968, 141, die Auffassung, § 14 enthalte keine Anhaltspunkte, hinsichtlich der Vergütungspflicht auf § 10 zurückzugreifen. Nach ihrer Auffassung entsteht der Anspruch auf Vergütung dem Grunde nach bereits durch die Inanspruchnahme des beschränkten Benutzungsrechts seitens des Arbeitgebers, auf die tatsächliche Verwertung dieses Rechts komme es nicht an. Grothe hat dieser Ansicht in Mitt. 1969, 107, mit guten Gründen widersprochen. Für eine Unterscheidung des nicht ausschließlichen Benutzungsrechts nach § 14 Abs. 3 in vergütungsrechtlicher Hinsicht von den entsprechenden Regelungen in §§ 7 und 16 fehlen alle Anhaltspunkte (s. auch Johannesson, GRUR 1970, 114, 121).

Wird der Arbeitnehmer bei der Freigabe verpflichtet, die Verpflichtungen seines Arbeitgebers aus Verträgen mit ausländischen Vertragspartnern zu berücksichtigen (oben Anm. 9—11), so ist ausdrücklich im Gesetz festgelegt, daß er auch das nur „gegen angemessene Vergütung" zu tun braucht, damit er nicht durch die im Interesse des Arbeitgebers 14 auferlegte Verpflichtung entgegen dem Sinne des Gesetzes, daß seine erfinderische Tätigkeit belohnt werden muß, benachteiligt wird. Diese Vergütung wird manchmal nur schwer zu ermitteln sein, besonders dann, wenn der Arbeitgeber keine Lizenzzahlungen von seinem ausländischen Partner erhält, sondern z. B. bei Austauschverträgen, ausschließlich durch die Überlassung der Erfindungen des ausländischen Unternehmens zur Verwertung im Inland einen Gegenwert erhält. Der Wert dieser Rechte muß der Feststellung der angemessenen Vergütung zugrunde gelegt werden. Allein die Unterrichtung des ausländischen Vertragspartners von der Erfindung, damit dieser entscheiden könne, ob er sie in seinem Land zum Schutzrecht anmelden will, begründet noch keinen Vergütungsanspruch, da es sich, solange der ausländische Vertragspartner die Erfindung nicht übernimmt (anmeldet oder benutzt), nur um ein vergütungsfreies Angebot handelt (Johannesson, GRUR 1970, 114, 121).

15 **c) bei Auslandsanmeldungen des Arbeitnehmers**

Hat der Arbeitgeber eine Verfahrenserfindung nur für das Inland in Anspruch genommen und der Arbeitnehmer im Ausland Schutzrechte erworben und liefert der Arbeitgeber die im Inland nach diesem Verfahren hergestellten Gegenstände in den Schutzbereich der ausländischen Rechte des Arbeitnehmers, so kann letzterer seine Schutzrechte solchen Lieferungen nicht entgegensetzen. Denn die erste Benutzungshandlung liegt hier im Inland. Es handelt sich also eigentlich gar nicht um ein Problem des § 14. Durch die Vergütung, die der Arbeitgeber dem Arbeitnehmer für die Verwertung der Diensterfindung im Inland bezahlt, sind solche Lieferungen ins Ausland abgegolten, gleichgültig, ob der Arbeitnehmer dort Schutzrechte besitzt oder ob die Lieferung in schutzrechtsfreien Raum erfolgt (so in Übereinstimmung mit Nr. 26 RL — s. dort — Schiedsstelle v. 13. 5. 1966, Bl. 1967, 80, und für Lieferung in schutzrechtsfreies Ausland v. 1. 12. 1970, Bl. 1971, 143).

§ 15

Gegenseitige Rechte und Pflichten beim Erwerb von Schutzrechten

(1) Der Arbeitgeber hat dem Arbeitnehmer zugleich mit der Anmeldung der Diensterfindung zur Erteilung eines Schutzrechts Abschriften der Anmeldungsunterlagen zu geben. Er hat ihn von dem Fortgang des Verfahrens zu unterrichten und ihm auf Verlangen Einsicht in den Schriftwechsel zu gewähren.

(2) Der Arbeitnehmer hat den Arbeitgeber auf Verlangen beim Erwerb von Schutzrechten zu unterstützen und die erforderlichen Erklärungen abzugeben.

§ 15 Gegenseitige Rechte und Pflichten beim Erwerb von Schutzrechten

Übersicht

	Anm.		Anm.
I. Allgemeines	1	d) Einsicht in die Anmeldeakten des Patentamts	9
II. Pflichten des Arbeitgebers		III. Pflichten des Arbeitnehmers	
a) Mitteilung der Anmeldeunterlagen	2, 3, 4	a) Unterstützung beim Erwerb von Schutzrechten	10, 11
b) Unterrichtung vom Fortgang des Verfahrens	5, 6, 7	b) Abgabe der erforderlichen Erklärungen	12
c) Einsicht in den Schriftwechsel	8		

I. Allgemeines 1

Die Bestimmung wurde mit unbedeutenden Änderungen in der Formulierung aus dem alten Recht übernommen. Absatz 1 entspricht § 6 Abs. 4 DVO, Absatz 2 entspricht § 6 Abs. 1 Satz 3 DVO. Nur der Übersichtlichkeit wegen werden die Bestimmungen des alten Rechts im neuen Gesetz in einem Paragraphen zusammengefaßt (siehe Amtl. Begr. unten s. 591).

Die beiden Absätze stehen in engem Zusammenhang. Die Regelungen entspringen beide der arbeitsrechtlichen Fürsorge- und Treuepflicht der Parteien. Durch die Aufnahme ins Gesetz sind jedoch die arbeitsrechtlichen Rechte und Pflichten vom Fortbestand des Arbeitsverhältnisses unabhängig gemacht (siehe § 26) und in das vom Gesetz geschaffene Schuldverhältnis zwischen Arbeitgeber und Arbeitnehmererfinder einbezogen worden.

II. Pflichten des Arbeitgebers

a) Mitteilung der Anmeldeunterlagen 2

Der Arbeitgeber hat dem Arbeitnehmer zugleich mit der Anmeldung der Diensterfindung zur Erteilung eines Schutzrechts Abschriften der Anmeldeunterlagen zu geben. Diese Verpflichtung obliegt dem Arbeitgeber bei jeder Anmeldung einer unbeschränkt in Anspruch genommenen Diensterfindung, sei es, daß die Erfindung zum Patent oder zum Gebrauchsmuster angemeldet wird, sei es, daß die Anmeldung im Inland (§ 13) oder im Ausland (§ 14) vorgenommen wird. Die von Heine-Rebitzki (Anm. 2 Nr. 1 zu § 15) und Beil, Chemie-Ingenieur-Technik 1957, 634, vertretene Ansicht, es handele sich hier nur um die prioritätsbegründende Anmeldung im Inland, findet im Gesetz keine Stütze. Der Arbeitnehmer ist an der Auslandsanmeldung, insbesondere im Hinblick auf § 14 Abs. 2, in gleichem Maße interessiert wie an der Inlandsmeldung (vgl. hierzu auch Gaul, GRUR 1967, 518). Die Verpflichtung des Arbeitgebers zur Mitteilung der Anmeldeunterlagen soll dem Arbeitnehmer nicht nur die Kontrolle ermöglichen, ob der Arbeitgeber der in § 13 statuierten Anmeldepflicht nachkommt. Die Bestimmung beruht, worauf Riemschneider-Barth Anm. 7 zu § 6 DVO zu Recht hin-

Erläuterungen

weist, auch auf persönlichkeitsrechtlichen Interessen des Arbeitnehmererfinders. Denn ungeachtet der Übertragung der Diensterfindung bleibt das Erfinderpersönlichkeitsrecht beim Arbeitnehmer (vgl. Anm. 1 zu § 7). Auf Grund dieses Persönlichkeitsrechts ist er berechtigt zu erfahren, wie und wo seine Erfindung zum Schutzrecht angemeldet wird.

3 Der Arbeitgeber hat dem Arbeitnehmer die Anmeldeunterlagen in Abschrift zu übergeben. Die Gewährung von Einsicht in die beim Arbeitgeber verbleibenden Duplikate der Anmeldeunterlagen genügt nicht. Zu den Anmeldeunterlagen gehören bei einer deutschen Patentanmeldung die Beschreibung der Erfindung, der oder die Patentansprüche und Zeichnungen, wenn sie zur Klarstellung des Erfindungsgedankens notwendig sind (vgl. im einzelnen die Anmeldebestimmungen für Patente v. 30. 7. 1968, BGBl. I, 1004, und das Merkblatt für Patentanmelder, Ausgabe 1968, Bl. 1968, 285). Bei einer deutschen Gebrauchsmusteranmeldung gehören zu den Unterlagen eine Beschreibung des Anmeldegegenstands, ein oder mehrere Schutzansprüche, Zeichnungen zur Erläuterung der Beschreibung oder an ihrer Stelle ein Modell des angemeldeten Gegenstandes (vgl. im einzelnen die Anmeldebestimmungen für Gebrauchsmuster v. 30. 7. 1968, BGBl. I, 1008, und das Merkblatt für Gebrauchsmusteranmelder, Ausgabe 1968, Bl. 1968, 294).

4 Der Arbeitnehmer muß sich mit der Mitteilung der Anmeldeunterlagen begnügen. Der Pflicht des Arbeitgebers zur Mitteilung entspricht kein Recht des Arbeitnehmers, auf die Abfassung der Anmeldeunterlagen Einfluß zu nehmen (so auch Schnabel, Archiv für Eisenbahnwesen 1943, 435). Ein solches Recht kann weder aus dem Gesetz noch aus arbeits- und persönlichkeitsrechtlichen Erwägungen hergeleitet werden. Der Arbeitnehmererfinder hat zwar einen Anspruch darauf, daß ihn der Arbeitgeber dem Patentamt gegenüber als Erfinder nennt (vgl. für die Bundesrepublik § 36 i. V. m. § 26 Abs. 6 PatG und die Bestimmungen über die Nennung des Erfinders vom 16. 10. 1954, BAnz. Nr. 217 = Bl. 1954, 387; teilweiser Verzicht auf Erfindernennung durch Einverständniserklärung des angeblichen Alleinerfinders mit der Mitbenennung eines anderen als Miterfinder erscheint im Gegensatz zum vollen Verzicht möglich, BGH v. 30. 10. 1959 — I ZR 188/57 — unveröffentlicht). Er kann aber nicht verlangen, daß sein Name nur in Verbindung mit den Erfindungen genannt wird, denen bei der Offenbarung im einzelnen die von ihm gewünschte Form gegeben wurde (a. A. Riemschneider-Barth Anm. 7 zu § 6 DVO). Der Arbeitnehmererfinder kann auf Grund seines Persönlichkeitsrechts gegen das Bestreiten seiner Erfinderschaft vorgehen (vgl. BGH v. 30. 8. 1968, GRUR 1969, 133 — Luftfilter — mit Anm. Schippel), er kann sich auch dagegen verwahren, daß der Erfindungsgedanke in der Anmeldung so verändert wird, daß die Anmeldung mit dem ursprünglichen Erfindungsgedanken nicht mehr übereinstimmt. Er kann aber auf die Fassung der Anmeldung im einzelnen keinen Einfluß nehmen. Es braucht in diesem Zusammenhang nicht erörtert zu werden, ob und inwieweit der freie Erfinder auf Grund

§ 15 Gegenseitige Rechte und Pflichten beim Erwerb von Schutzrechten

seines Persönlichkeitsrechts über die Art und Weise der Veröffentlichung seiner Erfindung bestimmen kann (vgl. dazu Hubmann, Das Persönlichkeitsrecht, 1953, S. 185, und die dort zitierte Literatur); bestehen solche Rechte, so sind sie durch das Arbeitnehmererfindungsgesetz, insbesondere durch § 13, zugunsten des Arbeitgebers eingeschränkt worden.

b) Unterrichtung vom Fortgang des Verfahrens   5

Der Arbeitgeber hat den Arbeitnehmer, dessen Diensterfindung er unbeschränkt in Anspruch genommen und zur Schutzrechtserteilung angemeldet hat, vom Fortgang des Anmeldeverfahrens zu unterrichten. Diese Pflicht erstreckt sich auf das gesamte Anmeldeverfahren in allen Instanzen, also auch auf den Einspruch und die Beschwerde bei der Patenterteilung und auf die Beschwerde bei der Gebrauchsmustereintragung (so für frühere Diensterfindungen nach dem Chemiker-Tarifvertrag v. 13. 7. 1927 RG 7. 12. 1932, RGZ 139, 87). Unterrichtung über den Fortgang des Verfahrens bedeutet nicht die Mitteilung des gesamten, im Zusammenhang mit der Anmeldung anfallenden Schriftverkehrs. Es genügt, wenn der Arbeitgeber den Arbeitnehmer über die wesentlichen Stationen des Verfahrens auf dem Laufenden hält. Er muß ihm z. B. mitteilen, ob das Patentamt die angemeldete Erfindung bekanntgemacht hat, ob, von welcher Seite und mit welcher Begründung gegen die bekanntgemachte Anmeldung Einspruch eingelegt worden ist, wie das Erteilungs-, das Einspruchs- und das Beschwerdeverfahren endet u. ä.

Der Arbeitnehmer hat wiederum keinen Anspruch darauf, daß seinen   6
Anregungen zum Verfahren stattgegeben wird. Die Entscheidung über die Führung des Verfahrens liegt allein beim Arbeitgeber, da ihm die in Anspruch genommene Erfindung gehört und er dem Anmeldeverfahren die Richtung zu gehen hat.

Verletzungsprozesse, Zwangslizenzverfahren, Nichtigkeits- und Lö-   7
schungsstreite werden von § 15 Abs. 1 nicht unmittelbar erfaßt. Trotzdem ist in den meisten Fällen zweckmäßig, den Arbeitnehmer auch über solche und alle sonstigen die Erfindung betreffenden Streitigkeiten zu unterrichten und ihm Gelegenheit zur Äußerung zu geben, vor allem weil der Ausgang des Verfahrens die Vergütung beeinflussen kann. Wird ein Antrag gestellt, das nach Inanspruchnahme vom Arbeitgeber erlangte Patent für nichtig zu erklären (§§ 13, 37 ff. PatG) oder das Gebrauchsmuster zu löschen (§ 7 ff. GmG), so kann sich die Mitteilungspflicht auch aus § 16 Abs. 1 ergeben, der den Arbeitgeber zur Mitteilung verpflichtet, wenn er das Schutzrecht nicht aufrechterhalten will (vgl. Anm. 14 zu § 16). Die schlechte Führung eines Rechtsstreites geht zu Lasten des Arbeitgebers und kann die Vergütung nicht beeinträchtigen (so auch Riemschneider-Barth Anm. 7 zu § 6 DVO).

Erläuterungen

8 c) Einsicht in den Schriftwechsel

Auf Verlangen hat der Arbeitgeber dem Arbeitnehmer auch Einsicht in den Schriftwechsel zu gewähren, der im Zusammenhang mit der Schutzrechtserteilung geführt wurde. Über das Recht zur Einsicht in andere, insbesondere die Verwertung der Erfindung betreffende Schriftstücke vgl. Anm. 52 zu § 12. Der Arbeitnehmer muß sich mit der Einsichtnahme in die Akten des Arbeitgebers begnügen. Abschriften von einzelnen Schriftstücken kann er nicht verlangen. Das Verlangen auf Einsichtsgewährung bedarf keiner besonderen Begründung.

9 d) Einsicht in die Anmeldeakten des Patentamtes

Die Einsicht in die Patentrolle, die Akten von nicht bekanntgemachten Patentanmeldungen unter den in § 24 Abs. 3 Nr. 2 PatG genannten Voraussetzungen, die Akten bekanntgemachter Patentanmeldungen und erteilter Patente sowie die zu diesen Akten gehörenden Zeichnungen, Modelle und Probestücke, ist jedermann gestattet (§ 24 Abs. 3 PatG). Entsprechendes gilt für Gebrauchsmuster (§ 3 Abs. 5 GmG). Im übrigen sind die Akten des Patentamtes grundsätzlich geheim. Das Patentamt gewährt jedoch jedermann auf Antrag Akteneinsicht (§ 24 Abs. 3 S. 1 PatG), wenn der Antragsteller ein berechtigtes Interesse glaubhaft macht. Das DPA hat in der Entscheidung des 1. Beschwerdesenats v. 10. 1. 1953 (Bl. 1953, 85) ein berechtigtes Interesse des Arbeitnehmererfinders an der Akteneinsicht angenommen und ihm Akteneinsicht gewährt, wenn zu befürchten ist, daß der Anmelder die Patenterteilung nicht mit der notwendigen Sorgfalt durchführt. Ob diese Voraussetzung im Hinblick auf die Verpflichtung des Arbeitgebers nach § 15 Abs. 1 Satz 1 weiterhin verlangt werden kann, erscheint zweifelhaft, man wird annehmen müssen, daß durch die Fassung des Gesetzes stets ein berechtigtes Interesse des Arbeitnehmers an der Akteneinsicht dargetan ist. Das Patentamt hat das in einer Entscheidung v. 23. Mai 1958 (Bl. 1958, 190) bestätigt. Danach begründet § 15 ein über die Dauer des Arbeitsverhältnisses hinaus währendes berechtigtes Interesse an der Einsichtnahme in die Amtsakten, wenn nicht in besonderen Fällen, etwa bei einer Erweiterung der in Anspruch genommenen Diensterfindung durch den Arbeitgeber ein berechtigtes Interesse an der Geheimhaltung gewisser Akteile vor dem Arbeitnehmer glaubhaft gemacht werden kann. Allerdings entfällt das Interesse des Erfinders an der Einsicht, wenn er wegen der Erfindung in ausreichendem Maße abgefunden worden ist. In Fällen des § 36 Abs. 2 PatG, beim Streit um den richtigen Erfinder, ist jedoch derjenige, der glaubt, aus den Akten weitere Anhaltspunkte für seine Urheberschaft zu finden, auf die Klage vor dem ordentlichen Gericht zu verweisen (BPG v. 17. 8. 1965, Mitt. 1965, 200).

III. Pflichten des Arbeitnehmers

a) Unterstützung beim Erwerb von Schutzrechten 10

Der Arbeitnehmer hat den Arbeitgeber auf dessen Verlangen beim Erwerb von Schutzrechten auf die in Anspruch genommene Diensterfindung zu unterstützen. Ein Recht des Arbeitnehmers auf Gehör oder Beteiligung am Verfahren besteht nicht. Die abweichende Ansicht von Riemschneider-Barth Anm. 7 zu § 6 DVO kann nach dem geltenden Gesetz nicht mehr aufrechterhalten werden (vgl. oben Anm. 4). Der Arbeitnehmer hat bei der Anfertigung der Schutzrechtsanmeldung und der Anmeldeunterlagen, besonders bei der Beschreibung der Erfindung und bei der Fertigung von Zeichnungen, Diagrammen, Modellen usw. mitzuhelfen. In vielen Fällen ist der Arbeitgeber auf diese Hilfe angewiesen, da der Arbeitnehmer mit der Materie am besten vertraut ist. Die Verpflichtungen bestehen nach der Beendigung des Arbeitsverhältnisses unverändert fort (§ 26). Einschränkungen nach der Auflösung des Arbeitsverhältnisses, wie sie Volmer, Anm. 11 zu § 15, und Röpke, Arbeitsverhältnis und Arbeitnehmererfindung S. 64, aus dem Wegfall des arbeitsrechtlichen „Rahmens" herleiten wollen, würden dem Sinne des Gesetzes gerade widersprechen, das diese wohl aus dem Arbeitsrecht hergeleiteten Pflichten durch die Aufnahme in das ArbEG vom Bestand des Arbeitsverhältnisses unabhängig machen wollte (siehe oben Anm. 1).

Eine Unterstützung bei der Verteidigung von bereits erteilten Schutzrechten ist im Gesetz nicht besonders vorgesehen. Die Verpflichtung dazu ergibt sich, solange das Arbeitsverhältnis besteht, aus der Treuepflicht (vgl. Anm. 11 zu § 25). Ist das Arbeitsverhältnis erloschen, wird aber für die Erfindung Vergütung gezahlt, so besteht das aus dem ArbEG begründete gesetzliche Schuldverhältnis zwischen dem früheren Arbeitgeber und dem Erfinder fort, aus der in der Regel ebenfalls die Verpflichtung zu Unterstützung bei Streitigkeiten über die Erfindung hergeleitet werden kann (a. A. Röpke, a. a. O.); wegen einer Suspendierung der Verpflichtungen im Falle einer zulässigen Nichtigkeitsklage des Arbeitnehmererfinders gegen das Schutzrecht des Arbeitgebers vgl. Anm. 9 zu § 26. 11

b) Abgabe der erforderlichen Erklärungen 12

Hier ist an Erklärungen gedacht, die der Erfinder im Zusammenhang mit der Schutzrechtserteilung abgeben muß. So muß in den USA die Patentanmeldung durch den Erfinder selbst erfolgen, der Erfinder muß außerdem versichern, daß er nach seiner Überzeugung der ursprüngliche und erste Erfinder des Anmeldegegenstandes sei, er muß auch eine Übertragungsurkunde unterzeichnen. In Schweden, Dänemark und Norwegen muß der Anmelder eine Urkunde vorlegen, aus der sich ergibt, daß er der Rechtsnachfolger des Arbeitnehmererfinders ist, in Dänemark und Norwegen sogar in öffentlich beglaubigter Form. Auch hier

Erläuterungen

muß der Arbeitnehmer unterzeichnen und gegebenenfalls seine Unterschrift beglaubigen lassen. In der DDR können im Zusammenhang mit § 5 PatG, der eine eidesstattliche Erklärung über die Urheberschaft und über die Abtretung des Rechts an der Erfindung mit dem Nachweis, wie das Recht an den Rechtsnachfolger des Erfinders gelangt ist, verlangt, Erklärungen des Arbeitnehmers notwendig werden. Diese und ähnliche zum Erwerb von Schutzrechten notwendige Erklärungen muß der Arbeitnehmer gegebenenfalls auch nach Beendigung des Arbeitsverhältnisses (§ 26) auf Verlangen des Arbeitgebers in der vorgeschriebenen Form abgeben. Die ihm dabei entstehenden Kosten hat ihm der Arbeitgeber vorzuschießen oder zu ersetzen. Ist der Erfinder aus dem Betrieb ausgeschieden, so ist ihm auch der erforderliche Zeitaufwand zu vergüten.

§ 16

Aufgabe der Schutzrechtsanmeldung oder des Schutzrechts

(1) Wenn der Arbeitgeber vor Erfüllung des Anspruchs des Arbeitnehmers auf angemessene Vergütung die Anmeldung der Diensterfindung zur Erteilung des Schutzrechts nicht weiterverfolgen oder das auf die Diensterfindung erteilte Schutzrecht nicht aufrechterhalten will, hat er dies dem Arbeitnehmer mitzuteilen und ihm auf dessen Verlangen und Kosten das Recht zu übertragen sowie die zur Wahrung des Rechts erforderlichen Unterlagen auszuhändigen.

(2) Der Arbeitgeber ist berechtigt, das Recht aufzugeben, sofern der Arbeitnehmer nicht innerhalb von drei Monaten nach Zugang der Mitteilung die Übertragung des Rechts verlangt.

(3) Gleichzeitig mit der Mitteilung nach Absatz 1 kann sich der Arbeitgeber ein nichtausschließliches Recht zur Benutzung der Diensterfindung gegen angemessene Vergütung vorbehalten.

Übersicht

	Anm.		Anm.
I. Allgemeines	1—5	c) Verletzung der Mitteilungspflicht	10
a) Grundgedanken der Regelung	1, 2	d) Aufgabe des Schutzrechts oder der Schutzrechtsanmeldung	11—13
b) Schutzrecht und Anmeldung	3	e) Anspruch des Arbeitnehmers auf Übertragung des Rechts	14
c) Erfüllung des Vergütungsanspruchs	4	f) Übertragung auf Kosten des Arbeitnehmers	15—18
d) In- und ausländische Schutzrechte und Anmeldungen	5	g) Rechte Dritter an dem zu übertragenden Recht	19
II. Aufgabe vor Erfüllung des Vergütungsanspruchs		h) Nichtigkeit und Löschung des Schutzrechts	20
a) Wann ist der Vergütungsanspruch erfüllt?	6	i) Aushändigung der Unterlagen	21
b) Mitteilung der beabsichtigten Aufgabe	7—9	k) Wiedereinsetzung in den vorigen Stand	22

§ 16 Aufgabe der Schutzrechtsanmeldung oder des Schutzrechts

III. Vorbehalt eines Benutzungsrechts
a) Inhalt des Benutzungsrechts 23, 24
b) Angemessene Vergütung 25

c) „Unbillige Erschwerung der Verwertung" 26, 27
d) Gleichzeitige Mitteilung des Vorbehalts 28

I. Allgemeines

a) Grundgedanken der Regelung 1

Bei der schnellen Entwicklung auf vielen Gebieten der Technik ändert sich die Beurteilung des Wertes einer Erfindung und des angestrebten oder erlangten Schutzrechts oft schon nach kurzer Zeit. Das führt dazu, daß Anmeldungen nicht durchgeführt werden und Schutzrechte, besonders Patente, in der Mehrzahl der Fälle nicht bis zur Höchstgrenze ihrer möglichen Laufzeit aufrecht erhalten werden. Durch die bekannte Staffelung der Jahresgebühren — in der Bundesrepublik Deutschland betragen sie z. B. für das 3. Patentjahr 50,— DM, für das 14. Patentjahr 1000,— DM, für das 18. Patentjahr 1700,— DM— soll auch ein Anreiz ausgeübt werden, überholte Patente fallen zu lassen. Erfahrungsgemäß überschreiten kaum die Hälfte aller Patente das 8. Jahr und nur etwa 3 % werden 18 Jahre lang aufrecht erhalten.

Es muß deshalb die Möglichkeit vorgesehen werden, daß eine aufgrund der Inanspruchnahme in Ausführung der Verpflichtung des § 13 vorgenommene Schutzrechtsanmeldung oder das auf sie erlangte Schutzrecht vom Arbeitgeber fallen gelassen wird. Dabei müssen die Folgen bedacht werden, die sich hieraus für die Erfindervergütung ergeben. 2

b) Schutzrecht und Anmeldung 3

§ 16 gilt grundsätzlich sowohl für den Fall, daß der Arbeitgeber die Anmeldung der Diensterfindung zur Erteilung des Schutzrechts nicht weiterverfolgen will, als auch, daß er das auf die Diensterfindung erteilte Schutzrecht nicht aufrechterhalten will. Wegen der Behandlung der nachträglichen Beschränkung des Schutzrechts nach § 36 a PatG siehe unten Anm. 12.

c) Erfüllung des Vergütungsanspruchs 4

Bei der Bedeutung, die das Bestehen des Schutzrechts für den Anspruch des Arbeitnehmers auf angemessene Vergütung hat — vgl. Anm. 6 zu § 9 — ist die Aufgabe des Schutzrechts oder der Anmeldung verschieden geregelt, je nachdem, ob dieser Anspruch voll erfüllt ist oder nicht. Ist der Vergütungsanspruch voll erfüllt, so kann der Arbeitgeber seine Rechte ohne weiteres aufgeben, da nicht ersichtlich ist, welches vermögensrechtliche Interesse der Arbeitnehmer an der weiteren Aufrechterhaltung noch haben sollte; ebenso BGH v. 20. 11. 1962 „Pauschalabfindung", GRUR 1963, 315. Daran ändert nichts, wenn er die Erfindung weiter als Betriebsgeheimnis behandeln will. Eine andere ursprünglich vorgesehene Regelung, die auch in der 2. Aufl. S. 49 empfohlen worden

Erläuterungen

ist, ist nicht Gesetz geworden (vgl. die Amtl. Begr. unten S. 592). Es bleibt dem Arbeitgeber völlig frei, ob er seine Absicht, das Recht fallen zu lassen, auch in solchen Fällen vorher mit dem Erfinder erörtert. Praktisch wird das schon aus Zweckmäßigkeitsgründen nicht selten der Fall sein, besonders wenn der Arbeitnehmer noch im Betrieb tätig ist.

Wann eine volle Erfüllung des Vergütungsanspruchs anzunehmen ist, wird in Anm. 6, wie bei Aufgabe vor Erfüllung zu verfahren ist, wird in Anm. 7 ff. behandelt.

5   **d) In- und ausländische Schutzrechte und Anmeldungen**

Abs. 1 spricht ganz allgemein von „Schutzrecht" und „Anmeldung". Schon nach der Stellung der Vorschrift im Gesetz nach den Vorschriften über die Schutzrechtsanmeldung im Inland (§ 13) und im Ausland (§ 14) ist anzunehmen, daß sowohl inländische als ausländische Rechte gemeint sind. Daß die letzteren mit erfaßt werden, ergibt auch den Sinn der Regelung. Dem Anmeldezwang im Inland entspricht die Verpflichtung des Arbeitgebers, wenn er nicht im Ausland anmelden will, dies dem Arbeitnehmer zu ermöglichen. Das Bedürfnis, eine Umgehung dieser Verpflichtungen auszuschließen, die darin liegen könnte, daß das Schutzrecht pro forma angemeldet und alsbald die Anmeldung fallen gelassen wird, ist in beiden Fällen gleich, ebenso sind es die Gründe, die zu der Beteiligung des Arbeitnehmers an der weiteren Gestaltung der Rechtslage führen, solange sein Vergütungsanspruch nicht erfüllt ist.

II. Aufgabe vor Erfüllung des Vergütungsanspruchs

6   **a) Wann ist der Vergütungsanspruch erfüllt?**

Die Erfindervergütung kann durch laufende Zahlungen, die etwa an den Umsatz anknüpfen, geleistet werden, sie kann auch in Form einer Pauschalzahlung gewährt werden, durch die die Ansprüche des Arbeitnehmers für die ganze künftige Laufzeit des Schutzrechts abgegolten werden, vgl. Anm. 58 zu § 9. Letzteres wird besonders bei kleineren Erfindungen nicht selten vereinbart werden. Ist pauschal gezahlt, so ist voll vergütet, es sei denn, daß in dem in Betracht kommenden Zeitpunkt eine Neuregelung wegen veränderter Umstände gemäß § 12 Abs. 6 berechtigt ist (BGH v. 20. 11. 1962, Bl. 1963, 76 = GRUR 1963, 315). Sind laufende Zahlungen vereinbart, so wird man nur ausnahmsweise eine volle Vergütung feststellen können, etwa wenn feste Zahlungen ohne Rücksicht auf das Fortbestehen des Schutzrechtes vereinbart sind. Der Bundestagsausschuß erwähnt, daß bei der „normalerweise üblichen Stücklizenz" der Vergütungsanspruch „niemals" vor Ablauf der Schutzdauer als erfüllt wird angesehen werden könne (Ausschußbericht unten S. 636). Vgl. hierzu Friedrich, GRUR 1958, 270 (280).

7   **b) Mitteilung der beabsichtigten Aufgabe**

Will der Arbeitgeber vor Erfüllung des Vergütungsanspruchs — siehe Anm. 6 — das Schutzrecht oder die Anmeldung im In- oder Ausland

§ 16 Aufgabe der Schutzrechtsanmeldung oder des Schutzrechts

— siehe Anm. 5 — aufgeben, so hat er dies dem Arbeitnehmer mitzuteilen mit der Folge, daß er dann dem Arbeitnehmer das Recht übertragen muß, wenn dies innerhalb von drei Monaten nach Zugang der Mitteilung verlangt wird.

Die Mitteilung ist eine empfangsbedürftige Willenserklärung. Die Frist des Abs. 2 wird mit ihrem Zugang in Lauf gesetzt. Es ist deshalb zu empfehlen, dieses Datum durch schriftliche Empfangsbestätigung, Einschreiben gegen Rückschein oder auf andere Weise festzuhalten. **8**

Erforderlich ist die Schriftform nicht, aber zu empfehlen (Schiedsstelle v. 15. 10. 1964, Bl. 1965, 66). Die Mitteilung wird mit dem Zugang beim Arbeitnehmererfinder wirksam. Es bedarf keiner Vereinbarung über die Aufgabe des Schutzrechts oder der Schutzrechtsanmeldung. Einzelheiten bei Gaul-Bartenbach. EGR ArbEG Anm. zu § 16 Nr. 1.

Sind an einer Erfindung mehrere Erfinder beteiligt, hat der Arbeitgeber die Mitteilung jedem gegenüber abzugeben. Geben dann die einzelnen Miterfinder unterschiedliche Erklärungen ab, halten Gaul-Bartenbach, a. a. O., den Arbeitgeber zu recht für verpflichtet, alle Miterfinder über die abgegebenen Erklärungen zu unterrichten. Es dürfte jedoch zu weit gehen, wollte man daraufhin den Miterfindern noch das Recht einräumen, ihre zunächst abgegebenen Entscheidungen zu revidieren. Dies ist nur mit Einverständnis aller Beteiligten zulässig. Grundsätzlich ist jeder Arbeitnehmer an die abgegebene Erklärung gebunden. Verlangen nur ein oder einige Miterfinder die Übertragung, so haben sie Anspruch auf das ganze Schutzrecht. Auch insoweit ist Gaul-Bartenbach zuzustimmen. Ausgleichsansprüche unter den Übernahmewilligen und den nicht zur Übernahme bereiten Miterfindern entstehen in einem solchen Fall nicht. **9**

c) Verletzung der Mitteilungspflicht **10**

Die Verletzung der Mitteilungspflicht macht schadenersatzpflichtig. Die Voraussetzungen für den Schadenersatzanspruch hat der Arbeitnehmer zu beweisen (Schiedsstelle v. 15. 10. 1964, a. a. O.). Gibt der Arbeitgeber die Schutzrechtsanmeldung auf und teilt er das dem Erfinder nicht oder nicht rechtzeitig mit, so kann er dem Schadenersatzanspruch des Arbeitnehmers nicht entgegenhalten, die Erfindung sei nicht schutzfähig gewesen. Dieser Einwand ist dem Arbeitgeber, der seine Mitteilungspflicht nach § 16 Abs. 1 verletzt, nach Treu und Glauben entsprechend § 162 BGB abgeschnitten (OLG Frankfurt v. 28. 10. 1965, GRUR 1966, 425).

d) Aufgabe des Schutzrechts oder der Schutzrechtsanmeldung **11**

Schweigt der Arbeitnehmer oder verzichtet er vor Fristablauf auf die Übertragung des Rechts — § 22 steht nicht entgegen, da die Meldung vorangegangen ist —, so kann der Arbeitgeber das Recht fallen lassen und dies bei weiteren Vergütungsansprüchen berücksichtigen, siehe Anm. 24 zu § 9.

Erläuterungen

Röpke, Der Arbeitnehmer als Erfinder, S. 48, vertritt die Auffassung, die Erfindervergütung sei auch nach der Aufgabe des Schutzrechts (oder der Schutzrechtsanmeldung) in gleicher Höhe weiter zu bezahlen, wenn die Benutzung der Erfindung dem Arbeitgeber trotz Erlöschen des Schutzes (oder vorläufigen Schutzes) eine „faktische Monopolstellung" im Wettbewerb sichere. Dann sei die Erfindung wie ein qualifizierter Verbesserungsvorschlag nach § 20 zu behandeln. Dieser Meinung kann nicht zugestimmt werden. Gibt der Arbeitgeber das Schutzrecht auf und macht der Erfinder von seinen Rechten nach § 16 Abs. 1 keinen Gebrauch, so wird die Erfindung für jedermann, auch für den Arbeitgeber frei. Eine Bewertung dieser Erfindung als qualifizierten Verbesserungsvorschlag ist nach der mit ausdrücklicher oder stillschweigender Zustimmung des Erfinders erfolgten Aufgabe des Schutzrechts oder der Schutzrechtsanmeldung nicht mehr möglich. Hiergegen würden u. U. sogar kartellrechtliche Gesichtspunkte sprechen.

12 § 16 behandelt ausdrücklich nur die Arten der Aufgabe des Schutzrechts, die zum Erlöschen des ganzen Rechts führen (§ 12 PatG), und die Erklärungen im Schutzrechtserteilungsverfahren, die dieses Verfahren ohne jede Rechtserteilung beenden. Fraglich ist die Behandlung von Einschränkungen, wie sie im Laufe des Erteilungsverfahrens (§ 26 Abs. 5 PatG) und nach der Patenterteilung durch Beschränkung nach § 36 a PatG und durch Teilverzicht möglich sind. Alle diese Einschränkungen bedeuten eine teilweise Aufgabe i. S. d. § 16. Ist, wie bei der Rücknahme von selbständigen Teilen einer Anmeldung, eine erneute Anmeldung der zurückgenommenen Teile grundsätzlich möglich, so löst die teilweise Aufgabe der Anmeldung dieselben Rechtsfolgen des § 16 aus wie die völlige Aufgabe, selbstverständlich begrenzt auf den zurückgenommenen Teil (die Teilung der Anmeldung dürfte in diesem Fall zulässig sein, vgl. DPA v. 19. 6. 1943, Mitt. 1943, 181). Werden Ansprüche im Erteilungsverfahren so beschränkt, daß keine selbständigen Teile frei werden, so kann § 16 nicht eingreifen. Dasselbe gilt für Beschränkungen nach § 36 a PatG und auch für den Teilverzicht. (Die selbständige Übertragung einzelner Ansprüche eines Patents ist nicht möglich.) Bei der Behandlung des Teilverzichts und der ihm gleichkommenden Beschränkungen, die über das rechtlich notwendige Maß hinausgehen, ist ein echte Lücke im Gesetz festzustellen. Eine, auch nur entsprechende Anwendung des § 16 kommt wegen der rechtlichen Unmöglichkeit von Teilübertragungen nicht in Frage. Daß der Arbeitgeber in solchen Fällen dem Arbeitnehmererfinder die Übernahme des Schutzrechts als Mitinhaber anbieten müßte, kann selbst bei sehr weitherziger Anwendung des Analogieschlusses nicht angenommen werden. Teilverzichte und ihnen entsprechende Beschränkungen können aber wegen der Bindung des Vergütungsanspruches an das Schutzrecht Folgen auf den Umfang der Erfindervergütung haben, die § 16 gerade ausschließen will. Man wird hier dem Grundgedanken des Gesetzes am nächsten kommen, wenn man aus dem zwischen Arbeitgeber und Ar-

§ 16 *Aufgabe der Schutzrechtsanmeldung oder des Schutzrechts*

beitnehmererfinder bestehenden gesetzlichen Schuldverhältnis die Verpflichtung des Arbeitgebers herleitet, ohne Zustimmung des Arbeitnehmers keine über das rechtlich notwendige Maß hinausgehende Teilverzichte und Beschränkungen zu erwirken, die sich nachteilig auf die Erfindervergütung auswirken könnten. Verletzt der Arbeitgeber diese Pflicht, so macht er sich in dem Umfang schadenersatzpflichtig, in dem der Vergütungsanspruch durch seine Maßnahmen gemindert wird.

In diesem Zusammenhang ist auch der Entschluß des Arbeitgebers zu sehen, endgültig keinen Antrag auf Prüfung nach § 28 b PatG zu stellen. Denn nach § 35 Abs. 3 PatG gilt in diesem Fall die Anmeldung nach Ablauf von sieben Jahren (§ 28 B Abs. 2 PatG) als zurückgenommen. Das bedeutet unter dem Gesichtspunkt des § 16 gesehen, daß der Arbeitgeber die Anmeldung nicht weiterverfolgen will. Mit Rücksicht auf § 16 Abs. 1 muß also in einem solchen Fall der Arbeitgeber dem Arbeitnehmer die Mitteilung über die Absicht, keinen Antrag auf Prüfung zu stellen, so rechtzeitig zugehen lassen, daß bis zum Ablauf des siebten Jahres seit Patentanmeldung noch drei Monate Zeit sind. Andernfalls wäre die dem Arbeitnehmer vom Gesetz gewährte Frist unzulässig verkürzt (vgl. Schade, GRUR 1968, 393, 396). Diese Rechtsauffassung wurde auch bei den Vorarbeiten zur Patentgesetznovelle 1967 allgemein vertreten. Eine Ergänzung des § 16 wurde nach der amtlichen Begründung nicht für erforderlich gehalten (Bl. 1967, 244, 274). 13

e) **Anspruch des Arbeitnehmers auf Übertragung des Rechts** 14

Wie bereits in Anm. 8 erwähnt wurde, billigt das Gesetz dem Arbeitnehmer zu, daß er die Übertragung des Rechts verlangen kann, das der Arbeitgeber fallen lassen möchte. Dabei ist zu beachten, daß innerhalb der Frist nur das Verlangen auf Übertragung ausgesprochen werden muß, nicht aber diese selbst durchgeführt sein muß.

Auch das Verlangen des Arbeitnehmers ist als empfangsbedürftige, nicht formbedürftige Willenserklärung anzusehen, vgl. Anm. 8.

Da dem Arbeitnehmer für diese Entscheidung ein Zeitraum von drei Monaten eingeräumt wird, muß der Arbeitgeber alles tun, um die Anmeldung oder das Schutzrecht bis dahin nicht untergehen zu lassen. Er muß bei einer schwebenden Anmeldung gegebenenfalls unter Hinweis auf die Sachlage rechtzeitig Fristen erbitten und notfalls gegen einen Zurückweisungsbeschluß Beschwerde einlegen. So auch Schiedsstelle v. 25. 11. 1959 und 27. 1. 1960, Bl. 1960, 279. Will der Arbeitgeber vor Erfüllung des Vergütungsanspruchs von einer Beschwerde gegen den Zurückweisungsbeschluß des PatA absehen, so hat er davon dem Arbeitnehmer unverzüglich Kenntnis zu geben (Schiedsstelle, a. a. O.). Siehe auch Anm. 6 zu § 13 und Horn, Mitt. 1965, 24. A. A. Friedrich, GRUR 1958, 270 (281). Wegen Erstattung der Kosten siehe Anm. 16. Er muß die nach § 11 PatG möglichen und erforderlichen Anträge stellen, um zu verhindern, daß wegen Nichtzahlung der Jahresgebühr die Anmeldung als zu-

Erläuterungen

rückgenommen gilt oder das Patent erlischt, notfalls die Jahresgebühr zahlen.

15 **f) Übertragung auf Kosten des Arbeitnehmers**

Der Arbeitgeber hat dem Arbeitnehmer das Recht auf dessen Verlangen „und Kosten" zu übertragen. Die Kosten der Übertragung bestehen in der notariellen Beglaubigung der Unterschriften auf der Übertragungserklärung des Arbeitgebers, den Kosten der Umschreibung des Rechts beim Patentamt, bei ausländischen Anmeldungen oder Schutzrechten auch in notwendig werdenden sonstigen Kosten, etwa für Legalisation (vgl. dazu Witte, Mitt. 1963, 45).

16 Wer die bisher für das Schutzrecht aufgewendeten Kosten, z. B. die Anmeldegebühr, Bekanntmachungsgebühr oder Jahresgebühren im Verhältnis zwischen Arbeitgeber und Arbeitnehmer zu tragen hat, regelt § 16 nicht. Da der Arbeitgeber bis zur Übertragung allein die Rechte an der Anmeldung oder aus dem Patent oder Gebrauchsmuster hatte, wird er hierfür keinen Ersatz verlangen können. Ob er tatsächlich Nutzen gezogen hat, kann hier nicht entscheidend sein (a. A. Fink, Mitt. 1960, 51). Das gilt auch dann, wenn der Arbeitgeber das Patent nach seiner Erteilung auf den Erfinder überträgt, die mit der Patenterteilung fällig gewordenen Jahresgebühren aber noch nicht gezahlt hat. Sie gehen weiterhin zu seinen Lasten (Schiedsstelle, ArbErf 17/57, nach Schade. Mitt. 1959, 257, gegen Fink, a. a. O.; vgl. im Sinne der Schiedsstelle auch Witte, Mitt. 1963, 45, und die dort zitierte amtliche Begründung zu § 11 Abs. 3 PatG n. F., Bl. 1961, 143). Diese Jahresgebühren hat stets der zu tragen, der im Zeitpunkt ihrer Fälligkeit Inhaber des Schutzrechts war (OLG München v. 18. 1. 1973 — 6 U 1392/72 — unveröffentlicht; ebenso Schiedsstelle, ArbErf 6/57, nach Schade, Mitt. 1959, 257), es sei denn, daß dieser Zeitpunkt nach dem Zugang der Mitteilung der beabsichtigten Aufgabe an den Arbeitnehmer liegt. Leistungen, die der Arbeitgeber nach diesem Zeitpunkt zur Aufrechterhaltung der Anmeldung oder des Schutzrechts erbringt, kann er vom Arbeitnehmer ersetzt verlangen, z. B. auch die Beschwerdegebühr, die er nach dem Zugang der Mitteilung von der Absicht der Aufgabe einzahlt — siehe oben Anm. 14. Das besagt aber nicht, daß bei der Übertragung des Schutzrechts auf den Arbeitnehmer der Arbeitgeber nicht anteilig Patentkosten für die Zeit mittragen muß, in der er das Patent auf Grund der Inanspruchnahme noch besessen hat. Denn im Unterschied zu der auf den Zeitpunkt der Entstehung der Erfindung zurückwirkenden Freigabe (§ 8 Abs. 1 Nr. 1) wirken alle Erklärungen nach § 16 nicht ex tunc, sondern nur ex nunc (OLG München v. 18. 1. 1973, a. a. O.).

17 Schwierigkeiten entstehen in diesem Zusammenhang durch die Inkongruenz der Beschwerdefrist nach § 36 l Abs. 2 PatG (ein Monat) und der Überlegungsfrist des Arbeitnehmers nach § 16 Abs. 2 (drei Monate); s. dazu Werner, GRUR 1966, 236). Die Rechtsprechung des BPatG ist nicht einheitlich. Nach BPatG v. 20. 10. 1965, 9 W (pat) 58/65 (BPatGE 7, 108)

§ 16 Aufgabe der Schutzrechtsanmeldung oder des Schutzrechts

— ebenso v. 29. 10. 1965, 16 W (pat) 155/65, BPatGE 7, 113), ist es nicht gerechtfertigt, daß das Gericht dem Arbeitgeber, der im Interesse des Arbeitnehmererfinders gegen einen Zurückweisungsbeschluß des DPA Beschwerde eingelegt hat, unter dem Gesichtspunkt der Billigkeit die Beschwerdegebühr zurückzahlt, nachdem er die Beschwerde zurückgezogen hat. Die Frage, wer im Innenverhältnis die Gebühr zu tragen hat, richtet sich nach Auffassung dieser Entscheidung nach dem Arbeitnehmererfinderrecht, ist aber vom BPatG nicht zu entscheiden. Dem steht die wenige Wochen ältere Entscheidung v. 6. 9. 1965, 13 W (pat) 1936/65 (angeführt in der Entscheidung v. 20. 10. 1965) entgegen, die die Zurückzahlung der Gebühr aus Billigkeitsgründen zuließ; ebenso BPatG v. 7. 5. 1962, BPatGE 2, 69, 77 = Bl. 1962, 239, die auf eine Abwägung der Belange der Staatskasse und des Beschwerdeführers entsprechend § 36 q PatG abstellt. Der Vorzug ist der Entscheidung v. 20. 10. 1965 zu geben. Im dort entschiedenen Fall konnte der Arbeitgeber die Gebühr vom Arbeitnehmer zurückverlangen, da zwischen den Parteien vereinbart war, daß der Arbeitnehmer die Beschwerdegebühr im Innenverhältnis zu tragen habe, falls er sich nicht innerhalb der Bschwerdefrist des § 36 1 Abs. 2 PatG entscheidet, ob Beschwerde eingelegt werden solle oder nicht. §§ 22, 23 stehen einer solchen Vereinbarung nicht entgegen. Wenn es der Arbeitgeber unterläßt, die Frage im Innenverhältnis zu ordnen, muß er die Folgen selbst tragen (vgl. auch BPatG v. 30. 10. 1964, BPatGE 6, 57). Vgl. auch Anm. 24 zu § 8, wo dargelegt ist, daß Ersatz für andere Aufwendungen aus der Zeit vor der Übertragung auch nicht aus Geschäftsführung ohne Auftrag oder nach den Regeln des Eigentümer — Besitzer — Verhältnisses verlangt werden können. Den Zuschlag für die Verspätung der Zahlung einer Jahresgebühr trägt der Arbeitgeber allerdings auch dann, wenn die Jahresgebühr selbst schon zu Lasten des Arbeitnehmers geht; dem Arbeitnehmer kann auf keinen Fall zugemutet werden, die wegen der Säumnis des Arbeitgebers entstandenen Mehrkosten zu tragen (ebenso Fink, a. a. O.).

Abgesehen von dem in Abs. 3 geregelten Benutzungsrecht — siehe Anm. 23 ff. — und den eben erörterten Aufwendungen nach dem Zugang der Mitteilung der beabsichtigten Aufgabe kann der Arbeitgeber also außer den Übertragungskosten keine Ansprüche an die Arbeitnehmer stellen. Insbesondere kann er gezahlte Vergütungen nicht zurückverlangen — siehe auch § 12 Abs. 6 Satz 2. Darüber hinaus muß er die bis zur Übertragung des Rechts, nicht nur die bis zur Mitteilung der beabsichtigten Aufgabe, entstandenen Vergütungsansprüche befriedigen, insbesondere fällig gewordene Teilbeträge zahlen. Er kann auch nicht eine Beteiligung an dem vom Arbeitnehmer künftig erzielten Ertrag der Diensterfindung verlangen, es sei denn, daß der Arbeitnehmer hierauf freiwillig eingeht. Die Übertragung hat, wie schon oben ausgeführt, keine rückwirkende Kraft (s. auch Schiedsstelle v. 30. 7. 1970, Bl. 1971, 137).

18

Erläuterungen

19 g) Rechte Dritter an dem zu übertragenden Recht

Hat der Arbeitgeber das Schutzrecht mit Lizenzen belastet, so bleiben diese mangels entgegengesetzter Vereinbarungen bestehen, siehe Anm. 20 zu § 7. Der Arbeitgeber muß dann seinen Anspruch auf Zahlung von Lizenzgebühren gegen den Dritten auf den Arbeitnehmer übertragen. Schwierigkeiten könnten sich ergeben, wenn bei Austauschverträgen keine konkret feststellbaren Zahlungen vereinbart sind. Soweit in solchen Fällen überhaupt eine Schutzrechtsaufgabe in Frage kommt, wird der Arbeitgeber den Arbeitnehmer für die Belastung entschädigen oder ihm das Recht frei von der Belastung verschaffen müssen. Bei Auslandsaustauschverträgen wird dies schwierig sein, wenn das Recht dem ausländischen Vertragspartner zusteht. Entweder wird eine vorsorgliche Abrede für das Fallenlassen von Schutzrechten in den Auslandsvertrag eingebaut werden oder nach Meldung eine Vereinbarung mit dem Arbeitnehmer getroffen werden müssen (vgl. auch Anm. 9—12 zu § 14).

20 h) Nichtigkeit und Löschung des Schutzrechts

Wird ein Antrag gestellt, das nach Inanspruchnahme vom Arbeitgeber erlangte Patent ganz oder teilweise für nichtig zu erklären (§ 13, 37 ff. PatG) oder das Gebrauchsmuster zu löschen (§ 7 ff. GmG), so muß der Arbeitgeber den Arbeitnehmer hiervon benachrichtigen, siehe Anm. 7 zu § 15. Wenn der Arbeitgeber sich auf die Klage nicht einlassen oder gegen die erstinstanzliche Entscheidung ein Rechtsmittel nicht einlegen will, so muß er dies dem Arbeitnehmer mitteilen, da dann das Recht beendet wird. Stimmt der Arbeitnehmer der Ansicht des Arbeitgebers zu — es stehen ihm hierfür die drei Monate des Abs. 2 zur Verfügung —, so kann das Schutzrecht mit allen sich hieraus für die Vergütungspflicht ergebenden Folgen fallen. Hält er im Gegensatz zum Arbeitgeber die Angriffe gegen das Schutzrecht für unberechtigt und will er das Risiko der Verteidigung tragen, so muß er fristgemäß die Übertragung des Rechts verlangen. Entschließt sich der Arbeitgeber erst nach Erlaß der erstinstanzlichen Entscheidung dazu, das Recht aufzugeben, so muß er notfalls durch vorsorgliche Einlegung des Rechtsmittels und Zahlung der erforderlichen Gebühr dafür sorgen, daß das Recht bis zur Entschließung des Arbeitnehmers aufrechterhalten bleibt. Dieser wird sich möglichst schnell schlüssig zu machen haben und sollte die Dreimonatsfrist nur wenn unbedingt nötig ausnützen. Man wird ihn für verpflichtet halten müssen, dem Arbeitgeber, der die Absicht, das Recht fallen zu lassen, erklärt hat, die Rechtsmittelgebühr zu ersetzen, da er ja dann das Verfahren selbst fortsetzen muß — vgl. oben Anm. 16.

21 i) Aushändigung der Unterlagen

Mit der Übertragung des Rechts sind auch die zu seiner Wahrung erforderlichen Unterlagen dem Arbeitnehmer auszuhändigen. Es handelt sich bei Anmeldungen um den Schriftwechsel mit dem Deutschen Patentamt und ausländischen Patentämtern oder den Vertretern, bei erteilten Schutzrechten auch um die Urkunden, die hierfür ausgestellt sind, und die letzten Nachweise oder Bescheide über die Jahresgebühren oder die entsprechenden Zahlungen, etwa bei Gebrauchsmustern.

k) Wiedereinsetzung in den vorigen Stand 22

Ob der Arbeitnehmererfinder, der gegen seinen Arbeitgeber einen Anspruch auf Rückübertragung eines Schutzrechts hat, wegen vom Arbeitgeber versäumten Handlungen (z. B. Versäumung der Frist zur Bezahlung der Jahresgebühren) Wiedereinsetzung in den vorigen Stand verlangen kann, ist umstritten. Für die Wiedereinsetzung BayVGH in der nicht rechtskräftigen Entscheidung v. 17. 2. 1961, Mitt. 1961, 149; dagegen PA v. 19. 5. 1954, Bl. 1954, 226, und BPatG v. 4. 10. 1961, Bl. 1961, 398 = DB 1962, 127; zweifelnd Schade, GRUR 1953, 49, 54. Schulte, GRUR 1961, 525, schließt sich der Auffassung des PA und des BPatG an, da das ArbEG kein Heimfallrecht des Arbeitnehmererfinders mit dinglicher Wirkung kenne und deshalb der Arbeitgeber bis zur Erfüllung der Ansprüche des Arbeitnehmers auf § 16 Patentinhaber sei. Der Arbeitnehmer sei in solchen Fällen auf Schadenersatzansprüche angewiesen. Dem wird man zustimmen müssen.

III. Vorbehalt eines Benutzungsrechts

a) Inhalt des Benutzungsrechts 23

Nach Abs. 3 kann sich der Arbeitgeber bei der Übertragung der Anmeldung oder des Schutzrechts ein nichtausschließliches Benutzungsrecht vorbehalten, und zwar gegen angemessene Vergütung. Dies war schon in § 7 DVO vorgesehen. Es findet seine rechtspolitische Rechtfertigung darin, daß die Erfindung im Zusammenwirken von Erfinder und Betrieb entstanden ist, entspricht im übrigen auch besonders der Möglichkeit, von Anfang an beschränkt in Anspruch zu nehmen (§§ 6, 7 Abs. 2). Die Formulierung ist dieselbe wie bei der beschränkten Inanspruchnahme sowie bei den Vorbehalten in § 14 Abs. 3, § 19 Abs. 1. Der Inhalt des Rechts ist in allen diesen Fällen grundsätzlich gleich. Er entspricht dem einer einfachen Lizenz; BGH v. 23. 4. 1974, NJW 1974, 1197 = BB 1974, 786; Näheres siehe Anm. 10 zu § 7. Der BGH sieht deshalb auch schon in dem bei § 12 in Anm. 7 im einzelnen besprochenen „Cromegal"-Urteil v. 28. 6. 1962 (GRUR 1963, 135/138) die Rückübertragung der Anmeldung unter Vorbehalt des Benutzungsrechts zu Recht als Umwandlung der zunächst unbeschränkten in eine beschränkte Inanspruchnahme an und knüpft daran die Folge, daß der Arbeitgeber von diesem Zeitpunkt an auch die Beweisvermutung des § 10 Abs 2 gegen sich gelten lassen muß.

Das nichtausschließliche Benutzungsrecht ist betriebsgebunden und 24
auf die unmittelbare Benutzung der Diensterfindung im Betrieb des

Erläuterungen

Arbeitgebers abgestellt. Ohne Zustimmung des Arbeitnehmers kann der Arbeitgeber Dritten die Benutzung der Erfindung nicht gestatten, also keine Unterlizenzen erteilen. Das ist vor allem beim Verkauf von Anlagen von Bedeutung, mit denen das geschützte Verfahren benutzt wird. Diese von der Schiedsstelle schon im EV v. 28. 5. 1968, Bl. 1968, 349, vertretene Auffassung hat der BGH am 23. 4. 1974 bestätigt (GRUR 1974, 463 = NJW 1974, 1197 = BB 1974, 786; Vorentscheidung des OLG Frankfurt OLGZ 1971, 372). Der BGH hat in der Entscheidung verschiedentlich auf die Regeln der §§ 7 Abs. 2, 14 Abs. 3, 16 Abs. 3 und 19 Abs. 1 als inhaltlich übereinstimmend verwiesen, will also alle diese Fälle gleich behandelt wissen (a. A. vor der Entscheidung Kraft, GRUR 1970, 381; s. dazu oben Anm. 7 zu § 14; kritisch zur Entscheidung „Anlagengeschäft" Fischer, GRUR 1974, 500). Der BGH erkennt, daß mit dieser Entscheidung im Anlagengeschäft das nichtausschließliche Benutzungsrecht wirtschaftlich wertlos und der völligen Freigabe der Erfindung praktisch gleichzusetzen ist. Er verweist auf die Möglichkeit, ausreichende Vereinbarungen zwischen Arbeitgeber und Arbeitnehmer bei der Freigabe abzuschließen, denen § 22 nicht entgegensteht. Sollte der Arbeitnehmer einer solchen Vereinbarung nicht zustimmen, so ist im Einzelfall zu prüfen, ob nicht aus dem Gesichtspunkt der arbeitsrechtlichen Treuepflicht (§ 242 BGB) eine Pflicht zum Abschluß herzuleiten ist. Derselbe Gesichtspunkt kann auch für die vertragliche Erweiterung des nichtausschließlichen Benutzungsrechts auf den Fall der mittelbaren Benutzung in Betracht kommen. Zur Frage einer rechtsanalogen Anwendung des § 7 Abs. 2 Satz 2 hat der BGH nicht Stellung genommen. Die gegen eine solche Analogie in Anm. 5 zu § 14 angeführten Gründe greifen im Bereich des § 16 nicht durch, so daß hier eine abweichende Entscheidung möglich erscheint; s. im einzelnen unter Anm. 26, 27.

25 **b) Angemessene Vergütung**

Es gelten dieselben Grundsätze, die für die Vergütung des Benutzungsrechts bei der beschränkten Inanspruchnahme entwickelt sind; Schiedsstelle v. 30. 7. 1970, Bl. 1971, 137; siehe Erläut. zu § 10 und RL Nr. 25 mit Anm. Wird die Verwertung der Erfindung durch das weiterbestehende Benutzungsrecht des Arbeitgebers wesentlich erschwert, so wird dem bei der Höhe der Vergütung Rechnung zu tragen sein.

Ein Beispiel enthält der EV. v. 15. 2. 1966, Bl. 1967, 30, mit Anm. Schippel GRUR 1967, 355. Der Arbeitgeber wurde dort in einem Fall des § 16 Abs. 3 ausnahmsweise zur Weiterzahlung der Erfindervergütung und zur Übernahme der Zahlung der Patentjahresgebühren verpflichtet, da er für sich durch die Auswertung seines Benutzungsrechts eine erhebliche Vorzugsstellung auf dem Markt mit etwa 50 Prozent Marktanteil erhalten konnte und die zur Auswertung des Schutzrechts erforderlichen hohen betriebsinternen Erfahrungen nicht ohne weiteres Wettbewerbern zur Verfügung standen. Vgl. auch die Aufsätze von Grote, Mitt. 1969, 107, und Johannesson GRUR 1970, 114 (121).

§ 17 Betriebsgeheimnisse

c) „Unbillige Erschwerung" der Verwertung 26

Die Regelung des § 7 Abs. 2, daß bei unbilliger Erschwerung der Verwertung der Erfindung der Arbeitnehmer entweder unbeschränkte Inanspruchnahme oder völlige Freigabe verlangen kann, ist nicht übernommen. Der Gesetzgeber hat dahingehenden Anregungen bewußt nicht entsprochen, siehe Ausschußbericht unten S. 636. Der BGH hat in der oben zitierten Entscheidung v. 23. 4. 1974 die Frage ausdrücklich offen gelassen; s. oben Anm. 24 a. E. Soweit es sich um die Aufgabe von Schutzrechten handelt, sind Parallelen zu den Umständen bei einer beschränkten Inanspruchnahme nicht vorhanden. Auch wenn sich die Erteilung eines Schutzrechts lange hinzieht und sich die Auffassung über den Wert einer Erfindung im Laufe des Verfahrens ändert, sind keine Bedenken gegen die strikte Anwendung der Bestimmung ersichtlich. In beiden Fällen können Härten ausreichend durch die Bemessung der Vergütung ausgeglichen werden, siehe Anm. 25.

Dagegen sind Fälle denkbar, in denen die den Arbeitgeber belastende 27
Regelung des § 7 Abs. 2 umgangen werden soll. Wenn nämlich ein Schutzrecht angemeldet und unmittelbar nach der Anmeldung zurückgezogen wird, eine Patentanmeldung beispielsweise vor dem ersten Prüfungsbescheid und ohne daß sich eine erkennbare Veränderung der Voraussetzungen ergeben hat, so könnte damit der Anspruch des Arbeitnehmers, daß der Arbeitgeber die Erfindung ganz oder gar nicht übernimmt, vereitelt werden. In krassen Fällen greifen die für die unzulässige Rechtsausübung entwickelten Grundsätze Platz (im selben Sinne Volmer, Anm. 5 zu § 16). Da man es dem Arbeitgeber wird überlassen müssen, die Anmeldung nicht selbst weiterzuführen, wird man ihm u. U. den Anspruch auf ein Benutzungsrecht versagen müssen.

d) Gleichzeitige Mitteilung des Vorbehalts 28

Damit der Arbeitnehmer sofort in der Lage ist, die Voraussetzungen einer Übernahme des Rechts zu übersehen, ist ausdrücklich vorgeschrieben, daß der Arbeitgeber gleichzeitig mit der Mitteilung nach Abs. 1 den Vorbehalt des Benutzungsrechts ausspricht. Eine nachträgliche Mitteilung kann nur dann Wirkungen äußern, wenn der Arbeitnehmer zustimmt (§ 22). Vgl. Anm. 7 zu § 14. Die Mitteilung stellt sich als empfangsbedürftige Willenserklärung dar und unterliegt den hierfür anzuwendenden rechtlichen Bestimmungen.

§ 17
Betriebsgeheimnisse

(1) Wenn berechtigte Belange des Betriebes es erfordern, eine gemeldete Diensterfindung nicht bekanntwerden zu lassen, kann der Arbeitgeber von der Erwirkung eines Schutzrechts absehen, sofern er die Schutzfähigkeit der Diensterfindung gegenüber dem Arbeitnehmer anerkennt.

Erläuterungen

(2) Erkennt der Arbeitgeber die Schutzfähigkeit der Diensterfindung nicht an, so kann er von der Erwirkung eines Schutzrechts absehen, wenn er zur Herbeiführung einer Einigung über die Schutzfähigkeit der Diensterfindung die Schiedsstelle (§ 29) anruft.

(3) Bei der Bemessung der Vergütung für eine Erfindung nach Absatz 1 sind auch die wirtschaftlichen Nachteile zu berücksichtigen, die sich für den Arbeitnehmer daraus ergeben, daß die Diensterfindung kein Schutzrecht erteilt worden ist.

Übersicht

	Anm.		Anm.
I. Ausnahme vom Anmeldezwang		**II. Verfahren bei Streit über die Schutzfähigkeit**	
a) Allgemeines	1		
b) Früheres Recht	2—3	a) Anrufung der Schiedsstelle	8
c) Neues Recht	4	b) Befugnisse der Schiedsstelle	9, 10
d) Berechtigte Belange des Betriebes	5	c) Rechtliche Bedeutung der Regelung nach Abs. 3	11
e) Schutzfähigkeit der Diensterfindung	6	**III. Besonderheiten der Vergütung**	12—15
f) Geheimerfindung nach § 30 a PatG, § 3 a GmG	7		

I. Ausnahme vom Anmeldezwang

1 a) Allgemeines

Nach § 13 ist der Arbeitgeber grundsätzlich (beachte § 16) verpflichtet, im Inland eine gemeldete Diensterfindung zum Schutzrecht anzumelden. Man geht hier davon aus, daß es im allgemeinen im wohlverstandenen Interesse des Betriebs liegt, für Erfindungen Patente oder Gebrauchsmuster im Inland zu erlangen. Nun gibt es aber durchaus Fälle, in denen dies nicht zweckmäßig erscheint, etwa bei Verfahrenserfindungen, in denen dem Endprodukt die Herstellungsweise nicht anzusehen ist, so daß sie einerseits nicht offenbar wird, andererseits auch eine Benutzung des Verfahrens durch Verletzer schwer nachzuweisen ist (vgl. Beil in Chemie-Ingenieur-Technik 1957, 634). Auf der anderen Seite wird eine Geheimhaltung der Erfindung bei Gebrauchsmustern nur selten praktisch in Frage kommen, weil die geschützten Arbeitsgerätschaften oder Gebrauchsgegenstände im allgemeinen auf den Markt kommen, ebenso wie das auch für sog. Erzeugnispatente gilt.

Ist aber eine Geheimhaltung möglich, so soll sie dem Betrieb nicht durch den Anmeldezwang für Diensterfindungen genommen werden. Deshalb kann der Arbeitgeber auch bei Diensterfindungen unter bestimmten Voraussetzungen von der Anmeldung absehen.

2 b) Früheres Recht

In § 6 Abs. 3 DVO war diesen Umständen bereits durch eine in vielen Punkten in das neue Gesetz übernommene Regelung Rechnung getragen.

Während aber hier von „besonderen" Belangen des Betriebs die Rede war, die eine Geheimhaltung erfordern, heißt es jetzt „berechtigte Belange"; auch mußte ergänzend die Geheimhaltung von gebrauchsmusterfähigen Erfindungen geregelt werden. Sprach man bisher im Schrifttum von „Geheimerfindungen", so ist zur Vermeidung von Verwechslungen mit den mit Rücksicht auf die Sicherheit des Bundes geheimzuhaltenden Erfindungen (§ 30 a PatG) jetzt in der amtlichen Überschrift des § 17 von „Betriebsgeheimnissen" die Rede. Im Text der Bestimmung selbst wird der Begriff nicht verwendet. Eine Abgrenzung gegenüber § 24 ArbEG, §§ 1, 17 und 18 UWG, § 823 Abs. 1, § 826 BGB ist daher hier nicht erforderlich. Siehe dazu Anm. 2—4 zu § 24. Wegen der Bedenken gegen eine rückwirkende Anwendung des § 17 Abs. 2 auf Tatbestände, die bereits vor dem Inkrafttreten des ArbEG abgewickelt worden sind, siehe BGH v. 20. 11. 1962, Bl. 1963, 76 = GRUR 1963, 315 „Pauschalabfindung".

Im ursprünglichen Text des § 17 war in Abs. 2 für den Fall, daß der Arbeitgeber die Patentfähigkeit der Diensterfindung nicht anerkannte, seine Verpflichtung vorgesehen, die Diensterfindung im Inland zur Erteilung des Patents anzumelden. Er war jedoch berechtigt, die Anmeldung nach Erlaß des Bekanntmachungsbeschlusses zurückzunehmen. Die Entscheidung des Patentamtes war für das Verhältnis zwischen Arbeitgeber und Arbeitnehmer bindend (vgl. den Gesetzestext in der Vorauflage und dort Anm. 6 — 11 zu § 17). 3

Diese Regelung war mit der Neufassung des patentamtlichen Verfahrens im sog. Vorabgesetz v. 4. 9. 1967 (BGBl. I 953) nicht mehr vereinbar. Wegen der neuen Bestimmungen über die Offenlegung der Akten nicht bekanntgemachter Patentanmeldungen in § 24 Abs. 3 Nr. 3 PatG besteht für eine geheime patentamtliche Prüfung kein Raum mehr. § 17 Abs. 2 a. F. mußte also ersatzlos gestrichen werden: Abs. 3 wurde als neuer Abs. 2 redaktionell angepaßt (Art. 5 des Gesetzes zur Änderung des PatG, des WZG und weiterer Gesetze v. 4. 9. 1967, BGBl. I 953). Abs. 4 a. F. wurde unverändert zu Abs. 3. Zur Neufassung im einzelnen Schade, GRUR 1968, 393, und GRUR 1970, 579, sowie Zeller, GRUR 1968, 227, 230. Für Übergangsfälle beachte Art. 7 Abs. 2 des Gesetzes. Bereits nach § 17 Abs. 2 a. F. eingereichte Anmeldungen, für die der Arbeitgeber als Anmelder das Betriebsgeheimnis wahren wollte, mußten nach der Benachrichtigung gemäß Art. 7 Abs. 2 zurückgezogen werden.

c) Neues Recht 4

§ 17 kennt in der neuen Fassung (S. Anm. 3) nur noch zwei Fälle:

Erkennt der Arbeitgeber die Schutzfähigkeit der Diensterfindung, die er als Betriebsgeheimnis behandeln möchte, an, so kann er von der Erwirkung eines Schutzrechts absehen (Abs. 1); zwischen Patent und Gebrauchsmuster wird insoweit nicht mehr unterschieden.

Erkennt der Arbeitgeber die Schutzfähigkeit einer solchen technischen Neuerung nicht an, so muß er die Schiedsstelle zur Herbeiführung der Einigung über die Schutzfähigkeit anrufen (Abs. 2).

Erläuterungen

5   **d) Berechtigte Belange des Betriebs**

Die Geheimhaltung muß durch „berechtigte Belange des Betriebs" erfordet werden (vgl. Anm. 2). Was solche berechtigte Belange sind, wird nur vom Betrieb aus beurteilt werden können. Man wird die Entscheidung über die Frage, ob es erforderlich ist, die Erfindung nicht bekannt werden zu lassen, deshalb dem pflichtgemäßen Ermessen des Arbeitgebers überlassen müssen. Fällt das Geheimhaltungsbedürfnis später fort, so muß dann geprüft werden, ob die Anmeldung noch mit Aussicht auf Erfolg eingereicht werden kann.

Das in dem Persönlichkeitsrecht des Erfinders wurzelnde Interesse an der Erwirkung eines Schutzrechts (vgl. Anm. 1 zu § 7) muß zurücktreten, zumal dem wirtschaftlichen Interesse des Arbeitnehmers durch die Regelung des Abs. 3 Rechnung getragen wird. Das schließt aber nicht aus, daß bei einem Mißbrauch der Bestimmung eine Nachprüfung im Verfahren vor der Schiedsstelle und vor den Gerichten denkbar ist, ob „berechtigte" Belange des Betriebs vorliegen. Wird dies verneint, so tritt die grundsätzliche Regelung des § 13 in Kraft; eine Anmeldung durch den Arbeitnehmer (vgl. Anm. 11 zu § 13) wird aber erst nach rechtskräftiger Erledigung des Streits zulässig sein.

6   **e) Schutzfähigkeit der Diensterfindung**

Soweit über die Schutzfähigkeit der gemeldeten Diensterfindung kein Streit besteht, insbesondere auch, wenn der Arbeitgeber, wie Abs. 1 sagt, die Schutzfähigkeit gegenüber dem Arbeitnehmer anerkennt, sind die Voraussetzungen für die Vergütung der Erfindung, die ja nach § 2 patent- oder gebrauchsmusterfähig sein muß, insoweit ohne weiteres gegeben. Es kann aber vorkommen, daß der Arbeitgeber die Schutzfähigkeit der gemeldeten Neuerung verneint. Normalerweise würde sie dann im Verfahren vor dem Patentamt geklärt, sei es im Erteilungsverfahren, sei es in einem Löschungsstreit. Meldet man überhaupt nicht an, so würde diese Klärung nicht erreicht werden können. Der Gesetzgeber mußte daher, und zwar in Übereinstimmung mit der neuen Regelung des Erteilungsverfahrens bei Patenten nach Wegen suchen, die Frage der Schutzfähigkeit klären zu lassen.

7   **f) Geheimerfindungen nach § 30a PatG, § 3 a GmG**

Wie bereits in Anm. 2 erwähnt, spricht man jetzt von Betriebsgeheimnis, um klarzustellen, daß es sich nicht um Geheimerfindungen im herkömmlichen und international bekannten Sinne handelt, also um solche, die ein Staatsgeheimnis darstellen. Für solche Erfindungen können nach dem geltenden Recht (§§ 30 ff, PatG, § 3 a GmG) nur in dem dort im einzelnen beschriebenen Verfahren Schutzrechte erworben werden. Das Recht auf Erfindernennung tritt hier in allen Fällen hinter die übergeordneten Belange des Staates zurück. Entschädigungsansprüche nach § 30 f PatG stehen nur dem Anmelder, Patentinhaber oder deren Rechts-

§ 17 Betriebsgeheimnisse

nachfolgern, nicht dem Arbeitnehmererfinder zu. Er hat aber gegen den Arbeitgeber Anspruch auf Berücksichtigung solcher Leistungen bei der Feststellung der Vergütungshöhe.

II. Verfahren bei Streit über die Schutzfähigkeit

a) Anrufung der Schiedsstelle 8

Bei Streit über die Schutzfähigkeit der Diensterfindung, die der Arbeitgeber als Betriebsgeheimnis behandeln will, scheidet seit der Neuordnung des Patenterteilungsverfahrens nach dem sogenannten Vorabgesetz v. 4. 9. 1967 (s. oben Anm. 3) die in der alten Fassung des § 17 Abs. 2 vorgesehene patentamtliche Prüfung aus. Der Gesetzgeber hat deshalb nunmehr für jeden Streit über die Schutzfähigkeit, sei es Patentfähigkeit oder Gebrauchsmusterfähigkeit, die in der alten Fassung des § 17 Abs. 3 zunächst nur für Gebrauchsmuster eingeschaltete Schiedsstelle, die nach § 29 beim Deutschen Patentamt errichtet ist, eingeschaltet. Die Schiedsstelle kann vom Arbeitgeber oder vom Arbeitnehmer angerufen werden.

b) Befugnisse der Schiedsstelle 9

Wie der Wortlaut des Abs. 2 ergibt, kann die Schiedsstelle nur zur Herbeiführung einer Einigung angerufen werden. Dies liegt im Rahmen ihrer durch §§ 28 und 34 geregelten Tätigkeiten. Sie kann nur einen Einigungsvorschlag machen (Näheres bei § 34). Man kann ihr insofern nicht „schiedsrichterliche Befugnisse" zuerkennen, als die Beteiligten genötigt wären, ihren Vorschlag anzunehmen. Der Einigungsvorschlag der Schiedsstelle ist vielmehr hier wie in allen anderen Fällen nicht bindend. Nach Ablehnung des Schiedsspruchs durch eine der beiden Parteien steht der Rechtsweg vor dem ordentlichen Gericht offen (ebenso schon für die Regelung des § 17 Abs. 3 a. F. die Vorauflage Anm. 13 zu § 17; ebenso Schade, Mitt. 1959, 256, und Halbach, Anm. 4 zu § 17 und zur Neufassung des Gesetzes Gaul-Bartenbach, Arbeitnehmererfindung und Verbesserungsvorschlag, 2. Aufl. S. 115, sowie die in Anm. 3 angeführten Aufsätze von Schade. Zu § 17 Abs. 3 a. F. vertraten Volmer, Anm. 18 zu § 17, Lindenmaier-Lüdecke, Anm. 6 zu § 17, und Heine Rebitzki, ArbEG, Anm. 3 zu § 17, eine andere Auffassung und nahmen eine bindende Entscheidung der Schiedsstelle an). Für die Annahme einer bindenden Entscheidung der Schiedsstelle im Fall des § 17 Abs. 2 fehlt jeder Anhaltspunkt im Gesetz. Zudem ist zu beachten, daß bei der Annahme einer bindenden Entscheidung nach Art. 19 Abs. 4 GG der Rechtsweg vor die allgemeinen Verwaltungsgerichte geöffnet würde. Die Annahme eines normalen Einigungsvorschlags i. S. des § 34 hat schon die eigenartige Konsequenz, daß die ordentlichen Gerichte über die Schutzfähigkeit einer Patentanmeldung entscheiden müssen. Durch die Einrichtung der Spezialkammern und Spezialsenate ist hier aber die erforderliche Sachkenntnis vorhanden. In den allgemeinen Verwaltungsgerichten würde diese Sachkenntnis völlig fehlen.

Erläuterungen

10 Bei der Prüfung der Schutzfähigkeit der betriebsgeheimen Diensterfindung berücksichtigt die Schiedsstelle alle ihr zur Kenntnis gelangenden Umstände, insbesondere die Kenntnisse der Beisitzer, die nach § 30 Abs. 3 auf dem Gebiet der Technik, auf das sich die Erfindung bezieht, besondere Erfahrungen besitzen, in der Regel in solchen Fällen aus den Abteilungen des Patentamtes gewählt werden, das mit der Prüfung der Schutzfähigkeit befaßt wäre. Die Schiedsstelle ist aber im Unterschied zum Patentamt auch nicht gehindert, die der Erfindungsmeldung des Diensterfinders beigefügten Versuchsberichte usw. in ihre Beurteilung einzubeziehen (Schiedsstelle v. 27. 9. 1969, Bl. 1970, 425; ebenso Gaul-Bartenbach a. a. O.). Entgegen den zunächst allgemein geäußerten Erwartungen (vgl. z. B. Schade, GRUR 1968, 393 [400] und GRUR 1970, 579), ist die Schiedsstelle bisher nur in wenigen Fällen angerufen worden.

11 **c) Rechtliche Bedeutung der Regelung nach Abs. 2**

Da die Schiedsstelle nach § 28 in allen Streitfällen zwischen Arbeitgeber und Arbeitnehmer aufgrund des Gesetzes angerufen werden kann, wäre dies auch ohne die besondere Regelung des Abs. 2 möglich. Darüber hinaus ist aber bestimmt, daß der Arbeitgeber von der Erwirkung eines Schutzrechts absehen kann, wenn er die Schiedsstelle im Falle des § 17 Abs. 2 anruft. Das kann nicht, wie vorstehend ausgeführt, die Bedeutung haben, daß die Schiedsstelle endgültig über die Schutzfähigkeit befände, sondern enthebt den Arbeitgeber nur von der Verpflichtung, zur Feststellung der Schutzfähigkeit ein Schutzrecht anzumelden. Damit ist allerdings noch nicht darüber befunden, ob überhaupt berechtigte Belange des Betriebs die Nichtanmeldung rechtfertigen — s. Anm. 5. Außerdem schließt die Regelung etwaige Schadenersatzansprüche wegen verspäteter Anmeldung aus.

12 **III. Besonderheiten der Vergütung**

Für die Vergütung betriebsgeheimer Erfindungen enthalten die RL in Nr. 27 besondere Bestimmungen (siehe oben S. 302).

Die Vergütung richtet sich zunächst nach den allgemeinen Grundsätzen des § 9, darüber hinaus sind aber die wirtschaftlichen Nachteile zu berücksichtigen, die sich daraus ergeben, daß kein Schutzrecht erwirkt wird. Als Beispiele für die Beeinträchtigung führen die RL in Übereinstimmung mit der Amtl. Begr. unten S. 595 an, daß der Erfinder als solcher nicht bekannt wird, daß die Diensterfindung nur in beschränktem Umfang ausgewertet werden kann oder daß sie vorzeitig bekannt wird und durch andere ausgewertet werden kann.

13 Da nur von wirtschaftlichen Nachteilen die Rede ist, kann ein immaterieller Schaden durch Unterbleiben einer Erfindernennung nicht berücksichtigt werden, zumal dies der Ausschuß ausdrücklich abgelehnt hat (Ausschußbericht unten S. 637). Einen vermögensrechtlichen Schaden,

§ 17 Betriebsgeheimnisse

z. B. weil bei einer Bewerbung nicht auf eine Erfindernennung hingewiesen werden könne, wird der Arbeitnehmer nur schwer nachweisen können.

Bei der beschränkten Auswertung denkt man daran, daß bei Betriebsgeheimnissen die Ausnutzung durch Lizenzvergabe weniger in Betracht kommt, während sie bei Erwirkung eines Schutzrechts zumutbar wäre. (Daß auch Betriebsgeheimnisse Gegenstand von Lizenzverträgen sein können, bestätigt BGH v. 18. 3. 1955, BGHZ 17, 41 = GRUR 1955, 468 = NJW 1955, 829 = BB 1955, 394 — Kokillenguß.[1]) Gerade wenn berechtigte Belange des Betriebs die Geheimhaltung erfordern, muß ein dadurch entstehender Nachteil ausgeglichen werden. Den Bedenken von Heine-Rebitzki, Anm. 4 zu § 17, und Beil, Chemie-Ingenieur-Technik 1957, 634, kann deshalb nur mit dieser Einschränkung beigepflichtet werden.

14

Mit Beil a. a. O. ist eine auszugleichende Beeinträchtigung festzustellen, wenn die Erfindung vorzeitig bekannt und wegen Fehlens eines Schutzes von Wettbewerbern benutzt wird und dadurch der Umsatz des Betriebs verringert wird (Nr. 27 RL letzter Satz). Der Nachteil wird im Gegensatz zu der Meinung von Heine-Rebitzki a. a. O. immer als auszugleichen angesehen werden müssen, da die Unterordnung unter die berechtigten Belange des Betriebs nur zu der Unterlassung der Schutzrechtserwirkung führt. Die sich hieraus ergebende wirtschaftliche Benachteiligung der Arbeitnehmers soll gerade durch die eindeutige Vorschrift des Abs. 3 berücksichtigt werden. Erlangt ein Dritter ein Schutzrecht an dem geheimgehaltenen Gegenstand der Erfindung, so wird dem Betrieb meist ein Weiterbenutzungsrecht nach § 7 PatG zustehen.

15

2. Freie Erfindungen

Vorbemerkung

Während im bisherigen Recht der Begriff der freien Erfindung zwar bekannt war, aber in der VO und DVO nicht erwähnt wurde, wird in § 4 Abs. 3 der Begriff in das Gesetz eingeführt und auf die §§ 18 und 19 hingewiesen. Siehe hierzu Anm. 16 zu § 4. In § 18 ist abweichend vom bisherigen Recht an Stelle der Meldepflicht eine vereinfachte Mitteilungspflicht festgelegt; es sind Bestimmungen getroffen, die Streitigkeiten über den Charakter der Erfindung vorbeugen oder doch ihre alsbaldige Beilegung vorsehen. In § 19 sind gewisse Rechte des Arbeitgebers an freien Erfindungen seines Arbeitnehmers geregelt, die bisher zum Teil Vereinbarungen vorbehalten geblieben waren, deren Wirksamkeit streitig war.

---

[1] Zur kartellrechtlichen Beurteilung eines Vertrages über ein Betriebsgeheimnis s. BGH v. 16. 10. 1962, GRUR 1963, 207.

Erläuterungen

§ 18
Mitteilungspflicht

(1) Der Arbeitnehmer, der während der Dauer des Arbeitsverhältnisses eine freie Erfindung gemacht hat, hat dies dem Arbeitgeber unverzüglich schriftlich mitzuteilen. Dabei muß über die Erfindung und, wenn dies erforderlich ist, auch über ihre Entstehung soviel mitgeteilt werden, daß der Arbeitgeber beurteilen kann, ob die Erfindung frei ist.

(2) Bestreitet der Arbeitgeber nicht innerhalb von drei Monaten nach Zugang der Mitteilung durch schriftliche Erklärung an den Arbeitnehmer, daß die mitgeteilte Erfindung frei sei, so kann er die Erfindung nicht mehr als Diensterfindung in Anspruch nehmen.

(3) Eine Verpflichtung zur Mitteilung freier Erfindungen besteht nicht, wenn die Erfindung offensichtlich im Arbeitsbereich des Betriebes des Arbeitgebers nicht verwendbar ist.

Übersicht

	Anm.		Anm.
I. Allgemeines		b) Arbeitsbereich	11
a) Früheres Recht	1	c) Offensichtlich	12
b) Bindung der freien Erfindung	2	d) Verwendbar	13
c) Während der Dauer des Arbeitsverhältnisses	3	IV. Regelung bei Streit, ob eine freie Erfindung vorliegt	
II. „Mitteilung"		a) Bestreiten	14
a) Begriff	4	b) Inanspruchnahme	15
b) Mitteilungspflichtige Personen	5	c) Schriftlich	16
c) Unverzüglich	6	d) Frist für Bestreiten und Inanspruchnahme	17
d) Schriftlich	7	e) Folgen der Fristversäumnis	18
e) Inhalt	8	f) Entscheidung über das Vorliegen einer freien Erfindung	19
III. Nichtbestehen einer Mitteilungspflicht	9		
a) Betrieb	10		

I. Allgemeines

1 **a) Früheres Recht**

Nach § 3 DVO mußte der Arbeitnehmer jede während der Dauer des Arbeitsverhältnisses gemachte Erfindung dem Arbeitgeber melden. Nach § 4 DVO konnte dieser allerdings nur Diensterfindungen in Anspruch nehmen. Durch die umfassende Meldepflicht wurde dem Arbeitnehmer jede Verantwortung abgenommen, die darin liegt, abzugrenzen, ob eine Diensterfindung vorliegt. Praktisch ist eine solche Meldepflicht kaum durchgeführt worden und auch wohl kaum durchführbar. Beide Teile waren sich darüber klar, daß die Meldung mit allen den im einzelnen

§ 18 Mitteilungspflicht

vorgesehenen Angaben in vielen Fällen eine sinnlose Belastung beiderseits darstellen würde.

b) Bindung der freien Erfindung 2

Der Meldepflicht lag aber der Gedanke zugrunde, daß auch eine freie Erfindung unter gewissen Umständen Bindungen zu unterwerfen sein könnte. Dieser Gedanke entspricht der Treuepflicht des Arbeitnehmers gegenüber seinem Arbeitgeber (siehe auch Anm. 4). Er führt zu der in § 19 geregelten Anbietungspflicht. Um dem Arbeitgeber die Ausübung der ihm eingeräumten Rechte zu ermöglichen, aber auch aus dem Gedanken heraus, etwaige Meinungsverschiedenheiten über den Charakter der Erfindung als freie oder gebundene möglichst rasch zu klären, hat es der Gesetzgeber für angebracht gehalten, daß der Arbeitgeber in der Regel Kenntnis von freien Erfindungen seiner Arbeitnehmer erhält. Er hat aber an die Stelle der inhaltsreichen Meldung die vereinfachte Mitteilung gesetzt, die nur soweit geht, daß sie ein Urteil über den Charakter der Erfindung ermöglicht. In klaren Fällen einer freien Erfindung kann auch diese Mitteilung nach Abs. 3 unterbleiben. Für die Geltendmachung von Ansprüchen des Arbeitgebers, sei es auf Inanspruchnahme als Diensterfindung, sei es hinsichtlich der Rechte aus § 19, sind Fristen vorgesehen, um möglichst bald klare Verhältnisse zu schaffen. Wegen der Mitteilung sog. freier Verbesserungsvorschläge (die Begriffsbildung wird von den Verfassern in Anm. 6—8 zu § 3 abgelehnt) siehe May, BB 1960, 628; Halbach, Arbeit und Recht 1960, 371; Volmer, BB 1960, 1334 und die Kritik der Verfasser in Anm. 6—8 zu § 3.

c) Während der Dauer des Arbeitsverhältnisses 3

Ebenso wie nach den §§ 4 und 5 nur solche Diensterfindungen zu melden sind, die während der Dauer des Arbeitsverhältnisses gemacht worden sind, muß der Arbeitnehmer auch nur die in diesem Zeitraum gemachten freien Erfindungen mitteilen. Wegen der Frage, wann eine Erfindung während der Dauer des Arbeitsverhältnisses gemacht ist, vgl. die Erläuterungen in Anm. 13 zu § 4 und 8 zu § 5. Wegen der entsprechenden Anwendung von § 18 auf Ruheständler s. Anm. 9 zu § 26.

II. „Mitteilung"

a) Begriff 4

Die Mitteilung ist ebenso wie die Meldung nach § 5 eine empfangsbedürftige Rechtshandlung, für die ähnliche Gesichtspunkte wie für die Meldung gelten, vgl. Anm. 10 zu § 5. Wegen des Verhältnisses der Mitteilungspflicht zur allgemeinen arbeitsrechtlichen Treuepflicht siehe Halbach, Arbeit und Recht 1960, 372 und Röpke, Arbeitsverhältnis und Arbeitnehmererfindung, S. 80, die entgegen Hueck-Nipperdey, Lehrbuch des Arbeitsrechts, Bd. 1 S. 457 Anm. 18 annehmen, daß die Mitteilungspflicht nicht in der Treuepflicht wurzele und keinen im Arbeitsrecht

Erläuterungen

allgemein geltenden Gedanken normiere, sondern eine über die arbeitsrechtliche Mitteilungspflicht hinausgehende Verpflichtung schaffe.

5 **b) Mitteilungspflichtige Personen**

Der Kreis der mitteilungspflichtigen Personen ergibt sich aus § 1, der ja alle Erfindungen umfaßt, nicht nur Diensterfindungen. Er wird auf Arbeitnehmer im engeren Sinne, Beamte und Soldaten zu beschränken sein — siehe Anm. 2, 9 und 10 zu § 1. Für Vorstandsmitglieder, Gesellschafter und arbeitnehmerähnliche Personen wird man wegen ihrer freieren Stellung gegenüber dem „Betrieb" eine rechtsähnliche Anwendung der Bestimmung nur in Ausnahmefällen annehmen können, da der Grundgedanke der Verpflichtung zur Meldung nach Treu und Glauben nicht ohne weiteres übertragen werden kann. Vgl. Anm. 11 zu § 5, Anm. 3—6 zu § 1.

6 **c) Unverzüglich**

Die Erfindung ist „unverzüglich" mitzuteilen, d. h. ohne schuldhaftes Zögern (§ 121 BGB) siehe Anm. 19 zu § 5.

7 **d) Schriftlich**

Wie bei der Meldung hat das Gesetz auch bei der Mitteilung Schriftform vorgeschrieben. Die übrigen Formerfordernisse des § 5 Abs. 1 können aber auf die Mitteilung nicht ohne weiteres übertragen werden. So kann von einer „gesonderten" Mitteilung abgesehen werden, wenn die Erklärung genügend als Erfindungsmitteilung gekennzeichnet ist; siehe die folgende Anm. 8 und OLG Braunschweig v. 29. 3. 1962, GRUR 1963, 196 gegen Volmer, Anm. 17 zu § 18.

8 **e) Inhalt**

Die Mitteilung einer freien Erfindung soll nicht wie die Meldung der Diensterfindung die Inanspruchnahme vorbereiten. Diese wird nur in Zweifelsfällen in Betracht kommen. Entsprechend dem in Anm. 2 erörterten Zweck der Mitteilung muß soviel mitgeteilt werden, daß der Arbeitgeber beurteilen kann, ob die Erfindung frei ist. Es muß also gesagt werden, um was für eine Erfindung es sich handelt. Nur wenn dies für die Beurteilung notwendig ist, muß auch über die Entstehung der Erfindung berichtet werden. Der Umfang der geschuldeten Auskunft richtet sich nach den gegebenen Umständen; sie wird meist beschränkter sein als die nach § 5, kann aber der letzteren umfangmäßig gleichkommen; so BGH v. 25. 2. 1958, GRUR 1958, 334; OLG München v. 9. 3. 1967, Mitt. 1967, 237; vgl. auch OLG Braunschweig, a. a. O. Die Erfindungsmitteilung muß, wie diese Entscheidung zu Recht hervorhebt, als solche kenntlich sein, sonst setzt sie die Frist des § 18 Abs. 2 nicht in Lauf (unten Anm. 17); dieser Mangel würde auch bei entsprechender Anwendung des § 5 Abs. 2 nicht geheilt werden.

§ 18 Mitteilungspflicht

III. Nichtbestehen einer Mitteilungspflicht 9

Selbst die abgeschwächte Mitteilungspflicht erscheint in manchen Fällen entbehrlich, nämlich dann, wenn die Erfindung im Betrieb nicht verwendbar ist (Abs. 3).

a) Betrieb 10

Der Begriff Betrieb, der in § 19 eine größere Rolle spielt, ist bewußt gewählt worden, um die Verwendungsmöglichkeit auf den konkreten Betrieb zu beschränken, in dem der Arbeitnehmer tätig ist. Das bedeutet einerseits nicht nur eine bestimmte Abteilung einer Fabrik, andererseits aber auch nicht eine Tochtergesellschaft im Verhältnis zur Hauptgesellschaft, wenn es sich um verschiedene juristische Personen oder Handelsgesellschaften handelt, die unter dem Begriff des Unternehmens zusammengefaßt werden können. Anregungen in dieser Richtung sind nicht aufgegriffen worden.

b) Arbeitsbereich 11

Unter Arbeitsbereich ist nicht nur die derzeitige Herstellung eines Fabrikats zu verstehen. Vielmehr fallen darunter auch andere Artikel, deren Aufnahme in das Fabrikationsprogramm ohne grundsätzliche Umstellung möglich ist. Man wird annehmen dürfen, daß die genauere, weil dort wichtigere Präzisierung des Begriffs in § 19, wo von vorhandenem oder vorbereitetem Arbeitsbereich gesprochen wird, auch in § 18 gemeint ist. Bei großen Betrieben, in denen der Arbeitnehmer den Arbeitsbereich anderer Abteilungen oft nicht übersieht, können sich hier gewisse Schwierigkeiten ergeben, denen man durch eine vorsichtige Auslegung des Wortes „offensichtlich" seitens des mitteilungspflichtigen Arbeitnehmers begegnen kann.

c) Offensichtlich 12

Die Mitteilungspflicht besteht nur dann nicht, wenn die Erfindung offensichtlich nicht im Arbeitsbereich des Betriebes des Arbeitgebers verwendbar ist. Das traditionelle Beispiel ist die Erfindung an einer Geige, die von einem in einem chemischen Werk beschäftigten Chemiker gemacht wird. Man kann aber z. B. auch an Erfindungen eines Bastlers denken, der in einer Hoheitsverwaltung des Staates mit anderen als technischen Aufgaben beschäftigt ist. An diese Fälle, in denen kein Zweifel daran bestehen kann, daß der Betrieb an dem Ergebnis privater Tätigkeit nicht wirtschaftlich interessiert ist, ist in erster Linie gedacht. Auf der anderen Seite sind sicher alle Erfindungen, die auf Anregungen des Betriebs beruhen und jetzt nicht mehr in den Kreis der Diensterfindungen einbezogen sind (vgl. Anm. 7 und 11 zu § 4), mitzuteilen. Sobald Zweifel bestehen, fehlt es an der Voraussetzung „offensichtlich".

d) Verwendbar 13

Verwendbar ist weiter als verwertbar. Der Gegenstand der Erfindung braucht daher nicht zum Verkauf erzeugt zu werden. Es genügt, daß

Erläuterungen

er im Betrieb hergestellt oder benutzt werden kann, z. B. als Arbeitsmittel (Ofen in einer Porzellanfabrik, Schraubenautomat in einer elektrotechnischen Fabrik).

IV. Regelung bei Streit, ob eine freie Erfindung vorliegt

14 a) Bestreiten

Wie in Anm. 2 dargelegt ist, dient die Mitteilung dazu, Meinungsverschiedenheiten zwischen Arbeitgeber und Arbeitnehmer darüber, ob die Erfindung frei oder gebunden ist, möglichst bald zu bereinigen. Das Verfahren regelt Abs. 2. Will der Arbeitgeber die Erfindung nicht als frei ansehen, so muß er dies binnen drei Monaten zum Ausdruck bringen. Schweigt er, so kann er die Erfindung nicht mehr als Diensterfindung in Anspruch nehmen. Will er dies, so muß er rechtzeitig bestreiten, daß die Erfindung frei sei. Auch hier handelt es sich um eine empfangsbedürftige Willenserklärung, vgl. Anm. 32 zu § 5, Anm. 3 zu § 6.

Sind in einem als Meldung bezeichneten Schreiben des Arbeitnehmers Zweifel geäußert, ob die gemeldete Erfindung Diensterfindung sei, so berührt das die Pflicht des Arbeitgebers nicht zu bestreiten, daß es sich um eine freie Erfindung handele (Schiedsstelle v. 28. 3./12. 8. 1966, Bl. 1967, 131 mit Anm. Schippel in GRUR 1967, 291).

15 b) Inanspruchnahme

Einigen sich beide Teile darüber, daß es sich bei der mitgeteilten Erfindung um eine gebundene handelt, so kann der Arbeitgeber sie in Anspruch nehmen. Auch wenn keine Einigung erzielt wird, der Streit also ausgetragen werden muß — siehe Anm. 19 —, muß er sie rechtzeitig in Anspruch nehmen, wenn er seine Rechte nicht verlieren will. „Tarnt" allerdings der Arbeitnehmer eine Diensterfindung bewußt als freie Erfindung, so kann er dem Arbeitgeber auch nach Ablauf der Dreimonatsfrist keine Einwendungen aus § 18 Abs. 2 entgegensetzen (§ 242 BGB); s. auch Schiedsstelle v. 8. 5. 1972, Bl. 1972, 382, aber auch das Zitat a. E. der Anm. 14 und 18.

16 c) Schriftlich

Im Interesse der Rechtssicherheit ist vorgesehen, daß der Arbeitgeber schriftlich bestreiten muß, ebenso wie die Schriftform für die Meldung und Mitteilung vorgesehen ist, vgl. Anm. 15 zu § 5.

17 d) Frist für Bestreiten und Inanspruchnahme

Der Arbeitgeber muß innerhalb von drei Monaten seit Zugang der Mitteilung bestreiten. Er kann gleichzeitig auch in Anspruch nehmen (vgl. als Beispiel den von Schade, BB 1962, 261 unter II vorgetragenen Fall der Schiedsstelle ArbErf 16/59). Da aber der Inhalt der Mitteilung wesentlich geringer sein kann als bei der Meldung einer Diensterfindung, werden die Voraussetzungen für die Inanspruchnahme nicht

§ 19 Anbietungspflicht

immer klarliegen. Der Arbeitgeber kann dann die erforderlichen Ergänzungen verlangen. Da die Erklärung des Arbeitnehmers, die in der Mitteilung liegt, nicht den Erfordernissen des § 5 Abs. 1 entspricht, weil sie nicht als „Meldung" kenntlich gemacht ist, reicht es aus, wenn er in der für das Bestreiten gesetzten Dreimonatsfrist Ergänzungen fordert. Die Frist zur Inanspruchnahme läuft, wenn die Mitteilung vom Arbeitgeber als ordnungsmäßige Meldung angesehen wird, im ganzen vier Monate, also noch einen Monat länger als die für das Bestreiten bestimmte Frist. Denn die Inanspruchnahmefrist des § 6 darf nicht dadurch verkürzt werden, daß die Erfindung fälschlich als freie vom Arbeitnehmer behandelt worden ist (so auch Beil in Chemie-Ingenieur-Technik 1957, 757). Sieht der Arbeitgeber die Meldung als nicht ordnungsgemäß an und fordert er Ergänzungen, so läuft die Frist der Inanspruchnahme vom Eingang der ordnungsgemäßigen Meldung ab. Vgl. hierzu § 5 Abs. 3, § 6 Abs. 2 Satz 2 und die Erläuterungen in Anm. 30 bis 33 zu § 5 und zur Fristberechnung Anm. 18 zu § 6.

e) Folgen der Fristversäumnis 18

Versäumt der Arbeitgeber es, binnen drei Monaten nach Zugang der Mitteilung des Arbeitnehmers zu bestreiten, daß die Erfindung frei sei, so ist sie endgültig frei geworden und kann nicht mehr durch einseitigen Akt in Anspruch genommen werden (Schiedsstelle v. 8. 5. 1972, Bl. 1972, 852). Dem Arbeitgeber bleiben dann nur die in § 19 geregelten Rechte. Wegen treuwidriger Herbeiführung der Wirkungen des § 18 Abs. 2 durch den Arbeitnehmer siehe oben Anm. 15. Grundsätzlich verstößt die Berufung auf Fristablauf nicht gegen die arbeitsrechtliche Treuepflicht (Schiedsstelle v. 28. 3./12. 8. 1966, Bl. 1967, 131).

f) Entscheidung über das Vorliegen einer freien Erfindung 19

Kommt eine Einigung darüber, ob die mitgeteilte Erfindung frei ist, nicht zustande und hat der Arbeitgeber rechtzeitig bestritten, so kann der Streit zunächst an die Schiedsstelle herangetragen werden, da die Voraussetzungen des § 28 gegeben sind. Ist das Verfahren vor der Schiedsstelle erfolglos, so haben die Gerichte zu entscheiden (§§ 37, 39).

§ 19
Anbietungspflicht

(1) Bevor der Arbeitnehmer eine freie Erfindung während der Dauer des Arbeitsverhältnisses anderweitig verwertet, hat er zunächst dem Arbeitgeber mindestens ein nichtausschließliches Recht zur Benutzung der Erfindung zu angemessenen Bedingungen anzubieten, wenn die Erfindung im Zeitpunkt des Angebots in den vorhandenen oder vorbereiteten Arbeitsbereich des Betriebes des Arbeitgebers fällt. Das Angebot kann gleichzeitig mit der Mitteilung nach § 18 abgegeben werden.

(2) Nimmt der Arbeitgeber das Angebot innerhalb von drei Monaten nicht an, so erlischt das Vorrecht.

(3) Erklärt sich der Arbeitgeber innerhalb der Frist des Absatzes 2 zum Erwerb des ihm angebotenen Rechts bereit, macht er jedoch geltend, daß die Bedingungen des Angebots nicht angemessen seien, so setzt das Gericht auf Antrag des Arbeitgebers oder des Arbeitnehmers die Bedingungen fest.

(4) Der Arbeitgeber oder der Arbeitnehmer kann eine andere Festsetzung der Bedingungen beantragen, wenn sich Umstände wesentlich ändern, die für die vereinbarten oder festgesetzten Bedingungen maßgebend waren.

Übersicht

	Anm.		Anm.
I. Inhalt der Anbietungspflicht		b) Während der Dauer des Arbeitsverhältnisses	11
a) Früherer Rechtszustand	1	c) Arbeitsbereich	12
b) Freie Erfindung	2	d) Zeitpunkt	13
c) Anbieten eines Rechts		e) Verbindung mit der Mitteilung — Konkretisierung des Angebots	14
aa) Entstehungsgeschichte der Bestimmung	3		
bb) Verpflichtung zum Anbieten nur eines nichtausschließlichen Rechts	4, 5	III. Verhalten des Arbeitgebers zu dem Angebot	
cc) Insbesondere Vorkaufsrecht	6, 7	a) Frist und Folge der Fristversäumnis	15
dd) Befugnis mehr als ein nichtausschließliches Recht anzubieten	8	b) Ablehnung des Angebots	16
		c) Annahme des Angebots	17
d) Wesen des nichtausschließlichen Benutzungsrechts	9	IV. Angemessene Bedingungen, besondere Vergütung	18, 19
II. Voraussetzungen für die Anbietungspflicht		V. Veränderte Umstände	20
a) Anderweitige Verwertung	10		

I. Inhalt der Anbietungspflicht

1 **a) Früherer Rechtszustand**

Ebensowenig wie die freie Erfindung als solche bisher gesetzlich geregelt war, enthielten die VO 1942/3 Bestimmungen darüber, ob und inwieweit auch freie Erfindungen des Arbeitnehmers etwa im Hinblick auf die Treuepflicht gewissen Verwertungsbeschränkungen unterlagen. Dies ist aber allgemein angenommen worden — vgl. z. B. Riemschneider-Barth, S. 126; es ist auch oft im Anstellungsvertrag oder Tarifvertrag eine Anbietungspflicht oder ein Vorkaufsrecht des Betriebs festgelegt worden. Es war mindestens zweifelhaft, ob eine solche Regelung nicht gegen die Unabdingbarkeitsvorschrift verstieß, was von der 2. Auflage S. 25, Riemschneider-Barth, S. 127 und Müller-Pohle, S. 59 angenommen wurde. Das Gesetz hat deshalb die Anbietungspflicht geregelt.

§ 19 Anbietungspflicht

b) Freie Erfindung 2

Der Grundgedanke für die Anbietungspflicht beruht auf der Treuepflicht. Solange der Arbeitnehmer in einem Betrieb ist, darf er ihm nicht ohne weiteres selbst Konkurrenz machen (siehe im einzelnen Nipperdey in Staudingers Kommentar zum BGB, 11. Auflage, Anm. 166 zu § 611 und die dort angegebene Literatur) und auch die Überlassung der freien Erfindung an einen Wettbewerber des Arbeitgebers könnte unter diesem Gesichtspunkt, u. U. aber auch unter dem Gesichtspunkt der Arbeitspflicht — siehe Anm. 9 zu § 25 — pflichtwidrig sein. Andererseits darf der Arbeitnehmer hinsichtlich der freien Erfindung — hierzu siehe Anm. 16 ff. zu § 4 — auch nicht zu sehr gebunden werden.

Auf freigewordene Erfindungen, d. h. ursprüngliche Diensterfindungen, beziehen sich die Vorschriften des § 19 nicht, da sie ausdrücklich in § 8 Abs. 2 ausgenommen sind — siehe Anm. 26 zu § 8.

c) Anbieten eines Rechts

aa) *Entstehungsgeschichte der Bestimmung* 3

Nach dem Gesetz hat der Arbeitnehmer „mindestens ein nichtausschließliches Recht zur Benutzung der Erfindung" dem Arbeitgeber anzubieten. Diese Formulierung ist das Ergebnis längerer Überlegungen und nur aus der Vorgeschichte des Gesetzes voll zu verstehen. Der 1. Regierungsentwurf (Bundestagsdrucksache Nr. 3343 der 1. Wahlperiode) hatte von einem Benutzungsrecht in angemessenem Umfang und zu angemessenen Bedingungen gesprochen. Der Bundestagsausschuß hatte schon verlangt, daß mindestens ein Recht zur nichtausschließlichen Benutzung gegen Vergütung anzubieten sei. Es war dann erörtert worden, es dem Arbeitnehmer zu überlassen, ob er „nach seiner Wahl" die Übernahme der Erfindung oder ein Recht zur ausschließlichen Benutzung oder zur nichtausschließlichen Benutzung anbieten wollte (so auch Schultze-Rhondorf in GRUR 1956, 440). Dabei ist ferner zu berücksichtigen, daß Abs. 3 in der Fassung der 1. Regierungsvorlage 1952 vorsah, daß mangels einer Einigung über Umfang oder Bedingungen des Benutzungsrechts das Patentamt den Umfang oder die Bedingungen festsetzen könne, während es jetzt heißt, daß das Gericht die Bedingungen festsetzt, vom Umfang aber nicht mehr die Rede ist.

bb) *Verpflichtung zum Anbieten nur eines nichtausschließlichen Rechts* 4

Bei dieser Entstehungsgeschichte der Bestimmung muß der Text dahin verstanden werden, daß zwar der Arbeitnehmer eine Übernahme der ganzen Erfindung, ein ausschließliches oder ein nichtausschließliches Benutzungsrecht anbieten kann, daß er aber nur zur Anbietung eines nichtausschließlichen Benutzungsrechts verpflichtet ist. Dafür spricht auch der Ausschußbericht unten S. 637, der mit den Worten beginnt: „In § 18 (jetzt § 19) wird die Anbietungspflicht des Arbeitnehmers für ein nicht ausschließliches Benutzungsrecht ... geregelt". Wenn auch die jeden Zweifel ausschließende Fassung „nach seiner Wahl" nicht in den

Erläuterungen

Text aufgenommen worden ist, so zeigt doch auch die Fassung des Abs. 3, daß bei Streit nur die Bedingungen, nicht aber auch der Umfang des Benutzungsrechts festgesetzt werden können. Die Bedingungen brauchen sich nicht nur auf die Vergütung zu beziehen, da der frühere engere Vorschlag „gegen Vergütung anzubieten" durch die Worte „zu angemessenen Bedingungen anzubieten" ersetzt worden ist. Schließlich kann auch aus der Formulierung, daß „mindestens" ein nichtausschließliches Recht anzubieten ist, nicht geschlossen werden, daß in bestimmten Fällen eine Pflicht bestehe, mehr anzubieten.

5 Man muß im Auge behalten, daß es sich um eine freie Erfindung handelt und daß der Arbeitnehmer nicht mehr belastet werden darf, als unbedingt im Interesse des Betriebs liegt. Dieser kann sich aber mit einem einfachen Benutzungsrecht begnügen, zumal er immer die Möglichkeit hat, durch ein besonders günstiges Angebot den Erfinder zur völligen Überlastung der ihm allein gehörenden und ohne Anteil des Betriebs zustandegekommenen Erfindung zu bestimmen. Die Treuepflicht kann allenfalls dazu führen, daß der Arbeitnehmer für die Dauer seiner Betriebszugehörigkeit in der Vergabe weiterer Benutzungsrechte oder der selbständigen Verwertung seiner freien Erfindung sich gewisse Zurückhaltung auferlegen muß, die der bei freigewordenen Erfindungen entspricht (vgl. Anm. 20 zu § 8), nicht aber dazu, daß er gezwungen werden kann, etwa die Erfindung ganz zu übertragen oder doch ein praktisch dem gleichkommendes ausschließliches Benutzungsrecht einzuräumen. Der entgegengesetzten Auffassung von Heine-Rebitzki, Anm. 4 zu § 19, kann nicht beigetreten werden (wie hier Lindenmaier-Lüdecke, Anm. 2 zu § 19).

6 cc) *Insbesondere das Vorkaufsrecht*

Im Schrifttum ist oft von einem „Vorkaufsrecht" des Arbeitgebers an der freien Erfindung die Rede (vgl. Anm. 1; Nikisch, Arbeitsrecht, 2. Aufl. Bd. 1, S. 275; Hueck-Nipperdey, Bd. 1, S. 457 Fußn. 18; wohl auch Halbach, Arbeit und Recht 1960, 374). Dieser Begriff wird aber anscheinend meist nicht in dem strengen Sinne verstanden, wie er in § 27 im Anschluß an die Regelung der §§ 504 ff. BGB verwendet wird, sondern nur in dem Sinne eines Vorrechts des Arbeitgebers an der Erfindung. Nimmt man das Vorkaufsrecht in dem strengen Sinne der genannten Bestimmungen, so ergibt sich hinsichtlich der Rechte des Arbeitgebers eine andere Perspektive. Denn ein solches Vorkaufsrecht kann dann ausgeübt werden, wenn der Erfinder mit einem Dritten einen Kaufvertrag über die freie Erfindung abgeschlossen hat und der Arbeitgeber in diesen Vertrag eintritt. Der Kauf kommt dann zwischen ihm und dem Arbeitnehmer unter den von diesem mit dem Dritten vereinbarten Bedingungen zustande. Das setzt voraus, daß der Arbeitnehmer dem Arbeitgeber den Inhalt des Vertrages unverzüglich mitteilt (§ 510 BGB).

§ 19 Anbietungspflicht

Man wird nicht annehmen können, daß ein solches Vorkaufsrecht neben den in § 19 gewährten Rechten ohne weiteres gegeben ist (ebenso Volmer, Anm. 3 zu § 19). Jedoch dürften einer dahingehenden Vereinbarung, auch allgemein und vor Mitteilung einer freien Erfindung, keine Bedenken entgegenstehen. Sie basiert auf der Treuepflicht. Es wird nicht eine Veräußerung oder Belastung des Erfinderrechts erst festgelegt, vielmehr soll der Arbeitgeber nur in einen Veräußerungsvertrag eintreten, der bereits abgeschlossen ist. Es kann aber durchaus Treu und Glauben entsprechen, daß dann der dem Arbeitnehmer durch das Arbeitsverhältnis näher stehende Arbeitgeber Vertragspartner wird an Stelle eines potentiellen Konkurrenten. So dürften auch die Ausführungen von Hueck-Nipperdey I, 457, zu verstehen sein, der die Pflicht, ein Vorkaufsrecht in besonderen Fällen einzuräumen, für nicht ausgeschlossen hält, da nach § 25 sonstige Verpflichtungen aus dem Arbeitsverhältnis unberührt bleiben.

Mit Hueck-Nipperdey wird auch angenommen werden dürfen, daß einer derartigen Vereinbarung die Unabdingbarkeitsklausel des § 22 nicht entgegensteht. Die Vereinbarung des Vorkaufsrechts beruht auf der durch § 25 in ihrem Wesen nicht berührten Treuepflicht. Eine Verschlechterung der Stillung des Arbeitnehmers gegenüber Vorschriften des Gesetzes kann deshalb nicht angenommen werden, da nur etwas vereinbart wird, was das Gesetz erlaubt. Es muß aber nochmals betont werden, daß hier nur ein echtes Vorkaufsrecht erörtert wird, daß hingegen eine Pflicht schlechthin, dem Arbeitgeber mehr als ein nichtausschließliches Benutzungsrecht anzubieten, nicht besteht (s. Anm. 5) und deshalb eine derartige Vereinbarung vor der Mitteilung nach § 22 nichtig wäre. 7

dd) *Befugnis mehr als ein nichtausschließliches Recht anzubieten* 8

Dem Arbeitnehmer steht es frei, zu verlangen, daß der Arbeitgeber ein ausschließliches Benutzungsrecht nimmt oder die Erfindung überhaupt übernimmt. Gerade in diesen Fällen wird die Festsetzung angemessener Bedingungen im Streitfall von besonderer Bedeutung sein und törichte Forderungen auf ein vernünftiges Maß zurückzuführen, wie überhaupt ein ruhig abwägender Arbeitnehmer alles Interesse daran haben wird, zu einer Vereinbarung mit seinem Arbeitgeber zu gelangen. Die ganze Frage wird ja sowieso nur akut, wenn der Arbeitnehmer während der Dauer seines Arbeitsverhältnisses verwerten will — s. Anm. 11.

d) Wesen des nichtausschließlichen Benutzungsrechts 9

Wegen der Rechtsnatur und des Inhaltes des nichtausschließlichen Benutzungsrechts, das der einfachen Lizenz entspricht, vgl. Anm. 9 ff. zu § 7, wegen seiner Übertragbarkeit durch den Arbeitgeber, Anm. 20 zu § 7, wegen der Beschränkung auf die Benutzung im Betrieb des Arbeitgeber, BGH v. 23. 4. 1974 in Anm. 23 zu § 16. Die dort für das Benut-

Erläuterungen

zungsrecht entwickelten Grundsätze sind auch hier anzuwenden, wenn nicht beide Teile etwas anderes vereinbaren oder im Streitfall nach Abs. 3 andere Bedingungen festgesetzt werden. Wegen des Inhalts dieser Bedingungen, die nach Abs. I „angemessen" sein müssen, s. Anm. 18.

II. Voraussetzungen für die Anbietungspflicht

10 **a) Anderweitige Verwertung**

Erst wenn der Arbeitnehmer die freie Erfindung — s. hierzu Anm. 2 — verwerten will, muß er sie anbieten. Ob er sie verwerten will, liegt in seinem freien Willen; eine allgemein im voraus vereinbarte Anbietungspflicht würde gegen § 22 verstoßen. In der Anmeldung zum Schutzrecht würde noch keine Verwertung liegen, ebenso nicht in einer privaten Bastelei. Man wird wohl nur an die gewerbliche Verwertung zu denken haben.

11 **b) Die Verwertung muß während der Dauer des Arbeitsverhältnisses beabsichtigt sein**

Zu diesem Begriff s. Anm. 16 zu § 4. Eine Verwertung nach Beendigung des Arbeitsverhältnisses läßt die Anbietungspflicht nicht entstehen. § 19 stellt insoweit eine Ausnahme von dem in § 26 ausgesprochenen Grundsatz dar.

12 **c) Arbeitsbereich**

Die freie Erfindung muß in den Arbeitsbereich des Betriebes fallen. Für den Begriff Betrieb, der auch in § 18 Abs. 3 verwendet ist, siehe Anm. 10 zu § 18, für den Begriff Arbeitsbereich s. Anm. 11 zu § 18. Vom vorbereiteten Arbeitsbereich spricht man, wenn der Betrieb sich schon auf die Aufnahme einer neuen Produktion oder eines neuen Fabrikationsverfahrens eingestellt hat. Eine interessante Entscheidung über den im schwedischen Gesetz enthaltenen Begriff „Tätigkeitsbereich des Betriebs", die eine entsprechende Anwendung erlaubt, ist abgedruckt in GRUR, Auslandsteil 1956, 364.

13 **d) Zeitpunkt**

Der Arbeitnehmer hat dem Arbeitgeber das Angebot zu machen, bevor er die Erfindung anderweitig verwerten will. Er darf sich vor der Einräumung eines Vorrechts an den Arbeitgeber oder vor Erlöschen der Ansprüche des Arbeitgebers nach Ablauf der Frist des Abs. 2 nicht gegenüber einem Dritten verpflichten. Vorverhandlungen werden den Anspruch des Arbeitgebers in der Regel nicht verletzen.

Für die Frage, ob die Erfindung in den Arbeitsbereich des Arbeitgebers fällt, ist der Zeitpunkt des Angebots entscheidend. Wann die Erfindung entstanden oder etwa zum Schutzrecht angemeldet ist oder wann sie verwertet ist, ist nach dem Wortlaut des Gesetzes gleichgültig.

§ 19 Anbietungspflicht

e) Verbindung mit der Mitteilung — Konkretisierung des Angebots 14

Es ist in Abs. 1 Satz 2 ausdrücklich bestimmt, daß das Angebot gleichzeitig mit der Mitteilung abgegeben werden kann. Vorher ist es nicht recht denkbar. Die gleichzeitige Abgabe soll die Frist des Abs. 2 möglichst früh in Lauf setzen können. — Dabei muß das Angebot in allen seinen Teilen so konkretisiert sein, daß es der Arbeitgeber ohne weiteres annehmen kann. Es gelten hier dieselben Regeln wie für jedes Vertragsangebot. Andernfalls beginnt die dem Arbeitgeber für die Annahme gesetzte Dreimonatsfrist nicht zu laufen.

III. Verhalten des Arbeitgebers zu dem Angebot

a) Frist und Folge der Fristversäumnis 15

Für die Annahme des genügend konkretisierten (s. Anm. 14) Angebots stehen dem Arbeitgeber drei Monate nach seinem Zugang zur Verfügung. Für die Fristbemessung gilt das in Anm. 27 zu § 6 Gesagte. Versäumt er die Frist, so erlischt das in Abs. 1 gewährte Vorrecht. Die Erfindung ist dann vollkommen frei und kann ebenso wie eine freigewordene Erfindung unter Berücksichtigung gewisser sich aus der Treuepflicht und der Arbeitspflicht ergebender Einschränkungen verwertet werden — s. Anm. 19 ff. zu § 8.

b) Ablehnung des Angebots 16

Der Arbeitgeber kann selbstverständlich, ohne daß dies ausdrücklich gesagt wäre, das Angebot ablehnen, etwa weil er nicht daran interessiert ist, oder weil die angebotenen oder nach Abs. 3 festgesetzten Bedingungen ihm nicht zusagen.

c) Annahme des Angebots 17

Ist der Arbeitgeber mit den Bedingungen des Angebots von Anfang an einverstanden oder einigt er sich mit dem Arbeitnehmer, so bestimmen sich die beiderseitigen Rechte und Pflichten nach der Vereinbarung. Dabei ist der Arbeitgeber, solange das Arbeitsverhältnis besteht, gehalten, die Ansprüche des Arbeitnehmers unter Beachtung der Treue- und Fürsorgepflichten zu erfüllen (vgl. Röpke, Arbeitsverhältnis und Arbeitnehmererfindung, S. 132).

Erklärt sich der Arbeitgeber zum Erwerb des angebotenen Rechts fristgemäß bereit, ist er jedoch mit den Bedingungen nicht einverstanden — Abs. 3 läßt die Trennung zwischen der grundsätzlichen Annahme des Angebots und der inhaltlichen Ausgestaltung des auf dieser Grundlage abzuschließenden Vertrages zu — und kann er sich mit dem Arbeitnehmer nicht einigen, so kann er zunächst gemäß § 28 die Schiedsstelle anrufen, so auch der Ausschußbericht unten S. 638; der entgegengesetzter Auffassung von Halbach Anm. 7 und 8 zu § 19 und von Lindenmaier-Lüdecke, Anm. 7 und 8 zu § 19 kann nicht beigetreten werden. Wenn das Schiedsverfahren erfolglos beendet wird (§ 35),

Erläuterungen

kann er bei Gericht die Festsetzung angemessener Bedingungen beantragen. Dieselben Rechte stehen auch dem Arbeitnehmer zu. Schiedsstelle und Gericht haben auf Antrag die nach Berücksichtigung aller Umstände angemessen erscheinenden Bedingungen festzusetzen — s. Anm. 18. Die von Halbach, ArbEG, Anm. 7 zu § 19 vertretene Auffassung, daß hier die Schiedsstelle nicht angerufen zu werden brauche, findet weder im Gesetz noch in den Gesetzesmaterialien eine Stütze (ebenso Volmer, Anm. 37 zu § 19, Anm. 11 zu § 28).

18   **IV. Angemessene Bedingungen, Vergütung**

Abs. 1 verpflichtet den Arbeitnehmer, das von ihm gewählte Recht (s. Anm. 8) seinem Arbeitgeber zu angemessenen Bedingungen anzubieten. Die Angemessenheit ist an den Bedingungen zu messen, die für Verträge zwischen Lizenzgeber und Lizenznehmer außerhalb eines Arbeitsverhältnisses üblich und angemessen sind. Wegen Einzelheiten wird auf Lüdecke-Fischer, Lizenzverträge, 1957, und Völp, Muster für Patentlizenzverträge, 2. Aufl., 1958, verwiesen.

19   Zweckmäßig wird es vor allem sein, über den Erwerb des Schutzrechts durch den Arbeitnehmer, seine Aufrechterhaltung über einen bestimmten Zeitraum und seine etwaige Aufgabe eine Regelung zu treffen. Am wichtigsten ist die Regelung der Art und Höhe der Vergütung. Dabei ist zu beachten, daß diese für eine freie Erfindung festzulegen ist und daher ebenso bemessen werden muß wie bei einem außerhalb des Betriebs stehenden freien Erfinder; vgl. Amtl. Begr. unten S. 598. Die Richtlinien für die Vergütung von Arbeitnehmererfindungen enthalten keine ausdrückliche Regelung, können aber ihrem System entsprechend in ihrem ganzen 1. Teil angewendet werden. Dabei sind aber die Grundsätze des Cromegal- und des Gleichrichter-Urteils des BGH (s. Anm. 6 ff zu § 12) über die Vergütung verwerteter, aber noch nicht geschützter Erfindungen auf freie Erfindungen weder unmittelbar noch entsprechend anzuwenden. Solange die vom Arbeitnehmer für seine freie Erfindung eingereichte Patentanmeldung nicht wenigstens bekanntgemacht ist, schuldet der Arbeitgeber vorbehaltlich anderslautender Vereinbarung keine Vergütung, auch wenn er die ihm vom Erfinder angebotene freie Erfindung schon benützt. Die Patentanmeldung allein begründet im Verhältnis zwischen Arbeitgeber und Arbeitnehmer nicht die Vermutung zu Lasten des Arbeitgebers, die freie Erfindung sei auch schutzfähig (Schiedsstelle v. 11. 12. 1967, Bl. 1968, 326).

20   **V. Veränderte Umstände**

Die Bestimmung des Abs. 4 ist der des § 12 Abs. 6 nachgebildet — s. Anm. 40 ff zu § 12. Die Umstände ändern sich vor allem dann wesentlich, wenn die weitere technische Entwicklung die Erfindung überholt oder im Gegenteil wesentlich wertvoller werden läßt. Einigen sich beide Teile nicht untereinander, so kann jeder die Schiedsstelle, gegebenenfalls das Gericht anrufen, die dann zu prüfen haben, ob und wie die Bedingungen zu ändern sind.

3. Technische Verbesserungsvorschläge

Vorbemerkung

Die Regelung der technischen Verbesserungsvorschläge gehörte zu den umstrittensten Fragen des Gesetzes. Es wurde während des gesamten Gesetzgebungsverfahrens hart darum gestritten, ob und in welchem Umfang das Recht der Verbesserungsvorschläge im Gesetz behandelt werden soll. Über die Entwicklung siehe Anm. 1 zu § 3. Die Fassung des § 20 geht auf die Vorschläge des Bundestagsausschusses zurück. Sie unterwirft besonders qualifizierte technische Verbesserungsvorschläge einer Vergütungspflicht, solange der Arbeitgeber durch ihre Verwertung eine ähnliche Vorzugsstellung genießt wie durch ein gewerbliches Schutzrecht. Die Regelung der übrigen technischen Verbesserungsvorschläge überläßt sie den Betriebsvereinbarungen und Tarifverträgen. Auf andere als technische Verbesserungsvorschläge erstreckt sich das Gesetz nicht (vgl. § 3 Anm. 5).

1

Diese Regelung entspricht den Erfahrungen der Praxis, daß zwischen technischen Verbesserungsvorschlägen und Erfindungen häufig keine scharfe Grenze gezogen werden kann. Sie paßt sich auch der Systematik des Gesetzes an. Das Gesetz beruht auf dem Monopolprinzip (vgl. Anm. 6 zu § 9). Diesem Prinzip wurde auch die Vergütung technischer Verbesserungsvorschläge unterworfen. Der Vergütungspflicht unterfallen nur solche technische Verbesserungsvorschläge, die dem Arbeitgeber eine ähnliche Vorzugsstellung gewähren wie ein gewerbliches Schutzrecht. Auf die Vergütungspflicht finden die Vorschriften über die Vergütung von Diensterfindungen entsprechende Anwendung. Der Vergütungsanspruch kann wie ein Erfindervergütungsanspruch vor der Schiedsstelle und den Gerichten durchgesetzt werden.

2

§ 20
Technische Verbesserungsvorschläge

(1) **Für technische Verbesserungsvorschläge, die dem Arbeitgeber eine ähnliche Vorzugsstellung gewähren wie ein gewerbliches Schutzrecht, hat der Arbeitnehmer gegen den Arbeitgeber einen Anspruch auf angemessene Vergütung, sobald dieser sie verwertet. Die Bestimmungen der §§ 9 und 12 sind sinngemäß anzuwenden.**

(2) **Im übrigen bleibt die Behandlung technischer Verbesserungsvorschläge der Regelung durch Tarifvertrag oder Betriebsvereinbarung überlassen.**

Erläuterungen

Übersicht

	Anm.		Anm.
I. Technische Verbesserungsvorschläge		b) Die Höhe der Vergütung	12—15
a) Allgemeiner Begriff	1	c) Festetzung und Feststellung der Vergütung	16, 17
b) Qualifizierte technische Verbesserungsvorschläge	2—9	III. Die vergütungsrechtliche Behandlung nicht qualifizierter technischer Verbesserungsvorschläge	18—21
II. Die Vergütung qualifizierter technischer Verbesserungsvorschläge			
a) Der Vergütungsanspruch	10, 11	IV. Verfahrungsrechtliches	22

I. Technische Verbesserungsvorschläge

1 a) Allgemeiner Begriff

Gemäß § 3 sind technische Verbesserungsvorschläge Vorschläge für technische Neuerungen, die aus irgendeinem Grunde nicht patent- oder gebrauchsmusterfähig sind. Der Begriff ist im einzelnen in Anm. 1 zu § 3 erörtert. Über die Abgrenzung der technischen Verbesserungsvorschläge gegen die Erfindung siehe Anm. 3 zu § 3; über die Abgrenzung gegen andere Verbesserungsvorschläge siehe Anm. 5 zu § 3. In Anm. 6 zu § 3 ist der Erwerb der technischen Verbesserungsvorschläge durch den Arbeitgeber erörtert, in Anm. 7 und 8 zu § 3 die Mitteilungspflicht. Wegen der Geheimhaltungspflicht s. Anm. 11 zu § 24.

2 6) Qualifizierte technische Verbesserungsvorschläge

Die Vergütungspflicht des Abs. 1 erstreckt sich nur auf die sogenannten qualifizierten technischen Verbesserungsvorschläge. Darunter sind die technischen Verbesserungsvorschläge zu verstehen, die dem Arbeitgeber eine ähnliche Vorzugsstellung gewähren wie ein gewerbliches Schutzrecht.

3 Für den Vergleich zwischen der durch ein Schutzrecht und der durch einen Verbesserungsvorschlag gewährten Vorzugstellung sind nicht rechtliche sondern wirtschaftliche Gesichtspunkte maßgebend. Der Begriff „Vorzugsstellung ist" ein wirtschaftlicher Begriff. Er entspricht nicht der „schutzrechtlichen Monopolstellung" im patentrechtlichen Sinn. Darunter ist die nach Maßgabe des Patentgesetzes oder des Gebrauchsmustergesetzes erteilte Rechtsstellung zu verstehen; es handelt sich also um einen Sammelbegriff für die dem Schutzrechtsinhaber zustehenden Rechte (vgl. Lüdecke-Fischer, Lizenzverträge, Weinheim 1957, S. 144). Demgegenüber bedeutet „Vorzugsstellung" die tatsächliche wirtschaftliche Machtposition des Schutzrechtsinhabers im Vergleich zu anderen Wettbewerbern BGH v. 26. 11. 1968, GRUR 1969, 341 — Räumzange mit Anm. Schippel und folgend Schade, GRUR 1970, 581, kritisch Voigt, BB 1969, 1310; So auch Gaul-Bartenbach, EGR ArbNErfG § 3 Nr. 1 in Anm. zu EV v. 6. 8. 1965; s. auch Mönig, GRUR 1972, 518 ff und Schultz-Süchting, GRUR 1973, 293 ff). Es ist also bei dem nach Abs. 1 an-

§ 20 Technische Verbesserungsvorschläge

zustellenden Vergleich zwischen geschützter Erfindung und Verbesserungsvorschlag nicht auf die rechtlichen Möglichkeiten sondern auf die besonderen wirtschaftlichen Vorteile abzustellen, die das Schutzrecht und der technische Verbesserungsvorschlag dem Arbeitgeber gewähren. Diese Vorteile müssen ähnlich sein. Wie schwierig im Einzelfalle die Beurteilung ist, ob überhaupt der Vorschlag dem Arbeitgeber einen Vorsprung verschafft, der als „Vorzugsstellung" bezeichnet werden kann, zeigt der von Schade a.a.O. erwähnte Einigungsvorschl. ArbErf. 73/19.

Dabei sind unter gewerblichen Schutzrechten in der Regel Patent und Gebrauchsmuster zu verstehen, Anders geartete Ausschließungsrechte können im wirtschaftlichen Ergebnis ähnliche Vorzugsstellungen gewähren und deshalb in den Anwendungsbereich des § 20 einbezogen werden. Sie müssen aber im Gebiet der Technik und der „gewerblichen" Schutzrechte bleiben, wie z. B. der Sortenschutz nach dem Sortenschutzgesetz (s. oben Anm. 11 zu § 2), nicht dagegen das Urheberrecht, das Volmer, Anm. 21 zu § 20, einbeziehen will. Für Beschränkung auf Patent und Gebrauchsmuster Lindenmaier-Lüdecke, Anm. 2 zu § 20 und Dörner, GRUR 1963, 72/73. 4

Wegen des Ausschlusses der Geschmacksmuster vom technischen Bereich s. Anm. 10 zu § 2 und die dort zitierten EV der Schiedsstelle.

Das Verhältnis Erfindung — qualifizierter Verbesserungsvorschlag hat in jüngster Zeit im Hinblick auf das „Gleichrichter-Urteil" des BGH v. 30. 3. 1971 (Zitate und kritische Anm. 16 zu § 12) besondere Bedeutung erlangt. Wie in Anm. 19 zu § 12 näher ausgeführt, ist im Schrifttum erörtert worden, ob der Gegenstand der schwebenden Anmeldung als qualifizierter Verbesserungsvorschlag angesehen werden kann. Diese Regelung führt zu keinen befriedigenden Ergebnissen, weil § 20 Abs. 1 die tatsächliche wirtschaftliche Monopolstellung als unabdingbar voraussetzt (BGH v. 26. 11. 1968 — Räumzange, s. oben Anm. 3), diese Voraussetzung aber bei Erfindungen im Zeitraum zwischen der Anmeldung und der Entscheidung über die Schutzfähigkeit in vielen Fällen nicht erfüllt wird. 5

Die durch ein gewerbliches Schutzrecht gewährte wirtschaftliche Vorzugsstellung beruht im wesentlichen darauf, daß der Schutzrechtsinhaber Dritte von der Benutzung der geschützten Erfindung ausschließen kann und deshalb gegenüber seinen Wettbewerbern ein, wenn auch zeitlich und sachlich begrenztes, Monopol besitzt. Ein technischer Verbesserungsvorschlag verleiht eine ähnliche Vorzugsstellung, wenn er dem Arbeitgeber ein ähnliches Monopol verschafft. Da der Verbesserungsvorschlag im Gegensatz zur Erfindung nicht durch ein Ausschließlichkeitsrecht geschützt ist, kann er nur dann zu einem Monopol führen, wenn die Verbesserung aus anderen Gründen von Dritten nicht nachgeahmt werden kann. (BGH „Räumzange", oben Anm. 3, EV v. 11. 12. 1967, Bl. 1968, 326). Ein technischer Verbesserungsvorschlag kann also nur dann qualifiziert im Sinn des Abs. 1 sein, wenn er durch seinen 6

Einsatz nicht sogleich allgemein bekannt oder schon vorher allgemein bekannt gegeben wird (vgl. EV v. 13. 7. 1962, Bl. 1963, 75 mit Anm. Schippel, GRUR 1963, 523). Bei Verbesserungsvorschlägen, die ein Verfahren betreffen, wird in der Regel die Geheimhaltung der Verbesserung möglich und genügend sein (als Beispiel das Anm. 3 zitierte „Räumzangen"-Urteil des BGH). Betrifft die Verbesserung einen Gegenstand, so ist eine Geheimhaltung in der Regel dann möglich, wenn es sich um innerhalb des Betriebs verwendete Maschinen oder Geräte handelt (vgl. Schade, VDI-Z. 1961, 51 — „Elektrokupplung"). Schwierigkeiten in der Geheimhaltung treten dagegen häufig auf, wenn der Gegenstand den Betrieb verläßt. Der Vorschlag kann aber trotzdem zu einer schutzrechtsähnlichen Vorzugsstellung führen, wenn die Verbesserung wegen ihrer besonderen Natur nicht ohne weiteres erkannt und nachgemacht werden kann. Das trifft z. B. zu für Produkte, die nicht analysiert werden können (häufig bei Naturprodukten, Nahrungsmitteln, Geruchs- und Geschmacksstoffen u. ä.), für Typenreihen im Motoren- und Gerätebau, für nicht exakt meßbare Toleranzen usw. auch für Gegenstände, die durch eine eingebaute Einrichtung zerstört werden, sobald Unbefugte ihren Aufbau feststellen wollen (Kumm, GRUR 1967, 621). Vgl. auch den Schiedsfall ArbErf 73/19, über den Schade in GRUR 1970, 579/582 berichtet. Es bestanden Zweifel, ob ein Außenstehender die Ausbildung von Abschirmelektroden eines Transformators erkennen konnte. Für die im Zusammenhang mit § 20 Abs. 1 erforderliche Geheimhaltung kommt es nicht darauf an, daß der Arbeitgeber den Verbesserungsvorschlag ausdrücklich zum Betriebsgeheimnis erklärt hat. Er erlangt die schutzähnliche Vorzugsstellung schon dann, wenn er bei Beginn der Benutzung tatsächlich die Möglichkeit hat, den Verbesserungsvorschlag allein zu verwerten. Entscheidend ist auch hier allein die tatsächliche Gestaltung der Verhältnisse, nicht die Willensrichtung des Arbeitgebers. Insofern liegen die Verhältnisse hier anders als beim Schutz des Betriebsgeheimnisses gegen Verrat nach § 17 UWG (auch hierzu BGH „Räumzange", oben Anm. 3). Deshalb entfällt z. B. die mögliche Qualifikation eines Verbesserungsvorschlages auch dann, wenn das für den Markt bestimmte, verbesserte Erzeugnis auf den Markt gebracht und dadurch die Verbesserung entgegen den Vorstellungen oder Wünschen von Arbeitgeber und/oder Arbeitnehmer den Wettbewerbern bekannt wird. § 20 Abs. 1 schafft für sich alleine keine neue Geheimhaltungsvorschrift. Anders kann es liegen, wenn der Arbeitnehmer eine vom Wettbewerber nicht erkennbare Verbesserung einem Zulieferer bekannt gibt, damit dieser danach für ihn arbeite. Hier hat der Arbeitgeber für die Geheimhaltung im Bereich des Zulieferers ebenso wie in seinem eigenen Betrieb zu sorgen (BHG v. 9. 1. 1964, GRUR 1964, 449 — Drehstromwicklung mit zustimmender Anm. Fischer, S. 454).

7 Neuheit im Sinne des Patent- oder Gebrauchsmusterrechts wird nicht verlangt (vgl. das Beispiel bei Schade, VDI-Z. 1961, 51 — „Gasreinigung" a. A. Dörner, GRUR 1963, 72). Wertvolle Erfindungen, die nicht

§ 20 Technische Verbesserungsvorschläge

Allgemeingut der Technik sind, deren Patentierung aber am sog. „papiereren Stand der Technik" scheitert (z. B. an einer alten, praktisch unbekannten oder vergessenen Stelle im Schrifttum), bilden sogar eine bedeutende Gruppe unter den qualifizierten technischen Verbesserungsvorschlägen. Das Fehlen der subjektiven Neuheit für den Arbeitgeber wird allerdings in der Regel die „Verbesserung" ausschließen, ebenso wie ein bereits bei Mitbewerbern bekannter Vorschlag in der Regel die erforderliche Vorzugstellung des Arbeitgebers verhindert. (BGH „Räumzange", oben Anm. 3). Kennen Mitbewerber die Verbesserung, wenden sie sie aber trotz ihrer Kenntnis nicht an, so entfällt die schutzrechtsähnliche Vorzugsstellung. Die Mitbewerbern offenstehende bloße Möglichkeit, die Verbesserung kennenzulernen, beseitigt die Vorzugsstellung, wenn die Verbesserung einem anderen ohne nennenswerte Schwierigkeiten zugänglich ist, läßt sie aber im Zweifel bestehen, wenn sich der andere die mögliche Kenntnis nur unter Opfern und mit Schwierigkeiten verschaffen könnte (BGH „Räumzange", oben Anm. 3 im einzelnen abweichend, aber insoweit abzulehnen OLG Frankfurt v. 1. 12. 1966, BB 1967, 333 und 475).

Erfindungen, die an sich schutzfähig wären, aber durch das Gesetz vom Schutz ausgeschlossen sind, z. B. Pflanzenzüchtungen und -züchtungsverfahren nach § 1 Abs. 2 Nr. 2 PatG (a. A. Dörner, GRUR 1963, 75/76), Verfahrenserfindungen, die eine Erfindungshöhe aufweisen, die nur für ein Gebrauchsmuster ausreichen würde, können ebenfalls Gegenstand qualifizierter technischer Verbesserungsvorschläge sein, wenn die übrigen Vorausetzungen erfüllt sind. Das gilt selbstverständlich nicht für Erfindungen, deren Verwertung den Gesetzen oder guten Sitten zuwider laufen würde (§ 1 Abs. 2 Satz 1 PatG). 8

Der technische Verbesserungsvorschlag als solcher muß die Vorzugsstellung gewähren. Wird er an einem Verfahren oder Produkt verwendet, das schon auf Grund von Schutzrechten oder anderen Verbesserungsvorschlägen eine solche Vorzugsstellung genießt, so ist der neue Vorschlag nur insoweit als qualifiziert zu behandeln, als er für sich betrachtet, also abgesehen von der schon bestehenden Vorzugsstellung, eine solche gewähren würde, z. B. weitere Umgehungsmöglichkeiten noch weiter ausschließt. Vgl. RL Nr. 29 Satz 3; siehe auch Volmer, Anm. 19 und Halbach, Anm. 2 zu § 20. Deshalb kann ein Verbesserungsvorschlag auch nicht allein aus dem Grunde als qualifiziert behandelt werden, weil es für das Erzeugnis keinen Wettbewerber gibt (z. B. Ausnutzung einzigartiger Bodenschätze, bestimmter Standortfaktoren, Geschicklichkeiten, Erfahrungen, auf denen der Vorschlag beruht). Die schon öfter zitierte „Räumzangen" — Entscheidung des BGH (Zitate oben Anm. 3) behandelt auch die Frage, wie zu verfahren sei, wenn mehrere Arbeitnehmer gemeinsam einen qualifizierten Verbesserungsvorschlag vorlegen und verweist auf eine entsprechende Anwendung der Regeln für die Miterfindung (s. Anm. 23—26 zu § 5). Es genügt auch hier, wenn das Gesamtergebnis der Entwicklung den Anforderungen 9

433

Erläuterungen

des § 20 Abs. 1 genügt und der einzelne Arbeitnehmer hierzu einen wesentlichen Beitrag geleistet hat, ohne daß der Anteil des einzelnen darüber hinaus gesondert zu betrachten wäre.

II. Die Vergütung qualifizierter technischer Verbesserungsvorschläge

10 **a) Der Vergütungsanspruch**

Qualifizierte technische Verbesserungsvorschläge sind dem Arbeitnehmer vom Arbeitgeber zu vergüten. Einzelheiten der Vergütung regeln die RL in Nr. 29 (siehe S. 233). Die Vergütungsregelung für technische Verbesserungsvorschläge in § 20 ist im Gegensatz zu der Vergütungsregelung für Diensterfindungen in §§ 9 ff. nicht ausschließlich (a. A. für Abs. 1 Volmer, Anm. 13 zu § 20). Die Anerkennung weiterer Anspruchsgrundlagen, z. B. auf Grund einer arbeitsrechtlichen Sonderleistung (vgl. Anm. 12 zu § 9), ist auch für qualifizierte technische Verbesserungsvorschläge nicht ausgeschlossen (überzeugend Hueck in Festschrift für Nikisch, 1958, S. 74). Der Frage kommt aber praktisch wenig Bedeutung zu, da die Voraussetzungen der verschiedenen Ansprüche weitgehend übereinstimmen, so daß meist Anspruchskonkurrenz gegeben sein werden; so besteht Vergütungspflicht nach den arbeitsrechtlichen Grundsätzen der Vergütung von Sonderleistungen ebenso wie nach § 20 Abs. 1 nur, wenn die Verbesserung verwertet wird (Röpke, Arbeitsverhältnis und Arbeitnehmererfindung, S. 147; irrig Volmer Anm. 13 zu § 20), was das BAG im Urt. v. 30. 4. 1965 (BB 1965, 908 = AP ArbNEfG § 20 Nr. 1 = Gaul-Bartenbach EGR ArbNErfG § 20 Nr. 23 — Abdampfverwertung) ausdrücklich bestätigt. Über den Begriff „Verwertung" siehe Anm. 3 zu § 10; der Begriff ist weiter als der der Benutzung in § 10 und umfaßt vor allem den Verkauf und die auch bei Verbesserungsvorschlägen mögliche Lizenzvergabe. Die Verwertung steht ebenso wie die Benutzung bei der beschränkten Inanspruchnahme im Belieben des Arbeitgebers (h. L., ebenso BAG „Abdampfverwertung, a. a. O.). Nach dieser Entscheidung des BAG kann von einer Verwertung nicht gesprochen werden, solange der Vorschlag noch überprüft und erprobt wird. Die Verwertung beginnt erst dann, wenn die verbesserte Einrichtung den nach ihrem Zweck an sie gestellten Anforderungen, mindestens aber den Anforderungen entspricht, die die Parteien in Aussicht genommen haben. Die Verwertung setzt nicht voraus, daß eine Konstruktion in allen Einzelheiten des ursprünglichen Vorschlags genutzt wird. Maßgebend ist, ob der Arbeitgeber die Hauptidee, den Kerngedanken des Vorschlags verwertet (OLG Frankfurt v. 1. 12. 1966, BB 1967, 333 und 475). In seiner Freiheit, die so „fertige" Verbesserung zu verwerten, ist der Arbeitgeber lediglich durch das Gebot der guten Sitten und das Verbot des Rechtsmißbrauchs und der Willkür beschränkt. Er darf die Verwertung z. B. nicht aus offensichtlich unsachlichen Gründen ablehnen (BAG „Abdampfverwertung", a. a. O., vgl. auch BAGE 3, 327 und 10, 172, 174, je zu „Ruhegehalt").

§ 20 Technische Verbesserungsvorschläge

Die Vergütungspflicht endet, wenn die Verwertung eingestellt wird (siehe RL Nr. 29 Satz 5). Hierüber entscheidet der Arbeitgeber ebenso nach freiem Ermessen wie über den Beginn der Verwertung (s. oben Anm. 10 a. E.). Da nur qualifizierte Vorschläge zu vergüten sind, besteht die Vergütungspflicht außerdem nur so lange, als die schutzrechtsähnliche Vorzugsstellung andauert. Wird der Vorschlag so bekannt, daß er auch von Wettbewerbern berechtigterweise benutzt wird, so verliert der Arbeitgeber seine Vorzugsstellung und der Arbeitnehmer seinen Vergütungsanspruch (RL Nr. 29 Satz 6; s. Anm. 7). Auf einen etwaigen wirtschaftlichen Vorsprung des Arbeitgebers gegenüber seinen Wettbewerbern kann der Vergütungsanspruch nach Wegfall der schutzrechtsähnlichen Vorzugstellung nicht gegründet werden. 11

b) Die Höhe der Vergütung 12

Die Höhe der Vergütung ist entsprechend § 9 zu bemessen (Abs. 1 Satz 2). Die besondere Natur des Verbesserungsvorschlags bedingt aber eine Reihe von Unterschieden gegenüber der Bemessung der Vergütung für Erfindungen:

Bei der Ermittlung des Werts des technischen Verbesserungsvorschlags ist allein von der tatsächlichen Verwertung durch den Arbeitgeber auszugehen; die unausgenützte wirtschaftliche Verwertbarkeit ist nicht zu berücksichtigen (RL Nr. 29 Satz 5). Denn der Vergütungsanspruch entsteht nur, wenn der Vorschlag tatsächlich verwertet wird. Die Lage ist der bei der Vergütung beschränkt in Anspruch genommener Diensterfindungen zu vergleichen (vgl. Anm. 9 zu § 10). Daß der Verbesserungsvorschlag nicht durch ein Patent oder Gebrauchsmuster geschützt ist, rechtfertigt allein noch nicht, ihn geringer zu bewerten als eine vergleichbare Diensterfindung (ebenso Halbach Anm. 3 zu § 20). Der Umfang der Vorzugstellung kann jedoch beim Verbesserungsvorschlag ebenso wie der Schutzumfang bei der geschützten Erfindung die Höhe der Vergütung beeinflussen.

Bei der Ermittlung des Werts des Verbesserungsvorschlags sind grundsätzlich dieselben Verfahren anzuwenden wie bei der Ermittlung des Erfinderwerts einer geschützten Erfindung. Die Methode der Lizenzanalogie wird allerdings nur in wenigen Fällen verwendet werden können, da bei Verbesserungsvorschlägen vergleichbare Lizenzen fehlen werden und Vergleiche mit Schutzrechtslizenzen nur in Ausnahmefällen möglich sein werden. Größere Bedeutung kommt der Ermittlung des Werts nach dem erfaßbaren betrieblichen Nutzen und der freien Schätzung zu. Dabei kann bei der Nutzenbeteiligung auf die Erfahrungen im betrieblichen Vorschlagswesen zurückgegriffen werden. 13

Bei der Ermittlung der Anteilsfaktoren ist zu beachten, daß der Kreis der Personen, von denen auf Grund ihrer Stellung im Betrieb und ihres Entgelts qualifizierte technische Verbesserungsvorschläge erwartet werden können, in den meisten Fällen größer sein wird als der Personenkreis, von dem schutzfähige Erfindungen zu erwarten sind. Im betrieblichen Vorschlagswesen werden in der Regel Vorschläge von Arbeit- 14

Erläuterungen

nehmern mit höherem als Meisterrang nicht mehr gesondert vergütet. In der Regel wird aus diesem Grund bei der Vergütung von Verbesserungsvorschlägen eine größere Minderung als die in den Richtlinien der Erfindungen vorgesehene angemessen sein. Eine Ausnahme ist allerdings zu machen, wenn der Vorschlag in Wert und Leistung einer Erfindung entspricht und nur wegen des entgegenstehenden „papierenen Stands der Technik" oder wegen besonderer Bestimmungen des Gesetzes nicht schutzfähig ist.

15 Bei der Ermittlung der Anteilsfaktoren ist auch zu beachten, daß das „betriebliche Vorschlagswesen" in der Regel nur Verbesserungsvorschläge erfaßt, die außerhalb der Aufgaben des Arbeitnehmers im Betrieb liegen (vgl. Volmer, Recht der Arbeit 1957, 244 und in BB 1960, 1332). Diese Beschränkung gilt in dieser Allgemeinheit nicht für § 20 Abs. 1. Die Erfahrungen aus dem betrieblichen Vorschlagswesen werden aber, wie angeführt, in vielen Fällen herangezogen werden können.

16 c) Festsetzung und Feststellung der Vergütung

Ebenso wie § 9 ist auch § 12 bei der Vergütung von qualifizierten Verbesserungsvorschlägen entsprechend heranzuziehen. Die Vergütung ist durch Vereinbarung zwischen Arbeitgeber und Arbeitnehmer der Art und Höhe nach festzustellen. Liegen die Voraussetzungen des § 12 Abs. 3 vor, so hat der Arbeitgeber die Vergütung einseitig festzusetzen und entsprechend der Festsetzung zu zahlen. Das zu § 12 Gesagte gilt entsprechend. Die Vergütung nach § 20 Abs. 1 kann in den Fällen Bedeutung erlangen, wo eine als Diensterfindung gemeldete und in Anspruch genommene technische Verbesserung verwertet, eine Vergütung als Diensterfindung wegen der noch bestehenden Zweifel an der Schutzfähigkeit aber noch nicht in Frage kommt (siehe Anm. 19 zu § 12 und die dort angegebene Literatur, aber auch oben Anm. 5). Die Fristen des § 12 Abs. 1 und 3 beginnen mit dem Tag des Beginns der Verwertung. Hinsichtlich der Vergütungsart werden Pauschalvergütungen den anderen Vergütungsformen meist vorzuziehen sein.

17 Die Verweisung auf § 12 deutet an, daß der Gesetzgeber die Vergütungsermittlung für qualifizierte technische Verbesserungsvorschläge nicht den für die Vergütungsbestimmungen im betrieblichen Vorschlagswesen geschaffenen innerbetrieblichen, gemischten Ausschüssen übertragen wollte. Da §§ 20 und 12 gemäß § 22 unabdingbar sind, kann die Vergütungsregelung auch nicht von vornherein durch Vertrag oder Betriebsvereinbarung diesen Ausschüssen zugewiesen werden. Dazu bedürfte es jeweils einer besonderen Abmachung nach der Mitteilung des Vorschlags (§ 22 Satz 2).

III. Die Behandlung nicht qualifizierter technischer Verbesserungsvorschläge

18 Die Behandlung der nicht qualifizierten technischen Verbesserungsvorschläge bleibt weiterhin den Betriebsvereinbarungen und Tarifver-

§ 20 Technische Verbesserungsvorschläge

trägen vorbehalten (Abs. 2). Die Formulierung des Gesetzes schließt nicht aus, daß auch Einzelverträge über solche technische Verbesserungsvorschläge wirksam geschlossen werden können (Volmer, Recht der Arbeit 1957, 244). Die meisten dieser Verbesserungsvorschläge gehen aus dem betrieblichen Vorschlagswesen hervor und werden nach dessen Regeln, die jeder Betrieb nach eigenem Ermessen aufstellen kann, vergütet (vgl. dazu Micheligk, Neue Praxis des betrieblichen Vorschlagwesens und der Arbeitsvereinfachung, Forkel Verlag Stuttgart 1953; Peter, Das Vorschlagwesen, Bern 1946; Lill, Betriebliches Vorschlagswesen, 2. Aufl. 1957; Hagen, Über technische Verbesserungsvorschläge, GRUR 1959, 163).

Eine Vergütungspflicht für nicht qualifizierte technische Verbesserungsvorschläge ist in der Regel nur auf Grund besonderer Vereinbarungen (Tarifverträge, Betriebsvereinbarung, Einzelverträge, auch betriebliche Übung) zu bejahen. Nur wenn eine Leistung des Arbeitnehmers vorliegt, die über die übliche Arbeitsleistung hinausgeht, also eine wirkliche Sonderleistung darstellt und dem Arbeitgeber einen nicht unerheblichen Vorteil bringt, dürfte auch ohne besondere Vereinbarung nach Treu und Glauben ein Anspruch des Arbeitnehmers auf eine angemessene Vergütung zu bejahen sein; vgl. dazu im einzelnen Anm. 12, 13 zu § 9 und die dort zitierten Entscheidungen; ferner Hueck in Festschrift für Nikisch, 1958, S. 74 ff.; Hueck-Nipperdey, Lehrbuch des Arbeitsrechts, 6. Aufl., Bd. 1 S. 462; Nikisch, Arbeitsrecht, 2. Aufl., S. 277 Anm. 19 mit weiteren Nachweisen; zuletzt Röpke, Arbeitsverhältnis und Arbeitnehmererfindung, S. 148 und ds. in Betrieb 1962, 407). In den meisten der zuletzt genannten Fälle werden aber auch die Voraussetzungen des Abs. 1 vorliegen und auf diese Weise ein gesetzlicher Vergütungsanspruch begründet sein (ebenso Volmer, Anm. 52 zu § 20). 19

Die Vereinbarungen über nicht qualifizierte technische Verbesserungsvorschläge unterliegen nicht den Vorschriften des Arbeitnehmererfindergesetzes; insbesondere sind die Vorschriften des 4. Teils des zweiten Abschnitts „Gemeinsame Bestimmungen" nicht anwendbar. Dies folgt aus der Fassung der §§ 22, 23 und 27, die, wenn sie von technischen Verbesserungsvorschläge sprechen, immer nur § 20 Abs. 1 zitieren. Um dem Arbeitnehmer den Genuß der steuerlichen Vergünstigung der Verordnung über die steuerliche Behandlung von Prämien für Verbesserungsvorschläge vom 18. 2. 1957 zu ermöglichen, soll das Verfahren bei der Prämiengewährung den Erfordernissen des § 2 der genannten Verordnung entsprechen (abgedruckt im Anhang S. 659; vgl. auch Anm. 21 und 22 im Anhang zu § 12). 20

Bisher ist es nicht in nennenswertem Umfang zu tariflichen Regelungen über technische Verbesserungsvorschläge gekommen. Angesichts der Schwierigkeiten der Materie ist wohl auch für die Zukunft nicht damit zu rechnen, daß sehr viele Tarifverträge derartige Regelungen aufnehmen werden (so auch Hueck in Festschrift für Nikisch, 1958, S. 71 und Halbach, Anm. 5 zu § 20). Dies muß jedoch nicht auch für Betriebsver- 21

Erläuterungen

einbarungen gelten. Das in vielen Betrieben eingeführte betriebliche Vorschlagswesen (vgl. über die Verbreitung Reimer-Schippel S. 128) ist in seiner Organisation der Regelung durch Betriebsvereinbarung durchaus zugänglich, wenn auch nicht verkannt werden soll, daß viele Arbeitgeber die freiwillige Vergütung vorziehen und die Bindung durch Betriebsvereinbarung scheuen werden. Betriebsvereinbarungen über die Behandlung technischer Verbesserungsvorschläge können nicht nach § 56 BetrVerfG erzwungen werden (ebenso Halbach, Anm. 5 zu § 20 und Röpke, Arbeitsverhältnis und Arbeitnehmererfindung, S. 148 gegen Volmer, Anm. 46 zu § 20, der § 56 BetrVerfG auf die von ihm gebildete Kategorie der „dienstlichen" Verbesserungsvorschläge, die auftragsgemäß gemacht worden sind oder sonst aus dem Arbeits- oder Pflichtenkreis des Arbeitnehmers im Betrieb stammen [vgl. oben Anm. 7 zu § 3], anwenden will). Die Praxis ist im einzelnen sehr unterschiedlich. Gaul-Bartenbach erwähnen in Anm. zu EV v. 6. 8. 1965, EGR ArbNErfG § 3 Nr. 1, daß in den meisten Betriebsordnungen eine einmalige Zahlung in Höhe von 15% des einjährigen Jahresnettonutzens sofort und ohne Berücksichtigung eines Anteilfaktors A — also ohne Kürzung bei entsprechender funktioneller Nähe zum Verbesserungsvorschlag — vorgesehen sei. S. auch Anm. 13 zu Nr. 12 RL und Höckel, Das betriebliche Vorschlagwesen hat Zukunft, neue Aufgaben und Chancen des betrieblichen Vorschlagswesens, Management Service Taschenbuch Bd. 5, 1972.

IV. Verfahrensrechtliches

22 Vergütungsansprüche für qualifizierte technische Verbesserungsansprüche unterliegen den besonderen Verfahrensvorschriften des Gesetzes. Dem gerichtlichen Verfahren geht mit Ausnahme der in § 37 Abs. 2 bis 5 genannten Fälle das Schiedsverfahren voraus. (§§ 28 ff.). Der Antrag vor der Schiedsstelle und die Klage brauchen keinen bezifferten Antrag zu enthalten, sondern können auf angemessene Vergütung gerichtet sein (vgl. Anm. 3 zu § 31 und § 38. Wegen der gerichtlichen Zuständigkeiten vgl. Anm. 11 zu § 39; wegen der Besonderheiten im öffentlichen Dienst Anm. 8 zu § 40.

4. Gemeinsame Bestimmungen

Vorbemerkung

1 Die §§ 21 bis 27 enthalten gemeinsame Bestimmungen für die Erfindungen und technischen Verbesserungsvorschläge von Arbeitnehmern im privaten Dienst. Die hier zusammengefaßten Vorschriften sind vorwiegend arbeitsrechtlicher Natur. Mit Ausnahme des ersten und des letzten der genannten Paragraphen ergänzen sie das Arbeitsvertragsrecht. Dazu regelt § 21 die Bestellung des Erfinderberaters, der durch Betriebsvereinbarung bestellt werden muß und Arbeitgeber und Arbeitnehmer beratend zur Seite stehen soll. § 27 enthält besondere konkursrechtliche Vorrechte des Arbeitnehmers im Konkurs des Arbeitgebers.

§ 21 Erfinderberater

Die übrigen gemeinsamen Bestimmungen regeln die Unabdingbarkeit **2** von Normen zu Ungunsten des Arbeitnehmers (§ 22), die Nichtigkeit von zulässigen Vereinbarungen wegen Unbilligkeit (§ 23), die Geheimhaltungspflicht (§ 24), das Verhältnis der Rechte und Pflichten aus dem Gesetz zu denen aus dem Arbeitsverhältnis (§ 25) und den Einfluß der Auflösung des Arbeitsverhältnisses auf die arbeitnehmererfinderrechtlichen Rechtsbeziehungen (§ 26). Die besondere Bedeutung dieser Vorschriften liegt darin, daß sie die Verbindung des Arbeitnehmererfinderrechts zum allgemeinen Arbeitsvertragsrecht herstellen. In diesem Zusammenhang kommt den §§ 22 und 25 eine Schlüsselstellung innerhalb des ganzen Gesetzes zu. § 22 beschränkt bis zu einem gewissen Zeitpunkt die Vertragsfreiheit in Arbeitnehmererfindersachen aufs stärkste. Er verbietet ohne Ausnahme, Normen des Gesetzes vor der Meldung oder Mitteilung der Erfindung zu Ungunsten des Arbeitnehmers abzudingen. Bis die Parteien wissen, was der Erfinder geschaffen hat, bleiben dessen Rechte einer ihm nachteiligen Verfügung entzogen. Nach der Meldung oder Mitteilung wird die Vertragsfreiheit wieder hergestellt, findet aber in § 23 eine neue Schranke, die über die Beschränkungen im allgemeinen Vertragsrecht hinausgeht. § 25 zeigt die Stellung der arbeitnehmererfinderrechtlichen Rechtsbeziehungen innerhalb der schon bestehenden arbeitsrechtlichen Verpflichtungen der Parteien auf. Er stellt klar, daß das Arbeitnehmererfinderrecht mit Ausnahme der Freigabe einer Diensterfindung die allgemeinen Verpflichtungen von Arbeitgeber und Arbeitnehmer aus dem Arbeitsverhältnis nicht berührt. Die Rechte und Pflichten aus dem Gesetz treten also ergänzend, nicht modifiziert zu den Rechten und Pflichten aus dem Arbeitsverhältnis hinzu. Sie werden aber, wie § 26 zu erkennen gibt, nicht Bestandteile der arbeitsvertraglichen Regelung, sondern behalten neben dieser ihre eigene Selbständigkeit. Vor allem werden sie durch das Erlöschen des Arbeitsverhältnisses nicht berührt.

§ 21
Erfinderberater

(1) In Betrieben können durch Übereinkunft zwischen Arbeitgeber und Betriebsrat ein oder mehrere Erfinderberater bestellt werden.

(2) Der Erfinderberater soll insbesondere den Arbeitnehmer bei der Abfassung der Meldung (§ 5) oder der Mitteilung (§ 18) unterstützen sowie auf Verlangen des Arbeitgebers und des Arbeitnehmers bei der Ermittlung einer angemessenen Vergütung mitwirken.

Übersicht

	Anm.		Anm.
a) Allgemeines	1	d) Bestellung eines oder mehrerer Erfinderberater	4
b) Person des Erfinderberaters	2	e) Inhalt, Rechtsnatur und Form der Bestellung	5, 6, 7
c) Fakultative Bestellung des Erfinderberaters	3		

439

Erläuterungen

	Anm.		Anm.
f) Aufgaben des Erfinder- beraters	8, 9, 10	h) Befugnisse des Erfinderberaters i) Erfinderberatung durch andere	12
g) Geheimhaltungspflicht	11	Personen und Einrichtungen	13, 14

1   a) Allgemeines

Die Einrichtung des Erfinderberaters ist aus § 2 DVO in das Gesetz übernommen worden. Es erscheint auch unter den heutigen Verhältnissen zweckmäßig, dem Arbeitnehmererfinder im Betrieb eine neutrale Persönlichkeit zur Seite zu stellen, die ihn in allen technischen und rechtlichen Fragen auf dem Gebiet des Arbeitnehmererfindungswesens betreut und berät. Gerade als neutrale Persönlichkeit wird sich der Erfinderberater in jedem Stadium der Überlegungen und Erörterungen über die Behandlung der Arbeitnehmererfindungen als nützlich erweisen.

2   b) Person des Erfinderberaters

Als Erfinderberater kann ein Betriebsangehöriger oder ein Außenstehender bestellt werden. In vielen Fällen übernimmt ein Mitglied oder der Leiter der Patentabteilung oder ein für diese Aufgaben besonders qualifizierter Angehöriger des Betriebsrats die Aufgaben des Erfinderberaters. In kleineren Betrieben, die keine eigene Patentabteilung haben, sind häufig betriebsfremde Personen, z. B. ein das Unternehmen beratender Rechtsanwalt, ein Patentanwalt oder Erlaubnisscheininhaber, als Erfinderberater tätig.

An den Erfinderberater sind charakterlich und beruflich besonders hohe Anforderungen zu stellen. Er muß eine zuverlässige Persönlichkeit sein, die das Vertrauen des Arbeitgebers und der Arbeitnehmer genießt, Einfühlungsvermögen und Menschenkenntnis besitzt und Verhandlungen führen kann; beruflich muß der Erfinderberater mit dem Arbeitsbereich des Unternehmens und seinen technischen Problemen vertraut sein und wenigstens die Grundlagen des Patent- und des Arbeitsrechts kennen; auf dem Gebiet des Arbeitnehmererfindungsrechts müssen größere Kenntnisse vorausgesetzt werden. Der Erfinderberater soll, um jeden Zweifel an seiner Neutralität zu beseitigen, selbst nicht erfinderisch tätig sein. Leiter oder Angehörige von Betriebsabteilungen, aus denen Erfindungen hervorgehen, sind deshalb in der Regel nicht als Erfinderberater geeignet.

3   c) Fakultative Bestellung des Erfinderberaters

Die Bestellung eines Erfinderberaters ist nicht zwingend vorgeschrieben. Denn es gibt viele Unternehmen, in denen vor allem wegen der Art ihrer Tätigkeit nur ausnahmsweise Erfindungen gemacht werden, z. B. alle Dienstleistungsunternehmen. Für sie erscheint die Bestellung eines Erfinderberaters überflüssig. Auch in kleineren Unternehmen kann in vielen Fällen von der Bestellung eines Erfinderberaters abgesehen werden; die Größe des Unternehmens ist aber für die Frage, ob ein Er-

§ 21 Erfinderberater

finderberater bestellt werden soll, nicht allein entscheidend; so wird z. B. in kleineren Konstruktionsbüros, Forschungsgesellschaften u. ä., die sich regelmäßig mit neuen und besseren Lösungen technischer Probleme beschäftigen, die Bestellung eines Erfinderberaters zweckmäßig sein.

d) Bestellung eines oder mehrerer Erfinderberater 4

In einem Unternehmen können ein oder mehrere Erfinderberater bestellt werden. Die Bestellung mehrerer empfiehlt sich, wenn das Unternehmen aus mehreren Betrieben besteht, die entweder räumlich getrennt sind oder deren Produktionsgebiete verschiedenen Zweigen der Technik angehören. Werden mehrere Erfinderberater bestellt, so kann es zweckmäßig sein, einen Haupterfinderberater — etwa den Leiter der Patentabteilung — für das gesamte Unternehmen zu bestellen, der die Arbeit der einzelnen Berater koordiniert.

e) Inhalt, Rechtsnatur und Form der Bestellung 5

Der Erfinderberater wird durch Übereinkunft zwischen Arbeitgeber und Betriebsrat bestellt. In der Übereinkunft ist festzulegen, daß und wieviele Erfinderberater bestellt werden und wer als Erfinderberater bestellt wid.

Von dieser Übereinkunft ist die Vereinbarung zwischen dem Arbeitgeber und dem Erfinderberater zu unterscheiden. Die Übereinkunft von Arbeitgeber und Betriebsrat stellt nur den innerbetrieblichen Beschluß über die Bestellung dar. Sie verpflichtet den Arbeitgeber, die eigentliche Anstellung des Erfinderberaters vorzunehmen (§ 52 Abs. 1 S. 1 BetrVerfG). Diese Verpflichtung erfüllt der Arbeitgeber in der Regel durch Abschluß eines Arbeits- oder Dienstvertrags; der Arbeitgeber schließt mit der als Erfinderberater zu bestellenden Person einen Dienstvertrag ab, wenn die Person außerhalb des Unternehmens steht; ist der Erfinderberater schon Betriebsangehöriger, so muß sein Arbeitsvertrag in der Regel geändert werden; bei einem Mitglied der Patentabteilung kann das Direktionsrecht des Arbeitgebers ausreichen, um den Angestellten ohne Änderung des Arbeitsvertrags mit den Aufgaben des Erfinderberaters zu betrauen.

Die Übereinkunft zwischen Arbeitgeber und Betriebsrat ist ein Vertrag, der für den Betrieb zwischen dem Arbeitgeber und dem Betriebsrat im Rahmen seines im Gesetz bestimmten Aufgabenbereichs für die von ihm vertretene Belegschaft zur Regelung betrieblicher Fragen geschlossen wird (vgl. Hueck-Nipperdey, Lehrbuch des Arbeitsrechts, 2. Aufl. Band 2 S. 775), also eine Betriebsvereinbarung i. S. d. § 57 BetrVerfG. Sie bedarf gemäß § 52 Abs. 2 S. 2 BetrVerfG der Schriftform und ist vom Arbeitgeber und vom Betriebsrat zu unterzeichnen und durch den Arbeitgeber an geeigneter Stelle im Betrieb auszulegen und in gut leserlichem Zustand zu erhalten. Die Auslegung ist bloße Ordnungsvorschrift; die Schriftform ist zwingend. Ein Verstoß gegen die Schriftform macht die Übereinkunft unwirksam (§ 125 BGB). 6

Erläuterungen

7 Können sich Arbeitgeber und Betriebsrat nicht über die Bestellung eines Erfinderberaters einigen, so können sie gemeinsam die in § 50 BetrVerfG vorgesehene Einigungsstelle anrufen. Deren Spruch ist verbindlich, wenn beide Seiten sich im voraus unterworfen oder sie nachträglich angenommen haben (§ 50 Abs. 3 S. 2 BetrVerfG). Können sich die Parteien zur gemeinsamen Anrufung der Einigungsstelle nicht entschließen, so kann kein Erfinderberater bestellt werden. § 50 Abs. 4 BetrVerfG greift nicht ein. Dies gilt auch, wenn sich die Parteien zwar über die Bestellung, nicht aber über die Person des Erfinderberaters einigen können (a. A. Heinze-Rebitzki Anm. 2 zu § 21 ohne nähere Begründung).

8 **f) Aufgaben des Erfinderberaters**

Als Aufgaben des Erfinderberaters sind in Abs. 2 genannt: Die Unterstützung des Arbeitnehmers bei der Abfassung der Meldung (§ 5) oder der Mitteilung (§ 18) sowie auf Verlangen des Arbeitgebers und des Arbeitnehmers die Mitwirkung bei der Ermittlung der angemessenen Vergütung (siehe dazu im einzelnen Anm. 14—17 und 26—29 zu § 5, Anm. 4—8 zu § 18 und die Anmerkung zu §§ 9—12). Diese Aufzählung ist nicht abschließend, es sind vielmehr im Gesetz nur die bedeutsamsten Aufgaben festgelegt. Es können also dem Erfinderberater noch weitere Aufgaben obliegen. So hat der Erfinderberater dem Arbeitnehmer nicht nur bei der Abfassung der Meldung oder Mitteilung beizustehen, sondern ihn auch über die Rechtsnatur der Erfindung, also darüber zu beraten, ob eine Diensterfindung oder eine freie Erfindung vorliegt; er hat beratend mitzuwirken, wenn festgestellt werden muß, wer als Erfinder in Frage kommt und ob ein oder mehrere Erfinder vorhanden sind. Er hat ferner bei der Anfertigung technischer Zeichnungen und sonstiger Unterlagen für die Meldung mitzuwirken (vgl. auch Anm. 19 und 33 zu § 5).

9 Der Erfinderberater ist in erster Linie zur Unterstützung des Arbeitnehmers berufen. Wie die Stellung des Wortes „insbesondere" in Absatz 2 ergibt, schließt das aber nicht aus, daß er auch vom Arbeitgeber in Anspruch genommen wird (siehe Amtl. Begr. unten S. 600. Dadurch wird sein Aufgabenbereich auf die Mitwirkung bei der Inanspruchnahme, bei der Entscheidung, ob unbeschränkte oder beschränkt in Anspruch genommen oder freigegeben werden soll und auf weitere mit der Arbeitnehmererfindung zusammenhängende Entscheidungen des Arbeitgeber ausgedehnt. Bei der Schutzrechtsanmeldung hat jedoch der Erfinderberater in der Regel nicht mitzuwirken. Bei der Ermittlung einer angemessenen Vergütung (§§ 9 bis 12, 14 Abs. 3, 16 Abs. 3, 17 Abs. 4) hat der Erfinderberater nur mitzuwirken, wenn Arbeitgeber und Arbeitnehmer es verlangen. Auf einseitiges Verlangen kann er bei der Ermittlung der Vergütung auch nicht beratend tätig werden.

10 Nach der Amtlichen Begründung S. 600 soll für die Übertragung weiterer, in Abs. 2 nicht genannter Aufgaben auf den Erfinderberater eben-

§ 21 Erfinderberater

falls eine Übereinkunft zwischen Arbeitgeber und Betriebsrat notwendig sein. Diese Auffassung findet im Gesetz keine Stütze. Die Übereinkunft zwischen Arbeitgeber und Betriebsrat ist nur für die Einsetzung des Erfinderberaters, also für die Entscheidung, daß und wer als Erfinderberater bestellt wird, vorgesehen. Der Aufgabenbereich des Erfinderberaters ergibt sich aus dieser Übereinkunft nicht. Er ergibt sich auch nicht eindeutig aus der beispielhaften Aufzählung in Absatz 2, sondern kann nur unter Heranziehung der im Gesetz genannten Aufgaben aus dem Sinn der Institution selbst ermittelt werden. Danach hat der Erfinderberater, wie in Anm. 1 erwähnt, den Arbeitnehmer und, wie in Anm. 9 dargelegt, auch den Arbeitgeber in allen technischen und rechtlichen Fragen des Arbeitnehmererfindungswesens zu betreuen und zu beraten. Dieser Aufgabenkreis erfaßt weit mehr als die in Absatz 2 genannten Beispiele. Innerhalb dieses Bereichs muß der Erfinderberater auf jeden Fall tätig werden können, will er die ihm zugeordnete Stellung wirklich ausfüllen. Einer besonderen Übereinkunft zur Erweiterung des Aufgabenbereichs über die in Absatz 2 genannten Beispiele hinaus bedarf es also nicht. Der Aufgabenbereich ist kraft Gesetzes weiter.

g) Geheimhaltungspflicht 11

Der Erfinderberater ist verpflichtet, alles, was er im Zusammenhang mit seiner Tätigkeit über Arbeitnehmererfindungen erfahren hat, geheim zu halten; siehe im einzelnen Anm. 11, 12 und 14 zu § 24.

h) Befugnisse des Erfinderberaters 12

Nach dem Wortlaut des Gesetzes ist der Erfinderberater zur Unterstützung und bei der Ermittlung der Vergütung zur Mitwirkung befugt. Beide Begriffe sind im Sinne einer rein beratenden Tätigkeit aufzufassen. Der Erfinderberater hat also keine schiedsrichterliche Funktion und keine Vertreterbefugnis. Im Rechtsstreit über eine Arbeitnehmererfindung kann er nur als Zeuge oder Sachverständiger, nicht als Bevollmächtigter des Arbeitgebers oder des Arbeitnehmers auftreten. Wird er in einem Rechtsstreit zwischen Arbeitgeber und Arbeitnehmer als Zeuge vernommen, so kann er sich nicht auf das Zeugnisverweigerungsrecht der §§ 383 Ziffer 5 oder 384 Ziffer 3 ZPO berufen. Denn zwischen Arbeitgeber und Arbeitnehmer bestehen hinsichtlich der Erfindung keine Geheimnisse. § 24 Abs. 3 greift insoweit nicht ein.

i) Erfindungsberatung durch andere Personen oder Einrichtungen 13

Der Arbeitgeber und der Arbeitnehmer werden durch § 21 nicht gehindert, sich von anderen Personen als dem Erfinderberater wegen einer Arbeitnehmererfindung beraten zu lassen. Sie haben dabei aber die ihnen in § 24 Abs. 1 und 2 auferlegte Geheimhaltungspflicht zu beachten; siehe dazu Anm. 3 ff. zu § 24. Es kommt mit Rücksicht darauf nur eine Beratung durch Rechtsanwälte, Patentanwälte oder Erlaubnisscheininhaber in Betracht. Eine Beratung durch gewerkschaftliche Einrichtun-

Erläuterungen

gen oder Erfindervereinigungen scheidet in der Regel aus, es sei denn, daß sich diese Einrichtungen ihrerseits eines Rechtsanwalts, Patentanwalts oder Erlaubnisscheininhabers für die Beratung bedienen. Eine allgemeine Belehrung von Erfindern über die vorhandenen Vorschriften, die nicht mit Betriebsgeheimnissen in Konflikt kommt, weil in Einzelheiten nicht eingedrungen wird, ist selbstverständlich möglich, ohne daß es einer besonderen gesetzlichen Bestimmung bedürfte.

Der Anregung, der Arbeitnehmer solle in den Fällen, in denen kein Erfinderberater bestellt ist, eine staatliche oder von der Arbeitnehmervereinigung eingerichtete Erfinderberatungsstelle in Anspruch nehmen können, ist der Gesetzgeber nicht gefolgt (vgl. Amtl. Begr. unten S. 600). Es verbleibt also, wenn kein Erfinderberater bestellt ist, ebenfalls bei der eben geschilderten Rechtslage. In diesem Zusammenhang ist auch darauf hinzuweisen, daß schon § 5 Abs. 3 dafür Vorsorge trifft, daß dem ungewandten Arbeitnehmer durch eine mangelhafte Meldung keine Nachteile erwachsen (vgl. Anm. 30—33 zu § 5).

14 Ist die Erfindung frei oder nur beschränkt in Anspruch genommen, so kann der Arbeitnehmer bei der Bearbeitung, Anmeldung, Aufrechterhaltung und Verwertung die Beratung und Unterstützung der Patentstelle für die deutsche Forschung der Frauenhofer-Gesellschaft zur Förderung der angewandten Forschung in München, Romanstraße 13 in Anspruch nehmen, deren Richtlinien für Aufgaben und Tätigkeit der Patentstelle, Geschäftsordnung und Muster für Vereinbarungen zwischen Patentstelle und Erfinder im März 1963 neu veröffentlicht wurden (vgl. auch Hlawaczek in „Beispiele angewandter Forschung" 1961).

§ 22

Unabdingbarkeit

Die Vorschriften dieses Gesetzes können zuungunsten des Arbeitnehmers nicht abgedungen werden. Zulässig sind jedoch Vereinbarungen über Diensterfindungen nach ihrer Meldung, über freie Erfindungen und technische Verbesserungsvorschläge (§ 20 Abs. 1) nach ihrer Mitteilung.

Übersicht

	Anm.		Anm.
I. Der Grundsatz der Unabdingbarkeit		**II. Unzulässige Vereinbarungen**	4
a) Die Interessenlage	1	**III. Zulässige Vereinbarungen**	
b) Unabdingbarkeit und zwingende Wirkung	2	a) Vereinbarungen zugunsten des Arbeitnehmers	5
c) Unabdingbarkeit zuungunsten des Arbeitnehmers	3	b) Vereinbarung nach § 22 Satz 2	6—9

§ 22 Unabdingbarkeit

I. Der Grundsatz der Unabdingbarkeit

a) Die Interessenlage 1

Der in § 22 niedergelegte Grundsatz der Unabdingbarkeit der Vorschriften des Arbeitnehmererfindergesetzes ist zusammen mit seiner Ergänzung in § 23 einer der Angelpunkte des ganzen Gesetzwerks und zu dessen Verständnis unentbehrlich. Der Grundsatz ist nicht für dieses Gesetz geschaffen. Er ist Ausdruck eines Grundgedankens des Arbeitsrechts, das dem ganzen 4. Abschnitt des zweiten Teils des ArbEG sein Gepräge gibt. In § 22 findet die Schutzfunktion des Arbeitsrechts zu Gunsten des Arbeitnehmers im Bereich des Arbeitnehmererfinderrechts ihren Ausdruck. Der Arbeitnehmer wird davor geschützt, daß er in Sorge um Arbeitsplatz und Arbeitsbedingungen auf unangemessene Vertragsbedingungen eingeht. Deshalb werden hier wie im gesamten Bereich des Arbeitsrechts gewisse Regeln zu Gunsten des Arbeitnehmers mit zwingender Kraft ausgestattet und die Befugnis des Arbeitnehmers eingeschränkt, seine eigene Rechtsposition, etwa durch Verzicht, zu verschlechtern (Nipperdey in Staudingers Kommentar zum BGB, 11. Aufl., Vorb. 292 vor § 611).

Andererseits besteht gerade auf dem Gebiet des Erfinderrechts ein dringendes praktisches Bedürfnis, im Einzelfall auch einmal Abreden zu treffen, die sich für beide Parteien vorteilhaft auswirken, selbst wenn sie von den Vorschriften des Gesetzes abweichen. Denn die besonderen Verhältnisse eines Betriebs und die vielfältigen Möglichkeiten der Verwertung gewerblicher Schutzrechte lassen durchaus Fälle denkbar erscheinen, in denen die Regelung des Gesetzs den Interessen der Beteiligten nicht in vollem Maße gerecht wird (vgl. Amtl. Begr. unten S. 601 und Müller-Pohle, GRUR 1950, 183). Diesen Widerstreit hat der Gesetzgeber in § 22 dadurch aufgelöst, daß er die Vorschriften des Gesetzes grundsätzlich unabdingbar gestaltet (Satz 1), aber Vereinbarungen über Diensterfindungen nach ihrer Meldung, über freie Erfindungen und technische Verbesserungsvorschläge nach ihrer Mitteilung zuläßt (Satz 2). Trotz der in Satz 2 nominierten Ausnahme gehört § 22 zu den Vorschriften mit klar ausgesprochener Schutztendenz für den Arbeitnehmer. Dies ist bei der Auslegung der Bestimmung stets zu berücksichtigen. Wegen der Rechtslage bei arbeitnehmerähnlichen Personen vgl. Anm. 6 zu § 1.

b) Unabdingbarkeit und zwingende Wirkung 2

§ 22 Satz 1 besagt, daß die dem Arbeitnehmer im Gesetz eingeräumte Rechtslage durch Verträge, Betriebsvereinbarungen oder Tarifverträge nicht verschlechtert werden darf. Dies gilt sachlich für alle Vorschriften des Gesetzes — auch für die technischen Verbesserungsvorschläge des § 20 Abs. 1 (vgl. Anm. 9 zu § 3) —, zeitlich — von der Ausnahme des Satz 2 abgesehen — für die Zeit vor und nach dem Zustandekommen der Erfindung (so auch Haupt, GRUR 1956, 405 gegen Karl, GRUR 1956, 51 und 406). Die mit dem Wort „im Voraus" in § 9 DVO verbundenen Auslegungsschwierigkeiten sind damit beseitigt. Allerdings ist darauf

Erläuterungen

zu verweisen, daß nach der Auslegung, die § 9 DVO durch den BGH gefunden hat (BGH v. 20. 11. 1962, „Pauschalabfindung", Bl. 1963, 76 = GRUR 1963, 315), die Möglichkeit der Beteiligten, eine frühzeitige Generalregelung im Hinblick auf die Diensterfindung vorzunehmen, damals sogar noch stärker als heute eingeschränkt waren. Denn durch das Verbot des § 9 unterband die DVO jede Schlechterstellung auch im Hinblick auf Ansprüche, die im Augenblick der Vereinbarung nicht einmal dem Grunde nach entstanden waren (a.A. Riemenschneider-Barth, S. 201 und Müller-Pohle, GRUR 1950, 184; wie der BGH Reimer in der 2. Aufl. dieses Buches S. 53 und Volmer, Anm. 41 zu § 22). Der Arbeitnehmer konnte lediglich über bereits entstandene Ansprüche verfügen.

Die Bestimmungen des Gesetzes haben also zugunsten des Arbeitnehmers grundsätzlich zwingende Wirkung, es handelt sich um objektiv zwingendes Recht. Dadurch wird die Vertragsfreiheit der Parteien weitgehend aufgehoben. Vereinbarungen, die eine Vorschrift des Gesetzes unzulässigerweise zu Ungunsten des Arbeitnehmers abdingen, sind nichtig (§ 134 BGB; vgl. ArbG Darmstadt v. 7. 2. 1952, Bl. 1953, 64). Das gilt nicht nur für Einzelarbeitsverträge. Auch durch Tarifverträge können Ansprüche des Arbeitnehmererfinders nicht eingeschränkt oder aufgehoben werden. Deshalb sind zum Beispiel Bestimmungen, die dem Arbeitnehmer die Geltendmachung von Ansprüchen verbieten, die er nicht innerhalb einer bestimmten Frist nach ihrer Fälligkeit erhebt, wie sie sich in Tarifverträgen häufig finden, wegen Verstoßes gegen § 22 auf Ansprüche aus dem ArbEG nicht anwendbar (Schiedsstelle v. 26. 6. 1968, Bl. 1969, 23).

An die Stelle der unwirksamen Bestimmungen in Einzelarbeitsverträgen, Betriebsvereinbarungen oder Tarifverträgen treten unmittelbar die Normen des Gesetzes. An der Nichtigkeit solcher Vereinbarungen ändert auch eine länger dauernde gesetzwidrige Übung nichts. Eine unzulässige Abdingung zu ungunsten des Arbeitnehmers, die einmal nichtig ist, kann auch nach der Meldung bzw. Mitteilung (siehe unten Anm. 8) durch Bestätigung (§ 141 BGB) nicht mit rückwirkender Kraft geheilt werden. Das neue Rechtsgeschäft gilt erst vom Augenblick der Bestätigung an (RG v. 7. 1. 1911, RGZ 75, 115). Vor allem ist gegenüber Dritten jede Rückwirkung ausgeschlossen. Mit dem Schutzgedanken des § 22 kann es in der Regel auch nicht vereinbart werden, den Arbeitnehmer über § 140 Abs. 2 BGB zu verpflichten, den Arbeitgeber so zu stellen, wie wenn die bestätigte Vereinbarung von Anfang an gültig gewesen wäre. Da aber § 22 nur dem Schutz des Arbeitnehmers dient, ist die Abdingung zu seinen Gunsten jederzeit und in jedem Umfang zulässig (vgl. unten Anm. 5).

3 **c) Unabdingbarkeit zuungunsten des Arbeitnehmers**

Ob eine Vorschrift zugunsten oder zuungunsten des Arbeitnehmers abgedungen wird, kann allein im Vergleich zu der Rechtsstellung entschieden werden, die das Gesetz dem Arbeitnehmer einräumt. Wird

§ 22 Unabdingbarkeit

durch die Vereinbarung dieses Rechtsstellung irgendwie geschmälert, werden also Ansprüche oder Rechte des Arbeitnehmers beseitigt, gemindert oder wird ihre Geltendmachung erschwert, so wirkt die Vereinbarung zuungunsten des Arbeitnehmers. Dabei sind die Bestimmungen des Vertrags mit den entsprechenden Bestimmungen des Gesetzes in der Regel einzeln und unabhängig voneinander zu vergleichen. Bestimmungen, die im konkreten Fall in einem inneren Zusammenhang stehen, können beim Vergleich nur dann zusammengefaßt werden, wenn die einzelne Bestimmung keine selbständige rechtliche Existenz hat und mit den anderen zusammen eine rechtliche Einheit bildet (so auch Volmer, Anm. 23 zu § 22, dessen etwas weit formulierter Obersatz von Lindenmaier-Lüdecke offenbar falsch verstanden wurde und diese in Anm. 2 zu § 22 zum Widerspruch veranlaßte). Ein nur wirtschaftlicher Zusammenhang zwischen mehreren Bestimmungen genügt nicht. Es ist für den Günstigkeitsvergleich auch unerheblich, ob sich eine Regelung wirtschaftlich für den Arbeitnehmer günstig auswirkt. Irrig ist deshalb die Ansicht von Karl in GRUR 1956, 53, der das Kriterium für die Zulässigkeit einer Vereinbarung nicht aus der Norm, die abgedungen wird, sondern aus der Art und Weise, in der abgedungen wird, herleiten will. Seine Behauptung, daß die Vereinbarung eines monatlichen Gehalts von 1200 DM unter Verzicht auf Erfindervergütung an Stelle von 1000 DM und Anspruch auf Erfindervergütung eine Abdingung zu Gunsten des Arbeitnehmers enthalte, weil dieser so zusätzlich verdienen könne, ohne irgendeine Gegenleistung erbringen zu müssen, zeigt den Unterschied deutlich auf (kritisch zu diesem Beispiel auch Deichsel, Arbeit und Recht 1956, 240): eine solche Vereinbarung wirkt zuungunsten des Arbeitnehmers und ist unzulässig, weil der Arbeitnehmer den ihm in § 9 des Gesetzes gewährten Vergütungsanspruch verliert, also in seiner Rechtsstellung schlechter gestellt werden würde, als durch das Gesetz, selbst wenn er im Ergebnis wirtschaftlich wirklich besser stünde.

II. Unzulässige Vereinbarungen   4

Nach dem vorher Gesagten ist es vor der Meldung bzw. Mitteilung der Erfindung unzulässig, zu vereinbaren, daß Diensterfindungen dem Arbeitgeber ohne weiteres, also ohne Inanspruchnahme zufallen (vgl. Riemenschneider-Barth, Anm. 1 zu § 9, Nipperdey in Anm. zu BGH v. 12. 7. 1955, MDR 1956, 86; Volmer in Anm. zum selben Urteil, Nachschlagewerk des BAG Nr. 1 zu § 2 ArbNehmErfVO; OLG Hamburg v. 6. 11. 1958, GRUR 1960, 488); nichtig sind vor allem Bestimmungen wie § 9 II des Reichstarifvertrags für die akademisch gebildeten Angestellten der chemischen Industrie v. 13. 7. 1927 — „Diensterfindungen gehen auf den Betriebsinhaber über" — und § 3 Ziffer 1 der Vereinbarung zwischen dem Reichsverband der deutschen Industrie und dem Bund angestellter Akademiker, GRUR 1929, 10 ff. — „Diensterfindungen stehen dem Arbeitgeber zu" — ferner das bei Deichsel a. a. O. zitierte Beispiel: „Die Ergebnisse der von dem Angestellten in Erfüllung seines Dienstvertrags ausgeführten Arbeiten stehen ohne besondere Vergütung ausschließlich der Firma zu. Dies gilt in Sonderheit auch für Betriebs- und Diensterfindungen...". Unzulässig ist auch, den Kreis der Erfindungen, die vom Arbeitgeber in Anspruch genommen werden können, über § 4 Abs. 2 hinaus zu erweitern (vgl. Anm. 15 zu § 4), auf die schriftlich Bestätigung der Meldung nach § 5 zu verzichten (wegen des Verzichts nach erfolgter Meldung vgl. Anm. 21 zu § 5), die Frist für die Inanspruchnahme zu verlängern oder auf die Vorschriften über Form und Frist der Inanspruchnahme zu verzichten (vgl. Anm. 20 ff zu §6), den Vergütungsanspruch auszuschließen oder zu mindern oder festzulegen, daß er durch das Gehalt abgegolten sei (siehe auch Amtl. Begr. unten S. 601, ArbG Darmstadt v. 7. 2. 1952, Bl. 1953, 64, ebenso abwegig auch hier die von Karl a.a.O. angeführten Beispiele). Wegen Pauschalabfindungsverträgen s. Schiedsstelle ArbErf. 67/68, Bl. 1971, 137 und Volkmar Tetzner, BB 1963, 650, der sich zu Recht gegen die von Heinrich Tetzner, Mitt. 1962, 194, vorgeschlagene Vereinbarung ausspricht, wonach eine laufende Pauschalabfindung zur Abgeltung aller bis zum Zeitpunkt der Zahlung gemeldeten Diensterfindungen gleichzeitig mit der Erklärung des Arbeitnehmers vereinbart werden soll, daß dieser durch die Zahlung abgefunden sei, wenn er nicht bei der Meldung seinen gegenteiligen Willen zum Ausdruck bringt. Diese Vereinbarung würde wegen der Abweichung von § 12 zuungunsten des Arbeitnehmers gegen § 22 Satz 1 verstoßen. Weitere Beispiele siehe Anm. 14 zu § 1 (Abdingung des nationalen Rechts zu Gunsten des ausländischen) und Anm. 11 zu § 7 (Vereinbarung, keine weiteren Lizenzen an einer beschränkt in Anspruch genommenen Erfindung zu vergeben). Die Unabdingbarkeit gilt auch für die verfahrensrechtlichen Vorschriften. Schiedsgerichtsverträge, in denen Arbeitgeber und Arbeitnehmer vereinbaren, Erfinderrechtsstreitigkeiten einem privaten Schiedsgericht zu unterbreiten, dürften, — von der Ausnahme des § 22 Satz 2) abgesehen — unwirksam sein. Dies folgt vor allem aus der Formulierung des § 40 Nr. 5, der die besonderen Schiedsstellen der öffentlichen Verwaltung ausdrücklich zuläßt. Es wurde auch bereits unter der Herrschaft des § 9 DVO angenommen (vgl. Riemenschneider-Barth, S. 174). Wegen der Ausnahmen nach der Meldung bzw. Mitteilung der Erfindung oder technischen Verbesserungsvorschläge siehe Anm. 6—9.

III. Zulässige Vereinbarungen

5 a) **Vereinbarungen zugunsten des Arbeitnehmers**

Welche Vereinbarungen deshalb jederzeit getroffen werden können, weil sie die Rechtslage des Arbeitnehmers gegenüber der ihm vom Gesetz gewährten verbessern, ist im Einzelfall nicht immer leicht festzustellen. Hierher gehören ohne Zweifel die Vereinbarungen, daß der Arbeitgeber auf jede Inanspruchnahme oder nur auf eine bestimmte Form der Inanspruchnahme oder auf die ihm an freien Erfindungen zustehenden Rechte verzichtet (BGH v. 24. 11. 1961, „Federspannvorrichtung", GRUR 1962, 305 = Bl. 1962, 311 = MDR 1962, 195), daß Diensterfindungen regelmäßig mit einem um einen bestimmten Prozentsatz höheren Betrag als der nach den RL angemessene vergütet werden (Haupt, GRUR 1956, 405), daß beschränkt in Anspruch genommene Diensterfindungen oder technische Verbesserungsvorschläge schon mit ihrer Meldung, nicht erst mit ihrer Verwertung vergütet werden. Ob der Arbeitgeber auch auf die Erfindungsmeldung oder auf die Einhaltung der dafür vorgeschriebenen Formen verzichten kann, war unter der Geltung der DVO bestritten (bejahend Riemenschneider-Barth, S. 98 gegen Reimer in der 1. Aufl. dieses Buches, S. 20). Der BGH hat die Frage für das ArbEG bejaht (Urteil v. 24. 11. 1961, a.a.O. gegen LArbG Stuttgart v. 24. 1. 1958, DB 1958, 312). In der Regel wird ein solcher Verzicht im Zusammenhang mit dem Verzicht auf Inanspruchnahme stehen. Bleibt das Inanspruchnahmerecht aufrechterhalten, so mag es sein, daß Schwierigkeiten bei der Berechnung der Inanspruchnahmefrist bestehen. Das bedeutet aber noch keine Schlechterstellung des Arbeitnehmers. Sorgt nämlich der Arbeitgeber in solchen Fällen nicht für eine Sicherstellung des Fristbeginns, so kann er sich nach Treu und Glauben nicht darauf berufen, daß die Frist noch laufe (im Ergebnis übereinstimmend mit Volmer, Anm. 34 zu § 22). Solche dem Arbeitnehmer günstige Vereinbarungen können in Arbeitsverträgen, in besonderen Verträgen zwischen den Parteien, in Betriebsvereinbarungen und Tarifverträgen geschlossen werden. Ein Beispiel ist in der unveröffentlichen Entscheidung des BGH v. 10. 7. 1959 — I ZR 73/58 — enthalten, wo die für die Vergütung maßgebenden Bestimmungen des Gesetzes und des früheren Rechts abbedungen waren, um dem Erfinder eine höhere Vergütung zubilligen zu können.

b) Vereinbarungen nach § 22 Satz 2   6

Aus Anm. 5 folgt, daß § 22 Satz 2 nur Vereinbarungen betrifft, die zuungunsten des Arbeitnehmers Vorschriften des Gesetzes abdingen, die also die ihm vom Gesetz gewährte Rechtsstellung verschlechtern. Der Begriff „zuungunsten des Arbeitnehmers" ist in Anm. 3 erläutert; Beispiele siehe Anm. 4.

Die Vereinbarung muß sich auf eine oder mehrere bestimmte Diensterfindungen beziehen. Vereinbarungen i. S. des Satz 2 können also nur Individualverträge sein; Betriebsvereinbarungen und Tarifverträge scheiden aus. Eine bestimmte Form ist nicht vorgeschrieben. An die Klarheit und Eindeutigkeit einer solchen Vereinbarung müssen aber strenge Anforderungen gestellt werden (BGH v. 23. 5. 1952, Bl. 1953, 127 = GRUR 1952, 573 = JZ 1953, 53; ebenso für die Annahme eines Verzichts auf schriftliche Meldung zugunsten des Arbeitnehmers, BGH v. 24. 11. 1961 „Federspannvorrichtung" GRUR 1962, 305 = Bl. 1962, 311 = MDR 1962, 195; vgl. auch Schiedsstelle, EV v. 27. 1. 1960, Bl. 1960, 297 und v. 19. 4. 1960, Bl. 1960, 280, beide Leitsätze GRUR 1961, 133 mit Anm. Heydt und Friedrich). Im allgemeinen kann eine Abdingung nur dann angenommen werden, wenn der Arbeitnehmer die ihm gesetzlich   7

Erläuterungen

gewährte Rechtsstellung kennt. Die zitierte Entscheidung des BGH spricht aus, daß eine Verlängerung der Inanspruchnahmefrist nicht angenommen werden könne, wenn eine der Parteien den Fristablauf nicht kenne. Die Berufung des Arbeitnehmers auf den Ablauf der Inanspruchnahmefrist kann aber wegen Verstoßes gegen Treu und Glauben unzulässig sein, wenn der Arbeitnehmer sich im Bewußtsein des Fristablaufs damit einverstanden erklärt hat, daß der Arbeitgeber seine Entschlüsse über die Inanspruchnahme der Erfindung von Versuchen abhängig macht, die zwangsläufig über das Ende der Frist hinausdauern, ohne den Arbeitgeber auf den diesem nicht bekannten Fristablauf aufmerksam zu machen.

8 Vereinbarungen, die Vorschriften des Gesetzes zuungunsten des Arbeitnehmers abdingen, sind bei Diensterfindungen nach ihrer Meldung (§ 5), bei freien Erfindungen nach ihrer Mitteilung (§ 18), bei technischen Verbesserungsvorschlägen ebenfalls nach ihrer Mitteilung (§ 20) zulässig. Damit sind die ältere Lehre, die eine Unabdingbarkeit nach der Fertigstellung der Erfindung annahm (vgl. Riemenschneider-Barth Anm. 1 zu § 9; Müller-Pohle, GRUR 1950, 184), und auch die in der 2. Auflage S. 53 vertretene Ansicht, daß Vergütungsansprüche mit ihrer Entstehung abdingbar würden, überholt. Der Zeitpunkt der Meldung bzw. Mitteilung wurde vom Gesetzgeber gewählt, weil er in der Regel eindeutig feststellbar und nach § 5 Abs. 1 Satz 2 bei ordnungsgemäßer Meldung sogar schriftlich festgelegt ist. Als Meldung genügt in § 22 Satz 2 eine den Anforderungen des § 5 Abs. 1 entsprechende Erklärung; auf die Erfordernisse des § 5 Abs. 2 kann der Arbeitgeber gemäß § 5 Abs. 3 verzichten. Ist die Meldung insoweit unvollständig, so braucht deshalb entgegen der Ansicht von Lindenmaier-Lüdecke, Anm. 4 zu § 22, und mit Volmer, Anm. 9 zu § 22, der Ablauf der in § 5 Abs. 3 Satz 1 vorgesehenen Frist nicht abgewertet zu werden. Auch wenn die Meldung überhaupt fehlt und der Arbeitgeber auf anderem Wege Kenntnis von der Erfindung erlangt, kann man nicht wie das LArbG Stuttgart v. 24. 1. 1958, DB 1958, 312, zu dem Ergebnis kommen, daß dann alle späteren Vereinbarungen zuungunsten des Arbeitnehmers schlechthin nichtig wären. Es entspricht dem Sinn des Gesetzes am besten, in solchen Fällen den Zeitpunkt der Inanspruchnahme oder des anderweitiger entscheidenden Zeitpunkt anzusehen (auch Volmer, Anm. 40 zu § 22) Wegen der Wirksamkeit der nach Satz 2 zulässigen Vereinbarungen vgl. im übrigen § 23, zum Fragenkreis des Übergangs einer Diensterfindung auf den Arbeitgeber trotz Nichtbeachtung von Form und Frist der Inanspruchnahme s. oben Anm. 15 ff. und 29 zu § 6 sowie Bartenbach, Mitt. 1971, 232.

9 Die Regelung des Zeitpunkts der Zahlung ist in vollen Umfang, vorbehaltlich der Grenzen des § 23, der Vereinbarung unter den Beteiligten zugänglich, da sie nach der Meldung oder einem ihr gleichzusetzenden Zeitpunkt liegt (Anm. 21 zu § 9). Als solche zulässigen Vereinbarungen sind auch die jährlich bei Bezahlung von Tantiemen zwischen Arbeitgeber und Arbeitnehmer getroffenen Abreden anzusehen, daß diese Zahlungen auf etwa bestehende Ansprüche aus inanspruchgenommenen Diensterfindungen voll angerechnet werden sollen (OLG München v. 18. 1. 1973 „Rahmen für Motorräder" 6 U 1392/72, unveröffentlicht). Zur Annahme einer zulässigen Vereinbarung zur Übertragung einer gemeldeten Diensterfindung an Stelle der Inanspruchnahme s. Anm. 22 zu § 6.

§ 23
Unbilligkeit

(1) Vereinbarungen über Diensterfindungen, freie Erfindungen oder technische Verbesserungsvorschläge (§ 20 Abs. 1), die nach diesem Gesetz zulässig sind, sind unwirksam, soweit sie in erheblichem Maße unbillig sind. Das gleiche gilt für die Festsetzung der Vergütung (§ 12 Abs. 4).

(2) Auf die Unbilligkeit einer Vereinbarung oder einer Festsetzung der Vergütung können sich Arbeitgeber und Arbeitnehmer nur berufen, wenn sie die Unbilligkeit spätestens bis zum Ablauf von sechs Monaten nach Beendigung des Arbeitsverhältnisses durch schriftliche Erklärung gegenüber dem anderen Teil geltend machen.

Übersicht

	Anm.		Anm.
I. Anwendungsbereich		III. Die Geltendmachung der erheblichen Unbilligkeit	
a) Persönlich	1		
b) Sachlich	2	a) Geltendmachung	7
II. Die erhebliche Unbilligkeit		b) Form der Geltendmachung	8
a) Begriff	3—5	c) Frist der Geltendmachung	9—12
b) Rechtsfolgen	6	d) Einrede der Verwirkung	13

I. Anwendungsbereich
a) Persönlich   1

Auch § 23 gehört zu den ausgesprochenen Arbeitnehmerschutzbestimmungen des Gesetzes und ergänzt die Bestimmung des § 22. Die Grundgedanken beider Bestimmungen stimmen überein (vgl. Anm. 1 zu § 22). Sie wollen verhüten, daß der Arbeitnehmer durch den Abschluß von Vereinbarungen infolge seiner wirtschaftlich und persönlich abhängigen Stellung unbillig beschwert wird (vgl. Amtl. Begr. unten S. 602. Aber auch der Arbeitgeber kann sich auf § 23 berufen, wie sich aus der Formulierung des Absatz 2 ergibt (vgl. Friedrich, JZ 1957, 700); man denke z. B. an Vereinbarungen zwischen einem in patentrechtlichen Angelegenheiten unerfahrenen Unternehmer und einem versierten und maßgeblichen Diensterfinder. § 23 ist auch anwendbar, wenn an einer Erfindung mehrere Erfinder als Miterfinder beteiligt sind; dazu im einzelnen bei Anm. 6.

Erläuterungen

§ 23 schützt den Arbeitnehmer nur, solange das Arbeitsverhältnis besteht. Vereinbarungen, die vor oder nach Beendigung des Arbeitsverhältnisses geschlossen sind, fallen nicht unter diese Bestimmung. Aus Abs. 2 kann nichts anderes geschlossen werden. Diese Bestimmung gilt nur der Rechtssicherheit und will die während des Arbeitsverhältnisses geschaffene Situation klären. Die Schiedsstelle hat diese Auffassung bestätigt (ArbErf. 2/67, Bl. 1968, 72). Nach Beendigung des Arbeitsverhältnisses ist der frühere Arbeitnehmer in seinen Entschlüssen frei. Er kann nicht mehr dadurch behindert sein, daß er vom Arbeitgeber für ihn ungünstige Maßnahmen zu befürchten brauchte (s. auch Schiedsstelle ArbErf. 20/71, Bl. 1972, 294).

2   **b) Sachlich**

§ 23 gilt für alle Vereinbarungen über Diensterfindungen, freie Erfindungen und technische Verbesserungsvorschläge, die nach dem Arbeitnehmererfindergesetz zulässig sind. Es ist also immer zuerst zu prüfen, ob eine Vereinbarung an sich zulässig ist. Erst wenn diese Frage bejaht ist, kann die Billigkeit der Vereinbarung untersucht werden. Das Gesetz schränkt die Vertragsfreiheit zwischen Arbeitgeber und Arbeitnehmer auf dem Gebiet des Arbeitnehmererfinderrechts bis zu dem in § 22 genannten Zeitpunkt der Erfindungsmeldung oder -mitteilung weitgehend ein. Bis dahin sind Vereinbarungen nur in beschränktem Maße zulässig (vgl. Anm. 5 zu § 22). Nach der Meldung oder Mitteilung wird die Vertragsfreiheit grundsätzlich wieder hergestellt (§ 22 S. 2). Sie findet ihre Grenzen dann allein in den allgemeinen Bestimmungen des bürgerlichen Rechts (§§ 138, 306 BGB) und in § 23 des Gesetzes. Im Gesetz sind als zulässige Vereinbarungen ausdrücklich genannt: Vereinbarungen über Art und Höhe der Vergütung (§ 12 Abs. 1); die einseitige Festsetzung der Vergütung nach § 12 Abs. 3 und 4 wird der vertragsmäßigen Feststellung gleichgestellt (§ 23 Abs. 1 Satz 2); entgeltliche Vereinbarung eines Benutzungsrechts für den Arbeitgeber nach §§ 14 Abs. 3 und 16 Abs. 3; Vereinbarung eines entgeltlichen Benutzungsrechts an einer freien Erfindung nach § 19; Abdingung von Vorschriften des Gesetzes im Rahmen des § 22, Annahme eines Einigungsvorschlags der Schiedsstelle nach § 34; Vereinbarung von der Anrufung der Schiedsstelle abzusehen nach § 37 Ziffer 4.

3   **II. Die erhebliche Unbilligkeit**

Vereinbarungen sind unwirksam, soweit sie in erheblichem Maße unbillig sind. Die billige Lösung des Interessenwiderstreits zwischen Arbeitgeber und Arbeitnehmer fordert die Berücksichtigung der Besonderheiten der tatsächlichen Verhältnisse in der ihnen angemessenen und sozial gerechtfertigten Weise, insbesondere eine angemessene und wohlwollende Abwägung der Leistungen beider Parteien, der sich gegenüberstehenden Werte und der Vorteile und Nachteile, die den Parteien erwachsen können (vgl. Enneccerus-Nipperdey, Lehrbuch des bürgerlichen Rechts, allgemeiner Teil, 15. Aufl. § 58 I 1 c). Eine nur

§ 23 Unbilligkeit

unbillige Behandlung genügt jedoch noch nicht. Die Vereinbarung muß in erheblichem Maße unbillig sein. Erhebliche Unbilligkeit liegt vor, wenn in besonderem Maße gegen die an eine billige Lösung zu stellenden Anforderungen verstoßen wurden, in Bezug auf § 242 BGB formuliert, wenn die Maßstäbe von Treu und Glauben in grober Weise verletzt wurden. Der Unterschied zwischen der Unbilligkeit und der erheblichen Unbilligkeit ist also ein rein gradueller. Der Gesetzgeber ist jedoch nicht so weit gegangen, wie der Regierungsentwurf vorgeschlagen hatte. Die Formulierung „offenbare" Unbilligkeit, die der Entwurf gewählt hatte, wurde vom Gesetzgeber ausdrücklich in „erhebliche" Unbilligkeit abgeschwächt, da eine „offenbare" Unbilligkeit die Unwirksamkeit von Vereinbarungen nahezu ausschließen würde (vgl. Ausschußbericht unten S. 640. „Offenbare" Unbilligkeit würde bedeuten, daß die Unbilligkeit aus der Vereinbarung selbst heraus erkennbar sein und dem mit der Sachlage Vertrauten sofort in die Augen springen muß. Dieser besonders starke Grad wird vom Gesetzgeber nicht gefordert.

Die erhebliche Unbilligkeit setzt zunächst ein objektiv erhebliches Mißverhältnis zwischen der vom Gesetz zugesprochenen, nach den Richtlinien ermittelten und der in der Vereinbarung niedergelegten Leistung voraus (Schiedsstelle v. 28. 1. 1970, Bl. 1970, 454). Das ist der Fall, wenn der Arbeitgeber mit dem Arbeitnehmer eine Vereinbarung über eine verhältnismäßig geringe Pauschalvergütung abschließt, obwohl er weiß, daß er mit der Erfindung später ein unverhältnismäßig ertragsreicheres Geschäft machen wird; vgl. dazu Volkmar Tetzner, Die Pauschalabfindung für Diensterfindungen, BB 1963, 649. Hier kann die Vereinbarung von vorn herein unwirksam sein, ohne daß der Arbeitnehmer auf § 12 Abs. 6 verwiesen werden müßte. Zu Pauschalzahlungen nimmt die Schiedsstelle auch im EV v. 30. 7. 1970 (Bl. 1971, 137) Stellung. Sie berücksichtigt bei der Anwendung des § 23 auch das Risiko, das der Erfinder bei einer sehr früh, bei Anlauf der Produktion lange vor Patenterteilung geleisteten Pauschalzahlung in Kauf nehmen muß. Auch der Kaufpreisschwund ist in Rechnung zu stellen. Ein weiteres Beispiel für die Feststellung der erheblichen Unbilligkeit bei Vergütungsregelungen bietet die Schiedsstelle v. 21. 7. 1967, Bl. 1968, 72. Auch die vereinbarte Verlängerung der Inanspruchnahmefrist kann erheblich unbillig sein, wenn sie dazu dienen soll, den Arbeitnehmer unberechtigt lang hinzuhalten, die Anmeldung und Vergütungsfestsetzung zu verzögern und dadurch die Arbeitnehmer zu Gunsten des Betriebs zu schädigen. Man darf sich aber entgegen der von Volkmar Tetzner vertretenen Auffassung mit der objektiven Betrachtung nicht begnügen, sondern muß die beanstandete Vereinbarung im Rahmen des gesamten Dienstverhältnisses auch unter subjektiven Gesichtspunkten prüfen. Besonders der Arbeitnehmer darf insoweit nicht allein auf § 138 BGB verwiesen werden, dessen Voraussetzungen er in der Regel kaum nachzuweisen vermag. Es sind durchaus Fälle denkbar, wo das objektive Mißverhältnis nicht eindeutig als erheblich unbillig bezeichnet werden kann,

4

Erläuterungen

wo aber die besonderen subjektiven Umstände des Falles die Entscheidung eindeutig zu Gunsten des Benachteiligten beeinflussen (vgl. Volmer, Anm. 16 zu § 23). Umgekehrt gibt es Fälle, wo subjektive Elemente die Berufung auf § 23 ausschließen, z. B. wenn der Erfinder auf Grund seiner Stellung innerhalb des Betriebs die Verhältnisse beim Abschluß der Vereinbarung genau übersehen und auch beeinflussen konnte. In allen Fällen des § 23 kann neben die Unwirksamkeit der Vereinbarung ein Schadenersatzanspruch des Arbeitnehmers aus Verletzung der Fürsorgepflicht, eventuell auch § 826 BGB treten. § 23 kann auch auf sog. „Ausgleichsquittungen" angewendet werden, die der Arbeitnehmer beim Ausscheiden aus dem Betrieb in der Regel unterschreibt (dazu allgemein Nipperdey in Staudinger's Kommentar zum BGB, 11. Aufl., Anm. 264 zu § 611).

Eine durch zulässige Vereinbarung nach § 22 S. 2 in Tantiemezahlungen liegende Abfindung von Erfindervergütungen ist nicht deshalb unbillig i. S. des § 23, weil andere leitende Angestellte des Arbeitgebers von diesem ebenfalls Tantiemen in vergleichbarer Höhe erhalten, ohne Erfindungen gemacht zu haben. Dem Arbeitgeber ist es unbenommen, leitende Angestellte, die für ihn aus innerbetrieblichen Gründen wichtig sind, durch Sonderzahlungen den technischen Angestellten, die Erfinderungen gemacht haben und dafür Vergütungen erhalten, gleichzustellen (OLG München v. 18. 1. 1973 „Rahmen für Motorräder" 6 U 1392/72 unveröffentlicht), vgl. auch EV v. 30. 7. 1970, Bl. 1971, 137.

5   Für die Beurteilung der Unbilligkeit ist die Tatsachenlage, die im Zeitpunkt des Abschlusses der Vereinbarung vorlag, entscheidend. Spätere Veränderungen dieser Lage können nur im Rahmen des § 12 Abs. 6 berücksichtigt werden, der über die Vergütungsvereinbarungen hinaus auch auf andere Verträge anwendbar ist (siehe Anm. 45 zu § 12 und zur Abgrenzung beider Bestimmungen BGH v. 17. 4. 1973, Absperrventil, BGHZ 61, 153 = Bl. 1973, 315 = NJW 1973, 1685 = GRUR 1973, 649 mit Anm. Schade); die nach § 12 Abs. 6 getroffene Vereinbarung unterfällt selbst allerdings wieder dem § 23 (vgl. Amtl. Begr. unten S. 602).

Andererseits kann die anfängliche Unangemessenheit oder Unbilligkeit einer Vereinbarung nicht über § 12 Abs. 6 beseitigt werden. Hat der Diensterfinder versäumt, sich auf die Unbilligkeit nach § 23 Abs. 1 zu berufen, so kann er sich diese Möglichkeit nicht wieder über § 12 Abs. 6 verschaffen (s. auch Anm. 58 zu § 12).

Neben § 23 findet auch § 138 BGB (Sittenwidrigkeit) Anwendung. Es ist jedoch zu beachten, daß § 138 außer der objektiv erheblich unbilligen Behandlung auch ein subjektives Element voraussetzt, aus dem sich die Sittenwidrigkeit ergibt, insbesondere eine verwerfliche Gesinnung des Handelnden. Der Mangel an Sachkenntnis auf einem bestimmten Sondergebiet ist der in § 138 BGB geforderten Unkenntnis nicht gleichzustellen (BGH v. 27. 3. 1958, BB 1958, 571).

§ 23 Unbilligkeit

b) Rechtsfolgen 6

Vereinbarungen, die zwar allgemein zulässig, aber in erheblichem Maße unbillig sind, sind rechtsunwirksam. Die Unwirksamkeit wirkt jedoch nicht gegenüber jedermann, sondern nur zwischen den Parteien. Die in der 3. Auflage vertretene Auffassung wird nicht mehr aufrechterhalten. Der Begriff „unwirksam" ist nicht eindeutig. Er kann, wie z. B. in §§ 111, 174, 344, 388, 925 BGB, dasselbe wie „nichtig" bedeuten. Er ist aber immer dann als Ausdruck einer relativen, nur zwischen den Parteien wirkenden Unwirksamkeit zu verstehen, wenn das Gesetz bezweckt, gewisse rechtliche Interessen eines Beteiligten gegenüber dem anderen besonders zu schützen. Das trifft für § 23 zu. Deshalb ist § 23 nicht von Amts wegen, sondern nur auf Einrede hin zu beachten. Die Unwirksamkeit einer gegen § 23 verstoßenden Vereinbarung kann durch nachträgliche Zustimmung des Betroffenen geheilt werden. Sind Miterfinder an der Vereinbarung beteiligt, so kann jeder nur vortragen, daß im Verhältnis zu ihm erhebliche Unbilligkeit vorliegt (s. Lüdecke, Erfindungsgemeinschaften, S. 97).

Das schließt nicht aus, daß die Vereinbarung über die erhebliche Unbilligkeit hinaus wegen eines Verstoßes gegen die guten Sitten nach § 138 BGB absolut nichtig ist. Auch § 139 BGB (Teilnichtigkeit bei zusammengesetzten Vereinbarungen) bleibt anwendbar.

III. Die Geltendmachung der erheblichen Unbilligkeit

a) Geltendmachung 7

Um zu vermeiden, daß Ungewißheit über die Unwirksamkeit einer Vereinbarung oder einer Vergütungsfestsetzung herrscht, bestimmt Abs. 2, daß sich Arbeitgeber und Arbeitnehmer auf die Unbilligkeit nur berufen können, wenn sie sie spätestens bis zum Ablauf von sechs Monaten nach Beendigung des Arbeitsverhältnisses durch schriftliche Erklärung gegenüber dem anderen Teil geltend machen. Die Bestimmung dient allein der Rechtssicherheit.

b) Form der Geltendmachung 8

Die Unbilligkeit muß durch schriftliche Erklärung gegenüber dem anderen Teil geltend gemacht werden. Wegen der Schriftform vgl. § 126 BGB, wegen der Abgabe gegenüber dem anderen Teil § 130 BGB. Der Erklärende kann sich eines Vertreters bedienen. Die Erklärung kann unter Wahrung der Form auch innerhalb des Verfahrens vor der Schiedsstelle oder eines gerichtlichen Verfahrens abgegeben werden. Die Unbilligkeit kann auch noch vom Rechtsnachfolger und gegenüber dem Rechtsnachfolger von Arbeitgeber und Arbeitnehmer geltend gemacht werden. Sie muß die Behauptung enthalten, daß eine bestimmte Vereinbarung oder Vergütungsfestsetzung in erheblichem Maße unbillig sei, Eine Begründung, worin die Unbilligkeit im einzelnen gesehen wird, ist nicht vorgeschrieben, aber zweckmäßig.

Erläuterungen

9 c) Frist für die Geltendmachung

Die Erklärung muß spätestens bis zum Ablauf von sechs Monaten nach Beendigung des Arbeitsverhältnisses dem anderen Teil zugegangen sein (§ 130 BGB). Voraussetzung ist, daß die Vereinbarung geschlossen wurde, solange das Arbeitsverhältnis bestand. Ist die angegriffene Vereinbarung erst nach Beendigung des Arbeitsverhältnisses geschlossen worden, greift § 23 seinem Schutzzweck entsprechend nicht mehr ein (Schiedsstelle v. 16. 12. 1971, Bl. 1972, 294; s. auch Schiedsstelle Bl. 1968, 72). Wegen der Fristberechnung siehe §§ 186, 187 Abs. 1, 188 Abs. 2 und 3, 193 BGB; wegen der Beendigung des Arbeitsverhältnisses siehe Anm. 1 zu § 26. Die Frist beginnt mit der rechtswirksamen Beendigung des Arbeitsverhältnisses. Für die Wahl dieses Zeitpunkts sprechen zwei Gründe: Nach der Auflösung des Arbeitsverhältnisses tritt ungeachtet § 26 eine gewisse Stabilität der Rechtsbeziehungen zwischen Arbeitgeber und Arbeitnehmer auf dem Gebiet des Arbeitnehmererfinderrechts ein. Ferner fällt mit der Auflösung des Arbeitsverhältnisses das wirtschaftliche und persönliche Abhängigkeitsverhältnis zwischen Arbeitgeber und Arbeitnehmer weg, so daß sich der Arbeitnehmer auch dadurch nicht mehr gehindert fühlen kann, die Unbilligkeit einer Vereinbarung geltend zu machen.

10 Die Frist ist eine Ausschlußfrist, sie ist also von Amts wegen und nicht nur auf Einrede hin zu beachten. Wird die Frist nicht eingehalten, so verliert der Erklärende sein Recht, sich auf die Unbilligkeit der Vereinbarung zu berufen (vgl. RG v. 17. 3. 1930, RGZ 158, 46). Die Vereinbarung wird dann als ex tunc wirksam angesehen, es sei denn, daß sie aus einem anderen Grund als der erheblichen Unbilligkeit unwirksam ist. Der Einwand der Sittenwidrigkeit und anderer Nichtigkeitsgründe sowie die Anfechung wegen Irrtums, Täuschung oder Drohung werden durch Absatz 2 nicht ausgeschlossen.

11 Kann der Einwand der Unbilligkeit wegen Fristablaufs nicht mehr erhoben werden, so ist eine auf die Unbilligkeit gestützte Klage nicht unzulässig, sondern unbegründet, da das Recht, sich auf die Unbilligkeit zu berufen, mit dem Ablauf der Frist nicht mehr vorhanden ist (vgl. wegen desselben Problems bei § 3 KSchG BAG v. 20. 9. 1955, AP Nr. 11 zu § 3 KSchG = DB 1955, 972 = RdA 1955, 439; ebenso die Rechtsprechung und Kommentare zu § 199 Abs. 1 AktG).

12 Die für die Verjährung geltenden Hemmungs- und Unterbrechungsgründe sind auf Ausschlußfristen nicht anwendbar, wenn dies im Gesetz nicht ausdrücklich bestimmt ist. Eine solche Bestimmung fehlt im vorliegenden Fall (vgl. RG v. 22. 7. 1938, RGZ 158, 137/140; BGH v. 27. 10. 1951, NJW 1952, 98 steht diesem allgemeinen Satz nicht entgegen, sondern gilt nur für den besonderen Fall der in Kriegs- und Nachkriegszeit erlassenen Hemmungsvorschriften).

§ 24 Geheimhaltungspflicht

d) Einrede der Verwirkung 13

Der Arbeitgeber kann der rechtzeitigen Geltendmachung der Unbilligkeit durch den Arbeitnehmer in der Regel nicht den Einwand der Verwirkung entgegensetzen (a. A. Heine-Rebitzki, Anm. 6 zu § 23). Denn der Einwand der Verwirkung setzt voraus, daß es dem Berechtigten zumutbar war, sein Recht früher geltend zu machen. Das ist beim Arbeitnehmer regelmäßig nicht der Fall. Ihm ist es während des Bestehens des Arbeitsverhältnisses fast immer unzumutbar zu behaupten, daß eine zwischen ihm und dem Arbeitgeber abgeschlossene Vereinbarung in erheblichem Maße unbillig sei. Daß auch der Gesetzgeber von dieser Voraussetzung ausgeht, folgt daraus, daß er als Zeitpunkt für den Beginn der Ausschlußfrist erst das Ende des Arbeitsverhältnisses wählte, also wartet, bis die persönliche und wirtschaftliche Abhängigkeit des Arbeitnehmers vom Arbeitgeber beseitigt ist. Die von Heine-Rebitzki a.a.O. vertretene gegenteilige Auffassung berücksichtigt den Schutzcharakter des § 23 zu wenig.

§ 24
Geheimhaltungspflicht

(1) **Der Arbeitgeber hat die ihm gemeldete oder mitgeteilte Erfindung eines Arbeitnehmers so lange geheimzuhalten, als dessen berechtigte Belange dies erfordern.**

(2) **Der Arbeitnehmer hat eine Diensterfindung so lange geheimzuhalten, als sie nicht frei geworden ist (§ 8 Abs. 1).**

(3) **Sonstige Personen, die auf Grund dieses Gesetzes von einer Erfindung Kenntnis erlangt haben, dürfen ihre Kenntnis weder auswerten noch bekanntgeben.**

Übersicht

	Anm.		Anm.
I. Allgemeines		b) Dauer	10
a) Zweck des Gesetzes	1	c) Geheimhaltungspflicht des Arbeitnehmers nach dem UWG und Arbeitsrecht	11—12
b) Verhältnis zum UWG und zum Arbeitsrecht; Rechtsnatur	2—4	d) Rechtsfolgen der Verletzung	13
II. Geheimhaltungspflicht des Arbeitgebers		**IV. Geheimhaltungspflicht sonstiger Personen**	
a) Umfang	5—6	a) Die der Geheimhaltungspflicht unterfallenden Personen	14
b) Dauer	7		
c) Rechtsfolgen der Verletzung	8	b) Umfang und Dauer der Geheimhaltungspflicht; Rechtsfolgen der Verletzung	15
III. Geheimhaltungspflicht des Arbeitnehmers			
a) Umfang	9		

Erläuterungen

I. Allgemeines

1   a) Zweck des Gesetzes

Die vorzeitige Offenbarung der Erfindung eines Arbeitnehmers kann für Arbeitnehmer und Arbeitgeber eine erhebliche Schädigung zur Folge haben, insbesondere bevor klar ist, wem das Recht an der Erfindung endgültig zustehen wird. Sie kann der späteren Schutzrechtserteilung im Wege stehen oder den Umfang des später zu erteilenden Schutzrechts beeinflussen. Deshalb unterwirft § 24 den Arbeitgeber (Abs. 1) den Arbeitnehmer (Abs. 2) und alle sonstigen Personen, die auf Grund des Arbeitnehmererfinderrechts von einer Erfindung Kenntnis erlangt haben (Abs. 3), einer strengen Geheimhaltungspflicht.

2   b) Verhältnis zum UWG und zum Arbeitsrecht; Rechtsnatur

Die Geheimhaltungspflicht folgt für Arbeitgeber und Arbeitnehmer in gewissem Umfang bereits aus dem Arbeitsvertrag, für den Arbeitnehmer außerdem aus § 17 UWG und in gewissem Umfang aus § 1 UWG, § 823 Abs. 1 und § 826 BGB.

3   Nach § 17 Abs. 1 UWG ist es dem Arbeitnehmer verboten, die ihm vermöge des Dienstverhältnisses anvertrauten oder zugänglich gemachten Geschäfts- oder Betriebsgeheimnisse während der Geltungsdauer des Dienstverhältnisses unbefugt an jemanden zu Zwecken des Wettbewerbs oder aus Eigennutz oder in der Absicht, dem Inhaber des Betriebs Schaden zuzufügen, mitzuteilen. Die Strafbarkeit und gemäß § 19 UWG auch die Schadenersatzpflicht setzen vorsätzliches Handeln voraus. Die arbeitsrechtliche Verschwiegenheitspflicht geht weiter. Sie erfaßt außer dem Arbeitnehmer auch den Arbeitgeber; für diesen folgt sie aus der allgemeinen Fürsorgepflicht, für jenen aus der Treuepflicht. Sie verlangt schlechthin Verschwiegenheit in bezug auf Geschäfts- oder Betriebsgeheimnisse, so daß jede schuldhafte Verletzung, auch die nur fahrlässige, den Verletzer schadenersatzpflichtig macht. Insoweit bringt § 24 gegenüber dem Arbeitsrecht keine Erweiterung. Die wettbewerbsrechtliche und die arbeitsrechtliche Verschwiegenheitspflicht erstrecken sich aber von besonderer vertraglicher Ausdehnung und vom Sonderfall des § 17 Abs. 2 UWG abgesehen, nur grundsätzlich auf die Dauer des Arbeitsverhältnisses (wegen der möglichen Nachwirkung des Arbeitsverhältnisses in Bezug auf die Geheimhaltungspflicht siehe BAG v. 24. 11. 1955, NJW 1957, 37; BGH v. 21. 12. 1962, BGHZ 38, 391 = NJW 1963, 856 = BB 1963, 248; dazu Monjau, DB 1956, 232 und BB 1962, 1439). Diese Einschränkung enthält § 24 nicht. Er stellt für die Dauer der Geheimhaltungspflicht eigene zeitliche Grenzen auf, die übereinstimmend mit § 26 von der Dauer des Arbeitsverhältnisses unabhängig sind. Außerdem erfaßt § 24 Abs. 3 einen Personenkreis, der arbeitsrechtlich nicht zur Geheimhaltung verpflichtet wäre und wettbewerbsrechtlich nur erfaßt werden kann, wenn die besonderen Voraussetzungen des § 1 UWG — Verrat fremder Geheimnisse als verwerf-

§ 24 Geheimhaltungspflicht

liche Förderung fremden Wettbewerbs — oder der §§ 17 Abs. 2, 20 UWG vorliegen. Siehe im einzelnen Anm. 11 und 12.

§ 24 bezweckt den besonderen Schutz von Arbeitgeber und Arbeitnehmer gegen bestimmte Rechtsverletzungen und gehört somit zu den Schutzgesetzen im Sinn des § 823 Abs. 2 BGB. Darüber hinaus wird man ihn aber mit Halbach, Anm. 1 zu § 24 und Röpke, Arbeitsverhältnis und Arbeitnehmererfindung, S. 24, auch als Norm des Arbeitsvertragsrechts ansehen müssen, die den Inhalt des Arbeitsverhältnisses insoweit gesetzlich bestimmt. 4

II. Geheimhaltungspflicht des Arbeitgebers
a) Umfang 5

Die Geheimhaltungspflicht des Arbeitgebers erstreckt sich auf alle ihm gemeldeten und mitgeteilten Erfindungen eines Arbeitnehmers, also auf Diensterfindungen ebenso wie auf freie Erfindungen. Der Arbeitgeber ist verpflichtet, alles was er über die Erfindungen weiß, geheimzuhalten, gleichgültig, ob er es unmittelbar durch die Meldung oder Mitteilung oder auf anderem Wege erfahren hat. Der Arbeitgeber hat sich dabei stets die Interessen des Arbeitnehmers vor Augen zu halten, die zu wahren er insoweit verpflichtet ist. Ohne Einverständnis des Arbeitnehmers kann er deshalb die Erfindung nicht auf einer ungeschützten Ausstellung zeigen (BGH v. 20. 1. 1956, NJW 1956, 591 = GRUR 1956, 208). Dasselbe gilt für eine Bekanntgabe auf geschützten Ausstellungen und innerhalb der „Schonfrist" des § 2 Abs. 2 PatG, wenn der Arbeitgeber mit einem Interesse des Arbeitnehmers am Erwerb von Auslandsschutzrechten rechnen muß. Viele ausländische Staaten erkennen nämlich den Ausstellungsschutz und die Schonfrist trotz Art. 11 PVÜ nicht an (vgl. GRUR Ausl. 1958, Sonderheft zur Vorbereitung der Lissaboner Konferenz, S. 12 und 52 ff.). Ist bei einer Bekanntgabe des Erfindungsgegenstandes die Erfindung als solche nicht erkennbar, so liegt kein Verstoß gegen § 24 vor (BGH v. 18. 10. 1955, Bl. 1956, 44 = GRUR 1956, 73 = NJW 1956, 302). Der Arbeitgeber ist außerdem berechtigt, die Erfindung solchen Personen mitzuteilen, die auf Grund besonderer gesetzlicher oder vertraglicher Pflichten ihrerseits zur Geheimhaltung verpflichtet sind, z. B. an andere Mitarbeiter im Betrieb, Erfinderberater, Rechtsanwälte, Patentanwälte, Erlaubnisscheininhaber; die Mitteilung an Lizenznehmer ist zumindest mit Zustimmung des Arbeitnehmererfinders zulässig. Ob der Arbeitgeber von seiner Geheimhaltungspflicht gegenüber solchen Personen befreit ist, die sich gegenüber vertraglich verpflichtet haben, die Diensterfindung im Einklang mit den Bestimmungen des § 24 geheimzuhalten ist zweifelhaft; bisher fehlen Stellungnahmen der Rechtsprechung. Wenn durch solche Mitteilungen spätere Rechtssituationen des Arbeitnehmers gefährdet werden, ist § 24 Abs. 1 eng auszulegen (s. unten Anm. 7).

Besonderheiten können sich ergeben, wenn der Arbeitgeber durch Austauschverträge mit in- oder ausländischen Partnern gebunden ist 6 und die Arbeitnehmererfindung von einem solchen Vertrag erfaßt wird. Dabei sind die Formulierungen der einzelnen Verträge genau zu beachten (vgl. Lüdecke-Fischer, Lizenzverträge 1957, C 141 ff., E 46, 56, 57). In der Regel werden die Verträge so abgefaßt sein, daß sie Arbeitnehmererfindungen nur dann erfassen, wenn sie durch unbeschränkte Inanspruchnahme auf den Arbeitgeber übergegangen sind. Ob dieser dann nur schuldrechtlich zur Weiterübertragung auf den anderen Vertragspartner verpflichtet ist oder ob der Rechtsübergang durch Vorausverfügung mit dinglicher Wirkung eintritt, sobald der Arbeitgeber die Erfindung erworben hat, hängt von der Fassung des Vertrags ab. Austauschverträge zwischen inländischen Partnern werden in der Regel zu keiner von § 24 abweichenden Beurteilung der Geheimhaltungspflicht führen. Bei Austauschverträgen mit ausländischen Partnern sind jedoch im Hinblick auf § 14 Abs. 3 Fälle denkbar, in denen die Geheimhaltungspflicht des Arbeitgebers zurücktreten muß, wenn ihn der Vertrag zu einer Zeit zur Offenbarung der Diensterfindung zwingt, in der diese eigentlich noch der Geheimhaltungspflicht unterliegen würde. Nach § 14 Abs. 3 ist der Arbeitnehmer verpflichtet, bei der Verwertung einer ihm freigegebenen Diensterfindung die Verpflichtungen seines Arbeitgebers aus Austauschverträgen mit ausländischen Vertragspartnern zu berücksichtigen. Diese Verpflichtung kann sich im Einzelfall auch darauf erstrecken, daß der Arbeitnehmer in eine vorzeitige Offenbarung der Diensterfindung einwilligen muß (vgl. auch Anm. 8 zu § 14).

7 **b) Dauer**

Der Arbeitgeber ist zur Geheimhaltung verpflichtet, so lange berechtigte Belange des Arbeitnehmers die Geheimhaltung erfordern. Der Arbeitnehmer kann an der Geheimhaltung seiner Erfindung so lange berechtigt interessiert sein, als die Erfindung in seinem Rechtskreis verbleibt. Die Geheimhaltungspflicht des Arbeitgebers endet demnach in der Regel bei der unbeschränkten Inanspruchnahme mit dem Übergang der Rechte an der Diensterfindung auf den Arbeitgeber (§ 7), bei einer freien Erfindung mit dem Erwerb dieser Erfindung durch den Arbeitgeber (§ 19), vgl. dazu auch Beil, Chemie-Ingenieur-Technik 1957, 758. Vom Stand des Schutzrechtserteilungsverfahrens ist die Dauer der Geheimhaltungspflicht nur insoweit abhängig, als der Arbeitgeber im Hinblick auf § 13 durch eine verfrühte Bekanntgabe die Schutzrechtserteilung nicht vereiteln darf. Der Auffassung Röpkes, a.a.O. S. 44 A 8 a, die Geheimhaltungspflicht ende erst mit Erteilung des Schutzrechts, kann als zu weit gehend nicht gefolgt werden. Die Möglichkeit einer späteren Rückübertragung auf den Arbeitnehmer nach § 16 braucht der Arbeitgeber ohne besondere Anhaltspunkte nicht zu berücksichtigen (a.A. Volmer, Anm. 15 zu § 24). In allen anderen Fällen endet sie erst, wenn der Arbeitnehmer zu erkennen gibt, daß er eine Geheimhaltung der Erfindung nicht mehr anstrebt, wenn die Erfindung gegen seinen Willen auf andere Weise als durch Verrat des Arbeitgebers allgemein bekannt geworden ist (Zum Begriff der Offenkundigkeit BGH v. 7. 1. 1958, NJW

§ 24 Geheimhaltungspflicht

1958, 671 = MDR 1958, 215 = BB 1958, 214) oder wenn ein weiteres Geheimhaltungsbegehren aus an anderen, besonderen, Gründen nicht mehr gerechtfertigt erscheint. Sie endet bei der freien oder frei gewordenen Erfindung aber nicht schon nach Ablauf einer angemessenen Frist, in der der Arbeitnehmer die Erfindung zur Schutzrechtserteilung hätte anmelden können (so zu Unrecht Heine-Rebitzki, Anm. 2 zu § 24). Es muß in diesen Fällen allein der Entscheidung des Arbeitnehmers überlassen bleiben, ob er die Erfindung zur Schutzrechtserteilung anmelden will oder ob er durch Geheimhaltung der an sich schutzfähigen Erfindung eine Monopolstellung erwerben will. Meldet er innerhalb einer angemessenen Frist nicht an, so heißt das deshalb nicht, daß er an der Geheimhaltung der Erfindung kein Interesse mehr hat. Eine andere Auslegung würde § 8 Abs. 2 widersprechen. Ist streitig, ob die in Anspruch genommene Erfindung eine Diensterfindung oder eine freie Erfindung ist, so dauert die Geheimhaltungspflicht bis zur Beilegung des Streits (vgl. Müller-Pohle, GRUR 1950, 178).

Schwierigkeiten entstehen bei der Abgrenzung der Verschwiegenheitspflicht des Arbeitgebers, der eine Diensterfindung beschränkt in Anspruch genommen hat. Grundsätzlich wird die Geheimhaltungspflicht des Arbeitgebers hier erst enden, wenn der Arbeitnehmer die Erfindung zur Schutzrechtserteilung angemeldet hat. Dieser Grundsatz kann aber nicht ausnahmslos gelten. Denn es liegt im Wesen der beschränkten Inanspruchnahme, daß der Arbeitgeber ohne Rücksicht auf die Schutzrechtsanmeldung des Arbeitnehmers die Erfindung benutzen darf. Es gibt aber Erfindungen, die ihrem Wesen nach durch die Benutzung bekannt werden. In solchen Fällen sind die Interessen des Arbeitnehmers und die Rechte des Arbeitgebers gegeneinander abzuwägen. Der Arbeitgeber ist in einem solchen Fall verpflichtet, dem Arbeitnehmer die Absicht der Benutzung so rechtzeitig mitzuteilen, daß sich der Arbeitnehmer durch eine Schutzrechtsanmeldung seine Rechte sichern kann. Meldet der Arbeitnehmer trotz dieser Mitteilung nicht an, so ist der Arbeitgeber ungeachtet der Geheimhaltungspflicht nach Ablauf einer angemessenen Frist zur Benutzung berechtigt.

c) **Rechtsfolgen der Verletzung** 8

Jede vorsätzliche oder fahrlässige Verletzung der Geheimhaltungspflicht macht den Arbeitgeber schadenersatzpflichtig gemäß § 823 Abs. 2 BGB. So lange das Arbeitsverhältnis besteht, tritt neben diesen Anspruch ein vertraglicher Schadenersatzanspruch aus der Verletzung der arbeitsvertraglichen Fürsorgepflicht. Die Verletzung berechtigt den Arbeitnehmer zur fristlosen Kündigung des Arbeitsvertrags, wenn ihm die Fortsetzung des Arbeitsverhältnisses nach verständigem Ermessen nicht mehr zugemutet werden kann.

Erläuterungen

III. Geheimhaltungspflicht des Arbeitnehmers

9 a) Umfang

Die Geheimhaltungspflicht des Arbeitnehmers erstreckt sich nur auf Diensterfindungen (§ 4 Abs. 2), nicht auf freie Erfindungen. Dem Arbeitnehmer ist allerdings zur Vermeidung von Schadenersatzansprüchen des Arbeitgebers zu empfehlen, eine Erfindung, auch wenn er sie für frei hält, so lange geheim zu halten, bis auch der Arbeitgeber überzeugt ist, daß es sich nicht um eine Diensterfindung handelt (vgl. auch Halbach, Anm. 2 zu § 24). Diensterfindungen hat der Arbeitnehmer in vollem Umfang geheimzuhalten. Die Geheimhaltungspflicht umfaßt insbesondere alle Kenntnisse und Unterlagen, die der Arbeitnehmererfinder dem Arbeitgeber gemäß § 5 zu melden verpflichtet ist. Personen, die auf Grund ihres Berufs zur Geheimhaltung verpflichtet sind, darf auch der Arbeitnehmer seine Diensterfindung offenbaren; dies gilt für Erfinderberater, Rechtsanwälte, Patentanwälte, Erlaubnisscheininhaber. Dagegen darf der Arbeitnehmer, bevor seine Erfindung frei geworden ist, keine Lizenzverhandlungen führen, auch wenn er dem Interessenten eine Geheimhaltungspflicht auferlegt. Denn der Arbeitnehmer kann in der Regel nicht mit der Freigabe der Erfindung rechnen, er weiß also nicht, ob seine Geheimhaltungspflicht überhaupt je enden wird. Der Arbeitnehmer muß die Diensterfindung nicht nur gegenüber betriebsfremden Personen, sondern auch gegenüber anderen Arbeitnehmern desselben Betriebs geheimhalten, wenn er weiß oder annehmen muß, daß es dem Willen des Arbeitgebers entspricht (wie hier Heine-Rebitzki, ArbEG, Anm. 3 zu § 24 und wohl auch Röpke, Arbeitsverhältnis und Arbeitnehmererfindung, S. 25; etwas abweichend Volmer, Anm. 18 zu § 24, der die Offenbarung gegenüber Arbeitskollegen nur gestattet, wenn der Erfinder positiv weiß, daß der Arbeitgeber einverstanden ist.) Denn wie weit die Diensterfindung im Betrieb selbst bekannt gegeben werden soll, entscheidet der Arbeitgeber auf Grund seines Inanspruchnahmerechts, das bereits mit dem Zustandekommen der Diensterfindung entsteht. Die Geheimhaltungspflicht kann durch Vertrag nicht über das in § 24 Abs. 2 vorgesehene Maß hinaus ausgedehnt werden (§ 22), sie kann aber ermäßigt werden (OLG Hamburg v. 6. 11. 1958, GRUR 1960, 489).

10 b) Dauer

Die Geheimhaltungspflicht des Arbeitnehmers besteht, bis die Diensterfindung frei geworden ist. Sie endet also, wenn der Arbeitgeber die Erfindung schriftlich frei gibt, wenn er sie nur beschränkt in Anspruch nimmt oder wenn er sie innerhalb von 4 Monaten nach Eingang der ordnungsgemäßen Meldung oder im Fall des § 7 Abs. 2 innerhalb von 2 Monaten nach dem Verlangen des Arbeitnehmers nicht in Anspruch nimmt (§ 8 Abs. 1).

11 c) Geheimhaltungspflicht des Arbeitnehmers nach Wettbewerbs- und Arbeitsrecht

Sonstige Geheimhaltungspflichten des Arbeitnehmers werden durch

§ 24 Geheimhaltungspflicht

§ 24 Abs. 2 nicht berührt (siehe Amtl. Begr. unten S. 602). Sie bleiben neben § 24 anwendbar. Wie schon in Anm. 2 erwähnt, ist der Arbeitnehmer gemäß § 17 Abs. 1 UWG verpflichtet, Geschäfts- oder Betriebsgeheimnisse, die ihm vermöge des Dienstverhältnisses anvertraut oder zugänglich gemacht worden sind, während der Geltungsdauer des Dienstverhältnisses nicht unbefugt an jemanden zu Zwecken des Wettbewerbs oder aus Eigennutz oder in der Absicht, dem Inhaber des Geschäftsbetriebs Schaden zuzufügen, mitzuteilen. Zur Frage der fortdauernden Verschwiegenheitspflicht nach Beendigung des Arbeitsverhältnisses LAG Frankfurt, BB 1967, 1169. Nach der rechtlichen Beendigung des Dienstverhältnisses kann die Offenbarung und Verwertung von Betriebsgeheimnissen, von denen der ausgeschiedene Arbeitnehmer vermöge seines Dienstverhältnisses ohne Vertrauensbruch Kenntnis erlangt hat, nur unter ganz besonderen Umständen als Verstoß gegen die guten Sitten aufgefaßt werden (vgl. BGB v. 16. 11. 1954, NJW 1955, 463 = GRUR 1955, 402 und v. 21. 12 1962, BGHZ 38, 391 = NJW 1963, 856 = BB 1963. 248). Hat der Arbeitnehmer von dem Betriebsgeheimnis unter Vertrauensbruch Kenntnis erlangt, so greift für die Zeit nach Beendigung des Arbeitsverhältnisses § 17 Abs. 2 UWG ein. Als Geschäfts- oder Betriebsgeheimnis ist jede Tatsache anzusehen, die im Zusammenhang mit einem Geschäftsbetrieb steht, nur einem begrenzten Personenkreis bekannt, also nicht offenkundig ist und nach dem bekundeten oder erkennbaren Willen des Arbeitgebers geheimgehalten werden soll und der Arbeitgeber ein berechtigtes wirtschaftliches Interesse an der Geheimhaltung hat (vgl. RG v. 22. 11. 1935, RGZ 149, 329; RG v. 17. 3. 1936, GRUR 1936, 573 = JW 1936, 2081; BGH v. 15. 3. 1955, GRUR 1955, 424; v. 24. 11. 1959, NJW 1960, 207 = GRUR 1960, 294 = BB 1960, 55 und das zitierte Urteil v. 21. 12. 1962). Hierher gehören alle Diensterfindungen, so lange sie nicht freigegeben sind. Sie gelten als dem Arbeitnehmer vermöge seines Dienstverhältnisses zugänglich gemacht, da sie stets in einem besonderen Verhältnis zur Arbeit im Betrieb stehen (vgl. Baumbach-Hefermehl, Anm. 10 zu § 17 UWG; für die früher anerkannte Betriebserfindung auch RG v. 8. 6. 1899, RGSt. 32, 216; a.A. Röpke, Arbeitsverhältnis und Arbeitnehmererfindung, S. 24, der annimmt, die eigene Erfindung könnte dem Arbeitnehmer nicht „anvertraut" noch „zugänglich gemacht" sein. Er übersieht dabei die Bedeutung des Anteils des Betriebs am Zustandekommen der Diensterfindung).

Auch auf Grund der arbeitsvertraglichen Treuepflicht ist der Arbeitnehmer zur Geheimhaltung aller während der Dauer des Arbeitsverhältnisses gesammelten betrieblichen Erfahrungen und Erkenntnisse und aller Vorgänge und Tatsachen verpflichtet, wenn sie ihm auf Grund seiner Tätigkeit im Betrieb bekannt geworden sind und nach dem Willen des Arbeitgebers geheimgehalten werden sollen. Diese Verpflichtung erstreckt sich auf alle nicht frei gewordenen Diensterfindungen. Freie Erfindungen darf der Arbeitnehmer in Auswirkung seiner Treuepflicht so lange nicht allgemein bekanntgeben, als sie der Arbeitgeber nach § 19   12

Erläuterungen

noch erwerben kann. Hat sich der Arbeitgeber entschieden, eine freie Erfindung nicht zu erwerben, so entfällt für den Arbeitnehmer jede Begrenzung seiner Befugnis zur Offenbarung. Dies gilt in der Regel auch für frei gewordene Diensterfindungen (§ 8 Abs. 1). Wenn der Arbeitgeber die Diensterfindung freigibt, und demgemäß keine Vergütung bezahlt, so darf er nicht auf dem Umweg über die Verschwiegenheitspflicht dem Arbeitnehmer doch die Verwertung der Erfindung verbieten (vgl. § 25 letzter Halbsatz und dort Anm. 20; ebenso Hueck in Festschrift für Nikisch, S. 81, Röpke, GRUR 1962, 129). Wie im einzelnen bei § 25, a. a. O., ausgeführt ist, hat der Ausgleich der entgegenstehenden Interessen unter dem Gesichtspunkt von Treu und Glauben zu erfolgen. Das bedeutet, daß er nicht generell gefunden werden kann, sondern daß die konkreten Umstände des Einzelfalls zu berücksichtigen sind. Es kann Fälle geben, in denen die Offenbarung der freigewordenen Diensterfindung — etwa dem schärfsten Konkurrenten des Arbeitgebers — gegen Treu und Glauben verstößt. Das gilt auch dann, wenn es sich um die Mitteilung von technischen Erfahrungen des Betriebs handelt. Sofern und soweit eine Verwertung der Erfindung ohne solche Mitteilung unmöglich ist und berechtigte Interessen des Betriebs nicht entgegenstehen, kann der Arbeitgeber die Mitteilung solcher Kenntnisse dem Arbeitnehmer nicht verbieten (vgl. dazu Anm. 20 zu § 8. Wegen der Ausdehnung der Verschwiegenheitspflicht über das Arbeitsverhältnis hinaus vgl. Anm. 6 zu § 26; dort auch zur Rechtslage im Ruhestandsverhältnis (Anm. 10).

13 **d) Rechtsfolgen der Verletzung**

Die schuldhafte Verletzung der in § 24 Abs. 2 angeordneten Geheimhaltungspflicht des Arbeitnehmers verpflichtet zum Schadenersatz nach § 823 Abs. 2 BGB. Daneben kann unter den in Anm. 9 genannten Voraussetzungen eine Verletzung der arbeitsrechtlichen Treuepflicht treten, die den Arbeitnehmer ebenfalls zum Schadenersatz verpflichtet und den Arbeitgeber zur sofortigen Kündigung des Arbeitsverhältnisses berechtigt, wenn ihm die Fortsetzung des Arbeitsverhältnisses nicht mehr zugemutet werden kann. Die in Anm. 8 erörterte Verletzung des § 17 Abs. 1 UWG macht den Arbeitnehmer strafbar und gemäß § 19 UWG schadenersatzpflichtig. Das Vergehen des Geheimnisverrats ist nach § 22 UWG Antragsdelikt, nach § 374 Abs. 1 Ziffer 8 StPO Privatklagedelikt. Es ist zu beachten, daß §§ 17, 19 UWG eine vorsätzliche Verletzung der Verschwiegenheitspflicht verlangen. Wegen eventueller Ansprüche aus § 1 UWG, § 823 Abs. 1, § 826 BGB siehe BGB v. 21. 12. 1962, BGHZ 38, 391 (weitere Fundstellen oben Anm. 11).

IV. Geheimhaltungspflicht sonstiger Personen

14 **a) Die der Geheimhaltungspflicht unterfallenden Personen**

Sonstige Personen außer Arbeitgeber und Arbeitnehmer sind zur Geheimhaltung verpflichtet, wenn sie auf Grund des Gesetzes über-

§ 25 Verpflichtungen aus dem Arbeitsverhältnis

Arbeitnehmererfindungen von einer Erfindung Kenntnis erlangt haben. Hierher gehören Erfinderberater (§ 21), Mitglieder der Patentabteilung des Unternehmens, Rechtsanwälte, Patentanwälte und Erlaubnisscheininhaber, Verbandsvertreter im Sinne des § 11 ArbGG (§ 33 ArbEG, § 1034 Abs. 1 ZPO), auch Zeugen und Sachverständige, die in einem Rechtsstreit oder einem Verfahren vor der Schiedsstelle Kenntnis von einer Erfindung erlangt haben, Mitglieder der Schiedsstelle und der mit Arbeitnehmererfindungsstreitigkeiten befaßten Gerichte. Nicht unter Abs. 3 fallen die Personen, die außerhalb des Gesetzes über Arbeitnehmererfindungen Kenntnis von einer Erfindung erhalten haben, vor allem Lizenznehmer; sie sind zur Geheimhaltung nur verpflichtet, wenn sich das aus anderen Bestimmungen — wettbewerbsrechtlicher, standesrechtlicher oder vertraglicher Art — ergibt. Auch Personen, die auf unredliche Weise von der Erfindung Kenntnis erhalten haben, fallen nicht unter § 24 Abs. 3, sondern lediglich unter § 17 UWG, § 823 Abs. 1, § 826 BGB.

b) Umfang und Dauer der Geheimhaltungspflicht sonstiger Personen; Rechtsfolgen der Verletzung 15

Die unter Abs. 3 fallenden sonstigen Personen dürfen ihre Kenntnis, von der Erfindung weder auswerten noch bekanntgeben. Unter „Auswerten" ist jede Art der Benutzung der Erfindung zu verstehen, auch die zum persönlichen Gebrauch. Auch der Begriff „Bekanntgeben" ist weit auszulegen. Er setzt im Gegensatz zu § 18 UWG kein wettbewerbliches oder eigennütziges Handeln voraus. Die Geheimhaltungspflicht der unter § 24 Abs. 3 fallenden Personen ist sachlich und zeitlich unbeschränkt. Auch sie endet aber mit der Offenkundigkeit der Erfindung. Jede Verletzung macht nach § 823 Abs. 2 BGB schadensersatzpflichtig. Ansprüche aus § 18 bleiben unberührt.

§ 25
Verpflichtungen aus dem Arbeitsverhältnis

Sonstige Verpflichtungen, die sich für den Arbeitgeber und den Arbeitnehmer aus dem Arbeitsverhältnis ergeben, werden durch die Vorschriften dieses Gesetzes nicht berührt, soweit sich nicht daraus, daß die Erfindung frei geworden ist (§ 8 Abs. 1), etwas anderes ergibt.

Übersicht

	Anm.		Anm.
I. Allgemeines	1—3	d) Die Fürsorgepflicht	7
II. Pflichten des Arbeitgebers	4—7	III. Pflichten des Arbeitnehmers	8—15
a) Die Pflichten des Arbeitgebers aus dem Arbeitsvertrag im allgemeinen	4	a) Die Pflichten des Arbeitnehmers aus dem Arbeitsvertrag im allgemeinen	8
b) Die Lohnfortzahlungspflicht	5	b) Die Arbeitspflicht	9
c) Der Aufwendungsersatz	6	c) Das Recht am Arbeitergebnis	10

465

Erläuterungen

	Anm.		Anm.
d) Die Treuepflicht	11	b) Kritik	17
insbesondere die Anzeige- und Auskunftspflicht	12	c) Interessenabwägung	18
insbesondere die Verschwiegenheitspflicht	13	insbesondere die Verschwiegenheitspflicht	19, 20
insbesondere das Wettbewerbsverbot	14	insbesondere das Wettbewerbsverbot	21
insbesondere das Verbot zur Erhebung von Nichtigkeitsklagen	15	insbesondere die Erhebung von Nichtigkeits- und Löschungsklagen durch den Arbeitgeber	22, 23
IV. Besonderheiten bei frei gewordenen Diensterfindungen	16—22	**V. Besonderheiten bei freien Erfindungen**	24
a) Sinn der gesetzlichen Regelung	16		

I. Allgemeines

1 Das ArbEG ordnet Tatbestände, die sich innerhalb eines Arbeits- oder Dienstverhältnisses vollziehen. Es schafft für Arbeitnehmer und Arbeitgeber neue Rechte und Pflichten, die in die allgemeinen Rechte und Pflichten des Arbeitsverhältnisses eingeordnet werden müssen. Der Gesetzgeber hat diese Einordnung nicht selbst vollzogen und bei der komplexen Natur des Rechtsgebietes wohl auch nicht vollziehen können. Da während der Gesetzgebungsarbeit Zweifel laut geworden sind, ob das Gesetz in ausreichendem Maße klarstelle, daß es in die allgemeinen arbeitsrechtlichen Verpflichtungen der Parteien des Arbeitsverhältnisses nicht eingreife (vgl. Amtl. Begr. unten S. 602), glaubte der Gesetzgeber wenigstens eine allgemeine Abgrenzungsvorschrift — den § 25 — in das Gesetz aufnehmen zu müssen.

Die Bestimmung soll klarstellen, daß die allgemeinen arbeitsrechtlichen Bindungen für Arbeitgeber und Arbeitnehmer neben den Vorschriften des Arbeitnehmererfindergesetzes bestehen bleiben und daß die aus dem Gesetz folgenden Rechte und Pflichten weitergehende Verpflichtungen aus dem Arbeitsverhältnis nicht aufheben oder einschränken.

2 Die Bestimmung wird in der Literatur kritisch betrachtet. Der Gesetzgeber hat sich in § 25 auf eine negative Formulierung beschränkt, ohne irgendwelche positiven Regelungen zu treffen. Daran ändert auch der erst im Laufe des Gesetzgebungsverfahrens eingefügte letzte Halbsatz über die frei gewordenen Erfindungen nicht viel (vgl. dazu Ausschußbericht unten S. 640). Er weist zwar darauf hin, daß vom Freiwerden einer Diensterfindung auch allgemeine arbeitsrechtliche Pflichten berührt werden können, schweigt aber darüber, an welche Änderungen im einzelnen gedacht ist. Eine solche Regelung würde, wie Hueck in der Festschrift für Nikisch, 1958, S. 78 betont, genügen, wenn über die in Frage kommenden arbeitsrechtlichen Verpflichtungen volle Klarheit bestünde und wenn das ArbEG wirklich ohne jeden Einfluß auf diese Pflichten wäre. Beides trifft nicht zu, wie Hueck. a. a. O., und besonders eingehend Röpke in seiner bereits mehrfach zitierten Mongraphie zu § 25 „Arbeitsverhältnis und Arbeitnehmererfindung" dargestellt haben; vgl. auch die Kritik von Friedrich, JZ 1957, 699 und GRUR 1958, 281, Schramm, BB 1961, 110. Die Bestimmungen des ArbEG wirken in verschiedenster Weise auf die allgemeinen Rechte und Pflichten aus dem Arbeitsverhältnis ein, soweit sie überhaupt Beziehungen zum allgemeinen Arbeitsrecht haben. Sie konkretisieren allgemeine arbeitsrechtliche Verpflichtungen für Arbeitnehmer und Arbeitgeber, auf die das Gesetz Anwendung findet (z. B. § 15, siehe dort Anm. 1). Sie verstärken allgemeine Verpflichtungen aus dem Arbeitsverhältnis (z. B. § 24, siehe dort Anm. 4). Sie schwächen in einzelnen Fällen allgemeine arbeitsrechtliche Verpflichtungen ab, worauf besonders der letzte, im einzelnen umstrittene Halbsatz des § 25 hinweist. Umgekehrt werden Rechtsbeziehungen, wie sie zwischen Arbeitgeber und Arbeitnehmererfinder auf Grund des ArbEG bestehen, ergänzt durch eine Reihe besonderer Verpflichtungen, die im Gesetz keinen Niederschlag gefunden haben, sondern aus dem allgemeinen Arbeitsrecht hergeleitet werden.

Die Rechtsbeziehungen, die sich zwischen Arbeitnehmererfinder und Arbeitgeber auf Grund einer Diensterfindung entfalten, stehen nicht nur tatsächlich sondern auch rechtlich zum größten Teil innerhalb des allgemeinen Arbeitsverhältnisses, was beide verbindet. Wie Röpke in der zitierten Untersuchung nachgewiesen hat, durchdringen sich die beiden Gruppen von Rechtsbeziehungen mannigfaltig. Ihr Verhältnis zueinander kann deshalb nicht auf eine so einfach klingende Formel wie die des § 25 gebracht werden, wenn mit dieser Formel eine allgemein brauchbare Aussage gemacht werden soll. § 25 gibt lediglich die Gewißheit, daß die Vorschriften des ArbEG über Diensterfindungen, die nicht frei geworden sind, den Parteien des Arbeitsverhältnisses keine Ansprüche nehmen, die ihnen nach allgemeinen arbeitsrechtlichen Grundsätzen zustehen. Alle anderen Fragen, die das Verhältnis zwischen Verpflichtungen aus dem Arbeitsverhältnis und Verpflichtungen aus dem ArbEG aufwirft, müssen von Fall zu Fall untersucht und können in der Regel aus der Rechtsnatur der arbeitnehmererfinderrechtlichen Vorschrift beantwortet werden.

II. Pflichten des Arbeitgebers

a) Die Pflichten des Arbeitgebers aus dem Arbeitsvertrag im allgemeinen

Die wesentlichen Pflichten des Arbeitgebers aus dem Arbeitsverhältnis, die Rechte und Pflichten aus dem Arbeitnehmererfinderrecht berühren können, sind die Lohnfortzahlungspflicht, die Pflicht zum Ersatz von Aufwendungen und die allgemeine Fürsorgepflicht; die Beschäftigungspflicht, die Urlaubspflicht, die Pflicht zur Gewährung von Freizeit zum Aufsuchen einer neuen Stelle und die Zeugnis- und Auskunftspflicht gegenüber Dritten können kaum in Berührung mit Rechten und Pflichten aus dem ArbEG geraten und bleiben deshalb im folgenden unberücksichtigt.

Erläuterungen

5 b) Die Lohnzahlungspflicht

Die Hauptverpflichtung des Arbeitgebers aus dem Arbeitsverhältnis ist die Lohnfortzahlungsverpflichtung. Sie bezieht sich zunächst auf die Zahlung des vereinbarten Arbeitslohnes für die vom Arbeitnehmer in Erfüllung des Arbeitsvertrags geleistete Arbeit, die Normalleistung. Sie kann jedoch auf die verschiedenste Art und Weise Ergänzungen erfahren. Im Zusammenhang mit dem Arbeitnehmererfinderrecht interessiert hier vor allem die Pflicht des Arbeitgebers, Sonderleistungen des Arbeitnehmers zu vergüten (vgl. Anm. 12 ff. zu § 9), und die Pflicht zur Vergütung von Arbeitnehmererfindungen nach dem ArbEG. Eine Kollision zwischen Sonderleistungsvergütung und Arbeitnehmererfindervergütung ist im Regelfall ausgeschlossen. Er handelt sich zwar beidesmal um Lohnformen, die als Sonderlohn wegen des Fehlens der Unterhaltsfunktion und als Leistungslohn wegen der Bemessung nach dem erzielten Arbeitsergebnis bezeichnet werden müssen. Die Ansprüche auf Arbeitnehmererfindervergütung nach dem Gesetz gehen aber etwaigen Ansprüchen auf Sonderleistungsvergütung aus demselben Sachverhalt als leges speciales vor (vgl. Röpke, a. a. O., S. 112).

Die Verpflichtung zur Bezahlung des normalen Arbeitslohns besteht unverändert fort, wenn dem Arbeitnehmer aus dem Arbeitnehmererfindungsgesetz Vergütungsansprüche gegen den Arbeitgeber erwachsen sind. Dies gilt auch dann, wenn die Höhe der Lohn- oder Gehaltsansprüche von den Vergütungsansprüchen überstiegen wird. Es ist deshalb unzulässig, wenn der Arbeitgeber den Arbeitnehmer vor die Wahl stellt, entweder seine Erfindung ohne Vergütung dem Unternehmen zu überlassen oder unter Verzicht auf Gehalt die Einrichtung des Werks zu benützen und die Erfindungen wie ein freier Erfinder an das Werk zu verkaufen (vgl. das Beispiel bei Reimer-Schippel S. 25). Es ist ebenfalls unzulässig, die Erfindervergütung mit Prämien oder Gratifikationen zu verrechnen, auf die dem Arbeitnehmer auch ohne Rücksicht auf seine Diensterfindung ein arbeitsvertraglicher Anspruch zusteht. Andererseits kann aber die Höhe des Lohns oder Gehalts die Höhe der zu zahlenden Vergütung beeinflussen (siehe Nr. 35 RL mit Anm.).

Im Zusammenhang mit der Vergütungspflicht können dem Arbeitgeber Auskunfts- und Rechnungslegungspflichten erwachsen. Sie haben im Gesetz keine Regelung gefunden, sind aber aus allgemeinen über das Arbeitsrecht hinausreichenden Rechtsgrundsätzen herzuleiten. Siehe dazu Anm. 59 ff. zu § 12.

6 c) Der Aufwendungsersatz

Falls nicht etwas anderes vereinbart ist, ist der Arbeitgeber verpflichtet, dem Arbeitnehmer Ersatz für diejenigen Aufwendungen zu gewähren, die dieser bei Ausführung der ihm übertragenen Arbeiten gemacht hat und den Umständen nach für erforderlich halten durfte (§§ 670, 683 BGB; vgl. Hueck-Nipperdey, Band 1 § 47). Hierher gehören auch die Aufwendungen, die der Arbeitnehmer bei der Fertigstellung einer

§ 25 Verpflichtungen aus dem Arbeitsverhältnis

Diensterfindung macht und zunächst aus eigener Tasche bezahlt, wenn die Erfindung aus der dem Arbeitnehmer im Betrieb obliegenden Tätigkeit entstanden ist (§ 4 Abs. 2 Ziffer 1). Solche Fälle sind insbesondere dann denkbar, wenn der Arbeitnehmer die Erfindung in seiner Freizeit fertiggestellt hat (vgl. Anm. 16 zu § 4). Siehe dazu aber auch Anm. 24 zu § 8 und Anm. 16 zu § 16. Wegen des Ersatzes von Auslagen, die dem Arbeitnehmer in Erfüllung seiner Unterstützungspflicht nach § 15 Abs. 2 zustehen, siehe dort Anm. 12. Bestehen Ansprüche auf Ersatz von Aufwendungen, so werden sie in der Regel nicht mit der Vergütung abgegolten, soweit nicht die Höhe der Vergütung außer jedem Verhältnis zu der Höhe der Ersatzansprüche steht (vgl. Volmer, Anm. 15 zu § 7 und Röpke, a. a. O., S. 121 ff.).

d) Die Fürsorgepflicht 7

Die größte Bedeutung gewinnt im vorliegenden Zusammenhang die Fürsorgepflicht des Arbeitgebers, die ebenso wie die Treuepflicht des Arbeitnehmers aus der personenrechtlichen Natur des Arbeitsverhältnisses erwächst. Danach ist der Arbeitgeber verpflichtet, sich im Rahmen des Arbeitsverhältnisses für den Arbeitnehmer einzusetzen, ihm Schutz und Fürsorge zuteil werden zu lassen und alles zu unterlassen, was die Interessen des Arbeitnehmers zu schädigen geeignet ist (Hueck-Nipperdey, Band 1 § 48). Eine besondere Ausgestaltung findet die Fürsorgepflicht des Arbeitgebers in § 15 Absatz 1 und in § 24 Absatz 1 des Gesetzes (vgl. Anm. 1, 4 zu § 15; Anm. 2 zu § 24). Auch die Verpflichtungen des Arbeitgebers aus § 5 Abs. 1 Satz 3 und Abs. 3 Satz 2 sind Erscheinungsformen der Fürsorgepflicht. Aus der Fürsorgepflicht erklärt sich die Pflicht des Arbeitgebers, bei der Schutzrechtsanmeldung die Interessen des Arbeitnehmererfinders nach Kräften wahrzunehmen, z. B. die voll in Anspruch genommene Diensterfindung vor Schutzrechtserteilung nur zu veräußern, wenn sichergestellt ist, daß der Erwerber das Anmeldeverfahren weiter betreibt (Vgl. § 13 Anm. 10 und 11 unter Nr. 5). Bei beschränkter Inanspruchnahme ist der Arbeitgeber auf Grund seiner Fürsorgepflicht gehalten, dem Arbeitnehmererfinder die Benutzung der Diensterfindung unter Einhaltung einer angemessenen Frist anzuzeigen, wenn der Arbeitnehmer die Erfindung noch nicht zum Schutzrecht angemeldet hat und die Gefahr besteht, daß die Erfindung durch die Benutzung bekannt wird (s. auch oben Anm. 7 zu § 24). Die Fürsorgepflicht verpflichtet den Arbeitgeber auch, dafür zu sorgen, daß der Arbeitnehmererfinder in der Patentschrift als Erfinder genannt wird. Mit dem Inanspruchnahmerecht wird die Fürsorgepflicht kaum in Kollision geraten, weil das Gesetz dem Arbeitgeber bei der Ausübung dieses Rechts keine besondere Rücksichtnahme auf die wirtschaftlichen und sozialen Interessen des Arbeitnehmererfinders auferlegt. Die Einbuße, die der Erfinder durch die Inanspruchnahme erleidet, wird durch den Vergütungsanspruch ausgeglichen. Dagegen sind bei der Entscheidung über die Verwertung von Diensterfindungen Verletzungen der Fürsorgepflicht möglich und auch bekannt. Der Arbeitnehmererfinder hat zwar keinen Anspruch, daß der Arbeitgeber die Diensterfindung verwertet, und daß er das in einer bestimmten Art und Weise tut. Die Abhängigkeit des Vergütungsanspruchs von der Tatsache und von der Art der Verwertung verpflichtet dem Arbeitgeber aber, sich bei seinen Entscheidungen von sachgerechten Überlegungen leiten zu lassen. Wird die Entscheidung über die Verwertung allein von sachfremden Gesichtspunkten getragen, so kann darin eine Verletzung der Fürsorgepflicht gesehen werden, z. B. wenn der Arbeitgeber eine wertvolle einsatzfähige Diensterfindung, die er unbeschränkt in Anspruch genommen hat, nur deshalb nicht einsetzt, um eigene Erfindungen oder Erfindungen anderer ihm nahestehender Personen zu seinen oder deren Gunsten unbeeinträchtigt zu lassen. Wegen des Einflusses der Fürsorgepflicht auf das Recht, Schutzrechte des Arbeitnehmers auf freien Erfindungen oder frei gewordenen Diensterfindungen mit Nichtigkeits- oder Löschungsklagen anzugreifen, siehe unten Anm. 22 bei den Besonderheiten für freie und frei gewordene Erfindungen.

III. Pflichten des Arbeitnehmers

8 a) **Die Pflichten des Arbeitnehmers aus dem Vertrag im allgemeinen**

Im Zusammenhang mit den Tatbeständen des Arbeitnehmererfinderrechts sind vor allem die Arbeitspflicht und die Treuepflicht des Arbeitnehmers zu untersuchen. Die Gehorsamspflicht bedarf hier keiner näheren Erläuterung.

9 b) **Die Arbeitspflicht**

Die Hauptpflicht des Arbeitnehmers, die dem ganzen Arbeitsverhältnis seinen Charakter gibt, ist die Pflicht zur Arbeitsleistung (Hueck-Nipperdey, Band 1 § 33). Sie besteht darin, daß der Arbeitnehmer dem Arbeitgeber seine Arbeitskraft zur Verfügung stellt, damit dieser sie zu seinen Zwecken verwendet. Im Rahmen der Arbeitspflicht ist der Arbeitnehmer verpflichtet, sein gesamtes Können und alle seine Fähigkeiten in den Dienst des Arbeitgebers zu stellen. Er kann auch verpflichtet werden, an der Lösung eines bestimmten technischen Problems zu arbeiten oder sich allgemein der Fortentwicklung der Technik auf einem bestimmten Sektor zu widmen (vgl. Reimer-Schippel S. 41; Schippel in Anm. zu Schweizer. BG v. 2. 9. 1955, GRUR Ausl. 1956, 111). Eine Verpflichtung „zum Erfinden" im Sinne einer Pflicht zur Fertigstellung schutzfähiger Erfindungen gibt es jedoch nicht. Von dieser Auffassung abzugehen, geben auch die abweichende Ansicht von Volmer, BB 1960, 1334 Fußnote 21 und die Kritik von Röpke, a. a. O., S. 19, keinen Anlaß. Das Wesen der Erfindung bleibt, wie Gaul, NJW 1961, 1510 Fußnote 11, in diesem Zusammenhang zu Recht betont, der schöpferische Gedanken, zu dem man sich nicht verpflichten kann.

10 c) **Das Recht am Arbeitsergebnis**

Im engen Zusammenhang mit der Arbeitspflicht des Arbeitnehmers steht das Recht am Arbeitsergebnis. Aus dem Sinn der Arbeitspflicht ergibt sich, daß das vom Arbeitnehmer in Erfüllung seiner arbeitsvertraglichen Pflichten geschaffene Arbeitsergebnis dem Arbeitgeber gehört, denn der Arbeitgeber bedient sich ja der fremden Arbeitskraft, um mit ihrer Hilfe ein bestimmtes Ergebnis für sich zu erzielen. So weit im Zuge der Arbeitsleistung körperliche Gegenstände hergestellt werden, gilt demnach ganz allgemein der Satz, daß alle Rechte an den hergestellten Gegenständen, insbesondere das Sacheigentum, dem Arbeitgeber zufallen (vgl. Hueck-Nipperdey, Band 1 § 53). Dies gilt jedoch nicht, wenn durch die Arbeit des Arbeitnehmers ein Immaterialgut geschaffen wird. Das Erfinderrecht entsteht gemäß § 3 PatG zunächst in der Person des Arbeitnehmers. Auch das Urheberrecht bei der Schaffung urheberrechtlich oder geschmacksmusterrechtlich schutzfähiger Werke durch Angestellte entsteht in der Person des Angestellten. Während die Übertragung des Rechts an der Erfindung vom Arbeitnehmer auf den Arbeitgeber im vorliegenden Gesetz ausführlich geregelt ist, fehlt eine solche Regelung auch im neuen Urheberrechtsgesetz v. 9. 9. 1965 (BGBl. I 1273). Wie die Materialien zu § 43 UrhG erkennen lassen (s. bei Haertel-Schiefler, UrhG und Gesetz über die Wahrnehmung von Urheberrechten und verwandten Schutzrechten, Textausgabe und Materialien, (1967), hat das neue Gesetz die Rechtslage des angestellten Urhebers kaum verändert. Es gilt weiterhin der schon vom Reichsgericht (RG v. 8. 4. 1925, RGZ 110, 393; 14. 1. 1933, GRUR 1933, 323) aufgestellte und seither allgemein anerkannte Grundsatz, wonach Urheberrechte des Arbeitnehmers kraft Vertrags auf den Arbeitgeber übergehen, wenn und soweit das Arbeitsverhältnis auf die Herstellung solcher Kunstwerke und namentlich kunstgewerblicher Erzeugnisse zielt, deren geschäftliche Verwertung ohne den Besitz des Urheberrechts nicht möglich wäre, auf deren Vervielfältigung also der Geschäftsbetrieb des Arbeitgebers beruht. Das UrhG von 1965 enthält zwar wenige vertragsrechtliche Schutzvorschriften zugunsten des Urhebers, wie das Verbot zur Einräumung noch nicht bekannter Nutzungsrechte (§ 31 Abs. 4), den Beteiligungsanspruch des Urhebers bei unerwartet hohen Gewinnen (§ 36) und die Rückrufrechte wegen Nichtausübung und wegen gewandelter Überzeugung (§§ 41, 42). Aber auch diese Vorschriften stehen unter dem Vorbehalt des § 43, der bestimmt, daß die Vorschriften der §§ 31 bis 42 zwar auch anzuwenden sind, wenn der Urheber das Werk in Erfüllung seiner Verpflichtungen aus einem Arbeits- oder Dienstverhältnis geschaffen hat, daß das aber nur gilt, soweit sich aus dem Inhalt und dem Wesen des Arbeits- oder Dienstverhältnisses nichts anderes ergibt. Durch diesen Vorbehalt werden also auch Bestimmungen, die grundsätzlich unverzichtbar sind, dispositiv gestaltet. Einzelheiten in der Literatur zum Urheberrechtsgesetz § 43, vor allem bei Möhring-Nicolini, UrhG, 1970; Fromm-Nordenmann, Urheberrecht 3. Aufl. 1973; Gerstenberg. Die Urheberrechte an Werken der Kunst, der Architektur und der Fotografie, 1968.

Erläuterungen

11 d) Die Treuepflicht

Die Treuepflicht des Arbeitnehmers geht über den Rahmen der Arbeitspflicht hinaus. Sie verpflichtet den Arbeitnehmer nicht nur, bei der Ausführung der Arbeit das Interesse des Arbeitgebers in jeder Weise wahrzunehmen — insoweit könnte sie als Ausfluß der Arbeitspflicht angesehen werden —. Sie betrifft darüber hinaus das ganze Verhältnis des Arbeitnehmers gegenüber dem Arbeitgeber, auch wenn es nicht unmittelbar mit der Arbeitsleistung zusammenhängt und verpflichtet den Arbeitnehmer ganz allgemein, die Interessen des Arbeitgebers und seines Betriebs nach besten Kräften zu unterstützen und alles zu unterlassen, was diese Interessen schädigen könnte (Hueck-Nipperdey, Band 1 § 37. Ausfluß der Treuepflicht sind vor allem die im folgenden behandelte Anzeigepflicht, die Verschwiegenheitspflicht und die Pflicht zur Unterlassung von Wettbewerb. Der Treuepflicht entspringt auch die Verpflichtung des Arbeitnehmers, bei der weiteren Entwicklung und Fortbildung oder bei der Erprobung einer in Anspruch genommenen Diensterfindung im Betrieb mit Rat und Tat mitzuhelfen. Eine besondere gesetzliche Ausprägung findet die Treuepflicht in § 15 Absatz 2 (Verpflichtung des Arbeitnehmers beim Erwerb von Schutzrechten; vgl. dazu Anm. 1 zu § 15).

12 *Insbesondere die Anzeige- und Auskunftspflicht*

Der Arbeitnehmer ist verpflichtet, dem Arbeitgeber jede Störung oder drohende Störung im Arbeitsvorgang, Materialmängel, Fehler und Schäden an Maschinen, Werkzeugen, Gebäuden usw. anzuzeigen, um größeren Schaden abzuwehren. Auch wenn es sich um Störungen handelt, die nicht durch Reparatur oder Neubeschaffung ausgeschaltet werden können, darf der Arbeitnehmer nicht warten, bis er selbst einen Vorschlag zur Behebung des Mangels machen oder gar eine eigene Erfindung vorlegen kann.

Einem Ingenieur, der zur Lösung technischer Probleme eingesetzt ist, gebietet die Treuepflicht, seinen Arbeitgeber unabhängig von der Meldepflicht nach § 5, also auch schon vor der Fertigstellung einer Diensterfindung über Fortgang und Fortschritte seiner Arbeiten zu unterrichten. Weigert er sich trotz Abmahnung, dieser Pflicht nachzukommen, so kann darin ein Grund für die fristlose Kündigung nach § 133 b GewO liegen (LAG Stuttgart v. 30. 12. 1966, AP ArbEG § 25 Nr. 1 = Gaul-Bartenbach, EGR ArbEG § 25 Nr. 1).

Der Arbeitgeber ist gleichermaßen berechtigt, den Arbeitnehmer über alles, was die Erfüllung der Arbeitspflicht, den Umgang mit den Betriebseinrichtungen und die Betriebsordnung betrifft, zu befragen und eine wahrheitsgemäße Auskunft zu verlangen. Der Arbeitnehmer muß auf Befragen auch über seine erfinderische Tätigkeit, soweit sie mit der Arbeit im Zusammenhang steht, Auskunft geben, also auch über den Stand der Arbeit an Erfindungsaufgaben vor der Fertigstellung der

§ 25 Verpflichtungen aus dem Arbeitsverhältnis

Erfindung. Bei der Arbeit an freien Erfindungen hat der Arbeitnehmer nur anzugeben, womit er sich beschäftigt (vgl. LAG Stuttgart v. 8. 8. 1956, BB 1956, 1041). Von den Melde- und Mitteilungspflichten unterscheidet sich die Auskunftspflicht dadurch, daß sie den Arbeitnehmer nicht zu eigener Initiative zwingt. Sie geht aber im Einzelfall über die Meldepflicht hinaus und erstreckt sich auf Angaben, die in der Meldung nicht enthalten zu sein brauchen. Die Geheimhaltungspflicht schränkt die Auskunftspflicht nicht ein, da § 24 Abs. 1 dem Arbeitgeber eine eigene Geheimhaltungspflicht im Interesse des Arbeitnehmers auferlegt (vgl. zu dem ganzen Fragenbereich Röpke, a. a. O., S. 40 ff.).

Insbesondere die Verschwiegenheitspflicht   13

Die arbeitsrechtliche Verschwiegenheitspflicht des Arbeitnehmers ist im Zusammenhang mit der in § 24 Abs. 2 geregelten Geheimhaltungspflicht erörtert; vgl. Anm. 12 zu § 24. Wegen Besonderheiten bei frei gewordenen Erfindungen siehe unten Anm. 19, 20.

Insbesondere das Wettbewerbsverbot   14

Die Verpflichtung des Arbeitnehmers zur Unterlassung von Wettbewerb wird durch die Vorschriften des Gesetzes über Arbeitnehmererfindungen grundsätzlich nicht berührt. Für Handlungsgehilfen und Handlungslehrlinge ist das Wettbewerbsverbot in §§ 60, 76 HGB gesetzlich festgelegt. Für die sonstigen Arbeitnehmer ist der Wettbewerb während des Bestehens des Arbeitsverhältnisses insoweit verboten, als die anderweitige Tätigkeit mit der Treuepflicht nicht vereinbar ist. Der Arbeitnehmer darf also keine Konkurrenztätigkeit übernehmen, die geeignet ist, den Arbeitgeber unmittelbar zu schädigen (vgl. im einzelnen Hueck-Nipperdey, Band 1 § 38). Nimmt der Arbeitgeber eine Diensterfindung unbeschränkt in Anspruch, so ist der Arbeitnehmer während des Bestehens des Arbeitsverhältnisses zur Unterlassung jedes Wettbewerbs auf Grund dieser Erfindung verpflichtet, gleichgültig ob der Arbeitgeber auf die Erfindung ein Schutzrecht erwirbt oder nicht und gleichgültig ob er die Erfindung ausnutzt (Hueck in Festschrift für Nikisch, 1958 S. 78). Wegen der Rechtslage bei freien und freigewordenen Erfindungen siehe Anm. 21. Über die umstrittenen Fragen des Wettbewerbsverbots nach Beendigung des Arbeitsverhältnisses siehe Anm. 7 zu § 26.

Insbesondere das Verbot zur Erhebung von Nichtigkeitsklagen   15

Der Arbeitnehmer kann auf Grund der arbeitsrechtlichen Treuepflicht verpflichtet sein, eine Nichtigkeitsklage gegen das Schutzrecht, das dem Arbeitgeber auf die unbeschränkt in Anspruch genommene Diensterfindung erteilt wurde, zu unterlassen. Der BGH hat in einer Entscheidung v. 12. 7. 1955 (Bl. 1955, 360 = GRUR 1955, 535 = MDR 1956, 83 mit krit. Anm. Nipperdey = Nachschlagewerk des BAG Nr. 1 zu § 2 ArbNehmErfVO mit krit. Anm. Volmer) ausgesprochen, daß ein Erfinder der seine Erfindung in Erfüllung einer ihm auf Grund eines Angestellten- oder Mitarbeitervertrags obliegenden Leistungspflicht auf den Arbeitgeber übertragen hat, jedenfalls dann nach Treu und Glauben verpflichtet ist, von einer Nichtigkeitsklage gegen das von dem Arbeitgeber auf die Erfindung erwirkte Patent abzusehen, wenn nach dem gesamten Inhalt des Vertrags, insbesondere nach der Höhe der Vergütung und dem Aufgabenbereich, von vorn herein damit gerechnet wurde, daß er sich auf dem Interessengebiet des Arbeitgebers erfinderisch betätigt. Die Entscheidung läßt es zwar ausdrücklich offen, ob der Arbeitnehmer schon durch seine Treuepflicht gehindert wäre, das auf seine Erfindung erteilte Schutzrecht anzugreifen. Nipperdey und Volmer wollen in den zitierten Anmerkungen berücksichtigt wissen, ob berechtigte Interessen des Arbeitnehmers an der Vernichtung des Schutzrechts bestehen oder das Allgemeininteresse an der Vernichtung so stark ist, daß alle anderen Gesichtspunkte ihm weichen müssen. Dem kann nicht zugestimmt werden. So lange das Arbeitsverhältnis besteht, sind im Hinblick auf das Wettbewerbsverbot des Arbeitnehmers keine Interessen erkennbar, die ihn zur Erhebung der Nichtigkeitsklage entgegen der ihm obliegenden Treuepflicht berechtigen könnten. Auch auf das Allgemeininteresse an der Vernichtung des Schutzrechts kann sich der Arbeitnehmer nicht berufen. Denn im treugebundenen Arbeitsverhältnis ist der Arbeitnehmer verpflichtet, jede Schädigung der Interessen des Arbeitgebers zu unterlassen. Darin liegt zugleich die Pflicht, auch auf Nichtigkeitsklagen gegen Schutzrechte des Arbeitgebers zu verzichten, eine Verpflichtung, die der Arbeitnehmer ebenso wie der Lizenznehmer übernehmen kann (vgl. Schippel, GRUR 1955, 322; Friedrich, GRUR 1959, 82 und vor allem Röpke, a. a. O., S. 54 ff. und ds., Die Zulässigkeit der Nichtigkeitsklage bei Arbeitnehmererfindungen, GRUR 1962, 173). Der Arbeitnehmer kann sich dem Einwand der Unzulässigkeit seiner Klage in Fällen dieser Art auch nicht dadurch entziehen, daß er einen Dritten als Strohmann vorschiebt, der äußerlich im eigenen Namen, der Sache nach aber im Interesse seines Hintermanns und auf dessen Weisungen hin das Nichtigkeitsverfahren betreibt (BGH v. 10. 1. 1963, MDR 1963, 379 = GRUR 1963, 253). Wegen der Rechtsverhältnisse nach Beendigung des Arbeitsverhältnisses siehe Anm. 9 zu § 26. Über die Berechtigung des Arbeitgebers zur Erhebung von Nichtigkeitsklagen gegen Schutzrechte des Arbeitnehmers an frei gewordenen Diensterfindungen siehe unten Anm. 22.

IV. Besonderheiten bei frei gewordenen Diensterfindungen

16 **a) Sinn der gesetzlichen Regelung**

Wird die Diensterfindung vom Arbeitgeber nicht oder nur beschränkt in Anspruch genommen, so bleibt der Arbeitnehmer Inhaber der Erfindung. Er hat vom Erfinderrecht her gesehen die Möglichkeit, Schutzrechte zu erwerben und Erfindung wie Schutzrecht zu verwerten. Diese Verwertung wird in vielen Fällen nicht möglich sein, ohne daß der Arbeitnehmer auch Erfahrungen des Betriebs benutzt oder gar an Dritte weitergibt. Er gerät auf diese Weise in Konflikt mit seiner Verschwiegenheitspflicht. Die Verwertung kann außerdem Wettbewerbsverhältnisse schaffen, die mit den Pflichten des Arbeitnehmers zur Unterlassung von Wettbewerb gegenüber dem Arbeitgeber nicht ohne weiteres vereinbar wären. Würden die allgemeinen Verpflichtungen aus dem Arbeitsverhältnis auch in diesen Fällen unberührt bleiben, so wäre es dem Arbeitgeber in vielen Fällen möglich, die Verwertung frei gewordener Diensterfindungen unter Berufung auf allgemeine Pflichten aus dem Arbeitsverhältnis zu unterbinden. Diese Befürchtung hat dazu geführt, daß § 25 durch den Zusatz ergänzt wurde: „soweit sich nicht daraus, daß die Erfindung frei geworden ist (§ 8 Abs. 1), etwas anderes ergibt". Damit soll zum Ausdruck gebracht werden, daß im Fall der Freigabe die Verpflichtungen der Parteien aus dem Arbeitsverhältnis doch beeinflußt werden, daß nämlich der Arbeitgeber den Arbeitnehmer an einer Verwertung der frei gewordenen Diensterfindung nicht unter Hinweis auf Verpflichtungen aus dem Arbeitsverhältnis hindern kann (Röpke, GRUR 1962, 129; vgl. auch Hueck, Festschrift für Nikisch, 1958, S. 79).

b) Kritik 17

Der hieraus entstehende Konflikt zwischen Arbeitsvertragsrecht und Erfinderrecht hat in der Literatur zu lebhaften Diskussionen, darunter zu scharfer Kritik am Gesetz geführt. Die Behauptung, § 25 letzter Halbsatz sei verfassungswidrig, die Peters in GRUR 1961, 514 aufgestellt hat, ist von Röpke in GRUR 1962, 127 treffend widerlegt worden. Den Arbeitnehmererfinder, dessen Diensterfindung der Arbeitgeber unbeschränkt in Anspruch genommen hat, konnte der Gesetzgeber den allgemeinen Verpflichtungen aus dem Arbeitsverhältnis in vollem Umfang unterwerfen lassen. Er konnte es der Rechtsanwendung überlassen, das richtige Verhältnis zwischen den beiden Gruppen von Rechtsbeziehungen zu finden. Nach dem Übergang der vermögenswerten Rechte an der Diensterfindung auf den Arbeitgeber war insoweit eine besondere Rücksichtnahme auf erfinderrechtliche Interessen nicht mehr geboten. Es genügt zum Schutz des Arbeitnehmers der zwingende Charakter der Bestimmungen des ArbEG im Rahmen des § 22 und der Schutz des § 23 gegen unbillige Vereinbarungen. An die Stelle der Vermögensrechte an der Diensterfindung tritt der Vergütungsanspruch. Hat der Arbeitnehmer aber durch Freigabe seiner Diensterfindung die vermögenswerten Rechte an dieser behalten, so muß sie ihm der Gesetzgeber auch erhalten. Es ist allgemein anerkannt, daß der Erfinder mit der Schaffung einer schutzfähigen Erfindung einen Vermögenswert erwirbt, der unter dem Schutz des Art. 14 GG steht (BGH v. 8. 7. 1955, BGHZ 18, 81/95 = NJW 1955, 1553; siehe auch Weber in Neumann-Nipperdey-Scheuner, Die Grundrechte, 2. Band, S. 331/353 und Strickrodt, NJW 1956, 809; ebenso Volmer, Anm. 37 zu § 8). Der Gesetzgeber durfte deshalb schon aus verfassungsrechtlichen Gründen nicht zulassen, daß dem Arbeitnehmer die Verwertung dieser Rechte durch Verpflichtungen unmöglich gemacht wird, die er noch in Unkenntnis und vor Schaffung der Erfindung eingegangen ist. Die entsprechende Einschränkung dieser allge-

Erläuterungen

meinen Verpflichtungen für den Fall der Verwertung frei gewordener Diensterfindungen verstößt also nicht nur nicht gegen das Grundgesetz, sondern wird im Gegenteil vom Grundgesetz selbst geboten.

18 c) **Interessenabwägung**

Dabei darf nicht verkannt werden, daß zwar einerseits dem Arbeitnehmer die Verwertung der frei gewordenen Diensterfindung nicht unmöglich gemacht werden darf, daß aber andererseits berechtigte Interessen des Arbeitgebers, gewisse Arten der Verwertung zu unterlassen, berücksichtigt werden müssen. § 25 letzter Halbsatz hebt Treuepflicht, Geheimhaltungspflicht und Konkurrenzverbot bei der Verwertung frei gewordener Diensterfindungen nicht auf. Er gestaltet diese Pflichten nur um und paßt sie den besonderen Bedürfnissen und dem Sinn der Freigabe an. Die Lösung der Interessenkonflikte kann nicht generell, sondern nur von Fall zu Fall gefunden werden, zumal der Gesetzgeber auch im zweiten Halbsatz des § 25 keine konkrete Regelung gibt, sondern es der Rechtsanwendung überläßt, wie weit die angeordnete Lockerung der arbeitsvertraglichen Verpflichtungen im Einzelfall gehen kann.

19 *Insbesondere die Verschwiegenheitspflicht*

Die Kritiker des Gesetzes gebieten dem Arbeitnehmer auf Grund seiner arbeitsvertraglichen Verschwiegenheitspflicht, sich bei der Verwertung der frei gewordenen Diensterfindung all dessen zu enthalten, was über die „nackte Erfindung" (Beil, Chemie-Ingenieur-Technik 1957, 759) oder über den „Erfindungsgegenstand" (Heine-Rebitzki, ArbEG, Anm. 2 zu § 25) hinausgeht; ähnlich Friedrich, GRUR 1958, 281 und Schramm, BB 1961, 110 sowie Peters, GRUR 1961, 518. Betriebliche Kenntnisse und Erfahrungen, die dem Erfinder auf Grund seiner Tätigkeit im Betrieb bekannt geworden sind und nach dem Willen des Arbeitgebers geheim gehalten werden sollen, dürfe der Arbeitnehmererfinder auch dann nicht weitergeben, wenn ohne sie die Verwertung der frei gewordenen Diensterfindung gar nicht möglich wäre.

20 Diese Auffassung negiert die ausdrückliche Bestimmung des Gesetzes in unverständlicher Weise. Wie schon in Anm. 12 zu § 24 im Anschluß an Hueck, Festschrift für Nikisch, 1958, S. 79 und Röpke (GRUR 1962, 129 ausgeführt ist, muß der Interessenausgleich auch hinsichtlich der Geheimhaltung nach Treu und Glauben vorgenommen werden (ähnlich Volmer, Anm. 16 zu § 25). Es ist grundsätzlich davon auszugehen, daß der Arbeitgeber mit der Freigabe der Diensterfindung auch die technischen Erfahrungen seines Betriebs zur Verfügung stellt, ohne die die Erfindung nicht verwertbar ist (Hueck, a. a. O. und ihm folgend Halbach, Anm. 1 Abs. 3 zu § 25, Volmer, Anm. 19 zu § 25; siehe auch oben Anm. 20 zu § 8). Ob der Arbeitnehmer darüber hinaus auch über Erfahrungen verfügen darf, die für die Verwertung nicht notwendig, aber besonders nützlich sind, wie das Röpke, GRUR 1962, 129 annimmt, kann nicht allgemein entschieden werden. Der Umfang, in dem § 25 letzter Halbsatz die Verschwiegenheitspflicht zurückdrängt, ist um so größer,

§ 25 Verpflichtungen aus dem Arbeitsverhältnis

je geringer das Interesse des Arbeitgebers an der frei gewordenen Diensterfindung ist. Hat der Arbeitgeber sein Interesse durch beschränkte Inanspruchnahme dargetan, so bleiben die Bindungen des Arbeitnehmers in der Regel auch im Hinblick auf § 25 letzter Halbsatz besonders eng. Auch das Verhältnis des Unternehmens, dem der Arbeitnehmer die Erfindung zur Verwertung überträgt, zum Arbeitgeber kann die Entscheidung über den Umfang der Befreiung des Arbeitnehmers von der Verschwiegenheitspflicht beeinflussen (s. oben Anm. 12 zu § 24).

Insbesondere das Wettbewerbsverbot 21

Solange das Arbeitsverhältnis besteht, darf der Arbeitnehmer dem Arbeitgeber auch mit einer frei gewordenen Diensterfindung nicht ohne weiteres Konkurrenz machen. Der Arbeitgeber darf dem Arbeitnehmer aber die Verwertung der freigegebenen Erfindung nicht auf dem Umweg über die Verschwiegenheitspflicht unmöglich machen (s. Hueck-Niperdey, Bd. 1 § 53 II 11 b, Hueck in Festschrift für Nikisch V 2 und Nikisch, Arbeitsrecht S. 316). Im Ausgleich der entgegenstehenden Interessen führt hier das Gesetz gerade umgekehrt als bei der Inanspruchnahme zu einer gewissen Beschränkung der Arbeitnehmerpflichten. § 8 Abs. 2 gibt dem Arbeitnehmer ein Verfügungs-, kein Selbstverwertungsrecht. Die Verwertung in einem eigenen Betrieb ist dem Arbeitnehmer auch hinsichtlich frei gewordener Diensterfindungen untersagt. Heine-Rebitzki, Anm. 3 Nr. 3 zu § 25, weisen zu Recht darauf hin, daß das Selbstverwertungsverbot auch dann gilt, wenn sich der Arbeitnehmer nach außen eines Strohmanns als Betriebsinhaber bedient und sich selbst etwa nur als stiller Gesellschafter beteiligt (siehe auch Röpke, GRUR 1961, 130). Der Arbeitgeber kann dem Arbeitnehmer dagegen nicht verbieten, die frei gewordene Diensterfindung durch Lizenz zu verwerten. Das gilt auch dann, wenn sich der Arbeitgeber durch beschränkte Inanspruchnahme selbst ein Benutzungsrecht an der Erfindung vorbehalten hat. Inwieweit das Wettbewerbsverhältnis zwischen Arbeitgeber und Lizenznehmer des Arbeitnehmers die Rechte des Arbeitnehmers beeinflußt, kann wiederum nicht allgemein entschieden werden. Kann der Arbeitnehmer unter mehreren Lizenznehmern wählen, so gebietet ihm die Treuepflicht, demjenigen die Lizenz nicht zu geben, der in schärfster Konkurrenz zum Arbeitgeber steht. Dabei wird man dem Arbeitnehmer auch geringe Einnahmeverluste zumuten können. Hat der Arbeitnehmer keine zumutbaren Wahlmöglichkeiten, so geht sein Interesse an der Verwertung der Erfindung dem Interesse des Arbeitgebers an der Sicherung gegen Wettbewerb vor. Im einzelnen siehe Röpke, GRUR 1962, 129, 130.

Insbesondere die Erhebung von Nichtigkeits- und Löschungsklagen 22
durch den Arbeitgeber

§ 25 letzter Halbsatz kann auch auf allgemeine arbeitsvertragliche Pflichten des Arbeitgebers einwirken, soweit dieser gegen das auf eine frei gewordene Diensterfindung erteilte Schutzrecht Nichtigkeitsklage

Erläuterungen

oder Löschungsklage erheben will. Auch diese Frage kann nur unter Berücksichtigung aller Umstände des Einzelfalls nach Treu und Glauben entschieden werden. Ist z. B. die Diensterfindung frei geworden, weil der Arbeitgeber die Inanspruchnahmefrist versäumt hat, und greift er nun das dem Arbeitnehmer erteilte Patent mit Nichtigkeitsklage an, weil die Erfindung in seinem Betrieb offenbar vorbenutzt worden sei, so wird diese Klage gegen Treu und Glauben verstoßen. Anders kann der Fall liegen, wenn der Arbeitgeber die Diensterfindung frei gegeben hat, weil er glaubte, sie sei nicht schutzfähig. Hat er dies klar zum Ausdruck gebracht und bei der Freigabe bereits Nichtigkeitsklage angemeldet, falls dem Arbeitnehmer doch ein Schutzrecht erteilt werden würde, so kann die Klage u. U. gerechtfertigt sein. Nach Röpke, GRUR 1962, 177 ist der Arbeitgeber zur Klage berechtigt, wenn er auf Grund neuer, nach der Freigabe eingetretener Umstände ein berechtigtes Interesse an der Vernichtung hat und der Arbeitnehmer zu keiner gütlichen Einigung bereit ist.

23 Hat der Arbeitgeber die Diensterfindung beschränkt in Anspruch genommen, so kann die Frage der Zulässigkeit der Nichtigkeits- oder Löschungsklage nicht allein aus arbeitsrechtlichen Gesichtspunkten entschieden werden. § 10 Abs. 2 läßt es dem Arbeitgeber offen, die gegen ihn wirkende Vermutung der Schutzfähigkeit der beschränkt in Anspruch genommenen Erfindung durch die Entscheidung eines Gerichts zu entkräften. Das Gesetz gibt keinen Anhaltspunkt dafür, daß dabei nur an Entscheidungen im Schutzrechtserteilungsverfahren gemeint sei. Auch Entscheidungen im Nichtigkeits- oder Löschungsverfahren entkräften die Vermutung des § 10 Abs. 2 (vgl. oben Anm. 18 zu § 10). Deshalb muß § 25 letzter Halbsatz in diesem Fall auch zu Gunsten des Arbeitgebers dahin ausgelegt werden, daß die der Erhebung der Nichtigkeits- oder Löschungsklage eventuell entgegenstehende Fürsorgepflicht Klagen, die erhoben werden, um die Vermutung des § 10 Abs. 2 zu widerlegen, nicht ausschließt (im Ergebnis übereinstimmend mit Heine-Rebitzki, Anm. 3 Abs. 2 zu § 10). Wegen der Erhebung von Nichtigkeits- und Löschungsklagen nach Beendigung des Arbeitsverhältnisses siehe Anm. 9 zu § 26.

Wegen der Erhebung einer Feststellungsklage durch den Arbeitgeber, mit der die fehlende Schutzfähigkeit einer freigegebenen, vom Arbeitnehmer nicht zur Erteilung eines Schutzrechts angemeldeten Erfindung festgestellt werden soll, s. Anm. 18 zu § 10.

24 **V. Besonderheiten bei freien Erfindungen**

Die für frei gewordenen Diensterfindungen gezeigten Konflikte zwischen dem Interesse des Arbeitnehmers an der Verwertung der Erfindung und seinen allgemeinen Verpflichtungen aus dem Arbeitsverhältnis können in ähnlicher Weise auftreten, wenn der Arbeitnehmer eine freie Erfindung verwerten will. Die aus § 25 letzter Halbsatz entwickelten Grundsätze sind dann entsprechend anzuwenden.

§ 26
Auflösung des Arbeitsverhältnisses

Die Rechte und Pflichten aus diesem Gesetz werden durch die Auflösung des Arbeitsverhältnisses nicht berührt.

Übersicht

	Anm.		Anm.
I. Auflösung des Arbeitsverhältnisses	1	insbesondere die Verschwiegenheitspflicht	6
II. Bestehenbleiben der Rechte und Pflichten aus dem Gesetz		insbesondere das Wettbewerbsverbot	7, 8
a) Grundsatz	2	insbesondere die Erhebung von Nichtigkeits- und Löschungsklagen	9
b) Rechte	3		
c) Pflichten	4	IV. Das Ruhestandsverhältnis	10
III. Rechte und Pflichten außerhalb des Gesetzes	5—9		

I. Auflösung des Arbeitsverhältnisses   1

Aus welchem Grund (z. B. Ablauf des Vertrags, Kündigung, Tod) das Arbeitsverhältnis aufgelöst wird, spielt für die Anwendung des § 26 keine Rolle. Auch eine berechtigte außerordentliche fristlose Entlassung steht § 26 nicht entgegen (BAG v. 8. 2. 1962, BB 1962, 715 = DB 1962, 843 = AuR 1962, 251). Beim Tod des Arbeitnehmers oder des Arbeitgebers treten die üblichen Rechtsfolgen ein: die Erben übernehmen die Rechte und Pflichten des Verstorbenen, soweit es sich nicht um unvererbliche, höchstpersönliche Rechte und Pflichten handelt; so erlischt z. B. die in § 15 Abs. 2 genannte Verpflichtung des Arbeitnehmers, den Arbeitgeber beim Erwerb von Schutzrechten zu unterstützen, mit dem Tod des Arbeitnehmers. Wird das Unternehmen auf einen anderen übertragen, so finden § 419 BGB und § 25 HGB Anwendung. Wird das Unternehmen aufgelöst, so steht in der Regel den Ansprüchen des Arbeitnehmers kein Schuldner mehr gegenüber und die Ansprüche entfallen.

II. Bestehenbleiben der Rechte und Pflichten aus dem Gesetz

a) Grundsatz   2

Weder der Arbeitgeber noch der Arbeitnehmer können sich durch die Auflösung des Arbeitsverhältnisses ihren Verpflichtungen aus dem Gesetz entziehen. Die Rechte und Pflichten aus dem Gesetz bleiben vielmehr ohne Rücksicht auf die Fortdauer des Arbeitsverhältnisses bestehen, wenn die Erfindung, aus der sie erwachsen, unter die Vorschriften des Gesetzes fällt. Wann dies der Fall ist, ist in Anm. 16 zu § 4 und Anm. 8 zu § 5 erläutert; dort auch über die Rechtslage von Erfindungen, die kurz nach der Auflösung des Arbeitsverhältnisses fertiggestellt wurden (vgl. dazu Amtl. Begr. unten S. 570 und Ausschußbericht unten S. 640).

Erläuterungen

3   **b) Rechte**

Als bestehen bleibendes Recht des Arbeitnehmers ist in erster Linie der Vergütungsanspruch (§§ 9, 10) zu nennen. Der Vergütungsanspruch bleibt dem Arbeitnehmer in Übereinstimmung mit dem in Anm. 1 Gesagten selbst nach einer berechtigten außerordentlichen Kündigung erhalten (BAG v. 8. 2. 1962, siehe oben Anm. 1). Die Höhe der Vergütung kann auch erst nach Beendigung des Arbeitsverhältnisses festgestellt oder festgesetzt werden (§ 12). Ist die Vergütungshöhe während der Dauer des Arbeitsverhältnisses bestimmt worden, so kann unter besonderen Umständen die Auflösung des Arbeitsverhältnisses eine Neuregelung der Vergütung nach § 12 Abs. 6 rechtfertigen (vgl. Anm. 45 ff. zu § 12). Der Anspruch auf anderweitige Feststellung der Vergütung nach § 12 Abs. 6 wird durch die Auflösung des Arbeitsverhältnisses nicht berührt (Beispiel ArbErf. 26/58, Auszug bei Schade, Mitt. 1959, 257), ebensowenig die Hilfsansprüche auf Rechnungslegung, wenn auch mit der herrschenden Meinung anzunehmen ist, daß der Arbeitgeber nach der Beendigung des Arbeitsverhältnisses dem Arbeitnehmer keinen unmittelbaren persönlichen Einblick in seine Unterlagen mehr zu gestatten braucht, sondern die Einschaltung einer Vertrauensperson verlangen kann. Auch das Recht zur Anmeldung gemäß § 13 Abs. 3 bleibt bestehen.

Zu den bestehenbleibenden Rechten des Arbeitgebers gehört insbesondere das Inanspruchnahmerecht (§ 6), das Recht auf Anmeldung zur Schutzrechtserteilung (§§ 13, 14), das Recht zur Aufgabe des Schutzrechts (§ 16) und das Recht zum Erwerb von freien Erfindungen nach § 19, wenn die freie Erfindung während der Dauer des Arbeitsverhältnisses gemacht wurde (§ 18 Abs. 1). Ebensowenig werden die Rechte des Arbeitgebers, sich die nicht ausschließliche Benutzung einer Erfindung vorzubehalten (§§ 14 Abs. 3, 16 Abs. 3) durch die Beendigung des Arbeitsverhältnisses berührt.

4   **c) Pflichten**

Die Melde-, Mitteilungs- und Anbietungspflicht des Arbeitnehmers (§§ 5, 18, 19) bleiben für die während des Arbeitsverhältnisses gemachten Erfindungen auch nach dessen Beendigung bestehen. Unberührt bleiben ferner die Verpflichtungen beim Erwerb von Schutzrechten (§ 15) und die Geheimhaltungspflicht (§ 24).

Geht der Arbeitnehmererfinder nach der Beendigung des Arbeitsverhältnisses ein neues Arbeitsverhältnis ein, so entstehen in der Praxis vielfach Abgrenzungsschwierigkeiten hinsichtlich der Zuordnung von Erfindungen zum einen oder anderen Arbeitgeber. Der entscheidende Zeitpunkt ist die Fertigstellung der Erfindung. Vgl. hierzu im einzelnen die Ausführungen in Anm. 16 ff. zu § 4 und die dort Anm. 18 zitierte Entscheidung des BGH v. 18. 5. 1971 Schlußurlaub, GRUR 1971, 407 mit

§ 26 Auflösung des Arbeitsverhältnisses

Anm. Schippel = Bl. 1971, 319, die klarstellt, daß die Beendigung der tatsächlichen Tätigkeit des Arbeitnehmers im Betrieb und die Beendigung des Arbeitsverhältnisses nicht gleichgestellt sein müssen, das Arbeitsverhältnis vielmehr auch während eines sog. Schlußurlaubs mit allen hier einschlägigen Pflichten fortdauert. Eine Erfindung, die der Arbeitnehmer in einem solchen Urlaub am Ende seines Arbeitsverhältnisses fertiggestellt, fällt also noch unter das Inanspruchnahmerecht des alten Arbeitgebers.

Stellt der Arbeitnehmer die Diensterfindung erst nach der rechtlichen Beendigung des alten Arbeitsverhältnisses fertig, so greift § 26 nicht mehr zu Gunsten des alten Arbeitsgebers ein, selbst wenn der Erfinder bereits während des ersten Arbeitsverhältnisses an der Erfindung gearbeitet und sich Erfahrungen aus diesem Arbeitsverhältnis bei der Fertigstellung der Erfindung zunutze gemacht hat (vgl. Gaul, NJW 1961, 1511/12). Die im Regierungsentwurf des ArbEG vorgesehene Vermutung, daß eine 6 Monate nach Ausscheiden vom Arbeitnehmer gemeldete Erfindung während des beendeten Arbeitsverhältnisses zustande gekommen sei, ist bewußt in das Gesetz nicht aufgenommen worden. Sie sollte außerdem lediglich die Beweislage des früheren Arbeitgebers erleichtern und nicht einen Erfahrungssatz über die vermutliche Zeitdauer des Zustandekommens einer Erfindung wiedergeben (BGH v. 27. 10. 1961 — I ZR 34/60 — unveröffentlicht). Die Beweislast für das Zustandekommen einer Erfindung während des Arbeitsverhältnisses trifft nach allgemeinen Beweislastregeln den Arbeitgeber. Der Arbeitnehmer hat aber eine sehr weitgehende Darlegungslast (vgl. für eine Gesellschaftererfindung BGH v. 16. 11. 1954, GRUR 1955, 286 = NJW 1955, 541 und 789 = BB 1955, 141; h. L.).

So muß ein ausgeschiedener Arbeitnehmer dem früheren Arbeitgeber die Unterlagen über eine unmittelbar nach Beendigung des Arbeitsverhältnisses bewirkten Patentanmeldung vorlegen, damit der Arbeitgeber selbst beurteilen kann, ob es sich noch um eine während des Arbeitsverhältnisses entstandene Diensterfindung handelt. Ein Zeugenangebot des Erfinders, seine Patentanmeldung stehe mit seinem früheren Arbeitsverhältnis in keinem Zusammenhang, ist ohne ausreichende tatsächliche Behauptung hierzu unbeachtlich (OLG München v. 9. 3. 1967, Mitt. 1967, 237).

Zu den Fragen der erheblichen Unbilligkeit von Vereinbarungen, die Arbeitgeber und Arbeitnehmer am Ende eines Arbeitsverhältnisses über Vergütungsabfindungen häufig treffen, s. Anm. 1 und 9 zu § 23 und die beiden dort zitierten Einigungsvorschläge der Schiedsstelle in Bl. 1968, 72 und 1972, 294. Gerade hier kommt es entscheidend darauf an, ob die Vereinbarung noch während oder schon nach Beendigung des Arbeitsverhältnisses geschlossen wurde, denn § 23 schützt den Arbeitnehmer nur beim Abschluß von Vereinbarungen während seines Arbeitsverhältnisses.

Erläuterungen

Auf Seiten des Arbeitgebers bleiben die Pflichten, den Zeitpunkt des Eingangs der Meldung schriftlich zu bestätigen (§ 5 Abs. 1 S. 3) und den Arbeitnehmer bei der Ergänzung der Meldung zu unterstützen (§ 5 Abs. 3 S. 2), aufrechterhalten. Der Arbeitgeber ist auch nach Beendigung des Arbeitsverhältnisses zur Anmeldung der Diensterfindung nach § 13 und zur Freigabe nach § 14 Abs. 2 verpflichtet. Ebenso werden seine Verpflichtungen beim Erwerb von Schutzrechten (§ 15), bei der Aufgabe von Schutzrechten (§ 16) und die Geheimhaltungspflicht (§ 24) nicht berührt.

5   **III. Rechte und Pflichten außerhalb des Gesetzes**

§ 26 erstreckt sich nur auf die aus dem Gesetz über Arbeitnehmererfindungen hervorgehenden Rechte und Pflichten, nicht auf sonstige Verpflichtungen des Arbeitgebers und des Arbeitnehmers, sei es, daß sie auf dem Arbeitsverhältnis, sei es, daß sie auf besonderen Verträgen oder auf anderen Gesetzen beruhen. Ob derartige Rechte und Pflichten die Auflösung des Arbeitsverhältnisses überdauern, kann nur aus dem ihnen zugrunde liegenden Rechtsverhältnis entnommen werden. Die Verpflichtungen aus dem Arbeitsverhältnis enden in der Regel mit demselben; über die sogenannten Nachwirkungen von arbeitsrechtlichen Verpflichtungen vgl. Hueck-Nipperdey, Bd. 1 § 68 und bezüglich der Treuepflichten Monjau, BB 1962, 1439.

6   *Insbesondere die Verschwiegenheitspflicht*

Wegen der Ausdehnung der arbeitsrechtlichen Verschwiegenheitspflicht über das Arbeitsverhältnis hinaus siehe Hueck-Nipperdey Band 1 § 37 III 1; Nachwirkungen der Verschwiegenheitspflicht über die Beendigung des Arbeitsverhältnisses hinaus werden von der Rechtsprechung überwiegend, von der Rechtslehre teilweise abgelehnt. Sie ist jedoch in Arbeitnehmererfindersachen in der Regel ohne Bedeutung, da § 24 Abs. 2 i. V. m. § 26 die Verschwiegenheitspflicht für Diensterfindungen sowieso über die Dauer des Arbeitsverhältnisses hinaus ausdehnt und andererseits § 25 letzter Halbsatz einer vertraglichen Ausdehnung der Verschwiegenheitspflicht bei freien oder frei gewordenen Erfindungen entgegensteht, es sei denn, daß die Abrede erst nach der Meldung oder Mitteilung der Erfindung getroffen wurde (§ 22 Satz 2); vgl. auch Anm. 3 und 6 zu § 22, Anm. 9 zu § 24, Anm. 19 und 20 zu § 25.

7   *Insbesondere das Wettbewerbsverbot*

Über die Zulässigkeit vertraglicher Wettbewerbsverbote nach Beendigung des Arbeitsverhältnisses siehe §§ 74 bis 76 HGB, § 133 f GewO. Ob bei unbeschränkter Inanspruchnahme einer Diensterfindung das während der Dauer des Arbeitsverhältnisses bestehende Wettbewerbsverbot auch ohne besondere vertragliche Vereinbarung nach Auflösung des Arbeitsverhältnisses fortdauert, solange der Arbeitgeber dem Arbeitnehmer für die Benutzung der Erfindung eine Vergütung zahlt, ist umstritten (bejahend Hueck in Festschrift für Nikisch, 1958, S. 78, ds. in

Hueck-Nipperdey, Bd. 1 § 53 II 11 a und ihm folgend Nikisch, Arbeitsrecht, S. 319 für die Zeit der Vergütungszahlung, ablehnend Reimer in der 2. Aufl. S. 53). Die Entscheidung wird in der Regel von Dauer und Höhe der Vergütung, vom sonstigen Einkommen und von der beruflichen Stellung des früheren Arbeitnehmers abhängen. Nur wenn auch die Höhe der Vergütung ein anderes Einkommen des Arbeitnehmers überflüssig macht oder wenn der Arbeitnehmer aus anderen Gründen nicht darauf angewiesen ist, auf dem Gebiet der Erfindung weiterzuarbeiten, kann ihm zugemutet werden, einen Wettbewerb nach der Auflösung des Arbeitsverhältnisses zu unterlassen. Über vertragliche Wettbewerbsverbote und Arbeitnehmererfindungen vgl. Gaul, NJW 1961, 1511 ff. Zur Fortdauer arbeitsrechtlicher Wettbewerbsverbote während eines sog. Schlußurlaubs am Ende eines Arbeitsverhältnisses s. Schippel in Anm. zu BGH v. 18. 5. 1971, GRUR 1971, 409 und die dort zitierte Rechtsprechung; zur Konkurrenz der Rechte des Arbeitnehmererfinders auf freigegebene Erfindungen und der Ansprüche des Arbeitgebers aus dem Wettbewerbsverbot s. Anm. 21 zu § 25.

Erfindungen, die ein früherer Arbeitnehmer unter Verletzung eines über die Dauer des Arbeitsverhältnisses hinaus wirkenden Wettbewerbsverbots macht, sind frei. Auch der Schadenersatzanspruch des früheren Arbeitgebers wegen der Verletzung des Wettbewerbsverbots kann nicht auf Übertragung der Erfindung gehen, sondern nur auf Geld gerichtet sein, weil der Arbeitgeber nur einen Vermögensschaden erleidet und auch bei vertragsgemäßem Verhalten des früheren Arbeitnehmers nicht in den Besitz der Erfindung gekommen wäre. Deshalb kann Röpke, Arbeitsverhältnis und Arbeitnehmererfindung, S. 78, nicht zugestimmt werden, wenn er auch hier ähnlich wie im Ruhestandsverhältnis (Anm. 10) eine Anbietungspflicht entsprechend §§ 18 und 19 annehmen will. Eine solche Verpflichtung kann dem Wettbewerbsverbot allein nicht entnommen werden. Ebensowenig wird das Inanspruchnahmerecht eines neuen Arbeitgebers durch ein dem früheren Arbeitgeber gegenüber bestehendes Wettbewerbsverbot beeinträchtigt. Der frühere Arbeitgeber kann gegen den neuen Arbeitgeber nur wegen wettbewerbswidrigen Verhaltens, insbesondere unter den Gesichtspunkten der Abwerbung und des Verleitens zum Vertragsbruch, oder aus § 826 BGB vorgehen, wenn die dazu notwendigen Voraussetzungen vorliegen. 8

Verletzt die Einstellung des Arbeitnehmers das Wettbewerbsverbot nicht und widerspricht nur die im zweiten Arbeitsverhältnis gemachte Erfindung diesem Verbot, so muß man mit Gaul, NJW 1961, 1512, annehmen, daß das Verbot insoweit wegen Verstoß gegen § 22 in Verbindung mit § 5 nichtig ist.

Insbesondere die Erhebung von Nichtigkeits- und Löschungsklagen 9

Ist das Arbeitsverhältnis beendet, so ist der frühere Arbeitgeber an einer Nichtigkeits- oder Löschungsklage gegen ein Schutzrecht seines früheren Arbeitnehmers an einer freien Erfindung nur insoweit gehin-

Erläuterungen

dert wie jeder andere Dritte. Das gilt grundsätzlich auch für Schutzrechte auf frei gewordene Diensterfindungen. Die Klage könnte nur dann unzulässig sein, wenn der Arbeitgeber damit seine über das Arbeitsverhältnis hinaus andauernde Verschwiegenheitspflicht aus § 24 Abs. 1 verletzen würde (vgl. Röpke, GRUR 1962, 177). — Nichtigkeits- und Löschungsklagen des Arbeitnehmers gegen Schutzrechte des Arbeitgebers auf Diensterfindungen hält der BGH in seinem Urteil v. 12. 7. 1955, Bl. 1955, 360 = GRUR 1955, 535 für unzulässig, wenn beide Parteien während des Arbeitsverhältnisses mit Erfindungen gerechnet hätten (kritisch dazu Volmer, AP Anm. zu Nr. 1 § 2 ArbNErfVO und Nipperdey, MDR 1956, 84). Man muß ähnlich wie bei der Nachwirkung des Wettbewerbsverbots unterscheiden und die Klage entgegen der Ansicht von Volmer und Nipperdey für unzulässig halten, solange der Arbeitnehmer Vergütung erhält (vgl. im einzelnen Röpke, GRUR 1962, 176).

10 **IV. Das Ruhestandsverhältnis**

Wegen der besonderen Rechtslage im Ruhestandsverhältnis siehe Hueck-Nipperdey Band 1 § 42 VII; das Ruhestandsverhältnis ist ein Rechtsverhältnis besonderer Art, das weithin von der besonderen Treuebindung des Arbeitsverhältnisses beherrscht wird. Der Ruheständler ist weiterhin einer arbeitsrechtlichen Geheimhaltungspflicht unterworfen. Er darf dem Arbeitgeber nicht unmittelbar Wettbewerb machen. Erfindungen des Ruheständlers sind frei. Aus dem fortbestehenden Treueverhältnis kann sich jedoch eine Anbietungspflicht entsprechend §§ 18 und 19 ergeben, wenn die Erfindung unter dem Arbeitsverhältnis eine Diensterfindung gewesen wäre (vgl. Riemenschneider-Barth Anm. 3 zu § 8; ebenso Röpke, Arbeitsverhältnis und Arbeitnehmererfindung, S. 78). Das Ruhestandsverhältnis bindet den Ruhestandsempfänger aber nicht mehr in dem Maße an den Betrieb, daß er vor Erhebung einer Klage auf Erfindervergütung vor dem ordentlichen Gericht die Schiedsstelle anrufen müßte (OLG Düsseldorf v. 26. 5. 1961, GRUR 1962, 193).

§ 27

Konkurs

(1) Wird über das Vermögen des Arbeitgebers der Konkurs eröffnet, so hat der Arbeitnehmer ein Vorkaufsrecht hinsichtlich der von ihm gemachten und vom Arbeitgeber unbeschränkt in Anspruch genommenen Diensterfindung, falls der Konkursverwalter diese ohne den Geschäftsbetrieb veräußert.

(2) Die Ansprüche des Arbeitnehmers auf Vergütung für die unbeschränkte Inanspruchnahme einer Diensterfindung (§ 9), für das Benutzungsrecht an einer Erfindung (§ 10, § 14 Abs. 3, § 16 Abs. 3, § 19) oder für die Verwertung eines technischen Verbesserungsvorschlages (§ 20 Abs. 1) werden im Konkurs über das Vermögen des Arbeitgebers

§ 27 Konkurs

im Range nach den in § 61 Nr. 1 der Konkursordnung genannten, jedoch vor allen übrigen Konkursforderungen berücksichtigt. Mehrere Ansprüche werden nach dem Verhältnis ihrer Beträge befriedigt.

Übersicht

	Anm.		Anm.
I. Allgemeines Wirkung der Konkurseröffnung	1	a) Grundlagen	7
II. Die Konkursmasse und ihre Verwertung		b) Die Konkursforderung	8
a) Konkursmasse	2, 3	c) Das Vorrecht	9, 10
b) Verwertung	4	d) Geltendmachung der Forderung und des Vorrechts im Konkurs	11
III. Das Vorkaufsrecht des Arbeitnehmers		e) Nach Konkurseröffnung entstandene Vergütungsansprüche	12
a) Grundlagen	5	Anhang: Vergleichsverfahren und Einzelzwangsvollstreckung	
b) Entstehung und Ausübung des Vorkaufsrechts	6	a) Vergleichsverfahren	1
IV. Vergütungsansprüche als bevorrechtete Konkursforderungen		b) Einzelzwangsvollstreckung	
		aa) in Rechte an der Erfindung	2—5
		bb) in Vergütungsansprüche	6

I. Allgemeine Wirkungen der Konkurseröffnung 1

Das Konkursverfahren dient der gemeinschaftlichen Befriedigung aller persönlichen Gläubiger, welche einen zur Zeit der Eröffnung des Verfahrens begründeten Vermögensanspruch gegen den Gemeinschuldner haben. Es umfaßt zu diesem Zweck das gesamte, einer Zwangsvollstreckung unterliegende Vermögen des Gemeinschuldners, das ihm im Zeitpunkt der Eröffnung des Konkurses gehört, die sogenannte Konkursmasse. Mit der Eröffnung des Verfahrens verliert der Gemeinschuldner die Befugnis, sein zur Konkursmasse gehörendes Vermögen zu verwalten und darüber zu verfügen. Diese Befugnisse gehen auf einen Konkursverwalter über, der das zur Konkursmasse gehörende Vermögen in Besitz und Verwaltung zu nehmen und zu verwerten hat. Der Gemeinschuldner verliert mit der Konkurseröffnung auch die Befugnis, Erfindungen von Arbeitnehmern zu verwalten und über sie zu verfügen, soweit diese in die Konkursmasse fallen (Anm. 2). Er kann keine Meldung oder Mitteilung mehr entgegennehmen, keine Inanspruchnahme aussprechen, die Schutzrechtsanmeldung nicht weiterbetreiben, keine Freigabe aussprechen usw. Alle diese Rechte, die das Arbeitnehmererfindergesetz dem Arbeitgeber verleiht, gehen auf den Konkursverwalter über.

II. Die Konkursmasse und ihre Verwertung

a) Die Konkursmasse 2

Zur Konkursmasse im Konkurs des Arbeitgebers gehören alle von ihm unbeschränkt in Anspruch genommenen Diensterfindungen und die von ihm erworbene freien Erfindungen. Ob der Arbeitgeber die Erfin-

Erläuterungen

dung bereits verwertet hat, ist ohne Bedeutung. Denn für ihn ist die Erfindung eines Arbeitnehmers immer nur reiner Vermögensbestandteil. Der Satz, daß eine Erfindung nur dann in die Konkursmasse fällt, wenn vor der Konkurseröffnung wenigstens Anstalten zu ihrer Verwertung getroffen wurden (KG v. 2. 5. 1930, JW 1930, 2803 mit zustimm. Anm. Kisch; Tetzner JR 1951, 166 und DR 1942, 1484; Pinzger ZZP 60, 415; Adler GRUR 1919, 18), gilt nur, wenn die Erfindung noch dem Erfinder gehört und der Erfinder in Konkurs fällt. Unerheblich ist es auch, ob die Erfindung vor Konkurseröffnung zur Schutzrechtserteilung angemeldet wurde. Sie fällt auch in die Konkursmasse, wenn sich Arbeitgeber und Arbeitnehmer entschlossen haben, kein Schutzrecht zu erwerben und die Erfindungen geheimzuhalten (vgl. BGH v. 25. 1. 1955, BGHZ 16, 172 = NJW 1955, 628 = GRUR 1955, 388 = BB 1955, 553).

3   Auch die Benutzungsrechte des Arbeitgebers an freien Erfindungen oder frei gewordenen Diensterfindungen (§§ 10, 14 Abs. 3, 16 Abs. 3, 19) fallen in die Konkursmasse. Sie haben den Charakter nicht ausschließlicher Lizenzen (siehe Anm. 10 zu § 7), nicht ausschließliche Lizenzen fallen in die Konkursmasse, wenn sie Pacht- oder pachtähnlichen Charakter haben (RG v. 26. 10. 1931, RGZ 134, 91; vgl. auch RG v. 18. 10. 1932, RGZ 137, 358; v. 1. 11. 1933, RGZ 142, 168); das kann bei den Benutzungsrechten des Arbeitgebers in der Regel bejaht werden.

4   **b) Verwertung**

Die unbeschränkt in Anspruch genommenen Diensterfindungen und die erworbenen freien Erfindungen werden vom Konkursverwalter entweder einzeln oder zusammen mit dem gesamten Betrieb veräußert. Die Benutzungsrechte können vom Konkursverwalter weiter ausgeübt werden. Er kann sie zusammen mit dem Unternehmen auch auf einen Dritten übertragen. Eine Einzelübertragung der Benutzungsrechte ist wegen ihrer Bindung an den Betrieb und ihres obligatorischen Charakters ausgeschlossen (vgl. Anm. 10 ff. zu § 7). § 19 KO kann nur auf Benutzungsrechte an freien Erfindungen analog angewendet werden, da das Benutzungsrecht an einer Diensterfindung seitens des Arbeitnehmers unkündbar ist.

III. Das Vorkaufsrecht des Arbeitnehmers

5   **a) Grundlagen**

Für die unbeschränkt in Anspruch genommenen Diensterfindungen trifft § 27 Abs. 1 eine konkursrechtliche Sonderregelung. Dem Arbeitnehmererfinder wird im Konkurs des Arbeitgebers ein Vorkaufsrecht hinsichtlich der von ihm gemachten und vom Arbeitgeber unbeschränkt in Anspruch genommenen Diensterfindung eingeräumt, falls der Konkursverwalter diese ohne den Geschäftsbetrieb veräußert. Der Gesetzgeber ließ sich dabei von dem Gedanken leiten, daß bei derartigen Einzelveräußerungen die Gefahr besteht, daß die Erfindung erheblich unter ihrem Wert verkauft wird. Dadurch wird der Arbeitnehmer einer erheblichen Gefahr ausgesetzt: Da sein Vergütungsanspruch nicht an der Erfindung haftet, sondern als persönlicher Anspruch nur gegen den Arbeitgeber und dessen Gesamtrechtsnachfolger gerichtet ist, verwandelt sich der Vergütungsanspruch im Konkurs des Arbeitgebers in eine — wenn auch nach § 27 Abs. 2 bevorrechtigte — Konkursforderung. Wird die Diensterfindung unter ihrem Wert verkauft, so ist zwar der Erlös als Erfindungswert anzusetzen und der Arbeitnehmer daran angemessen zu beteiligen, die Vergütung würde durch den schlechten Verkauf aber ungerechtfertigt gemindert. Deshalb wird der Arbeitnehmer in die Lage versetzt, in solchen Fällen die Erfindung übernehmen zu können, um dann selbst eine vorteilhafte Verwertung zu versuchen (Amtl. Begr. unten S. 603).

b) Enstehung und Ausübung des Vorkaufsrechts 6

Das Vorkaufsrecht des § 27 Abs. 1 hat in der Konkursordnung keine Parallele. Es ist als obligatorisches Vorkaufsrecht i. S. d. §§ 504 ff. BGB zu behandeln, wirkt also nicht gegen Dritte. Es ist nicht übertragbar und nicht vererblich, da es dem Erfinder nur in seinem persönlichen Interesse gewährt wurde und das Gesetz nichts anderes bestimmt (§ 514 BGB). Es kann ausgeübt werden, wenn der Konkursverwalter eine unbeschränkt in Anspruch genommene Diensterfindung ohne den Geschäftsbetrieb veräußert, also mit einem Dritten einen gültigen Kaufvertrag zur Übertragung der Diensterfindung geschlossen hat (§ 504 BGB). Die Übertragung eines Teils des Geschäftsbereichs genügt, wenn dieser als selbständiges Unternehmen fortgeführt werden kann, also eine technische und organisatorische Einheit bildet.

Die Abgrenzung kann im einzelnen schwierig sein. In Übereinstimmung mit der hier vertretenen Auffassung nimmt das OLG Düsseldorf (23. 10. 1970 Energiezuführungen, GRUR 1971, 218 = BB 1971, 218 — dazu auch LG Düsseldorf, BB 1970, 1229) an, eine Diensterfindung werde jedenfalls dann nicht ohne den Geschäftsbetrieb veräußert, wenn alle Betriebsabteilungen, die für ihre Auswertung maßgebend sind, mitveräußert werden; umgekehrt geschehe eine Veräußerung dann sicher ohne den Geschäftsbetrieb, wenn die an ihrer Auswertung beteiligten Betriebsteile nicht mitveräußert werden. Nicht oder noch nicht ausgewertete Erfindungen können in diesem Zusammenhang nur dem Betriebsteil zugerechnet werden, in dem sie ausgewertet werden sollen oder ausgewertet werden können. Diese Auslegung wird durch die amtl. Begr. unten S. 603 bestätigt und steht auch im Einklang mit der Rechtsprechung zum entsprechenden Problem bei der Übertragung des patentrechtlichen Vorbenutzungsrechts (§ 7 Abs. 1 Satz 3 PatG) und der kennzeichenrechtlichen Ausstattung (§ 25 WZG) sowie mit der gesetzlichen Regelung bei der Übertragung von Warenzeichen (§ 8 Abs. 1 Satz 2 WZG).

Der Konkursverwalter ist verpflichtet, dem Arbeitnehmererfinder den Inhalt des mit dem Dritten geschlossenen Vertrags mitzuteilen; macht

Erläuterungen

der Dritte die Mitteilung an Stelle des Konkursverwalters, so wirkt sie zu dessen Gunsten (§ 510 Abs. 1 BGB). Das Vorkaufsrecht kann nur bis zum Ablauf einer Woche nach dem Empfang dieser Mitteilung ausgeübt werden (§ 510 Abs. 2 BGB). Die Ausübung erfolgt durch Erklärung gegenüber dem Konkursverwalter. Die Erklärung ist formfrei. Mit der Erklärung des Arbeitnehmers, daß er sein Vorkaufsrecht ausübe, kommt der Kaufvertrag zwischen ihm und dem Konkursverwalter unter den Bedingungen zustande, die mit dem Dritten vereinbart waren (§ 505 Abs. 2 BGB). Bei Miterfindern kann das Vorkaufsrecht nur im ganzen, nicht für den Anteil eines Miterfinders ausgeübt werden. Will ein Miterfinder das Vorkaufsrecht nicht ausüben, so können es die anderen Miterfinder im ganzen ausüben (§ 513 BGB). § 27 Abs. 1 schließt die Anwendung von § 512 BGB aus (OLG Düsseldorf, a. a. O.).

IV. Vergütungsansprüche als bevorrechtigte Konkursforderungen

7 **a) Grundlagen**

§ 27 Abs. 2 räumt dem Arbeitnehmererfinder ein Konkursvorrecht für seine Vergütungsansprüche aus der unbeschränkten Inanspruchnahme einer Diensterfindung (§ 9), aus der Einräumung eines Benutzungsrechts (§§ 10, 14 Abs. 3, 16 Abs. 3, 19) oder aus der Verwertung eines technischen Verbesserungsvorschlags (§ 20 Abs. 1) ein. Bis zum Inkrafttreten des Gesetzes vertraten Rechtsprechung und Schrifttum übereinstimmend die Ansicht, daß Vergütungsansprüche für Erfindungen des Arbeitnehmers im Konkurs des Arbeitgebers nicht unter die bevorrechtigten Forderungen des § 61 Nr. 1 KO fallen, da der Vergütungsanspruch kein Entgelt für pflichtgemäß geleistete Dienste, sondern ein Entgelt für eine besondere Leistung sei (vgl. Böhle-Stamschräder, Kommentar zur Konkursordnung 4. Aufl. Anm. 4 b zu § 61; OLG Frankfurt, LZ 1908, 713). Die gesetzliche Regelung hat die Auseinandersetzung mit dieser Auffassung überflüssig gemacht (vgl. kritisch Riemschneider-Barth Anm. 3 d zu § 5 DVO; Union der oberen Angestellten in Bergbau und Industrie in der 2. Aufl. des vorliegenden Kommentars, S. 195).

Dem Gesetzgeber erscheint die Einräumung eines gesetzlichen Konkursvorrechts für die Vergütungsansprrüche gerechtfertigt, da der Arbeitnehmer durch das Gesetz gezwungen wird, auch gegen seinen Willen dem Arbeitgeber seine Diensterfindung zu überlassen (Amtl. Begr. unten S. 604). Der Arbeitnehmer kann sich nicht wie jeder freie Erfinder seinen Vertragspartner nach seinem Belieben aussuchen. Dazu kommt eine gewisse Bereicherung der Masse durch die Erfindung.

8 **b) Die Konkursforderung**

Der Vergütungsanspruch ist Konkursforderung, wenn er vor Eröffnung des Konkurses entstanden ist (über das Entstehen des Vergütungsanspruchs vgl. Anm. 20 zu § 9), er braucht jedoch noch nicht fällig zu sein; denn gemäß § 65 Abs. 1 KO gelten im Konkursverfahren Ansprüche, die bereits entstanden, aber noch nicht fällig sind, als fällig.

§ 27 Konkurs

Es schadet auch nicht, wenn der Geldbetrag der Vergütungsforderung noch nicht bestimmt ist; die Forderung ist dann gemäß § 69 KO geltend zu machen (vgl. RG v. 18. 6. 1915, RGZ 87, 82). Ihre Höhe ist in diesem Fall in dem im Gesetz vorgesehenen Verfahren (§§ 12, 28 ff.) für und gegen den Konkursverwalter zu bestimmen (Amtl. Begr. unten S. 605).

c) Das Vorrecht 9

Die Vergütungsansprüche sind gegenüber den einfachen Konkursforderungen bevorrechtigt. Sie werden im Konkurs über das Vermögen des Arbeitgebers nach den in § 61 Nr. 1 KO genannten, jedoch vor allen anderen Konkursforderungen berücksichtigt. Reicht die Konkursmasse für die Befriedigung der Vergütungsansprüche nicht mehr voll aus, so werden die Ansprüche anteilsmäßig nach dem Verhältnis ihrer Beträge befriedigt (§ 27 Abs. 2 S. 2 ArbEG, § 61 S. KO). Denn innerhalb jeder Klasse bevorrechtigter Konkursforderungen besteht kein Rangverhältnis mehr, vor allem gehen die älteren den jüngeren Ansprüchen nicht vor.

Das Konkursvorrecht kann für alle Vergütungsforderungen geltend 10 gemacht werden, die vor der Konkurseröffnung entstanden sind, unabhängig davon, wie lange vor der Eröffnung sie bestehen. Von einer Begrenzung auf die im Jahr vor der Konkurseröffnung entstandenen Rückstände entsprechend den sonstigen Vorrechten des § 61 Nr. 1, 2, 3 und 5 KO hat der Gesetzgeber bewußt abgesehen (vgl. Amtl. Begr. unten S. 604). weil bei einmaliger oder ratenweiser Pauschalvergütung nicht oder nur schwer errechnet werden kann, welcher Betrag der Pauschalsumme auf das Jahr vor die Konkurseröffnung fällt.

d) Geltendmachung der Forderung und des Vorrechts im Konkurs 11

Das Vorrecht wird ebenso wie die Forderung nur auf Anmeldung hin berücksichtigt. Die Vergütungsforderung muß also in der vom Konkursgericht bestimmten Anmeldefrist unter Angabe des Betrags und des Grunds der Forderung und des beanspruchten Vorrechts schriftlich oder zu Protokoll der Geschäftsstelle beim Konkursgericht angemeldet werden. Die urkundlichen Beweisstücke oder eine Abschrift derselben sind beizufügen (§§ 138, 139 KO). Das Vorrecht wird gemäß § 142 Abs. 2 KO auch noch berücksichtigt, wenn es nach Feststellung der Forderung zur Konkurstabelle angemeldet wird. Ist der Geldbetrag der Forderung noch nicht bestimmt, so ist zu verfahren, wie unter Anm. 8 geschildert.

e) Nach Konkurseröffnung entstandene Vergütungsansprüche 12

Ist der Vergütungsanspruch erst nach Konkurseröffnung entstanden, so ist er Masseschuld (§ 59 Nr. 1 KO), keine Konkursforderung. Er wird in diesem Fall vor allem, auch vor den bevorrechtigten Konkursforderungen befriedigt. Die Befriedigung erfolgt unabhängig vom Gang des Verteilungsverfahrens. Einer Anmeldung beim Konkursgericht bedarf es nicht. Der Arbeitnehmer kann direkt Leistung vom Konkursverwalter verlangen.

Erläuterungen

1 **Anhang zu § 27**
Vergleichsverfahren und Einzelzwangsvollstreckung

a) **Vergleichsverfahren**

Im Vergleichsverfahren des Arbeitgebers nimmt der Arbeitnehmererfinder keine besondere Stellung ein. Da er wegen seiner Vergütungsansprüche eine bevorrechtigte Konkursforderung besitzt (§ 27 Abs. 2), ist er insoweit nicht am Vergleichsverfahren beteiligt (§ 26 Abs. 1 VglO). Zum Recht der DVO siehe LG Düsseldorf v. 31. 3. 1953, AP Nr. 3 zu § 5 ArbNErfDVO.

2 b) **Einzelzwangsvollstreckung**

aa) in Rechte an der Erfindung

Das vor der Anmeldung dem Erfinder zustehende Recht an der Erfindung ist zwar übertragbar, aber, solange es der Erfinder nicht auf Dritte übertragen hat, nicht pfändbar. Denn das Persönlichkeitsrecht des Erfinders, über die Veröffentlichung und wirtschaftliche Verwertung der Erfindung zu bestimmen, kann den Gläubigerinteressen nicht untergeordnet werden (vgl. Hubmann in Festschrift für Lehmann, Berlin 1956 S. 823; ähnlich Stein-Jonas, Kommentar zur Zivilprozeßordnung, 12. Aufl., Tübingen 1956, Anm. II 3 Nr. 34 zu § 857 ZPO, die für die Pfändbarkeit verlangen, daß der Erfinder die Erfindung für andere erkennbar niedergelegt hat; ebenso KG JW 1930, 2803). Eine Pfändung des Erfinderrechts beim Arbeitnehmer wäre auch im Hinblick auf § 7 Abs. 3 dem Arbeitgeber gegenüber nach einer späteren Inanspruchnahme unwirksam.

3 Unpfändbar ist auch das Inanspruchnahmerecht des Arbeitgebers. Es ist nicht übertragbar, seine Ausübung kann auch nicht einem anderen überlassen werden (§ 857 Abs. 3 ZPO). Es wurzelt zudem in den rein persönlichen, dienstvertraglichen Beziehungen zwischen Arbeitgeber und Arbeitnehmer und hat nicht den Charakter eines Anwartschaftsrechts (vgl. Anm. 3 zu § 6).

4 Ist die Diensterfindung durch unbeschränkte Inanspruchnahme auf den Arbeitgeber übergegangen oder hat er eine freie Erfindung voll erworben, so wird sie — unabhängig davon ob die Anmeldung schon erfolgt ist — zu einem pfändbaren Bestandteil des Vermögens des Arbeitgebers. Der oben angeführte Gedanke, daß das Recht an einer Erfindung vor ihrer Anmeldung zur Schutzrechtserteilung mit Rücksicht auf das Persönlichkeitsrecht des Erfinders nicht pfändbar sei, greift hier nicht ein, da die Erfindung ihren Inhaber gewechselt hat und der Arbeitgeber keine persönlichkeitsrechtlichen Bindungen zu ihr besitzt. § 17 steht dem nicht entgegen (vgl. dazu BGH v. 25.1.1955, BGHZ 16, 172 = NJW 1955, 628). Ebenso können die durch die Anmeldung begründete Anwartschaft auf die Erteilung des Schutzrechts und schließlich das erteilte Schutzrecht gepfändet werden. Die Pfändung erfolgt gemäß § 857 ZPO.

Anhang zu § 27

Die dem Arbeitgeber nach dem Gesetz eingeräumten Benutzungsrechte (vgl. §§ 7 Abs. 2, 14 Abs. 3, 16 Abs. 3 und 19 (Abs. 3) sind unpfändbar, weil sie ausschließlich nur für die Person des Arbeitgebers bestellt und an dessen Betrieb gebunden sind (vgl. Stein-Jonas a. a. O., Anm. II 4 e zu §857 ZPO).

bb) in Vergütungsansprüche

Bei der Pfändung von Vergütungsansprüchen des Arbeitnehmers aus dem Gesetz ist zu prüfen, ob und gegebenenfalls in welchem Umfang diese Ansprüche den Pfändungsschutz der §§ 850 ff. ZPO genießen. Diese Bestimmungen beschränken die Pfändbarkeit von Arbeitseinkommen. Geschützt sind alle Bezüge, deren Rechtsgrund gegenwärtige oder frühere Arbeitsleistungen oder Zusagen von Arbeitsleistungen bilden (vgl. Hueck-Nipperdey, Bd. 1 S. 329; Stein-Jonas a. a. O., Anm. VII 7 b zu § 850 ZPO). Ob Erfindervergütungen unter diesen Begriff des Arbeitseinkommens fallen, läßt sich generell nicht beantworten. Es kommt einmal auf die Art der Vergütungsgewährung an. Wird die Vergütung in Form einer Erhöhung des Arbeitslohns gezahlt, so unterliegt der erhöhte Arbeitslohn in vollem Umfang dem Pfändungsschutz. Wird die Vergütung in Form von einmaligen oder mehrmaligen Pauschalen oder einer Gewinn- oder Umsatzbeteiligung bezahlt, so nimmt die h. L. einen gemischten Anspruch an, von dem je nach der Lage des Falls gegebenenfalls im Wege der freien Schätzung ein Teilbetrag als beschränkt pfändbares Arbeitseinkommen auszugliedern ist (vgl. Riemenschneider-Barth S. 142; Stein-Jonas a. a. O., Anm. VII 6 zu § 850 ZPO). Eine solche Teilung ist vorzunehmen, wenn die Vergütung sowohl Entgelt für eine Dienstleistung als auch Entgelt für die Überlassung von Betriebskapital darstellt. Es wird also im wesentlichen darauf ankommen, in wie weit die Diensterfindung als in Erfüllung der dienstlichen Obliegenheiten des Arbeitnehmers geschaffen anzusehen ist. Bei Auftragserfindungen wird eine Teilung in der Regel vorgenommen werden. Entsprechendes gilt für Vergütungen für technische Verbesserungsvorschläge. Bezüge, die einem Arbeitnehmer aus einem Lizenzvertrag zufließen, sind nicht durch § 850 ff. ZPO geschützt und daher unbeschränkt pfändbar (LG Essen v. 3. 1. 1958, MDR 1958, 433).

5. Schiedsverfahren

Vorbemerkung

Das Arbeitnehmererfinderrecht, das einerseits Gedanken des Erfinderrechts, andererseits des Arbeitsrechts enthält und ihre oft widersprechenden Tendenzen zu einem Ausgleich bringen muß, gilt mit Recht als eine schwierige Materie. Soweit Streitfragen erkennbar waren, hat sich der Gesetzgeber bemüht, sie zu regeln. Dadurch ist es zu einem ziemlich ausgedehnten Gesetz gekommen. Es liegt aber im Wesen der Materie, daß an vielen Stellen keine festen Regeln gegeben werden können. Es sind zahlreiche „unbestimmte Rechtsbegriffe" mit Inhalt zu füllen und Ermessensfragen zu lösen, z. B. die richtige Abgrenzung von freier und gebundener Erfindung, Erfordernisse von Inanspruchnahme und anderweitigem Rechtsübergang oder Fälligkeit der Vergütung. Insbesondere bringen aber die Ermittlung des Erfindungswerts und des Anteilsfaktors oft Meinungsverschiedenheiten mit sich. Der Gesetzgeber hat es daher in Übereinstimmung mit den Wünschen aller beteiligten Kreise und auch mit dem Grundgedanken der bisherigen Regelung in § 5 Abs. 3 und 4, § 10 DVO für richtig gehalten, ein Schiedsverfahren vor der Anrufung des Gerichts einzuschalten.

2   Wenn ein noch im Betrieb beschäftigter Arbeitnehmer bei Gericht Meinungsverschiedenheiten über erfinderrechtliche Fragen, insbesondere der der Vergütung austragen muß, so ist dies in aller Regel dem Arbeitsfrieden und einem vertrauensvollen Verhältnis zum Arbeitgeber abträglich. Es besteht die Gefahr, daß der Arbeitnehmer lieber auf seine Rechte verzichtet, als den Rechtsweg beschreitet. Daher stellte sich dem Gesetzgeber die Aufgabe, eine Schiedsstelle einzurichten, deren Anruf nicht unbedingt zu einer Verstimmung führen muß. Bei Abwägung der verschiedenen Vorschläge, die in der Amtl. Begr. (S. 606) ausführlich dargestellt sind, hat es der Gesetzgeber aus den dort angeführten Gründen für angezeigt gehalten, eine Schiedsstelle bei dem Patentamt zu errichten. Dieser Vorschlag ist von beiden Sozialpartnern begrüßt worden. Das Patentamt wird als eine neutrale Stelle empfunden, die sozusagen als Gutachter angerufen wird. Die Besetzung mit einem rechtskundigen Vorsitzenden und technischen Beisitzern aus dem jeweiligen Fachgebiet der Erfindung gibt eine Gewähr für eine sachkundige Beurteilung; auch die fakultative Hinzuziehung von Beisitzern aus Kreisen der Arbeitgeber und Arbeitnehmer dient demselben Zweck. Es leuchtet ein, daß sich in einer zentralen Schiedsstelle mehr Erfahrung sammeln läßt als in mehreren, nur gelegentlich angerufenen oder nur von Fall zu Fall zusammenzusetzenden Stellen. Dieses Ziel kann auch trotz der aus der besonderen Lage Berlins erklärlichen Einrichtung einer zweiten Schiedsstelle bei der Dienststelle Berlin des Deutschen Patentamts erreicht werden, da beide Stellen derselben Behörde angehören und eine Fühlungnahme in grundlegenden Fragen möglich und zulässig erscheint. Seit einiger Zeit ist außerdem der Vorsitzende der Schiedsstelle in München gleichzeitig zum Vorsitzenden der Berliner Schiedsstelle bestellt worden.

3   Bewußt hat man entgegen manchen Anregungen darauf verzichtet, ein echtes Schiedsgericht einzurichten, das einen Schiedsspruch fällen könnte, und hat nur vorgesehen, daß die Schiedsstelle eine Einigung vorzuschlagen hat (§ 34). Der Grundgedanke ist in § 28 niedergelegt, die Errichtung in § 29, die Besetzung, die durch Beisitzer aus Kreisen der Arbeitgeber und Arbeitnehmer erweitert werden kann, in §§ 30, 32, das Verfahren, das der Schiedsstelle weitgehend Freiheit läßt, in §§ 33 bis 35; in § 36 ist Kostenfreiheit vorgesehen.

4   Über die bisherige Tätigkeit der Schiedsstellen und ihre Erfahrungen ist mehrfach berichtet worden. Aus wohl verständlichen Gründen wer-

§ 28 Gütliche Einigung

den hier nur wenige Hinweise gegeben: Schade, GRUR 1959, 519; Mitt. 1959, 232; BB 1962, 260; GRUR 1965, 634 (641); Volmer, Zehn Jahre Tätigkeit der Schiedsstellen für Arbeitnehmererfindungen, BB 1967, 253 und in „Schöpferischer Leistung", Festschrift des Deutschen Erfinderverbands 1968, 30; Schippel in „Der Leitende Angestellte", Monatsschrift der Union der Leitenden Angestellten, 1968, 72; Haertel, Vorwort zum Doppelheft der Mitt. 1971 „Beiträge zum Recht der Arbeitnehmererfindung". Der BGH hat sich in dem Urteil „Drehstromwicklung" v. 9. 1. 1964 (GRUR 1964, 449) mit dem Schiedsverfahren befaßt. Einen Abdruck zahlreicher meist veröffentlichter Einigungsvorschläge und Gerichtsurteile mit ausführlicher Besprechung bringt die Entscheidungssammlung Gewerblicher Rechtsschutz — EGR — von Gaul-Bartenbach.

Bis zum 31. 12. 1973 sind in München 1052, in Berlin 45 Anträge eingegangen. In rund 75 % der durch EV oder Vergleich sachlich abgeschlossenen Schiedsfälle haben sich die Beteiligten endgültig geeinigt (vgl. die Jahresstatistik jeweils im Märzheft des Bl.). Im Durchschnitt dauert ein Schiedsverfahren etwa 9 Monate.

Aufgabe der Schiedsstelle ist es in erster Linie, in dem ihr unterbreiteten Streitfall eine gütliche Einigung herbeizuführen. Sie muß die Möglichkeiten abtasten und versuchen, eine für beide Teile annehmbare Lösung zu finden. Dabei muß sie selbstverständlich die bindenden gesetzlichen Vorschriften beachten. Von den rechtlich nicht bindenden Richtlinien ist sie bisher nur selten und nur mit besonderer Begründung abgewichen. 5

Ebenso hat sie sich durchweg der Rechtsauffassung des BGH angeschlossen. Dennoch hat sich eine Art „Schiedsrechtsprechung" entwickelt, die in zahlreichen veröffentlichten Einigungsvorschlägen zum Ausdruck kommt. Doch steht diese Funktion nicht im Vordergrund. Grundsätzliche Auslegung ist Sache der Gerichte. Immerhin hat die Münchner Schiedsstelle so viel Fälle zu bearbeiten gehabt, jedenfalls mehr als ein einzelnes Gericht, daß sich zwangsläufig vor allem in den Fragen der Vergütungsart und -höhe eine gewisse Übung herausgebildet hat.

Zur Rechtsnatur des Schiedsverfahrens, vgl. Schade, Mitt. 1959, 253, Abschnitt II, wo u. a. ausgeführt wird, daß insbesondere der Einigungsvorschlag kein Verwaltungsakt ist, gegen den ein Rechtsmittel gegeben ist. Wird Widerspruch eingelegt, so ist der Weg zum Gericht frei. 6

§ 28

Gütliche Einigung

In allen Streitfällen zwischen Arbeitgeber und Arbeitnehmer auf Grund dieses Gesetzes kann jederzeit die Schiedsstelle angerufen werden. Die Schiedsstelle hat zu versuchen, eine gütliche Einigung herbeizuführen.

Erläuterungen

Übersicht

	Anm.		Anm.
a) Schiedsstelle	1	e) „Auf Grund dieses Gesetzes"	6—8
b) Beispiele für Streitfälle	2	f) „Jederzeit"	9
c) „Zwischen Arbeitgeber und Arbeitnehmer"	3, 4	g) Gütliche Einigung	10
		h) Erklärung nach § 43 Abs. 2 S. 2	11
d) Rechtsnachfolger	5	i) Gutachten	12

1   a) Schiedsstelle

Aus den in der Vorbemerkung, Anm. 1, erörterten Gründen ist in Streitigkeiten aus dem Gesetz die Anrufung einer Schiedsstelle vorgesehen. Dies gilt ausnahmslos für den privaten und für den öffentlichen Dienst; denn § 28 ist in § 40 Nr. 5 nicht ausgenommen. Doch können öffentliche Verwaltungen eigene Schiedsstellen errichten. Die Deutsche Bundesbahn hat eine solche Schiedsstelle errichtet.

Die Schiedsstelle kann jederzeit angerufen werden. Doch muß sie grundsätzlich nur dann angerufen werden, wenn Rechte oder Rechtsverhältnisse im Wege der Klage geltend gemacht werden sollen. Eine Reihe von Ausnahmen sind in § 37 aufgezählt, s. die Erläuterungen dort.

2   b) Beispiele für Streitfälle

Die Schiedsstelle kann in allen Streitfällen angerufen werden, die sich auf Grund des Gesetzes über Arbeitnehmererfindungen ergeben, und zwar zwischen Arbeitgeber und Arbeitnehmer (zu letzterem s. Anm. 3).

Beispiele aus ihrer bisherigen Tätigkeit sind: Meinungsverschiedenheiten, ob eine Erfindung frei oder gebunden ist (EV v. 3. 10. 1961, Bl. 1962, 54); Erfordernisse der Meldung (EV v. 19. 4. 1960, Bl. 1960, 280); Mängel und Besonderheiten der Inanspruchnahme (EV v. 19. 4. 1960, Bl. 1960, 280; EV v. 9. 11. 1970, Bl. 1971, 170); Unabdingbarkeit (EV v. 26. 6. 1968, Bl. 1969, 23); Unbilligkeit (EV v. 21. 7. 1967, Bl. 1968, 72 und v. 28. 1. 1970, Bl. 1970, 454).

Eine besondere Rolle spielt die Ermittlung einer angemessenen Vergütung, z. B. Berechnung nach dem Nutzen (EV v. 8. 5. 1961, Bl. 1961, 434; EV v. 6. 9. 1967, Bl. 1968, 130; EV v. 29. 5. 1970, Bl. 1970, 457; Abstaffelung (EV v. 1. 4. 1964, Bl. 1964, 235; EV v. 9. 1. 1968, Bl. 1968, 165); Bezugsgröße (EV v. 24. 8. 1964, Bl. 1964, 354; EV v. 3. 2. 1964, Bl. 1964, 375; EV v. 28. 1. 1970, Bl. 1970, 454); Vorläufige Vergütung (EV v. 11. 6. 1963, Bl. 1963, 341); Anteilsfaktor (EV v. 16. 11. 1961, Bl. 1962, 138; EV v. 28. 6. 1962, Bl. 1963, 16); Auslandspatente (EV v. 19. 1. 1970, Bl. 1970, 426).

Wegen der Voraussetzungen für die Zuständigkeit der Schiedsstelle vgl. die folgenden Anm.

3   c) „Zwischen Arbeitgeber und Arbeitnehmer"

Die Schiedsstelle kann angerufen werden in Streitfällen zwischen Arbeitgeber und Arbeitnehmer (vgl. zu diesen Begriffen Anm. 2 bis 6

§ 28 Gütliche Einigung

zu § 1, 12 zu § 5). Sowohl der Arbeitgeber wie der Arbeitnehmer können anrufen. In der Praxis kommt beides vor. Gelegentlich haben sogar beide Beteiligte in einem gemeinsamen Schriftsatz die Schiedsstelle angerufen.

Nicht zuständig ist die Schiedsstelle für Streitigkeiten zwischen dem Betrieb und einem Betriebsangehörigen, der nicht Arbeitnehmer ist. Sie hat ihre Zuständigkeit z. B. verneint bei Anrufung durch den Geschäftsführer einer GmbH, da gesetzliche Vertreter nicht Arbeitnehmer sind und die Zuständigkeit nicht durch einen privaten Vertrag begründet werden könne (Beschluß v. 19. 10. 1958, Bl. 1959, 16 mit Besprechung von Friedrich in GRUR 1959, 182; vgl. ferner Schippel, Der persönliche Geltungsbereich des Gesetzes über Arbeitnehmererfindungen und seine Ausdehnung durch Analogie und Parteivereinbarung, GRUR 1959, 167). Ferner ist die Schiedsstelle nicht zuständig für einen Streit, der unmittelbar zwischen Miterfindern ausgetragen wird, (ebenso LG Nürnberg-Fürth v. 25. 10. 1967, GRUR 1968, 252) oder für Ansprüche gegen einen fremden Betrieb (EV v. 1. 3. 1961, Bl. 1962, 17). Ein Ruhegehaltsempfänger braucht die Schiedsstelle nicht anzurufen (OLG Düsseldorf v. 26. 5. 1961, GRUR 1962, 193). 4

Dagegen dürfte die Schiedsstelle zuständig sein, wenn Ansprüche einer „arbeitnehmerähnlichen Person" geltend gemacht werden (s. zu diesem Begriff Anm. 6 zu § 1). Dieselben sozialen Grundsätze, die dazu führen, diese in ihrer Existenz vom Vertragspartner abhängigen Personen bei arbeitsrechtlichen Vorschriften wie Arbeitnehmer zu behandeln, sollten auch dazu führen, daß sie wie Arbeitnehmer an den kostenfreien Schiedsverfahren teilnehmen dürfen (A. A. Volmer Anm. 19 zu § 1).

d) Rechtsnachfolger 5

Wenn die Verpflichtung zur Zahlung einer Erfindervergütung aus sachlich-rechtlichen Gründen auf einen Dritten übergegangen ist, etwa durch Übernahme des ganzen Betriebs (vgl. Anm. 13 zu § 5, Anm. 13 zu § 6, Anm. 7 zu § 9), so ist die Schiedsstelle ebenfalls zuständig. Dasselbe gilt, wenn ein Rechtsnachfolger des Erfinders, etwa der Erbe, Ansprüche aus dem Gesetz geltend macht.

e) „Auf Grund dieses Gesetzes" 6

Die Meinungsverschiedenheit muß sich auf eine im Gesetz geregelte Frage beziehen. Dazu gehört auch der Streit, ob durch eine Änderung der Ausführungsform noch der Gegenstand des Schutzrechts benutzt wird. Denn das ist bei der Bemessung der Vergütung nach § 9 Abs. 2 zu berücksichtigen (vgl. BGH v. 28. 4. 1970 „Scheinwerfereinstellgerät", GRUR 1970, 459 und Anm. 39 zu § 9). Im Schiedsfall ArbErf 58/69 ist die Änderung der Konstruktion eines Schreitwerks als im Schutzbereich des Patents liegend angesehen worden. Im Schiedsfall ArbErf 61/69 ist das verneint worden, weil nicht alle Merkmale der Kombination, die allein als solche geschützt war, benutzt wurden. Vgl. auch EV v. 13. 5. 1966 (Bl. 1967, 80) und Anm. 39 zu § 9.

Nicht für zuständig gehalten hat sich die Schiedsstelle in ständiger Übung für die Bemessung der Erfindervergütung für die Zeit nach Freigabe oder Freiwerden einer Diensterfindung, weil sie sich nach den allgemeinen Regeln des Patentrechts richte.

7   Schwierigkeiten hat die Zuständigkeit für patentrechtliche Fragen, z. B. die Erfinderbenennung gegenüber dem Patentamt und die Eigenschaft als Erfinder oder die Höhe des Miterfinderanteils verursacht. Einerseits ist die Schiedsstelle nicht berufen, eine Einigung in der Frage vorzuschlagen, wer von mehreren Personen der „wahre Erfinder" ist. Dies ist nicht durch das ArbEG geregelt, das vielmehr den Begriff der Erfindung in § 2 voraussetzt. Ebensowenig wie das Patentamt die Frage zu prüfen hat, wer der wahre Erfinder ist, vielmehr nach § 4 Abs. 1 PatG den Anmelder als solchen behandelt, kann die Schiedsstelle in einen solchen Streit eingreifen. Im übrigen ist sie auch nicht geeignet, die oft eine Beweisaufnahme erfordernde Frage zu klären, da sie Zeugen nicht von sich aus laden, jedenfalls ihr Erscheinen nicht erzwingen kann und sie nicht beeiden darf (§ 33 i. V. mit § 1035 ZPO; vgl. Anm. 4 zu § 33). Die Schiedsstelle würde durch derartige Beweiserhebungen den Gerichten vorgreifen; zudem würde auch ihr Verfahren erheblich verzögert werden.

Für uneingeschränkte Zuständigkeit der Schiedsstelle spricht sich Volmer (Anm. 12 zu § 8) aus. Bedenken wie hier äußern Lindenmaier-Lüdecke im Anschluß an den Aufsatz von Schade GRUR 1958, 526, ferner Lüdecke, Erfindungsgemeinschaften S. 54.

Nach anfänglichem Schwanken hat sich die Schiedsstelle entschlossen, Fragen der Miterfinderschaft, besonders die Bemessung des Miterfinderanteils, zu behandeln, wenn sie als Vorfragen oder wesentliche Voraussetzungen für die Vergütungsansprüche zu klären waren (EV v. 13. 5. 1966, Bl. 1967, 80 und v. 17. 4. 1967, Bl. 1967, 321). Denn einerseits würde es kaum dem Sinn des Schiedsverfahrens entsprechen, wenn es zu einer gerichtlichen Klärung dieser Streitfragen ausgesetzt werden müßte. Zum anderen ist gerade bei der Bewertung der Beiträge der einzelnen Miterfinder die Sachkunde der technischen Beisitzer wertvoll.

8   Die Schiedsstelle hat es auch abgelehnt, zu rein bürgerlich-rechtlichen Fragen Stellung zu nehmen und hat in einem Fall, in dem streitig war, ob im Lauf des Verfahrens ein Vergleich zustandegekommen war (ohne Einschaltung der Schiedsstelle), das Verfahren eingestellt und die Beteiligten auf den ordentlichen Rechtsweg verwiesen (Beschluß v. 14. 3. 1960, Bl. 1960, 316 mit Besprechung von Friedrich in GRUR 1961, 135). Ebenso hat sie die Aufrechnung gegen den Vergütungsanspruch mit Gegenforderungen nicht untersucht, sondern lediglich festgestellt, daß es den Beteiligten vorbehalten bleibt, die Rechtsbeständigkeit der Ge-

§ 28 Gütliche Einigung

genforderung außerhalb des Verfahrens zu klären, vgl. EV v. 26. 6. 1968 (Bl. 1969, 23). Ferner hat sie ihre Zuständigkeit in einem Schiedsfall verneint, in dem nur über die Fragen der Verwirkung und des Verzichts des Vergütungsanspruchs zu befinden war (Beschluß v. 25. 1. 1963, Bl. 1963, 177).

Voraussetzung für die Anrufung ist schließlich auch, daß ein Beteiligter einen rechtlichen Nachteil erleidet; keine Austragung rein akademischer Streitfragen (Zwischenbescheid v. 26. 10. 1959 und Beschluß v. 8. 2. 1960, Bl. 1960, 315).

f) „Jederzeit" 9

Aus dem Wort „jederzeit" hat die Schiedsstelle entnommen, daß sie auch nach dem Ausscheiden des Arbeitnehmers aus dem Betrieb des Arbeitgebers angerufen werden kann, obwohl dies nach § 37 Abs. 1 Nr. 3 nicht notwendig ist (vgl. Anm. 11 zu § 37). Die Fälle sind häufig.

Dem Sinn der Regelung entspricht es, daß die Schiedsstelle angerufen wird, ehe es zu einem gerichtlichen Verfahren kommt. Der Ausdruck „jederzeit" läßt jedoch erkennen, daß sie nicht nur in solchen Fällen angerufen werden kann, sondern daß dies auch nachträglich noch geschehen kann, etwa weil es sich in einem anhängenden Prozeß herausstellt, daß zweckmäßig die Schiedsstelle eingeschaltet wird. Ob sie auf die Anrufung tätig wird, hängt wie auch sonst davon ab, ob sich der andere Teil auf das Schiedsverfahren einläßt (§ 35 Abs. 1 Nr. 2). In mehreren Fällen haben die Gerichte auf übereinstimmenden Antrag der Parteien das bei ihnen anhängige Verfahren ausgesetzt, um die Anrufung der Schiedsstelle zu ermöglichen. Die Schiedsverfahren haben mit Einigungsvorschlägen geendet.

g) Gütliche Einigung 10

Nach Satz 2 hat die Schiedsstelle zu versuchen, eine gütliche Einigung herbeizuführen. Sie wird zunächst nach Klärung des Sachverhalts und Erforschung der beiderseitigen Auffassungen eine Vereinbarung der Beteiligten herbeizuführen versuchen. Das kann mitunter schon dadurch geschehen, daß sie die Beteiligten auf die rechtliche Bedeutung der vorgetragenen Tatsachen in einem Zwischenbescheid hinweist oder auf Umstände aufmerksam macht, die bisher nicht berücksichtigt sind, aber für die Beurteilung des Sachverhalts erheblich sind. Einigen sich dann die Beteiligten nicht ohne weitere Mitwirkung der Schiedsstelle, dann kann sie versuchen, in einer Verhandlung einen Vergleich herbeizuführen. Kommt dadurch eine Einigung noch nicht zustande, so hat sie nach § 34 Abs. 2 den Beteiligten einen schriftlichen, begründeten Einigungsvorschlag zu machen. Einen Schiedsspruch kann sie nicht fällen, auch nicht, wenn beide Teile darum bitten. In solchen Fällen wird aber der Einigungsvorschlag sich der Bedeutung eines Schiedsspruchs nähern können, da es die Beteiligten in der Hand haben, sich untereinander vorher zu verpflichten, gegen den Einigungsvorschlag keinen Wider-

Erläuterungen

spruch einzulegen (§ 34 Abs. 3). (Vgl. das Urteil des BGH v. 9. 1. 1964 Vorbemerkung Anm. 4). § 22 steht dem nicht entgegen, da es sich immer um eine Vereinbarung nach Meldung bzw. Mitteilung handeln wird. Ein solcher Entschluß wird aber immer von den Beteiligten herrühren müssen und wird von der Schiedsstelle nicht angeregt oder gar nahegelegt werden können, da sie sich sonst dem Vorwurf aussetzen würde, ihre Befugnisse über das Gesetz hinaus zu erweitern.

11 **h) Erklärung nach § 43 Abs. 2 S. 2**

Eine besondere ganz aus dem sonstigen Rahmen fallende Aufgabe ist der Schiedsstelle durch § 43 Abs. 2 Satz 2 übertragen. Sie ist zuständig für die Abgabe der Erklärung, daß bei einer vor dem 22. Juli 1942 gemachten Erfindung die Vergütung in besonderem Maße unbefriedigend behandelt worden ist. Siehe hierzu Anm. 9 zu § 43.

12 **i) Gutachten**

Die Erstattung von Gutachten ist im Gesetz nicht vorgesehen. Die Schiedsstelle hat den Standpunkt eingenommen, daß sie nur in dem vom Gesetz vorgesehenen zweiseitigen Verfahren tätig werden könne. In dem Urteil v. 9. 1. 1964 (Vorbem. Anm. 4) hat der BGH diese Frage offengelassen. In einem Fall hat die Schiedsstelle allerdings mit der entsprechend § 23 Abs. 2 PatG eingeholten Genehmigung des Bundesministers der Justiz in einer Lastenausgleichssache im Wege der Amtshilfe ein Gutachten erstattet.

§ 29
Errichtung der Schiedsstelle

(1) Die Schiedsstelle wird beim Patentamt errichtet.

(2) Die Schiedsstelle kann außerhalb ihres Sitzes zusammentreten.

Übersicht

	Anm.		Anm.
a) Schiedsstelle	1	c) Öffentliche Verwaltungen	3
b) Ort des Zusammentretens	2		

1 **a) Schiedsstelle**

Der Text besagt nur, daß die Schiedsstelle „beim Patentamt" errichtet wird. Dementsprechend ist eine Schiedsstelle beim Deutschen Patentamt in München errichtet, die ihre Tätigkeit mit Inkrafttreten des Gesetzes am 1. Oktober 1957 (§ 49) aufgenommen hat. Auf Grund der Ermächtigung des § 47 Abs. 2 ist durch die 1. DVO v. 1. 10. 1957 (BGBl. I S. 1679 = Bl. 1957 S. 333, abgedruckt S. 648) auch bei der Dienststelle Berlin des Patentamts eine Schiedsstelle errichtet worden. Vgl. hierzu im einzelnen Anm. 2 zu § 47.

Die Schiedsstelle ist „beim" nicht „im" Patentamt gebildet, ist ihm also als besondere Einrichtung angegliedert. Dem Präsidenten des Patentamts sind eine Reihe von Befugnissen eingeräumt, so die Berufung der amtlichen Beisitzer nach § 30 Abs. 3 und die Auswahl und Bestellung der Beisitzer aus Kreisen der Arbeitgeber und Arbeitnehmer (§ 30 Abs. 4 und 5). Die Vorschlagslisten für diese Beisitzer sind nach § 4 der 2. DVO v. 1. 10. 1957 (BGBl. I S. 1680 = Bl. 1957 S. 333, abgedruckt S. 649) dem Präsidenten einzureichen. Der Schiedsstelle steht die Organisation des Amtes zur Erledigung ihrer Aufgaben zur Verfügung.

Seit der Trennung der Beschwerdeinstanz vom Patentamt und Errichtung des Bundespatentgerichts ist die Bestimmung des § 30 Abs. 2 über die Berufung des Vorsitzenden und seines Vertreters geändert, Sie werden nicht mehr vom Präsidenten des Patentamts sondern vom Bundesminister der Justiz berufen, der auch die Dienstaufsicht über den Vorsitzenden führt, s. Anm. 1 zu § 30.

b) Ort des Zusammentretens 2

Ausdrücklich ist vorgesehen, daß die Schiedsstelle außerhalb ihres Sitzes zusammentreten kann. Da sie nach § 33 Abs. 2 ihr Verfahren selbst bestimmt, ist diese Bestimmung nur eine Klarstellung, auf die die Amtl. Begr. Wert legt, um Nachteile zu vermeiden, die sich für von München entfernte Gebiete ergeben (S. 609). Es kann auch zweckmäßig sein, daß die Schiedsstelle in einem Betrieb verhandelt und dort Feststellungen trifft. Das ist mehrfach geschehen.

c) Öffentliche Verwaltungen 3

Aus § 40 Abs. 5 ergibt sich, daß öffentliche Verwaltungen eigene Schiedsstellen zur Beilegung von Streitigkeiten auf Grund des Gesetzes errichten können. Auf sie findet § 29 keine Anwendung. Nur die Deutsche Bundesbahn hat eine solche Schiedsstelle errichtet.

§ 30
Besetzung der Schiedsstelle

(1) **Die Schiedsstelle besteht aus einem Vorsitzenden oder seinem Vertreter und zwei Beisitzern.**

(2) **Der Vorsitzende und sein Vertreter sollen die Fähigkeit zum Richteramt nach dem Gerichtsverfassungsgesetz besitzen. Sie werden vom Bundesminister der Justiz am Beginn des Kalenderjahres für dessen Dauer berufen.**

(3) **Die Beisitzer sollen auf dem Gebiet der Technik, auf das sich die Erfindung oder der technische Verbesserungsvorschlag bezieht, besondere Erfahrung besitzen. Sie werden vom Präsidenten des Patentamts aus den Mitgliedern oder Hilfsmitgliedern des Patentamts für den einzelnen Streitfall berufen.**

Erläuterungen

(4) Auf Antrag eines Beteiligten ist die Besetzung der Schiedsstelle um je einen Beisitzer aus Kreisen der Arbeitgeber und der Arbeitnehmer zu erweitern. Diese Beisitzer werden vom Präsidenten des Patentamts aus Vorschlagslisten ausgewählt und für den einzelnen Streitfall bestellt. Zur Einreichung von Vorschlagslisten sind berechtigt die in § 11 genannten Spitzenorganisationen, ferner die Gewerkschaften und die selbständigen Vereinigungen von Arbeitnehmern mit sozial- oder berufspolitischer Zwecksetzung, die keiner dieser Spitzenorganisationen angeschlossen sind, wenn ihnen eine erhebliche Zahl von Arbeitnehmern angehört, von denen nach der ihnen im Betrieb obliegenden Tätigkeit erfinderische Leistungen erwartet werden.

(5) Der Präsident des Patentamts soll den Beisitzer nach Absatz 4 aus der Vorschlagsliste derjenigen Organisation auswählen, welcher der Beteiligte angehört, wenn der Beteiligte seine Zugehörigkeit zu einer Organisation vor der Auswahl der Schiedsstelle mitgeteilt hat.

(6) Die Dienstaufsicht über die Schiedsstelle führt der Vorsitzende, die Dienstaufsicht über den Vorsitzenden der Bundesminister der Justiz.

Übersicht

	Anm.		Anm.
I. Gesetzesänderung	1	c) Beisitzer aus Kreisen der Arbeitgeber und Arbeitnehmer	6, 7
II. Zusammensetzung der Schiedsstelle		d) Pflichten der Mitglieder der Schiedsstelle	8
a) Regel	2	IV. Vorschlagslisten	
b) Erweiterte Besetzung	3	a) Privater Dienst	9
III. Vorsitzender und Beisitzer		b) Öffentlicher Dienst	10
a) Vorsitzender	4		
b) Amtliche Beisitzer	5		

1 **I. Gesetzesänderung**

§ 30 ist durch das 6. ÜG v. 23. 3. 1961 (BGBl. I. 1961, S. 274 = Bl. 1961, 124) geändert worden. In Abs. 2 Satz 2 sind die Worte „Präsidenten des Patentamts" durch „Bundesminister der Justiz" ersetzt. Die Worte „aus den Mitgliedern des Patentamts" sind gestrichen worden. Siehe hierzu Anm. 4. Absatz 6 ist neu hinzugefügt worden, um zu vermeiden, daß der Präsident des Patentamts die Dienstaufsicht über einen als Vorsitzenden bestellten Richter ausübt, der dem die Entscheidungen des Patentamts nachprüfenden Gericht angehört (vgl. Amtl. Begr. zu § 6 des 6. ÜG, Bl. 1961, 140 [165]).

II. Zusammensetzung der Schiedsstelle

2 **a) Regel**

Nach Abs. 1 besteht die Schiedsstelle aus drei Personen, nämlich dem Vorsitzenden oder seinem Vertreter und zwei Beisitzern. Die Beisitzer

§ 30 Besetzung der Schiedsstelle

sind technische Mitglieder oder Hilfsmitglieder des Patentamts. Der Vorsitzende braucht diesem nicht anzugehören.

b) Erweiterte Besetzung 3

Nach Abs. 3 ist die Besetzung der Schiedsstelle auf Antrag eines Beteiligten, also entweder des Arbeitnehmers oder des Arbeitgebers, um zwei Personen zu erweitern, so daß sie dann mit fünf Mitgliedern besetzt ist. Die hinzutretenden Beisitzer sind aus Kreisen der Arbeitgeber und Arbeitnehmer zu entnehmen, ähnlich wie dies bei den Arbeitsgerichten der Fall ist. Die Anregung zu einer solchen Erweiterung ist von den Gewerkschaften ausgegangen. Damit sich keine Verzögerung ergibt, sind für den Antrag auf Erweiterung kurze Fristen gesetzt, s. § 32.

Von dem Antrag auf Erweiterung ist in etwa 10 % aller Schiedsverfahren Gebrauch gemacht worden.

III. Vorsitzender und Beisitzer

a) Vorsitzender 4

Der Vorsitzende und sein Vertreter sollen — nicht müssen — die Fähigkeit zum Richteramt „nach dem Gerichtsverfassungsgesetz" besitzen. An die Stelle des § 2 GVG ist der § 5 des Deutschen Richtergesetzes getreten (§§ 85, 104 dieses Gesetzes). Damit wird klargestellt, daß das Gesetz an einen sog. Volljuristen denkt, der die nach § 5 Richtergesetz erforderlichen zwei Staatsprüfungen abgelegt hat. Das ist für notwendig gehalten worden, weil es beim Bundespatentgericht auch Richter gibt, die nicht Juristen sind. Nach § 120 des Deutschen Richtergesetzes v. 8. 9. 1961 (BGBl. I S. 1665) ist zum Richteramt bei dem Bundespatentgericht auch befähigt, wer die Voraussetzungen des § 36 b Abs. 2 PatG erfüllt, d. h. in einem Zweig der Technik sachverständig ist und staatliche oder akademische Abschlußprüfung besitzt. Da es sich um eine Sonderbestimmung handelt, steht es dem Minister nach pflichtgemäßen Ermessen frei, etwa einen solchen technischen Richter zum Vorsitzenden zu bestellen.

Die Besetzung mit einem in allen Schiedsfällen mitwirkenden Vorsitzenden soll eine gleichmäßige grundsätzliche Bearbeitung und die Herausbildung fester Übung ermöglichen, während jeweils die Sachkunde der wechselnden technischen Beisitzer zum Zuge kommt.

b) Amtliche Beisitzer 5

Die Beisitzer der Regelbesetzung sollen technische Fachleute des Gebiets der Erfindung oder des technischen Verbesserungsvorschlags sein, auf dem der Schiedsfall liegt. Sie werden aus dem gesamten Kreis der Mitglieder und Hilfsmitglieder des Amtes entnommen. Für jeden Streitfall werden sie besonders berufen. Die Auswahl der Beisitzer steht im

Erläuterungen

pflichtgemäßen Ermessen des Präsidenten. Der Beisitzer muß auf dem Gebiet der Technik, dem der Schiedsfall angehört, besondere Erfahrung besitzen. Regelmäßig wird der mit der Bearbeitung der betreffenden Klasse betraute Prüfer berufen, ohne daß der Präsident rechtlich daran gebunden wäre.

6 **c) Beisitzer aus Kreisen der Arbeitgeber und Arbeitnehmer**

Diese Beisitzer werden ebenso wie die amtlichen Beisitzer für den einzelnen Streitfall vom Präsidenten des Patentamts bestellt. Er wählt sie aus den bei ihm eingereichten Vorschlagslisten aus. Dabei besteht nur insofern eine gewisse Bindung, als er den Besitzer aus der Liste wählen soll, die von der Organisation eingereicht ist, der der Beteiligte angehört, wenn dieser dies rechtzeitig der Schiedsstelle mitgeteilt hat (Abs. 5). Im übrigen handelt der Präsident nach pflichtgemäßem Ermessen.

7 Die persönlichen Voraussetzungen für die Bestellung der Beisitzer sind in der 2. DVO v. 1. 10. 1957, geändert durch VO v. 22. 8. 1968 (BGBl. I 1968 S. 302) und VO v. 10. 10. 1969 (BGBl. I 1969, S. 1881 = Bl. 1969, 329) geregelt, auf die wegen der Einzelheiten verwiesen werden kann; s. Anm. 1 zu § 29, Text S. 649). Die Beisitzer müssen im Besitz der bürgerlichen Ehrenrechte und des Wahlrechts zum Deutschen Bundestag und mindestens 25 Jahre alt sein (§ 1 DVO). Beisitzer aus Kreisen der Arbeitgeber können auch Vertreter juristischer Personen, leitende Angestellte — z. B. auch Leiter von Patentabteilungen (vgl. BB 1968, 1121) — und Beamte und Angestellte der öffentlichen Hand sein (§ 2 DVO). Beisitzer aus Kreisen der Arbeitnehmer können auch Arbeitslose und Mitglieder von Gewerkschaften sein (§ 3 DVO). Die Bestimmungen lehnen sich an die Regelung in den §§ 21 bis 23 ArbGG an. Die 2. DVO v. 1. 10. 1957 regelt auch die Einreichung der Vorschlagslisten (§ 4), die Zurückziehung und Abberufung von Beisitzern (§§ 6, 7), die Entschädigung (§ 8) und die Verpflichtung durch den Vorsitzenden der Schiedsstelle (§ 5).

8 **d) Pflichten der Mitglieder der Schiedsstelle**

Wie sich aus dem Wesen einer Schiedsstelle ergibt, haben ihre Mitglieder aus eigener Verantwortung zu entscheiden und sind an Weisungen oder Aufträge nicht gebunden. Sie sind zur Verschwiegenheit verpflichtet. Diese Verpflichtung und die strafrechtlichen Folgen ihrer Verletzung ergeben sich bei den amtlichen Mitgliedern, die in aller Regel Richter oder Beamte sein werden, aus ihrer sonstigen Stellung ohne weiteres. Die Beisitzer aus Kreisen der Arbeitgeber und Arbeitnehmer sind nach § 5 der 2. DVO v. 1. 10. 1957 auf die Verpflichtung aus § 24 des Gesetzes und auf die Bestimmungen der Verordnung gegen Bestechung und Geheimnisverrat nichtbeamteter Personen durch den Vorsitzenden der Schiedsstelle hinzuweisen.

IV. Vorschlagslisten

a) Privater Dienst 9

Vorschlagslisten können einreichen die in § 11 genannten Spitzenorganisationen, z. B. die Bundesvereinigung der deutschen Arbeitgeberverbände und der Deutsche Gewerkschaftsbund sowie gleichgestellte Vereinigungen wie die Deutsche Angestelltengewerkschaft — s. Anm. 3 zu § 11. Ferner sind vorschlagsberechtigt die Gewerkschaften und selbständigen Vereinigungen, in denen erfinderisch tätige Mitglieder in erheblicher Zahl zusammengeschlossen sind. Sie müssen selbständig, d. h. von der Arbeitgeberseite unabhängig sein. Die Vorschrift lehnt sich an § 11 Abs. 4 ArbGG an, wo auch von „selbständigen Vereinigungen von Arbeitnehmern mit sozial- oder berufspolitischer Zwecksetzung" gesprochen wird. Sie dürfen keiner der genannten Spitzenorganisationen angeschlossen sein. Hierzu werden die Union der leitenden Angestellten und der Verband angestellter Akademiker gehören.

b) Öffentlicher Dienst 10

Nach § 40 Nr. 4 sind zur Einreichung von Vorschlagslisten für Arbeitgeberbeisitzer auch die Bundesregierung und die Landesregierung berechtigt. Soweit öffentliche Verwaltungen keine eigenen Schiedsstellen errichtet haben (§ 40 Nr. 5), ist die nach § 29 errichtete Schiedsstelle auch für die Arbeitnehmer, Beamten und Soldaten dieser Verwaltungen zuständig — s. auch § 10 der 2. DVO v. 1. 10. 1957 (S. 649).

§ 31
Anrufung der Schiedsstelle

(1) Die Anrufung der Schiedsstelle erfolgt durch schriftlichen Antrag. Der Antrag soll in zwei Stücken eingereicht werden. Er soll eine kurze Darstellung des Sachverhalts sowie Namen und Anschrift des anderen Beteiligten enthalten.

(2) Der Antrag wird vom Vorsitzenden der Schiedsstelle dem anderen Beteiligten mit der Aufforderung zugestellt, sich innerhalb einer bestimmten Frist zu dem Antrag schriftlich zu äußern.

Übersicht

	Anm.		Anm.
a) Anrufung	1	f) In Lauf gesetzte Fristen	7, 8
b) Vollmacht	2	g) Wiederholte Anrufung	9, 10
c) Inhalt des Antrags	3, 4	h) Rücknahme des Antrags und der Einlassung	11
d) Antragsberechtigte	5		
e) Zustellung des Antrags	6		

a) Anrufung 1

Wie die Amtl. Begr. (unten S. 610) bemerkt, ist die Anrufung möglichst einfach gehalten, damit sie durch jeden Arbeitnehmer ohne Hin-

Erläuterungen

zuziehung eines Beraters vorgenommen werden kann. Zwingend vorgeschrieben ist nur, daß der Antrag schriftlich eingereicht werden muß. Das bedeutet nach § 126 BGB, daß er von dem Antragsteller eigenhändig durch Namensunterschrift oder mittels gerichtlich oder notariell beglaubigten Handzeichens unterzeichnet sein muß. Reicht ein Bevollmächtigter ein, so müssen die Vollmacht und die Eingabe vom Antragsteller bzw. dem Bevollmächtigten derart unterzeichnet sein. Bei der Anrufung muß auch ein etwaiger Antrag nach § 32 auf Erweiterung der Besetzung der Schiedsstelle gestellt werden. Alle anderen Erfordernisse können, da sie nur Sollbestimmungen sind, nachgeholt werden. S. Anm. 3.

2 b) Vollmacht

Die Schiedsstelle verlangt die Einreichung einer schriftlichen Vollmacht. Die beim Patentamt hinterlegten Generalvollmachten erstrecken sich im allgemeinen nicht auf das Schiedsverfahren.

3 c) Inhalt des Antrags

Damit der andere Beteiligte gehört werden kann, soll der Antrag Namen und Anschrift des anderen Beteiligten enthalten. Ehe diese der Schiedsstelle bekanntgegeben werden, kann sie das Verfahren nicht fördern. Außerdem soll eine kurze Darstellung des Sachverhalts gegeben werden. Zweckmäßig wird es meist auch sein, daß der Antragsteller erkennen läßt, was er begehrt, wenn möglich einen festen Antrag stellt. Handelt es sich um die Höhe der Vergütung, dann wird allerdings diese auch in dem Ermessen der Schiedsstelle gestellt werden können. Fehlen wesentliche Tatsachen, die für die Beurteilung des Sachverhalts notwendig sind, so kann der Vorsitzende in geeigneter Weise, zweckmäßig durch Zwischenbescheid eine Ergänzung anregen.

4 Da der Antrag nach Abs. 2 dem anderen Beteiligten zuzustellen ist, soll er in zwei Stücken eingereicht werden. Sind auf der Gegenseite mehrere beteiligt, so werden zweckmäßig für jeden mindestens ein Stück eingereicht. Die Schiedsstelle spricht von Antragsteller und Antragsgegner.

5 d) Antragsberechtigte

Die Schiedsstelle kann sowohl vom Arbeitgeber als auch vom Arbeitnehmer angerufen werden, und zwar, wie § 28 sagt, jederzeit — s. Anm. 9 zu § 28. Wegen Anrufung durch Rechtsnachfolger s. Anm. 5 zu § 28.

6 e) Zustellung des Antrags

Wie es dem Grundsatz des rechtlichen Gehörs entspricht, muß der Antrag dem anderen Beteiligten mit der Aufforderung zugestellt werden, sich zu äußern. Wegen der mit der Zustellung beginnenden oder in ihr bestimmten Fristen wird sie förmlich vorgenommen. In ihr ist

§ 31 Anrufung der Schiedsstelle

eine vom Vorsitzenden bestimmte Frist enthalten, die entweder auf einen festen Kalendertag lautet oder mit dem Zugang des Schriftstücks beim Empfänger zu laufen beginnt. Mit Rücksicht darauf, daß die Beteiligten ohne weiteres klagen können, wenn seit Anrufung der Schiedsstelle sechs Monate verstrichen sind (§ 37 Abs. 2 Nr. 2), müssen verhältnismäßig kurze Fristen gesetzt und eingehalten werden.

f) In Lauf gesetzte Fristen 7

Mit der Zustellung wird zunächst die Äußerungsfrist in Lauf gesetzt. Dies ist auch deshalb förmlich wichtig, weil das Verfahren vor der Schiedsstelle erfolglos beendet ist, wenn der andere Beteiligte sich nicht innerhalb der Frist äußert (§ 35 Abs. 1 Nr. 1). Kann er sich aus irgendwelchen Gründen nicht rechtzeitig äußern, will er aber nicht, daß das Verfahren vor der Schiedsstelle sein Ende findet, so muß er rechtzeitig eine Fristverlängerung beantragen, die ihm der Vorsitzende nach freiem Ermessen gewähren kann. Meldet er sich erst nach Fristablauf, so kann das Schiedsverfahren fortgesetzt werden, wenn die Gegenseite zustimmt. Das ist bisher immer der Fall gewesen.

Außerdem beginnt mit der Zustellung die Zweiwochenfrist des § 32. 8
Näheres bei § 32.

g) Wiederholte Anrufung 9

Es bestehen keine Bedenken, daß ein zurückgenommener Antrag wiederholt wird. Das kann z. B. dann vorkommen, wenn sich bei der ersten Anrufung herausgestellt hat, daß die Sache noch nicht reif für einen Einigungsvorschlag ist, etwa weil die wirtschaftliche Verwertung noch nicht angelaufen ist oder eine rechtliche Vorfrage, z. B. entgegenstehen eines Vergleichs, vor Gericht geklärt werden soll. Es wird auch unbedenklich sein, den zurückgenommenen Antrag zu wiederholen, um den versäumten Antrag auf Erweiterung der Schiedsstelle nachzuholen. A. A. Volmer, Anm. 10 zu § 31; wie hier Lindenmaier-Lüdecke Anm. 5 zu § 31.

Dagegen kann derselbe Antrag nicht wiederholt werden, wenn das 10
Schiedsverfahren durch einen Einigungsvorschlag oder einen Beschluß der Schiedsstelle beendet worden ist. Damit ist das Anrufungsrecht verbraucht. So auch Volmer Anm. 20 zu § 34, Lindenmaier-Lüdecke Anm. 4 zu § 34. Die Schiedsstelle kann in einem solchen Fall den Antrag als unzulässig zurückweisen. Der Antragsgegner könnte sich gegen eine erneute Verstrickung in ein Schiedsverfahren dadurch wehren, daß er sich nicht einläßt oder die Einlassung ablehnt (§ 35).

h) Rücknahme des Antrags und der Einlassung 11

Mit Einverständnis des anderen Beteiligten kann der Antrag jederzeit vor Abschluß des Verfahrens zurückgenommen werden. Ob er auch, nachdem sich der Antragsgegner auf das Verfahren eingelassen hat von dem Antragsteller ohne dessen Zustimmung zurückgenommen werden

Erläuterungen

kann, könnte zweifelhaft sein. Da ein Verfahren ohne den Antragsteller praktisch aber kaum durchzuführen ist und eine der ZPO entsprechende Versäumnisregelung nicht in Betracht kommt, hat die Schiedsstelle mit Rücknahme des Antrags das Verfahren als beendet angesehen. Allerdings wird bei einer Rücknahme vor Ablauf von 6 Monaten die Voraussetzung für eine Klage nach § 37 nicht erfüllt sein.

Dagegen beendet die Weigerung des Antragsgegners, der sich auf das Schiedsverfahren eingelassen hatte, weiter an dem Verfahren teilzunehmen, das Verfahren nicht. Sein Zweck würde vereitelt, wenn der Antragsgegner einen von ihm befürchteten unbequemen Einigungsvorschlag verhindern könnte. Er kann ihm später widersprechen (§ 34 Abs. 3). So Schiedsstelle v. 17. 12. 1963, Bl. 1964, 166 mit Besprechung von Schippel, GRUR 1964, 504.

§ 32
Antrag auf Erweiterung der Schiedsstelle

Der Antrag auf Erweiterung der Besetzung der Schiedsstelle ist von demjenigen, der die Schiedsstelle anruft, zugleich mit der Anrufung (§ 31 Abs. 1), von dem anderen Beteiligten innerhalb von zwei Wochen nach Zustellung des die Anrufung enthaltenden Antrags (§ 31 Abs. 2) zu stellen.

Nach § 30 Abs. 4 ist die Schiedsstelle auf Antrag eines Beteiligten um je einen Beisitzer aus Kreisen der Arbeitgeber und der Arbeitnehmer zu erweitern. Um zu verhindern, daß die Schiedsstelle in der Regelbesetzung von drei Mitgliedern Beschlüsse oder Bescheide erläßt, die nach Erweiterung der Schiedsstelle wiederholt werden müßten, sind für die Erweiterungsanträge kurze Fristen gesetzt (so Amtl. Begr. unten S. 610).

Derjenige, der die Schiedsstelle anruft — das kann sowohl der Arbeitgeber als der Arbeitnehmer sein — s. Anm. 5 zu § 31 — muß den Antrag mit der Anrufung stellen, der andere Beteiligte innerhalb von zwei Wochen nach Zustellung der Anrufung. Eine nachträgliche Erweiterung der Schiedsstelle ist in keinem Fall möglich. Eine Wiedereinsetzung in den vorigen Stand ist nicht vorgesehen (anders bei Versäumung der Widerspruchsfrist nach Zustellung des Einigungsvorschlags nach § 34).

Wegen der Bemessung der Frist vgl. Anm. 17 zu § 6 und § 183 Abs. 2 BGB.

§ 33
Verfahren vor der Schiedsstelle

(1) Auf das Verfahren vor der Schiedsstelle sind § 1032 Abs. 1, §§ 1035 und 1036 der Zivilprozeßordnung sinngemäß anzuwenden. § 1034 Abs. 1 der Zivilprozeßordnung ist mit der Maßgabe sinngemäß

§ 33 Verfahren vor der Schiedsstelle

anzuwenden, daß auch Patentanwälte und Erlaubnisscheininhaber (Artikel 3 des Zweiten Gesetzes zur Änderung und Überleitung von Vorschriften auf dem Gebiet des gewerblichen Rechtsschutzes vom 2. Juli 1949 — WiGBl. S. 179) sowie Verbandsvertreter im Sinne des § 11 des Arbeitsgerichtsgesetzes von der Schiedsstelle nicht zurückgewiesen werden dürfen.

(2) Im übrigen bestimmt die Schiedsstelle das Verfahren selbst.

§ 1032 Abs. 1 ZPO:

(1) Ein Schiedsrichter kann aus denselben Gründen und unter denselben Voraussetzungen abgelehnt werden, die zur Ablehnung eines Richters berechtigen.

§ 1035 ZPO:

(1) Die Schiedsrichter können Zeugen und Sachverständige vernehmen, die freiwillig vor ihnen erscheinen.

(2) Zur Beeidigung eines Zeugen oder eines Sachverständigen oder einer Partei sind die Schiedsrichter nicht befugt.

§ 1036 ZPO:

(1) Eine von den Schiedsrichtern für erforderlich erachtete richterliche Handlung, zu deren Vornahme sie nicht befugt sind, ist auf Antrag einer Partei, sofern der Antrag für zulässig erachtet wird, von dem zuständigen Gericht vorzunehmen.

(2) Dem Gericht, das die Vernehmung oder Beeidigung eines Zeugen oder eines Sachverständigen angeordnet hat, stehen auch die Entscheidungen zu, die im Falle der Verweigerung des Zeugnisses oder des Gutachtens erforderlich werden.

§ 1034 Abs. 1 ZPO:

(1) Bevor der Schiedsspruch erlassen wird, haben die Schiedsrichter die Parteien zu hören und das dem Streite zugrunde liegende Sachverhältnis zu ermitteln, soweit sie die Ermittlung für erforderlich halten. Rechtsanwälte dürfen als Prozeßbevollmächtigte nicht zurückgewiesen werden; entgegenstehende Vereinbarungen sind unwirksam. Personen, die nach § 157 von dem mündlichen Verhandeln vor Gericht ausgeschlossen sind, dürfen zurückgewiesen werden.

§ 11 ArbGG (auszugsweise):

(1) Die Parteien können vor den Arbeitsgerichten den Rechtsstreit selbst führen oder sich vertreten lassen durch Vertreter von Gewerkschaften oder von Vereinigungen von Arbeitgebern oder von Zusammenschlüssen solcher Verbände, wenn diese Personen kraft Satzung oder Vollmacht zur Vertretung befugt sind und für den Zusammenschluß, den Verband oder deren Mitglieder auftreten und nicht neben dieser Vertretung die Tätigkeit als Rechtsanwalt ausüben oder, ohne Rechtsanwalt zu sein, das Verhandeln vor Gericht geschäftsmäßig

Erläuterungen

gegen Entgelt zu betreiben; das gleiche gilt für die Prozeßvertretung durch Vertreter von selbständigen Vereinigungen von Arbeitnehmern mit sozial- oder berufspolitischer Zwecksetzung ...

(3) § 157 Abs. 1 und 2 der Zivilprozeßordnung gilt entsprechend. Dies gilt nicht für die in Abs. 1 Satz 1 und Abs. 2 Satz 2 genannten Personen.

Übersicht

	Anm.		Anm.
I. Allgemeines	1	d) Zeugen und Sachverständige	5
II. Das Verfahren im einzelnen		e) Beeidigung	6
a) Anhörung	2	f) Vertreter	7
b) Aufklärung des Sachverhalts	3	g) Einstellung des Verfahrens	8
c) Gestaltung des Verfahren	4	III. Ablehnung von Mitgiedern der Schiedsstelle	9

1   **I. Allgemeines**

Das Verfahren vor der Schiedsstelle, kurz Schiedsverfahren genannt, ist sehr locker gehalten und liegt weitgehend im Ermessen der Schiedsstelle. Dabei ist zu bedenken, daß sie keinen Schiedsspruch fällen kann, sondern lediglich zu versuchen hat, eine gütliche Einigung herbeizuführen und zu diesem Zweck einen Einigungsvorschlag zu machen hat (§ 28 und Anm. 10 hierzu, § 34 Abs. 2). Einige Bestimmungen der Zivilprozeßordnung, die nachstehend im einzelnen erörtert werden, sind sinngemäß anzuwenden. Im übrigen bestimmt laut Abs. 2 die Schiedsstelle das Verfahren selbst. Es muß selbstverständlich unter dem Gesichtspunkt der Gewährung des rechtlichen Gehörs stehen, der auch in § 31 Abs. 2 und § 1034 Abs. 1 ZPO (s. Anm. 2) seinen Ausdruck findet.

II. Das Verfahren im einzelnen

2   **a) Anhörung**

Die Anhörung erfolgt einmal durch die Zustellung des ersten Antrags mit der Aufforderung, sich schriftlich zu äußern (§ 31 Abs. 2). Weitere Schriftsätze sind, soweit sie tatsächliche Behauptungen enthalten, die für die Stellungnahme der Schiedsstelle erforderlich sind, ebenfalls zur Äußerung mitzuteilen. Ob mündlich verhandelt wird, liegt im pflichtgemäßen Ermessen der Schiedsstelle, da sie das Verfahren selbst bestimmt (Abs 2). Dies hat sich in manchen Fällen als zweckmäßig erwiesen, vor allem, wenn tatsächliche Umstände streitig sind, etwa der Miterfinderanteil, oder wenn ein Vergleich mündlich vorbereitet werden soll. Die mündliche Verhandlung kann von Amts wegen angesetzt werden; Anregungen und Wünsche der Beteiligten hat die Schiedsstelle zu beachten und zu bescheiden. Die mündliche „Anhörung" — besser „Verhandlung" kann bei einer Besichtigung des Betriebs stattfinden, da die Schiedsstelle außerhalb ihres Sitzes zusammentreten kann (§ 29 Abs. 2).

§ 33 Verfahren vor der Schiedsstelle

b) Aufklärung des Sachverhalts 3

Zur Aufklärung des Sachverhalts kann die Schiedsstelle und vorbereitend in Anlehnung an den Gedanken des § 272 b ZPO ihr Vorsitzender schriftlich Ergänzungen und Erläuterungen des Vorbringens der Beteiligten anregen und bei mündlicher Anhörung hierauf hinwirken.

c) Gestaltung des Verfahrens 4

Abgesehen von den in Abs. 1 erwähnten Regelungen, die bis auf die selbstverständliche Bestimmung des § 1034 ZPO über das rechtliche Gehör nicht den Kern des Verfahrens betreffen, bestimmt die Schiedsstelle ihr Verfahren selbst, wie Abs. 2 ausdrücklich sagt. So befindet sie nach pflichtgemäßem Ermessen darüber, ob eine mündliche Erörterung stattfinden soll und welche Gesichtspunkte zur Beurteilung heranzuziehen sind, selbstverständlich unter Beachtung der Verpflichtung, den Beteiligten ausreichend Gelegenheit zur Stellungnahme zu geben.

Es hat sich als zweckmäßig erwiesen, in Anlehnung an das Prüfungsverfahrens des Patentamts in der Regel vor Erlaß eines abschließenden Einigungsvorschlags den Sachverhalt sowohl nach der tatsächlichen wie nach der rechtlichen Seite in einem „Zwischenbescheid" zur Diskussion zu stellen. Dabei können auch Ergänzungen des Vorbringens angeregt werden, die zur Beurteilung des Schiedsfalls notwendig sind.

Ist das Erteilungsverfahren noch nicht abgeschlossen, kann die Schiedsstelle dessen Ergebnis nicht vorgreifen, wird allerdings das Risiko bei der Bemessung der vorläufigen Vergütung abwägen müssen, s. Anm. 46 bis 49 zu § 9. Ähnlich ist ein schwebendes Nichtigkeits- oder Löschungsverfahren zu berücksichtigen, wenn sich auch das Schiedsverfahren seiner ganzen Natur nach nicht zu einer Aussetzung eignet. Ein nicht angefochtenes Patent oder Gebrauchsmuster behandelt die Schiedsstelle grundsätzlich als gültig — s. Anm. 5 bis 8 Nr. 43 RL.

d) Zeugen und Sachverständige 5

Zeugen und Sachverständige kann die Schiedsstelle gemäß der angeführten Vorschrift des § 1035 ZPO vernehmen, wenn sie freiwillig vor ihr erscheinen. Ob sie sie auch von sich aus laden kann, allerdings ohne Zwangsandrohung, ist nicht zweifelsfrei zu beantworten. Die Frage ist deshalb nicht ohne Bedeutung, weil dann möglicherweise Gebühren nach der amtlichen Gebührenordnung vom Staat zu bezahlen wären, die wegen der Gebühren- und Auslagenfreiheit des Schiedsverfahrens nicht erstattet werden würden (§ 36). Eine Ladung könnte wünschenswert erscheinen, wenn die Zeugenvernehmung sonst wegen der den Arbeitnehmer belastenden Kosten trotz des Interesses an der Wahrheitsfindung unterbleiben würde. Es bleibt aber die Möglichkeit, das zuständige Gericht auf Antrag eines Beteiligten gemäß § 1035 Abs. 1 ZPO um Vernehmung des Zeugen oder Sachverständigen zu bitten, das auch

Erläuterungen

gemäß Abs. 2 dieser Bestimmung die im Zusammenhang mit einer solchen Beweisaufnahme erforderlichen Entscheidungen zu treffen hat. Zuständig ist das für den Wohnsitz des zu Vernehmenden örtlich zuständige Amtsgericht.

In der Praxis sind bisher Schwierigkeiten nicht aufgetreten, da die notwendigen Auskunftspersonen in aller Regel Angehörige des Betriebs sind und von diesem zum Termin mitgebracht werden, z. T. auch auf Anregung der Schiedsstelle. In dem locker gehaltenen Verfahren ist oft keine förmliche Vernehmung sondern eine informatorische Anhörung durchgeführt worden.

6   e) Beeidigung

Beeidigen darf die Schiedsstelle entsprechend § 1035 Abs. 2 ZPO nicht. Die Entscheidung über Eidesabnahme und die Beeidigung steht nach § 1036 dem zuständigen Gericht zu (s. Anm. 5).

7   f) Vertreter

Als Vertreter sind im Schiedsverfahren, und zwar sowohl im schriftlichen Verfahren als bei einer mündlichen Anhörung, nach § 1034 Abs. 1 ZPO zugelassen Rechtsanwälte und Prozeßagenten (§ 157 ZPO); ferner nach ausdrücklicher Regelung des Gesetzes die beim Patentamt auch sonst vertretungsberechtigten Patentanwälte und Erlaubnisscheininhaber, schließlich wegen des arbeitsrechtlichen Einschlags der zu erörternden Fragen auch Vertreter von Gewerkschaften oder vor Vereinigungen von Arbeitgebern oder von Zusammenschlüssen solcher Verbände, wenn diese Personen kraft Satzung oder Vollmacht zur Vertretung befugt sind und für den Zusammenschluß, den Verband oder deren Mitglieder auftreten, ebenso Vertreter von selbständigen Vereinigungen von Arbeitnehmern mit sozial- oder berufspolitischer Zwecksetzung (§ 11 ArbGG). Die Einschränkung für Rechtsanwälte usw. in dieser Bestimmung entspricht nicht der Grundregelung des Schiedsverfahrens, bei dem sie immer zugelassen sind.

Die Schiedsstelle verlangt schriftliche Vollmacht, siehe Anm. 2 zu § 31.

8   g) Einstellung des Verfahrens

Fallen im Lauf des Verfahrens Voraussetzungen für seine Zulässigkeit fort, so ist das Verfahren einzustellen. Siehe Beschlüsse der Schiedsstelle v. 26. 10. 1959, Bl. 1960, 315 und v. 14. 3. 1960, Bl. 1960, 316.

9   III. Ablehnung von Mitgliedern der Schiedsstelle

Nach der für anwendbar erklärten Regelung des § 1032 Abs. 1 ZPO kann ein Mitglied der Schiedsstelle, also Vorsitzender und alle Beisitzer, aus denselben Gründen und unter denselben Voraussetzungen abgelehnt werden, die zur Ablehnung eines Richters berechtigen. Dies ist in den §§ 41 bis 48 ZPO geregelt. Wegen der Einzelheiten wird auf diese Bestimmungen und die Kommentare zur ZPO verwiesen. Erwähnt sei nur, daß die Ablehnung in den Fällen, in denen ein Richter wegen persönlicher Beteiligung oder naher Beziehungen zu einem Beteiligten oder zur Sache kraft Gesetzes ausgeschlossen ist, sowie wegen Besorgnis der Befangenheit vorgebracht werden kann (§ 42 ZPO), daß die Ablehnung vor Beginn einer Verhandlung — das würde wohl hier bedeuten vor dem Einigungsvorschlag — ausgesprochen werden muß (§ 43 ZPO) und die Gründe glaubhaft gemacht werden müssen (§ 44 ZPO). Ob die Schiedsstelle selbst unter Hinzuziehung eines vom Präsidenten des Patentamts ernannten Ersatzmitglieds über die Ablehnung befinden kann oder ob nach dem nicht angeführten § 1045 ZPO das dort genannte Gericht entscheiden müßte, wird die Schiedsstelle im gegebenen Fall selbst zu entscheiden haben. Der Fall ist bisher nicht eingetreten. Liegt eine der Voraussetzungen des § 41 ZPO vor, nach der ein Richter kraft Gesetzes ausgeschlossen sein würde, so wird das Mitglied von sich aus zurücktreten können, ohne daß es einer Entscheidung bedürfte.

§ 34
Einigungsvorschlag der Schiedsstelle

(1) Die Schiedsstelle faßt ihre Beschlüsse mit Stimmenmehrheit. § 196 Abs. 2 des Gerichtsverfassungsgesetzes ist anzuwenden.

(2) Die Schiedsstelle hat den Beteiligten einen Einigungsvorschlag zu machen. Der Einigungsvorschlag ist zu begründen und von sämtlichen Mitgliedern der Schiedsstelle zu unterschreiben. Auf die Möglichkeit des Widerspruchs und die Folgen bei Versäumung der Widerspruchsfrist ist in dem Einigungsvorschlag hinzuweisen. Der Einigungsvorschlag ist den Beteiligten zuzustellen.

(3) Der Einigungsvorschlag gilt als angenommen und eine dem Inhalt des Vorschlages entsprechende Vereinbarung als zustande gekommen, wenn nicht innerhalb eines Monats nach Zustellung des Vorschlages ein schriftlicher Widerspruch eines der Beteiligten bei der Schiedsstelle eingeht.

(4) Ist einer der Beteiligten durch unabwendbaren Zufall verhindert worden, den Widerspruch rechtzeitig einzulegen, so ist er auf Antrag wieder in den vorigen Stand einzusetzen. Der Antrag muß innerhalb eines Monats nach Wegfall des Hindernisses schriftlich bei der Schiedsstelle eingereicht werden. Innerhalb dieser Frist ist der Widerspruch nachzuholen. Der Antrag muß die Tatsachen, auf die er gestützt wird, und die Mittel angeben, mit denen diese Tatsachen glaubhaft gemacht werden. Ein Jahr nach Zustellung des Einigungsvorschlags kann die Wiedereinsetzung nicht mehr beantragt und der Widerspruch nicht mehr nachgeholt werden.

Erläuterungen

(5) Über den Wiedereinsetzungsantrag entscheidet die Schiedsstelle. Gegen die Entscheidung der Schiedsstelle findet die sofortige Beschwerde nach den Vorschriften der Zivilprozeßordnung an das für den Sitz des Antragstellers zuständige Landgericht statt.

§ 196 Abs. 2 GVG:

(2) Bilden sich in Beziehung auf Summen, über die zu entscheiden ist, mehr als zwei Meinungen, deren keine die Mehrheit für sich hat, so werden die für die größte Summe abgegebenen Stimmen den für die zunächst geringere abgegebenen so lange hinzugerechnet, bis sich eine Mehrheit ergibt.

§ 577 ZPO Abs. 1 bis 3:

(1) Für die Fälle der sofortigen Beschwerde gelten die nachfolgenden besonderen Vorschriften.

(2) Die Beschwerde ist binnen einer Notfrist von zwei Wochen, die mit der Zustellung, in den Fällen der §§ 336 und 952 Abs. 4 mit der Verkündung der Entscheidung beginnt, einzulegen. Die Einlegung bei dem Beschwerdegericht genügt zur Wahrung der Notfrist, auch wenn der Fall für dringlich nicht erachtet wird. Liegen die Voraussetzungen der Nichtigkeits- oder der Restitutionsklage vor, so kann die Beschwerde auch nach Ablauf der Notfrist innerhalb der für diese Klagen geltenden Notfristen erhoben werden.

(3) Das Gericht ist zu einer Änderung seiner der Beschwerde unterliegenden Entscheidung nicht befugt.

Übersicht

	Anm.		Anm.
I. Einigungsvorschlag		c) Widerspruchsfrist	7
a) Beschlußfassung	1	d) Streit über Rechtswirksamkeit	8
b) Form des Vorschlages	2, 3	**III. Wiedereinsetzung in den vorigen Stand**	9
c) Zustellung des Vorschlags	4	a) Unabwendbarer Zufall	10
II. Zustandekommen der Einigung		b) Fristen	11
a) Durch Stillschweigen	5	c) Inhalt des Antrags	12
b) Widerspruch	6	d) Entscheidung und Rechtsmittel	13, 14

I. Einigungsvorschlag

1   a) Beschlußfassung

Führen die Versuche der Schiedsstelle, eine gütliche Einigung herbeizuführen, im Schiedsverfahren nicht früher zu einem Erfolg, so muß die Schiedsstelle das Verfahren durch einen Einigungsvorschlag abschließen. Dieser ist den in der gerichtlichen Praxis nicht seltenen begründeten Vergleichsvorschlägen nachgebildet. Er ist durch die Anhörung der Beteiligten vorbereitet und kann nur Tatsachen verwerten, die beiden

§ 34 Einigungsvorschlag der Schiedsstelle

Teilen bekannt sind. Er muß von der Schiedsstelle in ihrer vollen Besetzung (drei oder fünf Mitglieder gemäß § 30) gefaßt werden. Er wird mit Stimmenmehrheit gefaßt. Bestehen bei der Abstimmung über die Höhen der Vergütung mehr als zwei Meinungen, so sind die oben wiedergegebenen Vorschriften des § 196 Abs. 2 anzuwenden.

Die Schiedsstelle muß stets einen Einigungsvorschlag vorlegen, auch wenn sie im vorbereitenden Verfahren mit Sicherheit erkennt, daß er keine Aussicht hat, von beiden Beteiligten angenommen zu werden. Der Vorschlag kann auch dahin lauten, daß der Erfinder anerkennt, keine Ansprüche zu haben, andererseits kann auch seinem Antrag voll entsprochen werden. Denn ein Vergleich im Sinne gegenseitigen Nachgebens braucht nicht immer vorzuliegen.

b) Form des Vorschlags 2

Der Einigungsvorschlag muß begründet werden, damit sich die Beteiligten ein Bild von der Auffassung der Schiedsstelle machen und abwägen können, ob sie den Vorschlag annehmen wollen.

Die Schiedsstelle formuliert ihn nicht in der Art eines Urteilsspruchs sondern mit Rücksicht auf die Bestimmung des Absatzes 3 als Vereinbarung. Der Vorschlag kann nach Zustellung nicht mehr abgeändert werden. Die Berichtigung offenbarer Schreibfehler und sonstiger Unrichtigkeiten entsprechend § 319 ZPO ist möglich. Der Vorschlag ist von sämtlichen Mitgliedern der Schiedsstelle, also auch den Beisitzern aus Kreisen der Arbeitgeber und Arbeitnehmer, zu unterschreiben, wobei die Vorschrift des § 315 ZPO bei Behinderung eines Mitglieds anzuwenden ist, falls es bei der Beschlußfassung selbst mitgewirkt hat.

Da der Einigungsvorschlag als angenommen gilt, wenn nicht innerhalb eines Monats nach Zustellung ein schriftlicher Widerspruch eingeht (Abs. 3, s. Anm. 7), ist ausdrücklich vorgeschrieben, daß in dem Einigungsvorschlag, also vor den Unterschriften, auf die Möglichkeit des Widerspruchs und die Folgen der Fristversäumnis hingewiesen wird. 3

c) Zustellung des Vorschlags 4

Der Einigungsvorschlag ist den Beteiligten zuzustellen. Wie für die Zustellung im patentamtlichen Verfahren (§ 45 a PatG) gelten für die Zustellungen im Schiedsverfahren die Vorschriften des Verwaltungszustellungsgesetzes vom 3. Juli 1952 (BGBl. I S. 379 = Bl. 1952, 309), zuletzt geändert durch Gesetz v. 6. 10. 1965 (BGBl. I S. 1477) in Verbindung mit den Allgemeinen Verwaltungsvorschriften zum Verwaltungszustellungsgesetz v. 3. 10. 1952 (Bl. 1952, 413) in der Fassung v. 13. 12. 1966 (Beilage zum Bundesanzeiger v. 23. 12. 1966 = Bl. 1967, 46). In der Regel wird der Einigungsvorschlag durch die Post mit Zustellungsurkunde (§ 3 VwZG), an Rechtsanwälte, Patentanwälte usw. gegen Empfangsbekenntnis (§ 5 VwZG) zugestellt.

Erläuterungen

II. Zustandekommen der Einigung

5 **a) Durch Stillschweigen**

Entgegen anderen Vorschlägen hat das Gesetz an der durch alle Entwürfe sich hindurchziehenden Regelung festgehalten, daß Stillschweigen als Annahme gilt. Es legt fest, daß der Einigungsvorschlag als angenommen und eine dem Inhalt des Vorschlags entsprechende Vereinbarung als zustande gekommen gilt, wenn nicht innerhalb bestimmter Frist widersprochen wird. Um zu verhindern, daß aus Unkenntnis nicht rechtzeitig widersprochen wird, ist der in Anm. 3 erwähnte ausdrückliche Hinweis auf Widerspruchsmöglichkeit und -frist vorgeschrieben und in Abs. 4 Wiedereinsetzung in den vorigen Stand vorgesehen.

6 **b) Widerspruch**

Will einer der Beteiligten den Einigungsvorschlag nicht annehmen, so muß er widersprechen. Der Widerspruch bedarf der Schriftform, muß also eigenhändig unterschrieben sein (s. Anm. 1 zu § 31). Die Unterzeichnung ist wesentliches Erfordernis und nicht nachholbar, falls nicht ein Wiedereinsetzungsgrund vorliegt. Fernschriftliche und telegraphische Einlegung des Widerspruchs wird entsprechend der neueren Übung der Gerichte zulässig sein; wegen der einzuhaltenden Erfordernisse vgl. Busse Rdnr. 6 zu § 42 PatG.

Eine Annahme unter Bedingungen oder Einschränkungen, etwa unter Veränderung der im Vorschlag genannten Summe, gilt als Widerspruch. Der Einigungsvorschlag kann nach Zustellung nicht mehr geändert werden. Sind beide Beteiligte mit einer Änderung einverstanden, so steht es ihnen frei, dies untereinander zu vereinbaren.

Ist das Verfahren durch einen Einigungsvorschlag abgeschlossen, so ist das Recht auf Anrufung der Schiedsstelle verbraucht, vgl. Anm. 10 zu § 31.

7 **c) Widerspruchsfrist**

Der Widerspruch muß innerhalb eines Monats nach Zustellung des Einigungsvorschlags bei der Schiedsstelle eingehen, also nicht nur abgesandt werden. Es genügt, wenn er spätestens bis 24 Uhr des letzten Tages der Frist in den Nachtbriefkasten des Patentamts eingeworfen wird (§ 16 DPAVO). Wegen der Fristberechnung vgl. Anm. 26 zu § 6.

8 **d) Streit über Rechtswirksamkeit**

Wird eine Klage darauf gestützt, daß eine Vereinbarung nach § 34 nicht rechtswirksam sei, so ist der Streit ohne nochmalige Anrufung der Schiedsstelle unmittelbar im gerichtlichen Verfahren auszutragen, s. § 37 Abs. 2 Nr. 1 und Anm. 3 und 10 hierzu. Nach derselben Vorschrift werden Rechte aus der Vereinbarung durchgesetzt. Der Einigungsvorschlag als solcher ist kein vollstreckbarer Titel.

III. Wiedereinsetzung in den vorigen Stand 9

Bei der Bedeutung der Widerspruchsfrist, deren Versäumung eine Einigung entsprechend dem Vorschlag zustandekommen läßt (s. Anm. 5), hat der Bundestagsausschuß eine Wiedereinsetzung in den vorigen Stand vorgesehen (Ausschußbericht S. 642). Die Vorschriften in Abs. 4 und 5 lehnen sich an die Regelung der §§ 233 bis 237 ZPO und des § 43 PatG an, jedoch beträgt die Frist abweichend von beiden Regelungen einen Monat. Allgemein kann auf die Rechtsprechung zu den genannten Bestimmungen verwiesen werden, die in den einschlägigen Kommentaren erörtert ist. Da das Rechtsmittel gegen die Entscheidung der Schiedsstelle an das Landgericht geht, ist damit zu rechnen, daß die im ganzen etwas strengeren Anforderungen der ordentlichen Gerichte zu beachten sein werden.

a) Unabwendbarer Zufall 10

Unabwendbarer Zufall ist ein Ereignis, das selbst durch die größte, nach der Sachlage vernünftigerweise zu erwartende und zuzumutende Sorgfalt weder vermieden noch in seinen schädlichen Folgen abgewendet werden konnte. Verschulden des Antragstellers oder seines Vertreters schließt die Unabwendbarkeit aus. Wegen der Einzelheiten und typischer Fälle siehe die umfangreiche in den Kommentaren angeführte Rechtsprechung.

b) Fristen 11

Der Antrag muß bei der Schiedsstelle innerhalb eines Monats eingehen. Die Frist beginnt zu laufen, wenn das Hindernis wegfällt, z. B. mit Kenntnis der unvoraussehbar gewesenen Verzögerung der Widerspruchsübermittlung durch die Post. Innerhalb dieser Frist muß auch der Widerspruch nachgeholt werden. Spätestens muß beides aber — unabhängig von den besonderen Gründen der Wiedereinsetzung — ein Jahr nach Zustellung des Einigungsvorschlags geschehen. Wegen der Fristberechnung s. Anm. 26 zu § 6.

c) Inhalt des Antrags 12

Der Antrag muß die Tatsachen angeben, auf die er gestützt wird, also den Sachverhalt, der zu der Fristversäumnis geführt hat, und darlegen, wann der Hinderungsgrund weggefallen ist. Außerdem muß er die Mittel zur Glaubhaftmachung dieser Tatsachen angeben, z. B. durch Bezugnahme auf Auskünfte oder eidesstattliche Erklärungen. Die Angabe der Mittel kann bis zum Fristablauf ergänzt werden, während die Glaubhaftmachung selbst nach Fristablauf nachgeholt werden kann, also z. B. die bereits erwähnten Erklärungen.

d) Entscheidung und Rechtsmittel 13

Über den Wiedereinsetzungsantrag entscheidet die Schiedsstelle, wie das Gesetz ausdrücklich sagt. Der Beschluß der Schiedsstelle ist nach

Erläuterungen

denselben Vorschriften wie beim Einigungsvorschlag (s. Anm. 4) zuzustellen, da er die Beschwerdefrist in Lauf setzt. Diese beträgt nach § 577 Abs. 2 ZPO zwei Wochen. Die Beschwerde kann sowohl bei der Schiedsstelle als bei dem Beschwerdegericht eingelegt werden (§§ 577 Abs. 2, 569 ZPO), und zwar schriftlich oder zu Protokoll der Geschäftsstelle. Die Beschwerde kann sowohl gegen die Gewährung wie gegen die Ablehnung der Wiedereinsetzung eingelegt werden, vgl. Baumbach, Anm. 2 C zu § 238 ZPO.

14 Zuständig für die Entscheidung über das als sofortige Beschwerde bezeichnete Rechtsmittel ist das für den Sitz des Antragstellers zuständige Landgericht. Wie aus dem Anschlußbericht (S. 642) hervorgeht, hat man absichtlich die normale Zuständigkeit des Landgerichts festgelegt, nicht die der Patentstreitkammer.

§ 35
Erfolglose Beendigung des Schiedsverfahrens

(1) Das Verfahren vor der Schiedsstelle ist erfolglos beendet,
 1. wenn sich der andere Beteiligte innerhalb der ihm nach § 31 Abs. 2 gesetzten Frist nicht geäußert hat;
 2. wenn er es abgelehnt hat, sich auf das Verfahren vor der Schiedsstelle einzulassen;
 3. wenn innerhalb der Frist des § 34 Abs. 3 ein schriftlicher Widerspruch eines der Beteiligten bei der Schiedsstelle eingegangen ist.

(2) Der Vorsitzende der Schiedsstelle teilt die erfolglose Beendigung des Schiedsverfahrens den Beteiligten mit.

Übersicht

	Anm.		Anm.
a) Lockere Ausgestaltung des Schiedsverfahrens	1	d) Erfolglose Beendigung nach Abs. 1 Nr. 3	4, 5
b) Erfolglose Beendigung nach Abs. 1 Nr. 1	2	e) Mitteilung der erfolglosen Beendigung	6
c) Erfolglose Beendigung nach Abs. 1 Nr. 2	3		

1 a) **Lockere Ausgestaltung des Schiedsverfahrens**

Wie bereits aus der Vorbemerkung 3 vor § 28 hervorgeht, hat man das Schiedsverfahren locker ausgestaltet. Die Schiedsstelle legt keinen Schiedsspruch vor, sondern macht einen Einigungsvorschlag. Ihm kann nach § 34 widersprochen werden. Das ist der Fall des Abs. 1 Nr. 3.

Außerdem zwingt aber das Gesetz, wenn ein Beteiligter die Schiedsstelle anruft, den anderen Beteiligten nicht, sich auf das Verfahren ein-

§ 35 Erfolglose Beendigung des Schiedsverfahrens

zulassen. Es steht ihm frei, überhaupt zu schweigen (Abs. 1 Nr. 1) oder es ausdrücklich abzulehnen, sich auf das Verfahren einzulassen (Abs. 1 Nr. 2).

Wie aus den amtlichen Statistiken, die jeweils im Märzheft des Bl. f. PMZ veröffentlicht werden, hervorgeht, ist der Prozentsatz der Nichteinlassungen nicht sehr hoch. Größere Unternehmen pflegen sie meist schriftlich mitzuteilen und kurz zu begründen. Die Fälle des Schweigens sind nicht sehr häufig.

b) Erfolglose Beendigung nach Abs. 1 Nr. 1 2

Wenn die Schiedsstelle angerufen wird, so wird der Antrag dem anderen Beteiligten zugestellt (§ 31 Abs. 2). Diesem steht es frei, ob er sich äußern will. Schweigt er, so ist das Verfahren erfolglos beendet. Wegen etwaiger Fristverlängerung und versehentlicher Versäumung der Frist s. Anm. 7 zu § 31.

c) Erfolglose Beendigung nach Abs. 1 Nr. 2 3

Der andere Beteiligte kann schriftlich erklären, daß er sich auf das Verfahren nicht einlasse. Das ist z. B. dann geschehen, wenn es sich nicht für den richtigen Anspruchsgegner ansieht, wenn bereits längere ergebnislose Verhandlungen vorangegangen sind und sich der andere Beteiligte deshalb oder aus anderen Gründen nicht auf ein Schiedsverfahren einlassen will, sondern ein gerichtliches Verfahren in Kauf nimmt.

Eine teilweise Einlassung hat die Schiedsstelle nur dann für möglich gehalten, wenn sie das Verfahren auf einen Teil der in das Verfahren eingeführten Schutzrechte beschränkt, nicht aber auf bestimmte rechtliche Gesichtspunkte (EV v. 3. 7. 1968, ArbErf 52/67). Die spätere Weigerung des Antragsgegners, das begonnene Verfahren fortzusetzen, hat sie nicht anerkannt, s. Anm. 11 zu § 31.

d) Erfolglose Beendigung nach Abs. 1 Nr. 3 4

Das Verfahren ist auch dann erfolglos beendet, wenn die Schiedsstelle einen Einigungsvorschlag gemacht hat, einer der Beteiligten oder beide aber widersprechen. Ein solcher Widerspruch muß innerhalb eines Monats nach Zustellung bei der Schiedsstelle eingehen. Wegen der Einzelheiten und der Möglichkeit der Wiedereinsetzung in den vorigen Stand bei Versäumung der Widerspruchsfrist vgl. die Erläuterungen zu § 34.

Stellt die Schiedsstelle das Verfahren ein, weil seine Voraussetzungen fortgefallen sind — vgl. Anm. 8 zu § 33 — oder weist sie einen Antrag zurück, etwa weil sie nicht zuständig ist — vgl. Anm. 6, 7 zu § 28 — so muß das Verfahren auch als erfolglos beendet angesehen werden. 5

e) Mitteilung der erfolglosen Beendigung 6

Nach § 37 kann auf Grund von Meinungsverschiedenheiten über Rechte oder Rechtsverhältnisse, die im Gesetz geregelt sind, grund-

Erläuterungen

sätzlich erst geklagt werden, wenn ein Schiedsverfahren vorangegangen ist. Damit der Kläger diese Voraussetzung dem Gericht nachweisen kann, erhält er von dem Vorsitzenden der Schiedsstelle eine Mitteilung über die erfolglose Beendigung des Schiedsverfahrens, die natürlich auch dem anderen Beteiligten zugeht.

Bei Einstellung des Verfahrens oder Zurückweisung des Antrags bedarf es einer Bescheinigung nicht, weil das Gericht die erfolglose Beendigung des Verfahrens aus dem Beschluß der Schiedsstelle ersieht. Die Schiedsstelle pflegt aber in ihrem Beschluß vorsorglich zu bemerken, daß damit das Schiedsverfahren erfolglos beendet sei.

§ 36
Kosten des Schiedsverfahrens

Im Verfahren vor der Schiedsstelle werden keine Gebühren oder Auslagen erhoben.

Übersicht

	Anm.		Anm.
a) Umfang der Kostenfreiheit	1	b) Erstattung der Kosten der Beteiligten	2

1 a) Umfang der Kostenfreiheit

Damit die Schiedsstelle ihrem Zweck voll gerecht werden kann, eine gütliche Einigung in Streitfällen nach dem Gesetz herbeizuführen, hat das Gesetz bestimmt, daß keine Gebühren und Auslagen erhoben werden. Ob die Schiedsstelle auch Zeugen und Sachverständige von Amts wegen laden und, wenn sie freiwillig erscheinen, ihnen Gebühren nach den amtlichen für Gerichte geltenden Vorschriften zahlen kann, ist noch zu klären, vgl. Anm. 5 zu § 33. Wird ein Zeuge oder Sachverständiger auf Ersuchen der Schiedsstelle vor einem Gericht vernommen oder vereidigt, so wird der Bund die Kosten zu tragen haben, ohne Ersatz dafür erlangen zu können.

Die Befreiung von allen amtlichen Kosten, die großzügig ausgelegt worden ist, hat sich auf die Zahl der Anrufungen der Schiedsstelle im Interesse der Vermeidung stärkerer Inanspruchnahme der Gerichte günstig ausgewirkt.

2 b) Erstattung der Kosten der Beteiligten

Das Gesetz bietet auch keine Grundlage für eine Pflicht, dem anderen Beteiligten die entstandenen außeramtlichen Kosten aufzuerlegen, etwa die Kosten des Vertreters oder Reisekosten. Demgemäß hat es die Schiedsstelle gleich am Beginn ihrer Tätigkeit abgelehnt, derartige Kosten der Gegenseite als erstattungspflichtig aufzuerlegen (s. EV v. 16. 10. 1958, Bl. 1959, 15). Es muß vermieden werden, daß die Anrufung der Schiedsstelle nur deshalb unterlassen wird, weil man die Belastung mit Kosten der Gegenseite befürchtet. Vergleichsweise hat jedoch der

§ 37 Voraussetzungen für die Erhebung der Klage

Arbeitgeber gelegentlich Kosten des Arbeitnehmers ganz oder z. T. übernommen.

Das Landgericht Mannheim hat dem Rechtsanwalt für die Vertretung vor der Schiedsstelle eine 10/10 Gebühr nach § 65 Abs. 1 Nr. 4 BRAGebO zugebilligt.

6. Gerichtliches Verfahren

§ 37
Voraussetzungen für die Erhebung der Klage

(1) Rechte oder Rechtsverhältnisse, die in diesem Gesetz geregelt sind, können im Wege der Klage erst geltend gemacht werden, nachdem ein Verfahren vor der Schiedsstelle vorausgegangen ist.

(2) Dies gilt nicht,
1. wenn mit der Klage Rechte aus einer Vereinbarung (§§ 12, 19, 22, 34) geltend gemacht werden oder die Klage darauf gestützt wird, daß die Vereinbarung nicht rechtswirksam sei;
2. wenn seit der Anrufung der Schiedsstelle sechs Monate verstrichen sind;
3. wenn der Arbeitnehmer aus dem Betrieb des Arbeitgebers ausgeschieden ist;
4. wenn die Parteien vereinbart haben, von der Anrufung der Schiedsstelle abzusehen. Diese Vereinbarung kann erst getroffen werden, nachdem der Streitfall (§ 28) eingetreten ist. Sie bedarf der Schriftform.

(3) Einer Vereinbarung nach Absatz 2 Nummer 4 steht es gleich, wenn beide Parteien zur Hauptsache mündlich verhandelt haben, ohne geltend zu machen, daß die Schiedsstelle nicht angerufen worden ist.

(4) Der vorherigen Anrufung der Schiedsstelle bedarf es ferner nicht für Anträge auf Anordnung eines Arrests oder einer einstweiligen Verfügung.

(5) Die Klage ist nach Erlaß eines Arrests oder einer einstweiligen Verfügung ohne die Beschränkung des Absatzes 1 zulässig, wenn der Partei nach den §§ 926, 936 der Zivilprozeßordnung eine Frist zur Erhebung der Klage bestimmt worden ist.

Übersicht

Anm.
I. Die besondere Prozeßvoraussetzung des Schiedsverfahrens 1—3
II. Ausnahmen: Der Verzicht auf das Schiedsverfahren 4

Anm.
a) Der ausdrückliche Verzicht · 5—6
b) Der stillschweigende Verzicht 7—8
III. Weitere Ausnahmen
a) Die Klage aus einer Vereinbarung 9

Erläuterungen

	Anm.		Anm.
b) Die Verzögerung des Schiedsverfahrens	10	IV. **Arrest und einstweilige Verfügung**	
c) Die Klage nach Beendigung des Arbeitsverhältnisses	11	a) Verfahren zum Erlaß des Arrests oder der einstweiligen Verfügung	12
		b) Die Hauptsacheklage nach §§ 926, 936 ZPO	13

1   I. Die besondere Prozeßvoraussetzung des Schiedsverfahrens

Rechte oder Rechtsverhältnisse, die im Gesetz über Arbeitnehmererfindungen geregelt sind, können gemäß § 37 Abs. 1 im Wege der Klage erst geltend gemacht werden, wenn ein Verfahren von der Schiedsstelle vorausgegangen ist. Damit will der Gesetzgeber erreichen, daß das Verhältnis zwischen Arbeitgeber und Arbeitnehmer möglichst wenig durch Auseinandersetzungen vor Gericht belastet wird (Amtl. Begr. unten S. 612). Das Verfahren vor der Schiedsstelle ist also eine prozeßrechtliche Bedingung der Zulässigkeit einer Klage im Hinblick auf ein Sachurteil, eine Prozeßvoraussetzung. Es tritt als besondere Prozeßvoraussetzung neben die Prozeßvoraussetzungen des allgemeinen Prozeßrechts und die besonderen Prozeßvoraussetzungen der besonderen Verfahrensarten und der Rechtsmittelverfahren (vgl. im einzelnen Baumbach-Lauterbach, ZPO 27. Aufl., Anm. 3 E. F, G Grundzüge vor § 253). Das Verfahren vor der Schiedsstelle muß allen Rechtsstreitigkeiten über Rechte oder Rechtsverhältnisse aus dem Arbeitnehmererfindergesetz vorausgehen, unabhängig davon, ob der Arbeitgeber oder der Arbeitnehmer oder ein Dritter klagen. Es ist jedoch nicht erforderlich, wenn die Klage zwar einen Tatbestand des Arbeitnehmererfinderrechts betrifft, aber nur auf Arbeits- oder Wettbewerbsrecht und nicht auf Rechte und Pflichten aus dem Arbeitnehmererfinderrecht gestützt wird.

2   Da das Verfahren vor der Schiedsstelle darauf abzielt, eine gütliche Einigung zwischen den Parteien herbeizuführen (§ 28), kann es zum Streit vor Gericht nur kommen, wenn der Einigungsversuch der Schiedsstelle gescheitert ist. Wurde das Schiedsverfahren mit einer Einigung zwischen den Parteien abgeschlossen, so kann sich aus demselben Tatbestand ein neuer Rechtsstreit nur entwickeln, wenn die Vereinbarung nicht erfüllt wird oder wenn eine Partei ihre Unwirksamkeit behauptet. In diesen Fällen macht jedoch § 37 Abs. 2 Ziffer 1 die erneute Anrufung der Schiedsstelle überflüssig (siehe unten Anm. 9).

3   Die besondere Prozeßvoraussetzung des Schiedsverfahrens ist wie jede andere Prozeßvoraussetzung von Amts wegen zu beachten. Fehlt sie und greift keine der im folgenden erörterten Ausnahmen des § 37 Abs. 2 bis 5 ein, so ist die Klage ohne sachliche Prüfung als unzulässig abzuweisen. Das Gericht hat aber auch die Möglichkeit, sein Verfahren zwecks Anrufung der Schiedsstelle auszusetzen (siehe oben Anm. 9 zu § 28; der abweichenden Ansicht von Volmer, Anm. 2 zu § 37, kann nicht zugestimmt werden).

II. Ausnahmen: Der Verzicht auf das Schiedsverfahren 4

Die Prozeßvoraussetzung des Schiedsverfahrens ist im Gegensatz zum alten Recht (§ 10 DVO) nicht unverzichtbar. Dem Gesetzgeber erschien die bisherige Regelung, die ausnahmslos in jedem Fall die Durchführung eines Einigungsversuchs verlangte, zu starr. Er schuf deshalb in § 37 Abs. 2 bis 5 eine Reihe von Ausnahmen, in denen das gerichtliche Verfahren ohne vorgängiges Schiedsverfahren durchgeführt werden kann (vgl. Amtl. Begr. unten S. 612).

a) Der ausdrückliche Verzicht 5

Gemäß § 37 Abs. 2 Ziffer 4 können die Parteien auf die Durchführung des Schiedsverfahrens durch Vereinbarung von vornherein verzichten. Es bleibt ihrem übereinstimmenden Entschluß vorbehalten, ob sie vor einer gerichtlichen Auseinandersetzung den Versuch einer gütlichen Einigung machen wollen. Erklären sie beide, davon abzusehen, so werden sie vom Gesetz nicht zur Durchführung des Schiedsverfahrens gezwungen. Die Vereinbarung kann jedoch erst getroffen werden, wenn ein Streitfall eingetreten ist. § 37 Abs. 2 geht der allgemeinen Regel des § 22 vor. Sie muß sich immer auf einen bestimmten Streit beziehen. Ein Streitfall liegt vor (§ 28), wenn sich die Parteien über ein bestimmtes Recht oder Rechtsverhältnis nicht selbst einigen können. Um sicherzustellen, daß der Arbeitnehmer nicht unüberlegt auf das Schiedsverfahren verzichtet, schreibt das Gesetz für die Vereinbarung nach § 37 Abs. 2 Nr. 4 die Schriftform vor (§ 126 BGB).

Sie ist nach neuerer zivilprozessualer Lehre, wenigstens wenn vor 6
Klageerhebung geschlossen, bürgerlichrechtlicher Vertrag über prozessuale Bestimmungen; ihre Voraussetzungen sind folglich nach bürgerlichem Recht zu beurteilen (vgl. im einzelnen Baumbach-Lauterbach ZPO 32. Aufl. Anm. 2 A und Stein-Jonas ZPO 19. Aufl. Anm. II 3, je zu § 38).

Liegt ein ausdrücklicher und rechtswirksamer Verzicht vor, so ist die Klage von Anfang an zulässig, ohne daß vorher ein Schiedsverfahren durchgeführt werden muß.

b) Der stillschweigende Verzicht 7

Einer Vereinbarung nach § 37 Abs. 2 Nr. 4 steht es gleich, wenn beide Parteien vor dem angerufenen Gericht mündlich zur Hauptsache verhandelt haben, ohne geltend zu machen, daß die Schiedsstelle nicht angerufen worden ist (§ 37 Abs. 3). Diese Regelung ist dem § 39 ZPO nachgebildet (vgl. Amtl. Begr. unten S. 613; vgl. auch für den ähnlichen Fall des Verlustes der Einrede der Unzulässigkeit bei ausschließlichem Gerichtsstand BGH v. 22. 6. 1954, BGHZ 14, 72). Ebenso wie dort wird bei einer rügelosen Verhandlung zur Hauptsache eine stillschweigende Vereinbarung des Inhalts, daß die Parteien auf die Durchführung des Schiedsverfahrens verzichten, unwiderlegbar vermutet. Haben

Erläuterungen

die Parteien einmal rügelos zur Hauptsache verhandelt, so ist jede spätere Rüge des fehlenden Schiedsverfahrens ausgeschlossen; die anfänglich fehlende Prozeßvoraussetzung darf dann auch nicht mehr von Amts wegen berücksichtigt werden. Es gilt vielmehr dasselbe, wie wenn die Parteien in der in § 37 Abs. 2 Nr. 4 vorgesehenen Form auf die Durchführung des Schiedsverfahrens verzichtet hätten. § 274 Abs. 3 ZPO ist unanwendbar (vgl. für den analogen Fall des § 39 ZPO RG v. 9. 2. 1915, RGZ 86, 229). Auch auf Willensmängel, etwa Irrtum über die Notwendigkeit des Schiedsverfahrens oder über die Bedeutung der rügelosen Einlassung, kommt es nicht an (vgl. RG v. 31. 5. 1926, JW 1927, 2311).

8   Unter Verhandlung zur Hauptsache ist die mit den Anträgen beginnende Sacherörterung mit den Parteien zu verstehen (vgl. § 137 ZPO). Zur Hauptsache wird noch nicht verhandelt, wenn nur prozessuale Fragen erörtert werden. Im schriftlichen Verfahren (§ 128 Abs. 2 ZPO) findet § 37 Abs. 3 keine Anwendung, das ausdrücklich mündliche Verhandlung verlangt wird; die vorbehaltlose schriftliche Einlassung zu sachlich rechtlichen Fragen steht der mündlichen Verhandlung zur Hauptsache nicht gleich. Auch bei Säumnis des Beklagten ist § 37 Abs. 3 nicht anwendbar. Der klare Wortlaut des Gesetzes läßt die abweichende Auffassung von Volmer, Anm. 14 zu § 38, nicht zu. Dagegen liegt bei Säumnis des Klägers die stillschweigende Vereinbarung im Antrag des Beklagten auf Versäumnisurteil oder Entscheidung nach Aktenlage.

Welche der Parteien geltend macht, daß die Schiedsstelle nicht angerufen wurde, ist ohne Bedeutung. Hat der Beklagte das fehlende Schiedsverfahren gerügt, so schadet eine spätere vorsorgliche Verhandlung zur Hauptsache nicht.

III. Weitere Ausnahmen

9   **a) Die Klage aus einer Vereinbarung**

Das Schiedsverfahren ist als Voraussetzung für die Klage entbehrlich, wenn mit der Klage Rechte aus einer Vereinbarung geltend gemacht werden oder die Klage darauf gestützt wird, daß die Vereinbarung nicht rechtswirksam sei (§ 37 Abs. 2 Nr. 1). Denn hier ist bereits eine Einigung zwischen den Parteien erfolgt, deren Zustandekommen das Schiedsverfahren fördern sollte (Amtl. Begr. unten S. 612).

Als Vereinbarungen nennt das Gesetz die Vergütungsvereinbarungen (§ 12; ebenso §§ 14 Abs. 3, 16 Abs. 3, 20 Abs. 1), die Vereinbarungen über freie Erfindungen (§ 19), die Abdingung von Vorschriften des Gesetzes (§ 22) und die Einigung im Schiedsverfahren (§ 34). Zu letzterer siehe Schiedsstelle v. 14. 3. 1960, Bl. 1960, 316 = GRUR 1961, 135, wo hervorgehoben wird, daß das Verfahren der Schiedsstelle auch dann einzustellen und eine Vereinbarung i. S. des § 37 Abs. 2 Nr. 1 geschaffen ist, wenn die Einigung zwischen den Parteien im Laufe des Schiedsver-

§ 37 Voraussetzungen für die Erhebung der Klage

fahrens ohne Einigungsvorschlag etwa im Wege eines Vergleichs zustande kommt. Die Vergütungsfestsetzung nach § 12 Abs. 3 und 4 wird den Vereinbarungen hier nicht gleichgestellt.

b) Die Verzögerung des Schiedsverfahrens 10

Die Durchführung des Schiedsverfahrens entfällt als Klagevoraussetzung, wenn eine der Parteien in der nun bei Gericht anhängigen Sache die Schiedsstelle angerufen hat, seit der Anrufung der Schiedsstelle aber sechs Monate verstrichen sind (§ 37 Abs. 2 Nr. 2). Dadurch soll verhindert werden, daß durch eine zu lange Dauer des Schiedsverfahrens die Durchführung eines Rechtsstreits über Gebühr verzögert wird (Amtl. begr. unten S. 612). Die Bestimmung führt indirekt zu einer Beschleunigung des Schiedsverfahrens. Sie scheint bisher kaum angewendet worden zu sein.

c) Die Klage nach Beendigung des Arbeitsverhältnisses 11

Die Durchführung eines Schiedsverfahrens wurde als Prozeßvoraussetzung gewählt, um das Verhältnis zwischen Arbeitgeber und Arbeitnehmer möglichst wenig durch gerichtliche Auseinandersetzungen zu belasten. Dieser Gedanke greift nicht mehr durch, wenn der Arbeitnehmer bereits aus dem Betrieb ausgeschieden ist. In diesem Fall kann deshalb ohne vorheriges Schiedsverfahren sofort Klage erhoben werden (§ 37 Abs. 2 Nr. 3). Es genügt das tatsächliche Ausscheiden aus dem Betrieb, das allerdings nach dem Willen der Parteien nicht nur vorübergehend sein darf. Einer rechtskräftigen Auflösung des Arbeitsverhältnisses bedarf es nicht, wenn die Parteien übereinstimmend den Willen haben, das Arbeitsverhältnis nicht mehr fortzusetzen. Auch der Ruhegehaltsempfänger ist mangels Fortbestand einer engeren gegenseitigen Bindung als aus dem Betrieb des Arbeitgebers ausgeschieden anzusehen (OLG Düsseldorf v. 26. 5. 1961, GRUR 1962, 193, Leitsatz Bl. 1962, 189; vgl. auch BAG v. 16. 3. 1956, NJW 1956, 1086 = BB 1956, 308, 560, 1149 = DB 1956, 573, 988 = JZ 1956, 504). In vielen Fällen ziehen es jedoch die Parteien auch nach Beendigung des Arbeitsverhältnisses vor, den Streit zuerst vor die Schiedsstelle zu bringen. Das wird in diesem wie in allen anderen Fällen des § 37 Abs. 2 mit Ausnahme der Nr. 4 nicht ausgeschlossen. Die Praxis hat im Gegenteil gezeigt, daß gerade nach Beendigung des Arbeitsverhältnisses die Schiedsstelle häufig angerufen wird.

IV. Arrest und einstweilige Verfügung

a) Verfahren zum Erlaß des Arrests oder der einstweiligen Verfügung 12

Die besonderen Verfahren zum Erlaß des Arrests und der einstweiligen Verfügung (§§ 916 ff. ZPO) bedingen ebenfalls eine Ausnahme von dem Grundsatz, daß jedem gerichtlichen Verfahren in Arbeitnehmererfindersachen ein Schiedsverfahren vorausgehen müsse. Denn die bei-

Erläuterungen

den Verfahrensarten sollen eine möglichst rasche, in vielen Fällen sogar überraschende Sicherung des Gläubigers ermöglichen. Ihr Sinn wäre entwertet, wenn ihnen ein Schiedsverfahren vorgeschaltet werden müßte. Das Schiedsverfahren ist deshalb in diesen Fällen nicht Voraussetzung für die Antragstellung (§ 37 Abs. 4).

13   b) Die Hauptsacheklage nach §§ 926, 936 ZPO

Nach Erlaß eines Arrests oder einer einstweiligen Verfügung ist die Klage ohne vorheriges Schiedsverfahren zulässig, wenn dem Arrest- oder Verfügungskläger nach §§ 926, 936 ZPO eine Frist zur Erhebung der Klage bestimmt worden ist (§ 37 Abs. 5). Auch diese Regelung wird von der besonderen Natur des Arrest- und einstweiligen Verfügungsverfahrens bedingt. Denn ist dem Arrest- oder Verfügungskläger eine Frist zur Erhebung der Hauptsacheklage gestellt worden, so muß er diese Frist zur Vermeidung von Rechtsnachteilen zwangsläufig einhalten. Ein zwischengeschaltetes Schiedsverfahren würde hier wiederum zu einer Verzögerung führen, die dem Sinn der besonderen Verfahrensarten zuwider laufen würde.

§ 38
Klage auf angemessene Vergütung

Besteht Streit über die Höhe der Vergütung, so kann die Klage auch auf Zahlung eines vom Gericht zu bestimmenden angemessenen Betrages gerichtet werden.

Übersicht

	Anm.		Anm.
a) Bisherige Rechtslage	1	b) Klage auf angemessene Vergütung	2, 3

1   a) Bisherige Rechtslage

Gemäß § 253 Abs. 2 Nr. 2 ZPO muß jede Klageschrift einen bestimmten Antrag enthalten. Bei Klagen auf Geldleistungen verlangt die Bestimmtheit des Antrags eine ziffernmäßige Angabe des geforderten Betrags. In gewissen Fällen, in denen die zahlenmäßige Feststellung der Klageforderung vom billigen Ermessen des Richters abhängt, läßt die Rechtsprechung auch unbestimmter Klaganträge zu (vgl. RG v. 1. 4. 1933, RGZ 140, 211; 29. 10. 1937, JW 1938, 605; BGH v. 13. 12. 1951, NJW 1952, 382; etwas einschränkend RG v. 27. 9. 1937, JW 1937 3184). Zu diesen Ausnahmefällen gehört der Rechtsstreit über die Höhe einer vom Arbeitgeber an den Arbeitnehmer zu bezahlenden Erfindervergütung. Es wäre also auch ohne ausdrückliche gesetzliche Vorschrift zulässig, eine Klage auf Zahlung eines vom Richter zu bestimmenden, angemessenen Betrags einzureichen, wenn Streit über die Angemessenheit

§ 39 Zuständigkeit

und damit über die Höhe der Vergütung besteht. Trotzdem erschien es dem Gesetzgeber zweckmäßig, die Zulässigkeit einer Klage auf angemessene Vergütung ausdrücklich klarzustellen. An der bisherigen Rechtslage wird dadurch nichts geändert (vgl. Amtl. Begr. unten S. 613).

b) Klage auf angemessene Vergütung 2

Bei der Klage eines Arbeitnehmers auf angemessene Vergütung für eine unbeschränkt oder beschränkt in Anspruch genommene Diensterfindung (§§ 9, 10), für ein Benutzungsrecht an einer Diensterfindung (§§ 14 Abs. 3, 16 Abs. 3, auch 19 Abs. 1) oder für einen technischen Verbesserungsvorschlag (§ 20 Abs. 1) braucht die Forderung im Klageantrag nicht beziffert zu werden. Die Höhe der angemessenen Vergütung kann dem Ermessen des Gerichts überlassen bleiben. Die Klageschrift muß aber die tatsächlichen Grundlagen angeben, die dem Gericht die Feststellung der Höhe des gerechtfertigten Klaganspruchs ermöglichen (RG v. 1. 4. 1933, RGZ 140, 211). Der Anspruch auf angemessene Vergütung ist als unbezifferter Anspruch grundsätzlich von der Rechtshängigkeit ab zu verzinsen, wenn der Zinsanspruch aus anderen Gründen nicht bereits früher entstanden ist (BGH v. 5. 1. 1965, BB 1965, 184 für Schmerzensgeld).

Tatsächliche Grundlagen sind vor allem die Tatsachen, von denen § 9 Abs. 2 und die Richtlinien die Höhe der angemessenen Vergütung abhängig machen, also insbesondere Einzelheiten über die wirtschaftliche Verwertbarkeit, über die Aufgaben und Stellung des Arbeitnehmers im Betrieb und über den Anteil des Betriebs am Zustandekommen der Diensterfindung oder des technischen Verbesserungsvorschlags.

Zulässig ist auch ein Antrag auf Zahlung einer gerichtlich festzustellenden Summe, mindestens aber eines in der Klageschrift angegebenen Betrags (RG v. 29. 10. 1937, JW 1938, 605); hier wird dann allerdings nicht nur die geforderte Mindestsumme, sondern der gesamte vom Gericht als angemessen angesehene Betrag rechtshängig; wichtig für Kosten und Rechtsmittel. Unzulässig ist es dagegen, den geforderten Betrag ziffernmäßig festzulegen und anzufügen „oder nach richterlichem Ermessen"; dieser Zusatz wird vom Gericht als bedeutungslos angesehen; er schützt den Kläger nicht vor der Kostenlast; das Gericht bleibt gezwungen, allein über den geforderten Betrag zu entscheiden (RG v. 5. 5. 1930, RGZ 128, 365). 3

§ 39

Zuständigkeit

(1) Für alle Rechtsstreitigkeiten über Erfindungen eines Arbeitnehmers sind die für Patentstreitsachen zuständigen Gerichte (§ 51 des Patentgesetzes) ohne Rücksicht auf den Streitwert ausschließlich zuständig. Die Vorschriften über das Verfahren in Patentstreitsachen sind

Erläuterungen

anzuwenden. Nicht anzuwenden ist § 74 Abs. 2 und 3 des Gerichtskostengesetzes*.

(2) Ausgenommen von der Regelung des Absatzes 1 sind Rechtsstreitigkeiten, die ausschließlich Ansprüche auf Leistung einer festgestellten oder festgesetzten Vergütung für eine Erfindung zum Gegenstand haben.

§ 51 des Patentgesetzes

(1) Für alle Klagen, durch die ein Anspruch aus einem der in diesem Gesetz geregelten Rechtsverhältnisse geltend gemacht wird (Patentstreitsachen), sind die Landgerichte ohne Rücksicht auf den Streitwert ausschließlich zuständig.

(2) Die Landesregierungen werden ermächtigt, durch Rechtsverordnungen die Patentstreitsachen für die Bezirke mehrerer Landgerichte einem von ihnen zuzuweisen. Die Landesregierungen können diese Ermächtigung auf die Landesjustizverwaltungen übertragen.

(3) Die Parteien können sich vor dem Gericht für Patentstreitsachen auch durch Rechtsanwälte vertreten lassen, die bei dem Landgericht zugelassen sind, vor das die Klage ohne die Regelung in Absatz 2 gehören würde. Das entsprechende gilt für die Vertretung vor dem Berufungsgericht.

(4) Die Mehrkosten, die einer Partei dadurch erwachsen, daß sie sich gemäß Absatz 3 durch einen nicht beim Prozeßbericht zugelassenen Rechtsanwalt vertreten läßt, sind nicht zu erstatten.

(5) Von den Kosten, die durch die Mitwirkung eines Patentanwalts in einem Rechtsstreit entstehen, sind die Gebühren bis zur Höhe einer vollen Gebühr nach § 11 der Gebührenordnung für Rechtsanwälte und außerdem die notwendigen Auslagen des Patentanwalts zu erstatten.

§ 111 des Gerichtskostengesetzes

(1) Der Termin zur mündlichen Verhandlung soll auf Grund der Klage erst nach Zahlung der erforderten Prozeßgebühr und der Auslagen für die förmliche Zustellung der Klage bestimmt werden. Das gleiche gilt im Mahnverfahren bei dem Antrag des Gläubigers auf Bestimmung eines Termins zur mündlichen Verhandlung nach Erhebung des Widerspruchs oder nach Erlaß eines Vollstreckungsbefehls unter Vorbehalt der Ausführung der Rechte des Beklagten. Wird der Klageantrag erweitert, so soll vor Zahlung der erforderten Prozeßgebühr keine gerichtliche Handlung vorgenommen werden.

(2) Der Zahlungsbefehl soll erst nach der Zahlung der in §§ 38 Abs. 1 bestimmten Gebühr erlassen werden.

---

* Jetzt § 111 Abs. 1 und 2 des Gerichtskostengesetzes in der Fassung vom 26. 7. 1957 (BGBl. I 941).

§ 39 Zuständigkeit

Übersicht

	Anm.		Anm.
a) Bisherige Entwicklung	1	d) Rechtsstreitigkeiten auf Leistung einer festgestellten oder festgesetzten Vergütung	8, 9
b) Zuständigkeit			
aa) Sachliche Zuständigkeit	2, 3		
bb) Örtliche Zuständigkeit	4, 5	e) Übergangsregelung	10
c) Verfahrensvorschriften	6, 7	f) Zuständigkeit bei Rechtsstreitigkeiten über technische Verbesserungsvorschläge	11

a) Bisherige Entwicklung

1

Die wechselvolle Verteilung der Zuständigkeiten der Gerichte in Rechtsstreitigkeiten über Erfindungen von Arbeitnehmern in den vergangenen Jahrzehnten ist in der amtlichen Begrüdung zu § 39 eingehend dargestellt; sie unten S. 614).

b) Zuständigkeit

aa) Sachliche Zuständigkeit

2

Für alle Rechtsstreitigkeiten über Erfindungen von Arbeitnehmern im privaten und öffentlichen Dienst, von Beamten und Soldaten (vgl. Anm. 3 zu § 41) sind mit Ausnahme der in Absatz 2 genannten Fälle (siehe Anm. 8, 9) die für Patentstreitsachen zuständigen Gerichte ohne Rücksicht auf den Streitwert sachlich ausschließlich zuständig (LAG Hamm v. 12. 2. 1954, BB 1954, 472 = DB 1954, 352 für das Recht der DVO). Diese Regelung wurde gewählt, weil auch für die Entscheidung von Arbeitnehmererfinderstreitigkeiten in erster Linie technische und patentrechtliche Gesichtspunkte maßgebend sind. Die amtliche Begründung (siehe unten S. 615) nennt als Beispiel die Feststellung der Höhe einer angemessenen Vergütug. Dabei ist unter anderem der Anteil des Betriebs am Zustandekommen der Diensterfindung zu berücksichtigen, das heißt, es ist am Streitfall vor Gericht zu prüfen, inwieweit die erfinderische Leistung des Arbeitnehmers auf Verfahren und Arbeiten des Betriebs beruht, und inwieweit sie darüber hinausgeht. Diese und ähnliche Abwägungen können sachgemäß nur von einem auf dem Gebiet des Patentrechts geübten, mit technischen Erfahrungen versehenen Richter getroffen werden, wie er nur in Patentstreitkammern vorhanden ist. Damit wird zugleich die bisherige Zweiteilung der Zuständigkeiten (vgl. Amtl. Begr. unten S. 616 und Anm. 3 zu § 44) aufgegeben und erreicht, daß die beteiligten Richter durch den bei ihnen zustandekommenden vermehrten Prozeßstoff sich eingehender mit den Fragen ihres Rechtsgebiets beschäftigen und dadurch reichlich die wünschenswerten Kenntnisse und Erfahrungen sammeln (Amtl. Begr. unten S. 615).

Die für Patentstreitsachen sachlich zuständigen Gerichte sind gemäß § 51 PatG die Landgerichte — Zivilkammern. Sie sind ohne Rücksicht auf den Streitwert zuständig. Da die Zuständigkeit eine ausschließliche ist, kann auch durch Prorogation der Streit nie vor einem Amtsgericht geführt werden (§ 40 Abs. 2 ZPO).

3

Erläuterungen

Für die Abgrenzung der Zuständigkeit der Kammern für Patentsachen von den allgemeinen Zivilkammern gelten die zu § 28 für die Zuständigkeit der Schiedsstelle entwickelten Grundsätze entsprechend (vgl. BGH v. 22. 6. 1954, BGHZ 14, 72). Deshalb kommt es z. B. auch hier nicht darauf an, daß die Schutzfähigkeit der Erfindung festgestellt ist. Wenn die Klage vor einer Zivilkammer des Landgerichts erhoben ist, verliert der Beklagte aber die Einrede der Unzuständigkeit, wenn er zur Hauptsache mündlich verhandelt hat und die Zuständigkeit des angerufenen Gerichts innerhalb der ersten Instanz überhaupt nicht, also weder vor noch nach dem Beginn der mündlichen Verhandlung gerügt hat (BGH v. 22. 6. 1954, a.a.O.).

4   bb) *Örtliche Zuständigkeit*

Die örtliche Zuständigkeit wird in § 39 nicht geregelt. Sie bestimmt sich nach den allgemeinen Regeln der ZPO. Danach ist grundsätzlich das Gericht örtlich zuständig, in dessen Bezirk der Beklagte seinen allgemeinen Gerichtsstand hat (§§ 12, 13 ZPO). Werden juristische Personen verklagt, so gilt die besondere Bestimmung des § 17 ZPO; für den Fiskus als Beklagten gelten §§ 18, 19 ZPO. Außerdem kommen für Arbeitnehmererfinderstreitigkeiten die besonderen Gerichtsstände der Beschäftigung (§ 20 ZPO), der Niederlassung (§ 21 ZPO) und des Erfüllungsorts (§ 29 ZPO) in Betracht. Bei letzterem ist zu beachten, daß als Erfüllungsort eines Arbeitsvertrags in der Regel der Ort gilt, an dem die vertragliche Arbeitsleistung erbracht werden muß, also der Ort der Betriebsstätte.

5   Außerdem ist zu beachten, daß Patentstreitigkeiten über Erfindungen von Arbeitnehmern in erster Instanz bei einigen wenigen Landgerichten konzentriert sind. Alle Landesregierungen haben von der Ermächtigung des § 51 Abs. PatG Gebrauch gemacht und durch Rechtsverordnung diese Streitigkeiten für den Bezirk mehrerer Landgerichte einem von ihnen zugewiesen. Es sind danach örtlich zuständig:

in Baden-Württemberg das LG Mannheim (Bl. 1951, 165);
in Bayern:
für den Bezirk des OLG München das LG München I;
für den Bezirk der OLG Nürnberg und Bamberg das LG Nürnberg-Fürth (Bl. 1953, 76);
in Bremen, Hamburg und Schleswig-Holstein das LG Hamburg (Bl. 1950, 206, 207);
in Hessen und Rheinland-Pfalz das LG Frankfurt (Bl. 1950, 207; 1951, 66);
in Niedersachsen das LG Braunschweig (Bl. 1950, 207);
in Nordrhein-Westfalen das LG Düsseldorf (Bl. 1950, 207);
in Berlin das LG Berlin.

Eine Vereinbarung über die örtliche Zuständigkeit schließt § 39 Nr. 1 nicht aus (LG Braunschweig v. 20. 2. 1968, GRUR 1969, 135, ist aber nach

§ 39 Zuständigkeit

der Neufassung der §§ 29, 38 ff. ZPO durch das Gesetz v. 21. 3. 1974 (BGBl. I 753) in Arbeitnehmererfindersachen grundsätzlich nicht mehr möglich (Ausnahmen § 38 Abs. 2, 3, § 39 ZPO).

c) **Verfahrensvorschriften** 6

Im Verfahren vor den ordentlichen Gerichten sind die Vorschriften über das Verfahren in Patentstreitsachen anzuwenden. Damit gelten § 51 Abs. 3 bis 5 PatG (Vertretung durch Rechtsanwälte und Patentanwälte), § 53 PatG (Kostenbegünstigung bedürftiger Parteien), § 9 Abs. 3 PatAnwG und das Gesetz über die Beiordnung von Patentanwälten in Armenrechtssachen vom 5. 2. 1938 (RGBl. I 116) auch für Rechtsstreitigkeiten über Erfindungen von Arbeitnehmern. Im übrigen gelten die Bestimmungen der Zivilprozeßordnung.

Nicht anwendbar ist gemäß § 39 Abs. 1 Satz 3 der § 74 Abs. 2 und 3 7 GKG. Dem entspricht nach der Neufassung des Gerichtskostengesetzes vom 26. 7. 1957 (BGBl. I 941) der § 111 Abs. 1 und 2 GKG. Die Terminbestimmung kann also in Arbeitnehmererfinderstreitigkeiten nicht von der vorherigen Zahlung der Prozeßgebühr abhängig gemacht werden. Auch im Fall der Klageerweiterung kann die Vornahme weiterer gerichtlicher Handlungen nicht von der Erlegung eines Gebührenvorschusses abhängig gemacht werden. Ein Zahlungsbefehl ist ebenfalls ohne Rücksicht auf die Zahlung einer Gebühr zu erlassen.

d) **Rechtsstreitigkeiten auf Leistung einer festgestellten oder** 8
festgesetzten Vergütung

Auf Rechtsstreitigkeiten, die ausschließlich Ansprüche auf Leistung einer festgestellten oder festgesetzten Vergütung (§ 12) für eine Erfindung zum Gegenstand haben, findet die Regelung des Absatz 1 keine Anwendung (Abs. 2). Hier bleibt es also für die Zuständigkeit und Verfahrensregelung bei den Bestimmungen des allgemeinen Rechts.

Die Ausnahme erfaßt nur Klagen auf Leistung einer bereits festgestellten oder festgesetzten Vergütung. Die Höhe der Vergütung darf also nicht mehr streitig sein. Der Rechtsstreit darf nur noch um die Zahlung der Vergütung gehen. Es stehen dann keine technischen oder patentrechtlichen Fragen mehr zur Entscheidung, besondere Kenntnisse in den Fragen der Arbeitnehmererfinder- und des Patentrechts sind nicht mehr erforderlich, so daß die Gründe für die in Abs. 1 getroffene Sonderregelung entfallen (vgl. für die Zeit vor dem Inkrafttreten des ArbEG insoweit übereinstimmend LAG Hamm v. 12. 2. 1954 BB 1954, 472 = BB 1954, 352; danach bestand die Zuständigkeit der Arbeitsgerichte auch für Schadenersatzansprüche des Arbeitnehmers wegen Nichterfüllung vom Arbeitgeber vertraglich übernommener Verpflichtungen zur Werbung und zum Vertrieb für die vom Arbeitnehmer entwickelten Produkte; dieser Fall wird auch heute noch unter § 39 Abs. 2 ArbEG subsumiert werden können). Ist die Vergütung nicht in Geld, sondern in Prozent einer bestimmten Bezugsgröße festgesetzt, so hindert ein Streit über den Umfang der Bezugsgröße die Anwendung des Abs. 2 nicht.

Erläuterungen

9 Es bleibt also bei den allgemeinen Zuständigkeitsvorschriften. Für Klagen vor Arbeitnehmern und arbeitnehmerähnlichen Personen sind deshalb gemäß § 2 Abs. 1 Nr. 2 ArbGG die Arbeitsgerichte zuständig. Der letzte Halbsatz dieser Vorschrift ist nunmehr in Übereinstimmung mit § 39 Abs. 2 ArbEG auszulegen; die von der Regierung vorgeschlagene Änderung des Arbeitsgerichtsgesetzes hat der Bundestag abgelehnt (vgl. Ausschußbericht unten S. 646). Für das Verfahren gelten die Bestimmungen des Arbeitsgerichtsgesetzes. Für Klagen von Beamten, Ruhestandsbeamten, früheren Beamten und deren Hinterbliebenen und ebenso für Soldaten ist der Verwaltungsrechtsweg gegeben.

Ist ein Rechtsstreit vor dem Arbeitsgericht (oder dem Verwaltungsgericht) anhängig und rechnet der Beklagte gegen den geltend gemachten Vergütungsanspruch mit Ansprüchen auf, für deren Geltendmachung im Wege der Klage die Kammern für Patentsachen nach § 39 Abs. 1 zuständig wären, so führt dies nicht dazu, daß das Arbeitsgericht (oder das Verwaltungsgericht) seine Zuständigkeit für die Entscheidung der Klage verlieren würde. Es hat vielmehr wie auch selbst im Verhältnis zu den ordentlichen Gerichten über die Gegenforderung mit zu entscheiden (BAG v. 18. 5. 1972, DB 1972, 1075 in Bestätigung und Fortentwicklung von BGH v. 30. 1. 1958, BGHZ 26, 304).

10 e) **Übergangsregelung**

Wegen der Fortsetzung von Verfahren, die im Zeitpunkt des Inkrafttretens des Gesetzes, also am 1. Oktober 1957, bereits rechtshängig waren, siehe die Anmerkungen zu § 44.

11 f) **Zuständigkeit bei Rechtsstreitigkeiten über technische Verbesserungsvorschläge**

§ 39 regelt nur die Zuständigkeit und das Verfahren für Rechtsstreitigkeiten über Erfindungen eines Arbeitnehmers, nicht dagegen für Rechtsstreitigkeiten über Verbesserungsvorschläge (BGA v. 30. 4. 1965 Abdampfverwertung, GRUR 1966, 88 = AP Nr. 1 zu § 20 ArbEG, beidesmal mit Anm. Volmer). Für solche Streitigkeiten bleibt es deshalb bei den allgemeinen Zuständigkeitsvorschriften; dazu vgl. Anm. 9. Es sind nach § 2 Abs. 1 Nr. 2 ArbGG die Gerichte für Arbeitssachen sachlich zuständig. Eine entsprechende Anwendung scheidet auch bei qualifizierten technischen Verbesserungsvorschlägen aus (vgl. Ausschußbericht unten S. 643 gegen Friedrich, GRUR 1958, 282).

DRITTER ABSCHNITT

Erfindungen und technische Verbesserungsvorschläge von Arbeitnehmern im öffentlichen Dienst, von Beamten und Soldaten

1 **Vorbemerkung**

Das Gesetz ist bestrebt, das Gebiet des Arbeitnehmererfindungsrechts möglichst umfassend und abschließend zu regeln. Das gilt nicht nur hinsichtlich aller Sachgebiete, auf die das Recht der Arbeitnehmererfindung sich auswirkt, sondern auch hinsichtlich des betroffenen Personenkreises. Deshalb beschränkt sich das Gesetz nicht auf die Erfindungen der Arbeitnehmer, die in privaten Betrieben beschäftigt sind, es erfaßt nach dem Vorbild der alten Durchführungsverordnung auch die Erfindungen der Arbeitnehmer der öffentlichen Verwaltungen und Betriebe, der Beamten und der Soldaten. Das Gesetz bezieht sich auch nicht nur auf den Bereich der auf Erwerb ausgerichteten — privaten oder öffentlichen — Wirtschaft, sondern auch auf alle Einrichtungen in privater oder öffentlicher Hand, die nicht auf die Erzielung von Gewinn ausgerichtet sind (Schiedsstelle v. 8. 2. 1973, Bl. 1973, 215).

Wegen der Einbeziehung der Arbeitnehmer der öffentlichen Verwaltungen und Betriebe bestanden nie ernstliche Bedenken. Die Rechtsverhältnisse der Beamten sollten dagegen ursprünglich nicht im Gesetz geregelt werden. Erst im Laufe der Gesetzgebung setzte sich der Gedanke durch, daß trotz der Besonderheiten der Beamtenverhältnisse kein hinreichender Grund gegeben sei, die Beamten anders und zwar schlechter als die Arbeitnehmer im öffentlichen Dienst zu behandeln. Ausschlaggebend war letzten Endes die Überlegung, daß es nicht tragbar sei, Erfinder in derselben öffentlichen Verwaltung, die unter denselben Bedingungen, vielleicht sogar gemeinsam an einer Erfindung gearbeitet haben, unter verschiedenes Recht zu stellen.

Die Arbeitnehmer im öffentlichen Dienst, die Beamten und die Soldaten sind grundsätzlich denselben Bestimmungen wie die Arbeitnehmer der Privatwirtschaft unterworfen. Die besonderen Belange des öffentlichen Dienstes bedingten allerdings schon früher bestimmte Sonderregelungen (§ 11 DVO). An diesen Vorbehalten des alten Rechts zugunsten der öffentlichen Verwaltung hat das Gesetz im wesentlichen festgehalten. Für die Arbeitnehmer im öffentlichen Dienst werden diese Abweichungen in § 40 aufgezählt. § 41 erklärt die Regelung für entsprechend auf Beamte und Soldaten anwendbar. § 42 enthält eine Sonderregelung für Hochschullehrer und Hochschulassistenten, die deren besonderen Dienstverhältnissen und vor allem dem Grundsatz der Freiheit von Lehre und Forschung Rechnung tragen soll. **2**

§ 40
Arbeitnehmer im öffentlichen Dienst

Auf Erfindungen und technische Verbesserungsvorschläge von Arbeitnehmern, die in Betrieben und Verwaltungen des Bundes, der Länder, der Gemeinden und der sonstigen Körperschaften, Anstalten und Stiftungen des öffentlichen Rechts beschäftigt sind, sind die Vorschriften für Arbeitnehmer im privaten Dienst mit folgender Maßgabe anzuwenden:
1. **An Stelle der Inanspruchnahme der Diensterfindung kann der Arbeitgeber eine angemessene Beteiligung an dem Ertrage der Dienst-

Erläuterungen

erfindung in Anspruch nehmen, wenn dies vorher vereinbart worden ist. Über die Höhe der Beteiligung können im voraus bindende Abmachungen getroffen werden. Kommt eine Vereinbarung über die Höhe der Beteiligung nicht zustande, so hat der Arbeitgeber sie festzusetzen. § 12 Abs. 3 bis 6 ist entsprechend anzuwenden.

2. Die Behandlung von technischen Verbesserungsvorschlägen nach § 20 Abs. 2 kann auch durch Dienstvereinbarung geregelt werden; Vorschriften, nach denen die Einigung über die Dienstvereinbarung durch die Entscheidung einer höheren Dienststelle oder einer dritten Stelle ersetzt werden kann, finden keine Anwendung.

3. Dem Arbeitnehmer können im öffentlichen Interesse durch allgemeine Anordnung der zuständigen obersten Dienstbehörde Beschränkungen hinsichtlich der Art der Verwertung der Diensterfindung auferlegt werden.

4. Zur Einreichung von Vorschlagslisten für Arbeitgeberbeisitzer (§ 30 Abs. 4) sind auch die Bundesregierung und die Landesregierungen berechtigt.

5. Soweit öffentliche Verwaltungen eigene Schiedsstellen zur Beilegung von Streitigkeiten auf Grund dieses Gesetzes errichtet haben, finden die Vorschriften der §§ 29 bis 32 keine Anwendung.

Übersicht

	Anm.		Anm.
a) Geltungsbereich	1	e) Technische Verbesserungsvorschläge	8
b) Grundsätzliche Gleichstellung mit Arbeitnehmern im privaten Dienst	2	f) Gemeinsame Entwicklungen privater und öffentlicher Betriebe	9
c) Inanspruchnahme	3—5	g) Schiedsverfahren	10—12
d) Weitere Beschränkung bei der Verwertung frei gewordener Diensterfindungen	6—7		

1 a) Geltungsbereich

§ 40 behandelt die Erfindungen und technischen Verbesserungsvorschläge von Arbeitnehmern in Betrieben und Verwaltungen des Bundes, der Länder, der Gemeinden und sonstiger Körperschaften, Anstalten und Stiftungen des öffentlichen Rechts, seien sie auf Bundes-, Landes- oder auf kommunaler Ebene errichtet (Arbeitnehmer im öffentlichen Dienst). Unter Arbeitnehmern ist hier derselbe Personenkreis zu verstehen wie im zweiten Abschnitt; vgl. dazu Anm. 2 zu § 1. Unter Verwaltung sind alle Amtsinstitutionen der öffentlichen Gewalt zu verstehen. Öffentliche Betriebe sind besonders organisierte Formen der öffentlichen Verwaltung. Ob ein Betrieb unter § 40 fällt, entscheidet allein seine Rechtsform. Es genügt nicht, daß der Betrieb der öffentlichen Hand gehört. Er muß in öffentlich rechtlicher Form, sei es ohne eigene Rechtspersönlichkeit von einem Verwaltungsträger, sei es als rechtsfähige öffentlich rechtliche Anstalt, hinter der ein Verwaltungsträger steht, geführt werden. Führt die öffentliche Hand einen Betrieb in einer privatrechtlichen Rechtsform, z. B. als bundes- oder landeseigene Aktiengesellschaft oder Gesellschaft mit beschränkter Haftung, so findet § 40 keine Anwendung. Dasselbe gilt auch für die sogenannten gemischt wirtschaftlichen Betriebe, bei denen sich Privat- und Verwaltungskapital in der Beteiligung an einer rechtsfähigen Gesellschaft des privaten Rechts vereinigen, unabhängig davon, ob die Verwaltung an der Geschäftsführung teilnimmt oder nicht. Auch bei den sogenannten Regiebetrieben ist zu unterscheiden, in welcher Rechtsform sie geführt werden. Gewinnabsicht oder Fehlen von Gewinnabsicht sind ohne Bedeutung.

b) Grundsätzliche Gleichstellung mit Arbeitnehmern im privaten Dienst 2

Die Arbeitnehmer im öffentlichen Dienst sind den Arbeitnehmern im privaten Dienst grundsätzlich gleichgestellt. Soweit § 40 keine abweichende Regelung trifft, sind deshalb auch auf die Arbeitnehmer im öffentlichen Dienst die Vorschriften des zweiten Abschnitts (§§ 5 bis 39) anzuwenden. Die allgemeinen Vorschriften des ersten Abschnitts (§§ 1 bis 4) und die Übergangs- und Schlußbestimmungen gelten sowieso für alle vom Gesetz betroffenen Personen. Die Richtlinien für die Vergütung von Arbeitnehmererfindungen im privaten Dienst vom 20. 7. 1959 sind auf Grund der Richtlinien für die Vergütung von Arbeitnehmererfindungen im öffentlichen Dienst v. 1. 12. 1960 (BAnz. Nr. 337 v. 8. 12. 1960 = Bl. 1961, 69) auf Arbeitnehmer im öffentlichen Dienst entsprechend anzuwenden (siehe oben S. 79 und oben Anm. 3 zu § 11). Die in § 40 getroffenen Sonderregelungen betreffen die Inanspruchnahme (Nr. 1), die technischen Verbesserungsvorschläge (Nr. 2), Beschränkungen bei der Verwertung frei gewordener Diensterfindungen (Nr. 3) und das Verfahren vor der Schiedsstelle (Nr. 4 und 5). Die Bestimmungen der Nr. 1 und 3, die gegenüber dem Recht der Arbeitnehmer im privaten Dienst die folgenschwersten Änderungen enthalten, wurden im wesentlichen aus dem alten Recht übernommen (§ 11 DVO). Die Abweichungen werden mit den besonderen Belangen des öffentlichen Dienstes begründet (vgl. Amtl. Begr. unten S. 618). Auf sie wird im Zusammenhang mit den einzelnen Sonderregelungen näher eingegangen.

c) Inanspruchnahme 3

Bei Diensterfindungen von Arbeitnehmern im öffentlichen Dienst kann der Arbeitgeber an Stelle der unbeschränkten oder beschränkten Inanspruchnahme der Diensterfindung auch eine angemessene Beteiligung an dem Ertrag der Diensterfindung beanspruchen, wenn dies vorher vereinbart worden ist. Dieses Recht trägt der Tatsache Rechnung, daß dem öffentlichen Arbeitgeber in vielen Fällen die Verwertungsmöglichkeit für die Erfindung fehlt. Die öffentlichen Betriebe, vor allem

Erläuterungen

die staatlichen Forschungsinstitute und Materialprüfungsämter sind häufig weder interessiert noch in der Lage, eine Erfindung auszunützen. Sie werden deshalb in weit größerem Maße Erfindungen frei geben, als dies in der privaten Industrie der Fall ist. Um nun den öffentlichen Verwaltungen und Betrieben die Möglichkeit zu geben, ihren Anteil am Zustandekommen der Diensterfindung zu realisieren, ist die Beteiligung an dem Ertrag vorgesehen, den der Arbeitnehmer aus der frei gewordenen Diensterfindung zieht.

4 Die Möglichkeit der Beteiligung an den Erträgen muß vorher zwischen Arbeitgeber und Arbeitnehmer vertraglich vereinbart worden sein oder auf Grund eines Tarifvertrags oder einer Betriebs- oder Dienstvereinbarung unmittelbar für Arbeitgeber und Arbeitnehmer gelten. Die Beschränkung des § 22 gilt hier nicht. Die Vereinbarung wird in der Regel nicht auf eine bestimmte Erfindung bezogen sein, sondern allgemein für alle Diensterfindungen eines Arbeitnehmers gelten. Der Anspruch des Arbeitgebers auf Beteiligung entsteht erst, wenn sie der Arbeitgeber in Anspruch nimmt. Für die Inanspruchnahme gelten § 6 Abs. 2 und § 7 entsprechend. Sie hat ebenfalls durch schriftliche Erklärung gegenüber dem Arbeitnehmer zu erfolgen und ist sobald wie möglich, spätestens bis zum Ablauf von 4 Monaten nach Eingang der ordnungsmäßigen Erfindungsmeldung abzugeben. Die Rechte des Arbeitgebers entstehen unmittelbar durch die Inanspruchnahme. Die Inanspruchnahme hat aber nur obligatorische Wirkung im Verhältnis Arbeitgeber zu Arbeitnehmer. Ein unmittelbarer Anspruch des Arbeitgebers gegenüber den Personen, die dem Arbeitnehmer die Erträgnisse schulden, entsteht nicht. Diese Personen bleiben weiterhin nur dem Arbeitnehmer verhaftet. Allerdings schließt schon § 279 BGB ebenso wie der Rechtsgedanke des § 7 Abs. 3 den Einwand des Arbeitnehmers aus, er habe die Erträgnisse bereits verbraucht.

5 Über die Höhe der Beteiligung können im voraus, d. h. vor der Erfindungsmeldung, bindende Abmachungen getroffen werden. § 12 Abs. 6 ist auch auf diese Vereinbarungen entsprechend anwendbar. Fehlt eine solche vorhergehende Vereinbarung, so haben die Parteien die Höhe der Beteiligung entsprechend § 12 Abs. 1 durch Vereinbarung nach der Inanspruchnahme festzustellen. Können sie sich nicht einigen, so gibt Nr. 1 Satz 3 dem Arbeitgeber das Recht, die Höhe festzusetzen; § 12 Abs. 3 gilt wieder entsprechend; auch § 12 Abs. 4 bis 6 sind anwendbar. Bei der Bestimmung der Höhe der Beteiligung wendete die Schiedsstelle in einem Falle die Nr. 30 ff. der Richtlinien für die Vergütung von Arbeitnehmererfindungen im privaten Dienst im umgekehrten Verhältnis an. Während die Richtlinien den Anteil des Arbeitnehmers am Erfindungswert berechnen wollen, ist es Ziel der Vereinbarung nach § 40 Nr. 1, den Anteil des Dienstherrn zu bestimmen. Er ergibt sich bei der Anwendung des 2. und 3. Teils der Richtlinien aus der Tabelle in Nr. 37, wenn man den Wert A von 100 subtrahiert. Dabei ist allerdings zu berücksichtigen, daß der Anteil des Dienstherrn entsprechend zu

§ 40 Arbeitnehmer im öffentlichen Dienst

kürzen ist, wenn die Durchführung der Schutzrechtsanmeldung und die Verwertung zu Lasten des Erfinders gehen.

d) **Weitere Beschränkungen bei der Verwertung frei gewordener Diensterfindungen** 6

Dem Arbeitnehmer im öffentlichen Dienst können im öffentlichen Interesse durch allgemeine Anordnung der zuständigen obersten Dienstbehörde Beschränkungen hinsichtlich der Art der Verwertung der Diensterfindung auferlegt werden (Nr. 3). Diese ebenfalls im alten Recht bereits vorhandene Bestimmung beruht darauf, daß die Verwertung der Diensterfindung durch den Arbeitnehmer zu Konflikten zwischen seinen Dienstpflichten und seinem Streben nach wirtschaftlichen Vorteilen führen kann, insbesondere wenn die Verwertung in einer Form geschieht, bei der der Arbeitnehmer am weiteren Erfolg der Verwertung interessiert bleibt, z. B. Lizenzverträgen mit Umsatz- oder Gewinnbeteiligung. Im staatlichen Sektor kann auch ein öffentliches Interesse daran gegeben sein, daß eine Diensterfindung nicht im Ausland verwertet wird; hier wird vor allem an Erfindungen gedacht werden müssen, die der Landesverteidigung nützlich sein können. Nr. 3 ergänzt also dem Rechtsgedanken nach die §§ 14 und 25 des Gesetzes. Die Schiedsstelle prüft im Streitfall, in welchem Umfang das öffentliche Interesse die dem Arbeitnehmererfinder auferlegten Beschränkungen gebietet (Einigungsvorschlag ArbErf 15/58 nach Schade, Mit. 1959, 279).

Die Einschränkung wird nur für Diensterfindungen bedeutsam, die 7 ganz oder teilweise frei geworden sind. Es wurde bereits erwähnt, daß es die Eigenart der Betriebe der öffentlichen Hand häufig bedingt, daß der Arbeitgeber zu einer umfassenden Verwertung einer Erfindung nicht in der Lage ist. Auf Arbeitnehmererfindungen, die von Anfang an frei sind (§ 4 Abs. 3), kann die Vorschrift nicht ausgedehnt werden (wie hier Lindenmaier-Lüdecke, Anm. 5 zu § 40 gegen Volmer, Anm. 51 zu § 40).

Die Beschränkung betrifft die Art der Verwertung der Diensterfindung. Es kann z. B. angeordnet werden, daß der Arbeitnehmer beim Abschluß von Lizenzverträgen über frei gewordene Diensterfindungen die Zustimmung seines Dienstherrn einholen muß. Es kann ihm die Verwertung der Erfindung im Ausland oder in bestimmten ausländischen Staaten verboten werden. Es kann auch eine besondere Ausgestaltung der Lizenzverträge verlangt werden. Die Beschränkung muß jedoch in jedem Fall im öffentlichen Interesse liegen.

Die Beschränkung kann nur durch eine allgemeine Anordnung der obersten Dienstbehörde verfügt werden. Sie muß also mehr als eine Person und mehr als einen Fall erfassen und für die Zukunft getroffen werden, darf also nicht auf bestimmte, bereits bekannte Erfindungen bezogen sein. Anordnungen für den Einzelfall sind ausgeschlossen. Wer oberste Dienstbehörde ist, bestimmen die einzelnen Bundes- und Landesgesetze; z. B. § 3 Bundesbeamtengesetz.

Erläuterungen

Auf Grund des § 40 Nr. 3 sind erlassen worden die Allgemeinen Anordnungen des Bundesministers für Verteidigung betreffend freigewordene Diensterfindungen v. 14. 12. 1960, Bl. 1961, 69 = MittGRUR 1961, 27 (abgedruckt unten S. 652) die Allgemeine Anordnung des Bundesministers für das Post- und Fernmeldewesen über die Art der Verwertung von Diensterfindungen v. 19. 9. 1961, Bl. 1962, 197 = ABl. d. BMin. Post, Ausgabe A, Nr. 109 v. 29. 9. 1961 S. 995 (abgedruckt unten S. 653) und der Allgemeinen Anordnung des Bundesministers für Wirtschaft über Beschränkungen bei der Verwertung von Diensterfindungen von Angehörigen der technisch-wissenschaftlichen Bundesanstalten v. 17. 7. 1963, Bl. 1963, 327 (abgedruckt unten S. 654).

Die Schiedsstelle hat es nicht für ihre Aufgabe gehalten, zu prüfen, ob die formellen Voraussetzungen des § 40 Nr. 3 für die Auferlegung von Beschränkungen vorliegen, zumal sich diese in gewissem Umfange aus beamtenrechtlichen Gesichtspunkten ergeben (Einigungsvorschlag ArbErf 15/58 nach Schade, Mitt. 1959, 279).

8 **e) Technische Verbesserungsvorschläge**

Qualifizierte technische Verbesserungsvorschläge im Sinn des § 20 Abs. 1 werden bei Arbeitnehmern im öffentlichen und im privaten Dienst gleich behandelt. § 40 Nr. 2 enthält nur eine Sonderregelung für die übrigen technischen Verbesserungsvorschläge des § 20 Abs. 2. Danach kann die Behandlung dieser nicht qualifizierten Vorschläge auch in Dienstvereinbarungen geregelt werden. Die Bestimmung ist mit Rücksicht auf die im Personalvertretungsgesetz v. 5. August 1955 (BGBl. I 477) vorgesehenen Dienstvereinbarungen vom Bundestagsausschuß eingefügt worden. Die Dienstvereinbarung tritt im öffentlichen Betrieb und in der öffentlichen Verwaltung an die Stelle der Betriebsvereinbarung im Bereich der privaten Wirtschaft.

Dienstvereinbarungen sind nach § 64 Abs. 1 Personalvertretungsgesetz nur zulässig, soweit sie ein Gesetz ausdrücklich vorsieht. Vorschriften, nach denen die Einigung über den Abschluß oder den Inhalt einer Dienstvereinbarung durch die Entscheidung einer höheren Dienststelle oder einer dritten Stelle ersetzt werden kann, finden aus Dienstvereinbarungen über technische Verbesserungsvorschläge keine Anwendung. Damit ist auch in diesem Punkt eine Gleichstellung der Arbeitnehmer des öffentlichen Dienstes mit denen der Privatwirtschaft erreicht, wo Betriebsvereinbarungen nach § 20 Abs. 2 ebenfalls nicht erzwungen werden können.

9 **f) Gemeinsame Entwicklungen privater und öffentlicher Betriebe**

Im Zusammenhang mit sog. Entwicklungsverträgen, die ein privates Unternehmen als Auftraggeber zur Durchführung von Entwicklungsarbeiten mit einem öffentlichen Auftraggeber schließt, können Erfindungen entstehen, bei denen Angehörige des Auftragnehmers und des öffentlichen Auftraggebers Miterfinder sind. Hier sind die Ordnungsgrundsätze des öffentlichen Beschaffungswesens zu berücksichtigen, die nach § 46 Abs. 2 der Reichshaushaltsordnung in großer Zahl aufgestellt wurden. Von besonderer Bedeutung sind die Allgemeinen Bedingungen für Entwicklungsverträge mit Industriefirmen — ABEI —. S. dazu bei Daub-Meierrose, Kommentar zu VOL, Verdingungsordnung für Leistungen ausgenommen Bauleistungen, 1960, 2. Aufl. 1974; Klemm, Schutzrechte, „Entwicklungsergebnis" und Benutzungsrecht des öffentlichen Auftraggebers bei sog. Entwicklungserfindungen, DB 1968, 2259. Die danach geschlossenen Entwicklungsverträge sind in der Regel so gefaßt, daß die Verwertung des Entwicklungsergebnisses durch den öffentlichen Auftraggeber gewährleistet ist. Auch der Auftragnehmer kann i. d. R. verlangen, daß der öffentliche Auftraggeber den Erfindungsanteil seines Angehörigen unbeschränkt in Anspruch nimmt und gegen angemessene Vergütung auf den Auftragnehmer überträgt (§ 11 ABEI).

g) Das Schiedsverfahren 10

Für das Schiedsverfahren enthalten Nr. 4 und 5 besondere Regelungen. Nach Nr. 4 sind zur Einreichung von Vorschlagslisten für Arbeitgeberbeisitzer bei der Schiedsstelle des Deutschen Patentamtes (§ 30 Abs. 4) auch die Bundesregierung und die Landesregierungen ermächtigt, da es im Bereich des öffentlichen Dienstes wenige Arbeitgeber gibt, die in Spitzenorganisationen zusammengeschlossen sind. Die Gemeinden und Gemeindeverbände wurden nicht genannt, damit die Vorschlagsberechtigung auf einen nicht allzu großen Kreis beschränkt bleibt. Der Gesetzgeber war der Ansicht, daß durch die Ausdehnung des Vorschlagsrechts auf Bund und Länder für den öffentlichen Dienst genügend Vorsorge getroffen ist, daß geeignete Persönlichkeiten als Arbeitgeberbeisitzer für alle Zweige des öffentlichen Dienstes benannt werden (vgl. Amtl. Begr. unten S. 619).

Nr. 5 räumt der öffentlichen Verwaltung das Recht ein, eigene 11 Schiedsstellen zu errichten, die dann an die Stelle der Schiedsstelle beim Deutschen Patentamt treten. Von diesem Recht hat nur die Bundesbahn Gebrauch gemacht. Sind solche Schiedsstellen eingerichtet, so findet das Verfahren vor der Schiedsstelle des Deutschen Patentamts nicht statt. An seine Stelle tritt in vollem Umfang und mit allen Zuständigkeiten die besondere Schiedsstelle der öffentlichen Verwaltung. Auf ihr Verfahren sind die §§ 28 und 33 bis 36 anzuwenden. Nur die §§ 29 bis 32 sind von der Anwendung ausgeschlossen. Das bedeutet vor allem, daß es bei der Schiedsstelle der öffentlichen Verwaltung die erweiterte Form mit Arbeitgeber- und Arbeitnehmerbeisitzern nicht gibt. Im übrigen muß auch die Schiedsstelle der öffentlichen Verwaltung vor jedem Gerichtsverfahren — ausgenommen die Fälle des § 37 Abs. 2 bis 5 — angerufen werden. Sie hat sich um eine gütliche Einigung zu bemühen. Für ihr Verfahren gilt § 33, für den Einigungsvorschlag § 34,

Erläuterungen

für die erfolglose Beendigung des Schiedsverfahrens § 35 und für die Kosten der Schiedsstelle § 36.

12 Das gerichtliche Verfahren entspricht ohne Besonderheiten dem in §§ 37 bis 39 geregelten Verfahren für die Arbeitnehmer im privaten Dienst. Für Arbeitnehmer im öffentlichen Dienst sind dieselben Gerichte zuständig. Die in einzelnen Ländern für Klagen gegen den Fiskus angeordneten Vorschaltverfahren finden wegen des besonderen Schiedsverfahrens nicht statt.

§ 41

Beamte, Soldaten

Auf Erfindungen und technische Verbesserungsvorschläge von Beamten und Soldaten sind die Vorschriften für Arbeitnehmer im öffentlichen Dienst entsprechend anzuwenden.

Übersicht

	Anm.		Anm.
a) Allgemeines	1	c) Soldaten	4
b) Beamte	2, 3		

1 **a) Allgemeines**

Die Regelung für Beamte und Soldaten unterscheidet sich inhaltlich nicht von der für Arbeitnehmer im öffentlichen Dienst. Es finden also die Bestimmungen des zweiten Abschnitts (§§ 5 bis 39) zuzüglich der in § 40 Nr. 1 bis 4 enthaltenen Vorschriften und auch die Richtlinien für die Vergütung von Arbeitnehmererfindungen im privaten Dienst (siehe Richtlinien für die Vergütung von Arbeitnehmererfindungen im öffentlichen Dienst v. 1. 12. 1960, Fundstellen bei Anm. 2 zu § 40, abgedruckt oben S. 79, entsprechende Anwendung. Dadurch, daß nur von entsprechender Anwendung gesprochen wird, soll keine materielle Änderung der genannten Vorschriften angeordnet werden. Es soll nur terminologisch klargestellt werden, daß der Beamte in keinem Arbeitsverhältnis steht (vgl. Amtl. Begr. unten S. 620). Aus seinem öffentlich-rechtlichen Dienst- und Treuverhältnis ergeben sich für seine Rechtsstellung als Erfinder keine Besonderheiten, die nicht schon in § 40 berücksichtigt wären. Wegen des Gesetzgebungsrechts des Bundes über Beamte der Länder, der Gemeinden und Gemeindeverbände und deren öffentlich-rechtlichen Körperschaften, Anstalten und Stiftungen in Erfinderangelegenheiten vgl. Amtl. Begr. unter S. 561 und Groß in „Recht im Amt" 1965, 29.

2 **b) Beamte**

Wer Beamter ist, entscheidet sich nach den geltenden bundes- und landesrechtlichen Vorschriften. Das Recht, Beamte zu haben, besitzen

§ 41 Beamte, Soldaten

nach § 121 des Rahmengesetzes zur Vereinheitlichung des Beamtenrechts v. 1. 7. 1957 (BGBl. I 1275) der Bund, die Länder, die Gemeinden und Gemeindeverbände; sonstige Körperschaften, Anstalten und Stiftungen des öffentlichen Rechts, die dieses Recht im Zeitpunkt des Inkrafttretens dieses Gesetzes (1. September 1957) besitzen oder denen es später durch Gesetz, Rechtsverordnung oder Satzung verliehen wird.

Verfahrensrechtlich gilt für Beamte folgendes: § 126 Beamtenrechtsrahmengesetz bestimmt, daß für alle Klagen des Beamten, Ruhestandsbeamten, früheren Beamten und Hinterbliebenen des Beamten aus dem Beamtenverhältnis der Verwaltungsrechtsweg gegeben ist. Für Klagen des Dienstherrn gilt dasselbe. Diese Bestimmung ist auf Erfinderrechtsstreitigkeiten nach diesem Gesetz nicht anwendbar. Die Sonderregelung der §§ 41, 40 und 39 geht insoweit dem älteren Beamtenrechtsrahmengesetz vor (vgl. § 40 Abs. 1 Verwaltungsgerichtsordnung; die Streitigkeiten sind, wie dort gefordert, durch Bundesgesetz, das ArbEG, einem anderen Gericht ausdrücklich zugewiesen). Zudem ergibt sich aus der Begründung zu § 39 deutlich, daß der Gesetzgeber bestrebt war, möglichst alle Erfinderrechtsstreitigkeiten bei den dafür besonders qualifizierten Patentstreitkammern zusammenzuziehen. Die dort angeführten Argumente gelten gegenüber den Verwaltungsgerichten sogar in noch stärkerem Maße als gegenüber den allgemeinen ordentlichen Gerichten. Es bleibt also auch für Beamte bei der in § 39 bestimmten Zuständigkeit. 3

Wegen der für Angehörige des Deutschen Patentamtes bestehende Besonderheiten, insbesondere des Verbots, Patente anzumelden, vgl. BVerwG v. 27. 6. 1961, Bl. 1961, 400. Das Verbot hat im Bundesbeamtenrecht eine ausreichende gesetzliche Grundlage und ist deshalb nach der Auffassung des BVerwG mit Art. 3, 14 und 33 GG vereinbar.

c) Soldaten 4

Für Soldaten gilt das für Beamte Gesagte, auch hinsichtlich der Zuständigkeiten. Wer Soldat ist, regelt § 1 des Gesetzes über die Rechtsstellung der Soldaten v. 19. 3. 1956 (BGBl. I 114). Danach ist Soldat, wer auf Grund der Wehrpflicht oder freiwilligen Verpflichtung in einem Wehrdienstverhältnis steht. Schwierigkeiten kann die Regelung bereiten, daß das bisherige Arbeitsverhältnis des Soldaten auch während des Wehrdienstes oder während einer Wehrübung bestehen bleibt; es ruht lediglich während der Zeit der Einberufung. Daneben tritt das Wehrdienstverhältnis. Macht nun der Soldat eine Erfindung, so ist zu prüfen, ob sie dem Staat, dem alten Arbeitgeber oder u. U. beiden zusteht. Das wird danach zu entscheiden sein, ob die Erfindung überwiegend im Zusammenhang mit dem einen oder dem anderen Dienstverhältnis steht oder ob sie beide Dienstverhältnisse gleichmäßig berührt. Die Meldepflicht besteht in der Regel sowohl gegenüber dem Staat als auch gegenüber dem alten Arbeitgeber, die sich im Zweifel wegen des Rechts an der Erfindung auseinandersetzen müssen.

Erläuterungen

§ 42
Besondere Bestimmungen für Erfindungen von Hochschullehrern und Hochschulassistenten

(1) In Abweichung von den Vorschriften der §§ 40 und 41 sind Erfindungen von Professoren, Dozenten und wissenschaftlichen Assistenten bei den wissenschaftlichen Hochschulen, die von ihnen in dieser Eigenschaft gemacht werden, freie Erfindungen. Die Bestimmungen der §§ 18, 19 und 22 sind nicht anzuwenden.

(2) Hat der Dienstherr zu Forschungsarbeiten, die zu der Erfindung geführt haben, besondere Mittel aufgewendet, so sind die in Abs. 1 genannten Personen verpflichtet, die Verwertung der Erfindung dem Dienstherrn schriftlich mitzuteilen und ihm auf Verlangen die Art der Verwertung und die Höhe des erzielten Entgelt anzugeben. Der Dienstherr ist berechtigt, innerhalb von drei Monaten nach Eingang der schriftlichen Mitteilung eine angemessene Beteiligung am Ertrag der Erfindung zu beanspruchen. Der Ertrag aus dieser Beteiligung darf die Höhe der aufgewendeten Mittel nicht übersteigen.

Übersicht

	Anm.		Anm.
a) Allgemeines	1	d) Besondere Bindungen der Erfindungen von Hochschullehrern und Hochschulassistenten	6—8
b) Der betroffene Personenkreis	2, 3		
c) Freie Erfindungen	4, 5		

1 a) Allgemeines

Das alte Recht enthielt keine besonderen Bestimmungen über die Erfindungen von Hochschullehrern und Hochschulassistenten. Dennoch wurde bereits bisher bei den Universitäten und Hochschulen vom Grundsatz der freien Verfügungsbefugnis des Erfinders ausgegangen (vgl. Heine, Probleme der Universitätspatente und ihre Verwendung in Deutschland, Schriftenreihe des Stifterverbandes für die Deutsche Wissenschaft 1960/I). Dieser Grundsatz hat sich bewährt und wurde deshalb vom Gesetzgeber in § 42 ausdrücklich festgelegt. Der Grund für die Freistellung der Erfindungen des in § 42 genannten Personenkreises ist vor allem die in Art. 5 Abs. 3 des Grundgesetzes garantierte Freiheit der Wissenschaft, Forschung und Lehre, mit der die Inanspruchnahme der Erfindung als Forschungsergebnis nicht zu vereinbaren ist. Es soll grundsätzlich jeder auch nur mögliche Einfluß des Dienstherrn bei diesen besonders gearteten Dienstverhältnissen vermieden werden, wenn auch nicht sicher erwiesen ist, ob eine Wechselwirkung zwischen freier Forschungstätigkeit und Inanspruchnahme des Forschungsergebnisses wirklich besteht (vgl. Ballreich, Die Inanspruchnahme von Diensterfindungen in der Max-Planck-Gesellschaft, Mitteilungen aus der Max-Planck-Gesellschaft 1958, 193; Stifterverband für die deutsche Wissen-

§ 42 Besondere Bestimmungen für Erfindungen von Hochschullehrern

schaft, Industrielle Nutzung von Erfahrungsgut- und Erfindungsgut wissenschaftlicher Institute, Hannover 1971).

b) Der betroffene Personenkreis 2

§ 42 stellt auf die wissenschaftliche Arbeit ab und ist als Ausnahmevorschrift eng auszulegen. Wer Professor, Dozent und wissenschaftlicher Assistent im Sinn des § 42 ist und welche Einrichtungen als wissenschaftliche Hochschulen angesprochen werden können, ergibt sich aus dem einschlägigen Bundes- und Landesrecht. Zu den wissenschaftlichen Assistenten zählen auch die ihnen schon nach § 10 Abs. 1 der Reichsassistentenordnung v. 1. 1. 1940 (Amtsblatt des Reichsministers für Wissenschaft, Erziehung und Volksbildung S. 70) gleichgestellten Oberassistenten, Oberärzte und Oberingenieure, bei denen die gleichen Umstände vorliegen, die die Privilegierung der Erfindungen der wissenschaftlichen Assistenten rechtfertigen. Einzelheiten sind dem neuen bzw. künftigen Hochschulrecht des Bundes und der Länder zu entnehmen, die an die Stelle des alten Reichsrechts treten, soweit dieses im Länderbereich nicht bereits aufgehoben ist. Die akademischen oder wissenschaftlichen Räte sind den Assistenten i. d. R. gleichzustellen, von denen sie sich nur durch ihren abgeschlossenen Ausbildungsgang und ihre beamtenrechtliche Stellung, nicht hinsichtlich des hier entscheidenden wissenschaftlichen Tätigkeitsfeldes unterscheiden. Dagegen gehören hierher nicht die Beamten bei den wissenschaftlichen Hochschulen, die den Assistenten lediglich besoldungsrechtlich gleichgestellt sind. Für die in der Diätenordnung für die außerplanmäßigen Professoren, Dozenten und wissenschaftlichen Assistenten in der Fassung des 2. Gesetzes zur Änderung des Besoldungsrechts v. 20. 8. 1952 (BGBl. I 582) genannten Prosektoren, Lektoren und Apotheker bei den wissenschaftlichen Hochschulen gelten somit die allgemeinen Bestimmungen der §§ 40 und 41. § 42 gilt auch nicht für Hilfskräfte, die der Hochschullehrer in den bundes- oder landeseigenen Forschungsanstalten oder in privatrechtlichen Organisationen, grundsätzlich auch nicht für die in den Max-Planck-Instituten tätigen Wissenschaftler (vgl. Ballreich a. a. O.).

Erfindungen von Doktoranden fallen nicht unter § 42, wenn der 3
Doktorand nicht aus einem anderen Grund dieser Bestimmung unterstellt ist (z. B. weil er wissenschaftlicher Assistent ist). Das hochschulrechtliche Verhältnis zwischen Doktorand und Dozent oder Hochschule ist auf Erfindungen, die anläßlich einer Dissertation gemacht werden, ohne Einfluß (vgl. Wimmer, GRUR 1961, 449; zur Rechtsnatur des Doktorandenverhältnisses siehe BGH v. 14. 12. 1959, NJW 1960, 911 = JZ 1960, 366). Da das Doktorandenverhältnis dem Arbeitsverhältnis in keinem Punkt vergleichbar ist, ist es sogar bedenklich, die Doktorandenerfindung mit Wimmer, a. a. O., einer freien Erfindung gleichzustellen und die §§ 18, 19 ArbEG entsprechend anzuwenden. Vertragliche Vereinbarungen zwischen Doktorand und Dozent oder Hochschule wer-

Erläuterungen

den vom ArbEG ebenfalls nicht erfaßt; insbesondere gilt § 22 nicht. Wegen Erfindungen von Patentanwaltskandidaten Anm. 2 zu § 1.

4   c) Freie Erfindungen

Die Erfindungen von Professoren, Dozenten und wissenschaftlichen Assistenten bei den wissenschaftlichen Hochschulen sind in Abweichung von den Vorschriften der §§ 40 und 41 freie Erfindungen, wenn sie von den genannten Personen in ihrer Eigenschaft als Lehrer oder Assistent gemacht worden sind. Die Erfindungen müssen mit der Lehr- oder Forschungstätigkeit an der wissenschaftlichen Hochschule in unmittelbarem Zusammenhang stehen und aus dieser Tätigkeit heraus entstanden sein. Haben die genannten Personen ihre Erfindungen im Auftrag eines Unternehmens oder einer öffentlichen Verwaltung gemacht, so gelten auch für sie die allgemeinen Vorschriften. Dies gilt vor allem für Erfindungen, die im Zusammenhang mit Gutachten, Materialprüfungen u. ä. gemacht werden.

5   Die freien Erfindungen nach § 42 sind auch von den Beschränkungen der §§ 18 und 19 befreit. Es besteht, abgesehen von der Sonderregelung in Absatz 2, weder eine Mitteilungs- noch eine Angebotspflicht. Allerdings findet auch § 22 keine Anwendung (Unabdingbarkeit), so daß zwischen Dienstherrn und Lehrer schon im Anstellungsvertrag Bestimmungen getroffen werden können, die von der Regel des § 42 abweichen und den Betroffenen denselben oder ähnlichen Verpflichtungen wie denen aus §§ 40 unterwerfen. § 23 (Unbilligkeit) bleibt dabei unberührt. Die Vereinbarungen zwischen den Hochschullehrern und ihren Dienstherrn dürfen nicht in erheblichem Maß unbillig sein.

6   d) Besondere Bindungen der Erfindungen der Hochschullehrer und Hochschulassistenten

Die Erfindungen von Hochschullehrern und -assistenten, die diese in dieser Eigenschaft gemacht haben, unterliegen nur dann besonderen Bindungen, wenn der Dienstherr für die Forschungsarbeiten, die zu der Erfindung geführt haben, besondere Mittel aufgewendet hat. In diesem Fall sind die in Absatz 1 besonders privilegierten Personen verpflichtet, die Verwertung der Erfindung ihrem Dienstherrn schriftlich mitzuteilen und ihm auf Verlangen die Art der Verwertung und die Höhe des erzielten Entgelts anzugeben. Der Dienstherr ist dann berechtigt, innerhalb von drei Monaten nach Eingang der schriftlichen Mitteilung eine angemessene Beteiligung am Ertrag der Erfindung zu beanspruchen, der allerdings die Höhe der für die Forschungsarbeiten aufgewendeten öffentlichen Mittel nicht übersteigen darf. Dieser Beteiligungsanspruch soll sicherstellen, daß die vom Dienstherrn zur Verfügung gestellten öffentlichen Mittel, die für eine bestimmte Forschungsarbeit zweckgebunden waren, aus den Erträgnissen der so geförderten Arbeitsergebnisse wieder in die öffentliche Hand zurückfließen.

§ 42 Besondere Bestimmungen für Erfindungen von Hochschullehrern

Die Mitteilungspflicht besteht nicht schon mit der Fertigstellung der Erfindung, sondern erst mit der Verwertung. Die Mitteilung muß schriftlich erfolgen und braucht zuerst nur die Tatsache der Erfindung, ihrer Verwertung und ihrer Förderung durch öffentliche Mittel enthalten. Nur auf besonderes Verlangen des Dienstherrn müssen Art der Verwertung und Höhe der Erträge im einzelnen angegeben werden. 7

Unter besonderen Mitteln sind nicht die allgemeinen Haushaltsmittel der Hochschule oder des Instituts oder die allgemeinen Sonderzuweisungen für Forschungszwecke zu verstehen. Die besonderen Mittel müssen für ganz bestimmte Forschungsarbeiten zugeteilt und zweckgebunden sein (vgl. Amtl. Begr. unten S. 622 und Ausschußbericht unten S. 644). Die Grenze zur Auftragsforschung, bei der § 42 überhaupt nicht eingreift, wird in vielen Fällen nicht einfach zu ziehen sein.

Der Dienstherr muß seinen Anspruch auf Beteiligung an den Erträgnissen der Erfindung innerhalb von drei Monaten nach Eingang der ersten schriftlichen Mitteilung geltend machen. Die Erklärung muß klar zum Ausdruck bringen, welche Beteiligung verlangt wird. Sie soll, braucht aber nicht begründet zu sein. Einer Zustimmung des Betroffenen bedarf es nicht. Die Erklärung hat keine dingliche Wirkung gegenüber Dritten, sondern wirkt nur im Verhältnis zwischen Hochschullehrer und Dienstherr. Eine Überleitung der Ansprüche des Hochschullehrers z. B. aus Lizenzverträgen auf den Dienstherrn findet nicht statt. 8

Die Beteiligung muß angemessen sein. Sie muß vor allem die Bedeutung der aufgewendeten besonderen Mittel für das Entstehen der Erfindung berücksichtigen. Sie darf die Höhe der aufgewendeten Mittel nicht übersteigen; denn sie soll keine Gewinnbeteiligung, sondern nur eine Art Unkostenersatz sein; insoweit unterscheidet sie sich grundlegend vom Anteil des Betriebs am Zustandekommen der Diensterfindung in § 9 Abs. 2 und auch von der Beteiligung nach § 40 Nr. 1.

VIERTER ABSCHNITT
Übergangs- und Schlußbestimmungen

Vorbemerkung

Die Übergangs- und Schlußbestimmungen der §§ 43 bis 49 bilden den Abschluß des Gesetzes. Sie enthalten außer besonderen Bestimmungen für Berlin (§ 47) und das Saarland (§ 48) drei verschiedene Gruppen von Rechtsnormen:
1. Die Abgrenzung der Anwendung des alten und des neuen Rechts auf Erfindungen und technische Verbesserungsvorschläge, die vor dem Inkrafttreten des Gesetzes gemacht worden sind (§§ 43 und 44),
2. die Bestimmungen über das Außerkrafttreten des alten und das Inkrafttreten des neuen Rechts (§§ 46 und 49),
3. die Ermächtigung zum Erlaß von Durchführungsbestimmungen für die Erweiterung der Besetzung der Schiedsstelle (§ 45).

Erläuterungen

Die unter 1. und 2. genannten Normen sind ihrer Natur nach nur von zeitlich begrenzter Bedeutung.

§ 43
Erfindungen und technische Verbesserungsvorschläge vor Inkrafttreten des Gesetzes

(1) Die Vorschriften dieses Gesetzes sind mit dem Tage des Inkrafttretens dieses Gesetzes auch auf patentfähige Erfindungen von Arbeitnehmern, die nach dem 21. Juli 1942 und vor dem Inkrafttreten dieses Gesetzes gemacht worden sind, mit der Maßgabe anzuwenden, daß es für die Inanspruchnahme solcher Erfindungen bei den bisher geltenden Vorschriften verbleibt.

(2) Das gleiche gilt für patentfähige Erfindungen von Arbeitnehmern, die vor dem 22. Juli 1942 gemacht worden sind, wenn die Voraussetzungen des § 13 Abs. 1 Satz 2 der Durchführungsverordnung zur Verordnung über die Behandlung von Erfindungen von Gefolgschaftmitgliedern vom 20. März 1943 (Reichsgesetzblatt I S. 257) gegeben sind und die dort vorgeschriebene Erklärung über die unbefriedigende Behandlung der Vergütung im Zeitpunkt des Inkrafttretens dieses Gesetzes noch nicht abgegeben war. Für die Abgabe der Erklärung ist die Schiedsstelle (§ 29) zuständig. Die Erklärung kann nicht mehr abgegeben werden, wenn das auf die Erfindung erteilte Patent erloschen ist. Die Sätze 2 und 3 sind nicht anwendbar, wenn der Anspruch auf angemessene Vergütung im Zeitpunkt des Inkrafttretens dieses Gesetzes bereits rechtshängig geworden ist.

(3) Auf nur gebrauchsmusterfähige Erfindungen, die nach dem 21. Juli 1942 und vor dem Inkrafttreten dieses Gesetzes gemacht worden sind, sind nur die Vorschriften über das Schiedsverfahren und das gerichtliche Verfahren (§§ 28 bis 39) anzuwenden. Im übrigen verbleibt es bei den bisher geltenden Vorschriften.

(4) Auf technische Verbesserungsvorschläge, deren Verwertung vor Inkrafttreten dieses Gesetzes begonnen hat, ist § 20 Abs. 1 nicht anzuwenden.

Übersicht

	Anm.		Anm.
I. Allgemeines	1—3	III. Gebrauchsmusterfähige Erfindungen	
II. Patentfähige Erfindungen		a) Vom Inkrafttreten der DVO bis zum Inkrafttreten des Gesetzes	10
a) Vom Inkrafttreten der DVO bis zum Inkrafttreten des Gesetzes	4—7	b) Vor dem Inkrafttreten der DVO	11
b) Vor dem Inkrafttreten der DVO	8—9	IV. Technische Verbesserungsvorschläge	12

§ 43 Erfindungen und technische Verbesserungsvorschläge

I. Allgemeines 1

§ 43 regelt die Anwendung des Gesetzes auf Erfindungen, die vor dem Inkrafttreten des Gesetzes gemacht, und auf technische Verbesserungsvorschläge, die vor dem Inkrafttreten des Gesetzes verwertet worden sind. Nach allgemeinen Regeln unterfielen dem Gesetz nur solche Tatbestände, die sich nach seinem Inkrafttreten verwirklicht haben. Da jedoch die Verordnungen von 1942 und 1943 das Arbeitnehmererfinderrecht nur provisorisch regeln sollten, teilweise auf Kriegsverhältnisse zugeschnitten waren und zum Teil als nationalsozialistisches Recht durch die Gesetzgebung des Kontrollrats außer Kraft gesetzt worden sind, erschien es zweckmäßig, das neue Gesetz auch auf die Erfindungen rückwirkend anzuwenden, die vor seinem Inkrafttreten gemacht worden sind.

Die Rückwirkung konnte aber nicht allgemein angeordnet werden. 2
Der Gesetzgeber mußte zeitliche Grenzen ziehen und sachliche Unterschiede machen. So entstand die etwas komplizierte Regelung des § 43.

Die bisher geltende Sonderregelung für Erfindungen, die vor dem Inkrafttreten der DVO, also vor dem 22. Juli 1942 gemacht worden sind (§ 13 DVO), bedingte eine Trennung der vor diesem Tag und der von diesem Tag bis zum 1. Oktober 1957, dem Inkrafttreten des neuen Gesetzes, gemachten Erfindungen. Die verschiedene Behandlung der gebrauchsmusterfähigen Erfindungen und der technischen Verbesserungsvorschläge im alten und im neuen Recht zwang außerdem dazu, diese Tatbestände in bezug auf die Rückwirkung unterschiedlich zu behandeln. Bei den technischen Verbesserungsvorschlägen war zudem zu beachten, daß § 20 Abs. 1 auf den Zeitpunkt ihrer Verwertung, nicht auf den ihrer Fertigstellung abstellt.

So ergaben sich folgende Gruppen, die bei der rückwirkenden Anwendung des Gesetzes unterschieden werden müssen: 3

1. Patentfähige Erfindungen, gemacht
    a) vom Inkrafttreten der DVO, dem 22. Juli 1942, bis zum Inkrafttreten des Gesetzes, dem 1. Oktober 1957;
    b) vor dem Inkrafttreten der DVO.

2. Gebrauchsmusterfähige Erfindungen, gemacht
    a) vom Inkrafttreten der DVO, dem 22. Juli 1942, bis zum Inkrafttreten des Gesetzes, dem 1. Oktober 1957;
    b) vor dem Inkrafttreten der DVO.

3. Technische Verbesserungsvorschläge, verwertet vor dem Inkrafttreten des Gesetzes, dem 1. Oktober 1957. Da hier § 13 DVO nicht eingreift, braucht der Unterschied wie bei 1 und 2 nicht gemacht zu werden.

Erläuterungen

4 **II. Patentfähige Erfindungen**

a) Vom Inkrafttreten der DVO bis zum Inkrafttreten des Gesetzes

Abs. 1 erfaßt nur patentfähige Erfindungen. Über die Patentfähigkeit vgl. Anm. 1 zu § 2. Die Erteilung eines Patents oder die Anmeldung zur Patenterteilung ist nicht erforderlich. Abs. 1 findet auch Anwendung, wenn eine patentfähige Erfindung durch Gebrauchsmuster geschützt ist. Die Erfindung muß in der Zeit vom 22. Juli 1942 bis zum 1. Oktober 1957 gemacht worden, d. h. sie muß in diesem Zeitraum patentrechtlich fertiggestellt worden sein. Über den Begriff der Fertigstellung vgl. Anm. 18 zu § 5.

5 Fällt die patentfähige Erfindung in den angegebenen Zeitraum, so sind auf sie vom 1. Oktober 1957 an grundsätzlich die Vorschriften des neuen Gesetzes anzuwenden; so für § 12 Abs. 6 BGH v. 20. 11. 1962, Bl. 1963, 76 = GRUR 1963, 315. Auch Meldung und Mitteilung sind nach den neuen Bestimmungen zu beurteilen (BGH v. 24. 11. 1961, GRUR 1962, 305 = MDR 1962, 195). Dies gilt auch dann, wenn am 1. Oktober 1957 ein Prozeß wegen der Erfindung anhängig war. Wenn das Gesetz bei der Verkündung des Berufungsurteils noch nicht gegolten hat, so ist es in der Revisionsentscheidung trotzdem zu berücksichtigen (BGH v. 25. 2. 1958, GRUR 1958, 334 = BB 1958, 375).

Die Rückwirkungsklausel kann ihrem Schutzzweck entsprechend nur so ausgelegt werden, daß sie nicht zum Nachteil des Arbeitnehmers wirkt (vgl. BGH v. 24. 11. 1961, Bl. 1962, 311 = GRUR 1962, 305 = BB 1962, 97 und v. 25. 2. 1958, Bl. 1958, 193 = GRUR 1958, 334 = BB 1958, 375). So kann eine vom Arbeitnehmer vorgenommene, nach früherem Recht (§ 9 DVO) unwirksame Vorausverfügung über Vergütungsansprüche nicht nachträglich auf dem Weg über § 43 Abs. 1, § 22 Satz 2 geheilt werden; vgl. BGH v. 20. 11. 1962, Bl. 1963, 67 = GRUR 1963, 315 — Verzicht auf Neufestsetzung bei veränderten Umständen).

Wegen der Anwendung der Richtlinien für die Vergütung von Arbeitnehmererfindungen im privaten bzw. im öffentlichen Dienst auf den Zeitraum vor dem 1. 10. 1957 und wegen des Verhältnisses zwischen den Richtlinien 1959 und den RL 1944 siehe Anm. 7—9 zu § 11.

6 Bei der rückwirkenden Anwendung des Gesetzes auf patentfähige Erfindungen sind aber folgende zwei Ausnahmen zu berücksichtigen:

Die Vorschriften über die Inanspruchnahme sind ausdrücklich von der Rückwirkung ausgenommen. Vorschriften über die Inanspruchnahme sind nicht nur die Normen, die den Akt der Inanspruchnahme regeln, sondern auch alle die, welche die Voraussetzungen für die Inanspruchnahme festsetzen, also vor allem die §§ 4, 6, 7 und 8 (vgl. Amtl. Begr. unten S. 623). Sie gelten nicht rückwirkend. An ihrer Stelle bleibt das alte Recht — § 4 DVO — anwendbar. Diese Ausnahme war notwendig, weil sich der Begriff der Diensterfindung im neuen Recht nicht mehr voll-

§ 43 Erfindungen und technische Verbesserungsvorschläge

ständig mit dem des alten Rechts deckt (vgl. Anm. 11 zu § 4), weil das neue Gesetz neben der unbeschränkten die beschränkte Inanspruchnahme eingeführt hat und weil die Inanspruchnahmefrist verkürzt wurde. Vor allem ist die beschränkte Inanspruchnahme auf Übergangserfindungen nicht anwendbar (zweifelnd Friedrich GRUR 1958, 282).

Die Bestimmungen, die den Lauf und die Dauer von Fristen regeln, können nicht rückwirkend angewendet werden. Dies ist zwar nicht ausdrücklich angeordnet, folgt aber aus den allgemeinen Lehren über die Rückwirkung von Gesetzen; einen rückwirkenden Lauf von Fristen gibt es nicht. Es kann auch nicht angenommen werden, daß die im Gesetz bestimmten Fristen am Tage seines Inkrafttretens zu laufen begonnen hätten. Dazu wäre eine ausdrückliche Regelung erforderlich gewesen. Liegt bei einer patentfähigen Erfindung, die zwischen dem 22. Juli 1942 und dem 1. Oktober 1957 gemacht worden ist, der Tatbestand, der den Lauf einer Frist auslöst oder die Dauer einer Frist bestimmt, vor dem Tag des Inkrafttreten des Gesetzes, so findet für diese Fragen das alte Recht weiter Anwendung. Das ist bei §§ 5 Abs. 3, 12 Abs. 3 und 4, 16 Abs. 2, 18 Abs. 2, 19 Abs. 2 und 3 und bei § 23 Abs. 2 zu beachten. Hat z. B. der Arbeitgeber die Vergütung vor dem 1. Oktober 1957 festgesetzt (§ 4 Abs. 3 DVO — § 12 Abs. 3 des Gesetzes), so wirkt § 12 Abs. 4 nicht zurück; der Arbeitgeber kann sich nicht darauf berufen, daß der Arbeitnehmer der Festsetzung nicht innerhalb von 2 Monaten widersprochen hätte; die Festsetzung wird nach dem alten Recht nicht verbindlich.

Auch die Rückwirkung des § 17 Abs. 2 Satz 2 begegnet Bedenken, auf die der BGH in dem Urteil v. 20. 11. 1962, Bl. 1963, 67 = GRUR 1963, 315 hinweist, ohne die Frage zu entscheiden vgl. dazu die bei Enneccerus-Nipperdey, Allgemeiner Teil des BGB, 15. Aufl., § 61 II 3, 4 S. 355, dargelegten allgemeinen Rechtsgrundsätze).

b) Vor dem Inkrafttreten der DVO

Patentfähige Erfindungen, die vor dem 22. Juli 1942, dem Tag des Inkrafttretens der DVO, gemacht worden sind, fallen vom 1. Oktober 1957 an unter die Vorschriften des neuen Gesetzes, wenn die Voraussetzungen des § 13 Abs. 1 Satz 2 DVO gegeben sind und die dort vorgesehene Erklärung über die unbefriedigende Behandlung der Vergütung bis zum 1. Oktober 1957 noch nicht abgegeben war (Abs. 2). Damit soll eine Schlechterstellung dieser Erfindungen nach Außerkrafttreten des alten Verordnungsrechts verhindert werden (Amt. Begr. unten S. 523).

§ 13 Abs. 1 Satz 2 DVO enthält eine Rückwirkungsvorschrift für die Vergütungsbestimmungen. Danach sind auf Diensterfindungen, die vor dem 22. Juli 1942 zustande gekommen sind, die Vorschriften der DVO über die Vergütung von Diensterfindungen anwendbar, wenn das Hauptamt für Technik der NSDAP — an dessen Stelle nach dem Zusammenbruch des nationalsozialistischen Staats ein ordentliches Gericht (so

Erläuterungen

LG Düsseldorf v. 13. 5. 1954, GRUR 1956, 123 und BAG v. 1. 11. 1956, GRUR 1957, 338) — erklärte, daß die bisherige Behandlung der Vergütung in besonderem Maße unbefriedigend wäre (kritisch zu dem zwischen dem Zusammenbruch und dem Inkrafttreten des ArbEG geübten Verfahren Volmer, GRUR 1951, 514 im Anschluß an LAG Hannover v. 8. 2. 1949, ArbG Göttingen v. 11. 3. 1949, und ders. im Kommentar zum ArbEG, Anm. 21 zu § 43). Die Fälle, in denen diese Erklärung vor dem 1. Oktober 1957 abgegeben wurde, bedürfen im Gesetz keiner ausdrücklichen Regelung; denn mit der Erklärung ist ein Vergütungsanspruch nach der DVO entstanden, der auch nach dem 1. Oktober 1957 geltend gemacht werden kann. War die Erklärung am 1. Oktober 1957 noch nicht abgegeben, so kann sie von diesem Tag an von der Schiedsstelle (§ 29) abgegeben werden. Aus Gründen der Rechtssicherheit ist vorgesehen, daß die Erklärung nicht mehr abgegeben werden kann, wenn das auf die Erfindung erteilte Patent erloschen ist. Ist der Vergütungsanspruch am 1. Oktober 1957 bereits rechtshängig gewesen, so findet Abs. 2 keine Anwendung; für die Erklärung nach § 13 Abs. 1 Satz 2 DVO bleibt dann das Gericht zuständig.

III. Gebrauchsmusterfähige Erfindungen

10 **a) Vom Inkrafttreten der DVO bis zum Inkrafttreten des Gesetzes**

Für Erfindungen, die nur gebrauchsmusterfähig sind, enthielt das alte Recht zwar die Meldepflicht und das Inanspruchnahmerecht, aber keine zwingende Vergütungsregelung. § 5 Abs. 6 DVO sah lediglich vor, daß für solche Erfindungen unabhängig von den Vergütungsbestimmungen eine Belohnung gewährt werden könnte. Demgegenüber macht das neue Gesetz keinen Unterschied mehr zwischen patent- und gebrauchsmusterfähigen Erfindungen. Es besteht jedoch kein Bedürfnis, die neue Regelung rückwirkend in Kraft zu setzen. Deshalb sieht Abs. 3 von einer Rückwirkung des materiellen Rechts des Gesetzes auf gebrauchsmusterfähige Erfindungen ab. Nur die verfahrensrechtlichen Bestimmungen der §§ 28 bis 39 sind vom 1. Oktober 1957 an rückwirkend auch auf gebrauchsmusterfähige Erfindungen, die vom 22. Juli 1942 bis zum 1. Oktober 1957 gemacht worden sind, anwendbar, damit vom Inkrafttreten des Gesetzes an für alle Arbeitnehmererfindersachen ein einheitliches Verfahrensrecht gilt. Im übrigen bleibt es bei den bisher geltenden Vorschriften der DVO. Es besteht also u. a. kein Vergütungsanspruch aus einer arbeitnehmererfinderrechtlichen Norm (Zwischenbescheid d. Schiedsstelle v. 20. 11. 1968, Bl. 1969, 23, 24). Das schließt nicht aus, daß allgemein arbeitsrechtliche Gesichtspunkte einen Vergütungsanspruch für eine über die vertraglichen Verpflichtungen hinausgehende Sonderleistung begründen; siehe dazu Anm. 12 zu § 9. Die Schiedsstelle hat im angenommenen EV v. 18. 2. 1963, Bl. 1963, 178 = GRUR 1964, 24, gerade im Hinblick auf eine vor dem 1. 10. 1957 gemachte, gebrauchsmusterfähige Diensterfindung ausgesprochen, daß immer dann, wenn eine schutzfähige Erfindung entstehe, eine solche vergütungspflichtige Sonderleistung anzunehmen sei. Es handelte sich um die Erfindung eines mit der laufenden konstruktiven Entwicklung befaßten Leiters einer Konstruktionsabteilung; die zugesprochene Erfindung war relativ gering (300,— DM). Vgl. zu diesem Einigungsvorschlag im einzelnen kritisch Schippel in Anm. GRUR 1964, Heft 1 und den Hinweis der Schiedsstelle im Bl. 1969, 24, auf die Möglichkeit der Verwirkung.

b) Vor dem Inkrafttreten der DVO 11

Für den Fall, daß eine gebrauchsmusterfähige Erfindung vor dem 22. Juli 1942 gemacht worden ist, enthält das Gesetz keine Bestimmung. Es bleibt also bei dem bisherigen gesetzlosen Zustand, da auch in der DVO eine Regelung für diesen Fall fehlt. Wie schon in Anm. 10 ist auch hier auf die Möglichkeit eines Vergütungsanspruchs aus allgemeinen arbeitsrechtlichen Gesichtspunkten hinzuweisen.

IV. Technische Verbesserungsvorschläge 12

Da es im alten Recht eine Vergütungspflicht für technische Verbesserungsvorschläge entsprechend § 20 Abs. 1 des Gesetzes nicht gab (vgl. § 5 Abs. 6 DVO), hat der Gesetzgeber von einer Rückwirkung dieser Norm abgesehen (Abs. 4; vgl. Ausschußbericht unten S. 645). § 20 Abs. 1 ist also auf technische Verbesserungsvorschläge, deren Verwertung vor dem 1. Oktober 1957 begonnen wurde, nicht anwendbar. Entscheidend ist hier also im Unterschied zur Erfindung der Zeitpunkt der Verwertung, nicht der Fertigstellung des technischen Verbesserungsvorschlags. Eine Rückwirkung anderer Vorschriften des Gesetzes entfällt mangels ausdrücklicher Regelung. Für eine etwaige Vergütung erlangt auch hier das allgemeine arbeitsrechtliche Sonderleistungsprinzip besondere Bedeutung (siehe oben Anm. 10 und Anm. 9 zu § 20).

§ 44
Anhängige Verfahren

Für Verfahren, die im Zeitpunkt des Inkrafttretens dieses Gesetzes anhängig sind, bleiben die nach den bisher geltenden Vorschriften zuständigen Gerichte zuständig.

Übersicht

	Anm.		Anm.
a) Allgemeines	1	c) Die bisherige Zuständigkeits-	
b) Rechtshängigkeit	2	regelung	3

a) Allgemeines 1

Die neue Zuständigkeitsregelung des Gesetzes (§ 39) gilt erst für Rechtsstreitigkeiten, die nach dem Inkrafttreten des Gesetzes, also vom 1. Oktober 1957 an, rechtshängig werden. Für Rechtsstreitigkeiten, die

Erläuterungen

zu diesem Zeitpunkt bereits rechtshängig sind, verbleibt es bei der bisherigen Zuständigkeitsregelung.

2 **b) Rechtshängigkeit**

Die Rechtshängigkeit wird durch die Erhebung der Klage begründet (§ 263 Abs. 1 ZPO). Die Erhebung der Klage erfolgt durch Zustellung der Klageschrift an den Beklagten (§ 253 Abs. 1 ZPO). Dazu ist die Klageschrift beim zuständigen Gericht schriftlich unter Beifügung der für ihre Zustellung erforderlichen Zahl von Abschriften einzureichen (§ 253 Abs. 5 ZPO). Die Zustellung erfolgt von Amts wegen (§§ 261 a, 208 ff. ZPO).

3 **c) Die bisherige Zuständigkeitsregelung**

Ist die Rechtshängigkeit bereits vor dem 1. Oktober 1957 eingetreten, so verbleibt es für den Rechtsstreit bei den im Zeitpunkt der Rechtshängigkeit geltenden Zuständigkeiten. Vor Inkrafttreten des Gesetzes waren zuständig: Bei Streitigkeiten zwischen Arbeitgeber und Arbeitnehmer: Die Arbeitsgerichte bei Ansprüchen auf Vergütung und Entschädigung für die Erfindung (§ 2 Abs. 1 Nr. 2 ArbGG), wozu auch die Fälle gehörten, bei denen die Höhe der Vergütung noch streitig war; die für Patentstreitsachen zuständigen ordentlichen Gerichte in allen anderen Fällen (vgl. Anm. 2 und 3 zu § 39). Bei Streitigkeiten zwischen Beamten und ihren Dienstherrn galten bis zum 1. September 1957, dem Tag des Inkrafttretens des Beamtenrechtsrahmengesetzes vom 1. 7. 1957 (BGBl. I 667), die Regelung des Bundesbeamtengesetzes und der einzelnen Landesbeamtengesetze mit unterschiedlichen Rechtswegen. Vom 1. September 1957 an eröffnete § 126 Beamtenrechtsrahmengesetz allen Beamten des Bundes, der Länder, der kommunalen Selbtverwaltungskörperschaften und der Stiftungen und Anstalten des öffentlichen Rechts einheitlich den Rechtsweg vor die Verwaltungsgerichte; beachte aber Anm. 3 zu § 41.

§ 45

Durchführungsbestimmungen

Der Bundesminister der Justiz wird ermächtigt, im Einvernehmen mit dem Bundesminister für Arbeit die für die Erweiterung der Besetzung der Schiedsstelle (§ 30 Abs. 4 und 5) erforderlichen Durchführungsbestimmungen zu erlassen. Insbesondere kann er bestimmen,

1. welche persönlichen Voraussetzungen Personen erfüllen müssen, die als Beisitzer aus Kreisen der Arbeitgeber oder der Arbeitnehmer vorgeschlagen werden;

2. wie die auf Grund der Vorschlagslisten ausgewählten Beisitzer für ihre Tätigkeit zu entschädigen sind.

Auf Grund dieser Bestimmung hat der Bundesminister der Justiz die Zweite Verordnung zur Durchführung des Gesetzes über Arbeitnehmererfindungen vom 1. Oktober 1957 erlassen (BGBl. I 1680 = Bl. 1957, 333). Sie ist unten S. 649 abgedruckt. Siehe auch Gesetz- und Verordnungsblatt für Berlin 1957, 1650. Die Verordnung wurde geändert durch Neufassung des § 1 Abs. 2 (VO v. 10. 10. 1969 BGBl. I 1881) und Anpassung des § 2 Abs. 2 Nr. 2 an neue Entwicklungen im Recht der Angestelltenversicherung (VO v. 22. 8. 1968 BGBl. I 994). Auch diese Änderungen gelten im Land Berlin.

Die Durchführungsbestimmungen lehnen sich an die Vorschriften des Arbeitsgerichtsgesetzes über die Arbeitsrichter (§§ 21 bis 28) unter Berücksichtigung der Besonderheiten des Patentrechts an. Dem letzteren ist besonders durch die Formulierung des § 2 Abs. 2 Nr. 2 Rechnung getragen.

Für die Entschädigung gelten die Bestimmungen des Gesetzes vom 26. 7. 1957 in der Fassung vom 21. 9. 1963 (BGBl. I 745) (vgl. § 8 der DVO).

Für Berlin sind gesonderte Vorschlagslisten einzureichen (§ 9 DVO). Der Präsident des Patentamts hat die Befugnis zur Berufung von Beisitzern dem Leiter der Dienststelle Berlin durch Verfügung vom 23. 10. 1957 übertragen.

§ 46
Außerkrafttreten von Vorschriften

Mit dem Inkrafttreten dieses Gesetzes werden folgende Vorschriften aufgehoben, soweit sie nicht bereits außer Kraft getreten sind:

1. **Die Verordnung über die Behandlung von Erfindungen von Gefolgschaftsmitgliedern vom 12. Juli 1942 (RGBl. I S. 466);**
2. **Die Durchführungsverordnung zur Verordnung über die Behandlung von Erfindungen von Gefolgschaftsmitgliedern vom 20. März 1943 (RGBl. I S . 257).**

Das Gesetz über Arbeitnehmererfindungen ist gemäß § 49 am 1. Oktober 1957 in Kraft getreten. An diesem Tag traten die Verordnung über die Behandlung von Erfindungen von Gefolgschaftsmitgliedern vom 12. Juli 1942 und die Durchführungsverordnung zu dieser Verordnung vom 20. März 1943 außer Kraft. Diese Verordnungen können deshalb vom 1. Oktober 1957 an nicht mehr angewendet werden. Ausnahmen bei Erfindungen, die vor dem 1. Oktober 1957 gemacht worden sind, siehe bei Anm. 4 ff zu § 43.

Die Verordnung über die Behandlung von Erfindungen von Gefolgschaftsmitgliedern vom 12. Juli 1942 ist auf Grund der Verordnung zur Durchführung des Vierjahresplanes vom 18. Oktober 1936 (RGBl. I 887) erlassen worden. Sie und die in ihrer Ausführung erlassene Durchführungsverordnung waren jedoch nicht rein nationalsozialistischen Inhalts. Soweit sie sich nicht auf besondere Einrichtungen des nationalsozialisti-

Erläuterungen

schen Staates bezogen, sind sie deshalb von der Beseitigung nationalsozialistischen Rechts durch die Gesetzgebung des alliierten Kontrollrats nicht berührt worden, also auch nach 1945 in Kraft geblieben (so schon die 2. Auflage S. 13; Hueck BB 1948, 437; Hueck-Nipperdey, Band 1 S. 453/4 Anm. 7; vgl. auch die amtliche Begründung des Entwurfs unten S. 559 und aus der einheitlichen Rechtsprechung OLG Düsseldorf v. 28. 2. 1950, GRUR 1950, 524; BGH v. 23. 5. 1952, GRUR 1952, 573; BAG v. 1. 11. 1956, GRUR 1957, 338).

§ 47
Besondere Bestimmungen für Berlin

(1) Dieses Gesetz gilt nach Maßgabe des § 13 Abs. 1 des Dritten Überleitungsgesetzes vom 4. Januar 1952 Bundesgesetzbl. I S. 1 auch im Land Berlin. Rechtsverordnungen, die auf Grund dieses Gesetzes erlassen werden, gelten im Land Berlin nach § 14 des Dritten Überleitungsgesetzes.

(2) Der Bundesminister der Justiz wird ermächtigt, eine weitere Schiedsstelle bei der Dienststelle Berlin des Patentamtes zu errichten. Diese Schiedsstelle ist ausschließlich zuständig, wenn der Arbeitnehmer seinen Arbeitsplatz im Land Berlin hat; sie ist ferner zuständig, wenn der Arbeitnehmer seinen Arbeitsplatz in den Ländern Bremen, Hamburg oder Schleswig-Holstein oder in den Oberlandesgerichtsbezirken Braunschweig oder Celle des Landes Niedersachsen hat und bei der Anrufung der Schiedsstelle (§ 31) mit schriftlicher Zustimmung des anderen Beteiligten beantragt wird, das Schiedsverfahren vor der Schiedsstelle bei der Dienststelle Berlin des Patentamts durchzuführen.

(3) Der Präsident des Patentamts kann im Einvernehmen mit dem Senator für Justiz des Landes Berlin als Beisitzer gemäß § 30 Abs. 3 auch Beamte oder Angestellte des Landes Berlin berufen. Sie werden ehrenamtlich tätig.

(4) Zu Beisitzern aus Kreisen der Arbeitgeber und der Arbeitnehmer (§ 30 Abs. 4) sollen nur Personen bestellt werden, die im Land Berlin ihren Wohnsitz haben.

(5) Der Präsident des Patentamts kann die ihm zustehende Befugnis zur Berufung von Beisitzern auf den Leiter der Dienststelle Berlin des Patentamts übertragen.

Übersicht

	Anm.		Anm.
I. Berlinklausel	1	b) Besetzung	3
II. Schiedsstelle Berlin		c) Zuständigkeit	4
a) Errichtung	2		

I. Berlinklausel 1

Abs. 1 enthält die übliche Berlinklausel. Das Land Berlin hat das Gesetz über Arbeitnehmererfindungen durch Landesgesetz vom 2. 8. 1957 übernommen (Gesetz- und Verordnungsblatt für Berlin S. 869 = Bl. 1957 S. 335). Wegen der beiden DVOen vom 1. 10. 1957 vgl. ebenda S. 1650. Auch die Richtlinien für die Vergütung von Arbeitnehmererfindungen im privaten und die im öffentlichen Dienst sind in Berlin anzuwenden (vgl. Herbst, BArbBl. 1959, 627).

II. Schiedsstelle Berlin

a) Errichtung 2

Durch die Erste Verordnung zur Durchführung des Gesetzes über Arbeitnehmererfindungen vom 1. 10. 1957 (BGBl. I 1679 = Bl. 1957, 333) ist eine Schiedsstelle bei der Dienststelle Berlin des Patentamts in Ausführung der Ermächtigung des Abs. 2 gleichzeitig mit dem Inkrafttreten des Gesetzes (§ 49) errichtet worden. Zwar widerspricht die Errichtung einer zweiten Schiedsstelle in gewisser Weise dem Gedanken, alle Streitigkeiten durch eine zentrale Schiedsstelle durchlaufen zu lassen. Doch ist sie ebenfalls beim Deutschen Patentamt gebildet, die Vorsitzenden können wegen der Praxis miteinander Fühlung halten. Bisher bestand Personengleichheit. Die Berliner Stelle erschien mit Rücksicht auf die politischen Verhältnisse, die eine besondere Berücksichtigung Berlins erfordern, geboten.

b) Besetzung 3

Da die Dienststelle Berlin des Deutschen Patentamts kein technisch vorgebildetes Mitglied aufweist, ist zur Vermeidung der Notwendigkeit, für jede Besetzung ein Mitglied oder Hilfsmitglied des Patentamts in München hinzuzuziehen, vorgesehen, daß als Beisitzer nach § 30 Abs. 3 — siehe hierzu Anm. 4 zu § 30 — auch Beamte oder Angestellte des Landes Berlin berufen werden können. Für die erweiterte Schiedsstelle nach § 30 Abs. 4 sollen nur in Westberlin ansässige Personen bestellt werden.

Besondere Bestimmungen für die Schiedsstelle in Berlin sind in § 9 der 2. DVO vom 1. 10. 1957 enthalten, siehe Erläuterungen zu § 45. Der Präsident des Patentamts hat seine Befugnisse auf den Leiter der Dienststelle Berlin übertragen, wozu ihn Abs. 5 ermächtigt.

c) Zuständigkeit 4

Die Schiedsstelle in Berlin ist ausschließlich zuständig, wenn der Arbeitnehmer seinen Arbeitsplatz im Land Berlin, also in Westberlin hat. Wo er wohnt, ist unerheblich. Darüber hinaus kann in den näher bezeichneten norddeutschen Gebieten die Zuständigkeit der Schiedsstelle in Berlin vereinbart werden. Der Antrag muß bei der Anrufung gestellt und die schriftliche Zustimmung des anderen Beteiligten nachgewiesen

Erläuterungen

werden. Die gebietliche Regelung knüpft an die örtliche Zuständigkeit des V. Strafsenats des Bundesgerichtshofs an.

§ 48

Saarland

Dieses Gesetz gilt nicht im Saarland.

1   **I. Bis zum Ende der Übergangszeit**

Das bisher in der Bundesrepublik geltende Arbeitnehmererfinderrecht, die Verordnung über die Behandlung von Erfindungen von Gefolgschaftsmitgliedern vom 12. Juli 1942 und die dazu ergangene Durchführungsverordnung vom 20. März 1943, sind im Saargebiet durch Art. 2 Abs. 2 der französischen-saarländischen Konvention auf dem Gebiet des gewerblichen Rechtsschutzes vom 15. Dezember 1948 (Bl. 1950, 218, Ratifizierungsgesetz Frankreich Journal Officiel de la République Française vom 19. 5. 1950, S. 5516, Saarland Amtsblatt des Saarlandes Nr. 32 vom 3. 6. 1950) aufgehoben, und an deren Stelle ist das französische Recht eingeführt worden (vgl. dazu Einleitung S. 64; Haertel-Krieger, GRUR 1957, 98; bestritten, a. A. Volmer, RdA 1957, 245 und Anm. 3 zu § 48). Da Art. 26 Abs. 1 des Vertrags zwischen der Bundesrepublik Deutschland und der französischen Republik zur Regelung der Saarfrage vom 27. Oktober 1956 (BGBl. II 1589) bestimmte, daß die bei Inkrafttreten dieses Vertrags (Bekanntmachung über das Inkrafttreten des Vertrags vom 3. 1. 1957, BGBl. II 1) im Saarland bestehenden Rechtsvorschriften auf dem Gebiet des gewerblichen Rechtsschutzes, wozu auch das Arbeitnehmererfinderrecht zu zählen ist, während der Übergangszeit im Saarland in Kraft bleiben, konnte das Gesetz über Arbeitnehmererfindungen im Saarland zunächst nicht eingeführt werden.

2   **II. Seit dem Ende der Übergangszeit**

Mit dem Ende der Übergangszeit, dem 6. Juli 1959, ist, von ausdrücklich anders lautenden Ausnahmen abgesehen, im Saarland das im ganzen übrigen Bundesgebiet geltende Recht in Kraft getreten, mit ihm auch das Arbeitnehmererfindergesetz (Gesetz zur Einführung von Bundesrecht im Saarland vom 30. 6. 1959, BGBl. I 313, § 1). Auf schutzfähige Erfindungen, die vor dem Ende der Übergangszeit von Arbeitnehmern oder Beamten gemacht worden sind, sind jedoch nur die Vorschriften über das Schiedsverfahren und das gerichtliche Verfahren (§§ 28 bis 39) anzuwenden. Im übrigen bleibt es bei den bisher im Saarland geltenden Bestimmungen.

Wegen aller Änderungen s. im einzelnen die Erläuterungen zu den Vorschriften. Auf technische Verbesserungsvorschläge, die vor dem genannten Zeitpunkt im Saarland gemacht worden sind und deren Verwertung vor diesem Zeitpunkt begonnen hat, ist § 20 Abs. 1 nicht anzuwenden (Gesetz über die Eingliederung des Saarlands auf dem Gebiet des gewerblichen Rechtsschutzes vom 30. 6. 1959, BGBl. I 388, § 41). Auch die Richtlinien gelten im Saarland erst für Erfindungen, die nach dem Ende der Übergangszeit gemacht worden sind (vgl. Herbst, BArbBl. 1959, 627).

§ 49
Inkrafttreten

Dieses Gesetz tritt am 1. Oktober 1957 in Kraft.

I. Inkrafttreten

Die übliche Formulierung, nach der ein Gesetz mit dem auf seine Verkündung folgenden Tag in Kraft tritt, wurde nicht gewählt, um den interessierten Kreisen Zeit zu geben, sich mit den neuen Bestimmungen des Gesetzes vertraut zu machen (vgl. Amtl. Begr. unten S. 625). Der 1. Oktober 1957 wurde im Ausschußbericht unten S. 647 als Tag des Inkrafttretens empfohlen und vom Gesetzgeber gebilligt. Das Gesetz ist im Bundesgesetzblatt Teil I S. 756 veröffentlicht.

II. Änderung des Gesetzes

Bisher ist das Gesetz nur unwesentlich geändert worden. Durch Art. 5 § 6 des 6. ÜG v. 23. 3. 1961 BGBl. I 275, 316) wurden § 30 Abs. 2 neu gefaßt und Abs. 6 eingefügt. § 17 wurde durch das G. über die Änderung des PatG, des WZG und weiterer Gesetze v. 4. 9. 1967 (BGBl. I 963) Art. 5 geändert und dabei Abs. 2 a. F. gestrichen, Abs. 3 a. F. als neuer Abs. 2 verändert, Abs. 4 als neuer Abs. 3 unverändert übernommen.

E. Gesetzesmaterialien

1. Amtliche Begründung[1])
zum Regierungsentwurf eines Gesetzes über Erfindungen von Arbeitnehmern und Beamten vom 19. August 1955

(Bundestagsdrucksache Nr. 1648/2. Wahlperiode vom 19. August 1955)

A. ALLGEMEINES

I.

Die Mehrzahl aller Erfindungen stammt von Arbeitnehmern. Das Recht an der Arbeitnehmererfindung ist jedoch ein seit Jahrzehnten im In- und Ausland erörtertes und umstrittenes Problem. Seine Ausgestaltung ist deshalb so schwierig, weil es zwei verschiedenen Rechtsgebieten angehört, denen entgegengesetzte Tendenzen innewohnen, nämlich dem Arbeitsrecht und dem Patentrecht.

Im Arbeitsrecht gilt der Grundsatz, daß das Ergebnis der Arbeit dem Arbeitgeber gebührt. Das Patentrecht geht dagegen davon aus, daß die Erfindung dem Erfinder zusteht, dem zu ihrer Verwertung ein zeitlich begrenztes Vorrecht, „gewerbsmäßig den Gegenstand der Erfindung herzustellen, in Verkehr zu bringen, feilzuhalten oder zu gebrauchen" (§ 6 PatG), in Gestalt eines Monopolrechts eingeräumt wird.

In der Person des Erfinders, der zugleich Arbeitnehmer ist und sich in dieser Eigenschaft von dem sogenannten freien Erfinder unterscheidet, schneiden sich die beiden gegensätzlichen Zielsetzungen. Für die Auflösung dieses Interessenwiderstreites bestehen keine sich von selbst ergebenden Rechtsregeln. Eine befriedigende Lösung kann nur in einer gerechten Abwägung der beiderseitigen Interessen unter Berücksichtigung der Erfordernisse des Betriebes gefunden werden.

II.

1. In der Praxis hat sich schon frühzeitig die Notwendigkeit ergeben, für die Rechte aus der Erfindung von Arbeitnehmern eine Regelung zu schaffen. Mangels einer gesetzlichen Regelung wurden zunächst in die einzelnen Arbeitsverträge sogenannte Erfinderklauseln aufgenommen, die zumeist eine unentgeltliche Übertragung aller vom Arbeitnehmer während des Arbeitsverhältnisses gemachten Erfindungen auf den Arbeitgeber vorsahen. Die immer mehr hervortretende Bedeutung der Erfindungen von Arbeitnehmern führte nach dem Ersten Weltkrieg

---

[1]) Soweit sich die Begründung auf Bestimmungen bezieht, die im Gesetz nicht übernommen wurden, wird sie im folgenden nicht wiedergegeben.

Amtliche Begründung

dazu, daß Bestimmungen über solche Erfindungen in die Tarifverträge aufgenommen wurden. Eine einheitliche Lösung dieses Problems wurde damit jedoch nicht erreicht, da die dahingehenden Bestimmungen der einzelnen Tarifverträge fast alle voneinander abwichen. Für die Weiterentwicklung des Rechts der Arbeitnehmererfindungen waren der Reichstarifvertrag für die akademisch gebildeten Angestellten der chemischen Industrie vom 27. April 1920 und der Tarifvertrag der Berliner Metallindustrie von besonderer Bedeutung.

2. Die Rechtssprechung befaßte sich ebenfalls frühzeitig mit der Arbeitnehmererfindung. Sie unterschied — dem vorgenannten Reichstarifvertrag im wesentlichen folgend — drei Arten von Arbeitnehmererfindungen, nämlich

1. die Betriebserfindung
2. die Diensterfindung
3. die freie Erfindung.

Als Betriebserfindung bezeichnete die Rechtsprechung diejenige Erfindung, bei der sich nicht feststellen ließ, wer der eigentliche Erfinder war, oder bei der der Personenkreis der Arbeitnehmer, die an der Erfindung mitgewirkt hatten, zwar bekannt war, aber die Leistungen der einzelnen Arbeitnehmer nicht die Merkmale einer selbständigen Erfindung aufwiesen. Die Betriebserfindung galt als Erfindung des Arbeitgebers. Die einzelnen Arbeitnehmer hatten daran keine Rechte.

Unter Diensterfindung verstand die Rechtsprechung diejenige Erfindung, die vertragsmäßig dem Arbeitgeber zufiel. Falls keine ausdrückliche Abrede getroffen war, wurde eine Erfindung dann als Diensterfindung angesehen, wenn sie aus dem Arbeits- und Pflichtenkreis des Arbeitnehmers im Betrieb hervorgegangen war. Ebenso wie die Betriebserfindung stand auch die Diensterfindung dem Arbeitgeber zu. Der Arbeitgeber war jedoch verpflichtet, eine Diensterfindung angemessen zu vergüten, falls die Erfindung die üblicherweise von dem Arbeitnehmer zu erwartenden Leistungen überstieg.

Als freie Erfindung bezeichnete die Rechtsprechung alle übrigen Erfindungen von Arbeitnehmern. An diesen standen dem Arbeitgeber keine Rechte zu, es sei denn, daß er sich solche Rechte vorher hatte zusichern lassen.

3. Auch der Gesetzgeber erkannte bald die Notwendigkeit einer Lösung dieses Problems. Entsprechend der zwiespältigen Natur des Rechts der Arbeitnehmererfindung wurde diese Lösung einmal von der patentrechtlichen, ein andermal von der arbeitsrechtlichen Seite her versucht. Daher finden sich Bestimmungen über die Arbeitnehmererfindung sowohl in dem Regierungsentwurf eines Patentgesetzes von 1913 (§§ 3 und 10 — veröffentlicht im Bl. f. PMZ 1913 Beilage zu Nr. 7/8 S. 3 ff.) als auch in dem Entwurf eines Allgemeinen Arbeitsvertragsgesetzes von 1923 (§§ 121 bis 131 — veröffentlicht RArbBl. 1923 [Amtl. Teil] S. 498 [504]. Die gesetzgeberischen Vorarbeiten für eine

Amtliche Begründung

Regelung dieses Rechtsgebietes sind seitdem fast ununterbrochen weitergeführt worden. Von der Einführung der vorgesehenen Bestimmungen in das Patentgesetz von 1936 wurde abgesehen, um das Patentgesetz mit dieser ihm nur zum Teil wesensgemäßen Materie nicht zu belasten. Die Notwendigkeit, im Interesse einer einheitlichen Lösung die geplante gesetzliche Regelung nicht nur auf die in einem privatrechtlichen Dienstverhältnis stehenden Arbeitnehmer, sondern auch auf die Erfindungen von Beamten und anderen in einem öffentlich-rechtlichen Dienstverhältnis stehenden Personen auszudehnen, führte schließlich dazu, auch von dem Gedanken eines Einbaues in ein Arbeitsvertragsgesetz abzugehen und die Schaffung eines besonderen Gesetzes vorzusehen.

Bei Beginn des zweiten Weltkrieges waren die Arbeiten an diesem Gesetzentwurf zum Abschluß gelangt. Die Kriegsverhältnisse veranlaßten jedoch, daß an Stelle des ausführlichen Gesetzes zunächst nur vom Beauftragten für den Vierjahresplan die Verordnung über die Behandlung von Erfindungen von Gefolgschaftsmitgliedern vom 12. Juli 1942 (RGBl. I S. 466) (im folgenden als Verordnung 1942 bezeichnet) erlassen wurde, die außer einigen Programmsätzen nur eine Ermächtigung für den Reichsminister für Bewaffnung und Munition enthielt, das Rechtsgebiet entsprechend den Erfordernissen des Krieges näher zu regeln. In der Präambel zu der Verordnung wurde ferner hervorgehoben, daß die vorgesehene ausführliche Regelung durch ein Reichsgesetz während des Krieges zurückgestellt worden sei. Der Reichsminister für Bewaffnung und Munition erließ daher unter dem 20. März 1943 (RGBl. I S. 257) die vorgesehene Durchführungsverordnung (im folgenden als Durchführungsverordnung 1943 bezeichnet). Diese regelt das Recht der Arbeitnehmerfindung im einzelnen in Anlehnung an den ursprünglich vorgesehenen Gesetzentwurf. Außerdem gab der Reichsminister für Bewaffnung und Munition am 20. März 1943 Richtlinien für die Vergütung von Gefolgschaftserfindungen heraus, die am 10. Oktober 1944 (RAnz. Nr. 271 vom 5. Dezember 1944) neu gefaßt wurden.

Rechtsprechung und Schrifttum nach 1945 haben nach anfänglichem Schwanken die Weitergeltung der obengenannten beiden Verordnungen und der Richtlinien in ihren wesentlichen Teilen bestätigt. Lediglich diejenigen Bestimmungen, die sich auf nicht mehr bestehende Organisationen beziehen, wie insbesondere die Bestimmungen der Durchführungsverordnung 1943 über den Erfinderbetreuer und über das Schlichtungsverfahren bei Streitigkeiten zwischen Arbeitgeber und Arbeitnehmer, werden als gegenstandslos angesehen.

Im Rahmen der gesetzgeberischen Arbeiten, die von der Verwaltung des Vereinigten Wirtschaftsgebietes im Jahre 1948 zur Anpassung des Patent-, Gebrauchsmuster- und Warenzeichenrechts an die veränderten Verhältnisse der Nachkriegszeit begonnen wurden, war vorgesehen, auch die Verordnung 1942 und die Durchführungsverordnung 1943 über die Arbeitnehmererfindung zu überarbeiten und in Form eines Ge-

Amtliche Begründung

setzes neu zu erlassen. Die zu diesem Zweck eingesetzte Sachverständigenkommission, zu der auch Vertreter der Arbeitgeberschaft und der Arbeitnehmerschaft hinzugezogen waren, hatte jedoch die Überzeugung gewonnen, über den eigentlichen Auftrag hinaus eine materielle Reform des Rechts der Arbeitnehmererfindung vorschlagen zu sollen. Über die Einzelheiten der Reform konnte eine Einigkeit nicht erzielt werden. Mit der Errichtung der Bundesbehörden stellte die Verwaltung des Vereinigten Wirtschaftsgebietes ihre Arbeit auf diesem Gebiet ein.

Das Bundesjustizministerium nahm gemeinsam mit dem Bundesarbeitsministerium die Reformarbeiten wieder auf. Ihnen standen als Material die zahlreichen Entwürfe zur Verfügung, die auf Grund der durch die Arbeiten der Sachverständigenkommission belebten Erörterung dieses Problems von den Organisationen der Arbeitgeber und Arbeitnehmer sowie anderen Vereinigungen aufgestellt waren, ferner zahlreiche Aufsätze und Einzeleingaben. Berücksichtigt wurde auch das Recht des Auslands, soweit es zugänglich war.

Diese Reformarbeiten haben Anfang 1952 zu dem Entwurf eines Gesetzes über Erfindungen von Arbeitnehmern und Beamten geführt, der in der Fassung der Drucksache Nr. 3343 der 1. Wahlperiode den gesetzgebenden Körperschaften zugeleitet wurde (im folgenden als Entwurf 1952 bezeichnet). Dieser Entwurf ist während der 1. Wahlperiode des Bundestages in dem zuständigen Ausschuß bereits eingehend erörtert worden, konnte aber bis zum Abschluß der Wahlperiode nicht mehr verabschiedet werden. Der Entwurf wurde daraufhin zu Beginn der 2. Wahlperiode in unveränderter Fassung erneut dem Bundestag zugeleitet (Drucksache Nr. 187), später jedoch von der Bundesregierung zunächst zurückgezogen. Er ist in der Zwischenzeit mit den beteiligten Kreisen nochmals erörtert worden und wird nunmehr in einer geänderten Fassung erneut vorgelegt. Bei der Neufassung des Entwurfs sind weitgehend Änderungsvorschläge berücksichtigt, die in der Stellungnahme des Bundesrates und in den vorläufigen Beschlüssen des zuständigen Ausschusses des Bundestages zu dem Entwurf 1952 enthalten waren. Darüber hinaus weist der Entwurf gegenüber seiner ursprünglichen Fassung als Ergebnis der erneuten Erörterung eine Anzahl von Abweichungen auf.

III.

Der Entwurf folgt der Auffassung der Sachverständigenkommission der Verwaltung des Vereinigten Wirtschaftsgebietes, daß eine Anpassung der Verordnung 1942 und der Durchführungsverordnung 1943 an die gegenwärtigen Verhältnisse nicht als ausreichend erscheint, und enthält daher eine Neuregelung dieses Rechtsgebietes. Mit der Neuregelung werden jedoch nicht völlig neue Wege beschritten. Der Entwurf lehnt sich vielmehr weitgehend an die Regelung an, die in der Durchführungsverordnung 1943 enthalten ist. Diese Durchführungsverordnung ist, wie oben bereits erwähnt, zwar aus Anlaß des Krieges ergangen, stellt aber keine reine Kriegsvorschrift dar, sondern enthält im

Amtliche Begründung

wesentlichen die Ergebnisse, die in jahrelangen Vorarbeiten seinerzeit zwischen den beteiligten Ministerien und den interessierten Kreisen gefunden worden sind. Es erschien daher zweckmäßig, an diesen Vorschriften festzuhalten, soweit sie der Sachlage gerecht werden und sich in der Praxis bewährt haben. Dabei wurde nicht verkannt, daß die Durchführungsverordnung 1943, obwohl sie nun über acht Jahre in Kraft ist, infolge des Krieges und der Verhältnisse der Nachkriegszeit erst in den letzten Jahren an Bedeutung gewonnen hat und weiteren Kreisen der Öffentlichkeit bekannt geworden ist.

Der Entwurf hält ferner daran fest, das Gebiet der Arbeitnehmererfindungen in einem Sondergesetz zu regeln. Die ausführliche Regelung, die der Entwurf hierfür vorsieht, schließt die Einfügung dieser Bestimmungen in das Patentgesetz aus. Das gleiche gilt für den Einbau in ein künftiges Arbeitsvertragsgesetz, ganz abgesehen davon, daß mit dem Erlaß eines Arbeitsvertragsgesetzes in absehbarer Zeit nicht gerechnet werden kann und damit eine nicht tragbare Verzögerung dieser drängenden gesetzlichen Regelung verbunden wäre.

IV.

Der Entwurf ist bestrebt, das Gebiet der Arbeitnehmererfindung möglichst umfassend und abschließend zu regeln. Das gilt sowohl hinsichtlich des Personenkreises, der durch den Entwurf erfaßt wird, als auch hinsichtlich der benachbarten Sachgebiete, auf die das Recht der Arbeitnehmererfindung sich auswirkt.

1. Was den Personenkreis anlangt, so beschränkt sich der Entwurf nicht auf die Erfindungen der Arbeitnehmer, die in privaten Betrieben beschäftigt sind, sondern er erfaßt auch die Erfindungen der Arbeitnehmer der öffentlichen Verwaltungen und Betriebe sowie der Beamten. Bei den früheren gesetzlichen Vorarbeiten war zunächst in Erwägung gezogen worden, zwischen den Erfindungen von Arbeitnehmern im privaten Dienst einerseits und von Arbeitnehmern im öffentlichen Dienst sowie von Beamten andererseits wegen der besonderen Verhältnisse des öffentlichen Dienstes einen Unterschied zu machen, das Erfinderrecht beider Personenkreise in seinen Grundzügen verschieden zu regeln und in zwei getrennten Gesetzen zu behandeln. Es stellte sich jedoch bald heraus, daß eine grundsätzlich unterschiedliche Behandlung von Arbeitnehmern im privaten Dienst und solchen im öffentlichen Dienst hinsichtlich ihrer Erfindung des rechtfertigenden Grundes entbehrt.

Dagegen wurde an einer besonderen Behandlung der Erfindungen von Beamten lange Zeit festgehalten und auch ein entsprechender besonderer Gesetzentwurf ausgearbeitet, in dem für die Beamten wesentlich geringere Rechte vorgesehen waren. Diese Sonderbehandlung der Beamten wurde damit begründet, daß das öffentlich-rechtliche Dienstverhältnis der Beamten, insbesondere das den Beamten bindende besondere Treueverhältnis, in seinen Grundzügen wie in seiner Ausgestaltung derartige Verschiedenheiten gegenüber dem auf Leistung und Gegenleistung abgestellten privat-rechtlichen Arbeitsverhältnis aufweise, daß eine einheitliche Behandlung der Erfindungen von Arbeitnehmern und Beamten ohne Beeinträchtigung der Grundlagen des Beamtenverhältnisses nicht möglich sei. Schließlich setzte sich aber der Gedanke durch, daß trotz der Besonderheiten des Beamtenverhältnisses kein hinreichender Grund gegeben ist, die Beamten anders, und zwar schlechter als die Arbeitnehmer im öffentlichen Dienst zu behandeln. Ausschlaggebend war letzten Endes die Überlegung, daß es nicht tragbar sei, Erfinder derselben öffentlichen Verwaltung, die unter denselben Bedingungen, vielleicht sogar gemeinsam an einer Erfindung gearbeitet haben, unter verschiedenes Recht zu stellen.

Diese Erwägungen führten dazu, den Gedanken eines Sondergesetzes für die Erfindung von Beamten fallenzulassen, die vorgesehene Regelung für Arbeitnehmer im privaten Dienst auf die Arbeitnehmer im öffentlichen Dienst und auf die Beamten auszudehnen und lediglich durch eine Sondervorschrift für alle Angehörigen des öffentlichen Dienstes dessen besonderen Belangen Rechnung zu tragen. Diese Regelung ist dann von der Durchführungverordnung 1943 übernommen worden und daher heute geltendes Recht.

Auch der Entwurf hält an dieser Regelung fest. Er erstreckt in § 41²) die Vorschriften für Arbeitnehmer im privaten Dienst auf die Arbeitnehmer im öffentlichen Dienst unter Aufstellung gewisser Vorbehalte, die im wesentlichen aus dem geltenden Recht übernommen worden sind und durch die die besonderen Belange des öffentlichen Dienstes gewahrt werden sollen. Im § 42³) werden dann die Vorschriften für Arbeitnehmer im öffentlichen Dienst auf Beamte für entsprechend anwendbar erklärt. Damit stehen wie bisher Beamte und Arbeitnehmer im öffentlichen Dienst unter dem gleichen Recht.

Die vom Entwurf getroffene Regelung gilt nicht nur für die im Dienst der Länder, Gemeinden und anderer Körperschaften des öffentlichen Rechts stehenden Personen. Für die letzteren steht dem Bund nach Art. 75 Nr. 1 GG nur das Recht der Rahmengesetzgebung zu. Der Entwurf geht aber, jedenfalls soweit er die Erfindungen der Angehörigen des öffentlichen Dienstes regelt, über die Setzung von Rahmenvorschriften hinaus und behandelt diese Materie abschließend. Dies erscheint gerechtfertigt im Hinblick darauf, daß die Bestimmungen untereinander untrennbar zusammenhängen und überwiegend Ausfluß des Patentrechts sind, für das der Bund gemäß Art. 73 Nr. 9 GG das Recht zur ausschließlichen Gesetzgebung besitzt. Aus den gleichen Gründen dürfte das bisher geltende Recht der Durchführungsverordnung 1943, das, wie oben ausgeführt, inhaltlich im wesentlichen der vom Entwurf vorgesehenen Regelung entspricht, über Art. 124 GG

---

²) Jetzt § 40
³) Jetzt § 41

Amtliche Begründung

Bundesrecht geworden sein, so daß zur Zeit auf diesem Gebiet bereits eine bundesrechtliche Regelung besteht.

2. Sachlich enthält der Entwurf — über das eigentliche Recht der Arbeitnehmererfindung hinausgehend — Bestimmungen über das Schiedsverfahren (§§ 27 bis 36)[4]), über das gerichtliche Verfahren (§§ 37 bis 40)[5]) und über das Vorkaufsrecht des Arbeitnehmers hinsichtlich seiner in Anspruch genommenen Diensterfindung im Konkurs sowie über ein Konkursvorrecht für Erfindervergütungen des Arbeitnehmers (§ 26)[6]).

3. Nicht aufgenommen worden sind Vorschriften über die steuerliche Behandlung der Erfindervergütung, die ein Arbeitnehmer von seinem Arbeitgeber erhält.

Zur Förderung des Erfinderwesens wurden schon vor 1945 dem Erfinder steuerliche Vergünstigungen eingeräumt, die allerdings nach 1954 in einigen Ländern nicht weitergewährt wurden. Um eine gleichmäßige Besteuerung der Erfinder im Bundesgebiet sicherzustellen, wurde durch das Gesetz zur Änderung des Einkommensteuergesetzes und des Körperschaftsteuergesetzes vom 29. April 1950 (BGBL. S. 95) der Bundesregierung die Ermächtigung erteilt, Vorschriften über die steuerliche Behandlung von Erfindervergütungen zu erlassen. Diese Ermächtigung ist später durch das Gesetz zur Änderung und Vereinfachung des Einkommensteuergesetzes und des Körperschaftsteuergesetzes vom 27. Juni 1951 (BGBl. I S. 411) in das Einkommensteuergesetz selbst eingearbeitet worden (§ 51 Abs. 1 Nr. 2a EStG 1950). Auf Grund dieser Ermächtigung ist bereits die Verordnung über die steuerliche Behandlung der Vergütungen für Abeitnehmererfindungen vom 6. Juni 1951 (BGBl. I S. 388)[7]) erlassen worden. Im Interesse der Einheitlichkeit des Steuerrechts erschien es zweckmäßig, es bei dieser Regelung zu belassen und von einer Bezugnahme auf das Steuerrecht in dem vorliegenden Entwurf Abstand zu nehmen.

V.

Der Entwurf hält an dem bereits nach geltendem Recht bestehenden System der Pflicht des Arbeitnehmers zur schriftlichen Meldung für alle Erfindungen, des Inanspruchnahmerechts des Arbeitgebers für bestimmte Erfindungen (Diensterfindungen), der Verpflichtung des Arbeitgebers zur Erwirkung von Schutzrechten für bestimmte in Anspruch genommene Diensterfindungen und der Verpflichtung zur Vergütung dieser Diensterfindungen fest.

Diese Rechte und Pflichten entstehen ebenso wie nach geltendem Recht nur im Verhältnis zwischen Arbeitgeber und Arbeitnehmer. Sie

---

[4]) Jetzt §§ 28 bis 36
[5]) Jetzt §§ 37 bis 39
[6]) Jetzt § 27
[7]) Abgedruckt s. 386 ff.

Amtliche Begründung

stellen keine dingliche Belastung der Erfindung dar und gehen im Falle der Übertragung der Erfindung durch den Arbeitgeber nicht auf den Erwerber über. Andererseits sind Rechte und Pflichten des Arbeitgebers nicht an seine Person gebunden. Wechselt der Inhaber des Betriebes, so tritt der neue Arbeitgeber grundsätzlich ebenso wie in die sich aus dem Arbeitsverhältnis ergebenden Rechte und Pflichten auch in die nach dem Entwurf vorgesehenen Rechte und Pflichten des bisherigen Arbeitgebers ein.

Gegenüber dem geltenden Recht bringt der Entwurf im wesentlichen folgende Neuerungen:

1. Allgemein will der Entwurf durch eine gegenüber dem geltenden Recht wesentlich ausführlichere Regelung des Rechtsgebietes bestehende Lücken schließen und Streitfragen klären und damit eine größere Rechtssicherheit erreichen. Darüber hinaus soll durch Setzung kurzer Fristen, soweit Fristen überhaupt erforderlich sind, eine schnelle Klärung der Rechtsbeziehungen über Arbeitnehmererfindungen zwischen dem Arbeitgeber und dem Arbeitnehmer erzielt werden.

2. Der Entwurf unterscheidet streng zwischen Erfindungen, unter denen nach dem Entwurf nur schutzfähige, d. h. patent- oder gebrauchsmusterfähige Erfindungen verstanden werden, und technischen Verbesserungsvorschlägen, zu denen der Entwurf auch die nichtschutzfähigen Erfindungen rechnet.

3. Der Entwurf grenzt gegenüber dem geltenden Recht den Begriff der Diensterfindung schärfer ab, indem er die sogenannte Anregungserfindung ausscheidet.

4. Während nach geltendem Recht jede, auch die nichtschutzfähige oder nur gebrauchsmusterfähige Diensterfindung vom Arbeitgeber in Anspruch genommen werden kann, eine Vergütungspflicht aber nur für patentfähige Diensterfindungen vorgesehen ist, beschränkt der Entwurf einerseits die inanspruchnahmefähigen Diensterfindungen auf die schutzfähigen, d. h. patent- oder gebrauchsmusterfähigen Diensterfindungen, dehnt aber andererseits die Vergütungspflicht auf alle in Anspruch genommenen Diensterfindungen, d. h. auch auf die nur gebrauchsmusterfähigen Diensterfindungen aus.

5. Während das geltende Recht nur die unbeschränkte Inanspruchnahme einer Diensterfindung kennt und damit dem Arbeitgeber lediglich die Wahl läßt, die Diensterfindung entweder in vollem Umfange zu übernehmen oder sie dem Arbeitnehmer in vollem Umfange freizugeben, führt der Entwurf darüber hinaus für den Arbeitgeber die weitere Wahlmöglichkeit ein, eine ihm gemeldete Diensterfindung nur beschränkt in Anspruch zu nehmen und sich damit ein nichtausschließliches entgeltliches Benutzungsrecht vorzubehalten.

Amtliche Begründung

6. Während nach dem geltenden Recht der Arbeitnehmer jede von ihm gemachte Erfindung, gleichgültig, ob es eine Diensterfindung oder eine freie Erfindung ist, unter genauer Beschreibung der Erfindung zu melden hat, beschränkt der Entwurf diese ausführliche Meldepflicht auf die vom Arbeitnehmer gemachten Diensterfindungen, während er für die freien Erfindungen eines Arbeitnehmers eine bloße Mitteilungspflicht ausreichen läßt.
7. Während das geltende Recht keine Bestimmungen über die freien Erfindungen eines Arbeitnehmers enthält, stellt der Entwurf durch eine ausdrückliche Vorschrift klar, daß der Arbeitnehmer über die freien oder freigewordenen Erfindungen frei zu verfügen berechtigt ist. In dieser Verfügungsbefugnis ist er lediglich durch die sich aus dem Arbeitsverhältnis ergebende allgemeine Treuepflicht sowie durch die im Entwurf vorgesehene Mitteilungs- und Anbietungspflicht für freie Erfindungen (§§ 17, 18 [8]) beschränkt.
8. Die Vorschrift des geltenden Rechts, daß für technische Verbesserungsvorschläge eines Arbeitnehmers vom Arbeitgeber eine Belohnung gewährt werden kann, stellt eine Selbstverständlichkeit dar und ist deshalb in den Entwurf nicht übernommen worden. Der Entwurf überläßt statt dessen die Behandlung der technischen Verbesserungsvorschläge in ihrer Gesamtheit einschließlich der Frage der Vergütung dieser Vorschläge als Teil des betrieblichen Vorschlagswesens der Regelung durch Tarifvertrag oder Betriebsvereinbarung im Rahmen der arbeitsrechtlichen Selbstverwaltung [9]).
9. An Stelle des durch die veränderten Verhältnisse weggefallenen Schiedsverfahrens sieht der Entwurf ein neues Schiedsverfahren vor, das vor einer zentralen Schiedsstelle, die beim Deutschen Patentamt gebildet wird, durchgeführt wird.

VI.

Der Entwurf gliedert sich in mehrere Abschnitte, die zum Teil ihrerseits wieder in Unterabschnitte aufgegliedert sind. Vorangestellt sind im Ersten Abschnitt die Begriffsbestimmungen (§§ 1 bis 3) [10], die für alle Abschnitte des Entwurfs Geltung haben. Es folgen im Zweiten Abschnitt die Vorschriften über Erfindungen von Arbeitnehmern im privaten Dienst (§§ 4 bis 40) [11], an die sich im Dritten Abschnitt die Vorschriften über Erfindungen von Arbeitnehmern im öffentlichen Dienst und Beamten (§§ 41 bis 42) [12] anschließen. Die Übergangs- und Schlußbestimmungen (§§ 44 bis 49) [13] sind im Vierten Abschnitt zusammengefaßt.

---

[8]) Jetzt §§ 18, 19
[9]) Vgl. hierzu den Ausschußbericht zu § 19
[10]) Jetzt §§ 1 bis 4
[11]) Jetzt §§ 5 bis 39
[12]) Jetzt §§ 40 bis 41
[13]) Jetzt §§ 43 bis 49

Zu § 1

B. DIE EINZELNEN BESTIMMUNGEN

ERSTER ABSCHNITT

Anwendungsbereich und Begriffsbestimmungen

Zu § 1 — jetzt § 1 (Anwendungsbereich)

Diese Bestimmung legt den sachlichen Geltungsbereich des Entwurfs in zweierlei Hinsicht fest:
1. dem Gegenstand nach. Der Entwurf erfaßt demnach alle — schutzfähigen (vgl. § 2) — Erfindungen der in § 1 genannten Personen;
2. dem Kreis der Personen nach, die die Erfindung gemacht haben. In erster Linie sind dies die Arbeitnehmer im privaten Dienst. Darüber hinaus sind gemäß § 41 des Entwurfs [14]) die Vorschriften für Arbeitnehmer im privaten Dienst mit geringen Änderungen auch auf die Arbeitnehmer im öffentlichen Dienst anzuwenden. Der Begriff „Arbeitnehmer" wird im Entwurf nicht näher erläutert. Seine Abgrenzung richtet sich nach den im Arbeitsrecht ermittelten Grundsätzen. Ferner sind in den Entwurf die Beamten (§ 42) [15]) einbezogen.

Der Entwurf enthält ebenso wie das geltende Recht keine besondere Vorschrift über Erfindungen von gesetzlichen Vertretern juristischer Personen. Eine derartige Vorschrift war in den Entwurf 1952 aufgenommen worden mit der Begründung, daß die gesetzlichen Vertreter juristischer Personen keine Arbeitnehmer im Sinne des Arbeitsrechts seien, es aber gleichwohl angemessen erscheine, auch diesen Personen die gleichen Rechte zu gewähren und die gleichen Pflichten aufzuerlegen wie den übrigen Angehörigen des Betriebes. Die Bestimmung (§ 35) sah deshalb vor, daß die Vorschriften des Gesetzes auf Erfindungen von gesetzlichen Vertretern juristischer Personen entsprechend anzuwenden seien.

Nachdem jedoch gegen diese Vorschrift insbesondere von Arbeitnehmerseite Bedenken erhoben worden sind, ist sie in die Neufassung des Entwurfs nicht übernommen worden. Dies erscheint vor allem deshalb gerechtfertigt, weil sich bei Einbeziehung dieses Personenkreises in den Entwurf Interessengegensätze vielfach nicht vermeiden lassen würden, da es in der Regel gerade die gesetzlichen Vertreter sind, die über die Erfindervergütungen in ihren Betrieben zu entscheiden haben. Eine praktische Bedeutung hätte der Einbeziehung der gesetzlichen Vertreter juristischer Personen allerdings dann zukommen können, wenn nur auf diesem Wege zu erreichen gewesen wäre, daß auch die an Angehörige dieses Personenkreises gezahlten Erfindervergütungen wie Vergütungen für Arbeitnehmererfindungen steuerlich begünstigt würden, was gerechtfertigt erscheint, da durch die Steuerbegünstigung die Erfindertätigkeit als solche angeregt werden soll. Die Erfindungen

---
[14]) Jetzt § 40
[15]) Jetzt § 41

von gesetzlichen Vertretern juristischer Personen werden jedoch bereits nach geltendem Steuerrecht als Arbeitnehmererfindungen angesehen. Die für diese Erfindungen gezahlten Vergütungen fallen deshalb unter die bereits bestehende Steuerbegünstigung für Arbeitnehmererfindungen. Die Vorschriften über diese Steuerbegünstigung werden nach Inkrafttreten des Gesetzes überprüft werden müssen. Dabei wird die Bundesregierung um eine Regelung bemüht sein, durch die diesen Personen weiterhin eine Steuerbegünstigung für ihre Erfindervergütungen gewährt wird.

Zu § 2 — jetzt § 2 (Erfindungen)

Der Entwurf geht von dem Grundsatz aus, daß nur für diejenigen Erfindungen von Arbeitnehmern, die auf Grund des Patentgesetzes oder des Gebrauchsmustergesetzes zur Gewährung eines Monopolrechts (Patent oder Gebrauchsmuster) führen können, soweit es sich um Diensterfindungen handelt, die Inanspruchnahme und Vergütung durch den Arbeitgeber, soweit es sich um freie Erfindungen handelt, eine Pflicht des Arbeitnehmers zur Anbietung eines Benutzungsrechts gerechtfertigt und notwendig erscheint. Um diesen Grundsatz im Gesetz klar durchführen zu können, erwies es sich aus gesetzestechnischen Gründen als notwendig, am Anfang des Entwurfs eine gesetzliche Begriffsbestimmung für die „Erfindungen" zu geben.

Alle sonstigen technischen Neuerungen, die nicht patent- oder gebrauchsmusterfähig sind werden von dem Entwurf in § 19 [16]) unter dem Begriff „technische Verbesserungsvorschläge" zusammengefaßt. Unter diesen Begriff fallen also auch die nichtschutzfähigen Erfindungen. In welchem Umfange nichtschutzfähige Erfindungen denkbar und welche Unterscheidungen zwischen ihnen möglich sind, ist eine umstrittene Frage, die bei dieser Regelung dahingestellt bleiben kann. Diese Zweiteilung ergibt sich zwangsläufig aus dem obenerwähnten Grundsatz, daß nur das Monopolrecht, das auf eine Erfindung gewährt werden kann, die besonderen in diesem Entwurf vorgesehenen Rechte und Pflichten rechtfertigt.

Es wird nicht verkannt, daß auch nichtschutzfähige Erfindungen im Einzelfall sowohl eine besondere Leistung des Arbeitnehmers darstellen, als auch für den Arbeitgeber erhebliche wirtschaftliche Vorteile zur Folge haben können, obwohl sie keinen monopolartigen Rechtsschutz gewähren. Es kann daher angemessen erscheinen, in besonders gelagerten Fällen die nichtschutzfähigen Erfindungen, soweit es sich um die Frage einer Vergütung für den Arbeitnehmer handelt, ähnlich den schutzfähigen Erfindungen zu behandeln. Der Entwurf hat jedoch von einer ausdrücklichen Regelung dieser Fälle abgesehen. Dem Grundgedanken des Entwurfs entsprechend, der die in ihm enthaltenen Rechte und Pflichten auf die Entstehung eines Monopolrechts zurückführt und der daher nur die schutzfähigen Erfindungen erfaßt, wird die Be-

---
[16]) Jetzt § 3

Zu § 3

handlung der nichtschutzfähigen Erfindungen ebenso wie der sonstigen technischen Verbesserungsvorschläge der Regelung durch Tarifvertrag oder Betriebsvereinbarung überlassen (vgl. dazu im einzelnen die Erläuterungen zu § 19 [17]).

Zu § 3 — jetzt § 4 (Diensterfindungen und freie Erfindungen)

Diese Bestimmung unterteilt die Erfindungen von Arbeitnehmern in zwei Gruppen:
1. die gebundenen Erfindungen, für welche die in der Praxis bereits gebräuchliche Bezeichnung „Diensterfindung" nunmehr gesetzlich festgelegt wird, und
2. die freien Erfindungen.

Diese Unterscheidung ist von wesentlicher Bedeutung. Nur die Diensterfindungen unterliegen der Meldepflicht des Arbeitnehmers und dem Inanspruchnahmerecht des Arbeitgebers. Über die freien Erfindungen kann der Arbeitnehmer, wie ihre Bezeichnung zum Ausdruck bringt, wie ein freier Erfinder grundsätzlich frei verfügen. Dieser Grundsatz unterliegt nur drei Einschränkungen:
1. Grundsätzlich müssen alle freien Erfindungen vom Arbeitnehmer dem Arbeitgeber mitgeteilt werden (§ 17) [18];
2. bestimmte freie Erfindungen müssen vor ihrer Verwertung dem Arbeitgeber zum Erwerb eines entgeltlichen Benutzungsrechts angeboten werden (§ 18) [19];
3. die sich aus dem Arbeitsverhältnis ergebenden allgemeinen Verpflichtungen des Arbeitnehmers bleiben unberührt (§ 24) [20].

§ 3 Abs. 2 bringt eine Begriffsbestimmung der Diensterfindung.

Es ist eingangs (Allgemeines, I) darauf hingewiesen worden, daß der Arbeitnehmer als Erfinder dem Arbeitgeber gegenüber nicht dieselbe Stellung einnehmen kann wie ein freier Erfinder, sondern daß sich aus seinem Arbeitsverhältnis für ihn gewisse Beschränkungen bei der Verfügung über seine Erfindung ergeben müssen. Dies hat dazu geführt, daß nicht nur im geltenden deutschen Recht, sondern auch in der gesamten ausländischen Gesetzgebung der Grundsatz aufgestellt worden ist, daß gewisse von einem Arbeitnehmer gemachte Erfindungen dem Arbeitgeber zur ausschließlichen Ausnutzung überlassen werden müssen. Dieser Grundsatz ist allgemein anerkannt, soweit es sich um Erfindungen handelt, die der Arbeitnehmer im ausdrücklichen oder stillschweigenden Auftrage des Arbeitgebers gemacht hat (sogenannte Auftragserfindungen). Verschiedene Auffassungen bestehen jedoch darüber, welche Erfindung eines Arbeitnehmers darüber hinaus der Arbeitgeber

---
[17] Vgl. hierzu den Ausschußbericht zu § 19 und die Regelung in § 20 des Gesetzes
[18] Jetzt § 18
[19] Jetzt § 19
[20] Jetzt § 25

für sich in Anspruch nehmen kann. Man kann für den letzteren Fall im wesentlichen zwei Ansichten unterscheiden:
1. Die eine Ansicht geht dahin, daß der Arbeitgeber die Möglichkeit haben muß, alle diejenigen Erfindungen eines Arbeitnehmers für sich in Anspruch zu nehmen, die in dem Betrieb, in dem der Arbeitnehmer tätig ist, verwertbar sind, gleichgültig, auf welche Weise diese Erfindungen zustande gekommen sind. Als maßgebend für das Inanspruchnahmerecht des Arbeitgebers wird also die Tatsache angesehen, daß die Arbeitnehmererfindung im Betrieb verwertbar und daher geeignet ist, den Betrieb zu fördern.
2. Die andere Ansicht geht dahin, daß das Inanspruchnahmerecht des Arbeitgebers sich auf alle diejenigen Erfindungen eines Arbeitnehmers erstrecken muß, die maßgeblich auf Erfahrungen und Arbeiten des Betriebes beruhen, gleichgültig, ob sie für den Betrieb verwertbar sind oder nicht. Maßgebend für diese Auffassung ist, daß die Erfindung aus dem Betrieb heraus entstanden ist und keine alleinige Leistung des Arbeitnehmers darstellt.

Zwischen diesen beiden Ansichten besteht eine Vielzahl von Kombinationsmöglichkeiten.

Es ist davon auszugehen, daß die Tatsache allein, daß die Erfindung eines Arbeitnehmers, gleichgültig, wie sie zustande gekommen ist, im Betrieb verwertbar und damit für den Betrieb von Nutzen ist, nicht als ein ausreichender rechtspolitischer Rechtfertigungsgrund angesehen werden kann, um dem Arbeitgeber durch Gesetz ein Recht auf einseitige Inanspruchnahme der Erfindung in vollem Umfange zu gewähren. Die arbeitsrechtliche Treuepflicht, die dem Arbeitnehmer obliegt und auf die sich die Vertreter dieser Auffassung zu ihrer Begründung stützen, verbietet zwar dem Arbeitnehmer, während der Dauer des Arbeitsverhältnisses den Arbeitgeber mit einer solchen Erfindung durch eine konkurrenzmäßige Auswertung zu schädigen. Ein darüber hinausgehendes Recht auf Übertragung der Erfindung kann jedoch aus der Treuepflicht, wie sie bisher im Arbeitsrecht anerkannt ist, nicht hergeleitet werden.

Der Entwurf folgt daher der zweiten Ansicht. Diese findet ihre rechtspolitische Rechtfertigung darin, daß eine Erfindung, die maßgeblich auf Erfahrungen oder Arbeiten des Betriebes beruht, nicht das ausschließliche Verdienst des Erfinders, sondern letzten Endes eine Gemeinschaftsarbeit des Betriebes und des Erfinders darstellt und daher beiden zugute kommen muß. Die Tatsache also, daß der Betrieb einen entscheidenden Anteil zu dem Zustandekommen der Erfindung beigetragen hat, ohne den die Erfindung von dem Arbeitnehmer nicht gemacht worden wäre, rechtfertigt die Gewährung eines gesetzlichen Inanspruchnahmerechts an den Arbeitgeber.

Bei folgerichtiger Durchführung dieses im Entwurf anerkannten Grundgedankens wird der Gesichtspunkt der Verwertbarkeit einer

Zu § 3

Erfindung im Betrieb als Merkmal für die Inanspruchnahmefähigkeit der Erfindung gänzlich bedeutungslos. Weder kann eine Erfindung nur deswegen in Anspruch genommen werden, weil sie für den Betrieb nützlich ist, noch kann andererseits die Inanspruchnahme einer Erfindung, zu der der Betrieb einen wesentlichen Beitrag beigesteuert hat, nur deswegen verweigert werden, weil sie im Betrieb nicht verwertet werden kann. Der Grundsatz, daß der Arbeitgeber sich keine Erfindung eines Arbeitnehmrs aneignen soll, die nicht aus dem Betrieb selbst erwachsen ist, muß seine Ergänzung darin finden, daß umgekehrt auch der Arbeitnehmer über keine Erfindung frei verfügen darf, zu der der Betrieb maßgeblich beigetragen hat.

Der Entwurf hat die sogenannte Anregungserfindung nicht mehr in den Kreis der Diensterfindungen mit einbezogen. Die Anregungserfindung als Diensterfindung findet sich schon in den Tarifverträgen aus der Zeit nach dem Ersten Weltkrieg. Sie wurde auch in die Durchführungsverordnung 1943 übernommen und ist somit zur Zeit noch geltendes Recht. Unter Anregungserfindungen werden im Schrifttum diejenigen Erfindungen verstanden, die, obwohl sie nicht auf betrieblichen Erfahrungen oder Vorarbeiten beruhen, auf irgendwelche Verknüpfungen zwischen Betrieb und erfinderischer Tätigkeit des Arbeitnehmers zurückzuführen sind. Es wird allgemein anerkannt, daß der Begriff der Anregungserfindung farblos ist. Die überwiegende Meinung der interessierten Kreise geht daher auch dahin, daß die Einbeziehung der Anregungserfindung als Diensterfindung zu weit geht, und es ist daher vorgeschlagen worden, die Anregungserfindung auf solche Erfindungen zu beschränken, die sich auf betriebseigentümliche Fertigungsmittel beziehen. Dabei liegt der Gedanke zugrunde, daß solche Erfindungen, die für den Betrieb von großer Bedeutung sein können, auch für den Betrieb nutzbar gemacht werden müssen. Der Entwurf hält die Einbeziehung der Anregungserfindung in den Kreis der Diensterfindungen für entbehrlich. Die überwiegende Anzahl der Erfindungen, die von der Praxis als Anregungserfindungen bezeichnet werden, sind entweder Auftragserfindungen oder Erfindungen, die auf Erfahrungen oder Arbeiten des Betriebes beruhen, also auch Diensterfindungen nach der Begriffsbestimmung des Entwurfs. Erfindungen von Arbeitnehmern, die auf einer darüber hinausgehenden reinen Anregung beruhen, d. h. zum Beispiel einer reinen Anschauung von Maschinen oder Fertigungsvorgängen des Betriebes, sind außerordentlich selten. Es würde dem Grundgedanken, von dem der Entwurf für den Begriff der Diensterfindung ausgeht, zuwiderlaufen, solche reinen Anregungserfindungen, zu denen der Betrieb nicht mehr als nur das Anschauungsmaterial beigetragen hat, unter den Begriff Diensterfindungen einzureihen. Der Entwurf rechnet daher die reine Anregungserfindung zu den freien Erfindungen eines Arbeitnehmers. Der Tatsache, daß die reinen Anregungserfindungen andererseits häufig für den Betrieb von besonderer Bedeutung sind, trägt der Entwurf dadurch Rechnung, daß an denjenigen freien Erfindungen, die im Betrieb verwendbar sind, nach § 18 des Entwurfs [21]) dem Arbeitgeber vor einer anderweitigen Verwertung ein Benutzungsrecht angeboten werden muß. Damit wird den berechtigten Interessen der Arbeitgeber Rechnung getragen.

Über das Ausscheiden der reinen Anregungserfindung hinaus will der Entwurf den Kreis der Diensterfindung nicht einengen. Nach dem geltenden Recht war eine klare Unterscheidung zwischen Auftragserfindungen und Erfahrungs- oder Vorarbeitenerfindungen einerseits und Anregungserfindungen andererseits nicht notwendig, weil die Anregungserfindung als Oberbegriff für die anderen Erfindungen ausgestaltet war. Nach der Regelung des Entwurfs kommt dieser Unterscheidung jedoch entscheidende Bedeutung zu. Um die Abgrenzung zu erleichtern und klarzustellen, daß jede Erfahrung — sowohl der Erfahrungsaustausch innerhalb des Betriebes als auch die sogenannte negative Erfahrung, z. B. durch Auswertung von Kundenbeanstandungen — und jede Arbeit des Betriebes, die maßgeblich zu der Erfindung beigetragen haben, die Erfindung zur Diensterfindung machen, hat der Entwurf das Wort „Vorarbeiten" in § 4 Abs. 1 der Durchführungsverordnung 1943 durch das Wort „Arbeiten" ersetzt. Durch diese Änderung soll klargestellt werden, daß nicht etwa nur Arbeiten des Betriebes, die eine bestimmte Zweckrichtung aufweisen, als ausreichende Voraussetzung für die Einreihung einer Erfindung als Diensterfindung angesehen werden.

Nur Erfindungen, die während der Dauer des Arbeitsverhältnisses entstanden sind, können Diensterfindungen sein. Der Zeitpunkt, zu dem eine Erfindung „gemacht" ist, wird nicht immer ohne weiteres eindeutig zu bestimmen sein. Die Beweislast dafür, daß eine Erfindung während der Dauer des Arbeitsverhältnisses zustande gekommen ist, trifft den Arbeitgeber. Für Erfindungen, die von einem Arbeitnehmer innerhalb von sechs Monaten nach Auflösung des Arbeitsverhältnisses zur Erteilung eines Schutzrechts angemeldet werden, sieht § 25 Abs. 2 des Entwurfs [22]) eine Sonderregelung vor.

Der Begriff „Arbeitnehmer" in den Absätzen 1 bis 3 des § 3 umfaßt sowohl die Arbeitnehmer im privaten Dienst als auch die Arbeitnehmer im öffentlichen Dienst. Unter den Begriffen „Betrieb" und „öffentliche Verwaltung" in Abs. 2 sind deshalb, soweit es sich um Arbeitnehmer im öffentlichen Dienst handelt, alle Dienststellen zu verstehen, an denen Arbeitnehmer im öffentlichen Dienst beschäftigt sind, gleichgültig, ob es sich im einzelnen Fall um Betriebe, Institute, Anstalten, Stiftungen oder Verwaltungen handelt.

Durch Abs. 4 des § 3 sind die Bestimmungen der Absätze 1 bis 3 auch auf die Erfindungen von Beamten ausgedehnt worden.

---
[21]) Jetzt § 19
[22]) § 25 Abs. 2 des Entwurfs ist in das Gesetz nicht übernommen worden. Über die Gründe vgl. den Ausschußbericht zu § 25.

Zu § 4

ZWEITER ABSCHNITT

Erfindungen von Arbeitnehmern im privaten Dienst

Dieser Abschnitt regelt die Erfindungen von Arbeitnehmern im privaten Dienst und gliedert die Vorschriften darüber in mehrere Unterabschnitte:
1. Diensterfindungen,
2. Freie Erfindungen,
3. Technische Verbesserungsvorschläge,
4. Gemeinsame Bestimmungen,
5. Schiedsverfahren und
6. Gerichtliches Verfahren.

1. Diensterfindungen

Zu § 4 — jetzt § 5 (Meldepflicht)

Diese Bestimmung regelt die dem Arbeitnehmer auferlegte Meldepflicht für Diensterfindungen. Nach dem geltenden Recht muß der Arbeitnehmer alle Erfindungen, die er während der Dauer des Arbeitsverhältnisses macht, dem Arbeitgeber unter genauer Beschreibung der Erfindung melden. Diese Pflicht wurde seinerzeit damit begründet, daß dem Arbeitgeber die Nachprüfung ermöglicht werden muß, ob eine vom Arbeitnehmer gemachte Erfindung ihm zur Verfügung zu stellen ist oder nicht.

Der Entwurf hält an dieser Meldepflicht grundsätzlich fest, beschränkt diese jedoch auf Diensterfindungen. Nur für diese besteht ein anerkennenswertes Interesse an einer völligen Offenbarung der Erfindung, da der Arbeitgeber sich auf Grund der Meldung darüber schlüssig werden muß, ob er das ihm zustehende Inanspruchnahmerecht ausüben will oder nicht. Die Beschränkung der Meldepflicht hat zur Folge, daß der Arbeitnehmer selbst zu entscheiden hat, ob die von ihm gemachte Erfindung eine Diensterfindung ist und damit der weiterreichenden Meldepflicht unterliegt, oder ob es sich um eine von der Meldepflicht befreite freie Erfindung handelt. Diese Unterscheidung wird trotz der schärferen Abgrenzung, die der Entwurf für die Diensterfindung gegeben hat, nicht immer leicht zu treffen sein. Außerdem ist die Besorgnis geltend gemacht worden, die Beschränkung der Meldepflicht könnte dazu führen, daß meldepflichtige Diensterfindungen, sei es aus Irrtum, sei es mit Absicht, dem Arbeitgeber vorenthalten werden. Um Schwierigkeiten in dieser Richtung auszuschalten und etwaige den Arbeitsfrieden störende Meinungsverschiedenheiten zu vermeiden, hat der Entwurf, übereinstimmenden Anregungen der interessierten Kreise folgend, für die freien Erfindungen eine schwächere Meldepflicht, die als „Mitteilungspflicht" bezeichnet wird, eingeführt, die den Zweck verfolgt, dem Arbeitgeber die Prüfung zu ermöglichen, ob die vom Arbeitnehmer als frei betrachtete Erfindung doch eine Diensterfindung ist.

Was die Form der Meldung anlangt, so hält der Entwurf trotz gewisser Bedenken in Übereinstimmung mit dem geltenden Recht an der schriftlichen Form der Meldung fest. Auf sie kann aus Gründen der Rechtssicherheit und Rechtsklarheit nicht verzichtet werden, da die Meldung die Grundlage für die spätere Inanspruchnahme bildet und die für das ganze weitere Verfahren entscheidende Inanspruchnahmefrist in Lauf setzt, für die klare, jederzeit nachweisbare aktenmäßige Grundlagen geschaffen werden müssen. Bei den größeren Betrieben sind schon auf Grund des geltenden Rechts entsprechende organisatorische Maßnahmen geschaffen worden, die sich bewährt haben. Es ist nicht zu verkennen, daß für mittlere oder kleinere Betriebe das schriftliche Verfahren eine Belastung bedeutet. Es kann jedoch erwartet werden, daß im Interesse der Rechtssicherheit, die allen Beteiligten zugute kommt, auch in diesen Betrieben entsprechende Vorkehrungen getroffen werden. Schließlich muß noch darauf hingewiesen werden, daß es dem Arbeitgeber unbenommen bleibt, auf die Einhaltung der schriftlichen Form zu verzichten. Es wird Sache der Rechtsprechung sein, Grundsätze dafür zu entwickeln, wann ein solcher Verzicht des Arbeitgebers auf die schriftliche Form nach Treu und Glauben anzunehmen ist.

Mit Rücksicht auf die vom Zeitpunkt der Meldung der Diensterfindung an laufende Frist zur Inanspruchnahme der Erfindung sieht der Entwurf in Abweichung vom geltenden Recht vor, daß der Arbeitnehmer die Erfindungsmeldung gesondert, das heißt z. B. nicht eingefügt in andere Berichte, einzureichen und außerdem hierbei kenntlich zu machen hat, daß es sich um die Meldung einer Erfindung handelt. Nicht erforderlich ist, daß die Meldung wörtlich als solche bezeichnet wird.

In Übereinstimmung mit den Vorschlägen der interessierten Kreise ist ferner neu vorgeschrieben, daß der Arbeitgeber den Zeitpunkt des Eingangs der Meldung dem Arbeitnehmer unverzüglich schriftlich zu bestätigen hat. Auch hier ist die schriftliche Form aus den obenerwähnten Gründen vorgesehen worden.

Was den Inhalt der Meldung anbelangt, so übernimmt der Entwurf ebenfalls das geltende Recht mit gewissen, nur aus sprachlichen Gründen vorgenommenen Änderungen. Eine sachliche Änderung wird nur insoweit vorgeschlagen, als die bisherige Soll-Vorschrift über die Angaben, die die Erfindungsmeldung enthalten soll, in eine Muß-Vorschrift umgewandelt worden ist. Diese Änderung erschien notwendig, da die Meldung den Arbeitgeber in die Lage versetzen soll, sich binnen kurzer Frist über die Ausübung seines Inanspruchnahmerechts oder über die Freigabe der Erfindung zu entscheiden. Dies kann dem Arbeitgeber nur zugemutet werden, wenn in der Meldung die Erfindung eindeutig beschrieben ist.

Über die Frage, ob die Erfindung in der Meldung eindeutig beschrieben ist, ob also überhaupt eine ordnungsgemäße Meldung vorliegt, die

Zu § 5

die Inanspruchnahmefrist in Lauf setzt, kann es im Einzelfall zwischen Arbeitgeber und Arbeitnehmer zu Meinungsverschiedenheiten kommen. Um die sich daraus ergebenden Zweifel über den Beginn der Inanspruchnahmefrist auszuräumen, unterscheidet der Entwurf zwei verschiedene Arten von Erfindungsmeldungen: die ordnungsgemäße und die nichtordnungsgemäße Meldung. Letztere ist eine Erfindungsmeldung, die zwar den Formerfordernissen des § 4 Abs. 1, nicht dagegen den nach Abs. 2 an den Inhalt der Meldung gestellten Anforderungen entspricht. Auch die nichtordnungsgemäße Meldung löst nach dem Entwurf die Verpflichtung des Arbeitgebers zur unverzüglichen Bestätigung ihres Eingangs aus. Die Inanspruchnahmefrist setzt jedoch nur die ordnungsgemäße Meldung in Lauf. Zur Vermeidung der erwähnten Meinungsverschiedenheiten zwischen Arbeitgeber und Arbeitnehmer über die an eine Erfindungsmeldung zu stellenden Anforderungen sieht der Entwurf in § 4 Abs. 3 vor, daß auch eine nichtordnungsgemäße Erfindermeldung als ordnungsgemäß gilt, wenn der Arbeitgeber sie nicht binnen zwei Monaten beanstandet.

Die ordnungsgemäße Meldung der Diensterfindung ist zwar Voraussetzung für die Inlaufsetzung der Inanspruchnahmefrist, sie ist jedoch nicht Voraussetzung für die Inanspruchnahme selbst. Wie sich aus § 5 des Entwurfs [23]) ergibt, kann der Arbeitgeber eine Diensterfindung auch dann in Anspruch nehmen, wenn sie ihm noch nicht gemeldet worden ist, er aber von ihrem Zustandekommen von anderer Seite Kenntnis erhalten hat.

Von der von verschiedenen Seiten vorgeschlagenen Aufnahme einer besonderen Vorschrift in den Entwurf, daß der Arbeitnehmer sich bei schuldhafter Verletzung der Meldepflicht schadenersatzpflichtig mache, hat der Entwurf Abstand genommen, da diese Rechtsfolge sich schon aus anderen gesetzlichen Vorschriften ergibt.

Im Gegensatz zur Durchführungsverordnung 1943 verwendet der Entwurf durchwegs den Ausdruck „Arbeitgeber" anstelle des Ausdrucks „Unternehmer". Unternehmer ist ein Begriff des Wirtschaftsrechts und bezeichnet die Stellung des Arbeitgebers nach außen. Arbeitgeber ist ein Begriff des Arbeitsrechts und bezeichnet die Rechtsstellung des Arbeitgebers nach innen. Beide Begriffe decken sich nicht. Es gibt sowohl Unternehmer, die keine Arbeitnehmer beschäftigen, als auch Arbeitgeber, die nicht Unternehmer sind. Da in dem Entwurf nur das Verhältnis zwischen Arbeitgeber und Arbeitnehmer, also das Innenverhältnis, geregelt wird, wird in dem Entwurf auch nur der Ausdruck „Arbeitgeber" verwendet.

Zu § 5 — jetzt § 6 (Inanspruchnahme)

Abs. 1 enthält den Grundsatz, daß der Arbeitgeber jede Diensterfindung in Anspruch nehmen kann. Wegen der rechtspolitischen Gründe,

---
[23]) Jetzt § 6

Amtliche Begründung

die zu der Gewährung dieses Inanspruchnahmerechts geführt haben, wird auf die Begründung zu § 3 verwiesen.

Das geltende Recht eröffnet dem Arbeitgeber nur ein Wahlrecht zwischen zwei Möglichkeiten, nämlich entweder die Diensterfindung in vollem Umfange und mit der uneingeschränkten Verpflichtung zur Anmeldung beim Patentamt in Anspruch zu nehmen, oder sie in vollem Umfange dem Arbeitnehmer freizugeben.

Der Entwurf 1952 hatte vorgeschlagen, außer bei Diensterfindungen, die sich auf Arbeitsmittel oder Arbeitsverfahren beziehen, an diesem Grundsatz des geltenden Rechts festzuhalten. Dies war vor allem damit begründet worden, daß der Arbeitnehmer im allgemeinen mangels Erfahrung und Geldmittel nur schwer in der Lage sein würde, die Erwirkung eines Schutzrechts selbst vorzunehmen, daß, falls er dennoch ein Schutzrecht erwirkt habe, die Verwertung des Schutzrechts für ihn sehr erschwert, wenn nicht unmöglich gemacht werde, wenn es mit dem Benutzungsrecht eines unter Umständen auf diesem Gebiet sehr bedeutenden Betriebes belastet sei, und daß schließlich die Verpflichtung des Arbeitgebers zur Anmeldung durch nachträgliche Vereinbarung mit dem Arbeitnehmer abgedungen werden könne.

Gegen die Regelung des geltenden Rechts sind seit langem Bedenken geltend gemacht worden. Diese Regelung wird von der Industrie und vielen Sachverständigen als zu starr empfunden. Die Erwirkung eines Schutzrechts ist mit erheblichen Arbeiten und Kosten verbunden, insbesondere, wenn zur Verteidigung der Anmeldung Einspruchsverfahren durchgefochten werden müssen. Diese Belastung wird in den Fällen als zumutbar empfunden, in denen der Arbeitgeber ein Interesse und eine Möglichkeit hat, die Erfindung und die Vorteile eines erwirkten Ausschlußrechts (Patent oder Gebrauchsmuster) in vollem Umfange nutzbringend auszuwerten. Es wird aber darauf hingewiesen, daß in einer ins Gewicht fallenden Zahl von Fällen entweder die Schutzfähigkeit der Diensterfindung von vornherein sehr zweifelhaft ist oder von vornherein feststeht, daß der Arbeitgeber zwar ein dringendes Interesse an der Benutzung der Diensterfindung, nicht aber an dem Vorteil eines ausschließlichen Schutzrechts hat. Der ausnahmslos festgelegte Zwang zur Erwirkung eines Schutzrechts nach dem geltenden Recht führt in solchen Fällen zu einer unangemessenen Arbeits- und Kostenbelastung des Betriebes, zu einer überflüssigen Belastung des Patentamts und zur Erteilung wirtschaftlich bedeutungsloser und daher im Allgemeininteresse unerwünschter Schutzrechte. Aus diesen Gründen ist vorgeschlagen worden, dem Arbeitgeber allgemein die Möglichkeit einzuräumen, statt die Diensterfindung voll in Anspruch zu nehmen, nur die Einräumung eines einfachen Nutzungsrechts gegen angemessene Vergütung zu beanspruchen und in solchen Fällen die Anmeldung der Diensterfindung dem Arbeitnehmer zu überlassen.

Der Entwurf 1952 hat diese Bedenken nicht verkannt, sie aber nicht für so schwerwiegend erachtet, um von dem Grundsatz des geltenden

Zu § 5

Rechts abzugehen. Die Entwicklung nach Aufstellung des Entwurfs 1952 und die erneuten Erörterungen mit den beteiligten Kreisen haben jedoch einerseits die Bedenken, die gegen die Aufrechterhaltung der Regelung des geltenden Rechts sprechen, verstärkt, andererseits die dafür geltend gemachten Gründe abgeschwächt.

So hat sich ergeben, daß die uneingeschränkte Anmeldepflicht des Arbeitgebers insbesondere für folgende Gruppen von Erfindungen bei vernünftiger Abwägung der beiderseitigen Interessen nicht gerechtfertigt erscheint:

1. für die Erfindungen, die der Arbeitgeber zwar benutzen will, für die er aber ein Ausschlußrecht nicht für erforderlich hält. Zu dieser Gruppe gehören insbesondere die oft zahlreichen Zusatzerfindungen zur näheren Ausgestaltung einer Haupterfindung. Wenn der Arbeitgeber Inhaber des Schutzrechts für die Haupterfindung ist, erfaßt dieses eine Schutzrecht praktisch auch alle Zusatzerfindungen, da diese nur unter gleichzeitiger Benutzung der Haupterfindung verwertet werden können. In diesen Fällen ist die Erwirkung von Schutzrechten für die Zusatzerfindung häufig überflüssig;

2. für Erfindungen, die der Arbeitgeber nur in beschränktem Umfange verwerten kann, z. B. nur für eine von mehreren Anwendungsmöglichkeiten. In diesem Fall genügt dem Arbeitgeber ein einfaches Nutzungsrecht an der Erfindung. Nach geltendem Recht wird er demgegenüber zur Erwirkung des Schutzrechts gezwungen und muß dann weiter dafür sorgen, daß das Schutzrecht durch andere Firmen verwertet wird. Denn für die Vergütung der Erfindung ist nicht der Umfang ihrer Verwertung durch den Arbeitgeber, sondern ihre objektive Verwertbarkeit maßgebend (vgl. § 8 Abs. 2 des Entwurfs) [24]. Der Arbeitgeber wird also ohne Rücksicht auf die besonderen Verhältnisse seines Betriebes mit der ihm wesens- und wirtschaftsfremden Aufgabe belastet, das Schutzrecht durch Dritte auswerten zu lassen, was insbesondere für mittlere und kleine Betriebe zu erheblichen Unzuträglichkeiten führen dürfte;

3. für Erfindungen, denen der Arbeitgeber an sich keine Bedeutung für seinen Betrieb beimißt, für die er sich aber ein Benutzungsrecht für den zunächst noch nicht voraussehbaren Fall vorbehalten muß, daß er später die Erfindung in seinem Betrieb zu benutzen genötigt ist. Der Arbeitgeber ist in vielen Fällen gar nicht in der Lage, innerhalb der Inanspruchnahmefrist abschließend zu beurteilen, ob er eine Diensterfindurng für eine erst anlaufende oder auch nur geplante Produktion benutzen muß. Er muß deshalb die Möglichkeit haben, sich auch vorsorglich die Benutzung der Erfindung, die aus seinem Betriebe hervorgegangen ist, vorzubehalten, ohne daß er ein wirtschaftliches Interesse an der Erwirkung eines Schutzrechts hat.

---

[24] Jetzt § 9 Abs. 2

Amtliche Begründung

Alle diese Erfindungen würde der Arbeitgeber aus eigenem Entschluß nicht zur Erteilung eines Schutzrechts anmelden, wenn er unabhängig von einem gesetzlichen Zwang ausschließlich nach wirtschaftlichen Gesichtspunkten darüber zu entscheiden hätte. Wenn sich bisher noch keine größeren Widerstände gegen das geltende Recht und seinen uneingeschränkten Anmeldezwang gezeigt haben, so dürfte das überwiegend darauf zurückzuführen sein, daß die Durchführungsverordnung 1943 in der Wirtschaft bisher nur zum Teil bekannt ist und angewendet wird, worauf schon im Allgemeinen Teil der Begründung (vgl. Abschnitt III) hingewiesen worden ist. Erst die durch den Entwurf 1952 ausgelösten Erörterungen haben die Schwierigkeiten, die sich aus der Regelung des geltenden Rechts ergeben, deutlich erkennbar werden lassen.

Erscheint schon ein Zwang zur Erwirkung von wirtschaftlich bedeutungslosen Schutzrechten an sich im Allgemeininteresse unerwünscht, so ist weiter noch zu berücksichtigen, daß bei Aufrechterhaltung der uneingeschränkten Verpflichtung des Arbeitgebers zur Anmeldung aller von ihm in Anspruch genommenen Diensterfindungen die Zahl der beim Deutschen Patentamt eingehenden Schutzrechtsanmeldungen weiter ansteigen würde. Dies würde zu einer weiteren Belastung des Patentamts führen und damit eine Entwicklung verstärken, die ohnehin Anlaß zu begründeter Sorge gibt. Denn die Zahl der beim Deutschen Patentamt eingehenden Schutzrechtsanmeldungen ist in den letzten Jahren ständig im Steigen begriffen und hat inzwischen einen Stand erreicht, der die vergleichbaren Zahlen aller anderen Länder übersteigt und in diesem Umfange geeignet ist, die Arbeitsfähigkeit des Patentamts zu beeinträchtigen.

Bei dieser Sachlage erscheint es nicht vertretbar, eine gesetzliche Regelung aufrechtzuerhalten, die den Arbeitgeber zur Erwirkung von Schutzrechten zwingt, die er selbst weder für notwendig noch im Hinblick auf die aufzuwendenden Kosten für wirtschaftlich gerechtfertigt hält. Der Entwurf schlägt daher vor, dem Arbeitgeber ganz allgemein die Möglichkeit zu eröffnen, eine Diensterfindung nur beschränkt in Anspruch zu nehmen und in diesem Falle die Anmeldepflicht entfallen zu lassen.

Mit dieser Lösung wird jedoch der angestrebte Zweck, nämlich die Vermeidung wirtschaftlich nicht notwendiger Schutzrechtsanmeldungen, nur dann erreicht, wenn gleichzeitig Vorsorge dafür getroffen wird, daß der Arbeitnehmer nun nicht seinerseits genötigt ist, die nur beschränkt in Anspruch genommenen Diensterfindungen zur Erwirkung eines Schutzrechts anzumelden, um sich seinen Vergütungsanspruch gegen den Arbeitgeber zu sichern. Dies will der Entwurf durch eine entsprechende Ausgestaltung des Vergütungsanspruchs in § 9 [25]) erreichen. Danach hat der Arbeitgeber jede beschränkt in Anspruch

---

[25]) **Jetzt § 10**

Zu § 5

genommene Diensterfindung zu vergüten, sobald er sie benutzt, gleichgültig, ob der Arbeitnehmer die Diensterfindung angemeldet hat oder nicht. Der Arbeitgeber kann sich dem Vergütungsanspruch auch nicht dadurch entziehen, daß er die Schutzfähigkeit der Diensterfindung bestreitet. Dieser Einwand wird ihm für den Regelfall in § 9 abgeschnitten. Dem in der Begründung des Entwurfs 1952 erwähnten Nachteil für den Arbeitnehmer, daß die Verwertung einer vom Arbeitnehmer nur beschränkt in Anspruch genommenen Erfindung, die mit dem Benutzungsrecht eines auf diesem Gebiet bedeutenden Unternehmens belastet ist, durch diese Belastung unbillig erschwert oder gar unmöglich gemacht wird, trägt der Entwurf dadurch Rechnung, daß er dem Arbeitnehmer in diesem Falle auch dann einen Vergütungsanspruch gegen den Arbeitgeber einräumt, wenn dieser die Erfindung nicht benutzt [26]).

Bei dieser Regelung verbleibt ein anerkennenswertes Interesse des Arbeitnehmers an der Erwirkung eines Schutzrechts nur noch für den Fall, daß der Arbeitgeber die beschränkt in Anspruch genommene Diensterfindung nicht benutzt und der Arbeitnehmer der Auffassung ist, daß er die Diensterfindung, wenn auf sie ein Schutzrecht erwirkt wird, anderweitig verwerten kann, und für den Fall, daß der Arbeitnehmer trotz der Benutzung der Erfindung durch den Arbeitgeber ein Schutzrecht erwirken will, etwa weil er sich davon eine bessere Verwertungsmöglichkeit verspricht oder weil er seine erfinderische Tätigkeit durch die Erwirkung eines Schutzrechts unter Nennung seines Namens auch nach außen hin in Erscheinung treten lassen will. In diesen Fällen erscheint es jedoch zumutbar, die Anmeldung der Erfindung zur Erteilung eines Schutzrechts dem Arbeitnehmer zu überlassen. Wenn in der Begründung zu dem Entwurf 1952 hierzu ausgeführt worden ist, daß der Arbeitnehmer in solchen Fällen mangels Erfahrung und Geldmitteln nur schwer in der Lage sein wird, die Erwirkung eines Schutzrechts selbst vorzunehmen, so trifft dies — jedenfalls, wenn der Arbeitnehmer bedürftig ist — insofern nicht mehr zu, als durch das Fünfte Gesetz zur Änderung und Überleitung von Vorschriften auf dem Gebiet des gewerblichen Rechtsschutzes vom 18. Juli 1953 (BGBl. I S. 651) die Möglichkeit eröffnet worden ist, einem bedürftigen Erfinder im patentamtlichen Verfahren das Armenrecht zu gewähren und ihm im Rahmen des Armenrechts zur besseren Wahrnehmung seiner Rechte unentgeltlich auch einen Patentanwalt oder Rechtsanwalt beizuordnen.

Es wird davon ausgegangen werden können, daß eine Notwendigkeit für den Arbeitnehmer, für eine beschränkt in Anspruch genommene Erfindung durch eigene Anmeldung ein Schutzrecht zu erwerben, sich nur in verhältnismäßig seltenen Fällen ergeben wird. Auch nach Einführung der Möglichkeit der beschränkten Inanspruchnahme wird der

---

[26]) Vgl. hierzu § 7 Abs. 2 des Gesetzes und den Ausschußbericht unter Allgemeines und zu § 6

Amtliche Begründung

Arbeitgeber in der Mehrzahl der Fälle die Diensterfindung unbeschränkt in Anspruch nehmen, da er schon aus Wettbewerbsgründen genötigt ist, sich für jede ihm bedeutsam erscheinende Erfindung ein Ausschlußrecht zu sichern.

Durch die vorgeschlagene Regelung erübrigt sich auch die mehrfach bemängelte Sonderstellung für die öffentlichen Betriebe, denen das geltende Recht bereits die Möglichkeit der nur beschränkten Inanspruchnahme einer Diensterfindung unter gleichzeitigem Wegfall des Anmeldezwanges zugebilligt hat. Für öffentliche und private Betriebe kommt nunmehr insoweit gleiches Recht zur Anwendung.

Ferner nähert sich das deutsche Recht auf dem Gebiet der Arbeitnehmererfindung dadurch mehr den vergleichbaren Auslandsregelungen, unter denen es durch die Beschränkung der Wahlmöglichkeit bei der Inanspruchnahme und durch den starren Anmeldezwang bisher eine Sonderstellung eingenommen hat.

Abs. 2 des § 5 regelt die Form, in der die Inanspruchnahme der Diensterfindung vorzunehmen ist. Mit Rücksicht darauf, daß die Entscheidung über die Inanspruchnahme vielfach erst nach eingehender Prüfung und längeren Ermittlungen im Betrieb getroffen werden kann und unter Umständen Rückfragen bei ausländischen Vertragspartnern des Arbeitgebers erfordert, hält der Entwurf an der bereits im geltenden Recht vorgesehenen Inanspruchnahmefrist von sechs Monaten [27]) fest. Andererseits ist die Inanspruchnahmeerklärung nach dem ausdrücklichen Wortlaut des § 5 Abs. 2 so bald wie möglich, d. h. möglichst schon vor Ablauf der Sechsmonatsfrist, abzugeben. Dadurch soll erreicht werden, daß der Arbeitnehmer möglichst schnell Klarheit über das weitere Schicksal seiner Erfindung gewinnt. Um andererseits sicherzustellen, daß der Arbeitgeber die ihm zur Verfügung stehende Inanspruchnahmefrist voll ausnutzen kann, wenn sich dies im einzelnen Fall als erforderlich erweist, ist vorgesehen, daß die Frist erst nach Eingang der ordnungsgemäßen, den gesetzlichen Erfordernissen entsprechenden Meldung beginnt.

Zu § 6 —jetzt § 7 (Wirkung der Inanspruchnahme)

Diese Bestimmung regelt die Wirkung der Inanspruchnahme, je nachdem, ob der Arbeitgeber die Diensterfindung unbeschränkt oder nur beschränkt in Anspruch genommen hat.

Hat der Arbeitgeber die Diensterfindung unbeschränkt in Anspruch genommen, so gehen die Rechte an der Diensterfindung auf ihn über. Durch diesen gesetzlichen Übergang werden nur die übertragbaren Rechte erfaßt. Unberührt bleibt das unübertragbare Recht des Arbeitnehmers auf seine Nennung als Erfinder gemäß § 36 des Patentgesetzes.

---

[27]) Das Gesetz — § 6 Abs. 2 — setzt die Inanspruchnahmefrist auf vier Monate fest. Vgl. hierzu den Ausschußbericht zu § 5

Zu § 7

Hat der Arbeitgeber die Diensterfindung nur beschränkt in Anspruch genommen, so erwirbt er ein einfaches, nichtausschließliches Benutzungsrecht an der Erfindung. Das Benutzungsrecht umfaßt alle Benutzungsarten, auf die sich ein etwa auf die Erfindung erteiltes Schutzrecht erstrecken würde. Der Arbeitgeber ist also im Rahmen dieses Benutzungsrechts berechtigt, den Gegenstand der Diensterfindung herzustellen oder herstellen zu lassen, ihn in Verkehr zu bringen, feilzuhalten oder zu gebrauchen. Beschränkt ist das Benutzungsrecht nur dadurch, daß es als nichtausschließliches Recht gewährt wird. Der Arbeitgeber ist also nicht berechtigt, eine befugte anderweitige Benutzung der Diensterfindung durch den Arbeitnehmer oder dritte Personen zu verbieten [28].

Um den Arbeitgeber davor zu schützen, daß der Arbeitnehmer durch anderweitige Verfügungen über die Diensterfindung dessen Rechte beeinträchtigt, bestimmt Abs. 3, daß derartige Verfügungen dem Arbeitgeber gegenüber unwirksam sind.

Zu § 7 — jetzt § 8 (Freigewordene Diensterfindungen)

Diese Bestimmung faßt die Fälle des Freiwerdens der Diensterfindung zusammen. In Übereinstimmung mit dem geltenden Recht, das allerdings keine dahingehende ausdrückliche Vorschrift enthält, ist in Nr. 1 und 3 des Abs. 1 vorgesehen, daß eine Diensterfindung frei wird, wenn der Arbeitgeber sie ausdrücklich oder dadurch stillschweigend freigibt, daß er die Inanspruchnahmefrist von sechs Monaten ohne Abgabe einer ausdrücklichen Erklärung verstreichen läßt. Neu gegenüber dem geltenden Recht ist die Bestimmung des Abs. 1 Nr. 2, die klarstellt, daß die nur beschränkte Inanspruchnahme einer Diensterfindung ihre Freigabe unter Vorbehalt eines nichtausschließlichen Benutzungsrechts bedeutet.

Neu gegenüber dem geltenden Recht ist auch die Bestimmung des § 7 Abs. 2. Sie ergibt sich aus der besonderen Regelung für die freien Erfindungen, die in den §§ 17 und 18 des Entwurfs [29] getroffen worden ist und die sowohl eine Mitteilungspflicht als auch eine Pflicht zur Anbietung eines Benutzungsrechts für freie Erfindungen vorsieht. Da der Arbeitgeber die Diensterfindung bereits durch die Meldung des Arbeitnehmers nach § 4 des Entwurfs [30] kennengelernt hat, erübrigt sich eine nochmalige Meldung der nunmehr frei gewordenen Erfindung in Form einer Mitteilung nach § 17. Der Arbeitnehmer braucht die frei gewordene Erfindung aber auch nicht nach § 18 des Entwurfs vor der Verwertung noch einmal anzubieten, nachdem der Arbeitgeber Gelegenheit hatte, die Diensterfindung auf ihre Verwertbarkeit in seinem Betriebe zu prüfen. Mit der Freigabe hat er zum Ausdruck gebracht,

---

[28] Wegen der geänderten Ausgestaltung der beschränkten Inanspruchnahme vgl. § 7 Abs. 2 des Gesetzes und den Ausschußbericht zu § 6
[29] Jetzt §§ 18 und 19
[30] Jetzt § 5

Amtliche Begründung

daß er sie nicht verwerten kann oder will. Nunmehr muß es dem Arbeitnehmer freistehen, die Erfindung nach seinem Belieben zu verwerten.

Dies bedeutet jedoch nicht, daß der Arbeitnehmer nunmehr völlig uneingeschränkt und ohne Rücksicht auf die besonderen Belange des Arbeitgebers mit der Erfindung nach Belieben verfahren dürfe. Der Arbeitnehmer bleibt vielmehr — das entspricht dem geltenden Recht — auch in seiner Verfügungsbefugnis über eine frei gewordene Diensterfindung den allgemeinen Beschränkungen unterworfen, die sich für ihn aus dem Arbeitsverhältnis ergeben. Um dies klarzustellen, ist durch die Vorschrift des § 24 [31]) ausdrücklich ein entsprechender Vorbehalt in den Entwurf aufgenommen worden.

Zu § 8 — jetzt § 9 (Vergütung bei unbeschränkter Inanspruchnahme)

Diese Vorschrift regelt den Vergütungsanspruch des Arbeitnehmers im Falle der unbeschränkten Inanspruchnahme der Diensterfindung durch den Arbeitgeber. Abs. 1 bestimmt, daß der Arbeitnehmer mit der unbeschränkten Inanspruchnahme der Diensterfindung einen Vergütungsanspruch dem Grunde nach gegen den Arbeitgeber erwirbt. Dieser Vergütungsanspruch wird für jede unbeschränkt in Anspruch genommene Diensterfindung gewährt. Damit erweitert der Entwurf im Verhältnis zum geltenden Recht die Vergütungspflicht auch auf gebrauchsmusterfähige Erfindungen. Diese Erweiterung erscheint geboten, da Gebrauchsmuster ebenso wie Patente ein monopolartiges Ausschlußrecht gewähren, dem Arbeitgeber insofern also die gleichen wirtschaftlichen und rechtlichen Vorteile bieten, und gerade die Tatsache, daß der Arbeitgeber mit der unbeschränkten Inanspruchnahme einer Diensterfindung in die Lage versetzt wird, ein Monopolrecht zu erwerben, den besonderen Rechtsgrund für seine Verpflichtung zur Zahlung einer Vergütung darstellt.

Für die Bemessung der Vergütung beläßt es der Entwurf bei der allgemeinen Bestimmung, daß die Vergütung angemessen sein muß. In Abs. 2 werden sodann einige Anhaltspunkte aufgezählt, die für die Bemessung der Vergütung von Bedeutung sind. Diese Aufzählung ist nur beispielhaft und nicht erschöpfend. Der Reihenfolge der einzelnen Anhaltspunkte kommt keine bewertende Bedeutung zu. Was die einzelnen Anhaltspunkte anlangt, so entsprechen sie im wesentlichen der bisherigen Regelung.

Der Ausdruck „Verwertbarkeit" bedeutet jede Möglichkeit der Verwertung der Diensterfindung. Er umfaßt:
1. die tatsächliche Verwertung der Diensterfindung im Betrieb des Arbeitgebers. Als Verwertung in diesem Sinne ist auch die Erteilung von Lizenzen, der Austausch von Patenten und die Benutzung als Sperrpatent zu verstehen;

---

[31]) Jetzt § 25

Zu § 8

2. die Verwertbarkeit der Diensterfindung im Betrieb. Es sind also auch die Möglichkeiten der Verwertung der Diensterfindung zu berücksichtigen, die an sich im Betrieb bestehen, aber tatsächlich nicht ausgenutzt werden;
3. die Verwertbarkeit in anderen Betrieben im Rahmen der gegebenen wirtschaftlichen Möglichkeiten.

Es versteht sich, daß im Regelfall der tatsächlichen Verwertung die ausschlaggebende Rolle bei der Bemessung der Vergütung zukommen wird.

Die „Aufgaben und die Stellung des Arbeitnehmers im Betrieb" sind bei der Bemessung zu berücksichtigen, da es hierfür von Bedeutung sein wird, ob die Diensterfindung im Rahmen des Aufgabengebiets des Arbeitnehmers liegt und nach Art und Erfindungshöhe nur gerechten Anforderungen entspricht oder ob die Bedeutung der Diensterfindung etwa wesentlich über das hinausgeht, was von dem Arbeitnehmer nach der ihm im Betrieb zugewiesenen Stellung billigerweise erwartet werden kann.

Der „Anteil des Betriebes an dem Zustandekommen der Diensterfindung" ist gegenüber dem geltenden Recht neu eingefügt worden. Dieses Merkmal tritt an die Stelle der „schöpferischen Leistung des Arbeitnehmers", die im geltenden Recht als weiteres Merkmal vorgesehen ist. Beide Merkmale bringen zum Ausdruck, daß für die Bemessung der Vergütung von Bedeutung ist, inwieweit der Arbeitnehmer auf Erfahrungen und Arbeiten des Betriebes aufgebaut hat und inwieweit seine eigene schöpferische Leistung für das Zustandekommen der Diensterfindung maßgebend ist. Das letztere Merkmal geht aber insoweit darüber hinaus, als es die Höhe der erfinderischen Leistung als solche gegenüber dem bisherigen Stand der Technik für die Vergütung mitberücksichtigen will. Dies erscheint nicht gerechtfertigt. Es kann nicht Sache des einzelnen Arbeitgebers sein, hohe erfinderische Leistungen als solche zu belohnen. Dies ist vielmehr Angelegenheit der Allgemeinheit. Aus diesem Grunde ist die geänderte Fassung in Anlehnung an das schweizerische und schwedische Recht gewählt worden.

Wenn auch der Entwurf davon ausgeht, daß im Regelfall eine Vergütung zu gewähren sein wird, so wird doch durch die Fassung des § 8 nicht ausgeschlossen, daß eine Vergütung entfällt, soweit ihre Gewährung im Einzelfall nicht angemessen ist. Hierbei ist an Fälle zu denken, in denen die Entwicklungsarbeit auf dem Gebiet der Diensterfindung zu den vertraglichen Arbeiten des Arbeitnehmers gehört, dieser ein entsprechendes Gehalt dafür bezieht und die erfinderische Leistung des Arbeitnehmers im Verhältnis zum betriebsinternen Stand der Technik einen so geringen technischen Fortschritt bedeutet, daß die Zahlung einer besonderen Vergütung nicht angemessen erscheint. Aus diesen Günden hat der Entwurf auch von der gesetzlichen Festlegung einer Mindestvergütung, sei es in Höhe der vom Arbeitgeber für die

Aufrechterhaltung des Schutzrechts zu zahlenden Gebühren, sei es in Höhe bestimmter Hundertsätze vom Umsatz, abgesehen.

Der Entwurf enthält keine ausdrückliche zeitliche Begrenzung für die Vergütungszahlung. Im Regelfall wird eine Vergütung nur während der Laufzeit des Schutzrechts angemessen erscheinen. Der Entwurf schließt jedoch nicht aus, daß in besonders gelagerten Einzelfällen die Zahlung einer Vergütung für eine darüber hinausgehende Zeit als angemessen angesehen werden kann.

Zu § 9 — jetzt § 10 (Vergütung bei beschränkter Inanspruchnahme) [32])

Diese Vorschrift regelt den Vergütungsanspruch des Arbeitnehmers im Falle der beschränkten Inanspruchnahme der Diensterfindung durch den Arbeitgeber. Hiernach hat der Arbeitnehmer einen Vergütungsanspruch dem Grunde nach in allen Fällen, in denen der Arbeitgeber die Diensterfindung benutzt. . . .

Der Vergütungsanspruch nach § 9 Abs. 1 des Entwurfs entsteht ohne Rücksicht darauf, ob der Arbeitnehmer seinerseits die Erfindung zur Erteilung eines Schutzrechts anmeldet. Der Arbeitgeber ist also, sofern er die Diensterfindung benutzt, . . . auch dann zur Zahlung einer angemessenen Vergütung verpflichtet, wenn auf die Erfindung kein Schutzrecht erteilt oder auch nur angemeldet ist. Diese Regelung findet ihren Grund darin, daß der Arbeitnehmer durch die dem Arbeitgeber eingeräumte Möglichkeit der nur beschränkten Inanspruchnahme jeder Diensterfindung nicht seinerseits zur Anmeldung der Erfindung zur Erteilung eines Schutzrechts gezwungen werden soll, wenn er in den Genuß der Erfindervergütung kommen will. Die nach geltendem Recht bestehende Beschränkung des Arbeitgebers auf die Wahl zwischen unbeschränkter Inanspruchnahme oder Freigabe der Erfindung ist von Arbeitgeberseite vor allem deswegen für zu starr erklärt worden, weil sie den Arbeitgeber verpflichtet, jede Diensterfindung, die er nicht in vollem Umfang dem Arbeitnehmer freigibt, zur Erteilung eines Schutzrechts anzumelden. Wenn dem Arbeitgeber nach dem Entwurf nunmehr die Möglichkeit eingeräumt wird, die Diensterfindung in Anspruch zu nehmen, ohne gleichzeitig zu ihrer Anmeldung zur Erteilung eines Schutzrechts verpflichtet zu sein, dann geht es nicht an, diesen Anmeldezwang statt dessen dem Arbeitnehmer als dem sozial schwächeren Teil aufzuerlegen. Das aber würde der Fall sein, wenn der Vergütungsanspruch des Arbeitnehmers im Falle der beschränkten Inanspruchnahme der Diensterfindung durch den Arbeitgeber von dem Vorhandensein eines Schutzrechts oder einer Schutzrechtsanmeldung abhängig gemacht würde. Wenn der Arbeitgeber die Vergünstigung der beschränkten Inanspruchnahme, die ihn von der Anmeldepflicht befreit, ausnutzen will, dann darf er sich nicht darauf berufen können, daß er nur Lizenzgebühren für die Benutzung eines vom Arbeitnehmer er-

---

[32]) Wegen der Änderung dieser Vorschrift vgl. den Ausschußbericht zu § 9

Zu § 9

wirkten Schutzrechts zu entrichten brauche. Er hat vielmehr das von ihm in Anspruch genommene Benutzungsrecht an der Diensterfindung auch dann zu vergüten, wenn dieses Benutzungsrecht sich nicht aus einem Ausschlußrecht herleitet.

Aus dem gleichen Grunde darf sich der Arbeitgeber aber auch dann nicht darauf berufen, daß die Erfindung zur Zeit der Inanspruchnahme nicht schutzfähig gewesen sei. Dies ist in § 9 Abs. 2 des Entwurfs ausdrücklich bestimmt. Würde man diesen Einwand zulassen, so würde der Arbeitnehmer gezwungen sein, die Schutzfähigkeit der Diensterfindung durch die Anmeldung zur Erteilung eines Schutzrechts zu beweisen. Es würde als wiederum der Anmeldezwang nicht, wie es der Entwurf anstrebt, beseitigt, sondern nur vom Arbeitgeber auf den Arbeitnehmer abgewälzt werden.

Dieser Grund für den Ausschluß des Einwandes der Nichtschutzfähigkeit der Diensterfindung zur Zeit ihrer Inanspruchnahme ist allerdings dann nicht mehr gegeben, wenn der Arbeitnehmer aus eigener Initiative die Erfindung selbst zur Erteilung eines Schutzrechts anmeldet. Wenn sich nunmehr im Rahmen des patentamtlichen Verfahrens herausstellt, daß die Diensterfindung zur Zeit ihrer Inanspruchnahme nicht schutzfähig gewesen ist und deshalb eine Diensterfindung im Sinne des Entwurfs nicht vorlag, so muß in diesem Falle der Arbeitgeber auch berechtigt sein, sich auf die im patentamtlichen Verfahren getroffenen Feststellungen zu berufen und geltend zu machen, daß die Erfindung zur Zeit der Inanspruchnahme nicht schutzfähig gewesen ist. Die Nichtschutzfähigkeit der Diensterfindung kann sich dabei sowohl anläßlich des Erteilungsverfahrens als auch im Rahmen eines Nichtigkeits- oder Löschungsverfahrens ergeben.

Für die Bemessung der dem Arbeitnehmer im Falle der beschränkten Inanspruchnahme der Diensterfindung nach § 9 Abs. 1 zu zahlenden Vergütung ist § 8 Abs. 2 des Entwurfs entsprechend anzuwenden. Die Notwendigkeit einer nur entsprechenden Anwendung ergibt sich daraus, daß für die Bemessung der Vergütung im Falle der beschränkten Inanspruchnahme anstelle der wirtschaftlichen Verwertbarkeit im Falle der Benutzung der Diensterfindung durch den Arbeitgeber nur die tatsächliche Verwertung der Diensterfindung ... maßgebend sein kann.

Zweifelhaft kann im einzelnen Fall sein, wie lange der Arbeitgeber im Falle der beschränkten Inanspruchnahme für die Benutzung der Diensterfindung eine Vergütung zu zahlen hat, wenn keine Pauschalvergütung vereinbart wurde. Der Entwurf hat insoweit bewußt von einer näheren Regelung abgesehen, weil die Beantwortung dieser Frage weitgehend von den Umständen des Einzelfalls abhängt und jede gesetzliche Regelung sich als zu schematisch und starr erweisen würde. Grundlage für die Beantwortung der Frage nach der Dauer der Vergütungszahlung ist also auch insoweit die vom Entwurf vorgeschriebene Angemessenheit der Vergütung. Dabei wird grundsätzlich davon auszugehen sein, daß eine Vergütung so lange zu zahlen ist, als die Benutzung der Diensterfindung dem Arbeitgeber ähnliche Vorteile wie ein Ausschlußrecht bietet, der Arbeitgeber also für die Benutzung der Diensterfindung eine tatsächliche Monopolstellung erlangt. Dagegen wird eine Vergütungspflicht entfallen, wenn die Erfindung in den allgemeinen Stand der Technik Eingang gefunden hat und auch von anderen Personen benutzt wird. Denn es ist dem Arbeitgeber nicht zuzumuten, für die Benutzung einer Erfindung eine Vergütung zu zahlen, die von dritten Personen ohne jede Einschränkung benutzt werden kann und die ihm auch eine tatsächliche Monopolstellung nicht mehr gewährt. Durch die Bestimmung des § 9 Abs. 2 ist der Arbeitgeber auch nicht gehindert, den Wegfall der Schutzfähigkeit der Diensterfindung geltend zu machen. Denn diese Vorschrift schließt nur den Einwand aus, daß die Diensterfindung bereits zur Zeit der Inanspruchnahme nicht schutzfähig gewesen sei.

Zu § 10 — jetzt § 11 (Vergütungsrichtlinien)

Zu der Durchführungsverordnung 1943 hatte der Reichsminister für Bewaffnung und Munition seinerzeit „Richtlinien für die Vergütung von Gefolgschaftserfindungen" herausgegeben, die zuletzt am 10. Oktober 1944 (RAnz. Nr. 271 vom 5. Dezember 1944) neu gefaßt worden sind. In diesen Richtlinien waren ins einzelne gehende Anhaltspunkte für die Bemessung der Erfindervergütung gegeben worden. Diese Richtlinien sind noch in Geltung. Sie haben sich in der Praxis im allgemeinen bewährt. Ihre unveränderte Anwendung auf den Entwurf ist jedoch wegen der Änderungen gegenüber dem geltenden Recht nicht möglich. § 10 enthält daher die Ermächtigung für den Bundesminister für Arbeit, neue Richtlinien zu erlassen.

Zu § 11 — jetzt § 12 (Feststellung oder Festsetzung der Vergütung)

Der Entwurf unterscheidet — dem geltenden Recht folgend — zwischen der Feststellung und der Festsetzung der Vergütung. Mit Feststellung wird die vom Arbeitgeber und Arbeitnehmer gemeinsam mit Festsetzung die einseitig vom Arbeitgeber vorgenommene Bemessung der Vergütung bezeichnet.

Für die Feststellung der Vergütung konnte im Entwurf eine genau umgrenzte Frist nicht vorgesehen werden, da die Verhältnisse von Fall zu Fall verschieden liegen. Der Entwurf mußte sich — auch insoweit in Übereinstimmung mit dem geltenden Recht — damit begnügen, eine angemessene Frist vorzuschreiben, innerhalb deren der Arbeitgeber die Höhe der Vergütung mit dem Arbeitnehmer vereinbart haben soll. Die Frist beginnt mit dem Übergang des Rechts aus der Erfindung auf den Arbeitgeber, d. h. nicht erst mit der Erteilung des Schutzrechts. Einer unangemessenen Ausdehnung der Frist ist dadurch vorgebeugt, daß in Abs. 3 für die Festsetzung der Vergütung feste Endfristen vorgesehen sind für den Fall, daß eine Vereinbarung über die Vergütung zwischen Arbeitgeber und Arbeitnehmer nicht zustandekommt.

Zu § 11

Sind an der Erfindung mehrere Arbeitnehmer beteiligt, so hat der Arbeitgeber nach Abs. 2 die Vergütung für jeden Arbeitnehmer gesondert entsprechend dessen Anteil am Zustandekommen der Diensterfindung festzulegen. Gegenüber dem geltenden Recht sieht der Entwurf neu vor, daß in diesem Falle die Gesamthöhe der Vergütung und die Anteile der einzelnen Erfinder an der Diensterfindung den Beteiligten bekanntzugeben sind. Dadurch soll den Beteiligten Gelegenheit gegeben werden, sich davon zu überzeugen, daß die Festsetzung der Anteile an der Diensterfindung in gerechter Weise vorgenommen worden ist.

Kommt eine Vereinbarung über die Vergütung nicht zustande, so hat der Arbeitgeber die Vergütung nach Abs. 3 einseitig festzusetzen. Die Festsetzung ist zu begründen und dem Arbeitnehmer schriftlich mitzuteilen. Sie ist im Falle der unbeschränkten Inanspruchnahme spätestens bis zum Ablauf von drei Monaten nach Erteilung des auf die Diensterfindung angemeldeten Schutzrecht, im Falle der beschränkten Inanspruchnahme spätestens bis zum Ablauf von drei Monaten nach Aufnahme der Benutzung der Diensterfindung durch den Arbeitgeber vorzunehmen. Dadurch wird erreicht, daß der Arbeitnehmer in absehbarer Zeit erfährt, welche Vergütung der Arbeitgeber im einzelnen Fall für angemessen hält. Die Verpflichtung des Arbeitgebers, die Festsetzung in jedem Fall bis zu einem bestimmten Zeitpunkt vorzunehmen, ist um so bedeutsamer, als der Entwurf in Abweichung vom geltenden Recht den Arbeitgeber gleichzeitig verpflichtet, die festgesetzte Vergütung entsprechend seiner eigenen Festsetzung an den Arbeitnehmer zu zahlen, gleichgültig, ob der Arbeitnehmer mit dieser Festsetzung einverstanden ist oder nicht. Der Arbeitnehmer soll eine Gewähr dafür haben, spätestens im Zeitpunkt der Festsetzung der Vergütung durch den Arbeitgeber in den Genuß einer tatsächlich gezahlten Erfindervergütung zu gelangen.

Dies bedeutet jedoch nicht, daß der Arbeitnehmer von der Geltendmachung seines Anspruchs auf angemessene Vergütung zunächst Klage auf Festsetzung der Vergütung durch den Arbeitgeber erheben müßte, wenn dieser entgegen der Vorschrift des Abs. 3 die Vergütung nicht rechtzeitig festsetzt. In diesem Falle ist der Arbeitnehmer vielmehr berechtigt, sofort seinen Anspruch auf angemessene Vergütung aus § 8 des Entwurfs [33]) zunächst im Schiedsverfahren und dann im Klagewege geltend zu machen. Das Festsetzungsverfahren hat lediglich den Zweck, die Ermittlung der angemessenen Vergütung zu erleichtern und zu beschleunigen. Wird dieser Erfolg nicht erreicht, so ist der Weg für die Geltendmachung des Vergütungsanspruchs frei.

Der Arbeitnehmer kann der Festsetzung innerhalb von einem Monat durch eine schriftliche Erklärung widersprechen, andernfalls die Fest-

---

[33]) Jetzt § 9

setzung für beide Teile verbindlich wird (Abs. 4)[34]). Der Entwurf schreibt wegen der Rechtsfolgen, die der Widerspruch auslöst, die schriftliche Form aus Gründen der Rechtssicherheit vor. Entgegen dem früheren Recht sieht der Entwurf jedoch keine Bestimmung vor, nach der der Arbeitnehmer im Falle des Widerspruchs binnen einer bestimmten Frist die Schiedsstelle oder das Gericht anzurufen hat. Eine solche Verpflichtung des Arbeitnehmers zur gerichtlichen oder außergerichtlichen Geltendmachung seiner abweichenden Auffassung könnte nur dazu führen, daß der Arbeitnehmer auf seine vermeintlichen Rechte verzichtet. Es erscheint daher zweckmäßiger, in diesem Falle die Rechtsbeziehungen zwischen den Beteiligten in der Schwebe zu lassen. Die von der Rechtsprechung entwickelten Grundsätze über die Verwirkung dürften für diesen Schwebezustand eine ausreichende Grenze setzen.

Eine besondere Regelung ist für den Fall erforderlich, daß von mehreren an der Diensterfindung beteiligten Arbeitnehmern nur einer der Festsetzung der Vergütung durch den Arbeitgeber mit der Begründung widerspricht, daß sein Anteil an der Diensterfindung unrichtig festgesetzt sei. Denn wenn in diesem Fall die Festsetzung der Vergütung für die anderen Beteiligten, die nicht widersprochen haben, verbindlich werden würde, dann würde die Festsetzung eines höheren Erfindungsanteils des Widersprechenden zu einer höheren Gesamtvergütung führen müssen, obwohl nicht wegen der Gesamthöhe der Vergütung sondern nur wegen der Festsetzung der Anteile der einzelnen Erfinder an der Diensterfindung Widerspruch erhoben wurde. Der Arbeitgeber kann aber im Rahmen des Festsetzungsverfahrens nicht gezwungen werden, eine höhere Gesamtvergütung zu zahlen, als er sie selbst für angemessen hält. Der Entwurf sieht deshalb in § 11 Abs. 5[35]) vor, daß in diesem Falle die Festsetzung für alle Beteiligten nicht verbindlich wird und der Arbeitgeber berechtigt ist, die Vergütung für alle Beteiligten neu festzusetzen.

Der Wert einer Erfindung kann im Laufe der Entwicklung ganz wesentliche Änderungen erfahren. Zu denken ist hierbei an Fälle, in denen z. B. eine Erfindung durch andere neue Erfindungen überholt und weitgehend wertlos gemacht wird, oder umgekehrt, in denen sie durch weitere technische Ausgestaltung eine außerordentliche Wertsteigerung erfährt. Wenn derartige nachträgliche Umstände die bisherige Vergütung nicht mehr als angemessen erscheinen lassen, kann sowohl der Arbeitgeber als auch der Arbeitnehmer eine andere Regelung der Vergütung verlangen. Dies gilt sowohl für die festgestellte als auch für die einseitig vom Arbeitgeber festgesetzte Vergütung. Diese Bestimmung erscheint im Hinblick auf die besonders unsicheren und schwer voraussehbaren Entwicklungs- und Verwertungsmöglichkeiten bei Erfindungen geboten.

---

[34]) Die Widerspruchsfrist ist auf zwei Monate verlängert worden. Vgl. hierzu den Ausschußbericht zu § 11
[35]) Jetzt § 12 Abs. 5

Zu § 12

Die Rückzahlung einer bereits an den Arbeitnehmer geleisteten Vergütung kann der Arbeitgeber jedoch auch dann nicht verlangen, wenn nachträglich eine Herabsetzung der Vergütung erfolgt. Es würde für den Arbeitnehmer, der auf seine laufenden Einnahmen angewiesen ist, zu erheblichen Härten führen, wenn er auf diese Weise Beträge, die er rechtmäßig erhalten und verbraucht hat, wieder zurückerstatten müßte.

Zu § 12 — jetzt § 13 (Schutzrechtsanmeldung im Inland)

In Übereinstimmung mit dem geltenden Recht hält der Entwurf daran fest, daß der Arbeitgeber grundsätzlich verpflichtet ist, eine ihm gemeldete patentfähige Diensterfindung zum Patent anzumelden. Darüber hinaus dehnt der Entwurf entsprechend der von ihm überall durchgeführten Gleichstellung von Patenten und Gebrauchsmustern die Anmeldepflicht des Arbeitgebers auch auf Diensterfindungen aus, die nur gebrauchsmusterfähig sind.

Der Arbeitgeber soll jedoch nicht zur Anmeldung eines Patents gezwungen werden, wenn im einzelnen Fall die Anmeldung eines Gebrauchsmusters den gleichen wirtschaftlichen Erfolg gewährleistet. Es gibt z. B. in der Spielzeugindustrie bestimmte Arten von Erfindungen, deren wirtschaftliche Verwertbarkeit weitgehend Saisoneinflüssen unterworfen ist oder von Mode und Geschmack abhängt und die deshalb erfahrungsgemäß nur eine zeitlich begrenzte Bedeutung haben. In diesen Fällen hat der Arbeitgeber insbesondere ein Interesse an der schnellen Erlangung eines Ausschlußrechts, da er nur dann Saison, Mode und Geschmack ausnutzen kann, während es ihm auf die Dauer des Schutzes wegen der voraussichtlich nur kurzen Nachfrage nicht entscheidend ankommt. Hier wäre es wirtschaftlich nicht vertretbar, das langwierige und hohe Kostenaufwendungen erfordernde Patenterteilungsverfahren durchzuführen, um ein Ausschlußrecht zu erwirken das durch die Eintragung eines Gebrauchsmusters wesentlich schneller und billiger und trotzdem praktisch mit der gleichen wirtschaftlichen Wirkung erreicht werden kann. Um diesen wirtschaftlichen Besonderheiten Rechnung zu tragen und den Arbeitgeber nicht zur Wahl wirtschaftlich nicht vertretbarer Schutzrechte zu zwingen, ist in § 12 Abs. 1 vorgesehen, daß der Arbeitgeber berechtigt ist, auch eine patentfähige Erfindung zur Eintragung eines Gebrauchsmusters anzumelden, wenn sich diese bei verständiger Würdigung der Verwertbarkeit der Erfindung als zweckdienlicher erweist.

Die Anmeldepflicht wird nicht erst an die Inanspruchnahme der Diensterfindung geknüpft, sondern bereits an ihre Meldung durch den Arbeitnehmer. Diese Vorverlegung der Anmeldepflicht vor den Zeitpunkt des Rechtserwerbs der Diensterfindung durch den Arbeitgeber ist notwendig, um die Prioritätsrechte des Arbeitehmers, die nur durch die Anmeldung der Diensterfindung gesichert werden können, nicht zu beeinträchtigen. § 12 Abs. 1 Satz 3 des Entwurfs sieht deshalb vor, daß die Anmeldung der Diensterfindung unverzüglich einzureichen ist.

Amtliche Begründung

Dies bedeutet, daß die Anmeldung ohne schuldhaftes Zögern vorgenommen werden muß. Von einem schuldhaften Zögern kann z. B. so lange nicht gesprochen werden, als der Arbeitgeber trotz der von ihm zu verlangenden beschleunigten Erledigung die Prüfung, ob es sich bei der ihm gemeldeten Erfindung um eine schutzfähige Erfindung handelt, noch nicht abschließen oder Maßnahmen, die die Erfindung anmeldungsreif machen sollen, noch nicht treffen konnte.

Abs. 2 faßt die Fälle zusammen, in denen die Verpflichtung des Arbeitgebers zur Anmeldung der Diensterfindung entfällt. Dies ist zunächst dann der Fall, wenn die Diensterfindung frei geworden ist. Die Fälle des Freiwerdens der Diensterfindung sind in § 7 Abs. 1 [36]) zusammengefaßt. Hierher gehört insbesondere auch der Fall der nur beschränkten Inanspruchnahme der Diensterfindung, die den Arbeitgeber gerade der Verpflichtung entheben soll, die Erfindung zur Erteilung eines Schutzrechts anzumelden. Die Anmeldepflicht entfällt ferner, wenn der Arbeitnehmer der Nichtanmeldung zustimmt, z. B. weil die Erwirkung eines Schutzrechts wegen der geringen wirtschaftlichen Bedeutung der Diensterfindung unzweckmäßig erscheint, und wenn die Diensterfindung als Geheimerfindung behandelt werden soll.

Der Klarstellung wegen ist in Abs. 4 ausdrücklich bestimmt, daß in Fällen, in denen die Diensterfindung nach § 7 Abs. 1 [36]) frei geworden ist, nur der Arbeitnehmer berechtigt ist, sie zur Erteilung eines Schutzrechts anzumelden. Da aber die Anmeldeverpflichtung des Arbeitgebers nicht erst vom Zeitpunkt der unbeschränkten Inanspruchnahme der Diensterfindung, sondern bereits von ihrer Meldung an besteht, kann es vorkommen, daß der Arbeitgeber sich erst nach Einreichung oder Anmeldung zur Freigabe oder nur beschränkten Inanspruchnahme der Diensterfindung entschließt. In diesem Falle gehen die Rechte aus der Anmeldung im Zeitpunkt des Freiwerdens der Diensterfindung vom Arbeitgeber auf den Arbeitnehmer über.

Das geltende Recht enthält keine Sicherungen zugunsten des Arbeitnehmers für den Fall, daß der Arbeitgeber seiner Anmeldepflicht nicht nachkommt. Der Entwurf billigt nunmehr in § 12 Abs. 3 dem Arbeitnehmer das Recht zu, die Anmeldung der Diensterfindung selbst vorzunehmen. Dieses Recht steht dem Arbeitnehmer erst nach unbeschränkter Inanspruchnahme der Diensterfindung zu und nachdem er dem Arbeitgeber erfolglos eine Nachfrist gesetzt hat. Der Entwurf lehnt es ab, dem Arbeitnehmer das Recht zur eigenen Anmeldung bereits vor Ablauf der Inanspruchnahmefrist zuzugestehen. Die Inanspruchnahmefrist ist knapp bemessen und wird im allgemeinen gerade ausreichen, um dem Arbeitgeber eine genügende Zeit zur Prüfung und sorgfältigen Ausarbeitung der Anmeldung zu gewähren. Hierbei ist insbesondere zu berücksichtigen, daß der Meldeweg innerhalb von Großbetrieben eine nicht unerhebliche Zeit in Anspruch nimmt und

---

[36]) Jetzt § 8 Abs. 1

Zu § 13

vielfach darüber hinaus eine Rückfrage bei ausländischen Vertragspartnern des Arbeitgebers erforderlich ist. Bei einer anderen Regelung könnte der Arbeitgeber durch den Arbeitnehmer gezwungen werden, dem Patentamt unvollständige Angaben einzureichen.

Da mit der unbeschränkten Inanspruchnahme das Recht aus der Diensterfindung auf den Arbeitgeber übergegangen ist, kann der Arbeitnehmer die Diensterfindung nur auf den Namen des Arbeitgebers anmelden. Darüber hinaus erscheint es billig, dem Arbeitgeber die Kosten dieser vom Arbeitnehmer durchgeführten „Ersatzvornahme" der Anmeldung aufzuerlegen, da es sich um eine Verpflichtung des Arbeitgebers handelt, der dieser nicht rechtzeitig nachgekommen ist.

Der Arbeitnehmer soll nach dem Entwurf lediglich zur Einreichung der Anmeldung, nicht aber zur Durchführung des Erteilungsverfahrens berechtigt sein. Diese Berechtigung ist einerseits erforderlich, um dem Arbeitnehmer eine Möglichkeit zu geben, die Priorität seiner Erfindung zu sichern, andererseits aber auch ausreichend, weil es dem Arbeitgeber nicht zugemutet werden kann, dem Arbeitnehmer die Durchführung des Erteilungsverfahrens, das oft weittragende Entschlüsse erfordert zu überlassen.

Der Entwurf hat ferner davon abgesehen, dem Arbeitnehmer bei Verletzungen der Anmeldepflicht außer dem Recht zur Selbstanmeldung ein Recht auf Rückfall der Diensterfindung einzuräumen. Zunächst bietet das Selbstanmelderecht dem Arbeitnehmer einen genügenden Schutz, um seine Prioritätsrechte zu wahren. Außerdem bleibt ihm die Möglichkeit, gegen den Arbeitgeber Schadenersatzansprüche geltend zu machen, falls Prioritätsverluste durch eine schuldhafte Verletzung der Anmeldepflicht eingetreten sind. Schließlich darf nicht übersehen werden, daß auch der Arbeitgeber an der Diensterfindung durch den Erfahrungs- oder Arbeitsbeitrag des Betriebes Rechte erworben hat. Diese Rechte stehen aber der Schaffung eines unentgeltlichen Rückfallrechts entgegen.

Zu § 13 — jetzt § 14 (Schutzrechtsanmeldung im Ausland)

Die Anmeldepflicht des § 12[37]) bezieht sich nur auf die Anmeldung der unbeschränkt in Anspruch genommenen Diensterfindung durch den Arbeitgeber im Inland. Eine gleiche Verpflichtung konnte für Auslandsanmeldungen nicht festgelegt werden, da nur von Fall zu Fall entschieden werden kann, ob und in welchen Ländern der Erwerb von Auslandsschutzrechten wirtschaftlich zweckmäßig erscheint. Dagegen muß der Arbeitgeber, nachdem er die Diensterfindung unbeschränkt in Anspruch genommen hat, berechtigt sein, für diese im Ausland Schutzrechte zu erlangen. Dies wird durch Abs. 1 klargestellt.

Andererseits erscheint es angemessen, dem Arbeitnehmer dieses Recht einzuräumen, wenn und soweit der Arbeitgeber von seinem

---
[37]) Jetzt § 13

Amtliche Begründung

Recht zum Erwerb von Auslandsschutzrechten endgültig keinen Gebrauch macht. Abs. 2 sieht daher in Übereinstimmung mit dem geltenden Recht vor, daß insoweit der Arbeitgeber dem Arbeitnehmer den Erwerb von Auslandsschutzrechten zu ermöglichen hat. Diese Möglichkeit soll dem Arbeitnehmer so rechtzeitig eingeräumt werden, daß dieser die Prioritätsfristen zwischenstaatlicher Verträge auf dem Gebiet des gewerblichen Rechtsschutzes ausnutzen kann. Ein solcher Vertrag ist vor allem die Pariser Verbandsübereinkunft vom 20. März 1883, die die Inanspruchnahme der Priorität der Erstanmeldung einer Erfindung zuläßt, wenn die Zweitanmeldung innerhalb eines Jahres bewirkt wird. Aber auch zweiseitige Verträge kommen in Frage, die Bestimmungen über Prioritätsfristen enthalten.

Hat der Arbeitgeber die von ihm unbeschränkt in Anspruch genommene Diensterfindung auf einen ausländischen Vertragspartner übertragen, wie dies insbesondere im Rahmen von Patentaustausch- und Optionsverträgen mit dem Ausland vorkommt, so findet § 13 Abs. 2 des Entwurfs keine Anwendung, gleichgültig ob der ausländische Vertragspartner die Diensterfindung in dem betreffenden Staat zur Erteilung eines Schutzrechts anmeldet oder nicht. Denn da die in dem Entwurf vorgesehenen Rechte und Pflichten, wie bereits dargelegt ist (Allgemeines V), nur Arbeitgeber und Arbeitnehmer binden und keine dingliche Belastung der Diensterfindung darstellen, gehen die nur im Verhältnis zwischen Arbeitgeber und Arbeitnehmer bestehenden Rechte und Pflichten auf den Erwerber der Diensterfindung nicht über. Für eine Freigabe der Diensterfindung an den Arbeitnehmer zum Erwerb von Auslandsschutzrechten ist in diesem Falle kein Raum, da der Arbeitgeber zwar nicht selbst in dem betreffenden ausländischen Staat die Diensterfindung zur Erteilung eines Schutzrechts anmelden will, er diese ihm zustehende Befugnis aber auf seinen ausländischen Vertragspartner übertragen hat mit der Maßgabe, daß dieser nach seinem Belieben von der auf ihn übergegangenen Befugnis zur Schutzrechtsanmeldung Gebrauch machen kann. Eine Verpflichtung des Arbeitgebers zur Freigabe der Diensterfindung an den Arbeitnehmer besteht aber nur dann, wenn der Arbeitgeber die Befugnis zur Schutzrechtsanmeldung im Ausland weder selbst ausnutzt noch durch einen Dritten ausnutzen läßt. Selbst wenn also der ausländische Vertagspartner des Arbeitgebers die ihm übertragene Diensterfindung in dem ausländischen Staat nicht zur Erteilung eines Schutzrechts anmeldet, sondern insoweit bewußt einen schutzrechtsfreien Raum belassen will, ist der Arbeitgeber nicht verpflichtet, dem Arbeitnehmer den Erwerb von Schutzrechten in diesem Staat zu ermöglichen. Eine Benachteiligung des Arbeitnehmers ist damit nicht verbunden, da er auch im Falle der Übertragung der Diensterfindung durch den Arbeitgeber diesem gegenüber den in § 8 des Entwurfs [38]) vorgesehenen Anspruch auf angemessene Vergütung hat. Für die Bemessung der Vergütung wird dabei der

---

[38]) Jetzt § 9

Zu § 15

Wert einen Anhaltspunkt bieten, der sich für den Arbeitgeber aus der Übertragung der Diensterfindung ergibt.

Es entspricht ebenfalls dem geltenden Recht, wenn der Entwurf in Abs. 3 dem Arbeitgeber das Recht einräumt, sich entgeltliche nichtausschließliche Benutzungsrechte an der Diensterfindung vorzubehalten, wenn er diese dem Arbeitnehmer zur Anmeldung im Ausland freigibt. Der Arbeitgeber wird einen solchen Vorbehalt insbesondere dann aussprechen müssen, wenn andernfalls zu befürchten wäre, daß ein ausländischer Wettbewerber des Arbeitgebers das ausländische Schutzrecht erwirbt oder eine Lizenz darauf nimmt und auf diese Weise der betreffende ausländische Markt für den Arbeitgeber gesperrt wird. Neu gegenüber dem geltenden Recht ist jedoch, daß der Arbeitgeber den Vorbehalt eines Benutzungsrechts gleichzeitig mit der Freigabe der Diensterfindung für Auslandsanmeldungen zu erklären hat. Dies soll sicherstellen, daß der Arbeitnehmer rechtzeitig erfährt, mit welcher Belastung seiner ausländischen Schutzrechte er zu rechnen hat[39]).

Zu § 14 —jetzt § 15 (Gegenseitige Rechte und Pflichten beim Erwerb von Schutzrechten)

Diese Bestimmung enthält die gegenseitigen Verpflichtungen zur Unterrichtung und Unterstützung. Sie entsprechen dem geltenden Recht und sind lediglich aus Gründen der Übersichtlichkeit in einem besonderen Paragraphen zusammengefaßt.

Zu § 15 — jetzt § 16 (Aufgabe der Schutzrechtsanmeldung oder des Schutzrechts)

Schutzrechte, insbesondere Patente, werden nur in wenigen Fällen bis zur Höchstdauer ihrer Schutzzeit aufrechterhalten. Sie werden überwiegend vor Ablauf der gesetzlichen Schutzdauer aufgegeben, weil sie durch die Weiterentwicklung der Technik oder aus anderen Gründen überholt sind. Aus diesem Grunde sieht schon das geltende Recht die Möglichkeit vor, daß der Arbeitgeber auch eine unbeschränkt in Anspruch genommene Diensterfindung, auf die ein Patent erteilt worden ist, aufgeben kann.

Der Entwurf dehnt die Bestimmungen des geltenden Rechts über die Aufgabe eines Patents sich auf die Aufgabe eines Gebrauchsmusters sowie der Anmeldungen dieser Schutzrechte aus. Die Einbeziehung der Schutzrechtsanmeldungen erscheint erforderlich, da sich schon während der oft langen Dauer des Erteilungsverfahrens herausstellen kann, daß sich die Weiterverfolgung der Anmeldung für den Arbeitgeber wirtschaftlich nicht lohnt. Die Einbeziehung der Schutzrechtsanmeldungen stellt im übrigen nur eine Folgerung aus der Zulassung der

---
[39]) Wegen der Ergänzung des Abs. 3 gegenüber dem Regierungsentwurf vgl. den Ausschußbericht zu § 13

beschränkten Inanspruchnahme jeder Diensterfindung dar. Wenn dem Arbeitgeber die Möglichkeit gegeben wird, von der Anmeldung einer Diensterfindung im Falle ihrer nur beschränkten Inanspruchnahme abzusehen, dann muß es ihm auch ermöglicht werden, im Falle der unbeschränkten Inanspruchnahme der Diensterfindung eine bereits eingereichte Schutzrechtsanmeldung nachträglich wieder aufzugeben.

Diese Berechtigung des Arbeitgebers zur Aufgabe des Schutzrechts oder der Schutzrechtsanmeldung wird ebenso wie im geltenden Recht zugunsten des Arbeitnehmers für den Fall eingeschränkt, daß zur Zeit der Aufgabe des Schutzrechts oder der Schutzrechtsanmeldung der Anspruch des Arbeitnehmers auf angemessene Vergütung noch nicht voll erfüllt ist. In diesem Falle kann der Arbeitgeber den weiteren Vergütungsanspruch des Arbeitnehmers für die weitere Laufzeit des Rechts durch Übertragung des Schutzrechts oder der Schutzrechtsanmeldung auf den Arbeitnehmer abwenden.

Ist der Vergütungsanspruch des Arbeitnehmers bereits voll erfüllt, so kann der Arbeitgeber das Schutzrecht oder die Schutzrechtsanmeldung jederzeit aufgeben, ohne dem Arbeitnehmer die Übertragung des Rechts anbieten zu müssen. Denn wenn die erfinderische Leistung des Arbeitnehmers durch Zahlung der angemessenen Vergütung voll abgegolten ist, kann der Arbeitnehmer darüber hinaus Rechte an der Erfindung nicht geltend machen.

Der Entwurf 1952 sah in Abweichung von dieser aus dem geltenden Recht übernommenen Regelung vor, daß der Arbeitnehmer vom Arbeitgeber auch dann die Übertragung des Rechts verlangen konnte, wenn der Arbeitgeber den Vergütungsanspruch des Arbeitnehmers bereits voll erfüllt hatte. Diese Regelung war damit begründet worden, daß der Arbeitnehmer die Möglichkeit haben soll, seine eigene geistige Leistung selbst weiter auszuwerten, wenn der Arbeitgeber für sie keine Verwertungsmöglichkeit mehr besitzt. Eine derartige Bestimmung stößt jedoch aus praktischen Gründen auf Bedenken. Nahezu alle in einem Betrieb anfallenden Erfindungen sind Arbeitnehmererfindungen. Der Arbeitgeber wäre also, da die ganz überwiegende Mehrzahl aller Schutzrechte vor Ablauf ihrer vollen Laufzeit fallengelassen wird, genötigt, in all diesen Fällen dem Arbeitnehmer das Schutzrecht zur Übertragung anzubieten, obwohl er den Vergütungsanspruch des Arbeitnehmers erfüllt hat. Schon bei den Erfindungen der im Zeitpunkt der Aufgabe des Rechts noch im Betrieb tätigen Arbeitnehmer würde dies eine zusätzliche und meist überflüssige Verwaltungsarbeit für den Arbeitgeber bedeuten. Erhebliche Schwierigkeiten würden sich aber in den Fällen ergeben, in denen der Arbeitnehmer bereits längere Zeit aus dem Betrieb ausgeschieden ist. In diesen Fällen müßte der Arbeitgeber den Aufenthaltsort des Arbeitnehmers ermitteln, um ihm die Übertragung des Schutzrechts oder der Schutzrechtsanmeldung anzubieten. Kann er den Arbeitnehmer nicht ermitteln, so wäre er nur aus diesem Grunde und trotz Erfüllung aller Vergütungsansprüche des Arbeit-

Zu § 16

nehmers gezwungen, das Schutzrecht weiter aufrechtzuerhalten. Eine derartige Verpflichtung des Arbeitgebers erscheint nicht gerechtfertigt, zumal davon ausgegangen werden kann, daß der Arbeitnehmer für eine Erfindung, die der Arbeitgeber nach unbeschränkter Inanspruchnahme aufgibt, in der Regel selbst keine Verwertungsmöglichkeit mehr haben wird. Der Entwurf hat sich deshalb insoweit auf die Übernahme des geltenden Rechts beschränkt und die abweichende Regelung des Entwurfs 1952 nicht aufrechterhalten.

Beabsichtigt der Arbeitgeber die Aufgabe des Schutzrechts oder der Schutzrechtsanmeldung, bevor er den Anspruch des Arbeitnehmers auf angemessene Vergütung voll erfüllt hat, so hat er dem Arbeitnehmer die Übertragung des Rechts anzubieten. Erst wenn dieser nicht innerhalb dreier Monate die Übertragung verlangt, kann der Arbeitgeber das Schutzrecht oder die Schutzrechtsanmeldung aufgeben.

Der Anteil, den der Arbeitgeber zu der Diensterfindung beigetragen hat, führt dazu, daß er sich ein nichtausschließliches Benutzungsrecht an der Diensterfindung vorbehalten kann. Denn auch in dem Fall, daß der Arbeitgeber kein Interesse an der weiteren Aufrechterhaltung des Schutzrechts oder der Schutzrechtsanmeldung für den eigenen Betrieb hat, wird er im allgemeinen ein berechtigtes Interesse daran haben, daß das Schutzrecht nicht gegen ihn geltend gemacht werden kann. Dies könnte insbesondere dann zu erheblichen Schädigungen des Arbeitgebers führen, wenn er auf Grund der Diensterfindung Maschinen oder sonstige Apparate angefertigt hat, deren weitere Verwendung im Betrieb notwendig ist.

Neu gegenüber dem geltenden Recht ist, daß der Arbeitgeber die Erklärung über die Beanspruchung eines Benutzungsrechts gleichzeitig mit der Mitteilung über seine Aufgabeabsicht abzugeben hat. Diese Regelung entspricht der des § 13 [40]) über die Beanspruchung eines Benutzungsrechts des Arbeitgebers an Auslandsschutzrechten des Arbeitnehmers. Sie verfolgt den gleichen Zweck.

Zu § 16 — jetzt § 17 (Geheimerfindungen)

Diese Bestimmung entspricht im wesentlichen dem geltenden Recht. Eine Erweiterung hat sie nur durch die Einbeziehung der gebrauchsmusterfähigen Erfindungen erfahren.

Die Verpflichtung des Arbeitgebers zur Anmeldung einer Diensterfindung muß dann eine Ausnahme erfahren, wenn berechtigte Interessen des Betriebes es erfordern, daß die Diensterfindung geheimgehalten wird. Demgegenüber müssen die Interessen, die der Arbeitnehmer an der Erteilung eines Schutzrechts hat, zurücktreten. Da die Schutzfähigkeit der Diensterfindung Voraussetzung sowohl für die Inanspruchnahme als auch für die Vergütung ist, muß der Arbeitgeber,

---
[40]) Jetzt § 14

Amtliche Begründung

wenn er von der Anmeldung absehen will, die Schutzfähigkeit gegenüber dem Arbeitnehmer anerkennen.

Bei Meinungsverschiedenheiten zwischen Arbeitgeber und Arbeitnehmer über die Schutzfähigkeit der Diensterfindung ist für patentfähige und gebrauchsmusterfähige Erfindungen eine unterschiedliche Regelung vorgesehen. Dies beruht auf der Besonderheit des patentamtlichen Verfahrens, das für patentfähige Erfindungen eine Prüfung der materiellen Schutzfähigkeit vor der Erteilung des Patents vorschreibt, während es für gebrauchsmusterfähige Erfindungen die Eintragung ohne vorherige Prüfung der Schutzfähigkeit vorsieht.

Handelt es sich deshalb um eine patentfähige Diensterfindung, die geheimgehalten werden soll, so bleibt bei Meinungsverschiedenheiten über die Patentfähigkeit der Arbeitgeber verpflichtet, die Diensterfindung zur Erteilung des Patents anzumelden, um eine Entscheidung des Patentamts über die Patentfähigkeit der Diensterfindung herbeizuführen. Das Patentamt prüft bereits im Verfahren bis zum Erlaß des Bekanntmachungsbeschlusses, ob die Erteilung des Patents nicht ausgeschlossen ist (§ 30 PatG), und beschließt entweder die Bekanntmachung der Anmeldung oder weist die Anmeldung zurück. Der Bekanntmachungsbeschluß ist zwar nur eine Zwischenverfügung und enthält noch keine endgültige Entscheidung über die Patentfähigkeit der Erfindung; jedoch ergibt sich aus ihm, daß nach Ansicht des Patentamts Bedenken gegen die Erteilung des Patents nicht bestehen. Da die Anmeldung jederzeit zurückgenommen werden kann und mit der Rücknahme das Erteilungsverfahren beendet wird, kann durch dieses Verfahren einerseits eine Entscheidung des Patentamts über die Patentfähigkeit der Erfindung erreicht, andererseits durch eine rechtzeitige Zurücknahme die nicht erwünschte Veröffentlichung der Erfindung verhindert werden. Die in dem Bekanntmachungsbeschluß des Patentamts liegende Entscheidung über die Patentfähigkeit der Erfindung ist im Verhältnis zwischen dem Arbeitgeber und dem Arbeitnehmer bindend.

Erkennt der Arbeitgeber die Gebrauchsmusterfähigkeit der Diensterfindung nicht an, so kann eine Vorentscheidung des Patentamts über die Gebrauchsmusterfähigkeit der Diensterfindung nicht eingeholt werden, weil im Eintragungsverfahren für Gebrauchsmuster eine derartige Prüfung nicht vorgesehen ist. Für diesen Fall sieht der Entwurf deshalb vor, daß der Arbeitgeber zur Herbeiführung einer Einigung über die Schutzfähigkeit der Diensterfindung die Schiedsstelle anrufen muß, die in dem Entwurf für alle auf Grund des Entwurfs entstehenden Rechtsstreitigkeiten zwischen Arbeitgeber und Arbeitnehmer vorgesehen ist.

Die Auswertbarkeit der Diensterfindung kann dadurch beeinträchtigt werden, daß auf sie kein Schutzrecht erteilt worden ist. Die Beeinträchtigung kann u. a. darin liegen, daß der Erfinder nicht als solcher bekannt wird oder daß die Diensterfindung nur in beschränktem Um-

Zu § 17

fange ausgewertet werden kann. Eine Beeinträchtigung kann auch darin liegen, daß die Diensterfindung vorzeitig bekannt und mangels Rechtsschutzes durch andere Wettbewerber ausgewertet wird. Da der Arbeitnehmer diese Umstände nicht zu vertreten hat und er in diesem Falle die Anmeldung der Diensterfindung trotz ihrer unbeschränkten Inanspruchnahme durch den Arbeitgeber auch nicht erzwingen kann, sind bei der Festsetzung der Vergütung die wirtschaftlichen Nachteile zu berücksichtigen, die sich für den Arbeitnehmer daraus ergeben, daß auf die Diensterfindung kein Schutzrecht erteilt worden ist.

2. Freie Erfindungen

Die Bestimmungen dieses Unterabschnitts befassen sich nur mit den freien Erfindungen von Arbeitnehmern, die unter § 3 Abs. 3 des Entwurfs[41]) fallen, also schon zu der Zeit ihrer Entstehung freie Erfindungen waren. Auf Erfindungen von Arbeitnehmern, die als Diensterfindungen enstanden sind und erst nach § 7 oder § 15 des Entwurfs[42]) später zu freien Erfindungen geworden sind, finden die Bestimmungen dieses Abschnitts keine Anwendung.

Zu § 17 — jetzt § 18 (Mitteilungspflicht)

Nach dem geltenden Recht hat der Arbeitnehmer freie Erfindungen in derselben Weise zu melden wie Diensterfindungen. Der Entwurf hält grundsätzlich daran fest, daß der Arbeitnehmer auch freie Erfindungen dem Arbeitgeber zur Kenntnis geben muß. Die Aufrechterhaltung dieses Grundsatzes soll in erster Linie zur Erhaltung des Arbeitsfriedens dienen und vermeidbare Zwistigkeiten zwischen Arbeitgeber und Arbeitnehmer von vornherein ausschalten. Darüber hinaus dient dieser Grundsatz aber auch dem Schutz des Arbeitnehmers. Der Arbeitnehmer wird in vielen Fällen nicht mit Sicherheit beurteilen können, ob es sich bei einer von ihm gemachten Erfindung um eine freie Erfindung oder um eine Diensterfindung handelt. Hält der Arbeitnehmer eine Diensterfindung zu Unrecht für eine freie Erfindung, so sind alle über diese Erfindung getroffenen Verfügungen nach § 6 Abs. 3 des Entwurfs[43]) dem Arbeitgeber gegenüber unwirksam, wenn dieser nachträglich die Erfindung als Diensterfindung in Anspruch nimmt. Hieraus könnten gegen den Arbeitnehmer unter Umständen erhebliche Schadensersatzansprüche erwachsen. Schließlich ist auch ein berechtigtes Interesse des Arbeitgebers anzuerkennen, daß ihm eine Prüfung darüber ermöglicht wird, ob eine von seinem Arbeitnehmer gemachte Erfindung auf Erfahrungen oder Arbeiten des Betriebes zurückzuführen ist.

Andererseits erscheint es nicht notwendig, die freien Erfindungen eines Arbeitnehmers der weitgehenden Offenbarungspflicht zu unterwerfen, die nach § 4 des Entwurfs[44]) für Diensterfindungen vorgeschrie-

---
[41]) Jetzt § 4 Abs. 3
[42]) Jetzt § 8 oder § 16
[43]) Jetzt § 7 Abs. 3

ben ist. Es muß genügen, wenn der Arbeitgeber ersehen kann, daß die Erfindung nach der Art ihres Zustandekommens nicht auf Erfahrungen oder Arbeiten des Betriebes beruht, also keine Diensterfindung sein kann. Aus diesem Grunde hat der Entwurf in Übereinstimmung mit den Vorschlägen der interessierten Kreise für freie Erfindungen eine vereinfachte Meldepflicht vorgesehen, die als „Mitteilungspflicht" bezeichnet wird. Diese Mitteilungspflicht bedarf zwar auch der schriftlichen Form, beschränkt sich aber gegenüber der Meldepflicht nach § 4 inhaltlich darauf, daß über die Erfindung und erforderlichenfalls über ihre Entstehung so viel mitgeteilt werden muß, daß der Arbeitgeber beurteilen kann, ob die Erfindung frei ist.

Dem Grundgedanken des Entwurfs, zwischen Arbeitgeber und Arbeitnehmer schnell klare Verhältnisse über die Erfindungen des Arbeitnehmers zu schaffen, trägt die Bestimmung des Abs. 2 Rechnung, nach der der Arbeitgeber der Mitteilung einer freien Erfindung binnen dreier Monate widersprechen muß, wenn er diese nicht als freie Erfindung gelten lassen will, widrigenfalls er das Recht zur Inanspruchnahme verliert.

Die Mitteilungspflicht besteht grundsätzlich für alle freien Erfindungen eines Arbeitnehmers. Lediglich in den Fällen, in denen die Erfindung offensichtlich im Arbeitsbereich des Betriebes des Arbeitgebers nicht verwendbar ist, läßt der Entwurf in § 17 Abs. 3 auch die Mitteilungspflicht entfallen. Im Arbeitsbereich des Betriebes des Arbeitgebers verwendbar sind alle Erfindungen, deren Gegenstand im Betriebe des Arbeitgebers hergestellt oder benutzt wird.

Zu § 18 — jetzt § 19 (Anbietungspflicht)

In der Durchführungsverordnung 1943 sind keine Vorschriften enthalten, die etwas darüber aussagen, inwieweit der Arbeitnehmer über freie Erfindungen im Verhältnis zu seinem Arbeitgeber frei verfügen darf. In Arbeits- und Tarifverträgen wurde früher dem Arbeitgeber häufig ein Vorkaufsrecht auf freie Erfindungen seines Arbeitnehmers eingeräumt. Nach Erlaß der Durchführungsverordnung 1943 entstanden Zweifel darüber, ob derartige Abmachungen im Hinblick auf § 9 der Durchführungsverordnung 1943, der eine dem § 21 des Entwurfs[45]) entsprechende Vorschrift über die Unabdingbarkeit enthält, noch zulässig sind. Das Schrifttum zum Recht der Arbeitnehmererfindung vertritt überwiegend die Ansicht, daß bereits aus allgemeinen Rechtsgedanken eine Verpflichtung des Arbeitnehmers zu folgern ist, freie Erfindungen vor einer anderweitigen Verwertung zunächst dem Arbeitgeber zum Erwerb anzubieten, jedenfalls soweit die freien Erfindungen im Arbeitsbereich des Arbeitgebers liegen. Die Rechtssprechung hat anscheinend bisher keine Gelegenheit gehabt, sich mit dieser Frage zu befassen.

---
[44]) Jetzt § 5
[45]) Jetzt § 22

Zu § 18

Eine gesetzliche Regelung dieser Frage erscheint geboten, um sowohl für den Arbeitgeber als insbesondere auch für den Arbeitnehmer sichere Rechtsverhältnisse zu schaffen. Der Entwurf geht von dem bereits im Schrifttum anerkannten Grundsatz aus, daß der Arbeitnehmer eine freie Erfindung, die in den Arbeitsbereich des Betriebes des Arbeitgebers fällt, diesem zunächst anzubieten hat. Die Anbietungspflicht besteht allerdings nur dann, wenn der Arbeitnehmer die freie Erfindung anderweitig verwerten will, und nur in dem Umfang, als der Arbeitnehmer sie verwerten will. Abweichend vom Schrifttum erstreckt sich die Anbietungspflicht nach dem Entwurf nur auf den Erwerb eines entgeltlichen Benutzungsrechts durch den Arbeitgeber. Damit wird einerseits den Belangen des Arbeitgebers, daß er nicht durch monopolartige Verwertungsverträge seines Arbeitnehmers mit anderen Betrieben von einer Beteiligung am Wettbewerb oder von der Benutzung bestimmter Arbeitsmittel ausgeschlossen werde, und andererseits den Belangen des Arbeitnehmers, daß er in der Verfügung über seine freien Erfindungen nicht mehr als unbedingt nötig eingeschränkt werde, in gerechter Weise Rechnung getragen.

Der Entwurf legt demgemäß in § 18 Abs. 1 dem Arbeitnehmer die Verpflichtung auf, dem Arbeitgeber mindestens ein Recht zur nichtausschließlichen Benutzung der Erfindung zu angemessenen Bedingungen anzubieten. Die Angemessenheit der Vergütung richtet sich hier nicht nach den für die gesetzliche Vergütung von Diensterfindungen maßgebenden Gesichtspunkten; die Vergütung soll sich vielmehr nach den Sätzen richten, die für derartige Benutzungsrechte im Rechtsverkehr mit freien Erfindern als angemessen anzusehen sind.

Nimmt der Arbeitgeber das Angebot nicht an, so kann nunmehr der Arbeitnehmer die freie Erfindung anderweit verwerten. Er hat hierbei lediglich die ihm nach dem Arbeitsverhältnis obliegenden allgemeinen Verpflichtungen einzuhalten.

Die Bindung der Annahme des Angebots an eine bestimmte kurze Frist trägt dem Bestreben des Entwurfs Rechnung, für eine schnelle Klärung der Rechtsbeziehungen zwischen Arbeitgeber und Arbeitnehmer zu sorgen.

Bestreitet der Arbeitgeber die Angemessenheit der Bedingungen, zu denen der Arbeitnehmer ihm die Erfindung angeboten hat, so kann sowohl der Arbeitgeber als auch der Arbeitnehmer die Festsetzung der Bedingungen durch die nach dem Entwurf zur Schlichtung aller Rechtsstreitigkeiten über Arbeitnehmererfindungen vorgesehene Schiedsstelle[46]) beantragen. Voraussetzung ist allerdings, daß der Arbeitgeber sich grundsätzlich zum Erwerb des ihm angebotenen Rechts bereit erklärt. ...

---

[46]) An Stelle der Schiedsstelle setzt nach dem Gesetz das Gericht die Bedingungen fest. Vgl. § 19 Absätze 3 und 4 des Gesetzes und den Ausschußbericht zu § 18

Tritt eine wesentliche Änderung der Umstände ein, die für die zwischen Arbeitgeber und Arbeitnehmer nach Abs. 1 vereinbarten oder von der Schiedsstelle nach Abs. 3 festgesetzten Bedingungen maßgebend waren, so kann eine andere Festsetzung der Bedingungen bei der Schiedsstelle beantragt werden [46]). Diese Bestimmung entspricht der für das Verfahren nach Erklärung der Lizenzbereitschaft vorgesehenen Vorschrift des § 14 Abs. 5 des Patentgesetzes sowie der in § 11 Abs. 6 des Entwurfs [47]) getroffenen Regelung und soll ebenso wie die genannten Bestimmungen den besonders unsicheren und schwer voraussehbaren Entwicklungs- und Verwertungsmöglichkeiten bei Erfindungen Rechnung tragen.

3. Technische Verbesserungsvorschläge

Zu § 19 — jetzt § 20 [48])

Die technischen Verbesserungsvorschläge sind in dem Entwurf lediglich aus Gründen der Abgrenzung der schutzfähigen Erfindungen erwähnt (vgl. die Begründung zu § 2). Von einer Regelung der mit den technischen Verbesserungsvorschlägen zusammenhängenden Fragen hat der Entwurf in Übereinstimmung mit der Durchführungsverordnung 1943, die nur eine deklaratorische Kann-Vorschrift über die Belohnung technischer Verbesserungsvorschläge kennt, in Abweichung von dem Entwurf 1952 abgesehen.

Bereits in der Begründung des Entwurfs 1952 war hervorgehoben worden, daß gegen die Einbeziehung der technischen Verbesserungsvorschläge in ein Gesetz über Erfindungen von Arbeitnehmern Bedenken geltend gemacht worden seien und es an sich unsystematisch sei, die technischen Verbesserungsvorschläge im Rahmen eines Gesetzes zu behandeln, das sich in erster Linie mit den schutzfähigen Erfindungen von Arbeitnehmern befaßt. Die technischen Verbesserungsvorschläge werden mit den sonstigen, insbesondere den organisatorischen Verbesserungsvorschlägen unter den Begriff des betrieblichen Vorschlagswesens zusammengefaßt. Darunter ist ein System von Belohnungen für Verbesserungsvorschläge aller Art aus dem Kreise der Arbeitnehmer zu verstehen, mit dem das Ziel verfolgt wird, einerseits die Leistungen des Betriebs laufend zu verbessern und andererseits die Arbeitnehmer zur engeren Mitarbeit im Betrieb heranzuziehen. Seiner Natur nach würde eine gesetzliche Regelung des betrieblichen Vorschlagswesens in ein arbeitsrechtliches Gesetz gehören, sofern sich überhaupt die Notwendigkeit einer gesetzlichen Regelung herausstellen sollte. In der ausländischen Gesetzgebung über das Recht der Arbeitnehmererfindung ist daher das Vorschlagswesen nicht erwähnt, wenn man von der Regelung in der UdSSR und dem neuen Erfinderrecht im

---
[46]) An Stelle der Schiedsstelle setzt nach dem Gesetz das Gericht die Bedingungen fest. Vgl. § 19 Absätze 3 und 4 des Gesetzes und den Ausschußbericht zu § 18
[47]) Jetzt § 12 Abs. 6
[48]) Vgl. hierzu Ausschußbericht unter Allgemeines und zu § 19

Zu § 19

sowjetischen Besatzungsgebiet Deutschlands absieht, die auf den grundsätzlich anders gearteten Aufbau des Patentwesens in diesen Gebieten zurückzuführen sind.

Trotz dieser bereits in der Begründung des Entwurfs 1952 dargelegten Bedenken hatte dieser Entwurf aus dem Gesamtgebiet des betrieblichen Vorschlagswesens eine Sonderregelung für die Behandlung der technischen Verbesserungsvorschläge vorgesehen mit der Begründung, daß die Abgrenzung zwischen technischen Verbesserungsvorschlägen einerseits und Erfindungen andererseits in der Praxis fließend sei und ein Bedürfnis für eine gesetzliche Regelung der technischen Verbesserungsvorschläge bestehe. Die inzwischen durchgeführten weiteren Erörterungen mit den beteiligten Kreisen haben ergeben, daß doch überwiegende Gründe dagegen sprechen, die technischen Verbesserungsvorschläge in den Entwurf einzubeziehen.

Die erwähnten Abgrenzungsschwierigkeiten dürften nach der Neufassung des Entwurfs in der Praxis weitgehend dadurch gegenstandslos werden, daß der Arbeitgeber sich nach § 9 Abs. 2 des Entwurfs[49]) nicht darauf berufen kann, daß eine von ihm nur beschränkt in Anspruch genommene Diensterfindung zur Zeit der Inspruchnahme nicht schutzfähig gewesen sei.

Entscheidend für den Vorschlag des Entwurfs, von einer gesetzlichen Regelung der technischen Verbesserungsvorschläge im Rahmen eines Gesetzes über Erfindungen von Arbeitnehmern abzusehen, ist der Gesichtspunkt, daß es nicht gerechtfertigt erscheint, durch eine derartige Sonderregelung die technischen Verbesserungsvorschläge aus dem Gesamtbereich des betrieblichen Vorschlagswesens herauszulösen und sie im Verhältnis zu den organisatorischen, kaufmännischen, werbemäßigen und sonstigen Verbesserungsvorschlägen bevorzugt zu behandeln. Eine derartige Bevorzugung würde das in gewissen Bereichen der Wirtschaft bestehende, auf der gleichmäßigen Behandlung aller Verbesserungsvorschläge, gleich welcher Art, beruhende System des betrieblichen Vorschlagswesens beeinträchtigen und eine unterschiedliche Behandlung der einzelnen Arbeitnehmer auf dem Gebiet des Vorschlagswesens zur Folge haben, die nicht gerechtfertigt erscheint.

Es kommt weiter hinzu, daß die Bundesregierung bestrebt ist, die Regelung sozialpolitischer Fragen in möglichst weitem Umfang der eigenen Verantwortung der am Arbeitsleben Beteiligten, insbesondere also den Abmachungen der Sozialpartner, zu überlassen. Bei einer solchen Regelung durch die Beteiligten wird in weit größerem Maße, als dies bei einer gesetzlichen Regelung der Fall sein würde, den Besonderheiten einzelner Wirtschaftszweige oder einzelner Betriebe Rechnung getragen werden können.

Aus diesen Gründen hat der vorliegende Entwurf auf die in dem früheren Regierungsentwurf vorgesehene teilweise Einbeziehung der

---
[49]) Jetzt § 10 Abs. 2

Verbesserungsvorschläge verzichtet und diese Frage der Regelung durch Tarifvertrag oder Betriebsvereinbarung überlassen. Hierbei wird, da die technischen Verbesserungsvorschläge einen Teil des betrieblichen Vorschlagswesens darstellen, das Schwergewicht praktisch auf der betrieblichen Regelung liegen können.

Die Frage, ob und wieweit sich aus anderen Rechtsgründen als aus den Vorschriften dieses Entwurfs ein Rechtsanspruch auf eine Vergütung für Verbesserungsvorschläge ergibt, wird hierdurch nicht berührt.

4. Gemeinsame Bestimmungen

Die Bestimmungen dieses Unterabschnitts gelten sowohl für Diensterfindungen als auch für freie Erfindungen von Arbeitnehmern.

Zu § 20 — jetzt § 21 (Erfinderberater)

Der Entwurf übernimmt aus dem geltenden Recht die Einrichtung des Erfinderberaters, die sich in der Praxis überwiegend bewährt hat. Die Bestellung des Erfinderberaters wird jedoch nicht zwingend vorgeschrieben, sondern als Möglichkeit einer Übereinkunft zwischen Arbeitgeber und Betriebsrat überlassen.

Der Entwurf sieht ferner davon ab, den Aufgabenkreis des Erfinderberaters, falls ein solcher bestellt wird, abschließend gesetzlich festzulegen. Er beschränkt sich vielmehr darauf, in § 20 Abs. 2 einige Aufgaben des Erfinderberaters festzulegen, die besonders bedeutsam erscheinen. Durch Übereinkunft zwischen Arbeitgeber und Betriebsrat können dem Erfinderberater weitere Aufgaben übertragen werden.

Aus den vom Entwurf festgelegten Aufgaben geht hervor, daß der Erfinderberater in erster Linie diejenige Stelle im Betrieb sein soll, an die sich der Arbietnehmer mit seinen Sorgen und Schwierigkeiten hinsichtlich einer Erfindung wenden kann. Das schließt nicht aus, daß der Erfinderberater auch vom Arbeitgeber in Anspruch genommen wird.

Von verschiedenen Seiten ist angeregt worden, im Entwurf zu bestimmen, daß der Arbeitnehmer in den Fällen, in denen kein Erfinderberater bestellt ist, berechtigt sein soll, eine staatliche oder eine von einer Arbeitnehmervereinigung eingerichtete Erfinderberatungsstelle in Anspruch zu nehmen. Der Entwurf sieht von einer derartigen Vorschrift ab. Die erneuten Erörterungen mit den beteiligten Kreisen haben ergeben, daß durch diese Beratungsstellen dem Arbeitnehmer in erster Linie die Möglichkeit eröffnet werden soll, sich über seine Rechte und Pflichten im Hinblick auf seine Erfindung unterrichten zu lassen. Zu einer solchen Rechtsberatung sind aber staatliche oder gewerkschaftliche Erfinderberatungsstellen auch ohne ausdrückliche gesetzliche Vorschrift berechtigt. Gegen eine darüber hinausgehende Beratung des Arbeitnehmers auch in technischer Hinsicht, z. B. bei der

Zu § 22

Ausarbeitung der Erfindungsmeldung, durch die vorgenannten Stellen sind von Arbeitgeberseite Bedenken erhoben worden mit der Begründung, daß bei einer derartigen Beratung die Offenlegung von Betriebsgeheimnissen nicht auszuschließen sei. Diesem Nachteil könnte nur dadurch begegnet werden, daß die Beratungsstellen durch ausdrückliche gesetzliche Vorschrift zur Geheimhaltung der ihnen offenbarten Betriebsgeheimnisse und im Verletzungsfalle zum Schadensersatz verpflichtet werden würden. Zu einer so weitreichenden gesetzlichen Maßnahme dürfte jedoch keine hinreichende Veranlassung bestehen, da diese Stellen in der Regel nicht über technisch und patentrechtlich entsprechend geschultes Personal verfügen werden, um eine technische Beratung durchzuführen. Zudem ist durch die Vorschrift des § 4 Abs. 3 des Entwurfs[50]) schon Vorsorge dafür getroffen, daß dem ungewandten Arbeitnehmer durch eine mangelhafte Erfindungsmeldung keine Nachteile erwachsen.

Zu § 21 — jetzt § 22 (Unabdingbarkeit)

Entsprechend der Zweckbestimmung des vorliegenden Entwurfs als eines Schutzgesetzes zugunsten des Arbeitnehmers können seine Vorschriften zu Ungunsten des Arbeitnehmers nicht abgedungen werden. Es ist daher unzulässig, im Anstellungsvertrag den Kreis der Erfindungen, die vom Arbeitgeber in Anspruch genommen werden können, zu erweitern, die Frist zur Inanspruchnahme zu verlängern oder den Anspruch auf Vergütung auszuschließen oder zu mindern.

Andererseits erscheint es im Interesse des Arbeitnehmers selbst nicht zweckmäßig, die Möglichkeit abweichender Abreden schlechthin auszuschließen. Die besonderen Verhältnisse eines Betriebes und die vielfältigen Möglichkeiten der Verwertung gewerblicher Schutzrechte lassen durchaus Fälle denkbar erscheinen, in denen die Regelung des Entwurfs den Interessen der Beteiligten nicht gerecht wird. Diese Erwägungen sind bereits im geltenden Recht anerkannt. Die Durchführungsverordnung 1943 enthält daher eine Bestimmung, wonach die Vorschriften dieser Verordnung nicht „im voraus" zu Ungunsten des Arbeitnehmers abgedungen werden können. Der Entwurf hat den Ausdruck „im voraus" nicht übernommen, da er nicht eindeutig genug zum Ausdruck bringt, von welchem Zeitpunkt an anderslautende Abreden zulässig sind. Der Entwurf sieht daher statt dessen vor, daß abweichende Abreden für Diensterfindungen nach der Meldung, für freie Erfindungen nach der Mitteilung getroffen werden können.

Zu § 22 — jetzt § 23 (Offenbare Unbilligkeit)[51]

Nach § 21 des Entwurfs[52]) sind Vereinbarungen über Diensterfindungen nach ihrer Meldung und über freie Erfindungen nach ihrer Mittei-

---
[50]) Jetzt § 5 Abs. 3
[51]) Geändert; vgl. hierzu den Ausschußbericht zu § 22
[52]) Jetzt § 22

lung zulässig. Um auch im Rahmen dieser beschränkten Vertragsfreiheit Benachteiligungen des Arbeitnehmers auszuschließen, die sich aus dem Abhängigkeitsverhältnis zum Arbeitgeber ergeben können, sieht der Entwurf in § 22 vor, daß solche Abreden insoweit unwirksam sein sollen, als sie offenbar unbillig sind. Dies gilt für alle zulässigen Vereinbarungen über Diensterfindungen, einschließlich der Vereinbarungen über die Vergütung nach § 11 Absätze 1 und 6 des Entwurfs [53]). Darüber hinaus ist in diese Unbilligkeitsklausel auch die einseitige Festsetzung der Vergütung nach § 11 Abs. 4 [54] einbezogen worden, da die Festsetzung der Vergütung durch den Arbeitgeber einer Vereinbarung mit dem Arbeitnehmer gleichsteht, wenn sie für beide Teile verbindlich ist.

Aus Gründen der Rechtssicherheit ist die Geltendmachung der Unwirksamkeit der Vereinbarung durch den Arbeitnehmer an eine Frist von sechs Monaten nach seinem Ausscheiden aus dem Betrieb gebunden.

Zu § 23 — jetzt § 24 (Geheimhaltungspflicht)

Die frühzeitige Offenbarung einer Diensterfindung kann für den Arbeitgeber und für den Arbeitnehmer eine erhebliche Schädigung zur Folge haben. Die Verpflichtung zur Geheimhaltung von Erfindungen ergibt sich an sich sowohl für den Arbeitgeber als auch für den Arbeitnehmer schon aus dem Arbeitsvertrag. Dennoch erscheint es geboten, die gegenseitigen Geheimhaltungspflichten im Gesetz noch einmal ausdrücklich festzulegen und zu umgrenzen, ohne daß damit weitergehende Geheimhaltungspflichten im Einzelfall ausgeschlossen werden sollen.

Durch Abs. 3 wird die Geheimhaltungspflicht auf diejenigen Personen ausgedehnt, die außerhalb des Arbeitsvertrages stehen, aber als Erfinderberater oder als Mitglied einer Schiedsstelle von einer Erfindung eines Arbeitnehmers Kenntnis erhalten haben.

Zu § 24 — jetzt § 25 (Verpflichtungen aus dem Arbeitsverhältnis)[55]

Daß die sonstigen Verpflichtungen, die sich sowohl für den Arbeitgeber als auch für den Arbeitnehmer aus dem Arbeitsverhältnis ergeben, durch die Vorschriften des Entwurfs nicht berührt werden, ist an sich eine Selbstverständlichkeit, die nicht ausdrücklich hervorgehoben zu werden verdiente. In den beteiligten Kreisen sind indes Zweifel darüber laut geworden, ob der Entwurf in ausreichendem Maße klarstellt, daß er in die dem Arbeitgeber und Arbeitnehmer aus dem Arbeitsverhältnis obliegenden sonstigen Verpflichtungen nicht eingreift. Es erscheint deshalb zweckmäßig, in den Entwurf eine ausdrückliche Vorschrift des Inhalts aufzunehmen, daß die allgemeinen arbeitsrechtlichen Bindungen für Arbeitgeber und Arbeitnehmer neben den Vorschriften des Entwurfs bestehen bleiben und die im Entwurf

---
[53]) Jetzt § 12 Absätze 4 und 6
[54]) Jetzt § 12 Abs. 4
[55]) Geändert; vgl. hierzu den Ausschußbericht zu § 24

Zu § 26

vorgesehenen Rechte und Pflichten nicht die weitergehenden Verpflichtungen aufheben oder einschränken, die sich einerseits aus der allgemeinen Fürsorgepflicht des Arbeitgebers und andererseits aus der dieser Fürsorgepflicht entsprechenden Treuepflicht des Arbeitnehmers ergeben. So wird z. B. der Arbeitnehmer, soweit sich nicht aus besonderen Umständen etwas anderes ergibt, allein durch die Erklärung der Freigabe der Erfindung weder von der Verpflichtung, Wettbewerb gegenüber dem Arbeitgeber zu unterlassen, noch von der Verpflichtung entbunden, den betriebsinternen Stand der Technik, der nicht in der Erfindung als solcher offenbart ist, geheimzuhalten. Andererseits kann aber auch der Arbeitgeber auf Grund seiner allgemeinen Fürsorgepflicht zu einem Verhalten verpflichtet sein, das über die sich aus dem Entwurf ergebenden Verpflichtungen hinausgeht.

Zu § 25 — jetzt § 26 (Auflösung des Arbeitsverhältnisses)

Die Bestimmung des Abs. 1 entspricht dem geltenden Recht. Durch sie soll lediglich klargestellt werden, daß der Arbeitnehmer auch nach seinem Ausscheiden aus dem Betrieb die während des Bestehens des Arbeitsverhältnisses gemachten Erfindungen dem Arbeitgeber zu melden oder mitzuteilen, ihm die für die Erwirkung eines Schutzrechts notwendigen Erklärungen abzugeben und andererseits trotz der Auflösung des Arbeitsverhältnisses Anspruch auf Weiterzahlung der Vergütung hat. ...

Zu § 26 — jetzt § 27 (Konkurs)[56]

Im geltenden Recht sind keine Bestimmungen über Vorrechte des Arbeitnehmers an einer von ihm gemachten Diensterfindung im Konkurs des Arbeitgebers enthalten. Der Entwurf billigt demgegenüber dem Arbeitnehmer unter gewissen Voraussetzungen ein Vorkaufsrecht an seiner Diensterfindung und ein Konkursvorrecht für seine Vergütungsansprüche zu.

Das in Abs. 1 geregelte Vorkaufsrecht des Arbeitnehmers kommt nur zum Zuge, wenn der Konkursverwalter die Diensterfindung ohne den Geschäftsbetrieb veräußert. Bei derartigen Einzelveräußerungen ist erfahrungsgemäß die Möglichkeit gegeben, daß die Diensterfindung erheblich unter ihrem Wert verkauft wird. Durch das Vorkaufsrecht soll der Arbeitnehmer in die Lage versetzt werden, in solchen Fällen die Erfindung wieder zu übernehmen und selbst eine vorteilhafte Verwertung zu versuchen.

Durch Abs. 2 wird dem Arbeitnehmer ein Konkursvorrecht für seine Vergütungsansprüche aus der unbeschränkten Inanspruchnahme einer Diensterfindung oder der Einräumung eines Benutzungsrechts gewährt. Auf Grund des geltenden Rechts vertreten Rechtssprechung und Schrifttum übereinstimmend die Ansicht, daß Vergütungsansprüche für Erfin-

---
[56] Geändert; vgl. hierzu den Ausschußbericht zu § 26

dungen des Arbeitnehmers im Konkurs des Arbeitgebers nicht unter die bevorrechtigten Forderungen des § 61 Nr. 1 der Konkursordnung fallen, da der Vergütungsanspruch kein Entgelt für pflichtgemäß geleistete Dienstarbeit, wie es der Begriff für Dienstbezüge voraussetzt, sondern ein Entgelt für eine besondere Leistung sei. In neuerer Zeit werden in zunehmendem Maße Bedenken gegen diese Rechtslage geäußert; es wird gefordert, daß dem Arbeitnehmer für seine Vergütungsansprüche aus Erfindungen ein gesetzliches Konkursvorrecht eingeräumt werde.

Die Einräumung eines gesetzlichen Konkursvorrechts für Vergütungsansprüche aus Erfindungen des Arbeitnehmers erscheint gerechtfertigt. Der Arbeitnehmer wird durch dieses Gesetz gezwungen, auch gegen seinen Willen dem Arbeitgeber seine Erfindung zu überlassen. Die Konkursmasse ist durch die Erfindung des Arbeitnehmers bereichert worden. Die Höhe der Vergütung wird regelmäßig unter dem Wert einer freien Erfindung festgesetzt sein. Dazu kommt, daß der Arbeitnehmer sich nicht, wie jeder freie Erfinder, seinen Vertragspartner nach seinem Belieben aussuchen kann, sondern durch den Entwurf gezwungen wird, seine Erfindung in bestimmten Fällen seinem Arbeitgeber zu übertragen. Es bestehen auch keine Bedenken dagegen, ein Konkursvorrecht außerhalb der Konkursordnung zu begründen. Solche Konkursvorrechte finden sich in verschiedener Ausgestaltung in zahlreichen Gesetzen, wie dem Handelsgesetzbuch (§ 75e), der Reichsversicherungsordnung (§ 28 Abs. 3), dem Versicherungsaufsichtsgesetz (§ 80) u. a.

Eine gesetzliche Regelung dahin, daß die Erfindervergütung im Range den Lohn- und Gehaltsforderungen gleichzustellen sei, scheidet aus. Erfahrungsgemäß reicht in vielen Fällen die Konkursmasse nicht einmal aus, um die Lohn- und Gehaltsrückstände als solche zu decken. In solchen Fällen wäre es für die Gesamtheit der übrigen Arbeitnehmer eines Betriebs eine unbillige Benachteiligung, wenn die Konkursmasse zu Lasten der Lohnansprüche noch zur Deckung von Erfindervergütungen herangezogen werden würde. Aus diesen Gründen kann der Erfindervergütung nur ein Konkursvorrecht im Range hinter den Lohnrückständen zugebilligt werden.

Was den Umfang eines solchen Vorrechts anlangt, so ist von einer Begrenzung auf Rückstände für das Jahr vor der Konkurseröffnung — entsprechend den sonstigen Vorrechten des § 61 in Nr. 1, 2, 3 und 5 — Abstand genommen worden, weil bei einmaligen oder ratenweisen Pauschalvergütungen nicht oder nur schwer errechnet werden kann, welcher Betrag der Pauschalsumme auf das Jahr vor Konkurseröffnung entfällt. Eine befriedigende Lösung wäre es auch nicht, wenn das Vorrecht auf die Rückstände von der Vergütung beschränkt werden würde, die im letzten Jahr vor der Konkurseröffnung fällig geworden sind. Einerseits würde der Arbeitnehmer, der gerade in diesem Zeitraum eine einmalige Abfindungssumme erhalten hat, dadurch gegenüber

Zu § 26

einem anderen Arbeitnehmererfinder grundlos bevorzugt werden, andererseits wird bei der Eigenart des Vergütungsanspruchs, der zwar im Zeitpunkt der Inanspruchnahme entsteht, dessen Höhe aber oft erst viel später feststellbar ist, der Zeitpunkt der Fälligkeit einer bestimmten Summe des Vergütungsanspruchs häufig zweifelhaft sein. Aus diesen Gründen sieht der Entwurf vor, daß für alle bei Konkurseröffnung bereits bestehenden, aber noch nicht voll erfüllten Vergütungsansprüche ein Konkursvorrecht geschaffen wird, wobei Pauschalvergütungen gemäß § 65 der Konkursordnung zu berechnen und noch nicht festgestellte Vergütungen in dem im Entwurf vorgesehenen Verfahren für und gegen den Konkursverwalter festzusetzen sind.

Diese Regelung führt allerdings zu dem Ergebnis, daß Vergütungsansprüche für Erfindungen ohne jede zeitliche Grenze bevorrechtigt werden, obwohl für Lohnforderungen die länger als ein Jahr von Konkurseröffnung rückständig sind, kein Vorrecht mehr besteht. Das verschiedene Ergebnis rechtfertigt sich jedoch aus der Tatsache, daß die Erfindung die Konkursmasse bereichert hat, der Konkursverwalter die Erfindung verwerten kann und somit die Bereicherung noch fortbesteht. Deswegen ist es auch gerechtfertigt, das Konkursvorrecht für die Erfindervergütungen von Arbeitnehmern zwar im Range nach den in § 61 Nr. 1 KO genannten Konkursforderungen, aber vor allen übrigen Konkursgläubigern zu geben.

Das Konkursvorrecht des Entwurfs erfaßt die Vergütungen für unbeschränkt in Anspruch genommene Diensterfindungen und für die Einräumung von Benutzungsrechten an nur beschränkt in Anspruch genommenen Diensterfindungen, an frei gewordenen Diensterfindungen und an freien Erfindungen (§ 8, § 9, § 13 Abs. 3., § 15 Abs 3, § 18)[57]. In diesen Fällen ist eine Ausnahme von dem Gebot der gleichen Behandlung aller Gläubiger im Konkursverfahren deshalb gerechtfertigt, weil die Diensterfindung oder das Benutzungsrecht sich greifbar in der Konkursmasse befindet und der Konkursverwalter die Diensterfindung (mit dem Betrieb oder ohne den Betrieb) und das Benutzungsrecht (zusammen mit dem Betrieb) verwerten kann.

5. Schiedsverfahren

Trotz der eingehenden Regelung der Arbeitnehmererfindungen durch den Entwurf können in der praktischen Handhabung des Entwurfs im Einzelfall Zweifelsfragen auftreten. Das liegt einmal an den Schwierigkeiten dieses Rechtsgebietes überhaupt, das, wie im allgemeinen Teil der Begründung näher erläutert worden ist, im Schnittpunkt zwischen Arbeitsrecht und Patentrecht liegt. Dazu kommt, daß in dem Gesetz Bewertungsfragen eine entscheidende Rolle spielen. Das gilt sowohl für die Beurteilung der Frage, ob im Einzelfall überhaupt eine Erfin-

---
[57]) Jetzt § 9, § 10, § 14 Abs. 3, § 16 Abs. 3, § 19

Amtliche Begründung

dung vorliegt, als auch für die richtige Bewertung des Anteils des Arbeitnehmers an der Diensterfindung, ganz besonders aber für die Beurteilung des wirtschaftlichen Wertes der Erfindung, der von einer ganzen Reihe von Schätzungen in der Zukunft liegender Umstände abhängig ist. Es ist offensichtlich, daß hierdurch auch bei gutem Willen der Beteiligten Meinungsverschiedenheiten auftreten können. Es kann im Interesse der Erhaltung des Arbeitsfriedens nicht erwünscht sein, daß diese Meinungsverschiedenheiten sämtlich vor Gericht ausgetragen werden müssen. Dabei ist besonders zu berücksichtigen, daß der Arbeitnehmer wegen seiner persönlich und wirtschaftlich abhängigen Lage sich meist nur sehr schwer wird entschließen können, gegen seinen Arbeitgeber zu klagen. Es scheint daher zweckmäßig und geboten, den Beteiligten die Möglichkeit zu geben, sich vor der Anrufung des Gerichts in einem Schiedsverfahren gütlich zu einigen.

Ein solches Schiedsverfahren war schon in der Durchführungsverordnung 1943 vorgesehen. Das Schiedsverfahren war obligatorisch. Schiedsstellen waren die Rechtsberatungsstellen der Deutschen Arbeitsfront und das Hauptamt für Technik. Mit dem Wegfall dieser Stellen sind die diesbezüglichen Vorschriften der Durchführungsverordnung gegenstandslos geworden. Zur Zeit kann daher kein Schiedsverfahren durchgeführt werden. Von den interessierten Kreisen wird einmütig die Wiedereinführung eines Schiedsverfahrens gefordert. Die zahlreichen Vorschläge für ein solches Schiedsverfahren gehen allerdings weit auseinander. Die gemachten Vorschläge lassen sich wie folgt zusammenfassen:

1. die Einrichtung einer innerbetrieblichen Schiedsstelle;
2. die Einrichtung einer von Fall zu Fall von den Parteien zu besetzenden außerbetrieblichen Schiedsstelle;
3. die Einrichtung einer ständigen außerbetrieblichen Schiedsstelle, deren Mitglieder von den zuständigen Spitzenorganisationen der Arbeitgeber- und Arbeitnehmervereinigungen gestellt werden;
4. die Einrichtung einer ständigen außerbetrieblichen Schiedsstelle, deren Vorsitzender der Richter einer Patentstreitkammer ist und deren Beisitzer von den Parteien ernannt werden;
5. die Einrichtung einer ständigen Schiedsstelle beim Deutschen Patentamt.

Die Errichtung einer innerbetrieblichen Schiedsstelle (Vorschlag 1) hat zwar den Vorteil der Betriebsnähe und der Kostenersparnis. Ihre Einrichtung wird aber bei mittleren und kleineren Betrieben auf unüberwindliche Schwierigkeiten stoßen, da nicht genügend Personen zur Verfügung stehen, die über die erforderliche Fachkunde und die notwendige Unbefangenheit gegenüber den Beteiligten verfügen. Zudem erscheint die Einrichtung einer innerbetrieblichen Schiedsstelle schon deswegen überflüssig, weil davon ausgegangen werden kann, daß die Beteiligten alle innerbetrieblichen Schlichtungsmöglichkeiten, wie sie im Betriebsrat und in der Person des Erfinderberaters zur Verfügung stehen, ohnedies ausschöpfen werden, und daß eine Schiedsstelle gerade für die Fälle erforderlich ist, in denen eine innerbetriebliche Einigung nicht erzielt werden kann.

Die Einrichtung einer nichtständigen außerbetrieblichen Schiedsstelle (Vorschlag 2) hat den Nachteil, daß die Einberufung solcher Schiedsstellen lange Zeit in Anspruch nehmen wird, und daß es im Einzelfall insbesondere für den Arbeitnehmer häufig schwierig sein wird, einen geeigneten Vertreter für die Schiedsstelle ausfindig zu machen. Schließlich besteht bei nicht ständigen Schiedsstellen die Besorgnis, daß für ähnlich gelagerte Fälle sich widersprechende Entscheidungen ergeben.

Die ständigen außerbetrieblichen Schiedsstellen in der zu Vorschlag 3 und 4 vorgeschlagenen Ausgestaltung sichern zwar bis zu einem gewissen Grade die Abgabe einheitlicher Entscheidungen und damit die Bildung einer Art Schiedsrechtsprechung. Sie machen aber unter Umständen ein langwieriges Vorverfahren erforderlich, wenn sich die Parteien über einen neutralen Vorsitzenden nicht einigen können und die Bestellung des Vorsitzenden dann, wie im Vorschlag 4 vorgesehen, erst durch den zuständigen Landgerichtspräsidenten vorgenommen wird. Auch die Gestellung eines ständigen Vorsitzenden aus den Richtern der örtlich zuständigen Patentstreitkammer stößt auf Schwierigkeiten, da die Zahl der auf dem Patentgebiet erfahrenen Richter sehr gering ist und der in der Schiedsstelle tätige Richter für den Fall, daß ein Streitfall später doch vom Gericht entschieden werden muß, an der Mitwirkung bei der gerichtlichen Entscheidung verhindert wäre. Schließlich darf nicht übersehen werden, daß bei allen Schiedsstellen, die sich nicht an eine bestehende Organisation anschließen, erhebliche Kosten für die Mitglieder und für den Geschäftsbedarf dieser Schiedsstellen entstehen.

Der Entwurf folgt wegen der vorstehend dargelegten Nachteile dem Vorschlag 5 und sieht die Errichtung einer unabhängigen Stelle, nämlich der Schiedsstelle beim Deutschen Patentamt vor. Die Schiedsstelle soll mit einem rechtskundigen Mitglied des Patentamts als ständigem Vorsitzenden und zwei technischen Mitgliedern des Patentamts als Beisitzern besetzt werden, die für den Einzelfall vom Präsidenten des Patentamts bestellt werden. Auf Antrag eines Beteiligten ist die Schiedsstelle um je einen Beisitzer aus Kreisen der Arbeitgeber und der Arbeitnehmer zu erweitern. Diese zusätzlichen Beisitzer werden vom Präsidenten des Patentamts aus Vorschlagslisten, die von den Arbeitgebervereinigungen, von Gewerkschaften und den ihnen gleichzustellenden selbständigen Arbeitnehmervereinigungen eingereicht werden, für den einzelnen Streitfall ausgewählt und ernannt. Die so ausgestaltete Schiedsstelle bietet den Vorteil, daß sie in kürzester Zeit zusammentreten kann. Durch die Sachkunde der Beisitzer ist eine zutreffende Würdigung auch schwieriger technischer Fragen gewährleistet. Durch das rechtskundige Mitglied des Patentamts als ständigem Vorsitzenden

Amtliche Begründung

wird eine zutreffende Beurteilung schwieriger Rechtsfragen und eine für das ganze Bundesgebiet einheitliche „Schiedsrechtsprechung" gewährleistet. Die Herausbildung einheitlicher Richtlinien gerade in Vergütungsfragen wird geeignet sein, zunächst in Großbetrieben, dann aber auch in mittleren und Kleinbetrieben die Entscheidung in allen den Entwurf betreffenden Fragen zu erleichtern und damit vorbeugend für das Auftreten von Streitfragen überhaupt zu wirken. Da der Schiedsstelle die eingespielte Organisation des Patentamts zur Verfügung steht, wird sich der Geschäftsbetrieb rasch und reibungslos erledigen. Das Verfahren ist für die Parteien das billigste gegenüber allen anderen Vorschlägen, da Kosten oder Auslagen nicht erhoben werden und Sachverständige wegen der Sachkunde der Mitglieder des Patentamts nicht hinzugezogen zu werden brauchen.. Ein Nachteil dieses Verfahrens liegt in der örtlichen Lage des Deutschen Patentamts im Süden des Bundesgebietes. Dieser Nachteil soll jedoch dadurch vermindert werden, daß die Schiedsstelle auch außerhalb des Sitzes des Patentamts zusammentreten kann.

Die Schiedsstelle kann in allen Streitfällen, die zwischen Arbeitgeber und Arbeitnehmer wegen der in dem Entwurf geregelten Rechtsverhältnisse entstehen, angerufen werden. In der Durchführungsverordnung 1943 war die Anrufung der Schiedsstelle vor der Durchführung eines Rechtsstreits obligatorisch vorgeschrieben. Der Entwurf hält zwar an dieser Regelung als Grundsatz fest, sieht jedoch Ausnahmen für die Fälle vor, in denen die Zwischenschaltung der Schiedsstelle überflüssig erscheint und nur geeignet wäre, die endgültige Regelung des Streitfalles zu verzögern (§ 37 Abs. 2).

Die Einzelheiten des Schiedsverfahrens sind in den nachstehenden §§ 27 bis 36[58]) geregelt.

Zu § 27 — jetzt § 28 (Gütliche Einigung)

Die Schiedsstelle kann für alle Streitigkeiten zwischen Arbeitgeber und Arbeitnehmer auf Grund dieses Gesetzes angerufen werden, gleichgültig, ob es sich um Diensterfindungen oder freie Erfindungen handelt. Die Schiedsstelle soll jedoch keinen Schiedsspruch fällen, sondern den Versuch machen, eine gütliche Einigung zwischen den Beteiligten herbeizuführen.

Zu § 28 — jetzt § 29 (Errichtung der Schiedsstelle)

Die Schiedsstelle wird beim Deutschen Patentamt in München gebildet. Sie ist ein Teil des Deutschen Patentamts und untersteht damit der Dienstaufsicht des Präsidenten dieses Amtes. Andererseits steht ihr auch die Organisation des Amtes zur Erledigung ihrer Aufgaben zur Verfügung.

---

[58]) Jetzt §§ 28 bis 36

Zu § 29

Um Nachteile zu vermeiden, die die Bildung einer einzigen Schiedsstelle für das ganze Bundesgebiet für von München entfernte Gegenden mit sich bringen kann, sieht der Entwurf weiter vor, daß die Schiedsstelle auch außerhalb ihres Sitzes zusammentreten kann.

Zu § 29 — jetzt § 30 (Besetzung der Schiedsstelle)

Die Schiedsstelle besteht im Regelfall aus drei Mitgliedern, dem Vorsitzenden oder seinem Vertreter und zwei Beisitzern, die aus den Mitgliedern oder Hilfsmitgliedern des Patentamts entnommen werden. Der Vorsitzende und sein Vertreter sollen die Fähigkeit zum Richteramt besitzen, die Beisitzer werden aus dem Kreise der Prüfer des Patentamts berufen. Durch die Besetzung dieser Schiedsstelle mit juristischen und technischen Mitgliedern wird die Möglichkeit gegeben, dem einzelnen Streitfall sowohl von der rechtlichen als auch von der technischen Seite gerecht zu werden.

Die Mitglieder der Schiedsstelle werden auf verschieden lange Zeit berufen. Der Vorsitzende wird auf die Dauer eines Kalenderjahres bestellt. Durch ihn soll eine gleichmäßige Vorschlagspraxis der Schiedsstelle für alle Gebiete der Technik sichergestellt werden. Die technischen Mitglieder werden jeweils für den einzelnen Streitfall berufen. Das weitverzweigte Gebiet der modernen Technik kann von dem einzelnen nicht übersehen werden. Durch die Berufung der technischen Mitglieder für den Einzelfall wird die Möglichkeit geschaffen, jeweils Prüfer des Patentamts auszuwählen, die auf dem speziellen Gebiet der Technik, auf das sich der Streitfall bezieht, besondere Sachkunde besitzen. Außerdem wird auf diese Weise die durch die Einrichtung der Schiedsstelle beim Deutschen Patentamt hervorgerufene Arbeitsbelastung auf einen großen Kreis von Personen verteilt.

Wenn einer der Beteiligten es beantragt, ist die Schiedsstelle um je einen Beisitzer aus Kreisen der Arbeitgeber und der Arbeitnehmer, also insgesamt auf fünf Personen, zu erweitern. Dadurch soll die Möglichkeit geschaffen werden, Beisitzer hinzuzuziehen, die besondere Sachkunde für wirtschaftliche und arbeitsrechtliche Fragen besitzen. Diese zusätzlichen Beisitzer werden vom Präsidenten des Patentamts für den einzelnen Streitfall aus Vorschlagslisten ausgewählt und ernannt. Durch die Einführung von Vorschlagslisten wird die schnelle Auswahl der zusätzlichen Beisitzer gewährleistet. Zur Einreichung von Vorschlagslisten sind in erster Linie die Spitzenorganisationen von Arbeitgebervereinigungen und Gewerkschaften berechtigt. Darüber hinaus sieht der Entwurf vor, daß auch solche selbständigen Arbeitnehmervereinigungen vorschlagsberechtigt sind, die keiner Spitzenorganisation angeschlossen sind, die aber in ihrem Mitgliederkreis in besonderem Maße erfinderisch-tätige Arbeitnehmer aufweisen.

Die Formulierung „selbständige Vereinigungen von Arbeitnehmern mit sozial- oder berufspolitischer Zwecksetzung" in Abs. 4 ist der Vorschrift des § 11 des Arbeitsgerichtsgesetzes vom 3. September 1953

Amtliche Begründung

(BGBl. I S. 1267) entnommen, die derartige Arbeitnehmervereinigungen der Gewerkschaften hinsichtlich der Befugnis zur arbeitsgerichtlichen Prozeßvertretung gleichstellt. Das Tatbestandsmerkmal „selbständig" soll klarstellen, daß es sich um eine von der Arbeitgeberseite unabhängigen Arbeitnehmervereinigung handeln muß.

Zu § 30 — jetzt § 31 (Anrufung der Schiedsstelle)

Die Anrufung der Schiedsstelle ist möglichst einfach gehalten, damit sie durch jeden Arbeitnehmer ohne Hinzuziehung eines besonderen Beraters vorgenommen werden kann.

Zu § 31 — jetzt § 32 (Antrag auf Erweiterung der Schiedsstelle)

Diese Bestimmung schreibt die Fristen vor, binnen deren der Antrag auf Erweiterung der Besetzung der Schiedsstelle um je einen Arbeitgeber- und Arbeitnehmerbeisitzer zu stellen ist. Die Fristen sind kurz gehalten. Der Antrag muß zu Beginn des Schiedsverfahrens gestellt werden, da von Anfang an feststehen muß, in welcher Besetzung die Schiedsstelle im einzelnen Falle tätig zu werden hat. Andernfalls wäre nicht zu verhindern, daß die Schiedsstelle zunächst in kleinerer Besetzung Ermittlungen anstellt oder Vernehmungen von Zeugen oder Sachverständigen durchführt, die nach Erweiterung der Schiedsstelle wiederholt werden müssen. Dadurch würde das Verfahren ungebührlich behindert und verzögert werden.

Zu § 32 — jetzt § 33 (Verfahren vor der Schiedsstelle)

Das Verfahren vor der Schiedsstelle lehnt sich zum Teil an das schiedsrichterliche Verfahren der Zivilprozeßordnung an. Grundsätzlich bestimmt danach die Schiedsstelle das Verfahren selbst. In jedem Fall hat sie jedoch, bevor ein Einigungsvorschlag gemacht wird, die Parteien zu hören und das dem Streitfall zugrunde liegende Sachverhältnis zu ermitteln, soweit sie die Ermittlung für erforderlich hält (§ 1034 Abs. 1 Satz 1 ZPO). Sie kann Zeugen und Sachverständige vernehmen, die freiwillig vor ihr erscheinen. Zur Beeidigung eines Zeugen, eines Sachverständigen oder eines Beteiligten ist die Schiedsstelle nicht befugt (§ 1035 ZPO). Wird von der Schiedsstelle eine richterliche Handlung für erforderlich gehalten, so ist diese auf Antrag eines Beteiligten von dem zuständigen Gericht vorzunehmen (§ 1036 ZPO). Die Beteiligten können sich im Verfahren vor der Schiedsstelle vertreten lassen. Rechtsanwälte, Patentanwälte und Erlaubnisscheininhaber sowie die in § 11 des Arbeitsgerichtsgesetzes aufgezählten Vertreter der Arbeitgeber- und Arbeitnehmervereinigungen und deren Spitzenorganisationen dürfen als Vertreter nicht zurückgewiesen werden. Ein Mitglied der Schiedsstelle kann unter denselben Voraussetzungen abgelehnt werden, die zur Ablehnung eines Richters berechtigen (§ 1032 Abs. 1 ZPO).

Zu § 33 — jetzt § 34 (Einigungsvorschlag der Schiedsstelle)

Diese Bestimmung regelt die Beschlußfassung der Schiedsstelle, die mit Stimmenmehrheit zu erfolgen hat. Hält die Schiedsstelle einen Streitfall für entscheidungsreif, so trifft sie die Entscheidung in Form eines Einigungsvorschlages, der mit Gründen zu versehen und den Beteiligten zuzustellen ist. Der Einigungsvorschlag gilt als angenommen, wenn ihm nicht von einem der Beteiligten binnen eines Monats widersprochen wird. Stillschweigen gilt also als Annahme des Einigungsvorschlages. Eine Wiedereinsetzung in den vorigen Stand gegen die Versäumung des rechtzeitigen Widerspruchs ist nicht vorgesehen [59].

Um etwaige Härten auszuschalten, die sich aus dieser Regelung dadurch ergeben könnten, daß ein Beteiligter in Unkenntnis der Folgen die Widerspruchsfrist für einen Vergleichsvorschlag verstreichen läßt, bestimmt der Entwurf, daß in dem schriftlichen Vergleichsvorschlag auf die Möglichkeit des Widerspruchs und die Folgen bei Versäumung der Widerspruchsfrist ausdrücklich hinzuweisen ist.

Zu § 34 — jetzt § 35 (Erfolglose Beendigung des Schiedsverfahrens)

Das Schiedsverfahren ist ein Verfahren zur Herbeiführung einer gütlichen Einigung. Es ist deshalb erfolglos beendet, wenn sich der Antragsgegner auf das Verfahren vor der Schiedsstelle nicht einläßt oder wenn einer der Beteiligten gegen einen Einigungsvorschlag der Schiedsstelle Widerspruch erhebt. Diese Fälle faßt die Vorschrift des § 34 zusammen.

Außerdem ist vorgesehen, daß die erfolglose Beendigung des Schiedsverfahrens den Beteiligten mitzuteilen ist. Es ist erforderlich, die Beendigung des Schiedsverfahrens den Beteiligten möglichst schnell zur Kenntnis zu bringen, weil nach § 37 des Entwurfs eine gerichtliche Klage in demselben Streitfall erst eingereicht werden kann, nachdem ein abgeschlossenes Verfahren vor der Schiedsstelle vorausgegangen ist.

Zu § 35 — jetzt § 36 (Kosten des Schiedsverfahrens)

Das Verfahren vor der Schiedsstelle ist grundsätzlich kostenfrei. Andererseits werden aber mangels ausdrücklicher gesetzlicher Bestimmungen den Beteiligten im Schiedsverfahren auch keine Kosten oder Auslagen erstattet. Sofern die Beteiligten Zeugen oder Sachverständige zum Erscheinen vor der Schiedsstelle veranlassen, müssen sie die dadurch entstehenden Kosten selbst tragen. ...

Zu § 36 (Besondere Bestimmungen für das Festsetzungsverfahren)[60]

---

[59] § 33 — jetzt § 34 — ist durch die Hinzufügung zweier Absätze (Absatz 4 und 5) ergänzt worden, die ein Wiedereinsetzungsverfahren vorsehen. Vgl. hierzu den Ausschußbericht zu § 33.

[60] Gegenstandslos geworden, da § 36 des Entwurfs mit Rücksicht auf die Neufassung von § 18 Absätze 3 und 4 des Entwurfs — jetzt § 19 Absätze 3 und 4 des Gesetzes — ersatzlos gestrichen ist.

Amtliche Begründung

6. Gerichtliches Verfahren

In diesem Unterabschnitt sind die Vorschriften über das gerichtliche Verfahren bei Rechtsstreitigkeiten über Erfindungen von Arbeitnehmern zusammengefaßt.

Zu § 37 — jetzt § 37 (Voraussetzung für die Erhebung der Klage)

§ 10 Abs. 1 der Durchführungsverordnung 1943 enthielt die Bestimmung, daß jedem Rechtsstreit ein Schiedsverfahren vorausgehen mußte. Die Durchführung des Schiedsverfahrens war eine Voraussetzung für die Erhebung der Klage; das Fehlen dieser Voraussetzung war von Amts wegen zu berücksichtigen. An diesem Grundsatz hält der Entwurf aus Zweckmäßigkeitsgründen fest, um das Verhältnis zwischen Arbeitgeber und Arbeitnehmer möglichst wenig durch Auseinandersetzungen vor Gericht zu belasten.

Nach früherem Recht waren Ausnahmen von dem obligatorischen Schiedsverfahren nicht zugelassen. Diese Regelung erscheint jedoch zu starr. Deshalb bestimmt der Entwurf, daß in einer Reihe von Ausnahmefällen eine Klage sofort durchgeführt werden kann.

Ein solcher selbstverständlicher Ausnahmefall liegt dann vor, wenn eine Einigung zwischen den Beteiligten bereits erfolgt ist und mit der Klage entweder die Durchsetzung dieser Einigung oder die Feststellung ihrer Unwirksamkeit bezweckt wird (Abs. 2 Nr. 1). Ein Schiedsverfahren entbehrt hier der Grundlage.

Der Klageweg wird auch dann nicht gesperrt, wenn seit der Anrufung der Schiedsstelle sechs Monate verstrichen sind, ohne daß das Schiedsverfahren beendet worden ist (Abs. 2 Nr. 2). Dadurch soll verhindert werden, daß durch eine zu lange Dauer des Schiedsverfahrens die Durchführung eines Rechtsstreits über Gebühr verzögert wird.

Eine Ausnahme ist ferner vorgesehen, wenn der Arbeitnehmer aus dem Betrieb des Arbeitgebers ausgeschieden ist (Abs. 2 Nr. 3). Diese Bestimmung ist im Interesse des Arbeitnehmers eingefügt. Nach Aufgabe des Arbeitsplatzes soll er nicht mehr gezwungen werden, zur Durchsetzung seiner Ansprüche zunächst ein Schiedsverfahren durchzuführen, das ihm Zeitverlust und unter Umständen auch Kosten verursacht. Gerade dann, wenn der Arbeitnehmer stellungslos ist, wird er besonderen Wert auf eine beschleunigte Auseinandersetzung mit dem früheren Arbeitgeber legen.

Die vorherige Durchführung eines Schiedsverfahrens entfällt auch dann, wenn die Beteiligten nach Entstehung des Streitfalles vereinbart haben, von der Anrufung der Schiedsstelle abzusehen (Abs. 2 Nr. 4). Ein Schiedsverfahren gegen den erklärten Willen beider Beteiligten durchzuführen, erscheint zwecklos. Um sicherzustellen, daß der Arbeitnehmer nicht unüberlegt auf das Schiedsverfahren verzichtet, schreibt der Entwurf für eine solche Vereinbarung die Schriftform vor.

Zu § 39

Eine Ausnahme ist schließlich im Verfahren zur Erwirkung eines Arrestes oder einer einstweiligen Verfügung notwendig (Abs. 4), da hier die Parteien ein dringendes Interesse an der alsbaldigen Entscheidung des Gerichts haben.

Hat das Gericht im Verfahren zur Erwirkung eines Arrestes oder einer einstweiligen Verfügung gemäß §§ 926, 936 ZPO eine Frist zur Erhebung der Klage bestimmt, so muß zur Vermeidung von Rechtsnachteilen zwangsläufig innerhalb dieser Frist die Anrufung des Gerichts auch in der Hauptsache erfolgen. Deshalb werden in Abs. 5 derartige Klagen auch ohne vorausgegangenes Schiedsverfahren zugelassen. Die strengen Voraussetzungen, die für den Erlaß eines Arrestes oder einer einstweiligen Verfügung gegeben sein müssen, schließen eine mißbräuchliche Umgehung des Schiedsverfahrens aus.

Abgesehen von den oben erörterten Ausnahmen ist eine Klage, die ohne vorangegangenes Schiedsverfahren erhoben worden ist, als unzulässig abzuweisen. Das vorausgegangene Schiedsverfahren ist eine Prozeßvoraussetzung, die das Gericht an sich von Amts wegen zu prüfen hat. Auf diese Prozeßvoraussetzung kann jedoch außer durch ausdrückliche (Abs. 2 Nr. 4) auch durch stillschweigende Vereinbarung (Abs. 3) verzichtet werden. Eine solche stillschweigende Vereinbarung wird bei vorbehaltloser Verhandlung zur Hauptsache unwiderleglich vermutet. Die hier getroffene Regelung entspricht der Regelung der örtlichen Zuständigkeit in § 39 ZPO.

Zu § 38 — jetzt § 38 (Antrag auf angemessene Vergütung)

Nach § 253 Abs. 2 Nr. 2 ZPO muß jede Klageschrift einen bestimmten Antrag enthalten. Die Rechtssprechung hat jedoch in gewissen Fällen, in denen die Höhe des dem Kläger zuzusprechenden Betrages vom richterlichen Ermessen abhängt, auch unbestimmte Klageanträge für zulässig erklärt. Um einen solchen Fall handelt es sich auch bei einem Rechtsstreit über die Höhe einer vom Arbeitgeber an den Arbeitnehmer zu zahlenden Erfindervergütung. Es wäre deshalb auch ohne eine ausdrückliche gesetzliche Vorschrift zulässig, eine Klage auf Zahlung eines vom Gericht zu bestimmenden angemessenen Betrages einzureichen, wenn Streit über die Angemessenheit und damit die Höhe der Vergütung besteht. Trotzdem erscheint es zweckmäßig, die Zulässigkeit einer Klage auf angemessene Vergütung hier ausdrücklich klarzustellen.

Zu § 39 (Antrag auf gerichtliche Entscheidung)[61]

---

[61]) Gegenstandslos geworden, da § 39 des Entwurfs mit Rücksicht auf die Neufassung von § 18 Absätze 3 und 4 des Entwurfs — jetzt § 19 Absätze 3 und 4 des Gesetzes — ersatzlos gestrichen ist.

Amtliche Begründung

Zu § 40 — jetzt § 39 (Zuständigkeit)

Die Zuständigkeit der Gerichte in Rechtsstreitigkeiten über Erfindungen von Arbeitnehmern hat in Deutschland mehrfach gewechselt. § 22 Abs. 2 des Reichstarifvertrages für die chemische Industrie von 1920 sah vor, daß diese Streitigkeiten zur Zuständigkeit der ordentlichen Gerichte gehören. Diese Bestimmung des Reichstarifvertrages wurde durch das Arbeitsgerichtsgesetz vom 23. Dezember 1926 (RGBl. I S. 507) gegenstandslos und daher später von den Tarifvertragsparteien aufgehoben. Das Arbeitsgerichtsgesetz ging zunächst von dem Grundsatz aus, daß alle Arbeitsstreitigkeiten unter die Zuständigkeit der neu errichteten Arbeitsgerichte fallen. Ausgenommen davon waren jedoch nach § 2 Nr. 2 dieses Gesetzes diejenigen Streitigkeiten, „deren Gegenstand die Erfindung eines Arbeitnehmers bildet, soweit es sich nicht nur um Ansprüche auf eine Vergütung oder eine Entschädigung für die Erfindung handelt". Das Arbeitsgerichtsgesetz spaltete also die Rechtsstreitigkeiten über Arbeitnehmererfindungen, was die Zuständigkeit anlangte, in zwei Teile. Diese auf den ersten Blicke unsystematisch erscheinende Regelung war das Ergebnis eines Kompromisses in der parlamentarischen Behandlung des Gesetzes. Der Regierungsentwurf hatte vorgeschlagen, daß alle Streitigkeiten aus Arbeitnehmererfindungen aus der Arbeitsgerichtsbarkeit herausfallen sollten. In der Begründung zum Regierungsentwurf war dazu ausgeführt.:

„Es erscheint zweifelhaft, ob die Arbeitsgerichtsbehörden, insbesondere die Arbeitsgerichte und die Landesarbeitsgerichte, in ihrer Besetzung mit einem unparteiischen Richter und je einem Beisitzer aus den Kreisen der Arbeitgeber und der Arbeitnehmer für die Behandlung derartiger meist technisch schwieriger Streitigkeiten geeignet sind. Der Entwurf nimmt den Standpunkt ein, daß den Belangen beider Parteien hier besser gedient ist, wenn es für diese Streitigkeiten bei der Gerichtsbarkeit der ordentlichen Gerichte verbleibt, zumal bei größeren Landgerichten und Oberlandesgerichten hierfür meist Kammern und Senate mit besonderer fachmännischer Erfahrung bestehen."

Diese gespaltene Zuständigkeitsregelung blieb bis zur Verkündung der Durchführungsverordnung 1943 bestehen. Diese hob die Zuständigkeit der Arbeitsgerichte zur Entscheidung über Ansprüche auf Vergütungen oder Entschädigungen für Erfindungen von Arbeitnehmern auf und begründete für alle Rechtsstreitigkeiten über Erfindungen von Arbeitnehmern die ausschließliche Zuständigkeit der für Patentstreitsachen zuständigen Gerichte. Solche Gerichte waren durch § 51 des Patentgesetzes vom 5. Mai 1936 in Verbindung mit einer Verordnung des Reichsministers der Justiz vom 10. September 1936 (RGBl. II S. 299) errichtet worden.

Dieser Rechtszustand wurde im Jahre 1946 durch das Kontrollratsgesetz Nr. 21 wiederum geändert. Das Kontrollratsgesetz bestimmt nicht nur in Art. X, daß die Vorschriften des Arbeitsgerichtsgesetzes

Zu § 40

von 1926 in der ursprünglichen Fassung vorläufig weiter anzuwenden waren, sondern nahm darüber hinaus im Text seines Art. II die Zuständigkeitsregelung des § 2 Nr. 2 des Arbeitsgerichtsgesetzes von 1926 über die Erfindungen von Arbeitnehmern ausdrücklich auf. Das Bundesarbeitsgerichtsgesetz vom 3. September 1953 (BGBl. I S. 1267) hat seinerseits wiederum diese Zuständigkeitsregelung als Bundesrecht übernommen, nachdem das Kontrollratsgesetz Nr. 21 durch das Gesetz Nr. A — 35 der Alliierten Hohen Kommission vom 11. August 1953 (Amtsblatt der Alliierten Hohen Kommission S. 2633) für das Gebiet der Bundesrepublik seine Wirksamkeit verloren hatte.

Bei der Neuregelung des Rechts der Arbeitnehmererfindung war auch die Frage zu prüfen, ob es bei der Zuständigkeitsregelung des Arbeitsgerichtsgesetzes verbleiben oder die Zuständigkeitsregelung der Durchführungsverordnung 1943 wiederhergestellt werden sollte.

Bei der Entscheidung dieser Frage ist davon auszugehen, daß der Gesetzgeber seinerzeit mit gutem Grund die Zusammenfassung der Rechtsstreitigkeiten in Patentsachen bei einigen Landgerichten vorgenommen hat. Das Patentrecht stellt anerkanntermaßen eines der schwierigsten Rechtsgebiete dar. Nur der Richter, der durch dauernde Beschäftigung mit dieser Materie die Fähigkeit gewonnen hat, technischen Gedankengängen und Darlegungen zu folgen und sie nach rechtlichen Gesichtspunkten einzuordnen, ist der Aufgabe gewachsen, in Patentstreitsachen Recht zu sprechen. Durch diese Zusammenfassung sollte erreicht werden, daß die beteiligten Richter durch den bei ihnen zusammenkommenden vermehrten Prozeßstoff eines größeren Bezirks sich eingehender mit den Fragen des Patentrechts beschäftigen und dadurch leichter die wünschenswerten Kenntnisse und Erfahrungen sammeln, als dies bei einer stärkeren Aufteilung auf eine größere Zahl von Gerichten möglich wäre. Die Zusammenfassung der Patentstreitsachen bei einigen Landgerichten hat sich nach dem einmütigen Urteil aller Fachkreise bewährt. Sie ist nach dem Zusammenbruch durch das Erste Überleitungsgesetz — nunmehr allerdings auf Länderbasis — wiederhergestellt worden. Durch Staatsverträge und Landesverordnungen sind alle Patentstreitsachen im Bundesgebiet sieben Landgerichten (Hamburg, Braunschweig, Düsseldorf, Frankfurt/Main, Mannheim, Nürnberg, München) zugewiesen worden.

Diese Gesichtspunkte treffen in vollem Umfange auch für Entscheidungen von Streitigkeiten über eine Vergütung oder Entschädigung für Arbeitnehmererfindungen zu. Diese sind typische Patentstreitsachen. Auch für die Entscheidung dieser Streitigkeiten sind in erster Linie technische und patentrechtliche Gesichtspunkte maßgebend. So ist beispielsweise für die Feststellung der Höhe einer angemessenen Vergütung (§ 8 Abs. 2 des Entwurfs)[62]) der Anteil des Betriebes an dem Zustandekommen der Diensterfindung zu berücksichtigen, d. h. es ist im

---
[62]) Jetzt § 9 Abs. 2

Amtliche Begründung

Streitfall vom Gericht zu prüfen, inwieweit die erfinderische Leistung des Arbeitnehmers auf Erfahrungen und Arbeiten des Betriebes beruht und inwieweit sie darüber hinausgeht. Diese Abwägung kann sachgemäß nur von einem auf dem Gebiet des Patentrechts geübten, mit technischen Erfahrungen versehenen Richter getroffen werden, wie er nur in den Patentstreitkammern vorhanden ist.

Die zur Zeit geltende Zuständigkeitsaufteilung zerreißt ein sachlich und organisch zusammenhängendes Rechtsgebiet. Sie wird den Interessen der Beteiligten nicht gerecht und bedeutet eine Belastung der Arbeitsgerichte mit Rechtsstreitigkeiten, für die ihnen in der Regel die erforderliche Sachkunde fehlt. Da auch die Patentstreitkammern über Vergütungsfragen, nämlich soweit es sich um die Erfindungen freier Erfinder handelt, zu entscheiden haben, kann die gegenwärtige Zuständigkeitsaufteilung zu der Bildung gegensätzlicher Rechtsprechung zwischen Arbeitsgerichten und ordentlichen Gerichten führen.

Der Entwurf gibt daher die bisherige Zweiteilung auf und begründet einheitlich für alle Rechtsstreitigkeiten über Erfindungen von Arbeitnehmern die Zuständigkeit der für Patentstreitsachen zuständigen ordentlichen Gerichte. Der Entwurf bestimmt weiter, daß auf diese Rechtsstreitigkeiten die Vorschriften über das Verfahren in Patentstreitsachen anzuwenden sind. Im einzelnen handelt es sich dabei um die Bestimmungen des § 51 Abs. 1 Satz 2 (Ausschluß der erweiterten Zulässigkeit von Rechtsmitteln), Absätze 3 bis 5 (Zulassung von Rechtsanwälten und Kostenregelung) und § 53 (Kostenfestsetzung nach einem Teil des Streitwertes) des Patentgesetzes, des § 9 Abs. 3 (Mitwirkung von Patentanwälten) des Patentanwaltsgesetzes vom 28. September 1933 (RGBl. I S. 669) sowie um Vorschriften des Gesetzes über die Beiordnung von Patentanwälten in Armensachen vom 5. Februar 1938 (BRBl. I S. 116). Ausdrücklich ausgeschlossen ist ferner die Anwendbarkeit des § 74 Absätze 2 und 3 des Gerichtskostengesetzes, der die Vorauszahlungspflicht für die Prozeßgebühr vorsieht, so daß für die Rechtsstreitigkeiten auf Grund des vorliegenden Gesetzes eine Vorauszahlungspflicht nicht besteht.

Ausgenommen von der besonderen Zuständigkeitsregelung sind Rechtsstreitigkeiten, die ausschließlich Ansprüche auf Leistung einer festgestellten oder festgesetzten Vergütung für eine Erfindung zum Gegenstand haben. Hierbei handelt es sich um reine Zahlungsklagen, bei denen keine technischen oder patentrechtlichen Fragen zur Entscheidung stehen und für die daher kein Anlaß besteht, sie der Zuständigkeit der Arbeitsgerichte zu entziehen.

Da die Zuständigkeitsregelung des § 40 sich nur auf Erfindungen bezieht, verbleibt es für Rechtsstreitigkeiten über technische Verbesserungsvorschläge von Arbeitnehmern nach den allgemeinen Grundsätzen bei der Zuständigkeit der Arbeitsgerichte.

Zu § 41

DRITTER ABSCHNITT

Erfindungen von Arbeitnehmern im öffentlichen Dienst und von Beamten

Der Entwurf bezweckt aus den dargelegten Gründen (Allgemeines, IV) eine einheitliche Regelung des Erfinderrechts sowohl für die Arbeitnehmer in privaten Betrieben als auch für die Beamten und Arbeitnehmer der öffentlichen Verwaltungen und Betriebe. Durch die Bestimmungen des Dritten Abschnitts des Entwurfs werden daher zunächst die im Zweiten Abschnitt des Entwurfs enthaltenen Vorschriften für die Arbeitnehmer im privaten Dienst auf die Angehörigen des öffentlichen Dienstes ausgedehnt. Dies geschieht in der Weise, daß diese Vorschriften für die Arbeitnehmer im öffentlichen Dienst für unmittelbar, für die Beamten für entsprechend anwendbar erklärt werden. Darüber hinaus enthält der Dritte Abschnitt Sonderbestimmungen für den öffentlichen Dienst, die im wesentlichen aus dem geltenden Recht übernommen worden sind, sowie besondere Bestimmungen für Erfindungen von Hochschullehrern und Hochschulassistenten, die im geltenden Recht nicht vorhanden sind.

Zu § 41 — jetzt § 40 (Arbeitnehmer im öffentlichen Dienst)[63]

Diese Bestimmung dehnt die Vorschriften für Arbeitnehmer im privaten Dienst auf die Arbeitnehmer im öffentlichen Dienst aus. Die Abgrenzung der Betriebe und Verwaltungen der öffentlichen Hand ist in Anlehnung an die Begriffsbestimmungen vorgenommen worden, die in § 88 des Betriebsverfassungsgesetzes vom 11. Oktober 1952 (BGBl. I S. 681), in § 187 des Bundesbeamtengesetzes vom 14. Juli 1953 (BGBl. I S. 551) und in § 1 des Regierungsentwurfs des Personalvertretungsgesetzes (Drucksache 160)[64] enthalten sind. Mit dieser Abgrenzung wird auf die Rechtsform des Betriebes abgestellt. Alle Arbeitnehmer in Betrieben mit privater Rechtsform, auch wenn diese Betriebe der öffentlichen Hand gehören, einschließlich der Arbeitnehmer in sog. gemischt-wirtschaftlichen Betrieben mit privater Rechtsform unterliegen den Vorschriften des Zweiten Abschnitts des Entwurfs, während die Arbeitnehmer aller öffentlichen Verwaltungen sowie aller Betriebe mit öffentlicher Rechtsform unter den Dritten Abschnitt des Entwurfs fallen. Diese Abgrenzung hat zur Folge, daß Arbeitnehmer in sog. Regiebetrieben, die in der Rechtsform einer juristischen Person des privaten Rechts geführt werden, als Arbeitnehmer im privaten Dienst gelten, während andererseits Arbeitnehmer eines ähnlichen Betriebes des gleichen wirtschaftlichen Tätigkeitsfeldes als Arbeitnehmer im öffentlichen Dienst im Sinne des Entwurfs anzusehen sind, wenn dieser

---

[63] Geändert; vgl. hierzu den Ausschußbericht zu § 41
[64] Jetzt § 1 des Personalvertretungsgesetzes vom 5. August 1955 (BGBl. I S. 477)

Amtliche Begründung

Betrieb von einer öffentlichen Verwaltung geführt wird. Trotz dieser unterschiedlichen Rechtsfolgen erscheint aus Gründen einer möglichst klaren Grenzziehung die Abgrenzung nach der Rechtsform des Betriebes als die geeignetste.

Für die Arbeitnehmer im öffentlichen Dienst sieht der Entwurf in § 41 folgende besondere Vorschriften vor, die den Belangen des öffentlichen Dienstes Rechnung tragen sollen:

1. Durch § 41 Nr. 1 wird dem Arbeitgeber anstelle der Möglichkeit der unbeschränkten oder beschränkten Inanspruchnahme der Diensterfindung als dritte Möglichkeit die Inanspruchnahme einer angemessenen Beteiligung an dem Ertrage der Diensterfindung seines Arbeitnehmers eingeräumt. Diese Regelung ist aus dem geltenden Recht übernommen. Damit soll den besonderen Erfordernissen, wie sie insbesondere für staatliche Forschungsinstitute und Materialprüfungsämter bestehen, Rechnung getragen werden. Bei der Mehrzahl dieser Anstalten liegen die Verhältnisse insofern wesentlich anders als bei den privaten Betrieben und bei öffentlichen Verkehrsverwaltungen, als eine Auswertung der Diensterfindung eines Anstaltsangehörigen in der Anstalt selbst in den meisten Fällen nicht in Frage kommen wird. Eine Einflußnahme auf Erfindungen von Anstaltsangehörigen durch den Staat oder den sonstigen Anstaltsträgern findet regelmäßig nur dann statt, wenn es sich bei der Erfindung um die Lösung von Aufgaben handelt, die im Auftrage des Staats oder des sonstigen Anstaltsträgers bearbeitet worden sind. Auch in diesen Fällen ist aber eine Inanspruchnahme der Diensterfindung selbst oder eines Nutzungsrechts mangels Verwertungsmöglichkeit für den Staat oder den sonstigen Anstaltsträger selbst zwecklos. Andererseits besteht ein öffentliches Interesse daran, einen Ersatz für die öffentlichen Gelder zu erlangen, die für die Entwicklung der Diensterfindung aufgewandt worden sind. Dies läßt sich zweckmäßig nur durch die Einräumung eines Beteiligungsrechts des Arbeitgebers am Ertrage der Diensterfindung erreichen.

2. § 41 Nr. 2[65]) sieht vor, daß dem Arbeitnehmer einer öffentlichen Verwaltung oder eines öffentlichen Betriebes Beschränkungen hinsichtlich der Art der Verwertung auferlegt werden können. Diese ebenfalls im geltenden Recht bereits vorhandene Einschränkung beruht darauf, daß die Verwertung der Diensterfindung durch den Arbeitnehmer zu Konflikten zwischen seinen dienstlichen Pflichten und seinen wirtschaftlichen Vorteilen führen kann, insbesondere wenn die Verwertung in einer Form geschieht, bei der der Arbeitnehmer an dem weiteren Erfolg der Verwertung in Form von Lizenzabgaben interessiert bleibt. Ferner kann bei in staatlichem Auftrag gemachten Erfindungen ein öffentliches Interesse gegeben sein, daß die Erfindung nicht im Ausland verwertet wird. Die Be-

---

[65]) Jetzt § 40 Nr. 3

Zu § 42

schränkung soll dem Arbeitnehmer allerdings nur durch allgemeine Anordnung, nicht für den einzelnen Fall, auferlegt werden können.

3. § 41 Nr. 3 [66]) trägt dem Umstand Rechnung, daß im Gegensatz zu dem privaten Dienst es im Bereich des öffentlichen Dienstes wenig Arbeitgeber gibt, die in Spitzenorganisationen zusammengeschlossen sind. Es kann deshalb nicht, wie in § 29 [67]) für den privaten Dienst vorgesehen, den Spitzenorganisationen allein überlassen bleiben, Vorschlagslisten für Arbeitgeberbeisitzer dem Präsidenten des Patentamts einzureichen. Auf der anderen Seite mußte die Vorschlagsberechtigung aus praktischen Erwägungen auf einen nicht allzu großen Kreis begrenzt werden. Durch Ausdehnung des Vorschlagsrechts auf Bund und Länder ist für den öffentlichen Dienst Vorsorge getroffen worden, daß geeignete Persönlichkeiten als Arbeitgeberbeisitzer für alle Zweige des öffentlichen Dienstes benannt werden.

4. Nach § 41 Nr. 4 [68]) soll das im Zweiten Abschnitt des Entwurfs vorgesehene Schiedsverfahren dann nicht stattfinden, wenn in dem Bereich einer öffentlichen Verwaltung ein eigenes Schiedsverfahren bereits besteht, wie dies z. B. bei der Deutschen Bundesbahn der Fall ist, oder in Zukunft eingerichtet wird. Aus diesem Grunde sind die Vorschriften der §§ 29 bis 35 [69]) für nicht anwendbar erklärt worden. Nicht ausgeschlossen ist dagegen die Anwendbarkeit der Bestimmungen über das Festsetzungsverfahren vor der Schiedsstelle nach § 18 Absätze 3 und 4 [70]) des Entwurfs. Dieses Verfahren kann der eigenen Schiedsstelle einer öffentlichen Verwaltung deshalb nicht übertragen werden, weil diese Schiedsstelle als Organ ihrer Verwaltung der erforderlichen Unabhängigkeit und Selbständigkeit als der Wesenserfordernisse einer mit Entscheidungsbefugnis versehenen Schiedsstelle entbehren würde. Das Festsetzungsverfahren kann deshalb auch für Arbeitgeber und Arbeitnehmer des öffentlichen Dienstes nur vor der beim Patentamt errichteten Schiedsstelle stattfinden.

Zu § 42 — jetzt § 41 (Beamte)

Zu den Beamten im Sinne dieser Vorschrift gehören sowohl die Beamten des Bundes als auch der Länder und der sonstigen öffentlich-rechtlichen Körperschaften. Hinsichtlich der von ihnen gemachten Erfindungen unterliegen sie denselben Vorschriften wie die Arbeitnehmer im öffentlichen Dienst. Insbesondere finden auch die Vorbehalte des § 41 Nr. 1 bis 4 [71]) auf die Beamten Anwendung. Dadurch, daß nur die entsprechende Anwendung dieser Vorschriften ausgesprochen ist, soll

---

[66]) Jetzt § 40 Nr. 4
[67]) Jetzt § 30
[68]) Jetzt § 40 Nr. 5; vgl. hierzu den Ausschußbericht zu § 41
[69]) Jetzt §§ 29 bis 32
[70]) Jetzt § 19 Absätze 3 und 4; geändert
[71]) Jetzt § 40 Nr. 1 bis 5

Amtliche Begründung

keine materielle Änderung der vorgesehenen Regelung erreicht, sondern nur terminologisch klargestellt werden, daß der Beamte in keinem Arbeitsverhältnis steht.

Die im geltenden Recht (§ 11 Abs. 5 Satz 2 der Durchführungsverordnung 1943) enthaltene ausdrückliche Bestimmung, daß die Pflichten des Beamten aus dem Beamtenrecht unberührt bleiben, ist in dem Entwurf nicht übernommen worden. Sofern dieser Bestimmung die Bedeutung zukommen sollte, daß durch das allgemeine Beamtenrecht Erfindungen von Beamten gegenüber der im Entwurf für Erfindungen von Arbeitnehmern vorgesehenen Regelung Einschränkungen unterliegen, steht dies in Widerspruch zu den Absichten des Entwurfs. Sofern die Bestimmung aber nur zum Ausdruck bringen sollte, daß durch die Sonderregelung des Erfinderrechts die allgemeinen beamtenrechtlichen Grundsätze — wie z. B. das besondere Treueverhältnis zwischen Beamten und Dienstherrn, die Verpflichtung des Beamten, seine ganze Arbeitskraft dem Dienstherrn zur Verfügung zu stellen — unverändert bleiben, ist sie infolge der Verweisung auf die Vorschriften für Arbeitnehmer im privaten Dienst und damit auch auf § 24 des Entwurfs [72]) über die unberührt bleibenden Verpflichtungen aus dem Arbeitsverhältnis (Dienstverhältnis) entbehrlich geworden.

Zu § 43 — jetzt § 42 (Besondere Bestimmungen für Erfindungen von Hochschullehrern und Hochschulassistenten)

Das geltende Recht enthält keine besonderen Bestimmungen für Erfindungen von Hochschullehrern und Hochschulassistenten. Dennoch ist bereits bisher bei den Universitäten und Hochschulen stets von dem Grundsatz der freien Verfügungsbefugnis des Erfinders ausgegangen worden. Dieser Grundsatz hat sich bewährt und soll auch weiterhin aufrechterhalten bleiben.

§ 43 des Entwurfs sieht in Abs. 1 vor, daß Erfindungen von Professoren, Dozenten und wissenschaftlichen Assistenten bei den wissenschaftlichen Hochschulen freie Erfindungen sind und auch nicht den Beschränkungen der §§ 17 und 18 des Entwurfs [73]) (Mitteilungspflicht und Anbietungspflicht) unterliegen.

Die Gründe für die Freistellung der Erfindungen von Hochschullehrern und Hochschulassistenten von allen Beschränkungen des Entwurfs treffen allerdings nur für solche Erfindungen zu, die von diesen Personen in ihrer Eigenschaft als Hochschullehrer oder Hochschulassistenten gemacht worden sind. Denn den Hochschullehrern ist nur in dieser Eigenschaft die Freiheit von Lehre und Forschung garantiert, und auch bei den Hochschulassistenten erscheint die Gewährung einer freien Verfügungsbefugnis nur für diejenigen Erfindungen gerechtfertigt, die von ihnen in Ausübung ihrer wissenschaftlichen Tätigkeit an der wis-

---
[72]) Jetzt § 25
[73]) Jetzt zu §§ 18 und 19

Zu § 43

senschaftlichen Hochschule gemacht werden. Dies wird in § 43 Abs. 1 ausdrücklich klargestellt. Erfindungen, die von Hochschullehrern und Hochschulassistenten in ihrer Eigenschaft als Angehörige eines Betriebes oder einer öffentlichen Verwaltung gemacht worden sind, werden von der Sondervorschrift des § 43 nicht erfaßt.

Diese Sondervorschrift kommt nur solchen Professoren, Dozenten und Assistenten bei den wissenschaftlichen Hochschulen zugute, die im öffentlichen Dienst stehen. Denn § 43 des Entwurfs stellt lediglich eine Ausnahmevorschrift gegenüber den §§ 41 und 42[74]) dar und bezieht sich nicht auf solche in der Forschung tätige Personen, die etwa ein Hochschullehrer selbst zu seiner privaten Unterstützung als Mitarbeiter herangezogen hat. Für diese Personen gelten vielmehr die Vorschriften über Erfindungen von Arbeitnehmern im privaten Dienst.

Wissenschaftliche Assistenten bei den wissenschaftlichen Hochschulen im Sinne des Abs. 1 sind auch die ihnen nach § 10 Abs. 1 der Reichsassistentenordnung vom 1. Januar 1940 (Amtsblatt des Reichsministers für Wissenschaft, Erziehung und Volksbildung S. 70) gleichgestellten Oberassistenten, Oberärzte und Oberingenieure. Denn auch bei diesen Personen liegen die gleichen Umstände vor, die eine Privilegierung der Erfindungen der wissenschaftlichen Assistenten rechtfertigen. Dagegen gehören zu den wissenschaftlichen Assistenten im Sinne des Abs. 1 nicht die ihnen nach der Diätenordnung für die außerplanmäßigen Professoren, Dozenten und wissenschaftlichen Assistenten in der Fassung des § 2 des Zweiten Gesetzes zur Änderung und Ergänzung des Besoldungsrechts vom 20. August 1952 (BGBl. I S. 582) lediglich besoldungsrechtlich gleichstehenden Beamten bei den wissenschaftlichen Hochschulen. Für die dort aufgeführten Prosektoren, Lektoren und Apotheker bei den wissenschaftlichen Hochschulen gelten somit die allgemeinen Vorschriften über Erfindungen von Arbeitnehmern im öffentlichen Dienst, da die Einbeziehung dieses Personenkreises in die Sonderregelung des § 43 lediglich auf Grund ihrer besoldungsrechtlichen Gleichstellung mit den wissenschaftlichen Assistenten nicht gerechtfertigt erscheint.

Eine Einschränkung der Befugnis, über Erfindungen von Hochschullehrern und Hochschulassistenten frei zu verfügen, sieht § 43 Abs. 2 des Entwurfs lediglich für den Fall vor, daß der Dienstherr für Forschungsarbeiten, die zu der Erfindung geführt haben, besondere Mittel aufgewendet hat. Hier soll der Dienstherr berechtigt sein, eine angemessene Beteiligung am Ertrage der Erfindung zu beanspruchen. Unter besonderen Mitteln im Sinne dieser Bestimmung sind nicht die allgemeinen Haushaltsmittel, sondern nur solche Mittel zu verstehen, die der Hochschule für den besonderen Forschungszweck zur Verfügung gestellt worden sind. Auch wenn der Hochschule im Rahmen ihres Haushaltsplans oder auch außerhalb dieses Rahmens nur allgemein für

---

[74]) Jetzt zu §§ 40 und 41

Amtliche Begründung

Forschungszwecke Mittel zugeteilt worden sind, reicht dies für die Entstehung des Anspruchs des Dienstherrn auf angemessene Beteiligung am Ertrage der Erfindung nicht aus. Erforderlich ist vielmehr, daß die Mittel für einen konkret bestimmten Forschungszweck zur Verfügung gestellt worden sind.

Der Ertrag aus der Beteligung des Dienstherrn darf andererseits die Höhe der aufgewendeten Mittel nicht übersteigen. Es erscheint nicht gerechtfertigt, den Dienstherrn über die von ihm aufgewendeten Mittel hinaus an dem Ertrage der geistigen Leistung des in der Forschung tätigen Hochschullehrers oder -assistenten zu beteiligen.

Abgesehen von seinem Anspruch auf angemessene Beteiligung am Ertrage der Erfindung bis zur Höhe der von ihm aufgewendeten besonderen Mittel steht dem Dienstherrn nach dem Entwurf kraft Gesetzes kein Recht an der Erfindung des Hochschullehrers oder des Hochschulassistenen zu. Er kann aber nach § 43 Abs. 1 Satz 2 des Entwurfs mit dem Hochschullehrer oder Hochschulassistenten vorab Vereinbarungen treffen, die ihm weitergehende Rechte an der Erfindung einräumen und ihm insbesondere auch eine höhere Beteiligung am Ertrage der Erfindung sichern, als es der Höhe der von ihm aufgewendeten Mittel entspricht. Denn in § 43 Abs. 1 Satz 2 sind nicht nur die §§ 17 und 18 [73]) über die Mitteilungs- und Anbietungspflicht sondern auch die Bestimmungen des § 21 [75]) über die Unabdingbarkeit der Vorschriften des Entwurfs auf Erfindungen von Hochschullehrern und Hochschulassistenten für unanwendbar erklärt worden. Dies rechtfertigt sich daraus, daß Hochschullehrer und Hochschulassistenten hinsichtlich der von ihnen gemachten Erfindungen grundsätzlich von allen nach dem Entwurf vorgesehenen Beschränkungen freigestellt werden. Sie sollen nicht gehindert sein, mit dem Dienstherrn über die Erfindung Vereinbarungen zu treffen, die im einzelnen Fall Einschränkungen der ihnen kraft Gesetzes zustehenden freien Verfügungsbefugnis zum Inhalt haben. Hochschullehrer und Hochschulassistenten sollen ihrem Dienstherrn hinsichtlich ihrer Erfindungen wie freie Erfinder gegenüberstehen und in freier Vereinbarung mit dem Dienstherrn auch jede Abrede treffen können, die nicht offenbar unbillig ist. Für ein Verbot der vorherigen Abdingung der Vorschriften des Entwurfs bleibt bei dieser Sachlage kein Raum.

VIERTER ABSCHNITT

Übergangs- und Schlußbestimmungen

Zu § 44 — jetzt § 43 (Erfindungen vor Inkrafttreten des Gesetzes)[76]

Die gegenüber dem geltenden Recht geänderten Bestimmungen lassen es notwendig erscheinen, gesetzlich festzulegen, auf welche bereits vor Inkrafttreten des Entwurfs vollendeten Erfindungen und in welchem

---

[75]) Jetzt zu § 22
[76]) Geändert; vgl. hierzu den Ausschußbericht zu § 44

Zu § 44

Umfange das neue Recht anzuwenden ist. Es lag nahe, die neue Regelung auf alle Erfindungen anzuwenden, die seit dem Inkrafttreten des geltenden Rechts und vor Inkrafttreten des Entwurfs vollendet worden sind.

Dies wird durch § 44 Abs. 1 als Grundsatz ausgesprochen. Es war jedoch zu berücksichtigen, daß sich die Abgrenzung des Begriffs „Diensterfindung" nach dem bisherigen Recht mit der des Entwurfs nicht deckt; insbesondere fielen nur gebrauchsmusterfähige Erfindungen bisher nicht unter diesen Begriff. Diese mit rückwirkender Kraft dem Inanspruchnahmerecht und damit auch der Vergütungs- und Anmeldepflicht zu unterwerfen, liegt kein Anlaß vor. Daher ist in § 44 Abs. 1 vorgesehen, daß für Erfindungen, die vor Inkrafttreten des Entwurfs gemacht worden sind, es für die Inanspruchnahme und ihre Voraussetzungen bei den bisher geltenden Vorschriften verbleibt und Erfindungen, die nur gebrauchsmusterfähig und vor Inkrafttreten des Entwurfs bereits in Anspruch genommen worden sind, nicht der Vergütungs- und Anmeldepflicht unterliegen[77].

§ 44 soll aber auch eine Schlechterstellung für diejenigen Erfindungen verhindern, die bereits vor Inkrafttreten des geltenden Rechts vollendet worden sind. Auf diese Erfindungen sind nach § 13 Abs. 1 Satz 2 der Durchführungsverordnung 1943 die Vergütungsvorschriften dieser Durchführungsverordnung anzuwenden, wenn das ehemalige Hauptamt der Technik erklärt hatte, daß die bisherige Behandlung der Vergütung in besonderem Maße unbefriedigend sei. Für die Fälle, in denen eine derartige Erklärung vom Hauptamt der Technik oder nach dessen Wegfall an seiner Stelle von einem ordentlichen Gericht abgegeben worden ist, bedarf es keiner ausdrücklichen Regelung, da in diesen Fällen der Vergütungsanspruch des Arbeitnehmers bereits entstanden ist und vom Arbeitnehmer geltend gemacht werden kann. In den Fällen aber, in denen die Erklärung noch nicht vorliegt, würde durch die in § 46 des Entwurfs vorgesehene Aufhebung der Durchführungsverordnung 1943 eine unbillige und nicht gerechtfertigte Benachteiligung der Erfinder eintreten, da nach uneingeschränkter Aufhebung der Durchführungsverordnung 1943 eine gesetzliche Grundlage für die nachträgliche Abgabe der Erklärung über die in besonderem Maße unbefriedigende Behandlung der Vergütung nicht mehr vorhanden wäre. Aus diesem Grunde sieht § 44 Abs. 2 des Entwurfs vor, daß auch in diesen Fällen die Vorschriften des Entwurfs nach Maßgabe des § 44 Abs. 1 anzuwenden sind und daß für die Abgabe der Erklärung über die unbefriedigende Behandlung der Vergütung die Schiedsstelle zuständig ist. Aus Gründen der Rechtssicherheit ist ferner vorgesehen, daß die Erklärung nicht mehr abgegeben werden kann, wenn das auf die Erfindung erteilte Patent erloschen ist.

---

[77] Die Regelung für nur gebrauchsmusterfähige Erfindungen befindet sich jetzt in § 43 Abs. 3

Amtliche Begründung

Für nur gebrauchsmusterfähige Erfindungen hat die Übergangsvorschrift des § 44 Abs. 2 keine Bedeutung, da für sie nach der Durchführungsverordnung 1943 eine Vergütungspflicht nicht besteht.

Zu § 45 — jetzt § 45 (Durchführungsbestimmungen)

Das für die Erweiterung der Besetzung der Schiedsstelle im § 29 Abs. 4 [78]) vorgesehene Verfahren konnte dort nur in den Grundzügen festgelegt werden. Die Einzelheiten müssen Durchführungsbestimmungen vorbehalten bleiben, die von dem Bundesminister der Justiz im Einvernehmen mit dem Bundesminister für Arbeit zu erlassen sind.

In diesen Durchführungsbestimmungen werden in Anlehnung an die Vorschriften des Arbeitsgerichtsgesetzes über die Beisitzer bei den Arbeitsgerichten (§§ 21 bis 28) sowie unter Berücksichtigung der Besonderheiten des Patentrechts die Voraussetzungen näher festgelegt werden, die diejenigen Personen erfüllen müssen, die als Beisitzer aus Kreisen der Arbeitgeber oder der Arbeitnehmer für die Schiedsstelle vorgeschlagen werden. Ferner werden die Durchführungsbestimmungen die Entschädigungen zu regeln haben, die diese Beisitzer für ihre Tätigkeit bei der Schiedsstelle beanspruchen können.

Zu § 46 — jetzt § 46 (Außerkrafttreten von Vorschriften)

In dieser Bestimmung ist die Aufhebung derjenigen Vorschriften vorgesehen, die durch das Inkrafttreten des Entwurfs gegenstandslos werden. In der Fassung des § 46 ist darauf Rücksicht genommen, daß Teile der Vorschriften, die aufgehoben werden, bereits früher außer Kraft getreten sind.

Nicht außer Kraft treten sollen die Richtlinien für die Vergütung von Gefolgschaftsmitgliedern vom 10. Oktober 1944 (RAnz. Nr. 271 vom 5. Dezember 1944). Diese bleiben, soweit sie nicht durch die Neuregelung des Entwurfs gegenstandslos geworden sind, somit weiter in Kraft, bis sie durch die in § 10 des Entwurfs [79]) vorgesehenen Richtlinien des Bundesministers für Arbeit ersetzt werden.

Zu § 47 (Änderung des Arbeitsgerichtsgesetzes) [80])

In § 47 Abs. 2 [81]) wird bestimmt, daß die neue Zuständigkeitsregelung erst für künftige Rechtsstreitigkeiten gilt, während es für bereits anhängige Rechtsstreitigkeiten bei der bisherigen Regelung verbleibt.

Zu § 48 — jetzt § 47 (Besondere Bestimmungen für Berlin)

Diese Bestimmung enthält in Abs. 1 die übliche Berlin-Klausel.

In den Absätzen 2 bis 5 ist die Errichtung einer weiteren Schiedsstelle bei der Dienststelle Berlin des Deutschen Patentamts für Streit-

---
[78]) Jetzt § 30 Abs. 4
[79]) Jetzt § 11
[80]) Diese Vorschrift des Entwurfs ist gestrichen worden; vgl. hierzu den Ausschußbericht zu § 47
[81]) Jetzt § 44

fälle mit Arbeitnehmern vorgesehen, die ihren Wohnsitz in Berlin haben. Die Einrichtung dieser Schiedsstelle soll den besonderen Verhältnissen Berlins Rechnung tragen [82]).

Zu § 49 — jetzt § 49 (Inkrafttreten)

Der Entwurf hat nicht die übliche Formulierung gewählt, nach der das Gesetz mit dem auf seine Verkündung folgenden Tage in Kraft tritt. Im Hinblick auf die Bedeutung des Gesetzes erscheint es zweckmäßig, den interessierten Kreisen Zeit zu geben, sich mit den neuen Bestimmungen des Gesetzes vertraut zu machen. Vorgeschlagen wird daher, das Gesetz erst etwa drei Monate nach Verkündung in Kraft treten zu lassen.

2. Schriftlicher Bericht des Ausschusses für gewerblichen Rechtsschutz und Urheberrecht
(17. Ausschuß)
über den Entwurf eines Gesetzes über Erfindungen von Arbeitnehmern und Beamten (Drucksache 1648)
(Zu Drucksache 3327 / 2. Wahlperiode)

Bericht der Abgeordneten Frau Dr. Jochmus

A. ALLGEMEINES

Ein Entwurf eines Gesetzes über Erfindungen von Arbeitnehmern und Beamten — Drucksache 3343, (1. Regierungsentwurf) — war von der Regierung bereits in der 1. Wahlperiode — 213. Sitzung des 1. Deutschen Bundestages am 16. Mai 1952 — dem Bundestag zugeleitet, im zuständigen Ausschuß eingehend erörtert, aber bis zum Abschluß der 1. Wahlperiode nicht mehr verabschiedet worden. Zu Beginn der 2. Wahlperiode wurde der Entwurf in unveränderter Fassung — Drucksache 187 — unmittelbar dem Bundestag wieder vorgelegt, später aber mit Rücksicht auf die erforderliche nochmalige Beteiligung des Bundesrates zurückgezogen. Der Entwurf wurde daraufhin mit den beteiligten Kreisen erneut erörtert und in einer abgeänderten Fassung — Drucksache 1648 —, die die vorläufigen Beschlüsse des zuständigen Ausschusses im 1. Bundestag sowie Abänderungsvorschläge des Bundesrates und der beteiligten Kreise mit berücksichtigte, den gesetzgebenden

---
[82]) Die Zuständigkeit der Schiedsstelle Berlin ist durch Änderung des Abs. 2 erweitert worden; vgl. hierzu Ausschußbericht zu § 48

Körperschaften wieder zugeleitet. Die Vorlage wurde in der 103. Sitzung des Deutschen Bundestages am 29. September 1955 an den Ausschuß für gewerblichen Rechtsschutz und Urheberrecht federführend und an die Ausschüsse für Arbeit und Beamtenrecht zur Mitberatung überwiesen. Der Ausschuß für gewerblichen Rechtsschutz und Urheberrecht hat sie in 14 Sitzungen in der Zeit vom 29. September 1955 bis zum 14. März 1957 beraten, wobei gemeinsam mit den beiden mitberatende Ausschüssen auch Sachverständige gehört wurden. Die Ausschüsse für Beamtenrecht und für Arbeit haben der Vorlage in der von dem federführenden Ausschuß beschlossenen Fassung in ihren Sitzungen am 20. bzw. 21. März 1957 ihre Zustimmung gegeben.

Der Gesetzentwurf ist das Ergebnis der seit Jahrzehnten laufenden Erörterungen und Bemühungen um eine befriedigende Lösung für die Ausgestaltung des Rechtes der *Arbeitnehmererfindungen,* die deshalb so schwierig ist, weil dieses Recht zwei verschiedenen Rechtsgebieten angehört, denen entgegengesetzte Tendenzen innewohnen, nämlich dem Arbeitsrecht und dem Patentrecht.

Während im *Arbeitsrecht* der Grundsatz gilt, daß das Ergebnis der Arbeit dem Arbeitgeber gehört, geht das *Patentrecht* davon aus, daß die Erfindung dem Erfinder zusteht, dem nach § 6 PatG zu ihrer Verwertung ein zeitlich begrenztes Monopolrecht eingeräumt wird. Die Einzelregelungen durch sogenannte *Erfinderklauseln* in verschiedenen Arbeitsverträgen und die Aufnahme von Bestimmungen über während des Arbeitsverhältnisses gemachte Erfindungen in einzelne Tarifverträge ließen die Notwendigkeit einer einheitlichen gesetzlichen Regelung immer klarer hervortreten. Der Einbau in ein Arbeitsvertragsgesetz kam nicht in Betracht, weil mit der Verabschiedung eines solchen Gesetzes in absehbarer Zeit nicht gerechnet werden konnte. Von der Einfügung in das Patentgesetz von 1936 wurde abgesehen, um das Patentgesetz nicht mit dieser ihm nur zum Teil wesensgemäßen Materie zu belasten. Die noch heute rechtsgültige, auf die Erfordernisse des Krieges abgestellte Verordnung über die Behandlung von Erfindungen von Gefolgschaftsmitgliedern vom 12. Juli 1942 (RGBl. I S. 466) sowie die zu deren Durchführung erlassene Verordnung vom 20. März 1943 (RGBl. I S. 257) geben heute dem Arbeitnehmer nur unvollkommenen Rechtsschutz, nicht zuletzt, weil die damals für das Schlichtungsverfahren vorgesehenen Organisationen heute nicht mehr bestehen und somit keine Schiedsstelle für Streitigkeiten zwischen Arbeitgeber und Arbeitnehmer vorhanden ist. Der Bundestag hat infolgedessen in der 117. Sitzung der 1. Wahlperiode am 14. Februar 1951 die Bundesregierung ersucht, den Entwurf eines Gesetzes über die Erfindungen von Arbeitnehmern alsbald vorzulegen. Die Bundesregierung ist diesem Ersuchen mit der Vorlage des 1. und 2. Regierungsentwurfs nachgekommen.

Bei dem Bericht über die Ausschußberatungen beschränkte ich mich auf die wesentlichen Punkte und verweise im übrigen auf die Begründung zu Drucksache 1648[1]) wie auf die Ausführungen bei der Abhandlung der einzelnen Paragraphen.

Der Ausschuß erkannte mit Ausnahme eines seiner Mitglieder die Notwendigkeit einer gesetzlichen Regelung zum Schutze des Arbeitnehmererfinders an. Der Ausschuß ging dabei davon aus, daß auch im 1. Deutschen Bundestag keine grundsätzlichen Bedenken geäußert worden seien. Bedenken hinsichtlich einer Gefährdung der Konkurrenzfähigkeit der deutschen Betriebe seien nicht gegeben, da diese eher gesteigert werde, wenn durch dieses Gesetz die Rechte des Erfinders besonders gesichert würden. Auch sei eine Verbesserung des Betriebsklimas zu erwarten. Der Ausschuß vertrat den Standpunkt, daß alle Diensterfindungen zwar auf den Arbeitgeber zu übertragen seien, daß aber der Arbeitnehmer als Ausgleich dafür, daß er über seine Erfindung nicht frei verfügen könne, eine angemessene Vergütung erhalten müsse. Dies liege auch im allgemeinen Interesse; denn von der Anregung und Erhaltung der Erfinderfreudigkeit sei die Fortentwicklung von Technik und Wirtschaft abhängig. Die Sorge einiger Industriezweige, durch den zukünftigen Zwang zur Honorierung auch mit den in ihrem Arbeitsbereich üblicherweise anfallenden zahlreichen geringwertigen Erfindungen finanziell untragbar belastet zu werden, erschien dem Ausschuß unbegründet, da die im Entwurf vorgesehene gesetzliche Regelung der Vergütungspflicht des Arbeitgebers in Verbindung mit den Vergütungsrichtlinien eine ausreichende Differenzierung vorsehen werde, wobei die Vergütung auch den Nullwert erreichen kann.

Der Ausschuß entschied sich dafür, diese Vergütung entsprechend dem Regierungsentwurf in Übereinstimmung mit dem geltenden Recht dem Grunde nach auf das *Monopolrecht* zu stützen, das der Arbeitgeber durch die Diensterfindung erhält. Den Anspruch an den Nachweis einer Sonderleistung zu binden, wurde abgelehnt, weil der Begriff der *Sonderleistung* im Arbeitsrecht in dieser Weise nicht nur nicht bekannt sei, sondern auch die Ausgestaltung des Arbeitsvertrages vom Arbeitgeber beeinflußt werden könne. Ferner wurde darauf hingewiesen, daß eine eindeutige Definition nicht gegeben sei, und bei der Abstellung auf das Sonderleistungsprinzip der Kreis der leitenden Angestellten, aus dem die größte Zahl der Arbeitnehmererfindungen stamme, leer ausgehen würde. Der Einwand, daß die Erfindertätigkeit zur Arbeitsaufgabe gehöre und somit durch das Gehalt bereits abgegolten sei, wurde durch die Feststellung entkräftet, daß sich niemand verpflichten könne, Erfindungen zu machen, also auch nicht in diesem Sinne zum Erfinden angestellt werden könne. Für die Bemessung der Höhe der Vergütung solle hingegen neben der wirtschaftlichen Verwertbarkeit der Diensterfindungen die Aufgaben und die Stellung des Arbeitnehmers im Betrieb sowie der bei jeder Diensterfindung vorliegende Anteil des Betriebes am Zustandekommen dieser Erfindung maßgebend sein.

---
[1]) Siehe S. 373

Ausschußbericht

Bei der Vielschichtigkeit der Erfindertätigkeit mußte davon abgesehen werden, die *Höhe der Vergütung* im Gesetz im einzelnen zu regeln. Der Entwurf beschränkt sich daher darauf, die obenerwähnten allgemeinen Grundsätze für die Bemessung der Vergütung aufzustellen. Der Bundesminister für Arbeit wurde ermächtigt, Richtlinien über die Bemessung der Vergütung zu erlassen.

Einige eng miteinander verzahnte Fragenkomplexe, bei denen sich Arbeitgeber- und Arbeitnehmerstandpunkte widerstreitend gegenüberstanden, sollen im folgenden zusammen behandelt werden. Der *Anspruch auf Vergütung* entsteht beim Arbeitnehmer nach dem Gesetz mit der Inanspruchnahme der Diensterfindung durch den Arbeitgeber. Mit der Inanspruchnahme ist für den Arbeitgeber der *Zwang der Schutzrechtanmeldung* im Inland verbunden, und zwar in Erweiterung des geltenden Rechts nicht nur für patent-, sondern auch für gebrauchsmusterfähige Erfindungen. Die Arbeitgeberseite sah in dem *Anmeldezwang* bei der vollen Inanspruchnahme der Diensterfindung eine unzumutbare Belastung der Betriebe, insbesondere dann, wenn dies auch für die Gebrauchsmuster Geltung haben sollte. Sie hielten daher entweder die Aufhebung des Anmeldezwanges oder die Einführung einer im geltenden Recht in diesem Umfang bisher unbekannten *beschränkten Inanspruchnahme* für notwendig, bei der der Arbeitgeber nur ein nicht ausschließliches Benutzungsrecht behalten, im übrigen aber die Erfindung dem Arbeitnehmer zur Anmeldung und Verwertung werden, wenn er die Erfindung benutzt oder die Verwertung für den Arbeitnehmer durch das Benutzungsrecht des Arbeitgebers unbillig erschwert wird. Die Arbeitnehmerseite erklärte, auf den Anmeldezwang nicht verzichten zu können, wenn der Vergütungsanspruch von der Erteilung eines Schutzrechts abhängig gemacht werden würde. Gleichzeitig aber sah sie das Institut der beschränkten Inanspruchnahme als untragbar an. Einmal werde dem Arbeitnehmer damit die Schutzrechtsanmeldung mit allen Kosten, aber unsicherer Aussicht auf Verwertung wegen der Vorbelastung durch das Benutzungsrecht des Arbeitgebers, aufgebürdet. Zum anderen komme er bei der Suche nach Verwertungsmöglichkeiten in Konflikt mit seinen sonstigen Verpflichtungen aus dem Arbeitsverhältnis (§ 24 [2]), da er im allgemeinen gezwungen sein werde, sich an die Konkurrenz seines Arbeitgebers zu wenden. Der Ausschuß entschied sich für die Beibehaltung des Anmeldezwangs unter Anerkennung der von den Arbeitnehmern angeführten Gründe. Für den Arbeitgeber erschien er ihm tragbar im Hinblick auf die in § 12 Abs. 2 Nr. 2 [3]) gegebene Möglichkeit des Wegfalls der Anmeldeverpflichtung mit Zustimmung des Arbeitnehmers und mit Rücksicht auf die in § 21 [4]) ausgesprochene Zulassung von Vereinbarungen nach der Meldung der Diensterfindung. Außerdem ergibt sich aus der für

---
[2]) Jetzt § 25
[3]) Jetzt § 13 Abs. 2 Nr. 3
[4]) Jetzt § 22

die beschränkte Inanspruchnahme gefundenen Kompromißlösung, die für beide Seiten tragbar erscheint, eine Auflockerung des Anmeldezwangs. Der Arbeitnehmer kann nach dieser Kompromißlösung, wenn sich die Vorbelastung durch das Benutzungsrecht des Arbeitgebers als zu schwer erweist, verlangen, daß der Arbeitgeber sich binnen zwei Monaten entscheidet, ob er die Erfindung voll in Anspruch nehmen oder freigeben will.

Gleichzeitig wurde durch eine Ergänzung in § 24 [5]) klargestellt, daß es dem Arbeitnehmer gestattet sein muß, seine Erfindung auch der Konkurrenz anzubieten.

Der Regierungsentwurf sah in § 19 vor, *technische Verbesserungsvorschläge* der Regelung durch Tarifvertrag oder Betriebsvereinbarung zu überlassen. Der Ausschuß stimmte dem insoweit zu, als das betriebliche Vorschlagswesen in diesem Gesetz nicht geregelt werden könne und kaufmännische und sonstige Vorschläge in ein Gesetz, das nur von technischen Erfindungen handle, nicht einzubeziehen seien. Er konnte sich aber mit Ausnahme eines seiner Mitglieder nicht dem von den Arbeitnehmern vorgetragenen Anliegen verschließen, besonders qualifizierte technische Verbesserungsvorschläge in die Vergütungspflicht mit aufzunehmen, solange der Arbeitgeber durch deren Verwertung eine ähnliche Vorzugsstellung gewinnt wie durch ein gewerbliches Schutzrecht. Er sieht darin keine Durchbrechung des Monopolprinzips. § 19 [7]) wurde dementsprechend ergänzt und ein neuer § 2a [8]) eingeführt, der den Begriff der technischen Verbesserungsvorschläge abgrenzt.

Da eine *Abdingbarkeit* im voraus die Wirkung des ganzen Gesetzes in Frage stellen würde, entschied sich der Ausschuß für die schon nach geltendem Recht bestehende Unabdingbarkeit gemäß § 21 [6]). Für die Herausnahme gewisser Arbeitnehmergruppen im privaten Dienst aus der grundsätzlichen Unabdingbarkeit erkannte der Ausschuß ein Bedürfnis nicht an. Er hielt es jedoch für vertretbar, in § 41 [9]) für die Arbeitnehmer im öffentlichen Dienst in Abweichung hiervon im voraus bindende Abmachungen über die Höhe einer eventuellen angemessenen Beteiligung an dem Ertrag der nicht in Anspruch genommenen Diensterfindung im Hinblick auf die im öffentlichen Dienst besonders gelagerten Verhältnisse zuzulassen, während im übrigen für diesen Personenkreis die allgemeinen Bestimmungen dieses Gesetzes entsprechend anzuwenden sind.

Vereinbarungen nach der Meldung der Diensterfindung erschienen dem Ausschuß für den Arbeitnehmer tragbar, wenn in § 22 [10]) ihre Unwirksamkeit nicht von einer „offenbaren", sondern von einer nur „er-

---

[5]) Jetzt § 25
[6]) Jetzt § 22
[7]) Jetzt § 20
[8]) Jetzt § 3
[9]) Jetzt § 40
[10]) Jetzt § 23

Ausschußbericht

heblichen" Unbilligkeit abhängig gemacht wurde. Er setzte daher in § 22 [11]) das „offenbar" durch das schwächere „in erheblichem Maße" und behielt § 21 [12]) insoweit unverändert bei.

Rechtsstreitigkeiten über Erfindungen eines Arbeitnehmers den Arbeitsgerichten zu übertragen, wie es von einigen Arbeitnehmerkreisen für wünschenswert erachtet wurde, lehnte der Ausschuß ab, mit der Begründung, daß die Arbeitsgerichte damit überfordert würden. § 40 [13]) wurde daher unverändert beibehalten.

B. IM EINZELNEN

Zur Überschrift des Gesetzes

Um den Ton besonders auf „Erfindung" zu legen und einen einprägsamen kurzen Namen für das Gesetz zu schaffen, schlägt der Ausschuß statt einer vollständigen Aufzählung aller betroffenen Personengruppen die Verwendung des bereits eingebürgerten kurzen Sammelbegriffs *„Arbeitnehmererfindungen"* in der Überschrift des Gesetzes vor.

Eine Zustimmung des Bundesrates hält der Ausschuß nicht für notwendig.

Zur Überschrift des Ersten Abschnitts

Der Ausschuß empfiehlt die Annahme laut Regierungsentwurf.

Zu § 1 — jetzt § 1

§ 1 umgrenzt den Anwendungsbereich des Gesetzes. Die Einfügung der technischen Verbesserungsvorschläge ergibt sich aus der Neufassung von § 19 [14]). Nach Schaffung der Bundeswehr wurde die Ausdehnung des Gesetzes auch auf die Soldaten notwendig, und zwar sowohl auf die Wehrpflichtigen als auch auf die Berufssoldaten.

Zu § 2 — jetzt § 2

§ 2 gibt die Begriffsbestimmung für die Erfindungen. Da auch Gebrauchsmuster nach ständiger Rechtssprechung nur dann schutzfähig sind, wenn ihnen eine gewisse Erfindungshöhe zukommt, lehnt der Ausschuß es ab, für die Gebrauchsmuster den Begriff „gebrauchsmusterfähige Neuerungen" einzuführen und empfiehlt die Annahme dieses Paragraphen in der Fassung der Regierungsvorlage.

Zu § 2a — jetzt § 3

§ 2a gibt die durch den neuen Abs. 1 des § 19 [14]) notwendig gewordene Begriffsbestimmung für die technischen Verbesserungsvorschläge.

---
[11]) Jetzt § 23
[12]) Jetzt § 22
[13]) Jetzt § 39
[14]) Jetzt § 20

Zu § 3 — § 4

Zu § 3 — jetzt § 4

§ 3 gibt die Begriffsbestimmungen für die Diensterfindung und die freie Erfindung.

In Abs. 3 empfiehlt der Ausschuß das Wort „nur" durch das Wort „jedoch" zu ersetzen.

In Abs. 4 wird die Ausdehnung der Geltung der Absätze 1 bis 3 auch auf die Soldaten notwendig. Dabei gilt für den Berufssoldaten ohne weiteres dasselbe wie für den Beamten. Aber auch für den Wehrpflichtigen besteht kein Grund, ihn anders als einen normalen Arbeitnehmer zu behandeln, da auch seine Erfindung nur dann nach den Vorschriften dieses Gesetzes in Anspruch genommen werden kann, wenn sie aus der ihm bei der Ableistung seines Wehrdienstes obliegenden Tätigkeit entstanden ist oder maßgeblich auf Erfahrungen oder Arbeiten der Bunderswehr beruht.

Zur Überschrift des Zweiten Abschnitts

Im Hinblick auf den neuen Abs. 1 in § 19 [15]) mußten die technischen Verbesserungsvorschläge hier eingefügt werden.

Zu § 4 — jetzt § 5

§ 4 regelt die *Meldepflicht* des Arbeitnehmers sowie die Bestätigungspflicht des Arbeitgebers (Abs. 1) und gibt Vorschriften für die Abfassung der Meldung (Abs. 2).

In Abs. 3 wird der für die Inanspruchnahmefrist (§ 5 Abs. 2) [16]) wichtige Begriffe der ordnungsgemäßen Meldung bestimmt und die Verpflichtung des Arbeitgebers zur Hilfe bei deren Abfassung festgelegt.

Da alle angemeldeten Diensterfindungen nach ihrer Prüfung auf Patentfähigkeit vom Patentamt bekanntgemacht werden und somit jeder Erfinder die Möglichkeit hat, festzustellen, ob er selbst als Erfinder oder Miterfinder genannt wird, ist nach Ansicht des Ausschusses etwaigen Mißständen bei der Erfindernennung soweit als möglich vorgebeugt worden. Der Ausschuß hat davon abgesehen, eine Verpflichtung des Arbeitgebers zur Nachforschung nach eventuellen weiteren Miterfindern auszusprechen.

Bei Abs. 3 hat der Ausschuß besonderen Wert darauf gelegt, die Rechtspflicht des Arbeitgebers zur Unterstützung bei der Ergänzung einer nicht ordnungsgemäßen Meldung so auszusprechen, daß nicht durch ein mehrfaches Zurückweisen einer Meldung wegen nicht ordnungsgemäßer Abfassung die Inlaufsetzung der Inanspruchnahmefrist (§ 5 Abs. 2) [16]) über Gebühr hinausgezögert werden kann. Die Neufassung des Absatzes stellte neben einigen redaktionellen Änderungen klar, daß nach Ablauf der zwei Monate weitere Mängel vom Arbeitgeber nicht geltend gemacht werden können. Die Beibehaltung der Zweimonats-

---
[15]) Jetzt § 20
[16]) Jetzt § 6 Abs. 2

Ausschußbericht

frist wird die u. U. schwierige materielle Prüfung für notwendig gehalten.

Zu § 5 — jetzt § 6

§ 5 bestimmt, daß der Arbeitgeber eine Diensterfindung unbeschränkt oder beschränkt in Anspruch nehmen kann (Abs. 1) und regelt in Abs. 2 den Vorgang der Inanspruchnahme.

Die *beschränkte Inanspruchnahme*, die in dem 1. Regierungsentwurf auf Arbeitsmittel und Arbeitsverfahren beschränkt war und von dem zuständigen Ausschuß in der ersten Wahlperiode nur für Arbeitsmittelerfindungen zugelassen werden sollte, umfaßt jetzt alle Erfindungen. Der Ausschuß ist dem Vorschlag, eine Einschränkung auf Arbeitsmittel und Gebrauchsmuster auszusprechen, nicht gefolgt, hat sich stattdessen für den bei § 6 Abs. 2 zu behandelnden Änderungsantrag entschieden. Entsprechend einer Anregung des Bundesrates empfiehlt der Ausschuß in Abs. 2 das Wort „ist" durch „soll" zu ersetzen. Dadurch soll klargestellt werden, daß es keine Verletzung der Treuepflicht darstellt, wenn der Arbeitgeber die Inanspruchnahme-Erklärung innerhalb der Inanspruchnahmefrist nicht sobald wie möglich abgibt. Als Frist für die Inanspruchnahme-Erklärung hält der Ausschuß entsprechend der österreichischen Regelung höchstens vier Monate für ausreichend, nachdem von Arbeitgeberseite erklärt wurde, daß sie 80 v. H. der Fälle in drei Monaten erledigen könne und in § 21 Satz 2 [17]) die Möglichkeit zu einer Fristverlängerung durch Vereinbarung gegeben ist. Da die Schutzrechtsanmeldung durch den Arbeitgeber unverzüglich zu erfolgen hat, kann die Wahrung der Priorität für den Arbeitnehmer durch diese Frist nicht gefährdet werden. Die übrigen Änderungen sind rein stilistischer Art.

Zu § 6 — jetzt § 7

§ 6 regelt die *Wirkung der Inanspruchnahme*, je nach dem, ob der Arbeitgeber die Diensterfindung unbeschränkt (Abs. 1) oder beschränkt (Abs. 2) in Anspruch genommen hat. Mit Rücksicht auf die Möglichkeit, auch gebrauchsmusterfähige Erfindungen beschränkt in Anspruch zu nehmen, umfaßt das Benutzungsrecht nach Abs. 2 jetzt auch das Inverkehrbringen und das Feilhalten der unter Schutz gestellten Gegenstände.

Zu Abs. 2 empfiehlt der Ausschuß eine Ergänzung, die für den Arbeitgeber die Möglichkeit der beschränkten Inanspruchnahme beläßt und für den Arbeitnehmer insofern vorteilhaft ist, als sie ihm eine eigene Verwertungsmöglichkeit für seine Erfindung einräumt, ohne ihn mit dem Risiko der anderweitigen Verwertung zu belasten. Die Änderung von „ein Recht zur ausschließlichen Benutzung" in „ein nicht ausschließliches Recht zur Benutzung" dient der Klarstellung.

---

[17]) Jetzt § 22 Satz 2

Zu § 7 — jetzt § 8

§ 7 faßt die Fälle zusammen, in denen eine Diensterfindung frei wird (Abs. 1), und regelt das Verfügungsrecht des Arbeitnehmers über diese frei gewordene Diensterfindung (Abs. 2).

Die Änderung in Abs. 1 Nr. 3 ergeben sich aus den Änderungen in § 5 Abs. 2 und § 6 Abs. 2 [18]).

Zu § 8 — jetzt § 9

§ 8 regelt den *Vergütungsanspruch* des Arbeitnehmers *bei unbeschränkter Inanspruchnahme* (Abs. 1) und zählt in Abs. 2 einige Bewertungsfaktoren auf, die für die Bemessung der Vergütung von Bedeutung sind, ohne daß diese Aufzählung erschöpfend sein soll. Eine zeitliche Begrenzung für die Vergütungszahlung ist nicht ausdrücklich festgelegt. Wenn auch in der Regel die Vergütung nur während der Laufzeit des Schutzrechts angemessen erscheinen wird, so ist damit doch nicht ausgeschlossen, daß sie in besonders gelagerten Fällen auch für eine darüber hinausgehende Zeit als angemessen angesehen werden kann. Im Einzelfall wird darüber das Gericht zu entscheiden haben.

Der Ausschuß empfiehlt die Beibehaltung der Reihenfolge der in Abs. 2 aufgeführten Merkmale für die Bemessung der Vergütung. Auf jeden Fall soll die wirtschaftliche Verwertbarkeit an erster Stelle stehen. Der Ausschuß ist sich einig, daß in manchen Fällen die Vergütung auch gleich Null sein kann. Wenn jedoch eine derartige Feststellung ausdrücklich im Gesetz getroffen werden sollte, würde eine Verquickung von Sonderleistungs- und Monopolprinzip erfolgen müssen oder die Formulierung könnte nur so nichtssagend ausfallen, daß ihre Aufnahme überflüssig erscheint.

Der Ausschuß empfiehlt die Annahme dieses Paragraphen in der Fassung des Regierungsentwurfs.

Zu § 9 — jetzt § 10

§ 9 regelt den *Vergütungsanspruch* des Arbeitnehmers *bei beschränkter Inanspruchnahme* (Abs. 1). Abs. 2 sichert den Vergütungsanspruch für den Arbeitnehmer, ohne den Anmeldezwang auf den Arbeitnehmer als den sozial schwächeren Teil zu verlagern.

Der in Abs. 1 des Regierungsentwurfs vorgesehene Vergütungsanspruch im Falle der unbilligen Erschwerung der Verwertung der Diensterfindung für den Arbeitnehmer durch das Benutzungsrecht des Arbeitgebers ist durch die Änderung von § 6 Abs. 2 [19]) überflüssig geworden.

Für die Entscheidung über die Schutzfähigkeit in Abs. 2 hält der Ausschuß neben dem patentamtlichen Verfahren auch die Zulassung

---
[18]) Jetzt § 6 Abs. 2 und § 7 Abs. 2
[19]) Jetzt § 7 Abs. 2

Ausschußbericht

eines gerichtlichen Verfahrens für notwendig. Mit der Ergänzung in Abs. 2 will der Ausschuß verhindern, daß nach Feststellung der Nichtschutzfähigkeit durch gerichtliche oder patentamtliche Entscheidung eine bereits gezahlte Vergütung zurückverlangt werden kann, und andererseits klarstellen, daß bis zur Entscheidung des Gerichts oder des Patentamts eine Vergütung zu zahlen ist. Er stellt dazu fest, daß die Vergütung normalerweise in Form einer Stücklizenz gezahlt wird und eine Pauschalzahlung nur in Ausnahmefällen in Betracht kommt.

Zu § 10 — jetzt § 11

§ 10 gibt dem Bundesminister für Arbeit die Ermächtigung, neue *Richtlinien über die Bemessung der Vergütung* zu erlassen, da die noch in Geltung befindlichen Richtlinien von 1944 für die Vergütung von Gefolgschaftserfindungen vom 10. Oktober 1944 (RAnz. Nr. 271 vom 5. Dezember 1944) in Verbindung mit dem neuen Gesetz nicht unverändert Anwendung finden können.

Da die Frage der Beteiligung der Bundesministerien der Justiz und für Wirtschaft beim Erlaß der Richtlinien in der Geschäftsordnung der Bundesregierung geregelt wird, ist insoweit eine ausdrückliche gesetzliche Vorschrift nicht notwendig. Nachdem die Vertreter des Bundesarbeitsministeriums erklärt haben, sie hätten auch der Union der leitenden Angestellten die Zusage gegeben, daß sie selbstverständlich bei der Aufstellung der Richtlinien gehört würden, hat der Ausschuß von einer Änderung des § 10 abgesehen und empfiehlt dessen Annahme in der Fassung des Regierungsentwurfs.

Zu § 11 — jetzt § 12

§ 11 regelt die *Feststellung der Vergütung* der *Einzelerfindung* (Abs. 1) und der *Gemeinschaftserfindung* (Abs. 2) sowie der Festsetzung der Vergütung durch den Arbeitgeber im Falle von Meinungsverschiedenheiten (Absätze 3 bis 5). Abs. 6 ermöglicht eine anderweitige Festsetzung der Vergütung bei veränderten Umständen.

Der Bundesratsvorschlag zu Abs. 3 ist durch die Entscheidung zu § 9 Abs. 1 [20]) hinfällig geworden. In Abs. 4 hält der Ausschuß eine Verlängerung der Frist von ein auf zwei Monate für notwendig, vor allem im Hinblick darauf, daß im letzten Satz ein fehlender Widerspruch die Festsetzung verbindlich macht. Das Auslassen der Worte „einer Frist" dient nur der stilistischen Verbesserung.

Im übrigen empfiehlt der Ausschuß die Annahme der Absätze 1, 2, 3, 5 und 6 in der Fassung des Regierungsentwurfs.

Zu § 12 — jetzt § 13

§ 12 beinhaltet den *Anmeldezwang* für den Arbeitgeber im Inland (Abs. 1) und regelt in Abs. 3 das Recht des Arbeitnehmers zur Anmel-

---
[20]) Jetzt § 10 Abs. 1

Zu § 13

dung, wenn der Arbeitgeber seiner Pflicht nicht nachkommt, Abs. 2 zählt die Fälle auf, in denen der Anmeldezwang entfällt. Abs. 4 regelt die Schutzrechtsanmeldung für die frei gewordene Diensterfindung durch den Arbeitnehmer.

Der Ausschuß hält es für notwendig, dem Arbeitgeber in Abs. 1 die Freiheit zu lassen, auch für patentfähige Erfindungen den Gebrauchsmusterschutz zu wählen, wenn dies wirtschaftlich vernünftig erscheint. Zu der von Arbeitnehmerseite geforderten Streichung der Nr. 2 in Abs. 2 konnte sich der Ausschuß nicht entschließen. Es sind durchaus Fälle denkbar, in denen auch der Arbeitnehmer sich der Tatsache nicht verschließen kann, daß eine Anmeldung zwecklos ist.

Der Ausschuß hält es für richtig, die von dem Arbeitnehmer in Abs. 3 zu setzende *Nachfrist* nicht unbegrenzt zu lassen, sondern nach Vorschlag des Bundesrates auf eine angemessene Frist zu beschränken. Der Ausschuß ist sich darüber einig, daß weitergehende Schadensansprüche, wie sie dem Arbeitnehmer durch das Versäumnis des Arbeitgebers über die Kosten für die Anmeldung hinaus entstehen können, durch die Fassung des Abs. 3 nicht ausgeschaltet sind.

Der Ausschuß empfiehlt die Einfügung des Wortes „angemessene" in Abs. 3 und im übrigen die unveränderte Annahme von § 12 in der Fassung des Regierungsentwurfs.

Zu § 13 — jetzt § 14

§ 13 regelt das Recht des Arbeitgebers zur *Schutzrechtsanmeldung im Ausland* (Abs. 1) bzw. zur Freigabe der Diensterfindung an den Arbeitnehmer zur Ermöglichung eigener Auslandsanmeldung (Abs. 2), und zwar unter Vorbehalt eines nicht ausschließlichen Benutzungsrechtes (Abs. 3).

Der Ausschuß empfiehlt die Annahme der Absätze 1 und 2 unverändert nach dem Regierungsentwurf.

In Abs. 3 hat der Ausschuß durch eine Ergänzung dem Anliegen einiger Industriekreise, die *Patentaustauschverträge* mit ausländischen Geschäftspartnern abzuschließen pflegen, Rechnung getragen, derartige Verträge auch bei Freigabe der Diensterfindung durch eigenes Vorgehen des Arbeitnehmers im Ausland nicht zu stören. Die Formulierung stellt klar, daß der Arbeitgeber dem Arbeitnehmer die Vertragsverpflichtungen bekannt geben muß, daß er nur die Berücksichtigung der im Zeitpunkt der Freigabe bestehenden Verträge verlangen kann und daß er für die Berücksichtigung eine zusätzliche angemessene Vergütung zu zahlen hat. Zu einer Ausdehnung einer solchen Berücksichtigungsverpflichtung auch auf Patentaustauschverträge im Inland konnte sich der Ausschuß nicht entschließen, zumal die Arbeitgeber eine solche Bestimmung nur mit Rücksicht auf ausländische Vertragspartner vorgeschlagen haben.

Ausschußbericht

Zu § 14 — jetzt § 15

§ 14 bestimmt die gegenseitige Verpflichtung von Arbeitnehmer und Arbeitgeber zur Unterrichtung und Unterstützung beim Erwerb von Schutzrechten.

Eine Bestimmung aufzunehmen in einem neuen Abs. 3, daß bei Meinungsverschiedenheiten zwischen dem Arbeitnehmer und Arbeitgeber über die Schutzfähigkeit einer Erfindung auch die Auffassung des Arbeitnehmers dem Patentamt durch den Arbeitgeber bekanntzugeben sei, hat sich der Ausschuß nicht entschließen können. Die bloße Registrierung einer abweichenden Auffassung eines Arbeitnehmers durch das Patentamt hat für das Erteilungsverfahren praktisch keine Bedeutung, und nur zur Beweissicherung erscheint eine solche Registrierung nicht erforderlich. Ferner steht dem Arbeitnehmer ohnehin ein Schadensersatzanspruch zu, wenn der Arbeitgeber ihm gegenüber die sich aus dem Arbeitsvertrag ergebenden Verpflichtungen verletzt.

Zu § 15 — jetzt § 16

§ 15 regelt das Recht des Arbeitgebers, Schutzrechtsanmeldungen nicht weiter zu verfolgen bzw. Schutzrechte vor Ablauf der gesetzlichen Schutzdauer aufzugeben (Absätze 1 und 2) unter Vorbehalt eines nicht ausschließenden Benutzungsrechts (Abs. 3).

Aus Abs. 1 geht hervor, daß der Arbeitgeber nach restloser Erfüllung des Vergütungsanspruchs jederzeit ohne Befragen des Arbeitnehmers eine Anmeldung oder ein Schutzrecht aufgeben kann. Dies wird nur bei einer Pauschalvergütung aktuell werden. Bei der normalerweise üblichen Stücklizenz wird niemals die angemessene Vergütung vor Ablauf der Schutzdauer als erfüllt angesehen werden können.

Der Ausschuß hat die von der Union leitender Angestellter vorgetragene Besorgnis, § 9[21]) könne durch die Einbeziehung der Schutzrechtsanmeldungen in § 15 umgangen werden, eingehend erörtert. Er vertrat die Auffassung, daß die Einbeziehung der Schutzrechtsanmeldungen mit Rücksicht auf die oft lange Dauer des patentamtlichen Erteilungsverfahrens gerechtfertigt sei und demgegenüber die Möglichkeit einer Umgehung des Gesetzes nicht so schwerwiegend sei, daß sie durch eine ausdrückliche gesetzliche Bestimmung verhindert werden müsse.

Der Ausschuß empfiehlt somit lediglich eine kleine redaktionelle Änderung in Abs. 3 und im übrigen die Annahme des § 15 in der Fassung des Regierungsentwurfs.

Zu § 16 — jetzt § 17

§ 16 regelt eine Ausnahme vom Anmeldezwang (Abs. 1) für die Diensterfindungen, die aus berechtigtem Interesse des Betriebes nicht bekannt werden dürfen (soweit der Arbeitgeber die Schutzfähigkeit der

---

[21]) Jetzt § 10

Diensterfindung anerkennt), und zwar unter Aufrechterhaltung der Vergütungspflicht (Abs. 4). Die Klärung von Meinungsverschiedenheiten zwischen Arbeitgeber und Arbeitnehmer über die Schutzfähigkeit wird für die patentfähigen Erfindungen in Abs. 2 und für die Gebrauchsmuster in Abs. 3 behandelt.

Die Überschrift „Geheimerfindungen" wird vom Ausschuß für unzweckmäßig befunden. Er schlägt vor, sie durch *„Betriebsgeheimnisse"* zu ersetzen. Dementsprechend ist in Abs. 4 das Wort „Geheimerfindung" durch „für eine Erfindung nach Abs. 1" ersetzt worden. In Abs. 4 auch immaterielle Schäden, wie sie dem Arbeitnehmer durch Wegfall seiner Erfindernennung entstehen können, einzubeziehen, hat der Ausschuß abgelehnt. Er empfiehlt, abgesehen von den vorerwähnten Änderungen, den § 16 in der Fassung des Regierungsentwurfs anzunehmen.

Zu § 17 — jetzt § 18

§ 17 begründet die *Mitteilungspflicht* des Arbeitnehmers für eine *freie Erfindung* (Absätze 1 und 3) sowie das Bestreitungsrecht des Arbeitgebers (Abs. 2).

Abs. 1 empfiehlt der Ausschuß unverändert in der Fassung der Regierungsvorlage anzunehmen.

In Abs. 2 hat der Ausschuß für die Bestreitung eine schriftliche Erklärung des Arbeitgebers an den Arbeitnehmer für notwendig befunden. Eine Verkürzung der Frist von drei Monaten hat er, als nicht im Interesse des Arbeitnehmers liegend, abgelehnt, weil kürzere Fristen den Arbeitgeber nur zum Bestreiten anregen würden.

Zu einer Streichung von Abs. 3, die von einigen Mitgliedern des Ausschusses vertreten wurde, hat sich der Ausschuß nicht entschlossen. Der Arbeitnehmer werde durch die Mitteilungspflicht davor geschützt, Erfindungen, die er fälschlicherweise als frei ansehe, dem Arbeitgeber vorzuenthalten. Dadurch entstehe die Gefahr, daß der Arbeitgeber gegen den Arbeitnehmer Schadensersatzansprüche geltend mache, wenn er durch die Bekanntmachung der Erfindung durch das Patenamt von der Erfindung Kenntnis erhalte. Es liege daher mehr im Interesse des Arbeitnehmers, eine gewisse Einschränkung seiner Freiheitssphäre in Kauf zu nehmen, um mögliche Schädigungen für ihn abzuwenden. Der Ausschuß hat sich für die Bundesratsfassung von Abs. 3 entschieden, der die Bundesregierung ihre Zustimmung gegeben hat.

Zu § 18 — jetzt § 19

In § 18 wird die Anbietungspflicht des Arbeitnehmers für ein nicht ausschließliches Benutzungsrecht an den Arbeitgeber (Abs. 1), die Annahmefrist für den Arbeitgeber (Abs. 2) sowie die Festsetzung der Bedingungen für das Benutzungsrecht bei Meinungsverschiedenheiten (Abs. 3) oder bei wesentlicher Veränderung der Umstände (Abs. 4) geregelt. In Abs. 1 und 2 sind lediglich redaktionelle Änderungen vorgenommen. Eine Fristverkürzung in Abs. 2 hält der Ausschuß nicht für möglich.

Für die Absätze 3 und 4 schlägt der Ausschuß die Bundesratsfassung vor, wodurch an Stelle der Schiedsstelle das Gericht die Bedingungen für die Überlassung des nicht ausschließlichen Benutzungsrechts festsetzt. Damit werden die §§ 36 und 39 entbehrlich. Da die Vorschaltung der Schiedsstelle nach Maßgabe des § 37 unberührt bleibt, ist diese Streichung unbedenklich. Im übrigen wird auf die Begründung durch den Bundesrat verwiesen.

Zu § 19 — jetzt § 20

§ 19 behandelt die *technischen Verbesserungsvorschläge* in einer vom geltenden Recht und dem Regierungsentwurf abweichenden Art. In Abs. 1 hat der Ausschuß nach langen Erörterungen dem Wunsch der Arbeitnehmer Rechnung getragen, solche technischen Verbesserungsvorschläge in die Vergütungspflicht (§ 8 und § 11) [22]) einzubeziehen, die ohne schutzfähig zu sein, dem Arbeitgeber eine monopolähnliche Vorzugsstellung geben, so lange sie nicht allgemein bekannt werden und er sie allein auswerten kann. Der Ausschuß ist sich einig darüber, daß die Vergütungspflicht nur dann eintritt, wenn der Verbesserungsvorschlag verwertet wird, und nur solange gilt, als die Verwertung und schutzrechtsähnliche Stellung andauert. Damit bleibt das dem Gesetz zugrunde liegende Monopolprinzip gewahrt. Eine Einbeziehung von für den Betrieb besonders wertvollen kaufmännischen und organisatorischen Verbesserungsvorschlägen hingegen würde dieses durchbrechen, das systemfremde Sonderleistungsprinzip einführen, aber auch den Rahmen des Gesetzes sprengen, das sich ausschließlich mit dem Gebiet der Technik befaßt. Da die eindeutige Abgrenzung der besonders qualifizierten technischen Verbesserungsvorschläge von Abs. 2 durch den neu eingeführten § 2a [23]) gegeben ist, hat der Ausschuß keine Bedenken, an dem in den allgemeinen Sprachgebrauch eingegangenen Ausdruck „technische Verbesserungsvorschläge" sowohl für den Abs. 1, als für Abs. 2 festzuhalten. Auch die in Abs. 1 angesprochenen Fälle durch Tarifverträge oder Betriebsvereinbarungen zu regeln, würde ungleiches Recht schaffen, da ein großer Teil von Arbeitnehmern von der tarifvertraglichen Regelung nicht erfaßt werden würde.

Für die nicht qualifizierten technischen Verbesserungsvorschläge hat sich der Ausschuß hingegen in Abs. 2 für die Regelung durch Tarifvertrag oder Betriebsvereinbarung entschieden, aber auch diese aus dem vorerwähnten Grund auf den technischen Sektor beschränkt.

Zu § 20 — jetzt § 21

§ 20 regelt die Bestellung von *Erfinderberatern* in den Betrieben (Abs. 1) und legt deren Aufgaben fest. (Abs. 2). Der Ausschuß stellt dazu

---
[22]) Jetzt § 9 und § 12
[23]) Jetzt § 3

Zu § 21

fest, das diese „Kann"-Vorschrift bei Soldaten, bei denen es einen Betriebsrat nicht gibt, ggf. analog anzuwenden sein wird. Für die Fälle, in denen kein Erfinderberater bestellt ist, staatliche oder von einer Arbeitnehmervereinigung eingerichtete Erfinderberatungsstellen zuzulassen, besteht nach Meinung des Ausschusses keine Notwendigkeit, da der Arbeitgeber schon nach § 4 Abs. 3 [24]) zu einer Unterstützung des Arbeitnehmers bei der Abfassung der Meldung verpflichtet ist und die Vertreter des DGB erklärt haben, daß die gewerkschaftlichen Beratungsstellen nur Rechtsauskünfte erteilen. Dazu sind letztere jedoch auch ohne Aufnahme einer diesbezüglichen Bestimmung in das Gesetz berechtigt. An staatlichen Beratungsstellen gibt es zur Zeit nur eine in Stuttgart.

Der Ausschuß empfiehlt die Annahme des § 20 in der Fassung des Regierungsentwurfs.

Zu § 21 — jetzt § 22

§ 21 verbietet das Abdingen von Vorschriften dieses Gesetzes, läßt jedoch Vereinbarungen nach der Meldung bzw. Mitteilung zu.

Da die *Unabdingbarkeit* den Angelpunkt des ganzen Gesetzes darstellt, hat der Ausschuß ihre Beibehaltung für unumgänglich notwendig gehalten, wenngleich das ausländische Recht nur die Abdingbarkeit kennt. Zudem ist die Unabdingbarkeit ein Grundsatz des modernen Arbeitsrechts. Sie entspricht außerdem dem geltenden Recht.

Mit Rücksicht auf § 19 Abs. 1 [25]) ergibt sich die Notwendigkeit, die technischen Verbesserungsvorschläge in diese Bestimmungen mit aufzunehmen. Die Anregung, Personen, die zum Erfinden angestellt sind oder solche, die sich in leitenden Positionen befinden, von der Unabdingbarkeit auszunehmen, hat der Ausschuß nicht aufgegriffen. Der Ausschluß des ersteren Personenkreises würde dem Grundgedanken des ganzen Gesetzes widersprechen, bei dem davon ausgegangen wird, daß sich niemand zum Erfinden verpflichten und damit auch nicht zum Erfinden angestellt werden kann. Für den zweiten Personenkreis ist genügend Spielraum für die Differenzierung der Vergütungshöhe in § 8 Abs. 2 [26]) gegeben. Zudem würde die Abgrenzung etwa durch Festlegung einer Gehaltsgrenze große Schwierigkeiten bereiten.

Satz 2 wird vom Ausschuß in Verbindung mit der Änderung der „offenbaren" Unbilligkeit in § 22 [27]) in „erhebliche" Unbilligkeit als tragbar angesehen.

Der Ausschuß empfiehlt daher die Annahme des § 21 in der Fassung der Regierungsvorlage mit der Einfügung der technischen Verbesserungsvorschläge.

---

[24]) Jetzt § 5 Abs. 3
[25]) Jetzt § 20 Abs. 1
[26]) Jetzt § 9 Abs. 2
[27]) Jetzt § 23

Ausschußbericht

Zu § 22 — jetzt § 23

§ 22 regelt die *Unwirksamkeit von Vereinbarungen* nach § 21 Satz 2 [28]) (Abs. 1) und legt die Einspruchsfrist fest (Abs. 2).

In Abs. 1 sind im Hinblick auf § 19 Abs. 1 [29]) die technischen Verbesserungsvorschläge mit aufzunehmen. Da die „offenbare" Unbilligkeit eine Unwirksamkeit von Vereinbarungen nahezu völlig ausschließen würde, hat sich der Ausschuß zu der Abschwächung in „erhebliche" Unbilligkeit entschlossen und dem entsprechend die Überschrift in „Unbilligkeit" geändert.

In Abs. 2 ist eine ausgeglichenere Fassung gewählt worden, die sowohl für Arbeitnehmer wie Arbeitgeber die Berufungsmöglichkeit auf die Unbilligkeit ausspricht.

Zu § 23 — jetzt § 24

§ 23 regelt die Verpflichtung zur *Geheimhaltung* für den Arbeitgeber (Abs. 1), den Arbeitnehmer (Abs. 2) und für sonstige Personen, die auf Grund dieses Gesetzes Kenntnis von einer Erfindung erhalten (Abs. 3).

Die Formulierung von Abs. 1 ist aus dem schwedischen Recht übernommen. Der Ausschuß empfiehlt die Annahme des Paragraphen in der Fassung des Regierungsentwurfs.

Zu § 24 — jetzt § 25

§ 24 soll klarstellen, daß die Rechte und Pflichten dieses Gesetzes nicht die allgemeine *Fürsorgepflicht des Arbeitgebers* und die sich daraus ergebende entsprechende *Treuepflicht des Arbeitnehmers* aufheben. Wenn auch sichergestellt sein muß, daß der Arbeitnehmer nicht selbst durch Verwertung seiner Erfindung seinem Arbeitgeber Konkurrenz macht, so muß doch im Hinblick auf das Institut der beschränkten Inanspruchnahme klargestellt werden, daß die freigewordene Erfindung dem Arbeitnehmer zur freien Verfügung zusteht, er sie also auch einem Konkurrenten seines Arbeitgebers anbieten darf. Diesem Anliegen entspricht die vom Ausschuß vorgenommene Ergänzung der Fassung des Regierungsentwurfs.

Zu § 25 — jetzt § 26

§ 25 trifft Bestimmungen für die Zeit nach *Auflösung des Arbeitsverhältnisses*. Der Ausschuß hat sich entgegen dem Beschluß der Bundesregierung nicht für den Bundesratsvorschlag zu Abs. 1 ausgesprochen, da seine Fassung zu allgemein gehalten sei und zu Zweifeln Anlaß geben könne. Der Ausschuß ist sich einig darüber, daß Abs. 1 in Verbindung mit § 11 Abs. 2 [30]) sicherstellt, daß ein Ausscheiden aus dem Betrieb den Arbeitnehmer nicht um seinen Vergütungsanspruch bringt.

---

[28]) Jetzt § 22 Satz 2
[29]) Jetzt § 20 Abs. 1
[30]) Jetzt § 12 Abs. 2

Zu § 26 — § 29

Die in Abs. 2 einseitig für den Arbeitnehmer ausgesprochene Vermutung der Entstehung der Erfindung während des früheren Arbeitsverhältnisses kann von der Arbeitnehmerseite als diskriminierend empfunden werden. Der Ausschuß ist der Meinung, daß derartige Fälle besser der Rechtsprechung überlassen bleiben sollen. Zudem ist in einer kürzlich erlassenen Entscheidung des Bundesgerichtshofes festgestellt worden, unter welchen Voraussetzungen eine tatsächliche Vermutung dafür besteht, daß die Erfindung noch während der Dauer des früheren Arbeitsverhältnisses gemacht worden ist (vgl. BGH vom 16. November 1954, veröffentlicht in GRUR 1955 S. 286). Der Ausschuß empfiehlt daher die Annahme des Abs. 1 in der Fassung der Regierungsvorlage und die völlige Streichung des Abs. 2.

Zu § 26 — jetzt § 27

§ 26 soll sicherstellen, daß der Arbeitnehmer im Falle des *Konkurses* seines Arbeitgebers die Möglichkeit hat, seine Erfindung wieder zu verwerten.

Zur Klarstellung ist in Abs. 1 das Wort „unbeschränkt" eingefügt worden.

In Abs. 2 sind gemäß § 19 Abs. 1 [31]) die technischen Verbesserungsvorschläge mit aufzunehmen. Die Frage, wie in einem landwirtschaftlichen Betrieb im Konkursfall die Arbeitnehmererfindungen zu behandeln sind, kann nach Auffassung des Ausschusses der Rechtsprechung überlassen werden.

Zu § 27 — jetzt § 28

Laut § 27 ist bei Meinungsverschiedenheiten zwischen Arbeitgeber und Arbeitnehmer stets eine Einigung vor der *Schiedsstelle* zu suchen.

Der Ausschuß empfiehlt die unveränderte Annahme dieses Paragraphen in der Regierungsfassung.

Zu § 28 — jetzt § 29

§ 28 regelt die Einrichtung und den Ort für das Zusammentreten der Schiedsstelle.

Der Ausschuß empfiehlt die Annahme des Paragraphen in der Fassung des Regierungsentwurfs.

Zu § 29 — jetzt § 30

§ 29 regelt die *Zusammensetzung der Schiedsstelle*. Die Einfügung „nach dem Gerichtsverfassungsgesetz" nach dem Wort „Richteramt" in Abs. 2 dient der Klarstellung. In Abs. 3 ist entsprechend § 19 Abs. 1 [31]) der technische Verbesserungsvorschlag aufgenommen worden.

---

[31]) Jetzt § 20 Abs. 1

Ausschußbericht

Der Ausschuß empfiehlt, die Absätze 1, 4 und 5 in der Fassung des Regierungsentwurfs anzunehmen.

Zu § 30 — jetzt § 31

§ 30 gibt die Vorschriften für die Anrufung der Schiedsstelle. Abgesehen von einer stilistischen Änderung in Abs. 2 empfiehlt der Ausschuß die Annahme dieses Paragraphen in der Fassung der Regierungsvorlage.

Zu § 31 — jetzt § 32

§ 31 legt die Frist fest für den Erweiterungsantrag. Auch bei diesem Paragraphen wird mit einer lediglich stilistischen Änderung die Annahme der Fassung des Regierungsentwurfs empfohlen.

Zu § 32 — jetzt § 33

§ 32, der das *Verfahren vor der Schiedsstelle* regelt, wird zur unveränderten Annahme in der Fassung des Regierungsentwurfs empfohlen.

Zu § 33 — jetzt § 34

§ 33 regelt das Verfahren für den von der Schiedsstelle zu machenden *Einigungsvorschlag.*

In Abs. 3 ist das Wort „Einigung" durch das zutreffendere Wort „Vereinbarung" ersetzt und aus stilistischen Gründen „einer Frist" gestrichen worden. Im übrigen empfiehlt der Ausschuß die unveränderte Annahme von Abs. 1 bis 3 der Regierungsvorlage.

Mit Rücksicht auf die in Abs. 3 gesetzte kurze Frist von einem Monat für die Einlegung eines Widerspruchs hat der Ausschuß eine Bestimmung über die Wiedereinsetzung in den vorigen Stand für notwendig befunden. Dem wird in den neuen Absätzen 4 und 5 Rechnung getragen. Dabei legt der Ausschuß Wert auf die Feststellung, daß über die Beschwerde gegen die Entscheidung der Schiedsstelle nach Abs. 5 nicht die Patentstreitkammer zuständig ist, sondern daß hier die normale Zuständigkeit des Landgerichts gilt.

Zu §§ 34 und 35 — jetzt §§ 35 und 36

Die §§ 34 und 35 werden vom Ausschuß zur Annahme in der Fassung des Regierungsentwurfs empfohlen.

Zu § 36 — gestrichen

§ 36 ist mit Rücksicht auf die Neufassung von § 18 Absätze 3 und 4 [32]) ersatzlos zu streichen.

---

[32]) Jetzt § 19 Absätze 3 und 4

Zu § 37 — jetzt § 37

§ 37 legt fest, daß einem gerichtlichen Verfahren stets ein Verfahren vor der Schiedsstelle vorausgehen muß (Abs. 1), und regelt die Fälle, in denen von dieser Norm abgewichen werden kann (Absätze 2 bis 5).

Entsprechend der Änderung in § 33 Abs. 3 [33]) ist auch in Abs. 2 Nr. 1 „Einigung" durch „Vereinbarung" zu ersetzen. Im übrigen empfiehlt der Ausschuß die Annahme des Paragraphen in der Fassung des Regierungsentwurfs.

Zu § 38 — jetzt § 38

Der Ausschuß empfiehlt die unveränderte Fassung des Regierungsentwurfs.

Zu § 39 — gestrichen

§ 39 ist entsprechend der Änderung von § 18 Absätze 3 und 4 [32]) zu streichen.

Zu § 40 — jetzt § 39

§ 40 regelt, welche Gerichte für die Rechtsstreitigkeit über Arbeitnehmererfindungen zuständig sein sollen.

Nach Meinung des Ausschusses liegt es im Interesse des Arbeitnehmers, daß alle Patentstreitsachen den *Spezialkammern für Patentstreitigkeiten* bei den ordentlichen Gerichten überlassen werden, und nicht den Arbeitsgerichten, da diese überfordert würden, wenn man ihnen die Entscheidung in diesen ihnen fernliegenden technischen Fragen übertragen würde. Von der Einbeziehung von Streitigkeiten über technische Verbesserungsvorschläge in diese Vorschrift hat der Ausschuß abgesehen.

Für Ansprüche auf Zahlung einer festgestellten oder festgesetzten Vergütung verbleibt es bei der allgemeinen Zuständigkeitsregelung. Soweit es sich um Arbeitnehmer handelt, sind die Arbeitsgerichte, soweit es sich um Beamte handelt, die Verwaltungsgerichte zuständig. Der Ausschuß empfiehlt die Annahme des Paragraphen in der Fassung der Regierungsvorlage.

Zur Überschrift des Dritten Abschnitts

Die Erweiterung der Überschrift ergibt sich aus § 1.

Zu § 41 — jetzt § 40

§ 41 regelt die Anwendung der Vorschriften dieses Gesetzes auf die *Arbeiter und Angestellten im öffentlichen Dienst*. Der Eingangssatz bringt zum Ausdruck, daß die Vorschriften dieses Gesetzes nicht ohne

---

[33]) Jetzt § 34 Abs. 3

weiteres auf diesen Personenkreis übertragen werden können, sondern, daß gewisse Besonderheiten zu berücksichtigen sind. Die in Nr. 1 entsprechend dem geltenden Recht enthaltene Einschränkung der Unabdingbarkeit hat der Ausschuß für gerechtfertigt gehalten, weil im öffentlichen Dienst öffentliche Mittel bei der Entstehung der Erfindung zur Verwendung kommen und die Erfindung nicht selbst im Betrieb verwertet wird. Mit Rücksicht auf die im Personalvertretungsgesetz für den öffentlichen Dienst vorgesehenen Dienstvereinbarungen hat der Ausschuß eine neue Nr. 1a [34]) eingefügt, wonach die Behandlung von technischen Verbesserungsvorschlägen gemäß § 19 Abs. 2 [35]) auch durch Dienstvereinbarung geregelt werden kann.

In Nr. 4 [36]) hält es der Ausschuß für ungerechtfertigt, daß die Bestimmung über die Errichtung der Schiedsstelle in § 28 [37]) nicht in die Ausnahme einbezogen wird, aber die Vorschriften über das Verfahren und die Einigung vor der Schiedsstelle in den §§ 32 bis 35 [38]) ausgenommen werden. Er hat daher die §§ 29 bis 35 durch die §§ 28 bis 41 [39]) ersetzt.

Nummern 1, 2 und 3 empfiehlt der Ausschuß in der Regierungsfassung anzunehmen.

Zu § 42 — jetzt § 41

§ 42 regelt die Anwendung des Gesetzes auf die *Beamten*. Entsprechend der Ausdehnung des Gesetzes auch auf die Angehörigen der Bundeswehr sind in Überschrift und Text des Paragraphen die *Soldaten* mit aufzunehmen. Desgleichen sind gemäß § 19 Abs. 1 [40]) hinter „Erfindungen" die technischen Verbesserungsvorschläge einzufügen.

Zu § 43 — jetzt § 42

§ 43 trifft eine Sonderregelung für die *Hochschulen*.

Der Ausschuß begrüßt diese Vorschrift, weil sie dem Schutz der Lehr- und Forschungsfreiheit der Hochschule dient und durch die Sonderstellung der Hochschullehrer die Forschung angeregt werden dürfte. Von der Ausdehnung der Vorschrift auch auf andere Institute ist in Übereinstimmung mit der Westdeutschen Rektorenkonferenz und der Deutschen Forschungsgemeinschaft abgesehen worden, weil die Abgrenzung Schwierigkeiten bereiten würde. Der Ausschuß ist sich einige darüber, daß eine Ertragsbeteiligung nach Abs. 2 nur in Frage kommen kann, wenn über die allgemeinen Haushaltmittel hinausgehende Mittel für bestimmte besondere Forschungsarbeiten eingesetzt sind.

---

[34]) Jetzt § 40 Nr. 2
[35]) Jetzt § 20 Abs. 2
[36]) Jetzt § 40 Nr. 5
[37]) Jetzt § 29
[38]) Jetzt §§ 33 bis 36
[39]) Jetzt §§ 30 bis 36 und 29 bis 32
[40]) Jetzt § 20 Abs. 1

Zu § 44 — § 46

Die in Abs. 2 vorgenommene Streichung „einer Frist" hat nur redaktionellen Charakter. Im übrigen empfiehlt der Ausschuß die Annahme des gesamten Paragraphen in der Fassung der Regierungsvorlage.

Zu § 44 — jetzt § 43

In der Überschrift ist entsprechend § 19 Abs. 1 [41]) nach „Erfindungen" einzufügen „und technische Verbesserungsvorschläge".

§ 44 regelt die Anwendung des Gesetzes auf Erfindungen und technische Verbesserungsvorschläge, die *vor dem Inkrafttreten des Gesetzes* gemacht worden sind.

Abs. 1 der Ausschußfassung entspricht der Nr. 1 der Regierungsvorlage. Für diese Erfindungen besteht keine Wahlmöglichkeit der beschränkten und unbeschränkten Inanspruchnahme, aber alle Verfahrensvorschriften des neuen Gesetzes haben auch für sie Gültigkeit.

Für die in der Zeit zwischen dem 21. Juli 1942 und dem Inkrafttreten dieses Gesetzes gemachten gebrauchsmusterfähigen Erfindungen hat sich der Ausschuß zu einer von der Regierungsform abweichenden Bestimmung in einem neuen Abs. 3 entschlossen, der aus diesem Gesetz nur das Schiedsverfahren und das gerichtliche Verfahren zur Anwendung bringt.

Abs. 2 enthält eine Übergangsregelung für den Sonderfall des § 13 Satz 2 der Durchführungsverordnung vom 20. März 1943. Diese Bestimmung dürfte nur für wenige Fälle praktische Bedeutung haben.

Da es im geltenden Recht eine Vergütungspflicht für technische Verbesserungsvorschläge im Sinne des § 19 Abs. 1 [41]) nicht gibt, hat der Ausschuß in Abs. 4 von deren rückwirkender Einbeziehung abgesehen.

Zu § 44a — jetzt § 44

Ich verweise auf die Ausführungen zu § 47 Abs. 2.

Zu § 45 — jetzt § 45

§ 45 spricht die Ermächtigung aus zum Erlaß der Durchführungsbestimmungen für die *Erweiterung der Schiedsstelle*. Dem Vorschlag des Bundesrates, ihn bei Erlaß einer Rechtsverordnung zu beteiligen, kann nicht zugestimmt werden, da der Ausschuß auch das Gesetz selbst nicht für zustimmungsbedürftig hält. Eine Mitwirkung der Arbeitnehmerorganisationen im Gesetz auszusprechen, erscheint nicht erforderlich, da diese ohnehin vor Erlaß von Durchführungsbestimmungen gehört werden. Der Ausschuß empfiehlt die unveränderte Annahme der Regierungsfassung.

Zu § 46 — jetzt § 46

§ 46 spricht die selbstverständliche Aufhebung der Verordnungen von 1942 und 1943 aus, soweit nicht § 44 [42]) ihre weitere Anwendung ausdrücklich vorsieht.

---
[41]) Jetzt § 20 Abs. 1
[42]) Jetzt § 43

Der Ausschuß empfiehlt, diesen Paragraphen in der Fassung des Regierungsentwurfs anzunehmen.

Zu § 47 — gestrichen

§ 47 sollte die Fassung des Arbeitsgerichtsgesetzes in Einklang stellen mit der Vorschrift des § 40 Abs. 2 [43]). Eine ausdrückliche Änderung des Arbeitsgerichtsgesetzes hätte auch eine entsprechende Änderung des Beamtengesetzes erfordert. Mit Rücksicht auf die Regelung des § 40 erscheint jedoch eine ausdrückliche Änderung der beiden Gesetze nicht notwendig.

Der Ausschuß hat daher beschlossen, § 47 Abs. 1 ganz zu streichen.

Der bisherige Abs. 2 wird als neuer § 44a [44]) eingefügt, um festzulegen, daß die bereits anhängigen Verfahren bei den Arbeitsgerichten bzw. Verwaltungsgerichten weiterlaufen.

Zu § 48 — jetzt § 47

§ 48 enthält in Abs. 1 die übliche *Berlin-Klausel*.

Die Absätze 2 bis 5 behandeln die Schaffung einer weiteren Schiedsstelle in Berlin.

Da durch die Erklärung des Bundesministers der Justiz, er werde nach dem Tage des Inkrafttretens des Gesetzes die Schiedsstelle in Berlin errichten, eine ausreichende Sicherung für deren Schaffung gegeben erscheint, hat sich der Ausschuß für die Beibehaltung des Abs. 2 Satz 1 entschieden. Über den Regierungsentwurf hinaus hat das Land Berlin angeregt, daß die Zuständigkeit der Schiedsstelle Berlin auf weitere Länder im nördlichen Bundesgebiet erstreckt wird. Der Ausschuß kann eine zwingende Rechtfertigung für die Zuständigkeit dieser Schiedsstelle nur für die im Land Berlin arbeitenden Arbeitnehmer anerkennen. Hierunter fallen auch die im Sowjetsektor wohnenden, aber in West-Berlin arbeitenden Personen. Für eine Erweiterung der Zuständigkeit im Sinne des Antrages Berlin reicht zudem die Besetzung der Dienststelle Berlin des Patentamtes mit nur einem technischen Beamten nicht aus. Der Ausschuß hat daher in voller Würdigung der von dem Vertreter des Landes Berlin vorgetragenen Argumente der Ausdehnung der Zuständigkeit der Schiedsstelle über Berlin hinaus nur insoweit zustimmen können, als beide Partner darüber einig sind, das Schiedsverfahren in Berlin durchzuführen, und der Antragsteller seinen Arbeitsplatz in den im Gesetz genannten Ländern hat.

Der Ausschuß ist sich einig darüber, daß von der Bestellung von Beisitzern nach Abs. 4 Personen, die ihren Wohnsitz im Sowjetsektor haben, ausgeschlossen bleiben müssen, um sie vor Konflikten zu bewahren.

---

[43]) Jetzt § 39 Abs. 2
[44]) Jetzt § 44

Zu § 48a - § 49

Die Änderung in Abs. 5 dient der Richtigstellung. Im übrigen empfiehlt der Ausschuß, die Absätze 1 und 3 bis 5 unverändert in der Regierungsfassung anzunehmen.

Zu § 48a — jetzt § 48

§ 48a schließt das *Saarland* aus dem Geltungsbereich dieses Gesetzes aus.

Der Ausschuß stellt dazu fest, daß nach dem internationalen Arbeitsrecht für die Anwendung des Gesetzes der Arbeitsplatz des Arbeitnehmers ausschlaggebend ist, daß also Saarländer, die im Saarland arbeiten, aber im übrigen Bundesgebiet wohnen, von diesem Gesetz nicht erfaßt werden, wohl aber jene, die im Saarland wohnen und im übrigen Bundesgebiet arbeiten.

Der Ausschluß des Saarlandes ist vorläufig notwendig, weil die Verordnungen von 1942 und 1943 durch die französisch-saarländische Patentkonvention vom 15. Dezember 1948 aufgehoben wurden und der Saarvertrag eine Erstreckung des Gesetzes auf das Saarland vor dem Ablauf der Übergangszeit ausschließt. Nach der Übergangszeit wird im Saarland das deutsche Recht für den gewerblichen Rechtsschutz und das Urheberrecht eingeführt werden müssen. Darin wird dann auch die Geltung des Gesetzes über Arbeitnehmererfindungen zu regeln sein.

Der Ausschuß empfiehlt, den § 48a in der Ausschußfassung anzunehmen.

Zu § 49 — jetzt § 49

§ 49 bestimmt das Inkrafttreten des Gesetzes.

Der Ausschuß empfiehlt als Termin für das Inkrafttreten den 1. Oktober 1957.

Die Frist bis zum Inkrafttreten des Gesetzes erscheint ausreichend, um den beteiligten Kreisen Gelegenheit zu geben, sich mit den Vorschriften des Gesetzes vertraut zu machen.

F. Anlagen

1.
Berliner Gesetz
zur Übernahme des Gesetzes über Arbeitnehmererfindungen
vom 2. August 1957 (GVBl. für Berlin 1957 S. 869)

Das Abgeordnetenhaus hat folgendes Gesetz beschlossen:

Artikel I

Das Gesetz über Arbeitnehmererfindungen vom 25. Juli 1957 (BGBl. I S. 756) — Anlage — findet in Berlin Anwendung.

Artikel II

Der Wortlaut von Rechtsverordnungen, die auf Grund des in Artikel I genannten Gesetzes erlassen werden, wird im Gesetz- und Verordnungsblatt für Berlin, der Wortlaut von Verwaltungsvorschriften im Amtsblatt für Berlin von dem zuständigen Mitglied des Senats veröffentlicht.

Artikel III

Dieses Gesetz mit der Anlage tritt am 1. Oktober 1957 in Kraft.

2.
Erste Verordnung
zur Durchführung des Gesetzes über Arbeitnehmererfindungen
vom 1. Oktober 1957 (BGBl. I S. 1679)

Auf Grund des § 47 Abs. 2 des Gesetzes über Arbeitnehmererfindungen vom 25. Juli 1957 (Bundesgesetzbl. I S. 756) wird verordnet:

§ 1
Errichtung einer Schiedsstelle in Berlin

Bei der Dienststelle Berlin des Patentamts wird eine Schiedsstelle errichtet.

§ 2
Geltung im Land Berlin

Diese Verordnung gilt nach § 14 des Dritten Überleitungsgesetzes vom 4. Januar 1952 (Bundesgesetzbl. I S. 1) in Verbindung mit § 47 Abs. 1 des Gesetzes über Arbeitnehmererfindungen auch im Land Berlin.

§ 3
Geltung im Saarland

Diese Verordnung gilt nicht im Saarland.

§ 4
Inkrafttreten

Diese Verordnung tritt am Tage nach ihrer Verkündung[1]) in Kraft.

---

1) Die Verordnung wurde am 2. 10. 1957 verkündet.

Anlagen

3.
Zweite Verordnung
zur Durchführung des Gesetzes über Arbeitnehmererfindungen
vom 1. Oktober 1957 (BGBl. I S. 1680)

Auf Grund des § 45 des Gesetzes über Arbeitnehmererfindungen vom 25. Juli 1957 (Bundesgesetzbl. I S. 756) wird im Einvernehmen mit dem Bundesminister für Arbeit verordnet:

§ 1
Voraussetzung für die Bestellung als Beisitzer

(1) Als Beisitzer aus Kreisen der Arbeitgeber und der Arbeitnehmer für die Erweiterung der Besetzung der Schiedsstelle gemäß § 30 Abs. 4 und 5 des Gesetzes über Arbeitnehmererfindungen (Beisitzer) sind Personen zu bestellen, die das fünfundzwanzigste Lebensjahr vollendet haben.

(2) Vom Amt eines Beisitzers ist ausgeschlossen,

1. wer infolge Richterspruchs die Fähigkeit zur Bekleidung öffentlicher Ämter nicht besitzt oder wegen einer vorsätzlichen Tat zu einer Freiheitsstrafe von mehr als sechs Monaten verurteilt worden ist;
2. wer wegen einer Tat angeklagt ist, die den Verlust der Fähigkeit zur Bekleidung öffentlicher Ämter zur Folge haben kann;
3. wer durch gerichtliche Anordnung in der Verfügung über sein Vermögen beschränkt ist;
4. wer das Wahlrecht zum Deutschen Bundestag nicht besitzt.[1]

(3) Beamte und Angestellte des Patentamts dürfen nicht als Beisitzer bestellt werden.

(4) Niemand darf zugleich Beisitzer der Arbeitgeberseite und der Arbeitnehmerseite sein.

§ 2
Beisitzer aus Kreisen der Arbeitgeber

(1) Beisitzer aus Kreisen der Arbeitgeber kann auch sein, wer vorübergehend oder regelmäßig zu gewissen Zeiten des Jahres keine Arbeitnehmer beschäftigt.

(2) Zu Beisitzern aus Kreisen der Arbeitgeber können auch bestellt werden

1. Bei Betrieben einer juristischen Person oder einer Personengesamtheit Personen, die kraft Gesetzes, Satzung oder Gesellschaftsvertrag allein oder als Mitglieder des Vertretungsorgans zur Vertretung der juristischen Person oder der Personengesamtheit berufen sind;
2. leitende Angestellte, wenn sie zur selbständigen Einstellung und Entlassung von im Betrieb oder in der Betriebsabteilung beschäftigten Arbeitnehmern berechtigt sind oder wenn ihnen Generalvollmacht oder Prokura erteilt ist oder wenn sie Aufgaben wahrnehmen, die regelmäßig wegen ihrer Bedeutung für den Bestand und die Entwicklung des Betriebs nur auf Grund besonderen persönlichen Vertrauens des Arbeitgebers bestimmten Personen im Hinblick auf deren besondere Erfahrungen und Kenntnisse übertragen werden;[2]

---

[1] § 1 Abs. 2 neu gefaßt durch VO v. 10. 10. 1969 BGBl. I 1881.
[2] § 2 Abs. 2 Nr. 2 geändert durch VO v. 22. 8. 1968 BGBl. I 994.

Anlagen

3. bei dem Bunde, den Ländern, den Gemeinden, den Gemeindeverbänden und anderen Körperschaften, Anstalten und Stiftungen des öffentlichen Rechts Beamte und Angestellte nach näherer Anordnung der zuständigen obersten Bundes- oder Landesbehörde;
4. Mitglieder und Angestellte von Vereinigungen von Arbeitgebern sowie Vorstandsmitglieder und Angestellte von Zusammenschlüssen solcher Vereinigungen, wenn diese Personen kraft Satzung oder Vollmacht zur Vertretung befugt sind.

§ 3

Beisitzer aus Kreisen der Arbeitnehmer

(1) Beisitzer aus Kreisen der Arbeitnehmer kann auch sein, wer arbeitslos ist.

(2) Den Arbeitnehmern stehen für die Bestellung als Beisitzer Mitglieder und Angestellte von Gewerkschaften, von selbständigen Vereinigungen von Arbeitnehmern mit sozial- oder berufspolitischer Zwecksetzung sowie Vorstandsmitglieder und Angestellte von Zusammenschlüssen von Gewerkschaften gleich, wenn diese Personen kraft Satzung oder Vollmacht zur Vertretung befugt sind.

§ 4

Vorschlagslisten

(1) Vorschlagslisten für die Auswahl der Beisitzer sind dem Präsidenten des Patentamts einzureichen.

(2) Die Vorschlagslisten sollen folgende Angaben über die als Beisitzer vorgeschlagenen Personen enthalten:

1. Name,
2. Geburtstag,
3. Beruf,
4. Wohnort.

(3) Den Vorschlagslisten ist eine Erklärung der als Beisitzer vorgeschlagenen Personen darüber beizufügen, daß die Voraussetzungen für die Bestellung als Beisitzer (§§ 1 bis 3) in ihrer Person vorliegen und sie bereit sind, das Amt des Beisitzers zu übernehmen.

(4) Änderungen in der Person eines vorgeschlagenen Beisitzers, die die Voraussetzungen für die Bestellung als Beisitzer (§§ 1 bis 3) oder die nach Absatz 2 erforderlichen Angabe betreffen, sind dem Präsidenten des Patenamts von der Organisation, die den Beisitzer vorgeschlagen hat, unverzüglich mitzuteilen. Sie werden vom Präsidenten des Patentamts in der Vorschlagsliste vermerkt.

§ 5

Ehrenamt

(1) Das Amt des Beisitzers ist ein Ehrenamt.

(2) Der Vorsitzende der Schiedsstelle hat die Beisitzer vor ihrer ersten Dienstleistung auf die Erfüllung der Obliegenheiten ihres Amts durch Handschlag zu verpflichten. Er soll die Beisitzer auf § 24 des Gesetzes über Arbeitnehmererfindungen und auf die Bestimmungen der Verordnung gegen Bestechung und Geheimnisverrat nichtbeamteter Personen in der Fassung vom 22. Mai 1943 (Reichsgesetzbl. I S. 351) hinweisen. Über die Verpflichtung soll eine Niederschrift aufgenommen werden, die der Verpflichtete mit zu unterzeichnen hat.

Anlagen

§ 6
Zurückziehung eines Beisitzers

(1) Vorschläge für die Bestellung als Beisitzer können von der Organisation, die sie eingereicht hat, zurückgezogen werden. Die Zurückziehung ist dem Präsidenten des Patentamts schriftlich mitzuteilen.

(2) Der Präsident des Patentamts hat nach Eingang der Mitteilung über die Zurückziehung den vorgeschlagenen Beisitzer in der Vorschlagsliste zu streichen. Ist der Beisitzer bereits für ein Schiedsverfahren bestellt worden, so bleibt die Bestellung bis zur Beendigung des Schiedsverfahrens wirksam.

(3) Der Präsident des Patenamts hat die Zurückziehung dem vorgeschlagenen Beisitzer unverzüglich schriftlich mitzuteilen.

§ 7
Abberufung eines Beisitzers

(1) Der Präsident des Patentamts darf einen vorgeschlagenen Beisitzer nicht bestellen und hat einen bereits bestellten Beisitzer unverzüglich abzuberufen, wenn das Fehlen einer Voraussetzung für die Bestellung (§§ 1 bis 3) nachträglich bekannt wird oder eine Voraussetzung nachträglich fortfällt. Er hat hiervon die Organisation, die den Beisitzer vorgeschlagen hat, und den Beisitzer unverzüglich schriftlich zu unterrichten.

(2) Das gleiche gilt, wenn ein Beisitzer seine Amtspflicht grob verletzt.

(3) Vor der Abberufung ist der Beisitzer zu hören.

§ 8
Entschädigung der Beisitzer

Die Beisitzer erhalten eine Entschädigung nach Maßgabe der §§ 2 bis 6 und 9 bis 11 des Gesetzes über die Entschädigung der ehrenamtlichen Beisitzer bei den Gerichten vom 26. Juli 1957 (Bundesgesetzbl. I S. 861, 900); § 12 dieses Gesetzes gilt entsprechend. Die Entschädigung wird von dem Vorsitzenden der Schiedsstelle festgesetzt. Für die gerichtliche Festsetzung ist das Verwaltungsgericht zuständig, in dessen Bezirk die Schiedsstelle ihren Sitz hat.

§ 9
Besondere Bestimmungen für die Schiedsstelle in Berlin

(1) Für die Auswahl der Beisitzer der Schiedsstelle in Berlin sind gesonderte Vorschlagslisten einzureichen.

(2) Soweit es sich um die Schiedsstelle in Berlin handelt, tritt der Leiter der Dienststelle Berlin des Patentamts an die Stelle des Präsidenten des Patentamts, sobald dieser die ihm zustehende Befugnis zur Berufung von Beisitzern auf Grund des § 47 Abs. 5 des Gesetzes über Arbeitnehmererfindungen auf den Leiter der Dienststelle Berlin des Patentamts übertragen hat.

§ 10
Beisitzer aus Kreisen der Beamten und Soldaten

Für den öffentlichen Dienst sind, soweit es sich um Beamte und Soldaten handelt, die Vorschriften dieser Verordnung entsprechend anzuwenden.

§ 11
Geltung im Land Berlin

Diese Verordnung gilt nach § 14 des Dritten Überleitungsgesetzes vom 4. Januar 1952 (Bundesgesetzbl. I S. 1) in Verbindung mit § 47 Abs. 1 des Gesetzes über Arbeitnehmererfindungen auch im Land Berlin.

Anlagen

§ 12
Geltung im Saarland

Diese Verordnung gilt nicht im Saarland.

§ 13
Inkrafttreten

Diese Verordnung tritt am Tage nach ihrer Verkündung[3]) in Kraft.

4.
Allgemeine Anordnung des Bundesministers für Verteidigung betreffend freigewordener Diensterfindungen
vom 14. Dezember 1960 (Bl. f. PMZ 1961, 69)

Auf Grund des § 40 Nr. 3 in Verbindung mit § 25 des Gesetzes über Arbeitnehmererfindungen vom 25. Juli 1957 (BGBl. I S. 756; VMBl. 1958 S. 252) erlasse ich für die Soldaten, Beamten und Arbeitnehmer aus dem Bereich des Bundesministers für Verteidigung folgende allgemeine Anordnung:

1. Eine nach § 8 des Gesetzes über Arbeitnehmererfindungen freigewordene Diensterfindung darf nur im Wege der Übertragung sämtlicher Rechte an der Erfindung und nur gegen unverzügliche Zahlung eines einmaligen bestimmten Entgelts verwertet werden.

2. Die freigewordene Diensterfindung darf nicht auf Dritte übertragen werden,

    a) die zu Behörden oder Dienststellen des Geschäftsbereichs des Bundesministers für Verteidigung in einem Vertragsverhältnis stehen oder zu denen sich ein Vertragsverhältnis anbahnt, auf das der Diensterfinder im Rahmen seiner dienstlichen Obliegenheiten Einfluß hat;

    b) die zu den in Buchst. a) angeführten Dritten in einem Konzernverhältnis stehen;

    c) die Familienangehörige des Diensterfinders sind (Ehegatten, Eltern und Kinder).

3. Der Bundesminister für Verteidigung (Abteilung W) kann den Diensterfinder auf Antrag von den Übertragungsbeschränkungen der Nummern 1 und 2 befreien, insbesondere wenn keine Gefahr der Interessenkollision besteht. Der Antrag ist zu begründen und über den unmittelbaren Vorgesetzten des Diensterfinders vorzulegen. Der Vorgesetzte hat zur Frage möglicher Interessenkollisionen Stellung zu nehmen.

4. Der Diensterfinder hat dem Bundesminister für Verteidigung (Abteilung W) unverzüglich nach Vertragsabschluß ein Doppel des Übertragungsvertrags unmittelbar einzureichen, das nach Prüfung zu den Personalakten des Diensterfinders zu nehmen ist.

---

[3]) Die Verordnung wurde am 2. 10. 1957 verkündet.

Anlagen

5.
Allgemeine Anordnung des Bundesministers für das Post- und Fernmeldewesen über die Art der Verwendung von Diensterfindungen
vom 19. September 1961

(Amtsblatt des Bundesministers für das Post- und Fernmeldewesen
vom 29. 9. 1961 Nr. 109 S. 995)

Gemäß § 40 Nr. 3 und 41 des Gesetzes über Arbeitnehmererfindungen vom 25. Juli 1957 (BGBl. I S. 756; AmtsblVf. Nr. 440/1957, S. 669) wird für die Beamten und Arbeitnehmer im Bereich der Deutschen Bundespost folgende allgemeine Anordnung erlassen.

1. Bei einer nach § 8 des Gesetzes über Arbeitnehmererfindungen freigewordenen Diensterfindung sind der Deutschen Bundespost die Aufnahme von Verhandlungen über den Erfindungsgegenstand und die Überlassung von Erfindungsunterlagen an Dritte, die nicht im Dienst der Deutschen Bundespost stehen, unverzüglich mitzuteilen. Die Mitteilung muß so rechtzeitig erfolgen, das die Deutsche Bundespost in der Lage ist, Auflagen zu machen.
2. Übertragungs- und Lizenzverträge, die eine freigewordene Diensterfindung zum Gegenstand haben, bedürfen der Schriftform und der Genehmigung der Deutschen Bundespost.
3. Eine freigewordene Diensterfindung darf nicht auf Familienangehörige des Diensterfinders (Ehegatten, Eltern und Kinder) übertragen werden.
4. Eine unter § 8 des Gesetzes über Arbeitnehmererfindungen fallende Diensterfindung darf nur gegen Zahlung eines einmaligen bestimmten Entgelts verwertet werden. Für den Fall, daß sich später ergeben sollte, daß der wirschaftliche Wert der Erfindung für den Erwerber von größerer Bedeutung ist, als ursprünglich angenommen, kann der Abschluß einer Vereinbarung über eine zusätzliche Vergütung vorgesehen werden. Für diese zusätzliche Vereinbarung gilt Nr. 2 der Anordnung entsprechend.
5. Es ist sicherzustellen, daß der Erwerber den Angehörigen der Deutschen Bundespost dem Deutschen Patentamt gegenüber als Erfinder nennt. Der Erfinder darf nicht auf seine Nennung verzichten.

6.
Allgemeine Anordnung des Bundesministers für Wirtschaft über Beschränkungen bei der Verwertung von Diensterfindungen von Angehörigen der technisch-wissenschaftlichen Bundesanstalten im Bereich des Bundesministeriums für Wirtschaft
vom 17. Juli 1963

(Bl.f.PMZ 1963, 324 = Ministerialblatt des Bundesministers für Wirtschaft Nr. 15
vom 15. August 1963 S. 154

Auf Grund der §§ 40 Nr. 3 und 41 des Gesetzes über Arbeitnehmererfindungen vom 25. Juli 1957 (BGBl. I S. 756) ordne ich für den Geschäftsbereich

Anlagen

der Physikalisch-Technischen Bundesanstalt, der Bundesanstalt für Materialprüfung, der Bundesanstalt für Bodenforschung und des Instituts für Chemisch-Technische Untersuchungen folgendes an:

1. Angehörige der Physikalisch-Technischen Bundesanstalt, der Bundesanstalt für Materialprüfung, der Bundesanstalt für Bodenforschung und des Instituts für Chemisch-Technische Untersuchungen haben bei der Verwertung einer nach § 8 des Gesetzes über die Arbeitnehmererfindungen freigewordenen Diensterfindung in erster Linie die Veräußerung der Rechte an der Erfindung anzustreben. Nur wenn ernsthafte Bemühungen um eine solche Verwertung der Erfindung ohne Erfolg bleiben oder bei einer solchen Verwertung eine sachgerechte Ausnutzung der Erfindung nicht gewährleistet erscheint, darf die Erfindung durch Begründung von Benutzungsrechten verwertet werden.

2. Der Erfinder darf seinem Ehegatten und seinen Geschwistern sowie Personen, die mit ihm in gerader Linie verwandt sind, weder Rechte an der Erfindung übertragen noch die Verwertung der Erfindung gestatten.

3. Als Entgelt für die Einräumung des Verwertungsrechts nach Nr. 1 darf nur eine sofort fällige Vergütung vereinbart werden.

4. Der Erfinder soll darauf hinwirken, daß die Erfindung in höchstmöglichem Maße für die Allgemeinheit fruchtbar gemacht wird. Zu diesem Zweck hat er sich darum zu bemühen, möglichst mehrere Unternehmen für die Auswertung der Erfindung zu gewinnen. Kommt eine sofortige Einschaltung mehrerer Unternehmen wegen der Art der Erfindung oder mit Rücksicht auf die sich aus Nr. 1 ergebenden Beschränkungen nicht in Betracht, so ist dem Erwerber des Benutzungsrechts, wenn irgend angängig, die Verpflichtung aufzuerlegen, künftig anderen Unternehmen auf deren Verlangen Unterlizenzen zu angemessenen Bedingungen zu erteilen.

5. In den Verwertungsverträgen ist zu vereinbaren, daß von der Erfindung im Rahmen des übertragenen Rechts Gebrauch gemacht werden muß.

6. Der Abschluß eines Verwertungsvertrages mit Unternehmen, die ihren Sitz nicht im Bundesgebiet (einschließlich des Landes Berlin) haben, ist erst dann zulässig, wenn sich andere für eine Ausnutzung der Erfindung geeignete Unternehmen auf das Angebot des Erfinders hin nicht um den Abschluß eines Verwertungsvertrages bemüht oder ein angemessenes Entgelt nicht angeboten haben.

7. Die Erfinder haben dem Leiter der Anstalt den beabsichtigten Abschluß eines Verwertungsvertrages und den Vertragsinhalt mitzuteilen. Der Leiter der Anstalt kann im Einzelfall Abweichungen von den Nrn. 2 bis 6 zulassen, soweit dies zur Vermeidung von Härten für den Erfinder geboten erscheint und soweit öffentliche, insbesondere dienstliche, Interessen nicht entgegenstehen.

8. Weitergehende Beschränkungen, die sich aus den §§ 40 und 41 in Verbindung mit § 25 des Gesetzes über Arbeitnehmererfindungen ergeben, bleiben unberührt.

Anlagen

7.
Verordnung über die steuerliche Behandlung der Vergütungen für Arbeitnehmererfindungen

vom 6. Juli 1951 (BGBl. I S. 388/BStBl. I S. 184) [1])

§ 1
Vergütungen für Arbeitnehmererfindungen

Zahlt ein Arbeitgeber auf Grund gesetzlicher Vorschriften seinem Arbeitnehmer Vergütungen für eine schutzfähige Erfindung, die aus der Arbeit des Arbeitnehmers im Betrieb entstanden ist, so werden der Steuerabzug vom Arbeitslohn und die Veranlagung zur Einkommensteuer nach Maßgabe der §§ 2 bis 4 vorgenommen, es sei denn, daß die Besteuerung nach den allgemeinen Vorschriften zu einer niedrigeren Steuer führt.

§ 2
Steuerabzug vom Arbeitslohn

(1) Die Lohnsteuer von den gesamten Vergütungen eines Kalenderjahres für Arbeitnehmererfindungen ist nach den Anordnungen zu berechnen, die für sonstige, insbesondere einmalige Bezüge bei einer Aufteilung dieser Bezüge auf ein volles Jahr getroffen sind. Die so errechnete Lohnsteuer wird zur Hälfte erhoben.

(2) Auf Verlangen des Finanzamts hat der Arbeitgeber, der den Steuerabzug vom Arbeitslohn nach Absatz 1 vorzunehmen hat, nachzuweisen, daß die gezahlten Vergütungen für Arbeitnehmererfindungen nicht unangemessen hoch sind. Das Finanzamt entscheidet, gegebenenfalls nach Anhörung von Sachverständigen, im Rahmen bestehender Anordnungen und unter Berücksichtigung kaufmännischer Übung nach billigem Ermessen.

§ 3
Lohnkonto, Lohnsteuerbelege

Der Arbeitgeber hat die Vergütungen für Arbeitnehmererfindungen und die davon einbehaltene Lohnsteuer im Lohnkonto (§ 31 der Lohnsteuer-Durchführungsverordnung 1950), in der Lohnsteuerbescheinigung (§ 47 der Lohnsteuer-Durchführungsverordnung 1950) und im Lohnzettel (§ 48 der Lohnsteuer-Durchführungsverordnung 1950) je besonders anzugeben.

§ 4
Veranlagung

(1) Durch den Steuerabzug vom Arbeitslohn ist, vorbehaltlich der Vorschrift in Absatz 2, die auf die Vergütungen für Arbeitnehmererfindungen entfallende Einkommensteuer abgegolten. Die Vergütungen bleiben bei der Veranlagung des Arbeitnehmers zur Einkommensteuer außer Betracht. Die von den Vergütungen einbehaltene Lohnsteuer wird auf die Einkommensteuerschuld des Arbeitnehmers nicht angerechnet.

---

[1]) In Berlin gilt die gleichlautende VO vom 12. 7. 1951 (GVBl. S. 533). Die VO hat vom Tage ihres Inkrafttretens an Gesetzeskraft nach Art. 3 § 1 StÄG 1968 v. 20. 2. 1969 (BGBl. 1 144) und ist letztmals für den Veranlagungszeitraum 1973 anzuwenden (2. StÄG 1971 v. 10. 8. 1971, BGBl. I 1266).

Anlagen

(2) Der Arbeitnehmer kann beantragen, daß die Vergütungen für Arbeitnehmererfindungen in eine nach § 46 des Einkommensteuergesetzes vorzunehmende Veranlagung einbezogen werden. In diesem Fall ist die anteilige Einkommensteuer, die sich für die Vergütungen für Arbeitnehmererfindungen im Verhältnis zum Gesamtbetrag der Einkünfte auf Grund der Steuer ergibt, die für das gesamte Einkommen nach der Einkommensteuertabelle festzusetzen wäre, nur zur Hälfte zu erheben. Die von den Vergütungen einbehaltene Lohnsteuer ist auf die Einkommensteuerschuld des Arbeitnehmers anzurechnen.

§ 5
Anwendungszeitraum

Die Vorschriften dieser Verordnung finden auf alle Vergütungen für Arbeitnehmererfindungen Anwendung, die dem Arbeitnehmer nach dem Inkrafttreten dieser Verordnung gezahlt werden.

§ 6
Inkrafttreten

Diese Verordnung tritt am Tage nach ihrer Verkündung²) in Kraft.

8.
Verordnung über die einkommensteuerliche Behandlung der freien Erfinder

vom 30. Mai 1951 (BGBl. I S. 387/BStBl. I S. 181) ¹)

Auf Grund des Art. II Ziff. 2 Buchst. e des Gesetzes zur Änderung des Einkommensteuergesetzes und des Körperschaftsteuergesetzes vom 29. April 1950 (BGBl. S. 95) verordnet die Bundesregierung mit Zustimmung des Bundesrats:

§ 1
Freie Erfinder und Erfindertätigkeit

(1) Freie Erfinder im Sinn dieser Verordnung sind natürliche Personen, die ihre Erfindertätigkeit nicht im Rahmen eines Arbeitsverhältnisses ausüben. Wird die Erfindertätigkeit im Rahmen eines Arbeitsverhältnisses ausgeübt, dann wird der Arbeitnehmer als freier Erfinder behandelt, soweit er die Erfindung außerhalb des Arbeitsverhältnisses verwertet.

(2) Erfindertätigkeit im Sinne dieser Verordnung ist eine Tätigkeit, die auf die Erzielung einer patentfähigen Erfindung gerichtet ist. Ob es tatsächlich zur Erteilung eines Patents kommt, ist ohne Bedeutung.

§ 2
Zurechnung der Einkünfte aus Erfindertätigkeit

Die Einkünfte der freien Erfinder aus der Erfindertätigkeit gehören zu den Einkünften aus selbständiger Arbeit oder, soweit sie im Rahmen eines Gewerbebetriebes anfallen, zu den Einkünften aus Gewerbebetrieb..

---

2) Die VO wurde am 12. 6. 1951 verkündet, in Berlin am 21. 6. 1951.
1) In Berlin gilt die entsprechende VO vom 4. 3. 1957 (GVBl. S. 278). Wegen der Gesetzeskraft der Verordnung und der zeitlichen Beschränkung ihrer Anwendbarkeit s. Fußn. 1 zu Anlage 6.

Anlagen

§ 3
Voraussetzung für die Begünstigung

Die Einkünfte der freien Erfinder aus der Erfindertätigkeit werden nach Maßgabe der §§ 4 und 5 behandelt, wenn folgende Voraussetzungen sämtlich erfüllt sind:

1. Die oberste Wirtschaftsbehörde des Landes, in dem die Erfindertätigkeit ausgeübt wird, muß die Zustimmung des Bundesministers für Wirtschaft [2]) bestätigt und die oberste Finanzbehörde [3]) des Landes muß anerkannt haben, daß der Versuch oder die Erfindung volkswirtschaftlich wertvoll ist.

2. Die Betriebseinnahmen und Betriebsausgaben, die sich auf die Versuche und Erfindungen beziehen, müssen gesondert aufgezeichnet werden.

§ 4
Begünstigung der nicht im eigenen gewerblichen Betrieb verwerteten Erfindung

Liegen die Voraussetzungen des § 3 vor und wird die Erfindung nicht im eigenen gewerblichen Betrieb verwertet, gilt folgendes:

1. Der Steuerpflichtige darf Aufwendungen, die durch seine Erfindertätigkeit veranlaßt sind, z. B. Aufwendungen zur Entwicklung, Verbesserung oder rechtlichen Sicherung der Erfindung als Betriebsausgaben absetzen, wenn sie nach dem 31. Dezember 1949 entstanden sind. Diese Aufwendungen brauchen bei einer Gewinnermittlung nach § 4 Abs. 1 und § 5 des Einkommensteuergesetzes nicht aktiviert und bei einer Gewinnermittlung nach § 4 Abs. 3 des Einkommensteuergesetzes durch einen Zuschlag nicht berücksichtigt zu werden.

2. Der Steuerpflichtige darf bei der Gewinnermittlung nach § 4 Abs. 1 und § 5 des Einkommensteuergesetzes nach Maßgabe der Sätze 2, 3 und 5 Verluste, die sich durch die steuerliche Behandlung der Aufwendungen nach Ziff. 1 in den fünf vorangegangenen Veranlagungszeiträumen ergeben haben, von den Einkünften aus selbständiger Arbeit oder aus Gewerbebetrieb absetzen, soweit sie nicht schon bei den Veranlagungen für die vorangegangenen Veranlagungszeiträume gemäß § 2 Abs. 2 des Einkommensteuergesetzes ausgeglichen oder gemäß § 10 Abs. 1 Ziff. 4 des Einkommensteuergesetzes abgezogen worden sind oder bei der Veranlagung für den laufenden Veranlagungszeitraum gemäß § 10 Abs. 1 Ziff. 4 des Einkommensteuergesetzes abgezogen werden. Die nicht ausgeglichenen oder nicht abgezogenen Verluste sind bis zur Höhe der Einkünfte aus selbständiger Arbeit oder aus Gewerbebetrieb in den Veranlagungszeiträumen zu berücksichtigen, in denen die Berücksichtigung frühestens möglich ist. Sie vermindern, wenn Einkünfte aus Erfindungen erzielt worden sind, zunächst diese Einkünfte und danach die anderen Einkünfte aus selbständiger Arbeit oder aus Gewerbebetrieb. Entsprechendes gilt bei einer Gewinnermittlung nach § 3 Abs. 3 des Einkommensteuergesetzes. Die Bestimmungen dieser Ziffer gelten erstmalig für Verluste, die nach dem 31. Dezember 1949 entstanden sind.

3. Die anteilige Einkommensteuer, die sich für die Einkünfte aus freier Erfindertätigkeit im Verhältnis zum Gesamtbetrag der Einkünfte auf Grund der Steuer, die für das gesamte Einkommen nach der Einkommensteuertabelle festzusetzen wäre, ergibt, wird auf Antrag für die Versuchszeit und für den

---
[2]) In Berlin des Senators für Wirtschaft und Ernährung.
[3]) In Berlin der Senator für Finanzen.

Anlagen

Veranlagungszeitraum, in dem die Verwertung beginnt, und für die acht folgenden Veranlagungszeiträume, bei patentierten Erfindungen höchstens aber für die Laufzeit des Patents, nur zur Hälfte erhoben. Voraussetzung dafür ist, daß der Steuerpflichtige die Steuerbegünstigung des § 34 Abs. 5 des Einkommensteuergesetzes für Einkünfte aus freier Erfindertätigkeit für den in Betracht kommenden Veranlagungszeitraum nicht in Anspruch nimmt.

§ 5
Begünstigung bei Verwertung der Erfindung im eigenen gewerblichen Betrieb

Liegen die Voraussetzungen des § 3 vor und wird die Erfindung im eigenen gewerblichen Betrieb des Erfinders oder in einem gewerblichen Betrieb verwertet, an dem der Erfinder als Mitunternehmer beteiligt ist, so findet § 4 Ziff. 1 und 2 sinngemäß Anwendung. Aufwendungen, die nach dem 20. Juni 1948 [4]) für Versuche oder für Erfindungen entstanden und aktiviert worden sind, dürfen über die Absetzungen nach § 7 des Einkommensteuergesetzes hinaus vom Zeitpunkt der Verwertung der Erfindung ab während der Restnutzungsdauer zu Lasten des Erfolgs jährlich in beliebiger Höhe abgesetzt werden (volle Bewertungsfreiheit) [5]).

§ 6
Schlußvorschriften

1. Diese Verordnung gilt erstmalig für den Veranlagungszeitraum 1950.
2. Soweit die in § 3 Ziff. 2 geforderten Aufzeichnungen der Betriebseinnahmen und Betriebsausgaben nicht nachgeholt werden können, müssen die bis zur Verkündung dieser Verordnung entstandenen Betriebseinnahmen und Betriebsausgaben schätzungsweise ermittelt und die Grundlagen der Schätzung festgehalten werden.
3.[6]) Ist die Erfindertätigkeit vor Verkündung dieser Verordnung bereits auf Grund einer landesrechtlichen Regelung zur sinngemäßen Anwendung des Erlasses des früheren Reichsministers der Finanzen vom 11. September 1944 (RStBl. S. 586) von den hierfür zuständigen Wirtschafts- und Finanzbehörden des Landes als volkswirtschaftlich wertvoll anerkannt worden, kann von einem erneuten Anerkennungsverfahren nach § 3 Ziff. 1 abgesehen werden.

§ 7
Inkrafttreten

Diese Verordnung tritt am Tage nach ihrer Verkündung [7]) in Kraft.

---

4) In Berlin nach dem 31. 3. 1949.
5) In Berlin gilt folgender weiterer Satz: Die Begünstigung des Satzes 2 gilt bei Erstellung der Eröffnungsbilanz nach § 1 Abs. 2 des D-Markbilanzgesetzes vom 12. August 1950 (VOBl. I S. 329) auf den 21. Juni 1948 auch für Aufwendungen, die in der Zeit nach dem 20. Juni 1948 entstanden und aktiviert worden sind.
6) In Berlin fehlt Ziff. 3.
7) Die VO wurde am 12. 6. 1951 verkündet. In Berlin wurde die VO am 25. 7. 1951 verkündet.

Anlagen

9.
Verordnung über die steuerliche Behandlung von Prämien für Verbesserungsvorschläge

vom 18. Februar 1957 (BGBl. I S. 33/BStBl. I S. 145) [1])

Auf Grund des § 51 Ziff. 2 Buchstabe f des Einkommensteuergesetzes in der Fassung vom 21. Dezember 1954 (Bundesgesetzbl. I S. 441) verordnet die Bundesregierung mit Zustimmung des Bundesrates:

§ 1
Gewährung von Prämien für Verbesserungsvorschläge

Bei Prämien, die der Arbeitgeber seinen Arbeitnehmern für Verbesserungsvorschläge in dem Verfahren nach § 2 gewährt, werden der Steuerabzug vom Arbeitslohn und die Veranlagung zur Einkommensteuer nach Maßgabe der §§ 3 und 4 vorgenommen. Satz 1 gilt nicht, soweit die Prämien

1. an Arbeitnehmer gewährt werden, die ausschließlich oder überwiegend mit der Erarbeitung von Verbesserungen beauftragt sind, oder
2. unangemessen hoch sind oder
3. in der Form von laufenden Zuwendungen gewährt werden oder
4. für Vorschläge gewährt werden, deren Verwirklichung zu einer nur unwesentlichen Verbesserung führen würden, oder
5. für Vorschläge gewährt werden, die als schutzfähige Erfindung im Sinn des § 1 der Verordnung über die steuerliche Behandlung der Vergütungen für Arbeitnehmererfindungen vom 6. Juni 1951 (Bundesgesetzbl. I S. 388) behandelt werden.

§ 2
Verfahren bei der Prämiengewährung

(1) Die Besteuerung nach §§ 3 und 4 ist nur zulässig, wenn bei der Gewährung von Prämien für Verbesserungsvorschläge das folgende Verfahren eingehalten wird:

1. Über die Gewährung und die Höhe einer Prämie entscheiden der Arbeitgeber oder eine oder mehrere von diesem mit der Entscheidung bauftragte Personen. In Betrieben und Dienststellen mit mehr als zwanzig Arbeitnehmern muß ein Ausschuß, dem der Arbeitgeber oder Betriebsleiter (in Verwaltungen der Dienststellenleiter oder sein Vertreter) oder die von ihm etwa beauftragten Personen und außerdem mindestens zwei Arbeitnehmer des Betriebs oder der Dienststelle angehören, der Gewährung der Prämie und ihrer Höhe zustimmen. Ausschußmitglieder dürfen insoweit nicht mitwirken, als es sich um die Beurteilung von eigenen Verbesserungsvorschlägen und von Verbesserungsvorschlägen ihrer Angehörigen (§ 10 des Steueranpassungsgesetzes) oder solcher Personen handelt, deren gesetzlicher Vertreter sie sind.
2. Die Gewährung und die Höhe einer Prämie und die Begründung hierfür sind in einer Niederschrift festzuhalten, die von dem Arbeitgeber oder Betriebsleiter (in Verwaltungen dem Dienststellenleiter oder seinem Ver-

---
1) In Berlin gilt die entsprechende VO vom 4. 3. 1957 (GVBl. S. 278). Wegen der Gesetzeskraft der Verordnung und der zeitlichen Beschränkung ihrer Anwendbarkeit s. Fußn. 1 zu Anlage 6.

Anlagen

treter) oder den von ihm etwa beauftragten Personen, bei Mitwirkung des in Nummer 1 bezeichneten Ausschusses außerdem von dessen Vorsitzenden oder seinem Vertreter und von einem weiteren Mitglied des Ausschusses zu unterschreiben ist.

3. Die Gewährung der Prämie ist den Arbeitnehmern des Betriebs oder der Verwaltung in geeigneter Weise bekanntzugeben.

(2) Die in Absatz 1 Nr. 2 bezeichnete Niederschrift ist bis zum Ablauf des fünften Kalenderjahres, das auf die Prämiengewährung folgt, aufzubewahren.

(3) Werden Prämien für Verbesserungsvorschläge von einer Dienststelle der öffentlichen Verwaltungen, einschließlich der Deutschen Bundesbahn und der Deutschen Bundespost, gewährt, so stehen Abweichungen von dem in Absatz 1 vorgeschriebenen Verfahren bei der Prämiengewährung der Besteuerung nach §§ 3 und 4 nicht entgegen, wenn die Prämien nach Richtlinien gewährt werden, die von einer obersten Bundesbehörde oder einer obersten Landesbehörde oder dem Vorstand der Deutschen Bundesbahn erlassen oder gebilligt worden sind.

§ 3
Steuerabzug vom Arbeitslohn

Übersteigt die Prämie für einen Verbesserungsvorschlag (§§ 1 und 2) nicht 200 Deutsche Mark, so gehört sie nicht zum steuerpflichtigen Arbeitslohn. Übersteigt sie 200 Deutsche Mark, so gehören ein Betrag von 200 Deutsche Mark und die Hälfte des darüber hinausgehenden Betrags, höchstens jedoch ein Betrag von insgesamt 500 Deutsche Mark, nicht zum steuerpflichtigen Arbeitslohn.

§ 4
Veranlagung

Bei der Veranlagung des Arbeitnehmers zur Einkommensteuer sind die Vorschriften des § 3 anzuwenden.

§ 5
Anwendungszeitraum und Übergangsregelung

Die Vorschriften dieser Verordnung sind auf Prämien für Verbesserungsvorschläge anzuwenden, die dem Arbeitnehmer nach dem 31. Dezember 1956 für nach dem 31. Dezember 1955 eingereichte Verbesserungsvorschläge zufließen. Bei der Gewährung von Prämien für Verbesserungsvorschläge, die dem Arbeitnehmer bis zum Ablauf eines Monats nach dem Inkrafttreten dieser Verordnung zufließen, ist die Anwendung der Vorschriften dieser Verordnung nicht von der Einhaltung der Vorschriften des § 2 Abs. 1 Nr. 1 Sätze 2 und 3 abhängig.

§ 6
Geltung im Land Berlin

Diese Verordnung gilt nach § 14 des Dritten Überleitungsgesetzes vom 4. Januar 1952 (Bundesgesetzbl. I S. 1) in Verbindung mit Artikel 15 des Gesetzes zur Neuordnung von Steuern vom 16. Dezember 1954 (Bundesgesetzbl. I S. 373) auch im Land Berlin.

§ 7
Geltung im Saarland

Diese Verordnung gilt nicht im Saarland.

Anlagen

§ 8
Inkrafttreten
Diese Verordnung tritt am Tage nach ihrer Verkündung ²) in Kraft.

10.
Einkommensteuer-Richtlinien für das Kalenderjahr 1972
(EStR 1972)
vom 22. Mai 1973 (Beilage BAnz. Nr. 110/1973 = EStBl. I S. 223)

Auszug

149 Einkommensteuerliche Behandlung der Erfinder

(1) Erfinder, die ihre Erfindertätigkeit nicht im Rahmen eines Arbeitsverhältnisses ausüben (freie Erfinder), sind mit ihren Einkünften aus der Erfindertätigkeit nach Maßgabe der Verordnung über die einkommensteuerliche Behandlung der freien Erfinder vom 30. 5. 1951 (Bundesgesetzbl. I S. 387 — BStBl. I S. 181, die nach Artikel 3 § 1 Steueränderungsgesetz 1968 vom 20. 2. 1969 — Bundesgesetzbl. I S. 141 —BStBl. I S. 116 Gesetzeskraft hat und deren Geltungsdauer durch Artikel 5 des Zweiten Steueränderungsgesetzes 1971 vom 10. 8. 1971 — Bundesgesetzbl. I S. 1266, BStBl. I S. 373 — bis zum 31. 12. 1973 verlängert worden ist) begünstigt. Planmäßige Erfindertätigkeit ist in der Regel freie Berufstätigkeit im Sinne des § 18 Abs. I Ziff. 1 EStG (BHF-Urteil vom 9. 2. 1967 — BStBl. III S. 310), soweit die Erfindertätigkeit nicht im Rahmen eines Betriebs der Land- und Forstwirtschaft oder eines Gewerbebetriebs ausgeübt wird. Wird die Erfindertätigkeit im Rahmen eines Arbeitsverhältnisses ausgeübt, dann wird der Arbeitnehmer als freier Erfinder behandelt, soweit er die Erfindung außerhalb seines Arbeitsverhältnisses verwertet. Eine Verwertung außerhalb des Arbeitsverhältnisses ist auch anzunehmen, wenn ein Arbeitnehmer eine freigewordene Diensterfindung im Sinne des § 8 Abs. 2 des Gesetzes über Arbeitnehmererfindungen vom 25. 7. 1957 (Bundesgesetzbl. I S. 756) seinem Arbeitgeber zur Auswertung überläßt, soweit der Verzicht des Arbeitgebers nicht als Verstoß gegen § 6 StAnpG anzusehen ist. Körperschaften werden durch die Verordnung nicht begünstigt.

(2) Zu den Voraussetzungen für die Begünstigung der freien Erfinder gehört, daß die Erfindung oder der Versuch volkswirtschaftlich wertvoll ist. Der Antrag auf Anerkennung dieser Voraussetzung ist bei der obersten Wirtschaftsbehörde des Landes, in dem die Erfindertätigkeit ausgeübt wird, zu stellen. Diese Behörde führt die Zustimmung des Bundesministers für Wirtschaft herbei und gibt den Antrag mit dieser Zustimmung an die oberste Finanzbehörde des Landes weiter. Diese erteilt, falls auch sie zustimmt, die Bescheinigung und gibt Abschrift der Bescheinigung an die oberste Wirtschaftsbehörde des Landes und an das zuständige Finanzamt (§ 3 Ziff. 1 der VO).

(3) Eine weitere Voraussetzung für die Begünstigung ist, daß die Betriebseinnahmen und Betriebsausgaben, die sich auf die Versuche und Erfindungen beziehen, gesondert aufgezeichnet werden (BFH-Urteil vom 20. 7. 1962 — BStBl. 1963 III S. 3).

---

²) Für das Land Berlin: Hinweis auf die VO vom 11. 7. 1951 (GVBl. S. 537) und die VO vom 12. 7. 1951 (GVBl. S. 533) sowie Anhang Nr. 17 und Anhang Nr. 19 des Gesetzes zur Änderung des Dritten Überleitungsgesetzes vom 20. 12. 1952 (GVBl. S. 1134 und 1135).

(4) Verwertet der Erfinder die Erfindung im eigenen gewerblichen Betrieb, so findet die Tarifbegünstigung des § 4 Ziff. 3 der VO keine Anwendung. Eine Verwertung im eigenen gewerblichen Betrieb ist auch dann anzunehmen, wenn ein Erfinder Gewerbetreibender ist, die Erfindung einer von ihm gegründeten GmbH überläßt und die GmbH den Erfinder mit der Herstellung des patentierten Wirtschaftsguts in seinem Gewerbebetrieb beauftragt. Eine Verwertung im eigenen gewerblichen Betrieb im Sinne der VO liegt nicht vor, wenn der Erfinder eine zum Betriebsvermögen gehörende Erfindung einer anderen Person gegen Lizenzgebühren zur Ausnutzung überläßt (BFH-Urteil vom 14. 1. 1960 — BStlB. III S. 189). Das gilt auch, wenn ein Erfinder die Auswertung seiner Erfindung einer von ihm gegründeten GmbH gegen angemessene Lizenzgebühren überläßt (BFH-Urteile vom 23. 4. und 26. 5. 1971 — BStBl. II S. 710, 735).

(5) Wird eine Erfindung im eigenen gewerblichen Betrieb und außerdem gegen Lizenzgebühren in einem fremden Unternehmen verwertet, so ist die Tarifbegünstigung im Sinne des § 4 Ziff. 3 der VO nur für die Lizenzgebühren zu gewähren. Dabei ist zu beachten, daß die Lizenzgebühren um die auf sie anteilig entfallenden Aufwendungen für die Erfindung und deren Verwertung zu kürzen sind.

(6) Bei Personengesellschaften kann auch der Mitunternehmer, der nicht Erfinder ist, eine Begünstigung nach § 5 der VO — also nicht die Tarifbegünstigung nach § 4 Ziff. 3 der VO — in Anspruch nehmen, wenn eine entsprechende Vereinbarung getroffen ist. Bei einer Personengesellschaft ist ein Fall des § 5 der VO auch gegeben, wenn die Erfindung eines Mitunternehmers in der Personengesellschaft ausgewertet wird. Gehört eine Erfindung zum Betriebsvermögen einer Personengesellschaft und wird diese Erfindung durch eine andere Person gegen Lizenzgebühren ausgewertet, so sind die Lizenzgebühren nach § 4 Ziff. 3 der VO nur insoweit begünstigt, als die Mitunternehmer an der betreffenden Erfindung beteiligt waren.

(7) Stirbt ein Erfinder, so können der unbeschränkt steuerpflichtigen Witwe und jedem unbeschränkt steuerpflichtigen Kind, das im Kalenderjahr, in dem der Erfinder verstorben ist, lebend geboren wurde oder das zu Beginn dieses Kalenderjahrs das 18. Lebensjahr noch nicht vollendet hatte, aus Billigkeitsgründen die Vergünstigungen nach der VO für die ihnen aus den Erfindungen zufließenden Lizenzeinnahmen gewährt werden; dabei ist die in § 4 Ziff. 3 der VO vorgeschriebene zeitliche Begrenzung zu beachten. Anderen Erben des verstorbenen Erfinders ist die Vergünstigung nicht zu gewähren (vgl. BFH-Urteil vom 20. 2. 1958 — BStBl. III S. 209). Wegen der steuerlichen Behandlung der Fälle, in denen ein Erbe die vom Erblasser als freiberuflichem Erfinder entwickelten Patente gegen Leibrente veräußert, vgl. BFH-Urteil vom 7. 10. 1965 (BStBl. III S. 666).

(8) Verwertet der Erfinder die Erfindung im Rahmen eines Arbeitsverhältnisses, so kommt die VO über die steuerliche Behandlung der Vergütungen für Arbeitnehmererfindungen vom 6. 6. 1951 (Bundesgesetzbl. I S. 388 — BStBl. I S. 184, die nach Artikel 3 § 1 des Steueränderungsgesetzes 1968 vom 20. 2. 1969 — Bundesgesetzbl. I S. 141 — BStBl. I S. 116 Gesetzeskraft hat und deren Geltungsdauer durch Artikel 5 des Zweiten Steueränderungsgesetzes 1971 vom 10. 8. 1971 — Bundesgesetzbl. I S. 1266, BStBl. I S. 373 — bis zum 31. 12. 1973 verlängert worden ist) in Betracht. Handelt es sich um Prämien für Verbesserungsvorschläge, so ist die VO über die steuerliche Behandlung von Prämien für Verbesserungsvorschläge vom 18. 2. 1957 (Bundesgesetzbl. I S. 33 — BStBl. I S. 145), die nach Artikel 3 § 1 des Steueränderungsgesetzes

Anlagen

1968 vom 20. 2. 1969 — Bundesgesetzbl. I S. 141 — BStBl. I S. 116 Gesetzeskraft hat und deren Geltungsdauer durch Artikel 5 des Zweiten Steueränderungsgesetzes 1971 vom 10. 8. 1971 — Bundesgesetzbl. I S. 1266, BStBl. I S. 373 — bis zum 31. 12. 1973 verlängert worden ist, zu beachten.

11.
Lohnsteuer-Richtlinien 1972
vom 18. November 1971 (Beilage BAnz. Nr. 220/71 = BStBl. I S. 445)

Auszug

52 d Lohnsteuer von Erfindervergütungen

(1) Die steuerliche Begünstigung der Arbeitnehmererfinder richtet sich nach der Verordnung über die steuerliche Behandlung der Vergütungen für Arbeitnehmererfindungen vom 6. Juni 1951 (Bundesgesetzbl. I S. 388, BStBl. I S. 184), die nach Artikel 3 § 1 Abs. 1 des Steueränderungsgesetzes 1968 vom 20. Februar 1969 (Bundesgesetzbl. I S. 141) Gesetzeskraft hat. Vom 1. Oktober 1957 an richten sich die gesetzlichen Ansprüche der Arbeitnehmererfinder auf Zahlung von Vergütungen für ihre Erfindungen nach dem Gesetz über Arbeitnehmererfindungen vom 25. Juli 1957 (Bundesgesetzbl. I S. 756) in der Fassung des Gesetzes zur Änderung des Patentgesetzes, des Warenzeichengesetzes und anderer Gesetze vom 4. September 1967 (Bundesgesetzbl. I S. 953). Anhaltspunkte für die Bemessung einer angemessenen Vergütung sind in den vom Bundesminister für Arbeit und Sozialordnung nach § 11 dieses Gesetzes erlassenen „Richtlinien für die Vergütung von Arbeitnehmererfindungen im privaten Dienst" vom 20. Juli 1959 (Beilage zum Bundesanzeiger Nr. 156 vom 18. August 1959) gegeben worden. Wegen der Erfindungen von Arbeitnehmern im öffentlichen Dienst, von Beamten und Soldaten vgl. §§ 40 bis 42 des bezeichneten Gesetzes.

(2) Steuerlich begünstigt sind nur die Vergütungen für patentfähige und für gebrauchsmusterschutzfähige Erfindungen (schutzfähige Erfindungen), nicht aber für nichtpatentfähige Erfindungen und für Verbesserungsvorschläge. Es ist nicht erforderlich, daß ein Patentschutz oder Gebrauchsmusterschutz ausgesprochen wird. Auch die Anmeldung zum Patent oder als Gebrauchsmuster ist nicht Voraussetzung. Die Anmeldung kann jedoch in der Regel als ausreichender Nachweis angesehen werden, daß es sich um eine schutzfähige Erfindung handelt. Liegt eine Anmeldung nicht vor, so können sich Anhaltspunkte für die Schutzfähigkeit der Erfindung aus den schriftlichen Erklärungen des Arbeitgebers und des Arbeitnehmers ergeben. In Zweifelsfällen können Sachverständige gehört werden.

(3) Die Höhe der Vergütungen für Arbeitnehmererfindungen ist nur in Ausnahmefällen zu beanstanden, wenn sie offensichtlich unangemessen hoch ist (§ 2 Abs. 2 der Verordnung vom 6. Juni 1951, Bundesgesetzbl. I. S. 388, BStBl. I S. 184).

(4) Für die Berechnung der Lohnsteuer, die nur zur Hälfte erhoben wird, ist § 35 Abs. 1 und 3 LStDV (Abschnitt 52 Abs. 4 bis 7) zu beachten.

52 e Steuerliche Behandlung von Prämien für Verbesserungsvorschläge

(1) Maßgebend ist die Verordnung über die steuerliche Behandlung von Prämien für Verbesserungsvorschläge vom 18. Februar 1957 (Bundesgesetzbl. I S. 33, BStBl. I S 145), die nach Artikel 3 § 1 Abs. 1 des Steueränderungs-

Anlagen

gesetzes 1968 vom 20. Februar 1969 (Bundesgesetzbl. I S. 141) Gesetzeskraft hat. Das Recht und die Pflicht des Finanzamts zu prüfen, ob die Voraussetzungen für die steuerliche Behandlung von Prämien für Verbesserungsvorschläge nach dieser Verordnung vorliegen, richtet sich nach den Vorschriften der AO, insbesondere nach den §§ 204, 206 AO.

(2) Unter die im Absatz 1 bezeichnete Verordnung fallen grundsätzlich alle Verbesserungsvorschläge von Arbeitnehmern zugunsten des Betriebs ihres Arbeitgebers oder der Verwaltung, der sie angehören, soweit nicht ein Ausschließungsgrund nach § 1 Nrn. 1 bis 5 der Verordnung vorliegt. Auf die tatsächliche Verwertung der Verbesserungsvorschläge kommt es nicht an. Die Höhe der Prämien ist vom Finanzamt nur zu beanstanden, wenn ihre Unangemessenheit offensichtlich ist. Eine Zahlung von Prämien, deren Höhe von vornherein feststeht, in mehreren Raten gilt nicht als laufende Zuwendung im Sinne des § 1 Nr. 3 der Verordnung. Auch wenn der Vorschlag nach Ansicht des Arbeitgebers und des Arbeitnehmers eine schutzfähige Erfindung darstellt, wird es steuerlich nicht beanstandet, wenn statt der Vergünstigung nach der Verordnung über die steuerliche Behandlung der Vergütungen für Arbeitnehmererfindungen (Abschnitt 52d) die Vergünstigung nach der Verordnung über die steuerliche Behandlung von Prämien für Verbesserungsvorschläge in Anspruch genommen wird. Die Prämiengewährung kann in einfachster Form, z. B. durch Anschlag, Mitteilung in der Werkszeitung oder in der Betriebsversammlung bekanntgegeben werden; dabei genügt es, wenn Anzahl und Gesamtsumme der gewährten Prämien angegeben werden. Es genügt, wenn die zur Voraussetzung der steuerlichen Begünstigung gehörende Bekanntgabe der Prämiengewährung innerhalb eines Jahres nach der Prämiengewährung vollzogen wird.

(3) Die Niederschrift (§ 2 Abs. 1 Nr. 2 der Verordnung) ist vom Arbeitgeber als Beleg zum Lohnkonto aufzubewahren. Die Eintragung gewährter Prämien im Lohnkonto richtet sich nach § 31 LStDV.

(4) Soweit Prämien von einer Dienststelle der öffentlichen Verwaltungen, einschließlich der Deutschen Bundesbahn und der Deutschen Bundespost, nicht nach Richtlinien gewährt werden, die von einer obersten Bundesbehörde oder einer obersten Landesbehörde oder dem Vorstand der Deutschen Bundesbahn erlassen oder gebilligt worden sind, kann die steuerliche Begünstigung nur bei Einhaltung des im § 2 Abs. 1 der Verordnung bezeichneten Verfahrens eintreten.

12.
Verordnung über die Behandlung von Erfindungen von Gefolgschaftsmitgliedern
vom 12. Juli 1942 (RGBl. I S. 466)

Erfindungen von *Gefolgschaftsmitgliedern* steigern die Leistung der Wirtschaft. *Sie dienen vor allem der Rüstung* und müssen tatkräftig gefördert, ausgewertet und geschützt werden. *Da während des Krieges die vorgesehene ausführliche Regelung durch ein Reichsgesetz zurückgestellt werden muß, bestimme ich auf Grund der Verordnung zur Durchführung des Vierjahresplanes vom 18. Oktober 1936)RGBl. I S. 887) folgendes:*

§ 1

In den Betrieben (private und öffentliche Betriebe) ist *unter Aufsicht der Gauhauptmänner für Technik der NSDAP* für eine geeignete Betreuung der erfinderisch tätig werdenden *Gefolgschaftsmitglieder* zu sorgen.

Anlagen

§ 2

Jedes *Gefolgschaftsmitglied* ist verpflichtet, die von ihm gemachten Erfindungen, soweit sie aus seiner Arbeit im Betrieb heraus entstanden sind, dem Unternehmer zur Verfügung zu stellen. Der Unternehmer hat dafür eine angemessene Vergütung zu zahlen.

§ 3

Der Reichsminister für Bewaffnung und Munition erläßt im Einvernehmen mit dem Reichsarbeitsminister und den sonst beteiligten Reichsministern die zur Durchführung und Ergänzung dieser Verordnung notwendigen Rechts- und Verwaltungsvorschriften.

§ 4

Diese Verordnung tritt mit der Verkündung in Kraft. *Sie gilt auch an den eingegliederten Ostgebieten.*

13.
Durchführungsverordnung zur Verordnung über die Behandlung von Erfindungen von Gefolgschaftsmitgliedern
vom 20. März 1943 (RGBl. I S. 257)

Auf Grund des § 3 der Verordnung über die Behandlung von Erfindungen von Gefolgschaftsmitgliedern vom 12. Juli 1942 (RGBl. I S. 466) wird im Einvernehmen mit dem Beauftragten für den Vierjahresplan, dem Reichsarbeitsminister und den übrigen beteiligten Reichsministern verordnet:

§ 1
Geltungsbereich

Als Betriebe im Sinne der Verordnung vom 12. Juli 1942 gelten auch die öffentlichen Verwaltungen. Diese Verordnung und die Durchführungsverordnung gelten daher für die Beamten, *ferner für die Angehörigen der Wehrmacht und des Reichsarbeitsdienstes* sowie für die Angestellten und Arbeiter usw. in den öffentlichen Verwaltungen und Betrieben *im Sinne des Gesetzes zur Ordnung der Arbeit in öffentlichen Verwaltungen und Betrieben vom 23. März 1934 (RGBl. I S. 220).*

§ 2
Erfinderbetreuung im Betrieb

(1) In Betrieben, für welche die Bestellung eines Betreuers für die erfinderisch tätig werdenden *Gefolgschaftsmitglieder* zweckmäßig erscheint, werden die Betreuer *vom Betriebsführer im Einvernehmen mit dem Betriebsobmann* vorgeschlagen und *nach Zustimmung des Gauamts für Technik der NSDAP* von dem zuständigen Dienststellenleiter der DAF berufen.

(2) *Das Hauptamt für Technik der NSDAP gewährleistet, daß die am Verfahren Beteiligten auf Geheimhaltung, besonders im Interesse der Landesverteidigung, verpflichtet werden.*

(3) *Für die öffentlichen Verwaltungen und Betriebe bestimmt die zuständige oberste Reichsbehörde nach Fühlungnahme mit dem Hauptamt für Technik der NSDAP die geeignete Form der Betreuung.*

§ 3
Meldung der Erfindung durch das Gefolgschaftsmitglied

(1) Ein *Gefolgschaftsmitglied*, das während der Dauer des Arbeitsverhältnisses eine Erfindung gemacht hat, ist verpflichtet, diese gegebenenfalls unter

Anlagen

Hinzuziehung des Erfinderbetreuers, unverzüglich dem Unternehmer schriftlich zu melden. Haben mehrere *Gefolgschaftsmitglieder* zu der Erfindung beigetragen, so haben sie die Erfindungsmeldung gemeinsam oder jeder für sich abzugeben.

(2) In der Erfindungsmeldung soll das *Gefolgschaftsmitglied* die Aufgabe und ihre Lösung bezeichnen und unter Beifügung etwaiger Aufzeichnungen das Zustandekommen der Erfindung kurz beschreiben; dabei sollen die ihm von Dienstvorgesetzten erteilten Weisungen oder Richtlinien, die benutzten Hilfsmittel und Vorarbeiten des Betriebes, die Mitarbeiter sowie Art und Umfang ihrer Mitarbeit angegeben werden.

(3) Vor Beginn des Arbeitsverhältnisses gemachte, noch nicht zum Patent angemeldete Erfindungen hat das *Gefolgschaftsmitglied* bei seinem Dienstantritt dem Unternehmer anzuzeigen, soweit es sie nicht seinem früheren Unternehmer angezeigt hat. In diesem Falle hat es nur die Tatsache der Erfindungsanzeige mitzuteilen.

§ 4
Inanspruchnahme der Erfindung durch den Unternehmer

(1) Der Unternehmer kann eine vom *Gefolgschaftsmitglied* während der Dauer des Arbeitsverhältnisses gemachte Erfindung in Anspruch nehmen, wenn sie aus der Arbeit des *Gefolgschaftsmitgliedes* im Betrieb heraus entstanden ist; dazu rechnet jede Erfindung, die aus der dem *Gefolgschaftsmitglied* im Betrieb obliegenden Tätigkeiten erwachsen ist oder die maßgeblich auf betrieblichen Erfahrungen, Vorarbeiten oder sonstigen betrieblichen Anregungen beruht.

(2) Die Inanspruchnahme ist so bald wie möglich, spätestens aber innerhalb einer Frist von sechs Monaten nach der Erfindungsmeldung, gegenüber dem *Gefolgschaftsmitglied* schriftlich zu erklären. Mit dem Zeitpunkt der Erklärung geht die Erfindung auf den Unternehmer über. Verfügungen, die das *Gefolgschaftsmitglied* vorher trifft, sind dem Unternehmer gegenüber unwirksam. Gibt der Unternehmer eine eindeutige Erklärung innerhalb der Frist nicht ab, so kann das *Gefolgschaftsmitglied* — *erforderlichenfalls unter Beachtung der im Interesse der Landesverteidigung gegebenen Geheimhaltungsbestimmungen* — über die Erfindung frei verfügen.

(3) Der Unternehmer hat die gemeldete Erfindung so lange geheim zu behandeln, wie er sie nicht in Anspruch genommen hat. Das *Gefolgschaftsmitglied* hat die Erfindung so lange geheim zu behandeln, bis es die freie Verfügung darüber erhält.

§ 5
Anspruch des Gefolgschaftsmitgliedes auf angemessene Vergütung

(1) Nimmt der Unternehmer eine patentfähige Erfindung eines *Gefolgschaftsmitgliedes* in Anspruch, so hat dieses gegenüber dem Unternehmer einen Anspruch auf angemessene Vergütung. Bei der Bemessung der Vergütung sind insbesondere die Verwertbarkeit der Erfindung, das Ausmaß der schöpferischen Leistung, die Höhe des Arbeitsentgeltes und die Aufgaben des *Gefolgschaftsmitgliedes* im Betrieb zu berücksichtigen.

(2) Die Art und Höhe der Vergütung ist in angemessener Frist nach Entstehung des Vergütungsanspruches, spätestens mit Erteilung des Patents, zwischen dem Unternehmer und dem *Gefolgschaftsmitglied*, erforderlichenfalls unter Hinzuziehung des Erfinderbetreuers, festzulegen. Auf die Erfin-

Anlagen

dung etwa voraus geleistete Beträge sind auf die Vergütung anzurechnen. Sind mehrere *Gefolgschaftsmitglieder* an der Erfindung beteiligt, so ist die Vergütung für jedes *Gefolgschaftsmitglied* gesondert festzulegen.

(3) Kommt eine Einigung über Art und Höhe der Vergütung nicht zustande, so hat der Unternehmer diese durch schriftliche Erklärung an das Gefolgschaftsmitglied festzusetzen. Ist das *Gefolgschaftsmitglied* mit der Festsetzung nicht einverstanden, so ist innerhalb einer Frist von zwei Monaten nach erfolgter Festsetzung der Vergütung nach § 10 Abs. 1 zu erfahren. Das *Gefolgschaftsmitglied* kann auch dann nach § 10 vorgehen, wenn der Unternehmer die Festsetzung ungebührlich verzögert.

(4) Ist ein Angehöriger des öffentlichen Dienstes (Beamter, *Angehöriger der Wehrmacht oder des Reichsarbeitsdienstes*, Angestellter, Arbeiter usw.) mit der von der zuständigen Dienststelle festgesetzten Vergütung nicht einverstanden, so bestimmt die oberste Dienstbehörde, *für die Angehörigen der Wehrmacht das Oberkommando des zuständigen Wehrmachtteils für die Angehörigen des Reichsarbeitsdienstes der Reichsarbeitsführer, nach Fühlungnahme mit dem Hauptamt für Technik der NSDAP*, die Vergütung. Ist der betreffende Angehörige des öffentlichen Dienstes mit diesem Entscheid nicht einverstanden, so ist innerhalb einer Frist von zwei Monaten nach erfolgter Festsetzung der Vergütung nach § 10 Abs. 2 zu verfahren.

(5) Treten nachträglich Umstände ein, die eine festgelegte oder festgesetzte Vergütung als offenbar unbillig erscheinen lassen, so können der Unternehmer und das *Gefolgschaftsmitglied* eine andere Festsetzung der Vergütung — gegebenenfalls gemäß § 10 — verlangen. Rückzahlung einer bereits geleisteten Vergütung kann nicht verlangt werden, auch dann nicht, wenn sich nachträglich herausstellt, daß die Erfindung nicht patentfähig ist.

(6) Für nicht patentfähige Erfindungen, für Gebrauchsmuster und für Verbesserungsvorschläge kann dem *Gefolgschaftsmitglied* unabhänig von den Vergütungsbestimmungen dieser Verordnung eine Belohnung gewährt werden.

§ 6
Erwirkung von Patenten

(1) Der Unternehmer ist verpflichtet und insoweit allein berechtigt, eine ihm gemeldete Erfindung unverzüglich im Inland zum Patent anzumelden, wenn er die Erfindung dem Erfinder nicht freigibt. Nach erfolgter Inanspruchnahme der Erfindung ist der Unternehmer berechtigt, auch im Ausland Patente für sich zu erwerben. Das Gefolgschaftsmitglied hat auf Verlangen den Unternehmer hierbei zu unterstützen und erforderliche Erklärungen abzugeben.

(2) Der Unternehmer hat, abgesehen von dem Fall des Abs. 3, auf Verlangen des Gefolgschaftsmitgliedes diesem den Erwerb von Auslandspatenten zu ermöglichen, soweit er selbst Auslandspatente nicht erwerben will. Er kann jedoch verlangen, daß ihm das Gefolgschaftsmitglied in den Ländern, in denen dieses ein Patent erwirbt, ein Recht zur Benutzung der Erfindung gegen angemessene Vergütung einräumt.

(3) Wenn besondere Belange des Betriebes es erfordern, die Erfindung nicht bekannt werden zu lassen, kann der Unternehmer von der Erwirkung von Patenten absehen, wenn er die Patentfähigkeit der Erfindung gegenüber dem Gefolgschaftsmitglied anerkennt. Bestehen jedoch Meinungsverschiedenheiten über die Patentfähigkeit, so ist der Unternehmer verpflichtet, die Erfindung im Inland zum Patent anzumelden und berechtigt, die Anmeldung nach

Anlagen

Erlaß des Bekanntmachungsbeschlusses zurückzunehmen; die Entscheidung des *Reichspatentamts* ist dann in dem Verhältnis zwischen Unternehmer und *Gefolgschaftsmitglied* maßgebend. *Falls in beiden vorstehenden Fällen die Erfindung rüstungswirtschaftliche Bedeutung hat, ist der Erfindungsgedanke dem zuständigen Wehrmachtteil vom Unternehmer mitzuteilen.* Bei der Festsetzung der Vergütung sind wirtschaftliche Nachteile, die sich für das *Gefolgschaftsmitglied* aus der Wahrung des Betriebsgeheimnisses ergeben, zu berücksichtigen.

(4) Der Unternehmer hat dem *Gefolgschaftsmitglied* bei der Anmeldung der Erfindung zum Patent Abschrift der Anmeldungsunterlagen und Kenntnis von dem Fortgang des Verfahrens sowie auf Verlangen Einsicht in den Schriftwechsel zu geben.

§ 7
Nichtaufrechterhaltung und Übertragung von Patenten

Will der Unternehmer ein Patent vor der Erfüllung der Ansprüche des *Gefolgschaftsmitgliedes* auf angemessene Vergütung fallen lassen, so hat er dies dem *Gefolgschaftsmitglied* vorher mitzuteilen. Dessen Anspruch auf angemessene Vergütung bleibt erhalten, wenn nicht der Unternehmer bereit ist, das Patent auf das *Gefolgschaftsmitglied* zu übertragen. Überträgt der Unternehmer das Patent auf das *Gefolgschaftsmitglied*, kann er von ihm die Einräumung eines Benutzungsrechtes gegen angemessene Vergütung verlangen.

§ 8
Lösung des Arbeitsverhältnisses

Rechte und Pflichten aus dieser Verordnung werden durch die Lösung des Arbeitsverhältnisses nicht berührt.

§ 9
Unabdingbarkeit

Die Vorschriften dieser Verordnung können zu Ungunsten des *Gefolgschaftsmitgliedes* nicht im voraus abgedungen werden.

§ 10
Zuständigkeit und Verfahren in Rechtsstreitigkeiten

(1) *In allen Streit- und Zweifelsfällen können die Rechtsberatungsstellen der DAF zum Zwecke der gütigen Beilegung angegangen werden. Vor der Durchführung von Rechtsstreitigkeiten müssen sie angerufen werden. Wird eine Verständigung nicht erzielt, so kann das Hauptamt für Technik der NSDAP im Einvernehmen mit dem Amt für Rechtsberatungsstellen der DAF zur Beilegung eines Streitfalls einen Einigungsvorschlag machen. Dieser wird für beide Teile verbindlich, sofern nicht der Streitteil, der dem Einigungsvorschlag nicht zustimmen will, innerhalb einer Frist von zwei Monaten nach Zustellung des Einigungsvorschlages die Entscheidung der ordentlichen Gerichte beantragt.*

(2) *Für Angehörige des öffentlichen Dienstes entscheidet ihre oberste Dienstbehörde nach Fühlungnahme mit dem Hauptamt für Technik der NSDAP, für Angehörige der Wehrmacht das Oberkommando des beteiligten Wehrmachtteils nach Fühlungnahme mit dem Hauptamt für Technik der NSDAP, für den Reichsarbeitsdienst der Reichsarbeitsführer nach Fühlungnahme mit dem Hautpamt für Technik der NSDAP. Gegen diese Entscheidung können*

innerhalb von zwei Monaten nach Zustellung, die nach den Vorschriften der Zivilprozeßordnung zu erfolgen hat, die ordentlichen Gerichte angerufen werden.

(3) Für Rechtsstreitigkeiten über Erfindungen von Gefolgschaftsmitgliedern sind die für Patentstreitsachen zuständigen Gerichte ausschließlich zuständig. Die bisherige Zuständigkeit der Arbeitsgerichte zur Entscheidung über Ansprüche von Vergütung oder Entschädigung für Erfindungen von Gefolgschaftsmitgliedern wird aufgehoben (§ 2 Abs. 1 Nr. 1 Halbsatz 2 des Arbeitsgerichtsgesetzes in der Fassung der Bekanntmachung vom 10. April 1934 — RGBl. I S 319). Für Rechtsstreitigkeiten, die bei Verkündung dieser Verordnung anhängig sind, verbleibt es bei der bisherigen Zuständigkeit.

(4) Auf das Verfahren in Rechtsstreitigkeiten auf Grund dieser Verordnung finden die Vorschriften des § 51 Abs. 1 Satz 2 (Ausschluß der erweiterten Zulässigkeit von Rechtsmitteln), Abs. 3 bis 5 (Zulassung von Rechtanwälten und Kostenregelung), § 52 Abs. 3, 4 (Mitwirkung des Reichspatentamts) und Abs. 5 (Besondere Anordnung für den Beweis durch Sachverständige), sowie § 53 (Kostenfestsetzung nach einem Teil des Streitwerts) des Patentgesetzes vom 5. Mai 1936 (RGBl. II S. 117), sowie § 9 Abs. 3 (Mitwirkung von Patentanwälten) des Patentanwaltgesetzes vom 28. September 1933 (RGBl. I S. 669) sowie die Vorschriften des Gesetzes über die Beiordnung von Patentanwälten in Armensachen vom 5. Februar 1938 (RGBl. I S. 116) Anwendung. § 74 Abs. 2 und 3 des Gerichtskostengesetzes (Vorauszahlung der Gerichtskosten) sind nicht anzuwenden.

§ 11
Öffentlicher Dienst

(1) Für den öffentlichen Dienst finden die vorstehenden Bestimmungen einschließlich der besonderen Bestimmungen für den öffentlichen Dienst entsprechend Anwendung mit nachfolgender Maßgabe:

(2) Die obersten Dienstbehörden oder die von ihnen beauftragten Stellen, *für Angehörige der Wehrmacht das Oberkommando des betreffenden Wehrmachtteils, für den Reichsarbeitsdienst der Reichsarbeitsführer,* entscheiden unter Ausschluß des Rechtsweges darüber, ob die Voraussetzungen des § 4 Abs. 1 für die Inanspruchnahme einer Erfindung vorliegen.

(3) Für den öffentlichen Dienst kann sich der Dienstherr statt mit der Inanspruchnahme der Erfindung mit der Inanspruchnahme eines Nutzungsrechts begnügen. Die Anmeldung der Erfindung zum Patent ist dann Sache des Erfinders. Sein Vergütungsanspruch mindert sich entsprechend.

(4) In Sonderfällen kann der Dienstherr statt der Erfindung oder neben einem Nutzungsrecht nach vorheriger Vereinbarung auch eine angemessene Beteiligung an dem Ertrage der Erfindung in Anspruch nehmen. Über die Höhe der Beteiligung können im voraus bindende Abmachungen getroffen werden. Kommt in angemessener Frist nach Entstehung des Rechts auf Beteiligung an dem Ertrage eine Vereinbarung über die Höhe der Beteiligung nicht zustande, so hat der Dienstherr die Höhe der Beteiligung festzusetzen. Die Vorschriften des § 5 finden entsprechende Anwendung.

(5) Den Angehörigen des öffentlichen Dienstes können im öffentlichen Interesse durch Anordnungen der zuständigen obersten Dienstbehörden Beschränkungen hinsichtlich der Art der Erfindungsverwertung auferlegt werden. Die Pflichten des Angehörigen des öffentlichen Dienstes, die sich aus seiner Stellung in diesem ergeben, insbesondere die Pflichten des Beamten aus dem Beamtenrecht, bleiben unberührt.

Anlagen

(6) Die oberste Dienstbehörde *oder das Oberkommando eines Wehrmachtteils oder der Reichsarbeitsführer* können ihre Rechte und Pflichten auf eine andere oberste Dienstbehörde *oder ein anderes Oberkommando* übertragen.

§ 12
Nationalsozialistische Deutsche Arbeiterpartei

(1) Diese Verordnung findet auch Anwendung auf die NSDAP, ihre Gliederungen und angeschlossenen Verbände. Nähere Bestimmungen erläßt der Reichsschatzminister der NSDAP im Einvernehmen mit dem Leiter der Partei-Kanzlei durch Anordnung im Reichsverfügungsblatt.

(2) § 10 Abs. 2 und § 11 gelten entsprechend.

§ 13
Inkrafttreten und Rückwirkung

(1) Diese Verordnung tritt mit dem 22. Juli 1942 in Kraft. Die Vorschriften dieser Verordnung über die Vergütung sind auch auf Erfindungen anzuwenden, die vor dem Inkrafttreten der Verordnung zustande gekommen sind, wenn *das Hauptamt für Technik der NSDAP* erklärt, daß die bisherige Behandlung der Vergütung in besonderem Maße unbefriedigend ist. Für Erfindungsmeldungen zwischen dem 22. Juli 1942 und dem Datum der Veröffentlichung der Durchführungsverordnung verlängert sich die Frist zur Inanspruchnahme der Erfindung gemäß § 4 Abs. 2 um die gleiche Zeit.

(2) Die im § 10 Abs. 4 vorgesehene Anwendung des Gesetzes über die Beiordnung von Patentanwälten in Armensachen unterbleibt in den Alpen- und Donau-Reichsgauen und dem Reichsgau Sudetenland so lange, wie das Gesetz dort nicht eingeführt ist.

14.
Richtlinien für die Vergütung von Gefolgschaftserfindungen
Fassung vom 10. Oktober 1944

(Deutscher Reichsanzeiger und Preußischer Staatsanzeiger vom 5. Dez. 1944, Nr. 271)

Die folgenden Richtlinien sollen einen Anhalt für die Ermittlung einer gerechten Erfindervergütung geben. Besondere Verhältnisse können Abwandlungen erforderlich machen, insbesondere soweit Erfindervergütungen zu Lasten des öffentlichen Dienstes gehen.

I.

Nach der Verordnung über die Behandlung von Erfindungen von Gefolgschaftsmitgliedern vom 12. Juli 1942 (RGBl. I S. 466) ist vom Unternehmer für die Zurverfügungstellung einer von einem Gefolgschaftsmitglied gemachten Erfindung eine angemessene Vergütung zu zahlen. Die Verpflichtung, die Erfindung zur Verfügung zu stellen, besteht für diejenigen Erfindungen, die aus der Arbeit des Gefolgschaftsmitgliedes im Betriebe heraus entstanden sind. Dazu gehört nach § 4 der Durchführungsverordnung vom 20. März 1943 (RGBl. I S. 257) jede vom Gefolgschaftsmitglied während der Dauer des Arbeitsverhältnisses gemachte Erfindung, die aus der ihm im Betrieb obliegenden Tätigkeit erwachsen ist oder die maßgeblich auf betrieblichen Erfahrungen, Vorarbeiten oder sonstigen betrieblichen Anregungen beruht. Wegen dieses Anteils des Betriebes an der Entstehung der Gefolgschaftserfindung sind die vom Unternehmer in Anspruch genommenen und zu vergütenden Erfin-

Anlagen

dungen nicht ohne weiteres so zu behandeln, wie freie Erfindungen verkehrsüblicherweise bewertet werden. Insbesondere sind Gefolgschaftserfindungen im allgemeinen geringer zu bewerten, weil der Gefolgschaftserfinder nicht das materielle Risiko wie der freie Erfinder zu tragen hat.

Bei der Bemessung der Vergütung für eine in Anspruch genommene patentfähige Erfindung eines Gefolgschaftsmitgliedes sind nach § 5 der Durchführungsverordnung insbesondere das Ausmaß der schöpferischen Leistung, die Höhe des Arbeitsentgelts, die Aufgaben des Gefolgschaftsmitgliedes im Betriebe und die Verwertbarkeit der Erfindung zu berücksichtigen.

II.

Die Bewertung der schöpferischen Leistung ergibt sich aus der Art der Aufgabenstellung, ihrer Lösung und der Stellung des Gefolgschaftsmitgliedes im Betriebe.

Art der Aufgabenstellung

Der Erfinder kann zu der Erfindung veranlaßt worden sein:
1. durch unmittelbaren Anstoß bei Angabe des beschrittenen Lösungsweges,
2. durch unmittelbaren Anstoß ohne Angabe des beschrittenen Lösungsweges,
3. ohne unmittelbaren Anstoß durch die infolge der Betriebszugehörigkeit erlangte Kenntnis von bereits erkannten Mängeln und Bedürfnissen,
4. ohne unmittelbaren Anstoß durch die infolge der Betriebszugehörigkeit ermöglichte eigene Feststellung von Mängeln und Bedürfnissen,
5. ohne betriebliche Anregung durch eigene Stellung einer Teilaufgabe,
6. ohne betriebliche Anregung durch eigene Stellung einer Gesamtaufgabe.

Je nach der Einstufung in diese Gruppierung ist der Anteil der schöpferischen Leistung des Erfinders entsprechend der aufgeführten Reihenfolge kleiner oder größer. Dabei ist die Leistung am größten, wenn der Erfinder ohne Anregung aus dem Betriebe sich die Erfindungsaufgabe selbst gestellt hat (5 und 6). Liegen betriebliche Anregungen vor, so ist zu unterscheiden, ob der Erfinder aus eigener Initiative erfunden hat (3 und 4) oder ob ein unmittelbarer Anstoß (Auftrag, Besprechung, Kundenanfrage, Reklamationen usw.) erfolgt ist (1 und 2).

Lösung der Aufgabe

Die Erfindungsaufgabe kann auf folgende Weise gelöst worden sein:
1. Die Lösung erfolgte durch dem Erfinder beruflich geläufige Überlegungen unter Benutzung der technischen Hilfsmittel des Betriebes.
2. Die Lösung erfolgte durch dem Erfinder beruflich geläufige Überlegung ohne Benutzung der technischen Hilfsmittel des Betriebes.
3. Die Lösung erfolgte durch Auswertung abteilungsfremder Überlegungen unter Benutzung der technischen Hilfsmittel des Betriebes.
4. Die Lösung erfolgte durch Auswertung abteilungsfremder Überlegungen ohne Benutzung der technischen Hilfsmittel des Betriebes.
5. Die Lösung erfolgte durch Auswertung betriebsfremder Überlegungen unter Benutzung der technischen Hilfsmittel des Betriebes.
6. Die Lösung erfolgte durch Auswertung betriebsfremder Überlegungen ohne Benutzung der technischen Hilfsmittel des Betriebes.

Auch hier ist je nach der Einstufung in diese Gruppierung der Anteil der schöpferischen Leistung entsprechend der aufgeführten Reihenfolge geringer oder höher. Unter dem Erfinder beruflich geläufigen Überlegungen (1 und 2) sind Überlegungen auf Grund von Kenntnissen und Erfahrungen zu verstehen, die der Erfinder durch seine berufsmäßige Ausbildung und durch seine Tätigkeit im Betrieb haben muß. Unter abteilungsfremden Überlegungen (3 und 4) sind solche zu verstehen, die nicht dem engeren Betriebsbereich entsprechen, in dem der Erfinder tätig ist, sondern nur im weiteren Betriebsbereich, das ist in fremden Betriebsabteilungen, vorkommen. Sie setzen also Kenntnisse und Erfahrungen voraus, die der Erfinder durch seine Ausbildung und durch seine Tätigkeit im Betriebe nicht ohne weiteres haben kann. Unter betriebsfremden Überlegungen (5 und 6) sind die Kenntnisse und Erfahrungen zu verstehen, die der Erfinder weder durch seine Ausbildung noch durch seine Tätigkeit im Betrieb haben kann, insbesondere Erkenntnisse von komplizierten oder schwer erkennbaren Zusammenhängen. Unter den technischen Hilfsmitteln des Betriebes sind neben den dienstbekannten geschützten und ungeschützten Erkenntnissen die dem Erfinder zur Verfügung stehenden Vorarbeiten, Anregungen und sonstigen Mittel des Betriebes zu verstehen.

Stellung des Gefolgschaftsmitgliedes im Betriebe

Da der Umfang, in dem ein Gefolgschaftmitglied sich vor Aufgaben gestellt sieht, die einer Lösung bedürfen, von seiner Stellung im Betriebe abhängig ist und außerdem hiervon sein Arbeitsentgelt abhängt, das bei normaler Bezahlung sein Verhältnis bestimmt, nach welchem man von ihm erfinderische Normalleistungen noch erwarten kann, ist seine Stellung im Betriebe für die Bewertung ebenfalls von Bedeutung.

Man kann folgende Stellungen im Betriebe unterscheiden:
1. Mechanisch Tätige ohne Fachausbildung
   Lehrlinge, einfache weibliche Arbeitskräfte, Hilfsarbeiter, Angelernte usw.
2. Mechanisch Tätige mit Fachausbildung
   Facharbeiter, Spezialarbeiter, Laboranten, einfache Zeichner(innen) usw.
   Einfache kaufmännisch Tätige, soweit für diese nicht höhere Gruppen in Frage kommen.
3. Betriebsunterführer
   Vorarbeiter, Kolonnenführer, Monteure, Untermeister, Meister ohne unmittelbare Betriebsverantwortung, Magazinverwaltung usw.
4. Gebunden geistig technisch Tätige
   Werkmeister, Obermeister, Montageingenieure, Offertingenieure, Projektingenieure, Chemotechniker, Techniker, Betriebsingenieure, einfache Konstrukteure usw.
   Kaufmännisch Tätige
   Kaufmännische Abteilungsleiter usw.
5. In der Fertigung selbständig geistig Tätige
   Gruppeningenieure und Gruppenchemiker, Oberingenieure, Technische Betriebs- und Abteilungsleiter usw.
   Gehoben kaufmännisch Tätige
   Verwaltungs- und kaufmännische Direktoren usw.
6. In der Fertigung leitend Tätige und in der Entwicklung selbständig geistig Tätige
   In der Fertigung: Chefingenieure und Chefchemiker, Technische Betriebs- und Abteilungsdirektoren usw.
   In der Entwicklung: Gruppenkonstrukteure und Gruppenchemiker, wissenschaftliche Mitarbeiter, Technische Abteilungs- und Betriebsleiter usw.

Anlagen

7. In der Entwicklung leitend Tätige und in der Forschung selbständig geistig Tätige
In der Entwicklung: Entwicklungschefingenieure und Entwicklungschefchemiker usw. In der Forschung: Erste Forschungsingenieure und Forschungschemiker usw.
8. Führend Tätige und in der Forschung leitend Tätige
In der Forschung: Forschungschefingenieure und Forschungschefchemiker, Leiter großer Laboratorien usw. Direktoren ganzer Werke und, soweit nicht in freier Vereinbarung geregelt, auch die nicht als Gefolgschaftsmitglieder geltenden Betriebsführer und Vorstandsmitglieder, soweit sie nicht gleichzeitig Unternehmer sind. Gesellschafter, Geschäftsführer usw.

Je weniger von einem Gefolgschaftsmitglied angesichts seiner Stellung im Betriebe und des ihm zum Zeitpunkt der Erfindungsmeldung gezahlten Arbeitsentgelts verlangt werden kann, an der technischen Entwicklung mitzuarbeiten, um so höher ist bei sonst gleichen Bedingungen die schöpferische Leistung zu bewerten.

Dabei beeinflußt die Höhe des Arbeitsentgelts den Vergütungsanspruch nicht, wenn die Stellung des Erfinders im Betrieb und seine Bezahlung in richtigem Verhältnis zueinander stehen. Hierbei ist lediglich die Höhe des normalen Arbeitsentgelts (Jahreseinkommen einschl. Tantiemen, Umsatzbonifikationen usw.) zugrunde zu legen. Vergütungen für erfinderische Normalleistungen oder erfinderische Sonderleistungen durch bereits in Anspruch genommene andere Erfindungen erfahren keine Berücksichtigung. Weicht dagegen das Arbeitsentgelt des Erfinders wertmäßig von dem für seine Stellung sonst üblichen Arbeitsentgelt ab, so ist für die Vergütungsermittlung die Stellung des Erfinders entsprechend niedriger oder höher zu bewerten.

Eine im Verhältnis zur Stellung des Gefolgschaftserfinders besonders hohe Bezahlung wirkt also durch die sich ergebende niedrigere Einstufung ermäßigend, eine im Verhältnis zur Stellung des Gefolgschaftserfinders besonders geringe Bezahlung wirkt durch die sich ergebende höhere Einstufung erhöhend auf die Vergütung. Erfindungen kaufmännischer Gefolgschaftsmitglieder sind gegenüber Erfindungen technisch tätiger Gefolgschaftsmitglieder höher zu werten.

Je nach dem Grad, der sich aus den wechselseitigen Beziehungen der vorstehend aufgeführten Gesichtspunkte (Aufgabenstellung, Lösung der Aufgabe und Stellung des Erfinders im Betrieb ergibt, ist der Grad der schöpferischen Leistung als erfinderische Normalleistung oder als erfinderische Sonderleistung zu bewerten.

Der Umfang einer erfinderischen Normalleistung kann durch folgende Höchstwerte bestimmt werden: Sie liegt vor,
wenn von einem führend tätigen Gefolgschaftsmitglied (8) eine ohne betriebliche Anregung gestellte eigene Gesamtaufgabe (6) durch Auswertung betriebsfremder Überlegungen unter Benutzung der technischen Hilfsmittel des Betriebes gelöst ist (5) oder
wenn von einem führend tätigen Gefolgschaftsmitglied (8) eine ohne betriebliche Anregung gestellte eigene Teilaufgabe (5) durch Auswertung betriebsfremder Überlegungen ohne Benutzung der technischen Hilfsmittel des Betriebes gelöst ist (6) oder
wenn von einem mechanisch Tätigen ohne Fachausbildnug (1) ohne unmittelbaren Anstoß durch die infolge der Betriebszugehörigkeit erlangte Kenntnis von bereits erkannten Mängeln oder Bedürfnissen (3) eine Erfindungsaufgabe durch dem Erfinder beruflich geläufige Überlegungen unter Benutzung der technischen Hilfsmittel des Betriebes (1) gelöst wird.

Anlagen

Für eine erfinderische Normalleistung soll im allgemeinen vorzugsweise eine einmalige Vergütung gewählt werden. Bei besonders niedrigen erfinderischen Normalleistungen, die zu den Anforderungen gehören, die man einem Gefolgschaftsmitglied auf Grund seiner Tätigkeit im Betrieb mit Rücksicht auf sein Arbeitsentgelt zumuten kann, kann die Vergütung im Einzelfalle so weit absinken, daß praktisch nur ein Anerkennungsbetrag bezahlt wird oder eine Vergütung ganz in Fortfall kommt. Erfinderische Sonderleistungen liegen vor, wenn die schöpferische Leistung über die für erfinderische Normalleistungen erwähnten Grenzen hinausreicht. In ihrem Höchstwert, welcher vorliegt, wenn ein mechanisch Tätiger ohne Fachausbildung (1) sich ohne betriebliche Anregung selbst eine Gesamtaufgabe stellt (6) und diese durch Auswertung betriebsfremder Überlegungen ohne Benutzung der technischen Hilfsmittel des Betriebes löst (6), kommt die erfinderische Sonderleistung einer freien Erfindung gleich und ist infolgedessen entsprechend hoch zu vergüten. In den darunter liegenden Graden ist die erfinderische Sonderleistung dem schöpferischen Anteil entsprechend zu bewerten. Die Vergütung ist hier regelmäßig vorzugsweise so zu gestalten, daß sie einer Beteiligung des Erfinders an der wirtschaftlichen Auswertung oder Auswertungsmöglichkeit entspricht.

Unter Berücksichtigung der Art der Aufgabenstellung, der Art und Weise, wie die Lösung erreicht worden ist, und der dienstlichen Stellung des Gefolgschaftserfinders kann nunmehr ein Wertungsfaktor für die schöpferische Leistung aufgestellt werden.

III.

Der Faktor für die Leistungsbewertung (Bewertung des Ausmaßes der schöpferischen Leistung) ist aus der nachstehenden Tabelle 1 zu ermitteln.

Ergibt sich als Wertfaktor für die schöpferische Leistung nach der Tabelle die Zahl 18 oder eine kleinere Zahl, so liegt eine erfinderische Normalleistung vor. Die Vergütung soll dann regelmäßig, unter Berücksichtigung des Umsatzes, in Form einer einmaligen Abfindung gezahlt werden, wobei sie unter Zugrundelegung des durchschnittlichen Umsatzes der letzten Geschäftsjahre für die Gesamtlaufdauer des Patents von 18 Jahren errechnet und dann gedrittelt wird, ohne daß eine spätere Neufestsetzung vorzunehmen ist.

Ergibt sich für den Leistungswertfaktor eine sehr niedrige Zahl, etwa 7 oder kleiner, so wird praktisch nur ein Anerkennungsbetrag zu zahlen sein oder die Vergütung ganz in Fortfall kommen.

IV.

Außer der schöpferischen Leistung hat die Rangordnung der Erfindung auf die Bemessung der Vergütung wesentlichen Einfluß. Diese Rangordnung ist nach der Art des Einsatzes und nach der Auswirkung der Erfindung zu bewerten.

Die Art des Einsatzes der Erfindung ist folgendermaßen unterteilt:
1. Die Erfindung dient nur dem schutzrechtlichen Ausbau (Ausbaupatent).
2. Das auf die Erfindung erteilte Patent dient als Vorratspatent.
3. Die Erfindung kann nur im eigenen Betrieb für innerbetriebliche Zwecke angewendet werden.
4. Die Erfindung wird bei einem Erzeugnis angewendet, das vom Betrieb hergestellt und vertrieben wird.
5. Die Erfindung wird bei dem Haupterzeugnis oder bei verschiedenen Erzeugnissen angewendet, die vom Betrieb hergestellt und vertrieben werden.

Anlagen

Unter Ausbaupatenten (1) sind Patente zu verstehen, die nur der Abrundung des Patentbesitzes oder dem schutzrechtlichen Ausbau dienen, ohne Aussicht auf praktische Anwendung zu haben. Vorratspatente (2) sind nicht ausgeübte, lediglich der etwaigen späteren Fabrikation vorbehaltene Patente, bei denen also noch nicht zu übersehen ist, ob und wann ihre praktische Verwertung möglich ist. Bei den Erfindungen, die nur für innerbetriebliche Zwecke gebraucht werden können (3), wird es sich vielfach um Fertigungsmittelerfindungen (Werkzeuge, Vorrichtungen usw.) handeln. Am wertvollsten sind Erfindungen, die durch die Erzeugnisse des Betriebes oder dessen Herstellungsverfahren verkörpert werden (4 und 5), da sie einen wesentlichen Teil der Geschäftsgrundlage bilden.

Nicht ausgewertete Erfindungen in Gestalt von Parallellösungen, die, falls sie vom Wettbewerber aufgefunden würden, eine erhebliche Gefahr für die Wettbewerbsfähigkeit des eigenen Betriebes bedeuten würden, dienen als Sperrpatente unmittelbar zur Sicherung einer eingesetzten, geschützten oder geheim gehaltenen Erfindung. Für Sperrpatente ist ein den Verhältnissen entsprechend niedrigerer Satz von den gemäß der nachstehenden Tabelle 2 ermittelten Bewertungszahlen einzusetzen.

Die Rangordnung der Erfindung wird weiter bestimmt durch die Auswirkung der Erfindung. Diese ist folgendermaßen unterteilt:

1. Durchschnittliche Verbilligung oder Verbesserung eines bestehenden Erzeugnisses oder Verfahrens.
2. Durchschnittliche Verbilligung und Verbesserung eines bestehenden Erzeugnisses oder Verfahrens.
3. Einschneidende Verbilligung oder Verbesserung eines bestehenden Erzeugnisses oder Verfahrens.
4. Einschneidende Verbilligung und Verbesserung eines bestehenden Erzeugnisses oder Verfahrens.
5. Neues Erzeugnis oder Verfahren, für das bereits Äquivalente in der Technik bestehen.

Die Mehrzahl aller Erfindungen bezieht sich auf Abänderungen von bereits vorhandenen Erzeugnissen oder Verfahren, die verbilligt oder verbessert werden sollen (1 bis 4). Die Bedeutung der Erfindung wächst mit dem Grade der Verbesserung oder Verbilligung. Bei gleichzeitiger Verbilligung und Verbesserung rechtfertigt sich eine höhere Bewertung. Ist die Erfindung die Veranlassung zur Entstehung eines neuen Erzeugnisses oder Verfahrens, das nicht durch ein anderes Erzeugnis oder Verfahren — wenn auch mit etwas weniger gutem Erfolg — ersetzt werden könnte, so ist die Rangbewertung der Erfindung hinsichtlich ihrer Auswirkung am höchsten (6). Dabei ist bei Erfindungen, die nicht zum Einsatz kommen, die Auswirkung anzunehmen, die die Erfindung bei einem Einsatz voraussichtlich haben würde.

Unter Berücksichtigung der Art des Einsatzes der Erfindung und der Art ihrer Auswirkung kann der Wertfaktor für die Rangordnung der Erfindung aufgestellt werden. Dieser Faktor ist der nachstehenden Tabelle 2 zu entnehmen.

V.

Um nach Ermittlung der für die Bemessung der Vergütung maßgebenden Wertungsfaktoren für die schöpferische Leistung des Erfinders und für die Rangordnung der Erfindung die Höhe der angemessenen Vergütung errechnen zu können, ist in der Regel von der tatsächlichen Verwertung (der Art und dem Ausmaß des wirtschaftlichen Einsatzes) auszugehen. Nur in den Fällen,

Anlagen

in denen der Umfang der tatsächlichen Verwertung in offensichtlichem Mißverhältnis zu der Verwertbarkeit der Erfindung durch den Betrieb steht, wird nicht der Umfang des tatsächlichen wirtschaftlichen Einsatzes, sondern der Umfang der Einsatzmöglichkeit zugrunde gelegt. Es ist hiernach zunächst der Umsatz oder der Gewinn zu ermitteln. Dabei sind Umstände, die nicht auf die Erfindertätigkeit des Gefolgschaftsmitgliedes zurückzuführen sind, beispielsweise der Ruf und die Größe des Unternehmens, besonders hohe Werbungsaufwendungen oder besondere Zeitumstände, welche den Umsatz in ungewöhnlich hohem Maße beeinflußt haben, entsprechend zu berücksichtigen; d. h. in solchen Fällen sind vom tatsächlichen Umsatz oder vom tatsächlichen Gewinn entsprechende Abstriche möglich. Wenn es sich indessen um Erfindungen handelt, die eine patentrechtliche Monopolstellung gewährleisten, ist in der Regel der tatsächliche Umsatz — auch bei Großbetrieben — nicht zu vermindern.

Insbesondere sind in den Fällen Abstriche vorzunehmen, in denen der Umsatz zufolge der Rüstung oder des Wehrmachtbedarfs besonders hoch ist. Angemessen kann es in solchen Fällen sein, für die gesamte Vergütungssumme unter Zugrundelegung eines Höchstumsatzes einen Höchstbetrag festzulegen, bei dessen Erreichung eine weitere Vergütung entfällt, was jedoch nicht ausschließt, daß unter Umständen für die weitere Laufdauer des Schutzrechts eine laufende Anerkennungszahlung zugebilligt wird.

Mit der Verminderung des Umsatzes darf bei einer ausschließlich für Kriegszwecke dienenden Fertigung nicht zu weit gegangen werden, wenn wegen Fortfalls der Friedensproduktion hier die Vergütung schon geringer ausfällt.

Die Vornahme von Abstrichen vom Umsatz wegen dessen Übersteigerung durch die Rüstung oder den Wehrmachtsbedarf kann natürlich nur insoweit erfolgen, als auch der Unternehmergewinn insoweit eine entsprechende Behandlung (ordnungsgemäße Kalkulation nach der LSOe.) erfährt.

Umgekehrt wird naturgemäß die Höhe der Vergütung zugunsten des Erfinders beeinflußt, wenn er einem kleinen Betrieb angehört und diesem mit Rücksicht auf die Bedeutung der Erfindung zugemutet werden kann, eine Vergütung in der Weise zu zahlen, als seien zur Erhöhung der tatsächlichen Verwertung an andere Betriebe Lizenzen vergeben. Allerdings sollen dabei durch den erhöhten Vergütungsanspruch die Entwicklungsmöglichkeiten des kleinen Betriebes nicht beeinträchtigt werden.

Es ist also für den für die Ermittlung maßgebenden Umsatz nicht immer vom tatsächlichen Umsatz auszugehen, sondern in Sonderfällen von einem angenommenen Umsatz, der je nach den vorliegenden Umständen in diesem Sonderfalle für die Berechnung niedriger oder höher als der tatsächliche Umsatz anzunehmen ist. Bei Ausbau- oder Vorratspatenten ist für die Berechnung der Vergütung von einem besonders niedrigen Umsatz auszugehen.

Kann die Erfindung nur im eigenen Betrieb für innerbetriebliche Zwecke angewendet werden, so sind die durch die Erfindung erzielten Ersparnisse zu errechnen, die z. B. innerhalb eines Rechnungsjahres erzielt worden sind. Diese Ersparnisse sind dann an Stelle des Umsatzes für die Berechnung der Vergütung zugrunde zu legen.

Ist es nicht möglich, die Vergütung vom Umsatz zu errechnen, dann kann vom Gewinn ausgegangen werden.

Ein Patent, für das eine Vergütung abgelehnt wird, weil es überhaupt nicht, auch nicht als Sperr- oder Vorrats- oder Ausbaupatent verwertet werden kann, ist dem Erfinder freizugeben. Dabei ist für den Zeitraum der erfolgten Inanspruchnahme der Erfindung eine angemessene im Sinne der Errechnung der Vergütung nach diesen Richtlinien ermittelte Vergütung zu zahlen, die um so höher ist, je später die Freigabe nach Inanspruchnahme erfolgte.

Die Bestimmungen der Durchführungsverordnung haben zur Folge, daß für die gesamte Laufdauer des Patents eine Vergütungszahlung zu entrichten ist. Die Zahlung der Vergütung kann demgemäß entweder in laufenden, bei erfinderischen Sonderleistungen entweder vom Umsatz oder vom Gewinn abhängen oder in mehrmaligen, in bestimmten Zeitabständen neu festzulegenden Beträgen bestehen. Sie kann aber auch in Form einer einmaligen Zahlung geleistet werden, insbesondere bei erfinderischen Normalleistungen oder wenn die Erfindung als Vorratspatent oder zum schutzrechtlichen Ausbau in Anspruch genommen worden ist.

Ferner kann als vollständige oder teilweise Vergütung eine Beförderung in der Dienststellung unter gleichzeitiger Erhöhung des Arbeitsentgelts angesehen werden, wenn dies einer nach den Richtlinien errechneten angemessenen Vergütung entspricht.

Soweit öffentliche Auftraggeber eine Lizenz für Nachbau- und Schutzrechte durch einen festen Betrag abfinden, kommt grundsätzlich eine entsprechende Vergütungsregelung für den Gefolgschaftserfinder in Betracht.

Erfindervergütungen, die nach den ergangenen Verordnungen und amtlichen Richtlinien angemessen sind, werden nach dem RdF-Erlaß vom 10. September 1944 (Reichssteuerblatt 1944, Seite 580) steuerlich begünstigt. Die Steuerbegünstigung tritt sowohl bei einmaligen Zahlungen wie auch bei laufenden oder in bestimmten Abständen zu zahlenden Beträgen ein. Besteht die Vergütung dagegen ganz oder teilweise in einer Erhöhung des Arbeitsentgelts und nicht in ausdrücklich als Erfindervergütung bezeichneten Sonderzuwendungen, so fällt gemäß dieser Regelung die sonst eintretende steuerliche Begünstigung insoweit fort.

Wird die Erfindung nicht nur im eigenen Betrieb bei der Herstellung eines oder verschiedener Erzeugnisse verwertet, sondern werden gleichzeitig oder ausschließlich Lizenzen und Nachbaurechte an andere Betriebe vergeben, wozu auch die Veräußerung des Patents und die Lizenzvergabe an das Ausland gehört, so ist der Erfinder an diesen Erträgnissen aus der Fremdverwertung ebenfalls angemessen zu beteiligen. Dabei ist es für die Berechnung der Vergütung unwesentlich, ob die Lizenzvergabe kostenlos (z. B. bei Austauschverträgen) oder gegen Zahlung von Lizenzgebühren erfolgt. Bei ausschließlicher Lizenzvergabe kann sich die Vergütung auch dann noch als angemessen erweisen, wenn der Erfinder an dem erzielten Reingewinn bis zur Hälfte beteiligt wird.

VI.

Die Vergütung, für deren Zahlungsweise entweder eine Pauschalzahlung (insbesondere bei erfinderischen Normalleistungen) oder eine jährliche Festsumme oder eine prozentuale Beteiligung am Umsatz oder am Gewinn (insbesondere bei erfinderischen Sonderleistungen) in Frage kommt, wird in allen Fällen wie eine Abgabe vom Umsatz oder vom Gewinn unter Berücksichtigung der Wertungsfaktoren für die Leistungsbewertung und die Rangbewertung ermittelt, und zwar in Abhängigkeit von einem besonderen Lizenzfaktor. Für die Berechnung ist in der Regel die Formel

$$V (RM) = \times \frac{L \times R}{1000} \frac{K}{100} \times U (RM)$$

zugrunde zu legen. Das schließt nicht aus, daß in einem gesondert gelagerten Ausnahmefall bei der Ermittlung der Vergütung von der Anwendung dieses Bewertungssystems ganz oder teilweise abgewichen wird.

Anlagen

In der Formel bedeuten:
V die Vergütung in Reichsmark
L den Wertfaktor für die Leistungsbewertung (Ausmaß der schöpferischen Leistung)
R den Wertfaktor für die Rangbewertung der Erfindung (Art des Einsatzes und die Auswirkung der Erfindung)
K den Lizenzfaktor und
U den Umsatz in Reichsmark, den angenommenen Umsatz oder den Gewinn.

Die Faktoren L und R werden aus den beiden Tabellen abgelesen. Die Zahl 1000 im Nenner ergibt sich aus der Multiplikation der höchsten Werte von L und R. Soll V nicht als Reichsmark, sondern als Hundertsatz errechnet werden, so ist die Zahl 100 im Nenner zu streichen und für U die Zahl 1 einzusetzen. Die Formel zur Errechnung der Vergütung ist also so aufgebaut, daß das Produkt aus L × R geteilt durch 1000 einen echten Bruch ergibt, der im Höchstfalle den Wert 1 annehmen kann, d. h. bei der Erreichung der Höchstwerte der Faktoren L und R ist V (^{0}/o) gleich K (^{0}/o). Bei der Bemessung des Lizenzfaktor K ist zu erwägen, ob die technischen und wirtschaftlichen Vorteile die technischen und wirtschaftlichen Nachteile überwiegen und ob dem etwa auf den Gegenstand der Erfindung eingetragenen oder einzutragenden Schutzrecht ein genügend großer Umfang zukommt, so daß sich der Besitz des Schutzrechts für den Betrieb technisch oder wirtschaftlich auswirkt.

Zu den technischen Vorteilen und Nachteilen gehören die Verbesserung oder Verschlechterung der Wirkungsweise, der Bauform, des Gewichts, des Raumbedarfs, der Genauigkeit, der Betriebssicherheit usw., ferner die Verbilligung oder Verteuerung der Werkstoffkosten und der Arbeitsstunden, also der Herstellung, und die Erweiterung oder Beschränkung der Verwendbarkeit eines Erzeugnisses oder eines Verfahrens. Hierzu gehört auch die Frage, ob die Erfindung sich ohne weiteres in die laufende Fertigung einreihen läßt oder ob Umstellungen oder Konstruktionsänderungen notwendig sind, ob eine sofortige konstruktive Verwirklichung möglich ist oder ob noch umfangreiche praktische Versuche vorgenommen werden müssen.

Zu den wirtschaftlichen Vorteilen und Nachteilen gehören die Umsatzsteigerung, die Möglichkeit des Übergangs von Einzelanfertigung zur Serienherstellung, die erfaßbaren dauernden Betriebsersparnisse, die Absatzstörung, die Typenvermehrung, zusätzliche oder vereinfachte geschäftliche Werbungsmöglichkeiten, günstige Preisgestaltung usw.

Je größer die Vorteile und je geringer die Nachteile sind, um so höher wird für die Berechnung der Vergütung die Zahl für den Lizenzfaktor einzusetzen sein.

Bei großem Umfang des Schutzrechts, z. B. einer Erfindung mit Monopolcharakter, ist ein höherer Lizenzfaktor, bei kleinem Umfang des Schutzrechts, z. B. einer einfachen konstruktiven Lösung der Aufgabe, für die auch andere Parallellösungen vorhanden sind, ein niedrigerer Lizenzfaktor einzusetzen. Hierbei spielt auch eine Rolle, ob sich der Wert des Schutzrechts in dem Falle, in dem sich die Erfindung nur auf einen Teil im Rahmen einer größeren Anlage bezieht, nur auf den Erzeugnisteil auswirkt oder der ganzen Anlage einen im wesentlichen auf der Erfindung beruhenden besonderen Wert verschafft. Auch die Verwendung anderer, eigener oder fremder Patente oder ungeschützter Verbesserungen ist zu berücksichtigen.

Wenn sich die handelsübliche Gewinnspanne feststellen läßt, ist sie als für den Lizenzfaktor zu berücksichtigendes Merkmal mit in Betracht zu ziehen.

Massenanwendung ist in der Regel als den Lizenzfaktor verringernd zu werten, während bei Einzelanwendung (seltenes Erzeugnis) der Lizenzfaktor verhältnismäßig hoch einzusetzen sein wird.

Unter Berücksichtigung dieser Überlegungen hinsichtlich der Vorteile und Nachteile, der Reife und Schutzfähigkeit der Erfindung schwankt der Lizenzfaktor. Als Anhaltspunkt für die Bestimmung des Lizenzfaktors kann davon ausgegangen werden, daß

in der Elektroindustrie ein Lizenzsatz von $1/2$ bis 4 %,
in der Maschinen- und Werkzeugindustrie ein Lizenzsatz von $1/2$ bis 10 %,
in der chemischen Industrie ein Lizenzsatz von 2 bis 5 % (auf pharmazeutischem Gebiet bis 10 %)

vom Umsatz üblich ist. Der Musterentwicklungsvertrag sieht für Nachbaulizenzen einen die Hergabe von Nachbauunterlagen einschließenden Lizenzsatz von 3 % bei Erstattung der Entwicklungskosten vor.

Bei steigendem Umsatz ist, da im allgemeinen der tatsächliche Umsatz zugrunde zu legen ist, abgesehen von Sonderfällen, regelmäßig eine Staffelung vorzunehmen. Als Anhaltspunkt für die Staffelung kann folgende Einteilung dienen:

Bis zu 1 Million Umsatz der übliche Lizenzsatz K,
bis zu 2 Millionen Umsatz . . . . . . 0,80 K,
bis zu 4 Millionen Umsatz . . . . . . 0,60 K,
bis zu 10 Millionen Umsatz . . . . . . 0,40 K,
bis zu 20 Millionen Umsatz . . . . . . 0,35 K,
bis zu 40 Millionen Umsatz . . . . . . 0,30 K usw.

Eine Staffelung des Lizenzfaktors K schließt die Vornahme von Abstrichen vom tatsächlichen Umsatz aus.

Wird für die Vergütung von den erzielten Ersparnissen ausgegangen (Fertigungsmittelerfindungen), so ist als Lizenzfaktor im allgemeinen K = 10 einzu setzen und der errechnete Betrag als einmalige oder mehrmalige Vergütung zu zahlen.

In den Fällen, in denen eine erfinderische Normalleistung vorliegt und in denen demzufolge die Vergütung im allgemeinen unter Berücksichtigung des wirtschaftlichen Wertes der Erfindung als einmalige Zahlung entrichtet wird, wird nach Ermittlung des Beteiligungssatzes unter Zugrundelegung des durchschnittlichen Umsatzes der letzten Geschäftsjahre die Vergütung für die Gesamtlaufdauer des Patents von 18 Jahren durch Multiplikation des ermittelten Betrages mit der Zahl 18 errechnet. Dann wird dieser Betrag entsprechend vermindert, wobei sich erfahrungsgemäß unter Berücksichtigung der Durchschnittslebensdauer von Patenten eine Drittelung als berechtigt erwiesen hat. Der so ermittelte Endbetrag wird dem Erfinder als einmalige Vergütung gezahlt.

Wenn im Falle einer erfinderischen Sonderleistung das betreffende Gefolgschaftsmitglied sich in solcher Stellung befindet, daß es auf die Entwicklung weiterer technischer Erfindungen im Betriebe einen unmittelbaren oder mittelbaren Einfluß ausüben kann, ist die Vergütung in der Regel in gleicher Weise, wie vorstehend, in eine einmalige oder mehrmalige Zahlung umzuwandeln.

VII.

Sind Vergütungen nach den am 25. März 1943 im Reichs- und Staatsanzeiger Nr. 70, Seite 2, veröffentlichen Richtlinien bereits errechnet und gezahlt worden, so verbleibt es hierbei.

Tabelle 1 (Faktor für die Leistungsbewertung, Faktor „L")

	Mechan. Tätige ohne Fachausbildung				Mechan. Tätige mit Fachausbildung				Betriebsunterführer				Gebunden geistig Tätige				In der Fertigung selbständig geistig Tätige				In der Fertigung leitend Tätige u. in der Entwicklung selbständig geistig Tätige				In der Entwicklung leitend Tätige u. i. d. Forschung selbständig geistig Tätige				Führend Tätige in der Forschung leitend Tätige				Führend Tätige u. in der Forschung leitend Tätige			
	12,5	14,5	17	20,5	24	27,5	10,5	12	13	16,5	20	23,5	7,5	8,5	9,5	10,5	12	15	5,5	6,5	7,5	8,5	10	11,5	4	5	6	7	8	9	2,5	3,5	4,5	5,5	6,5	7,5	1	2	3	4	5	6
	14,5	17	20,5	24	27,5	31	12	13	16,5	20	23,5	27	8,5	9,5	10,5	12	13	18,5	6,5	7,5	8,5	10	11,5	14,5	5	6	7	8	9	10,5	3,5	4,5	5,5	6,5	7,5	9	2	3	4	5	6	7
	17	20,5	24	27,5	31	35	13	16,5	20	23,5	27	31	9,5	10,5	12	13	15	22,5	7,5	8,5	10	11,5	14,5	18,5	6	7	8	9	10,5	15	4,5	5,5	6,5	7,5	9	10,5	3	4	5	6	7	9
	20,5	24	27,5	31	35	39,5	16,5	20	23,5	27	31	33,5	10,5	12	13	15	18,5	27	8,5	10	11,5	14,5	18,5	23	7	8	9	10,5	15	19,5	5,5	6,5	7,5	9	10,5	15	4	5	6	7	9	11
	24	27,5	31	35	39,5	44,5	20	23,5	27	31	33,5	40	12	13	15	18,5	22,5	32	10	11,5	14,5	18,5	23	28	8	9	10,5	15	19,5	24	6,5	7,5	9	10,5	15	20	5	6	7	9	11	16
	27,5	31	35	39,5	44,5	50	23,5	27	31	33,5	40	46	15	18,5	22,5	27	32	37,5	11,5	14,5	18,5	23	28	33,5	9	10,5	15	19,5	24	29,5	7,5	9	10,5	15	20	25	6	7	9	11	16	21
	1	2	3	4	5	6	1	2	3	4	5	6	1	2	3	4	5	6	1	2	3	4	5	6	1	2	3	4	5	6	1	2	3	4	5	6	1	2	3	4	5	6

1. Keine betriebliche Anregung, veranlaßt durch eigene Stellung einer Gesamtaufgabe
2. Keine betriebliche Anregung, veranlaßt durch eigene Stellung einer Teilaufgabe
3. Kein unmittelbarer Anstoß, veranlaßt durch infolge Betriebszugehörigkeit ermöglichte eigene Feststellung von Mängeln und Bedürfnissen
4. Kein unmittelbarer Anstoß, veranlaßt durch infolge Betriebsangehörigkeit erlangte Kenntnis von bereits erkannten Mängeln und Bedürfnissen
5. Unmittelbarer Anstoß ohne Angabe des beschrittenen Lösungsweges
6. Unmittelbarer Anstoß bei Angabe des beschrittenen Lösungsweges

a. Auswertung betriebsfremder Überlegungen ohne Benutzung der technischen Hilfsmittel des Betriebes
b. Auswertung betriebsfremder Überlegungen unter Benutzung der technischen Hilfsmittel des Betriebes
c. Ausnutzung abteilungsfremder Überlegungen ohne Benutzung der technischen Hilfsmittel des Betriebes
d. Ausnutzung abteilungsfremder Überlegungen unter Benutzung der technischen Hilfsmittel des Betriebes
e. Auswertung von dem Erfinder beruflich geläufigen Überlegungen ohne Benutzung der technischen Hilfsmittel des Betriebes
f. Auswertung von dem Erfinder beruflich geläufigen Überlegungen unter Benutzung der technischen Hilfsmittel des Betriebes

Tabelle 2 (Faktor für die Rangbewertung, Faktor „R")

	1	2	3	4,5	6	8	
1	2	3	4,5	6	8		Die Erfindung dient nur auf dem schutzrechtlichen Ausbau (Baupatent)
2	3	4,5	6	8	10		Das auf die Erfindung erteilte Patent dient als Vorratspatent
3	4,5	6	8	10	13		Die Erfindung kann nur im eigenen Betrieb für innerbetriebliche Zwecke angewendet werden
4,5	6	8	10	13	16,5		Die Erfindung wird bei einem Erzeugnis angewendet, das vom Betrieb hergestellt und vertrieben wird
6	8	10	13	16,5	20		Die Erfindung wird bei dem Haupterzeugnis oder bei verschiedenen Erzeugnissen angewendet, die vom Betrieb hergestellt oder vertrieben werden
							Neues Erzeugnis oder Verfahren, für das keine Äquivalente in der Technik bestehen
							Neues Erzeugnis oder Verfahren, für das bereits Äquivalente in der Technik bestehen
							Einschneidende Verbilligung und Verbesserung eines bestehenden Erzeugnisses oder Verfahrens
							Einschneidende Verbilligung oder Verbesserung eines bestehenden Erzeugnisses oder Verfahrens
							Durchschnittliche Verbilligung und Verbesserung eines bestehenden Erzeugnisses oder Verfahrens
							Durchschnittliche Verbilligung oder Verbesserung eines bestehenden Erzeugnisses oder Verfahrens

Stichwortverzeichnis

A

Abdampfverwertung (BGH) 24, 205, 434
Abfallverwertung, Aufgabenstellung 311
Abfindung
s. auch Vergütung
— durch Gehaltsaufbesserung 225
Abgeleiteter Erwerb 165
Ablehnung von Mitgliedern der Schiedsstelle 510
Abschirmelektrode als technischer Verbesserungsvorschlag 432
Abschriften der Anmeldeunterlagen 393
Absperrventil (BGH) 24, 357, 358, 361 ff., 454
Abstaffelung
s. auch Staffel 264
— bei hohem Nutzen 275
Abstellplatte am Herd (Bezugsgröße) 260
Abteilungsleiter (Aufgabenstellung) 311 ff.
Abweichung von Richtlinien 238
Abwickler 114
Änderungen des Gesetzes 555
Änderung in der Person des Anmelders 382
— des Schutzrechtsinhabers 179
— der Umstände
bei Ausscheiden aus dem Betrieb 359
— der Umstände nach Festsetzung 355
— der Umstände bei freier Erfindung 428, 598
— der Umstände bei Gehaltserhöhung 359
— der Umstände, Geltendmachung 360
— der Umstände, andere Rechtsbehelfe 357
— der Umstände und erhebliche Unbilligkeit 357, 454
— der Umstände, Verzicht auf Geltendmachung, 361

— der Umstände, wesentliche 333, 586
— der Umstände, Zwangslizenz 359
Akademikertarifvertrag 80, 136, 144
Akademischer Rat 541
Akteneinsicht beim Arbeitgeber 396
— beim Patentamt 396
Allgemeine Anordnung des BM für das Post- und Fernmeldewesen 536, 653
— des BM für Verteidigung 536, 652
— des BM für Wirtschaft 536, 654
Allgemeine Bedingungen für Entwicklungsaufträge 537
Amtliche Begründung (Text) 556 ff.
Analogie, s. Lizenzanalogie
Anbieten des Schutzrechts vor Aufgabe 401, 593
— an Konkurrenz 629
Anbietungspflicht, nicht bei Freigabe 198
— freier Erfindungen 422, 423, 426, 596, 637
Aneignungsrecht des Arbeitgebers 85
Anfechtung der Freigabeerklärung 193
— der Inanspruchnahme 165
— der Vergütungsfestsetzung 352
Anfragen als Aufgabenstellung 309
Angemessen 213
Angemessene Frist für Vergütung 343
— Vergütung 212
— Klage auf Zahlung 524, 525, 619
Angestellte, leitende, Aufgabenstellung 309, 311 ff.
Anhängige Verfahren bei Inkrafttreten des Gesetzes 549
Anhörung vor der Schiedsstelle 508
Anlagengeschäft (BGH) 24, 408, 409
Anlernling 111
Anmeldeakten, Einsicht 396
Anmeldegebühr 404
Anmeldepflicht des Arbeitgebers 374, 575
— Anmeldung für Arbeitgeber 378
— des Arbeitnehmers, keine 92
— und Betriebsgeheimnis 377

Stichwortverzeichnis

— und Schutzfähigkeit 376
— Verletzung 378
— Wegfall 377, 588
Anmelderecht des Arbeitgebers 380
— Verletzung 381, 382
Anmeldeunterlagen, Abschrift an Arbeitnehmer 393, 394
Anmeldeverfahren, Beschwerdeeinlegung 377
— Durchführungspflicht 376
— Kosten bei Rechtsübergang 383
— Unterrichtung des Arbeitnehmers 395
Anmeldezeitpunkt 375
Anmeldezwang, s. auch Anmeldepflicht
— 90, 373, 628, 634
— kein — bei Betriebsgeheimnis 410
— kein — bei beschränkter Inanspruchnahme 232, 582
Anmeldung, Aufgabe der 399, 591, 632
— des Arbeitnehmers für Arbeitgeber 378, 635
— Nachfrist 378, 635
— im Ausland 384, 589, 635
— des Arbeitnehmers im Ausland 385
— Berechtigung des Arbeitgebers 380
— im Ausland, Freigabe 385
— freigewordener Erfindung durch Arbeitnehmer 382
— durch Erfinder 588
— vor Inanspruchnahme 380
— im Inland 374, 587
— Patent oder Gebrauchsmuster 374
Anregungen, betriebliche 141
Anregungserfindung 87, 137, 141, 463, 569
Anstalten des öffentlichen Rechts 117, 532, 618
Anstellungsvertrag und Inanspruchnahmefrist 175
— und Meldepflicht 151
— Vereinbarungen über Erfindungsübergang 165
Anteil, Bekanntgabe an Miterfinder 356
Anteil des Betriebes 88
— am Zustandekommen der Erfindung 215, 218, 219, 308, 315, 581
Anteilsfaktor 97, 306

— Aufgabe im Aufgabenbereich des Erfinders 310
— Aufgabe und Stellung des Arbeitnehmers im Betrieb 319
— Aufgabe und Stellung im Betrieb, Gruppeneinteilung 322
— Aufgabenstellung durch Betrieb 309
— Beispiele für Aufgabenlösung 316
— Beispiele für Aufgabenstellung 310
— Beispiele für Gesamtwertzahl 327
— Beispiele für Stellung im Betrieb 322
— Begriff und Merkmale 218
— Berechnung 326
— keine doppelte Berücksichtigung 309, 316
— Gehaltshöhe, Einfluß 319, 324
— Grenzwerte 327
— Gruppeneinteilung bei Aufgabenstellung 309
— Gruppeneinteilung, besondere Umstände 324
— bei beschränkter Inanspruchnahme 231
— Jurist 326
— Kaufmännisch Tätige 325
— Leistungserwartung 320
— Lösung der Aufgabe 314
— bei Miterfinder 221
— Stellung der Aufgabe 307
— Tabelle 326
— bei technischem Verbesserungsvorschlag 435
— Volkswirt 326
— Vorbildung 325
— Wertzahlen 326
— Wertzahlen für Aufgabenstellung 307
— bei Lösung 314
— bei Stellung im Betrieb 321
— Zwischenwerte 327
Anwendungsbereich des Gesetzes 111
Anzeige- und Auskunftspflicht 472
Apotheker an Universität 541, 621
Arbeitgeber, Begriff 573
— als Empfänger der Meldung 151
— Meldung an mehrere Arbeitgeber 152
— Mitwirkung bei der Meldung 162
— Pflichten bei Schutzrechtserwerb

Stichwortverzeichnis

393
Arbeitgeberähnliche Person 113
Arbeitgeberbeisitzer (Schiedsstelle) 502
Arbeitgeberverbände, Bundesvereinigung der Deutschen — 236
Arbeitnehmer, Begriff 111, 565
— im öffentlichen Dienst 531, 617
— Pflichten bei Anmeldung 397
— im Steuerrecht (Begriff) 366
Arbeitnehmerähnliche Person 114
— und Schiedsstelle 495
Arbeitnehmerbeisitzer (Schiedsstelle) 502
Arbeitnehmer-Urheberrecht 126
Arbeitsbereich des Betriebs 141
— und Mitteilungspflicht 418
Arbeitsentgelt und Höhe der Vergütung 225
Arbeitsentgelt und Wegfall der Vergütung 223
Arbeitsergebnis, nicht schutzfähiges — 125
— Recht des Arbeitgebers am — 470
Arbeitsgebiet der Erfindung 139
Arbeitsgericht, Zuständigkeit 530, 615, 616, 630, 643
Arbeitslohn, Vergütung durch Erhöhung 225
Arbeitsmittelerfindung und beschränkte Inanspruchnahme 632
— Beispiel für beschränkte Inanspruchnahme 167
Arbeitspflicht des Arbeitnehmers 470
Arbeitsverhältnis, Auflösung 479, 603, 640
— Aussperrung 111
— faktisches 140
— Streik 111
— Urlaub 111
— Verpflichtungen bei freier Erfindung 478
— Zeitraum 142
Architekt 112
Arrest 523
Arrestvollziehung vor Inanspruchnahme 188
Assistent, wissenschaftlicher 541, 621
Aufgabe bei Anteilsfaktor 308
  s. auch Anteilsfaktor
— Beurteilung der Meldung 159
— des Schutzrechts 192, 401, 591, 636

— der Schutzrechtsanmeldung 399, 591, 636
— und Stellung des Arbeitnehmers im Betrieb 219, 319, 581
Aufgabenstellung, Beispiele 310
— bei Miterfindung 310
Auflösung des Arbeitsverhältnisses 479, 603, 640
— keine Vermutung für Entstehung der Erfindung 641
Aufrechnung gegen gezahlte Vergütung 361
Auftragserfindung 86, 137, 138, 567
Auftragsforschung 543
Aufwendungen des Arbeitgebers bei Freigabe 198
— des Arbeitnehmers bei Diensterfindungen 468
Aufzeichnungen 160
Ausbaupatent 241, 292
Ausgleichsquittung 212
Auskunft, Durchführung durch Rechtsanwälte usw. 363
Auskunftserteilung 362
— bei Vergütungsberechnung 251
Auskunftspflicht des Erfinders 162
Ausländische Kapitalbeteiligung in Gesellschaft 119
— Leitung des Betriebs 119
Ausländisches Recht 97 ff.
Ausländische Schutzrechte 125
— des Arbeitnehmers 302
— und Anmeldungen 400
— Streitkräfte 120
Auslagen (Schiedsstelle) 518
Ausland, Herstellung im — 302
— Lieferung in schutzrechtsfreies Ausland 301, 392
— als schutzrechtsfreier Raum 590
Auslandsanmeldung
  s. auch Anmeldung
— 384, 589, 635
— des Arbeitnehmers 385, 392
— Benutzungsrecht 387
— Freigabe für 385
— Vorbehalt eines Benutzungsrechts 387
Auslandsberührung eines Arbeitsvertrags 119
Auslandspatent, Erfindungswert 302
Auslandsverträge, Berücksichtigung durch Arbeitnehmer 389

Stichwortverzeichnis

Ausscheiden aus dem Betrieb und Meldepflicht 142
— und Wettbewerbsverbot 196
Ausschußbericht (Text) 625
Aussperrung 111, 142
Austauschregelungen in Auslandsverträgen 389
Austauschvertrag 283
Außerkraftsetzung von Vorschriften 551, 624
Ausübungspflicht, keine — des Arbeitgebers 184, 295
Autoindustrie, Lizenzsätze in der — 263
Automatisierung 271

B

Beamte 117, 538, 539, 560, 619, 644
— Inanspruchnahme 176
Beanstandung der Meldung 161
Beendigung des Schiedsverfahrens, erfolglose 516, 517
Befangenheit 510
Begründung, Amtliche (Text) 556 ff.
Bekanntmachungsgebühr 404
Belastungen des Schutzrechts bei Übertragung 406
Belgien 106
Bemessung der Vergütung s. Vergütung
Benutzung bei beschränkter Inanspruchnahme 227
— im eigenen Betrieb 278
— der Erfindung in Tochter- und Schwestergesellschaften 284
Benutzungsentgelt s. Vergütung
Benutzungsrecht des Arbeitgebers bei beschränkter Inanspruchnahme 183
— bei Aufgabe des Schutzrechts 407
— Vergütung bei Aufgabe 408
— bei Freigabe für das Ausland 387, 591
— keine Unterlizenz 408
— Verzicht 193
Beratungsstelle, gewerkschaftliche 639
— staatliche 639
Berechnungsformel für Vergütung 224
Bergbau, Lizenzsätze 262
Berlin 118, 551, 552, 624

— Dienststelle 95
— Gesetz zur Übernahme des ArbEG 648
— Schiedsstelle 498, 553, 646
Beruflich geläufige Überlegungen 315
Beschränkte Inanspruchnahme 91, 182, 296, 536, 574 ff., 628, 632
— Anbieten an Konkurrenz 640
— kein Anmeldezwang 232
— Anteilsfaktor 231
— Arbeitsmittelerfindung 184
— Benutzen durch Herstellung in fremdem Betrieb 184
— nichtausschließliches Benutzungsrecht 189
— Einstellung der Benutzung 229
— Entstehung des Vergütungsanspruchs 211, 230
— Erlöschen des Vergütungsanspruchs 211, 230
— Fälligkeit der Vergütung 228
— Feststellung des Schutzunfähigkeit 229, 232, 233, 234
— Freigabe der Diensterfindung durch — 192
— Frist zur Ausübung des Wahlrechts des Arbeitgebers 186
— Geheimhaltungspflicht 461
— Höhe der Vergütung 230, 300
— Lizenzhöhe 253
— Monopolstellung, Wegfall 229
— rechtliche Folgen der Benutzung durch Arbeitgeber 229
— Schutzrechtserwerb durch Arbeitnehmer 185
— Schutzunfähigkeit zur Zeit der — 231, 583
— Treuepflicht 187
— Übertragung des Benutzungsrechts durch Arbeitgeber 191
— Übergang zu unbeschränkter Inanspruchnahme 176
— Übertragung des Erfinderrechts durch Diensterfinder 187
— unbillige Erschwerung 185
— Unterlizenz des Arbeitgebers 184
— Verbesserungserfindung 167
— Vergütung 226
— keine Vergütung trotz Verwertbarkeit 299
— Verjährung des Vergütungsanspruchs 228

Stichwortverzeichnis

— Verwertung durch Arbeitnehmer 185
— Wahlrecht des Arbeitgebers bei unbilliger Erschwerung 186
— Wegfall der tatsächlichen Monopolstellung 229
— nachträglicher Wegfall der Schutzfähigkeit 234
— Wirkung 183, 579
Beschränkung im Erteilungsverfahren 402
— des Patents 402
— bei der Verwertung der Diensterfindung im öffentlichen Dienst 533, 618
Beschwerde im Erteilungsverfahren 377, 403
Besondere Erfahrungen s. know how
Bestätigung der Meldung 156
Beteiligung an Erträgen der Diensterfindung (öffentlicher Dienst) 534, 618
— Hochschullehrer 542, 622
Betrieb, Begriff 418
— Anteil 219
— Arbeiten des — 140, 219
— Aufgabenstellung durch — 309
— Erfahrungen 140, 219
— Stellung im — s. Stellung im Betrieb
— Vorarbeiten 140
— des Bundes, der Länder und Gemeinden 532
Betriebliche Arbeiten bei Aufgabenstellung 315
Betrieblicher Nutzen 268
Betriebliches Vorschlagswesen 436 ff.
Betriebserfindung 80, 144 ff., 557
Betriebsgeheime Erfindung 90, 302, 410, 593, 637
— Verfahren vor Schiedsstelle 413
Betriebsgeheimnisse 458
— und Anmeldepflicht 377
— bei Auslandsanmeldung 386
— als Gegenstand eines Lizenzvertrags 415
— beim technischen Verbesserungsvorschlag 432
Betriebsinhaberwechsel 152
Betriebsleiter, Aufgabenstellung 313
— Aufgabenlösung 316
Betriebsmittelerfindung 183

Betriebsschlosser, Anteilsfaktor 317
Betriebssicherheit, Erhöhung der 271
Betriebsvereinbarung 437
Beweislast für Diensterfindung 142
— für unbillige Erschwerung 186
Bezugsgröße, Beispiele für Lizenzhöhe 261
— bei Erzeugung 256
— Gesamt- oder Teilvorrichtung 257, 260
— Gesamtvorrichtung, Lizenzhöhe 261
— Üblichkeit in Industrie 258
— Grundsätze 255, 257
— Schutzrechtskomplex 288
— Umsatz 256
— bei technischem Verfahren 259
— Teilvorrichtung, Zuschlag von Gesamtvorrichtung 260
— Verfahrensverbesserungen 259
— zusammengesetzte Vorrichtungen 258
Blitzautomatik einer Kamera (Bezugsgröße) 260
Blockeinweiser (LG Düsseldorf) 26
Bodenschätze 433
Bruttolizenzeinnahme 279
— Rahmensätze für Pauschale 281
— Pauschalierung 281
Bulgarien 106
Bundesbahn 537
Bundesminister für das Post- und Fernmeldewesen 536, 653
— für Verteidigung 536, 652
— für Wirtschaft 536, 654

C

Chefarzt 112
Chemikertarifvertrag 80, 141
Chemotechniker, Anteilsfaktor 323
Chlormethylierung (BGH) 21, 123, 208, 209, 338, 342, 350, 351
Cromegal (BGH) 21, 124, 202, 209, 220, 338, 342, 344, 345, 349
Cromegalurteil, Kritik 345
— und Schiedsstelle 346
— Schrifttum 344

D

Dänemark 106
Dappersche Formel 96
Dauer des Arbeitsverhältnisses 141

Stichwortverzeichnis

— freie Erfindung 417
— Meldung 149
DDR 105
Derivativer Erwerb der Erfindung 165
Deutsche Angestelltengewerkschaft 236
Deutsche Bundesbahn 537
Deutscher Gewerkschaftsbund 236
Diensterfindung 80, 86, 557, 567, 569, 629, 631
— Abgrenzungsmöglichkeiten 136
— Abgrenzungsprinzip des Gesetzes 137, 568
— Anteil des Betriebs am Zustandekommen 215, 219
— Aufgabe nach Schutzrechtsanmeldung 192
— im ausländischen Recht 98
— Beweislast 142
— Freigabe 193
— Freigabe für Anmeldung im Ausland 193
— Freigabe durch beschränkte Inanspruchnahme 192
— Freigabe durch Fristablauf 195, 196
— Freigabe durch Fristablauf gemäß § 18 193
— Freigabe nach Inanspruchnahme vor Schutzrechtsanmeldung 192
— Freigabe vor Inanspruchnahme 191
— Freigabe bei mehreren Erfindern 195
— Freigewordene 190
— Geschichtliche Entwicklung 135
— Inanspruchnahme 167
— Meldung 149
— Rechte an der — 178
— Unabdingbarkeit 143
— Verwertbarkeit 137, 231, 276, 294 ff., 391
— Verwertungsbeschränkungen im öffentlichen Dienst 533
— Wirkung des Freiwerdens 196
Dienstobliegenheit 137
Dienstvereinbarungen im öffentlichen Dienst 536
Diplomkaufmann als Erfinder 139
Doktorand 112, 541
Doppelerfindung 156, 159
Doppelte Berücksichtigung beim

Anteilsfaktor 309, 316
Dozent 541, 621
Drehstromwicklung (BGH) 22, 125, 168, 170, 239, 432
Durchführungsverordnung v. 20. 3. 1943 551, 623, 626, Text 665
— Erste zum ArbEG Text 648
— Zweite zum ArbEG Text 649
Durchführungsbestimmungen 550, 624

E

Einigungsvorschlag 512
— Widerspruch 514
— Wiedereinsetzung in den vorigen Stand 515, 642
— Zustellung 513
Einkommensteuer, kein Abzug bei Lizenzeinnahmen 279
Einkommensteuerliche Behandlung der Erfindervergütungen und technischen Verbesserungsvorschläge 363
— Vergütung für freie Erfindungen 369, Text 652
Einkommensteuer-Richtlinien 364, 366, Text 661
Einsicht in die Anmeldeakten 396
— in den Anmeldungsschriftwechsel 396
Einspruch ersetzt nicht Inanspruchnahme 172
Einstweilige Verfügung 523
Einzelerfindung 634
Elektroindustrie, Lizenzsätze 262
Elektrokupplung 432
Entnahme, widerrechtliche, 180, 381
Entwicklungsverträge 536
Erbe des Erfinders 479
— Steuerliche Behandlung 369, 371
Erfahrungen, besondere s. know how
Erfahrungserfindung 87, 137, 139, 140
Erfinderbenennung 496
Erfinderberater 439, 600, 638
— Aufgabe 439, 442
— Befugnisse 443
— Bestellung als Betriebsvereinbarung 441
— fakultative Bestellung 440
— Geheimhaltungspflicht 443
— Rechtsnatur und Form der Bestellung 441

Stichwortverzeichnis

— Person 440
Erfinderberatung durch andere Personen 443
Erfinderberatungsstelle 600
Erfinderförderung 82
Erfindergemeinschaft s. auch Miterfinder
— 168
— als Bruchteilsgemeinschaft 168
Erfinderische Normalleistung 202, 673
Erfinderklausel 556, 626
Erfindernennung 380, 394, 631
Erfinderpersönlichkeitsrecht 178
Erfinderprinzip 83, 164
Erfindervereinigungen und Erfinderberatung 444
Erfindervergütung s. auch Vergütung
— historische Entwicklung 199
— nach Freiwerden der Erfindung und Schiedsstelle 496
Erfinderzertifikat 98
Erfindung s. auch freie Erfindung und Diensterfindung
— 566
— abgeleiteter Erwerb 165
— nach Ausscheiden aus dem Betrieb 143, 149
— Begriff 120
— betriebsgeheime 90, 302
— fertige 142
— freie 87, 149, 404
— freigewordene 382
— gebundene 135
— gebrauchsmusterfähige 82, 120, 303
— vor Inkrafttreten des Gesetzes 544
— patentfähige 120
— schutzfähige 87, 563
— ursprünglicher Erwerb 164, 165
— vermögenssteuerliche Behandlung 365
— nicht verwertete 290
Erfindungsbesitz vor Inanspruchnahme 181
Erfindungshöhe und Vergütung 203
Erfindungswert 96
— Analogiemethoden 248
— Anlaufkosten 273
— Ausbaupatent 291, 292
— Auslandsbelieferung 300
— Auskunftserteilung für Ermittlung 362
— bei Austauschverträgen 282, 389

— Begriff 243
— betrieblicher Nutzen 268
— Erhöhung der Betriebssicherheit 271
— Bezugsgröße 255 ff., 288
— Bruttonutzen, Beispiele 274
— Ersparniserfindung 271
— Gebrauchsmuster, Beispiele 304
— Ermittlung nach Lizenzanalogie, Nutzen, Schätzung 218
— nicht benutzte Gebrauchsmuster 293
— Generallizenz 281
— Gesamtvorrichtung als Bezugsgröße 259
— Grundsatz 215
— Investitionen 38, 277
— Kaufpreisanalogie 248
— Kontrollbewertungen 251
— Lizenzanalogie und Nutzensberechnung 250
— Lizenzeinnahmen, Beispiele 281
— bei mangelhafter Verwertung 276
— Methoden der Ermittlung 246, 247
— Nettolizenzeinnahme 278
— 1/3 bis 1/8 des Nutzens 273
— Schätzung 38, 251, 275, 277
— Schutzrechtskomplex 287, 288
— Sperrpatent 286
— Stückkalkulation 271
— Teilvorrichtung als Bezugsgröße 259, 260
— nicht verwertbare Erfindung 293
— Umsatz 256
— Umsatzsteigerung 256
— Verhältnis der Ermittlungsmethoden 250
— Verkauf der Erfindung 282
— Einfluß der Verwertbarkeit 337
— Verwertbarkeit bei Nichtverwertung 297
— Vorratspatent 292, 293
— Weiterentwicklungskosten 273
— Zusatzpatent 287
Erfolglose Beendigung des Schiedsverfahrens 516, 517
Erfüllung des Vergütungsanspruchs und Aufgabe des Schutzrechts 399, 400
Ergänzung der Meldung 161
Erhebliche Unbilligkeit s. Unbilligkeit

687

Stichwortverzeichnis

Erlaubnisscheininhaber 405, 507, 510
Erlöschen des Vergütungsanspruchs 211
Ermäßigung des Lizenzsatzes bei hohen Umsätzen 264
Energiezuführungen (OLG Düsseldorf) 26
Erprobungsfrist für Verwertbarkeit der Erfindung 295
Ersparniserfindung 271
Erschwerung, unbillige bei beschränkter Inanspruchnahme 185
Erteilungsaussichten und vorläufige Vergütung 221
Erteilungsverfahren 376, 377, 383, 389
— Beschränkung der Anmeldung 402
— Teilverzicht 402
— Verfügungen des Arbeitgebers 402
Erträge der Diensterfindung, Beteiligung an — 534, 542, 618, 622
Ertragssteuern, Abzug bei Nettolizenzeinnahme 279
Erweiterte Schiedsstelle 501
Erweiterung der Schiedsstelle, Antrag 506
Euratom 120
Europäisches Patent 119
EWG 120

F

Fabrikationsprogramm 418
Fabrikationsreife 155
Fälligkeit s. auch Vergütung
— bei unbeschränkter Inanspruchnahme 208, 341 ff., 350
— spätester Zeitpunkt 342
Faktisches Arbeitsverhältnis 142
Faksimile der Unterschrift 171
Fallenlassen der Anmeldung 399 ff.
— des Schutzrechts 399 ff.
Faustformel der Nr. 41 RL 332
Federspannvorrichtung (BGH) 21, 148, 153, 449, 542, 546
Feinmechanik, Lizenzsätze 262
Fertige Erfindung 142, 149, 154
— Inanspruchnahme 169
Fertigstellung der Erfindung 273
Festsetzung der Vergütung 339, 352, 558
— in angemessener Frist 209
— Änderung der Umstände 355
— Bindung der Beteiligten 355

— Form 352
— Inhalt 352
— Rechtsnatur 352
— Schriftform 352
— beim technischen Verbesserungsvorschlag 436
— Verletzung der Pflicht 354
— Widerspruch 354, 634
— Zahlungspflicht 353
— Zeitpunkt 352
— gerichtliche Zuständigkeit 530, 643
Feststellung der Vergütung 339, 349, 584
— Rechtsnatur 349
— beim technischen Verbesserungsvorschlag 436
— gerichtliche Zuständigkeit 530, 649
Feststellungsklage auf Bestehen des Vergütungsanspruchs 209
Finnland 106
Firmengruppe 283
Formblätter für Meldung 153
Formel für Vergütungsberechnung 224
Formerfordernisse der Mitteilung der Aufgabe des Schutzrechtes oder der Anmeldung 400
— der Inanspruchnahme 169
— der Meldung 153
— der Mitteilung einer freien Erfindung 419
— der Vergütungsfestsetzung 352
Forschungsanstalten 541
Forschungsinstitute 532, 618
Forschungsleiter, Anteilsfaktor 311
Fortschritt, technischer 121
Frankreich 106
Frauenhofer-Gesellschaft 444
Freie Erfindung 143, 415, 504
— Anbietungspflicht 198, 423, 426, 637
— angemessene Bedingungen für Überlassung 428, 597
— Arbeitsbereich des Betriebs 426
— Benutzungsrecht 423, 428
— Bestreiten des Vorliegens 420
— einkommensteuerliche Behandlung 369, 652
— Inanspruchnahme bei Bestreiten 420
— von Professoren, Dozenten und wissenschaftlichen Assistenten 542
— offensichtlich im Betrieb nicht verwendbar 418, 632

Stichwortverzeichnis

— Steuervergünstigungen 369, 652
— Streit über Vorliegen 420
— Übernahme durch Arbeitgeber 427
— veränderte Umstände 428
— Verwendbarkeit im Betrieb 408
— Verwertung durch Arbeitnehmer 426
Freie Mitarbeiter 102, 114
Freigabe der Diensterfindung 193
— Aufwendungen des Arbeitgebers 198
— für Auslandsanmeldung 193, 385
— für Ausland, Zeitpunkt 386
— für Ausland, Vorbehalt eines Benutzungsrechts 387
Freigabe der Erfindung, Belastungen 197
— durch beschränkte Inanspruchnahme 192
— als empfangsbedürftige Willenserklärung 193
— bei unbilliger Erschwerung durch beschränkte Inanspruchnahme 186
— nach Inanspruchnahme vor Schutzrechtsanmeldung 192
— vor Inanspruchnahme 191
— mehrere Erfinder 195
— Rechtsnatur 193
— Schriftform 194
— nach Schutzrechtsanmeldung 192
— vor Schutzrechtsanmeldung 191, 192
— stillschweigende 195
— Umfang 195
— bei fehlender Verwertbarkeit 294
— Verwertungsbeschränkungen 196, 197
— Vorbenutzungsrecht 198
— Wegfall der Vergütung 197
— Wegfall von Verfügungsbeschränkungen 197
— Wirksamwerden von Verfügungen des Arbeitnehmers 189
Freigabe-Erklärung, Anfechtung 193
— bedingungsfeindlich 194
Freigewordene Diensterfindung 190, 564, 579
— Anmeldung durch Arbeitnehmer 382
— nach Anmeldung — 382
Freiwerden nach Diensterfindungen 192, 633

— durch Fristablauf 192
— durch Fristablauf nach § 7 Abs. 2 193
— durch Fristablauf nach § 18 193
— und Schutzrechtsanmeldung 192, 382
— Treuepflicht 196
— Wirkung 196
Frist bei Aufgabe des Schutzrechts 404
— zum Bestreiten freier Erfindung 420, 421
— bei unbilliger Erschwerung der Verwertung 186
— für Inanspruchnahme 174
Fristablauf, Freiwerden der Erfindung durch — 193
— Inanspruchnahme nach — 172
Fristverlängerung für Inanspruchnahme 175, 601, 632
Fristversäumnis bei Angebot freier Erfindung 427
Fürsorgepflicht des Arbeitgebers 383, 469, 603, 640

G

Gasregelhahn (Bezugsgröße) 260
Gebrauchsmuster, Anmeldung neben Patent 374, 587
— Beispiele für Erfindungswert 304
— Erfindungswert nicht benutzter — 293
— Leistungserwartung (Anteilsfaktor) 320
— mangelnde Rechtsbeständigkeit und Vergütung 336
Gebrauchsmusterfähige Erfindung 120, 303
— vor Inkrafttreten des Gesetzes 544
Gebrauchsmusterfähige Neuerungen 630
Gebrauchsmusterfähigkeit, Entscheidung 122
— Schiedsstelle 122
— Streit bei betriebsgeheimer Erfindung 412
Gebührenfreiheit im Schiedsverfahren 518
Gegenseitige Rechte und Pflichten beim Erwerb von Schutzrechten 393

Stichwortverzeichnis

— Gebrauchsmusterfähige Erfindungen 548
— Inanspruchnahme 546
— Patentfähige Erfindungen 547
Innerbetrieblicher Stand der Technik 139, 144
Inland, Schutzrechtsanmeldung im — 374
Internationales Arbeitsrecht 118
Internationales Arbeitsvertragsrecht 118
— Organisation 117, 120
— Privatrecht 118
Investitionen und Erfindungswert 277
Irrtum bei Freigabe 193
— bei Inanspruchnahme 165
— über Schutzfähigkeit 130
— bei Vergütungsfestsetzung 352
Irrtumsanfechtung der Festsetzung 358
Israel 107
Italien 107

J

Jahresgebühren bei Aufgabe des Schutzrechts 404
— bei Rechtsübertragung 383
— Anlehnung bei Vergütung von Vorratspatenten 213
Japan 107
Jugoslawien 107
Jurist (Anteilsfaktor) 326
— als Erfinder 138
Juristische Personen 113

K

Kabelindustrie, Lizenzsatz 262
Kalkulatorischer Gewinn 270
— Unternehmerlohn 279
— Wagniskosten 270
— Zinsen 270
Kanada 107
Kaufmännischer Angestellter (Anteilsfaktor) 317, 324
Kausalität der Erfindung für Nutzen 271
Kennzeichnendes Gepräge der Erfindung 21, 259
Kerzenpresse (Anteilsfaktor) 313
— Bezugsgröße 260
Klage nach Beendigung des Arbeitsverhältnisses 523

— auf Feststellung der Schutzunfähigkeit bei beschränkter Inanspruchnahme 233
— auf Vergütung 209
— aus festgestellter oder festgesetzter Vergütung 529
— aus Vereinbarung ohne Schiedsverfahren 522
— auf angemessene Vergütung 524, 525, 619
— Klage auf Zahlung der Vergütung 209, 585, 616
Klagevoraussetzungen 519
Klebemittel (BGH) 115
Know how 264
— Beispiele 279
— in Firmengruppe 284
— Berücksichtigung bei Lizenzeinnahmen 280
— Gegenstand von Lizenzverträgen 280
— bei Verkauf der Erfindung 283
Körperschaften des öffentlichen Rechts 117, 532
Körperschaftssteuer, kein Abzug bei Lizenzeinnahmen 279
Kokillenguß (BGH) 415
Kollisionsfälle im internationalen Privatrecht 118
Komfortverbesserungen 276
Konkurrent, Anbieten der freien Erfindung an — 196
Konkurs 484, 603, 641
— Verwertung der Diensterfindung 486
— Vorkaufsrecht des Arbeitnehmers 486, 603
Konkursforderung, Vergütungsanspruch als — 488
Konkursmasse 485
Konkursverwalter 114, 485
Konkursvorrecht 489, 603, 605
Konstrukteur, Lösung der Aufgabe 315, 318
Konstruktionszeichnung als Meldung 153
Kosten des Anmeldeverfahrens 383
— der Fertigstellung der Erfindung 273
— der Patent- und Lizenzverwaltung 279
— des Schiedsverfahrens 518

Stichwortverzeichnis

— der Übertragung der Erfindung 383
— der Übertragung unberechtigter Anmeldung 383
— der Übertragung des Schutzrechts 404
Kreuzbodenventilsäcke III (BGH) 21, 260
Kündigung bei Verletzung der Meldepflicht 163
Künstler als Arbeitnehmer 114
Künstlerische Leistungen 126
Kundenanfragen als Aufgabenstellung 309
Kundenbeanstandungen und Erfahrungen 140
Kunststoff-Skimatte (OLG Nürnberg) 25, 171

L

Laborprotokoll 161
Laufdauer des Schutzrechts und Vergütung 334
— der Vergütung 332
Legalisierungskosten 404
Lehrling 112
Leiharbeiter 111
Leistungserwartung 89, 320
Leistungsprämien 320
Leitende Angestellte, Aufgabenstellung 309, 311 ff.
— Stellung im Betrieb 319, 320, 323, 672
Leiter der Konstruktionsabteilung, Anteilsfaktor 313, 318, 323
Lektor 541, 621
Liquidation des Unternehmens und Vergütung 206
Liquidator 114
Lizenz, ausschließliche 282
— nichtausschließliches Benutzungsrecht 183, 387, 407, 423, 425
— einfache 282
— Höchstbelastbarkeit 254
— Kostenlose 283
Lizenzanalogie 251 ff.
— kein Doppelabzug 262
— bei Lieferung und Umsatz im Ausland 301
— und Nutzungsberechnung 250
Lizenzaustausch 283
Lizenzbelastung des Schutzrechts bei Aufgabe 406

Lizenzeinnahmen s. auch Brutto- und Nettolizenzeinnahme 278
— Abstaffelung 268, 280
— Erfindungswert, Beispiele 281
Lizenzhöhe s. auch Lizenzsatz
— Ausschlußwert des Schutzrechts 255
— Autoindustrie 263
— Beispiele 253, 260, 261, 263
— Bergbau 262
— Chemische Industrie 262
— Elektroindustrie 262
— Gerätebau 263
— Höchstbelastbarkeit 254
— beschränkte und unbeschränkte Inanspruchnahme 253
— know how 264
— Kombinationspatent 255
— Maschinenindustrie 252, 262
— Pharmazeutische Industrie 262
— Rahmensätze 262
— Rundfunkindustrie 262
— und Staffel 267
— Werkzeugindustrie 262
— Zeitpunkt der Erfindung 252
— Zeitpunkt des Vergleichs 254
Lizenzreifmachung 278
Lizenzsatz angemessener 248
— Beispiele 261, 262, 264
— bei Gebrauchsmuster 304
— bei nichtausschließlicher Lizenz 230
— üblicher 248
Lizenzvergabe vor Inanspruchnahme 188
— Einnahmen durch — 278
— als Verwertung der Erfindung 227
Lizenzvertrag über Betriebsgeheimnis 415
— und Vergütungsanspruch 207
Löschung 406
Löschungsklage 395
— des Arbeitgebers 477
— nach Aufhebung des Arbeitsverhältnisses 483
Löschungsverfahren, Einfluß auf Vergütung 336
Lösung der Aufgabe
s. auch Anteilsfaktor
— Beispiele 316
— Beruflich geläufige Überlegungen 315

693

Stichwortverzeichnis

— Betriebliche Arbeiten
  und Kenntnisse 315
— Technische Hilfsmittel 315
Lösungsweg, Angabe durch Arbeitgeber 369
— Beschreibung in der Meldung 159
Lohn und Vergütung 201
Lohnanspruch und Vergütung 220
Lohnsteuer-Richtlinien 364, 663
Lohnzahlungspflicht 468
Luftfilter (BGH) 22, 157, 350
Luxemburg 97

M

Malzflocken (BGH) 113
Markt- und Vertriebsfaktoren 253
Marktforschungskosten 278
Maschinenindustrie, Lizenzsätze 252
Maßgeblich beruhen auf betrieblichen
  Erfahrungen 140
Materialprüfungsämter 534, 618
Max-Planck-Gesellschaft 540
Max-Planck-Institute 541
Mehrere Arbeitgeber, Meldung 152
Mehrere Erfinder 156, 585, 586
  s. auch Miterfinder
— Gesamterfindungswert 221
— Inanspruchnahme 168
— in mehreren Betrieben 222
— Freigabe 159
Meldepflicht 86, 147 ff., 571
— gesetzlicher Vertreter 151
— Kündigung bei Verletzung 163
— Schadenersatz bei Verletzung 163
— keine Unabdingbarkeit 153
— Vorstandsmitglied 151
— Verletzung 162, 163
— Wegfall 163
— bei technischem Verbesserungsvorschlag 132, 150
Meldepflichtige Personen 151
Meldung 86, 157
— Arbeitsbericht 154
— Aufgabenstellung 159
— Aufzeichnungen 160
— Ausscheiden aus dem Betrieb 149
— Auskunftspflicht 162
— Beamte 151
— Beanstandung 161
— Beschreibung 159
— Bestätigung 156, 572
— Betriebsinhaberwechsel 152

— Dauer des Arbeitsverhältnisses
  149
— Diensterfindung 149
— und Anerkennung als Diensterfindung 150
— Empfänger 151
— Erfindungsgeschichte 160
— Ergänzung 161
— vor Fabrikationsreife 155
— fertige Erfindung 154
— Formblätter 153
— Formerfordernisse 152, 572
— zu frühe 156
— gemeinschaftliche Erfindung 157
— gemeinsame 158
— gesetzlicher Vertreter 151
— gesondert 154, 572
— und Inanspruchnahmefrist 174
— Inanspruchnahme ohne — 162
— Inhalt 159, 572
— Konstruktionszeichnung 153, 160
— Kenntlichmachen 154
— Laborprotokoll 160, 161
— Lösung der Aufgabe 159
— mehrere Arbeitgeber 152
— mehrere Erfinder 156
— Mitarbeiter 157, 160
— von Miterfindern 157
— Miterfindung 156
— Mitwirkung des Arbeitgebers 161
— mündliche 153
— ordnungsgemäße 160, 573
— Patentanmeldungsentwurf als —
  153
— und Priorität 155
— Priorität mehrerer Erfinder 159
— Rechtsnatur 150
— Schadenersatz wegen verspäteter,
  fehlerhafter, unterlassener —
  163, 595
— schöpferischer Anteil 152
— schriftlich 153
— Soldaten 151
— zu späte 156
— im Tätigkeitsbericht 154
— Technischer Verbesserungsvorschlag 150
— und Treuepflicht 147
— Unklarheiten 161
— Unterschrift 153
— Unterstützung des Arbeitgebers
  161, 631

— unverzüglich 155
— Verbesserungen früherer Erfindungen 149
— Verzicht auf schriftliche — 148, 153
— durch Vorstandsmitglied 151
— Wechsel des Betriebsinhabers 152
— Zugang 151
— Zusatz zur Erfindung 149
— Zustandekommen der Erfindung 159
Mindestlizenzgebühr 257
Mitarbeiter 157, 160
Miterfinder (OLG Düsseldorf) 25, 157
— s. auch mehrere Erfinder
— Aufgabenstellung 310
— Begriff 156
— Besonderheiten bei Festsetzung der Vergütung 355
— Feststellung der Vergütung 350
— Inanspruchnahme 168
— schöpferischer Anteil 157
— bei Schutzrechtskomplex 289
— Unteranspruch 158
— Widerspruch eines Miterfinders gegen Festsetzung 355, 585, 586
Miterfinderanteil und Anteilsfaktor 221
— Bekanntgabe 356
Miterfinderschaft, Bestreiten 394
Miterfinderquote 350, 351
Miterfindung, s. auch Miterfinder 156
— Erfindungshöhe 157
— Schöpferischer Anteil 151
Mitteilung der Anmeldeunterlagen 393
— der Aufgabe des Schutzrechts 400
— der freien Erfindung, Begriff 156, 417, 595, 637
— der freien Erfindung, Inhalt 419
— offensichtlich im Betrieb nicht verwendbarer freien Erfindung 418, 637
— des technischen Verbesserungsvorschlags 132
Mitteilungspflicht 86
— Arbeitsbereich des Betriebs 418
— der Aufgabe des Schutzrechts, Verletzung der — 401
— Betrieb 418
— nicht bei Freigabe 198
— für freie Erfindung 416
— des Hochschullehrers über Verwertung 543

Mitteilungspflichtige Personen 419
Mitteilungs- und Meldepflicht (BGH) 21, 162, 419, 546
Mode, Gebrauchsmuster 587
Monopolfaktoren bei Lizenz 253
Monopolprinzip 88, 94, 201 ff., 346, 374, 627, 633, 638
— Durchbrechungen 204
— als Rechtsgrund für Vergütung 580
— und technischer Verbesserungsvorschlag 204
— Vernichtbarkeit des Schutzrechts 216
Monopolstellung, Wegfall bei beschränkter Inanspruchnahme 229
Montanunion 120
Musiker als Arbeitnehmer 114

N

Nahrungsmittel als technischer Verbesserungsvorschlag 432
Naturprodukt 432
Nettolizenzeinnahme, Verhältnis zur Bruttolizenzeinnahme 279
— als Erfindungswert 278
Neubemessung der Vergütung 360
Neuerung, gebrauchsmusterfähige 630
— Irrtum über Erfindungscharakter 131
Neufestsetzung bei Widerspruch eines Miterfinders 355
Neuregelung der Vergütung wegen veränderter Umstände 356
— Zeitpunkt 360
Nichtausschließliches Benutzungsrecht bei Freigabe für Ausland 387
— beschränkte Inanspruchnahme 183
— bei freier Erfindung 423, 425
— bei Mitteilung der Aufgabe des Schutzrechts 407
Nichtbetriebliche Benutzung durch Lizenzvergabe 278
Nichtigkeit 406
Nichtigkeitsklage nach Auflösung des Arbeitsverhältnisses 483
— des Arbeitgebers 477
— Mitteilung an Arbeitnehmer 395, 406
— des Arbeitnehmers 474
Nichtigkeitsverfahren, Einfluß auf Vergütung 210, 336

Stichwortverzeichnis

Nichtschutzfähige Erfindung 121
Nichtverwertbare Erfindung 293, 294
Nichtverwertete Erfindung 290
Niederlande 107
Norwegen 107
Normalleistung, erfinderische 202, 673
Nullfall 89, 222, 223, 581, 627, 633
— Beispiele 328
— Praktische Bedeutung 329
Nutzen 268
 s. auch Nutzenberechnung
— betrieblicher 268
— Betriebswirtschaftliche Grundsätze 270
— bei freier Erfindung 1/3 bis 1/8 273
Nutzen, Kausalität der Erfindung 271
Nutzenberechnung 268
— Abstaffelung 275
— Anwendungsfälle 271
— Anteil am Bruttonutzen 273
— Differenz zwischen Kosten und Erträgen 272
— Aufwendungen vor Fertigstellung der Erfindung 273
— und Lizenzanalogie 250
— pauschale Methoden 273
— Praxis der Schiedsstelle 274
— Preisbildung bei öffentlichen Aufträgen 270
— Schrifttum 272
— Schwierigkeit der Ermittlung 270
— innerbetrieblicher Stand der Technik 272
— beim technischen Verbesserungsvorschlag 435
— Unternehmerlohn 271
— und Vergütung für technische Verbesserungsvorschläge 274

O

Oberasssistent 541, 621
Oberarzt 541, 621
Oberbahnmeister 139
Oberingenieur 541, 621
Obliegende Tätigkeit 138
Obliegenheitserfindung 86, 137, 138
Österreich 107
Öffentlicher Dienst 95, 117, 617, 649
— Inanspruchnahme 176
Öffentliche Forschungseinrichtungen 117

Öffentliche Hand, Einrichtungen der
— 531
Öffentliche Verwaltung 117, 134
— Schiedsstelle 499
Offenbare Unbilligkeit 453, 601, 640
Offensichtlich im Betrieb nicht verwendbare freie Erfindung 418, 637
Optionsvertrag mit Ausland 590
Ordnungsmäßigkeit der Meldung 160
Ordre public 119
Originärer Erwerb der Erfindung 164
Ostblockstaaten 97, 98

P

Papierner Stand der Technik 436
Papierschneidemaschine (Bezugsgröße) 260
Pariser Verbandsübereinkunft 386
Parteivereinbarung, Anwendung des Gesetzes durch — 151
Patent oder Gebrauchsmusteranmeldung 347
Patent- und Lizenzverwaltung 279
Patentamt, Verfügungen gegenüber — 189
Patentanmeldung und Inanspruchnahme 172
Patentanwaltskandidat 112, 542
Patentaustauschvertrag mit Ausland 389, 390, 590, 635
— Vergütungsanspruch 207
Patentfähige Erfindung 120, 247 ff.
— vor Inkrafttreten des Gesetzes 546
— vor 22. Juli 1942 547
— Streit bei betriebsgeheimer Erfindung 412
Patentpolitik und Anmeldezwang 374
Patentpool 283
Patentstreitkammer 527, 528, 641
Patentstreitsachen 529, 615
Patentversagung und Vergütung 220
Pauschalabfindung (BGH) 21, 349, 357, 358, 360, 399, 411, 546
Pauschalzahlung 331
— bei beschränkter Inanspruchnahme 634
— erhebliche Unbilligkeit 453
Persönlicher Geltungsbereich 111, 560
Persönlichkeitsrecht des Erfinders 178
Personenkreis 111, 560
Pfändung, keine — des Inanspruchnahmerechts 166

Stichwortverzeichnis

Pflanzenzüchtung 127, 433
Pflichten des Arbeitgebers 397
— beim Erwerb von Schutzrechten 397
Pflichten des Arbeitnehmers 138, 139
— beim Erwerb von Schutzrechten 393
Pionierpatent 244
Plattenspieler (BGH) 113
Polen 108
Polymerisationsverfahren (Bezugsgröße) 260
Portugal 108
Prämien bei Anmeldung oder Bekanntmachung 295
— für Verbesserungsvorschläge 437
— einkommensteuerliche Behandlung 371
Praktikant 112
Preisbildung bei öffentlichen Aufträgen 270
Prioritätsfrist 385, 386
Privatchauffeur 111
Privater Dienst 116
Privatsekretär 111
Professor 541, 621
Prosektor 541, 611
Prozeßvoraussetzung des Schiedsverfahrens 520
Prüfstandversuche und Aufgabenstellung 312
Prüfungsantrag § 28 b PatG 403
— Befugnisse des Arbeitnehmers 376, 379

Q

Qualifizierter technischer Verbesserungsvorschlag 430, 629, 638
Quarzgutabfall (Aufgabenstellung) 311
Quotenberechnung bei Miterfindern 350, 351

R

Räumzange (BGH) 22, 130, 431, 433
Rangfaktor 246, 674, 680
— Streichung 241
Rechnungslegung 251, 362
Rechte Dritter bei Freiwerden 197
— an der Diensterfindung 178
— und Pflichten bei Auflösung des Arbeitsverhältnisses 479

Rechtserwerb (Ausland) 101
Rechtshängigkeit 550
Rechtsnachfolger des Erfinders s. Übertragung
— im Schiedsverfahren 495
Rechtsübergang der Erfindung im ausländischen Recht 100
Rechtsübertragung bei und ohne Inanspruchnahme 172
Rechtsvergleichende Arbeiten 103
Reichstarifvertrag für die akademisch gebildeten Angestellten der chemischen Industrie 80, 136, 144, 557
Reklamation als Aufgabenstellung 309
Richtlinien s. auch Vergütungsrichtlinien
— (RL) 96, 214, 634
— Fundstellen 236
— für die Vergütung v. 10. 10. 1944 235, 558, 624, Text 670
Risiko der Patentversagung und Vergütung 220
Rübenverladeeinrichtung (BGH) 23, 255, 258, 266
Rückfall der Erfindung 91, 589
Rückfallrecht, kein — bei Nichtanmeldung 379
Rückwirkung für Fristen vor Inkrafttreten des Gesetzes 547
— für gebrauchsmusterfähige Erfindungen vor
— Inkrafttreten des Gesetzes 545
— der Richtlinien 1959 546
Rückzahlung geleisteter Vergütung 361, 587
Ruhestandsverhältnis 484
Rumänien 108
Rundfunk-Industrie, Lizenzen 262
Rundfunk-Mitarbeiter 112

S

Saarland 118, 554, 647
Saatgutrecht 127
Sachlicher Geltungsbereich 118
Saisonarbeiter 111
Schadenersatz bei Verletzung des Anmelderechts im Ausland 38, 385
— bei Verletzung der Anmeldepflicht 378, 589
— bei unterlassener, fehlerhafter

697

Stichwortverzeichnis

oder verspäteter Meldung 163, 573, 595
— bei unberechtigter Anmeldung 383
— bei widerrechtlicher Entnahme 382
Schadenersatzansprüche bei Vergütung 225
Schätzung, Anhaltspunkte für Vergütung 276
— bei Austauschlizenzverträgen 284
— des Erfindungswerts 252, 275
— Beispiele 275, 277
— bei Gesamtabfindung 332
— Benutzung in Firmengruppe 284
— Investitionen als Anknüpfung 277
— der Laufdauer des Patents 332
— des Erfindungswerts bei mangelhaft verwerteten Erfindungen 276
— bei technischen Verbesserungsvorschlag 435
— Verbesserungserfindung 276
— Vergleich mit Verbesserungsvorschlägen 277
— Verhältnis zu anderen Methoden 275
— des Erfindungswerts bei kleiner Vergütung 276
— Vorratspatente 292
Scheinwerfereinstellgerät (BGH) 23, 216, 495
Schellenreibungskupplung (BGH) 22, 113, 151
„Schiedsrechtsprechung" 493, 608
Schiedsspruch 492, 608
Schiedsstelle s. auch Schiedsverfahren
— 494, 606, 641
— Ablehnung von Mitgliedern 510
— Änderung des § 30 Abs. 2 499
— Anhörung 508
— Anrufung 503, 610, 641
— Anrufung durch gesetzlichen Vertreter einer juristischen Person 113
— Anrufung jederzeit 497
— Antrag 504
— Antragsberechtigter 504
— Auslagen 518
— arbeitnehmerähnliche Person 116, 495
— Beeidigung 510
— Befangenheit 510
— Beisitzer, amtliche 501
— Beisitzer, außeramtliche 502

— Besetzung 500, 609
— betriebsgeheime Erfindung 413
— Bundesbahn 537
— Einigungsvorschlag 512, 611
— Einlassung 517
— Erklärung für Erfindungen vor 22. 7. 1942 498, 544, 547, 548, 623
— Errichtung 498, 608
— Erweiterte Besetzung 501, 610, 641
— Bedingungen für Überlassung freier Erfindung 496, 597, 638
— Fristen 505, 506, 514, 515
— Gebührenfreiheit 518
— gütliche Einigung 497
— Gutachten 498
— Kosten 518, 611
— Kostenerstattung 518, 611
— Öffentliche Verwaltung 499
— Patent- und Gebrauchsmusterfähigkeit 122, 495
— Pflichten der Mitglieder 502
— Rücknahme des Antrags 505
— Rücknahme der Einlassung 505
— Sachverständige 509
— Feststellung zur Schutzfähigkeit 122
— Statistik 493
— Tätigkeitsberichte 493
— Übergangsvorschriften 548, 623
— Verfahren 508, 641
  s. auch Schiedsverfahren
— Verbandsvertreter 510
— Vertreter 510
— Vorschlagslisten 503
— Vorsitzender 501
— Wiedereinsetzung in den vorigen Stand bei Einigungsvorschlag 515, 642
— wiederholte Anrufung 505
— Zeugen 509
— Zusammensetzung 500, 605, 641
— Zuständigkeit 495
— in bürgerlich-rechtlichen Fragen 496
— für freie Erfindung 494
— bei Angebot freier Erfindung 427
— für Miterfinderschaft 496
— für patentrechtliche Fragen 496
— Zustellung 513
— Berlin 498, 553
— Besetzung 499
— Zuständigkeit 553, 646

698

Stichwortverzeichnis

Schiedsverfahren s. auch Schiedsstelle 94, 491, 508, 564, 605, 610
— Ausnahmen 521, 614, 644
— erfolglose Beendigung 516, 517, 601, 611
— für Angehörige des öffentlichen Dienstes 537
— als Prozeßvoraussetzung 520, 613
— Rechtsnatur 493
— Technischer Verbesserungsvorschlag 438
— Verzicht 521
— Verzögerung 523
— Vollmacht 504
Schlüssige Handlung bei Inanspruchnahme 171
— bei Rechtsübertragung der Erfindung 171
Schlußurlaub (BGH) 23, 142
Schnellkopiergerät (BGH) 113
Schöpferischer Anteil an Erfindung 157
Schöpferische Leistung 88, 202, 581
Schriftsteller als Arbeitnehmer 114
Schutzbereich des Patents 495
Schutzfähigkeit, Einwand mangelnder 123, 124
— Entscheidung über — 122
— Streit bei betriebsgeheimer Erfindung 412
— Vereinbarungen 124
— Zweifel 123
Schutzfunktion des Arbeitsrechts 445
Schutzrechtsanmeldung s. Anmeldung
Schutzrechtserteilung und Vergütungsanspruch 220
— Vergütung vor — 220, 346
Schutzrechtsfreies Ausland 392
Schutzrechtsfreie Zone im Ausland 386
Schutzrechtskomplex 287, 288
— Beispiele 288, 289
— und Bezugsgröße 288
— Miterfinder 289
— Staffel 290
Schutzrechtsübertragung auf Arbeitnehmer 403
Schutzunfähigkeit bei beschränkter Inanspruchnahme 229, 231
— Feststellung bei beschränkter Inanspruchnahme 232
Schweben der Anmeldung und Vergütung 220
Schwebende Patentanmeldung als technischer Verbesserungsvorschlag 348
Schweden 108
Schweiz 108
Shop-right 99 ff.
Soldaten 107, 538, 539, 644
— Inanspruchnahme 176
Sonderleistung außerhalb des ArbEG 204, 205, 434
— bei Benutzungsrecht nach § 7 PatG 205
— Vergütung 348
Sonderleistungsprinzip 88, 89, 201, 549, 627, 633
Sortenschutz 127, 431
Spanien 108
Spanplatten (BGH) 22, 145, 146, 155, 157
Sperrpatent 286
— als Verwertung der Erfindung 227
— Verwertung als — bei beschränkter Inanspruchnahme 299
Spielzeug-Schutzrechte, Erfindungswert 304
Spielzeugindustrie und Gebrauchsmuster 375, 587
Spitzenorganisationen 235
Staatsgeheimnis 412
Staffel 264
— Beispiele 267
— Fortführung bei Umsätzen über 40 Mio DM 267
— Gesamtumsatz oder Jahresumsatz 266
— bei Lizenzeinnahmen 268, 280
— bei Massenartikeln 266
— bei Nutzensberechnung 268, 275
— Schrifttum und Rechtsprechung 266
— Schutzrechtskomplex 290
— Verhältnis zum Lizenzsatz 267
Stand der Technik, innerbetrieblicher 129, 140, 315
Stellung im Betrieb (allgemein) 219, 319
— Beispiele für Gruppen 322
— Gruppeneinteilung 322
— nominell 319
— tatsächlich 319
Stellung der Aufgabe 307

699

Stichwortverzeichnis

Stempel als Unterschrift 171
Steuerliche Bedeutung der Richtlinien 240
Steuerliche Behandlung des Geschäftsführers GmbH 367
— von Prämien für Verbesserungsvorschläge 437, 659
Steuerliche Vergünstigungen 366, 368, 370, 371, 562, 654, 655, 656, 663
Stiftungen des öffentlichen Rechts 117, 532
Strafgefangene, kein Arbeitnehmer 112
Streik 111, 142
Streitfälle zwischen Arbeitgeber und Arbeitnehmer 493, 494
Streitkräfte, ausländische 120
Student als Arbeitnehmer 112
Stückkalkulation 271
Stücklizenz 247, 264, 634
Südafrika 108

T

Tabelle zur Berechnung des Anteilfaktors 326
Tablettiermaschine (beschränkte Inanspruchnahme) 167, 184, 185
Tarifverträge 556
— Verbesserungsvorschläge 134
Team 157, 158
Technisch, Begriff 131
Technische Hilfsmittel bei Aufgabenlösung 315
Technische Neuerungen 130
Technischer Verbesserungsvorschlag 93, 429, 566, 629, 638
— Abgrenzung gegen Erfindung 122, 129, 131
— Beendigung der Vergütungspflicht 435
— Begriff 128, 430
— dienstlicher 133
— einfacher — Arbeitsvertrag 437
— einfacher, Höhe der Prämie 272
— einkommensteuerliche Behandlung 323, 371
— Festsetzung der Vergütung 436
— Feststellung der Vergütung 436
— freier 133
— Gesetzentwurf 598
— keine Inanspruchnahme 130, 167, 168
— Konkurs 134, 488
— Meldung 130, 132
— mehrere Arbeitnehmer 434
— Mitteilung 132
— im öffentlichen Dienst 536
— qualifizierter 430
— Rechtserwerb 132
— bei schwebender Patenanmeldung 348
— Schriftform 305
— Steuerliche Behandlung 372
— Tarifvertrag 134
— Unabdingbarkeit 134
— Unbilligkeit 134
— Vergütung 434
— Verwertung 494
— vor Inkrafttreten des Gesetzes 544, 549
— Wertermittlung 435
Technischer Zeichner, Aufgabenstellung 311
— Aufgabenlösung 316
— Stellung im Betrieb 322
Technisch-wissenschaftliche Bundesanstalten 654
Teilerfindungswert 221
Teilvorrichtung als Bezugsgröße 259, 260
Tierzüchtungen 127
Tochtergesellschaft, Benutzung von Erfindungen 283
Transformatorteil (Bezugsgröße) 260
Treuepflicht 93, 147, 423
— des Arbeitnehmers 472, 601, 640
— bei beschränkter Inanspruchnahme 187, 229
— bei Beendigung
— bei Freiwerden der Erfindung 196
Treueverhältnis des Beamten 538, 619
Tschechoslowakei 108
Typenreihen im Motorenbau 432

U

UdSSR 108
Übergang von beschränkter zu unbeschränkter Inanspruchnahme 176
Übergangs- und Schlußbestimmungen 543, 622, 645
Übergangsregelung, Inanspruchnahme vor Inkrafttreten des Gesetzes 645

Stichwortverzeichnis

Übertragbarkeit des Benutzungsrechts 187
— bei freier Erfindung 425
— Inanspruchnahmerecht 165, 166
Übertragung des Schutzrechts 403
— bei Aufgabe 592
— der Erfindung nach Inanspruchnahme 178
— der Erfindung an Dritte und Vergütung 202
Übertragungsurkunde für Patentanmeldung 397
Umsatz als Bezugsgröße 256
Umsatzsteigerung als Bezugsgröße 256
Umschüler 112
Umschreibung bei Patentamt 382
Umstände, Änderung wesentlicher — s. Änderung der Umstände
Unabdingbarkeit 85, 445, 601, 629, 639
— arbeitnehmerähnliche Person 116
— ausländisches Recht 639
— Begriff der Diensterfindung 143
— Grundsatz 445
— Interessenlage 445
— nur bis Meldung od. Mitteilung 445
— als Schutzfunktion des Arbeitsrechts 445
— technischer Verbesserungsvorschlag 639
— zu Ungunsten des Arbeitnehmers 446
— Vereinbarungen nach Meldung oder Mitteilung 449
— Wirkung gegenüber Tarifverträgen 446
— unzulässige Vereinbarungen 447
— und Vergütung 201
— Vorkaufsrecht 596
— zwingende Wirkung 445
— Zeitpunkt der zulässigen Abdingung 450
— zulässige Vereinbarungen 448
Unabhängige Dienstnehmer 112
Unausgenutzte Verwertbarkeit 296
— Ausland 301
Unbeschränkte Inanspruchnahme s. Inanspruchnahme
— Lizenzgebühr 253
Unbillige Erschwerung bei beschränkter Inanspruchnahme 185
— bei Benutzungsrecht nach § 16 409

Unbilligkeit, erhebliche Verhältnis zur Änderung wesentlicher Umstände 357, 454
— Ausschlußfrist für Geltendmachung 456
— Beendigung des Arbeitsverhältnisses 456
— Bergiff 453, 630, 640
— Beispiele 453
— Frist zur Geltendmachung 456
— Geltendmachung 455
— erhebliches Mißverhältnis zur gesetzlichen Verpflichtung 453
— Pauschalzahlungen 453
— persönlicher Anwendungsbereich 451
— Rechtsfolgen 455
— sachlicher Anwendungsbereich 452
— schriftliche Erklärung 455
— Verhältnis zur Sittenwidrigkeit 454
— keine Verwirkung 457
— Zeitpunkt der Regelung 454
Unbilligkeit, offenbare 453, 601, 640
Unfallverhütung, Erfindungswert 276
Ungarn 108
Union der Leitenden Angestellten 236
Universitätspatente 540
UNO 108, 120
Unpfändbarkeit des Inanspruchnahmerechts 166
Unteranspruch 216
Untergeordnete Stellung im Betrieb 139
Unterlagen für Übertragung 406
Unterlizenz bei Benutzungsrecht nach § 16 408
— bei beschränkter Inanspruchnahme 184
— bei Freigabe für Ausland 388
Unselbständigkeit, wirtschaftliche 114
Unternehmen Begriff 418
Unternehmensberater 112
Unternehmer Begriff 573
Unternehmerlohn 270
Unternehmerrisiko 270
Unterschrift s. Schriftform
Unterstützung beim Schutzrechtserwerb 397
Unverzügliche Meldung 155
— Mitteilung 419
Unwirksame Verfügungen des

Stichwortverzeichnis

Arbeitnehmers vor Inanspruchnahme 188
Unwirksamkeit von Vereinbarungen 640
Unzulässige Vereinbarungen (Unabdingbarkeit) 447
Urheberrecht 125, 471
Urlaub und Arbeitsverhältnis 111
USA 108
Ursprünglicher Erwerb der Erfindung 164

V

Veränderte Umstände s. Änderung der Umstände
Veräußerung des Unternehmens 152, 479
— und Vergütungsanspruch 207
Verbesserungserfindung, Beispiele 271
— beschränkte Inanspruchnahme 167
— bei größeren Anlagen 276
— Meldung 149
— Schätzung 271
— Zusatz 149
Verbesserungsvorschlag, technischer s. Technischer Verbesserungsvorschlag
— einfache, Beispiele für Vergütung 274
— kaufmännischer 129
— organisatorischer 129
— werbemäßiger 129
Verbilligung im Arbeitsverfahren 251
Verbot der doppelten Bewertung 309, 316
Vereinbarung über Schutzfähigkeit 124
— abweichend, über Diensterfindungen 143
Vereinigte Staaten von Amerika 108
Verfahren vor der Schiedsstelle s. Schiedsverfahren
— zur Ermittlung der Vergütung 341
Verfügungen gegenüber dem Patentamt 189
Verfügungsbeschränkung des Arbeitnehmers 188
Vergütung 87
— Abfindung durch Gehaltsaufbesserung 225
— Anerkennungsbetrag 328
— Änderung der Umstände 356
— angemessen 212
— in angemessener Frist 343
— Art der Zahlung 224, 330
— Aufgabe und Stellung im Betrieb 219
— Aufrechnung gegen Vergütungsanspruch 211
— Aufrechnung als Rückforderung 301
— Ausland 101
— Auslandsschutzrechte 302, 391
— bei Auslandsverträgen 207, 391
— Auskunft 251
— nach Bekanntmachung 344
— Benutzungsrecht nach § 16 408
— Benutzungsrecht im Ausland 391
— Bemessung (Grundsatz) 212
— Berechnungsformel 224
— Beschränkte Inanspruchnahme 226, 228, 231, 234, 639
— Betriebsgeheime Erfindung 414
— Dauer 229, 549, 582
— Dauer der Zahlung 210, 339, 582
— Verbot doppelter Berücksichtigung 245, 309, 316
— Einblick in das Betriebsgeschehen 319
— einkommensteuerliche Behandlung 369, 366, 370, 371, 655, 656, 562, 663
— Entstehung des Anspruchs 208, 340, 628
— bei beschränkter Inanspruchnahme 227
— Erbe 479
— Erfüllung des Anspruchs 211
— Erlöschen des Anspruchs 211
— — bei beschränkter Inanspruchnahme 230
— Fälligkeit bei beschränkter Inanspruchnahme 228
— Fälligkeit bei unbeschränkter Inanspruchnahme 228, 341, 342, 350
— Fälligkeit vor Patenterteilung 342
— Faustformel der Nr. 41 RL 224, 332
— Festsetzung 339
— Festsetzung in angemessener Frist 209

Stichwortverzeichnis

— Feststellung 333, 349
— Feststellung bei Miterfindern 350
— bei freier Erfindung 428
— Formel für Berechnung 224, 329
— Gehaltserhöhung 225
— Grundsatz 87
— historische Entwicklung 199
— Laufdauer des Schutzrechts 332, 334
— Leistungsprämien 320
— Lizenzvertrag 207
— bei Löschungsklage 210
— Lösung der Aufgabe 219
— und Lohnforderung 201
— Lohnsteuer 368, 663
— bei mangelhafter Verwertung 217
— Massenartikel 266
— mehrere Erfinder 221
— Miterfinderanteil 221
— Einfluß der Meldung auf — 148, 159
— bei freien Mitarbeitern (Sonderleistung) 205
— bei mittelbarer Verwertung der Erfindung 217
— nichtbekanntgemachter Anmeldung 345
— nichtverwertbare Erfindung 293, 294
— nicht verwertete Erfindung 290
— bei Nichtigkeit 210
— Nichtigkeit ausländischer Schutzrechte 338
— nominelle Stellung im Betrieb 319
— Nullfall 89, 222, 223, 328, 329
— Pfändbarkeit des Anspruchs 211
— Rechnungslegung 251, 362
— unbeschränkte Inanspruchnahme, Rechtsnatur 206
— Risiko der Patentversagung 220
— Rückforderung 361
— Schadenersatz 225
— bei Vereinbarung über Schutzfähigkeit 124
— vor Schutzrechtserteilung 220, 346
— bei schwebender Anmeldung 220
— für schwebende später gescheiterte Anmeldung 342
— für Sonderleistung 204
— spätester Zeitpunkt für Fälligkeit 346
— innerbetrieblicher Stand der Technik 309, 315, 319
— tatsächliche Stellung im Betrieb 319
— des technischen Verbesserungsvorschlags 434, 435
— bei unbeschränkter Inanspruchnahme 206, 208, 580, 633
— für Unteranspruch 216
— Unterschiede bei unbeschränkter und beschränkter Inanspruchnahme 230
— Verfahren zur Ermittlung 243, 341
— Verjährung des Anspruchs 211
— bei Vermögensübernahme 207
— Vernichtbarkeit 210, 335, 337
— und Vernichtung des Schutzrechts 210, 355
— bei vertraglicher Übertragung der Erfindung 206
— Verwertbarkeit 137, 215, 231, 270, 294 ff., 391
— Verwertungsbeginn 210
— Verwirkung 212
— Verzicht 212
— vorläufige 209, 348
— vorläufige und Erteilungsaussichten 221
— Vorratspatent 293
— Weiterbenutzungsrecht nach § 7 PatG 205
— Wegfall 328
— wesentliche Änderung der Umstände 356
— Zahlungspflicht nach Festsetzung 353

Vergütungsanspruch s. Vergütung
— als bevorrechtigte Konkursforderung 488
— Entstehung 208, 628
— nach Konkurseröffnung 489
Vergütungsberechnung s. Vergütung
Vergütungsermittlung s. Vergütung
Vergütungsfestsetzung s. Festsetzung
Vergütungsfeststellung s. Feststellung
Vergütungsformel 224
Vergütungsrichtlinien (RL) 96, 235, 584
Inhalte s. bei den entsprechenden Stichworten
— Abweichungen 238
— Analogiemethode s. Lizenzanalogie

703

Stichwortverzeichnis

— Anteilsfaktor 234 ff.
— Aufgabe und Ziel 239
— Doppelbewertungsverbot 245, 309, 316
— Entstehungsgeschichte 236
— Erfindungswert 246 ff
— Günstigkeitsklausel 242
— Lizenzanalogie 252 ff.
— Rangfaktor 241
— Rechtsnatur 236, 240
— und Richtlinien 1944 237
— Rückwirkung 237
— Schätzung 275
— Schrifttum 240
— Steuerliche Bedeutung 240
— Systematik 245
— Tabelle für Anteilsfaktor 326
— Text 57 ff., 238 ff.
— Verbot der doppelten Berücksichtigung 245, 319, 316
— Vergütungsformel 329
— Verhältnis zu RL 1944 237
Verfahren vor der Schiedsstelle s. Schiedsverfahren
Vergleichsverfahren 490
Verjährung des Vergütungsanspruchs 211
— bei beschränkter Inanspruchnahme 228
Verkauf als Verwertung 227
— der Erfindung, Erfindungswert 282
Verkaufs- und Vertriebsingenieur 324
Verletzungsprozeß 395
Vermögensrechte an der Erfindung 178
— Übergang durch Inanspruchnahme 178
Vermögenssteuerliche Behandlung von Erfindungen 365
Vermögensübernahme und Vergütungsanspruch 207
Vernichtbarkeit, Einfluß auf Erfindungswert 337
— und Vergütung 210, 335
Verordnung v. 12. 7. 1942, 551, 558, 626, Text 664
Verordnung über die einkommensteuerliche Behandlung der freien Erfinder 656
— über die steuerliche Behandlung von Prämien für Verbesserungsvorschläge 659
— über die steuerliche Behandlung der Vergütungen
— für Arbeitnehmererfindungen 655
Verpackungsmaschine (Bezugsgröße) 260
Verpflichtung zum Erfinden 203, 627
— aus dem Arbeitsverhältnis 465, 470, 602
— bei freigewordenen Diensterfindungen 474
Verschwiegenheitspflicht 458
— des Arbeitnehmers bei freigewordenen Erfindungen 476
— außerhalb des ArbEG 482
— des Arbeitnehmers 473
— bei Beendigung des Arbeitsverhältnisses 482
Versuchsstadium und fertige Erfindung 155
Vertragsfreiheit, Einschränkung durch Unabdingbarkeit 446
Vertreter als Arbeitnehmer 112
— gesetzlicher 113, 151, 569
Vertriebsfaktoren bei Lizenzhöhe 253
Verwaltung öffentliche 117, 134
— des Bundes, der Länder und Gemeinden 532
Verwendbarkeit einer freien Erfindung 418
Verwertbarkeit bei beschränkter Inspruchnahme 231
— im Betrieb 137, 569, 580
— Erfindungswert 297
— noch nicht feststellbare 294, 295
— mangelhafte Verwertung 296
— Beispiele für mangelhafte Verwertung 296
— von Mängeleinwendungen bei Meldung 154
— mangelnde Ausnutzung, Schätzung 270
— nichtausgenutzte im Ausland 391
— unausgenutzte beim technischen Verbesserungsvorschlag 435
— und Verwertung 296
— wirtschaftliche 215, 216
— Zumutbarkeit 297
Verwertung im Ausland 298, 301, 302, 384, 389, 392 s. auch Ausland
— betrieblicher Erfahrungen bei freigewordener Diensterfindung 470

Stichwortverzeichnis

— der freien Erfindung durch Arbeitnehmer 426
— der Diensterfindung im Konkurs 486
— Anspruch bei mangelhafter — 217
— mittelbare 217
— tatsächliche 216
— Unteranspruch 216
— versteckte 296
— Weiterentwicklung über Schutzrecht hinaus 216
— des Schutzrechts, Inhalt 227
— unbillige Erschwerung 185
Verwertungsbeginn 210
Verwertungsbeschränkungen bei freier Erfindung 423 ff.
— bei freigewordener Diensterfindung 196, 198
— im öffentlichen Dienst 533
Verwertungsmöglichkeit im Betrieb 297
Verwirkung des Vergütungsanspruchs 212
— keine — bei erheblicher Unbilligkeit 457
— nach Widerspruch gegen Festsetzung 354
Verzicht auf Inspruchnahme 166
— auf Meldung 148
— des Arbeitgebers gegenüber Patentamt 402
— auf Schiedsverfahren 521
— auf schriftliche Meldung 153
— auf Vergütung 201, 207
Verzögerung des Schiedsverfahrens 523
Volkswirt als Erfinder 138
— Anteilsfaktor 326
Volkswirtschaftlicher Nutzen der Erfindung 244
Vollmacht im Schiedsverfahren 504
Volontär 112
Vorabvergütung vor Patenterteilung 209, 348
Vorarbeiten des Betriebs 140, 570
Vorausverfügung über die Erfindung 165
— bei Gesellschaften 151
Vorbehalt eines Benutzungsrechts 387, 389, 407, 423, 425
Vorbenutzungsrecht § 7 PatG 179
— als Sonderleistung 205

— kein — bei Freigabe 198
Vorbildung und Anteilsfaktor 325
Vorkaufsrecht 424
— bei freier Erfindung 596
— im Konkurs 486, 619
— Entstehung und Ausübung 487
Vorläufiges Benutzungsentgelt 348
Vorläufige Vergütung 209, 348
— vor Patenterteilung 220
Vorratspatent 291, 292
— Anlehnung an Jahresgebühren 293
— Wertermittlung 292
Vorrecht des Arbeitgebers an freier Erfindung 423
Vorschlagslisten für Schiedsstelle 503, 609
Vorschlagswesen, betriebliches 129, 436 ff.
Vorstandsmitglied und Meldepflicht 113, 151
— steuerliche Behandlung 367
Vorzugsstellung des Arbeitgebers und Vergütung 203
— als Merkmal des technischen Verbesserungsvorschlags 204, 430

W

Wagniskosten, kalkulatorische 270
Wahlrecht des Arbeitgebers, beschränkte oder unbeschränkte Inanspruchnahme 167
— bei Geltendmachung unbilliger Erschwerung 186
— bei freier Erfindung 427
— Patent- oder Gebrauchsmuster 374, 635
Wechsel des Betriebsinhabers, Inanspruchnahme 166
— Meldung 152, 563
— Vergütung 207
Wechselstromgenerator (BGH) 155
Wegfall der Anmeldepflicht 377
— der Geschäftsgrundlage 357
— Meldepflicht 163
— der Vergütung, Nullfall 222, 328
Weisungen des Betriebs 160
Weiterentwicklungskosten 273
Werksleiter, Anteilsfaktor 312, 323
Werkstudent 112
Werkunternehmer 112
Werkvertrag 112
Wertzahlen beim Anteilsfaktor 307,

314, 321, 327
Wesentliche Änderung der Umstände 356
s. auch Änderung der Umstände
— Beispiele 358
Wettbewerbsverbot 433
— nach Auflösung des Arbeitsverhältnisses 482
— bei freigewordener Erfindung 477
Widerrechtliche Entnahme vor Inanspruchnahme 180, 381
— nach Inanspruchnahme 381
Widerspruch gegen Festsetzung 354, 634
Wiedereinsetzung in den vorigen Stand 407, 515
Wildbißverhinderung (BGH) 23, 152, 154, 155
Wirtschaftliche Verwertbarkeit 215, 216
Wirtschaftspatent 98
Wissenschaftler, Aufgabenstellung 309, 311
Wissenschaftlicher Assistent 541, 621
Wissenschaftlicher Rat 541

Z

Zahlungen, einmalige 331
— laufende 331
Zahlungsklage 209, 585, 616
Zahnräder-Wechselgetriebe (Bezugsgröße) 260
Zeichnung als Meldung 153
Zeitlicher Geltungsbereich 120

Zeitpunkt des Angebots der freien Erfindung 426
Zeitraum der Erfindung 141, 142
— der Vergütungszahlung 333
Zuckerdiffuseur (BGH) 24
Zugang der Inanspruchnahmeerklärung 178
— der Meldung 151
— der Mitteilung 417
Zumutbarkeit der Verwertung 217, 297
Zurückweisungsbeschluß des Patentamts als Aufgabe der Anmeldung 403
Zusatzpatent 287
Zuständigkeit des Arbeitsgerichts 530
— der Gerichte 525
— vor Inkrafttreten des Gesetzes 550
— örtliche 528
— sachliche 527
— für technischen Verbesserungsvorschlag 530
— der Schiedsstelle s. Schiedsstelle
— der Schiedsstelle Berlin 533, 646
Zustandekommen der Erfindung, Anteil des Betriebs 215, 218, 219, 308, 315,
— Meldung 159
Zwangslizenz als Änderung der Umstände 359
Zwangslizenzverfahren 395
Zwangsvollstreckung vor Inanspruchnahme 188
— in Rechte an der Erfindung 490
— in Vergütungsansprüche 491

Taschenlexikon arbeitsrechtlicher Entscheidungen (TAE)

Herausgegeben von Hans-J. Darwig, Präsident des Landesarbeitsgerichtes Hamm, und Dr. Franzjosef Bleistein, Vorsitzender Richter am Landesarbeitsgericht Düsseldorf (Köln)

5., neubearbeitete Auflage. Ergänzbare Ausgabe, LXXIX, 1070 Seiten Oktav, Dünndruckpapier, flexibler Spezialordner, DM 48,—. Jährlich zwei Ergänzungen mit je etwa 150 Seiten.

„Wir haben in den vergangenen Jahren wiederholt auf dieses vorzügliche Werk hingewiesen. Die wesentlichen Entscheidungen des Bundesarbeitsgerichts und der Landesarbeitsgerichte sind hier nach Sachgebieten, und zwar an Hand von etwa 850 Stichworten mit den Leitsätzen aufgeführt. Diese Fülle ermöglicht es dem Praktiker, sich bei der täglichen Arbeit jederzeit schnell und zuverlässig über die Stellung der Rechtsprechung zu den wesentlichsten Problemen zu orientieren. Wir nehmen deshalb die Gelegenheit der Neuauflage gern wahr, wiederum den Bezug dieses Werkes für alle zu empfehlen, die sich mit Fragen des Arbeitsrechts zu beschäftigen haben."

Sozialpolitischer Nachrichtendienst

Taschenlexikon sozialversicherungsrechtlicher Entscheidungen (TSE)

Herausgegeben von Heinz-Werner Lueg, Ltd. Verwaltungsdirektor, Dr. Eberhard Neumann, Rechtsanwalt, Erwin Rudlof, Assessor

4., neubearbeitete Auflage, ergänzbare Ausgabe LXIII, 693 Seiten, Oktav, flexibler Spezialordner, DM 48,—. Ergänzungen etwa zweimal jährlich.

Das Lexikon bietet die gesamte für die Praxis bedeutungsvolle Rechtsprechung in Leitsätzen auf den Gebieten der Krankenversicherung, Unfallversicherung, Rentenversicherung der Arbeiter, Angestelltenversicherung, Knappschaftsversicherung, Altershilfe für Landwirte in zweckentsprechenden Leitsätzen. Dabei werden die alle Versicherungszweige betreffenden sonstigen Vorschriften einschließlich der Selbstverwaltungs-Bestimmungen einbezogen.

ERICH SCHMIDT VERLAG

Unfallversicherung

Ergänzbare Textausgabe des Dritten Buches der Reichsversicherungsordnung (RVO) mit Erläuterungen von Dr. jur. W. Bereiter-Hahn †

neubearbeitet von Dr. jur. Heinz Schieke, Hauptgeschäftsführer der Hütten- und Walzwerks-Berufsgenossenschaft

4., neubearbeitete Auflage, ergänzbare Ausgabe, 450 Seiten, Oktav, flexibler Spezialordner, DM 38,—. Ergänzungen von Fall zu Fall.

„Der ‚Bereiter-Hahn' stellt ein wertvolles Hilfsmittel für alle diejenigen dar, die mit der Gesetzesmaterie des Unfallrechts beruflich befaßt sind. Das Werk zeichnet sich dadurch aus, daß es in übersichtlicher und vor allem gut lesbarer Form die nunmehr geltenden Gesetzesbestimmungen wiedergibt. Darüber hinaus sind die Erläuterungen so allgemeinverständlich und zugleich sachgerecht abgefaßt, daß der Sinn des Gesetzes und der mit ihm beabsichtigte Zweck auch den Nichtjuristen nahegebracht wird."

Der Betriebsberater, Heidelberg

Der Unfallsachbearbeiter

Arbeitsunfälle — Wegeunfälle — Berufskrankheiten — Versicherungsschutz — Leistungen — Verfahren

Von Hanns Podzun, Assessor, Stellvertretender Hauptgeschäftsführer der Süddeutschen Eisen- und Stahl-Berufsgenossenschaft, Mainz

3., völlig neubearbeitete Auflage, ergänzbare Ausgabe, rd. 1300 Seiten, DIN A 5, einschließlich Ordner DM 68,—. Ergänzungen von Fall zu Fall.

„Die Anordnung des umfangreichen Stoffes ist von beispielhafter Übersichtlichkeit. Der Benutzer des Buches wird schnell und sicher, dabei stets ausführlich und detailliert unterrichtet. Rechtsprechung und Praxis zum Arbeits- und Wegeunfall sind nach alphabetischen Stichwörtern umfassend dargestellt, so daß die weitgehend kasuistisch geregelte Materie gut übersehen werden kann."

Der Betriebsberater

ERICH SCHMIDT VERLAG